AF561819

Déjà parus dans la collection

François AUGÉ, *Nos vies en lecture*, 2018.

José ROSE, *Scènes de vie en bibliothèque. Chroniques de l'Alcazar à Marseille*, 2017.

Daniel APOLLON, Philippe RÉGNIER et Claire BÉLISLE (dir.), *L'édition critique à l'ère du numérique*, 2017.

Tiphaine DUVILLIÉ, *Le droit de l'édition numérique*, 2017.

Pierre LAGRUE, Silvio MATTEUCCI, *La corporation des correcteurs et le Livre (un abécédaire inattendu)*, 2017.

Sébastien EVRARD, *Le Livre, le droit et le faux. Essai sur l'édition juridique et la contrefaçon au Siècle des Lumières*, 2017.

Stella CAMBRONE-LASNES, *Internet, un espace de commercialisation du roman antillais francophone*, 2017.

Adrien de CALAN, *Le Livre et le politique au prisme des médias. Publier pour exister ?*, 2017.

Julien PÉLISSIER, *Lectures à vivre suivi de Vies à écrire*, 2016.

Thierry CHARLES, *Fahrenheit 4.0. Essai sur la disparition du livre*, 2016.

Jean-Luc PIOTRAUT, Sébastien EVRARD (dir.), *Le Droit et l'édition. Regards français et étrangers sur les mutations engagées*, 2016.

5-7, rue de l'Ecole-polytechnique, 75 005 Paris

www.editions-harmattan.fr

ISBN : 978-2-343-16314-7
EAN : 9782343163147

Le livre, instrument de paix et de démocratie mondiale ?

CET OUVRAGE
VOUS EST PRÉSENTÉ
DANS LA SÉRIE « ÉTUDES »
DE LA COLLECTION
« SOCIO-ÉCONOMIE DE LA CHAÎNE DU LIVRE »

IL EST LE *DOUZIÈME* TITRE

ÉTUDES & ESSAIS
Collection fondée et dirigée par Julien DENIEUIL

Série « ÉTUDES »

Partant du constat d'un manque évident de documents et de publications en la matière, la collection « Socio-économie de la chaîne du livre » s'est donné pour objectif d'exposer et de rendre accessibles, au plus large public, des textes s'intéressant à la socio-économie contemporaine de l'édition française et francophone.

Dans son acception strictement socio-économique, la collection regroupe des travaux qui portent sur les problématiques des différents maillons de la chaîne (processus de production et de commercialisation du livre, de l'auteur au prescripteur), et qui prennent en compte les évolutions du secteur éditorial (innovations numériques, notamment).

Selon une acception plus symbolique, plus militante, la collection propose également des écrits qui abordent, d'une manière ou d'une autre, les notions d'indépendance éditoriale et de diversité culturelle, de même que la singularité du vecteur livre au sein de l'espace public, dans un contexte capitalistique marqué entre autres, ces dernières décennies, par une concentration et une financiarisation accrues du paysage éditorial.

Série « ESSAIS »

La série « Essais » accueille des écrits plus personnels d'auteurs manifestant une vision originale et singulière de l'objet-livre et de la lecture, et se détachant des lignes théoriques attendues.

Céline GITON

Le livre, instrument de paix et de démocratie mondiale ?

La politique du livre de l'Unesco, 1945-1975

Je remercie les membres du personnel de l'Unité des Archives de l'Unesco pour leur disponibilité et leur serviabilité, en particulier Jens Boel, Alexandre Coutelle, Mahmoud Ghander, Steven Nyong, Chi Sang Phan et Adèle Torrance.

Merci également à Sarah Brouillette, Robert Frank, Daniel Grange, Christina Lembrecht, Jean-Yves Mollier, Pascal Ory, Ludovic Tournès et Eric Vial, ainsi qu'à Monika Cuvelier, Jean-Paul Dekiss et Catherine Verjus.

Enfin, un merci tout particulier pour ses conseils et son soutien à Jean-François Sirinelli, sans qui la thèse dont cet ouvrage est tiré n'aurait pas vu le jour.

« Si nous donnions à l'esprit plus de place et plus de pouvoir véritable dans les choses de ce monde, ce monde aurait plus de chance de se rétablir, et plus promptement. »

Paul Valéry, *Lettre sur la Société des Esprits*, 1933

« Qu'il s'agisse des individus, des nations, des races ou des cultures, nous sommes tous différents les uns des autres ; mais nous avons tous quelque chose de semblable aussi, et c'est cela qu'il faut chercher pour pouvoir se reconnaître en l'autre et dialoguer avec lui. Alors, nos différences, au lieu de nous séparer, deviendront complémentaires et source d'enrichissement mutuel. De même que la beauté d'un tapis tient à la variété de ses couleurs, la diversité des hommes, des cultures et des civilisations fait la beauté et la richesse du monde ».

Amadou Hampâté Bâ, Lettre adressée à la jeunesse
lors de l'Année internationale de la jeunesse, 1985

« La langue de la littérature n'est pas celle de la compréhension, mais celle de la création. [...] La littérature ne relève pas de l'équité, ni de la tolérance, mais de la passion, de l'amour. L'amour n'est pas une force structurant la société, il n'est pas assez fiable. La littérature n'est pas une messagère de la paix ; si elle est la messagère de quelque chose, elle est celle de la liberté. Or, la liberté veut tantôt la paix, tantôt la guerre ».

Péter Esterhàzy, *Aux gens du livre*, 2005.

« Si nous sommes dans le fleuve de l'Histoire, ce n'est pas comme des nageurs, corps étrangers plus ou moins à la dérive, mais comme l'eau même qui sculpte son propre lit et l'invente dans le temps même où elle y coule ».

René Maheu, Lettre à Jean d'Ormesson, 1er octobre 1964

SOMMAIRE

Introduction

Le 16 novembre 1945, 44 gouvernements réunis à Londres adoptent la Convention créant une « Organisation des Nations Unies pour l'Éducation la Science et la Culture ». Dans l'article premier de son Acte constitutif, définissant les buts et fonctions de la nouvelle organisation, est stipulé qu'elle « aide au maintien, à l'avancement et à la diffusion du savoir : en veillant à la conservation et protection du patrimoine universel de livres, d'œuvres d'art et d'autres monuments d'intérêt historique ou scientifique, et en recommandant aux peuples intéressés des conventions internationales à cet effet ; en encourageant la coopération entre nations dans toutes les branches de l'activité intellectuelle, l'échange international de représentants de l'éducation, de la science et de la culture ainsi que celui de publications, d'œuvres d'art, de matériel de laboratoire et de toute documentation utile ; en facilitant par des méthodes de coopération internationale appropriées l'accès de tous les peuples à ce que chacun d'eux publie ».

Dans cette optique débute l'action de promotion de l'Unesco en faveur du livre, avec un double rôle de préservation et de communication. Sur fond de reconstruction, de guerre froide et de décolonisation, se déploie alors l'action multiforme de l'Unesco en faveur du livre. Collecte et don d'ouvrages, organisation de colloques et de stages d'études, formation des professionnels du livre, réalisation de livres et de films, commémoration de grands écrivains, traduction des chefs-d'œuvre de la littérature mondiale, bourses d'échanges, encouragement des échanges littéraires internationaux, aide aux réseaux internationaux, microfilmage de manuscrits anciens, diffusion d'expositions, création de bibliothèques et don de bibliobus, collecte de statistiques dans le domaine du livre, collecte des traditions orales en Afrique, convention universelle sur le droit d'auteur, promotion de « textes de lecture » pour nouveaux alphabètes en Asie, proclamation d'une Année internationale du livre en 1972, encouragement aux politiques nationales et régionales du livre et création de centres régionaux du livre, telles sont les principales actions menées entre 1945 et 1975.

Ces programmes se développent au sein d'une organisation qui, de 600 salariés à ses débuts, passe à plus de 3 000 fonctionnaires travaillant au siège à

Paris dans les années 1970. La lourdeur administrative du secrétariat, accrue par les guerres d'influence auxquelles se livrent en particulier les États fondateurs que sont les États-Unis, la Grande-Bretagne et la France, s'additionne aux rivalités générales entre les États membres pour faire du processus de choix et de mise en place des projets une opération complexe et hautement politisée. Les programmes évoluent au gré des changements politiques et idéologiques et sont marqués par l'évolution des relations internationales. Sans doute plus que d'autres domaines, le livre, qui pose en filigrane la question de l'influence culturelle et de la langue, est un sujet sensible pour les États, et le lien étroit entre livre, éducation, alphabétisation et développement économique est fréquemment affirmé.

Il n'est pas anodin que l'Unesco tente, à partir de 1945, de mettre en place une « politique du livre » au niveau mondial. Le rôle joué par l'Unesco dans le développement du livre et plus généralement du support écrit à travers le monde, s'inscrit dans le nouveau contexte des relations internationales au XXe siècle, marqué par la montée du multilatéral et de l'importance des organisations internationales. Ces dernières se multiplient au XXe siècle jusqu'à atteindre un nombre beaucoup plus élevé que celui des États ; les organisations intergouvernementales passent de 37 en 1909 à 154 en 1960, les ONG de 176 en 1909 à 1 255 en 1960[1]. Devenue un acteur incontournable des relations internationales, l'organisation internationale est conçue « comme une sorte de prothèse qui compense l'incapacité des États pris seul à seul de répondre aux nécessités de leur coopération. Elle leur permet aussi, par un mécanisme d'association, voire de création d'organes internationaux autonomes, de remplir certaines fonctions d'intérêt commun ou collectif qu'aucun ne saurait assurer à lui seul[2] ».

L'Unesco a donné lieu à plusieurs centaines de travaux universitaires depuis sa création. Elle-même s'intéresse de plus en plus à sa propre histoire et encourage recherches et publications à son sujet ; un projet intitulé « Histoire de l'Unesco » a ainsi été lancé en 2004 par le directeur général Matsuura, avec l'objectif « d'encourager une réflexion historique sur les orientations passées, les activités et les accomplissements de l'Unesco[3] ».

En novembre 2005, à l'occasion de son 60ème anniversaire, l'Unesco a organisé, en partenariat avec plusieurs universités (Centre d'Histoire de Sciences-Po, Université de Paris I-Panthéon-Sorbonne, *Centre for History and Economics* de Cambridge, *United Nations Intellectual History Project* de l'Université de New York), un colloque international auquel ont participé plus de 80 historiens, anthropologues, philosophes et autres chercheurs. L'objectif était, entre autres, de suggérer aux chercheurs des pistes de réflexion et de les inciter à multiplier les angles d'approche sur l'histoire de l'organisation. Les actes de ce colloque ont été publiés en 2007 sous le titre *Symposium on 60 Years of Unesco History*. Dix ans

---

[1] MOREAU DEFARGES, Philippe. *Les organisations internationales contemporaines*. Paris : Seuil, 1996, p. 8.

[2] COMBACAU, Jean, SUR, Serge. *Droit international public*. Paris : Montchrestien, Lextenso éditions, 2008, p. 707.

[3] Lettre circulaire CL/3710, envoyée aux États membres le 30 avril 2004.

plus tard, un nouveau symposium international organisé à l'Unesco a donné lieu à la publication de l'ouvrage *A History of Unesco. Global Actions and Impacts* (Palgrave MacMillan, 2016).

Par ailleurs, l'Unesco a publié depuis 1987 quatre ouvrages portant sur son histoire : *Chronologie de l'Unesco, 1945-1986* (1987) ; *Chronique d'un grand dessein, Unesco 1946-1993* (Michel Conil-Lacoste, 1993) ; *Histoire de l'Unesco* (Fernando Valderrama, 1995) ; *L'Humanité toujours à reconstruire : regard sur l'histoire intellectuelle de l'Unesco, 1945-2005* (Roger Pol Droit, 2005). Ces ouvrages fournissent des points de repère utiles, tout en restant très factuels et en participant largement d'une histoire « officielle » de l'organisation. La tendance à l'utilisation de l'histoire pour magnifier le passé de l'Unesco est aussi amplifiée par le travail de mémoire entrepris par d'anciens fonctionnaires de l'organisation. L'Association des anciens fonctionnaires de l'Unesco (AAFU) œuvre ainsi à la constitution de cette mémoire d'un « passé glorieux », comme le précise *L'Unesco racontée par ses anciens* (2005) – une publication qui propose une centaine de témoignages d'anciens fonctionnaires.

L'Unesco a aussi encouragé la recherche sur les organisations internationales dans les années 1980 et 1990. En contrepoint des théories américaines des relations et organisations internationales, qui s'expriment surtout par le biais de la revue *International Organization*, l'Unesco a contribué à faire avancer la recherche dans ce domaine par le biais d'un programme d'étude développé à partir de 1970. Trois publications principales en sont issues : 2 numéros de la *Revue Internationale des sciences sociales* publiés à 20 ans d'intervalle (1972 et 1993) ainsi que l'ouvrage collectif *Le concept d'organisation internationale*, publié en 1980 sous la direction du spécialiste en droit international Georges Abi-Saab.

Au niveau des recherches universitaires, étant donné l'ampleur des compétences de l'Unesco et la multiplicité de ses actions, les sujets étudiés ont été très variés. En France, on dénote quelques grandes tendances parmi les travaux réalisés. Les questions de communication, d'éducation et de liens politiques entre l'Unesco et un ou plusieurs pays africains ont donné lieu à une dizaine de travaux, la plupart s'intéressant à l'Afrique noire francophone et majoritairement produits par des étudiants africains. La communication de l'organisation a aussi donné lieu à plusieurs études. De leur côté, des juristes se sont attachés au fonctionnement de l'Unesco en tant qu'organisation internationale ainsi qu'à son action normative. Par ailleurs, la question de la politisation et de la « crise » de l'Unesco – et du système des Nations Unies en général – a provoqué, entre 1984 et 1996, une série de travaux en France et dans plusieurs pays (États-Unis, Inde notamment).

En qui concerne les différents domaines d'activité de l'Unesco, plusieurs travaux se sont penchés sur les questions de l'environnement, de la communication, de l'éducation, de la santé, des droits de l'homme et du développement. Dans le domaine de la culture, 4 recherches peuvent être relevées en France concernant le folklore (*La protection des « expressions du folklore » par la propriété intellectuelle* de Kouliga Nikiema, 1988), le théâtre (*L'Unesco et le développement du théâtre africain subsaharien comme moyen de culture de 1960 à 1990* de Mbiyeyi Matondo, 1995), la revue *Diogène* (*Histoire intellectuelle de la revue « Diogène » : 1952-1978* de Lionel Moutot, 2002) et le CIPSH (*Le CIPSH (1947-1955), Idéal et réalité d'un engagement scientifique et intellectuel* de Chloé Belloc, 2005). Six travaux ont également été réalisés sur la notion de patrimoine culturel mondial.

Si aucune étude détaillée n'a jamais été entreprise en France sur le domaine du livre et du patrimoine écrit, 2 thèses anglo-saxonnes ont cependant été réalisées à la fin des années 1970 dans le domaine de la bibliothéconomie, la première par le bibliothécaire britannique Stephen Parker sur le développement de la planification des bibliothèques[1], la seconde par le philosophe Michael Keresztesi sur la formation des bibliothécaires[2]. Enfin, après plus de 3 décennies de « désintérêt », 3 personnes se sont penchées, depuis 2007, sur l'action de l'Unesco en faveur du livre.

La chercheuse et enseignante canadienne Sarah Brouillette, spécialiste des littératures postcoloniales, de l'histoire du livre et des relations culturelles transnationales au *Massachussets Institute of Technology*, a donné 2 conférences sur le sujet : « *Literacy Diplomacy : Unesco's Collection of Representative works* » (2007) et « *Unesco and Book Development* » (2009).

La doctorante allemande Christina Lembrecht a réalisé, à l'Université Johannes Gutenberg de Mainz, une thèse sur le rôle du Centre régional de promotion du livre de Bogota, créé par le gouvernement colombien à l'initiative de l'Unesco en 1969-1970. Christina Lembrecht a aussi proposé 2 conférences : « *Books for all – Unesco's Concern with Educational Publishing in Third World Countries* » (2008) et « *Increasing the Access to Books in South American Societies : The Role of the UNESCO Regional Centre for Book Development in Latin America* » (2010).

Enfin, Miriam Intrator, bibliothécaire et historienne américaine, a réalisé à partir de 2009 une thèse de doctorat en histoire au *Graduate Center* de l'Université de New York sur le rôle de l'Unesco dans le renouveau des bibliothèques, du livre et de la lecture en Europe dans l'immédiat après-guerre.

Cette étude de la politique du livre de l'Unesco se situe au carrefour de différentes approches historiographiques et s'inscrit clairement dans le champ de l'histoire culturelle telle que définie par Jean-Yves Mollier :

> *Sans patrie quoique plutôt occidentale, utilisant l'anglais couramment, mais sans négliger pour autant ni le français, ni l'espagnol, le portugais, voire l'italien ou l'allemand, l'histoire culturelle apparaît [...] comme un regard détaché du positivisme, du scientisme et du marxisme rigide qui sévissait en France dans les années 1960. Jouant sur les marges, les zones tampons, les frontières, cherchant dans la complexité les réponses que d'autres avaient voulu trouver dans l'application de règles froides qui semblaient accorder à*

---

[1] PARKER, Stephen. *Unesco and Library Development Planning.* London : The Library Association, 1985, 428 p.

[2] KERESZTESI, Michael. *The contribution of Unesco to library Éducation and training : the first 25 years (1946-1971).* Michigan : University of Michigan, thèse de doctorat, 1977, 303 p.

l'économique et au social le primat absolu, les historiens du culturel s'efforc[ent] de travailler sur le mental, l'imaginaire, les représentations[1].

Toutefois, un tel sujet tient aussi pour beaucoup de l'histoire dite « mondiale », « globale », « connectée » ou « croisée », ces différents courants manifestant, selon Laurent Testot, « un besoin crucial : celui d'élargir le regard du chercheur vers un horizon à l'échelle du monde globalisé, brassant dans une même perspective généraliste les approches psychologiques et anthropologiques, économiques et géographiques[2] ».

L'histoire mondiale (*World History*), « basée sur l'affirmation de l'unité du monde et le refus de l'européocentrisme[3] » a commencé à germer après la Seconde Guerre mondiale et s'est affirmée dans les années 1980 avec la création de la *World History Association* (1982) et du *Journal of World History.* Olivier Pétré-Grenouilleau rappelle que l'approche globale a pour vocation de comprendre un phénomène (et non de l'expliquer), et « ne s'oppose pas à l'événement, à l'individu et à la conjoncture, mais tente de les intégrer en les reliant à d'autres dimensions[4] ». Ce qu'on appelle « l'histoire connectée » s'intéresse aux contacts entre l'Occident et les autres parties du monde, aux interactions entre groupes humains à travers le monde. Dans cette perspective, l'objectif de ce travail sur la politique du livre de l'Unesco a été d'éclairer les différentes facettes de ce phénomène en reliant ses composantes, en jouant sur les échelles, en passant des pratiques des acteurs aux logiques de l'action, en plaçant la comparaison et le lien au cœur de l'analyse.

Ce travail s'inscrit aussi dans le cadre des relations internationales et rejoint l'étude des organisations internationales, un domaine de recherche spécifique qui, malgré l'essor considérable des organisations internationales depuis la Seconde Guerre mondiale et le développement des théories d'inspiration fonctionnaliste dans les années 1950, semble s'être progressivement tari, conduisant juristes et historiens à investir ce domaine. Dans cette optique, nous avons tâché de voir si l'Unesco remplit les fonctions principales attribuées par l'économiste et sociologue Gunnar Myrdal aux organisations internationales[5], à savoir la propagande, le rassemblement d'informations des domaines spécifiques et le moyen d'atteindre des accords diplomatiques multilatéraux pour mettre en place une action concertée dans un domaine particulier – en nous intéressant ici à la politique du livre de l'organisation.

Étant donné le domaine d'activité étudié, ce travail entretient aussi des liens étroits avec l'histoire des intellectuels[6] et l'histoire du livre[1], en interrogeant les

---

[1] « Conclusion générale », in COHEN, Evelyne, GOETSCHEL, Pascale, MARTIN, Laurent, ORY, Pascal. *Dix ans d'histoire culturelle.* Villeurbanne : Presses de l'enssib, 2011, p. 303.

[2] TESTOT, Laurent. « D'un regard à l'autre », in *Sciences humaines* n°185, août-septembre 2007, p. 33.

[3] POMIAN, Krzysztof. « *World History* : histoire mondiale, histoire universelle », in *Le Débat,* mars-avril 2009, n°154 « Ecrire l'histoire du monde », p. 15 à17.

[4] PÉTRÉ-GRENOUILLEAU, Olivier. « Il faut décentrer l'histoire », in *Sciences humaines* n°185, août-septembre 2007, p. 39.

[5] MYRDAL, Gunnar. *Realities and Illusions in regard to inter-governemental organizations.* London : Oxford University Press, 1955, p. 6-7.

[6] Sur l'histoire des intellectuels, voir Jean-François Sirinelli, « Le hasard et la nécessité ? Une histoire en chantier : l'histoire des intellectuels », in *Vingtième siècle. Revue d'histoire,* n°9, janvier-mars 1986, p. 97-108 ;

notions de patrimoine littéraire mondial, de littérature universelle, mais aussi d'écrit, de livre et de littérature, en gardant à l'esprit le constat de Paul Aron :

> *Il n'a pas toujours existé, pour dire vite, une réalité comparable à celle que nous désignons par le mot « littérature ». [...] La poétique de l'Antiquité ou [...] l'existence sociale de la Poésie ou de la Tragédie des Grecs et des Latins ne se situait vraisemblablement pas dans l'espace de représentation où nous plaçons de nos jours l'activité littéraire. [...] L'histoire de l'histoire des lettres [...] plonge ses racines dans une époque où les mots « littérature » et « histoire » n'avaient donc pas le sens qu'on leur donne aujourd'hui*[2].

L'histoire du développement de la littérature par certaines civilisations depuis l'Antiquité permet de fixer les grandes « civilisations de l'écrit », dont l'héritage littéraire explique, pour partie, leur rapport au support écrit au XXe siècle et, à partir de là, leur rôle dans la politique du livre de l'Unesco. Par ailleurs, la spécificité du livre tient pour beaucoup à la position ambiguë qu'il occupe à partir de la Renaissance (invention et diffusion de l'imprimerie en Europe), à la fois instrument potentiel d'éducation et de libération des masses, mais aussi outil au service du pouvoir et de la diplomatie, comme le rappelle Jean-Yves Mollier :

> *Inséré très vite au sein de conflits d'identité à la fois politiques et religieux lors de la diffusion de la Bible en langues vernaculaires au XVIe siècle, l'imprimé fut d'emblée considéré comme un outil diplomatique au service du luthérianisme, du calvinisme ou, au contraire, du catholicisme. Placé au cœur des politiques de lutte en faveur des Lumières ou opposées à leur expansion, il servit également de support aux offensives missionnaires les plus diverses au XIXe siècle. C'est donc assez logiquement à cette époque qu'il commença à apparaître aux yeux des gouvernants et du personnel diplomatique comme un instrument très efficace de leurs stratégies. Moins effrayant qu'une arme, moins agressif qu'une expédition, il pouvait se parer des vertus inhérentes au livre de culture, de science ou d'éducation, voire de divertissement. Pour autant, il n'en poursuivait pas moins un certain nombre de buts communs aux autres moyens de la diplomatie [...] Ambigu, multiforme, complexe, tel il apparaît aujourd'hui*[3].

Cette réflexion sur la politique du livre se situe à la croisée de ces différentes approches historiennes, dans une tentative pour nouer en gerbe les multiples facettes qu'exige une compréhension globale du sujet. Ces dernières années, le « livre » est devenu un objet de recherche de plus en plus étudié dans une perspective transnationale et transdisciplinaire, ce que symbolise la parution en d'ouvrages comme *La diplomatie par le livre. Réseaux et circulation internationale*

Michel Trebitsch et Marie-Christine Granjon. *Pour une histoire comparée des intellectuels.* Bruxelles : Complexe, 1998 ; François Dosse. *La marche des idées Histoire des intellectuels histoire intellectuelle*, Paris, La Découverte, 2003 ; Michel Leymarie et Jean-François Sirinelli. *L'histoire des intellectuels aujourd'hui.* Paris : PUF, 2003 ; Michel Winock. *L'effet de génération : une brève histoire des intellectuels français.* Vincennes : T. Marchaisse, 2011.

[1] Sur l'histoire et l'évolution de cette discipline, on pourra utilement se référer à « L'histoire de l'édition, du livre et de la lecture en France de la fin du XVIIIe siècle au début du XXIe siècle », bibliographie de Jean-Yves Mollier disponible sur le site Internet du Centre d'histoire culturelle des sociétés contemporaines de l'Université de Saint-Quentin-en-Yvelines.

[2] ARON, Paul. « Histoire littéraire/Histoire culturelle. Matériaux pour un dialogue », in COHEN, Evelyne, GOETSCHEL, Pascale, MARTIN, Laurent, ORY, Pascal. *Dix ans d'histoire culturelle.* Villeurbanne: Presses de l'enssib, 2011, p. 31.

[3] Conclusion de Jean-Yves Mollier, in HAUSER, Claude, LOUE, Thomas, MOLLIER, Jean-Yves, VALLOTTON, François. *La diplomatie par le livre.* Paris : Nouveau monde Editions, 2011, p. 456-457.

de l'imprimé de 1880 à nos jours, dirigé par Claude Hauser, Thomas Loué, Jean-Yves Mollier et François Vallotton (2011). Une trentaine de chercheurs y interrogent le livre en tant qu'outil de diplomatie culturelle, « moyen le plus sophistiqué pour assurer la suprématie culturelle des États les plus dominateurs », en s'intéressant à la manière dont il a pu être à la fois véhiculé, favorisé, utilisé par une multiplicité d'acteurs – États, organismes internationaux ou transnationaux, fondations, réseaux religieux, politiques ou professionnels (éditeurs en particulier).

On pourrait citer encore *Pour une histoire transnationale du livre* (dirigé par Martin Lyons et Jean-Yves Mollier, 2012) ; *Une histoire mondiale du livre : de la tablette d'argile au livre numérique* (de Roderick Cave & Sara Ayad, 2015) ; ou encore, pour le monde anglo-saxon, *Books without borders in Enlightenment Europe : French cosmopolitanism and German literary markets* (Jeffrey Freedman, 2012) ; *The book : a global history* (Michael Suarez, Woudhuysen, 2013) ; *The perils of print culture : book, print and publishing history in theory and practice* (Jason McElligott, Eve Patten, 2014) ; *Translation and the book trade in early modern Europe* (José María Pérez Fernández, Edward Wilson-Lee, 2014) ; *The Cambridge companion to the history of the book* (dirigé par Leslie Howsam, 2015).

Cet ouvrage s'inscrit donc dans la filiation des recherches menées depuis les années 1980 en histoire des relations culturelles internationales, recherches qui ont privilégié l'étude des échanges et des courants transnationaux, des réseaux, des acteurs, des représentations symboliques, avec l'idée que les flux culturels – qui mettent en scène des acteurs individuels et collectifs – occupent une place particulière :

> *Couvrant des secteurs très variés, telles la langue, la religion, l'idéologie, les institutions, ils relèvent de rationalités très diverses qui n'ont en commun que de procéder à la diffusion de codes, de systèmes de signification ayant pour visée de créer, dans une société, des modes de perception partagés par tous et cependant empruntés à autrui ; renvoyant essentiellement à des systèmes symboliques, façonnant directement l'ensemble des actions sociales, ils créent les conditions d'une domination beaucoup moins perceptible, mais, en même temps, beaucoup plus efficace que celle qui recourt à des instruments coercitifs*[1].

Soulignant le rôle pionnier de Pierre Milza, Michel Espagne et Michael Werner dans le rapprochement entre histoire des relations internationales et histoire culturelle, Robert Frank rappelle que désormais « les historiens de l'international ne réduisent plus la culture aux idées, aux opinions, aux idéologies, aux sentiments, ni ne limitent leur intérêt à la politique culturelle extérieure des États. Les historiens de la culture ne cantonnent pas leurs études aux espaces nationaux. Ils s'intéressent à tous les types d'échanges et de mouvements culturels qui traversent les frontières[2] ».

Selon les aspects abordés, il a aussi été fait appel à des travaux issus d'autres disciplines, en particulier des domaines juridique (pour l'étude de notions telles

---

[1] BADIE, Bertrand. *Le retournement du monde.* Paris : FNSP & Dalloz, 1992, p. 6-7.

[2] Conclusion de Robert Frank in DULPHY, Anne, FRANK, Robert, MATARD-BONUCCI, Marie-Anne, ORY, Pascal (dir.). *Les relations culturelles internationales au XXe siècle.* Bruxelles : Peter Lang, 2010, p. 668.

que le droit d'auteur, le patrimoine commun de l'humanité, la fonction publique internationale) et sociologique (notamment pour ce qui concerne les notions de réception, d'acculturation et d'interculturation, de réseaux de sociabilité, de sociologie des organisations, de sociologie de la lecture). Le désir d'analyser la « politique du livre » de l'Unesco – qui s'apparente à une politique publique internationale a enfin conduit à se pencher sur les théories d'évaluation des politiques publiques. En effet, le choix a été fait d'appréhender l'Unesco en action, à travers les processus par lesquels cette instance politico-administrative a agi dans et sur la société mondiale et d'analyser, reconnaître et mesurer les effets propres de sa politique du livre dans le monde ; pour ce faire, nous nous sommes appuyés sur la démarche préconisée par Michel Deleau, consistant à identifier, mesurer, confronter et expliquer la politique étudiée[1].

Ce souhait d'appréhender globalement la politique du livre de l'Unesco, d'en donner une vision d'ensemble à l'échelle mondiale, a conduit à privilégier l'étude d'une période relativement longue (trente ans). L'étude d'un phénomène tel que la politique mondiale du livre de l'Unesco est en effet pleinement intéressante sur le long terme, car les résultats, positifs ou négatifs, des actions menées, ne peuvent souvent pas être appréhendés durant l'exercice même ; plusieurs années, parfois même plusieurs décennies, sont nécessaires pour percevoir pleinement et analyser les répercussions d'une action particulière.

L'Année internationale du livre fournit, à cet égard, un bon exemple : elle fut organisée en 1972, toutefois le plus important n'est peut-être pas dans les événements qui l'ont composée, mais dans le symbole qu'elle a constitué ainsi que dans les suites qui lui ont été données et qui se font sentir encore de nos jours. Avant de prendre leur essor ou d'aboutir, la plupart des actions sont mises en place assez lentement – en cause les tâtonnements dus à cette nouvelle forme d'interventionnisme international, mais aussi la lourdeur des bureaucraties internationales. Dans ces conditions, la longue durée permet d'insister sur les éléments constants et sur les évolutions de la politique de promotion du livre.

Après une première analyse du sujet, la période 1945-1975 est apparue comme un ensemble cohérent à étudier, tant du point de vue de l'histoire des relations internationales, de l'évolution interne de l'Unesco que de l'histoire du livre. En effet, le début des années 1970 marque une période de grands changements à l'Unesco, la fin du deuxième mandat de René Maheu à la direction de l'organisation en 1974 sonnant la fin d'un certain « âge d'or » de l'organisation, qui vit également coup sur coup les décès successifs de 3 de ses anciens directeurs généraux : Jaime Torres Bodet se suicide en mai 1974, Julian Huxley décède en février 1975 et René Maheu en décembre 1975. Comme les autres organisations internationales, l'Unesco voit aussi des modifications importantes advenir au niveau de son personnel et de sa politique de

[1] DELEAU, Michel (dir.) *Evaluer les politiques publiques.* Paris : La Documentation française, 1986, p. 28-30 et 43.

recrutement avec la mise en place par l'ONU en 1975 d'une Commission de la Fonction Publique Internationale[1].

Dans le domaine de l'écrit, l'Année internationale du livre en 1972 et ses suites – en particulier la création en 1973 d'une Division de la promotion du livre – marquent un tournant dans la politique du livre de l'Unesco, qui encourage désormais ses États membres à prendre plus de responsabilités en la matière par le biais de politiques nationales et régionales ; quant à la « Conférence intergouvernementale sur la planification des infrastructures nationales en matière de documentation, de bibliothèques et d'archives » (septembre 1974), elle constitue un profond tournant dans la politique de promotion de « planification des bibliothèques » développée par l'Unesco pendant des années. La fusion de différents services internes à l'Unesco au sein d'une nouvelle Division « Documentation, archives et bibliothèques » en 1975 acte ce changement d'orientation majeur, qui clôt en quelque sorte la politique du livre précédemment menée.

D'autre part, plusieurs grandes fondations américaines, très présentes dans le domaine de la promotion du livre dans les pays en développement, passent elles aussi par une phase de changement en profondeur au début des années 1970. Ainsi, la fondation Rockefeller procède à une remise à plat de tous ses projets en 1974 ; la fondation Ford réduit considérablement son assistance technique sur le terrain au début des années 1970 pour se concentrer sur les aides financières ; quant au *Franklin Book Programs*, les difficultés financières le poussent à redéfinir (sans succès) sa stratégie de collecte de fonds au début des années 1970, après avoir été obligé de réduire ses programmes.

Le contexte international apparaît alors en plein bouleversement ; la phase de détente dans la guerre froide s'accentue avec la reconnaissance de la Chine populaire sur la scène mondiale, la limitation de la course aux armements avec la signature des Accords Salt I, l'entrée des deux Allemagne à l'ONU en 1973, puis les Accords d'Helsinki. Les pays en voie de développement s'affirment avec la Conférence d'Alger et la signature de la Convention de Lomé en 1975. En outre, la fin des Accords de Bretton Woods et la guerre du Kippour, suivie du premier choc pétrolier en octobre 1973, changent la scène mondiale, tant politique qu'économique, en profondeur.

Cette époque marque un changement radical qui, selon Robert W. Cox et Harold K. Jacobson, « rend caduque la distinction qu'on faisait par le passé entre la politique et l'économie, l'État et la société », changement illustré par :

> *...la faillite du système des monnaies à parités fixes adopté à Bretton Woods, l'augmentation fantastique du prix du pétrole et l'évolution de la situation monétaire des États qui en a résulté, le retrait du Vietnam des États-Unis, l'effondrement de la ceinture protectrice entourant le bastion de la minorité blanche en Afrique australe [...] et la*

---

[1] AAMIR, Ali. « The International Civil Service : The Idea and the Reality », in COOKER, Chris de (dir.). *International Administration : Law and Management Practices in International Organizations*. Dordrecht/Boston/London : Martinus Nijhoff Publishers/United Nations Institute for Training and Research, 1990, p. 17.

participation plus active de la République populaire de Chine aux affaires internationales[1].

1974 marque par ailleurs une étape importante dans l'évolution de la situation du Tiers monde dans le système international, avec le lancement lors de la sixième session extraordinaire de l'Assemblée générale des Nations Unies du mot d'ordre de « nouvel ordre économique », une « revendication économique dans une sorte d'État-providence mondial[2] ». Des théories fonctionnalistes puis développementalistes, qui avaient largement influencé le système des relations internationales dans les années 1950 et 1960, on passe ainsi dans les années 1970 à deux nouvelles idéologies, le transnationalisme et le globalisme, la première mettant l'accent sur le développement des sociétés multinationales – supposées être des moteurs de croissance –, la seconde apportant une nouvelle dimension écologique et une certaine remise en cause du présupposé de croissance illimitée[3].

A partir de 1974-1975, le monde bascule donc dans « autre chose », et si les changements importants durent encore une quinzaine d'années supplémentaires jusqu'à la chute du mur de Berlin et la fin de la guerre froide, la fin des années 1970 et le début des années 1980 sont déjà des périodes de profonde mutation dans le domaine géopolitique. La guerre froide recule pour faire place à l'affrontement de deux visions radicalement différentes du monde : celle des pays en développement, qui réclament un nouvel ordre politique et économique international plus équitable, et celle des superpuissances « qui s'efforcent d'affermir leur emprise et d'étendre leurs zones d'influence en cherchant à aménager le système hiérarchique actuel pour mieux le préserver[4] ». L'Unesco, où les pays en voie de développement s'affirment de plus en plus et réclament un « nouvel ordre mondial de l'information et des communications » (NOMIC), sera alors très critiquée par les Occidentaux, jusqu'au retrait des Britanniques et des Américains dans les années 1980.

En outre, avec l'accroissement de la mondialisation et l'ère de la consommation de masse, le livre et l'écrit changent de statut, se retrouvent désacralisés par les nouveaux moyens de communication de masse. Les années 1970 marquent également un changement important dans le regard que les chercheurs en lettres portent sur la littérature dite « mondiale » ou « universelle » : c'est une période de remise en cause, au sein notamment de la « littérature comparée » en Europe, « des usages européocentristes de la *Weltliteratur*[5] », dénoncés en particulier par René Étiemble et René Wellek. Alors que le monde s'ouvre, que de nombreux pays accèdent à l'indépendance, les littératures des pays dits « périphériques » veulent accéder à l'espace littéraire

---

[1] COX, Robert W., JACOBSON, Harold K. « Une première approche: l'analyse de la prise de décision », in ABI-SAAB, Georges (dir.). *Le concept d'organisation internationale*. Op. cit., p. 89.
[2] ZORGBIBE, Charles. *L'après-guerre froide dans le monde*. Paris : PUF, 1993, p. 12
[3] COX, Robert W., JACOBSON, Harold K. « Une première approche: l'analyse de la prise de décision ». Op. cit., p. 96.
[4] ABI-SAAB, Georges. « La notion d'organisation internationale : essai de synthèse ». Op. cit., p. 15.
[5] LANDRIN, Xavier. « La sémantique historique de la *Weltliteratur* : genèse conceptuelle et usages savants », in BOSCHETTI, Anna (dir.). *L'espace culturel transnational*. Paris : Nouveau monde éditions, 2010, p. 88.

mondial et l'occidentalo-centrisme littéraire apparaît désormais comme un non-sens au niveau théorique – même s'il continue largement à s'imposer dans les faits. Dans le domaine littéraire, 1974 correspond aussi au retentissement considérable sur la vision du monde soviétique en Occident provoqué par la diffusion de *L'Archipel du Goulag* d'Alexandre Soljenitsyne[1].

D'autre part, le choix thématique nous a semblé plus pertinent que de suivre un déroulement chronologique, à cause de la dispersion de la politique du livre de l'Unesco en termes à la fois géographiques (lieu de réalisation des actions) et administratifs (pléthore d'acteurs à l'Unesco et en dehors de l'organisation). Il nous a donc semblé plus judicieux d'adopter un découpage séparant l'action normative, la préservation et la diffusion du patrimoine littéraire mondial, la professionnalisation du monde du livre, et les actions directes de promotion du livre et de la lecture.

Un tel découpage offre l'avantage d'appréhender les actions menées par l'Unesco d'abord en termes de public visé : l'action normative relève de la diplomatie et s'adresse aux États ; le patrimoine littéraire doit être préservé pour les générations futures et diffusé au grand public ; les différentes catégories de professionnels du livre doivent être formées aux méthodes de travail « modernes » (c'est-à-dire occidentales) ; enfin, un certain nombre d'actions sont entreprises directement par l'Unesco afin d'encourager la circulation des livres et la lecture chez un maximum de personnes, mais aussi dans le but de sensibiliser les États à la thématique du livre.

Enfin, une telle recherche ne semble pouvoir s'insérer que dans un cadre mondial, étant donné la vocation universelle affichée par l'Unesco ; il était donc impossible de restreindre le champ géographique de l'étude. Certes, une approche mondiale nécessite un difficile décentrement du regard, d'autant plus que de manière générale, l'histoire « s'est constituée dans le cadre national, souvent pour le légitimer[2] ». Malgré cela, suivant les recommandations de Roger Chartier, nous avons tenté de nous confronter à la politique du livre de l'Unesco en « rejetant toute forme d'ethnocentrisme [et en] ne rapportant pas les évolutions historiques à un modèle unique, donné par la société occidentale[3] ».

L'action de l'Unesco s'inscrit dans de multiples espaces qui se superposent et s'entrelacent (espace mondial, mais également régional et national) ; afin de sortir des « histoires trop univoques, dissymétriques, inégales, et [...] du carcan des histoires nationales et coloniales[4] », nous avons adopté une perspective multilatérale en pensant « les dimensions transfrontières dans leur dimension

---

[1] Introduction de Claude Hauser et François Vallotton, in HAUSER, LOUE, MOLLIER, VALLOTTON. *La diplomatie par le livre*. Op. cit., p. 9.

[2] THIESSE, Anne-Marie. « L'histoire culturelle est-elle une histoire nationale ? », in MARTIN, Laurent, VENAYRE, Sylvain (dir.). *L'histoire culturelle du contemporain. Actes du colloque de Cerisy*. Paris : Nouveau monde Editions, 2005, pp 121-122.

[3] CHARTIER, Roger. « La conscience de la globalité », in *Annales*, 2001, n°1, numéro spécial « Penser le monde », p. 122.

[4] HARTOG, François. « De l'histoire universelle à l'histoire globale ? Expériences du temps », in *Le Débat*, mars-avril 2009, p. 65.

circulatoire et non pas diffusionniste[1] », de manière à voir de quelle façon les différentes actions menées se combinent, se complètent, se répondent et s'adaptent au gré des évolutions historiques.

D'autre part, l'Unesco propose à ses États membres un certain nombre de programmes, auxquels ils sont libres de participer ou non ; il est donc très important de voir quels sont les pays ou régions du monde qui ont le plus activement participé aux programmes, quelles sont leurs motivations, et quels types de projets ils ont privilégiés.

Les pays arabes, par exemple, ont particulièrement insisté sur la promotion de la littérature par le biais de la traduction et de la Collection d'œuvres représentatives, afin de valoriser leur patrimoine littéraire aux yeux de l'Occident ; les pays d'Afrique noire, eux, ont plutôt privilégié des manifestations autour du livre, des campagnes de lecture et d'alphabétisation, et ont influencé l'Unesco sur la mise en place des programmes de collecte et de valorisation des traditions orales.

Certaines activités ont aussi été conçues pour des régions spécifiques : la mise au point et la diffusion de textes de lecture en langues locales se sont effectuées en direction de l'Asie, en raison de la grande diversité des langues parlées sur le continent, ce qui nécessitait d'encourager la production et la publication de textes dans des langues très variées. D'autres manifestations, enfin, avaient au contraire une vocation universelle de rassemblement, comme l'Année internationale du livre (1972). Là encore, il est intéressant de voir quels sont les pays, les régions et les continents qui ont le plus participé à ces manifestations ou qui ont majoritairement bénéficié de leurs conséquences.

Cadre mondial ne signifie pas, en effet, que tous les États membres de l'organisation aient tiré profit d'une action ou participé à une branche du vaste programme de promotion du livre mené par l'Unesco. Dans ce sens, il est évidemment pertinent d'évaluer dans quelle mesure la volonté universaliste de l'Unesco s'est incarnée concrètement dans la réalité et quelles ont été les limites de ce modèle. Il est tout aussi intéressant de se pencher sur les « oubliés » de l'Unesco, et de comprendre les raisons historiques, économiques, politiques, culturelles ou idéologiques, qui ont poussé ces pays ou ces régions du monde à ne pas s'insérer dans le programme de l'organisation.

Autant que possible, nous avons ainsi essayé de poser un regard objectif sur un ensemble d'acteurs venus d'horizons très différents et sur un panel d'actions vaste et diversifié, allant de la traduction de grands textes littéraires à la mise en place d'instruments normatifs. Le « livre » à l'Unesco touche aussi à de nombreux sujets connexes, telles la lutte contre l'analphabétisme, les questions de documentation et de bibliographie, l'éducation (manuels et bibliothèques scolaires en particulier) ou encore la protection de la diversité linguistique. Nous avons tenté de restreindre cette étude au domaine du livre et du patrimoine littéraire (écrit et oral) proprement dit, bien que des références puissent être

---

[1] TOURNES, Ludovic. « L'histoire culturelle face au "tournant transnational" », in COHEN, Evelyne, GOETSCHEL, Pascale, MARTIN, Laurent, ORY, Pascal. *Dix ans d'histoire culturelle*. Villeurbanne : Presses de l'enssib, 2011, p. 251.

faites aux questions connexes lorsque cela est apparu nécessaire pour mieux comprendre et éclairer la politique du livre de l'Unesco.

Par ailleurs, une comparaison – même partielle – de l'action menée par l'Unesco avec celle de nombreux autres acteurs nationaux et internationaux dans le domaine du livre a été jugée primordiale. En effet, la politique de l'Unesco s'inscrit dans un cadre politiquement et économiquement complexe, et il est impossible de l'appréhender avec quelque objectivité sans se référer aux actions menées en parallèle – parfois en collaboration, ou au contraire en concurrence – par plusieurs grandes puissances (États-Unis, Grande-Bretagne, France et URSS notamment), par les grandes fondations américaines et par différents organismes spécialisés dans le domaine du livre à l'international.

La confrontation directe et permanente entre les documents officiels et les dossiers de correspondances conservés aux archives de l'Unesco permet de mesurer tout ce que l'organisation n'exprime presque jamais, ni dans les rapports et bilans officiels, ni dans les discours, ni dans les rapports annuels du directeur général, à savoir : les échecs, les doutes, les mécontentements, les retards, les tensions, les polémiques, les projets abandonnés ou repoussés à la dernière minute, les efforts de diplomatie parfois acrobatiques, bref tout ce qui nuirait à l'image lisse et sans faille que l'Unesco, comme la plupart des organismes, souhaite donner d'elle-même à l'extérieur. En bref, nous avons tâché de dresser, dans cet ouvrage, un panorama aussi complet que possible de la formation, de la mise en œuvre et de l'évaluation de la politique du livre de l'Unesco, dans une approche multidimensionnelle privilégiant les relations, les interactions et les circulations[1].

[1] WERNER, Michael, ZIMMERMANN, Bénédicte. « Penser l'histoire croisée. Entre empirie et réflexivité », in *Genre humain* n°42-43, 2004, p. 22 à 24.

Chapitre I

Retour à la préhistoire

L'Unesco, et les Nations-Unies dans leur globalité, ont vu progressivement le jour à partir de 1943 ; toutefois, leur origine apparaît plus ancienne, se rattachant en partie à la philosophie humaniste des Lumières et au concept, qui émerge alors en Europe, de paix universelle. En outre, si l'ONU constitue un ensemble cohérent de structures complémentaires, chacune d'entre elles dispose d'une grande souplesse, qui lui permet de s'adapter à ses objectifs particuliers. De ce point de vue, la création de l'Unesco apparaît comme le fruit d'un compromis diplomatique entre les vainqueurs de la Seconde Guerre mondiale, en particulier entre les deux conceptions personnifiées, d'un côté, par l'Institut International de Coopération Intellectuelle (conception française), de l'autre, par la Conférence des Ministres alliés de l'Éducation (conception anglo-saxonne).

Les aspirations à l'établissement d'une paix universelle

Déchirée pendant des siècles par les guerres, l'Europe de la Renaissance voit aux XVe et XVIe siècles l'apparition, chez certains penseurs, philosophes et scientifiques, d'une revendication de paix universelle et de nouvelle organisation de la société internationale. La philosophie des Lumières cherche le moyen de pacifier les relations entre les États et envisage une conception diplomatique de la paix avec « une sorte de congrès permanent des souverains, qui aurait un droit d'arbitrage[1] ». Dans les *Aventures de Télémaque* (1699), Fénelon se place dans la perspective d'une « sainte alliance modèle de toutes les paix », la guerre étant remplacée par la connaissance et le savoir.

En 1713, l'abbé de Saint-Pierre propose un *Projet pour rendre la paix perpétuelle en Europe* ; en 1784, Kant évoque l'idée d'une société des nations « dans laquelle chaque État, même le plus petit, pourrait attendre sa sécurité et ses droits, non de sa propre force ou de sa propre appréciation du droit, mais uniquement de cette grande Société des nations[2] ». Paradoxalement pourtant, l'idée de guerre ne semble pas remise en cause :

---

[1] VAÏSSE, Maurice. *La paix au XXe siècle*. Paris : Editions Belin, 2004, p. 10.

[2] KANT, Emmanuel. *L'Idée d'une histoire universelle au point de vue cosmopolitique*, Septième proposition, 1784, p. 12.

Alors que Clausewitz écrit, entre 1820 et 1830, une thèse brillante sur la guerre, sur la manière de la conduire et d'en faire un élément fondamental de la politique, rien n'est produit sur les techniques qui pourraient permettre d'établir la paix. Les rêves de paix ne séduisent au surplus pas les foules. Il n'y a que très peu d'esprits qui osent penser que les guerres, pourtant de plus en plus destructrices et meurtrières, pourraient, dans certains cas, être évitées[1].

Pourtant, l'intensification des relations internationales conduit à une coopération accrue entre États et entre individus par-delà les frontières nationales et s'accompagne de la montée d'un courant pacifiste en Europe, qui regroupe « pêle-mêle de grands bourgeois libéraux, des aristocrates aux relations multinationales, des intellectuels, des militaires reconvertis, des francs-maçons, des chrétiens, des féministes[2] » comme Zola, Anatole France, Romain Rolland. Dans son roman *Les amis passionnés*, H.G. Wells évoque en 1909 :

...la possibilité de créer une organisation internationale qui gérerait un fonds universel commun d'idées et de connaissances afin d'éveiller un sentiment universel de solidarité humaine, fondé sur ces « grandes armatures universelles : la science qui ne connaît ni limites de classe, ni de races, l'art qui parle à tous quel que soit le rang ou la nation, la philosophie et la littérature qui élargissent les sympathies et brisent les préventions » [...], un monde où tous les hommes sauraient lire et écrire et où les connaissances seraient universellement répandues[3].

En 1891 est établi à Berne un Bureau international de la Paix, chargé de coordonner l'ensemble du mouvement pacifiste autour de l'idée de « la paix par le droit ». La Convention sur le règlement pacifique des conflits internationaux (1899) et la Conférence de la Haye (1907) tentent aussi de limiter les ambitions politiques des grandes puissances afin d'assurer la paix et la stabilité. Cette construction d'un état de paix internationale se veut pragmatique et s'incarne dans la création progressive d'organisations à vocation technique à partir de la fin du XIXe siècle avec, dans le domaine littéraire, l'Association littéraire internationale (1878), l'Union pour la Protection de la Propriété littéraire et artistique (1884) et l'Union internationale bibliographique (1895). Cette dernière élabore un Répertoire bibliographique universel, travaille au développement de la classification décimale Dewey et convoque la première Conférence Internationale de Bibliographie et de Documentation en 1908.

Avec près de 500 organisations internationales répertoriées en 1914, une véritable administration internationale se met en place, « créant des habitudes de coopération sur le plan technique et préparant le terrain à une organisation internationale plus large[4] ». Celle-ci se concrétise, dès la fin de la Première Guerre mondiale, par la création de la Société des Nations (SDN) et du Bureau international du Travail.

---

[1] BERTRAND, Maurice. *L'ONU.* Paris : La découverte, 2000, p. 7.
[2] VAÏSSE, Maurice. *La paix au XXe siècle.* Op. cit., p. 20.
[3] PHILLIPS, Herbert. *Alphabétisation et développement.* Paris : Unesco, 1970, p. 63.
[4] GERBET, Pierre. *Les organisations internationales.* Op. cit., p. 15.

LE LIVRE, UN SUPPORT EN PLEIN DÉVELOPPEMENT

Avec l'apparition de la SDN et de l'Institut International de Coopération Intellectuelle (IICI) dans les années 1920, le domaine littéraire entre progressivement dans la catégorie des secteurs qui semblent nécessiter une nouvelle coopération des États et des peuples au plan international. Ce mouvement vient profondément transformer le rapport à l'écrit qui, de « privé », accède à une reconnaissance publique officielle.

Depuis l'invention de l'écriture dans le sud de l'Iraq (Sumer), différentes civilisations de l'écrit avaient, en effet, vu le jour plus ou moins simultanément à travers le monde, mais l'écrit demeure longtemps un support de communication, un outil employé dans les relations commerciales et la consignation des faits. Pendant plusieurs millénaires, il se développe lentement dans différentes directions et donne naissance à des littératures diverses, ayant peu ou pas de contacts entre elles : écriture cunéiforme au Proche-Orient, langue graphique en Chine, système hiéroglyphique en Égypte, sanskrit en Inde, alphabet grec... jusqu'à l'expansion planétaire du christianisme et de son support – l'alphabet latin – qui s'impose sur l'ensemble de la planète.

A partir de la Renaissance européenne, le domaine du livre se trouve bouleversé, tant au niveau de la production (statut de l'auteur, techniques d'imprimerie et d'édition), de la diffusion (librairies, bibliothèques, système scolaire) que de l'utilisation qui en est faite (démocratisation de la lecture, utilisation du livre pour l'éducation des masses). La création de l'imprimerie donne naissance à l'idée que le livre est désormais – et contrairement aux autres œuvres d'art – à l'abri des ravages du temps, et la puissance de l'écrit sacralisé « s'impose dorénavant, dans le messianisme des Lumières, sous la forme d'un absolu littéraire[1] ».

La Renaissance voit fleurir des bibliothèques partout en Europe et Leibniz introduit en Allemagne l'idée que la bibliothèque doit être mise sur le même pied que l'école. La France est la première à instituer le dépôt légal par le biais d'une Ordonnance rendue le 28 décembre 1537 par François Ier, qui « interdit de mettre en vente aucun "livre, volume ou cahier" avant qu'un exemplaire en eût été déposé à la bibliothèque de son château de Blois[2] ».

Parallèlement, le droit d'auteur devient une véritable préoccupation en Europe et aux États-Unis. En Grande-Bretagne, un acte en date du 10 avril 1710 évoque pour la première fois l'auteur dans un texte légal en faisant allusion à ses droits sur les exemplaires de son ouvrage (*An Act for the Encouragement of Learning, by Vesting the Copies of Printed Books in the Authors or Purchasers of such Copies, during Times therein mentioned*).

---

[1] BONNET, Jean-Claude. *Naissance du Panthéon : essai sur le culte des grands hommes.* Paris : Fayard, 1998, p. 59.

[2] IICI. *Le dépôt légal : son organisation et son fonctionnement dans les divers pays.* Paris : SDN, 1938, p. 11.

En France, Diderot défend la thèse selon laquelle l'œuvre est une propriété de l'auteur, perpétuelle et librement cessible à l'éditeur ; sa conception se nourrit d'influences à la fois philosophiques et politiques (succès des théories des droits naturels de l'individu), esthétiques (valorisation de l'originalité, retenue comme critère de définition juridique de l'œuvre de l'esprit) et socio-économiques (accroissement d'une demande liée à l'essor d'un public lettré, professionnalisation croissante de la création, revendication d'écrivains, auteurs dramatiques et compositeurs pour que soit reconnu et protégé leur métier). De leur côté, plusieurs États américains instituent le *copyright* dès 1783 et la première loi fédérale américaine sur le sujet est promulguée en 1790. La formation du droit d'auteur apparaît ponctuée de controverses :

> *Sa nature, son fondement et son régime ont suscité des réflexions théoriques approfondies. À travers elles, se dessinent schématiquement deux modèles antagonistes du droit d'auteur, l'un fondé sur la propriété privée, l'autre sur le contrat social*[1].

De son côté, Balzac fonde en 1836, avec Victor Hugo et d'autres écrivains, la Société des Gens de Lettres de France, qui contribue à surveiller, en France et à l'étranger, les intérêts des écrivains dont les œuvres sont reproduites et diffusées. Des groupes culturels se mobilisent peu à peu sous forme d'unions ou de conventions multilatérales pour la protection internationale des auteurs, jusqu'à l'adoption en 1928 d'une motion « adoptée par la Conférence de révision de la Convention de Berne [...] prévoyant enfin l'unification de la protection internationale à l'échelle mondiale[2] » du droit d'auteur.

Au XIXe siècle, la révolution industrielle s'accompagne par ailleurs d'innovations techniques qui viennent perfectionner les procédés d'impression : réalisation de la première presse entièrement métallique par Stanhope au XVIIIe siècle, invention de la linotype par Mergenthaler en 1884... Ces innovations rendent la production de livres plus facile et moins coûteuse avec l'imprimerie industrielle. Alors que les écoles et les supports imprimés se multiplient, les lieux de diffusion du livre deviennent nombreux et spécialisés. Aux États-Unis, des bibliothèques dynamiques et modernes sont conçues comme le complément indispensable au développement de l'industrialisation et à la complexification du monde économique ; ce sont des lieux au service de la communauté, où l'expérience de chacun doit pouvoir être complétée par des connaissances diversifiées et renouvelées afin d'accroître sa compétitivité[3].

Au Royaume-Uni, l'accès facile et gratuit au livre pour le grand public est encouragé dès le début du XIXe siècle ; résultant plus « de la bonne volonté éclairée du secteur des classes dirigeantes que de l'agitation révolutionnaire venue d'en bas[4] », le *Public Library Act* de 1850 marque ainsi la volonté politique d'encourager les masses à lire de bons livres. Les bibliothèques britanniques se

---

[1] PFISTER, Laurent, « Mort et transfiguration du droit d'auteur ? ». Op. cit., p. 8.
[2] Ibid., p. 111.
[3] BLACK, Alistair. *A New History of the English Public Library. Social and Intellectual Contexts, 1850-1914.* London: Leicester University Press, 1996, p. 201.
[4] KELLY, Thomas. *History of Public Libraries in Great Britain, 1845-1965.* Londres: The Library Association, 1973, p. 3. Traduit de l'anglais.

développent en s'inspirant du modèle américain : classification Dewey, professionnalisation du personnel, lien étroit établi entre les bibliothèques et le développement de l'industrialisation et de l'économie... Les bibliothèques britanniques prônent deux types de lecture pour le peuple : d'une part les lectures « sérieuses » et productives (dont le but est d'accroître connaissances et compétences processionnelles), d'autre part les lectures récréatives (qui doivent se baser sur de « bons » livres dans une tradition morale et religieuse)[1].

En France, Jean Macé crée le *Cercle Parisien de la Ligue française de l'enseignement* en 1866 et souligne le lien entre bibliothèques et enseignement populaire. Les bibliothèques populaires ont « l'espoir et la volonté d'éduquer le peuple grâce à la lecture éducative des bons livres [...qui] lui donnera, outre la maîtrise du lire et de l'écrire, l'accès à un nombre limité d'œuvres bien choisies et en fera un citoyen à part entière[2] ».

Les premières formations professionnelles à la bibliothéconomie font leur apparition : à Vienne en 1864, à Paris en 1869, à Londres en 1877, aux États-Unis en 1883. Aux États-Unis, où les bibliothécaires sont perçus comme des éducateurs, une organisation professionnelle voit le jour en 1876 : l'*American Library Association* (ALA). Durant l'entre-deux-guerres, le réseau professionnel se renforce tandis que les bibliothèques se multiplient ; en 1933, on dénombre aux États-Unis 10 937 bibliothèques publiques possédant un total de 162 000 000 volumes[3].

En France, la situation des bibliothèques évolue lentement. Le Comité américain pour les régions dévastées (CARD) y relance, à partir de 1917, des bibliothèques itinérantes modernes, ainsi que la bibliothèque « L'Heure joyeuse » à Paris ; une Ecole de bibliothécaires, financée par l'ALA, est aussi mise sur pied dans la capitale[4]. Une série de résolutions relatives à la lecture publique sont prises dans les années 1930 : une trentaine de bibliothèques municipales passent sous la responsabilité de l'État (loi du 21 juillet 1931) et un diplôme technique de bibliothécaire – distinct de celui d'archiviste – est institué en 1932[5]. En juillet 1936 est créée une Association pour le développement de la lecture publique afin de rapprocher les professionnels du livre et de l'éducation et les acteurs politiques.

En URSS, la lecture connaît un essor considérable après la révolution ; à la fin des années 1930, on y compte plus de 47 615 bibliothèques enfantines, 45 219 bibliothèques de masses et 7 151 bibliothèques d'associations professionnelles ; on traduit pour les ouvriers de nombreux livres techniques et de nombreux chefs-d'œuvre des littératures étrangères[6].

---

[1] BLACK, Alistair. *A New History of the English Public Library*. Op. cit., p. 202.

[2] POULAIN, Martine (dir). *Les bibliothèques publiques en Europe*. Paris : Editions du Cercle de la Librairie, 1992, p. 160.

[3] IICI. *Bibliothèques populaires et loisirs ouvriers*. Paris : SDN/IICI, 1933, p. 17.

[4] SUREL, Yves. *L'État et le livre*. Op. cit., p. 159.

[5] POULAIN, Martine (dir). *Les bibliothèques publiques en Europe*. Op. cit., p. 162.

[6] EHRENBOURG, Ilya. « Le chemin du siècle », in *La culture est-elle en danger ?* Neuchâtel : Editions de la Baconnière, 1955, p. 64.

Hors d'Europe, les bibliothèques modernes restent rares, et seule l'Inde apparaît en avance sur ce terrain : la plupart des bibliothèques y sont regroupées au sein de l'Association des bibliothèques publiques des Indes, fondée en 1923. Si la tradition écrite est pluriséculaire en Inde, la multiplication des bibliothèques date de la période coloniale. Durant ses études en Grande-Bretagne, le bibliothécaire Shiyali Ramamrita Ranganathan (1892-1972) repère quant à lui les failles de la classification Dewey et conçoit une nouvelle méthode organisationnelle, qu'il finalise en 1933, sous le nom de système de classification à facettes. Dès les années 1930, l'Inde encourage aussi la production d'une littérature simple à destination des bibliothèques populaires et l'emploi de bibliobus pour desservir les zones rurales[1]. En 1945, le réseau de bibliothèques indien peut donc rivaliser – en nombre, si ce n'est en organisation – avec bon nombre de pays européens.

En ce qui concerne la formation des bibliothécaires, les disparités demeurent très grandes au milieu du XXe siècle, y compris en Europe, et la formation de bibliothécaire reste souvent perçue comme une formation professionnelle continue plutôt que comme un examen universitaire.

Toutes ces transformations en Occident accompagnent des changements économiques et politiques majeurs (avènement de la démocratie, révolution industrielle notamment) et aboutissent au XXe siècle à une situation du livre très particulière, un modèle occidental que l'Unesco aura à cœur de promouvoir à l'échelle planétaire.

Au plan international, les États-Unis jouent un rôle moteur en adoptant le 22 octobre 1926 à Washington une résolution afin d'encourager la coordination mondiale des bibliothèques. Un comité international, composé de bibliothécaires de 9 pays européens élabore un projet de statuts pour la création d'une fédération à Édimbourg le 30 septembre 1927. En juin 1929 a lieu le premier Congrès mondial de bibliothécaires en Italie (Rome et Venise) organisé par la Fédération internationale des Associations de bibliothécaires (FIAB). Cette dernière est divisée en sous-commissions thématiques et comprend un Comité international des bibliothèques, qui se réunit régulièrement et adopte des résolutions, comme la « Résolution Collijn concernant le maintien, malgré la crise mondiale, des ressources allouées aux bibliothèques » (1932-1933). Exclusivement européennes, les réunions du Comité ont lieu à Rome-Florence-Venise (Italie) en 1929, à Stockholm (Suède) en 1930, à Cheltenham (Angleterre) en 1931, à Berne (Suisse) en 1932, à Avignon (France) en 1933, à Madrid (Espagne) en 1934 et 1935, à Paris (France) en 1937, à Bruxelles (Belgique) en 1938 et à La Haye-Amsterdam (Pays-Bas) en 1939.

Présidée dans l'entre-deux-guerres successivement par le Suédois Isak Collijn, l'Américain William Warner Bishop et Marcel Godet, la FIAB entretient dès

[1] IICI. *Mission sociale et intellectuelle des bibliothèques populaires*. Op. cit., p. 48-56.

l'origine des liens étroits avec l'IICI[1], qui perdureront avec l'Unesco. Dans une lettre adressée à Isak Collijn le 14 août 1930, Henri Bonnet évoque, la « collaboration si efficace qui a toujours existé » entre la FIAB et l'IICI. Un représentant de l'IICI participe chaque année à la réunion du Comité international des bibliothèques de la FIAB.

Toutefois, si la FIAB se veut une association internationale, elle demeure, comme l'IICI, avant tout occidentale, tant pour des questions de niveau de développement des réseaux professionnels ailleurs dans le monde que pour des questions d'habitude de coopération, de langue, de moyens financiers (quel intérêt d'adhérer à une association si l'on n'a pas les moyens d'envoyer un représentant aux rencontres, qui ont lieu en Europe ?), mais aussi sans doute pour des raisons de politique d'influence (comparativement, peu de livres sont alors publiés hors d'Europe et d'Amérique et les livres sont lus majoritairement dans cette zone) et d'ignorance (teintée d'un fort européocentrisme) sur ce qui peut exister dans le reste du monde et ne se présente pas sous la forme de « bibliothèques modernes » à l'occidentale.

En 1937, un représentant de l'Institut international de documentation (IID) est pour la première fois invité à une réunion du Comité international des bibliothèques, sachant que les dates de la réunion ont été choisies pour coïncider avec le Congrès Mondial de la Documentation Universelle[2]. Ce rapprochement timide entre bibliothécaires et documentalistes se poursuivra les années suivantes, un représentant de la Fédération internationale de documentation (FID) étant invité à présenter les activités de cette structure au Comité international des bibliothèques à Bruxelles en 1938[3]. Cependant, un *Guide de la documentation,* élaboré par l'IICI entre 1934 et 1936, ne sera pas publié à cause de divergences entre bibliothécaires et documentalistes... Les relations resteront toujours difficiles et les conceptions divergentes, comme ont pu le constater l'IICI puis l'Unesco.

Les échanges internationaux dans le domaine des bibliothèques s'intensifient dans l'entre-deux-guerres malgré la montée des tensions internationales, car la FIAB se développe sur la base d'une coopération de type technique et apolitique. En mai 1939, il est par exemple envisagé que le 3ème Congrès international des bibliothèques et de bibliographie se déroule en Allemagne en 1940 malgré la crise des Sudètes...

Dès cette époque, l'envoi d'experts et consultants américains et britanniques à l'étranger pour aider à la mise en place de bibliothèques sur le modèle américain est fréquent. Ainsi, la *Carnegie Corporation de New York* envoie des bibliothécaires en Afrique de l'Est, de l'Ouest et du Sud, dans les Indes occidentales, en Australie et en Nouvelle-Zélande, en lien avec son programme

[1] Voir Archives IICI, dossier D.III.24.
[2] Voir le programme de la 10ème session. Archives IICI, dossier D.III.24.
[3] Voir Archives IICI, dossier D.III.24.

d'aide au développement des bibliothèques outre-mer[1]. En parallèle, la France fonde l'Association des bibliothèques des pays d'Afrique subsaharienne en 1930 afin de contribuer au développement des bibliothèques dans cette région du monde.

Face à ce formidable développement, relayé par l'Unesco à partir de 1945, les autres branches de l'écrit apparaissent en retrait. Libraires et éditeurs ont des contacts peu fréquents entre eux au-delà des frontières nationales. Toutefois, ils commencent à s'organiser en réseaux en Occident : l'Association internationale des éditeurs, créée en 1896 à Paris, composée majoritairement d'Européens, s'intéresse principalement aux questions de droit d'auteur, en particulier à la Convention de Berne, ainsi qu'à la défense de la liberté d'expression et de publication.

Du côté des écrivains, la situation évolue à partir de la création en 1921 du Pen Club à Londres sous l'influence des Anglo-Saxons[2]. Le Pen Club « rassemble les écrivains épris de paix et de liberté, soucieux de défendre les valeurs de l'esprit contre toutes les emprises de totalitarisme, de chauvinisme et de fanatisme[3] ». Rapidement, les écrivains français sont incités par le Quai d'Orsay à y jouer un rôle actif afin « de ne pas laisser aux seuls écrivains et penseurs anglo-saxons le monopole de la défense des valeurs culturelles[4] ». Ainsi se crée une section française, animée par Paul Valéry et Julien Cain. Ce dernier aura une influence importante à l'Unesco. Né au sein d'une famille d'imprimeurs à Montmorency, Julien Cain (1887-1974) devient enseignant après avoir obtenu l'agrégation d'histoire en 1911. Il suit ensuite des études à l'Ecole du Louvre et se retrouve affecté au ministère des Affaires étrangères à l'issue de la Première Guerre mondiale, puis devient en 1927 directeur du cabinet de président de la Chambre des députés Ferdinand Buisson. Il est enfin et surtout administrateur de la Bibliothèque nationale de 1930 à sa retraite en 1964 (avec une interruption entre 1940 et 1945).

Au moment où se crée l'Unesco, le monde des professionnels du livre apparaît est ainsi très morcelé. Les écrivains forment un ensemble peu homogène tant leurs conditions de vie et de création, mais aussi leurs philosophies, sont différentes à travers le monde, depuis les « intellectuels engagés » à la française jusqu'aux nouveaux écrivains des pays émergents de tradition orale, en passant par ceux issus de grandes civilisations de l'écrit qui luttent pour une écriture moderne et pour une liberté d'expression à l'occidentale face au conservatisme et à la censure. L'un des seuls rassemblements internationaux significatifs d'écrivains de l'époque sera le Congrès international des écrivains pour la défense de la culture (juin 1935) ; mais ce Congrès marque plus le déchirement de la profession en deux camps (pour ou contre l'engagement des écrivains en politique) qu'une volonté unificatrice.

---

[1] PARKER, J. Stephen. « The overseas library consultant », in *Library Review*, Vol. 28 Issue 4, 1979, p. 214–225, sur le site http://www.emeraldinsight.com.

[2] SIRINELLI, Jean. « La préhistoire de l'Unesco », in FONTAINE, Jacques (dir.), B*icentenaire de l'Institut de France (1795-1995)*. Paris : Fayard, 1995, p. 491.

[3] BRUNSVICK, Yves. « Un demi-siècle de relations entre des membres de l'Institut et l'Unesco », in FONTAINE, Jacques (dir.), B*icentenaire de l'Institut de France (1795-1995)*. Op. cit., p. 501.

[4] Ibid., p. 502.

De toutes les corporations, celle des bibliothécaires apparaît alors comme la plus puissante. Dégagée de tout objectif marchand, se présentant comme un pilier de l'éducation des masses et comme le complément indispensable à la formation initiale et continue, la bibliothèque a vocation à prendre une place importante dans ce qui constitue les prémisses d'une toute nouvelle « politique du livre » menée à l'échelle mondiale par des fonctionnaires internationaux travaillant pour « l'intérêt général » au sein de l'IICI. C'est ainsi que les années 1920, avec la mise en place de la SDN et de l'IICI, voient pour la première fois la constitution d'une nouvelle forme d'intervention publique, destinée à encourager la publication, la diffusion et la circulation du livre dans le monde.

L'Institut international de coopération intellectuelle

Le développement de la coopération internationale, au lendemain de la Première Guerre mondiale, constitue à la fois la continuation du mouvement de rapprochement international d'avant-guerre et une réponse à l'ampleur des massacres, sans précédent dans l'histoire de l'humanité. Les États-Unis font irruption sur la scène internationale lorsque et Wilson expose son plan de paix le 27 mai 1916 ; son initiative, qui aboutit à la création de la Société des Nations, a pour objectif « la nécessité d'assurer un passage de l'état de nature à la société internationale organisée, fondée sur le règne du droit[1] ». La SDN puise aussi son origine dans les projets de paix perpétuelle et les utopies politiques, les efforts des ligues américaines pour renforcer la paix et une vague d'opinion internationale pacifiste après guerre. Fondée « sur une croyance en l'homme, sur une certaine conception de l'homme, qui implique confiance dans l'intelligence de l'homme[2] », la SDN est cependant dès le départ déséquilibrée avec un grand nombre d'États européens, mais aucun pays colonial à part l'Inde. Intergouvernementale, elle est « conservatrice, résolument, en théorie comme en pratique, [...] conçue comme un instrument de garantie des situations acquises[3] ».

Au départ, le pacte de la SDN ne contient aucune disposition sur la coopération intellectuelle, car l'organisation est soupçonnée « des plus noirs desseins. [...] En appeler aux éducateurs, traiter des problèmes d'enseignement, c'était pour certains milieux attenter aux privilèges des États, et, pour d'autres, aux droits des libres collectivités et des familles mêmes[4] ». Plusieurs pays, dont la Grande-Bretagne, se montrent particulièrement hostiles ; ils soupçonnent derrière ce projet « l'impérialisme culturel de la France sous son masque d'universalisme » et considèrent « l'éducation comme relevant directement de la

---

[1] DUPUY, René-Jean. *La Communauté internationale entre le mythe et l'histoire*. Paris : Economica-Unesco, 1986, p. 15.

[2] Paul Valéry, « Note sur les Entretiens », 25 fév. 1936. Archives IICI, dossier F.I.38.

[3] SCELLE, Georges. *Le sens international*. Paris : PUF, 1942, p. 44.

[4] BONNET, Henri. « La Société des Nations et la coopération intellectuelle », in *Cahiers d'histoire mondiale*, 1966, volume X, n°1, p. 199-200.

seule souveraineté nationale, et la culture comme échappant à l'intervention des États aussi bien associés que seuls[1] ».

Le Français Léon Bourgeois – plusieurs fois ministre de l'instruction publique et des affaires étrangères sous la IIIe République, membre de l'Académie des sciences morales et politiques et prix Nobel de la Paix en 1920 – propose pourtant, en 1921, de désigner une commission pour l'étude des questions de coopération intellectuelle. Le 4 janvier 1922 est officiellement créée une Commission internationale de coopération intellectuelle (CICI), organe consultatif auprès du Conseil de la SDN. Son rôle est de créer une opinion publique éclairée, de dégager les éléments d'une conscience universelle capable de renforcer l'organisation et de consolider l'action menée en faveur de la paix. Le Britannique Gilbert Murray souligne devant l'Assemblée « l'efficacité morale de l'œuvre à entreprendre et la solidarité que donnerait à la Société des Nations la formation d'une conscience universelle[2] ». Cette période de l'entre-deux-guerres apparaît ainsi comme « celle d'une émergence et d'une consolidation sans précédent des mouvements de coopération intellectuelle[3] », en réaction contre le nationalisme et les difficultés économiques.

Le 1er août 1922, 12 personnalités se réunissent à Genève afin d'étudier les questions de coopération intellectuelle internationale[4]. Dès sa 1ère session, la CICI attire l'attention sur les conditions déplorables de la vie intellectuelle, notamment en Autriche et en Pologne. Ses activités débutent avec 3 sous-commissions, chargées d'étudier les questions de bibliographie, de coopération interuniversitaire et de propriété intellectuelle. Mais la CICI, présidée par le philosophe français Henri Bergson, se réunit rarement, et son action concrète est quasi inexistante puisqu'elle ne dispose que d'un seul fonctionnaire. Le projet d'instaurer un dépôt alimentant un échange international de publications se heurte par exemple « à des difficultés techniques insurmontables[5] ».

Un autre projet, consistant à concevoir une ou plusieurs bibliothèques mondiales formées à l'aide d'un dépôt légal international obligatoire, est lui aussi jugé irréalisable et abandonné au profit d'une meilleure coopération entre les bibliothèques existantes. La CICI encourage aussi les échanges internationaux de publications, incite ses États membres à adhérer aux Conventions de Bruxelles sur le sujet (1886) et procède à une révision de ces conventions. Le 28 juillet 1924, elle rappelle dans un rapport :

> *Le Comité a considéré comme une de ses tâches principales de faciliter l'extension des échanges de publications à tous les pays civilisés, la Convention de 1886 n'ayant été acceptée jusqu'à présent que par 20 États. Or, il résultait clairement des expériences antérieures de la Commission de coopération intellectuelle qu'un grand nombre de pays, ceux notamment dont la production littéraire était la plus considérable, n'adhéreraient*

---

[1] SIRINELLI, Jean. « La préhistoire de l'Unesco ». Op. cit., p. 491.
[2] BONNET, Henri. « La Société des Nations et la coopération intellectuelle ». Op. cit., p. 201.
[3] BELLOC, Chloé. *Le CIPSH (1947-1955), Idéal et réalité d'un engagement scientifique et intellectuel.* Paris : Université Panthéon–Sorbonne, 2005, p. 26.
[4] GALABERT, Henri. *La commission de coopération intellectuelle de la SDN.* Op. cit., p. 50-51.
[5] IICI. *Le dépôt légal : son organisation et son fonctionnement dans les divers pays.* Op. cit., p. 15.

jamais à la Convention de 1886, dont l'article 2 exige de ses signataires l'échange obligatoire de toutes leurs publications officielles[1].

La paralysie de la CICI incite le gouvernement français à proposer le 24 juillet 1924 de fonder un institut « afin de procurer à la Commission avec le budget et les locaux nécessaires, les moyens d'étude et d'action qui lui [font] encore défaut[2] ». Présenté par Aristide Briand, le projet est approuvé le 13 décembre 1924 ; l'IICI, officiellement créé par la loi du 9 juillet 1925, commence à fonctionner dans l'aile Montpensier du Palais-Royal à Paris. L'article 2 de son statut organique stipule :

L'institut a pour objet de préparer les délibérations de la Commission de coopération intellectuelle, de poursuivre dans tous les pays l'exécution des décisions et recommandations de cette Commission et de travailler, sous la direction de cette Commission et par tous les moyens en son pouvoir, aux progrès de l'organisation du travail intellectuel dans le monde par la collaboration internationale[3].

Si le statut de cet institut est international, c'est la France qui supporte l'essentiel de ses dépenses ; financièrement indépendant de la SDN, l'IICI dispose d'un budget annuel modeste, environ cent mille dollars en moyenne (deux millions de francs)[4]. Présidé par les Français Jean Luchaire (1926-1931) puis Henri Bonnet (1931-1940), l'IICI est un rassemblement d'universitaires, intellectuels et académiciens, dont plusieurs membres de l'Institut de France. Ce dernier joue ainsi un rôle essentiel dans la « préhistoire » de l'Unesco à travers quatre de ses membres : « Henri Bergson qui formule la demande, Edouard Herriot, président du Conseil, qui l'accepte, Julien Luchaire qui en définit les principes et Paul Painlevé qui assurera la première présidence de l'organisme[5] ».

Les intellectuels constituent la pierre angulaire de la théorie de Paul Valéry sur le rôle d'une « société des esprits » et le fait que « toute tentative pour substituer, dans le domaine politique, les règles de la raison aux combinaisons de l'intérêt et au désordre des passions est vouée à l'incertitude et à la caducité, si elle ne repose sur l'accord fondamental des intelligences[6] ». De la variété des cultures et des intellectuels doit naître une émulation et une tolérance bienvenues dans un climat politique tendu :

La Société des Nations souhaite pouvoir grouper autour d'elle les hommes les plus capables d'éclairer la conscience universelle et de s'éclairer mutuellement, à une heure particulièrement grave de la vie du monde. Elle n'a jamais espéré établir entre les pensées des hommes une harmonie faite d'unité, et peut-être de monotonie. Ce n'est pas souhaitable. Il est bon que les idées soient différentes selon les hommes, les âges, les

---

[1] Travaux du Comité des experts pour l'échange international des publications, SDN, Genève, 17-19 juillet 1924. Archives Unesco, dossier 02 A 855.

[2] La Société des Nations et la coopération intellectuelle, doc, SDN, C825 (I) M 280, 1924, n°XII, p. 42, cité par KONISHI, Masanobu in *Les rapports de l'Unesco avec l'ONU et les autres institutions spécialisées*. Op. cit., p. 15.

[3] « Statut organique de l'Institut », in COWELL, F.C « Planning the Organization of Unesco », in *Cahiers d'histoire mondiale*, 1966, volume X, n°1, p. 243-246.

[4] BONNET, Henri. « La Société des Nations et la coopération intellectuelle ». Op. cit., p. 202.

[5] SIRINELLI, Jean. « La préhistoire de l'Unesco ». Op. cit., p. 492.

[6] VALERY, Paul (dir.). *Pour une société des esprits*. Paris : IICI, 1933, p. 13.

conditions et les milieux, et il n'existe pas qu'un seul art de penser. Mais il importe extrêmement que ces précieuses nuances ne se réalisent pas comme obstacles, qu'elles ne se durcissent pas dans l'isolement, qu'elles ne deviennent pas impénétrables aux échanges[1].

Certains intellectuels semblent parfois placer des espoirs démesurés dans la SDN, comme, par exemple, l'intellectuel chinois Tsaï Yuan Peï qui considère que la SDN est « consacrée à l'établissement d'une nouvelle conception de l'ordre mondial ; c'est un instrument qui doit extirper la malhonnêteté, la malveillance, l'iniquité, le mépris de la personne humaine de la politique des nations[2] ».

Contesté à partir de 1926 et réformé en 1930, l'IICI connaît des jours difficiles. Alors que les États – y compris la France – envisagent la culture surtout comme un outil diplomatique et ont du mal à accepter une organisation internationale qui affirme son autonomie et ses compétences face à leur souveraineté nationale, l'IICI tente de favoriser un état d'esprit pacifique grâce à l'enseignement et à un « désarmement moral » passant par exemple par une révision des manuels scolaires. Malgré un contexte difficile, ses réalisations ne sont pas négligeables dans le domaine de l'écrit, des bibliothèques et du droit d'auteur, et un grand nombre de ses projets seront repris par l'Unesco.

Dans le domaine de la traduction et de la publication, l'IICI se propose dès 1926 d'étudier le projet d'une sorte d'Office central de la traduction et du droit d'auteur :

En ce qui concerne la traduction, à partir de 1927, elle poursuit une enquête statistique, dresse une liste des maisons d'édition qui publient des traductions et recueille des données sur le nombre et la nature des traductions faites dans chaque pays, et en 1928, elle institue une collaboration régulière avec la Fédération des PEN Clubs et travaille à établir une bibliographie courante des traductions. Cependant, pour des raisons pratiques de faisabilité, l'IICI abandonne en 1931 son projet d'établir un « fichier des traducteurs ». Il se penche en revanche sur deux questions : « les garanties en matière de traduction qui peuvent être données aux auteurs traduits et l'établissement d'une bibliographie internationale des traductions[3].

A partir de 1932 est publié un répertoire international des traductions, intitulé *Index Translationum*, qui s'étoffe peu à peu même s'il reste exclusivement occidental. En 1933, l'*Index* couvre les traductions parues en Allemagne, Espagne, États-Unis, France, Italie et Royaume-Uni. En 1934, il s'élargit au Danemark, à la Hongrie, à la Norvège, à la Suède, à la Tchécoslovaquie et à l'Union soviétique. Un représentant de l'IICI assiste aussi régulièrement aux congrès tenus par la Fédération des PEN Clubs.

Par ailleurs, à la suite d'une initiative d'intellectuels d'Amérique latine, l'IICI réunit le 15 mars 1927 les délégués des États d'Amérique latine qui nomment un Comité technique de publication, chargé à partir de juillet 1928 de publier une Collection ibéro-américaine proposant des œuvres de littérature (contes,

---

[1] Ibid.

[2] Lettre de Tsaï Yuan Peï à Paul Valéry, publiée in VALERY, Paul (dir.). *Pour une société des esprits*. Paris : IICI, 1933, p. 63.

[3] RENOLIET, Jean-Jacques. *L'Institut international de coopération intellectuelle*. Op. cit., p. 865.

romans, nouvelles)[1]. A partir de juillet 1931, le comité de publication se compose d'un groupe d'experts présidé par l'écrivain, historien et intellectuel suisse Gonzague de Reynold.

En 1932, ce Comité comprend l'éducatrice, diplomate, féministe et poète chilienne Gabriela Mistral ; le diplomate, poète et traducteur cubain Mariano Brull ; le professeur de littérature portugais Georges Le Gentil ; l'universitaire uruguayen et directeur du « Groupement des universités et grandes écoles de France pour les relations avec l'Amérique latine » Raymond Ronze ; l'historien, spécialiste de littérature espagnole et fondateur de l'Institut d'Études hispaniques à Paris Aurelio Viñas ; ainsi que Dominique Braga, fonctionnaire de l'IICI et secrétaire général du Comité de publication. Fin 1932, Mariano Brull est remplacé par le Mexicain Jaime Torres Bodet, futur directeur général de l'Unesco.

Composé de personnalités reconnues, le comité se réunit régulièrement à Paris, débat longuement des titres à traduire et des traducteurs auxquels faire appel. Il demande aussi les conseils de spécialistes des œuvres qu'il envisage de traduire. Le fonctionnement de la Collection ibéro-américaine semble représentatif du fonctionnement de l'IICI : il se caractérise par de faibles moyens financiers, un grand souci de la qualité des textes choisis comme de celle de la traduction – qui se traduit aussi par la lenteur des réalisations – et un francocentrisme prononcé. Douze titres seulement sont publiés entre 1930 et 1939, uniquement en langue française, et proviennent des seuls États capables d'accorder un soutien financier au projet. Deux projets de publication sont d'ailleurs abandonnés faute de subventions, le *Théâtre choisi* de l'Uruguayen Florencio Sanchez et les *Essais* de l'Équatorien Montalvo. Par ailleurs, certaines subventions sont dépensées bien après avoir été versées, car la traduction et la publication d'un ouvrage prennent en général plusieurs années…

Le public visé par la collection n'est européen qu'en théorie ; en réalité, c'est surtout le lectorat français qui est recherché, comme l'illustre la remarque de Le Gentil qui, proposant au comité d'entamer la traduction du *Don Casmurro* de Machado de Assis, précise qu'« indépendamment de la valeur intrinsèque de l'ouvrage, le caractère de celui-ci plaira certainement en France[2] ». Le comité de publication est guidé par deux principes : ne jamais s'occuper de problèmes politiques et garder toute latitude pour le choix des œuvres à publier.

Pour la série littéraire de la Collection comme pour celle consacrée au folklore (et illustrée), l'IICI recherche activement le soutien des États concernés. Il reçoit au total des contributions financières de six gouvernements sud-américains. Le Chili verse une subvention de 36 874 francs en 1928 ; le Brésil une subvention de 86 316 francs (pour la publication de 4 volumes) en 1929 ; le Venezuela une subvention de 77 212 francs en 1930 ; l'Argentine une subvention de 60 266 francs (pour 2 volumes) en 1930 ; le Pérou une subvention de 10 500 francs (1er versement) en 1937 ; l'Uruguay une subvention

[1] Voir Archives IICI, dossier F.I.38.
[2] Procès-verbal de la réunion du 29 mars 1932, p. 5. Archives IICI, dossier F.I.38.

de 30 467 francs en 1937. Puis l'Argentine verse une seconde subvention en 1938 pour la publication du poème épique *Martin Fierro* d'Hernandez. Certaines subventions gouvernementales peuvent être très longues à obtenir, comme le montre l'exemple du Pérou (qui verse en 1937 une subvention après six années de pourparlers et de relances), voire ne jamais aboutir. Et si Gonzague de Reynold juge que le versement d'une subvention par un État pour un écrivain qui ne serait pas son ressortissant « constituerait un acte splendide de solidarité qui devrait être évoqué dans la préface de l'ouvrage traduit[1] », il semble bien que ce cas ne se soit jamais produit…

Par ailleurs, l'IICI reçoit un soutien financier de la part du Comité Hostos à Porto-Rico en 1933 (subvention de 17 580 francs pour la publication des *Essais* d'Hostos) et du Comité Marti à Cuba en 1932 ; créé à La Havane sur l'initiative de Gabriela Mistral, ce dernier accorde une subvention de mille dollars pour la publication des œuvres de José Marti. Enthousiasmé par cette réussite, l'IICI souhaite la création de comités similaires dans d'autres pays comme l'Uruguay, mais apparemment sans succès.

L'IICI n'hésite pas enfin à solliciter les particuliers, en France et en Amérique latine, par le biais d'appels à souscription. La détérioration de la situation économique dans les années 1930 rend cependant la publication de la collection de plus en plus difficile :

> *Par suite de la dévaluation et de la hausse considérable des prix du papier et de l'impression en France, les ouvrages ne peuvent être établis aux mêmes conditions qu'autrefois. Il faut compter dorénavant au minimum 22 000 francs pour la traduction et l'impression d'un volume de 250 pages, tiré seulement à 1 200 exemplaires et sans tirage de luxe. Si l'on augmente un peu le tirage et si l'on prévoit quelques exemplaires sur pur fil il faut compter 25 000 francs, d'autant que des augmentations de prix peuvent encore survenir*[2].

Malgré ces limites, la collection ibéro-américaine connaît un accueil très favorable à la fois de la presse, du public, des États latino-américains concernés et des milieux de la SDN. Le succès est tel qu'en décembre 1938, la commission américaine envisage de traduire quelques titres en anglais.

Suite à une demande d'intellectuels japonais en 1935, le Japon accorde de son côté son soutien financier au lancement d'une collection japonaise sur le même principe. La première réunion du Comité préparatoire rassemble le 26 novembre 1935 à Paris le Français Charles Haguenauer, linguiste, ethnologue et professeur de japonais ; le Suisse Michel Revon, avocat, historien et traducteur, spécialiste de la civilisation japonaise ; et quatre personnes de l'IICI, dont son directeur Henri Bonnet. Ce dernier insiste sur le fait « qu'il ne s'agit pas seulement de publier des ouvrages purement littéraires, mais aussi des ouvrages historiques, philosophiques, etc. qui pourraient donner une idée de la mentalité et de la culture japonaises » tout en rappelant que « l'Institut n'est autorisé à

[1] Procès-verbal de la réunion du 21 déc. 1933, p. 10. Archives IICI, dossier F.I.38..

[2] « Collection ibéro-américaine – généralités », 1938. Archives IICI, dossier F.I.38.

entreprendre que la publication des classiques japonais : poésies, contes, légendes, romans, théâtre[1] ».

La collection (et notamment par le premier numéro prévu, un luxueux recueil de Haïkus de Bashô et de ses disciples) est destinée non pas au grand public, mais à une élite. Le bilan de la première publication est jugé positif (300 exemplaires vendus en moins d'un an, dont une cinquantaine au Brésil) et des efforts de communication sont envisagés pour mieux faire connaître la collection – notamment des dépôts chez de grands libraires de Londres, Hanoï, Saigon et Shanghai et la mise en place de prospectus promotionnels dans les volumes de la collection ibéro-américaine. L'européocentrisme de la collection est là aussi très accentué ; Henri Bonnet accepte par exemple la publication de l'ouvrage écrit directement en anglais par le Japonais M. Anesaki, *L'Art, la Vie et la Nature au Japon* en observant :

> *Il est intéressant du fait qu'il s'adresse exclusivement au public européen. Pour le rapprochement du Japon avec l'Occident, il est important de publier des œuvres montrant les différents côtés de la civilisation de ce pays, et on peut dans certains cas publier des ouvrages écrits directement en français ou en anglais, notamment en ce qui concerne les livres de synthèse*[2].

L'objectif affiché de la collection japonaise est d'« aider à promouvoir la compréhension mutuelle entre les nations et ainsi contribuer indirectement à l'établissement de la paix internationale[3] », mais les 3 volumes publiés entre 1936 et 1939 et l'accord financier passé en juillet 1935 avec le Japon, alors État militaire, totalitaire et impérialiste, ont ensuite été vivement reprochés à l'IICI, accusé de servir les efforts de propagande du gouvernement japonais[4]. Toutefois, le versement de la subvention par le Japon, la publication du premier volume de la collection japonaise et le lancement des deux traductions des volumes suivants ont lieu en 1935-1936 – c'est-à-dire avant que le Japon n'envahisse massivement la Chine.

A partir de 1926, l'IICI développe également un réseau de relations auprès d'institutions et de personnalités (spécialistes de littératures étrangères et critiques). Il suit les travaux du Congrès international des critiques dramatiques et musicaux, entre en relation permanente avec la Société universelle du Théâtre, établit la liste des associations littéraires des différents pays, et développe des relations avec l'Association littéraire et artistique internationale et avec l'Organisation internationale des éditeurs. Il entreprend aussi des enquêtes sur plusieurs sujets, par exemple « les obstacles qui s'opposent à la diffusion internationale du livre », en adressant un questionnaire aux présidents des associations de librairies et aux directeurs des grandes librairies d'importation et

---

[1] Procès-verbal de la réunion du Comité préparatoire de la collection japonaise tenue le 26 nov. 1935, p. 1. Archives IICI, dossier F.XV.1.

[2] Procès-verbal de la réunion du Comité de la collection japonaise tenue le 6 novembre 1936 à l'Institut. Archives IICI, dossier F.XV.1.

[3] Lettre de Bonnet au Kabayama, 8 janvier 1935. Archives IICI, dossier F.XV.1.

[4] RENOLIET, Jean-Jacques. *L'Institut international de coopération intellectuelle.* Paris : Université de Paris I, 1995, p. 865.

d'exportation[1]. L'IICI s'intéresse aussi au théâtre, au développement du goût de la poésie dans l'enseignement, etc.

L'une de ces enquêtes porte sur les bibliographies générales et les traductions et conduit à « la publication annuelle d'une liste succincte d'ouvrages remarquables parus dans les différents pays du monde, et qui, par leur nature, sont propres à bien faire connaître l'effort intellectuel de chaque pays[2] ». Sortie en 1926, la première liste propose une sélection d'ouvrages publiés dans 19 pays, dont 3 non européens (Canada, États-Unis, Égypte), ce qui porte un fâcheux coup à la volonté d'universalisme affichée. La sélection est établie sous la responsabilité exclusive des Commissions nationales de coopération intellectuelle, ce qui laisse aussi la porte ouverte à la censure des gouvernements. Si cette liste constitue un instrument certainement utile pour les professionnels du livre, il n'a pas été possible de trouver les chiffres de tirage, ce qui ne permet pas d'appréhender sa diffusion réelle.

Dans le domaine des bibliothèques et des archives, l'IICI mène plusieurs collectes d'informations avec l'aide du comité d'experts bibliothécaires, fondé en 1927, et du comité des experts archivistes créé en 1931. Dès 1927, le comité d'experts bibliothécaires recommande la création d'un « service spécial des bibliothèques qui aura pour buts de mettre en rapport les services nationaux de renseignements déjà existants ; de faciliter, dans chaque pays, soit la création, soit le développement d'un service central destiné à orienter les savants et les chercheurs [...] ; [de rechercher] tous les moyens propres à accroître le nombre des États adhérents aux Conventions de 1886 et de 1925 (échanges internationaux) et à améliorer les moyens employés dans les services respectifs de chaque pays pour procéder à ces échanges[3] ».

Les enquêtes concernent des sujets variés. Parfois conduites avec l'aide d'organismes comme la FIAB ou le Bureau International du Travail (BIT), elles donnent lieu à plusieurs publications : *La coordination des bibliothèques*, *Code international d'abréviations de titres de périodiques*, *Index Bibliographicus*, *L'adoption universelle des caractères latins*, *Rôle et formation du bibliothécaire*. La collaboration avec le BIT dans les années 1930 aboutit à la publication de deux ouvrages : *Bibliothèques populaires et loisirs ouvriers* et *Mission sociale et intellectuelle des bibliothèques populaires*. En 1932-1933, l'IICI publie également la deuxième édition de l'*Index Bibliographicus.*

Dans le cadre de ses enquêtes, l'IICI se montre soucieux de ne pas paraître directif ou dogmatique, précisant par exemple dans un document qui présente les résultats de l'enquête concernant la construction et l'aménagement des bibliothèques :

> *L'enquête entreprise actuellement ne vise ni à présenter une bibliothèque idéale, ni à indiquer un cadre rigide, pas plus qu'à établir une doctrine. Elle se propose, au moyen*

---

[1] Voir Archives IICI, dossier H.VII.5.

[2] Préface au fascicule *Ouvrages remarquables parus dans différents pays au cours de l'année. Listes recueillies par l'IICI.* Paris : Presses universitaires Editeur, 1926, p. 3.

[3] *La coordination internationale des bibliothèques*. Op. cit., p. 5.

d'études comparatives, d'indiquer les principes des techniques modernes appliquées pour la construction ou l'aménagement d'une bibliothèque renfermant tous les services[1].

L'objectif est de rassembler un maximum d'informations et d'exemples dans un souci de coordination, y compris sur les aspects les plus techniques (pour les bibliothèques, cela peut concerner l'éclairage, le chauffage, la lutte contre les insectes, la poussière, l'humidité...). Faute de moyens financiers pour envoyer des experts à travers le monde, l'IICI en appelle aux commissions nationales de coopération intellectuelle, ainsi qu'à la solidarité des professionnels du livre et des organisations internationales (syndicats, unions chrétiennes, fédérations d'associations éducatives...). Tributaire des bonnes volontés, il déplore fréquemment le faible taux de réponse à ses questionnaires et se voit obligé de compléter les données rassemblées en dépouillant les publications relatives au sujet de l'enquête menée.

Ces enquêtes font aussi l'objet de critiques : le bibliothécaire néerlandais Tieste Pieter Sevensma (directeur de la bibliothèque Rockefeller de la SDN à Genève et secrétaire général de la FIAB) se demande par exemple « à quel point il serait utile de développer certaines questions comme celles concernant la construction et l'aménagement des bibliothèques qui sont extrêmement différentes sur bien des points selon la bibliothèque dont il s'agit[2] ». De son côté, Isak Collijn (directeur de la Bibliothèque royale de Suède et président de la FIAB de 1929 à 1932) s'étonne « de voir l'Institut s'occuper de la question d'un manuel sur les constructions et l'aménagement de bibliothèques, malgré l'avis unanime émis par les bibliothécaires-experts lors de [la] dernière session à Paris[3] » sur l'inutilité de cette démarche.

D'autre part, l'IICI se préoccupe de façon prépondérante de la question des bibliothèques ; il se fait le promoteur des bibliothèques modernes, dont l'objectif « n'est pas uniquement de conserver les livres, mais surtout de les mettre à la disposition du public afin de devenir « un organisme vivant[4] ». L'influence du modèle américain se fait clairement sentir : dans la brochure *Rôle et formation du bibliothécaire. Étude comparative sur la formation professionnelle du bibliothécaire* (1935), le bibliothécaire est présenté comme ayant un rôle éducatif et social prépondérant, en particulier à travers les bibliothèques populaires qui doivent « favoriser le développement intellectuel de l'ouvrier en période normale et [...] l'aider à lutter contre le découragement en temps de chômage[5] ».

Le temps semble venu de classer les bibliothèques selon des catégories rationnelles (nationale, spécialisée, municipale, populaire, scolaire, enfantine...), d'organiser des formations professionnelles spécifiques pour chacune d'entre elles et de renoncer définitivement au modèle traditionnel des « savants-bibliothécaires » autodidactes à l'européenne, symboles d'une époque révolue où

[1] « Construction ou aménagement de bibliothèque », document CIB 39, 1935. Archives IICI, dossier D.III.36.

[2] Lettre de Sevensma à Henri Bonnet, 2 nov. 1935. Archives IICI, dossier D.III.36.

[3] Lettre de Collijn à Fallot, 18 avril 1936. Archives IICI, dossier D.III.36.

[4] Lettre de l'IICI envoyée dans le cadre de l'enquête sur « la construction et l'aménagement des bibliothèques », 13 nov. 1934. Archives IICI, dossier D.III.36.

[5] *Rôle et formation du bibliothécaire*. Op. cit., p. 9-10.

le rôle du bibliothécaire était un honneur plutôt qu'une fonction. Formé dans une école (sur le modèle des écoles spécialisées rattachées aux universités qui fonctionnent aux États-Unis), le bibliothécaire devient un fonctionnaire spécialisé chez qui l'attirance pour les livres doit se conjuguer avec deux qualités essentielles : le sens de l'ordre et celui de la responsabilité. Il doit « se faire le guide qualifié, le conseiller dévoué, l'éducateur impartial du public[1] ». Certes, l'ouvrage évoque l'intérêt d'« étudier les expériences faites un peu partout, les coordonner, les comparer et en tirer les conclusions pratiques qui s'en dégagent[2] », mais il semble clair que les comparaisons se feront d'abord à l'aune du modèle américain.

La prédominance des États-Unis dans le domaine des bibliothèques est alors nettement perceptible ; il semble admis que « la plus grande institution du monde, spécialisée dans la construction des bibliothèques, est la Maison Snead & Co, New Jersey, U.S.A.[3] » et les ouvrages américains sur la planification des bibliothèques font autorité dans le domaine. En ce qui concerne les bibliobus, l'IICI conseille deux ouvrages : *Countrywide Library Service* et *Country Library Service*[4]. Les Américains sont aussi à l'origine de la création de la FIAB, qui s'impose comme la référence en matière de bibliothéconomie au niveau international. Et la Bibliothèque du Congrès, tant pour son professionnalisme, son organisation, son rôle aux États-Unis et le volume de ses collections (1 370 723 ouvrages en 1934), est une référence incontournable.

Pourtant, l'absence de participation officielle des États-Unis à l'IICI rend leurs rapports assez complexes ; étant donné que les fondations américaines participent tout de même au financement de projets de l'Institut, il s'agit pour ce dernier d'entretenir de bons rapports avec les Américains et de les rassurer sur le bien-fondé de l'IICI[5]. De son côté, le Comité national américain surveille de près les projets de l'IICI dans le domaine du livre ; il porte par exemple un œil méfiant sur l'enquête concernant la construction et l'aménagement des bibliothèques, estimant qu'il existe déjà suffisamment de documentation disponible sur le sujet, produite par des spécialistes américains et par la FIAB. Henri Bonnet prend soin de rassurer les Américains à ce sujet :

> *Dans cette enquête, le point de vue des États-Unis sera pleinement pris en considération ; les architectes américains comme les bibliothécaires américains seront consultés et je n'ai pas besoin de mentionner que la collaboration américaine est toujours accueillie avec joie par l'Institut ; par conséquent, nous serions heureux qu'un ou plusieurs chapitres puisse(nt) être écrit(s) par un Américain quand le temps sera venu de mettre au point le rapport complet*[6].

---

[1] *Rôle et formation du bibliothécaire*. Op. cit., p. 23.
[2] Ibid., p. 40.
[3] Lettre de Sevensma à Bonnet, 2 novembre 1935. Archives IICI, dossier D.III.36.
[4] *Mission sociale et intellectuelle des bibliothèques populaires*, SDNIICI, 1937, p. 48.
[5] DUMONT, Juliette. « Le Brésil de Vargas : entre l'IICI et l'Union Panaméricaine », in *Politique étrangère dans les Amériques : entre crises et alliances*. Paris, 2008, p. 8 (http://halshs.archives-ouvertes.fr).
[6] Lettre de Bonnet à Shotwell, 4 février 1936, p. 2. Archives IICI, dossier D.III.36.

Par ailleurs, le discours de l'IICI sur les bibliothèques publiques et populaires se veut progressiste et humaniste[1] : les bibliothèques doivent permettre aux ouvriers d'éliminer le sentiment de crainte que lui inspirent les livres, d'élargir leurs idées et leur esprit afin d'être « plus capables d'exercer [leur] devoir de citoyen ». Grâce aux livres, l'ouvrier peut aussi « s'associer à la vie intellectuelle de son pays et de son époque » et cesser « d'être une machine uniquement occupée à gagner son pain et celui de sa famille ». Dans une lettre à l'IICI, le directeur du Bureau International du Travail, Albert Thomas, exprime même en 1931 le vœu de « faire traduire dans chaque langue les plus beaux livres de l'humanité et de constituer ainsi pour les ouvriers de tous les pays une collection où ils apprendraient à mieux connaître l'âme des autres peuples[2] ».

Toutefois, des remarques étonnantes émaillent le discours de l'IICI et viennent rappeler les limites de cet humanisme issu d'un milieu intellectuel et bourgeois. L'IICI envisage ainsi les livres comme un support professionnel utilitaire pour augmenter la productivité et l'efficacité des ouvriers, rappelant qu'« il est bon toutefois [que l'ouvrier] ne perde pas de vue les nécessités de l'existence. Les traités économiques sont là pour le rappeler à la réalité, tandis que les livres techniques lui permettent de se perfectionner dans son métier[3] ». Quant aux enfants d'ouvriers, « trop souvent laissés à eux-mêmes », ils semblent voués à marcher sur les traces de leurs parents. En effet, si les bibliothèques « tirent du ruisseau[4] » le « futur ouvrier[5] » et ont le mérite de l'habituer « à échanger autre chose que des coups de poing avec ses jeunes camarades[6] », elles ne sont pas envisagées pour autant comme moyen d'émancipation sociale ; à les fréquenter, il gagnera plutôt, semble-t-il, les qualités nécessaires à son futur métier (d'ouvrier) et à la conservation de la paix sociale :

> *Le maniement des catalogues lui apprendra l'utilité de l'ordre, le prêt lui révèlera le respect de ce qui n'est pas à soi. Il serait également bon de faire participer autant que possible les enfants à la mise en place des livres et à l'arrangement de la bibliothèque. Ils y apprendraient des sentiments de solidarité et de responsabilité collective. [...] Des bibliothèques enfantines accueillantes, bien organisées, où le bibliothécaire est en rapports fréquents avec les instituteurs, sont un des moyens les plus puissants pour se rendre compte de la valeur du travail et de la recherche personnelle*[7].

Sur la question du dépôt légal et de l'uniformisation des outils et pratiques, l'IICI se lance en mars 1935 dans une enquête[8], contactant les principales bibliothèques d'Amérique latine et d'Occident, en particulier dans les pays n'ayant pas de dépôt légal (Belgique, Suisse). Cette enquête est publiée en 1938 sous la forme d'un ouvrage intitulé *Le dépôt légal : son organisation et son*

[1] IICI. *Bibliothèques populaires et loisirs ouvriers*. Op. cit., p. 38 à 42.
[2] IICI. *Bibliothèques populaires et loisirs ouvriers*. Op. cit., p. 24.
[3] Ibid., p. 42.
[4] Ibid., p. 53.
[5] L'enfant issu des classes ouvrières est nommé « le futur ouvrier » dans l'ouvrage de l'IICI. Voir *Bibliothèques populaires et loisirs ouvriers*. Op. cit., p. 22.
[6] Ibid., p. 53.
[7] Ibid., p. 22-23.
[8] Voir Archives IICI, dossier D.III.37.

fonctionnement dans les divers pays, dans lequel l'IICI pointe du doigt les pays qui n'ont pas signé la Convention de Berne (dont l'Australie, l'Espagne et les États-Unis) et dans lesquels le dépôt légal d'un ouvrage par l'auteur est obligatoire afin de pouvoir bénéficier du droit d'auteur. A l'opposé, l'IICI plaide pour une application systématique et automatique du droit d'auteur tout en conservant une forme de dépôt légal en faveur des bibliothèques, en particulier la bibliothèque nationale.

En complément, l'IICI prépare, à la demande du Congrès international de la Documentation, un recueil de tous les textes législatifs concernant le dépôt légal sous toutes ses formes. Tandis que les premières lettres aux bibliothèques sont envoyées dès l'automne 1937, l'IICI est encore en train de réunir la documentation nécessaire en avril 1939 et n'a pas le temps de publier le recueil avant la guerre...

Par ailleurs, la FIAB et l'IICI ont comme projet commun d'uniformiser les outils de travail des bibliothèques dans le monde, en particulier les fiches bibliographiques – sur le format utilisé aux États-Unis depuis 1900 par la Bibliothèque du Congrès – et de proposer des « règles à suivre par les instituts de bibliographie et de documentation pour rendre leur travail utilisable dans le monde entier[1] ». L'IICI voudrait aussi trouver une manière de transcrire les caractères des différentes langues, problème complexe pour lequel Julien Cain préconise de s'adresser aux linguistes[2].

D'autre part, l'IICI souhaite mettre en relation organisée les services de bibliographie des différents pays, de manière à constituer « de la façon la plus pratique, ce grand répertoire de documentation universelle que l'on a souvent rêvé[3] ». L'Institut s'intéresse aussi au développement des nouvelles techniques de reprographie (dont les microfilms), vues comme un moyen sans précédent d'augmenter les échanges internationaux de documents.

En 1935, l'IICI suggère également de créer un centre international de bibliothéconomie, « sorte d'institut expérimental qui tendrait moins à dispenser un enseignement pratique qu'à mettre au point les expériences faites, à en entreprendre de nouvelles, en un mot à se livrer à un travail de recherche dans le domaine de la bibliothéconomie[4] ». Ce centre jouirait d'une complète autonomie scientifique, organiserait des séries de cours ou de conférences et s'occuperait d'échanges de bibliothécaires. Sans mettre en place un projet d'une telle envergure, l'Unesco reprendra plus tard certaines des activités envisagées, en particulier l'organisation de séminaires internationaux, la création de « bibliothèques-pilotes » au niveau régional et le soutien à la FIAB.

Un Service international de coordination est créé en 1928 afin d'aider au développement d'un réseau de services et centres nationaux bibliographiques

[1] Lettre de Bonnet à Prinzhorn, 8 février 1936. Archives de l'IICI, dossier D.III.38.

[2] Lettre de Cain à Bonnet, 14 avril 1936. Archives de l'IICI, dossier D.III.38.

[3] Propos de Julien Luchaire cités in GALABERT, Henri. *La commission de coopération intellectuelle de la SDN.* Op. cit., p. 176.

[4] IICI. *Rôle et formation du bibliothécaire*. Op. cit., p. 41.

avec lesquels 400 bibliothèques sont prêtes à coopérer[1]. L'IICI publie aussi en 1934 un *Guide international des archives* consacré à l'Europe et recueille, entre 1935 et 1939, des informations pour un second volume concernant les pays non européens. Entre 1934 et 1936, il élabore enfin un *Guide de la documentation*, qui ne sera jamais publié « à cause de divergences entre bibliothécaires et documentalistes[2] ».

A partir de 193, la section juridique de l'IICI étudie aussi la possibilité d'harmoniser les conventions de Berne/Rome (États européens et Brésil) et de Buenos Aires/La Havane (Amérique du Nord et du Sud)[3]. Par cette action, l'IICI répond au « Vœu de la Conférence de Rome pour la révision de la Convention de Berne », qui proposait en 1928 que « tous les gouvernements intéressés se concertent en vue de préparer une entente générale ayant pour base les règles similaires des deux Conventions et pour objet l'unification mondiale des lois protégeant les créations de l'esprit[4] ». La situation juridique du droit d'auteur au niveau international est alors extrêmement confuse.

La Convention de Berne pour la protection des œuvres littéraires et artistiques (1886, révisée par la Convention de Berlin en 1908) prévoit une « faculté de réserve » qui permet aux pays adhérents de remplacer les clauses qu'ils souhaitent par d'autres dispositions prévues dans des traités signés antérieurement. En 1938, sur 36 États adhérents à la Convention, 18 avaient ainsi formulé des réserves. Par ailleurs, la plupart des États européens adhèrent en parallèle à la Convention de Rome (1928).

Quant au droit d'auteur sur le continent américain, il demeure régi par plusieurs instruments : le Traité de Montevideo (1889) et les Conventions de Mexico (1902), de Rio de Janeiro (1906), de Buenos Aires (1910) et de La Havane (1928). Chacun d'eux est signé, et souvent ratifié, par plusieurs pays, mais aucun ne réunit l'ensemble des pays du continent, d'où une situation compliquée. En 1938, la Convention de Buenos Aires reste l'instrument le plus important (ratifié par 13 États) tandis que la Convention de La Havane (la plus récente) n'a été ratifiée que par 2 pays, le Guatemala et le Panama.

Si les Conventions de Rome et de La Havane tentent d'unifier la législation, d'une part pour l'Europe, d'autre part pour l'Amérique – tout en se rapprochant l'une de l'autre, en particulier sur la question du droit moral –, elles peinent donc à obtenir les ratifications nécessaires à un tel rapprochement…

L'IICI entre alors en relation avec les gouvernements des pays qui vont participer à la 7ème Conférence panaméricaine en 1932 à Montevideo, en collaboration avec plusieurs organismes : Association littéraire et artistique internationale, Académie internationale de droit comparé, Confédération internationale des travailleurs intellectuels, BIT, Institut international de Rome pour l'unification du droit privé, Institut américain de Droit international,

---

[1] Ibid., p. 179.

[2] RENOLIET, Jean-Jacques. *L'Institut international de coopération intellectuelle.* Op. cit., p. 868.

[3] RENOLIET, Jean-Jacques. *L'Unesco oubliée.* Op. cit., p. 52-53.

[4] Ministère de l'Instruction publique de Belgique. *Conférence diplomatique pour la préparation d'une convention universelle sur le droit d'auteur.* Bruxelles, 1938, p. 9.

Confédération internationale des sociétés d'auteurs et compositeurs, Bureaux Internationaux de Berne pour la protection des œuvres littéraires et artistiques, etc.

Sur l'initiative de la Commission nationale américaine de coopération intellectuelle, la Conférence panaméricaine se prononce en faveur du rapprochement des conventions de Berne et de La Havane, et crée une commission interaméricaine en vue d'établir l'avant-projet d'une convention plus proche de celle de Berne, sous la supervision de la délégation brésilienne. De son côté, la SDN vote en septembre 1935 une résolution qui prévoit la convocation d'un comité d'experts, chargé de l'étude du problème de l'universalisation du droit d'auteur ; ce comité prépare à Paris un projet provisoire, qui est prêt fin 1936[1].

Dans l'intervalle, la Conférence de révision de la Convention de Berne, initialement prévue en Belgique le 6 septembre 1936, est ajournée avec l'idée d'organiser par la même occasion une Conférence chargée d'élaborer une Convention universelle pour la Protection du Droit d'Auteur.

Cette première tentative d'élaboration d'une législation universelle est une tâche innovante et ardue, « qui consiste à créer une norme nouvelle plus équitable et mieux adaptée aux rapports juridiques des États ou des individus qui les composent. Ici, la conception purement nationaliste du droit interne s'élève vers celle où même ce droit doit répondre aux besoins de la communauté internationale[2] ». Les divergences de conception sur le droit d'auteur restent pourtant bien réelles, et, tandis que l'Institut de Rome pour l'unification du droit privé privilégie une simple réforme de la Convention de La Havane, la commission interaméricaine envisage la mise en place d'un unique instrument perfectionné qui remplacerait les deux conventions existantes ; l'IICI préfère, quant à lui, la mise en place « d'un système super conventionnel qui coifferait les conventions existantes et établirait un standard de protection indépendant de toutes deux[3] ».

L'avant-projet préparé par le comité d'experts de l'IICI est transmis à la Conférence panaméricaine de Lima (décembre 1938) et à la 1ère Conférence des commissions américaines (janvier 1939) ; toutes deux adoptent une résolution favorable au principe de protection universelle du droit d'auteur. La Conférence générale, ajournée en 1936, est alors programmée pour 1939 à Bruxelles, mais annulée à cause de la guerre. L'action principale de l'IICI dans ce domaine aura donc été de susciter et d'accompagner une réflexion internationale sur le droit d'auteur, tant au niveau des juristes que des gouvernements, posant ainsi les bases pour la mise en place de la Convention universelle sur le droit d'auteur par l'Unesco dans les années 1950.

---

[1] SAPORTA, Marcel. *La Conférence intergouvernementale de Genève, 1952, et la Convention universelle du droit d'auteur de l'U.N.E.S.C.O.,* Op. cit., p. 8.

[2] Ministère de l'Instruction publique de Belgique. *Conférence diplomatique pour la préparation d'une convention universelle sur le droit d'auteur.* Op. cit., p. 19.

[3] SAPORTA, Marcel. *La Conférence intergouvernementale de Genève, 1952, et la Convention universelle du droit d'auteur de l'U.N.E.S.C.O.* Op. cit., p. 5.

L'IICI publie également trois ouvrages liés au droit d'auteur : *La propriété scientifique* (1927) ; *La protection internationale du droit d'auteur. Contribution aux travaux préparatoires de la Conférence diplomatique de Rome pour la révision de la Convention de Berne* (1928) et *Le dépôt légal* (1938).

Dans le cadre de la réforme de l'IICI, la sous-commission des Arts et des Lettres, instituée en juillet 1925 par la CICI, est remplacée en 1930 par le Comité permanent des Lettres et des Arts qui, en février 1931, comprend 17 membres : le Hongrois Bela Bartók, le Tchèque Karel Capek, le Bolivien Costa du Rels, les Français Henri Focillon, Julien Luchaire et Paul Valéry, l'Espagnol Salvador de Madariaga, les Allemands Thomas Mann et A. W. Waetzoldt, l'Anglais John Masefield, les Italiens Ugo Ojetti et R. Paribeni, les Roumains Georges Oprescu et H. Vacaresco, le Suédois Ragnar Oestberg, la Norvégienne Nini Roll-Anker, l'Autrichien Josef Strzygowski[1]. Gonzague de Reynold, Jules Destrée et Gilbert Murray y participent en tant que représentants de la CICI.

Le 6 juillet 1931, ce Comité étudie un « programme de travail » proposé par Paul Valéry et Henri Focillon. Poète, graveur, historien d'art et d'esthétique, ce dernier est. professeur d'histoire de l'art à la Sorbonne. Quant à l'écrivain, poète, philosophe et épistémologue Paul Valéry (1871-1945), il apparaît comme une personnalité de premier plan dans le monde culturel et littéraire. Il devient entre autres président du Pen Club français en 1924, membre de l'Académie française en 1925, vice-président de la Commission nationale française de coopération intellectuelle en 1931, membre du conseil des musées nationaux en 1932, président de la commission de synthèse de la coopération culturelle pour l'exposition universelle en 1936, et il est titulaire de la chaire de poétique (créée spécialement pour lui) au Collège de France à partir de 1937. Très engagé dans les relations culturelles internationales, européiste convaincu, Paul Valéry est membre de la CICI et participe aux séances parisiennes de la sous-commission des Arts et Lettres de la SDN de 1926 à 1938.

Dès 1931, le Comité permanent des Lettres et des Arts lance deux dispositifs en faveur du dialogue entre intellectuels : les « Entretiens » et les « Correspondances ». Les sujets abordés concernent des questions littéraires et artistiques, ainsi que des questions générales sur la culture et la civilisation occidentale. Neuf « Entretiens » rassemblent des intellectuels entre 1932 et 1938 (dont huit publiés par l'IICI) sur des sujets tels que « Goethe » (1932) ou « Le destin prochain des lettres » (1937). Entre 1933 et 1935, l'IICI publie aussi la « Correspondance » échangée par des intellectuels sur de grandes interrogations telles que « Pour une société des esprits » ou « Pourquoi la guerre ? » :

> *Les « Entretiens » et la « Correspondance » insistent sur le rôle de la culture dans le rapprochement des peuples et l'établissement d'un humanisme et de valeurs universelles. Les intellectuels affirment d'abord que la culture universelle s'enrichit des cultures nationales : « les différences qui existent d'une nation à l'autre (...) aident à enrichir l'héritage total de l'humanité. Elles ne comportent aucun élément intrinsèque d'antagonisme mutuel » (Murray). La recherche de valeurs communes à l'humanité ne*

[1] Voir Archives IICI, dossier F.I.1.

saurait donc aboutir à une uniformisation diluant les spécificités nationales, mais se nourrit plutôt de ces dernières pour retrouver l'universel dans le national. La culture peut donc rapprocher les hommes : « tout ce qui travaille au développement de la culture travaille aussi contre la guerre » (Freud) ; l'humanisme est « le contraire du fanatisme » (Th. Mann) ; [...] les intellectuels ont pour mission de diffuser la culture, donc l'humanisme et les valeurs universelles, auprès des masses pour que ces dernières soient à leur tour converties à l'idée qu'il existe plus de points communs que de différences entre les peuples et que toute guerre est donc une forme de suicide du genre humain : « il faut nous [les intellectuels] défendre d'une espèce de sentiment d'aristocrates ou de mandarins » et diffuser la culture partout (Romains)...[1]

Les premiers « Entretiens », organisés en mai 1932 pour le centième anniversaire de la mort de Goethe, inaugurent une idée reprise ensuite par l'Unesco avec son programme de « Commémorations des grands hommes ». Participent à ces premiers « Entretiens » des intellectuels de renom, entre autres Paul Valéry, Thomas Mann, Henri Focillon, Gilbert Murray, Gonzagues de Reynold, George Oprescu, R. Paribeni, Ragnar Oestberg, Josef Strzygowski et Salvador de Madariaga.

Toutefois, les contraintes financières influencent les contenus de la réflexion menée par l'IICI. Ainsi, les « Entretiens » sont organisés intellectuellement par l'Institut, mais ils ne sont rendus possibles que grâce à une prise en charge financière des villes et/ou des pays concernés : la municipalité de Francfort-sur-le-Main en 1932, les États espagnol et français en 1933, la municipalité de Venise en 1934, celle de Nice en 1935, de Budapest et de Buenos Aires en 1936, etc. Dans ces conditions, la thématique traitée doit recueillir l'accord des institutions finançant ces manifestations, et l'IICI doit tenir compte des souhaits exprimés par ces institutions. Pour l'« Entretien » de Madrid de 1933 sur « l'avenir de la culture » par exemple, le gouvernement espagnol indique à l'IICI qu'il prévoit d'inviter MM. Ortega y Gasset, Unamuno et Marañon[2]. Au niveau financier, la SDN prend en charge les frais correspondant à une réunion des membres du Comité des Lettres et des Arts à Genève ; de son côté, l'IICI prend directement en charge quelques voyages, tandis que l'ensemble des autres frais incombent à l'institution invitante.

De nombreux écrivains et intellectuels prennent part aux « Entretiens » et « Correspondances », entre autres Jules Romains, Aldous Huxley, Georges Duhamel, Jacques Maritain et Stefan Zweig. Statutairement, les personnalités invitées sont choisies par le Bureau du Comité permanent des Lettres et des Arts. Lorsque l'occasion se présente, l'IICI s'associe également à la Fédération des PEN Clubs, dont une réunion est organisée à Buenos Aires conjointement aux « Entretiens » de septembre 1936 consacrés aux « rapports actuels des cultures européenne et américaine »[3].

---

[1] RENOLIET, Jean-Jacques. *L'Unesco oubliée*. Op. cit., p. 317-318.

[2] Compte-rendu de la réunion du bureau du Comité permanent des Lettres et des Arts tenue le 16 janvier 1933 à Paris, p. 3. Archives IICI, dossier F.I.1.

[3] « Note sur l'Entretien de Buenos Aires (14-17 sept. 1936) ». Archives IICI, dossier F.1.38.

Des liens sont aussi noués avec des professionnels du livre. Le premier projet de « programme de travail » mis au point par Valéry et Focillon est envoyé à de nombreuses personnes et structures, par exemple à l'éditeur anglais George Allen & Unwin Ltd qui fait part de son intérêt pour le projet des « Correspondances »[1]. Afin de faire connaître le Comité et son travail, le *Bulletin mensuel de la coopération intellectuelle* de la SDN consacre aussi en 1931 un supplément à la première session du Comité.

L'engagement d'intellectuels au sein de la CICI et de l'IICI et leur volonté d'apolitisme, dont Paul Valéry est le symbole, sont l'objet de critiques de la part d'autres intellectuels. Ce que réfute Paola Cattani en expliquant à propos de Valéry :

> *L'engagement de Valéry est d'une espèce tout à fait différente de celui dont font preuve les auteurs dits « engagés », et il requiert une nouvelle définition : non seulement parce que, se consacrant principalement à la question européenne, il échappe à la politique au sens strict du terme, mais aussi et surtout parce que, en procédant à partir de présupposés esthétiques et littéraires, il emprunte des voies qui ne peuvent être jugées dans une perspective ou avec des catégories politiques [...] Ce n'est qu'en retrouvant les racines esthétiques d'un engagement intimement lié à une idée de la littérature que l'on peut comprendre comment le parti pris de Valéry de « ne dire que ce qui est inutile », et sa croisade contre l'utile dans la littérature peuvent coexister avec un activisme qui confie à la littérature une mission civilisatrice dans la mesure où la civilisation est avec elle ou ne sera pas*[2].

Deux conceptions de l'écrivain et de son rôle dans la société s'opposent dans l'entre-deux-guerres : une conception de l'intellectuel écrivain ou artiste comme penseur destiné à éclairer les masses, et une conception plus sociale de l'intellectuel vu presque comme un travailleur ou un ouvrier[3].

Paul Valéry et les écrivains partisans d'une non-politisation œuvrent aux échanges culturels internationaux dans le cadre théoriquement apolitique de l'IICI. Mais les intellectuels partisans de l'engagement de l'écrivain se montrent dubitatifs, tel le critique littéraire et enseignant humaniste Jean Guéhenno, intellectuel autodidacte et engagé, qui adresse une lettre ouverte à Paul Valéry et à Henri Focillon sous le titre « Les intellectuels et le désarmement ». De même, Jules Romains, alors président du Pen Club français, dans un discours prononcé à Buenos Aires en septembre 1936, plaide « en faveur d'un engagement directement politique des écrivains et de leurs œuvres » et s'inquiète d'une possible « dictature du savoir et de la pensée[4] ». Quant à André Maurois, il adresse en 1934 à Valéry une lettre publique dans laquelle il remet en cause la foi de ce dernier en la « puissance de l'esprit » et son « refus de l'histoire et de la politique active[5] ».

---

[1] Lettre de George Allen & Unwin Ltd à Bonnet, 20 juillet 1931. Archives IICI, dossier F.I.1.

[2] CATTANI, Paola. « Engagement pour l'Europe et littérature pure ». Op. cit., p. 9-11.

[3] RACINE-FURLAUD, Nicole. « Bataille autour d'*intellectuel(s)* dans les manifestes et contre-manifestes de 1918 à 1939 », in BONNAUD-LAMOTTE, Danielle, RISPAIL, Jean-Luc (dir.). Intellectuel*(s) des années trente, entre le rêve et l'action*. Paris : Editions du CNRS, 1989, p. 223- 238, p. 225.

[4] CATTANI, Paola. « Engagement pour l'Europe et littérature pure ». Op. cit., p. 3.

[5] Ibid.

Ces écrivains et bien d'autres, inquiets de la situation internationale, se retrouvent lors du « Congrès international des écrivains pour la défense de la culture » qui a lieu du 21 au 25 juin 1935 à Paris[1]. Hautement politisé et distinct des activités de l'IICI, ce Congrès constitue l'une des manifestations d'écrivains les plus significatives et les plus mobilisatrices du XXe siècle en réaction aux événements politiques, en l'occurrence la montée des totalitarismes. Une centaine d'intervenants et 230 délégués originaires de 38 pays se retrouvent à Paris pour l'occasion. Quasiment tous les écrivains importants de l'époque sont présents, dont 5 ayant reçu le prix Nobel (Selma Lagerlöf, Sinclair Lewis, Thomas Mann, Romain Rolland, Bernard Shaw) et 7 qui allaient le recevoir dans les années suivantes (Pearl Buck, Karel Capek, André Gide, Ernest Hemingway, Pablo Neruda, Boris Pasternak, Mikhaïl Cholokhov). Plusieurs écrivains qui participent régulièrement aux activités de l'IICI, tels Thomas Mann ou Jules Romains, assistent au Congrès, même si *a contrario* celui-ci est déserté par des écrivains comme Bataille, Leiris, Caillois et Sartre. Durant cette manifestation, qui se déroule autour de 9 grands thèmes, près de 100 discours et messages sont prononcés devant un public, selon les séances, de plusieurs milliers d'auditeurs.

Rejoignant les inquiétudes et les thématiques développées par les intellectuels dans le cadre des « Correspondances » et des « Entretiens » de l'IICI, le Congrès des écrivains est :

> *...une réaction face à la guerre déclarée à la culture par Hitler et le fascisme. En réservant une place importante aux écrivains exilés de l'Allemagne nazie et, par leur intermédiaire, à la littérature clandestine, aux expatriés italiens, aux militants venant de pays qui connaissaient déjà le fascisme ou vivant sous sa menace, de la Grèce à l'Espagne et au Portugal, de la Bulgarie à la Lettonie et à la Chine, le Congrès alerte l'opinion publique sur le caractère mondial du péril*[2].

L'intérêt d'un tel Congrès, organisé sans passer par les gouvernements des États, est de laisser une liberté complète pour aborder toutes les thématiques sans langue de bois. Les participants revendiquent un dynamisme social, l'optimisme, le souci de participer, en tant qu'intellectuel, aux changements de la société et expriment la volonté de « partager les valeurs culturelles – science et plaisir – avec le peuple et particulièrement avec le prolétariat, afin de lui faire entrevoir ces hauteurs de l'existence humaine où se situent déjà intellectuels et hommes de science[3] ». Pour ces participants guidés par un idéal, l'élévation du niveau intellectuel du plus grand nombre par la littérature garantit seule l'avenir de l'humanité. Comme pour l'IICI et plus tard l'Unesco, la littérature apparaît comme le fondement principal de la culture et de l'universalisme, mais cet idéal est rudement mis à mal par la Seconde Guerre mondiale, qui marque « l'échec » de la SDN.

---

[1] Voir KLEIN, Wolfang, TERONI, Sandra. *Pour la défense de la culture : les textes du Congrès international des écrivains, Paris, juin 1935*. Dijon : Editions universitaires de Dijon, 2005, 665 p.

[2] Ibid., p. 18.

[3] Ibid., p. 246.

De manière plus générale, les critiques sont nombreuses par rapport aux réalisations de l'IICI, qui « laissèrent les gouvernements et les peuples indifférents[1] ». L'Institut s'est montré élitiste et son action académique n'a touché qu'un nombre restreint d'intellectuels et de personnalités éminentes. Le tirage limité et le style austère de ses publications montrent d'ailleurs qu'il n'avait aucune intention de vulgarisation, mais s'adressait aux intellectuels, envisagés comme des « guides spirituels pour les masses[2] ». Au niveau financier, le budget de l'IICI est resté très modeste puisque, hormis la France, la Belgique et l'Italie, aucun pays ne l'a subventionné de manière régulière :

> *Ni le Royaume-Uni, ni les États-Unis, ni l'Allemagne, ni l'Union soviétique, ni le Japon n'ont jamais subventionné l'Institut. Pourquoi un tel retrait de la part d'États qui, excepté les États-Unis, ont été, à un moment ou à un autre, membres de la SDN ? Pour ce qui est du Royaume-Uni, qui a entraîné à sa suite la plupart des Dominions, il apparaît évident qu'il y a eu refus de soutenir un organisme créé par la France pour développer son influence culturelle, qui s'est montré de plus assez vite bureaucratique et brouillon ; les États-Unis, eux, sont restés fidèles à l'idée que l'État n'a pas à s'occuper des affaires culturelles et ont donc laissé leurs grandes Fondations privées représenter leurs intérêts […] L'Allemagne de Weimar a supporté l'Institut, mais n'y a jamais véritablement adhéré dans la mesure où il représentait – comme aux yeux de l'Angleterre – une forme de l'impérialisme français et l'Allemagne hitlérienne a évidemment cessé toute participation à une institution internationale dont les idéaux universalistes et pacifistes étaient en contradiction avec les théories racistes et expansionnistes du régime nazi ; l'Union soviétique a adhéré à l'IICI de façon circonstancielle à partir de 1934, pour confirmer son ralliement à la SDN et dans une certaine mesure son rapprochement avec la France, et s'en est détachée à mesure qu'elle s'éloignait de Genève et de Paris ; le Japon, enfin, n'a participé à l'IICI que dans la mesure où il pouvait servir ses intérêts, comme l'a montré la publication de la Collection japonaise, véritable œuvre de propagande en faveur d'un pays qui avait pourtant violé de façon évidente et répétée le principe de sécurité collective*[3].

En définitive, les États qui ont soutenu l'IICI étaient les petits États, les États d'Europe centrale et orientale (par amitié pour la France ou pour lutter contre l'influence culturelle allemande), et les États d'Amérique latine (pour lutter contre l'influence culturelle des États-Unis). Certes, le soutien financier de la fondation Rockefeller a permis à l'IICI, dans une certaine mesure, d'affirmer son indépendance vis-à-vis de la SDN, de la CICI et même de la France. Le rôle de Luchaire a été important à cet égard, puisqu'il a tout fait pour internationaliser le personnel et le budget de l'organisation – tendance accentuée avec Henri Bonnet, qui avait l'avantage d'avoir été fonctionnaire de la SDN. L'IICI a appliqué des méthodes qui « n'étaient évidemment pas centralisatrices, ne visaient pas à la constitution d'organes internationaux de recherche ou d'enseignement. Elles faisaient largement appel aux institutions et groupes

---

[1] MATHIEU, Jean-Luc. *Les institutions spécialisées des Nations Unies.* Paris : Masson, 1977, p. 47.
[2] RENOLIET, Jean-Jacques. *L'Institut international de coopération intellectuelle.* Op. cit., p. 1075.
[3] Ibid., p. 1083.

nationaux, respectant leur caractère propre, insistant sur l'avantage qu'ils auraient à unir leurs efforts et leurs connaissances et les aidant à y parvenir[1] ».

Par ailleurs, les membres de la CICI, éminents spécialistes dans leurs domaines respectifs, n'avaient que peu ou pas d'influence sur les gouvernements, et « la faiblesse politique de la CICI apparaît inversement proportionnelle à son autorité morale[2] ». Jean Sirinelli précise cependant que « la contrepartie du relatif manque de moyens de la commission était sa relative indépendance. Les intellectuels et les savants se sentaient, à tort ou à raison, libres dans leur solidarité de communauté[3] ». L'incapacité de la SDN à imposer son autorité aux États restera pourtant un fait regrettable pour beaucoup, ainsi Freud en 1933 :

> *Il n'est possible d'éviter à coup sûr les guerres que si les hommes s'entendent pour instituer une puissance centrale aux arrêts de laquelle on s'en remet dans tous les conflits d'intérêts. En pareil cas, deux nécessités s'imposent au même titre : celle de créer une semblable instance suprême et celle de la doter de la force appropriée. Sans la seconde, la première n'est d'aucune utilité. Or la Société des Nations a été conçue comme autorité suprême de ce genre, mais la deuxième condition n'est pas remplie. La Société des Nations ne dispose pas d'une force à elle et ne peut en obtenir que si les membres de la nouvelle association – les différents États – la lui concèdent*[4].

Le nœud du problème posé à l'IICI, qui se posera de la même manière à l'Unesco, est donc bien celui des rapports entre intellectuels et responsables politiques au sein d'une organisation internationale :

> *Comment peut-on ignorer les gouvernements et faire appel exclusivement aux initiatives privées pour s'occuper des questions de l'esprit, établir des relations entre les scientifiques, mettre en contact les éducateurs, sans courir le risque inévitable, faute d'autorité et de moyens, de bâtir sur du sable, de travailler au jour le jour et d'être finalement inefficace ? Comment, au contraire, faire des gouvernements les maîtres d'œuvre exclusifs de l'institution, en faisant jouer aux intellectuels, éducateurs, scientifiques, artistes, un rôle de subordonnés sans risquer de voir les idéologies et les politiques envahir les domaines techniques, se heurter et se neutraliser, et d'être tout autant inefficace ?*[5]

La montée des régimes autoritaires dans les années 1930 a bien illustré ce problème fondamental, en multipliant les obstacles aux actions concrètes de coopération intellectuelle, avec par exemple l'interdiction ou la limitation des devises, la restriction de l'importation de livres, de journaux, de revues et de films, l'interdiction de l'enseignement de certaines langues étrangères, etc. En France même, l'intérêt pour l'IICI s'étiole dans les années 1930, y compris « sous le Front populaire dont la politique culturelle active ne se manifeste pas vis-à-vis de l'IICI[6] ». L'adhésion des masses à une sorte de patriotisme international lui fera en réalité toujours défaut. Jules Romains regrette ainsi que

[1] BONNET, Henri. « La Société des Nations et la coopération intellectuelle ». Op. cit., p. 202.

[2] RENOLIET, Jean-Jacques. *L'Institut international de coopération intellectuelle.* Op. cit., p. 1076.

[3] SIRINELLI, Jean. « La préhistoire de l'Unesco ». Op. cit., p. 491.

[4] Propos de Freud dans *Pourquoi la guerre ?* (IICI, 1933), cités par RENOLIET, Jean-Jacques in *L'Unesco oubliée.* Op. cit., p. 320.

[5] BEKRI, Chikh. *L'Unesco, une entreprise erronée ?* Paris : Publisud, 1991, p. 34.

[6] Propos de Pascal Ory, cités par RENOLIET, Jean-Jacques in *L'Institut international de coopération intellectuelle.* Op. cit., p. 1082.

l'on ne fasse pas pour la SDN « des manifestations populaires et passionnantes qui remuent les foules[1] » tandis que Madariaga plaide pour l'établissement d'un code de principes universels qui donnerait à l'humanité « une consanguinité morale faisant de la race humaine comme une vaste famille[2] ».

Étant donné les circonstances défavorables et les difficultés matérielles, les réalisations de l'IICI apparaissent en fin de compte plutôt honorables. Ainsi, Jean Sirinelli (président de la commission française pour l'Unesco de 1979 à 1996) estime le cas de l'IICI très éclairant : « il montre, comme en germe, les espoirs, les tentatives, les obstacles, les succès, les limites d'une entreprise qui préfigure l'aventure de l'Unesco, dans un univers plus circonscrit, dans un cercle pour ainsi dire plus confidentiel, mais aussi dans une société où les États n'avaient sans doute pas aussi totalement encadré et absorbé les personnalités[3] ».

Alors que la Seconde Guerre mondiale interrompt le développement de toute coopération culturelle internationale, la CICI tient sa dernière session en juillet 1939. L'IICI adopte une position attentiste jusqu'au 9 juin 1940, date à laquelle Henri Bonnet (qui se rallie à la France libre) transfère le personnel et les archives à Guérande puis à Bordeaux, confiant « la direction administrative et financière de l'Institut au français Ristorcelli et délégu[ant] la gérance des affaires intellectuelles à un Comité intérieur chargé d'assurer une éventuelle reprise des travaux[4] ». Des tractations difficiles avec les Allemands n'aboutissent qu'à décrédibiliser l'IICI, qui ne reprendra ses activités qu'en 1945. Entre-temps, les États d'Amérique latine essaient de profiter du vide existant en créant, en novembre 1941, un centre à La Havane pour reprendre les activités de l'IICI[5].

C'est pourquoi, dès février 1945, le général de Gaulle rouvre l'IICI et lui alloue une subvention de 3 millions de francs. Sous la direction de Jean-Jacques Mayoux, l'IICI entame une enquête sur la crise du livre « dans le but d'attirer l'attention des milieux responsables sur la pénurie mondiale en livres et de rechercher les moyens de remédier le plus rapidement possible à cette crise[6] ». Il en ressort que si la situation du livre est problématique en Europe de l'Est et dans certains pays occidentaux, la situation est nettement meilleure au Royaume-Uni. Certaines réponses révèlent aussi un nationalisme, en particulier en France :

> *Depuis quatre ans, les éditeurs français n'ont pas pu expédier des livres à l'étranger et le monde entier a faim de livres français. Si l'édition française réussit avec les moyens dont nous disposons en France, l'exportation de livres français peut payer l'importation du papier. […] Ce flux de pensée française à travers le monde contribuera à établir notre situation internationale et à restaurer notre prestige*[7].

---

[1] Propos de Jules Romains dans *L'avenir de la culture* (IICI, 1933), cités par RENOLIET, Jean-Jacques in *L'Unesco oubliée.* Op. cit., p. 321.

[2] VALERY, Paul (dir.). *Pour une société des esprits.* Op. cit., p. 108.

[3] SIRINELLI, Jean. « La préhistoire de l'Unesco ». Op. cit., p. 490.

[4] BELLOC, Chloé. *Le CIPSH (1947-1955).* Op. cit., p. 28.

[5] PENDERGAST, William. « La politique étrangère française et la création de l'Unesco », in *Revue d'histoire de la deuxième guerre mondiale*, oct 1974, n°96, p. 73.

[6] Lettre de Mayoux à Montenach, 17 avril 1945. Archives IICI, dossier H.VII.11.

[7] Note de Vanbourdelle à Lajti, 27 mars 1945. Archives IICI, H.VII.11.

L'IICI envisage également de reprendre la préparation du *Guide international des Archives*, de poursuivre une étude sur les moyens d'améliorer l'utilisation internationale du microfilm, de préparer un projet sur la circulation internationale et l'échange de livres[1] et de renouveler l'enquête de 1922 sur l'état de la vie intellectuelle[2].

La Conférence des Ministres alliés de l'Éducation

Cependant, la Conférence des Ministres Alliés de l'Éducation (CMAE) prépare de son côté, depuis plusieurs années, le projet d'une nouvelle organisation de coopération internationale pour les questions éducatives et culturelles, et la tentative de réouverture de l'IICI par la France n'aboutit pas, comme elle l'aurait souhaité, à bâtir la nouvelle institution sur l'ancienne. Les institutions d'après guerre reflètent en effet la nouvelle répartition du pouvoir et la situation diminuée de la France face à un monde anglo-saxon plus uni que jamais – le rapprochement entre États-Unis et Grande-Bretagne ayant été grandement renforcé lors de la conférence Arcadia (Washington) en décembre 1941-janvier 1942. Cette situation leur donne d'autant plus de poids pour œuvrer en faveur de leurs intérêts communs, en particulier dans le domaine de la coopération internationale.

L'approche anglo-saxonne des relations internationales s'appuie désormais sur la théorie fonctionnaliste, développée à partir de 1933 par David Mitrany. Économiste britannique d'origine roumaine, David Mitrany (1888-1975), s'inscrit dans le courant libéral des relations internationales. Enseignant à Harvard, Yale et Princeton, il développe ses théories sur le fonctionnalisme dans son ouvrage *A Working Peace System. An Argument for the Functional Development of International Organization* publié en 1943. Mitrany estime qu'il faut favoriser une coopération internationale « en profondeur » dans les domaines d'intérêt commun (techniques, économiques, sociaux), en créant plusieurs administrations distinctes « fonctionnelles » par secteurs précis ; de cette manière, les distorsions économiques et sociales seront peu à peu éliminées jusqu'à rendre tout conflit armé entre les partenaires inimaginable[3]. Alors « les soldats et les diplomates feront place aux administrateurs et aux techniciens[4] ».

De 1942 à 1945, la CMAE, qui regroupe les Ministres de l'Éducation ainsi que 8 gouvernements en exil, organise plusieurs sessions à Londres dans le but de préparer la reconstruction des systèmes éducatifs à la fin de la guerre. Par la même occasion, la Conférence étudie la possibilité de nouvelles formes de coopération internationale dans les domaines de l'éducation et de la culture. A partir de septembre 1942, le conservateur britannique Richard Austen Butler

---

[1] « L'IICI en 1946 » envoyé par Mayoux à Zimmern, 16 janv. 1946. Archives Unesco, dossier 001.83 A 01 IIIC.

[2] Lettre de Mayoux à Reynold, 7 juin 1945. Archives IICI, dossier H.VII.11.

[3] ZORGBIBE, Charles. *Les organisations internationales.*Paris: PUF, 1997, p. 15, 63

[4] Ibid., p. 64.

invite ses collègues des pays alliés à Londres, suivant l'exemple du président du *British Council*, Malcolm Robertson, qui avait déjà initié de telles réunions[1].

Alors que les premières rencontres de la CMAE sont dominées par la question des besoins pratiques et matériels des pays dévastés par la guerre, Butler insiste sur l'espoir que la CMAE se transforme progressivement en agence permanente pour l'éducation et la culture dans le cadre des futures Nations Unies. Les Anglo-saxons, qui souhaitent faire accepter officiellement l'anglais comme langue internationale, restent fermement attachés à une institution de type intergouvernementale tandis que la France souhaite plutôt créer une académie regroupant savants, intellectuels et écrivains[2]. Dès le 28 janvier 1945 avait d'ailleurs été créée une *Union des Intellectuels français*, fédération d'organisations pour encourager les relations intellectuelles internationales. L'objectif principal de la France reste de conforter le français dans son rôle de langue internationale et de préserver le « rayonnement culturel français, instrument préféré de la politique extérieure du pays[3] ».

Le 19 janvier 1943, la CMAE crée la Commission des livres et des périodiques, d'après une proposition du *British Council*. Présidée par le professeur de sciences politiques de l'Université de Cambridge Ernest Barker, cette Commission s'attaque à deux tâches prioritaires : élaborer une liste de six catégories de livres et de périodiques dont les pays alliés auront besoin après-guerre ; et rédiger une brève histoire de la Seconde Guerre mondiale vue sous l'angle des Nations Unies. Richard Seymour, secrétaire général adjoint du *British Council*, devient secrétaire de la Commission.

Très vite, cette dernière prend contact avec une série d'institutions : universités, bibliothèques universitaires, associations d'enseignants, *Book Recovery Committee*, Fédération internationale des Pen Club, *Jewish Historical Society*, *National Book League*, etc. Son secrétariat recueille « des informations sur le pillage des bibliothèques dans les pays en guerre, l'état actuel de ces bibliothèques, le manque de livres, le nombre d'écoles et d'universités et les matières qui y étaient enseignées, les livres publiés pendant la guerre, les besoins en papier ainsi que sur les activités parallèles en cours aux États-Unis[4] ». Afin de rédiger une liste des livres et périodiques dont les pays alliés auraient besoin, la Commission concentre ses efforts sur un millier d'ouvrages choisis par le *British Council*, essentiellement anglais et prend contact avec plusieurs gouvernements étrangers afin de voir s'ils pourraient mettre un certain nombre de livres à sa disposition.

La Commission s'intéresse à une série de questions dans le domaine de livre, notamment l'organisation collective du commerce européen du livre – question sur laquelle elle rédige un rapport confidentiel en novembre 1944[5] –, la

[1] COWELL, F. C. « Planning the Organization of Unesco, 1942-1946. A Personal Record », in *Cahiers d'histoire mondiale*, 1966, volume X, n°1, p. 210.
[2] MOUTOT. *Biographie de la revue* Diogène. Op. cit., p. 15.
[3] MYLONAS, Denis. *La genèse de l'Unesco*. Bruxelles : Bruylant, 1976, p. 16-17.
[4] Ibid., p. 156.
[5] COWELL, F. C. « Planning the Organization of Unesco, 1942-46 ». Op. cit., p. 215.

collaboration internationale en matière de traduction des grands ouvrages scientifiques, la réglementation, sur le plan international, de la présentation des thèses, des travaux de recherche et la possibilité de les consulter, la publication future de bibliographies, le projet de création d'un musée de publications gouvernementales, la préparation d'une histoire générale du pillage des trésors artistiques, d'équipements scientifiques, de livres et d'archives, la préparation d'un rapport sur les destructions de bibliothèques, l'envoi de livres à la Chine, la nécessité de disposer d'un nombre suffisant de presses pour satisfaire les besoins des pays alliés[1].

Le Centre interallié du livre, mis sur pied en décembre 1943, apparaît comme l'une des plus importantes réalisations de la Commission. Cette dernière, après avoir établi une liste de 1 400 ouvrages et périodiques parus pendant la guerre, commande en effet vingt millions d'ouvrages à répartir entre les bibliothèques. Elle les stocke à Salisbury Square à Londres, où se situe le Centre interallié du livre dirigé par B.H. Headicar, ex-bibliothécaire de la *London School of Economics*. Le Comité directeur du Centre se compose en 1945 de 15 membres, majoritairement britanniques[2]. Présidé par Ernest Barker, ce Comité comprend, entre autres, Edward Carter, alors président de l'Association des bibliothèques spéciales et des bureaux d'information (Aslib). Au départ, il était prévu que les pays recevant les livres les paieraient, mais, devant l'absence de moyens financiers de la plupart d'entre eux, le gouvernement britannique accorde une aide de 27 500 livres sterling pour aider à l'achat et à la distribution des livres.

Le Royaume-Uni a marqué son intérêt dans le domaine du livre et de l'écrit dès l'année 1943, par le rôle du *British Council* dans la création et le fonctionnement de la Commission des livres et des périodiques de la CMAE. Stephen Parker relève de son côté les liens tissés entre la *British Library Association*, le *British Council* et la CMAE[3]. Les États-Unis, quant à eux, s'intéressent à la collection interalliée de livres et de périodiques, et envisagent « la création d'un centre américain du livre qui pourrait coopérer étroitement avec le Centre interallié de Londres », lançant « un appel à la population pour qu'elle contribue à une collecte de livres et de périodiques à l'échelon national[4] ». Quant à la France, elle s'intègre au travail de la Commission des livres et des périodiques, qui, dans une résolution relative au réapprovisionnement des bibliothèques pillées grâce aux ressources se trouvant dans les pays ennemis, prévoit par exemple d'entreprendre des enquêtes pour voir quelles seraient les possibilités de faire paraître des publications françaises au Caire, à Beyrouth et à Alger.

Du 1er au 16 novembre 1945, tous les gouvernements des Nations Unies sont invités à Londres conjointement par la France et le Royaume-Uni. Cette Conférence, à laquelle participent 44 gouvernements (sans l'URSS, qui estime

---

[1] MYLONAS, Denis. *La genèse de l'Unesco.* Op. cit., pp 158-160.
[2] Voir Archives IICI, dossier H.VII.11.
[3] PARKER, Stephen. *Unesco and Library Development Planning.* Op. cit., p. 90.
[4] MYLONAS, Denis. *La genèse de l'Unesco.* Op. cit., p. 160.

que la Conférence aurait dû être convoquée par le Conseil économique et social des Nations Unies[1]), établit finalement une Convention instituant l'Unesco – la science ayant été introduite parmi les compétences à l'initiative des États-Unis.

Ces derniers veulent surtout être les architectes de tout projet d'institution internationale pour l'après-guerre, leur principal intérêt résidant dans l'affectation des fonds de reconstruction. Dans les dernières années de la guerre, en effet, l'opinion américaine commence à accepter l'idée de créer un organisme international de coopération éducative, qui pourrait se révéler « un instrument utile pour l'établissement de relations plus saines entre les peuples et, à travers les peuples, entre les nations[2] ». De nombreuses institutions américaines – dont le Conseil américain de l'Éducation, l'Association nationale pour l'Éducation, l'Institut de l'Éducation internationale et le Conseil américain des Sociétés savantes – soutiennent l'idée de créer une telle organisation, et le poids de l'opinion publique et du département d'État influence le Congrès américain, qui accepte, en 1945, d'envoyer à Londres une nouvelle mouture du projet de création d'une organisation internationale, préparée par le département d'État[3]. Lors de la dernière réunion de la CMAE en novembre 1945, où se discute la création concrète de l'Unesco, la délégation américaine apparaît en force ; Menée par le Parlementaire J. William Fulbright, elle comprend plusieurs hautes personnalités du département d'État et du domaine éducatif et universitaire, dont en particulier l'ex-bibliothécaire du Congrès et poète Archibald MacLeish – qui, pressenti l'année suivante par son gouvernement, refusera cependant de devenir le premier directeur général de l'Unesco.

Le 21 août 1945, la France communique à la Conférence préparatoire de Londres un contre-projet pour l'Organisation de Coopération Intellectuelle des Nations Unies. Le texte français s'oppose à la conception anglo-saxonne sous deux aspects :

> *D'une part, il se préoccupe de maintenir fortement l'élément culturel de l'organisation et de ne pas le laisser passer après l'élément éducatif, plus technique, et, d'autre part, il conçoit une structure tripartite de l'organisation dans laquelle une place de choix est réservée aux intellectuels*[4].

Durant la Conférence de novembre 1945, la France manifeste son désir d'avoir un rôle de premier plan dans la future organisation. Une délégation d'intellectuels éminents, comprenant Pierre Auger, Henri Bonnet, Julien Cain, René Cassin, Lucien Febvre, Frédéric Joliot-Curie, Louis Joxe, Henri Laugier et Jean Thomas, se rend à Londres sous la présidence de Léon Blum, qui revendique l'installation de l'Unesco à Paris, « siège naturel » de l'organisation à cause de « l'avantage » de la France tenant au fait que « la culture française a toujours été marquée par une tendance à l'universalité » et qu'il existe en France une « tradition de générosité, de libéralisme dans le domaine de la pensée, qui

[1] COWELL, F. C. « Planning the Organization of Unesco, 1942-46 ». Op. cit., p. 224.
[2] MYLONAS, Denis. *La genèse de l'Unesco*. Op. cit., p. 201.
[3] COWELL, F. C. « Planning the Organization of Unesco, 1942-46 ». Op. cit., p. 221.
[4] BELLOC, Chloé. *Le CIPSH (1947-1955)*. Op. cit., p. 34.

sont vraiment en harmonie avec l'esprit de la future organisation[1] ». On reconnaît là « les prétentions traditionnelles des Français quant à la nature universaliste de leur culture[2] ».

L'importance de l'héritage français de l'IICI, reconnu par les Anglo-saxons, conduit à l'adoption du siège de l'Unesco à Paris et du français comme langue de travail officielle. Par contre, la France ne parvient pas à faire adopter les idées principales de son contre-projet ; ainsi, les intellectuels ne peuvent participer à la Conférence générale de l'Unesco qu'en tant que représentants de leurs gouvernements, au sein des délégations gouvernementales et ne peuvent être membres du Conseil exécutif qu'à condition de faire partie de ces délégations. Les associations – qui ont pourtant joué un grand rôle dans l'histoire de la coopération intellectuelle internationale – sont « reléguées à un rôle bien modeste par rapport à celui qu'elles occupent réellement dans la société, et par rapport au potentiel intellectuel qu'elles représentent[3] ».

Cette faible place accordée aux intellectuels à l'Unesco explique bien des orientations prises par la suite par l'organisation, à laquelle on a souvent reproché son degré élevé de politisation. Par ailleurs, la France doit aussi accepter de renoncer à l'IICI, que les Américains en particulier répugnent à remettre en activité, car « ils redoutent toute association de l'Unesco à des institutions d'avant-guerre, et désirent éviter que des membres du personnel de l'IICI aient un rôle prééminent à l'intérieur de l'Unesco[4] ».

Après novembre 1945, une conférence préparatoire s'installe à Londres et à Paris pour recruter un secrétariat et préparer un programme à soumettre en 1946 à la première conférence générale. La première réunion de la Commission préparatoire se tient dès novembre 1945, et un Bureau exécutif est mis en place sous la direction du Britannique Alfred Zimmern, comprenant des représentants de la Belgique, du Brésil, du Canada, de la Chine, de la Colombie, des États-Unis, de la France, de la Grande-Bretagne, de la Grèce, d'Inde, du Mexique, des Pays-Bas, de la Norvège et de la Pologne. Parmi les « pionniers » œuvrant à la mise en place de l'Unesco se trouvent notamment René Maheu, Jean Thomas, Edward J. Carter et Malcolm Adiseshiah. Pédagogue indien, ce dernier défend le rôle de l'éducation comme facteur premier de promotion économique et sociale, d'abord en Inde colonisée, puis après-guerre dans les pays en voie de développement[5].

Basée les premiers mois à Londres et divisée en sept comités (éducation ; science sociale ; science naturelle ; moyens de communication de masse ; bibliothèque et musées ; arts ; lettres et philosophie), la Commission

---

[1] ECO/CONF.29/VR.2 (1945), *Conférence des Nations Unies en vue de la création d'une Organisation pour l'éducation, la science et la culture*, Londres, 1-16 novembre 1945, p. 40-41 : discours du président adjoint, Léon Blum, cité par MAUREL, Chloé. *L'Unesco de 1945 à 1974*. Op. cit., p. 33

[2] PENDERGAST, William R. « La politique étrangère française et la création de l'Unesco ». Op. cit., p. 78.

[3] BELLOC, Chloé. *Le CIPSH (1947-1955)*. Op. cit., p. 35.

[4] PENDERGAST, William R. « La politique étrangère française et la création de l'Unesco ». Op. cit., p. 76.

[5] Malcolm Adiseshiah occupera plusieurs hauts postes à l'Unesco dans les années 1950-1960, supervisant le lancement des projets d'assistance technique avant de devenir sous-directeur général de l'organisation.

préparatoire prépare le programme de l'Unesco et met au point un premier document officiel, prévoyant un budget de 7 500 000 $, en septembre 1946[1].

A cette époque se décide déjà une large partie des futures orientations de l'Unesco. Le délégué du Canada recommande par exemple la création d'un comité, composé d'auteurs et d'organismes d'éditions, pour travailler à l'établissement d'une nouvelle convention internationale du droit d'auteur[2]. Les délégués britanniques Lionel R. McColvin et R.H. Hill (directeur de la bibliothèque centrale nationale) participent, eux, au Comité des Bibliothèques et des Musées, où ils présentent un mémorandum sur la place des bibliothèques à l'Unesco, officiellement approuvé par la *British Library Association*[3]. Ce mémorandum identifie quatre domaines d'action prioritaires (la coopération internationale, le développement de bibliothèques nationales, la préparation et la diffusion de bibliographies et l'amélioration de la qualité des matériaux imprimés) et influencera considérablement les orientations prises ensuite par l'Unesco.

De son côté, l'administrateur général de la bibliothèque nationale et délégué français à la Commission préparatoire, Julien Cain, contribue à établir « le programme de ce qui devait devenir la Division des Bibliothèques, [...] en sa qualité de président du Comité des Bibliothèques et des Musées qui s'est constitué à l'intérieur de la Commission nationale française de l'Unesco[4] ». Les décisions prises par la Commission préparatoire puis par la première Conférence générale de l'Unesco dans le domaine des bibliothèques – décisions largement influencées par la FIAB, l'IICI et les associations de bibliothécaires américaine et britannique – jouent un rôle important dans les activités de l'organisation pendant plus d'une vingtaine d'années[5].

En un an, la Commission préparatoire procède au recrutement de près de 600 fonctionnaires internationaux. Dès avril 1945, le directeur de l'IICI, Jean-Jacques Mayoux, indique que « le Service d'information, celui des Bibliothèques et Archives, celui des Commissions nationales, celui des Droits intellectuels, ont tous des éléments de personnel ou de matériel utiles, et une documentation souvent importante à fournir à l'Unesco[6] ». En 1945-1946, en prévision de la suppression de l'IICI au 31 décembre 1946, Mayoux s'efforce de faire en sorte qu'une majorité des activités et du personnel de l'IICI soient repris par l'Unesco[7], mais le projet d'accord entre les deux institutions reste prudent, prévoyant seulement que « dans le cadre du programme qui sera adopté par la Conférence générale [...], l'Unesco s'efforcera d'assurer la continuité de l'œuvre menée depuis 1924 par l'IICI, et de mener à bien, en particulier, certains

[1] COWELL, F. C. « Planning the Organization of Unesco, 1942-46 ». Op. cit., p. 231.
[2] SAPORTA, Marcel. *La Conférence intergouvernementale de Genève, 18 août-6 sept. 1952*. Op. cit., p. 13.
[3] PARKER, Stephen. *Unesco and Library Development Planning*. Op. cit., p. 99.
[4] CAIN, Julien. *La bibliothèque nationale pendant les années 1945 à 1951*. Paris : 1954, p. 269-270.
[5] PARKER, Stephen. *Unesco and Library Development Planning*. Op. cit., p. 108.
[6] Lettre de Mayoux à Huxley, 2 avril 1945. Archives Unesco, dossier 001.83 A 01 IIIC.
[7] Voir Archives Unesco, dossier 001.83 A 01 IIIC.

travaux entrepris par l'Institut, ceci dans la mesure où la Conférence l'estimera opportun[1] ».

Parmi le personnel de l'IICI finalement transféré à l'Unesco, se trouvent plusieurs écrivains et philosophes, imprégnés des idéaux de coopération intellectuelle internationale. Lin Yutang, membre du CICI dans les années 1930, est nommé Chef de la Division des Arts et Lettres de l'Unesco en 1948. L'intellectuel égyptien Taha Hussein, délégué de l'Égypte à l'IICI dans l'entre-deux-guerres, apporte dès 1946 son soutien à l'Unesco, participant notamment à la Conférence des Artistes de Venise en 1952. Quant à Jacques Massoulier, il fait l'objet d'une abondante correspondance confidentielle entre Edward Carter (devenu Conseiller pour les bibliothèques à la Commission préparatoire de l'Unesco) et Jean-Jacques Mayoux en 1946[2], avant d'être recruté par l'Unesco à la section des Publications. Jean-Jacques Mayoux lui-même (1901-1987) devient chef du Bureau de traduction des classiques à l'Unesco jusqu'à fin 1951 (avant de devenir professeur de littérature anglaise à la Sorbonne jusqu'en 1973).

Le transfert des archives et de la bibliothèque de l'IICI à l'Unesco, pendant l'année 1947, pose de nombreux problèmes pratiques (retards, pertes, vols, incendie…) et conduit Miss Coops, assistante d'Edward Carter à la Division des bibliothèques, au désespoir : « je n'en peux plus », lui écrit-elle dans une note datée du 5 mai 1947. Le témoignage d'E. Foundoukidis, de l'Office International des Musées, donne une étonnante description de ce difficile transfert :

> *Avec obstination et dévouement, mes collaborateurs et moi-même nous avons pu, au milieu des pires difficultés, soustraire à la rage des déménageurs et des menuisiers des volumes et des documents précieux que nous avons restitués à la bibliothèque de l'OIM ou à celle de la Commission Internationale des Arts et Traditions Populaires. Il nous est arrivé d'arracher aux ouvriers-peintres des piles de volumes dont ils avaient fait des étagères pour leurs pots de couleurs et leurs pinceaux, ou des socles sur lesquels ils travaillaient. Il nous est arrivé d'arracher à leurs jeux des paquets de volumes qu'ils s'amusaient à lancer du haut des escaliers de l'Institut pour mesurer la résistance des emballages. Nous sommes intervenus pour sauver de l'inondation des piles de volumes, tandis que d'autres assistaient impassibles sous prétexte qu'ils n'étaient plus « payés » ou qu'ils n'étaient pas là pour de telles besognes. Il nous a fallu encore nous défendre contre les étranges conceptions de « bibliothéconomie » de ceux-là mêmes qui avaient reçu pour mission de veiller au transfert des livres et des documents. S'il vous avait été donné, cher Monsieur Carter, d'entendre l'exposé de ces conceptions, votre conscience de bibliothécaire, j'en suis sûr, se serait révoltée*[3].

Malgré l'absence de continuité directe, il y a véritable transmission d'un héritage intellectuel entre l'IICI et l'Unesco, ce qui se retrouve aussi dans l'Acte constitutif de l'Unesco : « la paix doit être établie sur le fondement de la solidarité intellectuelle et morale de l'humanité ». Durant la dernière séance plénière de la CMAE, qui se tient en 1946 juste après la première assemblée

---

[1] Projet d'accord Unesco/IICI (2ème version), article 2, 1946. Archives Unesco, dossier 001.83 A 01 IIIC.

[2] Voir Archives Unesco, dossier 001.83 A 01 IIIC.

[3] Lettre de Foundoukidis à Carter. Archives Unesco, dossier 001.83 A 01 IIIC.

générale de l'Unesco, le président de la Commission des livres et des périodiques, Ernest Barker, émet, quant à lui, le souhait que la nouvelle organisation continue et achève le travail commencé depuis 1943 par la Commission[1]. Le programme de l'Unesco tiendra largement compte de ce double héritage, et les actions dans le domaine du livre découleront pour beaucoup des projets et des idées lancés par l'IICI et la CMAE.

[1] CMAE, 21ème plénière, p. 3, cité par MYLONAS, Denis dans *La genèse de l'Unesco.* Op. cit., p. 162.

CHAPITRE II

La création de l'Unesco

LA MISE EN PLACE DU SYSTÈME ONUSIEN

La création des Nations Unies, puis de l'Unesco en 1945, constitue l'aboutissement d'un long processus en Occident qui concerne l'évolution des mentalités, les progrès techniques, le bouleversement des structures économiques liées à la révolution industrielle et l'instauration de nouvelles formes politiques avec l'adoption de la démocratie. Les changements sociaux, la baisse de la natalité, l'éducation généralisée, la montée de l'individualisme et l'affirmation de plus en plus forte des droits de l'homme, se conjuguent pour rendre les deux conflits mondiaux du XXe siècle et leurs lourdes pertes humaines insupportables pour les populations. Les peuples aspirent à vivre en paix et les gouvernants souhaitent un accroissement des richesses de leur pays grâce à la production industrielle et au commerce ; le développement des transports et la mondialisation des échanges créent une interdépendance croissante des États, dont la collaboration semble de plus en plus nécessaire. Dans ces conditions, la guerre apparaît à beaucoup comme un phénomène absurde et dépassé. Après l'échec de la SDN, la Seconde Guerre mondiale incite les États les plus puissants, en particulier les États-Unis, à mettre en place un système international à l'échelle planétaire, doté des ressources humaines et financières nécessaires à son action.

Lors de la conférence de Téhéran (novembre-décembre 1943), l'URSS, les États-Unis, le Royaume-Uni et la Chine s'accordent sur l'organisation et le fonctionnement de ce qui deviendra les Nations Unies. Le développement du système onusien se réalise ensuite sans schéma d'ensemble défini, « de manière empirique, au hasard des circonstances, par touches successives[1] ».

En cette période d'intense activité organisationnelle, la mise en place des Nations Unies correspond à l'idée que les pays dominants vont s'entendre pour faire régner la paix dans le monde grâce à leur poids politique, économique et militaire. Le système onusien doit beaucoup à la théorie fonctionnaliste de

[1] VIRALLY, Michel. *L'organisation mondiale*. Paris : Armand Colin, 1972, p. 222.

David Mitrany, sorte de « projection à l'échelon universel du concept pluraliste de société caractéristique de la tradition politique des pays d'Europe occidentale et d'Amérique du Nord[1] ».

Le fonctionnalisme prône une nouvelle approche de la « paix active », dans laquelle les nations collaboreraient activement entre elles et reflète « une intuition fondamentale sur [...] la possibilité de création d'une identité mondiale à travers la construction d'une société civile internationale[2] ». La doctrine fonctionnaliste met l'accent sur le bien-être économique et la coopération technique, sur la primauté des facteurs utilitaristes sur les facteurs symboliques dans la construction de la communauté, sur la mise en place d'une société libérale et pluraliste comme condition préalable aux échanges entre États et sur le rôle primordial des techniciens et des spécialistes face aux autorités politiques[3]. Ces idées se concrétisent avec la création d'une quinzaine d'agences spécialisées à l'intérieur du système onusien, qui prolifèrent ensuite jusqu'à former un ensemble complexe comprenant près de 50 000 fonctionnaires internationaux.

Historiens et chercheurs semblent aujourd'hui d'accord pour affirmer l'influence des États-Unis sur les Nations Unies, au moins dans les premières décennies. De manière générale, les structures qui composent le système onusien ont été conçues « comme le moyen d'asseoir un nouvel ordre international pacifique, démocratique et libéral, c'est-à-dire de projeter, sur le plan international, les traits essentiels du système politique et social occidental[4] », telle la Déclaration universelle des droits de l'homme adoptée à l'Assemblée générale des Nations Unies le 10 décembre 1948. Derrière la volonté officielle « de bâtir un forum aussi universel que possible[5] » transparaît l'idée d'unifier l'humanité dans ses symboles et ses aspirations[6].

Toutefois, pour l'intellectuel marxisant Daniel Holly, les Nations Unies constituent un instrument au service de l'accumulation du capital dans les pays occidentaux, permettant à ses fondateurs « de résoudre la contradiction entre l'économie mondiale et les économies nationales en engageant les États dans des pratiques plus en harmonie avec les exigences d'une situation d'internationalisation du capital[7] ».

L'ascendant des pays occidentaux – surtout des États-Unis – sur l'ONU leur permet dans les premières années de faire avaliser leurs positions et leurs actions en tant que positions et actions de l'organisation elle-même. Mais les États-Unis ne s'intéressent pas de la même manière aux organisations du système ; si le

---

[1] COX, Robert, JACOBSON, Harold. « Une première approche : l'analyse de la prise de décision », in ABI-SAAB, Georges (dir.). *Le concept d'organisation internationale*, Unesco, 1980, p. 96.

[2] BERTRAND, Maurice. *L'ONU*. Paris: La découverte, 2000, p. 18.

[3] PENTLAND, Charles. « Functionalism and Theories of International Political Integration », in GROOM, Arthur, TAYLOR, Paul. *Functionalism. Theory and Practice in International Relations*. London: University of London Press, 1975, p. 15.

[4] ABI-SAAB, Georges. « La notion d'organisation internationale : essai de synthèse ». Op. cit., p. 21.

[5] MOREAU DEFARGES, Philippe. *Les organisations internationales contemporaines*. Op. cit., p. 10.

[6] DEUTSCH, Karl Wolfang. *The analysis of international relations*. Englewood Cliffs: Prentice-Hall, 1968, p. 12.

[7] HOLLY, Daniel. *L'Unesco, le Tiers monde et l'économie mondiale*. Op. cit., p. 29-31

GATT, le FMI, l'Agence internationale de l'Énergie atomique (IAEA) et l'Union internationale des communications (UIC), leur apparaissent tout de suite centraux, l'OIT et l'Unesco leur semblent au premier abord coûteux et de peu d'intérêt[1].

De 1945 à la fin des années 1960, les États-Unis représentent le contributeur le plus important des organisations onusiennes. De leur côté, les Britanniques ne négligent pas l'ONU, d'une part pour y affirmer leur présence aux côtés de leur allié américain, d'autre part pour tirer parti d'un « lieu de contacts extrêmement commode où [peuvent] se nouer utilement des négociations[2] ». La participation britannique est importante, en particulier dans le cadre du Programme élargi d'Assistance technique – domaine dans lequel le Royaume-Uni récupère en salaires d'experts et en commandes de matériel deux fois plus qu'il ne donne.

La prédominance occidentale à l'ONU s'affaiblit toutefois progressivement à partir du milieu des années 1950, avec la montée du Tiers monde ; dès lors, les États occidentaux tentent « d'imposer le consensus comme seul moyen de prise de décision (ce qui implique une perte d'autonomie de l'organisation vis-à-vis de ses membres et l'élimination de son rôle comme acteur, pour devenir une simple arène) ; de freiner l'expansion des tâches et des pouvoirs de l'organisation ; de traiter les questions importantes en dehors des organisations universelles, ou seulement dans les organes où ils détiennent encore la prépondérance (ou tout au moins un droit de blocage) ; et même d'employer la menace du retrait ou de la non-participation comme moyen de pression[3] ».

Chez les représentants des pays non occidentaux, la critique de l'ONU, « une organisation occidentale, conçue, édifiée et gérée par des Occidentaux en fonction de normes bureaucratiques et diplomatiques occidentales et dans l'intérêt de l'Occident[4] », couve dès le départ. Du côté des États socialistes, on considère que les organisations internationales « ne peuvent que refléter les rapports de forces et constituer une autre arène pour la lutte de classes sur le plan international, entre les forces de progrès et celles de la réaction[5] » ; ces États s'opposent à toute extension de leurs pouvoirs et de leurs activités, et donc à tout passage des activités de délibération aux activités opérationnelles.

Toutefois, la participation de l'URSS au système onusien conduit progressivement les États socialistes à accepter un élargissement des activités des organisations internationales, évoluant entre 1945 et 1975 d'une conception conflictuelle à une attitude plus nuancée. A la fin des années 1960, l'influence de l'URSS est même devenue conséquente dans diverses organisations, dont

---

[1] COX, Robert, JACOBSON, Harold. *The Anatomy of Influence : Decision-Making in International Organization*, Yale University Press, 1973, p. 412.

[2] GERBET, Pierre. *Répercussions de la décolonisation sur les relations entre puissances à l'ONU : la politique des puissances devant la décolonisation*. Paris : FNSP, rapport n° VIIa, 1962, p. 48-49.

[3] ABI-SAAB, Georges. « La notion d'organisation internationale : essai de synthèse ». Op. cit., p. 21.

[4] PUCHALA, Donald J. « Images du monde, ordres mondiaux et guerres froides : les mythes et les Nations Unies », in *Revue internationale des sciences sociales*, n°144, juin 1995, p. 253.

[5] ABI-SAAB, Georges. « La notion d'organisation internationale : essai de synthèse ». Op. cit., p. 22.

l'Unesco ; pourtant, malgré plusieurs postes haut placés dans les secrétariats, l'URSS y prend peu d'initiatives[1].

Les pays du Tiers monde, au contraire, considèrent dès le départ les organisations internationales comme des acteurs importants permettant de rendre le système international plus égalitaire et équitable et se montrent favorables à l'extension de leurs activités et à l'accroissement de leurs pouvoirs[2]. Parce qu'ils ont peu de ressources et estiment que les riches doivent payer le financement de l'ONU, parce qu'ils se font les champions de l'anticolonialisme et parce qu'ils n'hésitent pas à critiquer les grandes puissances et particulièrement les États-Unis, les pays du Tiers monde sont toutefois souvent considérés comme immatures et « taxé[s] d'irresponsabilité dans l'examen des problèmes mondiaux[3] ».

L'accusation de politisation portée contre les organisations onusiennes (en particulier l'Unesco) semble en réalité traduire la nostalgie des Occidentaux qui, au départ, considéraient comme normal de disposer à la fois du nombre (grâce à la clientèle du Tiers monde), de la force et de la puissance matérielle au sein des organisations internationales. Les États-Unis utilisent fréquemment la menace de leur retrait pour faire pression sur les pays du Tiers monde. A la fin des années 1960, leur influence sur l'ONU demeure bien réelle ; ils occupent de hautes positions administratives dans six organisations du système (Unesco, OMS, IAEA, OIT, FMI et PNUD) et financent près de la moitié de l'ensemble des dépenses de l'ONU et de ses agences.

Reflétant les rapports de puissance et les conflits géopolitiques, les organisations internationales défendent des positions rarement cohérentes et leurs objectifs sont à la fois hétérogènes et antagonistes[4]. La séparation du politique et du technique semble y relever d'une conception simpliste, défendue avant tout par les techniciens, en quête d'indépendance :

> *La détermination des priorités et l'affectation des moyens, qui requièrent une appréhension du devenir social dans sa totalité, relèvent évidemment d'un choix politique. Le souci du technicien de s'affranchir du politique est tout à fait compréhensible : au mieux, le politique vient assigner à son action des limites que ne justifie aucun impératif technique ; mais il peut faire pire : injecter dans le problème technique des considérations politiques, c'est-à-dire étrangères à ses données, qui en perturbent les solutions ou en détruisent l'efficacité. Le sentiment de supériorité du technicien à l'égard du politique s'explique tout aussi bien : la technique est, par excellence, le royaume du rationnel, de la rigueur et du progrès continu, la politique celui de l'émotionnel, de l'à-peu-près et du toujours recommencé, en dépit de tous les efforts entrepris pour l'asseoir sur des bases scientifiques. Du point de vue du technicien, la séparation du technique et du politique est donc désirable*[5].

---

[1] COX, Robert W., JACOBSON, Harold K. *The Anatomy of Influence.* Op. cit., p. 413.
[2] ABI-SAAB, Georges. « La notion d'organisation internationale : essai de synthèse ». Op. cit., p. 23.
[3] BEDJAOUI, Mohammed. « Un point de vue du Tiers monde sur l'organisation internationale ». Op. cit., p. 236.
[4] SENARCLENS, Pierre de. *La politique internationale.* Paris : Colin, 1992, p. 145.
[5] VIRALLY, Michel. *L'organisation mondiale.* Op. cit., p. 348.

Michel Virally met aussi l'accent sur le degré important d'autonomie des organisations internationales qui échappent, dans une certaine mesure, « au contrôle de ses fondateurs ou, tout au moins, à leurs prévisions, pour suivre une évolution autonome. [...] Par sa seule existence et par sa structure propre, qui ouvre ou ferme certaines possibilités d'action, l'organisation internationale modifie les conditions de la compétition entre les forces qui s'exercent sur elle. Suivant les cas, elle favorise ou défavorise certaines d'entre elles, [...] voire même provoque l'apparition de forces nouvelles qui n'auraient pu venir à l'existence en dehors d'elle. [1] ».

Toutefois, cette autonomie ne porte pas préjudice aux États, car elle leur permet « de mieux s'acquitter de leurs fonctions sociales dans les domaines où la dimension des problèmes dépasse leur capacité d'action individuelle. Elles constituent un instrument des États[2] ». En tant que mécanisme d'action, l'organisation internationale offre aussi une occasion originale de prendre l'initiative et d'agir. Bien qu'elle comporte parfois des dispositifs équilibrants (tel le droit de veto), « ceux qui sont hostiles à l'action se trouvent placés dans une position tactiquement défavorable [et] sont obligés de manifester au grand jour leur hostilité, ce qui peut être politiquement difficile ou coûteux[3] ».

Favorisant l'apparition de nouveaux concepts (patrimoine commun de l'humanité, développement durable...)[4], ces organisations permettent « à un certain nombre de problèmes internationaux réels d'être portés sur la place publique et pris en considération[5] ». Instruments d'unification et de développement de la société internationale, les organisations rapprochent les idéologies, enrichissent le cadre juridique multilatéral[6] et mobilisent les ressources intellectuelles et scientifiques existant dans les sociétés humaines à une époque donnée[7]. Elles remplissent une fonction symbolique importante et possèdent « l'autorité politique nécessaire à l'exercice du pouvoir repose sur la mobilisation d'un imaginaire collectif façonné par des symboles, des mythes, des discours à vocation normative ou politique[8] ». Dans *The United Nations : A Sacred Drama* (1968), l'historien Conor Cruise O'Brien compare l'ONU à un temple où « les adversaires viennent s'injurier rituellement entre ses murs et se combattre symboliquement, en ne reculant devant aucune violence verbale », cette transposition magique « permet[ant] aux haines de se satisfaire pleinement, mais mystiquement, dans l'explosion des mots, et de s'épuiser sans faire couler le sang sur le terrain[9] ».

Entre 1943 (création de la FAO et de l'UNNRA) et 1966 (création de l'ONUDI), 25 organismes onusiens voient le jour. Le système onusien apparaît

---

[1] Ibid., p. 26-27.
[2] VIRALLY, Michel. « Définition et classification des organisations internationales : approche juridique », in ABI-SAAB, Georges (dir.). *Le concept d'organisation internationale*. Op. cit., p. 55.
[3] Ibid.
[4] SMOUTS, Marie-Claude. *Les organisations internationales*. A. Colin, 1995, p. 39.
[5] VIRALLY, Michel. *L'organisation mondiale*. Op. cit., p. 159.
[6] SMOUTS, Marie-Claude. *Les organisations internationales*. Op. cit., p. 277.
[7] VIRALLY, Michel. *L'organisation mondiale*. Op. cit., p. 160.
[8] SENARCLENS, Pierre de. *La politique internationale*. Op. cit., p. 142.
[9] Propos cités in VIRALLY, Michel. *L'organisation mondiale*. Op. cit., p. 159.

en constante évolution, avec une importance croissante des préoccupations développementalistes qui se traduit par la création de l'UNNRA en 1949, du HCR en 1950, de l'AID en 1960, de la CNUCED en 1964, du PNUD en 1965, de l'ONUDI en 1966. Or la création de nouvelles structures change le schéma d'organisation et les équilibres politiques et fonctionnels. Les programmes de coopération technique engagés, par exemple, par la Banque mondiale ou le Programme des Nations Unies pour le développement (PNUD), sont porteurs d'une forte charge idéologique et politique. Continuellement en proie à de vives tensions, le système onusien promeut sans restriction, pendant des décennies, un modèle de développement industriel urbanisé.

Le développement de l'ONU provoque progressivement l'apparition d'un véritable milieu sociologique qui lui est propre :

> *Toute grande organisation internationale entraîne le rassemblement d'hommes relativement nombreux : délégués gouvernementaux, fonctionnaires internationaux, représentants d'organisations privées, experts, journalistes accrédités, etc., chargés de l'animer, de l'observer ou d'exercer une pression sur elle. A la longue, ce rassemblement forme un milieu fonctionnel et structuré, susceptible de donner naissance à un véritable corps social ayant ses réactions propres, ses intérêts collectifs, son idéologie, et qui peut exercer une influence non négligeable sur l'action et le développement de l'organisation dont il est issu. La même remarque vaut* a fortiori *s'il ne s'agit pas d'une organisation isolée, mais d'un réseau d'organisations, comme celles qui composent le système des Nations Unies, entre lesquelles existent des rapports personnels très étroits*[1].

La création d'un tel microcosme comporte toutefois le risque de développement en vase clos, susceptible de conduire à la bureaucratisation et à une perte d'efficacité de l'organisation internationale qui, « une fois codifiée avec sa constitution, son personnel, ses rites et ses règles, [...] a tendance, on le sait, à privilégier les buts organisationnels et faire de sa survie son objectif principal[2] ». La bureaucratisation de certaines organisations donne l'impression qu'elles deviennent de simples prestataires de services qui tournent à vide, déconnectés des grands courants qui traversent la planète[3]. Alors qu'on recense dans les années 1970 plus de 300 organisations gouvernementales et 3 000 ONG, le secrétaire d'État américain Rogers reconnaît, le 25 avril 1970, devant la Société américaine de Droit international les limites de l'ONU en déclarant : « L'honnêteté nous contraint à dire que, dans un avenir immédiat, nul ordre juridique international, même restructuré, ne pourrait favoriser la solution de la plupart des conflits majeurs ayant une incidence sur la guerre et la paix[4] ». C'est là l'aveu de l'échec des ambitions onusiennes – ambitions auxquelles l'Unesco s'associe étroitement dès sa création.

---

[1] VIRALLY, Michel. *L'organisation mondiale.* Op. cit., p. 26-27.

[2] SMOUTS, Marie-Claude. « Organisations internationales et théories de la régulation : quelques éléments de réflexion ». Op. cit., p. 524.

[3] Ibid.

[4] ZORGBIBE, Charles. *L'après-guerre froide dans le monde.* Op. cit., p. 7.

L'Unesco : création, objectifs, philosophie

Lorsqu'en 1944, les États-Unis, la Grande-Bretagne, l'URSS et la Chine se retrouvent à Dumbarton Oaks pour se mettre d'accord sur le cadre d'une organisation de sécurité internationale, « une référence historique est faite à l'organisation de coopération intellectuelle de la SDN[1] ». Dans sa mission fondamentale en faveur du maintien de la paix, la Charte des Nations Unies se réfère à la coopération culturelle comme facteur de compréhension internationale (articles 1, 13 et 55), et c'est à l'Unesco qu'est dévolue cette tâche. L'idée fondamentale sous-jacente à la création de l'Unesco est donc que les échanges économiques et politiques entre les peuples nécessitent de tenir compte des aspects culturels, sociaux et humains.

Entre IICI et Unesco, la différence est fondamentale, car « deux visions et deux époques s'opposent derrière ces deux sigles : à une Unesco d'inspiration anglo-saxonne et représentative du second XXe siècle marqué par la diffusion plus massive des connaissances, répond un IICI d'inspiration française ancrée dans le premier XXe siècle qui charge les élites de guider les peuples[2] ». Dans ce changement de modèle, le rôle de la CMAE est essentiel. Lorsqu'elle débute ses activités en 1946, l'Unesco se pose, en effet, en double héritière de l'IICI et de la CMAE : à cet héritage s'ajoute une tradition américaine « qui remonte au XXe siècle, c'est-à-dire jusqu'en 1938, date à laquelle la division des relations culturelles du Département [d'État américain] est créée[3] ». Cette triple influence française, britannique et américaine se fait sentir dans l'organisation à tous les niveaux, du fonctionnement administratif au choix des programmes.

Au cours de la Conférence constitutive de Londres, l'une des questions fondamentales concerne le choix de faire de la future organisation une institution intergouvernementale ou non. Il existe en effet un modèle original, celui du Bureau international du Travail (BIT), un organe intergouvernemental dans lequel travailleurs et patrons peuvent conjointement s'exprimer. Mais à l'Unesco, la conception intergouvernementale à l'anglo-saxonne l'emporte au niveau de l'organe directeur (la Conférence générale) ; par contre, il est prévu au départ que le Conseil exécutif soit composé de personnalités éminentes siégeant à titre individuel – à condition toutefois qu'ils fassent partie d'une délégation nationale. L'idée est de permettre aux intellectuels, savants et éducateurs de guider les politiques des gouvernements dans les domaines techniques qui sont (théoriquement) ceux de l'Unesco[4].

L'Unesco diffère donc de l'IICI par bien des aspects : par le nombre et la représentativité de ses membres (ceux-ci, bien plus nombreux, viennent de tous les continents), ses moyens financiers (plus importants), son fonctionnement (intergouvernementale, elle donne un rôle plus important aux politiciens et aux techniciens qu'aux intellectuels), sa cible (elle ne vise plus seulement à agir sur

---

[1] MOUTOT, Lionel. *Biographie de la revue* Diogène. Op. cit., p. 13.
[2] RENOLIET, Jean-Jacques. *L'Unesco oubliée*. Op. cit., 325.
[3] MOUTOT, Lionel. *Biographie de la revue* Diogène. Op. cit., p. 13.
[4] LAVES, Walter, THOMPSON, Charles. *Unesco, Purpose, Progress, Prospects*. Op. cit., p. 37.

les élites, mais aussi sur les masses) et ses champs de compétence (les sciences dures et humaines et la communication sont désormais intégrées).

L'une des explications de cette modification en profondeur réside dans l'émergence des nouveaux moyens de communication de masse dans l'entre-deux-guerres, un phénomène qui conduit le président de la délégation américaine à estimer que « l'objectif de l'Unesco ne se situe pas au niveau élevé des études avancées ou de la science, mais au niveau de l'éducation populaire des peuples du monde et de leur communication à travers les moyens de communication de masse maintenant à leur disposition[1] ».

Lors de la Conférence constitutive de l'Unesco en 1945, le chef de la délégation mexicaine Jaime Torres Bodet, souligne dans une allocution restée fameuse :

> *Le monde attend quelque chose de plus qu'une délimitation de frontières et de zones d'influence, qu'un réseau d'accords pour l'exploitation et l'échange de ses produits, en un mot qu'un système de sécurité transitoire. Il aspire à l'établissement d'un nouvel ordre des rapports entre les nations et entre les hommes, c'est-à-dire à une manière différente d'apprécier la valeur des actes, à une nouvelle signification de la joie, du travail, de l'espérance, à un but distinct proposé à l'effort collectif de tous, un but qui justifie par son élévation même, la volonté d'aller à lui sans hésitation et sans réserve*[2].

L'Acte constitutif de l'Unesco s'applique dès l'année 1946, après sa ratification par le vingtième État membre ; de 44 États présents lors de la première Conférence générale en 1946, l'Unesco passe à 60 membres en février 1951. L'organisation s'accroît régulièrement, passant à 113 membres en 1964 et à 132 membres fin 1974. Certaines adhésions marquent un tournant dans l'histoire de l'organisation, en particulier celle de l'URSS en 1954.

L'article IV de l'Acte constitutif de l'Unesco en fait le « conseiller des Nations Unies pour tout ce qui concerne les questions d'éducation, de science et de culture intéressant les Nations Unies ». Les termes de l'accord passé entre ONU et Unesco reconnaissent aux Nations Unies un droit de regard sur l'activité de l'Unesco. Cette dernière donne son accord pour qu'une collaboration s'établisse entre ses bureaux régionaux ou locaux et ceux des Nations Unies, et les dispositions de l'article XVI rendent possible une intervention des Nations Unies dans le processus d'établissement de son budget, que l'Unesco doit soumettre à l'Assemblée générale des Nations Unies[3]. L'Unesco se trouve ainsi dans un état de dépendance par rapport à l'ONU.

L'Unesco subordonne donc *de facto* ses buts éducatifs et culturels « à des objectifs politiques (sauvegarde de la paix, entente internationale), moraux (protection des droits de l'homme et de l'enfant, de leurs libertés fondamentales, défense de la justice et de la loi), économiques et sociaux (contribution au développement apporté par l'éducation, la culture et surtout la science à l'essor matériel et moral de l'humanité). La coopération culturelle apparaît alors, plus

---

[1] Propos cités in ASCHER, Charles. *Program-making in Unesco.* Op. cit., p. 4.

[2] BEKRI, Chikh. *L'Unesco, une entreprise erronée ?* Op. cit., p. 124.

[3] KONISHI, Masanobu. *Les rapports de l'Unesco avec l'ONU et les autres institutions spécialisées.* Paris : Université de Paris, Faculté de droit et des sciences économiques, Thèse de doctorat, 1970, p. 67.

qu'un but en soi, un *moyen* d'atteindre des objectifs supérieurs[1] ». Les États-Unis considèrent pourtant que l'organisation dispose de trop d'autonomie et plaident dès 1949 pour une intégration plus étroite au système onusien, estimant que le rôle à jouer par l'Unesco est primordial pour la réussite de l'ONU et de son objectif principal : l'instauration de la paix dans le monde[2]. Au contraire, la France est d'avis que l'Unesco doit aller de l'avant sans rester les yeux fixés sur l'ONU, paralysée par les questions politiques en ce début de guerre froide.

Dès ses premières années, l'Unesco est rattrapée par le contexte politique. Les problèmes d'une organisation qui doit exploiter les forces de l'éducation, de la science et de la culture afin de promouvoir la paix, la sécurité et la compréhension internationale sont en effet d'une extrême complexité et la distinction élaborée par les Occidentaux entre les questions fonctionnelles (dont se chargent les institutions spécialisées) et les questions politiques (réservées aux seules Nations Unies) se révèle largement inopérante dans le cas de l'Unesco[3]. Cette dernière apparaît comme la plus politisée de toutes les organisations spécialisées ; ses aspects politiques ont d'ailleurs toujours été officiellement reconnus par les directeurs généraux successifs de l'organisation[4].

Dans ces conditions, le reproche de « politisation » fait à l'Unesco par les Occidentaux ne semble pas des plus adéquats. Dans les années 1940 et 1950, c'est même le groupe dominant des États occidentaux qui encourage la « politisation » de l'organisation, lorsqu'elle s'engage par exemple aux côtés de l'ONU dans la guerre contre la « propagande communiste » en Corée, – bien que cela embarrasse la France et le Royaume-Uni et suscite force protestations des pays socialistes minoritaires (Pologne, Hongrie, Tchécoslovaquie).

L'engagement de l'Unesco en Corée apparaît à certains comme un dangereux précédent, et le journal américain *News Chronicle* juge dans un article du 14 août 1950 que « l'insistance américaine pour que l'Unesco participe à la guerre froide en répandant une propagande pro-occidentale et anti-communiste est en train de produire une crise qui pourrait quasiment détruire l'organisation[5] ». Les positions adoptées en Corée, mais aussi sur d'autres questions (non-admission de la Chine communiste, liens avec la RFA, etc.), conduisent la Pologne et la Hongrie à quitter l'Unesco en 1952, suivis par la Tchécoslovaquie en 1953[6].

De nombreuses positions politiques sont prises par l'Unesco, relatives en particulier à l'admission de certains membres (Chine, Hongrie, Roumanie, Bulgarie) ou encore aux projets menés par l'Unesco en Allemagne (RFA). Le rôle prépondérant des grandes puissances occidentales les conduit à trouver normale

[1] DOLLOT, Louis. *Les relations culturelles internationales*. Op. cit., p. 104.
[2] LAVES, Walter H. C., THOMPSON, Charles. *Unesco, Purpose, Progress, Prospects*. Op. cit., p. 41.
[3] DUTT, Sagarika. *The Politization of the United Nations Specialized Agencies*. Op. cit., p. 1.
[4] Rapport confidentiel de Jacques Guérif à M.L. Davico intitulé « L'Unesco et les problèmes politiques de 1946 à 1975 », 13 avril 1976, reproduit in DUTT, Sagarika. *The Politization of the United Nations Specialized Agencies*. Op. cit., p. 290-291.
[5] COX, Robert W., JACOBSON, Harold K. *The Anatomy of Influence*.Op. cit., p. 163.
[6] DUTT, Sagarika. *The Politization of the United Nations Specialized Agencies*. Op. cit., p. 59 et 65.

l'utilisation de l'Unesco dans le sens de leurs intérêts politiques, notamment dans le cadre de la lutte contre le communisme[1].

Dans les années 1955-1975, les nouveaux membres de l'Unesco composent un ensemble plus hétérogène du point de vue des orientations politiques, idéologiques et culturelles. Prenant conscience de la force du nombre, les pays du Tiers Monde et les États socialistes pèsent par leur vote collectif sur les orientations et l'idéologie de l'Unesco. Les questions qu'ils soulèvent sont taxées par les Occidentaux de dérive et de politisation excessive et néfaste : « droits collectifs des peuples » opposés aux droits de l'homme, soutien aux mouvements de libération nationale dans le cadre de la décolonisation, protection des biens culturels au Moyen-Orient, situation au Chili ou encore condamnation de la politique de discrimination raciale des gouvernements du Portugal, de l'Afrique du Sud et de la Rhodésie du Sud[2].

Ces divergences ont des répercussions considérables sur le programme de l'Unesco ; chaque État membre a sa priorité et, dès la Conférence de 1945, alors que les pays occidentaux souhaitent axer les efforts sur la reconstruction des écoles et des bibliothèques dans les pays dévastés par la guerre, des pays du Tiers monde comme la Colombie et l'Égypte émettent le vœu que l'Unesco se lance dans une croisade mondiale contre l'illettrisme[3]. La diversité (voire la dispersion) des objectifs devient très vite l'un des traits distinctifs de l'Unesco ; en 1949 par exemple, tandis que l'Irak prône la reconstruction de la spiritualité humaine, l'échange international d'idées, le travail créatif, la recherche scientifique et les arts et humanités, l'Australie opte pour l'éducation fondamentale, l'aide technique et l'éducation à partir de la Déclaration universelle des droits de l'homme. De son côté, le Canada souhaite une focalisation sur quelques projets majeurs, tels l'échange de personnes et la lutte contre l'analphabétisme[4]. Une telle divergence dans les priorités conduit à l'éparpillement et à la multiplication des projets. De nombreuses voix s'élèvent pour déplorer cette confusion, mais l'organisation éprouve les plus grandes difficultés à établir une liste de priorités : la dispersion et le manque de cohésion des programmes sont régulièrement dénoncés lors de la Conférence générale, sans résultats effectifs[5].

Dès 1948 l'Assemblée générale des Nations Unies adopte une résolution stipulant que les propositions de projets à dimension économique et sociale de l'ONU et des agences spécialisées doivent se limiter à celles jugées administrativement et financièrement faisables[6]. Un ensemble de critères sont mis au point en 1950 par le Conseil économique et social afin d'évaluer la pertinence des projets lancés dans le cadre du système onusien : urgence, possibilités (disponibilité de personnel qualifié, volonté de participation des gouvernements), portée (nombre significatif de pays et de gens concernés),

[1] COX, Robert, JACOBSON, Harold. *The Anatomy of Influence*. Op. cit., p. 44.
[2] DUTT, Sagarika. *The Politization of the United Nations Specialized Agencies*. Op. cit., p. 78 à 86.
[3] LAVES, Walter H. C., THOMPSON, Charles. *Unesco, Purpose, Progress, Prospects*. Op. cit., p. 7-8.
[4] ASCHER, Charles S. *Program-making in Unesco, 1946-51*. Op. cit., p. 63.
[5] BEKRI, Chikh. *L'Unesco, une entreprise erronée ?* Op. cit., p. 148.
[6] ASCHER, Charles S. *Program-making in Unesco, 1946-51*. Op. cit., p. 64.

préparation et coordination (travail antérieur existant, possibilité d'action ou de financement extérieur, pertinence de l'organisation menant le projet, intégration possible à d'autres projets) et résultats (relation avec les objectifs de la charte des Nations Unies, capacité des États concernés à poursuivre le projet, etc.). Cependant, les efforts de rationalisation et de concentration du budget et du programme de l'Unesco se heurtent à une forte résistance des États membres.

Comme l'article I de son acte constitutif fait clairement de la paix et de la sécurité ses principaux objectifs, l'Unesco se retrouve tiraillée entre deux options : mener des activités qui contribuent directement à la paix dans le monde, ou dans une option à plus long terme, promouvoir des activités qui contribuent à l'amélioration du bien-être de l'humanité et donc indirectement à l'établissement de la paix[1]. Si les objectifs de paix et de sécurité n'ont jamais été désavoués à l'Unesco, ses États membres marquent assez vite une préférence pour des activités contribuant indirectement à la paix.

Parmi celles-ci, la circulation des savoirs et la coopération intellectuelle apparaissent pour nombre d'Occidentaux comme des activités allant de soi pour une organisation dédiée à la culture, à la science et à l'éducation, dans la continuité de l'action menée par l'IICI et en complémentarité avec les associations internationales professionnelles et intellectuelles apparues en Occident depuis le XIXe siècle. Mais de nombreux pays du Tiers monde, qui ne participent quasiment pas aux réseaux internationaux, estiment, quant à eux, que les problèmes les plus urgents à résoudre sont liés à la pauvreté, la maladie et l'illettrisme, et demandent donc à l'Unesco d'intervenir directement dans les domaines de l'éducation et de l'assistance technique. La conception que l'Unesco se fait de son rôle évolue donc sensiblement durant les 20 premières années :

> *A l'origine, elle devait être avant tout un centre de rencontres pour les éducateurs, hommes de lettres et savants en vue de la recherche fondamentale, ainsi que pour les artistes. Pendant les premières années, elle se fit effectivement le pionnier de la diffusion de la culture, de la science et de la connaissance et joua en quelque sorte le rôle d'un ministère mondial de l'Éducation chargé d'assurer la défense des biens et valeurs culturels. Mais surtout depuis 1958, avec la création du « Fonds Spécial » des Nations-Unies, elle s'est donné des activités supplémentaires et orientée en priorité vers des buts plus immédiatement utilitaires : aide à apporter et services à rendre aux moins favorisés des États membres, les pays des trois grandes « zones A » (Asie, Afrique et Amérique latine). D'où une grave crise de conscience, l'assistance technique tendant à supplanter la recherche et les échanges intellectuels sur le plan international*[2].

Toutefois, si les objectifs de l'Unesco évoluent avec le temps, ils n'ont jamais fait l'unanimité. L'organisation s'efforce dès sa création de développer une « philosophie », une conception pouvant être utilisée afin de guider l'orientation de ses programmes. Julian Huxley, président de la Commission préparatoire puis premier directeur général, décrit dans le pamphlet *Unesco, buts et philosophie*, un idéal universaliste qui repose avant tout sur l'idée de progrès, au-delà des

[1] LAVES, Walter, THOMPSON, Charles. *Unesco, Purpose, Progress, Prospects*. Op. cit., p. 29-30.
[2] DOLLOT, Louis. *Les relations culturelles internationales*. Op. cit., p. 105.

frontières politiques et des clivages religieux, culturels, économiques et ethniques. Huxley est d'avis que l'Unesco peut aider les peuples à se comprendre mutuellement et à prendre conscience de leur humanité commune, par opposition avec les nationalismes qui tendent à les isoler.

A partir de là, l'Unesco doit, selon lui, se fixer trois objectifs : l'application de projets importants dans ses domaines de compétences, l'étude des implications sociales de l'art et de la science et le renforcement des liens entre l'art et science – en les reliant tous deux à un système commun de valeurs[1]. Huxley insistera toujours sur l'importance de ces « valeurs communes » :

> *Ce n'est pas en intégrant toutes les contradictions des cultures et les croyances que l'Unesco pourrait faire œuvre utile ; même si les États membres arrivaient à se mettre d'accord sur un objectif et un programme d'activités, il manquerait l'essentiel, une doctrine d'ensemble cohérente et conforme à son idéal. Cette doctrine, aucune des philosophies ou des religions existantes ne l'offre, aucun système social, politique ou économique ne remplit à lui seul les conditions exigées par les finalités de l'Unesco*[2].

L'humanisme scientifique mondial de Julian Huxley, jugé utopique et rejeté en tant que doctrine, reçoit tout de même certains soutiens, entre autres, celui de l'Américain Archibald McLeish. De son côté, Edward Carter estime *a posteriori,* que *Unesco, buts et philosophie* a été une source de passions et d'enthousiasmes « en ces premiers jours où l'Unesco n'était pas encore bureaucratisée[3] ». L'ambition intellectuelle des débuts de l'Unesco transparaît dans l'intervention de l'écrivain et homme politique indien Sarvepalli Radhakrishnan lors de la première session de la Conférence générale de 1946 :

> *Il nous faut veiller à ce que l'enfant nouveau-né ne soit pas étouffé par le cynisme des politiciens. Mais ce qui me tient le plus à cœur, c'est que nous autres, intellectuels, ne trahissions pas notre mission… Combien d'entre nous sont prêts à résister à l'État si celui-ci voulait attenter à notre intégrité intellectuelle ? Combien sont prêts à s'exposer au martyre politique et à refuser d'exécuter les ordres de l'État si ces ordres devaient porter atteinte à notre intégrité intérieure ? Nous sommes les prêtres de l'esprit. Nous ne pouvons accepter aucun compromis ; les politiciens, eux, le peuvent… je voudrais que, comme membres de la présente organisation, nous sachions nous élever au-dessus de la politique pour nous mettre au service des valeurs universelles*[4].

En septembre 1948, le philosophe chinois Lin Yutang, qui dirige alors la Division des arts et lettres de l'Unesco, écrit de son côté que, pour répondre aux déchirements de la société, « il convient d'opérer une reconstruction sur le plan des idées et nous n'avons pas de temps à perdre[5] ». En tant que symbole, en tant qu'organisation, l'Unesco semble appelée à jouer un rôle important à un moment historique où de nombreuses sociétés deviennent de plus en plus matérialistes, en apportant son soutien aux individus, aux groupes et aux

---

[1] SATHYAMURTHY, T. V. *The Politics of International Cooperation.* Op. cit., p. 30

[2] BEKRI, Chikh. *L'Unesco, une entreprise erronée ?* Op. cit., p. 157.

[3] Propos cités in PARKER, Stephen. *Unesco and Library Development Planning.* Op. cit., p. 102.

[4] Propos cités in BEKRI, Chikh. *L'Unesco, une entreprise erronée ?* Op. cit., p. 164.

[5] YUTANG, Lin. « De l'Orient à l'Occident, un même effort culturel », in *Courrier de l'Unesco,* sept. 1948, p. 3.

gouvernements qui souhaitent renforcer les valeurs intellectuelles qu'ils considèrent nécessaires au progrès de l'humanité. Un discours prononcé en 1960 par Jacques Havet, alors responsable du projet majeur « Orient-Occident » à l'Unesco, illustre ces ambitions intellectuelles :

> *Aujourd'hui, une évolution irrésistible impose à notre monde une unité matérielle de plus en plus forte. Pour dominer les problèmes que lui pose de manière urgente l'organisation des rapports entre les peuples, dans ce monde de plus en plus resserré, l'humanité a besoin de réaliser en elle-même une unité plus profonde, fondée sur la solidarité, mais aussi sur la compréhension et le respect mutuels. [...] Si nous ne l'y aidons, notre vie spirituelle internationale risque de garder, par rapport à notre vie matérielle, un retard qui pourrait bien être fatal.*
>
> *Qu'est-ce qui fonde la dignité absolue et égale de tous les peuples, par delà les vicissitudes de leur développement matériel ? N'est-ce pas précisément la forme originale et irremplaçable que chacun d'eux a su donner à la culture humaine ? N'est-ce pas sa capacité d'offrir aux autres, sur le plan des valeurs de l'esprit, autant qu'il reçoit d'eux ? [...]*
>
> *Certes, il est urgent de répandre plus d'informations réciproques, et des informations mieux contrôlées, sur le mode de vivre des différents peuples, sur l'évolution actuelle des nations, sur leur rôle dans la communauté internationale. Il est nécessaire et urgent aussi de faire appel aux sentiments de solidarité, d'amitié, à la générosité d'attitudes toutes tournées vers un avenir de concorde. Mais [...] il faut aller plus profond, et établir ces relations humaines nouvelles sur le fondement solide d'une compréhension authentique de l'âme de chaque peuple, de ce qui fait pour lui le sens de l'existence humaine. Sinon, la connaissance mutuelle demeurera superficielle, l'entente ne sera que de façade, les mouvements généreux du cœur se briseront sur l'expérience de l'étrangeté et de l'aliénation humaines, l'homme demeurera coupé de lui-même. [...]*
>
> *Cependant, la multiplication des instruments de connaissance n'est pas suffisante. Encore faut-il prodiguer commentaires, explications et introductions pour permettre une compréhension authentique et éviter que l'esprit le mieux intentionné s'arrête au pittoresque ou à l'exotique. C'est l'homme dans la diversité de ses aspects qu'il s'agit de mettre en évidence dans chaque culture. Plus encore, il faut susciter dans les esprits le désir de comprendre, et de comprendre avec sympathie. Avant tout, c'est par une victoire sur les préjugés, sur les attitudes plus ou moins conscientes d'hostilité ou de méfiance, sur les complexes psychologiques, que les conditions du dialogue doivent être établies*[1].

Dès la création de l'Unesco, les grandes puissances anglo-saxonnes se montrent prudentes et mesurées. Le Royaume-Uni estime de manière pragmatique que l'organisation doit avant tout s'occuper d'agir dans ses domaines de compétence sur une échelle internationale[2]. Les Britanniques souhaitent une focalisation des ressources sur quelques projets importants et considèrent l'Unesco avant tout comme un rassemblement d'États, de commissions nationales et de peuples. Ils sont surtout intéressés par les aspects éducatifs et désireux que l'Unesco s'occupe « non seulement de l'éducation au

---

[1] Discours « L'Unesco et le dialogue de l'Orient et de l'Occident » prononcé par Jacques Havet à l'Université de Saigon le 13 janvier 1960. Archives Unesco, dossier X07.83 Thomas.
[2] SATHYAMURTHY, T. V. *The Politics of International Cooperation.* Op. cit., p. 194

sens strict du mot, mais aussi des livres, des journaux, de la radio, des films, de la télévision…[1] ».

Au cours de la Conférence constitutive de l'Unesco en 1945, Archibald McLeish manifeste, au nom de la délégation américaine, un intérêt similaire pour les grands moyens de diffusion (cinéma, radio, presse moderne) et le souhait de les inclure dans les domaines de compétences de l'Unesco. Deux ans plus tard, McLeish rappelle : « l'Unesco n'a pas été créée pour faire progresser l'éducation, la science et la culture, mais pour les employer à des buts de paix[2] ».

Léon Blum, qui préside la première Conférence générale de 1946, rappelle qu'on attend de l'Unesco « deux ordres de résultats qui ne sont nullement incompatibles, bien au contraire : d'une part, des initiatives précises, méthodiques, progressives dans un certain nombre de domaines techniques essentiels et, d'autre part, une action d'ensemble sur ce que j'appellerai volontiers la condition spirituelle des peuples et des individus[3] ». La France considère l'Unesco comme un instrument pour répandre ses idéaux de liberté, d'égalité et de fraternité à travers le monde, afin d'atteindre une paix universelle ; elle soutient implicitement les vues de Julian Huxley plaidant en faveur d'un nouvel humanisme et estime que, si les résultats matériels de l'Unesco sont importants, il ne faut pas oublier la prépondérance des idées et des idéaux qui ont inspiré sa création[4]. Bien qu'elle ait accepté dès le départ le principe de l'assistance technique, la France insiste sur la valorisation de l'être humain par rapport au seul développement économique comme objectif principal de ce dispositif.

En 1949, Jaime Torres Bodet se montre lui aussi d'avis que « si l'Unesco veut servir la cause de la paix, elle doit se concentrer sur les besoins concrets de l'humanité. Elle ne doit être ni une académie prêchant les vertus d'un pacifisme théorique sans considérer les moyens d'atteindre la paix, ni une institution qui, au nom de la primauté de l'intellectuel, regarde la culture comme une fin en soi, en la tenant artificiellement à l'écart des facteurs sociaux et économiques qui concernent sa croissance[5] ». Quelques années plus tard, en 1956, Luther Evans considère cependant que l'Unesco en est toujours au stade de l'expérimentation pour trouver à la fois les projets qui correspondent le mieux à ses objectifs et les méthodes à employer pour y parvenir.

En 1958, la France propose à l'Unesco de se consacrer à trois tâches principales : lutter pour améliorer la circulation des idées et la compréhension mutuelle ; se positionner à l'avant-garde des expérimentations dans le domaine de l'éducation, de la culture et de la science ; et catalyser de nouveaux projets qui pourraient par la suite fonctionner indépendamment les uns des autres. Persuadé de la supériorité du modèle américain, le théologien protestant Reinhold

---

[1] BEKRI, Chikh. *L'Unesco, une entreprise erronée ?* Op. cit., p. 126.

[2] Propos cités in M'BOW, Amadou-Mahtar. *Unesco, universalité et coopération intellectuelle.* Paris : Editions de l'Unesco, 1986, p. 113.

[3] Propos cités par Hamid Karzaï lors de la cérémonie de commémoration du 60ème anniversaire de l'Unesco, 8 octobre 2005. Archives Unesco, document 33 C/INF.17.

[4] SATHYAMURTHY, T. V. *The Politics of International Cooperation.* Op. cit., p. 189 à 191.

[5] Propos cités in SINGH, S. Nihal. *The Rise and Fall of Unesco.* New Delhi : Allied Publishers Pvt. Ltd., 1988, p. 35.

Niebuhr, membre de la délégation américaine à l'Unesco et anti-communiste partisan de la course aux armements, prône, quant à lui, une division des activités de l'Unesco en trois catégories : la promotion de la libre circulation des idées, l'assistance aux pays du Tiers monde dans les questions éducatives et la promotion d'une meilleure compréhension mutuelle[1].

Dans les années 1960, suite à l'évolution des rapports de force à l'Unesco, les pays occidentaux se désintéressent peu à peu de la vocation intellectuelle de l'organisation, dont les programmes d'aide directe se multiplient. L'évolution du budget montre en particulier une focalisation sur le domaine de l'éducation par rapport aux autres secteurs d'activité, ce qui correspond à un choix délibéré de concentrer les ressources disponibles sur l'objectif éducatif. De nombreux choix d'orientation du programme étant liés à des évolutions externes, cette priorité donnée au secteur éducatif est sans doute due à l'expansion de « l'assistance technique » aux Nations Unies, expansion qui, par son discours idéologique comme par la mise en place de critères d'allocation de ressources financières supplémentaires, modifie la stratégie et les objectifs d'organisations spécialisées comme l'Unesco[2].

Malgré cette réorientation, le DG René Maheu souhaite un certain rééquilibrage entre le rôle d'agence d'assistance technique et les objectifs plus intellectuels de l'Unesco, avec l'idée que ces deux aspects peuvent se compléter et se renforcer. L'Unesco est la seule organisation internationale à souligner que « les peuples n'ont pas seulement des besoins matériels, mais aussi spirituels[3] ». A partir de 1960, l'Unesco opère aussi un virage idéologique en devenant le défenseur des pays du Tiers monde. Maheu tente d'élaborer une nouvelle philosophie en s'appuyant sur les droits de l'homme[4], en particulier sur la Déclaration universelle des droits de l'homme basée sur les idées libérales occidentales. Ces droits modernes portent, entre autres, sur le champ de la culture, comme l'illustre l'article 22 de la Déclaration, qui stipule que les droits économiques, sociaux et culturels sont indispensables à la dignité et au libre développement de la personnalité[5]. De son côté, l'article 27 reconnaît à toute personne le droit de prendre part à la vie culturelle de la communauté, de jouir des arts, de participer au progrès scientifique et aux bienfaits qui en résultent. Chacun a aussi le droit à la protection des intérêts moraux et matériels correspondant à son activité scientifique, littéraire ou artistique.

Cependant, l'Unesco se retrouve rapidement en porte-à-faux avec ces idéaux de la DUDH, émanation occidentale qui n'est pas toujours bien acceptée par le reste du monde ; les Etats y voient une forme de néocolonialisme, d'autant plus qu'ils se rendent compte que les grandes puissances occidentales ne la respectent pas. Il n'est que de penser à la colonisation menée par la France et le Royaume-Uni ou aux multiples violations de la DUDH par les États-Unis pour asseoir

---

[1] SATHYAMURTHY, T. V. *The Politics of International Cooperation.* Op. cit., p. 43

[2] COX, Robert, JACOBSON, Harold. *The Anatomy of Influence.* Op. cit., p. 386.

[3] DOLLOT, Louis. *Les relations culturelles internationales.* Paris : PUF, 1964, p. 106.

[4] SINGH, S. Nihal. *The Rise and Fall of Unesco.* Op. cit., p. 62.

[5] DOKA, Carl. *Les relations culturelles sur le plan international,* La Baconnière, 1959, p. 19.

leur puissance à travers le monde... Ainsi, souligne le philosophe et activiste américain Noam Chomsky : « l'engagement humanitaire est à géométrie variable : quand ils peuvent servir quelque intérêt, les Droits de l'homme deviennent des idéaux essentiels ; sinon, et il serait futile de s'en étonner, c'est le pragmatisme qui prévaut[1] ». Dans son ouvrage *Le bouclier américain*, Chomsky évoque la tendance de l'aide financière américaine à profiter aux pays dont les gouvernements sont les plus dictatoriaux – tendance qui s'explique par le climat général de stabilité pour les investisseurs de ces pays où les contre-pouvoirs et les organisations collectives sont brutalement réprimés...

Dans un contexte international complexe, l'Unesco peine à mettre en pratique une philosophie idéaliste inspirée des droits de l'homme, quand bien même elle accorde une importance première au rôle de l'individu dans la société démocratique et dans l'établissement de la paix dans le monde. Tirant la leçon de l'échec d'une IICI trop élitiste, l'Unesco affirme que « que la culture n'est pas le monopole d'une minorité intellectuelle, mais que les progrès de la culture, de l'éducation et de la science doivent profiter à l'humanité tout entière[2] ». L'organisation poursuit une action à la fois de persuasion sur les élites dirigeantes et de propagande sur les masses, les premières – enseignants, écrivains, universitaires... –considérées à la fois comme un public cible en soi et comme un moyen d'agir indirectement sur les secondes[3].

Son action passe par le concept, vague mais fréquemment utilisé, de « compréhension mutuelle », avec la conviction que la compréhension internationale est compatible avec les loyautés nationales. Toutefois, l'Unesco ne parviendra jamais à prouver scientifiquement par quel processus une meilleure compréhension objective et intellectuelle des autres mènerait naturellement à des rapports de paix et de collaboration avec eux[4]. Cette limite rejoint plus généralement la difficulté de rapprocher directement, par un lien de cause à effet, l'éducation et la culture d'un idéal de paix.

La paix, dès la fin de la Seconde Guerre mondiale, devient un objectif important des Occidentaux, et plusieurs structures s'attachent à réfléchir à cette notion, comme l'Institut d'Oslo et l'*International Peace Research Association*. Dans la deuxième moitié du XXe siècle, c'est la conception même de la paix qui change, passant de la paix négative (état de non-guerre) à la paix active et positive (état de protection et de bien-être des individus), « une conception globale de la paix, adossée à une vision élargie de la sécurité quand la paix co-existentielle était simplement appuyée sur la sécurité interétatique[5] ». La paix est désormais envisagée comme une situation mouvante et multiforme. Pour tenter d'atteindre cet objectif, l'Unesco définit plusieurs règles :

---

[1] CHOMSKY, Noam. *Le bouclier américain.* Op. cit., p. 65.

[2] KONISHI, Masanobu. *Les rapports de l'Unesco avec l'ONU et les autres institutions spécialisées.* Op. cit., p. 30.

[3] LAVES, Walter, THOMPSON, Charles. *Unesco, Purpose, Progress, Prospects.* Op. cit., p. 7.

[4] Ibid., p. 221 à 223.

[5] DEVIN, Guillaume. « Fluctuat Nec Mergitur ! Ces institutions qui font la paix qui fait les institutions ». Op. cit., p. 19.

Les premières, techniques, concernent des projets, comme la réforme de l'enseignement, les campagnes d'alphabétisation et l'organisation de l'enseignement technique, etc. Les secondes, plus générales, se rapportent aux fins poursuivies par l'Unesco. A ce niveau apparaît la théorie de développement de l'Unesco, la vision stratégique de sa mission dans le monde[1].

Cette vision globale relève d'un dilemme fondamental entre le fait de tendre vers une « culture mondiale » et la diversité réelle des cultures reflétée à l'Unesco. Alors qu'un grand nombre de pays entrent en relation les uns avec les autres, le degré d'hétérogénéité de la « communauté mondiale » augmente, rendant d'autant plus difficile la poursuite d'un objectif de paix, de solidarité et de collaboration[2]. L'Unesco apporte une double réponse à ce dilemme : d'une part en recherchant des valeurs minimales sur lesquelles obtenir un consensus universel, d'autre part en régionalisant les projets et les actions afin de retrouver une plus grande cohérence et homogénéité grâce aux affinités culturelles, sociales et linguistiques qui existent dans les régions du monde.

Plusieurs chercheurs mettent par ailleurs en doute les objectifs poursuivis par l'Unesco, estimant que l'un des buts ultimement recherchés par l'organisation serait, notamment dans le Tiers monde, la formation d'une force de travail et l'installation d'une infrastructure minimale permettant le développement d'une économie capitaliste[3]. Cet objectif n'est d'ailleurs nullement nié par l'Unesco – et par le système onusien en général ; au contraire, le discours officiel qui sous-tend l'assistance technique prône le développement économique, présenté comme le meilleur moyen d'améliorer le bien-être de l'humanité.

Bien que l'acte constitutif de l'Unesco n'évoque que de « nobles » objectifs (paix internationale, sécurité, éducation, libre échange des idées et des connaissances, justice, droits de l'homme et libertés fondamentales), il est donc important de s'interroger sur le rôle joué par l'Unesco dans la reproduction des rapports de domination dans le monde. Dans le cadre de la politique du livre, sont concernés par cette interrogation des projets comme la Collection Unesco d'œuvres représentatives, la production de textes de lecture pour l'Asie, l'Accord de Florence sur la libre circulation des matériels scientifiques éducatifs et culturels, ou encore la Convention universelle sur le droit d'auteur.

Sous la plume de Roger Garaudy, l'Unesco apparaît comme le fruit de « quatre siècles de domination sans partage de l'Occident, du XVIe siècle au milieu du XXe, [qui] ont conduit à imposer au monde entier le modèle faustien de culture occidentale, c'est-à-dire une conception "unidimensionnelle" de l'homme voué au scientisme positiviste et à la technique au service de la volonté de puissance de l'individu. Ce modèle de culture commande un modèle de développement caractérisé par une croissance quantitative sans fin de la production et de la consommation. Le colonialisme, et ses séquelles d'aujourd'hui, a consisté à intégrer, par la force ou la ruse, tous les autres

---

[1] HOLLY, Daniel. *L'Unesco, le Tiers monde et l'économie mondiale.* Op. cit., p. 71

[2] SATHYAMURTHY, T. V. *The Politics of International Cooperation.* Op. cit., p. 42

[3] HOLLY, Daniel. *L'Unesco, le Tiers monde et l'économie mondiale.* Op. cit., p. 11.

continents à ce modèle de culture et au modèle de croissance qui en découle[1] ». Quant à Serge Latouche, il se montre particulièrement critique :

Le message éthique de l'Occident, dans la tradition des penseurs libéraux et des philosophes du XVIIIe siècle, serait les valeurs des Droits de l'homme et de la démocratie. La mission de l'Occident n'est pas d'exploiter le Tiers monde, ni de christianiser les païens, ni de dominer par une présence blanche, elle est de libérer les hommes (et plus encore les femmes) de l'oppression et de la misère. La promotion de l'individu contre les contraintes des préjugés, des croyances et des allégeances des sociétés traditionnelles, favorise l'épanouissement de la personne humaine et la construction d'une société d'égaux. Ces valeurs permettent de fonder une paix universelle, une société de nations dont la démocratisation et la civilisation (le respect des droits de l'homme) pourraient aboutir à la fraternité universelle. [...]

Cet universalisme-là pourrait-il s'imposer sur la force de sa séduction si l'Occident n'était que ce message éthique ? Et l'élimination de la misère peut-elle vraiment résulter de la libération des énergies créatives de façon innocente ? Le déchaînement utilitariste de l'intérêt personnel ne vide-t-il pas la démocratie de l'essentiel de son contenu en instrumentalisant les hommes dans la grande machine technicienne ?[...]

Il est difficile de dissocier le versant émancipateur, celui des droits de l'homme, du versant spoliateur, celui de la lutte pour le profit[2].

L'Unesco est travaillée en profondeur par les contradictions idéologiques et philosophiques : tension entre universalisme occidental et particularismes, entre développement économique et bien-être social et culturel, entre éducation pour tous et formation prioritaire des travailleurs, entre pauvreté du monde rural et problèmes liés à l'urbanisation, etc. Ces sujets, fréquemment abordés en Conférence générale, conduisent à l'adoption de programmes d'activités (comme les études sur les méfaits de l'urbanisation), parfois vivement critiqués ou remis en cause pour leur fondement idéologique y compris en interne (concept d'éducation fonctionnelle notamment).

Par ailleurs, la particularité de l'Unesco, au sein du système onusien, est de comporter nombre d'intellectuels et d'artistes dans son secrétariat, des personnalités humanistes que leur sensibilité et leur formation poussent à s'interroger sur les objectifs et les fondements de leur activité. Ces questionnements et remises en cause provoquent progressivement une modification en profondeur de la philosophie de l'organisation. Dans les années 1970, l'Unesco devient le théâtre de polémiques autour de la revendication d'un nouvel ordre mondial de l'information (NOMIC), visant à :

...remettre en cause le monopole presque absolu des grandes agences de presse occidentales sur les nouvelles circulant dans le monde, à contrer la domination idéologique et culturelle des pays riches. Cette prétention inquiète les médias libéraux, notamment parce que ceux qui l'énoncent avec le plus de ferveur ne sont pas nécessairement partisans de la libre

---

[1] GARAUDY, Roger. « De la sécession de l'Occident au dialogue des civilisations », in L'*impact de la pensée occidentale rend-il possible un dialogue réel entre les civilisations?*, Berg international Editeurs, 1979, p. 91.
[2] LATOUCHE, Serge. *L'occidentalisation du monde*, La Découverte, 1989, p. 41.

circulation de l'information, ensuite parce que l'Unesco ne parvient pas à donner forme et consistance à ce nouvel ordre[1].

Étant donné le vif intérêt témoigné à la communication et aux médias de masse par les États-Unis, il est logique que ces derniers n'aient pu tolérer une telle remise en question de leurs intérêts au sein de l'Unesco. Ce n'est donc pas un hasard si, après avoir quitté l'OIT en 1977, les États-Unis se détournent de l'Unesco en 1984, ces deux organisations ayant, de leur point de vue, largement dévié des objectifs fixés en 1945 au système onusien – et ce, en raison des profondes évolutions du monde durant cette période.

---

[1] SENARCLENS, Pierre de. *La crise des Nations Unies*, PUF, 1988, p. 170-171.

CHAPITRE III

Le contexte

APRÈS-GUERRE, GUERRE FROIDE, DÉCOLONISATION

En 1945, les États-Unis se retrouvent dans une position dominante et leur puissance politique, militaire et économique leur confère *de facto* un rôle prépondérant dans le monde. Leurs deux préoccupations majeures sont l'instauration d'un ordre mondial stable dans lequel ils pourraient profiter de leurs avantages économiques et le rétablissement d'une demande efficace dans le reste du monde en vue de la reconstitution d'un marché pour leurs entreprises florissantes[1]. Pour ce faire, les États-Unis poussent à la création du système onusien comme cadre de l'ordre mondial en concluant un arrangement avec l'autre puissance militaire, l'URSS, et décident d'aider à la reconstruction de l'Europe. Avec le plan Marshall, lancé en avril 1948, les États-Unis consacrent plus de 13 milliards de dollars (11 milliards sous forme de dons et 2 milliards sous forme de prêts remboursables en dollars) à la reconstruction de 16 pays européens entre 1947 et 1952.

Leurs motivations ont fait l'objet de nombreuses polémiques, l'argument humanitaire étant pour différents chercheurs et historiens amplement dominé par les arguments politiques (lutte contre le communisme dans le cadre de la politique du *containment*) et économiques (écouler une surproduction chronique afin d'éviter la récession). Le plan Marshall profite aux firmes américaines[2] et encourage la standardisation industrielle et la diffusion d'un modèle américain homogène de développement industriel et commercial. Il est aussi concomitant de la mise en place de l'Organisation internationale de Normalisation (ISO), créée en 1947, qui a pour objectif de produire des normes internationales dans les domaines industriels et commerciaux. Dans le domaine du livre, la collaboration de l'ISO avec l'Unesco conduit par exemple à l'adoption, en 1972, de la norme ISO 2108 (ICS n° 01.140.20), qui spécifie la construction du numéro ISBN, les règles de son attribution et l'administration du système ISBN.

---

[1] WALLERSTEIN, Immanuel. *Sortir du monde états-unien*, Liana Levi, 2004, p. 29.
[2] CHOMSKY, Noam. *Le bouclier américain*. Op. cit., p. 13.

Cependant, les relations entre les deux principales puissances se détériorent rapidement et la guerre froide s'installe dès la fin des années 1940. Le président Truman et ses conseillers présentent l'URSS comme un État fanatique, athée et totalitaire et mettent au point la théorie de l'endiguement (*containment*) faisant de l'anticommunisme une croisade contre un ennemi personnifiant le mal[1]. Les États-Unis et l'URSS communiste s'estiment chacun chargés d'une mission universelle et placent leur opposition sur le plan des valeurs morales, ce qui rend inconcevable la possibilité de compromis.

La guerre froide, qui repose avant tout sur des objectifs culturels et idéologiques, provoque une véritable « cassure culturelle de l'Europe[2] », le champ de bataille se situant dans l'esprit des hommes[3]. Dans ce contexte, l'Unesco devient l'un des terrains sur lesquels s'expriment les tensions conflictuelles entre les deux systèmes « inconciliables » et ce climat de tension et d'animosité entre les peuples rend d'autant plus difficile sa mission d'encourager la libre circulation de l'information et la coopération à travers le monde[4].

Plusieurs pays membres, en particulier la Suisse, la Suède, l'Inde, l'Iran, l'Iraq et le Pakistan, tempèrent cependant la participation de l'Unesco à la guerre froide et contribuent à faire sortir l'organisation de la problématique bipolaire[5], malgré l'adhésion de plusieurs États socialistes à l'organisation : URSS, Biélorussie et Ukraine en 1954, Bulgarie et Roumanie en 1956, Albanie en 1958. L'URSS en particulier, qui n'a pas participé à la fondation de l'Unesco, la rejoint en 1954, après la mort de Staline. Dans les années 1960, la crise du Congo place de nouveau les Nations Unies dans une situation délicate avec la mort du secrétaire général, le Suédois Dag Hammarskjöld, en septembre 1961 dans un crash aérien. Mais l'Unesco reste relativement en retrait, contribuant seulement à envoyer sur place des enseignants et de l'aide technique.

A l'ONU, la guerre froide conduit, à un blocage des admissions de nouveaux membres, chaque camp refusant les candidats soutenus par l'autre[6]. Le nombre des candidatures en souffrance s'élève à 22 à l'automne 1950. Toutefois, la situation se débloque après la mort de Staline ; l'Asie passe de 13 États à 22 en 1955 (puis 34 en 1971), l'Afrique de 4 États à 8 en 1958 (puis 24 en 1960, 39 en 1971).

L'importance de la guerre froide à l'ONU et à l'Unesco apparaît supplantée dans les années 1950 par la question de la décolonisation, elle-même liée au mouvement du « non-alignement » destiné à sortir d'une vision du monde bipolaire. Dans l'après-guerre se dessine en effet un mouvement de décolonisation, fortement encouragé par les premiers pays qui accèdent à l'indépendance, mais aussi par l'URSS et les États-Unis qui voient tous deux la

---

[1] PUCHALA, Donald J. « Images du monde, ordres mondiaux et guerres froides : les mythes et les Nations Unies ». Op. cit., p. 246.
[2] RIGAUD, Jacques. *La culture pour vivre*. Paris : Gallimard, 1975, p. 269-270.
[3] SATHYAMURTHY, T. V. *The Politics of International Cooperation*. Op. cit., p. 50
[4] SCHUSTER, George Nauman. *Unesco : Assessment and Promise*. Op. cit., p. 36-37
[5] COX, Robert, JACOBSON, Harold. *The Anatomy of Influence*. Op. cit., p. 166-167.
[6] GERBET, Pierre, GHEBALI, Victor-Yves, MOUTON, Marie-Renée. *Le rêve d'un ordre mondial, de la SDN à l'ONU*, Imprimerie nationale Editions, 1996, p. 218.

décolonisation comme un phénomène non seulement inévitable mais désirable, et encouragent les Nations Unies à intervenir dans le processus[1].

Entre 1946 et 1958, 14 colonies accèdent à l'indépendance : les Philippines, Ceylan, l'Inde, le Pakistan, la Birmanie, l'Indonésie, le Vietnam du Nord, le Maroc, la Tunisie, le Soudan, le Ghana, la Malaisie, Singapour et la Guinée. Par ailleurs, « 1949 voit la victoire de la révolution chinoise, 1952 le succès de la révolution nationale en Égypte, 1954 la capitulation française de Dien Biên Phu en Indochine – saluée comme le "Valmy des peuples colonisés" – et, le 1er novembre 1954, le début de la guerre de libération nationale en Algérie. Sur la scène mondiale commencent alors à apparaître les peuples du Tiers monde, qu'ils soient ou non constitués en États[2] ».

A l'ONU, l'Inde, le Pakistan, la Birmanie, l'Indonésie, encouragent les grandes puissances à décoloniser. L'Inde en particulier œuvre en faveur de l'émancipation des territoires asiatiques et apparaît comme l'un des fondateurs de la politique de non-alignement, ce qui s'explique tant par sa position géographique importante, par l'ancienneté de sa civilisation, que par son désir de jouer un rôle à la mesure de ses moyens sur la scène internationale en affirmant son identité[3].

En 1955, la conférence de Bandoeng, qui réunit les représentants de 29 pays africains et asiatiques, marque le début d'une ère nouvelle. La conférence proclame la solidarité afro-asiatique, appelle à une rapide décolonisation et fait profession de foi de non-alignement dans les relations internationales[4], illustrée par l'entrée en force de la République populaire de Chine, reconnue en fait, sinon en droit.

L'esprit de solidarité exprimé à Bandoeng semble toutefois trahi « dès 1956, lors de l'intervention des chars soviétiques en Hongrie. [...] Nouvelle trahison, en 1962, cette fois lors du conflit sino-indien, un conflit entre les deux nations fondatrices de l'afro-asiatisme[5] ». Si le Tiers monde peine à trouver son unité, la conférence de Belgrade, en 1961, définit « un programme d'ensemble qui forme la plate-forme d'action des pays non alignés[6] ». Le mouvement se développe dans les années 1960, passant de 25 pays participants à Belgrade à 47 au Caire en 1964, et un compromis s'établit entre les partisans d'un strict neutralisme et ceux qui prônent l'action contre impérialisme et néo-colonialisme.

Différents groupements régionaux tentent aussi de faire entendre leurs voix. Une situation de conflit se développe entre les États qui possèdent des gisements pétroliers et les grandes compagnies occidentales, en particulier américaines et anglo-hollandaises, ce qui aboutit à la création de l'Organisation des pays exportateurs de pétrole (OPEP) en 1960. L'Afrique noire passe au premier plan dans les années 1960, suite à l'accession à l'indépendance de nombreux États :

---

[1] RUBINSTEIN, Alvin, GINSBURGS, George. *Soviet and American policies in the United Nations,* New York University Press, 1971, p. 84.
[2] JOUVE, Edmond. *Le Tiers-Monde dans la vie internationale*, Berger-Levrault, 1986, p. 82.
[3] BERG, Eugène. *Non-alignement et nouvel ordre mondial.* PUF, 1980, p. 13.
[4] HOLLY, Daniel. *L'Unesco, le Tiers monde et l'économie mondiale.* Op. cit., p. 67-68.
[5] ZORGBIBE, Charles. *L'après-guerre froide dans le monde.* Op. cit., p. 14.
[6] BERG, Eugène. *Non-alignement et nouvel ordre mondial.* Op. cit., p. 9.

« de grandes rencontres, à Accra, Brazzaville, Casablanca, Monrovia, Addis Abeba, donnent au panafricanisme un contenu plus dynamique. Parallèlement, les représentants de l'Afrique joueront un rôle moteur dans les conférences afro-asiatiques et des pays non alignés[1] ».

L'Amérique latine occupe à son tour le devant de la scène après la victoire de Fidel Castro, lors de la conférence tricontinentale de La Havane en 1966. Cette dernière rassemble 612 délégués et 64 observateurs ; 82 pays sont représentés. Au sommet suivant (Zambie, 1970), 54 pays plébiscitent le non-alignement, ainsi que 8 mouvements de libération admis à titre d'observateurs. Désormais, le non-alignement est majeur et se manifeste particulièrement à Alger en 1973. La Conférence d'Alger adopte un programme d'action visant à « assurer une profonde modification de l'ensemble des rapports internationaux sur le plan tant politique, économique que culturel. [...] Cette prise de conscience d'une profonde division du monde entre un Nord industrialisé et un Sud sous-développé alimente une nouvelle solidarité militante[2] ». Pour la première fois dans un sommet de pays non-alignés, les Nations Unies sont représentées à l'ouverture de la Conférence d'Alger par leur secrétaire général Kurt Waldheim.

Toutefois, si certaines petites nations parviennent à se maintenir dans le non-alignement (Cuba, Tanzanie, Guinée, Cambodge), elles payent le plus souvent un prix élevé pour cette indépendance[3]. Le Liban, la République dominicaine, le Honduras, la Thaïlande et le Venezuela, quant à eux, doivent céder aux exigences des grandes puissances. Si la Libye accède à l'indépendance en 1951, les États-Unis et le Royaume-Uni y conservent des bases militaires. De la même manière, l'Égypte doit céder au Royaume-Uni des positions au Caire, à Alexandrie et sur le canal de Suez[4]. Le Royaume-Uni contraint par ailleurs la France à accorder l'indépendance au Liban et à la Syrie en août 1945, et abandonne son mandat sur la Palestine en 1948, suite aux complications politiques qui accompagnent la création d'un État juif. De leur côté, les Philippines deviennent indépendantes le 4 juillet 1946 mais doivent accorder des concessions économiques et des bases aériennes et navales aux États-Unis pour une durée de 99 ans. Malgré son indépendance théorique, la Thaïlande participe de son côté à la force multinationale envoyée par les Nations Unies lors de la guerre de Corée, puis rejoint l'Organisation du traité de l'Asie du Sud-est, lancée en 1954 par les États-Unis pour lutter contre le communisme. En 1961, elle passe même un accord secret avec ces derniers, envoie des troupes au Vietnam et au Laos et sert de véritable base militaire américaine.

Les États qui tentent d'affirmer leur indépendance vis-à-vis des grandes puissances sont souvent sévèrement ramenés à l'ordre ; la nationalisation du pétrole par l'Iran en 1951 tourne à l'épreuve de force, les Anglais et les Américains parvenant à faire arrêter Mossadegh et à mettre en place le régime

---

[1] JOUVE, Edmond. *Le Tiers-Monde dans la vie internationale*. Op. cit., p. 83.
[2] BERG, Eugène. *Non-alignement et nouvel ordre mondial*. Op. cit., p. 10.
[3] CURLE, Adam. *Making Peace*. London : Tavistock Publications, 1971, p. 44.
[4] VAÏSSE, Maurice. *Les relations internationales depuis 1945*. Op. cit., p. 37-38.

autoritaire du Shah[1]. De la même manière, lorsque l'Égypte, suite à l'arrivée de Nasser au pouvoir en 1954, adopte un neutralisme antioccidental, prône l'union des peuples arabes et l'anéantissement d'Israël, puis reconnaît la Chine communiste et nationalise le canal de Suez, les représailles occidentales ne se font pas attendre. Rapidement, le Tiers monde prend conscience des limites à son indépendance et recherche une représentation équitable au sein des organes des Nations Unies (Conseil de sécurité, Conseil économique et social) et une élaboration démocratique des décisions internationales en matière de paix et de développement[2].

D'une façon générale et avec le recul, l'existence des Nations Unies a obligé les grandes puissances à prendre, envers le phénomène de décolonisation et vis-à-vis des pays récemment indépendants ou en voie de le devenir, des attitudes beaucoup plus nettes que si les relations internationales en étaient restées au stade de la diplomatie classique ; l'existence d'un forum oblige en effet à prendre position publiquement et à tenir compte de la majorité, surtout si on a besoin de celle-ci en d'autres occasions[3]. Dès 1945, le soutien actif de l'URSS et des États-Unis au processus de décolonisation renforce par ailleurs considérablement la force de pression de la majorité anticolonialiste à l'ONU. Si l'URSS reste longtemps à l'écart de l'ONU, les États-Unis, eux, s'investissent tout particulièrement dans le fonctionnement du Conseil de tutelle des territoires non autonomes, et jouent un rôle important dans l'accession de certains pays stratégiques (Indonésie notamment) à l'indépendance[4]. Puis lors de la crise de Suez, l'URSS et les États-Unis souhaitent tous deux que les Nations Unies interviennent afin d'empêcher la France et le Royaume-Uni de rétablir un contrôle de type colonial sur le Moyen-Orient. Les critiques anticolonialistes n'épargnent pas toutefois les deux superpuissances, particulièrement les États-Unis à cause de leur répugnance à utiliser les moyens militaires contre certains de leurs alliés politiques et économiques[5].

L'ONU accompagne largement le processus de décolonisation. Dans les années 1950, le mouvement de libération algérien par exemple s'en sert comme d'une tribune, en portant le combat contre la France à l'Assemblée générale grâce à l'intervention de gouvernements amis[6]. D'autres pays s'y montrent particulièrement actifs, en particulier l'Inde et le Nigéria. L'Inde coopère activement aux programmes d'assistance des institutions spécialisées des Nations Unies, fournissant des experts dans de nombreux domaines et participant aux missions de maintien de la paix. En novembre 1947, l'Inde propose aussi de

[1] Ibid., p. 39.
[2] BERG, Eugène. *Non-alignement et nouvel ordre mondial.* Op. cit., p. 116.
[3] GERBET, Pierre. *Répercussions de la décolonisation sur les relations entre puissances à l'ONU.* Op. cit., p. 1.
[4] RUBINSTEIN, Alvin Z., GINSBURGS, George. *Soviet and American policies in the United Nations: a twenty-five-year perspective.* Op. cit., p. 80.
[5] VIRALLY, Michel. *L'organisation mondiale.* Op. cit., p. 234.
[6] LYONS, Gene M. « Les organisations internationales et les intérêts nationaux », in *Revue internationale des sciences sociales*, n°144, juin 1995, p. 305.

placer sous tutelle les territoires non autonomes – mais en vain[1]. Après de longues et délicates discussions, les membres de l'ONU tombent d'accord sur un double régime pour les colonies : l'un pour les territoires non autonomes, l'autre pour les territoires sous tutelle[2]. Ce régime a pour objectif de surveiller les territoires colonisés, les territoires des ex-ennemis de la guerre et les anciens territoires sous mandat de la SDN[3]. Les principales puissances concernées par ce dispositif sont le Royaume-Uni, la France, la Belgique, l'Australie et les États-Unis. En 1946, les Nations Unies acceptent une liste de 74 territoires sous tutelle pour lesquels les pays tutelles doivent fournir des informations à l'ONU.

Avec la décolonisation, les pays du Tiers monde passent à l'ONU de 51 membres en 1945 à 91 (sur 126) en 1970 ; s'ils « ne possèdent ni la puissance économique ni la puissance militaire, [ils] détiennent le privilège historique de contribuer, par leur force morale, à donner quelque réalité aux idéaux de la Charte des Nations Unies[4] ». La Déclaration sur l'octroi de l'indépendance aux pays et aux peuples coloniaux [résolution 1514 (XV) du 14 décembre 1960] apparaît comme un texte significatif, tout comme les pactes internationaux relatifs aux droits civils et politiques et aux droits économiques, sociaux et culturels, adoptés en 1966. En 1960, le discours du Premier ministre de Grande-Bretagne, Harold MacMillan, sur le « vent de changement » qui souffle sur l'Afrique et la 2ème Conférence des États indépendants d'Afrique – qui adopte en juin 1960 une résolution sur la fin du colonialisme en Afrique[5] – accompagnent l'accession à l'indépendance de 18 États, tous africains à l'exception de Chypre.

La 15ème session de l'Assemblée générale des Nations Unies, en 1960, revêt une importance exceptionnelle, avec la présence de nombreux chefs d'État, dont Eisenhower, Khrouchtchev, Nehru, Nasser, Sukarno, Castro, Tito, MacMillan, Sekou Touré et Nkrumah. Le discours d'Eisenhower adressé à l'Assemblée générale le 22 septembre 1960 reste cependant vague et décevant et Khrouchtchev, profitant de la déception qu'il suscite, adresse le lendemain une lettre au président de l'Assemblée générale dans laquelle l'abolition du colonialisme est présentée comme un moyen d'établir des relations amicales entre les États et les peuples et comme une contribution à la paix du monde[6]. La proposition soviétique recommande aussi aux nouveaux États de ne pas accorder aux anciennes puissances coloniales des concessions ou des avantages qui pourraient être interprétés comme des manifestations de néo-colonialisme.

Khrouchtchev prononce ensuite le 23 septembre un long discours attirant l'attention sur « les séquelles de la colonisation, c'est-à-dire le néo-colonialisme

---

[1] GERBET, Pierre. « Les nouveaux États et les organisations internationales », in DUROSELLE, Jean-Baptiste, MEYRIAT, Jean (dir.). *Les nouveaux États dans les relations internationales.* Paris : Armand Colin, 1962, p. 462-463.

[2] BARBIER, Maurice. *Le Comité de décolonisation des Nations Unies.* Paris : FNSP, thèse de doctorat, 1971, p. 4.

[3] LUARD, Evans. *A history of the United Nations. 2, The age of decolonization, 1955-1965.* Macmillan, 1989, p. 120.

[4] BEDJAOUI, Mohammed. « Un point de vue du Tiers monde sur l'organisation internationale ». Op. cit., p. 234.

[5] BARBIER, Maurice. *Le Comité de décolonisation des Nations Unies.* Op. cit., p. 16.

[6] Ibid., p. 20-21

politique, économique et militaire[1] ». L'Assemblée générale adopte une résolution historique, avec seulement 9 abstentions (Afrique du Sud, Australie, Belgique, Espagne, États-Unis, France, Portugal, République dominicaine, Royaume-Uni) la Déclaration sur l'octroi de l'indépendance aux pays et aux peuples coloniaux, qui stipule :

> *... La communauté des nations, convaincue que le maintien du colonialisme empêche le développement de la coopération économique internationale, entrave le développement social, culturel et économique des peuples dépendants et va à l'encontre de l'idéal de paix universelle des Nations Unies (...) déclare que la sujétion des peuples à une subjugation, à une domination et à une exploitation étrangère constitue un déni des droits fondamentaux de l'homme, est contraire à la Charte des Nations Unies et compromet la cause de la paix et de la coopération mondiales. Tous les peuples ont le droit de libre détermination ; en vertu de ce droit, ils déterminent librement leur statut politique et poursuivent librement leur développement économique, social et culturel*[2].

Avec cette Déclaration, l'Assemblée générale proclame la nature illégitime du système colonial et soutient le combat des peuples contre l'impérialisme occidental. Il n'est désormais plus question d'autonomie mais d'indépendance complète et immédiate de tous les territoires coloniaux, sans condition ni réserve.

En parallèle, la 11ème session de la Conférence générale de l'Unesco inscrit, en 1960, à son ordre du jour « le rôle de l'Unesco dans l'octroi de l'indépendance aux peuples et nations colonisés »[3], après le dépôt de propositions de résolutions faites par l'URSS et 25 pays d'Afrique et d'Asie. Du côté occidental, l'Australie, le Canada et le Danemark estiment qu'un tel sujet demande à être débattu par les Nations Unies ; la France et le Royaume-Uni s'abstiennent de toute discussion et ne prennent pas part au vote, tandis que le délégué américain regrette cette discussion et souligne que le « colonialisme » recouvre toute forme d'aliénation d'un pays par un autre, visant explicitement l'URSS. De leur côté, les pays socialistes dénoncent le colonialisme et expriment leur soutien aux pays d'Asie et d'Afrique. Cette résolution établit un lien explicite entre sous-développement économique, social et culturel, illettrisme et colonialisme[4].

En 1961, l'Assemblée générale de l'ONU vote une nouvelle déclaration selon laquelle toute colonie doit immédiatement recevoir son indépendance et crée un Comité de décolonisation chargé d'assurer l'application de la Déclaration de 1960[5]. La composition du Comité répond à une répartition géographique et politique équilibrée ; les pays afro-asiatiques y sont très actifs, sous l'influence de l'URSS[6]. A partir de 1964, plusieurs institutions spécialisées – dont l'Unesco – envoient des représentants aux séances du Comité en tant qu'observateurs ;

---

[1] Ibid., p. 45.
[2] *Déclaration sur l'octroi de l'indépendance aux pays et aux peuples coloniaux*. Résolution 1514 (XV) de l'Assemblée générale en date du 14 décembre 1960.
[3] DUTT, Sagarika. *The Politization of the United Nations Specialized Agencies*. Op. cit., p. 78.
[4] Ibid., p. 78 à 83.
[5] BARBIER, Maurice. *Le Comité de décolonisation des Nations Unies*. Op. cit., p. 6.
[6] Ibid., p. 292 à 302.

l'Unesco nomme aussi des représentants au Comité lors d'un voyage en Afrique en 1969.

Le Comité de décolonisation invite les institutions spécialisées à porter assistance aux réfugiés des territoires coloniaux, à aider les mouvements de libération et à cesser toute assistance au Portugal, à l'Afrique du Sud et à la Rhodésie du Sud tant que ces derniers n'auront pas renoncé à leur politique de discrimination raciale. Pour répondre à ces demandes, l'Unesco conclut avec le Haut Commissariat aux Réfugiés (HCR) des accords en 1967 et 1969, afin de proposer des bourses de formation aux réfugiés. En 1968, la Conférence générale adopte aussi une résolution sur la nécessité de renforcer l'aide aux peuples qui luttent pour se libérer du joug colonial, d'éliminer les séquelles du colonialisme et d'élaborer des programmes concrets à cette fin en coopération avec l'Organisation de l'unité africaine (OUA) et les mouvements de libération[1].

L'Unesco décide de ne plus inviter le Portugal à ses activités ; lorsqu'elle organise, par exemple, une réunion africaine d'étude sur le droit d'auteur à Brazzaville (Congo) en août 1963, elle spécifie que sont invités les pays africains « membres de l'Unesco » ou « membres associés », « seule façon d'écarter l'Afrique du Sud et le Portugal de la réunion africaine[2] ». Toutefois, si la décolonisation apparaît entre 1960 et 1972 comme un thème majeur à l'Unesco, les Occidentaux s'élèvent contre les résolutions adoptées sur ce thème, rejetant l'amalgame fait entre racisme et colonialisme, l'affirmation que le colonialisme serait un crime contre l'humanité, et la non-dénonciation des idéologies totalitaires comme phénomène colonialiste[3].

La décolonisation modifie en profondeur les relations internationales, en particulier les relations de l'Occident avec le reste du monde. Après 1945, la plupart des nouveaux pays indépendants rejettent le libéralisme tant politique qu'économique, refusent sur le plan politique de faire de l'individualisme le fondement de la société et lui préfèrent divers crédos collectivistes[4]. Nombre d'entre eux dénoncent le néo-colonialisme, fondé sur la suprématie économique des pays riches sur les pays pauvres[5]. Alors que l'inégalité entre les États s'est brusquement accrue à partir du début du XXe siècle[6], le Sud revendique un ordre mondial plus juste, avec par exemple des accords de stabilisation des prix de produits bruts et revendique le pouvoir de « donner un sens à l'espace mondial et d'imposer ce sens au reste de la planète[7] », pouvoir jusque-là détenu par l'Europe, puis les États-Unis. La décolonisation et le rétrécissement de l'espace mondial conduisent à une redistribution des équilibres géopolitiques et à l'achèvement d'un processus – commencé au XIXe siècle – de morcellement des

[1] Ibid., p. 273 à 275.

[2] Lettre de Masouyé à Bodenhausen, 11 avril 1963. Archives Unesco, dossier 347.78 A 06 (672.4) 63.

[3] DUTT, Sagarika. *The Politization of the United Nations Specialized Agencies.* Op. cit., p. 84-85.

[4] PUCHALA, Donald J. « Images du monde, ordres mondiaux et guerres froides : les mythes et les Nations Unies ». Op. cit., p. 252.

[5] DUROSELLE, Jean-Baptiste. *Le monde déchiré (tome II).* Op. cit., p. 78.

[6] BOUTROS-GHALI, Boutros. « Le principe d'égalité des États et les organisations internationales », in Académie de droit international. *Recueil des cours*, A.W. Sijthoff, 1961, p. 9-10.

[7] POSTEL-VINAY, Karoline. *L'Occident et sa bonne parole.* Op. cit., p. 20.

entités politiques et géographiques existantes en une multitude d'États autonomes.

Grâce à leur nombre, les pays du Tiers monde ouvrent « une brèche importante dans l'édifice juridique naguère élaboré par les États industrialisés afin d'asseoir leur domination[1] » et occupent une place proportionnellement plus grande dans les organisations internationales, où les inégalités de puissance militaire et économique sont atténuées par l'égalité juridique des participants[2]. Leur participation représente une charge financière et humaine, mais ces sacrifices sont compensés par les dons reçus et les avantages politiques, économiques et techniques retirés.

Toutefois, ceux qui imaginent avec candeur que les organisations internationales sont là pour aider les plus faibles et répandre le bien-être se trouvent déçus... Les problèmes économiques, sociaux et politiques continuent de ravager le Tiers-Monde, en particulier les problèmes de la dette, de l'exode rural, du gonflement des villes et de la lutte contre l'ordre impérialiste[3]. L'Occident tente dès l'après-guerre, de parer à cette situation potentiellement explosive par le biais d'une « aide au développement » généralisée ; l'idéologie développementaliste apparaît alors comme l'un des piliers du système onusien.

L'AIDE AU DÉVELOPPEMENT

Au début du XXe siècle, la notion de développement devient l'expression d'un projet de politique internationale de nature impérialiste, en supplantant l'ancien concept de « mission civilisatrice de l'occident ». Mais les problèmes du développement ne sont réellement pris en considération qu'après 1945, et ce « pour trois ordres de raisons [...] : la généralisation du refus des dépendances coloniales ; la contestation de l'infériorité économique ; la confrontation avec les changements profonds qui affectaient alors toutes les sociétés[4] ». Les pays occidentaux acceptent tous, plus ou moins, les objectifs du régime libéral à vocation sociale, et Keynes inspire la plupart des programmes gouvernementaux en matière économique et sociale :

> *Les besoins de reconstruction et la quête de prospérité vont naturellement de pair avec l'exigence du plein emploi et de la mise en place d'un système de Sécurité Sociale. Ces projets exigent un peu partout intervention et planification étatiques. Le Secrétariat [de l'ONU] est alors très influencé par les conceptions qui s'expriment dans les expériences économiques et sociales progressistes en cours dans certains pays européens. Il tend à concevoir le progrès économique et social dans les termes de ces expériences et conçoit donc*

[1] BEDJAOUI, Mohammed. « Un point de vue du Tiers monde sur l'organisation internationale ». Op. cit., p. 236.

[2] GERBET, Pierre. « Les nouveaux États et les organisations internationales ». Op. cit., p. 447.

[3] HOLLY, Daniel. *L'Unesco, le Tiers monde et l'économie mondiale*. Op. cit., p. 59.

[4] BALANDIER, Georges. « La sociologie », in *Revue Internationale des sciences sociales UNESCO*, Volume XXIV, n° 1, 1972, p. 75.

volontiers le développement comme le déploiement des idéaux de l'État-providence à l'échelle de la planète[1].

Le terme même de « développement » est choisi afin de cristalliser les multiples pratiques destinées à accroître le bien-être de l'humanité :

On aurait pu conserver le terme de « civilisation » (pris dans son acception transitive), largement utilisé jusqu'à la fin de la Première Guerre mondiale ; on aurait pu parler d'« occidentalisation » pour désigner clairement l'origine du modèle implicite ; on aurait pu préférer le concept apparemment neutre de « modernisation », qui a eu quelques partisans ; dans une perspective militante, on aurait pu retenir « libération » qui se serait appliqué à l'ensemble de la vie sociale. Or c'est le « développement » qui a prévalu. [...] il avait une certaine respectabilité puisqu'il faisait partie du langage scientifique, il permettait de présupposer les conditions de déroulement du processus souhaité, il se rattachait enfin à une tradition de pensée – remontant au mythe – qui garantissait sa légitimité[2].

Rapidement, une importante littérature « développementaliste » paraît, avec plus de 10 000 titres recensés dans les années 1950. Le système onusien joue un rôle considérable dans la légitimation du développement en rassemblant des matériaux sur l'évolution économique et sociale de l'humanité et en éditant « environ 1 800 publications périodiques dont l'audience réelle est difficile à mesurer, mais qui ne peuvent manquer d'exercer une influence sur les opinions publiques et les responsables gouvernementaux en les sensibilisant à différents aspects de la vie internationale, et en orientant leurs choix politiques[3] ». Les institutions onusiennes contribuent à sa conceptualisation en s'appuyant sur :

...des équipes de chercheurs et des réseaux d'experts, dont la vision du monde est analogue, qui suivent les mêmes processus de formation, qui sont marqués par le même moule idéologique, et qui disposent d'instruments techniques dont le prestige est considérable. Ainsi, la quasi-totalité des informations, des statistiques produites sur les pays en voie de développement, proviennent aujourd'hui de ces institutions. Elles orientent par ce biais la définition des stratégies de développement[4].

L'aspiration au développement s'universalise donc rapidement. Toutefois, l'idéologie du développement n'est pas clairement inscrite dans la Charte de l'ONU, même si elle apparaît dans le préambule, qui évoque le recours aux institutions internationales « pour favoriser le progrès économique et social de tous les peuples[5] », et qu'elle est reprise dans les articles 55 et 56.

Les gouvernements du Tiers monde font rapidement du développement une de leurs principales revendications, regrette Serge Latouche :

Par un effet de feed-back, *la course au développement des pays du Tiers monde renforce encore la poursuite compulsionnelle d'un impossible rattrapage dans une* mimésis *généralisée. Dès que l'Occident a été considéré comme pierre angulaire de la modernité,*

---

[1] BARINGAYE, Akilou. *La crise des organisations internationales.* Op. cit., p. 197.
[2] RIST, Gilbert. *Le développement : histoire d'une croyance occidentale.* Paris : Presses de Sciences-Po, 2007, p. 55.
[3] SENARCLENS, Pierre de. *La politique internationale.* Op. cit., p. 146.
[4] SENARCLENS, Pierre de. *La politique internationale.* Op. cit., p. 147.
[5] VIRALLY, Michel. *L'organisation mondiale.* Op. cit., p. 314.

tous les pays victimes *de sa présence et d'abord ceux du* voisinage proche *se sont trouvés atteints par le mal incurable du* retard[1].

L'idéologie du développement repose avant tout sur des considérations économiques, qui reflètent l'influence des structures économiques sur toutes les autres structures sociales dans la civilisation occidentale[2]. Ce modèle économique industriel se caractérise par son caractère marchand, fondé sur les règles de l'appropriation privative, de la demande solvable et de l'offre rentable et compétitive, et débouche donc naturellement sur une situation de rivalité (plutôt que de solidarité) entre les différents partenaires des échanges économiques.

L'industrialisation se caractérise par l'urbanisation, l'importance croissante du salariat, l'émergence de l'État-nation, le souci de la connaissance et du progrès matériel, l'esprit d'acquisition, la concurrence et la rivalité, l'accumulation et la croissance, la domination des préoccupations économiques sur la culture et la société. Par ailleurs, elle nécessite une importante main-d'œuvre, et si la surpopulation est parfois présentée comme une menace – particulièrement en Inde et en Chine –, les Occidentaux ont tendance à considérer que les pays peu peuplés sont économiquement défavorisés[3]. Par ailleurs, l'industrialisation sur le modèle occidental nécessite un personnel compétent et formé dont ces pays sont largement dépourvus, aussi leur faut-il « faire appel à un personnel extérieur de substitution, en attendant qu'il puisse être relayé par un personnel propre, mais lui-même formé grâce à un apport extérieur[4] ». Le Tiers monde dépend donc largement de l'aide occidentale en termes de formation.

Les Nations Unies intègrent cette idéologie du développement, qui s'étoffe au fil des années jusqu'à devenir l'une des clés de voûte de leur idéologie, conférant au système onusien « un visage fort différent de celui qui avait été dessiné en 1945[5] ». Programmes d'assistance technique et financière, fonds spéciaux, ONG visant à promouvoir le développement économique et social, prolifèrent. Toutefois, les pays industrialisés acceptent en général d'apporter une aide au Tiers monde mais « entendent que le volume et les formes de cette aide dépendent toujours et exclusivement de leur propre volonté unilatérale[6] ». Les États-Unis, en particulier, s'opposent aux tentatives du Tiers monde de faire du développement un principe de droit dans les années 1960.

Dès 1948, les Nations Unies créent le Programme ordinaire d'assistance technique, qui prévoit quatre modalités d'aide basées sur la formation et les conseils. Suite à l'appel du président américain Truman préconisant un programme novateur et audacieux en faveur des « pays sous-développés » et au lancement du Programme Élargi d'Assistance Technique (PEAT) en 1949, la

[1] LATOUCHE, Serge. *L'occidentalisation du monde.* Op. cit., p. 80.
[2] COMELIAU, Christian. *Les relations Nord-Sud.* Paris : La Découverte, 1991, p. 43
[3] BRAUDEL, Fernand. *Grammaire des civilisations*, Arthaud-Flammarion, 1987, p. 172.
[4] COMBACAU, Jean, REUTEUR, Paul. *Institutions et relations internationales*, PUF, 1980, p. 493.
[5] VIRALLY, Michel. *L'organisation mondiale.* Op. cit., p. 355.
[6] Ibid.

conception de l'assistance technique s'élargit à l'aide financière directe et à l'intégration temporaire d'experts étrangers dans les cadres administratifs du pays intéressé. L'aide est fournie aux gouvernements qui en font la demande et qui définissent la forme, la nature et la portée de l'aide sollicitée.

L'originalité du PEAT réside dans la création d'un fonds central, destiné à financer des opérations réalisées par le secrétariat de l'ONU et par l'ensemble des institutions spécialisées, chacune dans son domaine de compétence[1]. A partir de 1952, le PEAT prend l'initiative d'envoyer dans quelques-uns des pays bénéficiaires des « représentants résidents », avec lesquels débute la mise en place d'une infrastructure administrative permanente sur le terrain. Chaque bureau extérieur du Programme des Nations Unies pour le Développement (PNUD) est dirigé par un « représentant résident » responsable de la gestion du programme d'assistance dans le pays d'affectation[2].

Ce système se développe avec les années (90 « représentants résidents » en 1968), ce qui permet aux gouvernements de disposer d'un interlocuteur sur place pour parler des aspects généraux du développement. Les responsabilités de ces « représentants résidents » sont étendues, puisqu'en plus du rôle de conseiller du gouvernement, ils transmettent les projets gouvernementaux au directeur du PEAT, surveillent ceux qui sont en cours de réalisation, fournissent un soutien logistique aux experts envoyés sur le terrain, évaluent les résultats obtenus, et de manière générale, informent le PEAT de tout ce qui relève de son activité[3].

Lorsque l'Inde s'aperçoit, dès les années 1950, que l'assistance technique ne suffit pas pour stimuler son économie et que les pratiques de la Banque mondiale en matière de crédits mettent les pays les plus pauvres dans l'impossibilité de bénéficier de prêts, elle propose la création d'un Fonds Spécial des Nations Unies pour le Développement Économique (SUNFED), qui serait chargé d'octroyer des prêts à long terme à faibles taux d'intérêt. Mais cette proposition est contrariée par les pays industrialisés, qui acceptent seulement un modeste programme de « pré-investissement » pour compléter l'assistance technique du PNUD[4]. Un Fonds spécial d'assistance technique est tout de même créé en 1958, avec l'objectif de permettre la réalisation d'opérations plus importantes de pré-investissement à partir de contributions volontaires des États. Chaque année, une conférence internationale détermine les contributions des gouvernements, qui sont versées à un compte spécial pour l'assistance technique.

Afin d'inventer un système économique qui prenne en compte les aspirations et les besoins du Tiers monde, 75 pays appellent en 1963 au lancement d'une Conférence des Nations Unies sur le Commerce et le Développement (CNUCED), qui est créée par l'ONU l'année suivante. La première conférence réunit à Genève près de 2 000 délégués venus de 119 pays et affiche clairement

---

[1] COLLIARD, Claude-Albert, DUBOUIS, Louis. *Institutions internationales*. Paris : Dalloz, 1995, p. 363.

[2] PENAUD, Jeanne (dir.). *La fonction publique internationale. Lexique commenté*. Paris : La Documentation française, 1997, p. 129.

[3] GORDENKER, Leon. « Le cinquantième anniversaire de l'ONU et l'essor des institutions des Nations Unies », in *Revue internationale des sciences sociales*, n°144, juin 1995, p. 283.

[4] LYONS, Gene. « Les organisations internationales et les intérêts nationaux ». Op. cit., p. 305.

pour la première fois la ligne de partage Nord-Sud[1]. La CNUCED siège ensuite à New Delhi en 1968 puis à Santiago du Chili en 1972[2]. Sa création contribue à la diffusion des théories de la dépendance et à la constitution d'un bloc des pays en développement à l'intérieur du système des Nations Unies[3].

Toutefois, la multiplicité des programmes d'assistance technique, source de gaspillage, conduit à différents projets de fusion qui aboutissent en novembre 1965 à la création du PNUD, qui réunit le PEAT et le Fonds spécial dans une même structure. Les États les plus puissants, en particulier les États-Unis, déterminent, non seulement le montant de l'aide attribuée par le biais du PNUD, mais aussi les pourcentages de cette aide affectés à chacune des agences spécialisées ; ce sont aussi les États-Unis qui supervisent le programme dans son ensemble[4]. Le PNUD est géré pendant 12 ans par Paul Hoffman, qui a mené une longue carrière dans l'industrie automobile, mis en place le plan Marshall et présidé la Fondation Ford, puis par Rudolph Peterson, ancien homme d'affaires et président de la Banque d'Amérique[5]. Par ce biais, les puissances occidentales orientent les organisations onusiennes vers des politiques de développement économique et technique, sans toutefois parvenir à canaliser ces politiques.

Les institutions spécialisées s'efforcent au départ de préserver leur liberté d'action, mais celle-ci se réduit progressivement au profit de procédures plus centralisées[6]. Ce mode de fonctionnement conduit à une uniformisation des projets d'aide :

> *Ce sont surtout les professionnels du PNUD qui décident effectivement la sélection des projets et déterminent les orientations fondamentales de l'aide. Le résultat, c'est que la marge de manœuvre des institutions spécialisées est étroite pendant les consultations. Les discussions se déroulent dans un cadre strictement défini. De ce fait, les institutions spécialisées ont tendance à maximiser leur part du budget de l'assistance multilatérale au développement en multipliant les projets dans les secteurs de concentration de l'aide internationale*[7].

Avec la création du PNUD, plusieurs agences spécialisées, dont l'Unesco, deviennent financièrement très dépendantes des fonds extrabudgétaires distribués par ce biais, d'autant que les ressources gérées par le PNUD augmentent considérablement jusqu'à atteindre 161,3 millions de dollars en 1967[8]. Au début des années 1970, le budget annuel du PNUD se stabilise autour de 150 à 200 millions de dollars. Sachant que les pays bénéficiaires s'engagent à prendre en charge une part des dépenses entraînées par les projets, le montant total de l'assistance technique multilatérale se monte, par exemple, à 468 millions de dollars en 1971.

---

[1] SINGH, S. Nihal. *The Rise and Fall of Unesco*. Op. cit., p. 59.
[2] JOUVE, Edmond. *Le Tiers-Monde dans la vie internationale*. Op. cit., p. 94.
[3] SMOUTS, Marie-Claude. « Les organisations internationales et l'inégalité des États ». Op. cit., p. 267.
[4] COX, Robert W., JACOBSON, Harold K. *The Anatomy of Influence*. Op. cit., p. 433.
[5] HAZZARD, Shirley. *Defeat of an Ideal, A Study of the Self-Destruction of the United Nations*. New York: Atlantic Little, 1973, p. 242.
[6] VIRALLY, Michel. *L'organisation mondiale*. Op. cit., p. 366.
[7] HOLLY, Daniel. *L'Unesco, le Tiers monde et l'économie mondiale*. Op. cit., p. 41.
[8] COX, Robert, JACOBSON, Harold. *The Anatomy of Influence*. Op. cit., p. 384.

Les pays bénéficiaires de l'assistance technique doivent, en effet, coopérer activement, fournir des facilités et du personnel, assurer la gestion du projet une fois que l'aide prend fin en le poursuivant ou en l'orientant différemment, etc.[1]. Ce système provoque une inégalité, les pays les plus pauvres n'ayant pas les ressources financières, techniques et humaines pour prétendre à une telle aide. A l'inverse, les grandes puissances bénéficient d'un intérêt économique immédiat ; la France, par exemple, recueille en traitements et en commandes 4 fois ce qu'elle verse en contributions pour l'assistance technique[2]. Ce système est particulièrement critiqué par l'URSS.

Malgré les sommes investies, les pays du Tiers monde ne décollent pas et voient au contraire leur part dans le commerce mondial décroître, passant de 21,3 % en 1960 à 17,6 % en 1970 ; leurs recettes d'exportation déclinent du fait de la détérioration des termes de l'échange et leur endettement s'accroît – passant de 10 milliards de dollars au début des années 1960 à 60 milliards de dollars à la fin de 1969[3]. La première Décennie pour le développement (1960-1969) se révèle donc un véritable échec : la situation des pays en développement s'est détériorée en 10 ans et le revenu par habitant n'a augmenté que de 40 dollars environ (contre 650 dollars dans les pays industrialisés). Le décollage économique se limite à quelques pays qui ont créé des foyers industriels, tandis que la majorité demeure d'abord exportatrice de matières premières dont les prix baissent continuellement[4].

Cette situation conduit les pays non-alignés à se préoccuper davantage des problèmes économiques mondiaux et à adopter le 24 octobre 1967 la Charte d'Alger, dans laquelle ils se disent « unis par des aspirations communes et par l'identité de leurs intérêts économiques » et déterminés « à poursuivre ensemble leurs efforts vers le développement économique et social, la paix et la prospérité »[5]. Au début de la décennie 1970, les questions économiques concrètes deviennent ainsi la préoccupation principale du mouvement des non alignés.

De leur côté, les Nations Unies refusent de remettre en cause les politiques de développement, et réagissent à l'échec de la Décennie en travaillant à un nouveau « schéma de stratégie internationale du développement » à partir de 1966, schéma officiellement adopté avec la résolution 2626 qui proclame la 2ème Décennie des Nations Unies pour le développement à compter du 1er janvier 1971. L'objectif visé est l'augmentation de 6 % du taux de croissance annuelle du Produit national brut (PNB) avec des objectifs quantitatifs complétés cette fois par des objectifs qualitatifs[6] (répartition équitable des richesses,

[1] VIRALLY, Michel. *L'organisation mondiale*. Op. cit., p. 366.
[2] GERBET, Pierre. *La politique des grandes puissances au sein des Nations Unies en expansion*. Paris : Armand Colin, Extrait du cahier 126 de la FNSP, 1962, p. 246.
[3] BERG, Eugène. *Non-alignement et nouvel ordre mondial*. Op. cit., p. 118.
[4] VAÏSSE, Maurice. *Les relations internationales depuis 1945*. Op. cit., p. 88.
[5] JOUVE, Edmond. *Le Tiers-Monde dans la vie internationale*. Op. cit., p. 34.
[6] Ce n'est qu'en 1990 que le PNUD adoptera, en plus du PNB, un nouveau critère de classement des pays, l'Indice de Développement humain (IDH) fondé par les économistes Amartya Sen et Mahbub ul Haq sur trois critères majeurs : l'espérance de vie, le niveau d'éducation et le niveau de vie.

améliorations à apporter dans différents domaines précis, etc.)[1]. En 1972, prenant acte de l'échec du développement, la 3ème CNUCED crée une catégorie incluant les 25 pays les plus en difficulté auxquels une attention spéciale doit être portée.

En réalité, les organisations internationales « n'ont pas été conçues pour mener une offensive contre les sources du conflit fondamental entre nations riches et nations pauvres[2] » ; dans le cadre de l'aide au développement, les pays pauvres restent à la merci de bailleurs de fonds privés ou publics pour les transferts de capitaux, la Banque mondiale et le FMI s'efforçant surtout de stimuler les investissements de capitaux privés. A cet égard, il existe un abîme doctrinal fondamental entre l'ONU et ces organismes financiers issus des accords de Bretton Woods, ce qui rend pratiquement impossible l'élaboration d'une stratégie cohérente et coordonnée[3].

La Banque mondiale et le FMI exercent des pressions pour amener les gouvernements à modifier leurs politiques, encourageant souvent les groupes politiques les plus favorables aux gros investisseurs privés dans leurs pays respectifs. Cette situation conduit à une situation économique et sociale dramatique dans le Tiers monde où « chômage endémique, disponibilité d'une abondante force de travail, faible coût de reproduction de la force de travail, exercent des pressions à la baisse sur les salaires, contribuant ainsi à l'augmentation du taux d'exploitation de la force du travail[4] ».

Par ailleurs, les revendications des nouveaux États admis dans les organisations onusiennes à partir des années 1960 incitent les Occidentaux à créer d'autres institutions pour traiter des questions économiques et sociales hors du système, en particulier l'Organisation de Coopération et de Développement Économique (OCDE) lancée en 1960, puis le « G-6 » créé en 1975.

Afin d'évaluer à sa juste mesure le poids de l'aide au développement passant par le système onusien – et de l'aide multilatérale en général –, il faut toutefois garder à l'esprit que le multilatéral représente une part très faible des apports (10 % seulement des transferts financiers en général) et que l'aide bilatérale liée reste la modalité la plus importante de l'apport public au développement[5]. L'aide multilatérale demeure largement inférieure aux dépenses des différentes puissances, notamment des États-Unis et de l'URSS[6]. Ayant des intérêts complexes dans le Tiers monde, les puissances occidentales préfèrent accorder directement plusieurs types d'aide essentiellement économique, technique et militaire, sous la forme de prêts ou de dons. La plupart du temps, cette aide est rattachée à des avantages soit politiques, soit économiques, concrets[7]. L'aide au

[1] VIRALLY, Michel. *L'organisation mondiale*. Op. cit., p. 401.

[2] BRUCAN, Silviu. « Les notions de pouvoir et de conflit dans l'étude de l'organisation internationale ». Op. cit., p. 181.

[3] RIVLIN, Benjamin. « Le développement : dilemmes et tension au sein de l'Organisation des Nations Unies ». Op. cit., p. 380.

[4] HOLLY, Daniel. *L'Unesco, le Tiers monde et l'économie mondiale*. Op. cit., p. 66.

[5] COMBACAU, Jean, REUTEUR, Paul. *Institutions et relations internationales*. Op. cit., p. 491-492.

[6] SCHUSTER, George Nauman. *Unesco : Assessment and Promise*. Op. cit., p. 46.

[7] DUROSELLE, Jean-Baptiste, KASPI, André. *Histoire des relations internationales de 1945 à nos jours (tome 2)*. Op. cit., p. 327.

développement signifie bien souvent « subordination de celui qui reçoit l'aide à son donateur[1] ».

L'apogée de l'aide au développement se situe autour des années 1958-1960 et ne cesse ensuite de décliner. L'aide américaine est la plus importante en quantité et date du message adressé par Truman au Congrès le 20 janvier 1949, dont le point 4 invite les États-Unis et les autres puissances à mobiliser leurs ressources pour une vaste entreprise d'aide en faveur du Tiers monde[2]. Cette aide reste toutefois consacrée d'abord aux pays européens dans le cadre du plan Marshall jusqu'à l'arrivée d'Eisenhower au pouvoir en 1953. A partir de cette date, l'aide économique au Tiers monde s'accentue, mais elle est le plus souvent liée à une aide militaire ainsi qu'à l'obligation d'acheter des produits américains, qui atteignent souvent des prix élevés :

> *Au total de 1946 à 1960, les États-Unis ont fourni 84 milliards d'aides à l'étranger, dont 56,9 pour l'aide économique et 27,20 pour l'aide militaire. L'Europe a bénéficié de plus de la moitié (43 milliards de dollars), suivie par l'Extrême-Orient (18,9 milliards), le Proche-Orient et l'Asie du Sud-est (13,4 milliards), l'Amérique latine (4,4 milliards), l'Afrique (822 millions)*[3].

Lorsqu'ils arrivent au pouvoir en 1961, Kennedy et son secrétaire d'État Dean Rusk mettent l'accent sur l'aide technique en constituant un corps de volontaires, le *Peace Corps*, afin de favoriser la formation de cadres dans les pays en développement[4].

L'aide financière passe le plus souvent par le canal de firmes privées ou d'organisations internationales, comme la Banque mondiale[5]. Lorsqu'elle est distribuée directement par le biais de l'Agency for International Development (AID), l'aide est accordée à des pays ciblés en fonction de la politique générale américaine, ayant atteint certains standards économiques et intégré des mécanismes économiques prônés par les États-Unis (accords et licences d'importation, structures de diffusion, mise en place de politique des prix cadres pour les investissements…)[6]. Certaines aides sont aussi accordées par l'AID en contrepartie de concessions au niveau des investissements privés ou des intérêts commerciaux américains. Les États-Unis affichent, sans complexe ni ambiguïté (comme le montrent les documents officiels de l'AID), une politique d'aide bilatérale conçue comme un outil de leur politique étrangère et de leur expansion économique, même si au regard des Nations Unies et du reste du monde, ils tiennent, comme d'autres puissances occidentales, un double discours qui met en avant leur générosité désintéressée.

Rappelons aussi que les États-Unis, qui sont de loin le plus gros contributeur financier du système onusien en général, « récupèrent » une très grande partie de

---

[1] PETRAS, James, VELTMEYER, Henry. *La face cachée de la mondialisation,* L'Aventurine, 2002, p. 184.
[2] Rapport cité in APTER, David E., MUSHI, S. S. « La science politique », in *Revue Internationale des sciences sociales UNESCO,* Volume XXIV, n° 1, 1972, p. 328.
[3] DUROSELLE, Jean-Baptiste, KASPI, André. *Histoire des relations internationales de 1945 à nos jours (tome 2).* Op. cit., p. 328.
[4] DUROSELLE, Jean-Baptiste. *Le monde déchiré (tome II).* Op. cit., p. 83.
[5] VAÏSSE, Maurice. *Les relations internationales depuis 1945.* Op. cit., p. 88.
[6] HAYTER, Teresa. *Aid as imperialism,* Penguin Books, 1972, p. 87-90.

l'argent dépensé sous forme de salaires des fonctionnaires internationaux de nationalité américaine, de l'impôt sur le revenu dont ces derniers doivent s'acquitter, et de vente de matériel et de prestations de toutes sortes (depuis les livres jusqu'aux armes à feu pour les Casques bleus).

Cette façon de procéder se retrouve chez la Grande-Bretagne et la France. Vers 1960, ces pays distribuent une aide importante qui s'explique principalement par leurs ex-empires coloniaux[1]. La France donne moins en quantité que les États-Unis, mais davantage en pourcentage de son produit national brut, en consacrant près de 2 % de son PNB principalement à l'aide aux pays d'Afrique du Nord, d'Afrique noire et de l'océan Indien[2]. Mais si l'un des objectifs de la France est de maintenir des liens avec ses anciennes colonies, elle fournit également une forte assistance technique à de nombreux autres pays. L'une des caractéristiques essentielles de l'aide française est la prédominance de l'assistance culturelle. En 1970, la France est ainsi en tête de la coopération culturelle et technique avec 52 300 coopérants (dont 25 500 enseignants), devant la RFA (27 000 personnes) et le Royaume-Uni (29 000 personnes)[3].

Quant au Royaume-Uni, il institue en 1951 le Plan de Colombo (système d'aide collective aux pays du Sud-est asiatique) et crée en 1954 un *Overseas Civil Service*, corps spécialisé de fonctionnaires qui doit aider les pays décolonisés à assurer leur administration et leur développement[4]. Avec la reconnaissance de l'anglais comme langue de culture officielle de 500 millions d'êtres humains, le Royaume-Uni oriente son aide vers des considérations plus économiques que politiques ; il essaie en particulier de maintenir avec ses anciennes colonies une unité monétaire, la zone sterling, qui comprend tous les pays du Commonwealth (sauf le Canada) et certains autres pays, souvent d'anciennes dépendances.

La *Commonwealth Development Finance Company* est créée en mars 1953 pour assurer le financement de projets de développement rationnels, pour lesquels il est impossible de se procurer des capitaux par les voies normales ou de s'en procurer en quantité suffisante[5]. Cependant le Commonwealth évolue largement avec la décolonisation, passant de 4 membres avant 1947 (Royaume-Uni, Canada, Australie, Nouvelle-Zélande) à 34 membres en 1974. Le Royaume-Uni est obligé de tenir compte, dans sa politique extérieure des positions adoptées par les pays du Commonwealth, tout en sollicitant par ailleurs leur appui[6]. Or, les États d'Afrique et d'Asie s'opposent fréquemment au Royaume-Uni et aux dominions de race blanche ; les pays asiatiques (Inde, Pakistan, Ceylan, Malaisie) contribuent par exemple à faire adopter une attitude de conciliation à l'égard de la Chine communiste, tandis que l'intégration de

---

[1] DUROSELLE, Jean-Baptiste, KASPI, André. *Histoire des relations internationales de 1945 à nos jours (tome 2)*. Op. cit., p. 330-331.

[2] VAÏSSE, Maurice. *Les relations internationales depuis 1945*. Op. cit., p. 89.

[3] DUROSELLE, Jean-Baptiste, KASPI, André. *Histoire des relations internationales de 1945 à nos jours (tome 2)*. Op. cit., p. 331.

[4] DUROSELLE, Jean-Baptiste. *Le monde déchiré (tome II)*. Op. cit., p. 91.

[5] HOLLY, Daniel. *L'Unesco, le Tiers monde et l'économie mondiale*. Op. cit., p. 58.

[6] GERBET, Pierre. *Répercussions de la décolonisation sur les relations entre puissances*. Op. cit., p. 51.

pays africains (Ghana, Nigeria, Sierra Leone) entraîne l'exclusion du Commonwealth de l'Afrique du Sud en 1961 à cause de sa politique d'apartheid[1].

De leur côté, l'URSS et les pays socialistes accordent une aide au développement de manière plus tardive et avec moins d'ampleur que l'Occident. Sélective, l'assistance soviétique intervient « dans le cadre de projets de développement planifié et accorde la priorité à l'électrification et à l'industrie lourde[2] », souvent dans des pays neutralistes. Cinq pays reçoivent la majeure partie de cette aide : République arabe unie, Yémen, Afghanistan, Inde, Indonésie. Par ailleurs, l'URSS accorde très peu de dons mais les choisit « de façon à frapper les imaginations : hôpitaux, polycliniques, écoles techniques, bibliothèques, avion pour le leader du pays[3] ». Pour l'URSS, l'aide au développement doit favoriser l'indépendance économique et faire en sorte que chaque nation conserve la responsabilité essentielle de son propre essor économique[4].

Quant au Tiers monde, il se montre plutôt favorable à une « collectivisation » de l'aide au développement. L'aide multilatérale lui semble moins compromettante pour son indépendance qu'une aide bilatérale et permet d'éviter les ingérences étrangères dans la vie politique des pays concernés[5].

Pour sa part, l'Unesco se lance avec enthousiasme dans l'aide au développement, et connaît une importante évolution, passant des préoccupations intellectuelles à des préoccupations matérielles. Toutefois, certains pays – dont l'URSS – critiquent ses activités opérationnelles, considérant qu'elles ont des bases idéologiques et qu'elles servent à imposer des systèmes culturels et éducatifs étrangers aux pays en développement[6]. Au contraire, le Royaume-Uni encourage l'Unesco à participer au programme d'assistance technique pour différentes raisons : son intérêt au développement des régions sous sa domination politique et économique ; sa volonté de voir l'Unesco se rapprocher des activités de l'ONU ; son souhait de faire augmenter le budget et la popularité de l'Unesco grâce aux actions d'assistance technique ; enfin, la possibilité de mettre en avant l'éducation comme domaine essentiel du développement économique[7].

A travers les projets et les choix de l'organisation, une théorie spécifique du développement se dessine peu à peu à l'Unesco à partir de la décennie 1960, autour de trois thèses :

> La première affirme *que la science est le moteur et la condition essentielle du développement et de la croissance économique. Les découvertes scientifiques et leur application en sont la base.* La seconde postule *que seule une politique de l'éducation axée sur la diffusion de l'esprit scientifique et de son corollaire, la formation d'une force de*

[1] GERBET, Pierre. « Les nouveaux États et les organisations internationales ». Op. cit., p. 461.
[2] VAÏSSE, Maurice. *Les relations internationales depuis 1945.* Op. cit., p. 88.
[3] DUROSELLE, J-B, KASPI, A. *Histoire des relations internationales de 1945 à nos jours.* Op. cit., p. 330.
[4] CHARVIN, Robert. *Les États socialistes aux Nations Unies.* Op. cit., p. 51-52.
[5] BARBIER, Maurice. *Le Comité de décolonisation des Nations Unies.* Op. cit., p. 45.
[6] HAJNAL, Peter. *Guide to Unesco.* London: Oceana Publications INC., 1983, p. 62.
[7] SATHYAMURTHY, T. V. *The Politics of International Cooperation.* Op. cit., p. 197.

travail qualifiée, permettra au Tiers-Monde de sortir du sous-développement. La troisième conclut *que, pour s'affranchir de leur dépendance généralisée, ces pays doivent compter, pour un temps assez long, sur la technologie et les capitaux occidentaux. Telle est la condition de leur évolution*[1].

Portée par cette idéologie, l'Unesco fait partie des 5 structures qui bénéficient le plus des fonds du PEAT. En 1950-1951, elle reçoit 18,4 % de ces fonds (3,7 millions de dollars) ; en 1958, 17,6 % (5,5 millions) ; en 1962, 20 % (9 millions) ; en 1965, 17,1 % (9,2 millions)[2]. L'organisation élargit aussi ses activités d'assistance technique par le biais du Fonds spécial des Nations Unies à partir de 1958.

Dès la fin des années 1950, l'aide au développement absorbe la majeure partie des ressources de l'Unesco, contre l'avis des principaux pays contributeurs du budget (États-Unis, URSS, RFA, France, Grande-Bretagne et Japon), et cette dispersion des fonds fournit « un prétexte aux gros payeurs pour refuser un rythme d'accroissement des crédits budgétaires qu'ils jugent excessifs[3] ». Pourtant, ses moyens limités n'empêchent pas l'Unesco d'accroître encore sa participation au développement suite à la création du PNUD en 1966 ; un accord est signé avec ce dernier en 1968, avec la volonté d'établir un programme commun[4]. En 1968, les dépenses d'assistance technique représentent 49 % du budget de l'Unesco, dont 94 % financées grâce au PNUD – près du quart du budget de l'organisation[5].

Dans le cadre de l'aide au développement, l'Unesco sollicite aussi le soutien de la banque mondiale, à laquelle plusieurs réunions d'experts font explicitement référence. Une réunion sur la promotion du livre organisée à Tokyo en 1966 suggère ainsi que « la Banque internationale pour la reconstruction et le développement pourrait envisager de faciliter l'expansion de l'économie du livre dans les pays d'Asie », tandis que la réunion d'Accra pour la promotion du livre en Afrique lui demande en 1968 d'étudier « la possibilité d'octroyer à l'industrie du livre des prêts à long terme et à intérêt peu élevé[6] ». Chacune des 4 réunions régionales organisées par l'Unesco entre 1966 et 1972 se félicite par ailleurs :

> *...des démarches entreprises par l'Unesco auprès de la CNUCED (Conférence des Nations Unies sur le commerce et le développement) afin de rechercher des solutions au problème du manque de crédits pour l'achat de livres, et auprès du GATT (Accord général sur les tarifs douaniers et le commerce) afin d'obtenir une réduction des tarifs douaniers concernant non seulement les livres, mais aussi le matériel nécessaire à leur production. Toutes ont également noté avec satisfaction les interventions répétées de l'organisation auprès de l'UPU (Union postale universelle) en vue d'une diminution générale des tarifs postaux pour les envois de livres*[7].

---

[1] HOLLY, Daniel. *L'Unesco, le Tiers monde et l'économie mondiale.* Op. cit., p. 72.
[2] VIRALLY, Michel. *L'organisation mondiale.* Op. cit., p. 376.
[3] MATHIEU, Jean-Luc. *Les institutions spécialisées des Nations Unies.* Paris : Masson, 1977, p. 219.
[4] KONISHI, Masanobu. *Les rapports de l'Unesco avec l'ONU.* Op. cit., p. 206.
[5] VIRALLY, Michel. *L'organisation mondiale.* Op. cit., p. 366.
[6] DELAVENAY, Émile. *Pour le livre.* Op. cit., p. 28.
[7] Ibid.

En ce qui concerne l'Accord général sur les tarifs douaniers et le commerce ou GATT (accord multilatéral de libre-échange signé en 1947 par 23 pays pour harmoniser leurs politiques douanières), ses détracteurs soulignent l'inégalité de pouvoir entre pays développés et pays sous-développés, et le risque pour ces derniers d'ouvrir librement leurs marchés fragiles aux grandes puissances et aux multinationales. Si l'Unesco se montre dans les premières années favorable à une réduction des tarifs douaniers – qui permet une meilleure circulation des livres –, le débat culturel institutionnel mondial tend, au fil du temps, à s'organiser autour de 2 pôles perçus comme antagonistes : d'un côté l'Unesco, qui prône la préservation et le développement de la diversité culturelle, de l'autre le GATT/OMC, dont l'objectif est d'amplifier et de faciliter les échanges, en particulier de biens et de services culturels, ce processus étant « souvent dénoncé comme l'un des moyens déguisés par lesquels les États-Unis assurent leur hégémonie[1] ».

L'importance de l'assistance technique au sein de l'Unesco donne lieu à différentes réflexions tant au niveau politique qu'administratif et culturel. Le manque de coordination des programmes de développement onusiens est accusé d'entraver l'efficacité des projets[2], et Gail Archibald souligne la vulnérabilité de ces programmes face aux enjeux géopolitiques :

> *Le remplacement d'une colonisation,* de facto, *par une autre plus subtile mais aussi réelle crée un terrain de prédilection pour l'exportation des cultures dominantes des grandes puissances. Or, en ce qui concerne les premiers projets d'aide au développement élaborés par l'Unesco, même s'ils relèvent indirectement des visées néocoloniales américaines et plus globalement occidentales, il est quasi impossible de l'établir de manière scientifique*[3].

Les projets d'assistance technique de l'Unesco sont particulièrement politisés, et leur concentration dans le domaine de l'éducation donne lieu à controverse[4], en particulier le fait de considérer l'éducation comme un investissement économique servant d'appui à l'industrialisation de la société et de base à une culture pour les masses opposée à la « haute » culture. Les pays du Tiers monde se montrent partagés entre leur volonté d'alphabétisation et d'éducation massive à l'occidentale, et leur souhait de voir reconnaître leurs traditions et leurs cultures :

> *Notre âge scientifique est aussi un âge nationaliste. Les empires du XIXe siècle, assimilateurs d'indigènes ou professant la théorie de l'autonomie politique et culturelle à très longue échéance, dispensateurs parcimonieux de bribes de culture occidentale par le truchement de langues véhiculaires à usage commercial – ont presque partout fait place à des nations souveraines, dont le premier souci est d'affirmer en tout leur indépendance avant de constater leur interdépendance avec leurs anciens maîtres. Elles souhaitent développer leur enseignement en langue vernaculaire, mais n'en réclament pas moins hautement leur part du patrimoine scientifique et culturel de l'humanité, et proclament*

---

[1] MOREAU DEFARGES, Philippe. « La Communauté internationale face à ses défis », in *Cahiers français* n°302, 2001, p. 85.
[2] ASCHER, Charles S. *Program-making in Unesco, 1946-51.* Op. cit., p. 76.
[3] ARCHIBALD, Gail. Les États-Unis et l'Unesco, 1944-1963. Op. cit., p. 191.
[4] SCHUSTER, George Nauman. *Unesco : Assessment and Promise.* Op. cit., p. 46.

leur droit d'accéder à la culture universelle. Ces jeunes nations demandent des traductions – livres de classe, manuels de sciences et de pédagogie, livres de lecture pour enfants et adultes qui viennent d'apprendre à lire. Et déjà elles revendiquent des traductions des grandes œuvres de la littérature universelle. Ne nous y méprenons pas ; les discours passionnés de l'ancien président libanais Camille Chamoun, devant l'Assemblée générale des Nations Unies en 1946, en faveur de la traduction des grandes œuvres de la culture universelle dans les langues des peuples moins favorisés, annonçaient l'un des vastes problèmes culturels de notre temps et traçaient un chemin nouveau[1].

Éducation, livre et assistance technique sont étroitement liés au sein de l'Unesco, et la politique du livre de l'organisation y recoupe fréquemment les questions d'alphabétisation. Toutefois, le « livre » peine à trouver sa place dans une organisation administrative d'une grande complexité.

La fonction publique internationale, invention du XXe siècle

Le système onusien systématise, pour la première fois, l'emploi de fonctionnaires internationaux permanents à grande échelle. A partir du XIXe siècle, les conférences internationales (Congrès de Vienne en 1814-1815), Congrès de Paris en 1865), Conférence de La Hague en 1899...) commencent à utiliser un secrétariat *ad hoc*, en général fourni par le pays hôte et parfois suppléé par quelques fonctionnaires d'autres pays[2]. Le passage à l'établissement d'une fonction publique internationale se produit avec la création des premières organisations permanentes, parmi lesquelles l'Union internationale pour la protection de la propriété intellectuelle (1883) et l'Union pour la protection des œuvres littéraires et artistiques (1886). Elles comprennent des secrétariats permanents, composés de fonctionnaires nationaux payés par leurs gouvernements respectifs.

Lorsque la SDN est créée, son secrétaire général Sir Éric Drummond plaide pour la création d'un secrétariat international indépendant des États. Cette fonction publique internationale de première génération représente la volonté collective d'une cinquantaine de pays, essentiellement européens et américains ; modeste, elle ne dépasse pas les 3 000 membres et se répartit presque exclusivement entre deux villes, Genève et La Haye[3]. Les fonctionnaires de la SDN sont cependant imprégnés pour la première fois d'un idéal de coopération internationale, donnant naissance à un *esprit de corps* d'un nouveau genre[4].

Après 1945, les États estiment avoir besoin d'organisations internationales dotées de secrétariats importants, indépendants et impartiaux. Les fonctionnaires internationaux s'apparentent à la fois à des travailleurs sociaux chargés

---

[1] DELAVENAY, Émile. *La machine à traduire*. Paris : PUF, 1972, p. 8-9.

[2] AAMIR, Ali. « The International Civil Service : The Idea and the Reality », in COOKER, Chris de (dir.). *International Administration : Law and Management Practices in International Organizations*, Martinus Nijhoff Publishers, 1990, p. 4.

[3] LENGYEL, Peter. « Réformer la fonction publique internationale dans le nouveau contexte mondial », in *Revue Internationale des sciences sociales* n°138, 1993, p. 612.

[4] LEMOINE, Jacques. *The international Civil Servant.* Op. cit., p. 30.

d'améliorer les niveaux de vie, d'éradiquer la faim et de promouvoir les droits de l'homme, et à des forces de l'ordre chargées de maintenir la paix dans le cas des forces armées agissant dans le cadre de résolutions de l'ONU[1]. La création d'un secrétariat international apparaît comme l'un des événements les plus importants de l'histoire de la politique internationale.

La Charte des Nations Unies prévoit que ces fonctionnaires exercent des activités dans un intérêt public de caractère international et qu'ils « ne solliciteront ni n'accepteront d'instructions d'aucun gouvernement ni d'aucune autorité extérieure à l'organisation[2] ». Les qualités requises sont l'impartialité, la compétence professionnelle, l'expérience, l'intégrité, la loyauté envers l'organisation, l'indépendance par rapport à l'État d'origine.

Les procédures de recrutement et de management, ainsi qu'une partie de la législation locale (pour les services, assurances, fournitures...), s'appliquent souvent selon le pays où se situe le siège de l'organisation[3]. En 1948, un Comité consultatif de la fonction publique internationale est mis en place afin de conseiller les agences onusiennes sur les questions du recrutement, des salaires et des conditions de travail des fonctionnaires internationaux[4]. Ce Comité produit en 1954 un rapport devenu une référence sur les critères de fonctionnement de la fonction publique internationale.

Les fonctionnaires internationaux constituent d'abord un corps interprofessionnel polyvalent, mais il devient assez vite évident que le service public international est une spécialisation en soi, surtout en ce qui concerne les missions hors siège qui demandent « des aptitudes spéciales et des techniques pratiques pour ne pas se réduire à du bricolage[5] ».

Par ailleurs, bien que certains professionnels soient créatifs et compétents dans leur domaine de spécialité, ils ne connaissent rien à l'administration, ce qui peut constituer un obstacle à leur efficacité[6]. Pourtant, si l'idée d'une école de formation à la fonction publique internationale est avancée à plusieurs reprises, elle ne sera jamais retenue ; la formation permanente et les possibilités de stage pour les fonctionnaires de carrière sont, quant à eux, quasiment inexistants, à part dans le domaine linguistique. Cette situation semble découler avant tout des difficultés financières des Nations Unies, les coûts de personnel étant régulièrement dénoncés comme trop élevés par les principaux États contributeurs du budget. Les lacunes de ce système et les questions qu'il soulève conduisent à la création en 1975 d'une Commission de la fonction publique internationale.

La nouveauté que représente l'instauration d'un système de fonction publique internationale saute aux yeux :

---

[1] MILLER, Lynn. *Organizing Mankind.* Op. cit., p. 153.
[2] SENARCLENS, Pierre de. *La politique internationale.* Op. cit., p. 135.
[3] PLANTEY, Alain. « International Civil Servants… ». Op. cit., p. 2.
[4] LUARD, Evans. *International agencies: the emerging framework of interdependence.* Macmillan, 1979, p. 270.
[5] LENGYEL, Peter. « Réformer la fonction publique internationale ». Op. cit., p. 622.
[6] LEMOINE, Jacques. *The international Civil Servant.* Op. cit., p. 257.

Les institutions internationales font collaborer des hommes venant du monde entier, porteurs des bagages culturels et idéologiques les plus hétéroclites, et agissant aux titres les plus variés : représentants d'États, fonctionnaires internationaux, experts, militaires, etc. Leurs tâches recouvrent pratiquement tous les secteurs des activités publiques, telles que nous les connaissons dans les sociétés industrielles ultra-différenciées. Elles s'étendent à toutes les parties d'un monde lui aussi extrêmement diversifié. Certains aspects de la vie de ces institutions sont publics, mais difficilement observables en raison de leur dispersion et de leur multiplicité : tout au long de l'année, les réunions de toutes sortes d'organes se succèdent à New York, Genève, Washington, Rome, Paris, Ottawa, Londres, Vienne, Santiago-du-Chili, Addis-Abeba, Bangkok, etc. Au surplus, la part la plus importante, celle qui concerne les tractations diplomatiques et le fonctionnement des services administratifs échappe totalement à l'observation directe et ne peut être connue que par des moyens obliques et incertains : rapports, communiqués, indiscrétions, témoignages, etc.[1].

Dès le départ, la fonction publique internationale suscite de nombreuses interrogations et controverses, tant sur son impartialité que sur les privilèges dont elle jouit. Dans un contexte international marqué par des nationalismes exacerbés, le fonctionnaire international doit « distendre dans une certaine mesure ses liens naturels avec son pays d'origine[2] » et consacrer sa carrière professionnelle à la défense d'une organisation qui n'est pas dotée des attributs classiques d'un État-nation :

Le personnel des secrétariats et des agences internationaux est au service de tous, ce qui peut trop facilement en pratique devenir au service de personne. Peut-on réellement attendre d'eux qu'ils focalisent leur loyauté sur une abstraction ou qu'ils dédient leur carrière à une idée ?[3]

En mettant en place un système « d'autorisation préalable » (*clearance*), les États-Unis contribuent aussi à semer le trouble sur l'impartialité, la neutralité et l'indépendance des fonctionnaires internationaux[4]. L'URSS, en particulier, émet des doutes quant à la possibilité de neutralité des fonctionnaires et se montre peu disposée à en fournir « à une organisation dominée par des États occidentaux[5] ». Son attitude évolue néanmoins au début des années 1960, et elle essaie alors d'augmenter le nombre de fonctionnaires et d'experts issus de pays socialistes.

Les privilèges et immunités des fonctionnaires prêtent le flanc à de nombreuses controverses, par exemple l'exemption de taxe sur le revenu perçu des Nations Unies[6]. Cette exemption, loin de faire l'unanimité, est rejetée en particulier par les États-Unis : les États-Uniens qui travaillent pour l'ONU doivent s'acquitter d'un impôt sur le revenu. Étant donné le nombre considérable de fonctionnaires internationaux de nationalité américaine dans le

---

[1] VIRALLY, Michel. *L'organisation mondiale*. Op. cit., p. 16.

[2] HONIG, Frederik. « The International Civil Service : basic problems and contemporary difficulties ». *International Affairs*, London, vol 30, n°2, 1954, p. 178.

[3] SIMS, Nicholas. « Servants of an Idea : Hoggart's Unesco and the Problem of International Loyalty », in *Millennium*, n°11, 1982, p. 64

[4] LEMOINE, Jacques. *The international Civil Servant*. Op. cit., p. 194.

[5] CHARVIN, Robert. *Les États socialistes aux Nations Unies*. Op. cit., p. 49.

[6] HONIG, Frederik. « The International Civil Service… ». Op. cit., p. 179-181.

système onusien, l'ONU est alors amenée à augmenter le traitement versé aux fonctionnaires états-uniens par rapport au traitement versé aux salariés issus de pays ayant accepté le principe de l'exemption de taxe.

A cette question s'ajoute la difficulté de proposer une grille de salaires équitable pour des personnes provenant de pays aux niveaux de vie extrêmement variables. Selon le « principe Noblemaire », défini en 1921, les traitements des fonctionnaires internationaux sont alignés sur la grille pratiquée par le pays aux salaires les plus élevés dans la fonction publique (soit les États-Unis depuis 1945), et ils bénéficient d'une prime à l'expatriation destinée à compenser les désavantages liés à l'expatriation, les faibles possibilités de promotion et de carrière et l'absence de sécurité de l'emploi[1].

D'autre part, le recrutement de ces fonctionnaires n'apparaît pas sans poser problème :

> *...la norme dans l'entre-deux-guerres, si l'on peut dire, était de suivre les règles habituelles de la fonction publique : déterminer le poste à pourvoir ; décider de la nationalité à recruter ; faire une large publicité ; laisser un comité de sélection indépendant recommander le candidat le plus qualifié. Ce dernier était en général un jeune d'environ trente-cinq ans supposé faire carrière dans la fonction publique en changeant de départements et de fonctions tout au long de ses années de service. Il est beaucoup plus difficile de parler de normes aujourd'hui, mais la situation courante est la suivante : un poste est vacant et il est, comme toujours, urgent d'y pourvoir ; le poste nécessite des qualifications particulières ; l'un des nombreux candidats toujours disponible ou dépêché par un gouvernement particulier est embauché pour une année « afin de voir comment ça fonctionne » ; et en fin de compte il devient un fonctionnaire permanent*[2].

Si la compétence des fonctionnaires pâtit de cette politique de recrutement, le principe de « distribution géographique » pose également problème. Les gouvernements cherchent, en effet, à exercer leur influence par rapport au personnel, en interférant dans les processus de recrutement, transfert, promotion, missions, extensions de contrat, etc. La composition du secrétariat de l'ONU est dominée par les représentants des pays occidentaux jusque dans les années 1970 ; toutefois la question de la répartition géographique devient problématique avec la décolonisation :

> *Les pays anciennement colonisés, impatients de prendre leur place dans la communauté mondiale sur une base égalitaire et aussi jaloux de leur souveraineté que les États anciens, ont trouvé que le teint des secrétariats était généralement pâle et que le personnel provenait largement des pays industrialisés. Ils ont été irrités lorsqu'on leur a dit que leur tour viendrait quand des places seraient vacantes ; ils étaient pressés et se sont battus énergiquement pour une distribution géographique*[3].

Les fonctionnaires issus des nouveaux États exercent une influence croissante sur l'évolution du système[4], mais pour différentes raisons (nature du travail, langues utilisées, possibilités d'éducation supérieure...), les organisations

[1] LEMOINE, Jacques. *The international Civil Servant*. Op. cit., p. 278 à 281.
[2] AAMIR, Ali. « The International Civil Service ». Op. cit., p. 9.
[3] Ibid., p. 7.
[4] SENARCLENS, Pierre de. *La politique internationale*. Op. cit., p. 135.

internationales continuent longtemps à recruter leur personnel dans les pays industrialisés ou dans certains pays en développement comme l'Inde, le Pakistan, le Sri Lanka, l'Égypte, le Nigeria, l'Argentine et le Chili[1]. Différents États essaient aussi de placer un maximum de leurs ressortissants afin d'exercer une plus grande influence, et le principe de distribution géographique a été accusé d'avoir été l'une des raisons de la baisse progressive de la qualité des secrétariats au fil des années[2].

Une autre question importante porte sur le rôle du secrétariat, qui a souvent « tendance à réagir plutôt qu'à initier[3] ». Pourtant, les fonctionnaires représentent un élément de continuité du « service public international » et peuvent donc proposer et défendre plus facilement un point de vue collectif et des objectifs à long terme que les délégués nationaux. Dans une conférence donnée en 1955, Dag Hammarskjöld insiste sur la capacité créative du secrétariat, qui peut influencer positivement le programme de l'organisation qu'il sert et contribuer à son développement[4].

Capables de servir d'intermédiaires lors de négociations diplomatiques officieuses ou délicates, les fonctionnaires se révèlent particulièrement efficaces dans des domaines comme « la collecte et l'interprétation de données, la fixation de normes, la conscientisation, l'élaboration et la conclusion de traités, l'aménagement de tribunes et cadres de discussion, la production d'écrits sur presque tous les sujets dans de nombreuses langues et autres activités du même ordre[5] ». La documentation qu'ils sont à même de produire représente, à elle seule, « un apport considérable pour la connaissance du monde contemporain[6] ». Enfin, le secrétariat joue un rôle important de lobbying en faveur des projets et des actions de son organisation. Dans le cas de sujets relativement spécialisés, les secrétariats réunissent un maximum d'information, tracent les grandes lignes des projets de recommandation et recrutent des experts confirmés et des personnes capables de rallier l'adhésion aux politiques prônées.

Mais les organisations onusiennes luttent aussi pour leur propre développement, dans une logique purement bureaucratique ; or, comme les ressources financières sont limitées, les secrétariats se livrent une rude concurrence :

> *Chaque organisation fait du lobbying auprès des gouvernements des pays destinataires afin qu'ils incluent ses projets particuliers (une ferme modèle, par exemple, à la place d'une usine de chaussures, ou vice-versa) dans leurs modèles indicatifs de planification (IPF). Dans certaines organisations, une division va faire du lobbying contre une autre division, afin de soutenir le projet qui lui tient personnellement à cœur*[7].

---

[1] AAMIR, Ali. « The International Civil Service ». Op. cit., p. 10.

[2] LEMOINE, Jacques. *The international Civil Servant.* Op. cit., p. 239-240.

[3] MANGO, Anthony. « The role of the secretariats of international institutions », in GROOM, A. J. R., TAYLOR, Paul. *International Institutions At Work.* London: Pinter Publishers, 1988, p. 47. Traduit de l'anglais.

[4] Propos cités in LEMOINE, Jacques. *The international Civil Servant.* Op. cit., p. 35.

[5] LENGYEL, Peter. « Réformer la fonction publique internationale ». Op. cit., p. 614.

[6] VIRALLY, Michel. *L'organisation mondiale.* Op. cit., p. 160.

[7] GORDENKER, Leon. « Le cinquantième anniversaire de l'ONU… ». Op. cit., p. 278.

Les secrétariats internationaux prennent rapidement de l'ampleur ; entre 1945 et 1985, le nombre d'experts envoyés sur le terrain par le système onusien se monte à plusieurs milliers, passant de 10 % du personnel à 60 %[1]. Dans les années 1980, sans compter les Casques bleus et autres forces de maintien de la paix, le système emploie environ 73 000 personnes à travers le monde, dont 54 000 dotés d'un statut de fonctionnaire permanent[2]. Une majorité d'entre eux travaillent aux sièges des organisations, souvent en Occident (Bruxelles, Genève, New York, Washington, Paris…). De ces 54 000 personnes, les deux tiers, recrutés localement, exercent des fonctions d'exécution dans leur propre pays ; le tiers restant, recruté au plan international – soit 18 000 fonctionnaires – occupe des postes plus élevés d'encadrement et de direction, souvent à l'extérieur de leur pays d'origine.

Au final, une fois éliminés les spécialistes scientifiques et techniques envoyés sur le terrain, les (très nombreux) traducteurs et le personnel affecté à la bonne marche administrative de l'ensemble (services administratifs et généraux, service du personnel, publications, juristes…), seuls 4 000 fonctionnaires environ sont chargés de mettre en place et de gérer les programmes d'actions des différentes organisations. Ce nombre restreint – étant donné l'ampleur de la tâche et l'étendue géographique de l'action – explique certainement le manque de pensée créative et d'initiative chez la plupart de ces fonctionnaires, qui consacrent beaucoup de temps et d'énergie à gérer de l'administratif et à répondre aux requêtes des organes intergouvernementaux des différentes organisations[3]. Dans les années 1980, l'Unesco emploie 8 % de l'ensemble des fonctionnaires internationaux onusiens (soit 4 800 personnes), ce qui en fait la troisième organisation spécialisée pour le nombre de personnel, derrière la FAO et l'OMS[4].

Parmi le personnel international, États-Uniens, Britanniques et Français se livrent à des guerres de pouvoir acharnées, ces États souhaitant exercer leur influence au sein des organisations[5]. Gail Archibald insiste sur le rôle joué par les États-Uniens dans la mise en place de l'Unesco :

> *L'Unesco n'existerait pas sans le dévouement de quelques Américains, convaincus de travailler pour un monde meilleur, fût-il à l'image de leur patrie. Leur rôle dans la création de l'Unesco, et leur présence physique et/ou morale dans l'entourage de l'Organisation, s'étendaient souvent jusqu'aux années 60 et même au-delà. […] Qu'ont-ils en commun, ces Américains qui ont tant œuvré pour l'Unesco? C'est d'abord l'histoire d'une génération. Nés vers le début du siècle, ils sont marqués par l'expérience de la Dépression puis du New Deal et sont « dans la force de l'âge », pendant les années 40, quand le projet de l'Unesco capte leurs imaginations. Si, pendant le mandat d'Eisenhower, certains d'entre eux s'éloignent de l'Organisation, avec l'élection de John F. Kennedy, très souvent ils reviennent. Histoire d'une génération, c'est donc également celle d'un parti politique. Car, pour autant que nous avons pu le vérifier, tous les Américains*

---

[1] PLANTEY, Alain. « International Civil Servants Employed in the Field ». Op. cit.,p 4

[2] MANGO, A. « The role of the secretariats of international institutions ». Op. cit., p. 39

[3] Ibid., p. 43

[4] LENGYEL, Peter. « Réformer la fonction publique internationale ». Op. cit., p. 42.

[5] HONIG, Frederik. « The International Civil Service ». Op. cit., p. 175.

qui contribuaient au succès de l'Unesco, surtout à l'ère de sa création, étaient des Démocrates ou du moins se disaient apolitiques, comme par exemple William Carr[1].

Cependant, une fois l'Acte constitutif de l'Unesco rédigé fin 1945, la participation des États-Unis aux travaux de la Commission préparatoire et à l'élaboration détaillée du programme de l'organisation demeure limitée ; les États-Uniens cherchent surtout à renforcer l'importance des médias de masse et à encourager l'élaboration d'un programme clair et bien structuré. En 1947, le DG Julian Huxley divise l'Unesco en 8 départements : Arts et Lettres, Bibliothèques, Communication de masse, Éducation, Musées, Philosophie et Humanités, Sciences naturelles et Sciences sociales[2]. Le « livre » est envisagé de façon transversale et traité par les départements Arts et Lettres, Bibliothèques, Communication de masse, Éducation, Philosophie et Humanités.

Par ailleurs, des quatre projets transversaux identifiés, trois incluent des projets liés au livre : Reconstruction et réhabilitation, Éducation fondamentale, Éducation à la compréhension internationale. Ainsi, l'Unesco se penche sur la reconstruction des bibliothèques dans les pays dévastés par la guerre, sur la production de manuels scolaires et de textes de lecture à la fois dans le cadre de l'éducation fondamentale et de l'éducation à la compréhension internationale, et considère le programme de « commémoration des grands hommes » comme favorisant l'éducation à la compréhension internationale. Enfin, le secrétariat regroupe 10 services généraux pour gérer la comptabilité, l'entretien du bâtiment, la gestion du courrier, les achats, la préparation des conférences, etc.[3].

L'Unesco présente un fonctionnement administratif complexe et original, avec un « système triarchique à la fois très officialisé (Secrétariat, Conférence générale, Conseil exécutif, délégations, commissions nationales) et très informel, permettant d'associer aux activités de l'organisation un très grand nombre d'institutions et d'individus s'occupant de la science, de l'éducation, de la culture et de la communication[4] ». De fréquentes modifications seront par la suite apportées dans l'organisation du secrétariat au fur et à mesure du développement de l'Unesco.

Certes, la nationalité d'un fonctionnaire n'indique pas forcément les orientations qu'il prendra dans son travail, sachant que les fonctionnaires issus du Tiers monde ont en général reçu une formation occidentale tandis que des Occidentaux peuvent au contraire défendre chaudement la cause tiers-mondiste ; néanmoins, la répartition globale des nationalités donne une indication des forces en présence et des jeux d'influence, surtout si l'on tient compte de la réelle capacité d'un secrétariat à défendre ou à faire obstacle à la circulation de l'information et à appuyer les prises de décision et la mise en place des politiques décidées[5].

---

[1] ARCHIBALD, Gail. *Les États-Unis et l'Unesco, 1944-1963*. Op. cit., p. 319.

[2] ASCHER, Charles S. *Program-making in Unesco, 1946-51*. Op. cit., p. 7.

[3] Ibid., p. 8.

[4] YAHI, Abdelkader. *La Crise de l'Unesco*. Lille II, thèse en droit, 1991, p. 208

[5] WELLS, Clare. *The Politization of United Nations Specialized Agencies ? Unesco, the United Nations and the Politics of Knowledge*, Oxford, 1984, p. 16.

Les ressortissants des 3 pays fondateurs prédominent durant les premières décennies avec, à tous les niveaux, toujours plus de Français et de Britanniques que d'États-Uniens[1]. Toutefois, il y a « toujours un fonctionnaire américain bien placé et chargé de l'administration de l'organisation, sauf pour la période où le Directeur général lui-même est Américain[2] ». Sur un total de 416 personnes travaillant à l'Unesco en 1947, 83 % sont originaires des 3 grandes puissances. Entre 1947 et 1950, cette situation évolue un peu, puisque sur 810 postes au total, 67 % reviennent aux 3 nationalités : Français (311 postes, dont 60 cadres), Britanniques (166 postes, dont 51 cadres) et États-Uniens (64 postes, dont 45 cadres). Ces proportions restent similaires pendant 30 ans ; à la fin des années 1970, les pays occidentaux, qui représentent un cinquième des membres mais contribuent pour deux tiers au budget, sont autorisés à occuper 70 % des 765 postes de hauts fonctionnaires dépendant du critère de distribution géographique[3].

A la même époque, 26 pays en développement ne sont pas représentés dans le personnel, et la plupart des pays non occidentaux sont autorisés à 5 postes maximum, y compris les pays ayant des problèmes chroniques de chômage des cadres (Égypte, Inde)[4]. Et la prédominance occidentale est encore plus prononcée dans certains départements et pour les postes non soumis à la distribution géographique (experts, traducteurs, etc.). A l'Unesco, les Occidentaux dominent donc nettement la structure administrative en termes à la fois numériques, stratégiques et hiérarchiques. Les objectifs poursuivis, les méthodes employées et la « culture administrative » développée par les fonctionnaires du secrétariat reflètent logiquement cette situation.

LE CONTEXTE CULTUREL

La période 1945-1975 est marquée par de profonds changements culturels à tous les niveaux, avec notamment de nouvelles réflexions dans le domaine des sciences humaines (en particulier une nouvelle approche de la diversité culturelle et des manières d'appréhender l'autre), des changements dans le domaine éducatif (sacralisation de la science et recul progressif des humanités) et des innovations technologiques à l'échelle planétaire (transports et communications) qui bouleversent notre vision du monde et favorisent la prise de conscience de la mondialisation. L'humanité, en pleine explosion démographique, se voit « dotée d'instruments de communication [qui] bouleversent les cheminements traditionnels du savoir et des idées[5] ».

---

[1] AAMIR, Ali. « The International Civil Service ». Op. cit., p. 12.
[2] ARCHIBALD, Gail. *Les États-Unis et l'Unesco, 1944-1963*. Op. cit., p. 171.
[3] WELLS, Clare. *The Politization of United Nations Specialized Agencies?* Op. cit., p. 16.
[4] Ibid.
[5] Conférence prononcée par René Maheu le 5 juin 1964 à l'Unesco en ouverture du IIe Congrès international de la librairie, in *La civilisation de l'universel*, Laffon-Gonthier, 1966, p. 210.

Le double phénomène d'industrialisation et du raccourcissement des distances favorise la création d'une société de masse qui va de pair avec une augmentation des temps de loisir et une accélération prodigieuse des connaissances. La notion même de culture, de l'apanage d'une élite, évolue pour devenir une culture de masse « accessible à chacun au moindre prix et au moindre effort, car toutes les œuvres de l'esprit et de l'imagination, celles des arts traditionnels comme celles des arts nouveaux, nés de la technique, sont reproduites, traduites, enregistrées, en un mot diffusées[1] ». L'accroissement des échanges culturels à l'échelle mondiale est le plus souvent présenté comme un incomparable progrès :

> *Les Européens découvrent l'admirable poésie de la Chine, son art décoratif et son théâtre, sa médecine. L'art de l'Inde éveille un immense intérêt. En retour, les peuples d'Asie s'initient maintenant à toutes les réalisations de la culture européenne. Les traductions d'auteurs russes – classiques et contemporains – passionnent les lecteurs de l'Inde. Les Chinois lisent les traductions d'écrivains français et anglais. L'Amérique latine, qui aspire à l'indépendance intellectuelle, nous a donné des écrivains et des peintres connus maintenant à Paris et à Pékin, à Moscou et à Rome. Est-il besoin de parler de la science ? Son progrès est désormais inséparable de son universalité ?*[2]

Cependant, note Jacques Rigaud, il serait aussi possible de « démontrer que cette communication universelle et instantanée accroît les incompréhensions, les particularismes et durcit les oppositions[3] ». La mondialisation culturelle s'accompagne, en effet, d'une remise en cause des visions traditionnelles du monde :

> *Les peuples prennent conscience chaque jour davantage de leur individualité, mais aussi de leur solidarité. Ainsi, l'humanité contemporaine, qui s'émiette en États souverains de plus en plus nombreux, voit en même temps son unité renforcée sans cesse par le progrès des moyens de transport et de communication de la pensée, par le caractère mondial des grands problèmes économiques, diplomatiques et militaires. Une interdépendance réelle existe désormais entre tous les groupements humains*[4].

La dynamique libérale moderne, qui imprègne l'idéologie onusienne, « arrache donc l'homme à ses liens naturels ou communautaires en faisant abstraction de son insertion dans une humanité particulière. [...] L'idéal n'est plus, comme dans la pensée classique, de se conformer à l'ordre naturel ; il réside au contraire dans la capacité de s'en affranchir[5] ». Cette idéologie est véhiculée par l'Unesco à travers ses activités éducatives et culturelles.

Quant au « livre », il a beaucoup souffert, comme d'autres « produits » culturels, pendant la Seconde Guerre mondiale – tant au niveau de la production que de la diffusion :

---

[1] Allocution de M. Michel Dard au colloque d'Athènes sur le spectacle de foule (juin 1962), p. 2. Archives Unesco, dossier 7A 01 LCIOAL.

[2] EHRENBOURG, Ilya. « Le chemin du siècle », in *La culture est-elle en danger ?*, Editions de la Baconnière, 1955, p. 115.

[3] RIGAUD, Jacques. *La culture pour vivre*. Paris : Gallimard, 1975, p. 281.

[4] GERBET, Pierre. *Les organisations internationales*. Op. cit., p. 3.

[5] BENOIST, Alain de. *Nous et les autres. Problématique de l'identité*. Op. cit., p. 25.

Parmi les problèmes culturels, celui du livre se pose dans presque tous les pays avec une acuité particulière. D'une part, des quantités énormes de livres ont été détruites par les bombardements, les tirs d'artillerie, les incendies et l'intolérance politique ; d'autre part, la production du livre a subi, par la suite de difficultés de toutes sortes, une réduction qui va, pour certains pays, jusqu'à la suppression totale. Comme conséquence de ces faits, le livre, et surtout le bon livre, est devenu introuvable aujourd'hui non seulement dans les pays dévastés mais même dans les pays moins directement touchés. Or le livre, et notamment une certaine catégorie de livres – livres de classe, livres scientifiques, techniques et de culture générale – est indispensable à la reprise des activités intellectuelles normales. Toutes les bonnes volontés doivent donc s'unir pour hâter la reconstitution des stocks détruits ainsi que l'impression des nouveaux ouvrages en quantité susceptible de répondre à des besoins visiblement accrus. Dans le cas de certains pays, les plus cruellement touchés de l'Europe orientale et même occidentale, les besoins en livres sont si énormes et si urgents qu'ils ne pourront pas être satisfaits sans l'aide des autres pays[1].

A l'Unesco, la réflexion autour du livre s'inscrit donc, d'abord, dans l'approche globale de la reconstruction de l'Europe avec l'aide du plan Marshall. Mais la situation de l'Europe s'améliore rapidement ; dans le domaine littéraire, l'expansion du livre de poche marque « l'irruption d'une civilisation où la culture de masse homogénéise les comportements et les loisirs[2] » et permet d'accroître considérablement le lectorat potentiel et d'envisager le livre comme un instrument d'instruction populaire.

Si les collections *Nelson* (1909-1910) et *Armand Colin* (1921) en France font figure de précurseurs, ce domaine se développe avec le lancement de la collection *Pourpre* par Calman-Lévy et la Librairie générale française en 1938. Au Royaume-Uni, l'éditeur Penguin Books se lance dans le livre de poche dès 1935, et les tirages en format poche atteignent en Europe, dans les années 1950, jusqu'au million d'exemplaires et des ventes quotidiennes de l'ordre du million[3]. Le « Pocket » américain, créé en 1939, inspire la collection « Marabout » en Belgique (1949), la « Biblioteca Universale Ruzzoli » en Italie (1949), la « RoRoRo » en Allemagne (1950). En France, la Librairie générale française publie le 9 février 1953 le roman *Koenigsmark* de Pierre Benoît (qui porte le numéro 1 de la collection « Livre de poche »)[4]. On parle d'une « révolution du livre »,[5] car le livre de poche est :

...non seulement à la portée des bourses les plus modestes dans les pays développés, mais il offre un choix de titres et de matières des plus éclectiques. Les œuvres classiques des littératures du monde entier y côtoient les derniers romans, manuels techniques, ouvrages scientifiques et même des instruments de référence, dictionnaires ou répertoires, ouvrages de recherche sociale et politique[6].

[1] Lettre de Mayoux à Joubert, 17 avril 1945. Archives de l'IICI, dossier H.VII.11.
[2] MOLLIER, Jean-Yves. « Le livre de poche avant le "poche" », in MOLLIER, Jean-Yves, TRUNEL, Lucile. *Du « poche » aux collections de poche,* Céfal, 2010, p. 46.
[3] DELAVENAY, Émile. *Pour le livre.* Op. cit., p. 21.
[4] MOLLIER, Jean-Yves. « Le livre de poche avant le "poche" ». Op. cit., p. 45.
[5] BARKER, Ronald et ESCARPIT, Robert. *La Faim de lire*, Unesco, 1973, p. 123.
[6] DELAVENAY, Émile. *Pour le livre.* Op. cit., p. 11.

En 1964, René Maheu se livre à un discours enthousiaste en évoquant « les tirages fabuleux, l'accélération de la circulation de l'écrit dans le monde, l'immensité du champ que le livre bon marché, paperback aux États-Unis ou "livre de poche" en France, ouvre à la culture[1] ». Les collections de livres de poche se mettent progressivement à diffuser des œuvres originales, des traductions, des livres éducatifs, des livres d'art. Ce développement répond à une nouvelle conception de l'homme et de l'éducation :

> *Le XIXe siècle ne voyait dans l'homme qu'un instrument. Savoir lire, écrire et compter paraissait un idéal suffisant pour le peuple ; selon le mot de Thiers « le reste est superflu ». Le XXe siècle découvre l'homme, l'individu à des millions d'exemplaires, l'homme dans les attitudes et les gestes quotidiens du travail, de la vie familiale, dans les occupations de loisir. Des gouvernements aux organisations syndicales, la culture de masse, pour des raisons différentes, est devenue une préoccupation majeure. Par le moyen d'une politique culturelle de loisirs, les États souhaitent occuper les masses, détourner leurs esprits de toute idée d'émancipation et les tenir en tutelle. Dans une société de consommation, les loisirs sont le nouvel opium du peuple. D'autre part, sachant qu'une élite culturelle ne peut exister, soutenir la concurrence internationale dans la recherche du progrès matériel que si elle est suscitée par une masse au niveau culturel suffisant, les États ont intérêt à promouvoir l'instruction et l'éducation*[2].

En Europe, en Amérique du Nord, en URSS, au Japon, la multiplication des livres produits s'accompagne d'initiatives publiques ou privées d'encouragement à la lecture des masses. Aux États-Unis, des tentatives d'harmonisation entre un échelon local largement autonome et une planification nationale dans le domaine des bibliothèques ont lieu dès 1933 et se poursuivent après guerre, encouragées en particulier par la *Carnegie Corporation of New York.* Au Royaume-Uni, les autorités développent les réseaux de bibliothèques, créant en 1962 la *National Lending Library for Science and Technology*, puis en 1973 le *British Library Document Supply Centre.* Le gouvernement exporte son modèle de bibliothèque dans ses colonies ou ex-colonies, comme en Côte d'Or (futur Ghana) où un plan sur cinq ans est mis en place dans les années 1950 par la bibliothécaire Evelyn Evans, en accompagnement d'un plan de développement économique[3].

En France, l'institutionnalisation progressive des politiques de lecture publique est reprise à la Libération ; une Direction des Bibliothèques et de la lecture publique est créée en août 1945 au ministère de l'Éducation nationale[4]. Son directeur, Julien Cain, est en même temps administrateur général de la Bibliothèque nationale et ses activités s'inscrivent dans la continuité de la réflexion de l'entre-deux-guerres[5]. Dans le même temps, une Direction générale des Arts et des Lettres prend la place de l'ancienne Direction des Beaux-arts au

---

[1] Conférence prononcée par René Maheu le 5 juin 1964 à l'Unesco en ouverture du IIe Congrès international de la librairie. Op. cit., p. 211-212

[2] ROBINE, Nicole. « La lecture ». Op. cit., p. 235.

[3] PARKER, Stephen. *Unesco and Library Development Planning.* Op. cit., p. 71.

[4] SUREL, Yves. *L'État et le livre.* Op. cit., p. 162.

[5] RICHTER, Noë. *Introduction à l'histoire de la lecture publique et à la bibliothéconomie populaire.* Bernay : À l'enseigne de la queue du chat, 1995, p. 73.

ministère de l'Éducation nationale. Les premières bibliothèques centrales de prêt, destinées à encourager la lecture en milieu rural, sont créées en 1945 ; 21 bibliothèques sont créées entre 1945 et 1960[1]. Et ce n'est que plus tard, en 1975, que les bibliothèques publiques (puis la bibliothèque nationale) sont rattachées au ministère de la Culture, tandis que les bibliothèques universitaires restent rattachées aux ministères des Universités et de l'Éducation nationale.

En parallèle, des acteurs privés investissent ce domaine, comme le Centre laïque de lecture publique, qui collabore avec la Direction des Bibliothèques et de la lecture publique. Cependant, l'absence de volonté politique freine la mise en place d'une véritable politique globale du livre[2].

Lorsqu'André Malraux devient ministre de la culture en 1959, il préfère ne pas toucher à l'action menée pour le livre par Julien Cain depuis l'Éducation nationale. Il faut attendre 1963 pour que soit instaurée, par exemple, l'Ecole nationale supérieure de bibliothécaires. En 1967, un rapport d'un groupe interministériel d'étude sur la lecture publique en France en dénonce les carences, ce qui conduit à un redoublement d'efforts entre 1968 et 1975 autour d'un plan de modernisation et d'équipement[3].

Les bibliothèques françaises se développent sur le modèle anglo-saxon et sont conçues comme des centres d'animation dotés de salles d'expositions et de conférences. Un effort de réhabilitation des bibliothèques scolaires est aussi entrepris à partir de 1973[4]. Malgré ces efforts, la France demeure en retard par rapport à d'autres pays européens[5] :

> *Le livre a été jusqu'ici le grand oublié de la politique culturelle. [...] La lecture est une activité individuelle, quasiment secrète, qui n'intéresse pas les amateurs d'actions collectives et spectaculaires. On peut même dire qu'il existe deux manières, assez incompatibles, de vivre sa culture ; dans le repli ou dans la communication. Il est des êtres pour qui la culture est tout entière enfermée dans la délectation singulière de la lecture ; il en est d'autres pour qui la lecture est une hygiène, un besoin premier, mais qui ne font commencer la culture, sous sa forme active, qu'avec l'échange. Pour les uns comme pour les autres, ce que l'on appelle la lecture publique, l'organisation collective qui incite les individus à lire et leur permet d'accéder matériellement aux ouvrages, est ou un pis-aller comme le lait distribué dans les écoles, ou une forme subalterne de l'action culturelle, une sorte de fourniture de matière première. Il en résulte le peu de place qu'ont les bibliothèques dans les complexes culturels, et notamment dans les maisons de la culture, et la faible incitation à la lecture dans l'action culturelle*[6].

Même dans les pays européens, la lecture demeure l'apanage d'un nombre restreint d'individus ; « une assez forte proportion de la population en mesure de lire ne lit jamais ou pratiquement jamais de livres[7] ». Cette situation

---

[1] POULAIN, Martine (dir). *Les bibliothèques publiques en Europe*. Op. cit., p. 162.
[2] SUREL, Yves. *L'État et le livre*. Op. cit., p. 162.
[3] POULAIN, Martine (dir). *Les bibliothèques publiques en Europe*. Op. cit., p. 163.
[4] RICHTER, Noë. *Introduction à l'histoire de la lecture publique et à la bibliothéconomie populaire*. Op. cit., p. 81.
[5] BASTIDE, François-Régis. « Au chevet du livre », in *Le Monde*, 21 février 1975.
[6] RIGAUD, Jacques. *La culture pour vivre*. Op. cit., p. 248.
[7] Ibid., p. 117.

s'accompagne, dans les années 1950 à 1980, d'un phénomène de désacralisation du livre et de recul des humanités comme modèle idéal. En effet, si toutes les conditions économiques, humaines et sociales semblent réunies au XXe siècle pour que le livre se mette à concerner véritablement les masses, il n'arrive à les conquérir « qu'au moment où la naissance et le développement des autres moyens de communications de masse viendront le concurrencer[1] ». A la fin des années 1970, cette perte d'influence de l'écrit et du modèle de l'homme cultivé qui lui était lié – marginalisés face à la concurrence d'autres modèles, produits par la société de masse (films, publicité…) – devient de plus en plus perceptible.

Face à cette évolution, les États industrialisés ressentent le besoin de se doter d'une « politique du livre » nationale dotée d'objectifs, d'institutions et de budget spécifiques. Ces politiques s'appuient sur des institutions et sur des professionnels du livre en pleine mutation ; l'édition, par exemple, doit faire face à l'élargissement du marché et répondre à la diversité des goûts et des besoins, et la librairie, qui doit s'adapter à l'ensemble de ces évolutions, ressent le besoin de se constituer à son tour en réseau professionnel sur le plan national et international[2]. Le premier Congrès international de la librairie se tient à Londres en 1959.

Alors que pour beaucoup de pays occidentaux l'objectif est de mieux coordonner et d'encourager les efforts de promotion du livre à l'échelle nationale, les pays en développement connaissent une situation très différente. Ils ont généralement en commun d'être dépourvus de réseaux de production et de distribution du livre – grossistes, détaillants, personnel expérimenté de librairie[3], et les bibliothèques (majoritairement construites par des missionnaires, des fondations américaines ou par les tutelles coloniales) y restent peu nombreuses et fournies principalement en livres occidentaux. Leurs populations sont enfin majoritairement illettrées.

Il n'en demeure pas moins que la situation de l'écrit diffère dans chaque pays selon son histoire et son rapport à l'écrit et à l'oralité. Certains pays du Tiers monde (notamment en Asie, dans le monde arabe et en Amérique latine) entretiennent des liens étroits avec l'écrit – notamment l'Inde, le Pakistan, la Chine, l'Iran, l'Égypte et le Brésil –, contrairement à l'Afrique où le rapport à l'oralité reste fort malgré une présence ancienne de l'arabe écrit.

Pour des raisons tant économiques que structurelles, la production de livres peine à se développer dans le Tiers monde, qui doit se contenter de livres importés des principaux pays producteurs (RFA, Espagne, États-Unis, France, Japon, Pays-Bas, Royaume-Uni, Suisse, URSS). Mais ces importations ne suffisent pas et leur inégale répartition reste conditionnée par le cloisonnement linguistique :

> *La plupart des pays producteurs publient couramment des livres en langues étrangères, mais il est rare que ces langues soient précisément celles des régions qui ont le plus besoin*

---

[1] ROBINE, Nicole. « La lecture ». Op. cit., p. 235.

[2] Conférence prononcée par René Maheu le 5 juin 1964 à l'Unesco à Paris en ouverture du IIe Congrès international de la librairie. Op. cit., p. 212.

[3] DELAVENAY, Émile. *Pour le livre*. Op. cit., p. 26.

d'aide. Le nombre des livres en langues africaines publiés hors d'Afrique est négligeable et il s'agit soit d'ouvrages savants très spécialisés, soit de manuels élémentaires[1].

L'exportation de livres vers les pays en voie de développement représente une part importante du chiffre d'affaires de l'édition des principaux pays producteurs, qui ont donc peu intérêt à voir se développer des structures éditoriales dans le Tiers monde.

Le travail de collecte d'informations mené par l'Unesco, malgré l'imprécision des statistiques mondiales en matière de livres – renseignements souvent incomplets et tardifs, critères statistiques changeants et imprécis, certains pays producteurs importants non recensés, comme la Chine populaire[2] –, permet de dresser un panorama du livre dans le monde.

Entre 1955 et 1969, la production de livres en Afrique, en Asie (Japon et Chine exceptés) et en Amérique latine s'accroît de 56%, passant de 47 600 à 74 300 titres, mais, compte tenu de l'augmentation de la population, le nombre de titres publiés par million d'habitants passe de 40 en 1955 à 43 seulement en 1968-1969[3]. A titre de comparaison, en 1966, 418 titres sont produits par million d'habitants en Europe. En 1966, sur 460 000 livres produits dans le monde, environ 200 000 (soit 45,3 %) sont originaires d'Europe – URSS non comprise – alors que cette région représente à peine 13,4 % de la population mondiale[4].

Bien qu'au cours des années 1950 à 1970 la production mondiale de livres double en termes de titres et triple en termes d'exemplaires, les pays du Tiers monde ne participent à cette production qu'à hauteur d'environ 12 %, tandis que la suprématie des pays industrialisés dans ce domaine ne décroît pas[5]. En effet, comme dans le même temps le chiffre mondial de lecteurs double grâce aux efforts d'alphabétisation, le nombre d'exemplaires produits augmente plus vite que le nombre de titres. En 1972, la production de livres dans le monde est de l'ordre de 500 000 titres et de 7 à 8 milliards d'exemplaires par an, le taux annuel de croissance se situant autour de 4 % pour les titres et de 6 % pour les exemplaires. En 1969, l'Europe, l'Amérique du Nord et l'URSS fabriquent plus de 75 % des livres publiés dans le monde, alors que « l'Asie, avec 56 %, n'en a fabriqué que 20 %. L'Amérique du Sud accuse elle aussi un déficit important avec 5 % de la population et 2 % seulement des ouvrages imprimés. Enfin l'Afrique, soit 10 % de l'humanité, n'en a produit que 2 %[6] ».

En 1974, l'accès au livre est donc restreint pour encore 70 % des habitants de la planète : cette « zone de pénurie » couvre 35 % des adultes alphabétisés et 40 % des enfants scolarisés. Aussi les efforts réalisés entre 1945 et 1975 dans le domaine de la promotion du livre au niveau mondial apparaissent-ils largement

---

[1] BARKER, Ronald E. et ESCARPIT, Robert. *La Faim de lire.* Op. cit., p. 85.
[2] ESCARPIT, Robert. « Littérature et développement », in ESCARPIT, Robert. *Le littéraire et le social.* Flammarion, 1970, p. 246.
[3] DELAVENAY, Émile. *Pour le livre.* Op. cit., p. 14.
[4] ESCARPIT, Robert. « Littérature et développement ». Op. cit., p. 245.
[5] DELAVENAY, Émile. *Pour le livre.* Op. cit., p. 14.
[6] Ibid.

insuffisants, au vu de la situation de la majeure partie du monde dans ce domaine dans les années 1970. Pourtant, de multiples intervenants se sont engagés, parallèlement à l'Unesco, sur le terrain de la promotion du livre.

CHAPITRE IV

Les acteurs extérieurs

Non seulement l'action de l'Unesco a dû composer avec les réalisations antérieures, mais l'organisation est loin d'être seule à investir le champ de la promotion du livre à l'international. Après 1945, les grandes puissances – États-Unis, Royaume-Uni, France – instaurent des politiques culturelles à l'international de grande ampleur, qui s'appuient sur des structures de droit privé tels les fondations américaines, le *British Council* et le réseau des Alliances françaises.

D'autre part, le nombre des organisations internationales s'accroît de manière constante à partir de 1945 et les entités régionales se multiplient : Organisation de la Ligue arabe (1945), Organisation des États américains (1948), Conseil de l'Europe (1949), Communauté économique européenne (1957), Organisation de l'unité africaine (1963), etc. Ces organisations, qui disposent souvent de compétences culturelles, s'ajoutent aux commissions régionales intergouvernementales, instituées à partir de 1947 au sein des Nations Unies afin de traiter les questions socio-économiques sur une base régionale.

Charles Ascher évoque la difficulté, dès 1945, de coordonner les activités et le programme de l'Unesco avec d'autres programmes régionaux (comme le plan de Colombo du Commonwealth) ou avec les programmes bilatéraux d'aide au développement[1].

A partir de la fin du XIXe siècle, les professionnels du livre – majoritairement occidentaux – ont également tendance à se regrouper dans des associations ou fédérations internationales et à organiser des manifestations culturelles et des échanges d'envergure internationale ; or ce mouvement converge vers la systématisation et vers un élargissement géographique après la Seconde Guerre mondiale. Si certains professionnels et des structures comme la FIAB ou le PEN Club (dominés par les Anglo-saxons) travaillent souvent en collaboration avec l'Unesco, d'autres préfèrent organiser des rassemblements, colloques, publications sur le thème du livre en dehors du système onusien, pour échapper aux contraintes administratives ou politiques liées à la guerre froide.

---

[1] ASCHER, Charles S. *Program-making in Unesco, 1946-51*. Op. cit., p. 76.

L'encouragement à la production et à la diffusion du livre à travers le monde apparaît donc comme un domaine investi par des intervenants multiples et diversifiés, dont les objectifs, les intérêts et les méthodes varient largement et tendent soit à se compléter, soit à se faire concurrence. L'une des ambitions de l'Unesco est de tenter de canaliser, d'orienter et de centraliser les efforts disparates de ces acteurs afin de les unifier au sein d'une politique du livre générale et cohérente, qui se veut mondialisée dans ses objectifs, mais adaptée aux situations individuelles de ses États membres dans ses méthodes.

LES ACTEURS NATIONAUX

A partir de 1945, la multiplication des États à travers le monde et l'existence de nationalismes exacerbés conduisent à une importance croissante des structures étatiques et de leurs tendances centralisatrices. La plupart des États investissent alors de nombreux domaines jusque-là laissés à l'initiative privée, tels le livre et la culture ; mais les gouvernements ne se contentent pas d'agir seuls et unissent leurs efforts à ceux d'acteurs de droit privé tels les entreprises, associations, fondations et structures transnationales. Les gouvernements des États occidentaux financent fréquemment des groupes transnationaux, particulièrement dans le domaine du développement économique et social[1]. Des partenariats public-privé se développent aussi entre organisations gouvernementales ou intergouvernementales d'une part, et ONG de l'autre.

Le développement de réseaux transnationaux œuvre en faveur d'une mondialisation des normes et d'une interaction grandissante entre acteurs étatiques et non gouvernementaux. Ces flux culturels – couvrant des domaines comme la langue, la religion, l'idéologie ou les institutions – « convergent pour donner à la conception et à la pratique occidentales un rôle unificateur des comportements sur la scène internationale, pour valoriser ou du moins privilégier les mêmes institutions, le même type de droit, les mêmes valeurs, les mêmes techniques diplomatiques[2] ». Ils viennent structurer de manière décisive la scène internationale, organisant les perceptions, les comportements et les interactions des acteurs sociaux. De son côté, Robert Frank souligne :

> *L'action culturelle à l'étranger, les échanges culturels internationaux, les mouvements culturels transnationaux charrient du sens à travers représentations, pratiques, modèles et objets symboliques, mais elles assignent aussi un sens aux relations entre les États, les peuples et les sociétés, un sens qui est tout à la fois signification et direction. Il y a en effet à la base de ces processus des motivations qui s'appellent la* puissance *ou l'*influence, *la recherche de la* paix, *le besoin d'*identité *ou d'*altérité[3].

[1] JOSSELIN, Daphné, WALLACE, William. *Non-State Actors in World Politics*. New York: Palgrave, 2001, p. 2.
[2] BADIE, Bertrand. *Le retournement du monde*. Paris : FNSP & Dalloz, 1992, p. 7.
[3] Conclusion de Robert Frank in DULPHY, Anne, FRANK, Robert, MATARD-BONUCCI, Marie-Anne, ORY, Pascal (dir.). *Les relations culturelles internationales au XXe siècle. De la diplomatie culturelle à l'acculturation*. Bruxelles : P.I.E. Peter Lang, 2010, p. 674

Dans le domaine du livre, un certain nombre d'acteurs se montrent actifs et compétents, et la politique de l'Unesco doit tenir compte de leur existence et de leurs réalisations, d'autant plus que le livre a tendance à être « embrigadé au service d'une "culture de guerre" qui le ravale au rang d'outil de propagande, dont le contenu est sévèrement contrôlé et la diffusion orientée en vue d'obtenir le maximum d'impact politique et idéologique sur l'adversaire désigné[1] ». Le livre s'affiche comme un des outils incontournables des politiques culturelles extérieures des États :

> *Les questions intellectuelles, plus précisément cultuelles et éducatives ne sont pas apolitiques dans l'esprit des États eux-mêmes, quoi que disent ou laissent entendre les documents ou les discours destinés au grand public. La culture nationale a toujours été utilisée sur le plan international par les grandes puissances comme une arme de propagande efficace. Elle a toujours projeté une image écrasante de sa langue, de son histoire, de ses arts, de sa façon de vivre, sur les citoyens des autres pays*[2].

En 1945, la scène internationale apparaît transformée. Forts de leur statut de vainqueurs, les États-Unis et le Royaume-Uni s'engagent activement dans une action de propagande culturelle à travers le monde, concurrençant le traditionnel « rayonnement culturel » de la France, menacé par « le déplacement du système universel politico-économique vers les États-Unis et la diffusion rapide de la langue anglaise[3] ». Alors que la France continue de gérer son action culturelle de manière centralisée, les États-Unis et la Grande-Bretagne, eux, s'appuient sur des réseaux plus souples et plus autonomes vis-à-vis du pouvoir politique. Contrairement aux démocraties socialistes ou aux pays du Tiers monde – où la culture semble toujours devoir relever de la puissance publique –, les pays anglo-saxons, tout comme l'Allemagne de l'Ouest, disposent d'un pouvoir central incompétent en matière de culture, aussi la plupart des institutions culturelles relèvent-elles du profit ou du mécénat[4].

Dès 1943, les États-Unis lancent un appel à la population pour contribuer à une collecte de livres et de périodiques à l'échelon national[5]. L'*American Book Center* de Washington participe activement au programme de reconstruction des Nations Unies, en collectant et en redistribuant plusieurs dizaines de milliers d'ouvrages, quasi exclusivement de langue anglaise, dans les bibliothèques des pays dévastés par la guerre, y compris la France[6].

Avant même le lancement officiel du plan Marshall, les États-Unis mettent en place un système sophistiqué de propagande culturelle. La première Division

---

[1] Introduction de Claude Hauser et François Vallotton, in HAUSER, LOUE, MOLLIER, VALLOTTON. *La diplomatie par le livre.* Op. cit., p. 12.
[2] MYLONAS, Denis. *La genèse de l'Unesco.* Op. cit., pp 32-33.
[3] FLITOURIS, Lampros. « D'un modèle français de la diplomatie culturelle à l'invasion de l'*American life*... », in DULPHY, FRANK, MATARD-BONUCCI, ORY (dir.). *Les relations culturelles internationales au XXe siècle.* Op. cit., p. 151.
[4] RIGAUD, Jacques. *La culture pour vivre.* Op. cit., p. 109.
[5] MYLONAS, Denis. *La genèse de l'Unesco.* Op. cit., p. 160.
[6] Interview de Jacob Zuckerman par Carl MacCaull pour la *Canadian Broadcasting Corporation*, Halifax, 4 février 1949. Archives Unesco, dossier 04 (71) A 031 CBC.

des relations culturelles du Département d'État américain, créée en 1938[1], est réorganisée en 1944 afin de promouvoir une coopération intergouvernementale efficace dans les domaines culturel et scientifique. En 1948, le *United States Information and Educational Exchange Act*, dont l'objectif est de faire connaître et apprécier les États-Unis à l'étranger, entre en vigueur ; il vise les élites étrangères et les leaders d'opinion, notamment européens[2]. En 1953, une réforme globale aboutit à la création de la *United States Information Agency* (USIA), qui assume désormais l'ensemble de la politique d'information menée à l'étranger et possède des offices qui sont partie intégrante des représentations diplomatiques et consulaires états-uniennes dans le monde[3]. La propagande culturelle est menée par l'USIA, en collaboration avec le Département d'État (qui coordonne l'activité culturelle internationale et gère les relations avec l'Unesco à travers l'*Unesco Relations Staff*) et d'autres institutions telles l'*International Éducational Exchange Service*, la *National Science Foundation,* la *Smithsionian Institution*, etc.

Parmi ces structures, plusieurs sont actives dans le domaine du livre : l'*International Éducation Exchange Service* (IEES) organise des échanges (et parfois des traductions) de livres et de périodiques, et peut « donner son appui à des écoles et bibliothèques de l'étranger qui se prêtent à la démonstration des méthodes d'enseignement appliquées aux États-Unis[4] ». L'USIA dispose d'une sous-commission pour la propagande par le livre : elle s'occupe de l'envoi de livres à l'étranger, encourage leur exportation, organise des expositions littéraires, commande des traductions…

Quelques chiffres donnent une idée des sommes globales dépensées par les États-Unis : en 1956, l'organe exécutif de l'IEES, l'*Office of Educational Exchange*, accorde près de 6 000 bourses d'études et d'information (dont 3 800 à des étrangers pour venir aux États-Unis), pour un montant total d'environ 18 millions de dollars. La même année, l'*International Cooperation Administration* (ICA) dépense 52 millions de dollars au titre de l'assistance technique à l'étranger (hors assistance militaire), dont l'éducation et la culture. A titre de comparaison, le budget ordinaire de l'Unesco pour la période 1955-1956 (2 années) se monte à seulement 21,6 millions de dollars, dont 2,3 millions pour les activités culturelles, 2,7 millions pour la communication de masse, 1,2 million pour les échanges des personnes et 2,1 millions pour le service des documents et publications…

Par ailleurs, pour pouvoir porter un jugement sur l'action culturelle américaine, il faut absolument tenir compte des capacités et des ressources privées. En effet, après 1945, les États-Unis mettent en place une politique de coopération poussée des secteurs privés et publics dans le domaine culturel[5],

---

[1] DOKA, Carl. *Les relations culturelles sur le plan international.* Op. cit., p. 120.
[2] SCOTT-SMITH, Giles. « The US State Department's Foreign Leader Program in France during the Early Cold War », in DULPHY, FRANK, MATARD-BONUCCI, ORY (dir.). *Les relations culturelles internationales au XXe siècle.* Op. cit., p. 71.
[3] DOKA, Carl. *Les relations culturelles sur le plan international.* Op. cit., p. 120-126.
[4] DOKA, Carl. *Les relations culturelles sur le plan international.* Op. cit., p. 122.
[5] MYLONAS, Denis. *La genèse de l'Unesco.* Op. cit., pp 212-213.

dont la portée est de première importance pour appréhender l'articulation entre la politique du gouvernement, l'Unesco, les réseaux de professionnels du livre et les actions des fondations américaines à l'étranger.

Fin septembre 1955, une Conférence sur les livres américains à l'étranger (*Conference on American Books Abroad*) rassemble, sous les auspices du Comité national de livre, une centaine de personnes (éditeurs, agents commerciaux des éditeurs, groupes de bibliothécaires, agences gouvernementales, fondations et organisations spécialisées), afin de discuter des exportations états-uniennes dans le domaine du livre et de réfléchir à une stratégie toujours plus incitative à la production[1]. Plusieurs propositions sont préconisées : traduire plus de livres américains pour faciliter leur exportation, accorder davantage de bourses d'échanges à des bibliothécaires étrangers afin qu'ils viennent se former aux États-Unis, et mieux cibler le type de livres à exporter et le public visé (selon que l'anglais constitue l'une des langues officielles d'un pays ou qu'il n'est au contraire utilisé que par les étudiants et les élites intellectuelles, économiques et politiques).

En septembre 1964, l'Agence pour le développement international (AID) organise également à Washington une grande conférence sur le thème « Des livres pour le développement humain », afin d'évoquer « les principaux problèmes du livre dans les pays en voie de développement, et [de faire] apparaître la possibilité d'une action concertée des organisations internationales et des associations professionnelles de l'édition, ainsi que des grands organismes d'aide bilatérale[2] ». Il y est recommandé que l'Unesco prenne des initiatives de grande ampleur dans ce domaine, ce qui conduit quelques semaines plus tard à l'adoption par la Conférence générale d'une résolution invitant le Directeur général à présenter « un programme coordonné d'activités à entreprendre dans ce domaine pour 1967-1968, notamment celles qui ont pour objet de stimuler la production et la distribution de livres dans les pays en voie de développement[3] ».

De son côté le Royaume-Uni se lance dans l'action culturelle à travers le monde, en grande partie via le *British Council.* Dès sa création en 1934, cette structure d'initiative privée soutenue par l'État[4] se montre très active dans le domaine du livre. Le *British Council* finance aussi bien l'envoi de bibliothécaires européens que la création de bibliothèques dans quatre capitales de l'Afrique anglophone[5] ; il est aussi à l'origine de la création de la première école de bibliothécaires d'Afrique subsaharienne en Côte-d'Or (futur Ghana) dès 1944, pays dans lequel la bibliothécaire du *British Council,* Evelyn Evans implante un Conseil des Bibliothèques sur le modèle britannique[6]. En 1949, la Côte-d'Or

---

[1] Rapport « *Inter-american library relations, July-December 1955* », non daté, p. 4. Archives Unesco, dossier 02 (8) A 12 / OAS.

[2] DELAVENAY, Émile. *Pour le livre.* Op. cit., p. 20.

[3] Ibid.

[4] ROCHE, François. *La crise des institutions nationales d'échanges culturels en Europe*, L'Harmattan, 1998, p. 16.

[5] KENT, Francis. « Livres sans chaîne », in *Courrier de l'Unesco*, n°6, 1953, p. 5.

[6] « Les bibliothèques en Afrique subsaharienne » (http://littexpress.over-blog.net).

« nationalisera » ce Conseil des Bibliothèques, chargé d'établir, de gérer et d'entretenir les bibliothèques au niveau national.

Critique, Paul Sturges estime toutefois qu'Evelyn Evans n'effectue pas « une enquête objective sur les solutions possibles pour répondre au problème posé par les besoins en matière de lecture de la population de la Côte-d'Or. [Elle] promeut simplement l'idée anglo-américaine de bibliothèque publique et recherche les informations qui lui permettent de fournir de tels services en accord avec ses propres plans[1] ». L'influence britannique est d'autant plus grande que le Conseil des Bibliothèques de la Côte-d'Or servira de modèle pour la création de structures similaires en Sierra Leone (1959), au Tanganyika (1963), au Kenya (1965) et en Ouganda (1964) notamment.

Pendant la Seconde Guerre mondiale, le *British Council* publie une liste mensuelle des ouvrages édités au Royaume-Uni sous le titre *British Book News*[2]. Peu doté financièrement, il bénéfice néanmoins d'une situation stratégique à Londres, centre névralgique des forces alliées, où il est en lien avec de multiples individus, associations et organismes dans le domaine de l'éducation et de la culture, ainsi qu'avec les centres culturels des pays alliés. Il en vient naturellement à « favoris[er] la rencontre des ministres de l'éducation et apport[e] une aide modeste de secrétariat à leurs réunions, une initiative qui [va] entraîner des responsabilités beaucoup plus grandes qu'on aurait pu le prévoir en novembre 1942[3] ». De 1942 à 1945, les salariés du *British Council* assurent le secrétariat de la CMAE, de ses commissions et comités, et tissent d'étroites relations avec les personnalités et institutions qui œuvrent dans le domaine du livre au niveau international, préfiguration annoncée des relations futures après-guerre entre l'institution britannique et l'Unesco.

Après guerre, le *British Council*, géré plus étroitement par le gouvernement britannique, voit ses moyens financiers considérablement augmenter. Il se montre particulièrement actif dans le domaine littéraire et fait connaître auteurs et éditeurs britanniques en proposant dans ses centres à travers le monde de nombreuses manifestations, ainsi que des ouvrages par le biais de ses bibliothèques et de ses librairies.

Outre son soutien au *British Council*, le gouvernement intervient par le biais de l'*Overseas Development Administration* ; à partir de 1971, cette structure lance un vaste programme afin de coordonner et d'améliorer les actions menées dans le domaine du livre par différentes structures (*Library Association, British Copyright Council, Bookseller Association, National Book League, Publishers Association…*)[4]. D'autres institutions britanniques autonomes interviennent aussi, comme l'*Arts Council*, le *National Trust* ou le *Civic Trust* ; gérées par des personnalités indépendantes, elles attribuent des subventions globales à des entreprises culturelles elles-mêmes largement autonomes.

[1] STURGES, Paul. « The poverty of librianship : national library services of Anglophone Africa in the post-independence era », in *Libri*, 2001, n° 51, p. 40.

[2] Lettre de Stanley Unwin à Lorotte, 30 avril 1945. Archives IICI, dossier H.VII.11.

[3] COWELL, F. C. « Planning the Organization of Unesco… ». Op. cit., p. 211.

[4] Lettre de Hurn à Behrstock, 24 mai 1973. Archives Unesco, dossier 04 A 066 72 AIL

En 1948, le *Lord Mayor's Fund* répond par exemple à l'appel lancé par l'ONU dans le cadre du programme de reconstruction, en offrant un grand nombre d'ouvrages anglais à des bibliothèques dans les colonies britanniques, mais aussi en Autriche, Grèce, Hongrie, Italie, Malte, Pologne et Tchécoslovaquie[1]. Chaque pays organise lui-même la distribution des livres dans ses bibliothèques, mais le bibliothécaire britannique F. Seymour Smith est employé comme expert pour sélectionner et conseiller les ouvrages[2].

Face à cette activité anglo-saxonne, la France, pour conserver son rayonnement culturel à travers le monde, se doit de réagir. Un décret présidentiel du 13 avril 1945 crée la Direction générale des relations culturelles « chargée, au départ, de réformer les établissements français de l'étranger et ensuite d'élargir les activités et les relations culturelles de la France[3] ».

Cette organisation fait suite au Service des œuvres françaises à l'étranger, lui-même conçu au lendemain de la Première Guerre mondiale, avec la conviction que la pénétration intellectuelle française est l'une des formes les plus efficaces de l'action à l'étranger[4]. Sous la direction du Ministère des affaires étrangères (MAE), le Service des œuvres françaises à l'étranger encourage la diffusion de la culture française, en particulier par le biais de sa section « Livres ». Proche de l'IICI[5], le Service des œuvres participe d'une diplomatie culturelle de grande ampleur, basée sur la signature d'accords culturels bilatéraux.

La France s'appuie également sur le réseau des Alliances françaises à l'étranger, instauré en 1883 et géré par une fondation privée liée au MAE. L'Alliance française participe à la promotion du livre par trois dispositifs : l'octroi de livres de prix aux élèves méritants, le don de livres et de manuels à des établissements scolaires, et la constitution de petites bibliothèques à travers le monde[6]. Le MAE multiplie les Instituts et centres culturels français dans le monde et complète ce dispositif par la création, en 1922, de l'Association française d'expansion et d'échanges artistiques.

Complétées par un réseau d'Écoles normales, les institutions françaises sont des lieux prestigieux (Ecole française d'Athènes, Ecole française de Rome, Ecole française du Caire, Institut Français d'Afrique Noire), qui contribuent à la formation d'élites locales dans les colonies et maintiennent des liens avec l'IICI d'abord, puis avec l'Unesco. L'IFAN, par exemple, sera étroitement lié à la collecte des traditions orales africaines entreprise par l'Unesco, par le biais du Malien Hampâté Bâ. Ce dernier travaille plusieurs années à l'IFAN aux côtés de Théodore Monod ; au lendemain de l'indépendance de son pays en 1960, il est chargé de la réorganisation et de la direction de la structure, qui prend le nom d'Institut des Sciences Humaines.

---

[1] Voir Archives Unesco, dossier 362.7 A68 (41-4) : 04.

[2] Lettre de Carter à Seymour Smith, 29 oct. 1948. Archives Unesco, dossier 361.9 : 02

[3] FLITOURIS, Lampros. « D'un modèle français de la diplomatie...». Op. cit., p. 151.

[4] DOKA, Carl. *Les relations culturelles sur le plan international.* Op. cit., p. 35.

[5] ROCHE, François. *Histoires de diplomatie culturelle.* Op. cit., p. 44.

[6] CHAUBET, François. « La place du livre dans les méthodes d'action de l'Alliance française », in HAUSER, LOUE, MOLLIER, VALLOTTON (dir.). *La diplomatie par le livre.* Op. cit., p. 134 à 137.

Après 1945, la diplomatie culturelle française s'oriente sur des activités d'enseignement, en particulier linguistique. Les Alliances françaises – qui reçoivent des colis mensuels de nouveautés littéraires – sont encouragées à développer cette activité[1]. Cette politique s'appuie naturellement sur le livre, considéré comme le meilleur véhicule de la langue. Si l'effort de diffusion non commerciale de livres en langue française semble avoir été limité par des questions budgétaires, près de 2 millions d'ouvrages sont tout de même envoyés à l'ensemble des Alliances françaises entre 1945 et 1975.

Bien que Racine et Molière restent les fleurons affichés, la diplomatie culturelle de la France connaît de profonds bouleversements avec la naissance du concept de coopération technique et la transformation, en 1956, de la Direction générale des relations culturelles en Direction générale des Affaires culturelles et techniques[2]. Par cette transformation, et avec 10 ans de retard, la France prend acte de l'arrivée massive des États-Unis et du Royaume-Uni dans le domaine de la diplomatie culturelle.

Le concept de coopération technique, qui s'appuie sur une nouvelle conception largement désacralisée du livre, n'apparaît pas comme un simple changement de vocabulaire, mais permet au contraire à la France d'engager des opérations d'un type nouveau, plus pragmatique, dans différents pays stratégiques (Inde, Brésil, Iran, Liban…). Il prend en compte la nouvelle donne liée à la décolonisation, et s'accompagne du regroupement des personnels français d'enseignements scolaires et universitaires travaillant à l'étranger, sous la tutelle de la nouvelle Direction générale des Affaires culturelles et techniques[3]. Cette dernière gère plus de 13 000 enseignants, experts et agents de coopération techniques français en poste à l'étranger. En 1966, la Direction de la coopération technique gère plus de 22 000 personnes à l'étranger.

Le développement de l'enseignement du français et de l'influence culturelle française a désormais pour objectif concret le développement économique et l'augmentation des exportations ; il s'agit de former des techniciens, et plus généralement des élites de langue française, afin de contrer le déferlement de la langue anglaise et des produits et services anglo-saxons dans le monde. Le Service de la coopération technique met en route un vaste programme de formation (bourses, envoi d'experts et de techniciens) des cadres nationaux des pays en voie de développement (en particulier l'Inde, le Pakistan, le Brésil, le Nigeria, le Ghana, le Congo belge, l'Indonésie, la Malaisie, la Birmanie), sans se limiter aux anciennes colonies.

Bien que le concept linguistique reste au cœur de la diplomatie culturelle, la langue promue est désormais « un français plus pratique, plus technique […] qui sert le dessein d'expansion d'une langue que l'on veut "moderne"[4] ». A la fin des années 1960, la France dispose de 80 conseillers et attachés culturels, 59 instituts et plus de 150 centres culturels à travers le monde ; plus de 150 lycées et collèges

---

[1] ROCHE, François. *Histoires de diplomatie culturelle*. Op. cit., p. 80.
[2] Ibid., p. 91.
[3] Ibid.
[4] Ibid., p. 98.

dispensent un enseignement en langue française et l'Alliance française compte 800 comités dans 80 pays. Des accords de coopération scientifique et technique et des échanges culturels sont aussi mis en place avec plusieurs pays communistes, notamment l'URSS, la Pologne, la Hongrie, la Bulgarie, la Yougoslavie et la Chine populaire.

Enfin, les années 1970 voient naître l'idée d'un regroupement des États francophones ; après la création de l'Association des universités partiellement ou entièrement de langue française (AUPELF) en 1961, la France organise en 1969 une Conférence d'États francophones à Niamey, où plusieurs chefs d'État (Senghor, Hamani Diori, Norodom Sihanouk) expriment le souhait d'une communauté de langue française. Celle-ci se concrétise l'année suivante avec la création d'une Agence de coopération culturelle et technique, qui regroupe à sa création 21 pays – ancêtre de l'Organisation internationale de la Francophonie.

Si dans l'après-guerre le rôle des États-Unis, de la France, et du Royaume-Uni apparaît prédominant, d'autres États attachent de l'importance à l'action culturelle à l'étranger ; c'est le cas par exemple de la Suède, des Pays-Bas, de la Suisse, du Brésil ou du Danemark. Mais peu de pays parviennent à rivaliser avec les actions de grande ampleur menées par les trois grandes puissances. Seul le réseau allemand des Goethe-Institut, créé en 1951 pour promouvoir la langue et la culture allemandes, apparaît d'une taille suffisante pour conduire des actions avec un impact réel, en particulier dans les pays traditionnellement sous influence allemande comme la Turquie ou l'Iran. Cela n'empêche pas de « petits » pays de mener également des actions dans le domaine littéraire ; Pro Helvetia, par exemple, « s'efforce de faire connaître à l'étranger les ouvrages littéraires et scientifiques de la Suisse. Par l'intermédiaire des légations et des consulats, elle remet gratuitement des livres et des périodiques à des bibliothèques, universités, écoles, institutions scientifiques et rédactions de journaux ainsi qu'à des personnalités influentes. A cet effet, une somme de 30 000 francs [suisses] en chiffre rond est chaque année inscrite au budget[1] ». Quant à l'URSS, elle privilégie la coopération technique et économique, et se livre à une propagande idéologique destinée à répandre plutôt les valeurs du marxisme-léninisme que la culture soviétique en tant que telle.

La modestie de ces actions culturelles ne peut se mesurer à celles des grandes puissances, d'autant que les États-Unis, en particulier, adossent leur ambitieux programme de promotion du livre à plusieurs grandes fondations américaines.

Les fondations américaines

L'essor des fondations américaines remonte aux années 1890, lorsque les milieux réformateurs baignent dans les doctrines de l'évolutionnisme et du positivisme ; à partir de cette époque se forge chez les élites américaines « un universalisme fondé sur la certitude que les États-Unis portent en eux l'avenir de

[1] DOKA, Carl. *Les relations culturelles sur le plan international.* Op. cit., p. 273.

l'Humanité. Il mûrira entre les années 1890 et l'entre-deux-guerres[1] ». Dès le début du XXe siècle, plusieurs fondations se mettent, en effet, à élaborer une politique mondiale qui lie étroitement la certitude d'incarner l'intérêt général et la volonté de diffuser le modèle américain. De la fondation Carnegie à la fondation Ford, les États-Unis mettent en place un système original de financement qui se professionnalise peu à peu, et cette philanthropie donne naissance à une véritable action culturelle[2]. De 27 en 1915, le nombre de fondations aux États-Unis passe à 505 en 1944, 1 488 en 1955, 6 007 en 1964, 21 877 en 1975[3].

Selon Frédéric Martel, l'une des particularités des fondations américaines est souvent de dépasser le modèle imaginé par leur fondateur. Instituées pour durer, elles sont en effet « constituées d'un capital financier ("endowment") placé en Bourse dont seuls les revenus annuels sont utilisés pour leur fonctionnement et leurs programmes. Elles perdurent donc au-delà de la famille qui les a créées[4] ». Les fondations jouissent d'une grande indépendance vis-à-vis du gouvernement comme des familles qui ont fait leur richesse, et sont libres de dépenser des ressources non imposables sur des projets de leur choix, avec un degré minimal de responsabilité[5]. Elles subventionnent souvent « un travail intellectuel novateur : la recherche scientifique et académique, le travail créatif dans la littérature et les arts, l'étude de politiques publiques, le recadrage des débats publics[6] ». A l'étranger, les fondations aident à la création d'institutions et au lancement de programmes, dont le fonctionnement régulier a ensuite vocation à être pris en charge par les gouvernements ou par des financements privés dans les pays concernés[7].

L'extension du projet philanthropique du local à l'international s'effectue rapidement et presque sans transition ; en raison de cette projection internationale, les fondations constituent l'un des lieux de cristallisation de l'universalisme américain et accompagnent la politique étrangère américaine et le système capitaliste avec la conviction messianique que « ce qui est bon pour les États-Unis l'est également pour le monde entier[8] ».

Toutefois, durant la guerre froide, démontrer la valeur du modèle américain est une tâche « ardue dans le domaine culturel, puisque la culture américaine, caricaturée par l'URSS, est souvent perçue comme vulgaire et uniformisante. Les

---

[1] TOURNES, Ludovic. « La fondation Rockefeller et la naissance de l'universalisme philanthropique américain », in *Critique internationale* (Paris), n°35, 2007, p. 175.
[2] MARTEL, Frédéric. *De la culture en Amérique*. Paris : Gallimard, 2006, p. 289.
[3] HAMMACK, David C. « Débats américains sur la légitimité des fondations », in DOGAN, Mattei, PREWITT, Kenneth (dir.). *Fondations philanthropiques en Europe et aux États-Unis*, Maison des sciences et de l'homme, 2007, p. 48.
[4] MARTEL, Frédéric. *De la culture en Amérique*. Op. cit., p. 299.
[5] PREWITT, Kenneth. « Les grandes fondations philanthropiques américaines: comment justifier leur pouvoir ? », in DOGAN, Mattei, PREWITT, Kenneth (dir.). *Fondations philanthropiques en Europe et aux États-Unis*. Op. cit., p. 21.
[6] HAMMACK, D. « Débats américains sur la légitimité des fondations ». Op. cit., p. 44
[7] GORDON, Leonard A. « Wealth equals wisdom ? The Rockefeller and Ford Foundations in India », in *Annals of the American Academy of Political and Social Science*, vol 554, 1997 (novembre), p. 108.
[8] TOURNES, Ludovic. « La fondation Rockefeller et la naissance de l'universalisme philanthropique américain ». Op. cit., p. 174.

fondations philanthropiques, au premier rang desquelles la fondation Ford, se mettent alors au service de leur pays, afin d'améliorer l'image des États-Unis en Europe et dans le tiers-monde[1] » :

> *Les fondations sont particulièrement à l'abri de préoccupations liées aux résultats : pas d'actionnaires, pas de clientèle, pas d'électeurs, pas de donateurs en campagne électorale, pas de cotisants, et pas de clients en mesure de retenir un soutien financier ou moral. Il est même difficile de maintenir le programme d'une fondation selon les souhaits exprimés par son premier donateur. Il est certes facile de comprendre pourquoi les responsables des fondations prétendent être d'excellents gardiens de l'argent qui leur est confié ; mais les conditions de liberté de choix et d'absence de responsabilité dans lesquelles les fondations opèrent font que cette revendication est difficilement vérifiable*[2].

Cette situation engendre, bien entendu, critiques et remises en cause de la légitimité des fondations :

> *Progressistes et dirigeants de syndicats accusent les fondations de perpétuer les inégalités économiques et raciales, ainsi que la domination des « hommes protestants blancs ». A gauche, les critiques soulignent que les fondations retiennent et répriment les mouvements de réforme sociale, qu'elles exercent une influence réactionnaire sur certaines disciplines et professions académiques ou, plus généralement, qu'elles exercent une influence « hégémonique » sur le monde académique et sur l'opinion publique. Plus d'un critique a récemment soutenu que certaines fondations travaillent au « démantèlement de l'État-providence ». Selon des internationalistes progressistes et d'autres encore, certaines fondations promeuvent « l'expansion du capitalisme » dans la politique étrangère des États-Unis, et fournissent « une couverture illégale à l'ingérence de la CIA » et d'autres agences américaines dans les affaires de pays étrangers. Enfin à droite comme à gauche, des critiques ont dénoncé les fondations pour leur manque d'imagination, leur inefficacité, le maintien d'activités dépassées, et la simple accumulation de richesses*[3].

Les spécificités du protestantisme, la nature particulière de la richesse aux États-Unis, l'esprit de communauté, les exonérations fiscales, le lien entre le don et le statut social, ainsi que la volonté de conjurer la mort, se conjuguent sans doute pour expliquer l'engagement philanthropique américain. Les fondations permettent aussi de nouer des liens sociaux et « il n'est pas rare que les philanthropes croisent dans les "boards", instances de direction des musées et des orchestres qu'ils financent, des clients potentiels et des contacts utiles[4] ». Pour les très riches, la création de fondations permet de recueillir non seulement l'approbation du public, mais aussi le prestige et l'influence qui viennent avec la reconnaissance du fait que leurs efforts servent l'intérêt national[5].

Immigré écossais né en 1835, enfant d'ouvrier devenu l'un des magnats de l'acier, Andrew Carnegie revend en 1901 la *Carnegie Company* pour 492 millions de dollars, met fin à sa carrière professionnelle et se consacre dès lors à

---

[1] TOURNES, Ludovic. « La diplomatie culturelle de la fondation Ford : les éditions *Intercultural Publications* (1952-1959) », in *Vingtième siècle. Revue d'histoire* (Paris), n°76, 2002 (11/12), p. 65.
[2] PREWITT, Kenneth. « Les grandes fondations philanthropiques américaines: comment justifier leur pouvoir?». Op. cit., p. 32.
[3] HAMMACK, D. « Débats américains sur la légitimité des fondations ». Op. cit., p. 44
[4] MARTEL, Frédéric. *De la culture en Amérique.* Op. cit., p. 306-307.
[5] HAMMACK, D. « Débats américains sur la légitimité des fondations ». Op. cit., p. 57.

la philanthropie. N'ayant aucune confiance en l'État pour gérer le social et la culture, il estime que la philanthropie est « le seul vrai antidote à la répartition temporaire et inéquitable des biens, [et permet] la réconciliation des riches et des pauvres[1] ». Carnegie décide d'accorder la priorité aux bibliothèques gratuites, à la recherche scientifique et aux universités[2]. En 1910, il crée aussi la Fondation Carnegie pour la paix internationale (*Carnegie Endowment for International Peace*), un cercle de réflexion dédié au développement de la coopération interétatique et à la promotion d'un engagement actif des États-Unis sur la scène internationale.

Le nom d'Andrew Carnegie reste indissociable aux États-Unis du développement des bibliothèques publiques, dont le modèle se répand par la suite dans le monde. Considérant que « « l'ignorance est la racine de tous les maux, que l'accès aux livres est le premier des besoins intellectuels des familles modestes dans les petites villes et des ouvriers dans les grands centres urbains [...et que] la bibliothèque gratuite est le berceau de la démocratie[3] », Carnégie encourage la construction de bibliothèques publiques et d'antennes de bibliothèques permettant de toucher les masses, comme à New York où il finance 65 bibliothèques annexes à la *New York Public Library*. Grâce à sa fondation, 2 500 bibliothèques publiques sont construites et offertes à des villages, des villes et des universités qui en ont la charge, « ce qui contribue à installer l'idée de la responsabilité collective des bibliothèques publiques[4] ».

La *Carnegie Corporation of New York* joue un rôle moteur dans la promotion du développement des bibliothèques à travers le monde[5]. L'objectif d'encourager la création de bibliothèques communautaires est testé à Victoria, en Colombie britannique (Canada), où une bibliothèque Carnegie est fondée en 1910. Sa directrice Helen Gordon Stewart intervient activement dans la création de l'Association des bibliothécaires de Colombie britannique en 1911 et dans le vote d'une Loi sur les bibliothèques publiques en 1919. C'est encore elle qui développe au début des années 1930 une « bibliothèque de district pilote » pour l'ensemble de la Fraser River Valley, pour un montant de 100 000 dollars. Sur ce modèle, la fondation Carnegie développe plus d'une vingtaine de projets au Canada.

En 1928, la fondation envoie aussi 2 bibliothécaires en Afrique du Sud, en Rhodésie et au Kenya afin de mettre au point des plans nationaux de développement des bibliothèques. Suite à cette mission, la fondation accorde 40 000 dollars au Kenya et 14 000 dollars à la Rhodésie pour le développement de leurs bibliothèques. D'autres bibliothécaires sont envoyés en mission en 1933 en Australie, en Nouvelle-Zélande et aux Indes occidentales. En 1941, la fondation finance, à hauteur de 70 000 dollars, la création d'une bibliothèque

---

[1] MARTEL, Frédéric. *De la culture en Amérique*. Op. cit., p. 293.

[2] HAMMACK, D. « Débats américains sur la légitimité des fondations ». Op. cit., p. 55.

[3] MARTEL, Frédéric. *De la culture en Amérique*. Op. cit., p. 291-292.

[4] Ibid.

[5] PARKER, Stephen. *Unesco and Library Development Planning*. London : The Library Association, 1985, p. 25 à 52.

centrale à Trinidad-et-Tobago, dont Helen Gordon Stewart est directrice jusqu'en 1947.

Stephen Parker souligne l'influence des conceptions bibliothéconomiques américaines et britanniques ainsi propagées à travers le monde par la fondation Carnegie, avec en particulier l'idée que les bibliothèques doivent être gérées et planifiées à l'échelon national. Ces réalisations inspirent les projets menés après-guerre, incitant notamment le *British Council* à reprendre à son compte, à partir de 1945, le développement de bibliothèques dans les Indes occidentales avec l'aide d'Helen Gordon Stewart et du bibliothécaire britannique Edward Sydney – dont les liens sont par ailleurs étroits avec la division des bibliothèques de l'Unesco et qui sert à plusieurs reprises d'expert à l'organisation.

Edward Sydney expose en particulier l'ensemble du projet mené dans les Indes occidentales lors du séminaire international sur les bibliothèques organisé conjointement par l'Unesco et la FIAB en 1948[1]. Un rapport complet sur la création et le développement de cette bibliothèque est aussi envoyé par le *British Council* à la Division des bibliothèques de l'Unesco en 1951[2]. Cet exemple révèle les liens étroits, dans le domaine du développement des bibliothèques, entre les fondations américaines, les acteurs nationaux, la FIAB et l'Unesco. Stephen Parker considère d'ailleurs que le concept américain de bibliothèque est exporté à travers le monde principalement par trois entités : la fondation Carnegie, le *British Council* et l'Unesco[3].

Quelques années après la fondation Carnegie, en 1913, est créée la fondation Rockefeller par le magnat du pétrole John D. Rockefeller ; initialement dotée de 35 millions de dollars, elle se veut « moderne, internationale et rationnelle[4] ». Alors que son objectif est de « faire "le bien-être de l'humanité à travers le monde"[5] », la fondation s'apparente « dans ses méthodes mêmes, dans sa façon de s'organiser et jusque dans sa volonté de rigueur scientifique à l'esprit de l'entreprise[6] ». Son président estime que « la philanthropie véritable, spécialement dans les domaines intellectuels [est] un travail très spécialisé, ardu et complexe[7] » et la fondation s'appuie sur un personnel relativement restreint au départ, mais qui s'étoffe pour atteindre 150 personnes en 1952.

L'action de la fondation Rockefeller porte d'abord sur des questions d'hygiène et de santé et se déroule en concertation avec les autorités américaines dans plusieurs pays d'Amérique latine et d'Asie, afin de contribuer à assurer la sécurisation sanitaire de ces zones. Dès ses débuts, la fondation Rockefeller apparaît « indifférente aux spécificités locales le plus souvent assimilées à des survivances obscurantistes destinées à être balayées par une modernisation

---

[1] Ibid., p. 51.

[2] Lettre de Hockey à Petersen, 4 avril 1951. Archives Unesco, dossier 02 (729) A 12

[3] PARKER, Stephen. *Unesco and Library Development Planning*. Op. cit., p. 1.

[4] MARTEL, Frédéric. *De la culture en Amérique*. Op. cit., p. 296.

[5] TOURNES, Ludovic. « La fondation Rockefeller et la naissance…». Op. cit., p. 180.

[6] MARTEL, Frédéric. *De la culture en Amérique*. Op. cit., p. 300.

[7] FOSDICK, Raymond. *The story of the Rockefeller Foundation*. Harper, 1952, p. 228.

volontariste[1] ». La fondation investit peu à peu le domaine culturel à partir des années 1930, avec l'idée que :

> *D'aristocratique et d'exclusive, la culture est en train de devenir démocratique et inclusive. La lutte contre l'analphabétisme, le développement des écoles, la montée des bibliothèques et des musées, le flot de livres, l'intervention de la radio et des films, le surgissement de nouvelles idées – et, par-dessus tout, peut-être, l'extension des loisirs, auparavant le privilège d'un petit nombre – donnent à la culture de notre époque une base plus large que celle que les générations précédentes avaient connue [...] Tout programme concernant les humanités doit inévitablement tenir compte de cette nouvelle renaissance de l'esprit humain*[2].

A compter de 1935, des projets commencent à se développer dans le domaine du livre ; la fondation encourage notamment la critique littéraire et l'écriture créative. Elle soutient un atelier d'écriture annuel mené à l'Université de l'Iowa[3] et instaure un système de bourses, les *Atlantic Awards,* à destination des jeunes écrivains britanniques talentueux ; 47 écrivains en bénéficient entre 1945 et 1963[4]. Des bourses sont aussi accordées à des écrivains au Canada, en Inde, au Nigeria, au Japon et aux Philippines, ainsi qu'au Mexique, où la fondation soutient le Centre des écrivains mexicains fondé en 1950. Quatre magazines littéraires américains reçoivent également un soutien financier afin de rémunérer les jeunes auteurs qu'ils publient : *The Kenyon Review*, *The Sewanee Review*, *Pacific Spectator* et *Partisan Review*[5]. La fondation soutient enfin l'Association des Presses universitaires américaines pour la traduction et la publication de 75 œuvres majeures de la littérature latino-américaine.

Par ailleurs, la fondation souligne que « le développement des bibliothèques nationales et universitaires est l'une des plus anciennes et des plus remarquables de [ses] activités. Peut-être faut-il particulièrement remarquer le financement de la recherche qui a conduit au développement du microfilm et à l'amélioration des services de recherche des bibliothèques[6] ». La fondation lance des programmes de bibliothéconomie et de documentation dans des universités américaines (Stanford, Yale, Chicago, Californie, Washington, etc.)[7]. Elle aide la Bibliothèque du Congrès à reproduire et à diffuser son catalogue dans 50 grandes bibliothèques à travers le monde, à étudier, collecter, rassembler, faire connaître et diffuser aux États-Unis et à l'étranger les documents et archives concernant l'histoire américaine, à organiser des services bibliographiques pour les domaines hispanique et slave de la bibliothèque, enfin à mettre en place et à équiper un laboratoire de microphotographie.

---

[1] TOURNES, Ludovic. « La fondation Rockefeller et la naissance...». Op. cit., p. 183.
[2] FOSDICK, Raymond. *The story of the Rockefeller Foundation*. Op. cit., p. 241-242.
[3] SHAPLEN, Robert. *Toward the well-being of mankind : fifty years of the Rockefeller Foundation*, Doubleday, 1964, p. 178.
[4] Rockefeller Foundation. *The Rockefeller Foundation: a condensed record of activities from 1913 to 1963*. New York: The Foundation, 1963, p. 11.
[5] FOSDICK, Raymond. *The story of the Rockefeller Foundation*. Op. cit., p. 263.
[6] Rockefeller Foundation. *The Rockefeller Foundation: a condensed record.* Op. cit., p. 13.
[7] SHAPLEN, Robert. *Toward the well-being of mankind.* Op. cit., p. 180.

Durant de nombreuses années, la fondation soutient l'Association des bibliothèques américaines (ALA) ; pendant la guerre, elle l'aide à acheter – et parfois à microfilmer – environ 350 journaux et revues universitaires américains, dont les numéros sont conservés dans des entrepôts jusqu'à ce qu'ils puisent être distribués aux bibliothèques d'Europe et d'Asie après guerre. Dans le même ordre d'idées, elle achète et met de côté des lots comprenant chacun les 500 ouvrages considérés comme des références afin de procéder à une future distribution dans les pays décimés par la guerre et subventionne l'*American Book Center* et son successeur, le *United States Book Exchange*[1]. La fondation aide par la suite l'ALA pour ses programmes de formation à la bibliothéconomie, menés dans plus de 25 pays, à partir de 1956.

A l'étranger, la fondation accorde à partir de 1929 son soutien à la bibliothèque Bodleian de l'Université britannique d'Oxford, dont les locaux ne conviennent plus à sa double mission de bibliothèque universitaire et de bibliothèque recevant le dépôt légal ; un plan de rénovation et d'agrandissement est élaboré par une commission universitaire[2]. Une subvention exceptionnelle de 2,3 millions de dollars est accordée pour la construction d'une annexe permettant d'accueillir 5 millions d'ouvrages[3], qui est inaugurée en 1946. Dans l'entre-deux-guerres, la fondation apporte également son appui à la bibliothèque centrale nationale de Londres et à son centre de formation en bibliothéconomie, et soutient des projets de catalogage dans les bibliothèques du *British Museum*, de la Bibliothèque nationale de France et de la *Prussian State Library.*

Pendant la guerre, la fondation participe à la publication de plusieurs revues scientifiques au Royaume-Uni et en Inde, et soutient des échanges de documentation et de matériel entre des bibliothèques américaines et chinoises[4]. Après 1945, elle accorde des aides à la bibliothèque centrale nationale de Londres ainsi qu'à 10 bibliothèques de Pologne afin qu'elles puissent reconstituer les collections détruites. Pendant un temps, la fondation apporte aussi son soutien financier à l'Ecole de Bibliothécaires de Kampala en Ouganda[5]. Par ailleurs, elle propose des bourses pour former de jeunes bibliothécaires aux méthodes bibliographiques, à la constitution d'un fonds et aux services à l'international ; 48 bourses sont distribuées à des bibliothécaires de 19 pays d'Europe, d'Amérique latine et d'Extrême-Orient.

D'autre part, la Fondation se montre très intéressée par les nouvelles méthodes bibliothéconomiques, en particulier la technique de microfilmage ; durant 12 ans, elle soutient 38 projets dans 21 bibliothèques aux États-Unis et à l'étranger[6]. Des programmes d'aide au théâtre sont aussi lancés en Corée, aux Philippines, à Ceylan, au Nigeria et au Chili.

---

[1] Ibid., p. 285.
[2] FOSDICK, Raymond. *The story of the Rockefeller Foundation.* Op. cit., p. 242.
[3] SHAPLEN, Robert. *Toward the well-being of mankind.* Op. cit., p. 179.
[4] FOSDICK, Raymond. *The story of the Rockefeller Foundation.* Op. cit., 284.
[5] « Les bibliothèques en Afrique subsaharienne » (http://littexpress.over-blog.net).
[6] FOSDICK, Raymond. *The story of the Rockefeller Foundation.* Op. cit., p. 244.

Les questions littéraires n'étant pas sans rapport avec celles des langues, il faut noter à partir des années 1930 les efforts de la fondation pour développer l'enseignement aux États-Unis des langues étrangères ; mais seules des langues « stratégiques » sont concernées par ce programme, en particulier le chinois, le japonais et le russe, puis, après guerre, le coréen, le turc, le birman et d'autres langues d'Asie du sud[1]. L'importance stratégique des langues enseignées est pleinement assumée par la fondation, explique son président Raymond Blaine Fosdick en 1952 :

> *Quand* Pearl Harbor *s'est produit, donnant lieu à une demande importante de connaissance sur l'Extrême-Orient et ses langues, il existait une base substantielle sur laquelle s'appuyer. Avec le développement extraordinaire qui a suivi – un développement largement conduit par le Conseil américain des Sociétés savantes – la Fondation a joué un rôle important. Ses aides ont constitué, en termes de matériel, de méthodes et de personnel, le noyau du programme de formation linguistique de l'armée des États-Unis. Des fonds ont été donnés pour produire des traductions, des grammaires, des dictionnaires, des bibliographies et des glossaires de termes techniques. Un soutien financier a été apporté pour organiser des cours non seulement en chinois, japonais et russe, mais aussi en turc, arabe, perse, hindustani, malais, birman, tibétain, siamois, pidgin, ainsi que dans diverses langues d'Afrique. Le nombre d'institutions proposant ce type de cours est passé de douze à cinquante-cinq. La demande n'était pas de former des linguistes de type universitaire, mais plutôt de donner à un grand nombre d'hommes les bases toutes prêtes de conversation courante dans ces langues stratégiques. […] Les services pratiques rendus par la division des humanités pendant la guerre se sont révélés d'une importance vitale*[2].

La fondation soutient aussi l'enseignement de l'anglais comme seconde langue dans plusieurs universités et institutions aux Philippines, en Égypte et à Ceylan[3]. En Extrême-Orient, ainsi que pour les non-anglophones arrivant aux États-Unis, elle encourage le développement du système de « l'anglais basique » (*Basic English*) développé à l'Université de Cambridge et qui permet de pouvoir communiquer rapidement en anglais à partir d'une base de 850 mots jugés indispensables à la conversation courante et pratique. Dans la même logique, des centres consacrés à l'étude de l'histoire et de la culture étrangères sont créés avec l'appui de la fondation dans des universités aux États-Unis, au Canada, au Japon, en Grande-Bretagne, aux Pays-Bas et en Suède. Toutefois, aucun d'eux ne s'intéresse à l'Afrique, à l'Amérique latine ou à l'Océanie ; les régions « stratégiques » étudiées sont l'Extrême-Orient, l'Asie du sud-est, l'Inde, la Chine, le monde slave et le monde arabe.

Dans les années 1960, la fondation Rockefeller distribue aux grandes bibliothèques d'Europe des lots de centaines de titres consacrés aux sciences sociales, majoritairement américains. La fondation a « l'ambition d'organiser la circulation mondiale des savoirs afin de les rendre disponibles rapidement "partout dans le monde", [ce qui] se traduit par un travail de constitution de

---

[1] Rockefeller Foundation. *The Rockefeller Foundation: a condensed record.* Op. cit., p. 11-12.
[2] FOSDICK, Raymond. *The story of the Rockefeller Foundation.* Op. cit., p. 250.
[3] Rockefeller Foundation. *The Rockefeller Foundation: a condensed record.* Op. cit., p. 12.

réseaux de dimension internationale[1] », dont la manifestation la plus visible est la création des fellowships, bourses d'études permettant à de jeunes leaders de compléter leur formation dans un pays étranger. A travers cette logique de réseaux, la fondation manifeste sa volonté d'engagement international :

> *Elle fait partie d'une galaxie d'organisations américaines non gouvernementales dont la participation à la mouvance internationaliste de l'entre-deux-guerres est à la fois importante et encore très mal connue, tant est encore ancrée l'idée d'un désengagement des États-Unis de la scène internationale au cours de cette période*[2].

Ce credo internationaliste se retrouve dans la collaboration qui s'instaure entre la fondation Rockefeller et la SDN. A partir de 1933, la fondation accorde des bourses à l'IICI pour l'aider dans son travail de coordination ; elle attribue aussi des bourses à des comités nationaux qui lui sont liés. Ces liens suggèrent que la fondation, comme d'autres organisations, prépare le terrain à la rentrée progressive des États-Unis dans le jeu international. La fondation s'intéresse par la suite à l'Unesco, surtout dans la phase de lancement de ses premières activités. En 1948, le tout nouveau « Bureau des classiques » de l'Unesco écrit à la fondation :

> *Nous sommes très intéressés de savoir que la Fondation Rockefeller donne 7 500 $ à un comité d'écrivains du* Chinese Welfare Fund *pour la traduction d'œuvres occidentales en chinois. Ce Bureau n'est pas concerné exclusivement par les classiques au sens usuel du terme, il s'intéresse aux grands livres de tous les temps et pour cette raison nous vous serions très reconnaissants de nous donner des informations sur ce projet*[3].

L'activité internationale ralentit cependant à partir de 1974 ; la fondation Rockefeller procède alors à une remise à plat de ses projets et réduit une grande partie de ses activités, notamment en Inde[4].

Une autre fondation importante dans le domaine du livre est celle d'Henri Ford, créée à Détroit en 1936. Modeste les premières années, avec un budget annuel d'un million de dollars, la fondation Ford devient, à la mort de son fondateur en 1947, la plus riche institution philanthropique au monde, « son budget dépassant celui de l'ONU et de l'Unesco réunis, ou de certains pays du Tiers monde[5] » avec un capital estimé à 474 millions de dollars. Avec un modèle calqué sur l'entreprise privée, la fondation affiche comme objectif « de contribuer à l'avancement matériel et moral de l'humanité [...en] mêlant étroitement la défense des intérêts de sa multinationale, ceux des États-Unis, et la volonté de contribuer à préserver la paix dans le monde[6] ».

Président de la fondation à partir de janvier 1951, Paul Hoffman, ancien administrateur du plan Marshall, trace les grandes lignes d'une ambitieuse politique culturelle. L'un des principes affirmés est l'indépendance à l'égard des

---

[1] TOURNES, Ludovic. « La fondation Rockefeller et la naissance... ». Op. cit., p. 188.

[2] Ibid., p. 193.

[3] Lettre de Barnes à Price, 3 mai 1948. Archives Unesco, dossier 8 (091) A 01 I.C.L.H

[4] GORDON, Leonard A. « Wealth equals wisdom ?... ». Op. cit., p. 110.

[5] MARTEL, Frédéric. *De la culture en Amérique.* Op. cit., p. 309.

[6] TOURNES, Ludovic. « La diplomatie culturelle de la fondation Ford : les éditions *Intercultural Publications* (1952-1959) ». Op. cit., p. 66.

institutions officielles (Département d'État américain et Nations Unies) ; pourtant, si la fondation élabore ses projets de façon autonome, elle coopère de manière constante et informelle avec le département d'État pour leur mise en œuvre. Souhaitant promouvoir la culture et les valeurs américaines, la fondation apparaît comme l'acteur d'une américanisation « subtile et critique, portant sur les soubassements profonds de la science, de l'expertise et de la culture[1] ».

L'un des premiers projets culturels de la fondation consiste à créer la maison d'édition *Intercultural Publications*, dans laquelle elle investit 1 615 000 dollars entre 1952 et 1957, et dont la vocation principale est de publier une revue trimestrielle en 4 langues, diffusée dans 52 pays[2]. En 1953-1954, la fondation consacre aussi 80 000 dollars à la diffusion de 10 revues américaines dans 568 bibliothèques du monde entier[3]. En 1953, le poète et éditeur James Laughlin propose à la fondation de mettre en place un programme international de traductions, qui permette de contrer le communisme dans le monde ; toutefois, ce programme se heurte aux difficultés techniques qui se posent dans de nombreux pays en développement, et l'action d'*Intercultural Publications* en matière de traduction d'ouvrages américains demeure modeste.

Les relations de la fondation Ford avec l'Unesco sont peu poussées ; la fondation accorde cependant, entre 1954 et 1957, une petite subvention à la revue *Diogène*, créée sous l'égide de l'Unesco par Roger Caillois afin de réaliser une édition en langue anglaise, mais le manque de succès de la revue en Grande-Bretagne et aux États-Unis met fin à ce soutien[4].

En mars 1957, Henry Heald, ancien président de l'université de New York, rejoint la fondation Ford et propose « un programme exploratoire de cinq ans pour les arts, les lettres et les sciences humaines[5] » pour lequel un budget de 2 millions de dollars est approuvé. A partir de ce moment démarre une véritable politique culturelle, pour laquelle la fondation dépense au total plus de 260 millions de dollars jusqu'en 1972. Entre 1960 et 1965, par exemple, elle accorde des bourses, pour un montant total de 227 000 dollars, à 36 poètes et écrivains afin qu'ils puissent passer une année en résidence dans un théâtre ou un opéra ; l'objectif est de permettre un renouvellement de l'écriture dramaturgique. Plus tard cependant, la fondation s'estime déçue du résultat obtenu[6].

A partir de 1962, la fondation réduit son action internationale et concentre son action culturelle aux États-Unis, augmentant le budget dédié à la culture sur le sol américain, où elle consacre son énergie – et 11 millions de dollars – pendant 10 ans à encourager les théâtres professionnels régionaux[7].

---

[1] AUBOURG, Valérie. « La Fondation Ford, des années 1940 aux années 1960. Un acteur de l'américanisation de l'Europe ? ». Op. cit., p. 374.

[2] TOURNES, Ludovic. « La diplomatie culturelle de la fondation Ford ». Op. cit., p. 67

[3] Ibid., p. 75.

[4] Ibid., p. 74.

[5] Ibid., p. 314.

[6] MAGAT, Richard. *The Ford Foundation at work, philanthropic choices, methods, and styles.* Plenum Press, 1979, p. 24

[7] MARTEL, Frédéric. *De la culture en Amérique.* Op. cit., p. 319-321.

A l'étranger, la fondation Ford s'intéresse à la question des langues dans les pays en développement, dépensant 23 millions de dollars dans ce domaine entre le début des années 1950 et 1979[1]. Entre 1952 et 1962, elle se concentre sur l'enseignement de l'anglais comme seconde langue, dans les universités américaines ainsi qu'en Indonésie, en Égypte, au Kenya, au Nigeria et en Inde, prenant parfois le relais sur des projets délaissés par le gouvernement des États-Unis ou la fondation Rockefeller. Son programme repose sur l'idée que le passage des pays en développement à la modernité doit s'appuyer sur les apports et les modèles éducatifs occidentaux, en particulier anglo-saxons.

Dans les années 1960, la vision de la fondation évolue cependant ; ses spécialistes se rendent compte de l'importance, réelle et symbolique, de la langue dans les processus d'identité nationale et d'accession à l'indépendance, et les langues locales sont encouragées comme outils de développement. La fondation soutient désormais des institutions et des universités des pays en développement (fonctionnant dans leur propre langue) ainsi que des recherches aux États-Unis pour créer des programmes éducatifs bilingues et multilingues efficaces. Elle crée aussi un Centre de linguistique appliquée aux États-Unis en 1959, un Centre d'étude des langues aux Philippines en 1962, et mène plusieurs enquêtes sociolinguistiques aux Philippines, en Jordanie, en Tanzanie, en Ouganda, au Kenya, en Éthiopie et en Zambie.

Ses actions s'exercent dans des pays ciblés ; l'Inde, entre autres, en tant que grand pays non communiste, est choisie comme terrain d'activités privilégié dès les années 1950[2]. En 1958, la fondation y soutient la création du *Central Institute of English*, qui développe des liens entre les études linguistiques et les systèmes éducatifs de pays asiatiques[3]. Le nombre de consultants étrangers de la fondation, qui offrent leur « assistance technique » en Inde, se monte à une centaine en 1970, avant de décroître considérablement dans les années suivantes, suite à des critiques sur le gaspillage des fonds induit ainsi que sur l'absence d'efficacité des missions d'assistance technique de courte durée[4]. En 1973, la fondation n'emploie plus qu'une douzaine de consultants en Inde, ce qui correspond à un véritable changement de politique ; à compter de cette époque, la fondation se contente d'offrir des bourses et des aides aux institutions et aux professionnels indiens, sans plus imposer d'« experts » étrangers.

Créé le 5 juin 1952 sous les auspices de l'Association des Éditeurs américains et de l'Association des bibliothécaires américains, le *Franklin Book Programs* constitue de son côté une fondation très particulière, qui se consacre à favoriser la publication d'ouvrages en langues locales dans les pays en voie de développement. Contrairement aux autres, elle est créée par un groupe de politiques et de professionnels du livre qui constituent son conseil d'administration, et non par un seul homme d'affaires ; elle ne dispose donc pas

---

[1] MAGAT, Richard. *The Ford Foundation at work.* Op. cit., p. 150-153.

[2] GORDON, Leonard A. « Wealth equals wisdom ?... ». Op. cit., p. 111.

[3] MAGAT, Richard. *The Ford Foundation at work.* Op. cit., p. 152.

[4] GORDON, Leonard A. « Wealth equals wisdom ? The Rockefeller and Ford Foundations in India ». Op. cit., p. 104-116.

d'un budget colossal assuré, d'où des soucis financiers récurrents qui la conduisent en 1964 à redéfinir ses activités et à changer de nom (pour devenir le *Franklin Book Programs),* puis finalement à cesser ses activités en 1977.

Unique fondation américaine dont l'action s'inscrit exclusivement dans le domaine littéraire à l'international, le *Franklin Book Programs* collecte et utilise, entre 1952 et 1977, environ 113 millions de dollars, dont 65 % en provenance de particuliers, d'entreprises ou d'institutions des pays en voie de développement[1]. A ses débuts, la fondation est créée pour encourager la traduction et la publication d'ouvrages américains en langues locales (arabe, bengali, indonésien, malais, perse, portugais, ourdou, espagnol…), avec pour ambition de resserrer les liens entre les États-Unis et le reste du monde[2].

Franklin Publications bénéficie à sa création d'une subvention de 500 000 dollars de la part de la *United States Information Agency* (USIA), mais affirme son indépendance en insistant sur le fait qu'elle n'est « ni un distributeur de propagande américaine ni une extension du gouvernement des États-Unis[3] ». Un accrochage a lieu lorsque l'USIA essaie d'imposer d'avoir la décision finale concernant les titres traduits par *Franklin Publications.* Par la suite, la fondation ne cesse de proclamer son indépendance et évite d'œuvrer dans le domaine des manuels scolaires afin de ne pas être accusée de vouloir influencer l'esprit des jeunes. En 1957, elle se lance toutefois, à la demande des ministères de l'Éducation d'Iran et d'Afghanistan, dans un programme de manuels scolaires.

Les bureaux de *Franklin Publications* à travers le monde n'emploient que du personnel local et les choix de publication sont faits exclusivement par des personnes locales, la fondation fournissant seulement conseils et suggestions. Aucun ouvrage n'est directement édité par la fondation, qui apporte son aide financière à des éditeurs locaux professionnels. Enfin, la fondation prend en charge les coûts de traduction, de travail éditorial et d'illustration, mais exige des éditeurs locaux qu'ils paient le papier, l'impression, la reliure, ainsi qu'un pourcentage de 10 % sur les recettes locales. *Franklin Publications* aide l'éditeur pour la promotion, la publicité et le travail de diffusion. Entre 1952 et juin 1954, 132 ouvrages sont publiés en perse, ourdou, turc et indonésien.

Franklin Publications multiplie les programmes à la fin des années 1950 et au début des années 1960, et les étend à l'Afrique et à l'Amérique latine. En 1961, la fondation lance une enquête sur l'édition dans 6 pays d'Amérique latine, avant de créer en 1963 une division interne pour s'occuper des activités dans cette partie du monde. En 1966, elle dispose de 15 antennes dans des pays stratégiques : Le Caire, Beyrouth, Bagdad, Téhéran, Tabriz, Kaboul, Lahore, Dacca, Kuala Lumpur, Djakarta, Lagos, Enugu, Buenos Aires, Rio de Janeiro et Nairobi[4].

---

[1] SMITH, Datus C. Jr. « Franklin Book Program », in *Encyclopedia Iranica,* 15 décembre 2000 (http://www.iranicaonline.org/articles/franklin-book-program).

[2] « Franklin Book Programs Records, 1920-1978 (bulk 1952-1977) ». Page de présentation des archives du *Franklin Book Programs,* Université de Princeton, sur http://findingaids.princeton.edu/ getEad?eadid=MC057

[3] Ibid.

[4] Newsletter du *Franklin Book Programs,* n°37, août 1966. Archives Unesco, dossier 375 A 310 (591) 074 « 66 » NC.

Cependant, des difficultés financières l'obligent à abandonner peu à peu ses projets opérationnels pour se consacrer à l'éducation. Dans les années 1960, elle se recentre « sur le développement de bibliothèques et les campagnes contre l'analphabétisme, la production d'encyclopédies et de dictionnaires, le développement de manuels scolaires, l'organisation de stages pour les éditeurs et d'ateliers d'écriture pour les écrivains, l'assistance technique pour l'impression, l'édition et la diffusion du livre[1] ». Sa situation financière ne cesse de se dégrader, si bien que le *Franklin Book Programs* finit par être dissous en juin 1978, après avoir reconnu qu'une grande part de sa mission originelle avait été remplie.

L'action du *Franklin Book Programs* se révèle particulièrement importante en Iran et en Afghanistan[2], mais les rapports concrets entre l'Unesco et le *Franklin Book Programs* sont limités, à part une tentative de collaboration pour un séminaire sur la traduction à Kaboul en juin 1966[3].

Les acteurs internationaux en dehors du système onusien

Outre les États et les fondations, de multiples acteurs et réseaux internationaux se montrent actifs dans le domaine culturel. La multiplication des ONG et des associations de professionnels se réalise, pour l'essentiel, parallèlement à la création du système onusien ; les champs d'action de ces structures se recoupent fréquemment, tant au niveau sectoriel que géographique. Mais si la coopération entre ONG et organisations intergouvernementales est souvent mutuellement profitable, « elle n'en recèle pas moins des conflictualités certaines dont l'expression peut aller de la concurrence plus ou moins implicite, à des frictions plus frontales – notamment lors de missions sur le terrain – ou même jusqu'à des antagonismes radicaux[4] ».

L'accroissement du nombre des ONG, associations régionales ou unions, témoigne du développement rapide des contacts internationaux dans les domaines les plus divers et représente l'expression d'une véritable « opinion internationale », bien qu'essentiellement occidentale. Les relations entre ces structures et les organisations intergouvernementales permettent « de corriger légèrement le caractère trop exclusivement interétatique de l'organisation internationale, de mieux adapter celle-ci à l'état réel de la société internationale, d'établir les contacts nécessaires entre les groupes sociaux et la complexe bureaucratie interétatique[5] ». En 1979, l'Unesco entretient des relations régulières avec 202 ONG.

Dès le départ, la France et le Royaume-Uni encouragent l'Unesco à utiliser des ONG hautement qualifiées dans ses différents champs d'activité comme

---

[1] « Franklin Book Programs Records, 1920-1978 (bulk 1952-1977) ». Op. cit.
[2] SMITH, Datus C. Jr. « Franklin Book Program ». Op. cit.
[3] Voir Archives Unesco, dossier 375 A 310 (591) 074 « 66 » NC.
[4] RYFMAN, Philippe. « Les organisations internationales et l'ordre mondial », in *Cahiers français* n°302, 2001, p. 18.
[5] GERBET, Pierre. *Les organisations internationales*, PUF, 1979, p. 53.

instances consultatives et à leur accorder des subventions pour l'accomplissement de tâches intellectuelles particulières[1]. La participation des pays d'Asie et d'Afrique aux activités des ONG internationales est faible, « très inférieure à celle des pays d'Amérique latine et évidemment à celle des pays occidentaux qui ont chacun, en moyenne, des membres dans 300 à 500 ONG[2] ». Cette situation s'explique à la fois par le caractère archaïque des structures sociales, la faiblesse numérique des élites et le moindre développement économique de ces pays.

Carlos Victor Penna, chargé des activités culturelles au Bureau régional de l'Unesco à La Havane, déplore qu'« il est rare que des représentants de l'Amérique latine siègent dans les bureaux des organisations non gouvernementales, ce qui produit évidemment un effet défavorable[3] ». Penna relève aussi que l'utilisation exclusive des langues française et anglaise et l'organisation systématique des manifestations (colloques, stages d'étude...) en Europe contribuent à éloigner les Latino-Américains des ONG à vocation universelle, et souligne les divergences des conceptions théoriques et des méthodes de travail entre Européens et Américains d'une part, et Latino-Américains d'autre part. Il regrette aussi le caractère « administratif et bureaucratique » et le « ton froid et neutre[4] » employés par les ONG et signale que « quelques organisations (il s'agit heureusement d'une minorité) semblent même ignorer totalement les conditions qui règnent en Amérique latine et ne pas avoir conscience du rôle et des devoirs qui leur incombent[5] ».

En 1955, le Comité de liaison des organisations internationales du domaine des Arts et Lettres de l'Unesco relève que, de toutes les ONG qu'il représente, aucune n'a de centre national dans 17 États membres de l'Unesco (2 en Afrique, 5 en Amérique, 8 en Asie, 2 en Europe)[6]. Dans les pays en développement, d'ailleurs, les groupes sociaux qui s'intéressent aux activités internationales correspondent quasiment aux milieux gouvernementaux, en raison du petit nombre des « élites » :

> *Dans ces conditions, il leur est difficile de faire la distinction entre la politique gouvernementale envers les organisations étatiques et le rôle joué librement par des groupements privés dans des organisations non gouvernementales. Cette attitude, due surtout à des raisons ainsi, trouve aussi, dans certains cas, son origine dans un régime totalitaire qui tient à contrôler l'activité extérieure de ses ressortissants, surtout au sein d'organisations dominées par les « Occidentaux »*[7].

Pour les ONG, la coopération avec les organisations internationales intergouvernementales, souvent chargées de responsabilités importantes dans leurs domaines d'action, semble particulièrement profitable en leur permettant

---

[1] SATHYAMURTHY, T. V. *The Politics of International Cooperation, Contrasting Conceptions of Unesco.* Op. cit., p. 197.

[2] GERBET, Pierre. « Les nouveaux États et les organisations internationales ». Op. cit., p. 479.

[3] Lettre de Penna présentée au Comité de liaison des organisations internationales du domaine des Arts et Lettres en déc. 1957. Archives Unesco, dossier 7A 01 LCIOAL.

[4] Ibid., p. 2.

[5] Ibid., p. 1.

[6] Mémo de Dard au DG, 20 octobre 1955. Archives Unesco, dossier 7A 01 LCIOAL

[7] GERBET, Pierre. « Les nouveaux États et les organisations internationales ». Op. cit., p. 479.

de conserver une grande indépendance vis-à-vis des États et en leur offrant des financements publics, voire des supports matériels et logistiques non négligeables[1]. Dans l'autre sens, les associations apparaissent aux yeux des organisations intergouvernementales comme des partenaires fiables et bénéficiant d'une image positivement connotée de souplesse, d'adaptabilité et de capacité à agir au plus près des populations. Le montage de partenariats avec des ONG permet aux organisations intergouvernementales d'améliorer leur image et leurs résultats. Ce sont donc souvent elles qui sollicitent les ONG à travers toutes sortes de procédures.

Ces partenariats se concrétisent à travers des séances préparatoires ou plénières, des réunions de commissions, des rencontres d'experts, activités qui permettent en retour aux ONG de nouer des liens avec les fonctionnaires internationaux, les diplomates et les experts de leur domaine. Moins sensibles au poids du politique qui pèse sur les organisations intergouvernementales, les ONG constituent « des opérateurs de choix et d'utiles relais auprès des opinions publiques[2] ».

Dans le domaine du livre, plusieurs associations nationales mènent des projets à l'échelle internationale ; dès les années 1930, par exemple, la *British Library Association* fonde un Comité pour étudier la question de la construction de bibliothèques et envoie des bibliothécaires se renseigner dans divers pays[3]. De son côté, l'Association des bibliothécaires français participe activement aux travaux de la FIAB, ainsi qu'à différentes activités dans le cadre de la francophonie, de la coopération et du plan d'action de la CEE[4].

Anglo-saxons et Francophones sont très représentés dans les principales structures qui regroupent les professionnels du livre au niveau international. Treize fédérations, unions et organisations internationales sont liées aux différents aspects du livre : écrivains, éditeurs, libraires, bibliothécaires, documentalistes, traducteurs, typographes, ouvriers de l'industrie des pâtes et papier, éducateurs spécialisés dans l'alphabétisation, spécialistes du droit d'auteur, spécialistes de littérature et de langues.

De ces 13 organisations, 5 ont leur siège en France : l'Association internationale des éditeurs (créée à Paris en 1896) ; la Confédération internationale des sociétés d'auteurs et compositeurs (fondée à Paris en 1926) ; la Fédération internationale des Langues et Littératures modernes (créée à Oslo en 1928, elle est intégrée au CIPSH à Paris à partir de 1951) ; la Fédération internationale de traducteurs (créée à Paris en 1954 sous l'égide de la Société française des traducteurs et de l'Unesco) ; et l'Association internationale de littérature comparée (créée à Venise en 1955, son siège est à Paris).

Trois sont basées aux États-Unis : l'Union typographique internationale (organisation syndicale fondée aux États-Unis en 1852, qui devient

[1] RYFMAN, Philippe. « Les organisations internationales et l'ordre mondial », in *Cahiers français* n°302, 2001, p. 23-24.
[2] Ibid., p. 23.
[3] *Mission sociale et intellectuelle des bibliothèques populaires*. Op. cit., p. 35.
[4] POULAIN, Martine. *Les bibliothèques publiques en Europe*. Op. cit., p. 191.

internationale à partir de 1869 et qui est dissoute en 1986 par fusion avec l'OIT) ; la Fraternité internationale des travailleurs de l'industrie des pâtes et papier (fondée en 1906) ; et l'Association internationale pour la lecture (*International Reading Association*, créée en 1956 pour fédérer les efforts des éducateurs et des institutions dans leur lutte contre l'illettrisme).

Deux structures ont leur siège au Royaume-Uni : la Fédération internationale des PEN Clubs (créée à Londres en 1921) et la FIAB (créée à Edimbourg en 1927, l'association est d'abord située à Londres puis transfère son siège à La Hague en 1971).

Les Pays-Bas accueillent la Fédération internationale de documentation (créée à Bruxelles en 1895, son siège est transféré à La Hague à partir de 1934) ; la Belgique abrite la Fédération internationale des libraires (dont le siège est à Bruxelles) ; et la Suisse héberge les Bureaux internationaux réunis pour la propriété intellectuelle (situés à Berne à partir de 1893).

Il existe également plusieurs organisations humanitaires et associations occidentales qui s'intéressent au développement de bibliothèques ou à la distribution de livres dans les pays en développement. Par exemple, pour la France, les associations « Apis Togo », « Des livres pour tous » ou encore Valentin Haüy, (créée en 1889 par Maurice Sizeranne, cette association apporte une aide aux pays d'Afrique francophone pour constituer des bibliothèques proposant un fonds sonore et en braille).

D'autres structures sont aussi créées au niveau régional, comme l'Association pour le développement des bibliothèques publiques en Afrique (ADBPA), lancée le 13 septembre 1957 à partir du Sénégal[1]. Après la décolonisation, l'ADBPA prend le nom d'Association internationale pour le développement des bibliothèques en Afrique (AIDBA), en intégrant deux pays supplémentaires (le Togo en 1959 et la Mauritanie en 1960), et élargit son action à tous types de bibliothèques. L'un de ses objectifs est d'œuvrer à l'organisation dans chaque État africain d'une bibliothèque nationale chargée de recueillir et de conserver toute la production nationale imprimée.

D'autres groupes ne sont pas sans exercer une certaine influence sur les échanges culturels et éducatifs à travers le monde, comme le Rotary International (fondé en 1905), qui entretient des relations de longue date avec l'ONU ; 49 Rotariens participent notamment à l'élaboration de la Charte des Nations Unies à San Francisco en 1945. Le Rotary revendique aussi le fait que les Rotary Clubs de 21 pays aient été à l'origine de la première CMAE de Londres en 1942 (et donc à l'origine de la création de l'Unesco), et Serge Gouteyron, représentant du Rotary International à l'Unesco, considère que le Rotary et l'Unesco poursuivent dans le monde des objectifs identiques. Cette proximité se reflète dans l'organisation d'une conférence intitulée « La culture de la paix : une vision partagée Rotary/Unesco » le 17 mars 2012 à l'Unesco à Paris.

---

[1] « Association internationale pour le développement des bibliothèques en Afrique », *Bulletin des Bibliothèques de France,* 1960, n°9-10, p. 380-381.

Le *Rotary International* entretient des relations régulières avec l'Unesco ; admis en 1996 au statut d'ONG « en relations opérationnelles » avec l'organisation, il participe « aux différentes conférences de l'Unesco pour promouvoir l'action et l'image Rotary et discuter des domaines potentiels de collaboration[1] » et lance des « Centres du Rotary pour études internationales sur la paix et la résolution des conflits » dans plusieurs universités, avec l'objectif « d'encourager la paix et l'entente internationale[2] ».

L'activité de ces organisations se traduit par un nombre important de congrès, séminaires et autres manifestations internationales, qui n'a cessé de croître : 1 en 1850 (celui de la Convention anti-esclavagiste), 20 en 1880, 180 en 1913, 314 en 1922, 725 en 1950, 1 464 en 1954[3]. Plusieurs grands colloques et symposiums concernant le livre, au retentissement parfois important, sont organisés en marge des activités de l'Unesco.

La première grande manifestation de ce genre est le Congrès mondial des intellectuels pour la paix, qui se déroule à Wroclaw, du 25 au 28 août 1948[4]. La communauté intellectuelle manifeste ainsi son intérêt pour les questions de paix, de liberté et de culture, tout en se démarquant d'une structure intergouvernementale telle que l'Unesco. Trois thèmes principaux sont évoqués : l'inéluctabilité ou non de la guerre, la liberté et le droit au respect des humains, enfin la nécessité, « dans l'intérêt général du progrès, d'assurer le libre développement de la culture et de la recherche, et la diffusion sans entrave des œuvres, des découvertes et des inventions ». Le Congrès est aussi l'occasion d'organiser des manifestations autour du livre : exposition du livre français et inauguration d'une « Maison de la parole polonaise » à Varsovie. La section polonaise du comité d'organisation du Congrès comprend 4 écrivains et 2 compositeurs, tandis que la section française compte 25 personnalités dont 9 écrivains et hommes de lettres ; y participent également des artistes et des personnalités comme Picasso, Fernand Léger, Joliot-Curie, Le Corbusier, René Cassin, etc. L'appel lancé aux intellectuels se veut mobilisateur et ouvert :

> *Le Congrès mondial des intellectuels pour la paix n'est pas un congrès comme les autres. Il n'est pas la réunion en vase clos d'un petit nombre d'érudits discutant de questions abstraites. Il porte une partie des espoirs de tous les hommes et de toutes les femmes qui veulent vivre en paix. Il intéresse donc tous les hommes et femmes de notre pays, et au premier chef tous ses intellectuels.*

Bien que fervents défenseurs de la paix et de la liberté, les intellectuels participant au Congrès ne se font guère d'illusions sur leur pouvoir par rapport au monde politique :

> *Il y aurait naïveté à espérer d'un congrès d'intellectuels plus qu'il ne peut donner. Même s'il est vrai qu'à la longue les idées soient plus fortes que le glaive, la politique nationale et internationale n'en détermine pas moins, à chaque moment, les conditions dont il faut*

---

[1] Voir http://www.sergegouteyron-rotary.org/unesco.htm

[2] « La collaboration du Rotary avec d'autres organismes » sur le site http://www.rotary.org/

[3] GERBET, Pierre. *Les organisations internationales*, PUF, 1979, p. 53.

[4] Voir Archives Unesco, dossier 327.4 A06 (438) « 48 ».

bien que s'accommode l'esprit dans l'exercice de ses droits. Ce ne sont pas les intellectuels mais les politiciens qui feront la paix, et les savants, les écrivains ou les artistes le savent[1].

Ce Congrès soulève un vif enthousiasme chez les intellectuels de nombreux pays, surtout en Europe et en Amérique latine. Parmi plus de 200 participants, on compte environ 70 écrivains, professionnels du livre et enseignants de lettres en plus des membres du comité d'organisation, parmi lesquels Aimé Césaire, Paul Éluard, Léopold Sédar Senghor, Roger Vailland, Pierre Seghers, Desmond Mac Carthy (président du Pen Club anglais), Graham Greene, Jorge Amado, Max Dauville (président du Pen Club belge), Pablo Neruda, Giuseppe Ungaretti ou Cesare Pavese. Les intellectuels italiens sont les plus nombreux avec 67 participants au total, dont 25 représentants du domaine littéraire. A titre personnel, Edward J. Carter, directeur de la Division des bibliothèques de l'Unesco, Joseph Needham et Julian Huxley, Directeur général de l'organisation, y participent aussi.

Toutefois, le tour politique que prennent les débats du Congrès, durant lequel la colonisation et l'idéologie libérale américaine sont évoquées et critiquées, et particulièrement le vote du « Manifeste » final, provoque une scission entre les intellectuels du Congrès et Julian Huxley. Ce dernier, qui y participe « à titre personnel », souhaiterait imposer un consensus général et apolitique sur les questions de culture et de paix ; mais le « Manifeste », adopté par 337 voix pour, 11 contre et 9 absentions, comprend un passage sujet à polémique :

Voici qu'en Amérique et en Europe, contre le désir et la volonté des peuples du monde, un petit groupe d'hommes avides d'argent, qui ont hérité du fascisme ses thèses de suprématie raciale et de négation du progrès, qui ont fait leur sa tendance à résoudre tous les problèmes par la force des armes, essaie un nouvel attentat contre le patrimoine spirituel des peuples [...][2]

Cinq jours plus tard, Julian Huxley, dans une déclaration à la presse, précise qu'il n'a pas signé le « Manifeste » et critique fortement la politisation du Congrès :

Dès le départ, le Congrès a pris un tour politique ; il n'a y pas eu de réelle discussion, et la grande majorité des discours étaient soit des analyses strictement marxistes des tendances actuelles, soit des attaques polémiques de la culture et de la politique américaine ou occidentale [...] Aucune référence, ou si peu, n'a été faite aux Nations Unies ou à la possibilité de collaboration culturelle, scientifique et technique à travers les agences spécialisées des Nations Unies comme l'Unesco. [...] Ce rassemblement de scientifiques, d'écrivains et d'artistes de nombreux pays aurait pu donner une opportunité de réconcilier, dans la sphère intellectuelle et culturelle, ce qui peut être globalement appelé

---

[1] Article d'Etienne Gibson, *Le Monde*, 10 juin 1948. Archives Unesco, dossier 327.6 : 8A 064 (44) « 49 ».

[2] « Manifeste du Congrès mondial des intellectuels pour la paix », voté le 28 août 1948 à Wroclaw (Pologne). Archives Unesco, dossier 327.6 : 8A 064 (44) « 49 ».

les points de vue de l'Est et de l'Ouest. Je peux seulement exprimer mes regrets que cette opportunité n'ait pas été saisie[1].

Huxley regrette que les intellectuels présents au Congrès aient préféré évoquer le plan Marshall, l'union atlantique ou encore la politique coloniale plutôt que les moyens de collaborer avec des organisations internationales comme l'Unesco[2].

Le 15 octobre suivant, le Comité des Intellectuels français du Congrès riposte par une conférence de presse donnée à la Maison de la pensée française, dans laquelle il évoque, sur le mode ironique, la « langue de bois » d'Huxley :

> *[Julian Huxley] présenta une motion si dépourvue d'intérêt et si vague qu'elle eût pu convenir à n'importe quelle époque des dix derniers siècles. La délégation française ne put que la rejeter. Force fut donc d'examiner ensuite la résolution polonaise, ce qui mit Huxley en fureur. La séance fut levée. Par la suite, la délégation française adopta le texte polonais, amendé par l'Abbé Boulier, Y Farges, Brulet... Une discussion fort vive s'engagea sur cette phrase [...qui] fit protester les Anglais et les Américains de telle sorte que, pour arranger les choses [...], on mit sur le texte : « l'Amérique et l'Europe ». Quant à Huxley, il se retira en claquant les portes. Ce qu'il voulait, c'était dominer la délégation anglaise ; domestiquer la conférence. On savait, avant qu'elle ne commençât, qu'il la quitterait si sa manœuvre ne réussissait pas*[3].

Cet épisode a probablement des répercussions pour l'Unesco, car étant donné le nombre d'intellectuels et d'écrivains présents à Wroclaw (dont certaines personnalités non communistes comme Vercors) et le retentissement du Congrès dans la presse, on peut supposer qu'il contribue à éloigner de l'organisation, dès ses débuts, un certain nombre d'intellectuels de gauche. Déjà en juillet 1948, Jean Thomas, sous-directeur de l'Unesco en mission à Prague, rapporte le scepticisme des intellectuels face à l'Unesco :

> *Certains milieux intellectuels, aussi bien du théâtre que les écrivains que j'ai rencontrés au château de Dobřiš ou ailleurs, manifestent une très forte réticence à l'égard de l'Unesco, suspecte à leurs yeux de peu de sympathie pour les régimes à tendance communiste. D'une manière générale, et comme je l'avais déjà observé en Pologne, on attribue volontiers à l'Unesco une tendance à se confiner aux pays occidentaux ; on craint qu'elle ne soit entièrement dominée par les États-Unis d'Amérique et on y verrait assez volontiers une sorte de réplique, dans l'ordre de l'éducation, de la science et de la culture, du plan Marshall*[4].

Les années 1950 voient ensuite l'organisation du 1er Congrès mondial des écrivains et des artistes noirs à la Sorbonne, qui se déroule du 13 au 22 septembre 1956 à Paris[5]. Très influencé par la Conférence de Bandung, ce

[1] « Compte-rendu du Congrès mondial des intellectuels pour la paix » par Julian Huxley, 2 septembre 1948. Archives Unesco, dossier 327.6 : 8A 064 (44) « 49 ».
[2] HUXLEY, Julian. *Memories II.* London : George Allen & Unwin Ltd, 1973, p. 64.
[3] Comité des intellectuels français, « Compte-rendu du Congrès de Wroclaw », 15 octobre 1948. Archives Unesco, dossier 327.6 : 8A 064 (44) « 49 ».
[4] THOMAS, Jean. « Rapport sur la mission à Prague », 6 juillet 1948. Archives Unesco, dossier X07.83 Thomas.
[5] AGGARWAL, Kusum. *Amadou Hampâté Bâ et l'africanisme : de la recherche anthropologique à l'exercice de la fonction auctoriale*, L'Harmattan, 1999, p. 135-136.

Congrès rassemble une cinquantaine de délégués venus de plus de 24 pays, dont Senghor, Hampâté Bâ, Fanon, Glissant, Césaire et Richard Wright. Loin de la « langue de bois », ce Congrès permet aux écrivains et artistes présents de dénoncer le colonialisme, l'occidentalocentrisme et d'affirmer l'existence d'une culture négro-africaine vivante et forte[1]. Alioune Diop, présidente de la Société Africaine de Culture (SAC), entame son discours d'ouverture en affirmant l'importance de la Conférence de Bandung et du Congrès « pour les consciences non européennes », et dénonce le fait que l'« Histoire, avec un grand H » ne soit en réalité que « l'interprétation unilatérale de la vie du monde par l'Occident seul[2] ».

Par la suite, la SAC est régulièrement invitée à envoyer un observateur lors des réunions et séminaires concernant l'Afrique organisés par l'Unesco, par exemple pour une réunion sur le droit d'auteur en Afrique à Brazzaville en 1963[3], une table ronde de traducteurs de langues africaines organisée par la FIT à Hambourg en 1965[4], ou encore la série de réunions organisées en Afrique dans les années 1960-1970 dans le cadre du projet de collecte des traditions orales[5]. Après deux missions pour l'Unesco en tant que consultant pour les contacts culturels entre l'Afrique et l'Amérique latine[6], Léon-Gontran Damas est nommé, en 1966, délégué de la SAC à l'Unesco par Alioune Diop. Au mois d'avril 1966, Damas participe au Festival mondial des Arts Nègres à Dakar en qualité de délégué de l'Unesco et de la SAC, puis, lorsque l'Unesco signe avec la SAC un contrat pour l'élaboration d'un guide bilingue (anglais/français) de littérature africaine, il est officiellement chargé de rédiger l'introduction générale de l'ouvrage, remis à l'Unesco fin 1966[7].

Au niveau européen, il faut citer la Société européenne de culture, constituée en 1950 à l'initiative d'Umberto Campagnolo, et qui organise en 1956 une conférence à Venise à laquelle participent des écrivains d'Europe de l'Est et de l'Ouest[8]. La Société européenne de culture est cependant largement paralysée par la guerre froide. De son côté, la Communauté des écrivains européens (COMES), née en Italie en 1958, a pour vocation de favoriser le rapprochement Est-Ouest par la littérature, en offrant aux écrivains un lieu de rencontre et de dialogue apolitique ; contrairement au Pen Club International, la COMES parvient à attirer des écrivains soviétiques et est-européens[9]. Admise en 1962 par l'Unesco au titre des associations avec lesquelles entretenir des liens

---

[1] *Le 1er Congrès international des Ecrivains et Artistes noirs, Paris : Sorbonne, 13-22 septembre 1956 : compte-rendu complet*, Présence africaine, 1956, 408 p.

[2] DIOP, Alioune, « Discours d'ouverture », in *Le 1er Congrès international des Ecrivains et Artistes noirs.* Op. cit., p. 9.

[3] Voir Archives Unesco, dossier 347.78 A 06 (672.4) « 63 ».

[4] Voir Archives Unesco, dossier 4 A 337/01 IFT « -66 ».

[5] Voir Archives Unesco, document officiel SHC/CONF.28 1972.

[6] RACINE, Daniel. *Léon-Gontran Damas, l'homme et l'œuvre.* Paris: Présence africaine / Agence de coopération culturelle et technique, 1983, p. 42.

[7] KALA-LOBE, Iwiyè. « Damas à bâtons rompus... ». Op. cit., p. 102.

[8] RACINE, Nicole. « La COMES (1958-1969). Une association d'écrivains dans la guerre froide », in SIRINELLI, Jean-François, SOUTOU, Georges-Henri (dir.). *Culture et guerre froide*, Presses de l'Université Paris-Sorbonne, 2008, p. 282.

[9] Ibid., p. 283 à 285.

« d'information et de consultation », la COMES organise en 1963, avec l'aide de l'Union des écrivains soviétiques, un grand colloque sur le roman à Leningrad, auquel participent une centaine d'écrivains, dont Robbe-Grillet, Ungaretti et Sartre, ainsi que Caillois, envoyé par l'Unesco. Une séance du conseil directeur de la COMES se déroule en parallèle à Iasnaïa Poliana, la maison de Tolstoï. Toutefois, les tensions de la guerre froide, et l'invasion de la Tchécoslovaquie en 1968, conduisent à la suspension des activités de la COMES, puis à sa dissolution en 1969[1].

Enfin, il faut mentionner le 1er colloque international de Bamako[2] consacré aux traditions orales en Afrique, qui se tient en 1975. Présidé par Amadou Hampâté Bâ, ce colloque réunit une quarantaine de participants, dont une majorité d'Africains et quelques Occidentaux, notamment des Français ; il est organisé par la SCOA, une fondation destinée à encourager la recherche fondamentale en Afrique noire. Certes, l'Unesco est représentée en la personne de son « expert » nigérien André Salifou ; néanmoins, sa part dans l'impulsion, l'organisation ou la participation de ce colloque est quasi-nulle. Celui-ci est orienté sur la collecte de traditions orales en Afrique, un sujet cher à Hampâté Bâ et qu'il a promu autant que possible dans l'enceinte de l'Unesco à partir des années 1960. Ce colloque permet de lancer des pistes de réflexion et de mettre en place un grand projet de collecte d'informations visant à réaliser une histoire de la « boucle du Niger » (empires du Ghana, du Mali et du Songhay) par le biais des traditions orales.

L'Unesco fait l'objet de vives critiques durant les débats par le Français Jean Devisse, et ses propos rencontrent apparemment un assez large consensus puisqu'ils ne suscitent aucune réaction contradictoire. Jean Devisse y déclare en particulier :

> *La Nubie est l'exemple de la campagne publicitaire spectaculaire où l'on a travaillé sur ce qui n'était pas important et négligé tout ce qui était important ! Je suis très méchant envers l'Unesco en disant cela ; Mais il ne faut pas reproduire l'exemple nubien ; il faut savoir qu'il y a eu un effort remarquable de l'Unesco, mais au niveau technique, la Nubie c'est un désastre*[3].

Ce colloque, et plus généralement la fondation SCOA, semble le fruit des relations, dans le domaine de la culture et de la recherche, de la France avec ses anciennes colonies d'Afrique de l'Ouest ; divers participants font allusion à des collaborations fructueuses, dans le domaine de la collecte de traditions orales africaines, avec le CNRS et la Bibliothèque nationale de France, vus comme des institutions de référence. L'Unesco, quant à elle, n'est quasiment jamais citée, ce qui pose tout de même question quant à ses propres réalisations dans le domaine de la collecte des traditions orales africaines. Parmi ses différents programmes, l'Unesco s'occupe, en effet, de promouvoir la collecte des traditions orales

---

[1] Ibid., p. 300.

[2] Fondation SCOA pour la recherche scientifique en Afrique noire. *Premier Colloque international de Bamako. Actes du Colloque : histoire et tradition orale... l'Empire du Mali.* Paris : SCOA, 1975, 198 p.

[3] Fondation SCOA. *Premier Colloque international de Bamako.* Op. cit., p. 123.

africaines et prête aux États membres du matériel de reprographie permettant de copier les manuscrits et autres documents anciens...

Si l'Unesco est donc souvent présente en filigrane ou citée lors des manifestations intellectuelles internationales, sa politisation la conduit à une certaine marginalisation par rapport aux débats d'idées et aux questions cruciales qui se posent dans le domaine du livre : question des langues minoritaires, des effets négatifs de la colonisation sur la créativité littéraire des pays nouvellement indépendants, de la domination économique de la production éditoriale par quelques pays puissants, etc.

En plus des activités des associations et des ONG, l'Unesco doit tenir compte des actions menées par d'autres organisations intergouvernementales à vocation régionale dans le domaine du livre. Plusieurs organisations de ce type, en dehors du système onusien, s'impliquent, en effet, dans le domaine culturel après 1945, en lien avec la mise en place de politiques culturelles nationales et le développement des relations culturelles internationales. Dans un premier temps, ces groupements régionaux se mettent en place plutôt en Europe, en Amérique et dans le monde arabe, tandis qu'ils sont moins nombreux en Asie, en Océanie et en Afrique au sud du Sahara[1].

Il faut citer en particulier la Ligue des États arabes (fondée en 1945, elle se dote d'une Convention culturelle et comprend 19 membres en 1974) ; la Commission des Caraïbes (regroupant les États-Unis, le Royaume-Uni, la France et les Pays-Bas à partir de 1946) ; la Commission du Pacifique Sud (organisme consultatif créé en 1947 entre l'Australie, la France, les Pays-Bas, la Nouvelle-Zélande, le Royaume-Uni et les États-Unis) ; le Conseil de l'Europe (créé en 1949, il rassemble 47 États et se dote en 1954 d'une Convention culturelle européenne, qui stipule que chaque pays membre doit encourager chez ses nationaux l'étude des langues, de l'histoire et de la civilisation des autres États membres et prendre des mesures propres à sauvegarder et à développer le patrimoine culturel commun de l'Europe) ; l'Organisation européenne de coopération économique (issue du Plan Marshall en 1948) ; le Conseil nordique (institué en 1952) ; et la Communauté économique européenne (créée en 1957).

La Commission des Caraïbes s'intéresse essentiellement aux questions économiques et sociales ; dans le domaine culturel, elle soutient financièrement certains projets, tel le réseau régional de services de bibliothèque entrepris par la fondation Carnegie à Trinidad-et-Tobago en 1941 et poursuivi par le *British Council*[2]. Dans les années 1950, l'Unesco envisage d'organiser, conjointement avec la Commission des Caraïbes, un séminaire sur le développement des bibliothèques dans la région[3].

La Commission du Pacifique Sud, quant à elle, entreprend, dans le domaine de la lutte contre l'illettrisme, des études concernant les méthodes pédagogiques les plus efficaces pour l'apprentissage de la lecture et de l'écriture dans les langues locales. C'est dans ce cadre qu'elle s'adresse à l'Unesco en 1957 afin de

---

[1] DOLLOT, Louis. *Les relations culturelles internationales*. Op. cit., p. 119-120.

[2] PARKER, Stephen. *Unesco and Library Development Planning*. Op. cit., p. 46.

[3] Voir Archives Unesco, dossier 02 (729) A 12.

développer son Bureau de la littérature (chargé de produire des matériels éducatifs et littéraires de démonstration), projet qui, avec les années, s'inscrira dans le cadre plus large de l'incitation à la production de « textes de lecture » pour nouveaux alphabètes, mené par l'Unesco dans les années 1950 et 1960[1].

La Ligue des États arabes, qui aspire à atteindre l'unification culturelle arabe, met en place un Comité culturel[2]. Une Direction culturelle, présidée par l'écrivain et universitaire égyptien Taha Hussein[3], exécute les résolutions du Comité culturel, reçoit les suggestions des particuliers, des groupements et des gouvernements, et s'occupe de la coopération avec les organisations internationales en charge des questions éducatives, scientifiques et culturelles. La Ligue encourage une « activité culturelle commune » de ses États membres, dont l'organisation de congrès, la publication d'encyclopédies et la célébration de commémorations (celle d'Avicenne par exemple)[4]. Elle crée aussi en 1946 un Institut des Manuscrits arabes, qui se consacre à la recension et « la reproduction photographique des manuscrits arabes dispersés aux quatre vents afin de les mettre à la portée des chercheurs, des bibliophiles, des éditeurs[5] ». Le directeur de l'Institut, Salah Munajjed, effectue des missions dans des bibliothèques en Espagne, en Italie, en Allemagne, en Autriche, en Yougoslavie et en Turquie[6]. Entre 1946 et 1956, l'Institut parvient à photographier près de 9 000 manuscrits (plus de 2 millions de pages). En 1955, la Commission culturelle adopte une résolution pour encourager cette activité :

> *Elle demande à la Ligue Arabe de faire photographier, plus largement qu'elle ne l'a fait jusqu'ici, tous les manuscrits en accordant la priorité aux collections menacées par l'action du temps ou des hommes.*
>
> *Il convient que l'Institut des manuscrits de la Ligue Arabe entreprenne cette tâche en commençant par la plus importante, qui consiste à photographier et à cataloguer les manuscrits se trouvant dans les bibliothèques arabes, telles que les Bibliothèques du Royaume de l'Arabie Saoudite, et notamment celles de Médine étant donné leur ampleur, et les manuscrits précieux et rares qu'elles contiennent. La Commission recommande à la Section culturelle de travailler à l'établissement d'un index général de toutes les bibliothèques et sources manuscrites de la culture arabe, de manière à faciliter la tâche de ceux qui se livrent à des recherches et à des études*[7].

La Ligue des États arabes encourage aussi la production d'ouvrages, en édite et met en place des prix pour récompenser auteurs et chercheurs. Le gouvernement d'Arabie saoudite offre, par exemple, 10 000 livres sterling pour la publication de manuscrits anciens en 1955[8]. Dans le domaine de la

[1] Voir Archives Unesco, dossier 375 A 310 (935) 031 SPC/TA.
[2] BOUKROUH, Makhlouf. « Les politiques culturelles arabes : mythes et réalités », in *Jeu : revue de théâtre*, n°127, (2) 2008, disponible sur le site http://id.erudit.org/iderudit/23859ac, pp 173-174.
[3] Mémo de Bammate à Thomas, 18 février 1955. Archives Unesco, dossier 09 (5-011) A 324.
[4] DOLLOT, Louis. *Les relations culturelles internationales*. Op. cit., p. 119.
[5] « Aperçu général de l'activité culturelle de la Ligue des États arabes, 1946-1956 ». Op. cit., p. 12.
[6] Lettre de Munajjed à Campbell, 28 sept. 1955. Archives Unesco, dossier 09 (5-011) A 324.
[7] Résolution citée par Bammate dans un mémo à Carter, 30 mars 1955. Archives l'Unesco, dossier 09 (5-011) A 324.
[8] Mémo de Bammate à Thomas, 18 février 1955. Archives Unesco, op.cit.

traduction, la Ligue choisit parmi les chefs-d'œuvre universels des ouvrages non traduits en arabe, qu'elle se charge de publier ou dont elle confie la traduction et la publication à ses États membres[1]. Dans ce cadre, la Direction culturelle finance par exemple la traduction de l'œuvre intégrale de Shakespeare. Avec la collaboration de l'ambassade américaine du Caire, la Ligue publie aussi des œuvres américaines, avant de créer en 1970 l'Organisation arabe pour l'Éducation, la Culture et la Science (ALESCO), afin de promouvoir le développement d'une identité civilisationnelle arabe[2].

Bien que le Conseil nordique n'ait, quant à lui, pas réellement de compétence culturelle, il constitue un cadre de coopération générale pour la Scandinavie qui englobe une étroite coopération professionnelle dans le domaine des bibliothèques, comme le montre la création de la revue *Scandinavian Public Library Quaterly* en 1968 :

> *Les similitudes linguistiques, ajoutées à des considérations économiques évidentes, sont sans doute à l'origine d'une collaboration étroite pour tout ce qui touche aux handicapés de la lecture, malvoyants et immigrés. Toute cette coopération, pour une large part, se fait de façon informelle et emprunte les voies du débat, de l'échange d'expériences et d'idées, via des séminaires organisés par les écoles de l'un ou l'autre pays. Il existe indéniablement un modèle "nordique" très prégnant, qui, d'un pays à l'autre, peut revêtir différentes modalités*[3].

En Europe, que ce soit au niveau du Conseil de l'Europe, de la CEE ou de l'OECE, la compétence culturelle est peu développée, car la culture reste une prérogative nationale importante. L'OECE entretient cependant des contacts réguliers avec l'Unesco, avec laquelle elle échange des informations et coordonne certaines actions, par exemple dans le domaine des bibliothèques[4]. Le Conseil de l'Europe formule, quant à lui, des recommandations dans le domaine culturel ; en 1953, une réunion de son comité culturel incite l'Unesco « à maintenir ses recherches sur les obstacles à la circulation internationale des livres et à attirer l'attention des gouvernements sur ces difficultés[5] ». Certaines initiatives sont aussi prises par la Commission européenne ; pour exemple, la DG XIII-B, en charge des industries et du marché de l'information, encourage à partir des années 1970, dans le domaine des bibliothèques, la création de systèmes documentaires automatisés et de réseaux de transmission de données[6].

Enfin, du côté de l'Afrique, l'Organisation de l'Unité africaine (OUA), créée en 1963, est une tentative de fusion de différents groupements d'États africains indépendants, notamment l'Union africaine et malgache (12 États), le « groupe de Casablanca » (5 États) et le « groupe de Monrovia » (20 États membres). L'OUA prend position dans le domaine culturel, et plusieurs déclarations,

---

[1] « Aperçu général de l'activité culturelle de la Ligue des États arabes, 1946-1956 ». Op. cit., p. 19-20.
[2] BOUKROUH, Makhlouf. « Les politiques culturelles arabes : mythes et réalités ». Op. cit., p. 173-174.
[3] POULAIN, Martine (dir). *Les bibliothèques publiques en Europe.* Op. cit., p. 118.
[4] Voir Archives Unesco, dossier 002 + 02 + 930.25 AOI/8.
[5] Mémo de Behrstock à Schneider, 2 juillet 1953.Archives Unesco, dossier 307 A 31
[6] POULAIN, Martine (dir). *Les bibliothèques publiques en Europe.* Op. cit., p. 3.

manifestes et résolutions conduisent en 1976 à l'établissement d'une Charte culturelle de l'Afrique, qui stipule :

> *La domination, sur le plan culturel, a entraîné la dépersonnalisation d'une partie des peuples africains, falsifié leur histoire, systématiquement dénigré et combattu les valeurs africaines, tenté de remplacer progressivement et officiellement leurs langues par celle du colonisateur, […] la colonisation a favorisé la formation d'une élite trop souvent acculturée et acquise à l'assimilation, et qu'une grave rupture s'est produite entre cette élite et les masses populaires africaines. […Il] est urgent d'assurer résolument la promotion des langues africaines supports et véhicules des héritages culturels dans ce qu'ils ont d'authentique et d'essentiellement populaire*[1].

Cette Charte inscrit parmi les priorités des États africains « la transcription, l'enseignement et le développement de l'utilisation des langues nationales de matière à en faire des langues de diffusion et de développement des sciences et de la technique », « la collecte, la conservation, l'exploitation et la diffusion de la tradition orale », « l'adaptation des programmes d'enseignement aux besoins du développement et aux réalités socioculturelles nationales et africaines », ainsi que « la protection des artistes créateurs et des biens culturels[2] ». Ses articles affirment la nécessité d'élaborer des politiques linguistiques nationales (article 17), de coopérer pour la création de maisons d'édition et de distribution de livres en Afrique (article 22), d'encourager la création artistique en distribuant des bourses aux artistes, écrivains et chercheurs (article 23), et de renforcer les dispositifs de protection du droit d'auteur (articles 24 et 25).

Néanmoins, l'absence quasi-totale de moyens financiers de l'OUA l'empêche de remplir des tâches concrètes[3], et les nombreuses références à l'Unesco dans le texte de la Charte suggèrent que les États africains espèrent y trouver à la fois un forum pour exprimer les idées de l'OUA, et une structure permanente « professionnelle » pour la mise en place d'actions sur le terrain, les ressources financières nécessaires étant fournies par le biais de l'assistance technique et du PNUD.

Toutefois, la Charte s'apparente aussi à une certaine remise en cause de l'action menée par l'Unesco, comme l'insinuent ses allusions à l'utilisation des langues des puissances coloniales pour la culture et l'éducation (très majoritairement utilisées par les experts de l'Unesco et dans les livres et manuels scolaires promus par l'organisation), au droit d'auteur qui ne protège pas suffisamment les œuvres africaines (remise en cause de la Convention universelle sur le droit d'auteur mise en place en 1952) ou encore au monopole des anciennes puissances coloniales dans le domaine de l'édition et de la diffusion des livres.

Une éventuelle collaboration entre des organisations aussi diversifiées dans leur origine, leur mode de fonctionnement et leurs objectifs apparaît d'une grande complexité, et c'est sans doute pour cette raison qu'elle restera largement

---

[1] « Charte culturelle de l'Afrique ». Op. cit., p. 2.

[2] Ibid., p. 5-6.

[3] BARBIER, Colette. « Organisation de l'Unité africaine ». Op. cit., p. 293.

théorique, chacun oeuvrant dans son domaine particulier selon ses convictions propres et ses intérêts. Dans le cadre d'un forum organisé par l'Université Columbia, Edward Wegman (Division de la libre circulation de l'information) propose en 1970 le plan d'un article sur la situation du livre dans le monde qui montre que le secrétariat de l'Unesco a conscience des tensions et des enjeux, tant culturels que politiques et économiques, qui animent les acteurs œuvrant dans ce domaine. Wegman aborde différents sujets prêtant à controverse, tels la place du livre face aux médias de masse ; la séparation et le lien entre lecture utilitaire et lecture pour le plaisir ; les enjeux économiques de l'édition ; la place (obsolète ?) des libraires dans la diffusion du livre ; les faits et mythes concernant le droit d'auteur ; les taxes douanières ; le rôle des manuels scolaires ; les ateliers d'écriture[1].

La marge de manœuvre de l'Unesco pour coordonner, canaliser ou orienter le faisceau des actions des autres acteurs étant très faible, l'organisation se concentre plutôt sur la mise en place d'une politique mondiale du livre cohérente et pragmatique, et tente de s'appuyer sur les organisations professionnelles du livre pour étayer sa légitimité, avec le désir de servir d'exemple aux autres acteurs investis dans ce domaine.

[1] Lettre de Wegman à Ambrose, 11 mars 1970. Archives Unesco, dossier 04 A 066 72 AIL.

CHAPITRE V

Les fondements idéologiques

Après la Seconde Guerre mondiale, la paix ne semble pouvoir résulter que du progrès économique, social et culturel. A ce moment succède « à l'idéal réputé aristocratique des échanges intellectuels entre les élites [...] celui de la compréhension réciproque entre les masses. Et ce, d'autant plus que la culture n'est plus désormais l'apanage de quelques minorités privilégiées mais devient accessible à tous[1] ».

Le livre devient alors l'un des piliers de l'idéologie et de l'action de l'Unesco, largement influencée par les grandes puissances occidentales, pour lesquelles le passage à l'écrit dans la vie quotidienne depuis la Renaissance a constitué une révolution sociale, culturelle et économique. Certes, rappelle Georges Steiner, « le livre tel que nous le connaissons n'a constitué un phénomène significatif que dans certaines régions et cultures, et seulement pendant une période historique relativement courte[2] ». Mais en tant qu'objet culturel original, véhiculant moins de stéréotypes que d'autres supports, le livre est une « admirable machine à communiquer dans laquelle les messages sont codés et peuvent être reproduits, multipliés, déplacés, décodés par n'importe quel individu possédant la clé du code. C'est-à-dire sachant lire[3] ».

Les usages du livre sont multiples : il peut servir à faire circuler les idées (écrits scientifiques et universitaires), à éduquer les jeunes (manuels scolaires) et les adultes (livres techniques et professionnels), mais aussi à mieux faire comprendre à l'être humain d'où il vient et où il va (œuvres philosophiques et de fiction principalement). Dans le cadre de sa politique du livre, l'Unesco prend en compte ces aspects et tente de promouvoir chacune de ces catégories d'ouvrages, soit de manière conjointe (mise en place de bibliothèques...), soit dans le cadre de projets spécifiques (révision de manuels scolaires, production de textes de lectures pour nouveaux alphabètes en Asie, collection d'œuvres

[1] BELLOC, Chloé. *Le CIPSH (1947-1955)*. Op. cit., p. 36.

[2] Propos cités in SIX, Nicolas. « Les invariants de la littérature universelle », 2000, disponible sur le site universaux.free.fr

[3] Propos de Robert Escarpit, cités in BLANQUET, Marie-France. « Robert Escarpit », avril 2008, p. 1-2, sur le site http://www.cndp.fr.

représentatives, etc.). Or chacune de ces catégories est elle-même porteuse d'une vision du livre spécifique. En effet, il n'existe pas de vision uniforme du livre, même en Occident :

> *Aux États-Unis, la lecture est un objet de recherches, principalement pour les bibliothécaires et aussi pour les sociologues qui veulent offrir des services consultatifs aux bibliothèques. Il n'est donc pas surprenant que les recherches aient lieu souvent dans des bibliothèques et qu'elles soient le fait d'instituts universitaires spécialisés en bibliothéconomie ou en sociologie. Elles sont souvent axées exclusivement sur les préoccupations des bibliothèques et ont tendance à négliger les autres aspects du livre. En Europe, les enquêtes sont le plus souvent commandées par les libraires et les éditeurs ; elles sont donc fréquemment liées à des intérêts économiques, ce qui nuit parfois à leurs résultats*[1].

Alors que de nombreux sujets font polémique à l'Unesco, le consensus est toutefois quasi général dans le discours sur le rôle bienfaiteur du livre pour l'être humain. Chargé de tous les espoirs, le livre est présenté comme le support culturel et technique indispensable au développement et au bonheur de l'humanité. Mais sous ce discours officiel uni et cohérent, deux courants distincts sont perceptibles.

Dans une certaine tradition « française », le livre est perçu comme émancipateur de l'individu, à qui il apporte connaissance, épanouissement et capacité décuplée de réflexion. Ces qualités en font le support idéal du dialogue et de la compréhension entre les individus et les peuples. Les grands livres, les grands écrivains, participent de la définition d'un patrimoine commun à l'humanité, valorisé par l'Unesco à travers plusieurs programmes : la collection d'œuvres représentatives ; la commémoration de grands écrivains du passé ; la préservation et la diffusion de manuscrits anciens et d'incunables ; la création et la circulation d'expositions sur le livre ; et l'encadrement du droit d'auteur (afin d'encourager la création littéraire en valorisant les écrivains).

Un second discours, que l'on peut qualifier d'« anglo-saxon », présente quant à lui le livre comme l'outil indispensable à l'éducation des individus et donc au développement économique qui assure le bien-être général, et comme un support pour communiquer l'information. Dans cet esprit, il s'agit de collecter et de distribuer des livres aux pays dévastés par la guerre et au Tiers monde, de construire des bibliothèques publiques et scolaires, de favoriser les échanges de revues scientifiques, de produire et diffuser des manuels scolaires et des textes de lecture pour nouveaux alphabètes, d'encourager la formation professionnelle et les bourses d'échange, d'organiser des séminaires et des stages d'études et d'encadrer le système du droit d'auteur (afin de récompenser la diffusion des ouvrages par les éditeurs).

Toutefois, cette analyse théorique ne doit pas masquer le fait que les intérêts américains, britanniques et français sont, dans la pratique, plus convergents que ne le laisse supposer cette dichotomie. En ce qui concerne le droit d'auteur, par

---

[1] STEINBERG, Heinz. « Le livre et le lecteur comme objets de recherche en Europe et aux États-Unis », in *Revue Internationales des sciences sociales UNESCO*, Volume XXIV, n° 4, 1972, p. 795-796.

exemple, les Anglo-saxons veulent aussi protéger leurs auteurs, tandis que les éditeurs français cherchent à maximiser leurs profits et à conserver leurs « chasses gardées » dans les anciennes colonies. L'Unesco n'a jamais formulé elle-même – et n'a peut-être jamais pris clairement conscience – de cette dualité sous-jacente à son discours sur le livre. Ses actions sont au contraire présentées comme un ensemble multiforme mais cohérent, une véritable « politique du livre » qui culmine avec la proclamation en 1972 d'une Année internationale du livre. En 1974, Émile Delavenay[1], responsable du secteur des publications, trace d'ailleurs dans la brochure *Pour le livre* les contours de cette politique avec le souhait manifeste de lui donner une cohérence *a posteriori,* tout en proposant des axes d'action pour l'avenir. Pourtant, la politique du livre de l'Unesco semble réellement se diviser en deux courants distincts : le livre émancipateur de l'individu et de l'humanité d'une part, le livre outil de développement économique d'autre part.

Les innombrables qualités du livre

Les éloges des bienfaits du livre, à l'Unesco comme ailleurs, sont unanimes. Si le contenu des livres prête parfois à discussions et controverses, l'existence même et l'intérêt d'utiliser ce support pratique de communication ne sont jamais remis en cause. Pour René Maheu, le livre est « par excellence, l'outil de travail individuel, l'informateur constamment et partout disponible, le compagnon fidèle de la quête personnelle à travers le trésor collectif de savoir et de sagesse que nous ont légué les générations passées[2] ». La lecture est assimilée à « une manière de vivre, une manière d'affirmer et de développer sa personnalité [...qui fait] partie de la vie intérieure aussi bien que sociale de l'homme[3] ».

Le philosophe chinois Lin Yutang, premier directeur de la Division des arts et lettres de l'Unesco en 1948-1949, avait de son côté publié en 1937 l'ouvrage *L'importance de vivre,* dans lequel il consacre deux chapitres à « l'art de lire » et à « l'art d'écrire ». Il y défend l'idée de la lecture comme émancipatrice de l'être humain :

> *L'homme qui n'a pas l'habitude de lire est enfermé dans un monde étroit en ce qui concerne l'espace et le temps. Sa vie tombe dans la routine ; il est limité dans ses contacts et dans ses conversations à quelques amis et connaissances et il ne voit ce qui se passe que dans son voisinage immédiat. Il ne peut s'échapper de cette prison. Mais dès qu'il prend un livre, il pénètre aussitôt dans un monde différent et si c'est un bon livre, il est immédiatement en rapport avec l'un des meilleurs causeurs du monde qui le conduit dans un autre univers, ou dans une autre époque [...] Être capable de vivre deux heures sur*

---

[1] Ancien élève de l'Ecole normale supérieure, Émile Delavenay est engagé fin 1949 au Service des documents et publications. Il occupe le poste de « directeur des éditions Unesco » de 1965 à son départ à la retraite en 1966. Il sera ensuite professeur à l'Université de Nice.

[2] Conférence « Le livre au service de la masse » prononcée par René Maheu le 5 juin 1964, reproduite in *La civilisation de l'universel,* Laffon-Gonthier, 1966, p. 211.

[3] Conférence prononcée par René Maheu le 14 mars 1964 à Abidjan, reproduite in *La civilisation de l'universel.* Op. cit., p. 103.

douze dans un monde différent, de quitter ses préoccupations immédiates, est évidemment un privilège que doivent envier les gens enfermés dans leur prison charnelle. Un tel changement de milieu est véritablement semblable à un voyage dans ses effets psychologiques. Mais il y a plus. Le lecteur est toujours conduit dans un monde de pensées et de réflexions. [...] La meilleure lecture est celle qui nous introduit dans cette humeur contemplative et non celle qui nous occupe simplement par le récit des événements[1].

Dans un film fixe produit en 1962-1963, l'Unesco affirme aussi que « les enfants ont besoin de livres pour être heureux tout comme ils ont besoin de lumière, d'air pur, de nourriture, de l'amour et de la protection des adultes[2] ». En 1970, René Maheu renchérit :

C'est essentiellement pendant la jeunesse que peut s'acquérir de manière durable cette habitude de lire qui est de nature à entretenir et à nourrir l'intelligence tout au long d'une existence riche de découvertes, de joies profondes et d'enthousiasmes féconds. Tels sont bien les fruits de l'aventure intellectuelle et spirituelle à laquelle la fréquentation assidue des livres ouvre la voie et dont la moindre vertu n'est pas de maintenir vivante au fond de soi cette faculté d'émerveillement qui est le véritable secret de la jeunesse. Apprendre aux jeunes à aimer les livres, c'est aussi leur apprendre à ne pas vieillir[3].

De son côté, Émile Delavenay explique que « le lecteur choisit librement son interlocuteur, messager d'une pensée, d'une sagesse, d'une sensibilité qui font partie de l'héritage commun de l'humanité. Plus et mieux que toute autre forme de communication, le livre est le grand libérateur de l'humain en l'homme, l'éclair qui établit le contact entre le temps que je vis et les temps historiques, le lieu où je me trouve et un lieu quelconque de l'univers habité[4] ». Le livre apparaît comme un instrument de liberté qui apporte « les connaissances, les pensées, les idées, les symboles et les rêves[5] » élaborés avant nous. Humboldt estimait de son côté :

En reconnaissant à la littérature le rôle de porte-parole privilégié de l'esprit humain, de témoin d'une approche du monde et de l'expérience mise en commun, en désignant le texte littéraire comme l'espace de création linguistique et intellectuelle maximale, [...] nous livre les arguments à développer pour penser la littérature comme un accès à l'altérité, comme un enjeu de liberté[6].

Dans ce contexte, la mission des bibliothèques serait de s'insurger contre l'ordre social établi, d'offrir une aire où l'homme puisse s'affranchir de la peur et des préjugés : « si une bibliothèque n'est pas conçue à cette fin, si elle endoctrine, répand le faux savoir, entasse les ouvrages jaunis au détriment de ce qui enseigne la vie, si elle accapare au lieu de libérer, alors cette bibliothèque n'est pas une

---

[1] LIN, Yutang. *L'Importance de vivre*. Paris : Philippe Picquier, 2007, p. 379-380.

[2] « Bibliothèques scolaires (textes pour un film fixe) », non daté. Archives Unesco, dossier 02 : 31 A 323.

[3] Message de René Maheu à l'occasion de la troisième Journée mondiale du livre pour la jeunesse (3 avril 1970). Archives Unesco, dossier 04 A 066 72 AIL.

[4] DELAVENAY, Émile. *Pour le livre*. Paris: Unesco, 1974, p. 9.

[5] CHAMSON, André. « Langage et images », in *La culture est-elle en danger ? Débat sur ses moyens de diffusion*, La Baconnière, 1955, p. 83.

[6] CHABROLLE-CERRETINI, Anne-Marie. « Langue, littérature et vision du monde : l'approche anthropologique de la littérature de W. von Humboldt », in POLET, Jean-Claude. *Patrimoine littéraire européen*, De Boeck et Larcier, 2000, p. 138.

bibliothèque. C'est une prison[1] ». Selon Lin Yutang, le livre serait réfractaire à toute idée de contrainte :

> *Il n'y a pas de livres qui doivent absolument être lus. [...] Il n'y a que des livres qu'une personne devrait lire à un certain moment, dans un certain endroit, dans des circonstances données et à une certaine époque de sa vie. [...] Quand la pensée et l'expérience n'ont pas atteint un certain point, un chef-d'œuvre ne laissera qu'un mauvais goût dans la bouche*[2].

Loin de simplement produire ou véhiculer des connaissances, la littérature permet « des découvertes, partout où précisément les sciences (ou même une activité de connaissance comme la philosophie) ne peuvent aller parce que les lois rigoureuses qu'elles se donnent pour atteindre leur objet, leur interdisent l'approche de domaines que la littérature, elle, peut appréhender[3] ».

Selon les théories du psychanalyste Bruno Bettelheim élaborées à partir de l'exemple des contes de fées – dont plusieurs recueils figurent parmi les œuvres les plus lues dans le monde (contes de Perrault, des frères Grimm, d'Andersen, *Mille et une nuits*) – la lecture de récits produirait un effet cathartique et apaisant ; ces ouvrages nous aideraient « à évacuer nos angoisses et nos tabous, nous permettant ainsi de vivre en harmonie avec nous-mêmes et, pour reprendre les termes de la psychanalyse, d'intégrer les diverses composantes de notre moi[4] ».

La littérature nous fait « progresser » dans le sens où « elle offre l'occasion de décalages, découplages de recombinaisons, de « sublimations » (résolutions différentes) à d'autres paliers, et ceci à partir de notre capital – donc en faisant fond sur la *ressemblance* (sur des protocoles de représentation et sur des mimèmes plus fins) – et en *organisant l'absence de coïncidence*[5] ». D'ailleurs, souligne Paul Bénichou, « aussi loin qu'on aille dans l'histoire des civilisations, on voit la littérature enseigner les hommes, s'offrir à eux comme interprète de leur condition, comme guide de leurs jugements et de leurs choix[6] ».

Le livre peut aider les hommes, afin qu'ils « ne soient plus victimes de l'agression du monde moderne, que leur vie spirituelle et leur vie matérielle s'équilibrent et s'harmonisent, de sorte que leurs choix individuels ou collectifs ne soient plus déterminés par les pressions indirectes qu'exercent les puissances idéologiques ou économiques. Que l'individu, en un mot, soit immunisé contre la pollution spirituelle tout en se reconnaissant solidaire du monde[7] ». Dans les sociétés qui privilégient l'écrit sur l'oralité, le livre devient ainsi « un objet en quelque sorte sacralisé, l'instrument parfait de la communication sociale

[1] CUVELIER, Fernand. *Histoire du livre,* Editions du Rocher, 1982, p. 229.
[2] LIN, Yutang. *L'Importance de vivre*, Philippe Picquier, 2007, p. 382.
[3] CLAUDE, Catherine. « La littérature comme activité de connaissance », in *Colloque sur la situation de la littérature, du livre et des écrivains*, Editions sociales, 1976, p. 75
[4] SIX, Nicolas. « Les invariants de la littérature universelle », 2000, universaux.free.fr
[5] JOUSSET, Philippe. « Sirènes et Danaïdes. L'information en littérature », in PICARD, Michel (dir.). *Comment la littérature agit-elle ?* Klincksieck, 1994, p. 228.
[6] BENICHOU, Paul. *Le sacre de l'écrivain, 1750-1830,* Gallimard, 1996, p. 11.
[7] NETTER, Marc. « Approche d'une politique culturelle en France », in *Communications* n°14, 1969, p. 45.

[...C'est] un instrument visant à la perfection, d'abord par le contenu de son texte, et aussi par la présentation de celui-ci[1] ».

Outil de communication simple et peu onéreux, le livre est « le meilleur outil de travail individuel, l'informateur constamment et partout disponible, le réservoir de la sagesse accumulée dans le passé[2] ». Il apparaît supérieur à tous les autres moyens de communication « en ce qu'il n'est pas tributaire du temps qui passe, en ce que le lecteur dispose librement de son programme. Il se distingue en cela notamment du quotidien et du périodique, mais aussi de la radiodiffusion et de la télévision, dont le déroulement est rigoureusement contrôlé par le diffuseur[3] ».

Enfin, le livre est aussi étroitement associé, dans l'esprit occidental, à la notion de civilisation. Norbert Elias met en évidence, dans *La dynamique de l'Occident,* le bouleversement de société qui accompagne l'avènement du livre :

> *L'accroissement des besoins littéraires d'une société est déjà en soi l'indice d'une forte poussée civilisatrice. Car pour écrire des livres et pour les lire, il faut que la transformation et la régulation des pulsions aient atteint un certain niveau. Mais le livre n'assume pas encore dans la société de cour le rôle qui sera le sien dans la société bourgeoise. A la cour, les relations sociales, le « marché des valeurs de prestige » sont pour chacun au centre de ses préoccupations. Les livres sont moins destinés à être lus dans la solitude d'un cabinet de travail ou à meubler les heures de loisir gagnées sur les occupations professionnelles qu'à agrémenter les réunions amicales ou sociales. Ils prolongent en quelque sorte les conversations et les jeux de société ou remplacent, comme la plupart des Mémoires de la cour, des conversations qui, pour une raison ou pour une autre, n'ont pu avoir lieu*[4].

En transformant le flux de parole en une suite de signes inscrits sur une tablette d'argile ou de papier, l'écrit a permis à l'homme « d'analyser le discours en le décomposant, lui a enseigné à mieux distinguer les mots, à les mieux définir en en dressant des listes. [...] L'accumulation des savoirs et des observations qui, désormais, ne se déformaient plus à mesure qu'elles circulaient de bouche en bouche entraînait l'essor de l'esprit critique. Nul doute que l'apparition des alphabets ait joué dans ce processus un rôle essentiel[5] ».

Expression de l'esprit civilisé de l'homme et de sa vie, la littérature ouvre à l'individu une porte sur les autres, à la fois dans le temps (œuvres du passé) et dans l'espace (écrivains étrangers). Puisque cela est vrai de toutes les littératures, nous devons alors, selon Émile Henriot, « nous efforcer de les connaître et de les confronter toutes[6] ». Le livre permet d'entamer un dialogue entre individus et de créer des passerelles entre les sociétés humaines.

L'idée de favoriser la « compréhension mutuelle » joue un rôle important dans la philosophie et les objectifs de l'Unesco – même si cette conception a

---

[1] MARTIN, Henri-Jean. « Eloge de la perfection ». Op. cit., p. 108-109.
[2] DELAVENAY, Émile. *Pour le livre*. Paris: Unesco, 1974, p. 11.
[3] Ibid., p. 9.
[4] ELIAS, Norbert. *La dynamique de l'Occident*, Calmann-Lévy, 1991, p. 247-248.
[5] MARTIN, Henri-Jean. *Histoire et pouvoirs de l'écrit*, Albin Michel, 1996, p. 479.
[6] Avant-propos d'Émile Henriot, in TUNK, Edouard de. *Histoire universelle de la littérature, tome I,* Stauffacher Publishers Ltd, 1961, p. 15.

toujours fait l'objet de définitions floues et changeantes. Les livres vont donc jouer un grand rôle dans l'action menée pour améliorer la compréhension mutuelle des peuples et des communautés. En effet, affirment Barker et Escarpit, « les livres représentent l'une des principales défenses de la paix en raison du rôle considérable qu'ils jouent dans la création d'un climat intellectuel d'amitié et de compréhension mutuelle[1] ». Miroir des peuples et des cultures, le livre semble l'outil naturel aux relations entre les communautés humaines :

> *L'œuvre écrite est probablement, dans l'ordre de la création intellectuelle, celle qui exprime le plus profondément et le plus authentiquement l'esprit de l'homme. On a dit que toute œuvre d'art était un langage : mais entre toutes, l'œuvre écrite est la plus apte à dévoiler et à désigner dans leur être les réalités humaines. Les chefs-d'œuvre de la littérature et de la philosophie nous font mieux comprendre notre âme en même temps que celle d'autrui. Compréhension faite de sympathie, et qui atteint, à travers l'expression littéraire, le peuple dont le génie l'a produite. Si l'Unesco se propose d'encourager la traduction des œuvres les plus importantes dans un grand nombre de langues, c'est que, par son appel à une sensibilité toute mêlée d'intelligence, par les couleurs vibrantes dont elle revêt le sentiment de la solidarité humaine, la littérature est un des plus authentiques facteurs de compréhension universelle qui se puisse trouver. […]*
>
> *Dans le monde assombri et incertain qui est le nôtre, l'homme a plus besoin que jamais d'enrichir son esprit, d'embrasser de plus vastes horizons, d'élargir ses inquiétudes aux frontières mêmes de l'humain*[2].

L'Unesco insiste particulièrement, dans ce cadre, sur le rôle de la bibliothèque, celle-ci devant être une « force vive au service de tous », un « centre d'éducation populaire offrant à tous une éducation libérale[3] ». Kurt Simon Wallach, envoyé en mission à Chypre en 1962, écrit dans son rapport final :

> *Le livre – l'objet principal de chaque bibliothèque – est à la fois une image et un soutien du progrès économique, un lieu de sauvegarde des faits et des idées de l'humanité, un outil d'élévation et de divertissement. Sans lui, nous ne pouvons donner une éducation dont dépend le développement général, être formé ou se former aux compétences complexes nécessaires au développement. Aussi toutes les tendances semblent-elles naturellement indiquer que les bibliothèques, en tant que lieux d'accueil de ces livres et centres culturels actifs, doivent être prises en main dans un futur proche de manière à relever les défis bien connus que leur impose l'évolution économique, sociale et culturelle de la société contemporaine*[4].

Quant à la bibliothèque scolaire, l'Unesco la présente, dans un film de 1962-1963, comme l'outil indispensable pour l'éducation, à savoir « la formation de l'habitude de lecture et la nécessaire préparation pour l'utilisation ultérieure des livres comme sources de connaissance et de divertissement[5] ». Par ailleurs, elle doit servir à l'acquisition des normes du bon goût littéraire et à « la création et la

---

[1] BARKER, Ronald, ESCARPIT, Robert. *La faim de lire,* Unesco, 1973.

[2] Allocution de Torres Bodet pour l'ouverture de la réunion du Comité d'experts internationaux pour la traduction des classiques (21-25 nov. 1949), 21 nov. 1949. Archives Unesco, dossier 803 A 064 « -56 »

[3] « Livres sans chaîne », in *Courrier de l'Unesco,* volume 6, n°6, juin 1953, p. 2.

[4] Rapport de mission de Wallach, août 1962. Archives Unesco, dossier 02 (564.3) TA « 61/62 ».

[5] « Bibliothèques scolaires », non daté. Archives Unesco, dossier 02 A 371.

fortification de bonnes habitudes sociales, ainsi qu'à la compréhension de ce qui constitue une conduite sociale correcte (droits et devoirs de soi-même et d'autrui ; notion de patrimoine commun et de sa conservation)[1] ». En 1953, le *Courrier de l'Unesco* estime que « la valeur essentielle d'une bibliothèque pour enfants consiste à fournir aux jeunes l'occasion d'apprendre à se conduire correctement en société, à respecter ce qui est le bien de tous, à penser et à juger par eux-mêmes[2] ». La littérature de jeunesse ouvre aussi les enfants aux cultures étrangères :

> *Les élèves assimilent plus facilement les informations sur des pays ou des cultures étrangères lorsqu'elles leur sont présentées sous la forme d'un récit. Le récit oral ou écrit est universel, c'est-à-dire qu'il existe dans toutes les cultures. En l'utilisant comme outil pédagogique, il est plus facile pour l'enseignant d'aider ses élèves à faire des liens ou des comparaisons entre leur culture et celles dont il peut être question dans les récits. A partir de ces réflexions et de ces comparaisons, les élèves peuvent explorer les enjeux moraux et sociaux des différentes régions du monde sans se sentir menacés. La littérature de jeunesse peut donc démontrer aux élèves l'universalité des besoins des personnes et des émotions humaines*[3].

Pour l'Unesco, le livre constitue donc un facteur d'ouverture, d'émancipation et de dialogue interculturel, d'où l'importance de mettre en avant l'existence d'un « patrimoine littéraire mondial », dont l'explicitation et la valorisation permettraient de rapprocher les différentes cultures humaines à partir d'un socle commun.

Dès 1828, Goethe évoquait « l'espoir d'une littérature générale et universelle[4] ». Vingt ans plus tard, Marx et Engels affirment à leur tour, dans le *Manifeste communiste,* que « les cadres étroits des nations sont en train d'éclater et, des nombreuses littératures nationales et locales, naîtra la littérature universelle[5] ». Cette dernière se composerait de la prodigieuse variété de textes produits sur la planète, souligne Roland Barthes en 1966 :

> *Innombrables sont les récits du monde. C'est d'abord une variété prodigieuse de genres, eux-mêmes distribués entre des substances différentes, comme si toute matière était bonne à l'homme pour lui confier ses écrits : le récit peut être supporté par le langage articulé, oral ou écrit, par l'image, fixe ou mobile, par le geste et par le mélange ordonné de toutes ces substances ; il est présent dans le mythe, la légende, la fable, le conte, la nouvelle, l'épopée, l'histoire, la tragédie, le drame, la comédie, le pantomime, le tableau peint (que l'on pense à Sainte Ursule de Carpaccio), le vitrail, le cinéma, les comics, le fait divers, la conversation. De plus, sous ces formes presque infinies, le récit est présente dans tous les temps, dans tous les lieux, dans toutes les sociétés ; le récit commence avec l'histoire même de l'humanité ; il n'y a pas, il n'y a jamais eu nulle part aucun peuple sans récit ; toutes*

---

[1] Ibid.

[2] KENT, Francis. « Livres sans chaîne », in *Courrier de l'Unesco*, n°6, juin 1953, p. 4.

[3] DUGUAY, Rose-Marie. « Possibilités pédagogiques de la littérature de jeunesse », in *La littérature de jeunesse et son pouvoir pédagogique*, volume XXIV, 1996.

[4] GOETHE. *De l'art et de l'Antiquité*, 1828. Cité in SOMBYO, György. « Contribution au problème de la révision du concept de littérature universelle », in *Le mythe d'Étiemble, Inédits* n°77, Didier Erudition, 1979, p. 243-249.

[5] MARX, Karl, ENGELS. *Manifeste communiste*, 1848. Propos cités in SOMBYO, György. « Contribution au problème de la révision du concept… ». Op. cit., p. 243-249

les classes, tous les groupes humains ont leurs récits, et bien souvent ces récits sont goûtés en commun par des hommes de culture différentes, voire opposées : le récit se moque de la bonne et de la mauvaise littérature : international, transhistorique, transculturel, le récit est là, comme la vie[1].

Le récit constitue un phénomène universel, intemporel et omniprésent, traduisant l'universalité de l'imagination et transcendant les supports matériels ; tous les êtres humains possèdent un désir de récits, dont seules changent les incarnations.

Dès sa création, l'Unesco définit parmi ses objectifs la conservation, la protection et la diffusion d'un patrimoine universel de livres, postulant *de facto* à la fois son existence et sa légitimité. Cette notion est régulièrement mise en avant. En 1959, René Maheu encourage la Fédération internationale des Traducteurs à poursuivre ses efforts qui contribuent « à assurer une meilleure diffusion du patrimoine littéraire universel[2] ».

Concrètement, l'Unesco aborde la question du patrimoine littéraire mondial sous quatre angles : la traduction et la diffusion d'œuvres considérées comme des « classiques universels » dans le cadre d'une Collection d'œuvres représentatives ; la mise en place d'un programme de « commémoration des grands hommes », parmi lesquels figurent des écrivains, philosophes et hommes de lettres ; la protection, la sauvegarde (par le microfilmage) et la diffusion de manuscrits anciens ; enfin, entamée plus tardivement à l'initiative des États africains, la collecte et la diffusion des traditions orales comme participant du patrimoine littéraire mondial. Ces programmes complémentaires tentent, chacun à leur manière, de répondre à la difficile question de la définition d'un patrimoine littéraire commun à l'ensemble de l'humanité.

Cette notion soulève, en effet, de nombreuses questions et controverses. L'Unesco proclame l'égalité entre les littératures ainsi que sa volonté de rassembler les « grandes œuvres représentatives du génie des différents peuples[3] » pour définir un patrimoine littéraire mondial. L'organisation se propose d'inclure dans ce patrimoine la littérature provenant de chaque culture, de chaque aire linguistique, de chaque civilisation, sans postuler de hiérarchie ou de jugement de valeur *a priori*. Avec cette tentative de définition d'un patrimoine littéraire et d'un panthéon de grands écrivains universels, l'Unesco pénètre dans un domaine mémoriel investi au XXe siècle par nombre de pays, souvent occidentaux.

La frénésie de commémorations s'illustre dans des « années » célébrant un héros redécouvert, mais aussi dans de grandes expositions historiques et dans la multiplication des musées d'histoire[4]. Nombre de chercheurs et d'universitaires se sont penchés sur les questions liées à la mémoire individuelle et collective,

---

[1] BARTHES, Roland. « Introduction à l'analyse structurale des récits », in *Communications*, volume 8, n°8, 1966, p. 1.

[2] Lettre de Maheu à Bothien, 12 juin 1959. Archives Unesco, dossier 4 A 337/01 IFT « -66 ».

[3] *Rapport* du Directeur général sur les années 1951-1952, p. 185.

[4] RAPHAEL, Freddy. « De la figure dans le champ du pouvoir », in RAPHAEL, Freddy (dir.). *Travail sur la figure, travail de la mémoire*, PUS, 1998.

ainsi qu'à son utilisation à des fins politiques et identitaires, de Maurice Halbwachs (*La mémoire collective*, 1950) à Paul Ricœur (*La mémoire, l'histoire, l'oubli*, 2000), en passant par Alain Finkielkraut (*Du bon usage de la mémoire*), Jean-Claude Bonnet (*Naissance du Panthéon : essai sur le culte des grands hommes*, 1998) ou encore le monumental projet collectif dirigé par Pierre Nora entre 1984 et 1992, *Les lieux de mémoire*.

Toutefois, la majorité des ouvrages se penche sur la question de la mémoire dans un cadre national. Or l'Unesco ne s'en cache pas : si elle souhaite promouvoir de grandes œuvres littéraires pour ce qu'elles apportent à leurs lecteurs, l'objectif est aussi d'utiliser ces œuvres en question – et ces écrivains – comme modèles de référence, afin de faire naître chez les différents peuples le sentiment de partager un héritage commun. En cela, l'Unesco suit l'idée que « les crimes et les tragédies du passé ne sont pas seuls à comporter des "leçons" pour le présent. Les découvertes, les grandes réalisations de l'humanité sont également susceptibles d'apporter un éclairage sur notre monde et d'inspirer de nouveaux projets[1] ». Déjà en 1801, Joseph-Marie Portalis estimait que « les grands écrivains, en faisant étinceler les cendres du passé, vivifient l'avenir[2] » et que les hommes de lettres revêtent une importance particulière « car les pensées sont les richesses nobiliaires de l'âme, elles deviennent la propriété de tous ceux auxquels on les communique [...] Les découvertes, les opinions, les écrits peuvent bouleverser le monde[3] ».

L'Unesco s'essaie à définir et à promouvoir un patrimoine littéraire mondial à travers divers programmes, dont celui de « commémoration des grands hommes ». Avec ce dernier, l'organisation aborde la littérature d'un point de vue historique. Or le fait de concevoir la littérature comme sujet de l'histoire ne date que du XVIIIe siècle, lorsqu'une nouvelle réflexion émerge sur le lien à construire entre la société présente et le passé littéraire ; l'attitude à adopter envers les œuvres littéraires passées oscille, en effet, entre refus ou mythification du passé, et la définition du rapport entre écrivains du passé/du futur reste à établir.

L'homme moderne, en particulier dans la théorie libérale anglo-saxonne, accorde une importance centrale à sa capacité de délibérer de manière autonome de l'orientation de sa vie, et c'est pourquoi il doit se couper de ses ancêtres et de la mémoire collective[4]. Cette conception semble largement acceptée à l'époque de l'IICI, où la littérature intéresse surtout par ses aspects contemporains et son éventuelle influence sur les événements futurs. Ainsi, la vision de la littérature dans l'entre-deux-guerres est peu tournée vers le passé ; les thèmes et les intervenants des « Entretiens » et des « Correspondances », les publications de

---

[1] KATTAN, Emmanuel. *Penser le devoir de mémoire*. Paris : PUF, 2002, p. 10.

[2] PORTALIS, Joseph-Marie. *Du devoir de l'historien : de bien considérer le caractère et le génie de chaque siècle en jugeant les grands hommes qui y ont vécu : discours couronné par l'Académie royale des inscriptions et belles-lettres, histoire et antiquités de Stockholm en mars 1800*. Paris : Librairie Chez Bernard, 1801, p. 19.

[3] Ibid., p. 58.

[4] KATTAN, Emmanuel. *Penser le devoir de mémoire*. Paris : PUF, 2002, p. 37.

traductions réalisées par l'IICI, relèvent d'une conception dynamique de la littérature et du rôle des écrivains contemporains dans la société.

Au contraire, la conception de « patrimoine littéraire mondial » développée par l'Unesco repose sur le culte de la littérature passée, constituée en un patrimoine quantifiable qui serait à valoriser. De la même manière qu'en Occident, le passage de la conservation d'œuvres d'art dans les musées a coïncidé avec l'éloignement de l'art de la vie quotidienne des gens du peuple[1], la célébration d'une littérature passée et sacralisée semble coïncider avec une coupure entre littérature et quotidien. D'ailleurs, il faut noter la forte influence de la culture et de la pensée occidentale sur l'Unesco dans ce cas précis. Les conceptions mêmes de muséification, de commémoration et de fétichisme de l'objet sont typiquement occidentales et par ailleurs, on le sait, socialement connotés[2].

L'Unesco choisit ainsi – inconsciemment ou par souci diplomatique ? – de se couper de la littérature contemporaine en valorisant principalement des auteurs morts depuis un certain temps (au moins un siècle pour pouvoir figurer dans la Collection d'œuvres représentatives, tandis que le seul écrivain récent faisant l'objet d'une commémoration est l'Indien Rabîndranâth Tagore). Les écrivains censés montrer la voie de l'avenir et du progrès sont donc (bien que paradoxalement) les plus anciens, et non les contemporains comme c'était le cas par exemple pour Paul Valéry, Thomas Mann, Jules Romains et d'autres écrivains valorisés par l'IICI. Ainsi, les critères de choix des écrivains participant au patrimoine littéraire mondial, s'ils ne sont jamais explicités par l'Unesco, n'en demeurent pas moins de première importance pour comprendre le contenu même du patrimoine littéraire promu.

Le « panthéon » mis en avant par l'Unesco comprend une liste d'auteurs (anciens) et un corpus de textes consacrés comme de « grands textes » par une élite socioculturelle mondialisée. Les grands écrivains choisis – de Confucius à Tagore, de Goethe à Shakespeare – n'ont en commun que la valeur littéraire qui leur est reconnue au niveau international par les élites et la critique littéraire, puisqu'ils n'appartiennent ni à la même époque, ni au même courant ou genre littéraire ; néanmoins, leur rassemblement au sein d'un panthéon mondial leur confère une simultanéité[3] aux yeux des contemporains. Or ce choix se heurte d'une part, à l'universalité concrète (le nombre de traductions en témoigne) d'un grand nombre d'auteurs considérés comme « populaires » (Agatha Christie, Jules Verne, Georges Simenon en particulier), et d'autre part, à la volonté affichée de reconnaître la valeur de chaque culture et de mettre en avant les grands auteurs les moins connus.

---

[1] Voir KURIN, Richard. « Musées et patrimoine immatériel : culture morte ou vivante ? », in *Les nouvelles de l'ICOM* n°4, 2004, sur http://icom.museum/ fileadmin/user_upload/pdf/ICOM_News/2004-4/FRE/p7_2004-4.pdf

[2] A ce sujet, voir BOURDIEU, Pierre, DARBEL, Alain. *L'amour de l'art. Les musées d'art européens et leur public*, Editions de Minuit, 256 p.

[3] A ce sujet, voir SCHLANGER, Judith. *La mémoire des œuvres*, Nathan, 1992, ou encore MALRAUX, André. *Le musée imaginaire*, Skira, 1947.

Si la première de ces limites semble éloigner d'emblée l'Unesco de la problématique de la démocratisation culturelle, la seconde se résout en quelque sorte par la mise en place de la Collection d'œuvres représentatives. Tandis que le programme de commémorations des grands hommes met en avant les écrivains les plus célèbres des grandes civilisations de l'écrit (Occident, Inde, Chine, monde arabe...), la Collection d'œuvres représentatives offre à l'Unesco l'occasion d'élargir le champ du patrimoine littéraire mondial aux grands auteurs de « petits » pays littéraires.

Les écrivains « perdants » de ce programme sont donc les auteurs populaires mondialement célèbres. Les plus traduits et les plus lus dans le monde (Christie, Verne, Simenon) – c'est-à-dire potentiellement les plus « rassembleurs » – sont écartés du patrimoine littéraire mondial tel que défini au fil du temps par l'Unesco. L'organisation perpétue en réalité le canon littéraire véhiculé par le système éducatif occidental. A cela près que le corpus de l'Unesco est par définition plus ouvert et plus complexe à définir que les corpus nationaux, et se présente comme le fruit d'un compromis entre les États membres de l'organisation.

En outre, l'Unesco n'a pas pour vocation de promouvoir de « grands » écrivains ; le contenu des œuvres est primordial et doit coïncider avec l'idéologie prônée par l'organisation (droits de l'homme, tolérance, compréhension mutuelle, paix). Dans ces conditions, de nombreux écrivains ne rentrent pas dans le moule et l'on peut subodorer que, sans tenir compte de sa (potentielle) qualité littéraire, le roman policier (mettant en scène la violence, la cupidité, le meurtre) ne semble pas à l'Unesco le meilleur moyen de véhiculer son idéologie, malgré le succès planétaire de Christie ou Simenon. Tout comme il est facile d'imaginer que les auteurs sujets à controverse (comme Céline) rentrent eux aussi dans la catégorie des indésirables du point de vue de l'Unesco...

L'organisation apparaît, d'abord et avant tout, à la recherche de figures culturelles charismatiques capables d'incarner ses idéaux. Le XXe siècle d'après la Seconde Guerre mondiale doit se trouver des grands hommes d'un nouveau genre, universalistes et universellement exploitables, capables « de faire comprendre à l'ensemble des peuples de cette planète qu'ils appartiennent à une même communauté, [...] qui, à défaut d'instaurer un gouvernement mondial, sache[nt] faire accepter une véritable légitimité internationale, à contre-courant d'un monde où chacun cherche à approfondir ses différences. Le grand homme que tout le monde attend, c'est celui qui accomplira l'idéal des Nations Unies[1] ».

A cet égard, les difficultés rencontrées par l'Unesco dans sa volonté de définir une mémoire et un patrimoine communs à l'humanité rappellent les difficultés d'autres organisations – et notamment l'échec de l'Union européenne à créer un sentiment d'appartenance et une mémoire commune ne serait-ce que pour l'ensemble européen, dont les langues, l'histoire, les valeurs et le niveau de développement sont pourtant relativement homogènes. Mais les phénomènes de

---

[1] JULLIARD, Jacques. « Que sont les grands hommes devenus ? », in *Politique internationale*, n°82, hiver 1998-99, p. 21-22.

mémoire collective apparaissent depuis deux siècles comme le monopole des États-nations ou de groupements particularistes plus étroits, d'où l'embarras de mettre l'échelle planétaire au premier plan. L'action de l'Unesco en faveur d'un patrimoine littéraire mondial, pétrie de contradictions et semée d'embûches, restera donc, de manière générale, largement en filigrane du discours officiel sous-tendant la politique du livre de l'organisation.

Le livre : un outil indispensable au développement économique et à l'industrialisation

Si le livre est hautement valorisé à l'Unesco, il est étroitement lié à la question de l'alphabétisation en tant que moteur du développement économique. Les années 1950 et 1960 constituent le cadre d'un basculement des Nations Unies du fonctionnalisme vers le développementalisme, et l'Unesco entre pleinement dans « l'ère du développement » par le biais de l'éducation et de l'alphabétisation. Dans le discours de l'Unesco, alphabétisation, éducation, livre et bibliothèque vont de pair. La diffusion des livres, la création des bibliothèques, n'ont en effet d'intérêt que si elles accompagnent un élargissement du lectorat à travers le monde. L'accès au livre apparaît lié aux problèmes du développement économique et social et de l'éducation, et les pays du Tiers monde considèrent l'alphabétisation comme une des priorités majeures du développement[1]. L'éducation de base, concept lancé dès les premières années, apparaît fortement corrélée à la question de la lutte contre l'analphabétisme.

Dès le départ apparaît aussi l'idée qu'il ne sert à rien d'alphabétiser les populations, en particulier en milieu rural et dans les pays où la production écrite en langue locale est quasi inexistante, si les nouveaux alphabètes n'ont ensuite rien à lire. C'est ce qu'Edward J. Carter, directeur de la Division des bibliothèques, rappelle en 1950 à son collège Lloyd Hughes, en charge de l'éducation fondamentale : « cela ne sert à rien d'apprendre aux gens à lire s'ils sont ensuite laissés à eux-mêmes sans avoir rien à lire[2] ». Deux ans plus tard, Carter développe ce raisonnement auprès de la Division de l'éducation :

> *Dans les communautés où il n'y a pas de circulation de matériel de lecture approprié et aucun stimulant pour écrire, le fait d'être alphabétisé en soi a peu de signification. L'expérience montre que dans de telles régions, les individus à qui l'on apprend à lire et à écrire retombent fréquemment dans l'analphabétisme – à moins que le progrès dans l'alphabétisation ne s'accompagne d'un progrès dans d'autres domaines, particulièrement dans le matériel utilisé comme moyen de communication*[3].

L'Unesco se penche sur la question de la mise à disposition de supports écrits aux populations nouvellement alphabétisées sous différentes formes :

---

[1] Conférence prononcée par René Maheu le 26 août 1964 à Copenhague, reproduite in *La civilisation de l'universel*. Op. cit., p. 97.

[2] Mémo de Carter à Lloyd Hughes, 14 sept. 1950. Archives Unesco, dossier 375 : 02.

[3] *Rapport sur la situation sociale dans le monde* du 18 décembre 1951, cité par Carter dans un mémo à Elwin, 6 février 1952. Archives Unesco, dossier 375 : 02.

encouragement à la production de textes en langues locales et à la création de journaux en langues locales, traduction, mise en circulation de bibliobus, création de bibliothèques rurales, etc. Cette réflexion inclut la création de services de bibliothèque dans le cadre des projets d'alphabétisation, précise Edward Carter : « Une grande part de l'activité pour améliorer l'alphabétisation et l'éducation fondamentale est éphémère à moins que le développement de bibliothèques ne soit associé directement, dès le début, à ces projets[1] ».

L'organisation élabore des outils, des techniques, du matériel et diffuse deux brochures (*Apprendre à vivre* en 1951 ; *Les hommes contre l'ignorance* en 1953) pour encourager l'alphabétisation. Elle s'efforce aussi de promouvoir des méthodes novatrices d'alphabétisation, et publie en 1957 une synthèse alarmante sur le sujet, *L'analphabétisme dans le monde au milieu du XXe siècle*. En plus de ses projets sur le terrain, l'Unesco édite chaque année une brochure pour la Journée internationale de l'alphabétisation.

Cependant, si « l'Unesco multiplie les missions et les centres, soutenus par de vastes campagnes [...], le bilan est décevant (notamment en Afrique) ; l'alphabétisation ne se décrète pas mais, pour progresser, requiert des conditions très précises[2] ». Dès 1964, René Maheu se livre à l'autocritique :

> *Les erreurs, les efforts et les dépenses inutiles et les échecs même qui ont marqué bien des campagnes d'alphabétisation proviennent de ce que ces campagnes ont été lancées à la légère sans qu'on se soit assuré de l'existence d'une motivation suffisante dans la population. La motivation est essentielle : il faut que les personnes et les masses que l'on veut faire accéder à l'alphabétisation comprennent de quoi il s'agit, et le veuillent. Il faut d'abord qu'il y ait un mouvement spontané, une demande constante, je dirai même une pression de l'opinion pour que l'alphabétisation puisse être entreprise avec des chances de succès*[3].

Les Nations Unies prennent progressivement conscience que « des efforts nationaux isolés, d'ampleur variable, ne peuvent être à la mesure d'un mal de dimension mondiale et qu'une action internationale s'impose[4] ». Fin 1962, l'Unesco soumet à l'Assemblée générale des Nations Unies un rapport sur la suppression de l'analphabétisme dans le monde, qui comprend un projet d'action internationale destiné à favoriser et à renforcer les efforts nationaux. Ce projet, marqué par la théorie développementaliste, doit être mené par l'Unesco en collaboration étroite avec le fonds spécial des Nations Unies, le Bureau de l'Assistance technique et la Banque mondiale. En 1964, l'Unesco propose un programme d'alphabétisation massive dans 8 pays, à mener de 1966 à 1970, et destiné à préparer le lancement d'une campagne mondiale ultérieure[5]. La même année, Maheu prononce plusieurs conférences où s'exprime le nouveau regard

---

[1] Memo de Carter à Elwin, 6 février 1952. Archives Unesco, dossier 375 : 02 « Fundamental Éducation and Libraries »

[2] MOREAU DEFARGES, Philippe. *Les organisations internationales contemporaines*. Op. cit., p. 28.

[3] Conférence prononcée par René Maheu le 14 mars 1964 à Abidjan, reproduite in *La civilisation de l'universel*. Op. cit., p. 102.

[4] Conférence prononcée par René Maheu le 26 août 1964 à Copenhague, reproduite in *La civilisation de l'universel*. Op. cit., p. 98.

[5] Ibid., p. 99.

porté par l'Unesco sur la question de l'illettrisme et son lien avec le développement économique :

> *L'alphabétisation, si importante soit-elle, n'est pas une fin en soi, elle fait partie de la promotion totale de l'homme, de sa promotion économique, sociale, intellectuelle et morale. Ce qui nous intéresse, ce n'est pas l'alphabétisation elle-même, mais ce à quoi elle peut conduire : c'est à cause des débouchés de l'alphabétisation que nous sommes pour l'alphabétisation. L'alphabétisation est une clé qui ouvre des portes ; ce qui nous intéresse, c'est ce qui est derrière les portes.*
>
> *Toute campagne d'alphabétisation devrait être pensée dans la perspective d'une amélioration de la formation professionnelle. Il faut que l'adulte illettré qui a acquis cette nouvelle technique sente immédiatement qu'elle améliore son efficacité et son rendement comme travailleur, et il faut que sa rémunération soit augmentée en conséquence. Il faut que l'effort qu'il aura accompli pour apprendre à lire et à écrire et pour entretenir cette technique soit immédiatement récompensé par une amélioration de sa condition dans la société. Il convient donc que les gouvernements, lorsqu'ils conçoivent et entreprennent une campagne d'alphabétisation, la lient de la manière la plus étroite à une politique du marché du travail et à une politique de la formation professionnelle. Et c'est dans le cadre de l'activité économique, au niveau même de l'entreprise, que l'alphabétisation doit délibérément s'insérer.*
>
> *Il est également indispensable que l'aspect social et civique de l'éducation permanente des adultes soit étroitement lié à l'alphabétisation. Ce qui amène en particulier à se poser dès le départ le problème de ce que l'adulte qui vient d'apprendre à lire lira et de la manière dont il utilisera ses connaissances nouvelles.*
>
> *Par-dessus tout, il importe que le néo-alphabète se rende compte que la lecture lui permet une amélioration de sa propre personnalité. Il faut que la lecture devienne pour lui comme pour chacun de nous une manière de vivre, une manière d'affirmer et de développer sa personnalité, il faut qu'elle fasse partie de la vie intérieure aussi bien que sociale de l'homme*[1].

Malgré les efforts déployés, René Maheu dénonce en 1966 l'existence de 700 millions d'adultes et de plus de 100 millions de jeunes illettrés dans le monde[2]. Par ailleurs, le chiffre de la population illettrée augmente chaque année d'environ 20 à 25 millions. En 1970, proclamée « Année internationale de l'éducation », Herbert Moore Phillips est mandaté pour réaliser une brochure intitulée *Alphabétisation et développement*. Il y explique :

> *Les résultats de la Iʳᵉ Décennie pour le développement ont été inégaux : certains très positifs, d'autres décevants. L'effort fait pour éliminer l'analphabétisme dans le monde doit être considéré comme l'une de ces déceptions, puisque l'on comptait en réalité plus d'adultes analphabètes à la fin de la décennie qu'à son début, bien que se soit développé à un rythme sans précédent l'enseignement primaire dans les années 1950 et 1960 et que l'on ait, dans le monde, attaché une plus grande valeur à l'enseignement comme facteur de progrès économique. S'il n'a pas été possible d'obtenir de meilleurs résultats, c'est essentiellement parce que les années précédentes ont été marquées par un accroissement*

[1] Conférence prononcée par René Maheu le 14 mars 1964 à Abidjan. Op. cit., p. 103.
[2] MAHEU, René. *La civilisation de l'universel.* Op. cit., p. 36.

démographique rapide et que les gouvernements et l'industrie n'ont pas consacré de ressources suffisantes à l'enseignement extrascolaire des adolescents et des adultes[1].

Cette brochure définit l'analphabétisme comme un grave problème économique et social, avec pour objectif d'attirer l'attention sur l'analphabétisme, à tous les niveaux de la politique de développement. En 1974, Delavenay rappelle :

> *Plus de la moitié de l'humanité a un besoin urgent et immédiat de livres. Pour les pays en voie de développement, les complexités sont telles que rien ne peut être réalisé sans une action internationale concertée, s'attaquant simultanément à tous les aspects techniques, économiques, sociaux et politiques du problème. L'Unesco s'est attachée avec une vigueur croissante à circonscrire ces divers aspects, à en montrer l'interdépendance, à mobiliser les esprits en vue de cette attaque concertée*[2].

Le discours sur le livre s'attachant à l'éducation de base, à l'alphabétisation et au livre comme outil de développement économique, aboutit naturellement à une valorisation particulière, non des ouvrages de fiction ou de réflexion philosophique, mais plutôt des manuels scolaires, des ouvrages scientifiques et techniques, de la littérature professionnelle ; il semble d'ailleurs « évident que le livre d'enseignement scolaire ou extrascolaire est appelé à jouer un rôle essentiel dans tous les domaines et à tous les stades du développement[3] ». C'est ce que souligne l'Unesco dans un rapport produit en 1970 à la demande du Conseil économique et social des Nations Unies :

> *L'intervention du livre dans le domaine éducatif se situe à plusieurs niveaux. Le premier niveau est celui du livre d'enseignement, scolaire ou universitaire, qui est un outil fonctionnel délibérément adapté à une fin éducative. Le deuxième niveau est celui du livre d'enfant, qui joue un rôle éducatif indirect à un âge où toute communication est une acquisition. Le troisième niveau est celui des livres de lecture générale destinés aux adultes et tout particulièrement aux adultes récemment alphabétisés. L'incidence éducative est ici moins rigoureusement définissable, mais elle n'en est pas moins fondamentale. Il n'est en effet pas de livre qui, d'une manière ou d'une autre, ne joue son rôle dans le processus d'éducation.*
>
> *Toutes les réunions d'experts convoquées par l'Unesco ont reconnu la nécessité d'accorder une priorité au livre scolaire et en particulier au livre destiné à l'enseignement du premier degré. Aucune planification concernant l'éducation n'a de sens si les manuels indispensables ne sont pas mis à la disposition des élèves. En outre, la gratuité du livre scolaire est le corollaire inévitable de la scolarité obligatoire*[4].

L'urgente nécessité d'accroître la production locale de manuels scolaires constitue l'un des problèmes importants régulièrement soulevés à l'Unesco. Afin de contribuer à le résoudre, l'organisation envoie dans de nombreux pays « des experts chargés d'installer des presses d'imprimerie pour la production d'ouvrages d'enseignement et d'aider à la planification et à la rédaction de

---

[1] PHILLIPS, Herbert Moore. *Alphabétisation et développement*. Paris : Unesco, 1970 (préface)
[2] DELAVENAY, Émile. *Pour le livre*. Op. cit., p. 19.
[3] « Livres sans chaîne », in *Courrier de l'Unesco*, volume 6, n°6, juin 1953, p. 18.
[4] « La promotion du livre au service de l'éducation. Rapport du Secrétariat de l'Unesco pour l'ECOSOC », 1970, p. 11. Archives Unesco, dossier 04 A 066 72 AIL

manuels[1] ». L'Unesco présente aussi la bibliothèque publique comme le complément indispensable à l'éducation, et donc au développement :

Création de la démocratie moderne, la bibliothèque publique illustre la foi de la démocratie en l'éducation à tous les âges de la vie. Bien qu'essentiellement destinée à assurer l'éducation des adultes, la bibliothèque publique doit également compléter l'œuvre de l'école en développant le goût de la lecture chez les enfants et les jeunes gens, pour en faire des adultes capables d'apprécier les livres et d'en tirer profit. Institution démocratique, administrée par le peuple et pour le peuple, la bibliothèque publique doit :

- Être constituée et fonctionner en vertu de textes législatifs précis ;

- Être financée, en totalité ou en majeure partie, par l'État ou les collectivités locales ;

- Être gratuite et ouverte également à tous les membres de la communauté, quels que soient leur métier, leur religion, leurs opinions, leur classe sociale ou leur race.[2]

Au début des années 1960, l'Unesco s'attache donc à relier son programme – en particulier les aspects concernant les bibliothèques – à la problématique du développement économique et social[3], et recrute en 1962 un consultant afin de rédiger une analyse sur le rôle que pourrait jouer le développement planifié de bibliothèques dans le développement économique et social des pays en développement. Cependant, si la bibliothèque apparaît comme le lieu par excellence où se poursuivent l'éducation des jeunes et la formation des adultes, elle doit constituer en même temps un centre de conservation, de tri et d'échange des livres et autres supports d'information qui se multiplient au XXe siècle à travers le monde. Elle a ainsi un rôle important à jouer dans l'accroissement et l'amélioration des flux mondiaux de l'information.

Si la vision française voit d'abord le livre comme un objet patrimonial et un outil d'émancipation et de dialogue, et la vision britannique comme un support d'éducation et de développement économique, la vision états-unienne, quant à elle, accorde une importance fondamentale au livre comme véhicule de l'information et des savoirs. Alors que la propagande culturelle états-unienne est menée en grande partie par une structure justement nommée *United States Information Agency* (USIA), qui gère à partir de 1953 l'ensemble de la politique d'information menée à l'étranger, c'est aussi sur l'insistance des États-Unis que l'Unesco considère la communication comme un champ d'activité légitime.

Avec l'accélération des échanges internationaux et les innovations techniques dans le domaine des transports et des communications, l'information devient un enjeu crucial dans le monde moderne. Cet intérêt se ressent à l'Unesco à travers la mise en place de différents projets destinés à encourager les échanges de livres et de supports d'information, à centraliser les données, à encourager les mises en réseaux. Le lancement par l'Unesco d'un Centre international d'échanges littéraires, la collecte d'informations concernant le livre, l'harmonisation des statistiques bibliographiques, l'uniformisation des normes bibliographiques,

---

[1] BARKER, Ronald, ESCARPIT, Robert. *La Faim de lire*, Unesco, 1973, p. 145-146.

[2] « Livres sans chaîne », in *Courrier de l'Unesco*, volume 6, n°6, juin 1953, p. 2.

[3] Lettre de Petersen à Carnovsky, 23 oct. 1961. Archives Unesco, dossier 02 (6) A 074 (669) « 62 » TA.

l'adoption à grande échelle de la classification Dewey, participent de ce double mouvement de rassemblement de l'information au sein de réseaux planétaires et de rediffusion de cette information dans le monde.

Dans ce cadre, le livre n'est pas tant valorisé pour sa dimension esthétique, émotionnelle et patrimoniale qu'en tant que porteur de connaissances, transmetteur de savoirs et d'informations. Selon Fabrice Piault, le livre n'est pas un support anodin :

> *En quelques siècles, il s'est imposé comme l'outil intellectuel majeur du monde occidental. Il a façonné, à travers l'enseignement des « humanités », non seulement les « élites », mais aussi la société tout entière. Principal véhicule de la pensée, l'objet livre en a aussi modelé – par la structure linéaire du texte, par ses dimensions – jusqu'aux formes d'expression. Instrument de réflexion comme outil pratique, il a investi tous les domaines d'activité, de la formation à la distraction*[1].

Roy Adrian Preiswerk et Dominique Perrot nomment « alphabétisme » cette sur-valorisation de l'écrit comme moyen de communication :

> *L'alphabétisme serait l'attitude consistant à privilégier l'écriture en tant que moyen de communication sociale au point de l'envisager sous deux aspects. Le premier est celui de la transmission écrite de la culture et de la connaissance comme critère essentiel (souvent unique et déterminant) pour diviser le déroulement de l'activité humaine en une phase historique et une phase préhistorique, rejetant du même coup les sociétés contemporaines sans écriture dans une sphère anhistorique ; le deuxième est le postulat d'une qualité intrinsèque contenue dans l'écriture illustrant un stade d'évolution supérieure. L'écriture, bien que n'ayant pas eu son origine en Europe, est devenue un des instruments les plus représentatifs de l'Occident dans ses rapports avec le Tiers-Monde. Les missions de type religieux ont mis l'accent sur l'alphabétisation, devenant synonyme d'éducation élémentaire, indispensable pour tous, tandis que les activités plus larges de type « mission civilisatrice » étaient également concentrées pour une bonne part sur l'éducation envisagée avant tout au niveau scolaire comme l'acquisition d'une technique d'écriture et de lecture*[2].

L'Unesco tente, d'une part, d'agir pour la compréhension entre les nations, en favorisant la libre circulation des idées et les échanges dans le domaine des activités intellectuelles et culturelles, et d'autre part, de coopérer pour susciter dans toutes les sociétés une plus large participation à cette vie intellectuelle et culturelle, d'où les notions d'« éducation populaire », de « diffusion de la culture » et de « chance égale d'éducation pour tous »[3].

Les Nations Unies et l'Unesco, en accueillant les pays nouvellement indépendants qui y acquièrent une large majorité, deviennent « le centre de ce qu'on appelle "l'opinion publique mondiale". [...] Elle préoccupe les diplomates et constitue une indéniable force au service de certaines thèses[4] ». Cette opinion publique mondiale prend fermement position sur les questions de

[1] PIAULT, Fabrice. *Le livre. La fin d'un règne*. Paris : Stock, 1995, p. 20-21.
[2] PREISWERK, Roy, PERROT, Dominique. *Ethnocentrisme et histoire : l'Afrique, l'Amérique indienne et l'Asie dans les manuels occidentaux*, Anthropos, 1975, p. 149.
[3] M'BOW, Amadou-Mahtar. *Aux sources du futur: la problématique mondiale et les missions de l'UNESCO*, Unesco, 1982, p. 106-107.
[4] DUROSELLE, Jean-Baptiste. *Histoire diplomatique de 1919 à nos jours*, Dalloz, 1993, p. 939.

communication, en dénonçant l'accroissement des inégalités des flux d'information dans le monde et en réclamant à l'Unesco un « nouvel ordre mondial de l'information et des communications » dans les années 1970 – sujet sensible qui conduira en grande partie au retrait des États-Unis de l'organisation. Ce débat, qui fait rage à l'Unesco durant plusieurs années, correspond à un véritable questionnement sur la place de l'information dans l'organisation, sachant que la division des bibliothèques (rattachée au secteur culturel) et celle des sciences sociales (rattachée au secteur scientifique) se disputent longuement la mainmise sur les projets liés aux centres documentaires et aux services d'information[1].

Le discours de l'Unesco présente donc le livre à la fois comme un outil d'émancipation, un facteur de dialogue et de compréhension mutuelle, un instrument pour constituer une identité et un patrimoine communs à l'humanité, un outil de développement économique et un support de communication de l'information. Ces multiples usages sont entremêlés dans les discours et publications et utilisés pour expliquer et légitimer le choix, l'utilité et la mise en place de projets spécifiques. Prenant progressivement conscience de cette variété d'approches, l'Unesco tentera cependant de les synthétiser dans un effort de clarification, comme le montrent les propos du directeur général Koïchiro Matsuura en 2005 :

> *A l'ère des réseaux électroniques et télévisuels globaux, le livre constitue plus que jamais un* outil essentiel pour l'indépendance de l'individu, *pour la conscience du citoyen et pour le* développement économique, *social et culturel des sociétés. Il est un* moyen d'information, de réflexion critique et d'éducation *irremplaçable, se situant à la base même de l'édifice, en permanente reconstruction, de la démocratie, des droits de l'homme et des libertés fondamentales.*
>
> *Puissant* facteur de dialogue au-delà des frontières et des langues, *grâce à la traduction, l'édition est le socle sur lequel, avec le système éducatif et l'ensemble de l'industrie culturelle, chaque pays construit et fait évoluer son identité, son idée d'elle-même, son propre sens de la vie et des choses. Mais le livre est aussi un* vecteur important du bien-être matériel, *car il est un* instrument de partage et d'actualisation des savoirs. *Au-delà de sa raison d'être pour le secteur spécifique de l'édition, le livre est ainsi un* véritable pivot de l'économie dans son ensemble.
>
> *Promouvoir le livre signifie donc aussi lutter contre la pauvreté, dans le cadre d'une bataille stratégique d'intérêt général qui ne concerne pas seulement les spécialistes, mais tous ceux qui travaillent à la construction d'un monde plus ouvert et plus solidaire. Aussi le livre occupe-t-il un rôle important dans l'action de l'UNESCO, qui lui a consacré, depuis sa création, de très nombreuses initiatives de réflexion, de soutien aux politiques sectorielles des pays, de formation, de renforcement professionnel*[2].

Entre 1945 et 1974, aucun discours, texte ou support officiel ne présente de manière aussi complète, cohérente et synthétique une vision globale de la politique du livre de l'Unesco. La mise en place d'un discours cohérent sur le

[1] PARKER, Stephen. *Unesco and Library Development Planning.* Op. cit., p. 259.

[2] Préface de Koïchiro Matsuura, in GARZON, Alvaro. *La politique nationale du livre. Un guide pour le travail sur le terrain,* Unesco, 2005, p. 7-8. Je souligne.

sujet débute en réalité en 1972 avec l'Année internationale du livre, suivie en 1974 par la publication de l'ouvrage *Pour le livre* préparé par Émile Delavenay. Ainsi, ce sont les actions concrètes menées par l'Unesco pendant ses 30 premières années d'existence qui ont conduit l'organisation à réfléchir à ses pratiques et à son discours, la conduisant à élaborer une vision globale du livre et un discours sur ce thème articulant d'une manière plus globale les différents aspects du « livre ».

La politique du livre dans l'activité générale de l'Unesco

Aux yeux du grand public, l'Unesco est d'abord connue pour ses réalisations médiatisées, de grande ampleur : campagnes de sauvegarde et de fouilles, interventions durant les conflits armés, lutte contre les importations, exportations et transferts illicites de biens culturels, développement de musées, etc.[1]. Pourtant, ses objectifs affichés sont vastes et son programme comprend dès les premières années plus d'une centaine de projets dans ses différents domaines d'intervention : éducation, culture, science, défense des droits de l'homme, communication.

Au départ, le domaine de la culture est peu valorisé par les États membres ; bien que certains se rendent progressivement compte que « ce secteur d'activité englobe nombre d'aspects essentiels de la vie humaine », les actions culturelles, « en raison de la modicité des ressources de l'Organisation et de la diversité des besoins des pays du Tiers monde, occupent toujours une place secondaire dans les programmes[2] ».

Au sein du domaine culturel, l'action de promotion du livre apparaît encore moins connue que d'autres types d'interventions. L'écrit demeure peu médiatisé par rapport au patrimoine architectural. Le sauvetage des temples d'Abu Simbel en Nubie, du temple de Borobudur en Indonésie, et l'action générale de l'Unesco en faveur de la sauvegarde du patrimoine naturel et architectural, demeure dans l'esprit du grand public comme un symbole de réussite de l'organisation, un domaine dans lequel « l'Unesco connaît ses succès les plus spectaculaires[3] ».

C'est en 1937, sous l'égide de la SDN, que la Conférence d'Athènes avait insisté pour la première fois sur la nécessité de sauvegarder le « patrimoine culturel mondial »[4]. En 1948 est lancée l'Union internationale pour la conservation de la nature (VICN), puis l'Unesco mène en 1959 sa fameuse campagne pour la sauvegarde des temples d'Abou Simbel en Nubie. La prise de conscience de la fragilité de l'environnement et d'un patrimoine naturel commun à l'humanité aboutit à l'adoption par l'Unesco, le 16 novembre 1972, de la Convention concernant la protection du patrimoine mondial, culturel et naturel. Celle-ci postule que « la communauté internationale est responsable à

---

[1] AUDRERIE, Dominique, SOUCHIER, Raphaël. *Le patrimoine mondial.* Paris : PUF, 1998, 127 p.
[2] MATHIEU, Jean-Luc. *Les institution spécialisées des Nations Unies.* Op. cit., p. 231
[3] MOREAU DEFARGES, Philippe. *Les organisations internationales contemporaines.* Op. cit., p. 29.
[4] AUDRERIE, Dominique, SOUCHIER, Raphaël. *Le patrimoine mondial.* Op. cit.

l'égard de l'humanité de la conservation du patrimoine et de son administration rationnelle et programmée[1] ».

Les actions de l'Unesco (et de l'ONU) contribuent à médiatiser progressivement la notion de « patrimoine commun de l'humanité » ; elles s'inscrivent dans la volonté de créer un patrimoine mondial commun, qu'il soit littéraire, culturel, immatériel ou architectural et participent « d'une hiérarchisation de la mémoire collective, en indiquant ce qui mérite ou non d'être conservé, valorisé, commémoré[2] ». Cependant, le concept de « patrimoine mondial commun » recouvre principalement, pour l'Unesco, le patrimoine architectural et naturel. La Convention de 1972, pourtant adoptée durant l'« Année internationale du Livre », n'évoque pas, en effet, le patrimoine écrit et ne se préoccupe que des espèces et des sites menacés : les monuments (œuvres architecturales, sculptures, peintures, archéologie, grottes...) ; les « ensembles » (groupes de construction, villes...) ; et les sites (sites naturels, géologie, biologie...). Alors que plusieurs projets de l'Unesco (collection d'œuvres représentatives, commémoration de grands écrivains, sauvegarde de manuscrits anciens) concourent à la constitution d'un patrimoine littéraire mondial, ce dernier n'est pas mis au même plan que les autres types de patrimoine.

A côté du domaine culturel, l'éducation apparaît comme l'un des piliers fondamentaux de l'action de l'Unesco. Au même titre que l'IICI, le Bureau international d'Éducation, créé en 1925, constitue l'un des ancêtres de l'Unesco, auquel il est intégré en 1969. Selon Maheu, l'Unesco a d'abord abordé l'éducation sous son aspect moral, comme un droit de l'homme[3]. Dès le départ, le Royaume-Uni encourage l'organisation à intervenir dans le domaine éducatif et soutient avec enthousiasme le lancement de projets-pilotes et de centres pour l'éducation fondamentale ; ce domaine est l'un des seuls pour lequel le Royaume-Uni a eu tendance à réclamer un budget plus élevé que celui préconisé par le secrétariat[4]. De leur côté, plusieurs pays comme le Brésil, l'Inde, le Nigeria et la République arabe unie laissent l'Unesco prendre une grande importance dans la planification de leurs politiques nationales éducatives, ce qui leur donne en retour un poids important au sein de l'organisation, surtout après la formation d'une première génération d'éducateurs et d'enseignants[5].

Dans ses premières années, l'action de l'Unesco s'appuie sur le concept d'« éducation de base ». Selon une définition proposée en 1950 par un groupe de travail inter-secrétariats de l'ONU et des institutions spécialisées, l'éducation de base recouvre « le minimum d'éducation générale qui a pour but d'aider les enfants et adultes privés des avantages d'une instruction scolaire à comprendre

[1] DUPUY, René-Jean. *La Communauté internationale entre le mythe et l'histoire*. Paris : Economica-Unesco, 1986, p. 173.
[2] DAKAN, Gaëlle. *La hiérarchisation de la mémoire collective : l'exemple du patrimoine mondial culturel à l'Unesco*, IEP Paris, mémoire de master, 2005.
[3] Conférence prononcée par René Maheu à la Sorbonne le 22 avril 1964, repris in *La civilisation de l'universel*. Op. cit., p. 60.
[4] SATHYAMURTHY, T. V. *The Politics of International Cooperation, Contrasting Conceptions of Unesco*. Op. cit., p. 197.
[5] COX, Robert, JACOBSON, Harold. *The Anatomy of Influence*. Op. cit., p. 168.

les problèmes du milieu où ils vivent, à se faire une juste idée de leurs droits et devoirs tant civiques qu'individuels ». L'une des missions affichées de l'éducation de base est la maîtrise de l'agressivité[1], ce qui correspond pleinement aux objectifs de paix recherchés par l'ONU.

Le premier ouvrage publié sur cette conception en 1946 par l'Unesco s'intitule *L'Éducation de base, fonds commun de l'humanité.* Il insiste sur l'idée d'épanouissement de l'individu par le biais d'une éducation artistique et esthétique ; ce concept se fonde sur la vision universaliste d'une « communauté mondiale » nourrie d'un fonds commun de connaissances et d'idées, qu'il faut mettre à disposition de l'ensemble des peuples et des individus[2].

En 1947, l'Unesco lance 4 projets pilotes afin de diffuser de nouvelles méthodes éducatives. L'un des projets phares dans ce domaine est le projet-pilote mené de 1947 à 1953 dans la vallée de Marbial en Haïti. Cependant ce projet, qui se déroule dans l'une des zones les plus défavorisées et les plus isolées du monde, se révèle un échec : les techniques modernes imposées de façon brutale ne s'intègrent pas à la culture locale, la rivalité entre la mission catholique et la mission protestante présentes dans la vallée exacerbe les tensions, et les difficultés politiques et économiques de la région sont largement sous-estimées[3]. Soupçonnée de véhiculer un esprit colonial et paternaliste, la notion d'éducation de base est officiellement abandonnée en 1958.

Elle est alors remplacée par le concept d'« éducation communautaire », centré sur les besoins de la vie rurale traditionnelle, où chacun doit recevoir un enseignement adapté à sa place au sein de la communauté. L'importance accordée à l'éducation s'accentue encore à partir de 1960, lorsque la Conférence Générale commence à formuler « des priorités sectorielles » qui bénéficient surtout à l'éducation[4]. La délégation du Royaume-Uni présente en 1960 une résolution sur le rôle de l'éducation dans le développement économique et social. En avril 1964, la Banque mondiale adopte de son côté une nouvelle attitude à l'égard de l'éducation, à laquelle elle étend ses activités de financement. René Maheu en conclut :

> *L'éducation a cessé d'être classée uniquement parmi les biens de consommation. Elle est devenue un élément de la productivité, donc un facteur de production. La voici promue au rang des « investissements rentables », et auréolée de la respectabilité bancaire*[5].

Avec la montée du développementalisme dans les années 1960 et 1970, l'éducation – et la conception du livre comme outil de développement – prend une place croissante dans le programme de l'organisation, et son budget est constamment plus élevé que celui des secteurs culturel et scientifique :

> *Deux centres consacrés à la production des livres scolaires ont été créés en Afrique. A Accra (Ghana), le Centre régional de l'Unesco pour l'éducation en Afrique contribue à la*

[1] MITSCHERLICH, Alexander. *L'idée de paix et l'agressivité humaine.* Paris : Gallimard, 1970, p. 107.
[2] MAUREL, Chloé. *L'Unesco de 1945 à 1974.* Op. cit., p. 775.
[3] Ibid., p. 582-584.
[4] BARINGAYE, Akilou Ahmet. *La crise des organisations internationales : le cas des Nations Unies.* Op. cit., p. 345.
[5] Conférence prononcée par René Maheu à la Sorbonne, 22 avril 1964. Op. cit., p. 63.

préparation de manuels d'enseignement, à la formation des auteurs, des illustrateurs et des éditeurs de manuels scolaires. A Yaoundé (Cameroun), le Centre de production de manuels scolaires a été doté d'un département de publication et produit des livres de classe et des recueils de textes destinés aux adultes récemment alphabétisés. Enfin, par l'intermédiaire de l'Unesco, des manuels destinés aux écoles d'Afrique ont été imprimés gratuitement à l'étranger[1].

Dans le domaine scientifique, l'Unesco lance de grands programmes autour des sciences de la nature, sur la biosphère, l'océanographie ou encore les problèmes de la désertification. A partir des années 1960, l'environnement « prend une ampleur croissante à l'Unesco, qui réalise dans ce domaine une action importante marquée par « un glissement progressif de la volonté de conservation de la nature à celle de mise à profit des ressources naturelles[2] ». Cependant, si « la confiance en la science était un des aspects principaux de l'idéal de la culture mondiale unique développé dans les premières années, cette confiance est remplacée peu à peu par la crainte des catastrophes que peut causer la science, par les peurs qu'inspirent la recherche nucléaire et les conséquences de l'industrialisation et des bouleversements technologiques sur les modes de vie[3] ».

Enfin, la grande dispersion du programme de l'Unesco la conduit à adopter en 1956 trois « projets majeurs » relatifs à l'extension de l'enseignement primaire en Amérique latine, aux recherches scientifiques sur les terres arides, et à l'appréciation mutuelle des valeurs culturelles de l'Orient et de l'Occident. Dans le domaine du livre, c'est surtout le projet baptisé « Orient-Occident » qui sert de cadre à des projets littéraires : colloques, publications en particulier dans la collection d'œuvres représentatives, production de textes de lecture pour l'Asie du sud-est, etc. L'initiative de ce projet vient d'Asie, même s'il a ensuite pris une envergure internationale applicable un peu à toutes les situations culturelles[4]. Ses ambitions sont doubles :

Il s'agit d'une part de faire connaître chaque culture dans ses spécificités, son identité par rapport aux autres cultures, donc de présenter les cultures comme des individualités distinctes et étanches (c'est le versant communautariste), et d'autre part d'établir des échanges entre les cultures, de montrer les influences réciproques et les ressemblances, de faire ressortir les points communs et l'élément universel qu'il y a dans toute culture (c'est le versant universaliste)[5].

Entre 1957 et 1966, le projet Orient-Occident donne lieu à des réunions, des séminaires, des colloques, des stages d'études, des échanges de personnes et de publications, ainsi qu'à la publication de livres de poche illustrés. Toutefois, le projet est « structuré d'après les catégories administratives du Secrétariat de l'Unesco, beaucoup plus qu'en fonction du champ étudié, c'est-à-dire les civilisations orientales et occidentales. Et ceci, dès la décision initiale de diviser le

---

1 BEHRSTOCK, Julian. « Livres de masses, et masse sans livres », in *Courrier de l'Unesco*, septembre 1965, p. 21.

2 MAUREL, Chloé. *L'Unesco de 1945 à 1974*. Op. cit., p. 960.

3 MAUREL, Chloé. « La mise en pratique de l'idéal universaliste… ». Op. cit., p. 585.

4 NARAGHI, Ehsan. « L'Unesco et le dialogue des civilisations ». Op. cit., p. 255.

5 MAUREL, Chloé. *La pensée et l'action de l'Unesco dans le domaine de la culture*. Op. cit., p. 198.

Projet en trois niveaux correspondant aux trois principaux secteurs d'activité de l'Unesco à cette époque, soit d'une part les études et recherches qui groupaient la culture et les sciences sociales, d'autre part, l'éducation dans tous ses aspects et troisièmement l'information (presse, films, radio)[1] ».

Cette conception « introduit un découpage arbitraire dans des civilisations qui, au contraire, veulent maintenir leur cohésion » et provoque « un manque de communication entre les résultats des recherches d'une part, leur application à l'éducation de l'autre, leur utilisation par les techniques d'information enfin[2] ». Selon Ehsan Naraghi, le projet a néanmoins un effet bénéfique en introduisant à l'Unesco la notion de pluralisme culturel :

> *Au lieu de l'universalisme abstrait, fondé sur la philosophie du siècle des Lumières, celle du XVIIIe siècle, passée à travers les chartes américaines puis retransmises au monde par les Nations Unies des origines, il existe maintenant un autre universalisme. Il est fondé non pas sur l'abstraction philosophique et la généralisation des techniques mais sur la réalité historique spécifique, les valeurs philosophiques, artistiques, littéraires et le mode de vie produits par chaque civilisation, dans sa réalité, dans sa diversité concrète. Un autre aspect louable est le progrès réalisé dans des domaines spécifiques comme celui de la musique ou celui de la traduction où les résultats ont été fort appréciables*[3].

Enfin, un autre projet transversal a aussi concerné le livre : celui de production de matériel de lecture pour l'Asie. Si ce programme n'a jamais été baptisé « projet majeur » (bien que l'Unesco y ait un moment songé), il en a néanmoins revêtu la plupart des caractéristiques : transversalité, planification sur plusieurs années, application régionale, importance du budget.

La politique du livre de l'Unesco s'insère donc dans l'environnement complexe d'une organisation aux objectifs et aux compétences vastes et relativement mal définies, mais son importance n'est pas négligeable puisqu'elle touche à de nombreux champs d'activité et projets transversaux de l'organisation. Comme le rappelle Julian Behrstock en 1965 :

> *Le problème du livre est si étroitement lié à tout l'ensemble du programme de l'Unesco que l'on ne peut guère l'isoler en tant que tel. En effet, c'est sa solution qui permettra à l'Organisation d'atteindre les buts qu'elle se propose : extension universelle de l'enseignement primaire, appréciation mutuelle des valeurs culturelles, progrès de la science et de la technologie*[4].

L'ÉCRIT ET LES NOUVEAUX SUPPORTS DE COMMUNICATION DE MASSE

Dès le départ, l'Unesco se fait le chantre du « livre de poche », qui permet de faire baisser considérablement le coût du livre et de toucher un public élargi. Le

---

[1] NARAGHI, Ehsan. « L'Unesco et le dialogue des civilisations ». Op. cit., p. 255.
[2] Ibid., p. 260.
[3] Ibid., p. 261.
[4] BEHRSTOCK, Julian. « Livres de masses, et masse sans livres », in *Courrier de l'Unesco*, septembre 1965, p. 21.

livre de poche est traité, au même titre que la radio, la télévision ou le cinéma, par la division de la Communication de masse.

Pourtant, les relations entre ces différents médias sont complexes et les tenants du livre apparaissent sur la défensive par rapport aux supports audiovisuels. L'arrivée des médias de masse marque un profond bouleversement du champ culturel qui affecte le statut du livre, jusqu'alors support culturel sans concurrent. Le son et l'image changent la perception du monde, comme le souligne l'écrivain André Chamson en 1955 :

> *Nous sommes, à l'heure présente, dans une situation qui est sans analogue avec celle qui existait, par exemple, à la fin du XIXe siècle, ou au commencement du XXe siècle, dans les grandes capitales. Certes, les musées existaient alors et ils existent encore, mais ils ont tendance à se multiplier et ce qui se multiplie de plus en plus, chaque jour, c'est l'exposition, signe de l'intérêt passionné du public pour l'image. Une des marques de notre époque, c'est cette sorte de raz de marée qui déferle sur l'humanité. [...] L'homme d'aujourd'hui semble avoir élargi, augmenté l'intérêt qu'il porte aux images*[1].

L'acquisition de la culture se fait désormais non seulement par le langage, mais plus encore par l'image ; on passe d'un certain mode d'information, de pensée et de connaissance à un autre monde, dans lequel le contact est total à la fois dans l'espace et dans le temps. L'image élargit l'univers au milieu duquel vivent les hommes. Or, estime Chamson, le danger réside dans le fait que l'homme éduqué seulement par l'image est comme un robot, qui ne sait pas prolonger le contact avec cette image par une méditation qui la déborde[2]. Soumis à la concurrence de la télévision et du cinéma, le livre court ainsi « le risque d'être banalisé dans une mer de messages de toutes sortes[3] ». En 1952, lors de la Conférence internationale des artistes organisée à Venise par l'Unesco, l'écrivain Taha Hussein s'interroge lui aussi sur le devenir du livre, compte tenu des évolutions du monde moderne :

> *Beaucoup de gens savent à présent lire et écrire, mais bien rares sont ceux qui s'intéressent vraiment aux productions dignes d'estime : la véritable culture est tous les jours plus seule. D'autre part, les rapides et prodigieuses découvertes de la technique moderne, les fulgurants progrès de la science appliquée, les inventions étonnantes de notre temps inhumain ont détourné nos contemporains de la lecture. Le livre n'est plus la seule distraction intelligente ou agréable : il y a d'abord eu l'expansion inimaginable de la presse ; puis vinrent le cinéma et la radio – nous pouvons aujourd'hui ajouter la télévision, laquelle, dans les pays anglo-saxons, gagne chaque jour du terrain – toutes ces distractions absorbent l'attention des hommes en favorisant leur paresse naturelle, alors que prendre connaissance d'un ouvrage imprimé, surtout quand il offre quelque valeur, demeure chose difficile et nécessite un effort. Une lecture sérieuse exige assiduité et réflexion ; un bon auteur demande du temps et même à son lecteur une collaboration véritable et étroite*[4].

---

[1] CHAMSON, André. « Langage et images ». Op. cit., p. 83.

[2] Ibid., p. 95.

[3] MARTIN, Henri-Jean. « Eloge de la perfection ». Op. cit., p. 110.

[4] TAHA HUSSEIN, Pacha. « Exposé préliminaire sur la littérature. L'écrivain dans la société moderne » (11 août 1952), in *Conférence internationale des artistes (Venise, 1952),* Unesco, 1952, p. 1.

Au départ, l'Unesco adopte pourtant une vision radicalement optimiste des supports audiovisuels, vécus comme complémentaires du livre. L'organisation envisage les moyens de communication de masse comme des outils pour le développement et l'éducation du Tiers monde :

> *Les pays en voie de développement [n'auront] pas besoin de suivre le long et difficile cheminement des pays industriels qui se sont développés économiquement avant d'avoir à leur disposition les techniques permettant d'assurer le développement culturel de leurs masses et qui ont fait en fin de compte de la littérature un art solitaire. Dans la mesure où précisément ils ont gardé le sens du collectif, les peuples que tenaille en ce moment la faim de lire doivent refuser cette solitude et rechercher dans le bouillonnement de leur vie commune l'aliment dont ils ont besoin. Le cinéma, la radiodiffusion, la télévision sont pour cela des instruments puissants*[1].

Quant aux pays du Tiers monde, ils espèrent favoriser le développement grâce aux techniques audiovisuelles : partout, « les moyens modernes de diffusion des informations apparaissent comme de précieux moyens de mise en œuvre des politiques d'alphabétisation, d'enseignement et de développement culturel et scientifique[2] ». En 1957, un bibliothécaire asiatique estime d'ailleurs que « les bibliothèques publiques asiatiques vont avoir des difficultés à se développer sauf si elles prêtent une attention grandissante aux matériels audiovisuels et s'engagent plus activement dans ce type d'activités pour les personnes illettrées ou quasi illettrées vivant en milieu rural[3] ». A titre d'exemple, un cours audio-visuel enregistré, destiné aux aides-bibliothécaires de l'Université de Buenos Aires, est diffusé par l'Unesco en 1969 dans 5 pays d'Amérique latine. L'organisation tente aussi de promouvoir le livre par le biais de la radiophonie et de films portant sur le livre, la lecture, les bibliothèques – en particulier les films *Road to books*, *Books for all* et *The Written Word*.

Toutefois, même si certains pays en développement explorent ces nouvelles techniques, « des contraintes économiques tendent à les ramener presque toujours à l'emploi des textes imprimés, qui non seulement sont moins coûteux à produire et à utiliser pour l'éducation, mais qui restent en outre un moyen d'enseignement d'importance essentielle. Le matériel audio-visuel complète plutôt qu'il ne remplace le matériel imprimé[4] ». A partir du milieu des années 1960, l'Unesco affirme de plus en plus que les nouvelles techniques de communication ont laissé [au livre] son utilité, ont respecté sa primauté, [parce que] le livre est à certains égards irremplaçable[5] ». Dans une interview accordée au journal *Le Monde* (13 mai 1965), Maheu dénonce « les tentations d'une pseudo-éducation érigeant le recours aux moyens audio-visuels en un absolu et [...met] en lumière les dangers d'une telle conception, tant dans les pays développés que comme alternative à l'effort d'alphabétisation dans le Tiers

---

[1] BARKER, Ronald, ESCARPIT, Robert. *La Faim de lire*. Op. cit., p. 35-36.
[2] MATHIEU, Jean-Luc. *Les institutions spécialisées des Nations Unies*. Op. cit., p. 234.
[3] Lettre de Velasco à Petersen, 3 juillet 1957. Archives Unesco, dossier 02 A 01 (5) AFLA.
[4] BARKER, Ronald, ESCARPIT, Robert. *La Faim de lire*. Op. cit., p. 144.
[5] Conférence « Le livre au service de la masse » prononcée par René Maheu le 5 juin 1964, reproduite in *La civilisation de l'universel*. Op. cit., 1966, p. 211

monde[1] ». Les films, la télévision et la transmission des images et des sons constituent seulement des techniques permettant d'élargir la portée des moyens couramment utilisés :

> *Lui seul [le support écrit] donne au récepteur l'indispensable initiative qui lui permet d'une part de contrôler la cadence de réception et l'ordre des séquences chronologiques, d'autre part de restructurer à son gré le message reçu et de l'intégrer à son système de pensée. La chose est particulièrement nette en matière d'éducation, notamment parce que le document littéral laisse au destinataire, et non à l'appareil de communication, la faculté de cumuler et de combiner les connaissances*[2].

Dans leur ouvrage rédigé pour l'Unesco, Barker et Escarpit expliquent, en se basant sur plusieurs enquêtes :

> *L'incidence des moyens de communication de masse sur la lecture n'est guère significative. Cela veut dire que, statistiquement, les lecteurs de livres n'utilisent ces moyens ni plus ni moins que les non-lecteurs. Si décevante qu'elle soit, cette conclusion permet au moins de faire justice d'un préjugé assez répandu dans les milieux intellectuels et selon lequel les moyens de communication de masse sont de dangereux concurrents du livre. Il semble même, dans la mesure où la nuance peut être notée, que l'implantation de la télévision dans un pays ait plutôt tendance à y favoriser la lecture*[3].

Cette idée est régulièrement reprise par l'Unesco ; en 1957, le *Courrier de l'Unesco* affirme que la télévision peut servir à stimuler la lecture[4]. En 1972, la *Revue internationale des sciences sociales* postule que « depuis une vingtaine d'années, l'auxiliaire le plus efficace de l'industrie du livre a été précisément cet appareil de télévision dans lequel on croyait voir l'ennemi du livre[5] ». Puis en 1974, Émile Delavenay rappelle dans *Pour le livre* :

> *Si le cinéma, la radio et la télévision ont pu tout d'abord paraître se développer au détriment du livre, cette première impression n'a pas résisté à l'apparition et à l'essor du livre de masse [...] Certains grands tirages, certaines vigoureuses reprises de réputations naguère en éclipse, sont directement liés à l'effet sur les masses d'un film ou d'un feuilleton télévisé. [...] On constate d'ailleurs que, d'une manière générale, partout l'apparition de la radiodiffusion et surtout de la télévision entraîne un accroissement de la lecture et crée une demande de livres directement proportionnelle au développement du réseau audio-visuel*[6].

---

[1] « L'alphabétisation et l'image : une fausse alternative dangereuse », in MAHEU, René. *La civilisation de l'universel*. Op. cit., p. 105.
[2] « La promotion du livre au service de l'éducation. Rapport du Secrétariat de l'Unesco pour l'ECOSOC », 1970. Archives Unesco, dossier 04 A 066 72 AIL.
[3] BARKER, Ronald, ESCARPIT, Robert. *La Faim de lire*. Op. cit., p. 138.
[4] CASSIRER, Henry. « Téléspectateur rime avec lecteur », in *Courrier de l'Unesco*, février 1957, p. 31.
[5] STEINBERG, Heinz. « Le livre et le lecteur comme objets de recherche en Europe et aux États-Unis ». Op. cit., p. 803.
[6] DELAVENAY, Émile. *Pour le livre*. Op. cit., p. 9-10.

Si la télévision n'est pas présentée comme un danger pour le livre, elle provoque tout de même une évolution des habitudes de lecture ; elle incite à la lecture d'ouvrages scientifiques et techniques (biographies historiques comprises) au détriment de la littérature de fiction, « en procurant les éléments "distraction" et "fiction" à ceux qui les cherchaient précédemment dans les livres et mettant ces distractions à la portée de vastes couches de populations qui n'avaient jamais lu de livres[1] ». En 1956, la *British Library Association* parvient à la même conclusion :

La littérature d'imagination accuse un recul au profit des autres genres. D'autres bibliothécaires ont confirmé le fait que, grâce à la télévision, ils n'ont plus besoin de se préoccuper des gens qui ne cherchent dans la lecture qu'une distraction ; ainsi peuvent-ils se consacrer principalement aux lecteurs sérieux et à la conquête de nouveaux lecteurs[2].

La littérature informationnelle (vulgarisation, reportage, essai) semble mieux répondre « aux besoins d'un public dont les horizons se sont soudain élargis. Il n'y a pas de limites aux questions que posent la radio et la télévision, mais il leur est plus difficile de fournir les éléments de réponse. [...] Le problème actuel du livre est celui de la "suite à donner" à une information proliférante, obsédante, mais ponctuelle et par définition fugace[3] ».

La télévision, quant à elle, apparaît peu apte à devenir un pôle d'expression culturelle et artistique, car elle ne provoque pas, selon Jacques Rigaud, la même « excitation créatrice suscitée en leur temps par l'apparition de formes d'expression nouvelles comme l'imprimerie, le cinéma, le disque, la photo ou même la radio[4] » :

C'était sans doute une erreur de croire que la télévision, avec sa lourdeur et la passivité qu'elle suscite, puisse jouer un rôle moteur. L'éveil culturel est un choc, qui résulte d'une émotion sensible, souvent indépendante du niveau de formation de ceux qui l'éprouvent. Or la télévision atteint rarement ce seuil d'émotion sensible, sans doute parce qu'elle n'est qu'un miroir et un objet pour celui qui la regarde dans la solitude protégée de son intimité domestique. Elle peut accompagner et développer, avec son efficacité propre, un éveil culturel produit par d'autres voies. Elle ne peut le créer par elle-même[5].

Si la télévision déçoit par rapport aux attentes initialement placées en elle, elle bouleverse en profondeur notre rapport au monde, à l'information et à la culture lettrée. Le rapport au livre se désacralise et devient plus souple :

Le livre, l'imprimé en général n'ont plus le monopole dans la transmission du savoir. [...] La culture traditionnelle, au sens livresque du terme, a perdu du terrain devant les forces de ce qui se présente souvent comme une contre-culture dans laquelle la jeunesse tend à se reconnaître majoritairement. On est ainsi passé d'une culture finalement élitiste à une

[1] CASSIRER, Henry. « Téléspectateur rime avec lecteur ». Op. cit., p. 31.
[2] Propos cités in CASSIRER, Henry.« Téléspectateur rime avec lecteur ». Op. cit., p. 31.
[3] BARKER, Ronald, ESCARPIT, Robert. *La Faim de lire*. Op. cit., p. 15.
[4] RIGAUD, Jacques. *La culture pour vivre*. Op. cit., p. 39.
[5] Ibid.

culture de masse qui ne puise que très partiellement dans l'imprimé ses éléments de référence[1].

La politique du livre de l'Unesco s'inscrit donc dans un contexte plutôt défavorable à l'écrit, dont la suprématie est progressivement remise en cause par les nouveaux moyens de communication de masse. L'Unesco essaie cependant d'utiliser de manière complémentaire ces différents supports et d'encourager leur développement conjoint dans le monde.

DANS LE CADRE DE LA DICHOTOMIE UNIVERSALISME/RELATIVISME

La politique du livre de l'Unesco s'inscrit enfin dans le cadre d'une réflexion plus large de l'organisation sur la question de l'universalisme. Dans ses premières années, l'organisation tente d'inventer une philosophie mettant en avant l'existence d'une « culture mondiale ». Cet universalisme proclamé apparaît toutefois fortement occidentalo-centré ; avec la décolonisation, il laisse peu à peu la place à un certain relativisme, qui s'incarne en théorie dans le concept de « diversité culturelle » et en pratique dans l'importance croissante de projets menés à l'échelle régionale.

L'après Seconde Guerre mondiale apparaît comme un moment de prise de conscience, en particulier en Occident, de ce que « l'universalité » n'est en fait que les valeurs des uns érigés en valeurs universelles[2]. En 1945, Julian Huxley propose pour l'Unesco un humanisme mondial, scientifique, qu'il appelle non matérialiste et évolutionniste ; sur cette base, Huxley imagine de vastes missions, notamment « aider à la naissance d'une culture mondiale unique » et accomplir l'« unification spirituelle du monde »[3]. Cette doctrine utopique, qui fait la synthèse entre capitalisme et communisme en conciliant les exigences des individus et celles des organisations sociales, est cependant rejetée par la Commission préparatoire de l'Unesco.

Étant donné que le concept d'universalisme a servi aux Occidentaux, au XIXe siècle, à justifier leur expansion et leur domination politique, économique et culturelle sur le reste du monde[4], l'universalisme de l'Unesco pose question. Malgré ses précautions, cet universalisme se base lui aussi sur des présupposés occidentaux :

> *La préoccupation de l'universel est-elle elle-même universelle? Ou serait-ce un phantasme théorique, même s'il est éminemment productif, qu'a forgé le seul Occident: donc étonnamment singulier ? Et aussi : d'autres cultures ont-elles également cherché à projeter leurs valeurs sur le reste du monde, arguant de leur universalité, en vue de convertir celui-ci ? Ou les ont-elles considérées au contraire comme leur étant particulières, soit qu'elles ne songent pas à l'universel, soit qu'elles se satisfassent de leur singularité ?*[5]

---

[1] LEROY, Géraldi. *Les écrivains et l'histoire, 1919-1956*, Nathan Université, 1998, p. 120-121.
[2] BELLOC, Chloé. *Le CIPSH (1947-1955)*. Op. cit., p. 125.
[3] MATHIEU, Jean-Luc. *Les institutions spécialisées des Nations Unies*. Op. cit., p. 221
[4] HUNTINGTON, Samuel. *Le Choc des civilisations*, Odile Jacob, 2007, p. 67.
[5] JULLIEN, François. *De l'universel, du commun et du dialogue entre les cultures*, Fayard, 2008, p. 104-105.

La rhétorique universaliste produite par les Nations Unies mobilise des idéaux et des émotions qui ne sont pas sans analogie avec les discours de type religieux, souligne Pierre de Senarclens :

> *Les nombreuses décennies proclamées sous leur égide ont annoncé comme des exigences éthiques à réaliser des programmes d'action utopiques. Ce genre eschatologique s'est manifesté dans la plupart des discours solennels du Secrétariat ou des membres de l'Assemblée générale. Dès sa création, l'ONU a paru servir des idéaux hors d'atteinte, inscrits dans des textes considérés comme incontestables – la charte et autres constitutions. Son autorité s'est imposée comme irrécusable. Mais comme celle des Églises, elle fut affaiblie par la contradiction entre le verbe et l'action. Elle a suscité des illusions, des déceptions, des sentiments de pénitence. Elle a eu très vite ses clercs – les fonctionnaires internationaux – qui vivaient en marge de leur société d'origine, et qui partageaient avec les serviteurs des institutions religieuses, la foi, mais aussi le conformisme ou le cynisme qu'impose le commerce intime des faiblesses de l'humanité. [...] L'ONU a reçu un mandat politique, mais son ministère s'exerce avant tout dans le domaine idéologique et normatif. Elle envoie également ses fonctionnaires et ses experts en « mission » pour apporter les lumières du progrès et de la raison aux peuples en voie de développement*[1].

Si normes et usages se répandent et se substituent à d'autres par le biais de la mondialisation, cela ne suffit pas à prouver leur valeur universelle : il se peut simplement qu'ils s'imposent par la loi du plus fort (économiquement, techniquement ou militairement)[2]. Benjamin Matalon pointe ainsi les similitudes « entre la volonté de répandre dans le monde entier la démocratie et les droits humains et celle de certains intégristes religieux d'amener toute l'humanité à partager leur foi, ou au moins à se conformer à ses prescriptions », rappelant que « l'amour de l'humanité en général peut amener à condamner et à vouloir éradiquer toute différence, tout particularisme, et de là à dénier tout droit aux minorités lorsqu'elles veulent se perpétuer et sauvegarder leurs spécificités[3] ».

De façon générale, les pays du Tiers monde estiment, selon Serge Latouche, que « la pluralité de l'homme est peut-être au niveau culturel comme au niveau génétique la condition de sa survie. Qui sait si, en fonction de leurs spécificités mêmes, les cultures aujourd'hui niées et bafouées ne seront pas demain les plus aptes à relever les défis de l'histoire ? L'appauvrissement du patrimoine culturel de l'humanité dont l'Occident est largement responsable causerait alors un dommage incalculable[4] ». Samuel Huntington en conclut :

> *L'idée de civilisation universelle a très peu de partisans dans les autres civilisations. Ce que l'Occident voit comme universel passe ailleurs pour occidental. Les Occidentaux voient, par exemple, dans la prolifération des médias mondiaux un signe d'une intégration globale qui serait sans danger. Les non-Occidentaux, au contraire, y voient un*

[1] SENARCLENS, Pierre de. *Mondialisation, souveraineté et théories des relations internationales.* Op. cit., p. 41-42.
[2] MATALON, Benjamin. *Face à nos différences. Universalisme et relativisme,* L'Harmattan, 2006, p. 99-100.
[3] Ibid., p. 49.
[4] LATOUCHE, Serge. *L'occidentalisation du monde.* Op. cit., p. 135.

effet néfaste de l'impérialisme occidental. Considérer le monde comme un tout est pour eux une menace[1].

La décolonisation s'accompagne par ailleurs d'une baisse de l'attrait de la civilisation occidentale :

L'Occident, en particulier les États-Unis, qui ont toujours été une nation missionnaire, croit que les non-Occidentaux devraient adopter les valeurs occidentales, la démocratie, le libre-échange, la séparation des pouvoirs, les droits de l'homme, l'individualisme, l'État de droit, et conformer leurs institutions à ces valeurs. Des minorités embrassent ces valeurs et les défendent au sein d'autres civilisations, mais l'attitude dominante à leur égard dans les cultures non occidentales va plutôt du scepticisme au rejet[2].

A l'Unesco et aux Nations Unies, l'universalisme s'incarne en particulier dans le concept des droits de l'homme. Pourtant, certains affirment que la conception même de ces droits, née en Europe occidentale et aux États-Unis au XVIIe siècle et concrétisée en 1948 dans la Déclaration universelle des Droits de l'Homme (DUDH), « n'exprime que la conception occidentale, individualiste de l'homme, et que d'autres pays, d'autres cultures peuvent en avoir une autre[3] ». La DUDH place la liberté au sommet des droits, mais elle n'affirme ni le « droit à la recherche du bonheur », ni le « droit à un environnement sain », ni le « droit de résistance à l'oppression », reflétant une éthique et une idéologie occidentales. Or, si l'Occident « possède une supériorité économique, technologique, militaire, [...] il n'est pas doué, pour autant, d'une supériorité morale naturelle[4] ». Pourtant, dénonce Karoline Postel-Vinay, « nous continuons d'accepter l'occidentalisation du monde comme un fait normal. En ce sens, nous ne nous sommes pas entièrement débarrassés des réflexes ethnocentriques qu'engendre la puissance et qui caractérisaient autrefois la pensée coloniale[5] ».

En outre, la DUDH véhicule une approche philosophique considérant l'homme comme un être de raison (capable d'équilibrer ses aspirations égoïstes et l'existence avec autrui) et part du postulat qu'il est le même partout, les différences de culture étant secondaires. Or cette conception est typiquement occidentale :

Pour l'Orient, immense et divers, allant de la Méditerranée au Pacifique, l'homme, la civilisation et la nature dans lesquelles il vit forment un tout. Cet homme est persan, hindou, chinois; son humanité réside dans cette identité... [...], l'Islam, foi née dans la péninsule Arabique, est porté par une ambition universaliste. Ici, ce qui fait l'homme, c'est la religion (comme dans l'Europe chrétienne) : être pleinement humain, c'est être musulman[6].

Conscient de ces contradictions, Julian Huxley souhaite mettre en place à l'Unesco une culture humaniste basée sur l'universalité de l'humain (en tant

---

[1] HUNTINGTON, Samuel. *Le Choc des civilisations.* Op. cit., p. 67.
[2] Ibid., p. 199-200.
[3] MATALON, Benjamin. *Face à nos différences.* Op. cit., p. 106.
[4] POSTEL-VINAY, Karoline. *L'Occident et sa bonne parole.* Op. cit., p. 10.
[5] Ibid., p. 12-13.
[6] MOREAU DEFARGES, Philippe. *Relations internationales. Tome 2.* Op. cit., p. 232.

qu'être d'intelligence, de langage, de culture) mais aussi renforcer la diversité des cultures locales. Il s'agit de reconnaître et de valoriser à la fois l'universalité de l'humain et la diversité des peuples, des cultures et des langues. Mais ce double axe peine à s'incarner dans une institution intergouvernementale dont l'action a plutôt tendance à renforcer la place et le rôle des États-nations. Si l'universalisme de l'Unesco cède peu à peu la place à la notion de « diversité culturelle », cela se fait donc plutôt à l'avantage des cultures régionales et étatiques et au détriment des langues et cultures des groupes minoritaires au sein des États et des États les moins puissants (au sein des grandes régions du monde).

Ce passage au relativisme culturel s'accompagne de l'idée que l'aspiration à l'universel « est souvent en contradiction avec les besoins des hommes concrets de participer à des communautés particulières, définies en termes historiques ou religieux, qui leur permet de donner un sens à leur existence et à leurs expériences[1] ». L'ère coloniale ayant été marquée par l'idée de supériorité de la culture occidentale, l'Unesco œuvre pour que soit reconnu l'apport spécifique de chaque groupe humain au patrimoine de l'humanité[2]. Ce relativisme, qui s'accompagne d'une nouvelle conception du monde, se base sur le fait qu'il n'existe pas d'homme sans culture et que les cultures, comme les langues, sont plurielles[3] :

> *Toutes les sociétés humaines sont hétérogènes et historiques. Les concepts mêmes de tribu ou de primitifs apparaissaient compromis avec l'histoire coloniale. Sociologues et anthropologues ont dès lors remplacé la « tribu » – isolée, primitive, non occidentale, définie en termes objectifs –, par l'« ethnicité » – non isolée, contemporaine, universelle, définie en termes subjectifs par ses relations avec les autres[4].*

Pourtant, même le relativisme culturel rejoint l'idée qu'« au-delà des sciences, il y a la science ; au-delà des techniques, il y a la technique comme ensemble des mêmes fondements, scientifiques ou empiriques. Il en va de même pour les droits, les morales, les arts. Ce fond commun [...] implique de penser l'universalité comme tâche plutôt qu'en tant que fait[5] ». L'humanité constituerait, selon Fernand Braudel, une seule civilisation se partageant un « bien commun » :

> *Le fer, l'écriture, le calcul, la domestication des plantes et des animaux ne se rattachent plus à aucune origine particulière ; ils sont devenus les biens collectifs de la civilisation. Or ce phénomène de diffusion des biens culturels communs à l'humanité entière prend dans le monde actuel une ampleur singulière. Une technique industrielle que l'Occident a créée s'exporte à travers le monde entier qui l'accueille avec frénésie[6].*

---

[1] SCHNAPPER, Dominique. *La relation à l'autre,* Gallimard, 1998, p. 77.

[2] MATHIEU, Jean-Luc. *Les institutions spécialisées des Nations Unies*. Op. cit., p. 231

[3] MORO, Marie-Rose, REVAH-LEVY, Anne. « Soi-même dans l'exil. Les figures de l'altérité dans un dispositif psychothérapique », in KAES, René (dir.). *Différence culturelle et souffrances de l'identité,* Dunod, 2005, p. 111.

[4] SCHNAPPER, Dominique. *La relation à l'autre.* Op. cit., p. 159.

[5] TAGUIEFF, Pierre-André. *La force du préjugé.* Paris : Découverte, 1987, p. 460.

[6] BRAUDEL, Fernand. *Grammaire des civilisations* : Paris : Arthaud-Flammarion, 1987, p. 38

Toutefois, le respect déclaré des différences culturelles se traduit souvent par l'indifférence à l'égard des autres cultures, trahissant une nouvelle forme d'ethnocentrisme marquée par le mépris[1], et n'est donc pas sans danger :

Un danger s'est fait sentir et il a été particulièrement mis en évidence à la dernière conférence générale de l'Unesco qui s'est tenue à Nairobi. C'est de transformer ces différentes cultures en autant d'îles, et la culture mondiale en archipel d'îles qui ne seraient pas pénétrables les unes par les autres. Il s'agit maintenant de jeter des ponts après les dix années qui viennent de s'écouler où l'accent a été mis sur la spécificité irréductible des formes de culture. Ceci était nécessaire à l'origine pour lutter contre la généralisation européocentrique. Maintenant que les diversités culturelles se trouvent bien reconnues, ce qui reste à faire, c'est d'établir des communications, de fonder des dialogues entre ces différentes cultures. Voici donc l'un des aspects qui reste encore à réaliser: la reconnaissance de l'identité culturelle dans un dialogue international, l'identité de toutes les cultures, l'appréciation de valeurs classiques passées - dialogue sur tous les problèmes quels qu'ils soient, qu'il s'agisse de problèmes spirituels, philosophiques, économiques, sociaux ou politiques avec cette idée au départ que les pays d'Orient, d'Afrique, d'Amérique latine ont des valeurs tout à fait spécifiques, irréductibles à apporter. Une nette reconnaissance des valeurs culturelles nationales a été marquée à l'Unesco au cours des années soixante par l'arrivée en masse des pays africains ayant eu récemment accès à l'indépendance. On croyait au début qu'ils demanderaient une aide technique. Ils l'ont fait certes mais, au cours des années, on s'est aperçu qu'une reconnaissance de leurs valeurs culturelles apparaissait aux yeux de tous ces peuples comme la condition primordiale de toute indépendance[2].

Cependant, rappelle Pierre-André Taguieff, « la barbarie particulariste de la différence et de l'exclusion ne doit pas faire oublier la barbarie universaliste de l'inégalité et de l'uniformisation[3] ». Les tenants de l'universalisme tentent fréquemment de donner une portée universelle à leurs valeurs, leurs normes, leurs croyances, leurs conceptions du vrai, du bien, du juste, du beau, et de les imposer aux individus ou aux groupes qui ne les partagent pas[4]. En réaction, ces derniers prêchent le relativisme pour échapper à cette emprise et maintenir leur spécificité. Après guerre, les pays occidentaux, porteurs du discours universaliste, ne nient pas les différences mais ont tendance « à les considérer comme secondaires, négligeables ou vouées à disparaître, [...refusant] de leur reconnaître, sur les plans légal ou institutionnel, tout droit ou traitement spécifique[5]. Si cette position est largement adoptée par l'Unesco lors de sa création, avec la volonté de prendre d'abord en considération soit les individus soit l'humanité entière, la décolonisation engendre progressivement l'idée que l'universalisme ne serait que le déguisement de l'ethnocentrisme.

Les conséquences pratiques de ces divergences idéologiques sont importantes, car l'universel n'est pas seulement une idée régulatrice propre à suggérer des principes d'action ; elle est aussi un principe constitutif inspirant des pratiques et

[1] ABOU, Sélim. *L'identité culturelle : relations interethniques et problèmes d'acculturation.* Paris : Anthropos, 1986, p. 12.
[2] NARAGHI, Ehsan. « L'Unesco et le dialogue des civilisations ». Op. cit., p. 263.
[3] TAGUIEFF, Pierre-André. *La force du préjugé.* Op. cit., p. 486.
[4] MATALON, Benjamin. *Face à nos différences.* Op. cit., p. 17.
[5] Ibid., p. 27.

des institutions sociales qui se transmettent de génération en génération[1]. Or la nouvelle demande de politiques multiculturalistes, de discrimination positive, de projets régionalistes, bouleverse les sociétés occidentales modernes, chez qui la recherche de la juste reconnaissance à accorder aux différences « peut entrer en contradiction avec la "passion égalitaire", plus concrètement avec le principe d'égalité de tous devant la loi[2] ».

A l'Unesco, l'échec de la théorie de la culture mondiale unique entraîne un basculement vers la notion de communautarisme, l'objectif « étant d'adopter les principes de la décentralisation pour agir dans les différentes régions du monde[3] ». L'Unesco estime que les pays d'une même région sont davantage prêts à développer leurs échanges culturels, alors que les plus grands efforts sont nécessaires pour intensifier les relations entre pays de régions différentes. Toutefois, la notion de « régions » peut s'interpréter de diverses façons et leur découpage poser problème, selon que l'on adopte un point de vue géographique, culturel ou politique...

Les programmes à caractère régionaliste de l'Unesco ont pour objectif de préserver les cultures dans leur spécificité et leur authenticité. Si cette régionalisation est soutenue par les États du Tiers monde et se poursuit durant tout le mandat de René Maheu, elle rencontre cependant la désapprobation de certains États occidentaux, du secrétariat et de Maheu lui-même[4]. Au contraire, le Royaume-Uni encourage la décentralisation, la régionalisation et l'assistance sur le terrain dans des États membres précis, contre une mainmise générale des projets par le secrétariat centralisé à Paris[5]. Les Britanniques cherchent aussi à encourager les projets de l'Unesco dans les territoires non autonomes en associant les autorités locales aux projets en tant que membres associés de l'organisation. Par suite de la préférence qu'elle donne aux pays du Tiers monde, l'Unesco agit davantage hors d'Europe dans les années 1960, fournissant aux pays d'Asie et d'Afrique programmes et aide en hommes, moyens matériels et crédits et s'attachant en même temps à faire ressortir l'originalité de leur personnalité culturelle[6].

Dans ce contexte, l'Unesco encourage la création d'organismes spécialement chargés de coordonner le développement du livre et de la lecture dans les différentes régions géographiques du monde[7]. En 1969, par exemple, le Centre de production de textes de lecture pour l'Asie (créé à Karachi au Pakistan en 1958) se transforme pour devenir un Centre de promotion du livre en Asie du Sud. De son côté, le Centre régional pour la promotion du livre en Amérique latine et dans les Caraïbes est inauguré à Bogota en Colombie en 1970. En Afrique noire sont fondés 3 centres régionaux de l'Unesco en rapport avec le livre : le centre régional pour la formation de bibliothécaires originaires des pays

---

[1] SCHNAPPER, Dominique. *La relation à l'autre.* Op. cit., p. 73.
[2] MATALON, Benjamin. *Face à nos différences.* Op. cit., p. 10.
[3] DOKA, Carl. *Les relations culturelles sur le plan international.* Op. cit., p. 243.
[4] MAUREL, Chloé. *L'Unesco de 1945 à 1974.* Op. cit., p. 159.
[5] SATHYAMURTHY, T. V. *The Politics of International Cooperation.* Op. cit., p. 196.
[6] DOLLOT, Louis. *Les relations culturelles internationales.* Op. cit., p. 108.
[7] GARZON, Alvaro. *La politique nationale du livre.* Op. cit., p. 11.

d'Afrique orientale au Makerere College (Ouganda) ; le centre régional pour la formation des bibliothécaires des pays africains d'expression française à Dakar (Sénégal) ; et le centre régional de documentation pour la tradition orale à Niamey (Niger).

Ces centres servent aussi à la fourniture et à la reproduction d'ouvrages de lecture, la régionalisation des efforts et des ressources, et permettent ainsi à des États africains d'une même région de coordonner leurs efforts en matière d'éducation et de culture[1]. Ces organisations continentales, régionales et sous-régionales connaissent un développement rapide à partir des années 1970, comme si les États souhaitaient, explique Pierre Weiss, « faire du "régionalisme" un antidote contre les tendances uniformisatrices de la mondialisation[2] ».

LITTÉRATURE UNIVERSELLE ET UNIVERSALITÉ DE LA LITTÉRATURE

Le concept de patrimoine littéraire universel, formulé par l'Unesco, représente l'aboutissement d'une longue réflexion. Toute politique de promotion d'une littérature dite universelle postule à la base l'universalité de la littérature, autrement dit le fait qu'un livre écrit dans une langue, porteur de valeurs culturelles propres, peut être lu et compris par des personnes originaires d'autres cultures et d'aires linguistiques différentes. La paternité du concept de littérature universelle est traditionnellement attribuée à Goethe, dont la notion de *Weltliteratur*, bien qu'européo-centrée, « propose une analyse circonstanciée des échanges littéraires internationaux, un idéal d'échanges culturels entre les pays et les nations[3] ». La *Weltliteratur* traduit, selon Goethe, une aspiration à la connaissance et à la reconnaissance mutuelles de la diversité culturelle, et ses réflexions autour de cette notion portent de manière récurrente sur les différences d'harmonie et d'unité entre les littératures nationales. Il estime que l'émergence de la *Weltliteratur* « ne se réduit pas à la connaissance par différentes nations des œuvres issues de l'étranger [mais qu'] elle implique plutôt que les gens de lettres, à partir de leurs propres tendances ou de leurs goûts, y trouvent les raisons d'agir en commun[4] ». Goethe décrit une époque universelle en gestation qui « implique la nécessité d'une mise en équivalence des littératures étrangères et leur participation au service d'un monde d'idées en circulation[5] ».

Dans les années 1950-1960, le concept de *Weltliteratur* est remis en avant par la littérature comparée, à une époque où le pluralisme linguistique et littéraire élargit les frontières de la littérature « mondiale » en même temps que la guerre froide paralyse les relations internationales :

---

[1] SAGBOKAN, Hilaire-Philippe. *L'Afrique noire francophone et l'Unesco, de 1960 à nos jours*. Paris : Thèse de doctorat, Paris I, 1979, p. 54.

[2] WEISS, Pierre. *Les organisations internationales*. Paris : A. Colin, 2001, p. 71.

[3] LANDRIN, Xavier. « La sémantique historique de la *Weltliteratur* : genèse conceptuelle et usages savants ». Op. cit., p. 81.

[4] Ibid., p. 99.

[5] Ibid., p. 110.

L'idée de Weltliteratur *souligne le fait que des nations, naguère séparées par des conflits, notamment militaires, s'ouvrent sur l'extérieur, reconnaissent chez leurs voisins des qualités qui leur manquent, et formulent un désir commun de rapprochement où l'Esprit a toute sa part dans le commerce et les échanges entre les peuples. [...] Loin de se résumer à un regard prospectif ou perspectif, détaché des conditions réelles de l'activité littéraire, la représentation goethéenne est aussi une justification des rapports de force culturels (linguistiques, littéraires, artistiques) entre des ensembles inégaux.*[1].

La constitution du concept de littérature universelle, selon György Sombyo, provoque « un conflit jusqu'alors inconnu dans les lettres puisqu'il touche à leur fonctionnement le plus intime : sont impliqués non seulement l'œuvre achevée et sa réception mais sa genèse, l'acte d'écrire même. Dès lors la *conscience* elle-même d'une idée et d'une existence nouvelles de la littérature universelle participe à l'élaboration des œuvres littéraires ; à moins que ce ne soit la conscience inverse : celle d'être exclu de cette littérature universelle[2] ». Au XXe siècle, le développement de la littérature comparée donne lieu à un certain nombre de crises, « liées à des *tentatives d'intégration des littératures dites "mineures" ou "périphériques"* au sein de la "littérature mondiale", mais aussi à des *entreprises de conservation des littératures nationales*[3] ». La création d'institutions officielles – dont l'*International Comparative Literature Association* en 1954 – fait émerger des oppositions dont l'article d'Étiemble « Faut-il réviser la notion de *Weltliteratur* ? » se fait l'écho, tout comme Adrian Marino :

La notion de Weltliteratur *devrait idéalement se définir comme une totalité « vraiment mondiale » dépourvue de « centre » ou de « noyau ». Alors que le « comparatisme traditionnel reste plus ou moins aligné sur la vieille position de la* Weltliteratur *européenne », l'objet d'une littérature « vraiment universelle » doit être institué par l'unité et la totalité des littératures du monde, c'est-à-dire par la littérature tout court*[4].

La période de l'après-guerre suscite, dans le milieu universitaire, un mouvement qui fait de la *Weltliteratur*, et de son idéal humaniste et cosmopolite, le symbole d'une refondation. A cet égard le texte « Philologie der *Weltliteratur* » d'Erich Auerbach annonce en 1952 :

...la prise en charge par la philologie des dilemmes culturels et savants légués par l'époque contemporaine : le « nivellement » culturel mondial renforcé par les prétentions hégémoniques des ensembles « euro-américain » et « russo-bolchévique » ; l'avènement d'une analyse littéraire close sur elle-même, enfermée dans une spécialisation méthodologique ou érudite. La Weltliteratur *goethéenne était dans cette perspective convoquée pour servir de point d'appui et de point de départ à une philologie rénovée de la littérature mondiale*[5].

Par ailleurs, la redécouverte à cette époque des différentes significations de la *Weltliteratur* au sein des *Conversations de Goethe avec Eckermann* (un corps défini

---

[1] Ibid., p. 89 et 117.
[2] SOMBYO, György. « Contribution au problème de la "révision du concept de littérature universelle », in *Le mythe d'Étiemble*. Op. cit., p. 247.
[3] LANDRIN, Xavier. « La sémantique historique de la *Weltliteratur* ». Op. cit., p. 85.
[4] Ibid., p. 88.
[5] Ibid., p. 90-91.

de classiques, un canon évolutif de chefs-d'œuvre, une ouverture multiple sur le monde) sert de « contexte » pour départager ou réévaluer des modèles d'explication focalisés sur l'inscription mondiale de la littérature[1].

En parallèle de ces évolutions théoriques, la littérature se présente pour la première fois, avec la décolonisation, comme un phénomène véritablement universel, revendiqué par nombre d'États nations. L'organisation nationale des littératures se transforme en enjeu de la concurrence entre les nations, « la constitution d'un panthéon littéraire national et l'hagiographie des grands écrivains (conçus comme "biens" nationaux), symboles d'un "rayonnement" et d'une puissance intellectuels, [devenant] nécessaires à l'affirmation de la puissance nationale[2] ». Les institutions littéraires, les académies, les programmes scolaires, le *canon* contribuent à un découpage des littératures nationales sur le modèle des frontières politiques.

Alors que pendant la colonisation, l'arbitraire culturel dominant du colonisateur était imposé comme culture légitime[3], la *Weltliteratur* est utilisée après guerre pour renverser les symbolismes hégémoniques hérités des cultures coloniales afin d'aboutir à une nouvelle littérature mondiale basée sur l'émergence d'une littérature dans les pays dominés :

> *Dans cette perspective, la* Weltliteratur *renverrait à des dissensions transversales qui seraient au fondement des trajectoires de lutte, de reconnaissance, d'affiliation non consensuelle des différentes cultures endossées ou revendiquées par les migrants, les colonisés et les réfugiés politiques d'hier et d'aujourd'hui. Cette formalisation de la* Weltliteratur *est inséparable d'un geste de réappropriation culturelle et d'une critique des ethnocentrismes savants qui ont fait de la formule goethéenne une justification intellectuelle de la domination littéraire des États occidentaux*[4].

Si, au temps de la colonisation, la culture et la langue de l'occupant sont considérées comme les seules légitimes, la décolonisation/libération incite les peuples à retrouver leur langue et à la fixer (Tanzanie, Somalie), ou encore à tenter de la rendre accessible à tous (Chine). Face à cette volonté de réappropriation, les grands pays littéraires mettent en œuvre divers systèmes de consécration leur permettant de garder, selon Pascale Casanova, une sorte de « protectorat » littéraire, et cette « perpétuation de la domination, même sous la forme néo-coloniale "douce" de la langue et de la littérature, est un facteur puissant de consolidation du pôle hétéronome (à la fois politique et économique) du champ littéraire mondial[5] ».

Pour ce faire, les grandes puissances occidentales s'appuient sur le phénomène ancien de leur domination littéraire datant de la Renaissance. Mais avec les mouvements nationalistes du XIXe siècle et la décolonisation du XXe siècle, c'est l'ensemble des pays du monde sur les cinq continents qui revendiquent désormais l'accès à la légitimité et à l'existence littéraires.

---

[1] Ibid., p. 93.

[2] CASANOVA, Pascale. *La République mondiale des lettres*. Op. cit., p. 150-151.

[3] JOUVE, Edmond. *Le Tiers monde*. Paris : PUF, 1996, p. 88.

[4] LANDRIN, Xavier. « La sémantique historique de la *Weltliteratur* ». Op. cit., p. 94.

[5] CASANOVA, Pascale. *La République mondiale des lettres*. Op. cit., p. 168.

Toutefois, le fonctionnement de l'économie du livre, dans un contexte de mondialisation culturelle, rend difficile, pour les œuvres littéraires issues de cultures « périphériques », l'accès à la reconnaissance internationale[1].

A travers ses projets, l'Unesco contribue à donner un certificat de « valeur universelle » à certains auteurs et à certaines œuvres considérées comme « classiques ». En cela, l'organisation encourage la diffusion des littératures déjà en place plutôt que la créativité des littératures émergentes, et contribue donc à creuser l'inégalité de « capital littéraire » entre les différents pays :

> *Plus ancienne est la littérature, plus important est le patrimoine national, plus nombreux les textes canoniques qui constituent, sous la forme de « classiques nationaux », le panthéon scolaire et national. L'ancienneté est un élément déterminant du capital littéraire : elle témoigne de la « richesse » – au sens du nombre de textes –, mais aussi et surtout de la « noblesse » d'une littérature nationale, de son antériorité supposée ou affirmée par rapport à d'autres traditions nationales et, par voie de conséquence, du nombre de textes déclarés « classiques » (c'est-à-dire échappant à la rivalité temporelle) ou « universels » (c'est-à-dire libérés de tout particularisme). Les noms de Shakespeare, Dante ou Cervantès résument à la fois la grandeur d'un passé littéraire national, la légitimité historique et littéraire que confèrent de tels noms à une littérature nationale, et la reconnaissance universelle – donc ennoblissante et conforme à l'idéologie non nationaliste de la littérature – de leur grandeur. Les « classiques » sont le privilège des nations littéraires les plus anciennes qui, ayant constitué comme intemporels leurs textes nationaux fondateurs, et défini ainsi leur capital littéraire comme non national et non historique, répondent exactement à la définition qu'elles ont elles-mêmes donnée de ce que doit nécessairement être la littérature. Le « classique » incarne la légitimité littéraire elle-même, c'est-à-dire ce qui est reconnu comme La littérature, ce à partir de quoi seront tracées les limites de ce qui sera reconnu comme littéraire, ce qui servira d'unité de mesure spécifique*[2].

Dans la « République mondiale des Lettres », certaines langues en sont venues, au fil du temps, à incarner la littérature même – notamment le français et l'anglais. Or, du point de vue littéraire, Pascale Casanova estime que « l'universel » est en quelque sorte, « l'une des inventions les plus diaboliques du centre » :

> *Au nom d'un déni de la structure antagoniste et hiérarchique du monde, sous couvert d'égalité de tous en littérature, les détenteurs du monopole de l'universel convoquent [en effet] l'humanité tout entière à se plier à leur loi. L'universel est ce qu'ils déclarent acquis et accessible à tous à condition qu'il leur ressemble*[3].

Au début du XXe siècle, l'Europe se dote d'une institution qui lui permet de valider officiellement l'universalité de la littérature qu'elle produit : le prix Nobel. Ce dernier acquiert progressivement une reconnaissance mondiale, en particulier auprès des écrivains du monde entier qui l'acceptent comme un « certificat d'universalité ». Devenu le prix le plus prestigieux et le plus indiscuté

---

[1] Ibid., p. 25.
[2] Ibid., p. 28-29.
[3] Ibid., p. 214-215.

au-delà des frontières de l'univers littéraire, le prix Nobel est l'arbitre presque incontesté de l'excellence littéraire[1].

Pascale Casanova pointe l'évolution de la conception de « littérature universelle » portée par le prix Nobel, qui révise ses critères « d'universalité » selon le contexte (politique, économique, social, culturel) mondial du moment. Dans les années 1920, au sortir de la Première Guerre mondiale, le Nobel valorise la neutralité des œuvres ; il est attribué à des auteurs dont « le caractère national ne sera pas trop marqué, ni trop revendiqué [car] déjà l'excellence littéraire paraît incompatible avec les revendications nationales ou nationalistes[2] ».

Dans les années 1930, les évolutions politiques (montée des nationalismes), économiques (accroissement du poids du secteur de l'édition dans l'économie), sociales (évolution des mentalités, intérêt nouveau pour les loisirs des masses) et culturelles (politiques de lecture publique) poussent à s'intéresser davantage à la réception des œuvres ; l'œuvre digne du Nobel doit pouvoir désormais toucher le public le plus large.

Enfin, une nouvelle définition de l'universel s'impose après la Seconde Guerre mondiale : l'Académie se tourne vers les écrivains les plus novateurs, constituant une sorte de panthéon de l'avant-garde (Eliot, Faulkner, Beckett...)[3]. Diplomatiquement, l'Unesco adopte quant à elle une position inverse, en focalisant son approche de la littérature universelle sur les auteurs classiques et en laissant de côté les auteurs contemporains – à de rares exceptions près.

Grâce à ce positionnement valorisant l'innovation littéraire, le prix Nobel finit par s'ouvrir – bien que difficilement – aux littératures non occidentales, leur conférant une valeur d'universalité. Le Nobel octroyé à la Chilienne Gabriela Mistral en 1945 récompense une œuvre poétique très liée au modèle européen, puis le prix donné au Guatémaltèque Miguel Ángel Asturias en 1967 marque la prise de conscience de la nouveauté du roman latino-américain. L'Asie se voit reconnue l'année suivante avec l'octroi du prix au Japonais Yasunari Kawabata, publié dans la Collection d'œuvres représentatives de l'Unesco. Ce n'est toutefois que dans les années 1980 que le prix Nobel récompense pour la première fois un auteur africain (le Nigérian Wole Soyinka en 1986) et un auteur issu du monde arabe (l'Égyptien Naguib Mahfouz en 1988).

Nicolas Six a tenté de définir les caractéristiques, les invariants, de la littérature universelle, « qui peut s'exporter sans perdre de son pouvoir de séduction[4] ». A partir de la liste des livres les plus traduits dans le monde répertoriés par l'*Index Translationum,* il relève différentes propriétés récurrentes qui caractériseraient l'universalité réelle (attestée par le grand nombre de traductions existantes) de certaines œuvres littéraires. Les œuvres les plus universelles semblent ainsi écrites dans une forme et un langage simples et sont

---

[1] Ibid.

[2] Ibid., p. 210-211.

[3] Ibid., p. 213.

[4] SIX, Nicolas. « Les invariants de la littérature universelle », 2000, sur le site universaux.free.fr

presque dépourvues de repères géographiques, spatiaux et sociaux. Elles gomment toute référence précise à un peuple ou à une nation particulière, s'intéressent en priorité à l'affect et aux relations humaines (amour, amitié, parenté) et se tiennent à l'écart de toute référence à la politique (en tant qu'organisation politique et administrative de la société). Enfin, ces œuvres évitent le plus souvent d'évoquer les rapports hiérarchiques et les relations de pouvoir et de domination – se concentrant plutôt sur les liens familiaux et amicaux – ce qui laisserait supposer l'existence d'une morale, d'une volonté de vivre dans un monde simple et juste, qui serait un invariant universel. Ces récits se basent sur des expériences personnelles et sur l'affect pour ordonner le respect d'autrui.

Cette approche est d'autant plus intéressante qu'elle ne fait aucune distinction entre une « bonne » et une « mauvaise » littérature, dont l'une serait universelle et donc exportable et l'autre non. Une telle approche tient compte de la réalité, puisque le corpus littéraire le plus traduit et le plus lu dans le monde regroupe des ouvrages de qualité littéraire très inégale, tandis que certains ouvrages, considérés comme faisant partie des meilleurs, peinent à trouver un public au-delà de leurs frontières nationales. Les chiffres de l'*Index Translationum* montrent, par exemple, que des écrivains majeurs tels Gogol, Faulkner ou Hugo ont été, au total, beaucoup moins traduits dans le monde que Danielle Steele ou Mary Higgins Clark. Si l'on suit ce raisonnement, l'« universalité » d'un ouvrage ne peut se mesurer à sa qualité littéraire. Au contraire, des ouvrages typiquement « universels » mais difficiles d'accès, comme ceux de Borges, peinent à attirer un public mondial.

La place et le rôle des écrivains dans le processus de définition d'un corpus de littérature universel apparaît également non négligeable ; les écrivains peuvent avoir conscience, en effet, d'écrire soit une œuvre appartenant à une littérature spécifique (nationale, par exemple, ou enracinée dans un terroir), soit une œuvre relevant de la littérature tout court, c'est-à-dire universelle. Ainsi, les œuvres « universelles » deviennent telles, pas seulement à cause des pratiques éditoriales, des critiques littéraires et/ou de la réception du public, mais aussi parce qu'elles ont été consciemment conçues comme telles par leurs auteurs, et cela quelle que puisse être leur qualité littéraire intrinsèque[1]. De ce point de vue, l'œuvre de Borges, par exemple, serait universelle (car voulue telle de manière consciente et revendiquée) malgré une moindre diffusion à l'échelle planétaire.

Avec son étude, Nicolas Six estime avoir mis au jour « l'existence d'un terreau d'aspirations universelles » qui pourraient être utilisées par des organisations comme l'Unesco, dans la construction d'un patrimoine culturel mondial capable de concurrencer les mythes identitaires nationalistes, en débouchant :

> *... sur la constitution d'un corpus comprenant les ouvrages les plus traduits, et aboutissant à la définition d'une forme d'imaginaire universel, celle qui transparaîtrait à travers ces ouvrages. [...] La littérature se révélerait alors être à la fois une preuve, un indice et une*

[1] SOMBYO, György. « Contribution au problème de la "révision du concept de littérature universelle ». Op. cit., p. 248.

arme. Une preuve formelle de ce que les hommes peuvent partager des aspirations au-delà des frontières. Un indice très utile pour la compréhension de ce qui constitue l'universel des aspirations de l'homme. Et une arme pour lutter par l'intérieur, et de façon insidieuse contre les méfaits du besoin d'identité que la nation a détourné à son profit, et qu'elle exacerbe encore. La littérature affaiblirait donc le nationalisme[1].

Afin de « renforcer le tronc commun culturel qui relie les peuples », l'Unesco aurait pu utiliser les références culturelles qui font universellement sens, et tenter de les imposer face aux particularismes identitaires. Ces mythes culturels internationaux auraient pu constituer un réservoir dans lequel puiser, car, estime Nicolas Six, « une politique mondiale serait sans doute fondée à s'appuyer sur les rêves que partagent tous les hommes[2] » afin de consolider la paix.

Si la théorie d'utiliser des invariants littéraires universaux pour transformer le discours des Nations Unies afin de lutter contre les nationalismes paraît en soi intéressante, elle est bien sûr difficile à réaliser dans le cadre d'organisations intergouvernementales qui peinent à affirmer une idéologie autonome face aux États nationaux qui les constituent. L'idéologie universaliste, qui anime réellement nombre de fonctionnaires internationaux, ne peut combattre ouvertement les tendances nationalistes alors que ces mêmes fonctionnaires travaillent pour des organisations auxquelles seuls des États ont le droit d'adhérer et qui sont financées exclusivement par eux…

Pourtant, l'objectif poursuivi par l'Unesco de constituer un patrimoine littéraire commun à valoriser afin de favoriser une prise de conscience de la solidarité et de l'identité humaines ne paraît pas si éloigné de ce raisonnement… Il nous semble que c'est en partie la raison pour laquelle l'Unesco, loin de tenir ouvertement un tel discours, met surtout en avant d'une part la valorisation de « grandes » littératures nationales (au sein des commémorations de grands écrivains, de la collection d'œuvres représentatives…) en flattant les egos nationaux, et d'autre part l'intérêt de faire connaître les chefs-d'œuvre littéraires au grand public mondial (en termes d'éducation, d'exemplarité, d'ouverture sur les autres) en flattant les élites cultivées et bien-pensantes de ses États membres (surtout des puissances occidentales). Mais les limites d'une telle présentation expliquent sans doute la difficulté de l'organisation à constituer ce patrimoine littéraire mondial, puisqu'elle est régulièrement obligée de rappeler que son rôle n'est pas de remettre en cause la légitimité des États-nations et de leur cadre rigide. Ceux-ci apparaissent donc comme l'un des principaux obstacles à une action volontaire et efficace de l'Unesco, dont l'objectif serait réellement (et non seulement au plan symbolique) d'internationaliser les esprits et d'élargir les frontières culturelles de la population mondiale.

La multiplicité et l'évolution dans le temps des discours tenus par l'Unesco sur les questions touchant au domaine du livre nous indique la difficulté de mettre en place une politique du livre globale cohérente à l'échelle planétaire, bien que les actions menées par l'Unesco pour promouvoir le livre, la lecture, la littérature et le droit d'auteur apparaissent nombreuses et diversifiées dès 1947.

---

[1] SIX, Nicolas. « Les invariants de la littérature universelle ». Op. cit.

[2] Ibid.

CHAPITRE VI

L'Unesco en interne

Les actions menées par l'Unesco en faveur du livre, nombreuses et variées, ont été mises en place et menées par nombre d'intervenants. La multiplicité des acteurs compétents dans le domaine du livre à l'intérieur même du secrétariat n'a d'égale que la multiplicité des autres acteurs extérieurs qui ont exercé une responsabilité, plus ou moins grande, à la fois dans le choix des projets menés et dans leur réalisation.

Le choix et la mise en place des projets résultent d'un processus complexe de négociation, de relations et de rapports de force[1] entre les États membres, un ensemble disparate de fonctionnaires permanents et temporaires, et une multitude d'acteurs extérieurs : acteurs nationaux, partenaires divers et prestataires marchands. La situation est d'autant plus complexe que l'Unesco connaît de fréquents remaniements administratifs ainsi qu'un turn-over important de son personnel.

Bien que le programme pour le livre soit décidé et mis en œuvre par les organes officiels de l'Unesco (Conférence générale, Conseil exécutif, secrétariat permanent), son application sur le terrain nécessite le recrutement temporaire d'experts et de consultants, la collaboration et le soutien des délégations et des commissions nationales, des efforts de coordination avec les autres organisations onusiennes et le PNUD, l'entretien de relations régulières avec les organisations internationales de professionnels du livre, la création d'organes consultatifs pour développer différents projets, une réflexion commune avec des structures nationales importantes dans le domaine du livre, sans oublier le recours à des prestataires privés (imprimeurs, éditeurs, fournisseurs de bibliobus et de matériel d'imprimerie, de microfilmage et de bibliothèque).

Pour caractériser un réseau aussi dense et complexe d'acteurs et d'interactions, on peut se référer au concept de « toile d'araignée » (*cobweb model*) du théoricien australien des relations internationales John W. Burton. Les relations de dépendance réciproque entre les individus et la société se

[1] COX, Robert W., JACOBSON, Harold K. « Une première approche: l'analyse de la prise de décision ». Op. cit., p. 81.

retrouvent à l'échelle planétaire et suscitent le sentiment d'appartenance à une humanité globale[1]. Un tel raisonnement semble pouvoir s'appliquer à la politique du livre de l'Unesco dans laquelle chacun des acteurs concernés poursuit, de manière autonome, d'autres activités qui viennent s'ajouter et s'entremêler au programme défini par l'organisation, pour former un ensemble complexe, vaste et mouvant de « promotion du livre » à travers le monde.

En ce qui concerne plus spécifiquement l'Unesco, la définition du programme de l'organisation s'avère un processus administratif et politique complexe. Si son Acte constitutif désigne expressément la Conférence générale comme unique instance décisionnaire quant au budget et au programme, la réalité se présente autrement plus compliquée et le rôle du Conseil exécutif et du secrétariat moins négligeable qu'il n'y paraît de prime abord. Si la Conférence générale a un pouvoir décisif quant aux questions budgétaires, le contenu même du programme fait, lui, l'objet de négociations et de jeux d'influences subtils.

L'Unesco mène de nombreuses actions avec des moyens financiers très limités. Une partie importante du budget est consacrée au fonctionnement, tandis que la part dédiée aux actions est proportionnellement faible. Dans tous les domaines, les budgets sont restreints et la participation de l'Unesco se résume souvent à un rôle de réflexion, de rassemblement de données et de coordination, comme c'est le cas au départ pour son programme de traduction des classiques littéraires, dont le financement se réalise par le biais de partenariats sans que l'Unesco n'engage son propre budget[2].

Le budget ordinaire de l'organisation augmente au fil des années de manière conséquente, pour prendre en compte la hausse du nombre d'États membres de l'organisation. Il passe ainsi de 7 millions de dollars en 1947 à 88 millions de dollars en 1975, selon une hausse relativement régulière. Sachant que le dollar américain connaît une inflation cumulée d'environ 150 % entre 1947 et 1975, le budget est donc multiplié par 8, quand le nombre de nouveaux Etats est multiplié par moins de 4 (de 36 à 132 membres).

Par ailleurs, si l'on tient compte des fonds extrabudgétaires qui viennent s'ajouter au budget ordinaire à partir de 1951, le budget de l'Unesco apparaît bien plus conséquent. Si ces fonds ne représentent que 800 000 dollars en 1951, ils croissent en effet considérablement pour s'élever à 4,5 millions de dollars en 1960, 37 millions en 1970, et près de 65 millions en 1975. Au total, et même en tenant compte de l'inflation, le budget de l'Unesco est donc multiplié par près de 15 entre 1947 et 1975.

A partir de l'adhésion de l'URSS en 1954, les 4 principaux États financeurs apportant leur contribution au budget ordinaire sont, dans l'ordre, les États-Unis, l'URSS, la Grande-Bretagne et la France. Le Royaume-Uni, soutenu par les États-Unis, tente de fixer un plafond budgétaire annuel, ce à quoi s'opposent systématiquement des pays comme la France, l'Inde et le Brésil[3].

---

[1] ROCHE, Jean-Jacques. *Théorie des relations internationales*. Paris : Montchrestien, 2006, p. 115.

[2] « Traduction des classiques mondiaux », 1er juillet 1947. Archives Unesco, dossier 803 A 52.

[3] SATHYAMURTHY, T. V. *The Politics of International Cooperation, Contrasting Conceptions of Unesco*. Op. cit., p. 196.

Le programme de l'Unesco dépend de deux budgets distincts : un budget régulier (appelé « programme de participation ») dont le montant, voté par la Conférence générale, est essentiellement constitué par les contributions des États membres dans la limite de leurs quotas, et un budget « d'assistance technique », constitué de contributions volontaires des États, qui est reçu d'autres organisations et administré par l'Unesco pour des projets de développement. La Conférence générale définit « comment seront utilisées ses ressources, quel type de service sera rendu, quels moyens seront mis en œuvre. La répartition des ressources de l'organisation entre divers types d'activité fait l'objet de "programmes" correspondant aux principaux domaines couverts par l'organisation, et de "projets", en principe reliés à ces programmes[1] ». Cette répartition des ressources fait l'objet de discussions, parfois houleuses. Plusieurs pays – en particulier les États-Unis – critiquent ce découpage et déplorent le cloisonnement de l'organisation en départements distincts.

D'autre part, bien que la Conférence générale discute des projets qu'elle entend mettre en place sur le principe, la décision pour le lancement et le suivi des opérations appartient plutôt au Conseil exécutif (CE). C'est ce dernier, par exemple, qui engage en 1947 le programme de « traduction des classiques »[2]. Constitué de membres élus pour 4 ans par la Conférence générale, le CE se réunit au moins 2 fois par an et constitue l'organe souverain dans l'intervalle des sessions de la Conférence générale.

Dès 1954, le statut des membres du CE est modifié sous la pression des États-Unis et du Royaume-Uni, malgré l'opposition de nombreux États (dont la France) et d'une partie de l'opinion. Jusqu'alors délégués à titre strictement personnel, les membres du CE sont désormais présentés par leurs gouvernements et élus en tant que leurs représentants : « l'espoir de faire du Conseil exécutif une sorte de "forum mondial des intellectuels" s'érode au fil des ans, les États désignant de plus en plus fréquemment des diplomates "traditionnels" pour siéger dans cette instance[3] ». Nombre d'entre eux ne s'estiment pas « choisis pour promouvoir les intérêts du genre humain, pour veiller à ceux des voisins. Ils ne savent pas que ces intérêts, finalement, leur sont communs. Ils ne demanderont compte que de leurs intérêts immédiats, nationaux, exclusifs[4] ».

Toutefois, si les États considèrent l'Unesco comme une arène où ils peuvent agir les uns sur les autres, le rôle de la volonté autonome de l'organisation n'est pas négligeable[5] :

> *Les négociations internationales ne sont pas insensibles à l'environnement dans lequel elles se déroulent. Il faut alors tenir compte de la « culture » propre à chaque organisation, qui est marquée par ses principes et ses dispositions normatives, les spécificités et l'évolution de son mandat, l'histoire et la composition de son secrétariat. De toute évidence, on ne*

---

[1] SMOUTS, Marie-Claude. *Les organisations internationales.* Op. cit., p. 42.
[2] Voir Archives Unesco, dossier 803 A 52.
[3] WEISS, Pierre. *Le système des Nations-Unies.*Paris: Nathan Université, 2000, p. 94
[4] BERSTEIN, Serge, MILZA, Pierre. *Histoire du XXe siècle, Tome 2. Le monde entre guerre et paix (1945-1973).* Paris : Hatier, 1996, p. 139.
[5] ABI-SAAB, Georges. « La notion d'organisation internationale... ». Op. cit., p. 17.

négocie pas de la même manière au GATT et à la CNUCED. Les processus de décision, également conditionnés par cette culture organisationnelle, sont très différents d'une organisation internationale à l'autre, même s'ils portent sur le même objet. Ainsi, les processus déterminant la conception et la gestion d'un programme d'éducation mobilisant l'Unesco et la Banque mondiale ne sont pas les mêmes[1].

Entre 1945 et 1975, les pays du Tiers monde expriment de vives revendications dans le cadre de la Conférence générale, qui portent principalement sur le budget et sur la composition du CE. A l'Unesco, ils disposent de leaders charismatiques, tels le Malien Amadou Hampâté Bâ et l'Égyptien M. Tewfik qui jouent un rôle important au sein de la Conférence générale et du CE. Le Français Julien Cain, le Tchécoslovaque Jozef Grohman sont, quant à eux, étroitement associés à la politique du livre de l'Unesco[2]. Le projet d'Année internationale du livre est soutenu par les délégués de différents pays, en particulier la Tchécoslovaquie et l'URSS, lors de la 83ème session du CE en 1970 (adoption de la résolution préconisant l'adoption de l'AIL). La commission nationale belge cherche aussi à « obtenir le soutien de la Tchécoslovaquie, de la France et des Pays-Bas pour proposer une augmentation du budget prévu pour l'Année internationale du livre[3] », proposant de le passer de 46 000 $ à 96 000 $.

De son côté, avec des personnalités comme Carneiro, Dell'Oro Maini et Carols Chagas, le Brésil développe une politique culturelle internationale dynamique, en particulier dans le domaine du droit d'auteur[4] :

Le Brésil à toujours été le leader parmi les pays de l'hémisphère occidental dans les efforts tendant à la création d'une convention universelle et [...] la déléguée du Brésil, Mme Magdalena Londero, était membre du Comité du droit d'auteur qui, au cours de la dernière session de la Conférence générale, a élaboré l'avant-projet de Convention[5].

D'autre part, le travail de la Commission préparatoire pour l'Unesco, en 1946, a une influence considérable sur le programme mené pendant des décennies. Plusieurs personnalités, parmi les délégués nationaux de cette première Conférence générale, sont de première importance pour l'adoption du programme relatif aux bibliothèques, comme le Dr Cibulka (ancien président du Conseil des bibliothèques tchécoslovaque) ; Carl H. Milam (directeur de l'*American Library Association*, qui développe ses activités à l'international) ; Julien Cain (administrateur général de la Bibliothèque nationale de France) ; R. H. Hill (bibliothécaire de la bibliothèque centrale nationale de Grande-Bretagne) ; Svend Dahl (directeur de la bibliothèque nationale du Danemark) ; ou encore Albert Michelsen (secrétaire du Conseil danois des bibliothèques

---

[1] SENARCLENS, Pierre de. « La théorie des régimes et l'étude des organisations internationales ». Op. cit., p. 535-536.

[2] Voir Archives Unesco, dossier 04 A 066 72 AIL.

[3] Mémo de Behrstock à Adiseshiah, 24 avril 1970. Archives Unesco, dossier 04 A 066 72 AIL.

[4] DUMONT, Juliette. « Le Brésil de Vargas : entre l'IICI et l'Union Panaméricaine ». Op. cit., p. 2.

[5] Mémo de Bogsch à Thomas, 5 oct. 1951. Archives Unesco, dossier 347.78 A 102 « - 66 ».

d'État)[1]. En ce qui concerne le rôle des intellectuels à l'Unesco, Pierre Weiss estime :

> *Une représentation des milieux intellectuels demeure relativement assurée [...] via les « commissions nationales » qui, au sein des États membres, sont censées incarner les communautés culturelles et scientifiques nationales. Les membres des commissions nationales travaillent en étroite liaison avec les délégations de leurs États respectifs, notamment dans les phases de discussion et d'adoption des documents de programme de l'Organisation. On peut toutefois s'interroger sur la représentativité réelle de la plupart des commissions nationales, plus souvent investies par des « fonctionnaires » de la culture et de l'éducation que par l'élite intellectuelle des pays membres*[2].

Les liens sont étroits entre les commissions nationales, les délégations nationales et les membres du CE. Entre 1945 et 1974, ce dernier voit passer 166 membres, qui siègent pour une période plus ou moins longue – certains pour quelques mois, tandis que d'autres effectuent plusieurs mandats successifs. Ces personnalités appartiennent à 4 grandes catégories, qui se recoupent fréquemment : les politiciens de métier, qui exercent ou ont exercé les plus hautes fonctions électives et/ou ministérielles à l'échelon national ; les ambassadeurs et diplomates de carrière ; les spécialistes des domaines d'activités de l'Unesco (enseignants, éducateurs, scientifiques, philosophes, professionnels de la culture et de la communication) ; et les créateurs (artistes, écrivains).

L'étude du profil de ces personnalités est révélatrice du poids du livre et de l'écrit selon les pays et les régions du monde. Près d'un tiers des personnes ayant siégé au CE (52) ont un profil que l'on pourrait qualifier de « littéraire », alors que quasiment aucun membre du CE n'est spécialiste d'un autre domaine culturel (danse, musique, peinture, cinéma, photographie, etc.). Parmi ces personnalités « littéraires », un tiers représente des pays d'Amérique latine (qui attachent traditionnellement une grande importance à la culture lettrée et utilisent fréquemment des personnalités de diplomates-écrivains), tandis que l'Asie est nettement moins présente. Après la décolonisation, les pays d'Afrique francophone font siéger quelques personnalités littéraires au CE, tandis que l'Afrique anglophone n'envoie que des éducateurs, diplomates ou hommes politiques. L'Amérique du nord et l'Europe de l'Ouest ont une représentation « littéraire » régulière, ainsi que l'Europe de l'Est à partir de l'admission de plusieurs États vers la fin des années 1950.

Mais derrière ces moyennes continentales, plusieurs pays semblent donner la priorité au domaine littéraire. Cette volonté politique est marquée par le fait qu'un membre « littéraire » du CE qui arrive en fin de mandat est aussitôt remplacé par un profil similaire. Ainsi, sur une période de 28 années (de 1946 à 1974), 6 pays disposent d'une personnalité « littéraire » qui les représente au CE pendant plus de 11 ans : le Brésil (Carneiro est une figure humaniste, fondateur de l'Association internationale Auguste Comte, et siège 22 ans au CE) ; la France (dont 3 représentants littéraires se succèdent au CE sur 21 ans) ; le

[1] PARKER, Stephen. *Unesco and Library Development Planning.* Op. cit., p. 113.
[2] WEISS, Pierre. *Le système des Nations-Unies.* Paris: Nathan Université, 2000, p. 94.

Mexique (5 représentants en 18 ans) ; l'Inde (3 personnalités littéraires sur 15 ans) ; la Turquie (3 personnalités sur 14 ans) ; enfin les États-Unis (4 représentants sur 11 ans).

Toutefois, en 28 ans, aucun écrivain/intellectuel français ou britannique ne siège au CE de l'Unesco, ce qui tranche particulièrement avec la situation qui prévalait au temps de l'IICI. Les États-Unis, au contraire, choisissent des profils combinant la haute fonction publique (souvent la direction de la Bibliothèque du Congrès) et l'activité de création littéraire, comme le montre la nomination au CE de deux poètes éminents, Archibald MacLeish et Katie Louchheim.

Au niveau général, sur les 52 profils « littéraires » du CE, les poètes/écrivains/intellectuels sont nettement majoritaires (37) par rapport aux autres professions liées au livre (15) : 24 pays désignent, à un moment ou un autre, une personnalité issue de la « création littéraire » pour les représenter à l'Unesco. La plus prestigieuse de ces personnalités est sans conteste le poète chilien Pablo Neruda, qui représente brièvement le gouvernement de Salvador Allende avant l'assassinat de ce dernier en 1973.

Au final, sur 166 membres du CE, 22,3 % sont poètes/écrivains/intellectuels, 4,8 % directeurs d'archives ou de bibliothèques, et 4,2% journalistes, enseignants, hauts fonctionnaires dans le domaine du livre, éditeurs, etc. Ces personnalités littéraires représentent souvent des pays du Tiers monde, ce qui s'explique d'autant mieux que les gouvernements « pensent accroître leur prestige en envoyant leurs meilleurs éléments ; ceux-ci, de leur côté, sont fascinés par les avantages moraux et matériels (vrais ou supposés) de ces fonctions internationales[1] ».

Parmi ces personnalités, certaines œuvrent tout particulièrement pour la politique du livre de l'Unesco, comme Amadou Hampâté Bâ (collecte des traditions orales en Afrique), Julien Cain (développement des bibliothèques, expositions sur le livre, Année internationale du livre), Luther Evans (qui, avant de devenir directeur général de l'organisation, participe à la préparation de la convention universelle sur le droit d'auteur) ou Josef Grohman (développement des bibliothèques, Année internationale du livre).

Par ailleurs, certains membres du CE se montrent actifs dans les réseaux internationaux, comme la Hongroise Magda Joboru (à la FIAB) ou le Mexicain Manuel Alcala (à la FID). De son côté, l'écrivain turc Benedettin Tuncel participe à de nombreuses manifestations du PEN Club et de la FIT ; en 1959, on lui propose même de prendre la présidence de la FIT – proposition qu'il décline, la jugeant incompatible avec sa qualité de membre du CE.

Le positionnement des États membres de l'Unesco par rapport à la politique du livre de l'organisation se mesure également à l'aune des initiatives prises ou non par ces États : propositions de résolutions lors de la Conférence générale, participation aux projets lancés (matériel de lecture pour l'Asie, unité mobile de microfilm, collecte des traditions orales, commémorations, stages d'études et réunions régionales), positionnement pour l'accueil des manifestations

---

[1] GERBET, Pierre. « Les nouveaux États et les organisations internationales ». Op. cit., p. 482.

(conférences, colloques, stages d'étude) ou des structures permanentes (bibliothèques, centres régionaux du livre, écoles de bibliothécaires), choix de faire traduire et publier des ouvrages dans la collection d'œuvres représentatives, signature des conventions et accords adoptés dans le domaine du livre. Par ailleurs, la non-signature de certains instruments juridiques peut aussi être un acte réfléchi et revendiqué par certains États, en particulier issus du Tiers monde…

En prenant en compte l'ensemble de ces indicateurs, on parvient à saisir assez précisément quels sont les pays qui investissent le plus la politique du livre de l'Unesco et jouent un rôle de leader dans l'impulsion des différents projets. Même s'il faut se garder de toute interprétation trop simpliste, ces projets peuvent aussi être envisagés comme des enjeux de luttes d'influence et de prestige au niveau mondial et régional, la volonté de « rayonnement » culturel allant souvent de pair avec une ambition d'influence géopolitique et économique dans un contexte international complexe et mouvant. Le positionnement et la compétition des Etats au sein de l'Unesco dans le domaine littéraire recoupent fréquemment des rivalités culturelles, linguistiques et politiques plus larges.

Après avoir étudié en détail les phénomènes de prise de décision, Cox et Jacobson concluent, dans leur étude publiée en 1973, qu'une place considérable est laissée au secrétariat, qui dispose d'« une autonomie considérable à l'intérieur d'un cadre assez large[1] ». Dans les limites tracées par les représentants des gouvernements, les politiques menées sont souvent déterminées par les personnes qui participent directement à la prise de décision au sein de l'institution : le directeur général et les chefs de services et de secteurs du secrétariat. Les représentants des gouvernements sont influents surtout pour les décisions symboliques, de représentation et de fixation des règles.

Tandis que les chefs de secrétariat ont un rôle déterminant sur les décisions relatives aux limites et aux programmes, les fonctionnaires influencent les décisions relatives aux opérations. Pour résumer, les tâches de décision se partagent entre les représentants des gouvernements, les chefs de secrétariat et les fonctionnaires : les premiers décident des grandes orientations stratégiques, les seconds les traduisent dans un programme d'action, les troisièmes gardent une emprise sur les opérations précises menées dans le cadre de ce programme général.

L'IMPORTANCE DU SECRÉTARIAT ET DES RÉSEAUX RELATIONNELS

Malgré la relative « politisation » de l'Unesco, son secrétariat dispose d'un fort pouvoir d'initiative et de décision, au niveau concret comme conceptuel[2]. L'Acte constitutif lui laisse une grande latitude pour s'organiser, ce qui en fait un élément moteur pour la préparation et l'exécution du programme et du budget. Le contrôle politique exercé par les États est assez lâche, les assemblées, conseils,

---

[1] COX, Robert W., JACOBSON, Harold K. « Une première approche: l'analyse de la prise de décision », in ABI-SAAB, Georges (dir.). *Le concept d'organisation internationale.* Paris : Unesco, 1980, p. 88.

[2] PELLET, Alain et RUZIE, David. *Les fonctionnaires internationaux*, PUF, 1993, p. 72-73.

comités et autres organes « surveillant de haut les activités et définissant les grandes priorités[1] ». Les fonctionnaires possèdent un pouvoir non négligeable ; ils orientent les choix, élaborent les programmes et finalement décident de l'action à entreprendre[2].

Dans la gestion de l'assistante technique, les fonctionnaires « dépensent les fonds, recrutent les experts, dirigent leur travail, achètent les équipements, et sélectionnent les candidats pour les bourses[3] ». Dans le domaine du livre, leur rôle est primordial, en particulier dans le choix des experts et consultants envoyés dans les pays du Tiers monde. Or, ces experts et consultants mettent en place des bibliothèques ; ils sélectionnent une partie des livres et du matériel d'équipement à acheter, mettent au point l'organisation spatiale des lieux, choisissent d'appliquer ou non certaines normes de catalogage, etc. Ils demeurent parfois plusieurs années dans un pays où ils conseillent les gouvernements, insistent sur une planification nationale des bibliothèques, sur une catégorie particulière de bibliothèques à développer (universitaires, scolaires, publiques, nationales), sur l'importance du microfilmage... Leurs rapports peuvent influencer les politiques menées et les budgets dégagés pour ces activités.

La sélection de ces personnes, et la mesure de l'efficience finale, dépendent donc avant tout du choix effectué par les fonctionnaires du secrétariat. Ces derniers disposent d'un pouvoir conséquent quant à l'octroi d'aides financières (dons de livres, de bibliobus, d'équipement, de matériel de microfilmage), à la mise en œuvre de projets d'assistance technique (missions d'expertise et de conseil, mise en place de bibliothèques), au lancement et à la gestion de projets collectifs (encouragement à la production de matériel de lecture pour l'Asie, création de centres régionaux du livre), et aux interventions diplomatiques (négociations budgétaires avec les gouvernements pour la mise en place de structures permanentes, médiation sur la question du droit d'auteur).

Les fonctionnaires peuvent encourager un État à déposer un projet et l'aider à monter son dossier, faire inclure ce projet dans le programme général proposé par le DG à l'approbation de la Conférence générale, faire approuver le projet par le Conseil exécutif et le faire voter par la Conférence générale, ou encore, en cours d'année, réaffecter les fonds économisés ou inutilisés.

Gunnar Myrdal ajoute à ce propos : « le secrétariat est un corps permanent, représentant dans un sens les aspirations collectives des États membres ; il souligne souvent avec fierté être parvenu, grâce à son talent et à sa persévérance, à mettre les gouvernements d'accord, parfois à la dernière minute, sur une solution de compromis[4] ». Pellet et Ruzie estiment même qu'une apparente désunion des États membres permet au secrétariat d'incarner l'institution et de s'adjuger un rôle d'initiateur et de conciliateur[5].

---

[1] LENGYEL, Peter. « Réformer la fonction publique internationale…». Op. cit., p. 616.
[2] HOLLY, Daniel. *L'Unesco, le Tiers monde et l'économie mondiale.* Op. cit., p. 39.
[3] MYRDAL, Gunnar. *Realities and Illusions in regard to inter-governmental organizations.* Op. cit., p. 25.
[4] Ibid., p. 22.
[5] PELLET, Alain et RUZIE, David. *Les fonctionnaires internationaux.* Op. cit., p. 74.

Étant donné le poids des fonctionnaires, Pierre de Senarclens incite à étudier « les rapports qu'ils entretiennent avec les autres acteurs de la scène internationale, en particulier avec les représentants des principaux bailleurs de fonds, la compétition entre les dirigeants de ces organisations internationales pour l'obtention des ressources financières, l'influence des conditions dans lesquelles elles opèrent[1] ». Un courrier de Jean Thomas, alors sous-directeur général de l'organisation, donne un éclairage à ce sujet lorsqu'il évoque une mission effectuée en Argentine :

> *Des initiatives privées m'ont permis de faire ou de refaire connaissance avec de très nombreuses personnes du monde universitaire, scientifique et culturel. Le directeur général des relations culturelles, M. Sabato, qui est un écrivain très connu, a réuni chez lui quelques personnes qui m'ont beaucoup intéressé. Madame Victoria Ocampo a donné une réception dans sa belle villa de San Ividro. On sait quelle place Madame Ocampo et la revue* SUR *qu'elle dirige sans défaillance depuis vingt-sept ans occupent dans la vie intellectuelle de l'Argentine et dans le monde littéraire international. J'ai rencontré à ces diverses occasions (et revu ensuite à ma conférence) le célèbre écrivain Jorge Luiz Borges, le philosophe Francisco Romero, M. Eduardo Mallea, les musiciens Castro et Ginastera... [...] Il n'est pas douteux que les écrivains argentins attendent beaucoup de l'Unesco. Par contre j'ai appris que l'activité du Centre national du PEN Club était à peu près inexistante*[2].

Les fonctionnaires ont conscience de leur pouvoir d'influence et de persuasion et l'utilisent le plus souvent en leur « âme et conscience », convaincus d'œuvrer dans le sens de l'intérêt général et de leur mission. C'est ainsi, par exemple, que John B. Bowers (Département de l'éducation) écrit à Edward Carter en 1952 :

> *En ce qui concerne le Programme d'assistance technique, il est bien connu que les services peuvent être octroyés seulement lorsqu'ils sont demandés par les États membres. Cependant, je le répète, je pense que c'est à la Division des Bibliothèques de convaincre les États membres que les bibliothèques sont un élément essentiel de l'éducation fondamentale comme de toute éducation, et de les convaincre de demander de l'aide pour les développer*[3].

Les fonctionnaires qui travaillent dans le domaine de la promotion du livre s'impliquent dans le lancement des projets. Edward Carter contribue à la mise en place de plusieurs activités, comme la récupération du stock d'ouvrages du Centre interallié du livre à sa fermeture ou la création du Centre du livre canadien en 1947. Il s'agit là d'un choix personnel, Carter ayant lui-même convaincu la Commission préparatoire de l'Unesco de voter une résolution (reprise par la Conférence générale), ce qui lui permet de mener ensuite des

[1] SENARCLENS, Pierre de. « La théorie des régimes et l'étude des organisations internationales ». Op. cit., p. 536.

[2] THOMAS, Jean. « Mémo au DG sur la mission en république argentine », 22 octobre 1958. Archives Unesco, dossier X07.83 Thomas.

[3] Mémo de Bowers à Carter, 8 février 1952. Archives Unesco, dossier 375 : 02 « Fundamental Éducation and Libraries ».

discussions avec le Royaume-Uni et le Canada officiellement au nom de l'Unesco.

Le fonctionnement et le développement de la Division des bibliothèques durant ses 10 premières années dépendent aussi largement de la personnalité d'Edward Carter. Britannique, ex-bibliothécaire du *Royal Institute of British Architects,* Carter connaît parfaitement le milieu des bibliothécaires européens et de la FIAB ; son réseau relationnel est très étendu (de Julian Huxley à Julien Cain, de Luther Evans à différents hauts fonctionnaires britanniques) et il fait partie des quelques personnes qui, liées à l'IICI, participent au projet de l'Unesco dès la Commission préparatoire en 1946 avant de devenir fonctionnaire de l'organisation. Il est nommé en avril 1946 « Conseiller pour les bibliothèques et les musées » par Julian Huxley[1], ce qui, selon ce dernier, se révèle être un excellent choix « en poussant l'Unesco à créer de bonnes bibliothèques modernes dans les pays sous-développés ».

Directeur de la Division des bibliothèques de 1947 à 1957[2], Edward Carter mène de nombreuses missions à l'étranger pour l'Unesco (Scandinavie, Danemark, États-Unis[3], Inde, Iran, Irak, Turquie[4], Égypte, Pakistan, Birmanie, Népal...) et participe à de multiples réunions et comités (*National Cooperating Body for librairies,* Comité de coordination des bibliothèques des Nations Unies à Genève, Comité international de bibliothéconomie de la FIAB...). Carter quitte finalement l'Unesco le 12 avril 1957[5] pour rejoindre le milieu éditorial britannique, expliquant à l'un de ses interlocuteurs :

> *Notre Division des bibliothèques subit de nombreux changements puisque je suis sur le point de partir et serai de retour en Angleterre début mai. J'ai dû me faire à l'idée que si je ne voulais pas finir ma carrière professionnelle loin de mon pays natal, je devais changer rapidement, et, une occasion s'étant présentée pour un poste en Angleterre, j'ai donc décidé assez soudainement de partir*[6].

Ses supérieurs ne se trompent pas sur l'importance de Carter, comme en témoigne un mémo dans lequel René Maheu lui écrit que le DG Torres Bodet « se félicite de l'influence croissante de l'Unesco dans les milieux bibliothécaires et il n'ignore pas que le principal mérite vous en revient[7] ». Herbert O. Brayer, secrétaire général du Conseil international des archives (ICA), estime de son côté que Carter « a réalisé un travail magnifique [...] en permettant à trois organisations (la FIAB, l'ICOM et l'ICA, et peut-être aussi la FID) de devenir

---

[1] Sa nomination fait l'objet d'un désaccord entre Julian Huxley d'une part, la *British Library Association* et les membres britanniques participant au comité sur les bibliothèques pour la Commission préparatoire de l'Unesco d'autre part, ces derniers s'opposant à la nomination d'un architecte et non d'un bibliothécaire de profession à ce poste. Carter reçoit cependant un soutien important de certains bibliothécaires britanniques, en particulier Frank Gardner et Edward Sydney. PARKER, Stephen. *Unesco and Library Development Planning.* Op. cit., p. 99.

[2] PARKER, Stephen. *Unesco and Library Development Planning.* Op. cit., p. 97.

[3] Voir Archives Unesco, dossier X07.83 Carter E.J.

[4] Lettre de Carter à Duyvis, 27 fév 1951. Archives Unesco, dossier 002 + 02 + 930.25 AOI/8.

[5] Lettre de Carter à Cain, 2 avril 1957. Archives Unesco, dossier 02 A 20.

[6] Lettre de Carter à Béla Varjas, 5 fév. 1957. Archives Unesco, dossier 02 (439.1) AMS/A 373.

[7] Mémo de Maheu à Carter, 24 août 1949. Archives Unesco, dossier 002 + 02 + 930.25 AOI/8.

réalité alors qu'elles n'existaient vraiment que dans l'esprit de quelques hommes[1] ».

De son côté, Carlos Victor Penna oriente les conceptions et le programme de l'Unesco en ce qui concerne la planification des bibliothèques, de telle sorte que sa politique, mise en œuvre par l'organisation, s'étale sur près de 2 décennies. De la même manière, la personnalité et les conceptions propres de Roger Caillois conduisent à la mise en place de la revue transdisciplinaire *Diogène*, et son intérêt pour l'Amérique latine contribue au développement de la série latino-américaine de la collection d'œuvres représentatives (choix des œuvres traduites et publiées, lobbying en faveur de la collection chez Gallimard, etc.).

L'universitaire italien Vittore Branca[2] (1913-2004) apparaît, quant à lui, comme le véritable initiateur du « Comité de liaison des organisations internationales dans le domaine des Arts et Lettres », créé en 1955 par l'Unesco, un projet qui lui tient particulièrement à cœur, pour lequel il s'engage avec enthousiasme et dévouement alors qu'il dirige la Division des arts et lettres de l'Unesco entre janvier 1951 et juin 1953[3].

Tout aussi actif, l'Américain Everett N. Petersen[4] (Section des bibliothèques publiques, puis chef de la Division des bibliothèques à partir de fin 1957) incite en 1954 le ministère de l'Instruction publique italien à rejoindre le réseau lancé par l'Unesco d'« Entreprises associées : Bibliothèques Publiques et Écoles de Bibliothécaires »[5]. A contrario, lorsqu'une bibliothèque autrichienne tente de s'allier le secrétariat en 1960, afin d'obtenir le soutien de l'Unesco pour créer un centre culturel, Petersen estime que ce projet n'est pas prioritaire par rapport aux besoins du Tiers monde et conseille à son supérieur Rudolf Salat de décourager l'Autriche de déposer une demande officielle[6].

De leur côté, les fonctionnaires de l'Office (puis de la Division) du droit d'auteur jouent un rôle important à la fois pour l'adoption de la Convention universelle sur le droit d'auteur en 1952, pour sa ratification par certains États, puis pour inciter à sa révision en 1971. Chef de l'Office du droit d'auteur de 1950 à 1955, le Français François Hepp est secrétaire perpétuel de l'Association littéraire et artistique internationale et Expert à la Cour d'appel de Paris. Hepp est un personnage tout à fait singulier à l'Unesco. Contrairement à de nombreux fonctionnaires de l'organisation, ouvertement opposés au fascisme ou exilés durant la Seconde Guerre mondiale, Hepp a au contraire travaillé entre 1942 et

---

[1] Lettre de Brayer à Carter, 1er déc. 1949. Archives Unesco, dossier 002 + 02 + 930.25 AOI/8.

[2] Secrétaire rapporteur à partir de 1948 du Comité d'experts sur la traduction des classiques, Branca y côtoie, entre autres, Julien Cain et Moënis Taha-Hussein. Diplômé de l'Ecole normale supérieure, Branca fait régulièrement partie, entre 1948 et 1970, de la délégation italienne à la Conférence générale de l'Unesco. Il est secrétaire de l' « Association internationale pour les études de langue et de littérature italienne », affiliée au CIPSH, à partir de 1950. Après avoir quitté l'Unesco, Branca sera recteur de l'université de Bergame de 1962 à 1972 et président de la commission des directives culturelles de la RAI-TV de 1966 à 1975.

[3] Mémo de Corrêa de Azevedo à Thomas, 28 juillet 1953. Archives Unesco, dossier 7A 01 ICAL.

[4] Ancien bibliothécaire à la bibliothèque publique de Détroit, Petersen travaille a la fin de la Seconde Guerre mondiale au sein du mouvement formalisé en 1947 à l'Université de Chicago sous le nom de *Great Books Foundation*. En 1964, il sera promu chef bibliothécaire de la bibliothèque et des archives de l'Unesco.

[5] Lettre de Petersen à Barberi, 8 juin 1954. Archives Unesco, dossier 02 (45) A 12.

[6] Mémo de Petersen à Salat, 9 nov. 1960. Archives Unesco, dossier 02 (436) A 12.

1944 à la rédaction d'un avant-projet de loi réformant la législation de la propriété intellectuelle en France, au sein d'un groupe de travail corporatiste constitué sous le gouvernement de Vichy[1]. En août 1947, il est recruté par l'Unesco en tant qu'expert-consultant dans le domaine du droit d'auteur ; il devient chef de la Division des activités juridiques puis chef de la Division du droit d'auteur en 1950, jusqu'à son départ à la retraite le 28 février 1955. C'est pendant la période où il dirige la Division qu'est conçue et adoptée la Convention universelle sur le droit d'auteur ; Hepp publie en 1952 l'ouvrage *Les perspectives actuelles de l'universalisation du droit d'auteur.*

Entre 1948 et 1953, Hepp est assisté par l'écrivain turc spécialiste de littérature américaine Marcel Saporta (1923-2009) ; né à Istanbul dans une famille de juifs séfarades d'origine espagnole, Saporta émigre en France en 1929 avec sa famille avant de s'enfuir en Espagne en 1941. De retour en France en 1948, il est recruté par l'Unesco, publie de nombreux articles dans le domaine du droit d'auteur et reçoit en 1952 le prix de la Confédération internationale des sociétés d'auteurs et de compositeurs pour son *Introduction à une théorie du droit d'auteur international et des droits similaires à ceux des auteurs.* Il contribue également à l'*Histoire de l'humanité* publiée par l'Unesco.

Entre 1951 et 1954, François Hepp est également épaulé par Arpad Bogsch (1919-2004), Hongrois naturalisé américain en 1959. Bogsch accomplit fin 1951-début 1952 une mission pour l'Unesco au *Copyright Office* de la bibliothèque du Congrès à Washington, où il devient conseiller juridique à partir de février 1954 (après avoir quitté l'Unesco). Bogsch sera ensuite l'un des fondateurs de l'Organisation mondiale pour la propriété intellectuelle (OMPI), structure qu'il dirige de 1973 à 1997.

Le Panaméen Juan O. Díaz Lewis, recruté comme assistant de Hepp à partir de l'été 1953, prend la tête de la Division le 1er mars 1955. Avec son assistant, le Guatémaltèque Thomas Learned Finkelstein, Díaz Lewis se révèle particulièrement important dans la préparation de la réunion sur le droit d'auteur pour les pays africains qui se déroule à Brazzaville en 1963, et qui aboutira en partie à la révision de la Convention universelle.

Les fonctionnaires du secrétariat, spécialistes de programmes ou chefs de secteurs, sont sollicités pour juger la cohérence et la pertinence des projets déposés par les États. Leurs recommandations sont souvent respectées, y compris dans le domaine budgétaire. Ainsi, lorsque la Mongolie demande en 1965 une aide de 1 200 $ pour installer une petite bibliothèque à Oulan Bator, la Division des bibliothèques estime que 600 $ suffisent, et c'est cette somme qui est octroyée fin 1966[2] ; inversement, une demande d'augmentation de 7 000 $, pour le budget d'un stage d'études sur les bibliothèques universitaires (Argentine, 1962), déposée par Penna et Petersen, est approuvée puis mise en œuvre par l'Unesco[3]. Quant à Herbert W. Schneider (Division de la philosophie

[1] LATOURNERIE, Anne. « Petite histoire des batailles du droit d'auteur », in *Multitudes* 2/2001 (n°5), p. 37-62.

[2] Voir Archives Unesco, dossier 02 (517.3) AMS.

[3] Voir Archives Unesco, dossier 02 (8) A 074 (82) TA « 62 ».

et des sciences humaines), il propose – avec succès – de transférer 1 000$, pris sur le budget d'inventaire et de préservation des manuscrits du Moyen-Orient (projet ayant pris du retard) au profit d'un projet d'inventaire des manuscrits birmans qui n'avait pourtant pas été approuvé par la Conférence générale[1].

La plupart des professionnels du livre qui travaillent avec l'Unesco ne se trompent pas sur le pouvoir du secrétariat ; en témoigne une lettre de Gy. Haraszthy (bibliothèque de l'Académie hongroise des Sciences), qui écrit en 1957 à Petersen :

> *Je sais bien que la décision favorable de l'Unesco vous est due en grande partie. La bonne volonté avec laquelle vous avez soutenu la requête de notre bibliothèque a contribué, en grande partie, à obtenir l'aide en question. Voilà pourquoi je m'empresse de saisir l'occasion de vous exprimer mes remerciements pour votre assistance*[2].

L'influence du secrétariat puise aussi sa source dans les réseaux relationnels étendus reliant les fonctionnaires (au siège et hors siège) au monde extérieur, ici les professionnels du livre et de sa promotion, à l'échelon national et international. L'existence et l'entretien de ce réseau, à la fois officiel et informel, donnent aux fonctionnaires une certaine maîtrise des paramètres en jeu, des projets en cours, des rivalités, des bonnes volontés, et le privilège de choisir généralement les projets ayant le maximum de chances de succès car portés par des personnalités actives et influentes.

Si ce réseau passe beaucoup par des échanges de courriers, les nombreuses missions sur le terrain effectuées par les fonctionnaires apparaissent primordiales pour l'approfondissement des contacts, et permettent non seulement le suivi des programmes menés par l'Unesco, mais aussi une meilleure connaissance des projets liés au livre menés par les organismes nationaux, locaux ou les autres structures internationales (ONG, fondations). Leon Gordenker signale par exemple que « les visites fréquentes de fonctionnaires dans les pays bénéficiaires ont permis à de nombreux administrateurs nationaux, représentants des milieux d'affaires, des médias et des organisations non gouvernementales locaux et autres résidents, d'entrer en contact avec de hauts responsables des organismes des Nations Unies[3] ». Chacun des acteurs de la promotion du livre trouve au sein du secrétariat de l'Unesco « une sorte de correspondant, un médiateur, autrement dit quelqu'un susceptible de lui faciliter les démarches[4] ».

Les efforts portés sur le développement et la professionnalisation du monde du livre nécessitent également la formation de personnel issu du Tiers monde (bibliothécaires, mais aussi éditeurs, libraires) avec l'organisation de séminaires et de stages d'études au siège et hors siège, auxquels participent des membres du secrétariat. Par ailleurs, les fonctionnaires représentent régulièrement l'organisation lors de réunions, conférences et colloques internationaux organisés par les réseaux de professionnels du livre. Ce genre d'événements favorise autant

---

[1] Mémo de Schneider au DG, 24 mai 1955. Archives Unesco, dossier 09 (5-011) A 324.
[2] Lettre d'Haraszthy à Petersen, 17 juin 1957. Archives Unesco, dossier 02 (439.1) AMS/A 373.
[3] GORDENKER, Leon. « Le cinquantième anniversaire de l'ONU… ». Op. cit., p. 283.
[4] LAFAYE, Claudette. *La sociologie des organisations.* Paris: Nathan, 1996, p. 53.

les relations professionnelles que les liens d'amitié personnels. L'existence d'un tel microcosme sociologique permet des consultations informelles entre membres des secrétariats, experts extérieurs, ONG et représentants des gouvernements :

Ces relations revêtent de multiples formes, leur fréquence et le nombre de personnes touchées varient dans le temps et selon les thèmes, et elles sont plus ou moins visibles. Certaines durent longtemps, et l'on peut voir ainsi les mêmes représentants de telle ou telle organisation échanger des informations et de la documentation sur un problème donné. Ce phénomène peut être qualifié de création d'un réseau social sans caractère officiel. [...] C'est au cours des négociations menées en coulisses entre les représentants des pays que les résolutions sont conçues et rédigées. Il n'est pas rare que des membres des secrétariats prennent part à ces travaux. Les délégués des gouvernements font également appel à la mémoire et au savoir des fonctionnaires des secrétariats pour préparer les réunions officielles des organes délibérants intergouvernementaux[1].

Trois catégories de fonctionnaires contribuent à la politique du livre de l'Unesco : les directeurs généraux de l'organisation, les fonctionnaires permanents, enfin les consultants et experts recrutés par le biais de contrats de courte durée.

La personnalité et le parcours des différents Directeurs généraux (DG) ont une influence certaine – bien que difficile à quantifier – sur la place accordée à la promotion du livre au sein de l'organisation. Le DG dispose d'un important pouvoir de décision en ce qui concerne la proposition de programme et de budget au Conseil exécutif et à la Conférence générale, et il doit trancher entre les propositions que lui font les représentants des États et les chefs des différents départements. Il peut privilégier certaines orientations, ce qu'il fait en fonction de son origine, de son éducation, de son parcours professionnel antérieur, de son expérience et de ses idées relatives au rôle et à la place de l'Unesco (et de l'écrit) dans le monde.

Sur les 6 personnalités ayant occupé le poste de DG entre 1946 et 1974, 4 ont un rapport étroit avec le monde de l'écrit : Huxley, Torres Bodet, Evans et Maheu. Ces personnalités totalisent ensemble 25 ans à la tête de l'Unesco sur les 28 premières années (les 2 autres, Taylor et Véronèse, ne totalisent que 3 ans en poste à eux deux). Ces 4 DG ont en commun d'avoir chacun participé à la Conférence constitutive de l'Unesco à Londres en 1945 : Julian Huxley en tant que visiteur, Luther Evans en tant que membre de la délégation américaine, Jaime Torres Bodet en tant que chef de la délégation mexicaine, et René Maheu en tant que membre du secrétariat de la Commission préparatoire[2]. En 1956, Julien Cain – administrateur général de la Bibliothèque nationale de France et membre de la Commission nationale française pour l'Unesco – rappelle le soutien des DG à l'écrit et aux bibliothèques :

La présence à Paris du siège de la grande organisation consacrée à l'éducation, à la science et à la culture, a créé des liens de travail, qui sont devenus des liens d'amitié, entre les

---

[1] GORDENKER, Leon. « Le cinquantième anniversaire de l'ONU... ». Op. cit., p. 289-290.
[2] COWELL, F. C. « Planning the Organization of Unesco... ». Op. cit., p. 224.

bibliothécaires français et leurs collègues de la Division des bibliothèques, que dirige depuis sa fondation avec tant de dévouement et de compétence M. Ed. Carter. Les trois directeurs généraux qui se sont succédé à la tête de l'organisation, M. Julian Huxley, M. Torres Bodet, aujourd'hui ambassadeur du Mexique à Paris, M. Luther Evans, dont nous nous rappelons avec fierté qu'il fut jusqu'à sa nomination le directeur de la Bibliothèque du Congrès de Washington, ont manifesté tous trois l'intérêt qu'ils portaient aux bibliothèques et aux questions de bibliographie et de documentation[1].

Le scientifique britannique Julian Huxley (1887-1975), premier DG de l'organisation, fils de l'écrivain et éditeur Leonard Huxley et frère de l'écrivain Aldous Huxley, fréquente nombre d'intellectuels, d'écrivains et de poètes, et il est grand connaisseur de l'histoire du livre. Issu d'une lignée de savants, zoologistes, éducateurs, philosophes, écrivains et essayistes, ses idées originales et éclectiques manquent parfois de réalisme[2]. Formé à Eton et à Oxford, Docteur ès sciences, philosophe, il travaille au *Rice Institute* de Houston (Texas) avant d'enseigner la zoologie à Oxford. A partir de 1927, il collabore avec H.G. Wells pour la publication d'un ensemble de 9 volumes de vulgarisation en biologie intitulé *The Science of Life*. En mars 1946, Huxley accepte de remplacer Alfred Zimmern, tombé malade, dans ses fonctions de Secrétaire exécutif de la Commission préparatoire pour l'Unesco ; l'Américain Howard Wilson et le Français Jean Thomas deviennent ses adjoints pour une période d'intense activité:

Les idées excitaient [Huxley], et il communiquait cette excitation à ses collègues. Presque toutes les idées excitaient sa curiosité avec une même intensité : toute idée qui lui était soumise quelle qu'elle soit avait sur le moment la plus grande importance. Ses collègues qui n'étaient pas habitués à ses habitudes mentales interprétaient parfois cet enthousiasme comme une approbation formelle à l'action. On peut se demander si avec un président d'un autre tempérament, la Commission préparatoire aurait proposé à la première session de la Conférence générale un document de travail contenant près de cent cinquante projets[3].

Lors de la constitution du programme de l'Unesco, Julian Huxley prône, dans le domaine des bibliothèques, l'adoption d'un système de classification et de catalogue unique et perfectionné, ainsi que l'encouragement aux techniques innovantes comme le microfilmage et l'utilisation des bibliothèques comme centres culturels et lieux de discussion et de débats[4]. Il se prononce ainsi clairement en faveur de la conception britannique et américaine de la bibliothèque. Élu DG fin 1946, il conçoit toutefois l'Unesco dans la lignée de la coopération intellectuelle héritée de l'IICI :

Conformément à sa conviction que l'Unesco doit être animée non par des représentants des gouvernements, mais par des « personnalités dirigeantes du monde de la culture : penseurs, artistes, écrivains, hommes de science », Huxley s'emploie à recruter de

---

[1] CAIN, Julien. « L'Unesco et les bibliothèques de France », in *Bulletin des bibliothèques françaises*, 1956, n°12, p. 843.
[2] ARCHIBALD, Gail. *Les États-Unis et l'Unesco, 1944-1963*. Op. cit., p. 96.
[3] ASCHER, Charles S. *Program-making in Unesco, 1946-51*. Op. cit., p. 9.
[4] PARKER, Stephen. *Unesco and Library Development Planning*. Op. cit., p. 104-105.

nombreux penseurs, scientifiques, intellectuels, artistes, tels Roger Caillois, Philippe Soupault, Jorge Semprun, le philosophe chinois Lin Yutang. Il noue des relations amicales avec de nombreux intellectuels français : Julien Cain, Léon Blum, André Malraux, Henri Laugier, Paul Rivet, Claude Lévi-Strauss, Jean-Louis Barrault, Louis Aragon, Madeleine Renault, Teillard de Chardin, Marie Bonaparte. Il s'emploie à intéresser ces intellectuels à l'Unesco, parfois avec succès, comme pour Léon Blum, Jean-Paul Sartre et André Malraux. Ces intellectuels contribuent à vivifier les conceptions de l'Unesco[1].

Le Mexicain Jaime Torres Bodet (1903-1974), élu DG en 1948, est, quant à lui, diplômé de l'Ecole normale et de l'Université de Mexico. Éducateur, essayiste, poète, il devient chef du département des bibliothèques au ministère de l'Instruction publique puis professeur de littérature française à la faculté de Lettres et de Philosophie de Mexico[2]. Diplomate à partir de 1929, il est ministre de l'Instruction publique entre 1943 et 1946 et dirige la délégation du Mexique à la conférence constitutive de l'Unesco à Londres en 1945. Parlant couramment français, Torres Bodet contribue à conférer une place prépondérante au personnel français et aux idées françaises au sein de l'Unesco :

Durant son mandat, l'influence de l'Américain Walter Laves décline beaucoup au profit de celle d'un petit groupe de Français comme Jacques Havet, Jean Thomas, Jean-Jacques Mayoux (ancien directeur de l'IICI), et surtout René Maheu. Torres Bodet travaille aussi en lien avec les ministres français des Affaires étrangères de l'époque, Georges Bidault et Robert Schuman. Pendant ces années-là, plusieurs éminents intellectuels français ou francophones, comme les ethnologues Claude Lévi-Strauss, Alfred Métraux, Michel Leiris, Georges-Henri Rivière, Georges Balandier, ou encore les cinéastes documentaristes Chris Marker et Jean Rouch, accomplissent des missions pour l'Unesco. C'est souvent par des réseaux de connaissances que ces intellectuels francophones entrent en contact avec l'Unesco et y obtiennent des postes ou, plus fréquemment, des missions ponctuelles[3].

Fin 1952, la démission de Torres Bodet, due aux difficultés à s'accorder sur les conceptions directrices et à les mettre en pratique, entraîne cependant une crise de confiance durable au sein de l'Unesco. Le départ de Torres Bodet marque aussi « la fin du foisonnement d'idées et de projets, et de la formulation d'espoirs idéalistes dans le rôle de l'Unesco[4] ». L'Américain John W. Taylor, qui avait été directeur général adjoint pour l'administration à partir de décembre 1950, assure l'intérim pendant 7 mois, jusqu'à l'élection de Luther Evans en juillet 1953.

De tous les DG de l'Unesco, l'Américain Luther Evans (1902-1981) est le seul « professionnel du livre ». Après avoir assumé les charges de directeur des archives de la *Work Progress Administration*, il intègre en 1939, grâce à Archibald MacLeish, la bibliothèque du Congrès, d'abord comme directeur des documents juridiques (1939-1945), puis comme bibliothécaire du Congrès (1945-1953). Dans le cadre d'un voyage au Mexique avec l'*American Library Association*, il

---

[1] MAUREL, Chloé. *Histoire de l'Unesco.* Op. cit., p. 56.
[2] MOUTOT. *Biographie de la revue* Diogène. Op. cit., p. 18-19.
[3] MAUREL, Chloé. « Rivalités linguistiques et efforts de promotion du français à l'Unesco de 1945 à 1970 », in *Documents pour l'Histoire du Français Langue Étrangère ou Seconde* n°40/41, 2008, p. 83-84.
[4] Ibid., p. 105.

rencontre Torres Bodet en 1946. Evans connaît bien l'Unesco, ayant participé à la conférence constitutive de 1945, avant de devenir membre en 1946 (puis président en 1952) de la Commission nationale américaine pour l'Unesco – période durant laquelle il participe à la préparation de la Convention universelle sur le droit d'auteur. A partir de 1949, il représente également les États-Unis au Conseil exécutif.

Lors de son discours d'entrée en fonction le 4 juillet 1953, Luther Evans déclare vouloir servir l'Unesco en « administrateur de profession[1] ». Dans un courrier de 1956, l'Américain Frederic G. Melcher éditeur et libraire très impliqué dans le développement des bibliothèques et de l'industrie du livre aux États-Unis, lui écrit : « le monde du livre a beaucoup de chance d'avoir un homme du livre à la tête de l'Unesco[2] ». Comme l'analysera plus tard un ancien fonctionnaire de l'organisation, Gérard Bolla :

> *Avec ses milliers d'employés de diverses origines culturelles, la Bibliothèque du Congrès présentait à Luther Evans certains des problèmes qu'il retrouvera à l'Unesco. Il avait en effet fait remarquer, en ma présence, que l'exigence d'une « répartition géographique et culturelle » équitable était déjà l'un de ses soucis lorsqu'il était* « Librarian » *à Washington, dans un pays d'immigration aussi diversifiée que celle des États-Unis.*
>
> *Outre sa vaste documentation portant sur l'ensemble du monde, la Bibliothèque du Congrès abrite le* Copyright Office *responsable de la protection des droits d'auteurs et en particulier de ceux des créateurs américains qui, au fil des ans, sont devenus les plus prolifiques dans les domaines de la littérature, de la musique (même si elle est parfois qualifiée de « populaire »), du cinéma et autres enregistrements audio-visuels, des arts plastiques et du design, etc. Les revenus de ces droits en dehors des États-Unis se chiffrent aujourd'hui par milliards de dollars !*
>
> *Ces observations […] sont de nature à mieux faire comprendre la personnalité de Luther H. Evans et où allaient ses intérêts dans les programmes de l'Unesco. Et d'abord c'était un très grand administrateur qui devenait directeur général de l'Organisation. Ensuite, ce sont les domaines de la culture et de la communication qui devaient l'attirer particulièrement*[3].

Cependant, les relations entre Luther Evans et les intellectuels français du secrétariat semblent parfois tendues. Émile Delavenay, par exemple, évoque Evans de manière péjorative dans ses mémoires, estimant qu'il « devait souffrir durant ses années à la tête de l'Unesco, d'un complexe d'infériorité culturelle face à des hommes comme Jean Thomas ou René Maheu. Mais il compensait en agressivité ce sentiment d'appartenir à une civilisation relativement fruste[4] ». En 1955, Luther Evans choisit d'envoyer Maheu – alors sous-directeur-général – à New York, en le nommant représentant de l'Unesco aux Nations Unies ; Maheu ne revient de cet « exil » qu'après la fin du mandat de Luther Evans en 1958. Evans se heurte aussi parfois à Jean Thomas, comme en témoignent certaines correspondances, rapports et descriptions de fonctionnaires, mais Gérard Bolla

[1] Propos cités par ARCHIBALD Gail, in *Les États-Unis et l'Unesco*. Op. cit., p. 158.
[2] Lettre de Melcher à Luther Evans, 21 nov 1956.Archives Unesco, dossier 307 A 31
[3] BOLLA, Gérard. « Luther H. Evans, "librarian" et Directeur général », in *Lien-Link* n°82, 2002.
[4] Propos cités in MAUREL, Chloé. « Rivalités linguistiques et efforts..». Op. cit., p. 89

souligne l'ouverture d'esprit et la simplicité d'Evans, et juge que l'association de la « fougue texane » d'Evans et de « la prudence européenne et "normalienne" de Jean Thomas » était plutôt bénéfique à l'Unesco[1].

En 1958, après l'élection au poste de DG de l'avocat italien Vittorino Veronese – catholique convaincu qui s'intéresse aux problèmes sociaux et éducatifs – René Maheu revient à Paris, où il retrouve un rôle prépondérant. Nommé directeur général adjoint, il dirige en pratique l'organisation pendant le mandat de Veronese, affaibli et dépassé par ses responsabilités. A partir de 1960, Veronese lui cède à plusieurs reprises l'intérim provisoire de ses fonctions, avant de démissionner en octobre 1961 et de le désigner DG par intérim. Devant l'absence de candidat anglo-saxon compétent, les États-Unis et le Royaume-Uni se rallient à la candidature de Maheu, d'autant que les deux pays sont sensibles au fait que Maheu parle très bien l'anglais et connaisse bien l'Angleterre. Maheu est officiellement élu DG fin 1961.

Normalien, professeur de philosophie, René Maheu (1905-1975) est un fervent internationaliste[2] ; il a enseigné dans les années 1930 au lycée français de Londres (où il rencontre Julian Huxley) puis au Maroc, avant de rejoindre l'agence France-Afrique à Alger puis d'entrer au cabinet du Résident général à Rabat. En 1946, après avoir participé à la dernière CMAE, il rejoint la commission préparatoire pour l'Unesco, puis l'organisation en tant que responsable de la Division de la libre circulation de l'information. Directeur du cabinet de Torres Bodet à partir de 1949, sous-directeur général en 1954, représentant de l'Unesco aux Nations Unies à New York de 1955 à 1958, directeur général adjoint en 1959, René Maheu est le premier DG à avoir consacré la majeure partie de sa carrière professionnelle à la fonction publique internationale et à accéder à ce poste après avoir gravi les échelons de l'organisation. C'est aussi le seul qui va jusqu'au bout dc son premier mandat – tous ses prédécesseurs ayant démissionné avant terme – et qui est réélu pour un second mandat. D'après Nicholas Sims, « l'influence de Maheu sur l'Unesco a été inhabituellement forte pour trois raisons : il l'a dirigée pendant treize ans ; il était le premier directeur général issu du secrétariat permanent de l'Unesco ; et il était français dans une agence qui s'inspirait du style exécutif de son pays hôte plus que de n'importe quel autre[3] ».

Entre 1946 et 1974, l'Unesco est donc dirigée par des intellectuels (Huxley, Maheu), un écrivain (Torres Bodet) et un bibliothécaire (Evans). Mais si le poids de ces personnalités est, sans conteste, capital pour la mise en place d'une politique du livre par l'Unesco, cette dernière s'appuie aussi sur des dizaines de fonctionnaires, consultants et experts.

Selon Yves Courrier, « une organisation internationale est une réalité à part. Des hommes et des femmes de tous les pays et de toutes les cultures de la planète

---

[1] MAUREL, Chloé. « Rivalités linguistiques et efforts… ». Op. cit., p. 89-90.

[2] SIRINELLI, Jean-François. *Génération intellectuelle : khâgneux et normaliens dans l'entre-deux-guerres*, PUF, 1994, p. 14.

[3] SIMS, Nicholas A. « Servants of an Idea ». Op. cit., p. 66.

se côtoient tous les jours et doivent travailler ensemble aux mêmes objectifs[1] ». Parmi le secrétariat de l'Unesco sont recrutées nombre de personnes issues du milieu littéraire (poètes, écrivains), à qui l'organisation offre un refuge :

> *Des grands noms de la poésie ont travaillé à l'Unesco : Jorge Enrique Adoum, Stephen Spender, Philippe Soupault, René Depestre, Edouard Glissant, José Angel Valente, Valeria Ayoupova, Antonio Santiesteban, Edison Simons, Edouard Maunick, Juan Gelman, José Martin Arancibia, César Fernandez Moreno, Jacques Depreux, Cristobal Carrera, Félix Tchikaya U'Tamsi, et tant d'autres qui ont arpenté ses longs couloirs, portant d'épais dossiers, souvent avec un sourire énigmatique aux lèvres, signe qu'il y avait sans doute un poème, un article, une traduction ou – et pourquoi pas – une belle polémique en cours de gestation*[2].

Cependant, la majorité de ces personnalités littéraires ne participent pas directement à la politique du livre. Certains sont recrutés pour une mission de courte durée, comme Philippe Soupault, mandaté en 1949 pour une enquête sur la culture vivante des pays méditerranéens. Le poète Léon-Gontran Damas reçoit, de son côté, une bourse pour étudier les survivances de la culture africaine dans le Nouveau Monde ; il effectue 2 missions en Amérique latine et voyage en 1964 à travers l'Amérique latine, Haïti, les États-Unis[3]. D'autres, tels les poètes Jorge Carrera Andrade et Jules Supervielle, sont recrutés par la Section des publications comme traducteurs.

En tant que support de diffusion de la pensée culturelle, scientifique et éducative, le « livre » est, à l'Unesco, étroitement lié à la plupart des Départements, et, comme l'explique l'organisation elle-même, la ligne de démarcation entre les départements dépend de l'usage du livre :

> *Dans le domaine de l'éducation, les livres pour les élèves et les étudiants, tout comme les livres à destination des nouveaux alphabètes et des adultes (c'est-à-dire les livres couvrant tous les aspects éducatifs), sont d'un intérêt majeur.*
>
> *Dans le domaine des sciences naturelles, l'Unesco s'intéresse aux livres sur des sujets scientifiques à destination de différents niveaux de lecteurs, tandis que dans les activités culturelles, l'attention se porte sur les publications à destination d'un lectorat plus large, qui permettent d'encourager la compréhension internationale et la culture générale*[4].

Globalement, la promotion du livre passe par 5 Divisions : Libre circulation de l'information et des échanges internationaux (dépendant du Département de la communication de masse), Bibliothèques, Arts et lettres, Droit d'auteur, Philosophie et sciences humaines (dépendant toutes les 4 du Département des activités culturelles). Si ce découpage administratif semble complexe, les fonctionnaires travaillent en réalité côte à côte dans des bureaux proches, en particulier dans les premiers temps à l'Hôtel Majestic (avenue Kléber), que l'Unesco ne quitte qu'en 1958 pour la place de Fontenoy :

---

[1] COURRIER, Yves. *L'UNESCO sans peine*. Paris : L'Harmattan, 2005, p. 16.

[2] ZAPATA, René. « Journée d'hommage à Pablo Neruda (1904-1973) ». Maison de l'Unesco, 18 mars 2004, sur le site http://www.unesco.org/bsp/neruda/zapata.htm

[3] RACINE, Daniel. *Léon-Gontran Damas, l'homme et l'œuvre*, Présence africaine / Agence de coopération culturelle et technique, 1983, p. 41.

[4] « Statement for the IBBY Congress (3-5 October, 1963) », p. 3. Archives Unesco, dossier 04 A 01 IBBY.

Dans le vieil hôtel Majestic, la section du droit d'auteur – bientôt transformée par Luther H. Evans en Division du fait de la préparation de la Convention de Rome sur les droits dits « voisins » – était logée à côté des divisions des Arts et Lettres, des Bibliothèques et de la Libre circulation de l'information, qui étaient toutes trois des activités proches du Directeur général. Et peut-être ce voisinage était-il une bonne solution pour que l'Organisation s'occupe d'une manière concertée des modalités de la création des œuvres, puis de leur protection et enfin de leur diffusion…[1]

Parmi le secrétariat, quelques fontionnaires se détachent dans le cadre de la politique du livre, comme le Français Jean Thomas (1900-1983), haut fonctionnaire de l'organisation de 1946 à 1960. Ancien élève de l'Ecole Normale Supérieure (ENS) et agrégé de lettres, Jean Thomas est d'abord Secrétaire Général de l'ENS puis chargé d'enseignement à la Sorbonne, à Poitiers et à Lyon. En 1934, il devient directeur du cabinet du ministre de l'Instruction publique puis chef des relations culturelles du ministère. En parallèle, il enseigne à l'ENS dans les années 1930. Pendant la guerre, il s'engage au sein du Comité directeur du mouvement de résistance « Front national », et participe en 1946 à la Commission préparatoire pour l'Unesco en tant qu'adjoint du président.

Sous-directeur général de l'Unesco du 1946 à 1950, il mène de nombreuses missions diplomatiques à l'étranger à partir de 1947, durant lesquelles il lui arrive fréquemment de s'occuper de questions littéraires ; États-Unis (1947-48), Pologne (1947), Amérique latine (1948), Tchécoslovaquie (1948), Belgique (1949)[2]. En Pologne, il rencontre le directeur des Bibliothèques au Ministère de l'Éducation polonais qui lui présente une demande d'échange de livres allemands contre des livres français ou anglais, demande qu'il appuie, une fois rentré à l'Unesco. Il profite ensuite d'une mission aux États-Unis avec Julian Huxley pour rechercher un directeur pour la Section des Arts et Lettres de l'organisation.

De 1950 à 1955, devenu Directeur du Département des activités culturelles, Thomas continue à mener des missions à l'étranger : Brésil et Inde en 1951, Monaco, Londres et Rome en 1953, Copenhague, Autriche, Iran, Thaïlande, Birmanie, Japon et Grèce en 1954, Pologne en 1955. Il donne aussi plusieurs conférences au Centre européen universitaire de Nancy en mai 1951, dont une sur « Le cosmopolitisme littéraire et la formation de l'idée européenne ». A l'automne 1951, il part au Brésil afin de participer à une conférence pour le développement des bibliothèques publiques à Sao Paulo, et en profite pour s'occuper du développement de la série de « traduction des classiques » consacrée à l'Amérique latine, dont s'occupe Roger Caillois. En 1952, le DG le remercie de son soutien au projet de Convention universelle sur le droit d'auteur, qui « couronne un brillant succès de cinq années d'efforts que, sous votre direction, la Division du droit d'auteur a poursuivis avec une ténacité sans défaillance et une habileté sans défauts[3] ».

---

[1] BOLLA, Gérard. « Luther H. Evans, "librarian" et Directeur général », in *Lien-Link* n°82, 2002.
[2] Voir Archives Unesco, dossier X07.83 Thomas.
[3] Mémo du DG à Thomas, 8 sept. 1952. Archives Unesco, dossier 347.78 A 102 « 66 ».

En mars 1953, Thomas discute avec le Prince Pierre du projet d'établissement d'un Institut international de la Traduction à Monaco, qui ne verra toutefois jamais le jour. L'année suivante, il effectue diverses missions à l'étranger, dont une de plusieurs semaines au Japon, en Birmanie, en Thaïlande et en Grèce. Il reçoit à cette occasion un mémo sur la conduite à tenir et le rôle des Directeurs de départements de l'Unesco en mission, qui stipule :

Le rôle de nos représentants ne devrait pas se borner à des formalités protocolaires assorties d'un contrôle purement administratif des modalités de demande et d'emploi des subventions de l'Unesco : notre prestige s'y effriterait rapidement. Entre ces obligations inévitables, mais sans grande substance et les discussions érudites auxquelles nous ne saurions prétendre, y a-t-il pour le Secrétariat un registre intellectuel où il puisse jouer un rôle important ?

Je le crois.

Avant tout, ce rôle devrait être de définir dans un exposé général, une politique de la coopération internationale dans le domaine en question [...] D'autre part, on peut saisir l'occasion d'un des thèmes d'un Congrès pour donner un discours ou une conférence présentant un large intérêt [...] Des activités de ce genre me paraissent compter parmi les plus importantes – et les plus intéressantes – qui appartiennent aux Directeurs des Départements[1].

Une fois la Convention universelle sur le droit d'auteur adoptée en 1952, Thomas est aussi chargé de plaider la cause de sa ratification au cours de ses missions diplomatiques, comme au Japon fin 1954 ou en Yougoslavie en 1957. Il prononce aussi en 1955 le discours d'ouverture de la 1ère session du Comité de liaison des organisations internationales du domaine des Arts et Lettres[2].

Redevenu sous-directeur général le 1er janvier 1956, il poursuit ses missions : Suisse, Espagne et Italie en 1956, Yougoslavie en 1957, Bruxelles, Cologne, Argentine, Uruguay et Brésil en 1958, Stockholm, États-Unis et Dakar en 1959, Éthiopie, Québec, États-Unis et Mexique en 1960. Julien Cain dit de lui à cette époque qu'il a « beaucoup contribué [...] à l'établissement et à la réalisation du programme [de l'Unesco] dans le domaine [des bibliothèques][3] ».

En octobre 1958, Thomas rencontre le groupe d'écrivains autour de Victoria Ocampo et de la revue *SUR*[4] en Argentine et visite en Uruguay le centre bibliographique de la bibliothèque nationale, financé par l'Unesco, qui connaît des problèmes de fonctionnement. Lorsqu'il prend sa retraite fin 1960, Jean Thomas se voit rendre un hommage par la Conférence générale :

La Conférence générale,

Considérant que, *depuis la réunion à Londres, en 1946, de la commission préparatoire chargée d'organiser la première session de la Conférence générale de l'Unesco, M. Jean Thomas a toujours été étroitement associé à la direction de l'Organisation, d'abord en*

---

[1] Mémo d'Evans à Thomas, 20 sept. 1954. Archives Unesco, dossier X07.83 Thomas.

[2] Voir Archives Unesco, dossier 7 A 01 LCIOAL.

[3] CAIN, Julien. « L'Unesco et les bibliothèques de France », in *Bulletin des bibliothèques françaises*, 1956, n°12, p. 843.

[4] Voir Archives Unesco, dossier X07.83 Thomas.

qualité de directeur du Département des activités culturelles, puis en qualité de sous-directeur général,

Considérant *en outre l'admirable lucidité d'esprit et les hautes facultés d'imagination créatrice qui ont caractérisé sa conception du programme de l'Unesco, ainsi que l'inaltérable courtoisie et le dévouement à la cause de la compréhension internationale qu'il a manifestés, tant dans son travail au Secrétariat qu'à l'occasion de nombreuses et délicates missions auprès des États membres de l'Organisation,*

Lui exprime, *comme à un ami, des sentiments de haute estime et de profonde gratitude, et formule l'espoir que, quels que soient les services qu'il sera appelé à rendre à son pays et à l'humanité, il continuera, dans ce qu'on nomme la retraite, à faire bénéficier notre Organisation de son dévouement aux fins que l'Unesco s'efforce de servir*[1].

Devenu par la suite inspecteur général de l'instruction publique au ministère français de l'Éducation nationale, Jean Thomas est plusieurs années président de la Commission nationale française, et publie en 1975 pour le Bureau international d'Éducation (qu'il préside de 1969 à 1973) l'ouvrage *Les grands problèmes de l'éducation dans le monde : essai d'analyse et de synthèse* (Paris, Presses de l'Unesco). Son collègue Émile Delavenay écrira de Jean Thomas : « pour ceux qui l'ont connu, il était et restera l'incarnation du "C" dans le sigle Unesco[2] ».

La présence de Jean Thomas à l'Unesco conduit un certain nombre de diplômés de l'Ecole normale supérieure à rejoindre l'organisation ; 2 caractéristiques de cette école ont été démontrées par Jean-François Sirinelli, à savoir une forte croyance quant au rôle de l'enseignement dans la société et un idéalisme pacifiste marqué à gauche[3]. L'influence de Jean Thomas paraît donc non négligeable pour saisir le contexte sociologique et intellectuel du Département des activités culturelles. Si des normaliens tels Émile Delavenay ou Jean-Jacques Mayoux arrivent à l'Unesco par d'autres voies, Thomas fait entrer dans l'organisation René Maheu, futur directeur général, ainsi que Jacques Havet et Roger Caillois[4] ; il associe Samuel Beckett (ponctuellement)[5] et Étiemble (durablement) au projet de « traduction des classiques ».

L'Unesco rassemble ainsi un petit cercle amical « littéraire » au sein du secrétariat ; Étiemble a des liens d'amitié forts avec Jules Supervielle, qui mène de courtes missions pour l'Unesco ; il fréquente et lit Roger Caillois dès les années 1930[6], et correspond avec Victoria Ocampo, en faisant paraître des articles dans la revue *SUR*. Ces personnalités sont associées à l'Unesco, comme la première femme d'Étiemble, Yassu Gauclère, ou la deuxième femme de Caillois, Alena Vich (dont il fait la connaissance à l'Unesco) ; le fils de Supervielle, écrivain et traducteur, sera aussi fonctionnaire de l'organisation[7].

---

[1] Actes de la Conférence générale de l'Unesco, 11ème session, Résolutions, 1960, p. 15.

[2] DELAVENAY, Émile. « Mes souvenirs de J. Thomas : tradition 1984 », in *Lien-Link* n°87, p. 14-15.

[3] SIRINELLI, Jean-François. *Génération intellectuelle : khâgneux et normaliens dans l'entre-deux-guerres,* PUF, p. 644.

[4] BRUNSVICK, Yves. « Un demi-siècle de relations... ». Op. cit., p. 498.

[5] *The letters of Samuel Beckett, volume II (1941-1956).* Cambridge University Press, 2011, p. 74.

[6] *Jules Supervielle-Étiemble : correspondance 1936-1959.* Op. cit., p. 23, 52, 62, 64, 67, 68, 69, 75, 120, 130.

[7] *Correspondance : 13 septembre 1945 - 4 mars 1971 / Étiemble, Jean Grenier.* Op. cit., p. 28, 34, 44.

Roger Caillois, notamment, se révèle particulièrement important pour la politique du livre de l'Unesco. Caillois devient en 1949 chargé du programme de traduction des classiques (au sein de la Section de la littérature), puis prend la tête du Bureau des traductions après le départ de Mayoux en novembre 1951[1]. Le nom de Caillois est associé pendant plus de 20 ans à la Collection d'œuvres représentatives. Dès 1948, il effectue des missions pour l'Unesco, partant « en Syrie, au Liban en Égypte, puis à Beyrouth, où a lieu la Conférence générale de l'Unesco[2] » avant de créer, en 1950, la collection « Croix du Sud » chez Gallimard, qui participe au projet de Collection d'œuvres représentatives et dans laquelle il publie 32 auteurs pour 51 titres au total[3]. Caillois mène aussi une importante réflexion sur la notion de patrimoine littéraire mondial :

> *En 1950, Caillois [...] pose clairement le problème central que suscite la prise de conscience inédite de ce monde qui tend à se clore à la fois dans le temps et dans l'espace. « La question est celle-ci : que faire devant tant de richesses diverses ? ». Comme Étiemble qui milite à la même époque pour l'établissement d'une littérature (vraiment) générale qui écarterait tout « nationalisme littéraire » et tenterait d'établir un patrimoine mondial indiscutable, Caillois dénonce toute tentative de fuite en avant comme tout regard nostalgique jeté vers le passé*[4].

Marqué par l'enseignement de Marcel Mauss et de Georges Dumézil[5], Caillois développe le concept de *sciences diagonales*, qui « repose essentiellement sur cette idée que les lois qui gouvernent l'esprit de l'homme ne sont pas fondamentalement différentes de celles qui déterminent la structure de la matière[6] ». Alors que le siècle enregistre une spécialisation accrue des disciplines scientifiques en même temps qu'une séparation de plus en plus nette entre la science et la littérature, Caillois est « en quête d'une démarche synthétique qui les réunirait[7] ». Par ailleurs, « ses correspondances ou ses rencontres avec Bernanos, Saint-John-Perse, André Breton ou Supervielle renforcent chez lui l'idée et la nécessité d'instaurer une "République des Lettres"[8] ».

Pour l'Unesco, Caillois représente régulièrement le DG aux congrès du PEN Club international et de la Fédération internationale des traducteurs ; en 1959, il participe au congrès du PEN Club du 18 au 25 juillet à Francfort, puis au congrès de la FIT du 26 juillet au 2 août à Bad-Godesberg[9]. Selon Sakichi Asabuki (Département des activités culturelles), Caillois s'acquitte de ces missions « avec éclat [...] sa compétence en la matière [étant] reconnue de

---

[1] Voir Archives Unesco, dossier 803 A 136 Abd-el-Jalil.

[2] BRIDET, Guillaume. *Littérature et sciences humaines : autour de Roger Caillois*, Honoré Champion, 2008, p. 61.

[3] *L'Univers de Roger Caillois*, Bibliothèque municipale de Vichy, 1975, 100 p.

[4] BRIDET, Guillaume. « Des illusions de l'ethnologie à la rigueur poétique : Caillois, Lévi-Strauss et Saint-John Perse », in Henriette Levillain et Mireille Sacotte (dir.), *Saint-John Perse (1945-1960). Une poétique pour l'âge nucléaire*, Klincksieck, p. 144.

[5] PAJON, Alexandre. « Notice sur Roger Caillois », in JULLIARD, Jacques, WINOCK, Michel (dir.). *Dictionnaire des intellectuels français*. Seuil, 2002, p. 246.

[6] MOUTOT, Lionel. *Biographie de la revue* Diogène. Op. cit., p. 113.

[7] BRIDET, Guillaume. *Littérature et sciences humaines*. Op. cit., p. 11.

[8] MOUTOT, Lionel. *Biographie de la revue Diogène*. Op. cit., p. 104.

[9] Mémo de Barnes à Galindo, 29 juin 1959. Archives Unesco, dossier 4 A 337/01 IFT « -66 ».

tous[1] ». Pour Patrice Vermeren, Caillois serait peut-être une figure de fonctionnaire international idéal, car il incarne « l'une des figures possibles de ce personnage conceptuel, pour lequel la rationalité de sens ne cède jamais à la rationalité technique de l'institution[2] ».

En 1967, le Département des activités culturelles est complètement réorganisé au niveau administratif, les unités existantes disparaissant au profit de trois nouvelles Divisions : Division des études des cultures ; Division de la protection et de la mise en valeur du patrimoine culturel ; et Division de la diffusion culturelle. Cette dernière prend la succession de la Division du développement culturel, dont Roger Caillois est promu directeur en 1965. Caillois abandonne toute responsabilité administrative à l'Unesco en 1971[3], tout en demeurant consultant pour le programme de traductions jusqu'à sa mort en 1978[4].

L'Argentin Carlos Victor Penna (1911-1998) occupe, quant à lui, un poste un peu particulier à l'Unesco. Entre 1927 à 1930, il poursuit des études à l'Ecole navale d'ingénierie mécanique de Buenos Aires ; diplômé, il change d'orientation en 1930, lorsqu'il apprend qu'un poste de bibliothécaire est créé dans la Marine. Il passe alors huit ans à moderniser la bibliothèque de la Marine, tout en étudiant les règles de catalogage et la classification décimale universelle. De 1938 à 1941, il suit un programme de science bibliothéconomique en Argentine, avant de compléter sa formation à l'école de bibliothécaires de l'Université Columbia aux États-Unis. Rentré en Argentine, il publie en 1945 l'ouvrage *Catalogación y clasificación de libros* (*Catalogage et classification des livres*), qui sera en usage dans les écoles de bibliothéconomie latino-américaines durant plusieurs décennies. Penna devient par ailleurs directeur adjoint du nouvel Institut de bibliothéconomie, créé à l'Université de Buenos Aires en 1943 avec le soutien de plusieurs organisations américaines, devenant l'un des bibliothécaires les plus importants d'Argentine[5]. Rapporteur de la conférence sur les bibliothèques organisée par l'Unesco à São Paulo en 1950[6], Penna obtient en 1951 un contrat d'un an en tant que spécialiste des bibliothèques à l'Office régional de l'Unesco pour l'Hémisphère occidental à la Havane.

A partir du 1er janvier 1952, son poste est pérennisé au sein de la Division des bibliothèques, mais basé à Cuba, afin de lui permettre de voyager fréquemment dans les États membres d'Amérique latine pour leur prodiguer aide et conseil sur différents sujets, notamment l'établissement d'accords bilatéraux sur les échanges de publications et de centres nationaux d'échanges, le développement et

---

[1] Mémo d'Asabuki à Maheu, 28 août 1959. Archives Unesco, dossier 4 A 337/01 IFT « -66 ».

[2] VERMEREN, Patrice. *La philosophie saisie par l'Unesco*. Op. cit., p. 61.

[3] Caillois sera élu à l'Académie française la même année (réception en janvier 1972) ; il préside le Congrès international Potocki à Varsovie en 1973, devient membre de l'Académie brésilienne en 1977 et reçoit le Grand Prix national des lettres en 1978. Voir COURTOIS, Jean-Patrice, KRZYWKOWSKI, Isabelle (dir.). *Diagonales sur Roger Caillois. Syntaxe de monde, paradoxe de la poésie*. L'Improviste, 2002, 196 p.

[4] *L'Univers de Roger Caillois*. Vichy : Bibliothèque municipale, 1975, 100 p.

[5] SABOR, Josefa E. « The pioneers : Carlos Victor Penna (1911-1998) », in *World Libraries*, volume 9, n°1, printemps 1999.

[6] PARKER, Stephen. *Unesco and Library Development Planning*. Op. cit., p. 204.

l'extension des services de bibliothèques publiques et l'établissement de centres nationaux de bibliographies[1]. Penna est aussi chargé de donner des cours, comme il le fera à l'Ecole de bibliothécaires de La Havane en avril 1952[2]. Les relations entre Penna et Carter sont parfois difficiles au début, Penna jugeant que les choses ne se font pas assez vite et que l'Unesco reste dans le flou et l'excès de prudence alors qu'on lui soumet des projets intéressants[3].

Durant les 12 années passées à Cuba, Penna subit l'influence de 2 spécialistes de l'éducation, le Chilien Oscar Vera et l'Espagnol José Blat Gimeno, qui l'initient à la planification de l'éducation[4]. Dans les années 1960, Penna publie de nombreux articles sur la planification des bibliothèques au service de l'éducation et, durant les 20 années qu'il passe à l'Unesco, il présente ses théories sur la planification lors de dizaines de conférences et de colloques. En 1964, Penna obtient une promotion et quitte La Havane pour Paris, où il devient directeur de la Division du développement de la documentation, des bibliothèques et des archives.

En 1967, il rédige pour l'Unesco la brochure *La planification des services de bibliothèques*, et participe 2 ans plus tard à une réédition corrigée avec Sewell et Liebaers[5]. Penna organise aussi pour l'Unesco une série de colloques dans le domaine de la planification des bibliothèques, à Quito (Équateur) en 1966, à Colombo (Sri Lanka) en 1967, à Kampala (Ouganda) en 1970, au Caire (Égypte) en 1971. Il prendra sa retraite en 1971. Parmi les projets auxquels Penna a le plus contribué, figurent le développement de la formation en bibliothéconomie en Amérique latine, la création de la bibliothèque publique pilote de Medellín et celle de la première bibliothèque de l'Institut de recherche d'Amérique latine en 1967.

De nombreuses actions de promotion du livre sont aussi effectuées dans le cadre de programmes transversaux (comme la « Reconstruction »), de projets majeurs (en particulier le projet Orient-Occident), et de plusieurs autres services qui ont en charge un secteur d'activité et non une thématique particulière (commémoration des grands hommes, expositions, films, statistiques, échanges de personne…).

Quelques hauts fonctionnaires revêtent enfin une importance particulière pour la politique du livre de l'Unesco. Le pédagogue et économiste indien Malcolm Sathiyanathan Adiseshiah (1910-1994) est conseiller de l'Unesco pour l'assistance technique puis sous-directeur général, et joue un rôle considérable pendant 20 ans dans les activités de développement et d'assistance technique. Assistant du Secrétaire général au *World University Service* à Genève de 1946 à 1948, Adiseshiah est recruté en 1948 par l'Unesco, où il devient directeur adjoint du Département de l'échange de personnes. En mars 1950, suite à la création par l'ECOSOC du Bureau d'assistance technique, il devient directeur

[1] Voir Archives Unesco, dossier 02 A 855.
[2] Mémo de Penna à Carter, 16 avril 1952. Archives Unesco, dossier 02 (729) A 12.
[3] Mémo de Carter à Penna, 28 août 1952. Archives Unesco, dossier 02 (729) A 12.
[4] SABOR, Josefa E. « The pioneers : Carlos Victor Penna (1911-1998) ». Op. cit.
[5] Ibid.

du nouveau Département de l'assistance technique et représente le DG auprès des organisations onusiennes en charge du développement. Il est promu sous-directeur général en charge du développement en 1955, puis directeur général adjoint de l'Unesco en 1962.

Très impliqué dans les négociations avec la Banque mondiale et le FMI, qui conduisent ces institutions à reconnaître en 1964 l'importance de l'éducation – et en particulier des livres – pour le développement, Adiseshiah contribue à l'émergence du discours liant l'éducation au développement socio-économique, et à l'augmentation des ressources de l'Unesco par le biais des organisations onusiennes de développement (PEAT, PNUD, banque mondiale...). Adiseshiah développe des projets d'assistance technique dans les pays membres, alternant travail au siège et visites sur le terrain. Il prend sa retraite en 1970 mais continue, jusqu'en 1991, de conseiller les gouvernements du Tiers monde pour leurs politiques de développement. Il est aussi coordinateur du groupe de travail sur la question d'un « Nouvel ordre économique mondial ». Quant au haut fonctionnaire indien Prem Kirpal (ancien membre du ministère de l'Éducation en Inde), il devient de son côté directeur adjoint de la Division des activités culturelles en septembre 1951, et il est par la suite membre du Conseil exécutif de 1964 à 1972.

Les relations personnelles et professionnelles entre ces nombreux fonctionnaires forment un ensemble complexe et non uniforme, difficile à appréhender avec précision. Émile Delavenay témoigne, par exemple, du fait que « ses relations avec son supérieur Jean Thomas durant les années 1950 et 1960 n'ont pas toujours été de tout repos[1] ». Roger Caillois, de son côté, est en situation de vive rivalité avec Philippe Soupault à la fin des années 1940, avec Étiemble dans le cadre de la collection des œuvres représentatives dans les années 1950, et se dispute de manière mémorable avec Lévi-Strauss en 1955. Lors de la controverse intellectuelle qui oppose les « frères ennemis », selon l'expression de Michel Panoff[2], Caillois « prend conscience qu'il y a une sorte de paradoxe à penser l'unité de l'humanité sans référence au savoir et à la connaissance », alors que Lévi-Strauss « oscille toujours entre une unité *a priori* et une unité *a posteriori*, entre une unité qui serait déjà là et une unité qui serait le produit de l'évolution de l'humanité[3] ».

Par ailleurs, l'esprit de corps est présent dans certaines divisions, et le principe de collaboration laisse parfois la place à une certaine concurrence ; dès 1950, Jean-Jacques Mayoux note que l'Unesco doit faire face « à un certain manque, non seulement d'unité, mais aussi de coordination, entre les différents services qui s'occupent de problèmes similaires[4] ». Plusieurs situations témoignent de cet état : en 1960, par exemple, une mission pour le programme de promotion de textes de lecture en Asie du sud-est (supervisé par Jit-Kasem Sibunruang et le Centre de Karachi) est votée par la Conférence générale ; or sous les fortes

---

[1] MAUREL, Chloé. *L'Unesco de 1945 à 1974*. Op. cit., p. 473.
[2] PANOFF, Michel. *Les frères ennemis, Roger Caillois et Claude Lévi-Strauss*. Paris : Payot, 1993, 193 p.
[3] MOUTOT, Lionel. *Biographie de la revue* Diogène. Op. cit., p. 95.
[4] Lettre de Mayoux à Warfel, 6 janv 1950. Archives Unesco, dossier 803 A 064 «-56 »

sollicitations de la Division du droit d'auteur, cette mission, réalisée par Arpad Bogsch, s'oriente vers une enquête sur la situation du droit d'auteur dans les pays concernés par le programme, sous prétexte qu'une amélioration du droit d'auteur serait bénéfique à la production des textes de lecture[1]. Quant au souhait formulé par Akhtar Husain, directeur du Centre de Karachi, de voir l'expert se concentrer sur la situation du programme de textes de lecture en Inde, au Pakistan et à Ceylan, étant donné la courte durée de la mission, il est purement et simplement ignoré[2]. Ces éléments montrent bien un certain « détournement » de la mission votée par la Conférence générale.

Un autre exemple de tension est donné à l'occasion d'une journée organisée autour de la sortie du film *A la découverte du livre* par la Division du film, qui en informe la Division des bibliothèques le matin même, en lui réclamant la copie de plusieurs films à la dernière minute. La réaction de Carter est plutôt vive :

> *Bien que ma Division soit responsable du programme des bibliothèques de l'Unesco – distincte du service de bibliothèque interne à l'organisation à travers la bibliothèque de l'Unesco – la première information que j'ai reçue à propos de cette projection date du 12 février à 9h30, le jour même de la projection. Il se trouve que plusieurs membres de ma Division, dont moi-même, ne pourront y assister. J'ai une réunion à 15h.*
>
> *Aucun film sur les bibliothèques ne peut être projeté à un public de bibliothécaires sans que ma Division ne soit au minimum impliquée dans l'organisation. Je n'ai pas eu l'opportunité de voir ces films à l'exception du premier et je suis par conséquent incapable de vous dire qu'ils sont en conformité avec notre programme et si ce sont de bons films au sens bibliothéconomique*[3].

D'autre part, au-delà de « l'esprit de corps » manifesté par les unités administratives de l'Unesco, il semble que des cassures plus profondes ont existé entre fonctionnaires (y compris au sein d'une même Division), en raison du parcours et du positionnement intellectuel des uns et des autres. Les tensions latentes entre Luther Evans (principalement un administrateur) et des intellectuels tels que René Maheu et Jean Thomas en sont l'illustration. Or, cette différence de *culture* paraît en réalité traverser l'ensemble de la structure. Jean-François Sirinelli évoque cette tension en rappelant que l'on peut réunir sous l'appellation d'hommes de culture :

> *...aussi bien les créateurs que les « médiateurs » culturels : à la première catégorie appartiennent ceux qui participent à la création artistique et littéraire ou au progrès du savoir, à la seconde se rattachent ceux qui contribuent à diffuser et à vulgariser les acquis de cette création et de ce savoir*[4].

Or l'Unesco – tant au niveau de la Conférence générale, du Conseil exécutif que du secrétariat – présente un assemblage hétérogène de ces 2 types de profils d'hommes de culture, auxquels viennent, en outre, s'ajouter un grand nombre

---

[1] Voir Archives Unesco, dossier 347.78 A 571 (5-12) : 375 A 310 TA.

[2] Voir Archives Unesco, dossier 347.78 A 571 (5-12) : 375 A 310 TA.

[3] Mémo de Carter à MacLean, 12 fév. 1951. Archives Unesco, dossier 02 (485) A 37

[4] SIRINELLI, Jean-François. « Les élites culturelles », in RIOUX, Jean-Pierre, SIRINELLI, Jean-François (dir.). *Pour une histoire culturelle.* Seuil, 1997, p. 277.

de personnes issues d'autres catégories professionnelles (diplomates, juristes, etc.).

En ce qui concerne plus précisément les fonctionnaires participant à la politique du livre, la césure entre, d'une part, les créateurs et les intellectuels (Caillois, Corrêa de Azevedo, Dard, Yutang, Taha-Hussein, Maheu, Thomas, Branca, Havet, Bosch-Gimpera...) et, d'autre part, les « médiateurs » (en particulier les bibliothécaires comme Carter, Petersen et Penna, mais aussi les pédagogues et éducateurs comme McDougall ou les éditeurs comme Delavenay et Behrstock) semble très nette.

Dans la 3ème catégorie se situent un certain nombre d'« experts », principalement dans le domaine du droit d'auteur (les juristes Bogsch, Hepp, Saporta, Díaz Lewis, Ilosvay), de la statistique (Babic, Liu) et de la technique de microfilmage (Sevillano Colom). Par ailleurs, si l'Unesco compte parmi ses fonctionnaires de nombreux créateurs (écrivains et traducteurs de profession), ces derniers participent rarement de manière directe à la politique du livre de l'organisation et travaillent dans les secteurs les moins « prestigieux » (édition, traduction).

La césure, de ce point de vue, recoupe en grande partie l'organisation administrative, entre, d'un côté, les Divisions des bibliothèques, du droit d'auteur et de la libre circulation de l'information et, d'un autre côté, la Division des arts et lettres et celle de la philosophie et des sciences humaines. Parallèlement, semblent aussi se superposer des questions de sensibilités culturelles et linguistiques, les trois premières Divisions étant majoritairement tenues par les Britanniques et les Américains, les deux dernières par les Français et les Sud-américains. De ce fait, c'est bien un fossé qui semble séparer les juristes, statisticiens et bibliothécaires (médiateurs ou « techniciens »), reconnus dans leur milieu professionnel et ayant une connaissance approfondie des techniques « modernes » venues des États-Unis[1], et les écrivains, artistes, philosophes et enseignants (créateurs et intellectuels), dont la réputation vient de l'excellence de la formation universitaire (ENS, agrégation) et/ou des productions artistiques et intellectuelles (œuvres d'art réalisées, ouvrages et articles publiés). A cet égard, on peut rappeler que selon Jean Dubuffet, « l'homme de culture est aussi éloigné de l'artiste que l'historien l'est de l'homme d'action[2] ». Cela peut donc expliquer le fossé et les tensions qui apparaissent parfois au sein du secrétariat de l'Unesco.

Le critère discriminant de la formation professionnelle et du profil intellectuel semble particulièrement se vérifier dans la plupart des cas de « transfuges » culturels et linguistiques. Le Français François Hepp, par exemple, qui a un profil de juriste adhérant au libéralisme économique et à l'application universelle et rigide du droit d'auteur, semble parfaitement à l'aise dans une Division où il ne travaille quasiment qu'avec des Américains qui ont la même

---

[1] Dans des domaines très techniques comme la production et la distribution du livre de poche, la mise en place systématique de statistiques du livre, les techniques les plus en pointe en matière de microfilmage, les arcanes juridiques du copyright et du droit d'auteur, la question des taxes douanières, etc.

[2] DUBUFFET, Jean. *Asphyxiante culture.* Paris : Editions de Minuit, 1986 (1ère édition 1968), p. 16.

philosophie du droit d'auteur. A *contrario*, les Sud-américains Díaz Lewis et Thomas L. Finkelstein rompent par la suite assez largement avec l'orientation conservatrice de la Division du droit d'auteur, et prônent une vision beaucoup plus « intellectuelle tiers-mondiste » que « juridique-technicienne », du droit d'auteur, ce qui conduit à un bras de fer avec les Bureaux de la Convention de Berne…

Un autre exemple est celui d'Herbert Wallace Schneider[1], qui dirige la Division de la philosophie et des sciences humaines de 1954 à 1959 : Américain certes, c'est aussi – et sans doute avant tout – un intellectuel et un philosophe, qui s'enthousiasme pour la préservation des manuscrits du Moyen-Orient. Quant aux fonctionnaires de la Division des bibliothèques, quelle que soit leur nationalité, ils ont majoritairement étudié la bibliothéconomie « moderne » sur le modèle américain, qui met davantage l'accent sur la technique (règles de catalogage, politiques d'acquisition, importance du classement…) que sur la formation intellectuelle.

Ces exemples semblent de nature à étayer l'idée selon laquelle la ligne de fracture passerait plus par l'appartenance professionnelle que par la langue/nationalité. Si l'on pousse plus loin le raisonnement, ce découpage traduit aussi l'image que se font à la fois les États et les individus de l'Unesco (un institut intellectuel prestigieux successeur de l'IICI pour la France et les pays « latins », une agence technique de coopération éducative et culturelle pour les pays « anglo-saxons » et nordiques), ainsi que les positions socioprofessionnelles les plus valorisées dans ces mêmes pays (prestige des écrivains et des intellectuels chez les Latins, prestige des fonctions de juriste et de bibliothécaire chez les Anglo-saxons). Pour résumer, le « clan latin », composé d'intellectuels et de créateurs et sous influence française, a largement la main mise sur le développement des activités liées aux lettres et à la philosophie (relations avec le PEN Club et autres organisations s'intéressant au domaine littéraire, programme de traductions d'œuvres littéraires, projet Orient-Occident…), tandis que le « clan anglo-saxon », composé de techniciens et de médiateurs sous influence américaine et britannique, s'occupe de l'ensemble des autres projets autour du livre : bibliothèques, droit d'auteur, libre circulation des livres, diffusion du livre de poche, production de matériel de lecture pour nouveaux alphabètes.

De cette situation découle également le fait que les échanges entre les différentes parties du monde, au sein des activités de l'Unesco, apparaissent plus équilibrées au niveau des créateurs (Arts et Lettres, Philosophie et Sciences humaines) que des médiateurs (Droit d'auteur, Bibliothèques, Libre circulation des livres). Ceci s'explique assez naturellement, semble-t-il, par le fait qu'un grand nombre de pays disposent, dès leur adhésion à l'Unesco, d'un vivier littéraire (écrivains, poètes, intellectuels, spécialistes de leur propre culture et de leur propre littérature) qui peut collaborer assez facilement au programme de

[1] Herbert Wallace Schneider (1892-1984) effectue ses études à l'Université Columbia, où il passe en 1917 une thèse de doctorat sous la direction de John Dewey, avant de devenir son assistant. Il y est ensuite professeur de philosophie à partir de 1929. Il passe une année en France en 1950 grâce à une bourse Fullbright, avant de devenir lecteur en Suisse puis de rejoindre l'Unesco.

l'organisation (colloques, échanges, bourses, traductions d'œuvres littéraires), tandis que les activités de médiation requièrent au contraire un haut niveau de technicité (bibliothécaires, juristes du droit d'auteur, statisticiens), alors assez rare dans les pays non occidentaux.

De là s'ensuit également une attitude différenciée envers les pays non occidentaux : les créateurs et intellectuels ont davantage une prédisposition à s'intéresser ou à admirer des écrivains et un patrimoine littéraire (écrit et oral) à valoriser, tandis que les médiateurs mettent plutôt l'accent sur les faiblesses ou les carences de ces mêmes pays (absence de bibliothèques modernes et de bibliothécaires compétents, non application du droit d'auteur, absence de relevés statistiques fiables, manque de manuels scolaires, etc.).

Cependant, une évolution assez nette s'est produite dans le temps ; la mise en place de formations « techniques » initiales et continues dans nombre de pays (par le biais de programmes nationaux, mais aussi de l'aide au développement, des fondations américaines et de l'Unesco), conduit à un changement déjà perceptible au début des années 1970. Désormais, davantage de pays participent, par exemple, aux réunions internationales de l'Unesco sur le droit d'auteur (révision de la convention universelle en 1971) ou sur la libre circulation des livres (protocole de Nairobi en 1976). De nombreuses bibliothèques ont été créées entre 1945 et 1974, des statistiques sont désormais disponibles pour la plupart des pays sur tous les continents, et lors de réunions thématiques spécialisées (développement des bibliothèques scolaires en Amérique latine, des bibliothèques nationales en Afrique, etc.), des professionnels qualifiés des pays concernés participent de plus en plus nombreux et fournissent des « documents de travail », dans des échanges où la réciprocité et le dialogue se sont considérablement accrus par rapport aux débuts de l'Unesco.

Si l'écart reste encore considérable entre pays occidentaux et non-occidentaux, l'Unesco contribue ainsi à élever le niveau de technicité dans le domaine du livre – ce dont elle bénéficie d'ailleurs elle-même par le biais d'un recrutement géographiquement plus diversifié avec les années. En 1950, par exemple, les cinq Divisions s'occupant du livre sont dirigées par deux Français, un Américain, un Britannique et un Espagnol, tandis qu'en 1971, ce sont un Argentin, un Guatémaltèque, un Américain, un Indien et un Afghan qui les gèrent.

Si une hostilité réciproque entre d'un côté les départements du programme et de l'autre les départements administratifs a été soulignée à plusieurs reprises, il semble que dans le domaine du livre, cet esprit d'hostilité se retrouve aussi à l'intérieur des départements du programme. C'est ainsi qu'un certain nombre des hommes de lettres qui occupent un poste à l'Unesco (Carrera Andrade, Roger Caillois, Jean d'Ormesson, Jorge Semprun…) se révèlent incapables de respecter des horaires fixes et profitent parfois de l'autonomie qui leur est laissée pour consacrer à l'écriture une partie de leurs heures de bureau… Semprun, par exemple, qui travaille un temps à la section de la traduction espagnole, « passe ses nuits dans les cafés littéraires de Saint-Germain des Prés » et accumule retards et absences, ce qui conduit Delavenay à le renvoyer. Jean d'Ormesson, de son côté, a avoué qu'il « travaillait à ses romans dans son bureau de l'Unesco[1] », et Odile Felgine décrit la « moelleuse et quiète existence[2] » de Roger Caillois grâce à son poste dans l'organisation.

D'un autre côté, écrivains, artistes et intellectuels ont tendance à s'ennuyer devant l'ampleur des tâches administratives. Étiemble critique sévèrement le travail effectué par sa femme Yassu Gauclère, qui, même en vacances, « trime six heures par jour, crevée sur des "unesconneries" qui lui donneront cent mille francs et lui boufferont cent pages de [son roman en cours d'écriture] *Sauve qui peut*[3] ». Étiemble regrette aussi la précarité des postes, Yassu Gauclère ayant des contrats renouvelés ou prolongés à de multiples reprises[4]. La plupart des intellectuels et écrivains qui travaillent à l'Unesco (d'Ormesson, Soupault, Métraux, Caillois…) témoignent de leur ennui et de leur frustration face à leur travail. Le métier de fonctionnaire international semble fort complexe pour Alain Pellet et David Ruzie :

> *Loin d'être la tranquille sinécure assortie de grosses prébendes dont l'opinion publique colporte le cliché, il s'agit d'un métier exigeant dont les servitudes sont plus apparentes que les grandeurs. […] Il n'est pas douteux que la rencontre d'autres cultures, d'autres manières de penser et de sentir, peut être à l'origine de grandes satisfactions personnelles et constitue, dans bien des cas, l'une des raisons majeures pour lesquelles on embrasse une carrière internationale. La réalité peut cependant être décevante : à l'exception des experts de l'assistance technique qui, par la nature de leurs fonctions, sont ou devraient se trouver immergés dans la société d'accueil, les fonctionnaires internationaux vivent souvent confinés dans un milieu social fermé. […] La barrière de la langue, les habitudes de vie les poussent à se replier sur le microcosme social artificiel que constitue l'organisation. Il n'y a pas loin de la tour de Babel à la tour d'ivoire…*[5].

Associant « le fantasme d'être de toutes les cultures, de franchir toutes les limites, d'être hors de la différence, ou de parler plusieurs langues » au « plaisir et à la puissance de se dilater et d'être un étranger nulle part », René Kaes souligne que l'abolition des limites crée un risque d'errance et de dissolution de l'identité[6]. Toutefois, malgré le stress réel de certains fonctionnaires, on relève peu de cas de dépression ou de maladie grave liée au travail chez les fonctionnaires de la politique du livre, à part Jean Thomas et Jacques Havet[7]. Les deux hommes tombent malades à plusieurs reprises pour raisons de surmenage et arrêtent temporairement leurs activités à l'Unesco – qu'ils reprennent par la suite jusqu'à leur retraite. Certains fonctionnaires restent

---

[1] Ibid.
[2] FELGINE, Odile. *Roger Caillois : biographie*. Paris : Stock, 1994, p. 372.
[3] Lettre d'Étiemble à Grenier, 26 juillet 1954, in *Correspondance : 13 septembre 1945 - 4 mars 1971 / Étiemble, Jean Grenier*. Op. cit., p. 72.
[4] Lettre d'Étiemble à Grenier, 1er déc. 1956, in *Correspondance : 13 septembre 1945 - 4 mars 1971 / Étiemble, Jean Grenier*. Op. cit., p. 89.
[5] PELLET, Alain et RUZIE, David. *Les fonctionnaires internationaux*. Paris : PUF, 1993, p. 119-120.
[6] KAES, René. « Différence culturelle, souffrance de la langue et travail du préconscient dans deux dispositifs de groupe », in KAES, René (dir.). *Différence culturelle et souffrances de l'identité*. Op. cit., p. 65.
[7] Lettre d'Havet à d'Ormesson, juillet 1964. Archives Uneco, dossier CIPSH 3.3/3 Unesco 1964.

cependant peu de temps à l'Unesco, tels le Japonais Hiroshi Sakamoto[1], le Canadien Harry Campbell ou le Hongrois Sándor Maller[2]. De même, Edward Carter, pourtant profondément investi dans le lancement d'une politique de développement des bibliothèques à l'Unesco, choisit de rentrer au Royaume-Uni après 10 années passées dans l'organisation.

Mais *a contrario*, sur l'ensemble du personnel permanent employé pour la politique du livre, une quinzaine de personnes passent entre 8 et 28 ans à l'Unesco, la palme revenant à l'Américain Julian Behrstock. Ce dernier travaille à l'Unesco pendant 28 ans, Bolla 26 ans, Caillois 23 ans, Bammate 20 ans, Penna 18 ans, Petersen 17 ans, Havet une quinzaine d'années, Thomas 14 ans, Dard 12 ans, Smith plus de 10 ans, Carter et Díaz Lewis 10 ans, Sibunruang 9 ans, Husain 8 ans.

Si ces fonctionnaires, longtemps en poste, ont particulièrement marqué de leur empreinte la politique du livre de l'organisation, il ne faut cependant pas négliger le rôle, parfois de première importance, joué par les consultants et les experts extérieurs.

Les consultants et les experts

Outre les fonctionnaires permanents, l'Unesco fait appel à de multiples professionnels du livre, intellectuels et écrivains, sollicités en tant que « consultants » ou « experts » pour des activités ponctuelles : participation à un comité consultatif, étude, enquête, colloque, rédaction d'un ouvrage, d'un article ou d'un « document de travail », mission d'expertise à l'étranger. De même que les recherches d'Yves Surel sur la politique du livre en France et de Pascal Ory sur la politique culturelle du Front populaire ont mis en lumière l'existence d'un « vivier associatif », à la fois pépinière d'élites culturelles et de partenaires potentiels pour les pouvoirs publics dans la mise en place d'une politique publique[3], l'Unesco puise dans le vivier des ONG internationales pour mettre les spécialistes du monde entier au service de sa politique du livre.

Au siège, l'Unesco a en général recours à des consultants, les personnalités sollicitées intervenant individuellement ou en groupe « en raison des connaissances concrètes qu'elles possèdent dans un domaine déterminé, afin de contribuer à l'exécution d'un projet ou d'un travail spécifique[4] ». L'organisation estime que cette expertise extérieure contribue au renouvellement permanent des connaissances nécessaires au sein de l'organisation. Le plus souvent, les consultants collaborent directement avec le secrétariat – bien qu'ils puissent aussi

---

[1] Sakamoto, fonctionnaire de la bibliothèque nationale japonaise, travaille à l'Unesco de 1954 à 1957, avant de rejoindre son poste au Japon à la fin de son contrat. Il espère cependant retrouver un poste au secrétariat de l'Unesco, et se porte fin 1957 candidat à l'ancien poste d'Everett Petersen, qui est à pourvoir.

[2] Maller est ensuite secrétaire général de la commission nationale hongroise. Lettre de Maller à Adiseshiah, 25 mars 1964. Archives Unesco, dossier 7 A 145.08 (439.1).

[3] SIRINELLI, Jean-François. « Les élites culturelles », in RIOUX, Jean-Pierre, SIRINELLI, Jean-François (dir.). *Pour une histoire culturelle.* Seuil, 1997, p. 291.

[4] PARAISO, Isdine. *Le régime juridique des experts et des consultants de l'Unesco.* Op. cit., p. 21.

effectuer des recherches et missions (de courte durée) sur le terrain ; l'Unesco les emploie surtout pour la réalisation d'un projet intellectuel précis ou dans le cadre de comités consultatifs :

> *Les secteurs [...] en cas de besoin, consultent leurs fichiers (ou celui du bureau du personnel) dans lesquels sont répertoriés les noms des consultants anciennement utilisés ou sélectionnés, à l'occasion de projets précédents pour lesquels ils ne furent pas retenus. Ou alors, une autre possibilité consiste à s'adresser directement à des consultants avec lesquels les secteurs ont coutume de traiter, tout en informant le bureau du personnel*[1].

La durée totale des périodes de service d'un consultant conclues par l'ensemble des unités du secrétariat, ne peut être supérieure à 6 mois à plein temps sur une période de 12 mois consécutifs[2]. Quant aux tâches à accomplir hors siège, en particulier dans le domaine de l'assistance technique, elles sont habituellement confiées à des « experts », dont les travaux et rapports possèdent une large capacité d'influence sur les États membres :

> *La diplomatie des États est de plus en plus technique. Elle mobilise nécessairement des connaissances très précises. Il appartient en conséquence aux spécialistes de définir les intérêts nationaux et les procédures de prise de décision. [...] Dans tous les pays industrialisés, il existe un réseau plus ou moins étendu d'experts ayant autorité dans les domaines spécifiques faisant l'objet des négociations internationales. Ils sont consultés par les ministères concernés. Ils vont donc proposer des réponses communes, favorisant le développement de la coopération internationale*[3].

Bien que les experts jouissent en général d'une plus large autonomie que les fonctionnaires[4], leur rôle dépend, en contrepartie, du budget disponible pour le programme en question, sachant qu'il est toujours « plus facile de réduire les effectifs du personnel extérieur que de diminuer les crédits nécessaires pour rémunérer les fonctionnaires[5] ».

L'envoi d'experts sur le terrain exige un équilibre, nécessaire mais délicat, entre le secrétariat de l'Unesco, l'État où est envoyé l'expert (soucieux de la réussite du projet mais redoutant les ingérences extérieures), l'État d'origine de l'expert (qui surveille parfois de très près l'envoi de ses nationaux à l'étranger) et les intérêts de l'expert lui-même. Le choix du candidat constitue une entreprise complexe :

> *Il s'agit de trouver l'homme rare, doué de toutes les compétences (technique, linguistique, etc.) et qui puisse être accepté par le gouvernement hôte, dans le cas de projets sur le terrain, ou (et) agrémenté dans certains cas par le gouvernement dont il est le ressortissant, sans oublier le facteur temps souvent en jeu*[6].

---

[1] Ibid., p. 110.
[2] PENAUD, Jeanne (dir.). *La fonction publique internationale,* La Documentation française, 1997, p. 56.
[3] SENARCLENS, Pierre de. « La théorie des régimes et l'étude des organisations internationales ». Op. cit., p. 534-535.
[4] CROZIER, Michel. *Le phénomène bureaucratique.* Paris: Seuil, 1963, p. 236.
[5] PARAISO, Isdine. *Le régime juridique des experts et des consultants.* Op. cit., p. 19
[6] Ibid., p. 117.

L'assistance technique étant fondée essentiellement sur la transmission d'un savoir, les qualités personnelles et humaines des experts se révèlent aussi importantes que leurs qualités techniques. A l'Unesco, les principaux critères de choix sont au nombre de 5 : la qualification et l'expérience professionnelle, la diversité culturelle et géographique, l'âge, les relations privées des candidats (qui ne doivent pas être apparentés à un membre du personnel de l'Unesco) et l'avis des bureaux régionaux et des autorités responsables du projet. Ces critères, en particulier ceux de la qualification et de la diversité culturelle et géographique, apparaissent cependant difficiles à concilier.

Dans la pratique, divers moyens sont à la disposition du secrétariat : consultation du fichier central « roster » régulièrement tenu à jour, envoi de listes aux chefs de projets opérationnels pour avis, recours aux anciens membres du personnel permanent (partis à la retraite), recours à des représentants du PNUD ou d'autres organisations internationales, notamment au sein des Nations Unies. Certains pays se montrent aussi très impliqués dans les procédures de recrutement et sollicitent ministères compétents, commissions nationales, délégations permanentes, universités, grandes écoles spécialisées. Par ailleurs, les fonctionnaires du secrétariat s'adressent souvent à leur réseau de « partenaires privilégiés » afin d'obtenir des suggestions de candidatures. Dans le domaine du livre, cela concerne par exemple la BNF, le *British Council*, la bibliothèque du Congrès et le *Copyright Office*, la FIAB ou le PEN Club.

Une fois la sélection faite par le secrétariat – et approuvée si nécessaire par le gouvernement national –, les noms des candidats sont envoyés au gouvernement de l'État hôte de la mission, qui doit donner son agrément pour un seul expert le plus rapidement possible. Cette procédure « entraîne des lenteurs souvent préjudiciables à la mission, vu la durée assez brève de celle-ci. C'est la raison pour laquelle les secteurs s'y prennent à l'avance. Aussi le choix de l'État hôte absolument discriminatoire, car pouvant être basé sur des considérations politiques ou religieuses, crée une certaine déception au rang des consultants non choisis[1] ».

Les consultants et experts recrutés par l'Unesco dans le cadre de sa promotion du livre se comptant par centaines, il serait impossible de tous les énumérer. Toutefois, on peut relever une quinzaine de personnalités importantes, qui ont chacune influencé un aspect important de la politique du livre de l'organisation. Citons pour commencer trois intellectuels qui, ayant activement participé aux activités de l'IICI, encouragent les activités de l'Unesco à partir de 1945. Ces trois personnes n'ont jamais eu le statut officiel d'expert ou de consultant, mais elles ont joué officieusement un rôle similaire.

L'écrivain et historien suisse Gonzague de Reynold, qui avait participé activement aux « Entretiens » et au comité de publication de la collection ibéro-américaine, devient en 1945 vice-président de la Commission internationale de Coopération intellectuelle de Suisse. L'IICI lui écrit en juin 1945 combien il lui est agréable « de revoir, après cinq longues années de séparation, le même intérêt

[1] Ibid., p. 121

pour nos travaux et de recevoir les mêmes conseils avisés que vous n'avez jamais cessé de nous prodiguer depuis plus de vingt ans[1] ». De son côté, la poétesse chilienne Gabriela Mistral, très investie dans le développement de la collection ibéro-américaine, continue d'exercer, avec son amie l'éditrice argentine Victoria Ocampo, une influence non négligeable sur un certain nombre de fonctionnaires du secrétariat de l'Unesco, tels Thomas, Supervielle, Caillois, Étiemble et Soupault[2]. Les grandes figures de la vie littéraire sud-américaine inspirent ainsi une partie de la collection d'œuvres représentatives de l'Unesco.

Dans le domaine des bibliothèques, six personnalités jouent un rôle influent à l'Unesco : le Suisse Pierre Bourgeois, le Belge Herman Liebaers, les Britanniques Frank Gardner et Edward Sydney, les Français Julien Cain et Yvonne Oddon. Dans les années 1950, la Division des bibliothèques est en relation avec Pierre Bourgeois (1897-1971), directeur de la bibliothèque nationale suisse, président de la Commission nationale suisse pour l'Unesco et président pendant plusieurs années de la FIAB. Bourgeois est fréquemment invité à participer à des réunions et colloques en tant qu'expert et à produire des documents de travail ; sa double expérience de bibliothécaire et de documentaliste lui permet de jouer un rôle actif dans le rapprochement de la FIAB et de la FID aux côtés de Carter. Bourgeois préside notamment le premier congrès commun des 2 organisations à Bruxelles en 1955.

Le Belge Herman Liebaers (1919-2010), conservateur en chef de la bibliothèque royale de Belgique et successeur de Bourgeois à la présidence de la FIAB, est, lui aussi, fréquemment sollicité par la Division des bibliothèques. Il participe en 1969 à la préparation d'une édition corrigée de la brochure de Carlos Victor Penna *La planification des services de bibliothèques*[3], et joue un rôle important dans le cadre de l'AIL. Liebaers débute sa carrière à la bibliothèque royale de 1943 ; en 1950-1951, grâce à une bourse de la Fondation Fullbright, il séjourne aux États-Unis où il est attaché à la bibliothèque du Congrès. Il quitte la bibliothèque royale de Belgique en 1954 pour devenir bibliothécaire auprès du CERN à Genève, avant d'être rappelé, comme conservateur en chef, à la nouvelle bibliothèque royale en 1956. Actif au sein de plusieurs organismes internationaux, Liebaers est en particulier président de la FIAB de 1969 à 1974, avant d'en devenir président d'honneur. Il mène des missions de consultant pour l'Unesco, par exemple pour la construction d'une nouvelle bibliothèque nationale à Téhéran, et préside l'AIL, en organisant les réunions préparatoires avec les ONG intéressées et en effectuant, à partir de 1970, une véritable « tournée de promotion » pour la manifestation à travers de nombreux pays[4]. Liebaers devient ensuite, en 1973, consultant international au *Council on Library Resources* à Washington.

Directeur de la bibliothèque de Leyton entre 1934 et 1950, membre du Rotary Club, très investi dans la question de l'éducation des adultes, le

---

[1] Lettre d'Istvan Lajti à Reynold, 7 juin 1945. Archives IICI, dossier H.VII.11.
[2] *Correspondance : 13 septembre 1945 -4 mars 1971 / Étiemble, Jean Grenier*. Op. cit.
[3] SABOR, Josefa E. « The pioneers : Carlos Victor Penna (1911-1998) ». Op. cit.
[4] Voir Archives Unesco, dossier 04 A 066 72 AIL.

bibliothécaire britannique Edward Sydney mène, quant à lui, plusieurs missions d'expertise de longue durée pour le compte de l'Unesco. En 1951, il conduit à Delhi le premier projet de bibliothèque publique pilote de l'organisation, et participe ensuite régulièrement aux séminaires et stages d'étude. Président de la *British Library Association* à partir de 1956, ami d'Edward Carter, Sydney écrit en 1964 :

> *Pendant les quelques années d'immédiate après-guerre, j'eus la chance d'être invité à aider l'Unesco à proposer des plans de développement de services de bibliothèques aux États membres désireux d'établir de tels services ou de les étendre à un plus grand nombre de leurs citoyens. Pour les pays émergents de l'ère coloniale, la conclusion était alors sans appel : seul un service organisé et mis en place à l'échelon national pouvait résoudre le problème*[1].

Les conceptions anglo-saxonnes de réseau centralisé de bibliothèques de Sydney sont mises en pratique dans le cadre de ses missions pour l'Unesco, en particulier pour la création de la bibliothèque pilote de Delhi destinée à devenir un modèle régional.

De son côté, Frank Gardner mène différentes missions pour l'Unesco, et passe 8 mois en Inde en 1951-1952 afin de développer la bibliothèque pilote lancée par Sydney. En 1959, il prépare la mise en forme pour publication de 2 enquêtes menées par la bibliothèque de Delhi, l'une sur « Les intérêts de lecture des nouveaux alphabètes », l'autre sur « Le développement des techniques pour encourager l'usage des matériels de lecture »[2], et dirige à Delhi un séminaire sur le développement des bibliothèques publiques en Asie en 1960. Gardner recommande, entre autres, à l'Unesco de mettre en place un poste permanent pour le développement du livre en Asie[3] – suggestion concrétisée à partir de 1965 par le détachement de l'Allemand Will Zachau[4] au poste d'expert pour la promotion du livre au Centre régional de Karachi.

La bibliothécaire du Musée de l'Homme, Yvonne Oddon (1902-1982) mène elle aussi plusieurs missions pour l'Unesco. Formée à la bibliothéconomie américaine par le biais de l'école américaine de Paris et de stages à la bibliothèque universitaire du Michigan, Yvonne Oddon devient bibliothécaire du Musée d'Ethnographie du Trocadéro en 1929. Elle occupe des responsabilités à l'ABF avant d'effectuer un stage à la bibliothèque du Congrès et à la *Smithsonian Institution* grâce à une bourse de la fondation Rockefeller. En 1937, lorsque le Musée d'Ethnographie du Trocadéro devient le Musée de l'Homme, elle intervient sur les plans de la bibliothèque du musée pour y imposer les standards américains en matière d'architecture de bibliothèque et fait adopter un système de classification adaptée de la classification Dewey.

Après guerre, Yvonne Oddon réalise plusieurs missions sous l'égide de l'Unesco ; après avoir travaillé durant 6 mois sur le projet de Marbial en 1948

---

[1] Propos cités in PARKER, Stephen. *Unesco and Library Development Planning*. Op. cit., p. 74.

[2] Voir Archives Unesco, dossier 375 A 310 (5) 57 Gardner.

[3] Voir Archives Unesco, dossier 02 (5) A 06 (540) TA « 60 ».

[4] Will Zachau réintègrera la Division du développement des moyens de communication de masse au siège à Paris en 1969.

avec l'aide financière de la fondation Rockefeller[1], elle organise une conférence sur l'éducation de base à Malmö (1950). Pressentie pour diriger la bibliothèque pilote de Delhi en 1950, elle entreprend finalement en 1952 une mission régionale en Afrique avant de diriger le séminaire régional d'Ibadan en 1953. A ce titre, Yvonne Oddon a une influence non négligeable sur le programme ultérieur de développement des bibliothèques mené en Afrique par l'Unesco. Elle participe également à la création de l'ICOM, pour laquelle elle crée un système de classification.

Julien Cain (1887-1974) apparaît enfin de première importance dans le cadre de la politique des bibliothèques de l'Unesco et joue un rôle prépondérant dans sa mise en place, de l'aveu d'Edward Carter et de Julien Cain lui-même. S'il n'effectue pas de mission d'expertise à l'étranger, Cain est par contre de tous les réunions et comités consultatifs de l'organisation. Agrégé d'histoire, il dirige la Bibliothèque nationale de France de 1930 à 1940, puis de 1945 à 1974. Ami de Léon Blum, conseiller du chef du gouvernement en matière culturelle, Cain réalise partiellement un projet de « Musée de la littérature » et relance la politique d'expansion du livre français à l'étranger. Devenu président de l'Association pour le développement de la lecture publique (ADLP), il obtient en 1945 la création, au sein de l'Éducation nationale, d'une « Direction des bibliothèques et de la lecture publique » dont il cumule les fonctions avec celle de la bibliothèque nationale. Il y préside, entre autres, à la mise en place de la première génération des bibliothèques centrales de prêt[2].

Julien Cain dispose d'une « structure de sociabilité » très étendue qui date de ses postes dans la haute administration ; il fréquente les milieux diplomatiques (André François-Poncet, Louis Joxe, Saint-John-Perse), politiques (Léon Blum, Albert Thomas), littéraires (Jules Romains, Paul Valéry), artistiques (Chagall, Bruno Walter…) et scientifiques (Paul Langevin, Paul Rivet)[3]. Il profite de l'exposition internationale de 1937 à Paris pour créer un Bureau d'information sur les bibliothèques ainsi qu'un musée de la littérature, en collaboration avec les milieux de l'édition. Après 1945, il se familiarise avec les innovations anglo-saxonnes :

> *J'ai tenu à visiter des bibliothèques célèbres par la richesse de leurs collections ou remarquables par leur organisation. Durant la période considérée, j'ai fait plusieurs séjours en Angleterre et me suis tenu constamment en contact avec mes collègues du British Museum dont j'ai étudié les divers services. J'ai visité en Angleterre plusieurs bibliothèques à Manchester (dont la John Rylands Library), Liverpool, Glasgow, Sheffield et dans le Derbyshire ; je suis allé deux fois à Édimbourg ; je mentionnerai encore les bibliothèques des Universités de Londres, Oxford et Cambridge. […] Au cours d'un séjour de deux mois organisé par la Bibliothèque du Congrès de Washington, l'*American Library Association *et la fondation Rockefeller, j'ai visité les régions les plus diverses des USA en allant de l'Est vers l'Ouest ; j'ai séjourné à New York dont j'ai vu les principales bibliothèques, et à Washington, où je fus l'hôte de la Bibliothèque du Congrès, dont j'ai pu étudier divers*

[1] PARKER, Stephen. *Unesco and Library Development Planning.* Op. cit., p. 119.

[2] ORY, Pascal. « Notice sur Julien Cain », in JULLIARD, Jacques, WINOCK, Michel (dir.). *Dictionnaire des intellectuels français.* Seuil, 2002, p. 247-248.

[3] SUREL, Yves. *L'État et le livre.* Op. cit., p. 160.

services dans le détail ; j'ai visité les bibliothèques des Universités de Princeton et de Yale, l'ensemble des bibliothèques de l'Université Harvard, la bibliothèque publique de Boston, la bibliothèque de l'Université du Michigan, à Ann-Arbor, la bibliothèque de Détroit, diverses bibliothèques à Chicago et, en particulier, celles des Universités, les bibliothèques de Los Angeles et de San Francisco et de ses environs, notamment les Universités de Berkeley et de Stanford[1].

L'activité de Julien Cain se déploie dans nombre d'organismes ; il est nommé en 1958 président de la Commission française de l'Unesco, organisme dont il préside aussi la Commission consultative internationale de bibliographie, documentation et terminologie. Selon Yves Surel, Julien Cain fait partie :

> *...de ces entrepreneurs politiques ou de ces médiateurs, au sens où on peut les définir dans l'analyse des politiques publiques, à savoir des individus qui, s'identifiant à une cause, un problème ou plus largement un domaine de l'action gouvernementale, parviennent à porter cette cause, ces problèmes, ces programmes sur le devant de la scène, auprès des acteurs décisionnaires, afin d'obtenir des décisions favorables, des moyens ou encore la reconnaissance de la légitimité des principes qui les guident*[2].

Si le rôle de Cain dans le développement des bibliothèques et de la lecture publique en France est indéniable – Paul Valéry écrit de lui qu'« il est, sans doute, l'homme de France auquel l'organisation des Lettres doit le plus[3] » –, Julien Cain a joué au niveau international un rôle similaire – bien que largement méconnu – grâce à sa présence continue dans les différents organes consultatifs liés à l'Unesco. Même après avoir quitté ses fonctions à la bibliothèque nationale en 1964, Julien Cain demeure membre du Conseil exécutif (jusqu'en 1966), président de la Commission nationale française pour l'Unesco (jusqu'en 1968) et membre du Comité consultatif de bibliographie, de documentation et de terminologie[4].

Dans le domaine de la traduction, deux personnalités se détachent. Edmond Cary (1912-1966[5]), tout d'abord, secrétaire de la Fédération internationale des Traducteurs (FIT) de 1953 à 1961, travaille comme interprète pour l'Unesco à plusieurs reprises avant d'y trouver un emploi permanent en 1962[6]. Français d'origine russe – son vrai nom est Cyrille Znosko-Borovski –, Cary participe dès 1947 à la création de la Société française des Traducteurs (dont il est un temps vice-président), puis en 1953 à celle de la FIT, et à partir de 1955 à la publication de la revue *Babel* financée par l'Unesco[7]. Interprète, traducteur, Cary s'investit dans la défense et l'organisation de sa profession ainsi que dans la réflexion théorique sur la traduction.

---

[1] CAIN, Julien. *La bibliothèque nationale pendant les années 1945 à 1951*. Paris : 1954, p. 258.
[2] SUREL, Yves. *L'État et le livre*. Op. cit., p. 160.
[3] VALERY, Paul. *Regards sur le monde actuel*. Gallimard, 1947, p. 291.
[4] « L'année 1964 », *Bulletin des bibliothèques françaises*, 1964, n° 12, p. 459.
[5] Edmond Cary est victime d'un accident d'avion en janvier 1966, alors qu'il revient d'une mission effectuée pour l'Unesco à New Delhi.
[6] Lettre de Cary à Caillois, 11 mai 1961.Archives Unesco, dossier 4A337/01 IFT « 66 »
[7] Introduction de Michel Ballard in CARY, Edmond. *Comment faut-il traduire ?* Presses universitaires de Lille, 1986, p. 11.

Avant même la création de la FIT, l'Unesco s'intéresse au statut du traducteur, évoquant dans un article du *Courrier de l'Unesco* de 1950, « L'incommensurable problème de la traduction » :

Dans un rapport au Conseil économique et social des Nations Unie, l'Unesco signalait naguère que la médiocrité des traductions est due, en partie, au fait que leurs auteurs sont insuffisamment payés et mal protégés. Prenant en considération l'opinion de quelques-uns des plus grands écrivains contemporains, dont André Gide, Valéry Larbaud et Santayana, qui considèrent la traduction comme une œuvre d'art originale, et pour qui le traducteur doit être avant tout un écrivain, une Commission de spécialistes vient de formuler les résolutions suivantes :

1. Le Comité, considérant qu'un statut approprié sera d'autant plus rapidement reconnu aux traducteurs que leur formation professionnelle donnera plus de garanties, sans vouloir aller jusqu'à une recommandation spécifique, estime qu'en liaison avec l'enseignement des langues, une formation universitaire spécialisée des traducteurs sera désirable et pourrait être mise à l'étude par les États membres.

2. Le Comité recommande que, tenant compte des avis exprimés par les experts, le Secrétariat de l'Unesco prépare un premier texte de statut des traducteurs dont l'adoption semble nécessaire pour garantir la qualité des traductions que l'Unesco se propose d'encourager. Le Comité recommande également que soit pris sur ces questions l'avis du Comité d'Experts de l'Unesco sur les droits d'auteur[1].

En 1950, Georges Pillement (1898-1984) est de son côté recruté comme consultant par l'Unesco. Écrivain, traducteur, directeur de revues et photographe français, Pillement publie, à partir de 1941, des livres consacrés à la sauvegarde des monuments anciens. Devenu secrétaire général de l'Association professionnelle des traducteurs littéraires et scientifiques en 1947, ami de Jean-Jacques Mayoux, Pillement est recruté par l'Unesco afin de travailler à un rapport sur les problèmes particuliers de droit du traducteur[2]. Ce contrat rappelle qu'il faut « favoriser la collaboration des écrivains du monde entier aux activités de l'Unesco et spécialement aux échanges culturels par le moyen de la traduction des œuvres[3] ».

Ce projet fait l'objet d'une étroite collaboration entre Jean-Jacques Mayoux (Division des arts et lettres) et François Hepp (Division du droit d'auteur), mais donne lieu à des échanges de vue tendus sur la question de la formation professionnelle, Hepp estimant que la traduction professionnelle nécessite la mise en place d'un enseignement spécialisé (voire d'un diplôme) à la manière américaine tandis que Mayoux considère que « le traducteur est un écrivain et [...qu'] on n'apprend pas ce métier-là dans les Universités[4] ».

Le pré-rapport de Georges Pillement, remis à l'Unesco sous sa forme définitive le 12 juillet 1950, rappelle que « le traducteur doit être considéré

---

[1] « L'incommensurable problème de la traduction », in *Courrier de l'Unesco*, décembre 1950, p. 10.

[2] Voir Archives Unesco, dossier 4 A 337/01 IFT « -66 ».

[3] Contrat d'honoraires signé entre l'Unesco et Georges Pillement, n°205. Archives Unesco, dossier 4 A 337/01 IFT « -66 ».

[4] Lettre de Mayoux à Pillement, 19 mai 1950. Op. cit. Archives Unesco, dossier 4 A 337/01 IFT « -66 ».

comme un collaborateur de l'auteur et non comme un simple salarié[1] » et qu'il doit donc, à ce titre, bénéficier des dispositions d'un contrat-type de l'édition pour la traduction. Le traducteur doit en particulier figurer sur la couverture et sur la page de titre, percevoir un salaire pour son travail ainsi qu'un pourcentage sur les ventes de l'ouvrage, et enfin figurer sur le contrat liant l'éditeur étranger à l'auteur.

Même si l'évolution de ce point de vue est très lente à l'Unesco, l'organisation finit par décider en 1966 de rémunérer les traductions littéraires individuelles destinées à la vente, non seulement par un à-valoir, mais aussi par des droits d'auteur, contrairement à ses pratiques antérieures.

Autre personnalité importante, le théologien américain James Robinson qui, avec l'aide de son réseau et le soutien de l'*Institute for Antiquity and Christianity* de Claremont (États-Unis), pousse l'Unesco, à partir de 1966, à reprendre le projet de restauration et de publication des manuscrits coptes de Nag Hammadi en Haute-Egypte, laissé au point mort depuis plusieurs années. Professeur à la *Claremont school of theology* de Californie, Robinson fait valoir la nécessité d'une étude minutieuse des textes fondateurs et de leur contexte historique. Grâce à lui, l'Unesco et le gouvernement égyptien finissent par créer, en 1970, un Comité international, dont Robinson devient secrétaire permanent.

L'universitaire, écrivain et spécialiste de sociologie de la littérature, Robert Escarpit (1918-2000) est lui aussi très lié à l'Unesco. Normalien, agrégé d'anglais, enseignant, Escarpit exerce à partir de 1945 les fonctions de secrétaire général puis de directeur de l'Institut français d'Amérique latine (IFAL) fondé à Mexico par Paul Rivet et des intellectuels français en exil pendant la guerre. En 1949, il rejoint la faculté des Lettres de Bordeaux et devient billettiste au journal *Le Monde*. Docteur ès lettres en 1952, il occupe la chaire de littérature comparée à Bordeaux, publie le livre *Sociologie de la littérature* en 1958 (qui connaît un succès international) et fonde en 1960 le Centre de sociologie des faits littéraires, qui devient en 1965 l'Institut de littérature et de techniques artistiques de masse.

De tendance marxiste, Escarpit fait partager à l'Unesco ses préoccupations sur la question de l'analphabétisme dans le Tiers monde, en particulier l'analphabétisme fonctionnel défini comme « l'incapacité à utiliser la connaissance ou le maniement des signes pour des fins pratiques, [...] la lecture et l'écriture [étant] en ce cas, des opérations trop pénibles et trop lentes pour entrer dans le comportement normal de l'individu[2] ». Opposé aux dépenses militaires engagées au détriment des dépenses pour la culture, l'éducation et le livre[3], Robert Escarpit mène aussi un combat idéologique en faveur des bibliothèques pour l'éducation des enfants issus de groupes sociaux défavorisés.

Président de la Ligue de l'enseignement à partir de 1961, il publie plusieurs ouvrages dans les années 1960, en particulier, à la demande de l'Unesco, *La*

---

[1] Rapport « Pour un statut du traducteur » de Georges Pillement. Archives Unesco, dossier 4 A 337/01 IFT « - 66 ».

[2] BLANQUET, Marie-France. « Robert Escarpit », avril 2008, p. 3, site http://www.cndp.fr.

[3] Intervention de Robert ESCARPIT lors des débats, in Centre d'études et de recherches marxistes. *Colloque sur la situation de la littérature, du livre et des écrivains*. Op. cit., p. 103.

Révolution du livre (1965) dans lequel il étudie le phénomène du « livre de poche », et *La faim de lire* (coécrit avec Ronald Baker, 1972), qui s'intéresse à la demande éditoriale dans les pays en développement. Par ailleurs, il réalise une mission de sensibilisation au développement du livre de poche au Pakistan, en Inde, à Ceylan et en Iran en 1966-1967[1].

Escarpit participe activement à la préparation de l'AIL, présidant une réunion préparatoire en Italie en mars 1970 et déclarant que l'AIL « ne doit pas être considérée comme un hommage glorieux rendu au passé du livre : il s'agit d'ouvrir les portes de notre avenir[2] ». Escarpit apparaît de ce fait, sinon l'initiateur, du moins le principal théoricien de l'approche « tiers-mondiste » de la problématique du livre à l'Unesco, en liant étroitement la question du livre et de la lecture à celle du développement et du progrès socio-économique. Il considère par ailleurs que grâce aux enquêtes détaillées et systématiques dans le domaine du livre, « de 1962 à 1982, l'action de l'Unesco dans le cadre du Programme de Développement du Livre a aidé les pays du Tiers monde à rattraper leur retard culturel grâce à une politique du livre intelligemment planifiée[3] ».

Inventeur d'une nouvelle discipline, les « sciences de l'information et de la communication », Escarpit crée enfin en 1972 un groupe de chercheurs et d'universitaires (dont Jean Meyriat et Roland Barthes), qui devient la « Société française des sciences de l'information et de la communication »[4].

Du côté de l'édition, une personnalité proche de l'Unesco est Ronald E. Barker, longtemps secrétaire général de l'Association des éditeurs britanniques. Il rédige, en tant que consultant, deux ouvrages pour l'organisation, *Le livre dans le monde, étude sur le commerce international du livre* en 1956-1957 et *La Faim de lire* en collaboration avec Escarpit. Barker est par ailleurs invité à des réunions de l'Unesco sur la promotion du livre et participe activement aux réunions préparatoires de l'AIL à partir de 1970.

Dans le domaine du droit d'auteur, les spécialistes juridiques Arthur Fischer, directeur du *Copyright Office*, Luther Evans (en tant que directeur de la bibliothèque du Congrès), ainsi que Bénigne Mentha, Plinio Bolla et Jacques Secrétan – tous trois liés aux Bureaux internationaux réunis pour la protection de la propriété intellectuelle (BIRPI) de l'Union de Berne – jouent un rôle non négligeable dans l'approche du droit d'auteur menée à l'Unesco et dans le rapprochement entre législations américaine et européenne, finalement opéré par la Convention universelle sur le droit d'auteur, adoptée en 1952.

En ce qui concerne le patrimoine oral, le Malien Amadou Hampâté Bâ (1900-1991) apparaît incontournable, même s'il n'a jamais été « expert » ou « consultant » au sens administratif du terme. Toutefois, son influence directe est considérable sur le programme de collecte et de diffusion du patrimoine oral

---

[1] Voir Archives Unesco, dossier 375 A 310 (5) 57 TA van Couwelaar

[2] Communiqué de presse « 1972 sera l'Année internationale du livre », 28 octobre 1970. Archives Unesco, dossier 04 A 066 72 AIL.

[3] ESCARPIT, Robert. *Sociologie de la littérature*, PUF, 1992 (8ème éd.), p. 10-11.

[4] BLANQUET, Marie-France. « Robert Escarpit », avril 2008, p. 1-2, site http://www.cndp.fr.

africain et sur la reconnaissance de la valeur historique et culturelle de ce patrimoine par l'Unesco. Biographe, historien, philosophe, collecteur de traditions, conteur, écrivain, traditionnaliste, passionné par les traditions orales africaines[1], Hampâté Bâ se méfie de l'imprimé, estimant qu'« une parole toute vivante de vie [...], ce n'est pas un livre qui peut la restituer dans toute sa force »[2]. Lui-même a reçu une triple éducation, à la fois traditionnelle africaine (passant par l'oralité) et écrite (à travers l'enseignement coranique en arabe, puis le système éducatif colonial français), ce qu'il décrit dans le premier tome de ses mémoires, *Amkoullel, l'enfant peul.* Il y raconte notamment comment, en raison de son indiscipline, le premier grade qui lui a été donné dans l'administration coloniale en février 1922 fut « écrivain temporaire à titre essentiellement précaire et révocable[3] ». Dans une interview au journal *Le Soleil* à Dakar en 1981, Hampâté Bâ définit ainsi le sens de son travail :

> *Ce n'est pas pour « conserver des idées dans une bibliothèque » que j'écris, mais au contraire pour assurer la plus large diffusion possible de nos valeurs traditionnelles, afin que chacun puisse s'y référer, méditer et, peut-être, ajouter et créer. En me livrant à ce travail de récolte et de fixation par l'écriture, mon but a été également de servir d'exemple, afin que d'autres continuent dans la même voie*[4].

Chargé au lendemain de l'indépendance par le gouvernement du Mali de la réorganisation du centre IFAN de Koulouba-Bamako, Hampâté Bâ en fait un Institut des Sciences humaines, « avec l'espoir que la situation géographique de Bamako permettrait à ce centre de rayonner dans toute l'ancienne Afrique occidentale et de travailler en étroite collaboration avec les centres de ces pays[5] ». Après la ratification par le Mali de l'Acte constitutif de l'Unesco le 7 novembre 1960, Hampâté Bâ est envoyé à Paris comme membre de la délégation malienne. Là, dans un discours émaillé de proverbes et de dictons, il propose une campagne internationale pour la sauvegarde des traditions orales, semblable à celle en cours pour la sauvegarde des monuments de Nubie :

> *Il s'agira d'un gigantesque monument oral à sauver de la destruction par la mort, la mort des traditionnalistes qui en sont les dépositaires. Ils sont, hélas, au déclin de leurs jours. Ils n'ont pas partout préparé une relève normale. En effet, notre sociologie, notre histoire, notre pharmacopée, notre science de la chasse et de la pêche, notre géotechnie, notre agriculture, notre science de météorologie, tout cela est conservé dans des mémoires d'hommes, d'hommes sujets à la mort et mourant chaque jour... Puisque nous avons admis que l'humanisme de chaque peuple est le patrimoine de toute l'humanité, si les*

[1] BLACHERE, Jean-Claude. « Hampâté Bâ, Collecteur, auteur, écrivain », in *Interculturel-Francophonies*, volume 3, Paris, juillet 2003, p. 147.

[2] Propos cités in BLACHERE, Jean-Claude. « Hampâté Bâ, Collecteur, auteur, écrivain ». Op. cit., p. 148.

[3] HAMPATÉ BÂ, Amadou. *Amkoullel, l'enfant peul.* Arles : Actes Sud, 1992, p. 506

[4] Propos cités in HECKMANN, Hélène. « Amadou Hampâté Bâ et la récolte des traditions orales », in *Journal des africanistes*, 63 (2), 1993.

[5] HAMPÂTE BÂ, Amadou. *Aspects de la civilisation africaine.* Paris : Présence africaine, 1972, p. 34.

traditions africaines ne sont pas recueillies à temps et couchées sur du papier, elles manqueront un jour dans les archives universelles de l'humanité[1].

C'est aussi à cette occasion qu'Hampâté Bâ fait sa déclaration, devenue célèbre, qu'« en Afrique, chaque vieillard qui meurt est une bibliothèque qui brûle ». Pour lui, le monde moderne pose un problème crucial de rupture dans la transmission de la tradition et de la culture africaines :

Nous nous trouvons actuellement, pour tout ce qui touche à la tradition orale, devant la dernière génération des grands dépositaires. C'est pourquoi l'effort de récolte doit s'intensifier dans les dix ou quinze années à venir, après quoi les derniers grands monuments vivants de la culture africaine auront disparu, et avec eux les trésors irremplaçables d'un enseignement particulier, à la fois matériel, psychologique et spirituel[2].

Membre du Conseil exécutif de l'Unesco de 1962 à 1970, Hampâté Bâ milite avec ardeur pour la collecte, la diffusion et la reconnaissance des traditions orales, mais aussi pour la défense des langues et des cultures africaines, participant sans relâche à des conférences, colloques, séminaires et autres rencontres internationales « où il fait entendre la voix des peuples dont on dit qu'ils sont sans écriture[3] ». Ses nombreuses « missions » dans les pays africains (en tant que membre du Conseil exécutif, mais aussi directeur de l'Institut des Sciences humaines de Bamako) et ses interventions à la Conférence générale sont notamment « à l'origine de l'inclusion dans les programmes prioritaires de l'organisation, de l'aide aux centres nationaux de recherche sur les traditions orales ainsi que de la création du Centre régional de documentation pour la tradition orale (CRDTO) de Niamey, devenu plus tard Centre d'études linguistiques et historiques par tradition orale (CELHTO)[4] ». Abdouramane Touré conclut :

Le profond attachement d'Amadou Hampâté Bâ à la tradition est entretenu par son désir ardent d'en assurer la diffusion. Toujours préoccupé d'aider l'Afrique à préserver et à développer sa propre personnalité, Amadou Hampâté Bâ n'a ménagé aucun effort pour assurer la collecte et la diffusion des traditions orales africaines. Son abondante production littéraire, récompensée par plusieurs prix, ses initiatives au conseil exécutif de l'Unesco en faveur des langues et des cultures africaines, sa participation à plusieurs rencontres à caractère culturel, ses actions pour la diffusion de livres, revues et journaux en langues africaines, procèdent de cette volonté de préserver et de diffuser le patrimoine traditionnel africain. Pendant ses mandats au conseil exécutif de l'Unesco, Amadou Hampâté Bâ ne manquait aucune occasion d'aborder la question du sauvetage des traditions orales africaines. Sa parfaite connaissance de l'Afrique, son dévouement et sa

---

[1] MARIKO, Ntji Idriss, « Amadou Hampâté Bâ, Défense et illustration de la tradition », in TOURE, Amadou, MARIKO, Ntji Idriss (dir.). *Amadou Hampâté Bâ, homme de science et de sagesse.* Bamako : Nouvelles Editions Maliennes / Paris: Editions Karthala, 2005, 350 p.

[2] HAMPÂTE BÂ, Amadou. *La parole, mémoire vivante de l'Afrique*. Saint-Clément : Editions Fata Morgana, 2008, p. 29.

[3] KONARE, Adame Ba, Préface, in TOURE, Amadou. *Amadou Hampâté Bâ, homme de science et de sagesse.* Op. cit., p. 68.

[4] MARIKO, Ntji Idriss, « Amadou Hampâté Bâ, Défense et illustration de la tradition », in TOURE, Amadou, IDRISS MARIKO, Ntji (dir.). *Amadou Hampâté Bâ, homme de science et de sagesse.* . Op. cit..

persévérance lui ont permis de mobiliser la communauté internationale autour de projets vitaux concernant la tradition orale, les langues, l'histoire et la culture africaine[1].

Pour finir, l'intellectuel français qui marqua sans doute le plus le programme littéraire de l'Unesco à travers la prestigieuse collection « Connaissance de l'Orient », publiée par Gallimard dans le cadre de la Collection d'œuvres représentatives, est sans nul doute René Étiemble (1909-2002). Après des études à l'ENS, Étiemble passe l'agrégation de grammaire et se lance dans la préparation d'une thèse sur le taoïsme. Devenu en 1935-1936 secrétaire exécutif de l'Association internationale des Écrivains pour la défense de la culture, dont le siège est à Paris, il y fréquente, entre autres, Louis Aragon, André Chamson, André Malraux, et participe à l'organisation de la célébration des 70 ans de Romain Rolland[2], à laquelle assistent de nombreux écrivains, dont Jules Supervielle et Stefan Zweig.

Cependant, l'échec du Front populaire et la guerre d'Espagne le poussent à quitter la France ; il obtient un premier détachement à l'Université de Chicago en 1937, avant d'y obtenir un poste fixe. Durant la Seconde Guerre mondiale, il donne des cours à Chicago tout en poursuivant le projet de publier une revue pour « assurer, pendant ce que je veux croire un entracte, la continuité de notre civilisation écrite[3] ». Pour financer ce projet, Étiemble, sa femme Yassu Gauclère et Berveiller publient en 1941 une brochure intitulée *Notre paix.*

En 1943, Étiemble travaille à l'*Office of War Information* à New York, où il passe plusieurs mois « parmi les plus instructifs, les plus pleins aussi, [qu'il ait] vécu sur ce continent[4] » ; il y côtoie Lévi-Strauss, Breton et Denis de Rougemont. Engagé politiquement, il écrit à cette période plusieurs poèmes et une pièce de théâtre inspirés par la guerre et l'exil. Dès la défaite de Rommel, il est invité à fonder un département de français-latin-grec à l'Université Farouk 1er d'Alexandrie en Égypte, dont l'écrivain Taha Hussein est le recteur. Ce dernier (1889-1973) est l'un des écrivains et des intellectuels égyptiens les plus influents du XXe siècle, figure de proue de la « Renaissance arabe » et du mouvement moderniste dans le monde arabe, délégué de l'Égypte à l'IICI dans l'entre-deux-guerres. Administrateur, bâtisseur d'écoles et d'universités, traducteur, historien, linguiste, académicien, journaliste, chercheur, Taha Hussein marque un double intérêt pour les cultures arabe et occidentale.

Devenu recteur de l'Université d'Alexandrie pendant la guerre, Taha Hussein offre refuge à Étiemble, en l'invitant à fonder un département de français-latin-grec et en lui permettant de lancer la revue littéraire *Valeurs, cahiers trimestriels de critique et de littérature.* Cette revue s'intéresse à la poésie, la critique et la philosophie « avec une direction très précise : contre l'anarchie, l'irraison, les

---

[1] TOURE, Abdouramane. « Amadou Hampâté Bâ, gardien d'une tradition, ferment d'un humanisme intégral », in TOURE, Amadou, MARIKO, Ntji Idriss (dir.). *Amadou Hampâté Bâ, homme de science et de sagesse.* Op. cit., p. 219.

[2] *Jules Supervielle-Étiemble : correspondance 1936-1959.* SEDES, 1969, p. 165.

[3] Lettre d'Étiemble à Supervielle, 28 août 1940, in *Jules Supervielle-Étiemble : correspondance 1936-1959.* Op. cit., p. 53-54.

[4] Lettre d'Étiemble à Supervielle, 3 janv. 1944, in *Jules Supervielle-Étiemble : correspondance 1936-1959.* Op. cit., p. 119.

idoles ; pour l'intelligence, la technique, et ce qui nous reste de libertés spirituelles[1] ». Des écrivains de renom y collaborent : Supervielle, Grenier, Michaux, Sartre, Camus, Ponge, Dumézil, Tardieu.

A son retour en France en 1948, déçu de ne pouvoir continuer la diffusion de *Valeurs* faute de moyens financiers, Étiemble se lance dans le projet de publier des œuvres littéraires du monde entier, ce qu'il concrétise avec la série « Connaissance de l'Orient », publiée à partir de 1956 aux éditions Gallimard dans le cadre de la Collection d'œuvres représentatives de l'Unesco :

> *J'entrepris alors, en guise de revanche, d'ouvrir à la planète entière cette infinie presqu'île de l'Eurasie : mon pays, qu'après onze ans d'exil je retrouvais avec joie, avec foi, mais dont aux États-Unis, au Mexique, en Égypte, au Liban, j'avais pu découvrir les dimensions, le provincialisme. Pour le sauver, il fallait le préparer à son avenir probable. Il me fallait un éditeur : ce fut Gallimard. Un appui financier : dans les limites des fluctuations politiques, je l'obtins de l'Unesco, grâce à Jean Thomas, alors Directeur général adjoint de cette organisation. Celui qui m'avait donné Montaigne, le sujet de ma thèse, ouvert à la peinture, allait encore m'offrir la chance de publier, en une vingtaine d'années, une cinquantaine de chefs-d'œuvre ignorés ou méconnus chez nous : l'Inde ancienne et moderne, le Vietnam, la Chine, le Japon d'abord, puis le monde arabe, demain les Philippines sont ou seront représentées dans* Connaissance de l'Orient. *Et voici la Pléiade s'ouvrir à l'un des plus beaux livres des lettres universelles, au roman jadis préféré du président Mao :* Au bord de l'eau[2].

Moënis Taha-Hussein[3], fils du recteur de l'Université d'Alexandrie, côtoie Étiemble pendant des années au sein du Comité consultatif sur la traduction des classiques du CIPSH, et écrira de lui en 1979 :

> *Français certes, dans l'acception la plus noble comme la plus difficile du terme, mais aussi – oh ! combien ! – scandaleusement ouvert à toutes les cultures, à toutes leurs richesses épuisantes et à toutes leurs sidérantes diversités, Étiemble, dont le nom sonne solide et viril, est toujours le gênant précurseur. Il révéla à un monde occidental engourdi les trésors de la Chine ; il devina et supputa – je lui en ai gratitude profonde – l'immense potentiel de la civilisation arabe. Grâce à lui, grâce à son incessant effort depuis plus de trente ans, l'Unesco a pu aider à faire traduire en français et à publier dans cette prestigieuse Collection qu'il dirige, « Connaissance de l'Orient », les œuvres littéraires les plus marquantes, tant classiques que contemporaines, du Japon, de la Chine, de l'Inde et de bien d'autres pays de l'Asie et du Proche-Orient. Sait-on quoi que ce soit à Paris ou, du reste, ailleurs sur la terre, de la littérature philippine ni même qu'elle existât ? Étiemble nous révèle le génie de José Rizal. Il m'a permis d'enrichir, dans la « Collection Unesco d'œuvres représentatives », la série consacrée aux auteurs arabes contemporains [...] Amené à diriger la « Collection d'œuvres représentatives, j'eus, j'ai toujours le bonheur de collaborer avec Étiemble*[4].

---

[1] Lettre d'Étiemble à Supervielle, 28 déc. 1944, in *Jules Supervielle-Étiemble : correspondance 1936-1959.* Op. cit., p. 130-131.

[2] ÉTIEMBLE, René. « Étiemble : inédits – bilan (mars 1979) », in *Le mythe d'Étiemble.* Op. cit., p. 314.

[3] Moënis Taha-Hussein (1921-2001), fils du grand écrivain de langue arabe Taha Hussein, est lui-même poète et écrivain.

[4] TAHA-HUSSEIN, Moënis. « Étiemble, du maître à l'ami », in *Le mythe d'Étiemble.* Op. cit., p. 271-273.

L'Unesco rassemble ainsi autour de sa politique du livre un petit cercle d'intellectuels, d'écrivains et de professionnels du livre, qui non seulement mènent directement des missions d'expertise et de consultation pour elle, mais l'influencent aussi profondément dans la conception même et dans la mise en place de cette politique.

Ces personnalités font partie de cette catégorie que l'historien Christophe Charle nomme les « hommes doubles » :

> *...faiseurs d'opinion, fondateurs et organisateurs de sociétés intellectuelles, éditeurs (au sens anglo-saxons mais aussi français quand ceux-ci dirigent de petites maisons), directeurs de collection, directeurs littéraires, metteurs en scène de théâtre, producteurs de films, producteurs de télévision, membres de jurys, etc.*[1]

Ces personnalités mettent leurs ressources intellectuelles, leurs réseaux et leurs cercles d'influence au service de la politique du livre de l'Unesco, sachant que la variété de leurs profils culturels et socioprofessionnels contribue à assurer un certain équilibre au sein de cette politique, en termes tant géographiques que thématiques.

La stature intellectuelle de ces experts et consultants, le fait qu'ils ne soient pas salariés permanents de l'Unesco, leur laisse une marge de manœuvre et de liberté appréciable, leur permettant aussi sans doute de se faire, à l'occasion, les porte-paroles des fonctionnaires de l'Unesco, tenus, quant à eux, au devoir de réserve. L'étude des courriers échangés entre ces personnalités et les membres du secrétariat ne laissent planer aucun doute sur le respect, la franchise, la complicité, « l'esprit d'équipe », qui caractérisent leurs rapports. D'une certaine manière, ces « conseillers particuliers » du secrétariat pourraient être assimilés à des « ambassadeurs » officieux de la politique du livre de l'Unesco ; ils servent d'intermédiaires et de relais à l'organisation dans les milieux de professionnels du livre, mais aussi dans les milieux politiques, diplomatiques et culturels qui constituent leurs réseaux de sociabilité. Ils contribuent, en particulier, à l'expansion et à l'entretien des liens tissés entre le secrétariat de l'Unesco et ses différents partenaires, ces derniers constituant les indispensables rouages à une mise en œuvre efficace de la politique du livre souhaitée par l'organisation.

L'Unesco s'appuie, en effet, sur de nombreuses structures partenaires afin de mener ses activités. L'organisation crée notamment des comités consultatifs d'« experts » dans de nombreux domaines. Ces comités siègent régulièrement lors de réunions, séminaires et colloques, et n'ont pas de caractère représentatif – chacun des participants siégeant à titre personnel[2]. L'Unesco s'assure ainsi le concours de personnalités qui font autorité ou qui sont spécialistes dans un domaine déterminé, pour recueillir leur avis ou leur aide en vue d'élaborer les programmes de travail ; ces Comités fournissent leurs conclusions au directeur général, qui décide ensuite de l'utilisation à leur donner.

---

[1] CHARLE, Christophe. « Le temps des hommes doubles », in *Revue d'histoire moderne et contemporaine*, numéro spécial « Pour une histoire culturelle du contemporain » (dirigé par Pascal Ory) n°39-1, janvier-mars 1992, p. 73-74.

[2] PARAISO, Isdine. *Le régime juridique des experts et des consultants de l'Unesco.* Paris I : Thèse de droit public, 1993, p. 24.

Outre ces comités consultatifs *ad hoc*, l'Unesco s'appuie sur les organisations internationales existantes de professionnels de livre. Les ONG internationales, en effet, « parce qu'elles rassemblent à l'échelle du monde entier les spécialistes de plusieurs disciplines, apparaissent comme un vecteur essentiel de diffusion du savoir[1] ». L'Unesco noue une coopération régulière avec un grand nombre d'entre elles, encourage leur développement – parfois même leur création. Par l'intermédiaire des ONG, l'Unesco subventionne, par exemple, nombre de publications à faible rendement commercial[2].

Cette collaboration permet aussi à l'Unesco d'entretenir un contact régulier avec de nombreux intellectuels, car nombre d'entre eux « préfèrent participer à des ONG plutôt que collaborer directement avec l'Unesco lui-même. Un grand nombre de ces organisations sont situées à Paris, et comportent une importante participation française. En tant qu'organismes indépendants, les ONG servent aussi de pont entre l'Est et l'Ouest[3] ». L'organisation, l'importance et le pouvoir de ces organisations internationales privées sont très variables[4], même si elles ont en commun d'être nées dans leur majorité en Occident. L'Unesco les incite d'ailleurs à étendre leur action dans le Tiers monde, « afin d'y stimuler la formation professionnelle et d'y regrouper les bonnes volontés[5] ». Dans le domaine du livre, l'Unesco collabore de manière fructueuse avec 9 organisations principales : FIAB, FID, UIE, PEN Club, CISAC, FIT, Communauté internationale des associations de libraires (CIAL) et Société internationale pour le droit d'auteur.

A côté de ces importantes fédérations professionnelles, l'Unesco collabore, de manière plus épisodique, avec quelques organisations internationales, comme la Communauté internationale des associations de libraires, l'Union internationale des éditeurs et la Fédération internationale des associations d'études classiques. Cette dernière est fondée à Paris sous les auspices de l'Unesco en septembre 1948, en présence de Bosch-Gimpera et de Jean-Jacques Mayoux, et l'Unesco lui accorde une subvention de 1 000 $ la première année pour lancer ses activités.

Les États membres : délégations et commissions nationales

Les États membres de l'Unesco participent principalement à la vie de l'organisation par deux biais : les délégations et les commissions nationales. Les délégations permanentes sont des missions diplomatiques d'importance variable, accréditées par la plupart des pays auprès de l'organisation. Les ambassades étrangères à Paris comprennent aussi fréquemment des diplomates chargés des relations avec l'organisation ; la plupart des gouvernements ont donc des représentants au siège de l'organisation avec un accès rapide et facile, non

[1] BELLOC, Chloé. *Le CIPSH (1947-1955)*. Op. cit., p. 39.
[2] Voir Archives Unesco, dossier 7A 01 LCIOAL.
[3] PENDERGAST, William R. « La politique étrangère française et la création de l'Unesco ». Op. cit., p. 81.
[4] GERBET, Pierre. *Les organisations internationales*. Op. cit., p. 4.
[5] DELAVENAY, Émile. *Pour le livre*. Op. cit., p. 30.

seulement à l'exécutif et à ses associés immédiats, mais aussi au secrétariat[1]. Ces délégations permanentes sont en contact les unes avec les autres, en particulier lorsqu'elles proviennent d'une même région géographique, ce qui encourage le dialogue. Si elles peuvent jouer un rôle important, par exemple, en aidant par des interventions « diplomatiques » (officielles ou officieuses) le secrétariat à mettre en place des projets sur le terrain, leurs relations avec le secrétariat ne vont pas sans difficultés.

En effet, pour diriger l'Unesco, le DG a besoin du soutien et de la bonne volonté des représentants des gouvernements. Mais de leur côté, les États membres souhaitent peser sur la politique de l'organisation, notamment en matière de recrutement, et souhaitent non seulement que leurs ressortissants nationaux occupant des postes du secrétariat soient bien traités, mais aussi qu'ils occupent des postes haut placés leur permettant d'influencer l'organisation. Les relations entre le secrétariat et les délégations nationales s'apparentent donc à des négociations-marchandages permanents ; les fonctionnaires proposent des solutions que les États seuls ne peuvent offrir, mais ont recours aux délégations nationales afin d'aplanir les difficultés, de négocier le budget d'un projet ou le recrutement d'un expert, d'influencer les gouvernements dans le choix des projets.

Par ailleurs, l'Unesco met en place dès 1946, une stratégie pour associer les représentants du monde de la culture à son action, notamment en créant des « commissions nationales » (article VII de l'acte constitutif). Survivances de l'IICI, ces commissions constituent un trait spécifique de l'Unesco dans le système onusien. Conçues comme des organes chargés d'aider l'organisation à mettre en œuvre ses programmes[2] et d'établir une collaboration avec la communauté intellectuelle, ces commissions sont laissées à l'appréciation de chaque État membre et restent donc étroitement dépendantes de considérations politiques :

> *[Elles] fonctionnent un peu comme service sous-traitant et annexe de l'organisation, qui leur reconnaît un rôle consultatif. La création des Commissions nationales repose sur l'idée qu'une organisation culturelle internationale n'est viable et efficace que si elle s'appuie sur des organismes nationaux actifs, servant de traits d'union entre les gouvernements et les milieux intellectuels et scientifiques*[3].

Sans surprise, les commissions nationales des grandes puissances se montrent les plus actives et les plus étoffées ; la commission nationale française, par exemple, rassemble en 1946 d'éminentes personnalités, parmi lesquelles de nombreux membres de l'Institut de France tels Lucien Febvre, Frédéric Joliot-Curie, Henri-Irénée Marrou, Etienne Gilson, Gabriel Marcel, Mario Roques, André Siegfried, Jules Romains ou François Mauriac :

> *Si les relations [entre l'Institut de France et l'Unesco] ont été spontanées et nombreuses, elles n'ont jamais, en fait, pris la forme de rapports institutionnels, sinon à travers la*

---

[1] AAMIR, Ali. « The International Civil Service… ». Op. cit., p. 14.
[2] HAMDOUNI, Saïd. *Institutions internationales*, Editions Ellipses, 2007, p. 103.
[3] DOLLOT, Louis. *Les relations culturelles internationales*. Op. cit., p. 110-111.

représentation de l'Institut au sein de la Commission nationale pour l'Unesco. Les contributions que n'ont cessé d'apporter les membres [des] académies à l'organisation internationale furent multiples et variées, et parfois déterminantes [...] En participant aux différentes activités de l'Unesco, études, enquêtes, conférences, colloques, missions de consultants et publications, des dizaines et des dizaines de membres ont [...] assuré [...] le rayonnement d'une pensée dont le message universel se fait entendre depuis trois siècles[1].

Certains membres de commissions nationales – surtout lorsqu'ils cumulent cet engagement avec une participation à la Conférence générale et/ou un mandat au Conseil exécutif – se révèlent particulièrement influents. Pour le livre, deux exemples sont emblématiques : Hampâté Bâ (membre de la commission malienne) et Julien Cain (membre de la commission française). Lors d'une réunion avec la Division des bibliothèques en février 1952, Julien Cain se montre par exemple soucieux des faibles crédits accordés aux bibliothèques et considère que les activités dans ce domaine ne se développent pas aussi vite qu'elles le devraient[2]. Il fait alors pression auprès de sa commission nationale, qui incite le gouvernement français à demander une hausse du budget pour les bibliothèques lors de la Conférence générale suivante.

En 1956, le président de l'Association des bibliothécaires philippins, Severino Velasco, explique de son côté qu'en Asie, la plupart des commissions nationales ont des membres bibliothécaires de profession, qui contribuent à la création d'associations nationales professionnelles[3].

Les commissions nationales sont fréquemment sollicitées pour apporter aide et soutien aux experts et consultants envoyés sur le terrain par l'Unesco, en particulier pour fournir des informations fiables et utiles sur les conditions locales. Les professionnels du livre étant souvent peu au fait des situations locales, le rôle des commissions nationales se révèle parfois de première importance.

Lorsqu'il se rend en mission en Thaïlande en janvier 1961, c'est grâce à la commission nationale de ce pays qu'Arpad Bogsch rencontre Lady Dusdi, personne « très influente pour les projets de l'Unesco auprès du gouvernement thaï, à la fois en tant que leader des questions culturelles dans le pays – elle est auteur, traductrice, lectrice, éducatrice – et en tant qu'épouse du Ministre de l'Éducation[4] ». Lady Dusdi s'investit dans la participation de la Thaïlande au programme de textes de lecture et fait en sorte que la documentation envoyée au ministère thaï de l'Éducation soit mise à profit pour concrétiser le projet. En Iran, où Bogsch se rend début 1962, la commission nationale lui facilite aussi le travail en lui traduisant en anglais le texte du Décret-loi se rapportant aux droits d'auteur, afin qu'il puisse donner son point de vue et prodiguer ses conseils[5].

Enfin, le soutien logistique et financier direct des commissions nationales aux organisations professionnelles peut aussi servir les causes défendues par l'Unesco.

---

[1] BRUNSVICK, Yves. « Un demi-siècle de relations entre des membres de l'Institut et l'Unesco ». Op. cit., p. 497.

[2] Voir Archives Unesco, dossier 04 : 3 – 053.2 A 146.

[3] Lettre de Velasco à Carter, 15 août 1956. Archives Unesco, dossier 02A01(5) AFLA

[4] Lettre de Bogsch à Husain, 16 janvier 1962. Archives Unesco, dossier 347.78 A 571 (5-12) : 375 A 310 TA.

[5] Voir Archives Unesco, dossier 347.78 A 571 (5-12) : 375 A 310 TA.

La Fédération internationale des Traducteurs (FIT) souligne ainsi : « le rôle des commissions nationales pour l'Unesco n'a pas été négligeable dans le développement de la FIT. L'appui de la Commission nationale allemande en 1959 et celle de la commission yougoslave en 1963 ont notamment contribué au succès de [ses] deux derniers congrès[1] ».

[1] Document récapitulant les liens entre l'Unesco et la FIT, 1963. Archives Unesco, dossier 4 A 337/01 IFT « - 66 ».

CHAPITRE VII

Un fonctionnement collaboratif

DANS LE DOMAINE DES BIBLIOTHÈQUES

L'Unesco collabore avec plusieurs agences spécialisées des Nations Unies, par exemple, dans les premières années, avec le « Comité des Nations Unies pour la coordination des bibliothèques ». Ce dernier comprend un groupe de travail européen, qui met l'accent « sur la place importante des services de bibliothèque dans l'évolution et l'exécution des programmes d'assistance technique[1] ». Ses orientations ne sont pas sans influencer la politique mise en place par l'Unesco. Theodore Besterman (Section de la documentation, des bibliothèques et des statistiques) expose ainsi en avril 1948 :

> *Je pense qu'un plan des services de bibliothèques soigneusement élaboré conjointement par les Nations Unies et les agences spécialisées serait un outil précieux et un exemple de coopération internationale aux yeux du monde, et son efficacité serait grandement accrue à moindre coût*[2].

L'intérêt accordé par les Nations Unies au développement des bibliothèques dans le monde se confirme en août 1948 avec l'organisation à Lake Success (États-Unis) d'une réunion d'un Comité international d'experts bibliothécaires, dont l'objectif est « de refléter les opinions des bibliothécaires à travers le monde sur le programme et la politique des bibliothèques des Nations Unies, et de donner ses conseils sur les relations à établir entre les Nations Unies et les bibliothécaires du monde entier[3] ». Suite à cette réunion, un questionnaire est envoyé aux bibliothèques des agences spécialisées des Nations Unies.

Une seconde réunion est organisée à Genève en 1949, à laquelle Edward Carter participe avec mission de « faire tout son possible pour s'assurer qu'une coordination efficace et économique des activités dans le domaine des bibliothèques menées par les Nations Unies et ses agences spécialisées soit mise

---

[1] Document « Library Co-ordinating Committee of the UN Organizations », Division des bibliothèques. Archives Unesco, dossier 02 A 024 UNSA.

[2] Lettre de Besterman à Milam, 13 avril 1948. Archives Unesco, dossier 02 A 024 UNSA.

[3] Lettre de Tor Gjesdal (Département de l'information publique des Nations Unies) à Huxley, 10 juin 1948. Archives Unesco, dossier 02 A 024 UNSA.

en place[1] ». A la même époque, Carl H. Milam (*American Library Association*) précise que l'intérêt des Nations Unies porte avant tout « sur le rôle des bibliothèques dans la diffusion de l'information, dans le cadre de l'assistance technique aux pays sous-développés[2] ».

Pour tout ce qui se rapporte à la politique du livre, l'une des collaborations les plus fructueuses s'établit avec l'Organisation des États américains (OEA). Bien qu'ayant une vocation régionale, l'OEA est, en effet, rattachée au système onusien. « Résolument anticommuniste à sa conception », elle apparaît « historiquement dominée par le poids des États-Unis, particulièrement en matière de sécurité et de développement économique[3] ». Créée par la Charte de Bogota en 1948, l'OEA a comme objectif de promouvoir la coopération politique et économique, de « favoriser au moyen d'une action coopérative le développement culturel (des États américains) et d'adopter des "normes culturelles"[4] ». Un Conseil culturel interaméricain est formé, des accords régionaux signés et l'OEA rencontre un certain succès dans le domaine culturel.

Dans le domaine politique cependant, le maintien de bases militaires américaines dans plusieurs États latino-américains et l'arrivée d'un régime militaire en Argentine amènent, dans les années d'après-guerre, à un refroidissement des relations entre les États-Unis et les autres membres de l'OEA, aboutissant même à l'exclusion de Cuba en janvier 1962[5].

Dans le domaine culturel, l'OEA joue un rôle non négligeable dans la promotion du modèle américain de bibliothèque et dans la formation professionnelle des bibliothécaires du continent, pour lesquels un grand nombre de bourses d'études aux États-Unis sont accordées. Les liens entre l'OEA et la Division des bibliothèques de l'Unesco sont étroits et les relations excellentes[6] ; les courriers, à la fois personnels et professionnels, sont nombreux et chaleureux entre les fonctionnaires du secrétariat et Marietta Daniels Shepard.

Diplômée de l'Ecole de Bibliothécaires de l'Université de Columbia, Marietta Daniels Shepard (1913-1984) occupe différents postes : bibliothèque publique de Kansas City, Université de Washington, Ecole normale du Panama, Société économique des Amis du Pays à Cuba. En 1947, elle est assistante spéciale pour la première assemblée des bibliothécaires des Amériques avant de rejoindre le personnel de l'Union panaméricaine, pour laquelle elle développe un Programme de développement des bibliothèques de 1959 à 1978. Elle collabore étroitement avec l'Unesco sur plusieurs projets, dont la création de l'Ecole interaméricaine de bibliothécaires à Medellín (Colombie). Chef de l'Unité technique des bibliothèques et des archives de l'OEA, elle travaille concrètement

---

[1] Mémo du DG à Carter, 23 août 1949. Archives Unesco, dossier 02 A 024 UNSA.

[2] Lettre de Milam à Coblans, 17 août 1949. Archives Unesco, dossier 02 A 024 UNSA.

[3] DURAND, Pierre-Michel. « Organisation des États américains », in VAÏSSE, Maurice (dir.). *Dictionnaire des relations internationales de 1900 à nos jours*, Armand Colin, 2009, p. 281.

[4] DOLLOT, Louis. *Les relations culturelles internationales*. Op. cit., p. 119.

[5] DUROSELLE, Jean-Baptiste, KASPI, André. *Histoire des relations internationales de 1945 à nos jours (tome 2)*. Op. cit., p. 326.

[6] Mémo de Kirpal au DG, 10 mars 1955. Archives Unesco, dossier 02 (8) A 12/OAS

depuis la *Columbus Memorial Library*, qui dépend du Département américain des Affaires culturelles jusqu'en 1969.

L'Unesco considère que « la coopération de l'OEA est absolument nécessaire afin que [ses] programmes de développement des échanges de publications en Amérique latine puissent fonctionner[1] », même si Carter estime que « l'Unesco doit prendre soin de conserver une complète liberté d'action en Amérique latine [car elle] doit pouvoir intervenir à la demande d'un État membre dans toute activité du domaine des bibliothèques, de la bibliographie et de la documentation[2] ». En 1955, les réunions et courriers échangés évoquent des projets de Congrès mondial des bibliothèques nationales, de réunion sur les échanges de publications en Amérique latine et de réunion des bibliothécaires américains, ainsi que la collaboration relative au projet de bibliothèque pilote de Medellín[3]. L'OEA et l'Unesco œuvrent en commun pour créer une Fédération des associations de bibliothécaires américains, en s'inspirant de l'exemple de la FIAB. L'OEA réalise aussi pour l'Unesco une bibliographie des publications périodiques d'Amérique latine, publiée en 1957. Les comités de bibliographie des 2 organisations travaillent en concertation, comparant leurs programmes et leurs orientations afin d'améliorer l'efficacité des actions entreprises.

Pour l'OEA, Marietta Daniels Shepard développe, à la demande des États-Unis et avec les conseils de Penna, un programme de développement des bibliothèques pour l'Amérique latine entre 1959 et 1978[4]. Elle organise notamment un Séminaire sur l'acquisition de matériel de bibliothèques latino-américains pour les universités et bibliothèques de recherche, lance un *Books for the People Fund* ayant pour objectif de récolter des dons afin de distribuer des livres à des bibliothèques populaires, mène un séminaire au Porto Rico qui aboutit à la création de l'association des bibliothèques universitaires et de recherche des Caraïbes, et met au point le projet *LEER* consistant à diffuser aux États-Unis des livres en espagnol pour les enfants et les adultes récemment alphabétisés.

Dans toutes ces actions, l'influence des États-Unis se fait nettement sentir ; l'OEA publie, par exemple, en 1955, la première édition espagnole de la classification décimale Dewey, dont la sortie est célébrée à Washington en présence de représentants de la bibliothèque du Congrès, de l'USIA et d'associations de bibliothèques étatsuniennes[5]. L'OEA organise également, chaque année, une Foire du livre, durant laquelle l'immense majorité des publications présentées au public sont issues des États-Unis. A partir de 1969, le Département américain des Affaires culturelles prend directement en charge le Programme de développement des bibliothèques, puis étend ses activités aux bibliothèques scolaires et universitaires, avant de créer en 1973 une Division

---

[1] Mémo de Kirpal au DG, 10 mars 1955. Op. cit.

[2] Mémo de Carter à Penna, 25 avril 1956.Archives Unesco, dossier 02 (8) A 12/OAS

[3] Voir Archives Unesco, dossier 02 (8) A 12 / OAS

[4] SHATTUK BENSON, Susan. « *The Pioneers : Marietta Daniels Shepard (1913-1984)*», in *World Libraries*, vol. 3, n°1, 1992, sur le site http://www.worlib.org/ vol03no1/benson_v03n1.shtml

[5] Rapport « *Inter-american library relations, July-December 1955* », non daté, p. 1. Archives Unesco, dossier 02 (8) A 12 / OAS.

pour le développement des bibliothèques et des archives dirigée par Daniels Shepard. Par le biais de ce programme, l'OEA contribue à la création d'écoles de bibliothécaires sur le modèle étatsunien en Colombie, au Mexique, au Paraguay, au Brésil et à la Jamaïque.

Marietta Daniels Shepard s'investit aussi beaucoup dans le projet de l'Unesco d'Ecole interaméricaine de bibliothécaires à Medellín, et demeure plusieurs années présidente du Conseil exécutif international de l'établissement ; à ce titre, elle est une personne pivot du projet, faisant le lien entre l'Ecole, l'Université d'Antoquia (partenaire du projet), l'Unesco, la fondation Rockefeller et l'OEA. Elle obtient aussi la mise en place d'un système d'échanges entre étudiants de différentes écoles de bibliothéconomie latino-américaines, ainsi que la création de bourses d'étude complémentaires aux États-Unis afin que les étudiants diplômés de l'Ecole de Medellín puissent parfaire leur formation. L'Unesco collabore enfin avec l'OEA dans le cadre d'activités telles que les séminaires et stages organisés en Amérique latine dans les années 1950[1].

En outre, l'Unesco collabore régulièrement avec un « Comité consultatif international de bibliographie » (présidé par Julien Cain) et un « Comité consultatif international pour la documentation et la terminologie dans les sciences pures et appliquées » (présidé par Cummings), deux entités qu'elle parvient à réunir en mai 1959 au sein d'une même structure « non seulement pour des raisons d'économie mais pour établir une meilleure coordination entre les diverses activités bibliographiques[2] ». Composé de 12 membres, le nouveau « Comité consultatif international de bibliographie, de documentation et de terminologie » tient sa 1ère session en 1961[3], en présence de nombreux observateurs – envoyés par la FIAB, la FID, la FIT, le CIPSH, l'OMS, le CIA, la FAO, l'AIEA, l'UAI, l'Organisation internationale de normalisation et le Conseil international pour la documentation des sciences sociales.

Le Comité se réunit tous les 2 ans afin de réfléchir à l'amélioration de la coordination internationale dans le domaine du catalogage et à l'amélioration des services nationaux de bibliographie, de réaliser des dictionnaires plurilingues, d'examiner avant publication le *Bulletin bibliographique, documentation et terminologie* et de faire des suggestions à l'Unesco dans ses domaines de compétence.

En 1967, l'Unesco se dote enfin d'un Comité consultatif international de la documentation, des bibliothèques et des archives. La création tardive de ce Comité répond aux évolutions de la politique du livre de l'Unesco à partir de 1964, et à la réorganisation interne qui s'ensuit en 1967, la « Division de la libre circulation de l'information et des échanges internationaux » devenant « Division de la libre circulation de l'information et de la promotion du livre »,

---

[1] Voir Archives Unesco, dossier 02 A 855 (5) 06 (520) « 57 »

[2] « Réunion commune du bureau du Comité consultatif international de bibliographie et des représentants du Comité consultatif international pour la documentation et la terminologie dans les sciences pures et appliquées », in *Bulletin des bibliothèques françaises*, 1959, n°5, p. 257.

[3] « Comité consultatif international de bibliographie, de documentation et de terminologie », in *Bulletin des bibliothèques françaises*, 1961, n°12, p. 581.

tandis que la « Division des bibliothèques » se transforme en « Division des bibliothèques, archives et documentation ».

Par ailleurs, l'Unesco collabore avec des organisations professionnelles telles que la FIAB, qui manifeste dès les premières années un vif intérêt pour les activités de l'organisation, comme le constate Edward Carter lors d'une réunion à Bâle en 1949[1] ; le secrétaire de la FIAB, Sevensma, juge d'ailleurs qu'une « étroite collaboration entre notre fédération et l'Unesco est très prometteuse pour le futur[2] ». La FIAB dispose d'un répertoire régulièrement mis à jour, rassemble des renseignements sur plus de 85 associations de bibliothécaires dans le monde et publie des « Communications » trimestrielles[3].

Les collaborations entre la FIAB et l'Unesco sont nombreuses. En 1949-1950, l'Unesco accorde à la FIAB une subvention de 6 700 $ pour organiser un congrès mondial de bibliothéconomie et de documentation aux États-Unis[4]. En vue de cette manifestation, la bibliothèque du Congrès prépare un document exposant les questions qui se posent aux services internationaux de bibliothèques et de bibliographies. Cependant, vu les divergences entre bibliothécaires et documentalistes, les problèmes financiers et les questions d'organisation côté américain, ce congrès finit par être repoussé.

La FIAB reçoit chaque année une subvention comprise entre 5 000 et 10 000 $ pour différents projets, publications, colloques. Elle prépare, par exemple des listes annotées de livres pour enfants en 1963[5] et une liste d'« anonymes classiques » marquants dans les principales littératures du monde, éditée en 1964[6].

La FIAB est dominée par les Anglo-saxons et l'usage de la langue anglaise devient prépondérant après le départ de Pierre Bourgeois, dernier francophone à présider la fédération dans les années 1950 ; en 1955, la FIAB a pour président Sir Frank Francis et pour secrétaire permanent Anthony Thompson, tous deux britanniques[7]. Grâce au soutien financier de l'Unesco, la FIAB se constitue un secrétariat permanent et élargit son rayon d'activité ; elle fonde en 1962 une section régionale pour l'Amérique latine, avant de se tourner vers l'Afrique et l'Asie.

De son côté, la FID dispose d'un budget plus modeste, ce qui s'explique, entre autres, par le fait que plusieurs de ses membres importants (États-Unis, Royaume-Uni, France) paient une cotisation similaire à celle des petits pays – situation qui suscite de nombreux mécontentements[8]. La FID mène quelques projets pour l'Unesco, comme l'élaboration d'un lexique multilingue de vocabulaire technique du bibliothécaire. En septembre 1951, le Danois Arno Møller (ancien fonctionnaire de la Division des bibliothèques, section

[1] Voir Archives Unesco, dossier 002 + 02 + 930.25 AOI/8

[2] Lettre de Sevensma à Carter, 12 sept. 1949. Archives Unesco, dossier 011 02 A 06 (73) « 50 ».

[3] Mémo de Dard au DG, 20 oct. 1955. Archives Unesco, dossier 7A 01 LCIOAL.

[4] Voir Archives Unesco, dossier 002 + 02 + 930.25 AOI/8.

[5] Voir Archives Unesco, dossier 04 A 01 IBBY.

[6] Voir Archives Unesco, dossier 02 A 01 IFLA/328.

[7] Mémo de Dard au DG, 20 octobre 1955. Archives Unesco, dossier 7A 01 LCIOAL

[8] Voir Archives Unesco, dossier 002 + 02 + 930.25 AOI/8.

bibliographie) en est élu président ; la FID gagne en importance dans les années 1950, comme le souligne Carter en 1956 :

La réunion de la FID à Stuttgart a été particulièrement intéressante, car sous la dynamique présidence du Dr Alexander King, des progrès considérables ont été accomplis et King lui-même fait de gros efforts pour élargir le nombre de membres et la coopération active de pays qui n'ont jusqu'alors pas joué un grand rôle au sein de la FID[1].

Les organisations dans le domaine des bibliothèques, de la documentation et des archives (FIAB, FID, CIA) apparaissent à l'Unesco comme des interlocutrices privilégiées. De l'avis de Carter, renforcer ces organisations et passer par elles permettra à l'Unesco d'asseoir la légitimité de ses actions et des subventions qu'elle accorde[2]. L'Unesco souhaite aussi les inciter à mieux coopérer entre elles, en particulier la FIAB et la FID, sur le modèle de l'entente qui existe entre les 2 structures britanniques que sont l'ASLIB et la *Library Association*. Plusieurs personnalités considèrent que le moment est venu d'étendre cet esprit d'« amicale coopération entre les documentalistes et les bibliothécaires professionnels à l'échelle internationale[3] ».

Edward Carter apparaît fort enthousiaste à l'idée de faire coopérer bibliothécaires et documentalistes, loin des « vieux malentendus et de la méfiance[4] » qui ont jusqu'alors prévalus. Il considère que les domaines de compétence des 2 fédérations se chevauchent souvent et estime que des projets de l'Unesco doivent être entrepris conjointement. De sa propre initiative, Carter entreprend un véritable travail de lobbying et envoie des courriers confidentiels aux personnalités influentes de la FIAB et de la FID.

Le Néerlandais Donker Duyvis semble peu enclin à un tel rapprochement, alléguant que la FIAB et la FID fonctionnent de manière très différente, cette dernière ayant un mode d'action décentralisé et reposant essentiellement sur les actions menées par les structures adhérentes nationales. Dans ce contexte, le secrétariat international de la FID ne revêt que peu d'importance et n'a pas besoin d'un budget particulier ; par ailleurs, Duyvis précise que des actions sont déjà menées conjointement par la FIAB et la FID (au niveau de la formation professionnelle par exemple). Enfin, le siège de la FIAB est à Genève et celui de la FID à La Haye, ce qui rend un rapprochement compliqué.

Passant outre ces considérations, Edward Carter certifie à Jean Thomas que Le Maistre et Julien Cain sont d'accord pour un rapprochement des deux fédérations et planifie, en juillet 1949, une réunion commune à Bâle. L'Unesco prend en charge quelques frais de déplacements, conviant Luther Evans (futur président de l'*American Documentation Institute*[5]) en tant qu'observateur.

Lors de cette réunion doit être étudié le programme pour 1950, ainsi que la possibilité d'établir un conseil permanent représentant l'ensemble des

---

[1] Lettre de Carter à Varjas, 12 oct. 1956. Archives Unesco, dossier 02 (439.1) A 12.
[2] Voir Archives Unesco, dossier 002 + 02 + 930.25 AOI/8.
[3] Compte-rendu de réunion entre Carter et C. Le Maistre (président de la FID), 16 décembre 1947. Archives Unesco, dossier 002 + 02 + 930.25 AOI/8.
[4] Lettre de Carter à Le Maistre, 22 déc. 1947. Archives Unesco, dossier 002 + 02 + 930.25 AOI/8.
[5] Voir Archives Unesco, dossier 002 + 02 + 930.25 AOI/8.

organismes internationaux qui s'intéressent aux activités de bibliothèque et de documentation. L'objectif de l'Unesco est de s'assurer que, sur les sujets qui lui tiennent à cœur (services bibliographiques, classification, reproduction de documents, formation du personnel), la FIAB et la FID coordonnent leurs efforts à travers des projets communs.

Sevensma montre toutefois une certaine surprise en découvrant l'ordre du jour proposé par Carter à Bâle, en particulier la question de la création d'un conseil international – organisme qui lui semble inutile. Selon Carter, une « longue et parfois difficile discussion[1] » aboutit tout de même à mieux coordonner les projets pour 1950, la FID acceptant de renoncer à l'organisation d'un colloque pour participer à la grande manifestation mondiale prévue par la FIAB. Malgré certaines réticences de part et d'autre, Carter estime que la réunion a donné des résultats excellents et qu'elle constitue une « véritable réussite de l'initiative prise par l'Unesco[2] ».

Pourtant, malgré le soutien de Luther Evans, Carter ne parvient pas à convaincre les participants de créer un conseil international, chacune des organisations craignant de perdre son autonomie ; mais Carter insiste sur la bonne volonté et l'attitude coopérative manifestées par des participants connus pour leur position conservatrice. Sevensma lui-même finit par remercier Carter d'avoir provoqué cette réunion, qui représente « un pas prudent et pratique[3] » vers une meilleure collaboration.

D'autres rencontres (incluant le Conseil international des archives ou ICA) sont organisées en décembre 1949 et en septembre 1951. En parallèle, Carter continue à promouvoir l'idée d'un comité consultatif regroupant FIAB, FID et ICA, qui permettrait de leur donner « plus de moyens d'action et plus d'efficacité[4] ». Mais le rapprochement entre les structures reste si difficile que Carter s'avoue découragé, regrettant fin 1951 « les tactiques obstructionnistes de la FIAB plus encore que l'inefficacité de la FID[5] ». Certaines personnes assimilent la mise en place d'un tel comité de liaison à un « corporatisme obligatoire » voulu par l'Unesco[6].

Carter bénéficie cependant de soutiens, en particulier de la part de Luther Evans et de Ranganathan, et la FID envoie en août 1951 un projet de création d'un comité de coordination. Lors d'une réunion conjointe FIAB-FID à Rome en septembre 1951, toute idée de comité joint est toutefois rejetée, même s'il est décidé que les congrès des 2 organisations seront organisés à Copenhague au même moment en 1952. Le premier Congrès international commun des bibliothèques et des centres documentaires – auquel participent près de 1 200 bibliothécaires et documentalistes – aura lieu à Bruxelles en septembre 1955 avec le soutien de l'Unesco.

---

[1] Lettre de Duyvis à Carter, 8 juillet 1949. Archives Unesco, dossier 002 + 02 + 930.25 AOI/8.

[2] Rapport de mission de Carter au DG, 18 juillet 1949, p. 2. Archives Unesco, dossier 002 + 02 + 930.25 AOI/8.

[3] Lettre de Sevensma à Carter, 10 août 1949. Archives Unesco, dossier 002 + 02 + 930.25 AOI/8.

[4] Lettre de Ravage à Lorphèvre, 27 juin 1951. Archives Unesco, dossier 002 + 02 + 930.25 AOI/8.

[5] Lettre confidentielle de Carter à Bryant, 16 nov. 1951. Archives Unesco, dossier 002 + 02 + 930.25 AOI/8.

[6] Voir Archives Unesco, dossier 002 + 02 + 930.25 AOI/8

Dans les années 1950, l'Unesco suit aussi avec intérêt la création de l'*Asian Federation of Library Associations* (AFLA). Durant un séminaire organisé à Delhi en 1955, les délégués discutent de la possibilité d'un regroupement au sein d'une fédération pour renforcer leurs efforts[1]. Un comité de travail se forme, avec comme président le Philippin Severino Velasco et comme secrétaire l'Indien Des Raj Kalia ; il dépose à l'Unesco, en novembre 1955, une demande de subvention pour créer une bibliothèque professionnelle pour l'AFLA. En 1956, les efforts de Velasco portent sur l'encouragement aux États asiatiques à créer des associations nationales de bibliothécaires, afin d'améliorer les échanges d'expériences et la coordination entre professionnels.

Petersen s'informe régulièrement des efforts menés en vue de créer cette fédération, et le projet de réunion constitutive à Tokyo en 1957 fait l'objet de demandes de subventions auprès de l'Unesco et de l'*Asia Foundation*. La Division des bibliothèques fait toutefois preuve de la plus grande prudence à l'égard du projet, sachant que Velasco et Kalia agissent spontanément et non comme représentants officiels de leurs associations nationales de bibliothécaires respectives…

Carter considère aussi que la région couverte par l'AFLA est trop vaste, qu'une telle fédération – « expression de l'esprit pan-asiatique montré à Bandung » – manquera d'unité et d'un programme commun et que la pauvreté des pays asiatiques empêchera l'AFLA de réellement fonctionner, surtout tant que les associations nationales de bibliothécaires en Asie n'auront pas atteint un stade de développement plus avancé[2].

La FIAB – à laquelle 6 associations asiatiques seulement adhèrent à l'époque – montre une réserve identique, même si son président Pierre Bourgeois pense qu'à terme, la FIAB « améliorerait grandement les possibilités d'extension de son action en Asie en passant par l'intermédiaire d'une telle fédération[3] ». La FIAB se montre récalcitrante à coopérer à la création de l'AFLA, et ne répond pas aux courriers et aux demandes de renseignements ; par contre, elle crée en 1957, au sein de son propre Bureau, un poste de vice-président, réservé à l'Asie.

Voyant les bibliothécaires asiatiques bien décidés à créer leur structure régionale, Carter incite cependant la FIAB à envoyer un représentant à la réunion constitutive de l'AFLA (novembre 1957), et pousse cette dernière à adopter des statuts inspirés de ceux de la FIAB. L'Unesco envoie par ailleurs des exemplaires de l'ouvrage *Public Libraries for Asia ; The Delhi Seminar* aux bibliothécaires sollicités pour se joindre à l'AFLA, ainsi qu'une lettre circulaire aux États membres pour les informer de la réunion constitutive ; l'organisation passe également une annonce dans le *Bulletin à l'attention des bibliothèques* (octobre 1957).

La réunion constitutive de l'AFLA rassemble des participants de 12 pays : Ceylan, Chine, Corée, Hong Kong, Inde, Indonésie, Japon, Malaisie, Pakistan, Philippines, Thaïlande, Vietnam. Elle élit un Bureau composé du Japonais

[1] Voir Archives Unesco, dossier 02 A 01 (5) AFLA.

[2] Lettre de Carter à Bourgeois, 16 juillet 1956. Archives Unesco, dossier 02 A 01 (5) AFLA.

[3] Lettre de Bourgeois à Carter, 23 juillet 1956. Archives Unesco, dossier 02A01(5) AFLA

Tokujiro Kanamori (président), du Japonais Tokshi Ariyama (secrétaire général), du Philippin Gabriel A. Barnardo, du Pakistanais Mohammed Saddiq Khan et de l'Indien Des Raj Kalia (vice-présidents). A cette époque, Kalia travaille pour l'Unesco au Centre pour l'éducation fondamentale dans les États arabes, mais il est autorisé par l'organisation à accepter la vice-présidence de l'AFLA.

La bibliothèque nationale de la Diète (Japon) apporte son soutien à la nouvelle fédération, et l'Association japonaise de bibliothécaires lui accorde une aide financière pour ses activités. L'AFLA demande aussi à devenir une ONG avec statut consultatif à l'Unesco, mais la Division des relations avec les organisations internationales, rappelant que les ONG consultatives doivent être de portée mondiale, propose que l'AFLA adhère plutôt à la FIAB et que ses relations avec l'Unesco demeurent informelles. L'Unesco suit donc à distance les activités de l'AFLA à compter de 1958.

Toujours dans le domaine des bibliothèques, l'Unesco noue des partenariats étroits avec plusieurs structures nationales issues des grandes puissances occidentales – qui sont aussi les principaux pays producteurs et exportateurs de livres. En ce qui concerne le Royaume-Uni, l'organisation travaille régulièrement (pour des publications, des manifestations, etc.) avec la *British Library Association*[1] et avec l'*Association of Special Libraries & Information Bureaux* (ASLIB), considérée comme une structure « importante et utile[2] » par Carter, et qui invite chaque année l'Unesco à participer aux conférences qu'elle organise. Denis Ravage (Division des bibliothèques) prononce par exemple une conférence lors du Congrès annuel de l'ASLIB en 1951, et le DG considère en 1953 que « l'ASLIB est l'un des meilleurs amis et supporters de l'Unesco », avec qui les projets de coopération active ne manqueront pas dans le futur[3]. Dans les années 1950, J.E. Holmstrom (Département des sciences naturelles) participe souvent aux manifestations de l'ASLIB pour l'Unesco[4].

De manière plus large, l'Unesco est en liaison étroite avec le *British Council* et le *Colonial Office* en ce qui concerne leur activité de développement des bibliothèques, en particulier en Afrique anglophone. Ainsi, lorsque la Division des bibliothèques appuie en 1966 la demande du Nigeria pour la construction d'une bibliothèque scolaire à Lagos, le projet est financièrement soutenu par le *British Council* et le Programme Colonial de Développement de Bibliothèques (PCDB)[5]. L'Unesco puise également l'inspiration de son programme dans les réalisations antérieures des Britanniques. La bibliothèque régionale des Indes occidentales, lancée dans les années 1940 par la fondation Carnegie puis développée par le *British Council* à Trinidad-et-Tobago, devient un modèle pour l'Unesco. Le bibliothécaire britannique Edward Sydney expose ce projet lors d'un séminaire sur les bibliothèques, organisé par l'Unesco et la FIAB en 1948,

[1] Voir Archives Unesco, dossier 002 + 02 + 930.25 AOI/8

[2] Lettre de Carter à Enthoven, 16 sept. 1947. Archives Unesco, dossier 04 (41-4) A 031 BNBC.

[3] Lettre du DG à Wilson, 30 juillet 1953. Archives Unesco, dossier 02 (41-4) A 01.

[4] Voir Archives Unesco, dossier 02 (41-4) A 01.

[5] « Les bibliothèques en Afrique subsaharienne » sur http://littexpress.over-blog.net.

un rapport complet sur ce projet est envoyé par le *British Council* à la Division des bibliothèques en 1951[1], et l'Unesco publie un article de David K. Easton présentant cette bibliothèque dans le *Courrier de l'Unesco*[2]. Le réseau de bibliothèques développé au Ghana par Evelyn Evans pour le *British Council* sert pareillement de source d'inspiration[3].

Si les États-Unis montrent un vif intérêt pour la promotion et la diffusion de leur littérature à travers le monde, cette stratégie est souvent portée à l'Unesco par la délégation américaine et la commission nationale américaine. L'Unesco entretient toutefois des liens directs avec la Bibliothèque du Congrès pour les activités bibliothéconomiques et pour le droit d'auteur. Sous la direction de Luther Evans, la bibliothèque du Congrès est chargée par la Division des bibliothèques de mener en 1949-1950 une enquête sur les services bibliographiques dans le monde ; plusieurs fonctionnaires du secrétariat profitent de leurs déplacements professionnels ou privés pour organiser des réunions à Washington autour de ce projet, comme Harry Campbell (chef de la Section bibliographie) en décembre 1949[4]. Des membres de la bibliothèque du Congrès sont régulièrement invités aux manifestations organisées par l'Unesco, y compris à l'occasion de réunions régionales qui ne concernent pas l'Amérique du Nord ; la Division des bibliothèques tient beaucoup, par exemple, à inviter Lewis Coffin à une Conférence sur les échanges de publications en Europe (Budapest, 1960)[5].

Enfin, l'unique institution française qui tient une place importante à l'Unesco dans le domaine du livre – outre l'ENS et l'Institut de France, dont les répercussions ne sont cependant pas directes sur la politique du livre – est la Bibliothèque nationale de France. Son administrateur général, Julien Cain, est décrit par Edward Carter comme « probablement le bibliothécaire européen le plus important, très proche des affaires de l'Unesco[6] ». En mai 1946, pendant la Commission préparatoire du Comité exécutif de l'Unesco à Londres, Carter et Cain visitent ensemble le Centre interallié du livre, Carter rapportant que Cain « était très intéressé par tout ce qu'il a vu et il a approuvé qu'on fasse tous les efforts possibles pour continuer à faire fonctionner le Centre[7] ».

Membre de l'Institut de France et du PEN Club, président de l'Association pour le développement de la lecture publique[8], Julien Cain est « amené à préciser le programme [de la Division des bibliothèques de l'Unesco] en sa qualité de président du Comité des Bibliothèques et des Musées qui s'est constitué à l'intérieur de la Commission nationale française de l'Unesco[9] ». La BNF

[1] Lettre de Hockey à Petersen, 4 avril 1951.Archives Unesco, dossier 02 (729) A 12

[2] Lettre d'Easton à Campbell, 30 août 1951. Archives Unesco, dossier 02 (729) A 12.

[3] STURGES, Paul. « The poverty of librianship : national library services of Anglophone Africa in the post-independence era », in *Libri*, 2001, n° 51, p. 41.

[4] Voir Archives Unesco, dossier 002 + 02 + 930.25 AOI/8.

[5] Voir Archives Unesco, dossier 02 A 855 (4) 06 (439.1) « 60 »

[6] Lettre de Carter à Headicar, 7 mai 1946. Archives Unesco, dossier 04(41-4)A031 BNBC.

[7] Ibid.

[8] SUREL, Yves. *L'État et le livre.* Op. cit., p. 161.

[9] CAIN, Julien. *La BN pendant les années 1945 à 1951.* Op. cit., p. 269.

collabore à nombre de projets de l'Unesco[1] : publication d'un *Répertoire des Bibliothèques de France*, mise à jour annuelle de la *Bibliographie de France* (qui sert à l'*Index Translationum*), gestion des « bons de livres » pour les bibliothèques françaises, préparation d'une exposition internationale de livres pour enfants en 1952...

L'Unesco travaille avec plusieurs professionnels de la bibliothèque tel Paul Poindron, qui participe activement à un projet d'exposition en 1952, ou Suzanne Honoré, qui fournit un document de travail pour la Conférence sur les échanges de publications en Europe (Budapest, 1960)[2]. Julien Cain se montre cependant très sourcilleux du protocole et reproche à l'Unesco de s'adresser directement à ses subordonnées, réclamant en avril 1960 que toute correspondance de l'Unesco avec la BNF passe d'abord par lui..

Enfin, dans le cadre de l'aide à la création et au développement des bibliothèques, l'Unesco fournit des bibliobus à de nombreux pays du Tiers monde. Si, lors de ses premières commandes, l'organisation demande différents devis, des partenariats réguliers se mettent progressivement en place, en particulier avec des constructeurs automobiles anglais et français. En avril 1963, par exemple, l'Unesco signe avec le Chili une convention concernant le don d'un bibliobus[3], mais décide de ne pas passer par son habituel fournisseur anglais (la livraison en Amérique latine étant trop chère). Elle demande différents devis, notamment à Volkswagen et Renault. Après plusieurs mois, c'est finalement Renault qui remporte le marché début 1964 pour un montant de 7 160 $. L'entreprise met près d'un an à achever le bibliobus, puis plusieurs mois pour l'acheminer au Chili, où il est inauguré en mai 1965.

DANS LE DOMAINE DES LETTRES, DE LA TRADUCTION, DE LA PHILOSOPHIE

Le Conseil économique et social des Nations Unies (ECOSOC) joue un rôle important dans le fonctionnement et l'orientation du programme de l'Unesco pour la promotion du livre. En juin 1948, l'ECOSOC examine un rapport sur le plan mondial de traduction des classiques de l'Unesco et lui fait de nombreuses recommandations, avant de souscrire à la mise en œuvre du projet.

Dans une résolution du 4 août 1967, l'ECOSOC demande par la suite à l'Unesco de réaliser un rapport « sur le recours aux techniques nouvelles de communication pour permettre les progrès rapides de l'éducation, notamment dans le domaine du développement du livre ». Suite à cette demande, un rapport est mis au point par le secrétariat de l'Unesco en 1970[4]. L'année suivante, l'ECOSOC adopte une nouvelle résolution qui appuie l'action de l'Unesco en faveur du livre dans le cadre de la stratégie internationale du développement et

---

[1] Voir Archives de l'Unesco, dossier 04 : 3 – 053.2 A 146.

[2] Voir Archives Unesco, dossier 02 A 855 (4) 06 (439.1) « 60 »

[3] Voir Archives Unesco, dossier 02 (83) AMS « 63/64 ».

[4] « La promotion du livre au service de l'éducation. Rapport du Secrétariat de l'Unesco », 1970. Archives Unesco, dossier 04 A 066 72 AIL.

recommande aux États membres diverses mesures, dont la participation à l'Année internationale du livre (AIL) en 1972.

L'ECOSOC demande par ailleurs à l'Unesco de préparer un 3ème rapport sur la façon dont les résultats de l'AIL peuvent contribuer à la réalisation des objectifs de la Deuxième Décennie des Nations Unies pour le développement[1]. Présenté en 1974, ce rapport (document E/5468) définit les objectifs et les grandes lignes d'une stratégie mondiale de développement du livre ; l'ECOSOC invite les États membres et les organisations internationales compétentes à apporter leur soutien au programme de l'Unesco pour la promotion du livre (Résolution 1887/LVII)[2].

Par ailleurs, l'un des premiers Comités créés – qui est aussi l'un des plus prestigieux et des plus connus – est le Conseil international de la Philosophie et des Sciences Humaines (CIPSH). Par son biais, l'Unesco noue des relations solides et régulières avec des intellectuels et écrivains. C'est en septembre 1947 que Julian Huxley demande à un groupe de savants et d'intellectuels, venus de divers pays et de disciplines variées, ce que l'Unesco pourrait faire d'utile dans leur domaine. Cette réflexion aboutit à la mise sur pied « d'un conseil international, au sein duquel se grouperaient les diverses fédérations internationales spécialisées dans chaque discipline, appartenant à la philosophie et aux sciences humaines[3] ». Lors de sa 2ème session, la Conférence générale adopte ce projet avec enthousiasme.

En septembre 1948, 5 organisations internationales se réunissent à l'Unesco : l'Union Académique Internationale, le Comité International Permanent des Linguistes, le Comité International des Sciences Historiques, la Commission Internationale des Arts et Traditions Populaires et la Fédération Internationale des Sociétés de Philosophie. Officiellement créé en janvier 1949, le CIPSH a son siège à Bruxelles, mais son secrétariat est installé à Paris à l'Unesco. L'ONG est créée dans une perspective interdisciplinaire et internationale, mais cela « n'empêche pas des interférences avec le paysage intellectuel français[4] ». En effet, « alors qu'au cours de l'entre-deux-guerres, l'intelligentsia française est dominée par les écrivains [...], les décennies qui suivent la Seconde Guerre mondiale connaissent l'influence dirigeante des philosophes et des praticiens des sciences humaines[5] ». La création du CIPSH (auquel collaborent toutefois des écrivains comme Caillois ou d'Ormesson) s'inscrit dans cette redéfinition de la place des sciences humaines au lendemain de la guerre, et l'idéal qui la sous-tend est celui de la « société des esprits » :

> *Par cette formule, Paul Valéry résume en réalité la devise de la république des lettres et des sciences qui regroupe non des États mais des consciences. Le CIPSH, en s'inscrivant*

---

[1] Rapport sur la réunion du comité d'experts pour le développement et la promotion du livre (28-30 mai 1973), 16 juillet 1973. Archives Unesco, document officiel COM-73/CONF.606/4.

[2] Rapport du DG sur l'activité de l'organisation en 1974, p. 188.

[3] Rapport sur la réunion constitutive du Conseil International de Philosophie et de Sciences Humaines, Bruxelles, 18-21 janvier 1949.

[4] BELLOC, Chloé. *Le CIPSH (1947-1955).* Op. cit., p. 4.

[5] WINOCK, Michel. Esprit *: des intellectuels dans la cité. 1930-1950.* Paris : Seuil, 1975, p. 13.

officiellement dans l'héritage de l'IICI, révèle par là même sa filiation avec l'esprit de la république des lettres[1].

Dans l'après-guerre, la communauté intellectuelle apparaît profondément divisée et menacée de scission entre pro et anti-communistes, et cette division renvoie « à l'organisation même de la communauté scientifique, qui se caractérise par une fragmentation du savoir. Au fond, pour les intellectuels rassemblés au sein du CIPSH, la capacité à résister aux pulsions destructrices de l'humanité dépend d'une meilleure compréhension de toutes les dimensions de l'Homme[2] ».

Le CIPSH regroupe des intellectuels comme l'ethnologue Paul Rivet autour d'un noyau fondateur constitué de Jacques Rueff, l'historien et docteur en lettres Robert Fawtier et le professeur de linguistique norvégien Alf Sommerfelt ; ce dernier préside le Comité Exécutif de la CMAE à Londres en 1944 puis la Commission préparatoire de l'Unesco, avant de devenir membre du Conseil Exécutif de 1946 à 1952. Roger Caillois participe aussi au CIPSH en parallèle de son poste à l'Unesco.

Caillois fait notamment partager son concept de « sciences diagonales » à Jean d'Ormesson, qu'il rencontre à l'Unesco au siège du CIPSH par l'intermédiaire de Jacques Rueff[3]. Issu d'une grande famille de l'aristocratie française, Jean d'Ormesson est quant à lui licencié en lettres et histoire, agrégé de philosophie et membre de la délégation française à plusieurs conférences internationales, notamment à l'Assemblée générale des Nations Unies en 1948. Il devient secrétaire général du CIPSH en 1950.

Avec le soutien de Jean Thomas, Caillois propose en février 1952, à l'Assemblée du CIPSH, 4 principes fondateurs pour la création d'une nouvelle revue transdisciplinaire : défendre les sciences diagonales ; être à la pointe des disciplines tout en étant accessible à l'honnête homme ; faire le bilan des disciplines ; rendre compte des livres récemment parus[4]. Caillois a pour projet de contribuer à « un rapprochement de disciplines isolées qui poursuivaient leurs avancées sur des chemins délibérément séparés et qui s'ignoraient superbement[5] ».

Baptisée *Diogène* sur une proposition du Professeur Mac Keon (Université de Chicago), cette revue a Caillois comme rédacteur en chef jusqu'à sa mort en 1978. Jean d'Ormesson en est rédacteur en chef adjoint (1952-1971), membre du comité de rédaction (à partir de 1971) puis rédacteur en chef après 1978. Publiée en plusieurs langues (anglais, français, espagnol, puis arabe à partir de 1959), la revue connaît un succès assez large auprès des milieux intellectuels[6]. Elle est diffusée en Europe, en Amérique latine et en Amérique du nord, mais

[1] BELLOC, Chloé. *Le CIPSH (1947-1955)*. Op. cit., p. 9.
[2] Ibid., p. 45.
[3] MOUTOT, Lionel. *Biographie de la revue* Diogène. Op. cit., p. 119.
[4] VERMEREN, Patrice. *La philosophie saisie par l'Unesco*. Op. cit., p. 64.
[5] BRUNSVICK, Yves. « Un demi-siècle de relations entre des membres de l'Institut et l'Unesco ». Op. cit., p. 499.
[6] Rapport du secrétaire général sur les activités du CIPSH du 1er octobre 1957 au 15 mars 1959, p. 9. Archives CIPSH, dossier « CIPSH 2.1/4 Bureau – 1959 ».

aussi en Inde, au Japon et dans le monde arabe. En pleine guerre froide, la caution apportée par l'Unesco permet à *Diogène* « de se tenir en dehors (voire de dépasser, dans un sens presque hégélien) certains affrontements idéologiques [en suivant] un itinéraire oblique [...et] en ne se soumettant pas aux orthodoxies disciplinaires[1] ».

Le CIPSH apporte son concours et ses conseils à l'Unesco dans différents domaines et redistribue les subventions reçues aux structures qui lui sont affiliées ; les relations entre les deux organismes sont institutionnalisées dans un accord signé le 26 janvier 1950. Le CIPSH publie de nombreux ouvrages, en particulier des bibliographies liées aux différentes branches des sciences humaines et des actes de congrès et colloques ; en 1951, l'Unesco le sollicite pour la publication de livres concernant les cultures indigènes de l'Amérique, dont une bibliographie sélective des études consacrées à ce sujet depuis un siècle[2].

Le CIPSH s'intéresse par ailleurs aux actions menées par l'Unesco et exprime son soutien à la création de la Fédération internationale des traducteurs (FIT) en 1953. Il est aussi sollicité dans le cadre du projet de collection d'œuvres représentatives ; c'est ainsi qu'en décembre 1953, un comité restreint du CIPSH se réunit à l'Unesco pour examiner les listes d'œuvres établies par les commissions nationales et les organisations qualifiées ; il propose des spécialistes et traducteurs compétents et fait des suggestions sur la présentation des traductions. Des réunions sont par la suite organisées tous les 2 ans sur cette question. En 1955, le comité est aussi invité à apporter conseils et suggestions pour le projet d'inventaire des manuscrits des bibliothèques du Moyen-Orient[3].

Avec les années, le CIPSH voit le nombre de ses membres augmenter, pour atteindre 12 en 1959, dont la Fédération Internationales des Langues et Littératures Modernes, la Fédération internationale des Associations d'Études Classiques, le Comité International de l'Histoire de l'Art, et l'Union Internationale des Orientalistes. Le CIPSH contribue lui-même à la création de certaines structures : son comité permanent formule, par exemple, en janvier 1951, le vœu de voir la création d'une Fédération des Sociétés de Langues et Littératures modernes ; c'est chose faite dès mars 1951. Selon Jean Thomas, « le secrétariat de l'Unesco attache une grande importance à la fondation de cette nouvelle organisation avec laquelle elle entretiendra, dans le cadre de sa coopération avec le CIPSH, des relations régulières[4] ».

D'autre part, la répartition géographique du CIPSH s'étend au fil du temps, ce dont l'organisation se félicite :

> *Alors que, il y a peu d'années encore, quelques pays à peine d'Asie – Inde, Chine, Israël et Turquie – et d'Amérique latine – Mexique, Brésil, Argentine, Uruguay – étaient représentés au Conseil, la représentation géographique s'élargit maintenant à, en Asie : Ceylan, Chine, Corée, Inde, Indonésie, Irak, Iran, Israël, Japon, Liban, Pakistan,*

---

[1] MOUTOT, Lionel. *Biographie de la revue* Diogène. Op. cit., p. 9.
[2] Voir Archives Unesco, dossier 4 A 337/01 IFT « -66 ».
[3] BELLOC, Chloé. *Le CIPSH (1947-1955).* Op. cit., p. 90.
[4] Lettre de Thomas à Dédéyan, 18 avril 1951. Archives Unesco, dossier 7A 01 IFMLL

*Philippines, Syrie, Thaïlande, Vietnam, et en Amérique latine à tous les pays de cette région, par l'intermédiaire, en partie, de l'*Instituto panamericano de geografia e historia. *[...] Il faut souligner que le Conseil ne se borne pas à être représenté par quelques membres dans chacun de ces pays. Il entretient des relations de travail très étroites avec l'Inde, le Japon, le Ceylan, la Turquie et l'Iran, par exemple, comme, en Amérique latine, avec le Brésil, l'Uruguay, l'Argentine, le Mexique*[1].

Le fonctionnement du CIPSH apparaît globalement bon, même si le Conseil déplore dans les années 1950 les retards pris par certains de ses membres dans la réalisation des projets. Or Jean d'Ormesson rappelle aux membres de l'ONG :

A la fin de chaque année, l'Unesco nous demande des rapports qui rendent compte non seulement de la somme octroyée, mais aussi de l'avancement du travail. Je dois avouer que j'ai été frappé à plusieurs reprises, en lisant les rapports de fin d'année pour 1959, non seulement par certaines lenteurs inexplicables, mais également par une organisation insuffisante de quelques-unes des entreprises patronnées par le Conseil. Il est de ces projets qui nous réclament avec insistance une aide, en soulignant l'urgence de l'entreprise, et qui la reçoivent – au détriment d'autres travaux – et qui, à la fin de l'année, non seulement ne peuvent pas justifier de ces sommes, non seulement ne les ont pas employées, non seulement ne peuvent même pas les engager pour l'année qui vient, ce qui est déjà une tolérance, en quelque sorte, accordée par l'Unesco, mais encore déclarent qu'ils ne sauront employer les 300 ou 500 dollars qui leur avaient été octroyés. Cette somme doit, à ce moment-là, faire retour à l'Unesco, alors qu'elle aurait pu être employée, au cours de l'année écoulée, pour d'autres travaux très urgents, plus réguliers ou mieux organisés. De tels abus, heureusement tout à fait exceptionnels, ne doivent plus se produire[2].

Outre le CIPSH, le secrétariat de l'Unesco étudie la possibilité, au début des années 1950, de créer un Conseil international des Arts et Lettres, auquel participeraient des personnalités de renom, et qui « établirait une coordination entre les activités des différentes organisations non gouvernementales du domaine des arts et des lettres[3] ». L'idée est proposée en juin 1951 par un comité d'écrivains, de peintres, de musiciens et d'architectes, réunis pour discuter du projet de Conférence internationale des Artistes prévue à Venise en 1952[4]. La Conférence générale inclut dans le programme pour 1953-1954 la réalisation d'une « étude approfondie et de consultations étendues concernant la formation d'un tel Conseil[5] ». Plusieurs pays (Etats-Unis, Royaume-Uni, Suède, Suisse) se révèlent opposés à ce projet. La Suisse considère qu'un conseil « ne serait pas en mesure d'encourager efficacement la création artistique » et « risquerait de faire double emploi avec les associations internationales existantes[6] ». Les États-Unis s'inquiètent de son fonctionnement et de son financement, craignant la multiplication de structures peu efficaces. Quant au Royaume-Uni, il tempère son attitude négative suite au lobbying mené par Jean Thomas :

---

[1] Rapport du secrétaire général sur les activités du CIPSH du 1er octobre 1957 au 15 mars 1959, p. 2. Archives CIPSH, cote « CIPSH 2.1/4 Bureau – 1959 ».

[2] Ibid., p. 4.

[3] Mémo de Corrêa de Azevedo à Thomas, 28 juillet 1953. Archives Unesco, dossier 7A 01 ICAL.

[4] Voir Archives Unesco, dossier 7A 01 ICAL.

[5] Lettre du DG à Fierens (ICAL), 23 déc. 1952. Archives Unesco, dossier 7A 01 ICAL.

[6] Lettre de la commission nationale suisse au DG, 1er juin 1953. Archives Unesco, dossier 7A 01 ICAL.

A Venise, la délégation britannique avait voté contre le principe de la création de ce Conseil. Après avoir entendu mes explications, le Cooperating Body *a pris une attitude différente. Il a estimé que la réponse dépendrait essentiellement de l'attitude des organisations internationales qui seraient éventuellement appelées à faire partie du Conseil ; il m'a donc demandé de le tenir informé des décisions que prendraient, lors de leurs Congrès annuels d'été, les différentes associations internationales consultées. C'est sur la base de ces réponses que le* Cooperating Body *serait amené à formuler son avis. Cette solution me paraît entièrement satisfaisante*[1].

Plusieurs organisations internationales émettent, elles aussi, des réserves au sujet de l'utilité d'un Conseil international des Arts et Lettres[2]. Dans ces conditions, le secrétariat préconise la création d'un organe de consultation dépourvu de responsabilité d'exécution. En fin de compte, la Conférence générale vote la constitution d'un simple « Comité de liaison des organisations internationales du domaine des Arts et Lettres ». En mai 1955, une réunion des secrétaires des organisations internationales concernées, considérés par Jean Thomas comme « des amis de longue date[3] », est organisée en vue de constituer ce Comité, dont la fonction sera d'examiner les programmes menés par les ONG pour renforcer leur contribution au programme de l'Unesco et d'obtenir une meilleure coordination de leurs activités. Michel Dard[4] (chef de la Division des arts et lettres depuis 1953) regrette, par exemple, que le PEN Club, qui avait organisé en 1955 un congrès sur le thème « Le théâtre en tant qu'expression de notre temps », n'ait pas invité l'IIT à y participer.

La réunion de 1955 examine le projet de composition, de statuts et de règlement intérieur de ce Comité de liaison et soulève des questions de représentation équitable au niveau thématique (le PEN Club est, par exemple, la seule organisation internationale représentative des lettres) et géographique (les ressources budgétaires de l'Unesco sont jugées insuffisantes pour faire participer au Comité des délégués venant de pays non européens). Ce dernier constat aboutit à la proposition d'une réunion du Comité tous les 2 ans, de manière à disposer d'un budget suffisant pour y inviter, éventuellement, des membres non Européens.

Une autre suggestion consiste à prévoir une réunion du Comité en Orient en 1957, dans le cadre du projet majeur Orient-Occident, de manière à attirer l'attention des pays asiatiques sur la coopération culturelle internationale. Enfin, la réunion examine les suites à donner à la Conférence internationale des Artistes (Venise, 1952) et aux propositions contenues dans l'ouvrage *L'Artiste dans la société contemporaine,* publié par l'Unesco en 1954.

---

[1] THOMAS, Jean. « Compte-rendu de mission à Londres du 5 au 8 mai 1953 », 12 mai 1953. Archives de l'Unesco, dossier X07.83 Thomas.

[2] Voir Archives Unesco, dossier 7A 01 LCIOAL.

[3] Mémo de Thomas au DG, 24 oct. 1955. Archives Unesco, dossier 7A 01 LCIOAL.

[4] Ecrivain catholique maurassien de nationalité française, Michel Dard (1908-1979) obtiendra le prix Valery-Larbaud en 1967 pour son roman *Mélusine* et le prix Femina en 1973 pour *Juan Maldonne* ; il sera aussi reçu à l'Académie d'Arras en 1974.

Suite à cette réunion constitutive – considérée par Jean Thomas comme excellente et efficace[1], le Comité de liaison émet plusieurs résolutions, dont une qui stipule :

> *Ce travail a fait apparaître de nombreux points où des contacts entre les différentes organisations paraissent souhaitables et quelquefois indispensables (notamment en ce qui concerne la répartition dans le temps et la répartition géographique des différents congrès internationaux du domaine des arts et lettres)*[2].

Le bureau du Comité de liaison comprend des ressortissants des 3 pays fondateurs : l'Américaine Rosamond Gilder (IIT) présidente, le Français André Chamson (PEN Club) vice-président et le Britannique Jack Bornoff (CIM) rapporteur.

Les membres du Comité de liaison organisent régulièrement des réunions informelles pour faire le point sur leurs activités respectives ou sur des projets particuliers. La seconde réunion officielle, pour examiner le programme de l'Unesco dans le domaine des Arts et Lettres, a lieu en décembre 1957 ; le domaine littéraire y est représenté par André Chamson et David Carver. Le Comité est invité à trancher sur l'éventuelle création d'un Conseil international des Arts et Lettres et sur son statut juridique.

Michel Dard, hésite sur la position que le secrétariat de l'Unesco doit adopter et rappelle « les objections du Conseil exécutif à la multiplication des comités consultatifs et la tendance actuelle du programme à ne les convoquer qu'en cas de nécessité et sans périodicité fixe[3] ». Dard souhaite favoriser « une recommandation unanime en faveur du Comité de liaison » afin d'éviter « des débats confus et inutiles[4] » au sein de la Conférence générale. Ces efforts s'adressent particulièrement au PEN Club qui, au départ favorable à la création d'un Conseil des Arts et Lettres, a déjà fait « l'effort » d'abandonner en 1957 cette idée pour soutenir la création d'un comité consultatif qui « serait à tous égards plus satisfaisants qu'un comité de liaison[5] ». Mais le PEN Club finit par se rallier aux vœux de la majorité – et du secrétariat – en votant le maintien du Comité de liaison existant.

Ce dernier diffère donc profondément du Comité permanent des Lettres et des Arts fondé en 1930 par IICI autour de Paul Valéry, qui organisait des manifestations tels que les « Entretiens » et les « Correspondances ». L'heure n'est plus à l'organisation de grandes manifestations intellectuelles européo-centrées. L'Unesco souhaite encourager la mise en réseau au niveau mondial des ONG du domaine des arts et lettres et la création de centres nationaux de ces ONG partout dans le monde. Si une nouvelle forme d'« Entretiens » voit le jour (sous forme de colloques d'une large portée, évoquant parfois des thèmes

[1] Mémo de Thomas au DG, 24 oct. 1955. Archives Unesco, dossier 7A 01 LCIOAL.

[2] « Résolutions du Comité de liaison des organisations internationales du domaine des Arts été Lettres, 14 oct. 1955. Archives Unesco, dossier 7A 01 LCIOAL.

[3] Mémo de Dard à Thomas, 4 déc. 1957. Archives Unesco, dossier 7A 01 LCIOAL.

[4] Ibid., p. 2.

[5] « Réponses des organisations membres du comité », 2ème session du Comité de liaison des Arts et Lettres, 9-11 déc. 1957. Archives Unesco, dossier 7A 01 LCIOAL.

littéraires), ce sera plutôt par le biais de la Division de la philosophie et des sciences humaines[1] – qui joue un rôle non négligeable dans la politique du livre de l'Unesco. Des tentatives de rapprochement entre le Comité de liaison et la Division de la philosophie et des sciences humaines sont d'ailleurs amorcées en vue d'organiser un colloque à Épidaure, auquel le PEN Club envisage de collaborer.

En 1959, l'Unesco décide, par mesure d'économie, de ramener le nombre de participants aux réunions du Comité de liaison aux seuls secrétaires généraux des 5 ONG concernées, et la question se pose de la continuité de son fonctionnement, car ses membres émettent le vœu que l'argent dépensé pour les réunions soit plutôt consacré à l'organisation de colloques et de manifestations. Une 3ème réunion du Comité en décembre 1959 aboutit au vote de plusieurs résolutions, dont une qui encourage le DG à promouvoir une meilleure connaissance des œuvres littéraires représentatives à travers le monde. Pour ce faire, l'Unesco est encouragée à collecter et diffuser les informations relatives à ces œuvres, à promouvoir la traduction et la publication d'une sélection d'œuvres classiques insuffisamment connues, à favoriser la diffusion d'œuvres littéraires contemporaines et à encourager la coédition et la production de livres à bon marché.

En 1959, l'écrivain, essayiste et journaliste italien Alberto Moravia (alors président du PEN Club international) profite de sa venue à Paris dans le cadre du Comité de liaison pour discuter de manière informelle avec Salat et Caillois des activités et des orientations du PEN Club, et Salat souligne :

> *Des réunions de ce genre offrent aux fonctionnaires de l'Unesco une occasion bienvenue pour un échange de vues très sincère sur des questions qui intéressent à la fois l'Unesco et les ONG, par exemple, la préparation à nos programmes, l'extension géographique, etc.... et réussissent parfois à dissiper des malentendus*[2].

En ce qui concerne le domaine littéraire, la Conférence générale approuve, dès 1950, « le principe de la collaboration d'écrivains du monde entier avec les activités de l'Unesco et, notamment, le maintien de liens étroits avec le Pen Club International[3] ». L'Unesco envoie chaque année un représentant au Congrès annuel du PEN Club ; pendant plus d'une dizaine d'années, ce représentant sera Roger Caillois. En 1955, l'Unesco invite aussi le PEN Club à participer à ses projets de traductions, dans des langues européennes peu connues. L'Unesco se retrouve parfois à travailler avec les centres nationaux de PEN Club, par exemple pour la série japonaise d'ouvrages contemporains :

> *Il y a du flottement pour le choix d'ouvrages contemporains à traduire. Le PEN Club international nous avait fait des propositions, qui ne paraissent pas coïncider avec les suggestions que lui avait adressées le PEN Club japonais. La question a été débattue en ma présence par ce dernier, mais l'accord n'a pu se faire entre les trente écrivains présents, tous, paraît-il, éminents. M. Suzuki m'a promis de m'envoyer le résultat de ces difficiles*

---

[1] Voir Archives Unesco, dossier 7A 01 LCIOAL.

[2] Mémo de Salat au DG, 2 février 1960. Archives Unesco, dossier 7A 01 LCIOAL.

[3] VALDERRAMA, Fernando. *Histoire de l'Unesco*, Editions Unesco, 1995, 471 p.

négociations. Il en résultera du retard dans notre propre action. Le PEN Club international me semble avoir été un peu léger, ou un peu pressé d'aboutir. Nous le lui avons fait savoir, dans la forme appropriée[1].

En 1954-1955, le PEN Club international parvient à la création ou à la reconnaissance de branches nationales en Asie (Inde, Pakistan, Malaisie, Hongkong), et en juin 1957, des écrivains d'Europe de l'Est participent pour la première fois au Congrès annuel en Autriche. L'Unesco se félicite aussi de l'organisation de réunions régionales comme celle de Dacca en 1955.

A partir des années 1950, l'Unesco verse une subvention régulière au PEN Club pour la publication du bulletin trimestriel bilingue (anglais-français) *Choix de Notices critiques,* avec la volonté de « favoriser la connaissance des littératures des pays de langues à faible diffusion[2] », mais le résultat ne satisfait pas toujours l'Unesco. En 1961, Michel Dard écrit à David Carver :

Je me rends compte de la difficulté de la sélection des notices qui doivent porter sur des livres très caractéristiques, susceptibles d'une diffusion ou même d'une traduction à l'étranger. Ce choix ne peut être fait que par quelqu'un qui a une connaissance assez vaste des littératures étrangères contemporaines, une confiance justifiée dans les correspondants du Bulletin *et la possibilité de contacts et de contrôles. Il y a aussi la question des notices en français, dont le style est souvent incorrect*[3].

En 1956, le Congrès annuel du PEN Club se déroule à Londres sur le thème « L'auteur et le public » avec 750 délégués venus de 48 pays ; le Français André Chamson devient président tandis que le Britannique Charles Morgan (ex-président du PEN Club) et l'Indien Sarvepalli Radhakrishnan (qui est aussi vice-président de la République de l'Inde) sont nommés vice-présidents[4]. Ecrivain et résistant, André Chamson (1900-1983) participe au comité de rédaction de la revue *Europe* lors de sa reparution en 1946 ; conservateur du Petit-Palais, il est élu en 1956 membre de l'Académie française.

Cette même année, une quinzaine de PEN Clubs nationaux recueillent des fonds pour secourir les écrivains hongrois réfugiés, et le Fonds du PEN pour les écrivains en exil (essentiellement alimenté par les redevances des écrivains) permet d'aider des écrivains déplacés à continuer leur travail de création. L'apolitisme affiché du Pen Club peine toutefois à résister aux tensions de la guerre froide[5], ce qui lui donne une réputation d'anticommunisme aux yeux des Soviétiques. Yves Brunsvick met d'ailleurs en avant cet engagement du PEN Club :

C'est sous la présidence d'André Chamson, et à son initiative, que le PEN Club s'est engagé dans la lutte pour la libre circulation des idées et des hommes, forçant à plusieurs reprises l'Unesco à sortir du conformisme diplomatique et du silence dans lequel les

---

[1] THOMAS, Jean. « Rapport au Directeur général sur ma mission en Thaïlande, au Japon et en Grèce », 27 octobre 1954. Archives Unesco, dossier X07.83 Thomas.

[2] Lettre de Carver au DG, 23 sept. 1955. Archives Unesco, dossier 7A 01 LCIOAL.

[3] Lettre de Dard à Carver, 1er déc. 1961. Archives Unesco, dossier 7A 01 LCIOAL.

[4] Voir Archives Unesco, dossier 7A 01 LCIOAL

[5] RACINE, Nicole. « La COMES (1958-1969). Une association d'écrivains dans la guerre froide ». Op. cit., p. 284.

représentants politiques des États ont parfois tendance à se laisser enliser. C'est en 1956, au moment des événements de Budapest, qu'André Chamson avait eu une attitude décisive et particulièrement exemplaire. Dans le rapport qu'il établit en avril 1957, on trouve une proposition [...] qui aurait mérité un autre sort que l'oubli : « J'ai proposé à l'Unesco la création d'une Croix rouge de l'esprit qui aurait pour but de défendre et de protéger les créateurs d'œuvres d'art ; on protège les œuvres, il faut désormais songer aux artistes qui les exécutent ». [...] Il a su utiliser la caisse de résonnance de l'Unesco pour dénoncer les actes d'injustice et les persécutions qui portaient atteinte à la vie et au travail des écrivains. Rappelant que, conformément à la Déclaration universelle des droits de l'homme, les gouvernements devaient veiller de façon constante à la sauvegarde de la liberté d'expression, il a souhaité que ceux-ci s'abstiennent à l'égard de l'écrivain, de sa famille, de son œuvre, de tout acte répressif et punitif, comme les exécutions ou la torture, l'emprisonnement ou l'arrestation arbitraire, l'hospitalisation illicite, la séquestration, les mesures de représailles contre les proches, l'intimidation, le bannissement, la censure, la destruction des livres[1].

En 1957, l'Unesco accorde au PEN Club une aide de 4 000 $ afin d'aider au fonctionnement de 57 centres nationaux répartis dans 49 pays, ainsi qu'un soutien financier pour organiser à Tokyo une table ronde entre écrivains d'Orient et d'Occident, dans le cadre d'un colloque sur l'influence réciproque des littératures orientales et occidentales. Trois cents délégués participent à ce Congrès présidé par l'écrivain japonais Yasunari Kawabata, qui donne lieu à une publication en 1958[2]. Ce Congrès, le premier du PEN Club international à se dérouler en Asie, est intégré dans le projet majeur Orient-Occident de l'Unesco.

En 1958, le centre PEN polonais et le PEN Club international organisent conjointement une rencontre internationale de traducteurs littéraires, à laquelle participent 110 traducteurs de 26 nationalités différentes, tandis que le centre PEN des écrivains en exil organise à Munich une Conférence sur « L'écrivain et l'esprit littéraire ». Le centre de Londres propose de son côté une Conférence sur « le rôle des intellectuels dans la société », et le secrétaire du PEN Club international, David Carver, collabore régulièrement à l'émission *English Talks for Asia* de la BBC.

Le Pen Club international lance aussi un prix littéraire, l'*Encounter Prize*, qui récompense une nouvelle traduite en anglais d'une langue asiatique ou africaine. De son côté, le PEN Club de RFA organise une réunion à l'occasion du 25ème anniversaire du jour de l'autodafé de livres réalisé par les nationaux-socialistes, tandis que le PEN Club international envoie un télégramme à l'Union des écrivains soviétiques pour lui demander de protéger Boris Pasternak, qui fait l'objet d'une campagne de dénigrement dans les pays communistes suite à son obtention du prix Nobel[3].

En 1959, le PEN Club continue à prendre position pour défendre des écrivains emprisonnés et, dans le cadre de l'Année mondiale du réfugié proclamée par l'Office européen des Nations Unies, publie un recueil d'une

---

[1] BRUNSVICK, Yves. « Un demi-siècle de relations entre des membres de l'Institut et l'Unesco ». Op. cit., p. 502.

[2] Voir Archives Unesco, dossier 7A 01 LCIOAL.

[3] KADARE, Ismaïl. *Le crépuscule des dieux de la steppe*. Paris : Fayard, 1981, p. 132 à 175.

cinquantaine de pièces en anglais, allemand et grec ayant trait aux réfugiés[1]. Le PEN Club envisage aussi la création d'un Prix littéraire pour faire connaître la vie, les conceptions et les formes littéraires de l'Orient, dans le cadre du projet majeur Orient-Occident.

Toutefois, les centres nationaux du PEN Club sont fragiles et ne bénéficient pas toujours d'un fonctionnement régulier ; ainsi, bien que des centres du PEN Club apparaissent aux Philippines, en Thaïlande, en Iran, à Taipeh et au Vietnam, d'autres cessent dans le même temps leurs activités (en particulier les centres basque, cubain, irakien et malais). Michel Dard regrette, quant à lui, que « certaines régions du monde, comme l'Amérique latine, pourtant riches en écrivains, n'ont pas créé de centres ou ont laissé tomber en sommeil les centres existants[2] ».

En juillet 1960, avec l'idée de remédier à cette situation, le PEN Club international organise un congrès au Brésil, auquel participent 200 écrivains venus de 38 pays[3]. Dans ce cadre, des entretiens, organisés avec l'aide financière de l'Unesco, sont consacrés au thème « Littératures nationales et littérature universelle ». L'objectif est d'aboutir à « la création de nouveaux centres et l'adhésion d'un nombre plus important d'écrivains de cette partie du monde[4] ».

La question de la représentation géographique est prise très au sérieux par l'Unesco, et Sakichi Asabuki rappelle que si le PEN Club se révèle incapable de se développer à travers le monde, l'Unesco pourrait « encourager la constitution d'une nouvelle institution internationale d'écrivains, qui aurait un caractère vraiment universel[5] ». C'est pourquoi les efforts du nouveau président Alberto Moravia en faveur de l'élargissement géographique du PEN Club sont approuvés par l'Unesco, « malgré la crainte exprimée par M. Caillois de voir le PEN s'amenuiser au fur et à mesure qu'il s'étend géographiquement[6] ».

Parmi les PEN Clubs, plusieurs centres asiatiques se montrent particulièrement actifs. En 1961, le PEN Club indien organise un colloque à Bombay à l'occasion du centenaire de la naissance de Tagore, colloque ouvert par Nehru. De son côté, en collaboration avec le Congrès pour la liberté de la culture, le PEN Club pakistanais propose un colloque sur le thème de la responsabilité sociale de l'écrivain ; quant au PEN Club philippin, il organise un colloque sur le thème de l'écrivain asiatique et du progrès en Asie.

En juin 1962, dans le cadre d'un colloque organisé à Épidaure sous le patronage de l'Unesco, le PEN Club associe plusieurs écrivains aux débats portant sur « le spectacle de foule dans le passé et dans les différentes cultures »[7]. Sont pressentis en particulier Allardyce Nicoll, Joffre Dumazedier, Kenneth Tynan, John Osborne, Arthur Miller, Paul Green, Tennessee Williams et

---

[1] Voir Archives Unesco, dossier 7A01LCIOAL

[2] Mémo de Dard au DG, 19 août 1959. Arch. Unesco, dossier 4 A 337/01 IFT « -66 ».

[3] Voir Archives Unesco, dossier 7A01LCIOAL

[4] Rapport de la 3ème session du Comité de liaison des organisations internationales du domaine des Arts et lettres, 15-16 déc. 1959. Archives Unesco, dossier 7A01LCIOAL

[5] Mémo d'Asabuki à Maheu, 28 août 1959. Archives Unesco, dossier 4 A 337/01 IFT « -66 ».

[6] Ibid.

[7] Voir Archives Unesco, dossier 7A 01 LCIOAL.

Alberto Moravia. Toutefois, le PEN Club ne parvient pas, pour des raisons pratiques et financières, à mettre en place l'exposition de manuscrits de théâtre et d'œuvres rares qui lui avait été suggérée.

Puis en 1970, la Corée bénéficie d'une aide à l'occasion du 37ème Congrès du PEN Club qui se tient à Séoul sur le thème de « L'humour dans la littérature de l'Orient et de l'Occident ». L'année suivante, l'Unesco apporte son soutien au PEN Club pour son Congrès de Dublin sur le thème : « L'aspect changeant de la littérature : discussion et évaluation de son développement au cours des 50 dernières années ».

En parallèle, l'Unesco signe dès janvier 1948 un contrat avec la Commission internationale d'histoire littéraire (CIHL) pour l'organisation d'un congrès international à la Sorbonne[1]. Fondée à Oslo en août 1928, la CIHL, dont le siège se situe à l'Institut de littératures modernes comparées de la Sorbonne, est rattachée à la Commission internationale des sciences historiques ; elle a régulièrement organisé des colloques internationaux en Europe dans l'entre-deux-guerres, grâce au soutien financier de la fondation Carnegie. Son objectif est de favoriser les recherches sur les problèmes d'histoire littéraire, de coordonner et de publier des travaux de recherche et de mettre en rapport les chercheurs dans le domaine de l'histoire littéraire.

La CIHL est alors présidée par l'universitaire français Fernand Baldensperger (l'un des fondateurs de la *Revue de littérature comparée* en 1921) ; son vice-président est le normalien et spécialiste de littérature comparée Paul van Tieghem et son secrétaire général Charles Dédéyan (professeur de littérature générale et comparée à la Sorbonne). La subvention de 1 000 $ versée par l'Unesco doit permettre à la CIHL (que l'Unesco espère faire adhérer au CIPSH, alors en cours de création) de favoriser la venue de jeunes congressistes qualifiés, choisis dans des pays dévastés par la guerre, économiquement faibles ou éloignés de l'Europe, lors de son congrès de 1948. Le colloque doit réunir des membres de la CIHL venus de 15 pays, ainsi qu'une dizaine de personnes extérieures, dont Huxley pour l'Unesco, Taha Hussein, Benedetto Croce et André Maurois. L'Unesco critique néanmoins certains aspects « internationaux » de ce congrès :

> *Vous avez bien voulu faire part à M. Barnes des efforts décidés que faisait la Commission Internationale d'Histoire Littéraire pour élargir son assise et faire participer largement à ses travaux et à ses responsabilités les continents non européens. Voulez-vous me permettre d'ajouter aujourd'hui, dans le seul souci des intérêts de la Commission, que cet effort, à mon sens, doit être poussé très loin ? Les organisations qui participeront dans l'avenir à ce Conseil International des Philosophes et Humanistes dont l'Unesco s'efforce d'encourager la création […] devront comporter un Comité Exécutif réellement international, non pas seulement parce que les membres appartiendront à des nationalités diverses, mais aussi parce qu'ils auront été délégués par les organisations nationales des pays auxquels ils appartiennent. En outre, ce Comité, sans être trop nombreux, devrait à notre avis inclure dans son sein des représentants des sept ou huit zones culturelles : Europe occidentale, Europe slave, Proche-Orient, Inde, Chine, Amérique septentrionale, Amérique méridionale […]*

[1] Voir Archives Unesco, dossier 8 (091) A 01 I.C.L.H.

Je vous signale encore que les langues de votre Congrès ne correspondent guère à celles des Nations Unies ou de l'Unesco [...] Je me demande s'il est bien nécessaire d'inclure déjà l'allemand parmi vos langues, et je suis par contre certain que l'absence de l'espagnol fera un effet regrettable[1].

Après ce premier soutien, l'Unesco octroie une subvention de 1 000 $ à la CIHL en 1948 pour aider la publication en anglais d'une *Bibliographie de littérature comparée*. En 1949, Jean-Jacques Mayoux regrette toutefois l'absence de collaboration de la CIHL au projet de traduction des classiques : « Je me rappelle avec une certaine mélancolie que la Commission Internationale d'Histoire Littéraire avait promis de faire quelque chose à propos [du projet de traduction], ce qui pour le moment est resté complètement lettre morte[2] ». Malgré ce désintérêt et la non-adhésion de la CIHL au CIPSH, l'Unesco lui accorde tout de même 2 subventions en 1950, l'une de 650 $ pour poursuivre le projet de *Bibliographie de littérature comparée*, l'autre de 1 230 $ pour la publication des actes du congrès de 1948.

En 1951, la CIHL se transforme en Fédération internationale des Sociétés de Langues et Littératures (FILLM) et adhère au CIPSH ; l'Unesco lui accorde une aide pour poursuivre la publication de la *Bibliographie de littérature comparée*, ainsi que 1 900 $ pour l'organisation en 1952 d'un Congrès international d'études humanistes à Florence[3]. L'Unesco continue son soutien l'année suivante, puis une subvention globale de 3.000 $ permet en 1954 à la FILLM de financer plusieurs projets de publications, ainsi que l'organisation d'un colloque sur les littératures anglaise et américaine à Oxford. Le Conseil exécutif de l'Unesco et le CIPSH regrettent néanmoins « l'éparpillement relatif des projets, leur caractère toujours strictement régional » et « l'absence de projets d'ensemble de nature à entraîner l'approbation unanime des membres de ces deux Conseils[4] ».

Les relations avec la FILLM sont assurées pour l'Unesco par le Département des activités culturelles et par celui de l'éducation. Roger Caillois se fait le porte-parole de l'organisation pour proposer en 1954 à la FILLM de participer au comité sur les traductions, à la réalisation d'un catalogue des œuvres importantes de la littérature mondiale et à la constitution d'une collection de textes philosophiques et littéraires consacrés à l'idée de tolérance. De son côté, la Division de l'éducation propose à la FILLM un projet d'enquête sur l'enseignement des langues vivantes dans le monde. Bien que la FILLM réponde favorablement, Monsour (division de la Coopération culturelle internationale) est critique :

Il est temps que la Fédération et les sociétés qui la composent trouvent une structure plus solide [...] Le moment paraît venu de sortir d'un provisoire trop « fluide ». Il importe

---

[1] Lettre de Mayoux à Dédéyan, 17 fév. 1948. Archives Unesco, dossier 8 (091) A 01 I.C.L.H.

[2] Lettre de Mayoux à Baldensperger, 30 juin 1949. Archives Unesco, dossier 8 (091) A 01 I.C.L.H.

[3] Voir Archives Unesco, dossier 7A 01 IFMLL.

[4] « Compte-rendu de la réunion administrative de la FILLM à Paris le 6 avril 1954 », p. 2. Archives Unesco, dossier 7A 01 IFMLL.

selon le vœu exprimé au cours de la réunion du Bureau que des statuts définitifs soient adoptés et que des cotisations soient versées[1].

Monsour recommande de se livrer à « une intervention discrète mais attentive [...] non seulement auprès du Bureau actuel de la Fédération, mais aussi auprès des membres du Bureau des sociétés qui composent la Fédération[2] » afin d'améliorer la situation de la FILLM, car une rupture avec le CIPSH constituerait « un dangereux échec[3] ». Herbert Schneider (division de Philosophie et Sciences humaines) regrette, quant à lui, que le Bureau de la FILLM soit composé de « poids morts » et que son inexpérience au niveau international soit accentuée par la prédominance de certains membres nationaux (dont la branche américaine, très puissante)[4].

Schneider préconise d'insister auprès de la FILLM pour lui demander de dépenser la subvention de l'Unesco pour le colloque d'Oxford en 1954 afin d'améliorer la répartition géographique des participants. Le haut fonctionnaire Prem Kirpal représente le DG au colloque d'Oxford – mais les participants y sont finalement tous Européens ou Nord-Américains... Kirpal estime le Congrès décevant, tant au point de vue de la représentation géographique, du programme proposé, que du fonctionnement financier et administratif. Seuls le changement presque complet des membres du Bureau et l'adoption d'un acte constitutif clair lui semblent une amélioration positive. Dans son rapport de mission, Kirpal conclut :

Le travail de l'Unesco avec les sociétés savantes d'universitaires et de spécialistes se limite en réalité à encourager les projets de recherche et la tenue de réunions sur l'avancement de ces recherches. Nous ne faisons pas suffisamment d'efforts pour gagner le soutien de ces personnes pour faire connaître les objectifs de l'Unesco ou mener à bien certaines tâches pratiques. [...] Peu d'universitaires savent quoi que ce soit au sujet de l'Unesco et encore moins ont entendu parler de projets tels que l'enseignement des humanités ou la traduction des œuvres représentatives. Lorsqu'ils ont eu connaissance de ces activités, ils se sont montrés grandement intéressés mais il n'y a pas de communication entre eux et leurs bureaux administratifs, avec lesquels l'Unesco est en relation. Il me semble que nous devrions profiter des réunions internationales et des congrès de sociétés savantes pour encourager un intérêt actif des universitaires pour l'Unesco et ses activités[5].

L'Unesco verse à la FILLM 1 000 $ en 1955 et 2 000 $ en 1956 ; lors d'une réunion de la Fédération en mars 1955 à Paris, Schneider évoque le souhait, formulé par des spécialistes asiatiques, de coopérer avec leurs collègues d'autres régions du monde[6]. La FILLM se professionnalise peu à peu, souligne d'Ormesson en 1956 :

Il est certain que le Bureau de la FILLM est actuellement composé de savants et de professeurs qui ont pris à cœur d'améliorer le fonctionnement de leur administration et

---

[1] Mémo confidentiel de Monsour à Schneider, 8 avril 1954, p. 3. Archives Unesco, dossier 7A 01 IFMLL.
[2] Ibid., p. 4.
[3] Ibid.
[4] Mémo confidentiel de Schneider à Kirpal, 22 juillet 1954. Archives Unesco, dossier 7A 01 IFMLL.
[5] Rapport de mission de Kirpal au DG, 24 sept. 1954, p. 1. Archives Unesco, dossier 7A 01 IFMLL.
[6] Voir Archives Unesco, dossier 7A 01 IFMLL.

qui, avec un sens accru des responsabilités, tentent de faire de la FILLM une organisation qui ait sa place parmi les fédérations importantes du CIPSH[1].

La FILLM s'ouvre notamment aux spécialistes d'Australie, de Nouvelle-Zélande et du Japon. L'Unesco continue de l'aider en lui versant 1 000 $ en 1957 et en 1958. En 1962, elle lui accorde aussi 2 000 $ pour l'organisation d'un Congrès international aboutissant à la création d'une Association internationale d'hispanistes.

Dans le domaine de la traduction, l'Unesco se montre également force d'encouragement. Lorsqu'en novembre 1948, l'Association professionnelle des traducteurs littéraires et scientifiques lui envoie un projet de création d'un organisme mondial regroupant les traducteurs de tous les pays, la Conférence générale adopte une résolution qui stipule :

Des mesures appropriées seront prises par le Secrétariat pour favoriser la création d'une Fédération internationale des Traducteurs. On priera les associations de traducteurs littéraires et scientifiques d'adhérer à cet organisme et l'on cherchera à fonder des associations nationales de traducteurs dans les pays où il n'en existe pas encore, afin de les amener à collaborer avec ledit organisme[2].

Cette Fédération internationale des traducteurs (FIT) aurait 3 objectifs principaux : la défense des droits et des intérêts de ses membres et la multiplication des échanges entre eux, la création d'un bulletin international et l'organisation de congrès internationaux[3]. Les traducteurs sont alors les parents pauvres du monde littéraire au niveau de la reconnaissance et de l'organisation professionnelle.

Pourtant, rappelle Pierre Leyris à Georges Pillement, dans une lettre datée du 8 janvier 1950, « un monde sans traducteurs serait un monde sans échange de pensées entre les peuples », et le traducteur occupe une place de première importance pour révéler des chefs-d'œuvre au public sachant qu'« il y a des désirs que l'on peut émousser au lieu de les aiguiser sans cesse, des besoins que l'on peut révéler ou faire naître ». Leyris plaide pour la constitution d'un organisme culturel qualifié et jouissant d'un prestige international qui entreprendrait « de désigner les ouvrages étrangers du passé et du présent qui lui paraissent devoir être traduits dans notre langue et, réciproquement » et pourrait distribuer des subventions aux éditeurs.

Au sein de l'Unesco, deux points de vue s'affrontent. En 1950, Jean-Jacques Mayoux estime que l'Unesco « devrait se charger de rassembler de la façon la plus démocratique possible les divers noyaux actuellement existants, qu'elle devrait d'abord s'occuper de recenser, pays par pays[4] ». Une telle démarche, préalable à la création d'une association internationale, permettrait « de renseigner non seulement les traducteurs éventuels, mais aussi les éditeurs, sur

[1] Mémo d'Ormesson à Carsten, 6 déc 1956. Archives Unesco, dossier 7A01IFMLL

[2] Lettre envoyée par Pierre-François Caillé et Pierre Baubaut, non datée. Archives Unesco, dossier 4 A 337/01 IFT « -66 ».

[3] Voir Archives Unesco, dossier 4 A 337/01 IFT « -66 ».

[4] Lettre de Mayoux à Pillement, 19 mai 1950. Archives Unesco, dossier 4 A 337/01 IFT « -66 ».

l'importance littéraire que chaque œuvre revêt dans son pays d'origine[1] ». Toutefois, d'autres fonctionnaires, dont Émile Delavenay (service des documents et publications), s'opposent au projet d'association internationale, en jugeant que « les bons traducteurs revalorisent d'eux-mêmes leur fonction et que l'association internationale projetée risque de ne grouper que les moins bons » et préconisent à la place une étude prudente sur la possibilité de « constituer dans les États membres des comités chargés de se prononcer sur les traductions de l'année, ces comités devant autoriser la publication sous le titre des bonnes traductions d'un insigne ou "label" indiquant l'approbation de l'Unesco[2] ».

De leur côté, les membres de l'Association professionnelle des traducteurs littéraires et scientifiques intensifient leur lobbying en faveur de la création d'une fédération internationale, envoyant nombre de courriers aux associations et professionnels de la traduction[3], bénéficiant du soutien de la Commission nationale française. Jean Thomas répond favorablement à cette demande, estimant qu'« une coopération entre le Secrétariat de l'Unesco et l'Association professionnelle des traducteurs littéraires et scientifiques sera toute indiquée[4] ». Vittore Branca demande la collaboration de M. Lloyd (service des traductions) au projet et Caillois, très impliqué dans ce dossier, entretient une correspondance avec Pierre-François Caillé au sujet de la procédure à suivre pour la création de la fédération envisagée.

En juillet 1952, l'Unesco, informée d'un projet similaire porté par André Grillet (président de l'Association des Traducteurs de France et ancien fonctionnaire des Nations Unies à New York), met les deux associations en contact en leur proposant de collaborer : il est, en effet, délicat pour l'Unesco de traiter avec une association professionnelle nationale plutôt qu'une autre lorsqu'elles ont un objet identique. Mais André Grillet ne répondra jamais aux courriers de l'Unesco.

La Société française des traducteurs (ex-Association professionnelle des traducteurs littéraires et scientifiques), qui souhaite tenir une conférence préparatoire pour créer la FIT à l'Unesco en 1953, sollicite auprès du MAE français une subvention de 800 000 francs, pour couvrir les frais de séjour et de voyage de 36 délégués étrangers et les frais de secrétariat. Le budget de l'Unesco ayant déjà été voté pour 1952-1953, il est en effet trop tard pour obtenir une aide financière de l'organisation… Le MAE refuse toutefois d'accorder la subvention demandée, mais grâce à l'actif soutien de Julien Cain et de Roger Caillois, l'Unesco accepte de convoquer la conférence à Paris sous ses auspices en décembre 1953. Neuf sociétés nationales de traducteurs (Allemagne, Canada, Danemark, États-Unis, France, Italie, Norvège, RFA et Turquie) y participent, sous la présidence de Pierre-François Caillé et en présence de 4 membres de

---

[1] Rapport « Pour un statut du traducteur » de Georges Pillement, p. 2. Archives Unesco, dossier 4 A 337/01 IFT « -66 ».

[2] Mémo de Delavenay à Mayoux, 16 août 1950. Archives Unesco, dossier 4 A 337/01 IFT « -66 ».

[3] Voir Archives Unesco, dossier 4 A 337/01 IFT « -66 ».

[4] Lettre de Thomas au secrétaire général de la commission nationale française, 18 juillet 1951. Archives Unesco, dossier 4 A 337.

l'Unesco : Jean Thomas, Michel Dard, Roger Caillois et Harold Barnes (Section de la littérature).

Il y est décidé de fixer le siège de la FIT à Paris, à la Maison du PEN Club (66 rue Pierre Charron), de ne pas inclure les interprètes (qui ont déjà leur propre fédération), d'utiliser le français comme langue officielle, d'affirmer le statut d'ONG et la volonté d'apolitisme de l'organisation, de n'accepter qu'une seule association adhérente par pays et d'organiser chaque année une réunion du comité de gestion (qui comprend 5 membres).

Pierre-François Caillé est président, Pierre Baubaut secrétaire général, le Turc Ali Teoman secrétaire administratif, l'Allemand Walter Jumpelt responsable des relations publiques et le Norvégien Axel Amlie trésorier. Suite à la démission de Pierre Baubaut en juillet 1954, le secrétariat général est assuré par le Français Edmond Cary jusqu'en 1961, puis par le Néerlandais I. J. Citroen. A partir de 1956, la FIT est présidée par l'Italien Lorenzo Lanza di Trabia, puis à partir de 1963 par le Yougoslave Zlatko Gorjan (secrétaire du PEN Club croate).

Lors de la Conférence constitutive de 1953, le budget annuel de la FIT est évalué à environ 250 000 francs ; elle apparaît à Roger Caillois « encore embryonnaire » et composée de « personnes animées d'une extrême bonne volonté, mais sans grande expérience des institutions internationales[1] », aussi souligne-t-il :

> *Il me paraît utile que le Secrétariat continue à assister la Fédération de ses conseils et à lui assurer son appui moral car il est douteux qu'avec ses seules ressources et malgré l'enthousiasme de ses dirigeants, elle puisse se développer autant et aussi rapidement qu'il serait souhaitable et surtout qu'elle puisse conquérir l'autorité internationale dont elle a besoin*[2].

Le premier congrès de la FIT a lieu en décembre 1954 à l'Unesco, sous le haut-patronage de personnalités françaises (dont le Recteur de l'Académie de Paris, le Président de la Société des Gens de Lettres et le directeur du PEN Club de France). La FIT décide alors « d'entreprendre une série d'études en vue de doter les traducteurs d'un statut international et de résoudre les problèmes du droit d'auteur[3] ». A cet effet, une commission examine avec François Hepp les questions de droit d'auteur liées à la traduction.

La FIT se propose aussi d'encourager la création de groupements nationaux de traducteurs dans les pays où il n'en existe pas et accepte, à la demande de l'Unesco et avec son aide financière, de publier un bulletin d'informations et d'études, bilingue et trimestriel, intitulé *Babel*. Édité en Allemagne, ce bulletin propose des listes d'ouvrages à traduire ainsi que des renseignements sur les traductions en cours. *Babel* cible les spécialistes mais se veut ouvert aux milieux les plus divers ; tiré à 2.000 exemplaires, le bulletin propose 36 pages illustrées et une couverture en quadrichromie. L'Unesco s'intéresse à *Babel* en termes de

---

[1] Mémo de Caillois au DG, 22 février 1954. Archives Unesco, dossier 4 A 337/01 IFT « -66 ».

[2] Ibid.

[3] Communiqué n°1192, « La FIT vient de tenir son premier congrès en la maison de l'Unesco, à Paris », déc. 1954. Archives Unesco, dossier 4 A 337/01 IFT « -66 ».

contenu, d'équilibre financier et de diffusion, et signe un contrat avec la FIT à ce sujet le 4 mai 1955. En 1955 et 1956, l'organisation accorde une subvention annuelle de 2 000 $ pour la publication. *Babel* fait l'objet de publicités dans le *Bulletin à l'intention des bibliothèques* et dans le *Courrier de l'Unesco*, et publie dans son premier numéro un message d'encouragement du DG (en octobre 1955).

En dehors de la publication de *Babel*, la collaboration entre la FIT et l'Unesco n'est pas très poussée. Dès décembre 1954, Caillois attire l'attention du DG sur « l'inexpérience flagrante » de la FIT et estime que si l'Unesco doit l'encourager et soutenir la publication du bulletin, elle doit s'en maintenir « suffisamment éloignée pour qu'elle ne soit pas compromise par des efforts dont le succès définitif est encore loin d'être assuré[1] ».

La FIT souligne, quant à elle, qu'elle poursuit le même idéal de compréhension mutuelle entre peuples et de libre circulation des publications et des idées que l'Unesco et qu'elle espère « pouvoir [se] rendre utile dans nombre de cas[2] ». Elle remercie fréquemment l'Unesco pour son aide, en particulier Roger Caillois pour son appui, ses conseils et la confiance qu'il lui témoigne. En février-mars 1956, la FIT organise à Rome son 2ème Congrès sur le double thème du droit d'auteur en matière de traduction et de la contribution du traducteur à l'amélioration de la terminologie scientifique et technique. Les débats de ce colloque s'appuient largement sur des articles fournis par le secrétariat de l'Unesco.

En novembre 1955, la FIT demande à l'Unesco d'augmenter sa subvention afin de réaliser une étude des problèmes de traduction en Asie et dans le monde arabe, en augmentant le nombre de pages de *Babel*. En décembre 1955, l'un des membres du bureau exécutif de la FIT, R.W. Jumpelt, mène une mission au Caire, poussant à la création d'une organisation de traducteurs des pays arabes.

La FIT entretient des contacts nombreux avec plusieurs pays, dont l'Inde, la Thaïlande, l'Irak, l'Iran, l'Indonésie et le Liban, et parvient à attirer assez vite de nouveaux membres (23 adhérents en 1964). Elle souhaite que l'Inde profite de la 9ème Conférence générale de l'Unesco (New Delhi, 1956) pour convoquer au même moment une conférence des traducteurs d'Asie et du Moyen-Orient. Faute de budget, l'Unesco ne peut prendre en charge les frais de voyage de 2 représentants de la FIT à New Delhi, mais elle autorise la tenue de réunions de traducteurs dans le cadre de la Conférence générale ; de son côté, le Conseil exécutif recommande d'inviter officiellement la FIT à envoyer un observateur participer à la Conférence générale. De cette manière, la FIT parvient à mieux faire connaître ses activités, en particulier en Asie.

En 1956, la FIT, qui entretient des liens réguliers avec le PEN Club international et diverses sociétés d'auteurs, demande aussi à l'Unesco de lui accorder le statut d'organisation consultative, statut accordé fin 1958 par la Conférence générale. Elle propose en parallèle la création d'un Centre

---

[1] Rapport de Caillois sur le 1er Congrès de la FIT, 18-23 décembre 1954. Archives Unesco, dossier 4 A 337/01 IFT « -66 ».

[2] Lettre de Caillé au DG, 9 mars 1955. Archives Unesco, dossier 4 A 337/01 IFT « -66 ».

international de terminologie scientifique et technique et procède à des modifications de la ligne éditoriale de *Babel* à la demande officieuse de Roger Caillois. Un comité de rédaction élargi et informel se constitue, auquel participent, pour l'Unesco, J.E. Holmstrom et Roger Caillois.

Trente numéros de la revue sont publiés entre 1955 et 1961 ; ils proposent des enquêtes culturelles et linguistiques, sur la traduction et l'université, la poésie, la traduction en Afrique et en Asie, etc. Afin d'améliorer la qualité de *Babel*, la FIT cherche, avec le soutien de l'Unesco, à augmenter son budget grâce à une subvention d'une fondation américaine et sollicite, dans le cadre du projet majeur Orient-Occident, une subvention supplémentaire pour la publication en 1957 d'un numéro exceptionnel sur l'Asie.

En 1957, la FIT se rapproche de Carlos Victor Penna pour obtenir des renseignements sur les sociétés de traducteurs en Amérique latine, avec l'objectif d'augmenter le nombre d'adhérents ; une lettre circulaire est envoyée par le Centre de La Havane aux commissions nationales d'Amérique latine. Émile Delavenay, de son côté, donne une conférence sur les machines à traduire lors du congrès de la FIT à Bad-Godesberg en 1959, puis intervient à l'Institut des Linguistes de Londres en 1960 dans le cadre d'une réunion où siège le Conseil de la FIT.

A la demande de l'Unesco, la FIT mène en 1959 une enquête sur la qualité des traductions littéraires et, l'année suivante, une enquête mondiale sur la situation des traducteurs, qui fait l'objet d'un rapport présenté au Comité intergouvernemental pour le droit d'auteur en 1961. Lorsque l'Unesco demande à la FIT de proposer des programmes d'échanges culturels pouvant intégrer le programme Orient-Occident, la Fédération suggère aussi un « registre international des traducteurs », projet rejeté par Caillois, Asabuki et Milton Rosenthal, qui ne voient ni les moyens de le financer ni l'utilité et la durabilité d'un tel registre.

Par la suite, la FIT propose de publier dans *Babel* une série d'articles consacrés au rôle de la traduction dans l'histoire de l'Iran – pays qui fête en 1963 le 2 500ème anniversaire de sa création. Cette idée est bien accueillie par Moënis Taha-Hussein (projet majeur Orient-Occident) et par Lourival Gomes Machado ; historien de l'art, professeur, politologue et journaliste brésilien[1], ce dernier dirige le Département des activités culturelles de l'Unesco jusqu'en 1967. Le secrétariat conseille à la FIT de s'adresser à Yar-Shater (directeur de l'Institut impérial de traduction et de publication de l'Iran) ainsi qu'à la fondation américaine *Franklin Publications.*

En parallèle, la FIT travaille à la mise au point d'un projet de Charte du traducteur, pour lequel l'Unesco réclame des modifications substantielles afin que ce document concerne l'ensemble des traducteurs dans le monde, y compris ceux qui sont salariés dans des organisations et des sociétés industrielles ou commerciales. La FIT prend aussi part à des réunions de l'Unesco sur le droit

[1] Article « Lourival Gomes Machado » sur le site http://www.itaucultural.org.br.

d'auteur, le traitement numérique de l'information, le projet Orient-Occident, la bibliographie, documentation et terminologie.

Suite à un article paru dans le *Courrier de l'Unesco*[1], Roger Caillois prononce de son côté une allocution sur le rôle de la traduction dans les échanges culturels lors d'un Congrès de la FIT (Dubrovnik, 1963) ; il reconnaît, à cette occasion, que la FIT s'est étendue géographiquement et qu'elle a gagné en poids et en portée. La FIT adopte la Charte du traducteur lors de ce même Congrès.

L'Unesco incite ensuite la FIT à organiser une table ronde de traducteurs de langues africaines à Hambourg en 1965 et propose de prendre à sa charge la venue d'africanistes qualifiés à la manifestation, en utilisant les fonds (2 000 $) initialement prévus dans le budget de la division des Lettres pour une réunion du CIPSH, annulée. Najmuddin Bammate (division d'études des cultures) rencontre Caillé et Cary en 1964 afin de les conseiller dans l'organisation de la table ronde et dans le choix des participants. Ces derniers comprennent des personnalités prestigieuses telles Aimé Césaire, Bernard Dadié, Ousmane Sembene ou Wole Soyinka ; la FIT invite aussi le PEN Club international, la Société africaine de culture et le Congrès pour la liberté de la culture.

Au final, 162 traducteurs, écrivains, éditeurs et critiques assistent au Congrès de Hambourg, organisé en collaboration avec l'Association allemande des traducteurs d'œuvres littéraires et scientifiques, l'Union des associations d'écrivains allemands et l'Institut des Langues africaines de Hambourg. Une partie de la subvention versée par l'Unesco à la commission nationale allemande (300 $) est utilisée pour publier les actes du colloque. Les participants demandent aussi au PEN Club international, à l'Unesco et à la FIT de créer « un prix de traduction destiné à récompenser des traductions d'œuvres de littératures et langues de diffusion restreinte[2] », mais cette idée demeure sans suites.

Après le 5ème Congrès de la FIT (Helsinki, 1966), Caillois reconnaît : « si quelque naïveté demeure dans les débats et les recommandations [...], la FIT fait un excellent travail, atteint lentement sa majorité et représente de plus en plus une organisation que l'Unesco a tout intérêt à voir se développer[3] ». En 1973, l'Unesco charge la FIT d'une enquête sur les moyens d'inciter à la traduction d'œuvres d'auteurs contemporains. La FIT organise aussi, en mai 1974, un congrès mondial sur le thème « La traduction : facteur de rapprochement entre les peuples » dans le cadre du VIe Festival international du livre de Nice, consacrant 2 jours aux activités de l'Unesco en faveur du livre.

Pour ses propres activités, l'Unesco rémunère régulièrement des traducteurs, non seulement pour ses documents administratifs et officiels, mais aussi pour ses publications (par exemple, la Collection d'œuvres représentatives). Après avoir participé au colloque de Hambourg en 1965 – et aux débats sur la question de la rémunération des traducteurs – Roger Caillois soulève la question des relations

---

[1] CAILLOIS, Roger. « Sur la mappemonde des traductions. Des terres inexplorées », in *Courrier de l'Unesco*, février 1963, p. 4-5.

[2] Lettre de Caillois à Italisander, 16 août 1965. p. 3. Archives Unesco, dossier 4 A 337/01 IFT « -66 ».

[3] Rapport de mission sur le 5ème Congrès de la FIT de Caillois à Elmandjra, 25 août 1966. Archives Unesco, dossier 4 A 337/01 IFT « -66 ».

financières de l'Unesco avec les traducteurs. En effet, alors que la FIT milite depuis sa création, en 1953, pour faire reconnaître le droit des traducteurs à recevoir un pourcentage sur les ventes des œuvres traduites, Caillois remarque :

> *Le Département des Publications suit l'ancienne législation et achète en général les traductions qu'il commande, y compris les traductions de la Collection d'œuvres représentatives, ce qui est un peu contradictoire avec le fait que l'Unesco soutient la FIT, laquelle défend le point de vue exactement contraire. [...] Il me semble qu'une décision de portée générale devrait être prise à ce sujet*[1].

En 1966, l'Unesco adopte finalement deux positions complémentaires, en rémunérant, d'une part les traductions littéraires individuelles destinées à la vente par un à-valoir et des droits d'auteur, et d'autre part, les traductions techniques collectives non destinées au commerce par une somme forfaitaire[2].

Dans le cadre de sa politique du livre, l'Unesco travaille aussi avec des imprimeurs pour la réalisation d'ouvrages, d'affiches et de panneaux d'exposition. Pour des raisons pratiques, l'organisation fait souvent appel à des imprimeurs parisiens, en raison des coûts de transport. Si l'impression des ouvrages se passe plutôt bien, l'Unesco rencontre certaines difficultés pour des réalisations un peu particulières. En 1971, par exemple, l'emblème de l'Année internationale du livre, dessiné par le graphiste belge Michel Olyff, est d'abord reproduit avec une qualité largement insuffisante[3].

De la même manière, la création des panneaux de l'exposition itinérante « L'art de l'écriture » par l'imprimeur Franz W. Wesel (Baden-Baden)[4] se faisant dans un délai plus long que prévu, l'Unesco se retrouve en porte-à-faux par rapport aux pays qui avaient commandé l'exposition et lancé leur communication ; le premier jeu de l'exposition, promis pour 1962, n'est disponible qu'à la toute fin 1963, et les exemplaires supplémentaires n'arrivent ensuite qu'au compte-gouttes. L'Unesco promet à la RFA un jeu pour mai 1964, puis pour le mois d'août, mais ne le livre en fin de compte qu'à la fin de l'année[5]. L'organisation s'excuse à plusieurs reprises auprès de la commission nationale allemande. La même situation se reproduit avec la Pologne, qui reçoit son exemplaire sans les catalogues d'accompagnement en français – dont l'impression est encore en cours[6].

Enfin, les derniers prestataires marchands avec lesquels travaille beaucoup l'Unesco sont les éditeurs. Emile Delavenay fait remonter la collaboration étroite entre les professionnels de l'édition et l'Unesco à la publication de l'ouvrage *Le livre dans le monde, étude sur le commerce international du livre* en 1956-1957. Ce dernier est rédigé par Ronald R. Barker, alors secrétaire général de l'Association

---

[1] Rapport de mission sur le Congrès des Traducteurs à Hambourg de Caillois à Adiseshiah, 23 avril 1965. Archives Unesco, dossier 4 A 337/01 IFT « -66 ».

[2] Voir Archives Unesco, dossier 4 A 337/01 IFT « -66 ».

[3] Voir Achives Unesco, dossier 04A066 72 AIL.

[4] Voir Archives Unesco, dossier 7 A 145.08 (489).

[5] Voir Archives Unesco, dossier 7 A 145.08 (43-15).

[6] Voir Archives Unesco, dossier 7A145.08 (438).

des éditeurs britanniques, ce qui permet d'établir des contacts plus marqués avec le monde de l'édition[1].

En plus de la récupération des stocks de publications de l'IICI auprès de l'éditeur Stock[2], l'Unesco recourt constamment, durant les premières années, à des éditeurs extérieurs, et ne se dote de sa propre maison d'édition interne qu'en 1965. Dans le cadre de sa politique du livre, l'Unesco recourt aux éditeurs principalement pour 2 projets : la collection d'œuvres représentatives et la production de textes de lecture pour l'Asie du sud-est.

Dans les années 1950, le secrétariat sollicite des éditeurs, à la fois classiques et de collections populaires dans plusieurs pays européens, afin de les associer à la collection d'œuvres représentatives. En décembre 1951, les éditeurs Reclam, Penguin Books et Rizzoli acceptent le principe d'ouvrir leurs collections populaires aux traductions réalisées sous le patronage de l'Unesco[3]. Le partenariat noué avec l'éditeur allemand Reclam aboutit par exemple, dans les années 1960, à la publication d'une dizaine d'ouvrages orientaux dans le cadre de la Collection[4].

Au total, près de 120 éditeurs (privés et publics) sont associés à la Collection entre 1947 et 1994[5]. Les maisons d'édition françaises, britanniques et américaines représentent plus de 65 % des éditeurs concernés : 46 éditeurs français, 21 américains, 16 britanniques. Les éditeurs restants se partagent principalement entre l'Europe (Autriche, Belgique, Espagne, Italie, Monaco, Pays-Bas, Suisse) et l'Asie (Inde, Japon, Indonésie), à l'exception de 2 éditeurs canadiens, un égyptien, un salvadorien et un uruguayen. L'IFAN de Dakar et de la Commission libanaise pour la traduction des chefs-d'œuvre collaborent aussi à la Collection. Parmi l'ensemble de ces éditeurs se trouvent une douzaine de presses universitaires, aux États-Unis, mais aussi au Royaume-Uni, en France, au Salvador, au Canada et au Japon.

Les éditeurs participent toutefois de manière très inégale à la Collection : Gallimard publie, par exemple, à lui seul, près de 120 titres (dont 71 ont aussi une version poche) dans sa fameuse collection « Connaissance de l'Orient » dirigée par Étiemble, ainsi que 42 titres dans sa collection « Croix du Sud » dirigée par Caillois, soit près de 10 % de la totalité des ouvrages publiés dans la Collection (qui comprend 1 400 titres en 2012).

D'autre part, dans le cadre du projet de production de « matériel de lecture » pour l'Asie, l'Unesco passe des contrats d'édition, entre 1955 et 1969, avec des organismes auxquels elle « sous-traite » la préparation et la publication de livres pour nouveaux alphabètes. Un certain nombre de ces partenaires sont des structures publiques, en Inde *(Southern Languages Book Trust, South India Book Trust, National Book Trust of India, Bombay city social Editions)*[6], au Pakistan (la

---

[1] DELAVENAY, Émile. *Pour le livre.* Op. cit., p. 20.

[2] Voir Archives Unesco, dossier 001.83 A 01 IIIC/31.

[3] Lettre de Branca à Thomas, 7 déc 1951.Archives Unesco, dossier X07.83 Thomas

[4] Voir Archives Unesco, dossier 4 A 337/01 IFT « -66 ».

[5] *Collection Unesco d'œuvres représentatives.* Paris : Unesco, 1994, p. 101 à 106.

[6] Voir Archives Unesco, dossier 375 A 310 (540) 01 BCSEC.

Punjab Academy)[1] au Népal (la *Royal Nepal Academy*)[2], à Ceylan (*Official language Department* du ministère de l'Éducation)[3] et en Birmanie[4].

D'autres peuvent être des organismes privés à but non lucratif, comme les structures pakistanaises *Jamia Talim-i-Milli*[5] et *Pakistan Co-op Book Society.* L'Unesco traite enfin avec quelques éditeurs privés, nouant une collaboration régulière avec les maisons d'édition pakistanaises *General Publishing House*, *Anjuman Taraqqi–e–Urdu* et *West-Pak publishing Co* ; les éditeurs indiens *H. Gginbothans (Private) Ltd*, *Hindi Praclarak Pustakalaya* et *Rajkamal Prakashan Priv Ltd* ; et les éditeurs ceylanais *Associated Newspapers of Ceylan* et *New Asia Trading Co.* Plusieurs centaines d'ouvrages courts pour nouveaux alphabètes sont publiés par des éditeurs asiatiques dans le cadre de ce projet.

DANS LE DOMAINE DU DROIT D'AUTEUR

Dans les années 1950, la mise au point et l'adoption de la Convention universelle sur le droit d'auteur donne lieu à des échanges diplomatiques, parfois tendus, entre l'Unesco et les Nations Unies, avec notamment comme point de discorde le choix de la structure dépositaire de la convention[6].

Par contre, le *Copyright Office*, abrité par la Bibliothèque du Congrès, travaille main dans la main avec la Division du droit d'auteur pour préparer la Convention universelle. Les contacts avec les membres du *Copyright Office* sont fréquents, en particulier avec le directeur Arthur Fischer. Arpad Bogsch, qui contribue à ce projet à l'Unesco de 1951 à 1954, devient d'ailleurs par la suite conseiller juridique au *Copyright Office*, ce qui ne l'empêche pas « d'assister pratiquement à toutes les réunions de l'Unesco sur le droit d'auteur[7] » et même d'effectuer une mission pour l'Unesco en Asie du sud-est en 1962.

Arpad Bogsch et François Hepp connaissent personnellement la plupart des salariés du *Copyright Office*, qui est systématiquement consulté pour les recrutements au sein de la Division du droit d'auteur dans les années 1950. En 1954, Luther Evans, devenu DG, écrit même personnellement à Fischer au sujet du remplacement de Bogsch au sein du secrétariat. L'année suivante, le *Copyright Office* exprime sa satisfaction de collaborer avec les nouvelles recrues de l'Unesco, Juan O. Díaz Lewis et Gérard Bolla (juriste et économiste qui a travaillé au Bureau juridique de l'*International Civil Aviation Organization*, fils du juriste suisse spécialisé dans le droit d'auteur Plinio Bolla).

A cette époque, le *Copyright Office* et le Département d'État américain (Roger Dixon) sont tenus au courant (officieusement) en temps réel, par l'Unesco, des activités et des évolutions politiques dans le domaine du droit

[1] Archives Unesco, dossier 375 A 310 (549) 01 AP.

[2] Voir Archives Unesco, dossier 375 A 310 (541.35) 01 RNA.

[3] Voir Archives Unesco, dossier 375 A 310 (548.7) 01 OLD.

[4] Voir Archives Unesco, dossier 375 A 310 (591) 01 SBI.

[5] Voir Archives Unesco, dossier 375 A 310 / 064 (549) « 56 ».

[6] Voir Archives Unesco, dossier 347.78 A 102 « - 66 ».

[7] Lettre de Díaz Lewis à Asabuki, 5 mai 1961. Archives Unesco, dossier 347.78 A 571 (5-12) : 375 A 310 TA.

d'auteur ; en janvier 1956, ils sont par exemple informés que, si les Pays-Bas n'ont pas encore ratifié la Convention universelle sur le droit d'auteur, c'est parce qu'ils ont entamé des négociations discrètes avec l'Indonésie pour préserver les intérêts économiques de leurs éditeurs dans ce pays… Ces bonnes relations se poursuivent avec Abraham L. Kaminstein, qui succède à Arthur Fischer à la direction du *Copyright Office* au milieu des années 1960.

Dans le même domaine, l'Unesco entretient des liens étroits avec les Bureaux internationaux réunis pour la protection de la propriété intellectuelle de l'Union de Berne (BIRPI). La Division du droit d'auteur (Hepp et Bogsch notamment) entretient une correspondance régulière entre 1947 et 1953 avec le directeur des BIRPI, Bénigne Mentha, dans le cadre de la préparation de la Convention universelle. Jacques Secrétan, spécialiste de droit public international qui succède à Mentha le 1er mai 1953, s'occupe, en collaboration avec Díaz Lewis, de répondre aux différentes demandes sur ce sujet et travaille au rapprochement de la Convention universelle et de celle de l'Union de Berne.

À partir de 1957[1], les BIRPI (qui déménagent de Berne à Genève en 1960 pour se rapprocher des institutions onusiennes) et le Comité intergouvernemental de la Convention universelle sur le droit d'auteur (émanation de l'Unesco) travaillent régulièrement ensemble, notamment pour préparer la Convention de Rome sur les « droits voisins », adoptée en 1961. Díaz Lewis rencontre aussi longuement en 1961 Charles Magnin, vice-directeur des BIRPI, afin d'évoquer la conférence régionale sur le droit d'auteur de Brazzaville[2] ; Claude Masouyé (chef de la Division du droit d'auteur des BIRPI) prépare, quant à lui, des enquêtes et publications en partenariat avec Díaz Lewis entre 1961 et 1963, ainsi que la conférence de Brazzaville. Díaz Lewis souligne « les relations très amicales » et « l'esprit de collaboration qui se traduit par des travaux fructueux[3] » entre les 2 organisations.

Au début des années 1960, les BIRPI emploient une cinquantaine de fonctionnaires internationaux[4]. Les relations entre l'Unesco et les BIRPI demeurent très cordiales sous la direction du Néerlandais Georg H.C. Bodenhausen, jusqu'à la transformation des BIRPI en Organisation mondiale de la propriété intellectuelle (OMPI) en 1970. Sachant qu'Arpad Bogsch est l'un des initiateurs les plus actifs de cette évolution avant de diriger l'OMPI pendant 24 ans (à partir de 1973), on comprend bien les liens étroits et personnels qui unissent les structures et les quelques spécialistes de ce domaine très pointu que constitue le droit d'auteur international.

---

[1] Voir Archives Unesco, dossier 347.78 A 102 « - 66 ».

[2] Voir Archives Unesco, dossier 347.78 A 06 (672.4) « 63 ».

[3] Mémo de Díaz Lewis au DG, 22 août 1963. Archives Unesco, dossier 347.78 A 06 (672.4) « 63 »

[4] BOGSCH, Arpad. *Les 25 premières années de l'Organisation Mondiale de la Propriété Intellectuelle*. Genève : OMPI, 1992, p. 8, disponible à l'adresse ftp://ftp.wipo.int/pub/library/ebooks/wipopublications/wipo_pub_882%28f%29.pdf

DANS LE DOMAINE DE L'ÉDUCATION

Le Bureau international d'Éducation, institué à Genève en 1925, sert au départ de centre de ressources sur les questions éducatives pour l'Unesco. En 1948, il fournit par exemple informations et conseils à la Division des bibliothèques afin de préparer le circuit d'une bourse d'études accordée à une bibliothécaire polonaise spécialisée dans la littérature de jeunesse[1]. Ce Bureau est intégré à l'Unesco en 1969 et présidé de 1969 à 1973 par Jean Thomas, dont il publie en 1975 l'ouvrage *Les grands problèmes de l'éducation dans le monde : essai d'analyse et de synthèse.*

D'autre part, dès le début des années 1960, le Conseil économique et social des Nations-Unies (ECOSOC) s'intéresse de manière détaillée au livre en tant qu'« instrument indispensable de l'éducation, désormais reconnue comme un facteur essentiel de développement », son intérêt pour cette question résultant peut-être du lobbying mené par Malcolm Adiseshiah, ainsi que des multiples activités entreprises par l'Unesco dans le cadre de l'assistance technique, en lien avec les organisations d'aide au développement (notamment onusiennes).

Cet appui de l'ECOSOC vient en quelque sorte entériner les activités de promotion du livre menées par l'Unesco avec l'aide du PNUD. Le Centre Unesco de Yaoundé, consacré au domaine éducatif, imprime, par exemple, de nombreux manuels scolaires et revues pédagogiques ; un expert est aussi envoyé au Soudan pour lancer les Presses universitaires de l'Université de Khartoum, tandis qu'au Laos un autre expert organise, de 1962 à 1969, un vaste programme d'impression et de distribution de 3 millions de manuels scolaires dans le pays, avec l'aide de l'USAID[2].

Dans les années 1960-1970, l'Unesco contribue également au développement de plusieurs écoles normales et ENS en Afrique, et l'un des projets phares est la fourniture de 138 millions de livres scolaires pour améliorer l'enseignement primaire en Indonésie dans les années 1970[3]. Le PNUD finance des dizaines de bourses et de missions d'expertise dans le domaine du livre, ainsi qu'un poste d'expert en développement du livre, rattaché au Centre de promotion du livre créé par l'Unesco à Karachi[4]. Successivement occupé par Will Zachau et Robert MacMakin, ce poste permet à l'Unesco de mener de fréquentes missions dans les pays d'Asie et de conseiller les gouvernements et structures du domaine du livre.

De son côté, l'Unicef, qui collabore régulièrement avec l'Unesco, s'associe en 1965 aux activités menées au Népal – dont le projet de production de textes de lecture pour nouveaux alphabètes –, en s'engageant à fournir, sur une période de 5 ans, 2 500 tonnes de papier acheté en Suède[5].

L'Unesco entretient des relations avec plusieurs organisations internationales consacrées à la jeunesse et à l'éducation, dont l'Union internationale pour les

---

[1] Voir Archives Unesco, dossier 02 (438) A 12.
[2] DELAVENAY, Émile. *Pour le livre.* Op. cit., p. 34.
[3] Ibid., p. 29.
[4] Voir Archives Unesco, dossier 02 A 855 (5) 06 (520) « 57 »
[5] Voir Archives Unesco, dossier 375 A 310 (5) 57 TA van Couwelaar

livres de jeunesse (en anglais *International Board for Young People* ou IBBY). Cette association à but non lucratif est fondée en Suisse en 1953 pour promouvoir la littérature pour la jeunesse et l'alphabétisation, en particulier dans les pays en développement. Le président de l'IBBY, l'Autrichien Richard Bamberger, présente sa structure à la Division pour la jeunesse de l'Unesco début 1963[1].

L'IBBY, qui regroupe alors 16 sections nationales, poursuit 5 objectifs : promouvoir la compréhension mutuelle internationale par les livres pour enfants ; donner aux enfants de tous les pays l'opportunité d'accéder à des livres de haute qualité littéraire et artistique ; encourager la publication et la distribution de livres de qualité en particulier dans les pays en développement ; aider et former tous ceux qui œuvrent pour la littérature enfantine ; enfin stimuler la recherche et les travaux scolaires dans le domaine de la littérature enfantine. L'IBBY publie la revue trimestrielle *Bookbird* et remet depuis 1956 le *Hans Christian Andersen Award* (souvent surnommé le prix Nobel de littérature de jeunesse).

Estimant que l'IBBY et l'Unesco poursuivent des buts communs, l'IBBY dépose en 1963 une demande d'admission à la catégorie des ONG consultatives de l'Unesco, demande soutenue par le DG et étudiée par le Conseil exécutif ; il ne lui est cependant accordé que le statut « C » (échange mutuel d'informations). Parallèlement, Bamberger se rapproche de la commission nationale autrichienne et met en place, au sein de l'IBBY, un groupe d'études sur le problème des textes de lecture dans les pays en voie de développement. Les échanges d'information et de documentation deviennent réguliers entre l'Unesco et l'IBBY, qui dépose dès juillet 1963 une demande d'aide pour la création à Vienne d'un « Institut international de littérature populaire, pour enfants et pour la jeunesse ». La commission nationale autrichienne présente de son côté une requête officielle à l'Unesco, demandant un soutien de 10 000 $ en 1965-66 pour la création de cet Institut.

L'IBBY a aussi comme projet de mettre en place un service de presse international à destination des magazines pour les jeunes et de publier 300 brochures sur différentes thématiques (contes, légendes sagas, biographies de grands hommes...). À l'Unesco, la Division de l'information et des matériels éducatifs (Département de l'éducation) est en charge des relations avec l'IBBY, certaines informations étant aussi transmises au Département culturel.

Bien que l'IBBY se développe rapidement, passant de 16 à 28 membres en 1964, il semble handicapé par des difficultés personnelles, organisationnelles et financières. En juin 1964, il signe toutefois un contrat avec l'Unesco pour préparer une bibliographie annotée de textes de lecture récemment publiés à destination des jeunes afin de promouvoir la compréhension internationale. L'Unesco lui demande de dresser une liste d'environ 150 ouvrages publiés en anglais, français, espagnol, et si possible en russe, incluant différentes formes d'écriture (mythes, légendes, contes, romans, ouvrages pédagogiques, etc.).

[1] Voir Archives Unesco, dossier 04 A 01 IBBY.

L'IBBY fournit cette bibliographie à l'Unesco le 15 janvier 1965, avant de commencer à la diffuser à travers le monde aux écoles et bibliothèques.

D'autre part, l'Unesco accorde en 1965 une subvention de 3 000 $ à l'Autriche pour la création d'un Institut international de littérature populaire, pour enfants et pour la jeunesse. Fondé le 7 avril 1965, ce dernier entreprend pour l'Unesco une étude sur « l'influence de la littérature sur la formation de la pensée et de la conduite des enfants » dans différents pays, étude achevée en 1967. Il aide aussi étudiants et universitaires dans leurs travaux de recherche sur la littérature de jeunesse, encourage les échanges d'opinions et d'expériences en organisant un congrès annuel et monte parfois de petites expositions.

CHAPITRE VIII

L'action normative

Sur le plan juridique, l'Unesco veut promouvoir « une réglementation internationale destinée à assurer la protection de certains droits et biens culturels essentiels, [impulsant...] plusieurs importantes conventions culturelles multilatérales[1] ». L'objectif de la mise en place de normes internationales est « d'orienter le comportement [des États] membres en vue d'éviter qu'il ne devienne conflictuel [...] et de faciliter la réalisation d'objectifs communs par la coordination de leurs efforts[2] ». L'action normative est prévue par l'article IV de l'Acte constitutif :

> *C'est une modalité d'action bien particulière de l'Unesco [qui...] s'inspire du modèle de l'ONU. Elle passe par des « conventions », des « recommandations », des « appels » et des « déclarations ». La caractéristique de cette action normative est son caractère uniquement incitatif, l'Unesco n'ayant aucun pouvoir de sanction ou de coercition. Le contrôle de l'application de ces normes se fait théoriquement, en ce qui concerne les conventions et recommandations, par des rapports que les États doivent envoyer périodiquement à l'Unesco, et que l'Unesco a le pouvoir de rendre publics devant la communauté internationale, ce qui implique donc une certaine pression morale sur les États*[3].

L'action normative menée entre 1945 et 1975 touche d'abord aux domaines du patrimoine, de l'éducation, des droits de l'homme, de la paix et de la circulation de l'information. De l'ensemble des instruments normatifs adoptés durant cette période, 5 concernent le domaine de l'écrit : 2 Recommandations (sur 12 adoptées) et 3 Conventions (sur 15 instruments adoptés). Remarquons d'ailleurs que la Convention relative à la protection du patrimoine culturel et naturel mondial (l'un des instruments normatifs les plus connus du grand public) aurait pu se préoccuper du patrimoine littéraire – manuscrits anciens ou maisons d'écrivain par exemple – mais ne le fait pas, en

---

[1] DOLLOT, Louis. *Les relations culturelles internationales*. Paris : PUF, 1964, p. 115.
[2] VIRALLY, Michel. « Définition et classification des organisations internationales : approche juridique », in ABI-SAAB, Georges (dir.). *Le concept d'organisation internationale*. Paris : Unesco, 1980, p. 64.
[3] MAUREL, Chloé. *L'Unesco de 1945 à 1974*. Op. cit., p. 618.

dépit du fait que cet instrument est adopté en 1972 durant l'« Année internationale du livre ».

En ce qui concerne les Recommandations, la première s'intéresse à la normalisation internationale des statistiques de l'édition de livres et de périodiques (1964), la seconde à la normalisation internationale des statistiques relatives aux bibliothèques (1970). Quant aux Conventions, il s'agit de l'Accord en vue de la suppression des droits de douane pour l'importation de matériel de caractère éducatif, scientifique et culturel adopté à Florence en 1950, de la Convention concernant les échanges internationaux de publications et de la Convention universelle sur le droit d'auteur. La révision de ces deux derniers instruments, respectivement en 1976 et 1971, reflètent une profonde évolution de l'Unesco au cours de la période ; la révision de la Convention universelle sur le droit d'auteur en 1971 correspond par exemple à l'ambition de René Maheu d'intensifier le programme éthique de l'Unesco. Rappelons aussi, avec Robert Charvin, que « le droit international subit l'influence de l'économie, des idéologies, de la politique générale de la période considérée, de même qu'il exerce une influence sur ces mêmes éléments[1] », affirmation qui semble pouvoir être appliquée à l'action normative de l'Unesco dans le domaine du livre.

Les deux Recommandations

En 1951, la Conférence générale, lors de sa 6ème session, autorise le DG « à rechercher [...] des normes et des critères susceptibles d'être proposés aux États membres pour améliorer la comparabilité internationale de leurs statistiques dans le domaine de l'éducation, de la science et de la culture » (résolution 8.23)[2]. Suite à l'envoi de questionnaires aux États membres, le secrétariat produit plusieurs rapports, dont le *Rapport statistique préliminaire sur la production de livres dans divers pays* (mai 1951) et le *Rapport statistique sur la production de livres 1937-1950* (juillet 1952). Le 11 juin 1953, le Chinois B.A. Liu[3] (chef de la Division des statistiques, Département des sciences sociales), lors du congrès annuel de la FIAB à Vienne, présente un nouveau rapport, intitulé *Existence et comparabilité des statistiques relatives aux bibliothèques*, dont il distribue plusieurs dizaines d'exemplaires en anglais et en français. Amendé par la Commission de la statistique des bibliothèques de la FIAB le 12 juin 1953, le rapport précise :

> *Il existe, en matière de bibliothèques, des statistiques plus ou moins complètes sur une soixantaine de pays, sans compter de nombreux territoires non autonomes et quelques régions géographiques. Les données fournies peuvent concerner simplement le nombre de bibliothèques existant dans un pays déterminé ou, au contraire, consister en chiffres*

[1] CHARVIN, Robert. *Les États socialistes aux Nations Unies*, A. Colin, 1970, p. 9.

[2] « Etude préliminaire sur les aspects techniques et juridiques de la normalisation internationale des statistiques de l'édition de livres et de périodiques », 26 février 1962, p. 3. Archives Unesco, dossier 04 : 31.

[3] B.A. Liu dirige la Division des statistiques à partir de 1950 et jusqu'à son départ en retraite fin 1962.

détaillés sur les collections, les acquisitions, les ouvrages communiqués, le personnel et les finances de diverses catégories de bibliothèques ou même de certaines de ces institutions[1].

Comme le montre ce rapport préliminaire, les pays alors les plus investis dans l'établissement de statistiques complètes et régulières font partie, sans surprise, des pays les plus avancés en bibliothéconomie : Canada, Danemark, États-Unis, Nouvelle-Zélande, Suisse. Certains procèdent à des enquêtes nationales de manière plus irrégulière (Allemagne, Royaume-Uni, Pays-Bas, Norvège) ; d'autres publient des annuaires statistiques (Égypte, Inde, Japon, Portugal, Espagne) ; d'autres encore publient des statistiques concernant certaines catégories de bibliothèques (Costa Rica, République dominicaine, Pérou, Venezuela). Le rapport est envoyé fin 1953 aux commissions nationales pour lecture et commentaires avant sa révision, prévue lors du 20ème Conseil de la FIAB courant 1954[2]. Si la Suisse se montre intéressée par la mise en place des normes de statistiques internationales, les Britanniques se montrent sceptiques vis-à-vis des statistiques recueillies et de leur comparabilité – problème dont l'Unesco a bien conscience :

> *Il est impossible de produire des statistiques parfaitement comparables au niveau international du premier coup. C'est seulement en collectant d'abord les statistiques existantes quelles qu'elles soient et en montrant leurs désavantages que nous pourrons aller vers l'établissement d'une base plus scientifique de statistiques. Il est vrai que nous devrions nous assurer que les statistiques sont collectées et présentées sur une base uniforme, c'est exactement ce que nous essayons de faire. Notre principal problème est d'établir des définitions uniformes. [...] Il ya bien sûr des problèmes innombrables que nous ne pouvons prétendre avoir résolu et pour l'instant, nous devons poursuivre aussi bien que possible en espérant que chaque année permettra de mieux cerner les difficultés et d'accroître la volonté de nombreux pays de compiler des statistiques selon des critères unifiés*[3].

L'association britannique de bibliothécaires (ALA) dispose d'un comité pour les statistiques, qui travaille en partenariat étroit sur ce projet d'uniformisation des statistiques de bibliothèques avec la Commission de la statistique des bibliothèques de la FIAB et le chef de la Division des statistiques de l'Unesco, B.A. Liu[4]. L'Unesco et la FIAB se montrent impatients de parvenir au plus tôt à une proposition de critères unifiés pour ces statistiques. Début 1954, l'Unesco collecte les informations et commentaires envoyés par de nombreuses commissions nationales et bibliothèques, ce qui aboutit, en juillet 1954, à la réalisation d'un rapport intitulé *Normalisation des statistiques concernant les bibliothèques et la production de livres*. Révisé, ce rapport connaît une nouvelle mouture en août 1955, sous le titre *Statistique internationale concernant les*

---

[1] *Existence et comparabilité des statistiques relatives aux bibliothèques (Rapport préliminaire),* 15 juin 1953. Archives Unesco, dossier 02 : 31 A 323.

[2] Voir Archives Unesco, dossier 02 : 31 A 323.

[3] Lettre de Carter à la commission nationale britannique, 24 mai 1954. Archives Unesco, dossier 02 : 31 A 323.

[4] Voir Archives Unesco, dossier 02 : 31 A 323.

bibliothèques et la production des livres, puis, en mars 1956, sous l'intitulé *Statistiques internationales relatives aux bibliothèques et à la production des livres.*

En 1957, l'étude *Production de livres 1937-1954 et traductions 1950-1954* consacre un chapitre entier aux problèmes de la normalisation, tandis qu'en 1959, le secrétariat prépare un nouveau rapport, synthèse des précédents, intitulé *Statistiques sur les bibliothèques.* En août 1960, Petersen et Milan Babić[1] (Division des statistiques) assistent à la 26ème session du Conseil de la FIAB en Suède, qui examine un rapport préparé par Pierre Bourgeois sur les « Statistiques de la production littéraire »[2]. A cette occasion, Babic s'entretient avec plusieurs bibliothécaires suédois et danois ; tous jugent la normalisation à la fois opportune et utile, mais complexe et délicate à réaliser. Les 19 et 20 décembre 1960, Liu se rend à Londres pour discuter de la normalisation des statistiques avec les différentes branches et organisations gouvernementales en charge des statistiques (ministère de l'Éducation, Office colonial, Office des relations avec le Commonwealth, etc.). De son côté, la FIAB procède début 1961 à une enquête auprès de ses membres et conclut qu'« il ne sera guère possible d'arriver à unifier les classifications utilisées par les différentes bibliographies nationales[3] », sauf à utiliser une forme dérivée de la classification CDU, majoritairement utilisée.

En ce qui concerne les statistiques de la production littéraire (édition de livres et de périodiques), l'Unesco réunit à Paris, du 17 au 21 avril 1961, un comité composé de onze experts (majoritairement occidentaux) recommandés par leurs gouvernements respectifs, chargé d'aider le secrétariat à élaborer un rapport préliminaire sur le sujet. Ces experts sont pour la plupart des personnalités en charge des statistiques dans les bibliothèques nationales ou les instances gouvernementales. La FIAB (Pierre Bourgeois), l'Organisation internationale de normalisation (ISO), l'Union internationale des éditeurs (Pierre Monnet, directeur du Syndicat français des éditeurs), la Fédération nationale de la presse française, la Fédération internationale des éditeurs de journaux et publications (FIEJ) et la Fédération internationale de la presse périodique (FIPP) sont invitées à envoyer un observateur.

Du côté de l'Unesco, la réunion est organisée par Milan Babic, mais Philip Soljak (Division de la libre circulation de l'information) et un membre de la Division des bibliothèques y assistent également. Selon l'expert américain Robert W. Frase (alors directeur adjoint de l'*American Book Publishers Council* à New York), l'intérêt de cette rencontre réside essentiellement dans la préparation du texte d'une recommandation sur les statistiques littéraires que l'Unesco pourra adresser à ses États membres[4].

Une étude préliminaire est ensuite préparée par le secrétariat, avec l'objectif « de démontrer au Conseil exécutif, puis à la Conférence générale, que le sujet

---

[1] Le Serbe Milan Babić intègre la Division des statistiques en 1960 ; il est chargé en particulier de la question de la normalisation des statistiques de la production littéraire, avant de devenir lui-même chef de la Division des statistiques relatives à la culture et à l'information en 1972.

[2] Voir Archives Unesco, dossier 04 : 31.

[3] « Enquête sur la statistique de la production littéraire, FIAB », avril 1961, p. 2. Archives Unesco, dossier 04 : 31.

[4] Lettre de Frase à Liu, 9 mai 1961. Archives Unesco, dossier 04 : 31.

traité – la normalisation des statistiques dont il s'agit – est effectivement susceptible de faire l'objet d'une réglementation internationale[1] ». Une fois le Conseil exécutif convaincu, l'Unesco recherche, fin 1962, deux consultants pour rédiger un rapport sur la question, accompagné d'un avant-projet de recommandation ; Ettore Marcon (Institut central de statistique de Rome) pour la partie concernant les périodiques et Zora Steinman (Institut de Croatie) pour la partie concernant les livres, viennent travailler à Paris du 2 avril au 1er mai 1963.

En juillet 1963, l'Unesco invite les État membres à désigner des délégués pour participer à une réunion d'un Comité spécial d'experts gouvernementaux ; ce dernier, réuni à Paris du 16 au 25 mars 1964, élabore pour la 13ème session de la Conférence générale un projet de Recommandation concernant la normalisation internationale des statistiques de l'édition de livres et de périodiques, à partir des documents produits depuis 1950. Soixante-dix participants – dont de nombreux ambassadeurs et hauts fonctionnaires – participent à cette réunion, dont les langues officielles sont le français, l'anglais, l'espagnol et le russe. La Recommandation préparée est finalement adoptée par la Conférence générale fin 1964.

La même année, après des années de discussion et de tergiversation[2], la FIAB adopte une résolution soulignant l'urgence de mettre au point une statistique internationale des bibliothèques, « attendu que des données statistiques sûres et valables sur les bibliothèques du monde sont indispensables aux bibliothèques internationales et nationales et au progrès de l'éducation, surtout dans les pays en voie de développement[3] ». A partir d'octobre 1964, la FIAB joint ses efforts à ceux de l'ISO dans le cadre d'un groupe de travail chargé de compléter le projet de normalisation des statistiques de bibliothèques dont résulte notamment, lors d'une réunion à La Haye en mai 1966, un rapport qui forme la base d'une nouvelle étude menée par l'Unesco en 1967. Après différentes rencontres, discussions et amendements, le Conseil exécutif puis la Conférence générale approuvent le projet, qui se concrétise par une Recommandation concernant la normalisation internationale des statistiques relatives aux bibliothèques adoptée en 1970. Afin d'aider les pays en développement à appliquer ces Recommandations, l'Unesco organise, dans le cadre du PNUD, trois stages régionaux sur les statistiques relatives à la culture et à l'information, en 1968 pour les États arabes, en 1970 pour l'Amérique latine et en avril 1972 pour l'Afrique.

[1] Mémo de Bertrand à Saba, 7 mars 1962. Archives Unesco, dossier 04 : 31.

[2] « Résumé des travaux et principales conclusions du Stage régional d'études sur les statistiques relatives à la culture et à l'information en Afrique, Addis-Abeba, 19-26 avril 1972 », 30 juin 1972, p. 2. Archives Unesco, dossier 04 : 31.

[3] Résolution citée in « Rapport préliminaire sur la normalisation internationale des statistiques relatives aux bibliothèques », 10 juillet 1969, p. 7.

L'Accord de Florence et la Convention concernant les échanges internationaux de publications

A partir de 1946, la Commission préparatoire pour l'Unesco travaille sur un projet de convention en vue de faciliter la circulation internationale des matériels de caractère éducatif, scientifique et culturel[1]. En juillet 1948, la Division des bibliothèques organise une rencontre d'experts sur les échanges internationaux de publications ; le budget alloué, bien que modeste (2 500 dollars), permet de réunir 6 experts durant 3 jours à Paris. Cette réunion, considérée comme préliminaire à une conférence internationale de plus grande ampleur, conclut qu'il faut encourager les accords bilatéraux et qu'il n'est pas nécessaire de remplacer ou d'élargir la Convention de 1886 concernant les échanges internationaux pour les documents officiels et pour les publications scientifiques et littéraires.

Toutefois, la Conférence générale approuve, à Beyrouth en 1948, un Accord visant à faciliter la circulation internationale du matériel visuel et auditif de caractère éducatif, scientifique et culturel, et le secrétariat travaille à mettre en place une convention relative à la circulation internationale des livres, journaux et périodiques. Selon René Maheu, le DG attache une importance particulière à ce projet, qu'il classe comme prioritaire parmi les activités de l'Unesco[2]. En 1950, la Conférence générale finit par adopter, lors de sa 5ème session à Florence (1950), un Accord pour l'importation d'objets de caractère éducatif, scientifique ou culturel afin de supprimer les taxes douanières sur l'importation de livres, de périodiques et de certains matériels éducatifs.

Mais cet Accord de Florence est loin de supprimer les obstacles opposés à la libre circulation des livres, d'autant que l'Unesco n'a aucune autorité pour imposer aux États l'ayant ratifié de prendre des mesures particulières pour améliorer leur législation dans ce domaine. Le 21 septembre 1948, par exemple, la maison d'édition italienne Adriano Salani se plaint au DG des entraves bureaucratiques qui s'opposent à la circulation des livres entre l'Italie et l'étranger. Le 5 avril 1951, la Division de la libre circulation de l'information (Département de la communication de masse) reçoit un courrier de la Ligue internationale de la librairie ancienne, déplorant la nouvelle « taxe de luxe » mise en place par les Pays-Bas qui augmente les droits de douane sur les livres reliés de vélin. Quant à la Suisse, elle continue à imposer des taxes sur les livres importés de l'étranger.

En 1952, un libraire italien, Fritz Roth, envoie au DG un ouvrage intitulé *Le livre – Le libraire – La librairie*, dans lequel « il n'est question que du malaise dans lequel se débat la librairie, dans le monde entier y compris les États-Unis d'Amérique [...] Théoriquement il a été fait de grands efforts pour réaliser la libre circulation de la chose imprimée. Pratiquement il reste énormément à faire[3] ». En 1953, une réunion du comité culturel du Conseil de l'Europe incite

[1] Voir Archives Unesco, dossier 02 A 855.
[2] Mémo de Maheu à Farr, 2 mars 1949. Archives Unesco, dossier 02 A 855.
[3] Lettre de Fritz Roth au DG, 8 déc. 1952. Archives Unesco, dossier 307 A 31.

d'ailleurs l'Unesco « à maintenir ses recherches sur les obstacles à la circulation internationale des livres et à attirer l'attention des gouvernements sur ces difficultés[1] ».

La Division de la libre circulation de l'information conseille en 1955 à Stanley Unwin, président de l'Union internationale des Éditeurs, d'encourager les gouvernements belge et espagnol à éliminer des mesures législatives contraires à la libre circulation des livres. Mais bien qu'en 1956, 24 pays appliquent l'Accord de Florence et que 10 autres l'aient signé sans le ratifier, les efforts de l'Unesco n'empêchent pas l'Islande (qui n'est pas membre de l'organisation) de décréter une taxe sur les livres importés...

Toutefois, si les États occidentaux demeurent très protectionnistes, les efforts de libéralisation des supports culturels portent leurs fruits dans le Tiers monde, comme, par exemple, au Pakistan, qui supprime en 1953 toute taxe sur les livres importés suite au lobbying des éditeurs occidentaux[2]. L'Accord de Florence apparaît donc, dans un certain sens, négatif pour les pays non occidentaux, car il a « facilité, en les détaxant, les exportations de livres des pays du Nord vers ceux du Sud et a rendu beaucoup plus difficile la réciproque. [...] Loin d'atténuer les inégalités Nord-Sud dans la diffusion des livres, il les a au contraire accentuées[3] ».

Au cours d'une assemblée organisée à Paris en février 1956, à laquelle participent 13 pays (Belgique, Chili, Danemark, États-Unis, France, Grande-Bretagne, Inde, Irak, Italie, Pologne, RFA, URSS et Yougoslavie), l'importance des échanges littéraires est réaffirmée avec conviction en recommandant d'« augmenter dans le monde entier les échanges de publications pour renforcer les fondations de la compréhension[4] ». Selon Carter, cette réunion constitue une nouvelle étape et une redéfinition de la politique menée depuis 1948 dans le domaine des échanges de publications[5]. Cette même année, le DG propose, lors de la Conférence du GATT, la réduction des taxes douanières pour les produits culturels, éducatifs et scientifiques. Le secrétariat prépare 2 textes de conventions, soumis aux États membres dans un rapport préliminaire en juillet 1957. Un Comité intergouvernemental sur les échanges internationaux de publications rassemble à Bruxelles, du 28 mai au 7 juin 1958, 29 pays ainsi que des observateurs d'organisations internationales comme la FIAB, la FID, l'ISO, l'Association internationale des bibliothécaires et documentalistes agricoles et l'Association internationale des bibliothèques musicales. Julien Cain et Suzanne Honoré font partie de la délégation française, et le secrétariat de l'Unesco y envoie, de son côté, Sándor Maller[6] (Division des bibliothèques, Section

[1] Mémo de Behrstock à Schneider, 2 juillet 1953. Archives Unesco, dossier 307 A 31.

[2] Lettre d'Unwin à Behrstock, 29 juillet 1953. Archives Unesco, dossier 307 A 31.

[3] MAUREL, Chloé. « La politique internationale du livre de l'Unesco », in HAUSER, Claude, LOUE, Thomas, MOLLIER, Jean-Yves, VALLOTTON, François. *La diplomatie par le livre.* Op. cit., p. 202.

[4] Recommandations de la réunion d'experts sur les échanges de publication, février 1956. Archives Unesco, dossier 02 A 855.

[5] Lettre de Carter à John Marshall (fondation Rockefeller), 12 mars 1956. Archives Unesco, dossier 02 A 855 (5) 06 (520) « 57 ».

[6] Sándor Maller s'intègre rapidement à l'Unesco, ce qui, selon Carter, « *est toujours une expérience difficile et déroutante pour les nouveaux arrivés* ». Carter ne tarit pas d'éloges à l'égard de Sándor Maller, dont il loue

bibliographie, documentation et échanges de publications) ainsi que deux conseillers juridiques, Claude Lussier et Hanna Saba (juriste et diplomate égyptien, qui deviendra sous-directeur général de l'Unesco pour les normes internationales et les affaires juridiques dans les années 1960). Après de nombreux amendements apportés aux textes préparés par le secrétariat, en tenant compte des remarques formulées par les États membres, le Comité finalise un texte qui devient la Convention concernant les échanges internationaux de publications, adoptée par la Conférence générale lors de sa 10ème session (1958).

Ainsi que le fait remarquer le *Bulletin des Bibliothèques françaises* (BBF), « la convention concernant les échanges de publications [...] ne leur donne pas un caractère automatique et obligatoire : chaque État garde le choix de ses partenaires et du volume qu'il entend donner à ses échanges. Comme il avait été prévu en 1956, la convention servira surtout de cadre à des accords bilatéraux qui règleront les dispositions propres à chaque cas[1] ». Le *BBF* se félicite aussi que la position française ait joué un rôle déterminant lors de la réunion du Comité intergouvernemental sur les échanges internationaux de publications.

En 1967, puis fin 1973, 2 réunions sont organisées à Genève, la seconde ayant pour objectif d'« examiner non seulement, comme auparavant, l'application de l'Accord [de Florence], mais aussi son extension éventuelle à de nouvelles catégories d'objets et notamment à ceux nés des progrès techniques réalisés depuis l'adoption de l'Accord vingt-cinq ans plus tôt[2] ». Cette rencontre, suivie par 64 États, aboutit à la recommandation d'élaborer un ou plusieurs protocoles annexes à l'Accord en vue de l'octroi de nouvelles facilités ; après plusieurs réunions d'un nouveau comité d'experts et la préparation d'un projet de protocole par le secrétariat, la Conférence générale adopte finalement le « protocole de Nairobi », en novembre 1976.

Ce dernier élargit le champ d'application de l'Accord de Florence « en étendant les avantages offerts par ce dernier à de nouveaux objets et en octroyant de nouveaux avantages à certains objets déjà visés », et contribue, en précisant que l'exonération de franchise douanière n'est plus « limitée aux livres présentant un caractère éducatif, scientifique ou culturel », à accentuer le déséquilibre des échanges de livres entre pays occidentaux et non occidentaux[3]. Toutefois, le protocole permet aussi, pour la première fois, de supprimer les droits de douane sur l'importation d'objets tels que les « matières et machines servant à la fabrication des livres, publications et documents », et il prend en compte certaines demandes des pays non occidentaux, par exemple, la non obligation d'appliquer l'ensemble des clauses du protocole ou encore le fait que les livres destinés aux établissements d'enseignement supérieur exemptés de droits de douane doivent avoir été adoptés ou recommandés comme manuels par les

---

l'enthousiasme, l'intelligence et les qualités à la fois personnelles et professionnelles. Lettre de Carter à Béla Varjas, 5 février 1957. Archives Unesco, dossier 02 (439.1) AMS/A 373.

[1] « Comité intergouvernemental sur les échanges internationaux de publications (UNESCO) », in *Bulletin des Bibliothèques françaises*, 1958, n° 6, p. 455.

[2] « L'Accord de Florence et son protocole de Nairobi », Unesco, 1999 (5ème édition).

[3] MAUREL, Chloé. « La politique internationale du livre de l'Unesco ». Op. cit., p. 202.

établissements du pays importateur et explicitement commandés par eux. Il précise aussi que les États contractants s'engagent « à encourager, par des mesures appropriées, la libre circulation et la libre distribution des objets et matériels de caractère éducatif, scientifique ou culturel produits dans les pays en développement », en soulignant que « l'insertion de cette nouvelle disposition dans le Protocole est le résultat des efforts déployés par l'Unesco pour faciliter, non seulement la libre circulation de l'information, mais aussi un échange d'informations réciproque et équilibré entre pays développés et pays en développement[1] ».

La Convention universelle sur le droit d'auteur

Dans le domaine normatif, la réalisation la plus connue de l'Unesco est sans conteste la Convention universelle sur le droit d'auteur ; adoptée en 1952, elle entre en vigueur le 6 septembre 1955. Sa gestation remonte à l'entre-deux-guerres, lorsque l'Union de Berne et l'IICI coordonnent l'introduction de droits de la propriété intellectuelle à l'échelle mondiale, initiant « une coopération étroite entre gouvernements, experts juridiques et réseaux sociaux transnationaux d'auteurs et d'éditeurs. […] L'OCI, en particulier, a mis en place une structure organisationnelle qui a ouvert la voie à une coopération multilatérale entre délégués de différents États, fonctionnaires d'organisations internationales et artistes ou industries d'exploitation qui travaillaient au quotidien dans les conditions d'un marché globalisé des biens culturels[2] ».

Dès le mois de juin 1946, la Division des bibliothèques de l'Unesco se penche sur la question du droit d'auteur en reprenant les travaux effectués par l'OCI et l'IICI, en particulier ceux qui concernent les conférences diplomatiques de Bruxelles[3]. En septembre 1946, André de Blonay (IICI) mentionne qu'« en coopération avec l'Union internationale pour la protection des œuvres littéraires et artistiques, l'Institut a accompli un travail préliminaire utile afin de préparer une nouvelle Convention sur le droit d'auteur. L'Unesco va sans aucun doute récupérer ce dossier[4] ». L'un des premiers soucis de l'Unesco est « de veiller à la protection des droits des créateurs de l'esprit, de demander qu'ils fussent reconnus et respectés et qu'ainsi fussent garanties la liberté d'expression et l'indépendance matérielle de l'auteur, sans laquelle il n'y a ni science, ni art, ni littérature[5] ».

En 1947, la Conférence générale convoque un comité d'experts en matière de copyright pour examiner la situation et indiquer la conduite à adopter à

---

[1] « L'Accord de Florence et son protocole de Nairobi ». Op. cit.

[2] LÖHR, Isabella. « La Société des Nations et la mondialisation du droit d'auteur entre les deux guerres ». Op. cit., p. 183-184.

[3] Lettre de Carter à Massoulier (IICI), 27 juin 1946. Archives Unesco, dossier 001.83 A 01 IIIC

[4] Archives Unesco, dossier 001.83 A 01 IIIC.

[5] BEDEL, Maurice. « Problèmes humains du droit d'auteur », in Unesco. *Les droits de l'esprit*. Liège : Sciences et Lettres / Paris : Librairie du recueil Sirey, 1950, p. 76.

l'Unesco[1]. Malgré une consultation des États membres par lettre circulaire peu probante, la décision est prise en mai 1947 de réunir un comité d'experts sur le sujet. L'Unesco souhaite également recruter un expert-consultant sur la question ; sont envisagées les candidatures du Français François Hepp, de l'Allemand (naturalisé Hollandais) Hish Ballin et du Tchécoslovaque Javoslav Stein. Jean Thomas soutient fermement la candidature de François Hepp, « présenté par le gouvernement français et qu'[il] connaît personnellement depuis longtemps[2] », finalement recruté en juillet 1947. En août, c'est donc Hepp qui prépare la conférence sur le droit d'auteur, programmée en septembre 1947, et pour laquelle il propose un budget de 8 000 $. Cette réunion a pour objectif de conseiller l'Unesco sur l'action à entreprendre dans le domaine de la propriété littéraire, artistique et scientifique, sur sa participation à la Conférence internationale envisagée pour 1948 et sur les mesures à prendre pour l'établissement d'un projet de texte de convention universelle.

Dès le départ, l'Unesco apparaît partagée entre 2 objectifs difficiles à concilier, la protection du droit des auteurs d'un côté, et la libre circulation des livres de l'autre :

> *L'Unesco, qui s'est vouée à promouvoir l'influence pacificatrice et libératrice des œuvres de l'esprit humain, se doit de favoriser l'activité des créateurs intellectuels par une efficace sauvegarde de leur dignité professionnelle et de leur sécurité matérielle. […]*
>
> *Chaque procédé nouveau de communication au public des œuvres de l'esprit rend possible de nouvelles formes de diffusion susceptibles de tourner à la déformation de la pensée de l'auteur ou de permettre qu'on le dépouille indûment des fruits de son travail. […]*
>
> *Mais la nécessité de sauvegarder les droits de l'auteur ne constitue pas le seul aspect du problème. L'auteur crée, non pas seulement pour lui-même et pour s'assurer des moyens d'existence : il crée pour communiquer au public sa pensée et les œuvres de son génie […] Sans négliger, pour autant, la sauvegarde des droits des créateurs, l'objectif essentiel de l'Unesco est – il faut insister – d'assurer cette libre communication spirituelle […]*
>
> *L'Unesco souhaite qu'un statut universel du Droit d'Auteur soit propre à favoriser, à consacrer et à sanctionner l'existence d'une véritable communauté d'efforts au sein de laquelle les créateurs, les exploitants économiques et le public lui-même collaborent à la pacifique prospérité spirituelle du Monde*[3].

Ainsi, argumente l'organisation, « à la notion purement statique et revendicatrice du Droit d'Auteur qui ne voit dans la législation que le moyen de défendre le créateur intellectuel contre d'injustes atteintes et de lui permettre de conserver égoïstement ses droits, l'Unesco substitue la notion dynamique et finaliste de la connaissance humaine à répandre parmi tous les peuples[4] ». L'organisation reconnaît par ailleurs que chaque État a des besoins différents en

---

[1] « Compte-rendu de réunion sur la question du copyright » par Jean Thomas, 29 mai 1947. Archives Unesco, dossier 347.78 A 102/064 (44) « 47 ».

[2] Mémo de Thomas au DG, juillet 1947. Archives Unesco, dossier 347.78 A 102/064 (44) « 47 ».

[3] « Exposé préliminaire sur le droit d'auteur », 27 août 1947. Archives Unesco, dossier 347.78 A 102/064 (44) « 47 ».

[4] « Rapport introductif » préparé par Hepp, non daté (fin 1947-début 1948). Archives Unesco, dossier 347.78 A 102/064 (44) « 47 ».

termes de droit d'auteur selon sa situation et sa production culturelle et scientifique.

Lorsque l'Unesco invite à la réunion de septembre 1947 une dizaine d'experts et de structures (telle l'Union panaméricaine), elle en omet certaines, dont la Confédération internationale des sociétés d'auteurs et compositeurs, qui proteste auprès du DG de ce que l'Unesco invite des associations « de caractère soit diplomatique, soit privé[1] ». Julian Huxley rappelle alors, dans un mémo confidentiel à plusieurs collaborateurs, combien la question du droit d'auteur évolue en « terrain miné » ; il considère que la conférence prévue par l'Unesco doit se montrer indépendante à la fois de Berne et de Washington, et qu'il faudrait idéalement la tenir dans le cadre de l'ONU ou dans un pays qui n'adhère à aucune Convention existante, comme la Chine[2].

Plusieurs points de litige subsistent alors entre les législations européenne et américaine, en particulier en ce qui concerne le choix de la législation à appliquer selon la nationalité de l'auteur et le lieu de publication, l'absence ou l'obligation de formalités administratives pour bénéficier du droit d'auteur, la question du droit moral et la durée de protection des œuvres. Américains et Européens ne partagent pas la même vision philosophique et recherchent un compromis juridique leur permettant d'harmoniser leurs approches sans renoncer à leurs points de vue[3].

Entre 1947 et 1950, le secrétariat de l'Unesco (au sein duquel est créé un Service du droit d'auteur en 1948) poursuit un travail de sensibilisation des États membres et provoque, en juillet 1949, une seconde réunion sur le sujet. Parmi les nombreuses organisations nationales et internationales invitées cette fois à envoyer un observateur, les structures américaines sont prédominantes : Bibliothèque du Congrès, *American Book Publishers Council, American Library Association, American Textbook Publishers Institute, National Association of Broadcasters, Motion Picture Association, Authors' League of America Inc, National Association of Magazine Publishers, Composers Authors Guild, American Society of Composers, Songwriters' Protective Association, Association of American University Press*, etc.

Aux États-Unis, où la Convention de Washington remplace la Convention de La Havane depuis juin 1946 mais peine à obtenir des ratifications (et ne compte que 5 pays adhérents en 1952), le droit de la propriété intellectuelle demeure un sujet sensible :

> *On ne dira jamais assez l'importance que revêt pour les États-Unis d'Amérique la Convention dite « de l'Unesco » dans le domaine du droit d'auteur. Sur le point de quitter l'Organisation, le Gouvernement américain avait procédé à une étude très approfondie des avantages et des désavantages de leur retrait éventuel et il s'était révélé que le retrait n'affecterait pas le fonctionnement de la Convention en ce qui concerne les « œuvres américaines » qui sont la source de milliards de revenus. C'est dire l'importance*

---

[1] Lettre de Jouglet au DG, 10 sept. 1947. Archives Unesco, dossier 347.78 A 102/064 (44) « 47 ».

[2] Mémo du DG à Thomas, Hepp et Laves, 15 sept. 1947. Archives Unesco, dossier 347.78 A 102/064 (44) « 47 ».

[3] Lettre de Schulman à Strauss, 21 mai 1952. Archives Unesco, dossier 347.78 A 102 « - 66 ».

de la responsabilité de Luther H. Evans à la Conférence de Genève [1952] où ses démarches étaient étroitement suivies par les nombreux intérêts privés concernés[1].

C'est dans ce contexte que le Département d'État américain déclare début 1950 à l'Unesco qu'il est favorable à la mise en œuvre d'une convention universelle ouverte à tous les pays (y compris aux États non membres de l'Unesco). Une majorité de pays occidentaux sont également favorables à une législation internationale. La plupart estiment toutefois que la nouvelle convention ne doit, ni remplacer, ni rendre caduques, les conventions existantes, aussi l'Unesco doit-elle envisager une convention qui permette d'atteindre un compromis entre les différentes positions.

Après diverses discussions et une réunion à Washington, du 23 octobre au 4 novembre 1950, l'Unesco transforme son service du droit d'auteur en Division et recrute l'Américain Arpad Bogsch pour seconder François Hepp. Afin de répondre aux attentes des pays asiatiques et latino-américains, une lettre circulaire, envoyée le 23 janvier 1951, évoque aussi l'idée d'assouplir le droit d'auteur pour faciliter la libre circulation des œuvres et leur traduction dans les pays en développement – proposition acceptée *a priori* par les Occidentaux dont les États-Unis et la France, cette dernière déclarant à ce sujet :

Le Gouvernement français [...] reconnaît qu'il convient de donner satisfaction, dans une certaine limite, aux besoins culturels des pays dont la production intellectuelle est insuffisante et d'assurer, dans ces pays, la diffusion des œuvres de l'esprit écrites dans d'autres langues. Il admet, en conséquence, que, pour remédier aux difficultés d'établissement des contacts entre les personnes désirant effectuer une traduction et les auteurs et éditeurs de l'œuvre originaire, on introduise, à titre transitoire, certains aménagements au régime de droit exclusif, de manière à permettre la multiplication des traductions correctes[2].

Du 18 au 23 juin 1951, pendant la Conférence générale, l'Unesco organise une réunion intergouvernementale afin de « mettre au point avec soin le projet de texte de Convention universelle[3] ». L'enjeu étant important, l'organisation se mobilise : Jean Thomas trouve des crédits pour la location d'un local extérieur et la mise à disposition du personnel nécessaire à une semaine de réunion ; une centaine de structures sont invitées à envoyer un observateur. Un avant-projet de convention est défini, ce qui pousse Hepp à déclarer : « il n'y a plus qu'à aller de l'avant avec une énergie pleine de prudence. Il reste des obstacles à franchir (ou à réduire), certes, mais, tout compte fait, nous avons tout de même effectué un sérieux pas en avant, il me semble...[4] ». En août 1951, l'Unesco envoie cet avant-projet aux États membres, tandis que du côté américain les réunions se multiplient[5].

Les échanges de courrier informels et techniques sont nombreux entre la Division du droit d'auteur, le *Copyright Office* de Washington, le Département

[1] BOLLA, Gérard. « Luther H. Evans, "librarian" et Directeur général ». Op. cit., 2002.
[2] Lettre du MAE au DG, 4 avril 1951. Archives Unesco, dossier 347.78 A 102 «-66 ».
[3] Lettre de Hepp à Fischer, 9 avril 1951. Arch Unesco, dossier 347.78A064 (44) « 51 ».
[4] Lettre de Hepp à Bodenhausen, 11 juillet 1951. Archives Unesco, dossier 347.78 A 064 (44) « 51 ».
[5] Voir Archives Unesco, dossier 347.78 A 102 « - 66 ».

d'État américain et les bureaux de l'Union de Berne. Luther Evans (alors bibliothécaire du Congrès et membre du Conseil exécutif de l'Unesco), très investi sur la question, rencontre à plusieurs reprises les membres de la Division du droit d'auteur lors d'un voyage à Paris en octobre 1951.

Parmi les questions litigieuses figurent l'éventuelle mise en place d'une administration spécifique afin de gérer la Convention universelle sur le droit d'auteur (avec un comité permanent, des publications, des réunions régulières...), et le fait de faire prendre en charge une telle administration par une structure qui se réunirait aux Bureaux de l'Union de Berne. Le DG, comme François Hepp, estiment que l'Unesco pourrait assurer l'administration de la Convention universelle de manière transitoire, et Hepp entreprend un véritable lobbying dans ce sens auprès de ses interlocuteurs.

Bogsch, envoyé au titre d'observateur par l'Unesco à une réunion sur le droit d'auteur organisée par l'Organisation des États Américains (OEA) du 14 au 17 janvier 1952, se félicite de ce que « le résultat de la réunion est, du point de vue de l'Unesco, entièrement satisfaisant et ne pouvait être meilleur[1] ». Les experts participants à cette réunion tombent en effet d'accord, à l'unanimité, sur le fait qu'en cas de conflit entre la convention universelle et d'autres traités, les dispositions de la convention universelle l'emporteront sur les autres. L'Unesco tente aussi, non sans difficultés, d'assouplir le point de vue des États-Unis sur les questions des formalités administratives (pour bénéficier du droit d'auteur) et de la durée de protection, et de les convaincre d'accepter de déposer la convention universelle auprès de l'Unesco et non auprès des Nations Unis.

Par ailleurs, l'un des principaux obstacles à l'adhésion des États-Unis est la « *manufacturing clause* », une clause protectionniste du droit américain, soutenue par la puissante *American Federation of Labour*, qui prévoit que parmi les livres de langue anglaise, seuls ceux imprimés aux États-Unis peuvent jouir de la protection du droit d'auteur. Une véritable bataille politique et parlementaire se joue autour de cette « *manufacturing clause* », opposant d'une part, les partisans de l'*American Federation of Labour* et les membres du Congrès favorables aux intérêts des imprimeurs américains et, d'autre part, le *Copyright Office*, le Département d'État et les tenants de la convention universelle (qui se regroupent au sein du *National Committee for the Universal Copyright Convention*). Les États-Unis apparaissent extrêmement divisés sur la question, et c'est finalement le *Copyright Office* qui joue le rôle de leader pour faire adopter le projet de convention universelle de l'Unesco.

Les efforts conjugués de ces partenaires aboutissent à la tenue à Genève, du 18 août au 6 septembre 1952, d'une Conférence intergouvernementale, à laquelle participent 50 États afin de discuter du texte de la Convention et en particulier du « brûlant problème du droit de traduction qui [est] le plus délicat à résoudre[2] ». De nombreuses ONG y participent, ainsi que des organisations onusiennes désireuses « d'obtenir pour elles une protection expresse sur leurs

[1] Mémo de Bogsch au DG, 30 janvier 1952. Archives Unesco, dossier 347.78 A 102 « - 66 ».
[2] Lettre de Hepp à Penna, 30 sept. 1953. Archives Unesco, dossier 347.78 A 102 « - 66 ».

créations, à l'époque surtout des livres et des documents[1] ». Finalement, les délégués s'accordent pour adopter la Convention le 6 septembre 1952, qui constitue « une date importante dans l'histoire de l'Unesco[2] ». L'organisation augure en effet que « l'entrée en vigueur de la Convention exercera sans nul doute une influence profonde sur le régime international du droit d'auteur et ouvrira la voie à une entente plus large, plus complète et plus précise[3] ».

Présentant certaines lacunes, la Convention est envisagée comme une première étape perfectible car « il s'agit surtout de réunir le plus grand nombre possible de participants qui, lorsqu'ils auront ratifié la Convention, auront l'occasion de se rencontrer, dans les conférences de révision, et de perfectionner leur œuvre dans le sens le plus favorable qu'il soit possible de souhaiter[4] ».

Certains gouvernements et spécialistes désapprouvent néanmoins le texte adopté ; plusieurs articles très critiques sont publiés, par exemple dans l'*Austrian Journal of Industrial Property and Authors' Rights* (en allemand) et dans la revue de la *Sociedad de Autores* du Guatemala (en espagnol). Dans ces conditions, la ratification s'effectue au compte-gouttes. Contrairement aux optimistes prévisions de l'Unesco, si les signatures sont nombreuses au départ (40 au 5 janvier 1953, sur 50 pays présents à Genève), 3 États de plus seulement ont ratifié la Convention en août 1954 : Andorre, le Cambodge et le Pakistan. Certains pays occidentaux (Belgique, Espagne, France, Mexique), prêts à entériner la Convention, préfèrent d'abord être certains de la ratification par les États-Unis. Le principal intérêt de la convention, en effet, réside dans la participation des États américains, et surtout des États-Unis. Sans la ratification de ces derniers, la plupart des pays européens n'ont aucun intérêt à y adhérer et peuvent très bien se contenter de rester régis par la Convention de Berne.

François Hepp se renseigne discrètement sur « les bruits et les informations concernant la ratification éventuelle par les États-Unis », l'Unesco étant intéressée par le fait de « savoir de quelle manière réagissent en général les milieux intéressés – c'est-à-dire les Sociétés d'auteurs et les divers milieux industriels, éditeurs, industries phonographiques, industries cinématographiques, radiodiffusion et télévision[5] ». En juin 1953, Eisenhower transmet la Convention au Sénat, accompagnée d'un rapport du secrétaire d'État John Foster Dulles qui recommande l'adhésion et détaille les avantages pour les États-Unis. Mais Bogsch se montre prudent et rappelle qu'« il faut être prophète – et bon prophète ! – pour pouvoir dire si les États-Unis ratifieront ou non la Convention[6] ».

Certains États précisent aussi leur attitude : le Mexique, par exemple, attend non seulement la ratification par les États-Unis, mais souhaite également connaître la position de l'Espagne et de l'Argentine avant de s'engager. Quant au

[1] BOLLA, Gérard. « Luther H. Evans, "librarian" et Directeur général ». Op. cit., 2002.
[2] Mémo du DG à Thomas, 8 sept. 1952. Archives Unesco, dossier 347.78 A 102 « - 66 ».
[3] Document de présentation de la Convention universelle sur le droit d'auteur, octobre 1954, p. 3. Archives Unesco, dossier 347.78 A 102 « - 66 ».
[4] Lettre de Hepp à Bobbio, 18 nov. 1953. Archives Unesco, dossier 347.78 A 102 « - 66 ».
[5] Lettre de Hepp à La Chapelle, 18 mars 1953.
[6] Lettre de Bogsch à Schönherr, 30 juillet 1953.

Laos, il annonce à l'Unesco son intention d'adhérer à la Convention, mais seulement « lorsque le nombre des écrivains laotiens sera suffisamment important pour la motiver[1] ». En Allemagne, l'Union des Écrivains proteste contre la Convention, qui, selon elle, fait la part belle à la conception américaine du *copyright* et montre de l'hostilité et du mépris envers les auteurs[2]. Au Guatemala, la Société des auteurs appelle le gouvernement à ne pas adhérer à la Convention, car celle-ci ne traite pas du droit moral, protège trop peu les auteurs et n'apporte pas de réponse satisfaisante sur la question de la traduction[3]. Une même réticence semble toucher divers pays d'Amérique latine : Argentine, Cuba, Chili, Bolivie en particulier. En 1953, Penna entreprend alors en Amérique latine des démarches « utiles pour hâter les ratifications et les adhésions, lorsqu'elles sont envisagées, et pour modifier les opinions défavorables dans la mesure du possible[4] ».

De son côté, l'Espagne se lance rapidement dans la procédure de ratification, car elle est intéressée par la protection des œuvres dont elle est largement exportatrice en Amérique latine. François Hepp se rend, quant à lui, au Caire en 1953 pour y prononcer une conférence sur la Convention et appuyer les efforts menés par Taha Hussein afin de faire adhérer l'Égypte à cet instrument, mais sans succès puisque, dans une lettre du 27 février 1956, le gouvernement égyptien informe l'Unesco de sa décision de ne pas adhérer à la Convention. Par ailleurs, de nombreux pays comme l'Inde, le Danemark ou le Mexique ne peuvent ratifier la Convention sans modifier auparavant la législation existante, ce qui nécessite un délai assez long. L'Inde, par exemple, met près de 2 ans pour réviser sa législation sur le droit d'auteur, entre 1955 et 1957 – et suscite de nombreuses polémiques dans le pays –, en s'appuyant notamment sur le chapitre consacré au droit d'auteur de l'ouvrage *Le livre dans le monde*, publié par l'Unesco en 1956[5].

Enfin, certains pays rejettent les fondements idéologiques de la Convention, tel le Vietnam qui écrit en 1953 à l'Unesco : « le système de protection adopté par la convention, notamment dans les articles 4 et 5, ne concorde pas tout à fait avec notre conception selon laquelle l'œuvre littéraire, artistique ou scientifique doit être considérée comme un bien social contribuant aux progrès de la communauté[6] ». Le Vietnam ajoute : « d'un point de vue pratique, notre position est commandée par l'intérêt culturel du Vietnam qui, appartenant à la catégorie des pays dits consommateurs, a grand besoin d'enrichir son patrimoine littéraire, artistique ou scientifique grâce aux apports étrangers[7] ». François Hepp rencontre à Paris le secrétaire général de la commission nationale vietnamienne

[1] Lettre du ministre des Affaires étrangères laotien au DG, 3 avril1953.

[2] Article publié dans l'*Austrian Journal of Industrial Property and Authors' Rights* (en allemand), traduit par William Strauss, 14 décembre 1953.

[3] Article publié dans l'*Austrian Journal of Industrial Property and Authors' Rights*, résumé en anglais dans la lettre de Fischer à Bogsch, 30 décembre 1953.

[4] Lettre de Hepp à Plinio Bolla, 14 avril 1953.

[5] Lettre du journal *Prakashan Samachar* au DG, 25 sept. 1956. Archives l'Unesco, dossier 307 A 31.

[6] Lettre de Nguyen Thanh Giung au DG, 23 janvier 1953. Archives l'Unesco, dossier 307 A 31.

[7] Ibid.

et sollicite Buu Kinh (délégué à l'Assemblée de l'Union française à Paris) afin qu'il intervienne auprès des autorités de son pays. En vain : le Vietnam n'adhérera jamais à la Convention,

De leur côté, les pays communistes rejettent eux aussi la Convention et sa conception individualiste de la propriété intellectuelle. En mission en Yougoslavie en 1957, Jean Thomas se voit recommander de mentionner « aux autorités yougoslaves l'opportunité qu'il y aurait pour ce pays de ratifier la Convention universelle sur le droit d'auteur dans un avenir prochain », ce qui « impliquerait l'établissement de rapports conventionnels entre la Yougoslavie et certains pays du continent américain et du continent asiatique qui appartiennent à la Convention universelle et qui n'appartiennent pas à la Convention de Berne dont fait partie la Yougoslavie depuis un certain temps[1] ». Si Cuba est adhérente de la Convention depuis 1957 (date à laquelle Castro n'était pas encore au pouvoir), la Tchécoslovaquie devient le premier pays communiste à adhérer à la Convention en 1959, suivi par la Yougoslavie en 1966, la Hongrie en 1970, puis l'URSS en 1973 (dans sa vision révisée).

En septembre 1954, Jean Thomas assiste à Vienne à la XLIIIe Conférence interparlementaire, où il contribue à l'adoption d'une résolution concernant « Les efforts tendant à une protection universelle du droit d'auteur », puis plaide – sans grand succès – la cause de la Convention lors d'une mission au Japon en octobre :

> *Je me suis entretenu de l'éventuelle ratification de la Convention par le Japon avec M. Haguiwara et avec le Comité permanent de la Commission nationale, où figure le chef du service compétent au Ministère de l'Éducation. Dans les deux cas, la réponse a été très réservée, sinon négative. Le droit de traduction est toujours la pierre d'achoppement. Le Japon a conclu avec certains pays, notamment les États-Unis, des arrangements directs qui le satisfont et ne lui donnent pas envie d'étendre ses obligations. D'autre part, le Japon attend de connaître l'attitude des autres pays avant de s'engager dans la voie de la ratification. Mes explications et mes informations ont été accueillies avec intérêt, mais mon impression est que le Japon n'est pas prêt pour une ratification prochaine*[2].

La même année, l'Unesco se lance, en partenariat avec les Bureaux de Berne (BIRPI), dans la préparation d'un recueil des lois sur le droit d'auteur dont la vocation est de rassembler les textes législatifs nationaux et internationaux ayant trait au droit d'auteur dans le monde[3]. La version de ce recueil en anglais est déjà en cours de préparation en coopération avec le *Copyright Office* de Washington et le *Board of Trade* du Royaume-Uni. Dans ce cadre, Díaz Lewis est envoyé à Washington en octobre-novembre 1954 pour travailler à la compilation des législations du droit d'auteur ; il devient ensuite chef de la Section du droit d'auteur le 1er mars 1955, après le départ à la retraite de François Hepp. De son côté, l'Union interparlementaire prépare, avec l'aide de l'Unesco, un document

[1] Notes pour l'établissement du Mémo du DG à Jean Thomas sur sa mission en Yougoslavie, 19 sept 1957. Archives Unesco, dossier X07.83 Thomas.

[2] THOMAS, Jean. « Rapport au Directeur général sur ma mission en Thaïlande, au Japon et en Grèce », 27 oct 1954. Archives Unesco, dossier X07.83 Thomas.

[3] Lettre du DG au directeur des Bureaux de Berne, 21 février 1954. Archives l'Unesco, dossier 307 A 31.

pour sensibiliser les parlementaires à la question du droit d'auteur afin qu'ils encouragent la ratification de la convention universelle.

En mai 1954, l'Unesco organise à Paris une réunion du Comité intérimaire sur le droit d'auteur ; un point y est fait sur les ratifications reçues (Andorre, Cambodge, Pakistan), les ratifications votées mais non encore officiellement déposées (Costa Rica, Espagne, Haïti, Libéria), les pays ayant engagé une procédure de ratification (Chili, États-Unis, Luxembourg, Colombie), et enfin les pays en train de réfléchir à une possible ratification (Allemagne, Argentine, Autriche, Danemark, Italie, Mexique, Pays-Bas, Panama, Pérou, Suisse et Uruguay). Le Comité intérimaire encourage le secrétariat « à continuer l'étude des droits moraux de l'auteur et des héritiers[1] », en tenant compte des divergences de vues. A ce sujet, le Comité de liaison des organisations internationales dans le domaine des Arts et Lettres regrette, en 1955, que « les doctrines souvent opposées qui se sont formées au sujet du droit moral n'[aie]nt pas permis aux auteurs de la Convention d'y inscrire une disposition explicite et formelle prévoyant la protection sans réserve du droit moral[2] ».

Au niveau européen, la Convention demeure largement controversée par les acteurs culturels, Isabella Löhr rappelant qu'« elle concrétisait certes l'objectif central de la SDN en offrant une protection universelle aux auteurs, au-delà du rayon d'action géographique de l'Union de Berne, mais la protection juridique contenue dans cette convention restait bien modeste par rapport aux aspirations des projets ambitieux de l'entre-deux-guerres[3] ».

Dans ce contexte, la nouvelle de la ratification de la Convention par le Congrès des États-Unis le 28 juin 1954 est vécue comme une grande victoire au sein du secrétariat de l'Unesco ; les modifications de la fameuse « *manufacturing clause* » (permettant la ratification officielle et l'application de la Convention) sont votées le 3 août par la Chambre des Représentants puis le 18 août par le Sénat, et l'Acte de ratification signé par Eisenhower le 5 novembre et déposé auprès de l'Unesco le 6 décembre 1954 – qualifié par François Hepp comme « l'un des plus beaux jours de [sa] vie[4] ». A partir de cette date, les adhésions et ratifications se multiplient : adhésion du Costa Rica le 7 décembre 1954 ; ratification du Chili le 17 janvier 1955, d'Israël le 6 avril 1955, de la RFA le 3 juin 1955, de Monaco le 16 juin 1955, du Saint Siège le 5 juillet 1955, du Luxembourg le 15 juillet 1955. La Convention entre officiellement en vigueur le 16 septembre 1955 pour les douze États y ayant officiellement adhéré : Andorre, Cambodge, Chili, Costa Rica, Espagne, États-Unis, Haïti, Israël, Laos, Monaco, Pakistan, RFA.

Dans le même temps, cependant, des pays comme les Philippines ou le Salvador, au grand dam de l'Unesco, envisagent de voter différentes lois

[1] Compte-rendu de la 1ère session du Comité de liaison dans le domaine des Arts et Lettres, octobre 1955, p. 5. Archives Unesco, dossier 7A 01 LCIOAL.
[2] Ibid.
[3] LÖHR, Isabella. « La Société des Nations et la mondialisation du droit d'auteur entre les deux guerres ». Op. cit., p. 195.
[4] Lettre de Hepp à Fischer, 9 novembre 1954. Archives Unesco, dossier 347.78A102 «- 66 »

protectionnistes allant dans le sens inverse de celui prôné par la Convention universelle. Le Département d'État américain, comme l'*American Book Publishers Council,* n'hésiteront pas, d'ailleurs, afin de protéger leurs intérêts économiques, à s'immiscer largement dans le processus législatif des Philippines, en s'élevant en 1954-1955 contre le projet de « manufacturing clause » (le *Gonzales bill*) – copié de la législation américaine supprimée courant 1954. Rappelons que les Philippines, après avoir été une colonie espagnole de 1565 à 1898, passent sous contrôle des États-Unis avant d'accéder à l'indépendance en 1946 par le Traité de Manille. Leur législation nationale concernant le droit d'auteur (*Philippines Copyright Statute*) date de 1924.

Par la voix de son directeur Dan Lacy, l'*American Book Publishers Council* demande à Luther Evans d'intervenir au nom de l'Unesco auprès de la délégation des Philippines afin de les inciter à adhérer à la Convention universelle et d'oublier leur projet de *Gonzales bill*[1]. Lacy justifie sa demande en expliquant que même si la volonté des Philippines d'imprimer sur leur propre territoire leurs manuels scolaires est légitime, le *Gonzales bill* conduirait à une large baisse du commerce de manuels scolaires entre les États-Unis et les Philippines et donc à un piratage « odieux » (*obnoxious*) et « immoral » des manuels américains par les Philippins. Arthur Fischer écrit lui aussi à Luther Evans pour exprimer les inquiétudes du *Copyright Office* et des éditeurs américains face au projet législatif philippin, présenté comme une menace pour la Convention universelle sur le droit d'auteur, car il offrirait un mauvais exemple aux autres pays, notamment en Extrême-Orient[2].

Suite à ces courriers, l'Unesco (Evans, Thomas et Solomon V. Arnaldo, directeur de l'Office de l'Unesco à New York) s'emploient à convaincre le président de la délégation philippine à la Conférence générale, Mariano V. de los Santos, de plaider la cause de la Convention auprès de son gouvernement. L'Unesco et les États-Unis ont finalement gain de cause, le Sénat philippin votant la ratification de la Convention universelle en mai 1955 – ce qui constitue, selon Díaz Lewis, « une très bonne nouvelle, particulièrement pour les États-Unis[3] ». Les Philippines adhèrent officiellement à la Convention le 19 août 1955. Cette victoire est cependant de courte durée, car les pressions exercées par un organisme américain de collecte de droits sur les stations de radiodiffusion philippines (support normalement non concerné par la Convention) servent de prétexte au gouvernement philippin pour revenir sur sa décision. Les Philippines indiquent ainsi le 7 novembre 1955 qu'elles souhaitent se retirer de la Convention.

Si du point de vue juridique, la procédure de dénonciation est prévue par l'article XIV et peut prendre effet après un délai d'un an, l'Unesco s'inquiète de l'émotion qu'une telle dénonciation pourrait provoquer au niveau international. Malgré une rencontre entre l'ambassadeur philippin M. Lopez et Maheu à l'Unesco le 15 novembre 1955, le gouvernement philippin entame

[1] Voir Archives Unesco, dossier 347.78A102 «- 66 »

[2] Lettre de Fischer à Evans, 30 novembre 1954. Archives Unesco, dossier 347.78A102 «- 66 ».

[3] Mémo de Díaz Lewis au DG, 24 juin 1955. Archives Unesco, dossier 347.78A102 «- 66 »

officiellement une procédure de retrait d'adhésion (nécessitant l'accord des autres États adhérents à la Convention) le 16 novembre 1955.

Les juristes de l'Unesco, notamment Hanna Saba, conseillent au DG et à l'Unesco d'adopter une attitude de stricte neutralité dans cette situation[1]. De son côté, le Département d'État américain – qui tente de faire pression sur le gouvernement philippin pour le faire changer d'avis – incite officieusement l'Unesco à retarder l'envoi du courrier aux États adhérents à la Convention sollicitant leur accord sur le retrait des Philippines. Le directeur de l'*American Book Publishers Council*, Dan Lacy, intervient aussi le 20 janvier 1956 auprès du (Philippin) Solomon Arnaldo. Ce dernier écrit alors à la secrétaire de la commission nationale philippine le 24 janvier 1956, afin de lui suggérer de recourir à l'Unesco pour une interprétation claire et sans équivoque du contenu de la Convention, afin de lever les « incompréhensions techniques » qui semblent avoir eu lieu par rapport au texte, aux Philippines.

Mais cette initiative est très mal perçue par le secrétariat de l'Unesco, en particulier le DG « fâcheusement impressionné par [...] l'initiative de M. Arnaldo, qui lui a paru inopportune[2] » ainsi que Díaz Lewis qui « craint toujours que des gens non avisés puissent penser que l'Unesco, dont le seul rôle est d'être le dépositaire de la Convention, veuille donner une interprétation à ses dispositions[3] ». L'affaire est embarrassante, car seule la Cour internationale de justice peut donner une interprétation de la Convention – avec laquelle l'Unesco n'a rien à voir, à part le fait d'en être dépositaire[4]. L'Unesco adopte finalement une attitude attentiste prudente dans cette affaire.

Son attitude est identique lorsqu'elle reçoit, le 9 décembre 1957, une lettre du Panama, qui proteste contre le fait que les États-Unis aient décrété fin 1954, dans le cadre de leur ratification de la Convention, que celle-ci était applicable à la zone du canal de Panama, territoire contôlé par les États-Unis depuis la signature du Traité Hay-Bunau-Varilla en 1903. Refusant de se soumettre au Département d'État, qui lui demande de garder cette protestation secrète ou de retarder sa divulgation[5], l'Unesco applique sa règle de neutralité en envoyant une lettre d'information ainsi qu'une copie de la lettre du Panama aux États membres dès février 1958, puis en faisant circuler la réponse des États-Unis. Une confrontation similaire a lieu lorsque le Royaume-Uni étend la Convention au Bornéo du nord en février 1963 – décision rejetée par les Philippines en mai 1963.

Le secrétariat de l'Unesco continue par ailleurs à inciter les États à adhérer à la Convention, avec un certain succès. La France et la Suisse adhèrent en 1955, le Japon, le Libéria, l'Islande et le Portugal en 1956, l'Italie, le Mexique, l'Équateur, Cuba, le Royaume-Uni et l'Inde en 1957, etc. En 1974, 63 États sont adhérents à la Convention universelle sur le droit d'auteur.

---

[1] Voir Archives Unesco, dossier 347.78A102 «- 66 »
[2] Mémo confidentiel de Thomas à Maheu, 8 fév. 1956. Archives Unesco, dossier 347.78A102 «- 66 »
[3] Mémo de Díaz Lewis à Thomas, 3 février 1956. Archives Unesco, dossier 347.78A102 «- 66 »
[4] Mémo confidentiel de Thomas à Maheu, 8 février 1956. Archives Unesco, dossier 347.78A102 «- 66 »
[5] Lettre de Dixon à Díaz Lewis, 7 février 1958. Archives Unesco, dossier 347.78A102 «- 66 »

Avant d'adhérer, certains pays occidentaux – comme les Pays-Bas – s'assurent cependant que leurs intérêts économiques seront sauvegardés et entament parfois des négociations diplomatiques avec d'autres États. Divers pays reçoivent aussi une aide officieuse de l'Unesco pour préparer l'adhésion à la Convention au niveau législatif – tel le Panama, où Juan O. Díaz Lewis (lui-même Panaméen) passe quelque temps durant l'été 1960 à conseiller le personnel du ministère des Affaires étrangères dans ce domaine.

L'Unesco, comme le *Copyright Office*, aborde rapidement la question de l'application réelle de la Convention dans certains pays adhérents, tels Andorre, le Laos ou le Cambodge, où la législation nationale sur le droit d'auteur est inexistante. Le gouvernement américain intervient à plusieurs reprises sur ce sujet auprès de l'Unesco, mais le secrétariat lui répond que cette question dépend plutôt du Comité intergouvernemental prévu par l'article XI de la Convention. Ce Comité définitif est mis en place lors d'une réunion en octobre 1955. Sa première réunion se déroule à Paris du 11 au 15 juin 1956, la suivante à Washington en octobre 1957.

Les États-Unis engagent également l'Unesco à donner suite à la Convention universelle en se penchant sur la question des « droits voisins du droit d'auteur »[1], se montrant prêts à soutenir, en 1956, un accroissement du budget de l'organisation dans ce domaine. En outre, à la demande du gouvernement espagnol – qui s'inquiète du piratage des livres publiés sur son territoire – l'Unesco effectue une enquête pour répertorier les cas d'application non satisfaisante de la Convention sur le droit d'auteur. Entreprise au début de l'année 1958, cette enquête, ne donne pas néanmoins de résultats probants[2].

En octobre 1957, le Comité intergouvernemental propose à l'Union de Berne de créer conjointement un comité *ad hoc*, chargé « d'entreprendre une étude et de préparer un rapport sur les tâches actuelles et les champs d'action des deux comités, du Bureau et l'Union internationale pour la protection des œuvres littéraires et artistiques, et, dans le domaine du droit d'auteur, de l'Unesco[3] ». Le secrétariat de l'Unesco travaille alors, en 1957-1958, à la publication du *Recueil mondial des lois et traités sur le droit d'auteur*, en partenariat avec les Bureaux de Berne, mais aussi en collaboration avec les gouvernements espagnol et mexicain, ainsi qu'avec l'Union panaméricaine pour une version espagnole.

En 1958, le Comité intergouvernemental demande aussi à l'Unesco d'examiner quels sont les États adhérents à la Convention susceptibles de ne pas avoir une législation intérieure conforme aux obligations stipulées dans la Convention. Mais parmi les six États questionnés à ce sujet par l'Unesco, seuls le

---

[1] Les activités de l'Unesco dans le domaine des « droits voisins » ou « droits connexes », qui aboutiront notamment à l'adoption de la Convention de Rome le 26 octobre 1961, concernent principalement les artistes-interprètes, les producteurs de phonogrammes et les producteurs de vidéogrammes ; elles ne sont donc pas traitées dans cet ouvrage. Elles constituent cependant une grande partie des activités de la Section du droit d'auteur de l'Unesco entre 1956 et 1961.

[2] « Violation des dispositions de la Convention universelle sur le droit d'auteur », 16 juin 1958.

[3] « Coopération entre organismes intergouvernementaux compétents en matière de droit d'auteur », 16 juin 1958.

Costa Rica et Haïti répondent à l'organisation. Suite à ces investigations, le Comité intergouvernemental vote en 1960 une résolution recommandant « aux États membres de l'Union de Berne ou parties à la Convention universelle sur le droit d'auteur de faciliter l'exercice d'une action pénale en cas de violation du droit d'auteur[1] », et charge le secrétariat de l'Unesco et les Bureaux de Berne de mener une enquête approfondie sur les différents recours juridiques possibles dans les différents États membres en cas d'infraction à la Convention. Les résultats de cette enquête sont publiés en 1963 en version anglaise, espagnole et française et distribués aux États. Ce type d'activité traduit un certain durcissement des pays exportateurs de biens culturels (principalement occidentaux), qui s'inquiètent de l'application concrète de la Convention universelle sur le droit d'auteur.

L'Unesco envoie aussi en mission plusieurs experts spécialisés dans la défense de la Convention universelle, comme Arpad Bogsch, qui part en Asie du sud-est début 1962. Ce dernier « a pour tâche principale au Pakistan de conseiller le gouvernement concernant le rapport qui a été produit par le Comité sur le droit d'auteur l'année précédente [et] d'étudier le projet de révision de la loi existante sur le droit d'auteur[2] ». Adhérant de la Convention de Berne, le Pakistan, a mis en place un comité chargé de réviser la loi nationale sur le droit d'auteur, mais ce dernier n'a toujours pas abouti en 1961. En Thaïlande, Bogsch doit prendre contact avec les entreprises de traducteurs, fortement opposés à la Convention sur le droit d'auteur, afin de leur « expliquer les avantages qu'ils auraient à la ratification de la Convention[3] ». En Iran, il a pour tâche d'approcher différents officiels sur la question, sachant qu'un projet de loi est à l'étude par le Parlement depuis 1958. Dans son rapport de mission, Bogsch souligne :

> *J'ai rencontré peu d'intérêt en Birmanie concernant l'adhésion à la Convention universelle sur le droit d'auteur. On m'a dit et répété que la Birmanie est « importatrice » de biens littéraires et artistique [...], que ses « exportations » dans ce domaine sont presque inexistantes et que, par conséquent, l'adhésion signifierait des devoirs sans droits, ainsi que la nécessité de devises étrangères pour payer à l'étranger sans qu'il y ait de flux de monnaie venant de l'étranger. Des arguments similaires m'ont souvent été présentés dans d'autres pays asiatiques*[4].

Bogsch prône un travail pédagogique de l'Unesco, passant par des articles, des séminaires, des bourses et des missions, afin de faire comprendre à la Birmanie et aux autres pays que le respect du droit d'auteur est le seul moyen d'encourager la production littéraire et artistique locale. Son rapport est envoyé aux gouvernements concernés fin septembre 1962.

---

[1] Lettre circulaire du DG aux États membres, non datée (début 1961). Archives Unesco, dossier 347.78A102 «- 66 »

[2] Lettre d'Akhtar Husain à Asabuki, 24 janvier 1962. Archives Unesco, dossier 347.78 A 571 (5-12) : 375 A 310 TA.

[3] Lettre de Díaz Lewis à Bogsch, 15 nov. 1961. Archives Unesco, dossier 347.78 A 571 (5-12) : 375 A 310 TA.

[4] Rapport de Bogsch sur sa mission en Asie, 27 mars 1962, p. 4. Archives Unesco, dossier 347.78 A 571 (5-12) : 375 A 310 TA.

Après l'accession de nombreux pays africains à l'indépendance, l'Unesco leur fait parvenir en 1961 une copie de la Convention universelle et S.A. Klitgaard (Centre régional de l'Unesco pour l'éducation en Afrique) entreprend plusieurs missions pour sensibiliser les gouvernements à la question du droit d'auteur, notamment au Tanganyika et en Éthiopie fin 1962. Si ces efforts portent en partie leurs fruits (adhésion du Nigéria en 1961, du Ghana en 1962, de la Zambie et du Malawi en 1965, du Kenya en 1966), c'est essentiellement la conférence régionale organisée à Brazzaville en 1963 et ses suites qui marquent une étape importante dans l'évolution de la Convention universelle.

De la conférence de Brazzaville (1963) à la révision de la Convention (1971) : une victoire du Tiers monde ?

En 1960, lors de la Conférence générale « historique » à laquelle participent de nombreux chefs d'État ainsi que les nouveaux membres africains de l'Unesco, la décision est prise d'organiser une conférence régionale sur le droit d'auteur en Afrique sub-saharienne tropicale. En amont, la Division du droit d'auteur est chargée d'une étude des conditions et des besoins de l'Afrique dans ce domaine, en s'intéressant au choix de continuité ou de rupture effectué après l'indépendance par rapport à la situation juridique antérieure. L'Unesco s'adresse aux gouvernements des nouveaux États et aux administrations coloniales française, britannique, belge et italienne afin d'évaluer la situation juridique de chaque pays.

Díaz Lewis évoque ce projet avec les Bureaux de Berne début 1961, l'Unesco souhaitant un partenariat et un partage des coûts (estimés à 16 000 $). Une description détaillée de la situation des pays africains est dressée par Díaz Lewis pour le DG, qui conclut que depuis leur accession à l'indépendance, ces pays sont sans protection en termes de droit d'auteur, à l'exception de 5 pays (Ghana, Nigéria, Tchad, Togo et Dahomey). Bien qu'il estime urgent de remédier à cette situation, Díaz Lewis observe que les législations des pays occidentaux sont mal adaptées aux pays africains qui ont besoin :

> *...d'une législation plus souple et pragmatique qui prendrait en considération les réalités de leur production intellectuelle. Par exemple, la question de la protection du droit d'auteur pour les livres n'apparaît pas aussi urgente en Afrique que celle des œuvres musicales, ou même que la protection des auteurs de matériaux écrits ou composés pour la radio et la télévision*[1].

Díaz Lewis met en avant l'importance du rôle de l'Unesco et de la conférence prévue à Brazzaville pour sensibiliser les pays africains à la nécessité d'une protection des auteurs, tout en les conseillant au mieux dans la mise en place d'une législation adaptée à leur situation.

Suite à ce rapport, l'organisation de la Conférence de Brazzaville est définitivement approuvée par Maheu fin juillet 1961 ; Díaz Lewis est chargé des

[1] Mémo de Díaz Lewis au DG, 5 juillet 1961, p. 7. Archives Unesco, dossier 347.78 A 06 (672.4) « 63 ».

préparatifs en collaboration avec M. Vieyra, chef de mission de l'Unesco au Congo (Brazzaville), ainsi qu'avec les Bureaux de Berne, qui s'associent au projet. Après accord du gouvernement congolais fin 1961, Díaz Lewis s'absorbe dans la préparation des documents de travail nécessaires, avec les conseils du *Copyright Office* et de deux consultants (Torvald Hesser et Kaminstein). De son côté, Claude Masouyé prépare un document introductif dans lequel il s'efforce « de ne pas trop insister sur le côté droits au pluriel, c'est-à-dire *royalties* » étant donné la situation des pays africains – beaucoup plus consommateurs que producteurs de biens culturels[1].

A cette période, Arpad Bogsch (alors au *Copyright Office*) envoie à Díaz Lewis et Masouyé le texte d'une conférence qu'il vient de donner à Ceylan, intitulée « Pourquoi un pays devrait adhérer aux conventions internationales sur le droit d'auteur ? ». Or ce texte fait l'objet de critiques à l'Unesco, comme le montre un courrier de Thomas Learned Finkelstein[2], qui remet en cause l'idée selon laquelle les œuvres non protégées par le droit d'auteur font du tort aux œuvres protégées.

Surtout, Finkelstein pointe du doigt deux arguments développés par Bogsch qui lui semblent douteux à manier envers les pays en développement, à savoir : d'une part, la nécessité pour les grandes industries culturelles occidentales (notamment américaines) de récupérer des droits d'auteur dans les pays en développement pour pouvoir prospérer (ce qui n'est pas, selon Finkelstein, un argument recevable, ni économiquement, ni moralement) ; d'autre part, le fait que verser des droits d'auteurs à des pays étrangers serait plus bénéfique pour les économies domestiques des pays en développement que de ne pas en verser[3].

Si Díaz Lewis souhaite envoyer des invitations pour la réunion de Brazzaville à tous les pays d'Afrique noire – États membres, États associés et Territoires –, il s'avère que les frais d'envoi ne peuvent être pris en charge par l'Unesco pour les délégués de territoires non indépendants et il est donc décidé de ne pas inviter ces derniers[4]. Sont par contre conviés deux experts internationaux (l'Allemand Eugen Ulmer et le Suédois Torvald Hesser), les Nations-Unis, l'OIT, l'Union de Berne, la Société africaine de culture, ainsi que six ONG internationales dans le domaine du droit d'auteur. Initialement envisagée du 6 au 11 août 1962, la réunion est reportée au mois d'août de l'année suivante, en raison de l'évolution politique rapide en Afrique. Comme aux pays invités s'ajoutent finalement ceux d'Afrique du Nord, le budget prévisionnel pour inviter 34 pays à la réunion s'élève à 27 000 $.

Face aux protestations du Royaume-Uni concernant l'exclusion des territoires africains qu'il administre, en particulier du Kenya, l'Unesco l'invite à envoyer un observateur afin de représenter ses territoires africains administrés[5].

---

[1] Lettre de Masouyé à Díaz Lewis, 29 janvier 1962. Archives Unesco, dossier 347.78 A 06 (672.4) « 63 ».

[2] Assistant de Díaz Lewis à la Division du droit d'auteur, Finkelstein lui succédera le 1er janvier 1964 à la tête de la Division du droit d'auteur, qu'il dirige jusqu'en 1971 – date à laquelle la Division du droit d'auteur est rattachée à l'Office des normes internationales et des affaires juridiques.

[3] Lettre de Finkelstein à Bogsch, 26 avril 1962. Archives Unesco, dossier 347.78 A 06 (672.4) « 63 ».

[4] Mémo de Correa au DG, 8 juin 1962. Archives Unesco, dossier 347.78 A 06 (672.4) « 63 ».

[5] Lettre de Díaz Lewis à Martin, 26 juin 1963. Archives Unesco, dossier 347.78 A 06 (672.4) « 63 ».

Enfin, si la réunion sur le droit d'auteur se déroule bien du 5 au 10 août 1963, avec 23 participants, celle qui suit immédiatement (sur la propriété industrielle) est brutalement interrompue le 13 août par la révolution qui éclate au Congo, ce qui provoque le retour précipité de Thomas Ilosvay[1] à Paris.

Díaz Lewis souligne l'excellent niveau intellectuel des participants choisis par les gouvernements et leur implication dans la réunion, malgré une méconnaissance initiale du droit d'auteur au niveau juridique, et rapporte l'attitude ambiguë des Africains par rapport à la présence du secrétariat de l'Unesco et des observateurs occidentaux :

> *Le cas des organisations non gouvernementales intéressées par le droit d'auteur est assez étrange de nature. Elles peuvent être très divisées entre les associations d'auteurs et de compositeurs [...] d'un côté, et les associations de producteurs de l'autre [...]. Je crains que les premières, à cause de leur manque de souplesse et leurs idées assez vieillottes, n'apparaissent aux yeux des Africains comme les représentants de structures étrangères dont le seul but est de collecter de l'argent dans les pays africains pour leur propre bénéfice. Les secondes représentent non seulement les stations de radio publiques, mais aussi le medium de masse le plus efficace sur le continent africain et un excellent support de la campagne pour l'unité africaine. Par conséquent, elles représentent une grande source d'influence, ce qui a été ouvertement rappelé au cours de la réunion.*
>
> *Si les associations internationales d'auteurs veulent rendre un service utile à l'Afrique, je pense qu'il faut qu'elles encouragent la création de sociétés d'auteurs « authentiquement africaines » dont le principal rôle serait avant tout de protéger les auteurs nationaux de chaque pays, plutôt que de jouer le rôle d'agents collecteurs pour des sociétés non africaines. Pour cela, il se pourrait même qu'elles doivent baisser les tarifs actuellement pratiqués pour l'utilisation de la littérature et de la musique non africaines, de manière à prendre en compte la situation économique des États africains concernés*[2].

De la réunion de Brazzaville découlent des recommandations ; la première d'entre elles suggère de tenir compte des besoins des pays en développement dans le cadre de la révision à venir de la Convention de Berne (et d'une éventuelle révision de la Convention universelle sur le droit d'auteur). Cette recommandation est appuyée par le Comité intergouvernemental du droit d'auteur qui se réunit à New Delhi en 1963, en même temps que le Comité permanent de l'Union de Berne. A cette occasion, le Comité intergouvernemental demande au secrétariat « d'étudier la question d'une révision éventuelle de la Convention universelle sur le droit d'auteur en tenant compte des problèmes des pays nouvellement indépendants et des pays en voie de développement[3] ». Invitées à se prononcer, certaines ONG vont dans le même sens, bien qu'à contrecœur. La Fédération internationale des Traducteurs, par exemple, adopte à Helsinki en 1966 une recommandation circonspecte sur

---

[1] Auteur d'une thèse de doctorat sur le droit d'auteur en Suisse (1952), Thomas Ilosvay est recruté par l'Unesco comme assistant de Díaz Lewis en 1954.

[2] Mémo de Díaz Lewis au DG, 22 août 1963. Archives Unesco, dossier 347.78 A 06 (672.4) « 63 ».

[3] « Convention universelle sur le droit d'auteur », 27 janvier 1964. Archives Unesco, dossier 347.78 A 102 « - 66 ».

la possibilité de limiter les droits d'auteur en faveur des pays en voie de développement[1].

La deuxième recommandation de la réunion de Brazzaville connaît plus de difficultés avant d'être appliquée : elle postule que « des experts africains, avec l'aide de l'Unesco et des BIRPI, proposent aux nations africaines un projet de loi-type de protection du droit d'auteur qui tienne compte des réalités du continent africain[2] ». En septembre 1963, Bodenhausen propose à l'Unesco de travailler conjointement à l'élaboration de cette loi-type, d'abord en collaboration avec de spécialistes d'organisations internationales, puis avec cinq experts africains. Le projet doit être financé grâce aux économies réalisées sur le budget prévu pour les réunions de Brazzaville.

Une première réunion de travail, organisée à Genève en novembre 1963, donne lieu à un projet de loi-type qui s'adresse autant aux pays importateurs qu'exportateurs d'œuvres littéraires et artistiques. Retravaillé en petit comité début 1964, ce projet doit faire l'objet d'une réunion avec des experts africains en mai 1964 mais les Bureaux de Berne, sous la pression de plusieurs organisations et personnalités occidentales (qui trouvent ce projet éloigné de la Convention de Berne) tentent d'en différer la date.

De délicates négociations s'engagent alors entre les Bureaux de Berne et l'Unesco, cette dernière acceptant de reporter la réunion avec les experts africains à la fin de l'année et d'en prévoir une autre fin février 1965[3]. Bodenhausen remet en cause la proposition de l'Unesco relative à la collaboration avec les experts africains, et profite du départ de Díaz Lewis (qui quitte l'Unesco fin 1963) pour dénoncer « des décisions prises unilatéralement par le chef de la section du droit d'auteur » et déclarer « qu'il ne semble pas désirable que soient invités à un tel Comité des pays, dont au moins un [le Ghana] a récemment adopté une législation sur le droit d'auteur ayant rencontré dans divers milieux méritant notre attention de profondes critiques et dont les promoteurs auront tout naturellement tendance à faire prévaloir leurs conceptions[4] ». Bodenhausen propose aussi la prise en charge de plus de la moitié des frais envisagés pour la réunion.

Mais Gomes Machado, solidaire de la position prise par Díaz Lewis, insiste sur la pertinence d'inclure des représentants du Libéria et du Ghana à la réunion, et précise que l'Unesco pourra « très bien subvenir aux frais de voyages et de séjours des experts africains qu'elle se propose de convoquer[5] », ajoutant même :

[1] Rapport de mission sur le 5ème Congrès de la FIT de Caillois à Elmandjra, 25 août 1966. Archives Unesco, dossier 4 A 337/01 IFT « -66 ».

[2] Lettre de Bodenhausen au DG, 16 sept. 1963. Archives Unesco, dossier 347.78 A 06 (672.4) « 63 ».

[3] Lettre de Gomes Machado à Bodenhausen, 10 février 1964. Archives Unesco, dossier 347.78 A 06 (672.4) « 63 ».

[4] Lettre de Bodenhausen à Gomes Machado, 25 février 1964. Archives Unesco, dossier 347.78 A 06 (672.4) « 63 ».

[5] Lettre de Gomes Machado à Bodenhausen, 17 mars 1964. Archives Unesco, dossier 347.78 A 06 (672.4) « 63 ».

Le fait que le Ghana ait déjà adopté une législation sur le droit d'auteur ne me semble pas soulever à un tel degré les craintes que vous ressentez. S'il est certain que des critiques ont été faites à l'encontre de cette législation, vous reconnaîtrez avec moi que celles-ci, émanant d'États non africains, ne peuvent être prises en considération pour l'élaboration d'un projet de loi destiné exclusivement aux États de ce continent. La représentation d'un pays africain ayant déjà adopté une législation propre en la matière me semble même très opportune, les enseignements tirés de l'application de cette législation pouvant apporter une aide efficace au cours des travaux du Comité d'experts[1].

Ces divergences conduisent l'Unesco à proposer à Bodenhausen, le 30 juillet 1964, une rupture de leur collaboration, chaque organisation poursuivant séparément son programme en la matière, et devant la menace, Bodenhausen finit par faire marche arrière en septembre 1964[2].

La réunion des experts africains se déroule en fin de compte à Genève fin 1964 ; elle conduit, d'une part, le Sénégal, la Côte d'Ivoire, le Cameroun et le Congo (Brazzaville) à mettre en place une législation nationale relative au droit d'auteur et produit, d'autre part, un rapport final intéressant – rédigé par le Guinéen Issa Ben Yacine Diallo – qui aura une influence non négligeable sur le Comité de l'Union de Berne, réuni à Paris en novembre 1965 pour préparer la révision de la Convention de Berne prévue lors d'une importante Conférence à Stockholm en 1967[3]. Ce rapport, qui demande l'inclusion de pays africains dans le Comité intergouvernemental du droit d'auteur, est à l'origine de l'adoption par la Conférence générale de l'Unesco en 1966 d'une recommandation visant, afin de faciliter la libre circulation des idées, à réviser la Convention universelle sur le droit d'auteur, de manière « à suspendre, en ce qui concerne les œuvres ayant comme pays d'origine un État en voie de développement, les sanctions[4] » prévues par la Convention (article XVII).

La Conférence diplomatique de Stockholm a pour objectif à la fois de réviser la Convention de Berne et de réaliser une profonde réforme structurelle et administrative des Bureaux de Berne (BIRPI) afin de les transformer en Organisation Mondiale de la Propriété Intellectuelle (OMPI), une organisation à la vocation universelle affirmée[5]. Émise au départ par Jacques Secrétan, alors directeur des BIRPI, cette idée est reprise et développée à partir de 1962 par Arpad Bogsch, qui, en tant que conseiller juridique au *Copyright Office*, participe à plusieurs réunions du Comité permanent de l'Union de Berne comme délégué des États-Unis, avant de devenir vice-directeur des BIRPI en 1963. Selon Isabella Löhr, la nécessité de fonder l'OMPI découle en grande partie de la relative déception des États occidentaux producteurs de biens culturels face à la

---

[1] Ibid.

[2] Lettre de Bodenhausen à Gomes Machado, 11 août 1964. Archives Unesco, dossier 347.78 A 06 (672.4) « 63 ».

[3] GERVAIS, Daniel. *La notion d'œuvre dans la Convention de Berne et en droit comparé*, Librairie Droz, 1998, p. 133.

[4] Lettre circulaire envoyée aux États membres le 30 décembre 1966 (DG/6/126/397). Archives de l'Unesco, dossier de cor. 347.78 A 102 « - 66 ».

[5] BOGSCH, Arpad. *Les 25 premières années de l'Organisation Mondiale de la Propriété Intellectuelle.* Genève : OMPI, 1992, p. 10.

Convention universelle sur le droit d'auteur adoptée en 1952[1]. Finalement créée le 14 juillet 1967, l'OMPI entre en vigueur le 28 avril 1970, et acquiert la qualité d'institution spécialisée des Nations Unies par un accord du 17 décembre 1974. Toutefois, « la transition entre les anciennes Unions et la nouvelle Organisation n'a pas été des plus faciles car les deux Conventions de base (Convention de Paris de 1883 relative à la protection de la propriété industrielle et Convention de Berne de 1886 portant sur la protection des œuvres littéraires et artistiques) n'emportaient pas l'adhésion du plus grand nombre d'États[2] ».

L'une des principales modifications apportée à la Convention de Berne, suite à la Conférence de Stockholm de 1967, répond au souhait exprimé à de multiples reprises par les pays en développement : voir la particularité de leur situation mieux prise en compte. En effet, rappellent Claude Hauser et François Vallotton, « la question des auteurs et de leurs droits a longtemps mobilisé les juristes œuvrant à l'établissement de conventions internationales dans le domaine du commerce du livre [...] Plus largement, c'est aussi la question fondamentale du déséquilibre culturel Nord-Sud, lié au problème des déréglementations dans le commerce international du livre, qu'aura à résoudre, non sans peine, le forum culturel de l'Unesco où s'affrontent parfois également les intérêts économiques et politiques nationaux[3] ».

Pour la première fois, les pays en développement jouent « un rôle prédominant aux réunions de Stockholm et Paris, où est adoptée l'annexe à la Convention [de Berne] leur permettant d'émettre des licences non volontaires de reproduction et de traduction, à certaines conditions[4] ». Le « Protocole relatif aux pays de développement » permet de mieux répondre aux besoins éducatifs de ces pays en leur donnant accès, de manière plus souple, aux œuvres du monde entier, en particulier occidentales[5].

En octobre 1967, une réunion du Comité intergouvernemental du droit d'auteur est aussi convoquée pour débattre d'une révision de la Convention universelle, en lien avec la révision de la Convention de Berne. Il est finalement décidé de modifier conjointement les deux Conventions lors d'une Conférence à Paris en 1971, ce qui donne naissance aux articles V bis, ter et quater dans la Convention universelle révisée. Adoptée et signée par 30 États le 24 juillet 1971, cette dernière entre en vigueur le 10 juillet 1974 pour les 12 États l'ayant soutenue : Algérie, Cameroun, Espagne, États-Unis, France, Hongrie, Norvège, Kenya, Royaume-Uni, Sénégal, Suède, RFA.

La Conférence de Paris ravive aussi « l'intérêt quant à l'élaboration d'une ou plusieurs lois-types sur le droit d'auteur à l'usage des pays en voie de

---

[1] LÖHR, Isabella. « La Société des Nations et la mondialisation du droit d'auteur entre les deux guerres ». Op. cit., p. 195.
[2] SALAH, Tabrizi (ben). *Institutions internationales*, Editions Dalloz, 2005, p. 255.
[3] Introduction de Claude Hauser et François Vallotton, in HAUSER, Claude, LOUE, Thomas, MOLLIER, Jean-Yves, VALLOTTON, François. *La diplomatie par le livre*. Op. cit., p. 13-14.
[4] GERVAIS, Daniel. *La notion d'œuvre dans la Convention de Berne et en droit comparé*. Op. cit., p. 133.
[5] « Avant-projet de loi-type sur le droit d'auteur à l'usage des pays en voie de développement de l'Afrique », 8 mars 1973 (doc. officiel de l'Unesco LA/WS/5).

développement[1] ». C'est ainsi que le projet de loi-type pour l'Afrique est de nouveau discuté, notamment lors d'un Séminaire africain de la propriété intellectuelle organisé par l'OMPI à Nairobi fin 1972. Réétudié, le texte est adopté lors d'un colloque en Afrique en octobre 1973.

En parallèle, la Conférence générale vote la création d'un Centre international d'information sur le droit d'auteur au sein du secrétariat de l'Unesco ; ce centre apparaît comme une initiative du secrétariat ayant pour objectif de « promouvoir les échanges d'information entre les pays développés et en développement, de manière à faciliter l'accès aux livres nécessaires à bas coût ou gratuitement[2] ». D'abord intégré en janvier 1971 au sein de l'Office de la libre circulation de l'information et des échanges internationaux, il est transféré le 1er mai 1972 à la Division du droit d'auteur, qui dépend désormais, non plus du Département des activités culturelles, mais de l'Office des normes internationales et des affaires juridiques. En 1972, le Centre procède à une enquête sur les problèmes spécifiques rencontrés par les pays en voie de développement :

> *…ces problèmes sont principalement fonction de quatre catégories de difficultés qui ont trait respectivement :*
>
> *(i) au rassemblement des données, qu'il s'agisse de l'information bibliographique, de la sélection des titres pertinents ou de l'identification des titulaires de droits d'auteur,*
>
> *(ii) aux relations internationales dans le domaine du droit d'auteur et notamment à la poursuite de normes, relations et programmes internationaux négociations en vue de l'obtention des autorisations nécessaires à la reproduction, la traduction, l'adaptation, etc. ;*
>
> *(iii) aux possibilités de traduction et/ou d'adaptation face à la pénurie de traducteurs et/ou d'adaptateurs pleinement qualifiés, tant sur le plan des connaissances linguistiques que du point de vue de leur spécialisation dans les disciplines dont traitent les ouvrages à traduire ou à adapter ;*
>
> *(iv) à la conjoncture économique : obstacles d'ordre financier, d'ordre économique (droits de douane, taxes d'importation, tarifs des transports) ou tenant à la réglementation en matière de devises.*
>
> *Des études ont été entreprises en vue de la création par le Centre de mécanismes permettant de surmonter ces difficultés*[3].

Après la révision de la Convention universelle en 1971, l'Unesco concentre ses efforts sur l'aide à apporter aux États en vue d'adopter ou d'améliorer leur réglementation du droit d'auteur. Outre ses activités de publication et de diffusion de l'information, l'Unesco fournit aussi des bourses dans ce domaine (Congo, Ghana et Népal en 1972, République centrafricaine, Maurice, Sri Lanka et Trinidad-et-Tobago en 1973-1974), ainsi que des missions d'expertise ; en 1972, par exemple, un expert assiste le gouvernement du Ghana dans

[1] Rapport du DG sur l'activité de l'organisation en 1973, p. 231.
[2] Lettre de Weck à Behrstock, 30 juillet 1970. Archives Unesco, dossier 04 A 066 72 AIL.
[3] Rapport du DG sur l'activité de l'organisation en 1972, p. 223-224.

l'établissement d'un Bureau du droit d'auteur et d'un Centre national d'information sur le droit d'auteur. Puis en 1973-1974, des experts sont envoyés en Argentine, en Côte-d'Ivoire, au Dahomey et en République khmère.

En mai 1973, l'Unesco organise aussi à Paris une réunion d'organismes d'édition, d'organisations représentant les auteurs et de responsables des centres régionaux ou nationaux d'information sur le droit d'auteur, qui existent dans une dizaine de pays (Australie, RFA, Canada, Espagne, États-Unis d'Amérique, France, Israël, Italie, Hongrie, Royaume-Uni). Cette réunion définit un programme d'action à moyen terme assorti de recommandations :

> *(i) la création dans chaque État membre d'un comité national de liaison avec le Centre international d'information sur le droit d'auteur ;*
>
> *(ii) la poursuite des travaux d'ores et déjà mis en œuvre en vue de mettre à la disposition des États en voie de développement des modèles de contrats types en vue de la cession des droits d'auteur ;*
>
> *(iii) la création au sein du Centre international de l'Unesco d'un* clearing-house *dans le domaine de la traduction ;*
>
> *(iv) la possibilité d'élaborer un nouvel instrument international visant à éviter la double imposition des redevances de droits d'auteur transférées d'un pays à l'autre ;*
>
> *(v) l'extension des activités du Centre aux œuvres audiovisuelles*[1].

A partir de ces recommandations, une série de suggestions sera établie et envoyée à la fin du mois de décembre 1973 aux États membres par lettre circulaire.

[1] Rapport du DG sur l'activité de l'organisation en 1973, p. 234-235.

CHAPITRE IX

Préserver et valoriser le patrimoine littéraire

Dans les années 1950, outre les aides financières réclamées pour des livres, l'équipement en matériel et en bibliobus, l'Unesco reçoit de nombreuses demandes de bibliothèques concernant le microfilmage – ou microphotographie –, technique perfectionnée et utilisée depuis l'entre-deux-guerres, en particulier par les fondations américaines et les grandes bibliothèques. C'est ainsi qu'en 1951, la bibliothèque municipale de Bayreuth reçoit de l'Unesco une subvention de 210 $ destinée à l'achat de matériel de microfilmage. La bibliothèque nationale *Naroda Biblioteka* de Yougoslavie reçoit, quant à elle, une subvention de 1 730 $ en 1953 pour du matériel de microfilmage et de photocopie, et d'autres subventions sont accordées à la bibliothèque nationale d'Iran (1 570 $ en 1953) et à la bibliothèque universitaire d'Istanbul (3 320 $). Cependant, les coûts importants de ce type de matériel gênent l'Unesco pour répondre favorablement aux demandes reçues, et l'organisation ne donne pas suite à plusieurs sollicitations : bibliothèque de l'IFAN à Dakar (1951), bibliothèque universitaire des Philippines (1952).

En 1956, la Bibliothèque nationale hongroise Széchenyi dépose quant à elle une demande de soutien afin de mettre en place un service de microfilmage[1], mais malgré l'intérêt personnel manifesté par le DG Luther Evans, l'Unesco finit par rejeter cette requête[2]. Elle accorde par contre une aide de 7000 $ à la bibliothèque de l'Académie hongroise des Sciences en 1957 pour l'achat d'instruments nécessaires à son département de microfilms. En 1958, la Hongrie demande une aide afin d'acquérir des appareils de reproduction supplémentaires, mais sans succès[3]. Dans le même temps, l'Unesco accepte une demande d'équipement en microphotographie de la Roumanie pour 2 500 $[4] et alloue chaque année des subventions pour l'équipement, par exemple à l'Inde, au Pérou et à l'Italie en 1965 ou au Guatemala en 1966.

[1] Voir Archives Unesco, dossier 02 (439.1) A 12.
[2] Voir Archives Unesco, dossier 02 (439.1) AMS/A 373.
[3] Voir Archives Unesco, dossier 02 (439.1) A 12.
[4] Voir Archives Unesco, dossier 02 (498) AMS « 59/60 ».

Outre les aides à l'équipement, la Conférence générale décide en 1955 de créer un « Service mobile de microfilm » composé de l'équipement nécessaire et d'un expert, mis à disposition des États pour les aider à microfilmer des fonds importants (archives, manuscrits, livres)[1]. Afin de rentabiliser les coûts de transport, il est préconisé de faire tourner ce service plusieurs années sur un même continent, en commençant par l'Amérique latine. Le matériel est prêté et l'expert rémunéré par l'Unesco, tandis que les pays s'engagent à fournir les locaux et commodités nécessaires (dont les pellicules), une personne compétente pour travailler avec l'expert (et être formée par lui) et la prise en charge des frais de l'expert (logement…). L'accord prévoit que la copie des microfilms restera ensuite la propriété du pays concerné.

A partir de 1959, l'Unesco négocie avec l'*Instituto Panamericano de Geografia e Historia* de Mexico afin qu'elle devienne bibliothèque dépositaire pour les microfilms réalisés en Amérique Latine ; l'idée est de rassembler ces derniers dans un fonds commun mis à la disposition des chercheurs. Penna reste toutefois sceptique, car certains fonds sont considérés comme « sensibles » par plusieurs pays, comme le Honduras[2]. Le Centre de Documentation scientifique de Mexico se charge de reproduire les microfilms, la reproduction devenant propriété de l'Unesco.

Au total, huit pays d'Amérique latine profitent du Service mobile de microfilm à partir de 1956 : le Paraguay, le Honduras, le Panama, El Salvador, la République dominicaine, la Barbade, le Pérou et le Chili, l'unité de microfilmage quittant ce dernier pays le 15 décembre 1961 pour les pays arabes[3]. A noter que les pays d'Amérique latine les plus importants, en particulier dans le domaine du livre (Argentine, Brésil, Colombie, Mexique) sont déjà équipés et formés à cette technologie, et se sentent donc peu concernés par ce programme.

L'expert choisi par l'Unesco, l'Espagnol Francisco Sevillano Colom, sillonne l'Amérique latine avec « l'unité mobile de microfilm » à partir de 1956, enchaînant les contrats de courte durée (avant de devenir chef d'une nouvelle Section de microfilmage à partir de 1963). Francisco Sevillano Colom microfilme en six ans 200.000 pages de documents historiques rares au Paraguay, 160.000 pages au Honduras, 150 000 pages au Panama, 175 000 pages au Salvador, 156 000 pages en République dominicaine, 120.000 pages à la Barbade. Il dresse à chaque fois une liste détaillée des documents microfilmés, qu'il communique au siège de l'Unesco, à certaines bibliothèques (comme la Bibliothèque du Congrès), ainsi qu'au gouvernement concerné, et tente de convaincre ce dernier de mettre la liste et les microfilms à disposition des bibliothèques et des chercheurs intéressés[4].

Après une première mission de six mois en 1957 au Paraguay, Sevillano se rend au Panama (août 1957 à février 1958) ; dans ce pays, il forme trois

[1] Voir Archives Unesco, dossier 02 (728.7) AMS/A373.
[2] Lettre de Penna à Maller, 29 juin 1959. Archives Unesco, dossier 02 (8) AMS/A373/ 86.
[3] Voir Archives Unesco, dossier 02 (83) AMS/A373.
[4] Lettre de Kirpal à Sevillano, 27 juin 1957. Archives Unesco, dossier 02 (728.7) AMS/A373.

bibliothécaires et archivistes au microfilmage, et donne conseils et conférences à une trentaine de personnes. Il contribue aussi à la mise en place d'un service permanent de microfilm étant donné que le ministère de l'Éducation demande au gouvernement d'investir 4500 $ afin de continuer le travail initié par l'Unesco : Sevillano conseille les autorités panaméennes sur le matériel à acheter, qui est commandé en mars 1958. Selon un accord signé avec le Nicaragua, l'expert doit ensuite se rendre dans ce pays début 1958, mais suite à un malentendu sur les dates de disponibilité du service, l'opération est annulée[1]. La mission de Sevillano au Panama est alors prolongée de deux mois, puis il part pour le Honduras (juillet-décembre 1958)[2] et enchaîne avec le Salvador (mars-septembre 1959).

Sa mission suivante, en République dominicaine (octobre 1959-mars 1960)[3], s'annonce plus compliquée à cause de la situation politique tendue dans le pays et des liens avec l'Office de l'Unesco à La Havane – alors que les relations diplomatiques entre Cuba et la République dominicaine sont rompues depuis le début de l'année 1959. Briefé par Guillermo Francovich et Penna à Cuba avant son départ pour la République dominicaine, Sevillano parvient néanmoins à y microfilmer 156 000 pages et à améliorer le fonctionnement du laboratoire de microphotographie déjà existant. De la République dominicaine, le service mobile de microfilm se rend ensuite à la Barbade (juin-octobre 1960)[4], seule île des Caraïbes (dépendant des Indes occidentales britanniques) à avoir manifesté de l'intérêt pour ce service. Sevillano y microfilme 120 000 pages et forme deux jeunes aux procédés de microfilmage, avant de partir pour le Pérou de novembre 1960 à mars 1961. Enfin, sa dernière mission en Amérique latine se déroule au Chili (mai-décembre 1961), où il microfilme 500 000 pages aux archives nationales et à la bibliothèque nationale[5]. Plusieurs articles évoquent l'opération dans la presse chilienne (*El Mercurio de Valparaiso*, *El Araucano*…), et la mission fait l'objet d'un reportage par la télévision expérimentale de l'Université du Chili. A noter que le Costa Rica avait également fait une demande à l'Unesco pour le Service de microfilm, mais face au manque d'intérêt et à la désorganisation des personnes responsables, l'organisation préférera ne pas donner suite à cette demande[6].

Parallèlement au déploiement de cette activité en Amérique latine, le secrétariat de l'Unesco prépare dès 1954, sur demande de plusieurs intellectuels du monde arabe, un plan de travail en vue d'inventorier et de préserver les grandes collections de manuscrits arabes anciens conservés dans les bibliothèques du Moyen-Orient, en complément des activités réalisées par l'Institut des manuscrits de la Ligue des États arabes[7]. L'Unesco estime en effet que « ces

[1] Lettre de Mackenzie à Anzola Gómez, 13 sept. 1957. Archives Unesco, dossier 02 (728.7) AMS/A373.
[2] Voir Archives Unesco, dossier 02 (728.5) AMS/A373.
[3] Voir Archives Unesco, dossier 02 (729.3) AMS/A373.
[4] Voir Archives Unesco, dossier 02 (729.86) AMS/A373.
[5] Voir Archives Unesco, dossier 02 (83) AMS/A373.
[6] Voir Archives Unesco, dossier 02 (728.7) AMS/A373.
[7] « Inventaire et préservation des collections de manuscrits du Moyen-Orient », non daté (1954 ou 1955). Archives Unesco, dossier 09 (5-011) A 324.

manuscrits offrent une importance capitale pour l'histoire de la civilisation, l'histoire des religions et de la littérature de nombreux pays, et constituent un élément essentiel du patrimoine culturel de la communauté internationale tout entière[1] ».

Ce programme s'inscrit dans le cadre d'une résolution encourageant « la conservation des collections et objets de musée, des bibliothèques, des archives, des monuments et des sites archéologiques et historiques », adoptée par la Conférence générale en 1954. Précisons que l'Unesco avait été pressentie dès 1949 par la fondation Rockefeller pour effectuer un inventaire des manuscrits arabes de Turquie, mais à l'époque, Edward Carter avait été contraint de répondre que l'organisation ne disposait d'aucun budget pour un tel projet[2].

La Division de la philosophie et des humanités et la Division des bibliothèques travaillent ensemble à l'élaboration d'un plan de travail, pour lequel elles consultent la bibliothèque du Congrès et les autres institutions intéressées par cette question[3]. L'Unesco veut recruter un universitaire pour entreprendre une recherche systématique des manuscrits dans plusieurs pays arabes en 1955-1956 et s'adresse notamment à l'*American Research Center* du Caire en lui demandant des suggestions. Ce dernier propose le nom d'Aziz Suryal Atiya, professeur égyptien spécialiste des manuscrits du Moyen-Orient (arabes, persans et coptes) qui participe au projet d'*Histoire de l'humanité* chapeauté par l'Unesco. Lors d'une mission en Égypte fin 1954, Edward Carter rend visite à Atiya et discute du projet avec lui.

Le secrétariat de l'Unesco décide de procéder en deux phases : tout d'abord, lancer en 1955 des missions d'exploration afin de déterminer les collections de manuscrits les plus importantes ou les plus menacées et d'arrêter un premier plan d'action ; ensuite, en 1956, passer à une phase active de catalogage et de microfilmage des manuscrits[4]. Après discussion, il est décidé que la première phase du projet (inventaire) sera gérée par la Division de la philosophie et des humanités (Jacques Havet[5]), puis que cette dernière transmettra le dossier à la Division des bibliothèques (Edward Carter) pour la mise en place de la phase de microfilmage. Un budget de 10 500 $ est prévu pour commencer.

Toutefois, comme le projet tarde à être mis en route, Schneider suggère de retirer 1 000 $ du budget afin de les affecter à un inventaire des manuscrits anciens de Birmanie ; la plupart des manuscrits birmans sont conservés dans de

---

[1] Projet de lettre aux États membres, 20 juillet 1955. Archives Unesco, dossier 09 (5-011) A 324.

[2] Lettre de Carter à Marshall, 7 février 1949. Archives Unesco, dossier 020.

[3] Voir Archives Unesco, dossier 09 (5-011) A 324.

[4] « Désignation du projet : Préservation et mise en valeur du patrimoine culturel », non daté (fin 1954). Archives Unesco, dossier 09 (5-011) A 324.

[5] L'intellectuel français Jacques Havet (1919-2002) passe l'agrégation de philosophie après avoir fait l'ENS et intègre, sur proposition de Jean Thomas, la Commission préparatoire pour l'Unesco dès 1946. Après divers contrats de courte durée au sein du Département des activités culturelles, il devient responsable de la coordination du projet Orient-Occident de 1957 à 1962. Devenu directeur de cabinet après l'élection de René Maheu, il est victime de surmenage et quitte l'Unesco en 1964 avec un congé sans solde pour se consacrer à ses travaux de recherche. Il effectue plusieurs travaux de consultant avant de revenir à l'Unesco en 1973 en tant que directeur du Département des sciences sociales et humaines, nouvellement créé. Une réorganisation administrative générale en 1975 le conduit à devenir sous-directeur général du Secteur des sciences sociales, d'abord par intérim (1975-1978) puis officiellement, jusqu'à son départ à la retraite en 1980.

très mauvaises conditions et le gouvernement, qui envisage d'améliorer la conservation des plus précieux d'entre eux en les abritant dans la nouvelle bibliothèque nationale (en cours de construction avec le soutien de l'Unesco), aurait en effet besoin d'un catalogue exhaustif des manuscrits existants[1]. Une requête officielle est déposée auprès de l'Unesco le 19 septembre 1955, puis clarifiée début 1956[2]. La Division des musées et monuments (J.K. van der Haagen) évalue à environ 3 100 $ le budget nécessaire pour une mission de six mois menée par deux spécialistes birmans incluant l'équipement photographique, les coûts de transport et de *per diem* restant à la charge de la Birmanie. Un accord entre l'Unesco et le gouvernement birman est signé le 5 juin 1956, puis amendé fin août 1956 ; la fiche de poste des experts pour cette mission est prête le 4 octobre. Le recrutement est effectué en décembre et un contrat signé avec Min Naing et Aung Thaw en février 1957.

A partir du 1er mai 1957, les deux experts se lancent dans l'inventaire des manuscrits en langues pali, talaing et birmane dispersés à travers les monastères du pays ; ils sont aussi chargés d'indiquer les conditions de préservation des manuscrits et les possibilités concernant leur éventuelle acquisition par le gouvernement. Malheureusement, suite à un manque de coordination, les experts ne reçoivent l'appareil photographique fourni par l'Unesco qu'au mois d'octobre 1957, soit à la toute fin de la mission et les photographies, prises avec des appareils de location, sont de qualité médiocre. Le rapport final de mission, achevé le 31 octobre 1957, est remis à l'Unesco et au gouvernement birman, mais gardé confidentiel – de manière à éviter les fuites sur la valeur des manuscrits et les possibles spéculations de collectionneurs. Toutefois, aucune information n'est disponible à l'Unesco sur la suite donnée (ou pas) à cette mission par le gouvernement birman.

En ce qui concerne l'étude des manuscrits du Moyen-Orient, les tensions politiques montantes dans la région en 1955 (durcissement de la situation entre Israël et les pays arabes, avec éclatement d'affrontements armés en Égypte et en Syrie fin 1955), plongent le secrétariat de l'Unesco dans l'incertitude quant à la faisabilité de ce programme. Schneider en souligne la complexité auprès de plusieurs interlocuteurs, notamment son ami Helmuth Ritter :

> *Le programme de l'Unesco pour 1955 et 1956 comporte le projet d'une série de mission destinées à rechercher au Moyen-Orient les manuscrits importants qui demeurent inconnus, et concourir à l'inventaire général des collections de manuscrits se trouvant dans les bibliothèques de cette partie du monde, et à leur préservation contre les risques de perte ou de détérioration, ainsi qu'à faciliter leur consultation par les chercheurs et à en encourager la reproduction par microfilm ou photographie. Il s'agit là […] d'un domaine extrêmement vaste et complexe, car le programme de l'Unesco mentionne, de manière très générale, les manuscrits présentant une importance capitale pour l'histoire des civilisations. D'autre part, la richesse de ces collections, leur dispersion, le fait que certaines n'ont pas encore été explorées à fond, aussi bien que les conditions particulières*

[1] Mémo de Schneider au DG, 24 mai 1955. Archives Unesco, dossier 09 (5-011) A 324.
[2] Voir Archives Unesco, dossier 09 (591) AMS.

qui existent dans la région du Moyen-Orient, constituent des difficultés considérables, comparées à l'ampleur limitée de nos moyens[1].

Quatre experts sont consultés courant 1955 afin de donner leur avis sur ce programme : l'Iraquien Gurgis Awad (directeur de la bibliothèque du Musée de l'Iraq à Bagdad, qui connaît personnellement Edward Carter) pour les manuscrits conservés en Égypte, au Liban, en Syrie et en Iraq, le philosophe, traducteur et orientaliste français Henri Corbin (directeur des études « Islamisme et religions de l'Arabie » à l'Ecole pratique des hautes études) pour les collections d'Iran, le Syrien Osman Yahia (maître de recherche au CNRS, qui suit un doctorat de lettres à la Sorbonne) et l'Allemand Helmuth Ritter pour les manuscrits de Turquie[2].

Arguant qu'il existe plus de 200 000 manuscrits en Turquie, Ritter suggère à l'Unesco de sélectionner une thématique précise de recherche[3] ; c'est ainsi qu'Osman Yahia se lance dans l'inventaire des manuscrits arabes et persans concernant le soufisme[4]. Après consultation de plusieurs spécialistes, l'Unesco juge intéressant d'entamer aussi en Turquie un inventaire des manuscrits de poésie perse[5]. Après un échange de courriers avec Salah Munajjed (directeur de l'Institut des manuscrits de la Ligue des États arabes), Schneider et Thomas proposent que l'Unesco approfondisse sa collaboration avec l'Institut des manuscrits pour une meilleure coordination[6]. Gurgis Awad émet cependant des réserves envers le travail effectué par la Ligue des États arabes, en expliquant à l'Unesco qu'aucun plan ou budget détaillé n'existe au sein de la Ligue pour cette activité[7].

Des contrats sont finalement proposés en octobre 1955 à Awad, Corbin et Ritter pour une première durée de trois mois, afin qu'ils orientent et dirigent les inventaires de manuscrits menés pour l'Unesco[8], ainsi qu'à deux spécialistes qui font équipe avec Ritter en Turquie : le Turc Ahmed Atès et l'Autrichien Herbert W. Duda[9]. Awad se rend fin décembre 1955 au Caire, où il travaille en collaboration avec le département du ministère chargé de la présentation du patrimoine égyptien, qui a entrepris d'inventorier les manuscrits d'Égypte. Durant sa mission, Awad repère plus de 100 000 manuscrits, souvent conservés dans de mauvaises conditions et dont la moitié n'ont jamais été inventoriés[10].

Lors d'une réunion à Paris en février 1956, Jean Thomas rappelle que si « l'Unesco ne dispose pas des fonds considérables qui seraient nécessaires pour

---

[1] Lettre de Schneider à Ritter, 11 août 1955. Archives Unesco, dossier 09 (5-011) A 324.

[2] Rapport d'avancement du projet, 1955. Archives Unesco, dossier 09 (5-011) A 324.

[3] Lettre de Ritter à l'Unesco (1955). Archives Unesco, dossier 09 (5-011) A 324.

[4] « Plan de recherche des manuscrits du soufisme en Turquie à l'attention de l'Unesco » préparé par Yahia (1955). Archives Unesco, dossier 09 (5-011) A 324.

[5] Lettre de Storey à Schneider, 4 oct. 1955. Archives Unesco, dossier 09 (5-011) A 324.

[6] Lettre de Thomas à Batisse, 14 oct. 1955. Archives Unesco, dossier 09 (5-011) A 324.

[7] « Rapport préliminaire sur les manuscrits dans les États arabes préparé par Gurgis Awad », 9 février 1956. Archives Unesco, dossier 09 (5-011) A 324.

[8] Lettre de Schneider à Corbin, 19 oct. 1955. Archives Unesco, dossier 09(5-011) A 324.

[9] Contrat entre l'Unesco et Duda, 14 déc. 1955. Archives Unesco, dossier 09 (5-011) A 324.

[10] « Rapport préliminaire sur les manuscrits dans les États arabes préparé par Gurgis Awad », 9 février 1956. Archives Unesco, dossier 09 (5-011) A 324.

entreprendre elle-même toutes les tâches, son rôle consiste essentiellement à accorder sa participation technique aux États membres qui désireraient entreprendre eux-mêmes des efforts dans ce domaine, ou qui les ont déjà entrepris[1] ». Du débat qui s'ensuit émergent diverses idées, dont la possibilité d'accorder des bourses à de jeunes spécialistes des pays arabes afin qu'ils puissent étudier en Europe les techniques les plus récentes de conservation des manuscrits. Après une estimation approximative portant à 100 000 le nombre total de manuscrits non répertoriés au Moyen-Orient, Awad suggère à l'Unesco la formation d'une équipe de dix chercheurs travaillant en moyenne trois mois par an pour accomplir l'inventaire de ces manuscrits en six ans[2], ce qui représenterait un budget évalué à environ 36 000 livres sterling. Awad rend à l'Unesco son rapport final en juillet 1956, puis repart effectuer une mission complémentaire pour l'organisation en Égypte à la fin de l'année. En Turquie, entre mai et juillet 1956, Osman Yahia poursuit quant à lui ses recherches, et consulte plus de 150 fonds de manuscrits disséminés dans 15 bibliothèques.

Dans un rapport préliminaire daté de juillet 1956, Henry Corbin recommande à l'Unesco d'encourager l'Iran à compléter l'inventaire réalisé dans les bibliothèques des villes où il n'a pu se rendre lui-même et à poursuivre le catalogage de la bibliothèque du Parlement à Téhéran, l'une des plus importantes du pays. Il se propose pour effectuer ces tâches, au cas où le gouvernement iranien accepterait ces suggestions. Enthousiasmée par le projet, la délégation iranienne demande le soutien de l'Unesco pour microfilmer le fonds de manuscrits de la bibliothèque Majlis ; mais elle insiste pour que l'Unesco passe par le Comité iranien pour la philosophie et les sciences humaines (branche iranienne du CIPSH) car le choix des spécialistes engagés ne doit pas être effectué, selon elle, uniquement par des personnalités étrangères au pays[3]. Kirpal propose à Adiseshiah de réserver un budget global de 1 600 $ pour financer un plan détaillé de microfilmage de la bibliothèque Majlis et l'achat de matériel de reprographie, et de signer un contrat avec le Comité iranien pour la philosophie et les sciences humaines[4]. Le secrétariat incite aussi l'Iran à déposer une demande d'aide pour le microfilmage des manuscrits en 1957-1958[5].

Quant à Awad, l'Unesco envisage de l'envoyer en Arabie saoudite fin 1956 afin qu'il puisse compléter son inventaire de manuscrits, mais étant donné les délais trop courts, ce projet « chimérique » est rejeté par le DG[6]. Le budget prévu (850 $) est alors affecté au projet général de manuscrits en Iran, dont le budget prévisionnel s'élève à 3 600 $ fin 1956. Un contrat est conclu entre l'Unesco et

[1] « Compte-rendu de l'entretien qui s'est déroulé le jeudi 9 février 1956 dans le bureau du professeur H. W. Schneider ». Archives Unesco, dossier 09 (5-011) A 324.

[2] « Entretien dans le bureau de M. Lebar le mardi 7 février 1956 avec le professeur Gurgis Awad et M. J. Havet ». Archives Unesco, dossier 09 (5-011) A 324.

[3] Note confidentielle de J. Havet sur un entretien avec M. Achena, non datée (juillet-août 1956). Archives Unesco, dossier 09 (5-011) A 324.

[4] Mémo de Kirpal à Adiseshiah, 16 août 1956. Archives Unesco, dossier 09 (5-011) A 324.

[5] Lettre d'Adiseshiah au ministre de l'Éducation nationale iranien, 30 août 1956. Archives Unesco, dossier 09 (5-011) A 324.

[6] Mémo d'Howard Williams au Département des activités culturelles, 24 octobre 1956. Archives Unesco, dossier 09 (5-011) A 324.

le Comité iranien pour la philosophie et les sciences humaines pour la réalisation d'un catalogue des manuscrits de la bibliothèque du Masjed-Sepahsalar à Téhéran, catalogue réalisé par le professeur iranien I. Afshar, remis à l'Unesco fin 1957 et publié en 1958 par l'Université de Téhéran[1].

Du côté des missions menées sur les manuscrits de Turquie, la tâche se révèle plus délicate pour l'Unesco. En effet, lorsque Schneider quitte ses fonctions en juillet 1956, Lebar prépare pour Havet un mémo confidentiel, dans lequel il pointe plusieurs irrégularités, notamment le fait que les paiements des missions de Ritter, Duda et Atès aient été effectués avec l'accord de Schneider alors que les rapports de fin de mission n'ont pas été rendus à l'Unesco ; avant de partir, Schneider a aussi recommandé de renouveler le contrat des trois spécialistes pour un montant total de 3 000 $[2]. Havet, qui préfère « éviter de faire une histoire » autour de ces irrégularités, cherche un moyen de sortir de cette situation, et penche par ailleurs en faveur du renouvellement du contrat de Yahia, toujours en Turquie depuis la fin de son premier contrat[3]. Yahia voit son contrat renouvelé jusqu'au 15 octobre 1956, mais il estime à cette date ne pas pouvoir rendre un rapport sans rémunération supplémentaire et plaide pour un nouveau contrat de 8 mois[4]. Après discussion, il accepte de rédiger, pour fin décembre 1956, un rapport de soixante pages sur les résultats de sa mission.

L'Unesco tente, par ailleurs, de mettre un terme aux travaux de Ritter, Duda et Atès (toujours en Turquie eux aussi)[5] et propose un contrat à Ritter pour la rédaction d'un mémoire détaillé sur les manuscrits de Turquie. Des échanges de courrier tendus s'ensuivent, et le malentendu s'avère d'autant plus grave que Schneider n'a jamais insisté dans ses courriers (pour la plupart non archivés dans les dossiers du secrétariat) ni sur la nécessité de remettre un rapport avant que soit effectué le paiement, ni sur une quelconque date limite aux travaux entrepris[6]. Ritter, Duda et Atès ont donc poursuivi leur travail en Turquie durant près de six mois hors contrat avec l'Unesco, tout en étant persuadés qu'ils œuvraient pour l'organisation et que le retard ne relevait que d'une question de délai administratif. Le Département des activités culturelles se trouve très embarrassé par cette affaire :

> *Le professeur Ritter est un des plus éminents orientalistes dont la réputation et la compétence sont universellement appréciées. M. Jean d'Ormesson a eu l'obligeance de nous communiquer personnellement une lettre qui lui était adressée récemment par le Dr. Schell, président de l'Union internationale des Orientalistes, dans laquelle […] il manifeste un vif intérêt à l'égard de cette affaire. Je crois qu'il serait dangereux et regrettable de donner l'impression à des savants éminents que l'Unesco ne tient pas ses engagements.*

---

[1] « Plan d'ensemble destiné à faciliter les recherches dans les archives des différentes régions du monde. Réunion de travail organisée à Paris, 7-9 décembre 1959 », 6 novembre 1959, p. 4. Archives Unesco, dossier 09 (5-011) A 324.

[2] Mémo de Lebar à Havet, 27 juillet 1956. Archives Unesco, dossier 09 (5-011) A 324.

[3] Mémo confidentiel d'Havet à Monsour, 30 juillet 1956. Archives Unesco, dossier 09 (5-011) A 324.

[4] Lettre de Yahia à Lebar, 19 nov. 1956. Archives Unesco, dossier 09 (5-011) A 324.

[5] Mémo de Carter à Thomas, 5 oct 1956. Archives Unesco, dossier 09 (5-011) A 324.

[6] Lettre de Ritter à Dard, 16 nov. 1956. Archives Unesco, dossier 09 (5-011) A 324.

Sans doute, d'un point de vue strictement juridique, nous avons le droit de mettre fin au premier contrat du Professeur Ritter, et d'ignorer le fait que MM. Atès et Duda continuent à travailler sur notre projet depuis plusieurs mois, étant donné que nous ne leur avons jamais accordé de nouveaux contrats à cette fin. Mais, je me demande si une telle attitude, pleinement justifiable en droit strict, ne risquerait pas, en l'occurrence, de causer un grave discrédit à l'Unesco dans des milieux savants que nous avons tout intérêt à associer étroitement à nos travaux

Enfin, cette position nous contraindrait à désavouer ouvertement le Professeur Schneider, ce qui sans aucun doute ne manquerait pas de poser de graves problèmes[1].

Dans ces conditions, le Département des activités culturelles tente de trouver les 3 025 $ nécessaires à la régularisation de la situation, d'abord en puisant sur les économies réalisées durant l'année, ensuite en supprimant le contrat envisagé avec Corbin, enfin en supprimant une réunion d'experts envisagée début 1957 sur l'unification des règles de catalogage des manuscrits du Moyen-Orient[2]. L'Unesco finit par signer de nouveaux contrats avec Ritter, Atès et Duda en décembre 1956 et s'engage à les rémunérer jusqu'en juillet 1957, de manière à ce qu'ils puissent achever le travail entamé. De son côté, Yahia rend à l'Unesco, en janvier 1957, un rapport dans lequel il recense et analyse en détail 110 manuscrits et demande l'autorisation d'en publier des extraits dans la revue *Études islamiques* dirigée par Louis Massignon. Celle-ci lui est accordée, avec la réserve que l'Unesco soumette d'abord le rapport intégral au gouvernement turc et que ce dernier soit averti de la publication[3]. Ritter, quant à lui, rend à l'Unesco un rapport préliminaire courant 1957, mais demande à y inclure des modifications avant publication ; toutefois, l'étude finale n'est toujours pas achevée en mai 1959, alors que l'Unesco cherche un moyen de financer cette publication[4]. Il n'a cependant pas été possible de trouver trace d'un quelconque ouvrage sur les manuscrits de Turquie ou du Moyen-Orient publié par l'Unesco ; il semble bien que cette partie du programme n'a jamais été réalisée.

Quant au Service mobile de microfilm, il opère dans le monde arabe à partir de février 1962, d'abord au Maroc, où il microfilme près d'un demi-million de pages, puis en Libye (100 000 pages)[5]. Un double des clichés réalisés est déposé à l'Institut des manuscrits de la Ligue des États arabes, où les documents peuvent être communiqués aux chercheurs qui en font la demande, sur le modèle de l'accord passé avec l'*Instituto Panamericano de Geografia e Historia* de Mexico pour l'Amérique latine[6].

En 1963, le Service mobile de microfilm se déplace en République arabe unie avant d'être envoyé en 1964 en Syrie. Dans ce dernier pays cependant, l'arrivée du Service – désormais géré par Hoey Tin Khouw – est mal anticipée par le

[1] Mémo de Lebar à Carter, 22 nov. 1956. Archives Unesco, dossier 09 (5-011) A 324.

[2] « Réunion sur l'unification des règles de catalogage. Manuscrits du Moyen-Orient », non daté. Archives Unesco, dossier 09 (5-011) A 324.

[3] Mémo du Service des publications à Lebar, 5 mars 1957. Archives Unesco, dossier 09 (5-011) A 324.

[4] Lettre de Bammate à Ritter, 26 mai 1959. Archives Unesco, dossier 09 (5-011) A324

[5] Rapport du DG sur l'activité de l'organisation en 1962, p. 121.

[6] SEVILLANO COLOM, Francisco. « Le service de microfilmage dans les bibliothèques nationales ». Paris (distribution limitée), 26 juillet 1963, p. 6-7. (UNESCO/LBA/Sem.11/10).

gouvernement ; arrivé fin juillet, l'expert ne peut débuter le travail que fin août, sans assistant et dans des conditions peu satisfaisantes, ne lui permettant pas de cataloguer correctement les microfilms réalisés, qui sont en outre de piètre qualité[1].

En parallèle, l'Unesco développe une politique systématique d'encouragement au microfilmage auprès de ses États membres. Un article très complet sur le sujet d'Alfred Günter, intitulé « La microphotographie dans les bibliothèques », paraît dans le *Bulletin à l'attention des bibliothèques* début 1962[2]. Francisco Sevillano Colom (devenu entre temps chef du Service de microfilm à l'Unesco) prépare quant à lui, pour le Séminaire régional sur le développement des bibliothèques nationales en Asie et dans la région du Pacifique (Manille, 1964), un document de travail intitulé « Le service de microfilmage dans les bibliothèques nationales ». Dans ce dernier, il rappelle que le microfilmage constitue la solution pour préserver « à l'intention de la postérité » les « documents et manuscrits rares et précieux » dont « la perte constituerait une lacune irréparable dans les sources de l'histoire du pays intéressé[3] ». Chaque bibliothèque nationale – ou, en son absence, la bibliothèque qui remplit la fonction de rassembler et de conserver le patrimoine culturel d'un pays donné – est invitée à se doter d'un service permanent de microfilm comprenant des locaux et du matériel approprié ainsi qu'un personnel qualifié.

En 1964, le Service mobile de microfilm est envoyé en Asie, où une seconde unité est mise en place par l'Unesco à compter de 1965. Après la Syrie, Hoey Tin Khouw se rend d'octobre 1964 à mai 1965 au Cambodge, où il microfilme plus de 100 000 pages, cette fois-ci dans d'excellentes conditions[4]. Le Service mobile de microfilm part ensuite en Malaisie (1965-1966), en Inde (juin 1966-septembre 1967) et en Iraq (novembre 1967-août 1968).

Quant au second service mobile, géré par Ramanujam N. R. Chari[5], il débute sa mission à Singapour en 1966, puis opère à Ceylan (février-juin 1967), aux Philippines (1968), en Éthiopie (1968-1969), au Soudan (1969-1970), en Algérie, au Sierra Leone (1970) et au Népal (1970). La première unité cesse de fonctionner fin 1968 et la seconde unité fin 1970, les demandes émanant des États membres se faisant de plus en plus rares. N. Sergueev estime à cet égard que d'une part, les pays ayant des collections écrites importantes ont déjà bénéficié du service, et que d'autre part, de nombreux États membres se sont dotés – avec ou sans l'aide de l'Unesco – de leur propre service de microfilmage et possèdent désormais un ou plusieurs experts nationaux dans ce domaine (Égypte, Inde, Indonésie, Ceylan…)[6].

---

[1] TIN KHOUW, Hoey. *Mobile Microfilm Unit II: Syria - (mission) 10 July-29 Sept. 1964; draft final report,* 1964, 7 p. (document SYR/CUA/6).

[2] GÜNTHER, Alfred. « La microphotographie dans les bibliothèques », in *Bulletin de 1'Unesco* à *l'intention des bibliothèques,* vol. XVI, n°1, janvier-février 1962.

[3] SEVILLANO COLOM, Francisco. « Le service de microfilmage dans les bibliothèques nationales », p. 1.

[4] Voir TIN KHOUW, Hoey. *Mobile microfilm unit II: Cambodia - (mission) 24 October 1964 - 31 May 1965; final report,* 1965, p. 3 (document WS/1065.129/BMS).

[5] Mémo de Mikhailov à Bolla, 15 sept. 1969. Archives Unesco, dossier 02 (541.35) AMS « 69/70 » / A 373.

[6] Mémo de Sergueev à Penna, 4 octobre 1967. Archives Unesco, dossier 02 (53) A 118/373 « 68-69 ».

Autre mesure entreprise par l'Unesco : le financement d'une dizaine de missions d'experts dans le domaine de la préservation des manuscrits anciens. Suite à deux expériences en Tunisie (1962-1963) et en Mauritanie (1964-1965), ce type de missions se multiplie dans les années 1970 : Égypte (2 missions en 1970), Népal (1970-1971), Yémen (2 consultants en 1971), Mauritanie (1971), Tunisie (1973), Éthiopie (1974).

En ce qui concerne la première mission tunisienne, Twefik Iskandar est envoyé six mois par l'Unesco afin de guider la mise en place et l'équipement d'un nouveau centre de recherches de la Faculté des Arts (destiné à entreposer les archives et manuscrits tunisiens) et pour former du personnel sur place mais sa mission ne se révèle pas d'une grande utilité, puisqu'il apparaît, une fois sur place, que le nouveau bâtiment n'est pas construit et que le personnel est inexistant[1]. Dans ces conditions, Iskandar se contente de mettre au point un plan général d'inventaire et de conservation des manuscrits et archives ; il évalue à 3 000 le nombre de manuscrits nécessitant une restauration, propose des règles de catalogage uniforme pour les différents fonds, préconise la mise en place d'un service permanent de microfilmage et conseille une collaboration régulière avec les bibliothèques des autres États arabes.

Dix ans plus tard, Françoise Flieder intervient pour l'Unesco à la Bibliothèque nationale de Tunis, qui dispose d'un département des manuscrits et d'un atelier de restauration[2]. L'objectif de cette courte mission (deux semaines) est d'établir un système pour la protection des 25 000 manuscrits anciens (pour la plupart enluminés) de la Bibliothèque nationale, dont certains ont été endommagés par les insectes et micro-organismes. Françoise Flieder préconise différentes techniques de désinfection des documents, des rayonnages et des locaux, et suggère d'améliorer la climatisation des magasins de manuscrits et d'acheter du matériel pour le fonctionnement de l'atelier de restauration, particulièrement démuni.

De son côté, Adam Heymowski effectue deux missions pour l'Unesco à Nouakchott (Mauritanie) en 1964-1965, puis en 1971 ; lors de sa première mission, il contribue à la mise en place de la bibliothèque nationale en préparant le projet, en rédigeant la loi qui conduit à la création d'une Direction des bibliothèques en Mauritanie et en choisissant pour la bibliothèque des ouvrages (environ 400 titres), envoyés par l'Unesco début 1965[3]. Par ailleurs, il réalise, en collaboration avec le professeur Mokhtar ould Hamidoun, un *Catalogue provisoire des manuscrits mauritaniens en langue arabe*.

Pour sa seconde mission, en 1971, Heymowski forme des aide-bibliothécaires, assure le rôle de Conseiller technique du Directeur des bibliothèques de Mauritanie, organise le recensement des manuscrits du pays

---

[1] ISKANDAR, Tewfik. *Rapport final de mission « Manuscrits et archives » en Tunisie (novembre 1962-avril 1963)*, 1963, p. 1. (document officiel TUN/CUA/2).

[2] FLIEDER, Françoise. *Bibliothèque nationale et archives générales; protection physique des manuscrits et des fonds d'archives (Rapport final de mission en Tunisie - décembre 1973)*, 1974, p. 1. (document 3016/RMO.RD/DBA).

[3] HAYMOWSKI, Adam. *Organisation de la Bibliothèque nationale de Mauritanie à Nouakchott - (deuxième mission, février-juillet 1971)*, 1972, p. 2. (document 2644/RMO.RD/DBA).

pour les rassembler à la Bibliothèque nationale et complète le répertoire bibliographique des manuscrits. Ce dernier s'enrichit ainsi de près de deux mille références, classées par sujets, et d'une introduction contenant une courte histoire de la littérature savante en Mauritanie. Enfin, Heymowski réalise quatre voyages à travers le pays afin de photographier certains manuscrits particulièrement intéressants du point de vue historique et conclut que l'étude des manuscrits mauritaniens ne pourra se faire que dans le cadre plus large du contexte ouest-africain et maghrébin. Il émet toutefois des doutes sur la possibilité de rassembler les manuscrits dispersés au sein de la Bibliothèque nationale :

Les manuscrits étant considérés par leurs propriétaires comme de vrais trésors de famille, il ne sera guère facile de les rassembler à la Bibliothèque nationale. On devrait peut-être essayer de convaincre certains détenteurs d'y déposer leurs livres sans perte du droit de propriété. On pourrait aussi envisager la création de centres locaux de manuscrits, dont l'inspection incomberait au directeur de la Division des bibliothèques. Une action de microfilmage, recommandée dès la première mission du soussigné en 1964-1965 apparaît toujours comme la solution la plus efficace pour la sauvegarde du patrimoine mauritanien écrit. Afin de créer un département de manuscrits à la Bibliothèque nationale à Nouakchott, on pourrait faire copier par des copistes traditionnels les ouvrages les plus importants et les plus rares[1].

De leur côté, Yusuf Ibish et M. Al-Ghul mènent du 14 au 30 septembre 1971 une mission au Yémen, où ils sont chargés d'évaluer la situation générale des manuscrits et livres anciens[2]. Les deux consultants étudient notamment les 12 000 manuscrits conservés dans plusieurs lieux de San'a, en particulier la Grande Mosquée où ils découvrent un certain nombre de manuscrits rares et précieux, tels les textes Mu'tazila (directement traduits du grec) ou encore les textes théologiques Zaidi. Ils parcourent plusieurs villes du Yémen durant leur mission, examinant à peu près 5 000 manuscrits conservés au sein de collections publiques et privées.

Dans l'ensemble, les consultants estiment que les conditions de conservation sont plutôt bonnes (facilitées par le climat montagneux yéménite), mais conseillent l'installation, au sein de la Grande Mosquée, d'une bibliothèque moderne, bien équipée et désinfectée, comprenant un service de microfilmage et un atelier de restauration des manuscrits. Ils préconisent aussi un inventaire précis des manuscrits du pays ainsi que l'établissement d'un service mobile de microfilmage (sur le modèle de celui de l'Unesco), qui permettrait de microfilmer les manuscrits des collections privées en se déplaçant à travers le pays.

On le voit, la démarche des différents experts envoyés par l'Unesco est généralement similaire, tout comme leurs recommandations : inventaire détaillé, microfilmage, amélioration des conditions de conservation selon les méthodes occidentales. Cela se confirme une nouvelle fois avec la mission effectuée en

---

[1] Ibid.

[2] IBISH, Yusuf, AL-GHUL, M. *Evaluation of ancient books and manuscripts: Yemen Arab Republic - (mission, September 1971)*, 1972, 10 p. (document 2652/RMO.RD/DBA).

septembre 1974 en Éthiopie par S. Strelcyn, qui part conseiller l'Institut d'études éthiopiennes (Université Hailé Sélassié) pour la publication d'un catalogue de manuscrits éthiopiens[1]. La collection de l'Institut – qui comprend environ 800 manuscrits et parchemins – est la plus riche du pays, même si plusieurs milliers de manuscrits non inventoriés restent dispersés dans les bibliothèques, monastères et collections privées sur le territoire.

L'Éthiopie apparaît pourtant en avance par rapport à d'autres pays dans ce domaine : ainsi, le microfilmage d'un certain nombre de manuscrits a été réalisé par le service mobile de microfilm de l'Unesco en 1970, et un service permanent établi à la bibliothèque d'Addis-Abeba a permis de microfilmer près de 1 600 manuscrits supplémentaires entre 1970 et 1974, dont l'intégralité des manuscrits de l'Institut d'études éthiopiennes. Durant sa mission, Strelcyn mène une intense activité de formation, organisant notamment un séminaire pour une quarantaine de personnes, à la fois au niveau théorique et au niveau pratique (animation d'un atelier le 10 septembre 1974)[2].

Outre l'envoi d'experts, l'Unesco accorde de manière ponctuelle des bourses et des aides dans ce domaine. En 1965, l'organisation finance, par exemple, une mission d'inventaire de manuscrits historiques découverts à Tombouctou[3]. En 1967, elle offre à l'Afghanistan une subvention pour l'organisation d'une réunion d'experts sur les manuscrits orientaux, donne une bourse à un archiviste de Ceylan pour lui permettre d'étudier les manuscrits cingalais se trouvant dans des bibliothèques européennes, accorde trois bourses à l'Islande pour des spécialistes des manuscrits islandais, fournit un expert en manuscrits arabes au Mali durant deux mois[4] et participe au financement d'une réunion organisée à Tombouctou sur les sources écrites de l'histoire africaine, portant en particulier sur la création et le développement de centres de dépôts et d'archives pour la conservation des manuscrits.

Au niveau des manuscrits arabes d'Afrique noire, sans dénigrer l'action de l'Unesco, Hampâté Bâ souligne cependant en 1972 : « le président Boubou Hama [Niger], de sa propre initiative, a entrepris le sauvetage des manuscrits des auteurs africains lettrés en langue arabe. Actuellement, la collection ainsi constituée compte déjà plus de 1 200 manuscrits des plus rares, provenant de toutes les parties de l'Afrique[5] ». En 1972, l'Unesco accorde aussi de l'équipement et une bourse à la Bulgarie dans le domaine de la conservation de manuscrits et d'archives[6].

A côté de la préservation des manuscrits, l'Unesco se préoccupe de la question de leur diffusion, c'est-à-dire du moyen de valoriser ce patrimoine écrit

[1] STRELCYN, S. *Preparation of a catalogue of the Ethiopian manuscript holdings, Institute of Ethiopian Studies, Haile Selasie I University: Ethiopia - (mission, 28 August-27 September 1974)*, 1974; 3 p. (document 3097/RMO.RD/DBA).

[2] STRELCYN, S. *Preparation of a catalogue of the Ethiopian manuscript holdings, Institute of Ethiopian Studies, Haile Selasie I University: Ethiopia.* Op. cit., p. 2.

[3] Rapport du DG sur l'activité de l'organisation en 1965, p. 97.

[4] Rapport du DG sur l'activité de l'organisation en 1967, p. 106.

[5] HAMPÂTE BÂ, Amadou. *Aspects de la civilisation africaine.* Op. cit., p. 38.

[6] Rapport du DG sur l'activité de l'organisation en 1972, p. 189.

comme faisant partie du patrimoine commun de l'humanité. Dans les années 1950, l'organisation entreprend la publication d'une collection pour le grand public de plusieurs albums consacrés à l'art mondial. Cette collection, publiée en cinq langues (allemand, anglais, espagnol, français et italien) est distribuée dans le monde entier par la *New York Graphic Society*[1]. Quelques volumes portent sur des reproductions de manuscrits anciens, en particulier cinq ouvrages relatifs aux manuscrits iraniens[2], éthiopiens[3], tchécoslovaques[4], irlandais[5] et turcs[6]. Ces publications sont gérées par Peter Bellew (Division des arts et lettres), en partenariat avec des photographes (envoyés en mission sur place) et des éditeurs d'ouvrages d'art, comme l'Italien Amilcare Pizzi (éditeur du volume consacré à la Tchécoslovaquie).

A côté de ces publications, l'Unesco tente d'utiliser d'autres supports pour assurer une diffusion plus large. En ce qui concerne par exemple le volume tchécoslovaque intitulé *Romanesque and Ghotic Illuminated Manuscripts*, publié en juin 1959[7], la plupart des reproductions sont tirées à part pour une présentation lors d'une exposition sur l'art tchécoslovaque, organisée au Musée des Arts décoratifs de Paris[8]. Début 1961, l'Unesco se lance aussi dans une série d'ouvrages d'art en livre de poche, et prépare notamment la version poche des albums consacrés aux manuscrits éthiopiens et tchécoslovaques[9]. Pour ce dernier, le professeur Jan Kvĕt est sollicité pour rédiger l'introduction ainsi qu'une courte bibliographie ; le livre est imprimé durant l'été 1964 sous le titre *La miniature romane et gothique en Tchécoslovaquie* ; il est publié dans sept langues en 10 000 à 15 000 exemplaires et son prix de vente fixé à moins d'un dollar par les éditeurs concernés : Flammarion (France) ; Editorial Hermes SA (Mexique) ; J.M. Meulenhoff (Pays-Bas) ; Munksgaard (Danemark) ; Collins (Royaume-Uni) ; New American Library of World literature Inc (États-Unis) ; R. Piper Verlag (Allemagne) ; Silvana Editoriale d'Arte (Italie)[10].

En dehors de ces quelques publications, l'Unesco prépare, à destination de spécialistes, une étude qui voit le jour en 1966 sous le titre *Liste des collections de manuscrits Asie et Pacifique*[11]. Elle publie aussi une vingtaine d'articles concernant les manuscrits anciens, en particulier dans *Museum* (« Restauration et nouvelle présentation de manuscrits au Musée Prosper Ricard Museum, Rabat » en 1956, « Exposition de manuscrits des collections indiennes, Musée national, New Delhi » en 1964, « Le Sanctuaire du livre » en 1967), dans le *Bulletin à*

---

[1] Lettre du DG au ministre des Affaires étrangères tchécoslovaque, 11 juillet 1956. Archives Unesco, dossier 7 UWAS (437) UWAS Albums.
[2] GODART, André. *Iran : miniatures persanes – Bibliothèque impériale*, 1956.
[3] LEROY, Jules, WRIGHTS, Stephen, JÄGER, Otto A. *Éthiopie : manuscrits à peinture*, 1961.
[4] KVĔT, Jan. *La miniature romane et gothique en Tchécoslovaquie*, 1964.
[5] SWEENEY, James Johnson. *Miniatures irlandaises*, 1965.
[6] ETTINGHAUSEN, Richard. *Miniatures turques*, 1965.
[7] Lettre de Belime à Pizzi, 26 mai 1959. Archives Unesco, dossier 7 UWAS (437) UWAS Albums.
[8] Voir *Orient-Occident*, volume II, n°6, décembre 1959. Archives Unesco, dossier 7 UWAS (437) UWAS Albums.
[9] Rapport du DG sur l'activité de l'organisation en 1962, p. 108.
[10] Voir Archives Unesco, dossier 7 UWAS / A 335 (437).
[11] Rapport du DG sur l'activité de l'organisation en 1966, p. 100.

l'attention des bibliothèques (« Les réserves précieuses dans les bibliothèques » en 1965, « A new programme for cataloguing manuscripts in the Federal Republic of Germany » en 1972) et, surtout, dans le *Courrier de l'Unesco*. Dans ce dernier sont publiés une quinzaine d'articles comme « L'Islam constitue les "archives photographiques" de son patrimoine culturel » (1950), « Avant Gutenberg, la production de livres était un travail de bénédictins » (1957), « Plus d'un million de livres et de documents à sauver » (1967) ou encore « Un Trésor de Bohême: exploit de l'imprimerie tchécoslovaque pour l'Année internationale du livre » (1972). Les articles du *Courrier* parus en 1974 connaissent un retentissement important auprès du grand public, comme en témoignent les nombreuses manifestations d'intérêt reçues par l'Unesco après leur parution[1].

Enfin, une réalisation, entreprise à partir de 1961, apparaît comme le projet-phare de l'Unesco dans le domaine de la diffusion des manuscrits : il s'agit pour l'organisation de faire connaître au monde les treize manuscrits coptes de la « Bibliothèque gnostique de Nag Hammadi ». Ces treize *codices* (volumes reliés à plat et recouverts de cuir) de textes gnostiques coptes, enterrés au Ve siècle apr. J.-C., ont été découverts en 1945 près de la ville de Nag Hamâdi (Égypte) ; ils comportent au total environ mille pages (dont 800 intactes), certains textes – en particulier l'*Évangile selon Thomas* – étant pour la première fois disponibles dans leur intégralité. L'intérêt scientifique de ces manuscrits apparaît très élevé pour les chercheurs et spécialistes de la religion chrétienne.

La publication de ces manuscrits est un sujet auquel tient particulièrement René Maheu, alors sous-directeur général de l'Unesco[2]. Découverts à peu près à la même époque que les centaines de célèbres manuscrits de Qumrân – dits de la mer Morte –, les manuscrits coptes trouvés en Égypte sont d'abord vendus illégalement et de manière dispersée, avant d'être rassemblés au Musée copte du Caire en 1951. Nasser crée un premier comité international autour des manuscrits de Nag Hammadi en octobre 1956. Un tiers de ces manuscrits environ ont été traduits et publiés par différents chercheurs lorsque l'Unesco est sollicitée, en 1960, par le gouvernement égyptien en vue de la publication d'une version intégrale en fac-similé de toutes les pages des *codices* (avec traduction), de manière à les faire connaître au monde entier et à permettre aux érudits de travailler simultanément sur les documents[3].

Il apparaît, en effet, à l'étonnement de l'Unesco, « qu'aucun spécialiste n'a jamais eu accès à l'ensemble des textes pendant quelques jours, pour un examen général, [...] qu'aucun inventaire sérieux, aucun classement n'a été effectué[4] » depuis la découverte des manuscrits. Rudolf Salat (Département des activités culturelles) émet toutefois des réserves sur le rôle de l'Unesco dans ce projet :

> *La traduction et l'annotation de tels documents, même sans commentaire, est une œuvre de responsabilité scientifique. Jusqu'à présent l'Unesco n'a pas entrepris une telle œuvre*

---

[1] Rapport du DG sur l'activité de l'organisation en 1974, p. 192-193.
[2] Mémo de Salat à Maheu, 8 février 1961. Archives Unesco, dossier 091 = 932 Hammadi.
[3] ROBINSON, James M. « Les Manuscrits coptes des sables du Nil : après les rouleaux de la Mer Morte... », in *Courrier de l'Unesco*, volume XXIV, mai 1971, p. 4.
[4] Mémo de Bammate à Salat, 7 février 1961. Archives Unesco, dossier 091 = 932 Hammadi.

sous sa propre responsabilité, dans le domaine des sciences humaines. Le CIPSH a été fondé en partie précisément pour permettre à l'Unesco de lui confier de tels travaux. Pour ma part, j'aurais de très grandes hésitations d'abandonner cette règle, ce qui pourrait provoquer des réactions fâcheuses parmi les savants et créer un précédent assez dangereux. Il y a, en effet, dans beaucoup de pays du monde de vieux documents d'une très haute valeur scientifique et qui souvent se trouvent même en danger immédiat puisqu'ils ne sont pas conservés dans un musée ou une institution scientifique. Si l'Unesco édite elle-même, sous sa propre responsabilité, un volume sur les documents coptes qui se trouvent en Égypte, nous ne pourrons pas refuser à l'avenir des demandes semblables venant d'autres États. Je vous recommanderais, par conséquent, de confier la responsabilité scientifique à une organisation savante déjà existante[1].

De son côté, après avoir rencontré les chercheurs Émile Puech et Antoine Guillaumont, Najmuddin Bammate (Division de la philosophie et des sciences humaines) préconise d'envoyer d'abord un ou plusieurs experts afin d'établir une description technique des manuscrits.

L'Afghan Bammate dirige alors la Division de la philosophie et des sciences humaines depuis 1959. Issu d'une longue lignée de soufis d'Asie Centrale, polyglotte parlant 12 langues, docteur en droit romain, il s'est consacré aux études islamiques à Lausanne, Cambridge, Al Azhar au Caire puis à l'Écoles des Hautes Études de Paris avec Louis Massignon. Intellectuel, linguiste et islamologue, délégué de l'Afghanistan à l'ONU en 1947, il est coordonnateur du projet Orient-Occident pour l'Unesco avant d'être nommé directeur de la Division de philosophie et des sciences humaines[2].

Bammate propose de mettre en place un comité international pour gérer le projet – en continuation ou à la place du comité créé par l'Égypte en 1956, comité qui n'a jamais vraiment fonctionné en raison de la crise de Suez – et pour lequel il cite les noms de quelques spécialistes européens, dont la plupart travaillent également sur les manuscrits de la mer Morte.

Mener une action de recherche dans un cadre international lui apparaît comme le seul moyen « de regrouper et d'orienter les diverses initiatives qui s'exercent depuis longtemps en désordre et sans efficacité ». Bammate souligne également l'importance de la personnalité du secrétaire permanent de ce comité international, « qui devra coordonner les travaux, relancer les traducteurs, maintenir une correspondance avec les spécialistes[3] ».

Dès le 10 février 1961, Maheu décide de l'organisation d'une mission d'expertise préliminaire au Caire en septembre 1961 et propose les noms du Français Guillaumont, de l'Autrichien Walter C. Till et de l'Égyptien Pahour Labib (directeur du Musée copte du Caire)[4]. Maheu suggère aussi à Salat de

---

[1] Mémo de Salat à Maheu, 1er fév 1961.Archives Unesco, dossier 091=932 Hammadi

[2] Bammate (1922-1985) dirige ensuite la Division de l'étude des cultures de 1972 à 1974, avant d'être promu directeur du Département des études, du développement et de la diffusion de la culture. Il devient conseiller spécial pour la culture et la communication auprès du DG à partir de 1979. Durant de nombreuses années, il est aussi professeur d'études islamiques à la Sorbonne et à l'université de Paris VII, ambassadeur de l'organisation de la Conférence Islamique et Président de l'Association éducative et culturelle des musulmans de France.

[3] Mémo de Bammate à Salat, 7 fév 1961.Archives Unesco, dossier 091=932 Hammadi

[4] Mémo de Maheu à Salat, 10 février 1961. Archives Unesco, dossier 091 = 932 Hammadi.

consulter le CIPSH pour la création du comité international, en vue de convoquer une première réunion en novembre 1961. Le professeur français Antoine Guillaumont (agrégé en lettres classiques, chargé de recherche au CNRS et spécialiste de philologie copte et syriaque à l'Ecole pratique des hautes études) sert de « conseiller officieux » aux fonctionnaires de l'Unesco pour la constitution de ce comité international et la mise en place générale du projet. L'Unesco souhaite que le comité, composé de 6 ou 7 membres, soit le plus représentatif possible des spécialistes du sujet, tant au niveau géographique que de la spécialisation technique. Le secrétaire permanent sera un Occidental, sachant que Labib sera président.

Avec l'aide de Guillaumont, Bammate met sur pied, en avril 1961, un avant-projet de comité (comprenant Guillaumont, Quispel, Säve-Söderbergh, Garitte et Krause), pour lequel l'approbation du CIPSH apparaît plutôt comme une simple caution scientifique *a posteriori*[1]. Comme Guillaumont et Till ne peuvent mener à bien la mission d'expertise préliminaire à cause de problèmes d'emploi du temps et de santé, ce sont finalement Krause (détaché auprès de l'Institut allemand du Caire) et Malinine qui l'effectuent en octobre 1961[2]. Sur place, le projet est coordonné par L.A. Christophe, représentant de l'Unesco au Caire pour les affaires de Nubie, avec qui le siège entretient une correspondance régulière. Dans leur rapport de mission, Krause, Malinine et Labib décrivent en détail le contenu des manuscrits et évaluent la publication par l'Unesco de 23 traités (sur 48 contenus dans les 13 *codices*) à sept volumes. La création et la première réunion du comité international sont repoussées à début 1962, et Maheu écrit au gouvernement égyptien :

> *L'intervention de l'Unesco dans la traduction et la publication des manuscrits de Naga Hammadi me paraît largement justifiée par le fait que cette intervention rendrait possible une édition savante originale et complète. Je me permets de souligner l'importance essentielle que j'attache à ce que cette édition comprenne tous les manuscrits découverts à Naga Hammadi qui se trouvent, pour la plus grande partie, au Musée copte du Caire, et pour une partie moindre à l'Institut Jung en Suisse. Chaque page du texte original reproduite en photographie et phototypie serait assortie d'une double traduction, la première dans la langue arabe, la seconde en langue allemande, anglaise ou française selon la langue de travail du traducteur*[3].

Le 19 décembre 1961, Malinine conseille officieusement à l'Unesco, lors d'un entretien avec Asabuki et Monsour, d'essayer de publier le plus rapidement possible la totalité des photographies des manuscrits, puis de laisser les institutions, universités et autres organisations accomplir et financer les travaux de notes et de traduction sous la coordination du comité international ; de cette manière, l'Unesco s'assurerait le prestige de publier une large partie de textes encore inédits avant que l'Institut allemand du Caire ou que d'autres savants

---

[1] Mémo de Bammate à Salat, 21 avril 1961. Archives Unesco, dossier 091 = 932 Hammadi.

[2] Rapport confidentiel sur la mission portant sur les textes gnostiques de Nag Hammadi », non daté. Archives Unesco, dossier 091 = 932 Hammadi.

[3] Lettre de Maheu à Saroit Okacha (ministre égyptien de la Culture), 1er déc. 1961. Archives Unesco, dossier 091 = 932 Hammadi.

aient publié les fragments de manière dispersée[1]. Au printemps 1962, divers courriers et rencontres plus ou moins informels tentent de déterminer avec précision la position du gouvernement égyptien sur la question, afin de décider de l'intérêt pour l'Unesco à se lancer dans un tel projet[2]. Le coût de ce dernier est évalué au départ à 60 000 $, mais serait, selon Bammate, surévalué. De son côté, l'Institut français du Caire chiffre officieusement à 20 000-25 000 $ le coût de l'impression des manuscrits si l'Unesco décidait de lui confier cette tâche.

En juin 1962, l'Égypte réitère son souhait de voir l'Unesco entreprendre une édition complète de l'ensemble des manuscrits, et Maheu inclut le projet dans le programme de l'organisation pour 1963-1964. Il suggère alors au gouvernement égyptien de présenter une requête pour la Conférence générale qui doit se tenir fin 1962. Maheu propose également de confier au Centre de documentation et d'étude sur l'histoire de l'art et de la civilisation de l'Égypte – créé en 1955 avec le soutien de l'Unesco et dirigé par l'égyptologue française Christiane Desroches Noblecourt –, la réalisation du travail préliminaire de photographie nécessaire à la publication, l'Unesco fournissant pellicule et papier, ainsi que la somme de 300 £ pour le personnel chargé de cette tâche. Par ailleurs, étant donné que la publication n'inclut plus de traduction, l'idée d'un comité international est provisoirement écartée.

Début 1963, un contrat est signé entre l'Unesco et le Centre de documentation et d'étude sur l'histoire de l'art et de la civilisation de l'Égypte ; il est prévu deux séries de photographies, l'une pour l'Unesco, l'autre pour les archives du Centre. Mais les premières difficultés surgissent lorsque Labib réclame, à titre personnel, un tirage papier de chaque page ; des échanges diplomatiques à ce sujet retardent la photographie des manuscrits, suspendue à partir de février 1963. Puis les photographies prennent du retard à cause de l'état déplorable de certains manuscrits, dont des dizaines de pages endommagées doivent être reconstituées. Embarrassée par ces contretemps et rajouts, l'Unesco choisit d'utiliser le budget prévu en 1964, non pour la publication mais pour les travaux de photographie, qui se poursuivent donc en 1964-1965. Cependant, à cause des difficultés techniques, de l'opposition officieuse de Labib (désireux de publier lui-même les manuscrits) et du départ du ministre Okacha (très attaché à cette publication), le projet est suspendu après que la moitié seulement des manuscrits aient pu être photographiés.

Ce n'est qu'en 1966 que le projet est relancé par l'Unesco, par le biais d'un colloque international sur les origines du gnosticisme qui se tient en Italie. A cette occasion, le spécialiste américain en sciences religieuses James Robinson réunit un groupe d'éditeurs et de traducteurs, avec l'idée de publier une édition bilingue (copte/anglais) des manuscrits de Nag Hammadi, en collaboration avec l'*Institute for Antiquity and Christianity de Claremont* (États-Unis). L'Unesco profite de cette circonstance pour relancer le gouvernement égyptien, en lui conseillant de déposer une demande pour l'envoi d'un technicien en restauration

[1] « Entretien du 19 décembre sur la Traduction et publication des manuscrits coptes de Naga Hammadi », 21 déc. 1961. Archives Unesco, dossier 091 = 932 Hammadi.
[2] Voir Archives Unesco, dossier 091 = 932 Hammadi.

de manuscrits, afin d'achever le travail de photographie et de procéder à la publication. En fin de compte, il faudra 4 ans à l'Unesco, de 1967 à 1971, pour passer au crible les centaines de fragments disparates des manuscrits endommagés, les identifier, les réunir et prendre de nouvelles photos des passages reconstitués.

En 1970, l'Unesco et le gouvernement égyptien créent aussi le Comité international RAU-Unesco pour la Bibliothèque gnostique de Nag Hammadi, dont James Robinson devient secrétaire permanent. Né en 1924, James McConkey Robinson a fait des études de théologie aux États-Unis et en Suisse. Professeur à la *Claremont school of theology* de Californie à partir de 1964, il fait valoir la nécessité d'une étude minutieuse des textes fondateurs et de leur contexte historique, et les deux grandes découvertes d'après-guerre – la bibliothèque de Nag Hammadi et les manuscrits de la Mer Morte – vont profondément orienter sa carrière.

Le Comité, réuni pour la première fois au Caire en décembre 1970, recommande « la constitution d'un sous-comité technique à qui seraient confiées les tables de concordances (dont le Comité disposait), pour être en mesure de réassembler les fragments du manuscrit de papyrus[1] ». En 1971, le Comité travaille sur la présentation des fac-similés, dont le 1er volume est publié début 1972 ; John E. Fobes, sous-directeur général de l'Unesco, représente le DG lors de la cérémonie officielle qui se déroule pour l'occasion, le 17 mars 1972, à l'*Institute for Antiquity and Christianity*[2]. Mais l'Unesco fait preuve, une fois encore, d'un optimisme exagéré en estimant que les 8 volumes de l'édition fac-similée pourront paraître d'ici la fin de l'année suivante ; en réalité, les fac-similés vont représenter, non pas 8 mais 12 volumes, dont la publication, par l'éditeur néerlandais Brill, s'échelonne entre 1972 et 1984[3]. Par ailleurs, James Robinson publie, à partir de 1977, la première traduction intégrale en anglais des textes de Nag Hammadi (*The Nag Hammadi Library in English*, coédité par Brill et Harper & Row). La publication de ces manuscrits aura donc représenté un programme de longue haleine pour l'Unesco, étalé au total sur 24 ans (de 1960 à 1984) – bien qu'avec de nombreuses périodes d'interruption. Étant donné le contenu très spécialisé des manuscrits et la publication par un éditeur externe, on peut considérer cependant que l'Unesco en a retiré assez peu de bénéfice en termes de prestige auprès du grand public – bien moindre, par exemple, que celui provoqué par le retentissement du projet spectaculaire de sauvetage des temples de Nubie…

Toutefois, si l'Unesco consacre beaucoup de temps et d'énergie à la préservation et à la diffusion du patrimoine écrit à travers la question des manuscrits, l'organisation finit aussi par inclure le patrimoine oral dans le patrimoine littéraire de l'humanité, en particulier grâce aux États africains.

---

[1] ROBINSON, James M. « Les Manuscrits coptes des sables du Nil: après les rouleaux de la Mer Morte... ». Op. cit., p. 10.

[2] Rapport du DG sur l'activité de l'organisation en 1972, p. 5.

[3] Département des Antiquités égyptien. *The facsimile Edition of the Nag Hammadi Codices*. Pays-Bas : Leiden, E.J. Brill, 1972 (1er volume).

Dans les années 1950, les nombreux livres, films, articles, expositions et autre supports créés par l'Unesco sur la thématique du livre affichent une foi inébranlable dans le support écrit qui correspond bien à la suprématie symbolique de l'imprimé dans l'esprit occidental. Fortement présente, notamment dans l'ouvrage *Le livre dans le monde* (en anglais, *Books for all*) préparé par Ronald Barker en 1954-1955, cette perception exclusive du savoir semble parfois – bien que rarement – avoir été sujette à discussion, y compris en interne à l'Unesco ainsi que le montre un mémo du Français Jean Chevalier (alors chef de cabinet du DG) :

> *... Il y a beaucoup d'autres problèmes, plus profonds, que soulève le magnifique slogan :* « Books for all ». *[...] Affirmer que l'imprimé contient* « the sum of man's knowledge », *c'est négliger tout ce qui reste de « culture orale, manuscrite et monumentale », non encore imprimée et pourtant connue, dans le monde et, en particulier, en Orient. Dire que l'imprimé est l'un des meilleurs moyens de répandre les connaissances humaines serait juste ; borner ces connaissances à l'imprimé, c'est céder à la superstition du livresque*[1].

Face à la suprématie de l'écrit, des appels se font timidement entendre, affirmant que l'oralité fait partie intégrante du patrimoine littéraire et intellectuel de l'humanité, y compris en Occident. En 1948, le Comité international de la Parole (fondé en 1931)[2], propose par exemple à l'Unesco de soutenir la création d'une Phonothèque internationale, qui permettrait de conserver « certaines œuvres qui sont les plus belles manifestations et expressions de l'art oratoire sous toutes ses formes (conférences, discours, prédications, plaidoiries, cours, etc.[3] ». Le Comité redoute en effet « de voir disparaître, faute d'un organisme comme celui qu'[il préconise], tant de magnifiques témoignages parlés de la pensée humaine[4] ». Cette demande rejoint la recommandation émise en 1947 par le Conseil international des Musées « d'établir les archives internationales de la voix, comprenant les chansons, danses et mélodies rituelles natives, la linguistique et la phonétique[5] ». Cependant, Luiz Heitor Corrêa de Azevedo[6] (chef de la Section de coopération avec les organisations culturelles internationales) est d'avis qu'il serait difficile à l'Unesco de patronner une semblable entreprise :

---

[1] Mémo de Chevalier au DG, 29 sept 1955. Archives Unesco, dossier 307 A 31.

[2] Voir la chronique in *L'année psychologique*, 1930, n°31, p. 69.

[3] Lettre de Homburg au DG, 6 déc. 1948. Archives Unesco, dossier 681.84 :027 A 01 IFLRS.

[4] Ibid.

[5] Mémo de Corrêa de Azevedo à Lebar, 23 déc. 1948. Archives Unesco, dossier 681.84 :027 A 01 IFLRS.

[6] Musicologue, compositeur et pianiste brésilien, Luiz Heitor Corrêa de Azevedo (1905-1992) entretient une correspondance régulière avec le PEN Club international dans le cadre du « Comité de liaison des organisations internationales dans le domaine des Arts et Lettres ». Il travaille à l'Unesco de 1947 à sa retraite en 1965 ; pour l'organisation, il élabore le Conseil International de Musique, lance la publication de la série « Archives de la Musique Enregistrée », et participe à la création de l'Association Internationale des Bibliothèques Musicales et au projet pour la constitution du Répertoire International des Sources Musicales. A partir de 1957, il dirige la Section de coopération avec les ONG, qui fait partie de la Division des échanges culturels internationaux.
MAGALHAES, Carolina. « Luiz Heitor Corrêa de Azevedo et les relations musicales entre la France et le Brésil » in *Revues de la Maison des sciences de l'homme*, disponible sur le site http://www.revues.msh-paris.fr.

Il lui faudrait dépenser des sommes considérables et entretenir un service permanent dont l'importance serait chaque jour plus grande. L'idée de l'IICI, avec la réalisation fragmentée de la phonothèque, attribuant à chaque pays la responsabilité d'une institution purement nationale, a été probablement la plus viable[1].

L'Unesco entretient donc un contact assez distant avec la Comité international de la parole puis avec l'Association internationale des bibliothèques musicales (AIBM)[2]. En février 1963, l'organisation accueille tout de même une réunion de l'AIBM destinée à discuter de la mise en place d'une Fédération internationale des phonothèques (FIP), qui « se propose de grouper les discothèques, archives sonores, magnétothèques et toute institution, ou section d'établissement, chargée de conserver des documents sonores » avec l'objectif de « développer les activités des phonothèques, faciliter la coopération entre les phonothèques et contribuer à l'organisation de la profession de phonothécaire[3] ». Des comités nationaux de phonothèques existent alors dans 6 pays occidentaux seulement (Belgique, États-Unis, France, RDA, RFA et Royaume-Uni), bien que 7 autres (Autriche, Iran, Italie, Japon, Mexique, Tchécoslovaquie, URSS) possèdent une phonothèque importante. Une Assemblée constitutive de la nouvelle Fédération se déroule le 27 mai 1963 à Milan.

La donne change avec l'arrivée massive des pays africains dans les années 1960 ; peu à peu sensibilisée à la question de l'oralité, l'Unesco se penche sur la question des langues, de la tradition et de la littérature orales dans les sociétés africaines. A cet égard, le rôle joué par le Malien Amadou Hampâté Bâ est exemplaire. En considérant que « l'abandon de nos langues nous couperait tôt ou tard de nos traditions et modifierait tôt ou tard la structure même de notre esprit, [ce qui amputerait] irrémédiablement l'humanité d'une de ses richesses, d'un style de vie profondément humain, fraternel et équilibré, de plus en plus rare dans l'humanité moderne[4] », Hampâté Bâ milite pour la collecte et la préservation des traditions orales africaines, ainsi que pour la transcription des langues africaines à l'aide de l'alphabet latin. Il rappelle fréquemment l'importance de l'oralité dans la vie quotidienne des Africains :

Contrairement à ce que d'aucuns pourraient penser, la tradition orale africaine ne se limite pas à des contes et des légendes ou même à des récits mythiques ou historiques, et les « griots » sont loin d'en être les seuls et uniques conservateurs et transmetteurs qualifiés. La tradition orale est la grande école de la vie, dont elle recouvre et concerne tous les aspects. Elle peut paraître chaos à celui qui n'en pénètre pas le secret et dérouter l'esprit cartésien habitué à tout séparer en catégories bien définies. En elle, en effet, spirituel et matériel ne sont pas dissociés[5].

---

[1] Mémo de Corrêa de Azevedo à Lebar, 23 déc. 1948. Archives Unesco, dossier 681.84 :027 A 01 IFLRS.
[2] Voir Archives Unesco, dossier 681.84 :027 A 01 IFLRS.
[3] « Constitution d'une Fédération internationale des phonothèques », 8 février 1963. Archives Unesco, dossier 681.84 :027 A 01 IFLRS.
[4] HAMPÂTE BÂ, Amadou. *Aspects de la civilisation africaine.* Op. cit., p. 32-33.
[5] HAMPÂTE BÂ, Amadou. *La parole, mémoire vivante de l'Afrique.* Op. cit., p. 9.

Les efforts de l'Unesco en faveur du patrimoine oral demeurent timides au début des années 1960, même si quelques actions sont lancées : l'Unesco signe le 13 juin 1962 une convention avec le gouvernement nigérien englobant plusieurs aides accordées au titre du programme de participation, notamment un « équipement audio-visuel d'un montant équivalent à 1150 $ consistant en un magnétophone, un projecteur, un appareil photo, pour la préservation de la tradition orale (aide à l'IFAN)[1] ».

En 1962-1963, le linguiste français Robert Hurel mène au Niger et au Nigéria une mission pour l'Unesco dans le cadre d'un projet interafricain sur l'éducation primaire à partir de la langue yoruba, avant de passer quelques mois au Centre régional d'éducation de l'Unesco à Accra (Ghana)[2]. De son côté, le Dr Laubach travaille au Mali autour de la langue bambara. En octobre 1963, le ministère de l'Éducation nationale du Niger constitue de son côté une commission pour la transcription des langues maternelles parlées dans le pays, expliquant que « ce problème est un de [ses] premiers soucis pour le lancement de [ses] campagnes d'alphabétisation des adultes[3] ». Quant au Nigéria, il dépose en 1962 auprès de l'Unesco une demande de soutien pour la mise en place d'un Institut régional de recherche sur l'éducation des adultes en Afrique. En 1962, le DG explique dans son rapport annuel :

> *Des contrats pour des missions de recherches en vue de promouvoir la connaissance des cultures africaines ont été conclus avec les Gouvernements de la Côte-d'Ivoire (l'histoire, l'art, les coutumes des Baoulés), du Mali (culture des Peuhls et des Bambaras, collection de manuscrits d'intérêt historique), du Nigeria (anthologie de la littérature yoruba), de Rhodésie-Nyassaland (histoire du Monomotapa), de Somalie (publication sur la langue et la littérature somalies)*[4].

La première conférence régionale des commissions nationales africaines pour l'Unesco (Kampala, septembre 1963) insiste sur le fait que pour préserver et développer le patrimoine culturel africain, il est urgent de s'appliquer « à la collecte de la tradition orale et des sources manuscrites dont la destruction risquerait de faire disparaître à brève échéance des témoignages irremplaçables de l'histoire et des valeurs culturelles africaines[5] ».

Le secrétariat de l'Unesco se lance à la recherche de 3 consultants pour mener en Afrique une étude sur l'usage de la langue maternelle pour l'alphabétisation et sur la transcription des langues africaines, en prévision d'une réunion d'experts sur ce sujet qui doit avoir lieu à Ibadan (Nigeria) fin 1964 et de la publication d'un manuel en 1965[6]. Un budget de 16 500 $ est prévu pour l'ensemble de l'étude. John B. Bowers (Département de l'éducation) suggère de recruter d'une part, le francophone M. Hurel, d'autre part, un linguiste soviétique : la

[1] Voir Archives Unesco, dossier 02 (662.1) AMS.
[2] Voir Archives Unesco, dossier 379.2:372.62(6)A53
[3] Lettre de Diori Hamani au DG, 30 oct 1963. Archives Unesco, dossier 379.2 : 372.62 (6) A 53.
[4] Rapport du DG sur les activités de l'organisation en 1962, p. 107.
[5] Rapport final de la première conférence régionale des commissions nationales africaines pour l'Unesco (Ouganda 9-14 septembre 1963). Archives Unesco, dossier 347.78 A 06 (672.4) « 63 ».
[6] Voir Archives Unesco, dossier 379.2 : 372.62 (6) A 53.

délégation soviétique se montre, en effet, très investie dans les programmes d'alphabétisation de l'Unesco et demande à ce que l'un des experts recrutés soit soviétique. De son côté, la *School of Oriental and African Studies* (SOAS) de Londres envoie au secrétariat de l'Unesco une liste de 26 Africains (anglophones) ayant suivi son cursus les années précédentes. Bruce Roberts (Division de l'éducation des adultes et des activités de jeunesse) part à Londres du 22 juin au 2 juillet 1963 afin de rendre visite à plusieurs institutions spécialistes de l'Afrique, dans le but de s'informer des recherches concernant les langues africaines en Afrique anglophone et de rechercher des linguistes pour le projet.

Fin juin 1963, trois pays africains sont sélectionnés comme champ d'étude (Niger, Nigéria et Ouganda), mais Robert Hurel rappelle à l'Unesco la complexité du contexte linguistique africain (avec l'existence d'environ 260 langues importantes rien qu'en Afrique de l'Ouest) et souligne la nécessité d'indiquer clairement quelles langues feront l'objet de l'étude, tout en se livrant au constat que « les pays africains francophones ne mènent pas une politique favorable à l'usage des langues vernaculaires[1] ». L'Unesco remédie à ce problème en choisissant de travailler avec un pays francophone (Niger) et deux pays anglophones (Nigéria et Ouganda), qui ont déjà mené des recherches dans ce domaine.

Dans son ouvrage *Languages in Africa* (1963), le linguiste R.G. Armstrong évalue à 5 années le temps nécessaire pour former des Africains à l'enseignement de leur langue maternelle, et à une génération le temps nécessaire à la mise en place d'un enseignement généralisé de qualité de cette langue. Armstrong estime aussi qu'un budget d'environ 20 000 $ (sur 5 ans) est nécessaire afin qu'une langue vernaculaire puisse être transcrite et commencée à être enseignée... Toutefois, même si Bruce Roberts reconnaît que l'étude d'un petit nombre de langues africaines nécessiterait de nombreuses années, le budget limité de l'Unesco ne permet pour commencer qu'une mission préliminaire de 3 mois :

> *La question linguistique est délicate, et prompte à verser dans le politique ; aussi l'Unesco pourrait ne pas disposer de la même liberté d'approche du problème que le département de linguistique d'une université nationale. De plus, l'enquête commandée par la Conférence générale n'est pas une simple étude linguistique purement scientifique et objective ; il s'agit d'une étude sur l'usage de la langue maternelle pour l'alphabétisation*[2].

A travers ses programmes, l'Unesco prévoit de privilégier certaines langues (considérés comme *lingua franca*) en fonction du nombre de locuteurs concernés, bien qu'elle admette que laisser de côté des langues parlées par de nombreux Africains constitue un réel problème ; mais l'organisation se veut réaliste et insiste sur la « viabilité » économique des langues transcrites et le libre choix de chaque État de privilégier, en fonction de ses ressources financières, une ou plusieurs langues locales, ou au contraire la langue de l'ancien colonisateur pour l'éducation de son peuple.

---

[1] Lettre de Hurel à Bowers, 25 juin 1963. Archives Unesco, dossier 379.2 : 372.62 (6) A 53.
[2] Lettre de Roberts à Hurel, 9 août 1963. Archives Unesco, dossier 379.2 : 372.62 (6) A 53.

En octobre-novembre 1963, l'Unesco recrute les linguistes E.L. Lasebikan (universitaire nigérian spécialiste de la langue yoruba, qui devient le chef du projet), Robert Hurel et Roza M. Ismagilova ; chacun d'entre eux, briefé à Paris début janvier 1964, doit recevoir la somme de 240 $. Ces linguistes doivent rencontrer les responsables des programmes d'alphabétisation dans les trois pays africains et visiter différentes institutions dédiées à l'alphabétisation, afin d'examiner les problèmes linguistiques rencontrés dans l'éducation des adultes et de proposer des axes d'action à l'Unesco dans ce domaine. En mars 1964, en fin de mission, ils participent aussi à Dakar à une conférence sur l'organisation de campagnes d'alphabétisation en Afrique.

Suite à cette mission, une réunion d'experts sur l'usage de la langue maternelle pour l'alphabétisation est organisée fin 1964 à Ibadan – en collaboration avec la *School of Oriental and African Studies* de Londres et sur proposition du secrétariat de l'Unesco au gouvernement du Nigéria. Pour cette manifestation, le secrétariat accorde une importance particulière au fait d'inviter « non seulement des linguistes mais aussi des spécialistes en alphabétisation et en éducation des adultes, et par-dessus tout des spécialistes africains qui puissent exprimer la voix de l'Afrique[1] ».

En parallèle, l'Unesco poursuit sa collaboration avec le Niger : elle y envoie en 1964 un linguiste pendant 6 mois pour étudier la situation linguistique et conseiller le gouvernement dans sa politique de transcription des langues et leur utilisation pour l'éducation[2]. Par ailleurs, après un an et demi de recherches, l'Unesco nomme, fin novembre 1964, le néo-zélandais Keith Maslen, spécialiste en linguistique, au Centre régional pour l'éducation en Afrique à Accra (Ghana). De leur côté, Lasebikan, Hurel et Ismagilova prennent du retard dans la rédaction de leur rapport final – qu'ils achèvent courant 1965 –, et l'Unesco décide de reporter la réunion prévue à Ibadan. Puis, au vu du rapport, l'Unesco s'adresse, en octobre 1965, à l'Université d'Ibadan pour des recherches complémentaires pour la partie consacrée au Nigéria, trop incomplète pour la publication du manuel prévu.

Suite au lobbying des Africains mené par Hampâté Bâ au sein de la Conférence générale, cette dernière décide en 1964 « de concentrer sur une période de dix ans, entre 1965 et 1975, une série d'activités dans le cadre des études de cultures africaines sur un projet prioritaire, l'histoire générale de l'Afrique. Pour l'exécution de ce projet décennal, la Conférence générale a proposé des crédits de l'ordre de 500 000 dollars[3] ». Après l'adoption de cette résolution, la responsabilité du programme de transcription des langues africaines et de l'usage des langues vernaculaires pour l'éducation est transférée du Département de l'éducation des adultes et des activités de jeunesse au

[1] Lettre de Bowers à Guthrie, 5 février 1964. Archives Unesco, dossier 379.2 : 372.62 (6) A 53.

[2] Voir Archives Unesco, dossier 379.2 : 372.62 (6) A 53.

[3] « Document d'information sur la Réunion d'experts sur la coordination et la planification de la collecte de la tradition orale en Afrique, Ouagadougou, 29 juillet-2 août 1968 », 20 juin 1968. Archives Unesco, document officiel SHC/TRADORAF.

Département des activités culturelles, c'est-à-dire à Bammate et Hurel – recruté au siège suite à différentes missions d'expertise.

En septembre 1965, Hampâté Bâ effectue plusieurs missions auprès des chefs d'État d'Afrique de l'Ouest, afin de leur exposer un projet d'organisation d'une conférence internationale à Bamako[1]. Comme il le dira lui-même, après « avoir provoqué beaucoup de sourires et d'ironie[2] » à l'Unesco, son idée finit par déboucher, en 1966, sur l'organisation du Congrès de Bamako, qui réunit la plupart des pays d'Afrique de l'ouest en vue de l'uniformisation de la transcription des langues africaines. Après cette manifestation, l'Unesco entame un travail conséquent de transcription des langues africaines, et un alphabet standard est adopté par un grand nombre de pays africains. En avril 1967, l'Unesco accueille une réunion d'experts pour l'élaboration de grammaires, de dictionnaires et d'un matériel de lecture ; en 1968, « le travail est achevé pour les neuf langues retenues [bambara, haoussa, kanouri, peul, sango, somali, songhoy-djerma et tamasheq]. La seconde phase du travail porte sur l'étude des langues africaines en tant que véhicules culturels[3] ». Certains pays, tel le Sénégal, décident que les langues africaines seront désormais enseignées à l'université.

Du 31 août au 5 septembre 1966, l'Unesco organise aussi à Abidjan une réunion d'experts pour évaluer les problèmes scientifiques posés dans le cadre de la réalisation du programme sur les cultures et traditions africaines, élaborer un calendrier de réunions et choisir les aires culturelles par lesquelles commencer. Des réunions techniques sont programmées à Tombouctou pour les sources écrites (novembre 1967) et à Niamey pour les traditions orales (septembre 1967). Cette dernière réunion souligne que la tradition orale peut « révéler les valeurs de civilisation, si elle est étudiée comme source de la pensée africaine, des arts, des littératures et du droit africain[4] » et recommande à l'Unesco « l'établissement d'un centre régional de recherche et de documentation pour la tradition orale à Niamey, et d'au moins trois autres centres pour l'ensemble du continent », ainsi que « l'organisation d'un stage de formation de techniciens africains dans le domaine de la tradition orale, à Niamey, en 1968 »[5].

Une nouvelle réunion, organisée à Ouagadougou en 1968, s'intéresse à la coordination régionale de la collecte de la tradition orale en Afrique, et se penche sur les difficultés rencontrées pour l'enregistrement audio-visuel dans ce cadre. Elle précise les thèmes et programmes de recherche prioritaires et organise la coopération entre les instituts d'études africaines. Le rapport final insiste sur la nécessité de coopération entre les États situés dans la zone étudiée, l'Afrique de l'Ouest. L'étude des traditions orales peules intéresse ainsi le Mali, la Mauritanie,

---

[1] TOURE, Abdouramane. « Amadou Hampâté Bâ, gardien d'une tradition, ferment d'un humanisme intégral ». Op. cit., p. 220.

[2] HAMPÂTE BÂ, Amadou. *Aspects de la civilisation africaine*. Op. cit., p. 32.

[3] MAUREL, Chloé. *La pensée et l'action de l'Unesco dans le domaine de la culture*. Op. cit., p. 196-197.

[4] « Document d'information sur la réunion d'experts sur l'utilisation des techniques audio-visuelles pour la collecte et l'étude des traditions orales en Afrique à Porto-Novo (Dahomey) », 18 août 1969. Archives Unesco, document SHC/CONF.28 1972.

[5] « Document d'information sur la Réunion d'experts sur la coordination et la planification de la collecte de la tradition orale en Afrique, Ouagadougou, 29 juillet-2 août 1968 », 20 juin 1968. Op. cit., p. 3.

le Niger, le Tchad, la Haute-Volta, la Guinée, le Sénégal, le Nigéria et le Cameroun, tandis que l'étude des traditions orales mandingues concerne le Mali, la Mauritanie, le Niger, les pays de la Volta et la Côte d'Ivoire.

Le Centre régional de documentation pour la tradition orale (CRDTO), créé le 30 juillet 1968 par le Gouvernement du Niger et l'Unesco, s'occupe « des problèmes de la tradition orale dans la collecte et la diffusion des éléments culturels acquis d'ordre historique, sociologique : chants, contes et fables, proverbes et dictons, jeux éducatifs, monographie des arts, des techniques et des métiers[1] ». Hampâté Bâ se montre très actif pour inciter les pays d'Afrique de l'Ouest à coopérer avec le CRDTO et à le financer :

> *Ce Centre a pour vocation essentielle la collecte systématique et intensive, avec un personnel formé à cet effet, des traditions orales en tant que sources de culture et véhicules de pensée et de civilisation africaine, dont les dépositaires traditionnels ont commencé à disparaître. Cette collecte doit permettre d'approfondir et de mieux faire connaître les cultures africaines, à une heure où tous les Africains éprouvent le besoin de prendre une pleine conscience de leurs origines et de leur histoire, afin de mieux situer leur évolution contemporaine. Elle doit également permettre aux rédacteurs de* l'Histoire générale de l'Afrique *de tenir compte des sources orales jusqu'alors non encore exploitées. Le Centre régional (CRDTO) a également pour objectif [...] la diffusion de livres, revues et journaux en langues africaines, ainsi que la traduction d'œuvres représentatives des autres cultures en langues africaines*[2].

Du 14 au 20 novembre 1969, l'Unesco provoque également à Porto-Novo au Dahomey (Bénin) une réunion sur l'utilisation des techniques audio-visuelles pour la collecte, l'étude, la conservation et la diffusion des traditions orales en Afrique, réunion traitant à la fois des conditions techniques, sociologiques et ethnographiques d'une telle utilisation[3]. Des 27 participants à cette réunion (auxquels s'ajoutent 18 observateurs), seuls 4 sont Européens, les 23 autres provenant de 12 pays africains. La Société africaine de culture et l'Union des radios et télévisions nationales d'Afriques y envoient des observateurs, tandis que le secrétariat de l'Unesco est représenté par O. Bhely-Quenum (Département de l'information) et Enrico Fulchignoni qui représente le DG. Paul Sonthonnax, secrétaire général du Centre international de photographie à Paris, présente un document de travail dans lequel il classe les différentes manifestations verbales et gestuelles, situant les contes, poèmes et chansons dans la catégorie « parole comme divertissement »[4]. L'Unesco précise quant à elle les objectifs et les bénéficiaires visés par son programme de collecte des traditions orales africaines :

> *Ces archives audiovisuelles doivent répondre à trois buts : culturel, pédagogique et d'information générale. Au point de vue culturel, les archives doivent servir aux recherches ethnographiques et historiques ; considérées sous cet aspect, elles constituent des*

[1] SAGBOKAN, Hilaire-Philippe. *L'Afrique noire francophone et l'Unesco, de 1960 à nos jours.* Op. cit., p. 258.

[2] HAMPÂTE BÂ, Amadou. *Aspects de la civilisation africaine.* Op. cit., p. 36-37.

[3] « Réunion d'experts sur l'utilisation des techniques audio-visuelles pour la collecte et l'étude des traditions orales en Afrique à Porto-Novo (Dahomey) », 25 juillet 1969. Archives Unesco, document officiel SHC/CONF.28 1972.

[4] « Document de travail présenté par Paul Sonthonnax ». Archives Unesco, document officiel SHC/CONF.28 1972.

documents de premier choix, grâce à l'authenticité des personnages et des langues parlées. Ethnologues, historiens, linguistes pourront y trouver la matière première qui leur est nécessaire pour élaborer ou mettre au point leurs recherches et travaux. Ces archives offriront également d'une manière générale une illustration des études de cultures africaines. Elles révèleront aux jeunes générations les civilisations passées. Mais elles constitueront également une source de documentation et d'inspiration pour les artistes africains notamment. Ceux-ci puiseront à loisir leurs thèmes de recherche dans les traditions ancestrales les plus pures, sauvegardées ainsi grâce aux techniques audio-visuelles. Grâce à ces archives, les artistes créateurs pourront allier les traditions culturelles africaines avec les modèles d'emprunt, sans en subir la tyrannie exclusive.

Eu égard à ces hypothèses, on constate que les archives audio-visuelles sont d'abord destinées :

(i) aux chercheurs, aux spécialistes des études africaines, ethnologues, musicologues, sociologues, historiens et philosophes ;

(ii) aux jeunes générations qui n'auront plus guère l'occasion, eu égard à la transformation rapide du monde africain, de vivre par eux-mêmes in situ les phénomènes recueillis ;

(iii) au grand public, africain et non africain[1].

Différentes recommandations sont adoptées par la réunion, dont celle d'entreprendre « la publication de disques de littérature et de musique faisant partie de la tradition orale à la faveur de la mise en place en Afrique d'un organisme d'édition pouvant presser des disques destinés à l'Afrique[2] ».

C'est ensuite à Yaoundé, en août 1970, qu'une rencontre d'experts sur la contribution des langues africaines aux activités culturelles et aux programmes d'alphabétisation est organisée ; cette réunion aborde les difficultés de l'alphabétisation en langues africaines et fait le constat que « les adultes adoptent une attitude négative quand on les alphabétise dans les langues africaines alors que l'école éduque leurs enfants dans une langue non africaine » et que « l'alphabétisation, même fonctionnelle, ne permet aucune promotion sociale dans la vie nationale (économie et fonction publique) lorsqu'aucune disposition n'est prise au niveau national : les langues africaines apparaissent ainsi reléguées au second plan et exclusivement réservées aux masses populaires qui sont pourtant le facteur décisif de la vie économique nationale[3] ». En conclusion, les experts soulignent l'importance d'un enseignement dans les langues africaines.

Du 20 au 24 décembre 1970, la question de « la tradition orale et du théâtre contemporain en Afrique » fait à son tour l'objet d'une rencontre au CRDTO, à laquelle assiste Enrico Fulchignoni pour l'Unesco. Les 12 participants, venus de Côte-d'Ivoire, France, Maroc, Niger, Nigéria et Tanzanie, s'intéressent à la place

---

[1] « Document d'information sur la réunion d'experts sur l'utilisation des techniques audio-visuelles pour la collecte et l'étude des traditions orales en Afrique à Porto-Novo (Dahomey) », 18 août 1969. Op. cit., p. 4.

[2] « Rapport final de la réunion d'experts sur l'utilisation des techniques audio-visuelles pour la collecte et l'étude des traditions orales en Afrique à Porto-Novo (Dahomey) », 27 février 1970. Op. cit., p. 7.

[3] « Rapport final de la réunion d'experts sur la contribution des langues africaines aux activités culturelles et aux programmes d'alphabétisation », Yaoundé, 10-14 août 1970, p. 5. Archives Unesco, document officiel SHC/MD/12.

et au rôle des conteurs et griots dans la société africaine et expriment « à l'unanimité le vœu de voir approfondir les traditions orales en vue de les utiliser pour provoquer une renaissance culturelle et spirituelle en Afrique[1] ».

En décembre 1971, le CRDTO est associé à la préparation d'une réunion à Dar-Es-Salam (Tanzanie), qui élabore un Plan décennal pour l'étude de la tradition orale et des langues africaines comme véhicules de culture. Alors que, souligne Najmuddin Bammate, « l'Unesco s'est surtout préoccupée jusqu'ici de la production de livres historiques et scolaires et de manuels d'alphabétisation, [...] il s'agit maintenant de promouvoir le livre africain en tant qu'instrument de culture[2] ». Lorsqu'il quitte l'Unesco en 1970, après deux mandats au Conseil exécutif, Hampâté Bâ peut donc « considérer que ses objectifs sont atteints, car, désormais, "la culture orale africaine a conquis sa place dans le patrimoine culturel mondial"[3] ». Son départ ne l'empêche pas d'ailleurs de continuer le combat. En 1972, il entreprend une tournée auprès des gouvernements africains en vue de les faire adhérer au CRDTO et publie *Aspects de la civilisation africaine* :

> *A une époque où divers pays du monde, par l'intermédiaire de l'Unesco, consacrent argent et efforts pour sauver les grands monuments de Nubie menacés par les eaux du barrage d'Assouan, n'est-il pas plus urgent encore de sauver le prodigieux capital de connaissances et de culture humaine accumulé au cours des millénaires dans ces fragiles monuments que sont les hommes, et dont les derniers dépositaires sont en train de disparaître ? De nos jours, du fait de la rupture dans la transmission traditionnelle, quand l'un de ces sages vieillards disparaît, ce sont toutes ses connaissances qui s'engloutissent avec lui dans la nuit. Et je ne souhaite cela ni pour l'Afrique, ni même pour l'humanité*[4].

En 1974, le CRDTO de Niamey est intégré à l'Organisation de l'Unité Africaine, sous le nom de Centre d'Études Linguistiques et Historiques par Tradition Orale (CELHTO). La même année, une réunion organisée par l'Unesco à Bamako fait le point sur l'usage des langues maternelles dans les programmes d'alphabétisation en Afrique. Chacune de ces réunions donne lieu à la publication de communications individuelles et d'un rapport final.

Si le travail entrepris par l'Unesco permet de sauvegarder de nombreuses traditions orales, vouées sans cela à une disparition certaine, les États africains souhaitent assurer aux œuvres et documents collectés « une large diffusion au moyen du livre et de la presse, de la parole, du disque et du théâtre, de l'image et du film...[5] » et la question de cette transmission demeure longtemps irrésolue. En effet, l'objectif prédominant de l'Unesco est la collecte et la conservation des

---

[1] « Rapport final de la réunion d'experts sur la tradition orale et le théâtre contemporain en Afrique », Niamey, 20-24 décembre 1970. Op. cit., p. 6.

[2] « Compte-rendu de la réunion entre la Division des sciences humaines et l'Unité de l'AIL, 28 mai 1971 », 23 juin 1971. Archives Unesco, dossier 04 A 066 72 AIL.

[3] TOURE, Abdouramane. « Amadou Hampâté Bâ, gardien d'une tradition, ferment d'un humanisme intégral ». Op. cit., p. 220.

[4] HAMPÂTE BÂ, Amadou. *Aspects de la civilisation africaine.* Op. cit., p. 27-28.

[5] « La jeunesse et les valeurs culturelles africaines ». Documents de la réunion régionale d'Aboney, Dahomey, 2-7 déc 1974. Paris : Unesco, Dossier documentaire n°4, 126 p, p. 20. Citation par SAGBOKAN, Hilaire-Philippe in *L'Afrique noire francophone et l'Unesco, de 1960 à nos jours.* Op. cit., p. 258.

traditions orales – considérées comme sources historiques – de valeur intrinsèque par elles-mêmes. Les États africains, eux, voient dans l'utilisation et la diffusion de ce patrimoine le moyen d'impulser un élan de dynamisme et de vitalité à la création et à l'éducation :

> *Le problème de la conservation du matériel enregistré s'associe à la nécessité d'assurer une large distribution des enregistrements. Cet aspect du problème se rattache au souci actuel dans les pays africains d'assurer la promotion de la création et de l'éducation artistique chez les jeunes notamment. En effet, la tradition orale peut constituer une source inégalée d'inspiration artistique et c'est surtout en tant que facteur culturel dynamique qu'elle doit intéresser les pouvoirs publics*[1].

Le bilan des programmes de l'Unesco liés aux traditions orales en Afrique fait découvrir que les pays qui se sont dès le départ mobilisés de façon active sont le Mali, le Niger et, dans une moindre mesure, le Sénégal et le Ghana pour l'Afrique francophone, le Nigéria et l'Ouganda pour l'Afrique anglophone. D'après le témoignage d'Hampâté Bâ, les actions de l'Unesco ont permis une vraie reconnaissance et une réévaluation de la culture africaine par les Occidentaux, car « les divers réunions et congrès qui se tinrent à Ibadan, Lagos, Accra, Abidjan, Bamako, Niamey, Tombouctou et Ouagadougou, où participèrent la plupart des pays francophones et anglophones de l'Ouest africain, permirent de dégager des formules de travail en commun », conduisant finalement l'Unesco à admettre « le principe de la prise en considération des traditions orales en tant que sources historiques pour la rédaction de l'*Histoire générale de l'Afrique*[2] ».

Par ailleurs, ces activités ont inclus la création ou le soutien de différentes institutions, qui ont constitué autant de points d'ancrage pour l'action menée en Afrique par l'organisation dans le domaine éducatif et culturel, en particulier l'IFAN et l'école de bibliothécaires à Dakar, le Centre de collecte des traditions orales et le Centre IFAN à Niamey, l'Institut des sciences humaines à Bamako, le Centre régional pour l'éducation en Afrique à Accra, la bibliothèque publique à Enugu et l'Université à Ibadan, l'école de bibliothécaires du Makerere College à Kampala.

Toutefois, il faut rappeler que même après l'adoption officielle du « Plan décennal pour l'étude de la tradition orale et la promotion des langues africaines » préparé à Dar-es-Salam en 1971, la Convention pour la protection du patrimoine mondial, culturel et naturel (adoptée par l'Unesco en 1972) ne se préoccupe ni du patrimoine écrit (manuscrits et imprimés) ni du patrimoine littéraire oral, qu'elle n'inclut pas dans le « patrimoine culturel ». Il faudra attendre l'adoption, en 2003, de la Convention pour la sauvegarde du patrimoine culturel immatériel, pour que soient enfin prises en compte et protégées « les traditions et expressions orales, y compris la langue, comme vecteur du patrimoine culturel immatériel ».

---

[1] « Rapport final de la réunion d'experts sur l'utilisation des techniques audio-visuelles pour la collecte et l'étude des traditions orales en Afrique à Porto-Novo (Dahomey) », 27 fév. 1970. Op. cit., p. 4-5.

[2] HAMPÂTE BÂ, Amadou. *Aspects de la civilisation africaine.* Op. cit., p. 34-35.

CHAPITRE X

Diffuser et faire connaître le patrimoine littéraire

VALORISER LE PATRIMOINE LITTÉRAIRE AUPRÈS DU GRAND PUBLIC

Les revues et les expositions

Différents bulletins et revues pour le grand public proposent régulièrement des articles sur le livre, en particulier le *Courrier de l'Unesco* et le bulletin *Orient-Occident. Nouvelles du projet majeur pour l'appréciation mutuelle des valeurs culturelles de l'Orient et de l'Occident* (bulletin bimestriel publié à partir de 1958). Dans le *Courrier de l'Unesco*, en dehors du numéro de janvier 1972 consacré quasi entièrement au livre et à la présentation de l'Année internationale du livre (AIL), on relève une cinquantaine d'articles concernant les livres publiés entre 1948 et 1973, soit en moyenne deux par an – chiffre assez modeste sachant qu'il s'agit d'une revue mensuelle.

Le *Courrier* contribue à mettre en valeur les projets et réalisations de l'Unesco dans le domaine du livre, avec des articles tels que « Traduction et diffusion des classiques mondiaux » (H.M. Barnes, mai 1948), « CARE-Unesco : providence des bibliothèques pauvres » (mars 1951), « La Bibliothèque-témoin de Delhi : une expérience riche d'enseignements » (Frank M. Gardner, juillet 1952), « Le Projet majeur de l'Unesco » (Jacques Havet, décembre 1958), « Le voile se lève sur le passé perdu de l'Afrique » (octobre 1959), ou encore « Les Manuscrits coptes des sables du Nil : après les rouleaux de la Mer Morte... » (James M. Robinson, mai 1971).

Le *Courrier de l'Unesco* sert aussi de vitrine aux publications de l'Organisation, avec par exemple les articles « Grâce à de nouvelles traductions d'Avicenne et d'Al-Ghazali, l'Occident recouvre quelques-uns de ses classiques arabes » (mai 1950), « André Maurois parle des livres et des bibliothèques » (mai 1961) ou « La révolution du livre » (Robert Escarpit, 1965).

La revue permet de mettre à la disposition du grand public les informations recueillies dans le cadre des enquêtes et des études menées dans les domaines de la traduction, de l'édition, des pratiques de lecture, etc. Elle accompagne aussi les commémorations d'écrivains (« L'homme complet : Goethe, 1749-1832 » ; « Anton Tchekhov, triomphe de la vérité » ; « Rabîndranâth Tagore : une voix universelle » ; « Jean-Jacques Rousseau » ; « Al-Bîrunî : autour de l'an mil, en Asie centrale, un esprit universel... »). Elle évoque des sujets de fond tels que la littérature japonaise, le patrimoine littéraire universel, la notion de traduction, les grandes épopées et sagas classiques, etc., et consacre enfin plusieurs articles à l'analphabétisme : « L'Italie du Sud mène une dure bataille contre l'analphabétisme » (Carlo Levi, 1952) ; « 700 millions d'illettrés dans le monde : deux adultes sur cinq » (1958) ; « Analphabétisme : le défi de notre génération » (1964) ; « Alphabétisation, les marches du développement » (1968).

En 1973, l'Unesco lance la revue *Cultures*, publiée en français et en anglais, dont certains articles évoquent des sujets littéraires, tel le dernier numéro de 1974 qui propose divers articles sur l'œuvre de l'écrivain égyptien Taha Hussein[1].

Par ailleurs, plusieurs types d'expositions réalisées par l'Unesco ou sous ses auspices concernent le domaine littéraire. En 1949, la Division de l'éducation lance un projet de création d'une exposition itinérante de manuels scolaires et de livres de lecture destinés à l'éducation de base en Afrique et en Indonésie[2], suite à une réunion avec des experts anglais, belges et français de l'administration coloniale. Comme l'explique Jean Guiton :

> *Nous espérons que les États membres participants [Belgique, France, Pays-Bas, Royaume-Uni] pourront constituer en Europe et outre-mer une collection de manuels d'enseignement et les envoyer à Paris le 15 décembre au plus tard. Nous nous proposons ensuite de réunir à l'Unesco un comité d'experts, comprenant un représentant de chacun des quatre pays participants, désigné par son gouvernement. Ce comité aura pour tâche de choisir les manuels à exposer et de rédiger un bref rapport sur leur contenu*[3].

L'Unesco se charge de la réalisation concrète et des frais de circulation de l'exposition, tandis que les quatre pays participants s'occupent de collecter le matériel, de fournir les lieux d'expositions, d'envoyer un expert en manuels scolaires à Paris et de communiquer autour de l'exposition. Celle-ci doit être inaugurée fin janvier 1950, puis montrée à Paris, Bruxelles, Amsterdam et Londres avant de commencer une tournée outre-mer (Afrique, Indonésie). L'inauguration sera toutefois repoussée et la durée de l'exposition en France écourtée à cause du retard pris par l'architecte engagé par l'Unesco. La Division de l'éducation refusera d'ailleurs le paiement de la somme totale (85 000 francs) due à l'architecte.

La Division des bibliothèques suggère aussi à Julien Cain et à la commission nationale française de préparer une exposition de livres à la bibliothèque nationale[4] pendant la Conférence générale de 1952. C'est ainsi qu'une grande exposition internationale est consacrée aux livres pour enfants, la commission française invitant ses homologues à procéder au choix des ouvrages les plus représentatifs de leur édition nationale contemporaine :

---

[1] Rapport du DG sur l'activité de l'organisation en 1974, p. 160.
[2] Voir Archives Unesco, dossier 375 A 312 / 145.
[3] Lettre de Guiton à Grappin, 19 oct 1949.Archives Unesco, dossier 375A312 /145
[4] Voir archives Unesco, dossier 04 : 3 – 053.2 A 146.

Parmi les livres choisis devront figurer, autant que possible, l'œuvre d'un grand écrivain adapté pour les enfants, ainsi qu'un livre de Jules Verne traduit dans la langue ou une des langues du pays participant. [...] Une place spéciale devra être faite aux ouvrages pouvant être considérés comme susceptibles de favoriser une meilleure compréhension internationale.

Il n'est pas prévu de catalogue proprement dit, mais de courtes notices seront placées sous chaque livre exposé, et une publication mise en vente à l'occasion de l'exposition s'efforcera de donner le tableau de l'édition contemporaine du livre pour enfants à travers le monde[1].

Les livres sont présentés dans l'exposition par thématique, et un espace est consacré à l'histoire de la littérature de jeunesse, aux bibliographies, à la lecture à haute voix et à des photographies de bibliothèques d'enfant. Une liste des ouvrages exposés est publiée à l'usage des éducateurs. Au total, 41 pays participent à ce projet. Toutefois, l'organisation de l'exposition étant très tardive, les livres envoyés par plusieurs pays (Panama, Chili, Italie) n'arrivent qu'après l'ouverture. Quant à l'Uruguay, il regrette de ne pouvoir participer à cause d'une information trop tardive.

Cette exposition est réalisée dans le cadre d'une résolution votée par la Conférence générale sur proposition de la délégation cubaine, autorisant le DG à organiser et sponsoriser des expositions ou festivals de livres qui se déroulent en parallèle des Conférences générales. Les frais de l'exposition restent à la charge de la France, l'Unesco n'ayant aucun budget prévu pour une telle manifestation. Dans ces conditions, l'organisation joue un rôle de « conseiller officieux » en aidant Julien Cain, son collègue Paul Poindron et la commission nationale française à organiser le projet. La Section des expositions (Département de l'information), en collaboration avec le Département de l'éducation et celui des activités culturelles, prête plusieurs éléments (châssis, cadres, photographies, présentation de la reconstitution d'une bibliothèque d'enfant, etc.) à la bibliothèque nationale française (BNF), et l'Unesco envoie à l'ensemble des commissions nationales une lettre circulaire le 25 juillet 1952, dans laquelle le DG les incite à participer au projet : « je me permets de souligner non seulement sa portée pédagogique, mais sa valeur d'exemple, comme expérience de cette coopération entre commissions nationales qu'a si souvent souhaitée la Conférence générale ». Le 25 septembre, une lettre circulaire est aussi envoyée aux associations de bibliothèques pour les encourager à prendre contact avec leurs commissions nationales. Un manque de coordination entre commissions nationales et associations de bibliothécaires sera toutefois souligné, après coup, par l'Allemagne et le Canada.

Lors d'une réunion organisée par la Division des bibliothèques à la BNF le 12 décembre 1952, l'Australie suggère de faire tourner l'exposition réalisée, mais sa proposition est rejetée, car les livres exposés doivent être confiés au Musée pédagogique de Paris pour rester à disposition des chercheurs en littérature jeunesse. Suite à ce refus, la commission nationale australienne réalise tout de même une exposition de livres pour enfants français à la *Commonwealth*

[1] Lettre circulaire de la commission nationale française, non datée (début 1952).

National Library de Canberra en 1954, en collaboration avec la commission nationale française.

Cette dernière prend par ailleurs du retard pour établir un bilan de l'opération, qui n'est toujours pas réalisé en mars 1953. Même chose pour préparer le catalogue de l'exposition : les clichés nécessaires sont fournis à l'Unesco – qui prend en charge le tirage de 500 exemplaires – seulement début août 1953. Le catalogue est ensuite imprimé et envoyé à l'ensemble des commissions nationales, mais de nombreuses erreurs typographiques, bibliographiques et de présentation sont relevées dans la publication, en particulier par Francis L. Kent (bibliothécaire de l'Unesco), et provoquent l'envoi d'une lettre circulaire accompagnée d'un *erratum*. La commission nationale danoise déplore aussi que le travail de traduction et de présentation des ouvrages danois, réalisé par plusieurs institutions nationales, n'ait pas été repris dans le catalogue.

Dix ans plus tard, en 1962, les commissions nationales française et britannique montent de nouveau une exposition internationale durant la Conférence générale, cette fois consacrée aux manuels scolaires pour les pays en développement, et qui est installée au Palais de la Découverte à Paris[1].

Dans les années 1950, l'Unesco crée aussi une exposition itinérante consacrée à la bibliothèque de Delhi (inaugurée en 1951), exposition qu'elle envoie en 1956 en Australie, où elle rencontre un grand succès. En 1957, une exposition – consacrée sur le même modèle à la bibliothèque pilote de Medellín – circule dans diverses villes d'Amérique du sud. Afin d'encourager la création d'expositions itinérantes, l'Unesco publie en 1953 un *Manuel des expositions itinérantes*, ouvrage pratique rédigé par Elodie Courter Osborne, qui consacre trois pages spécifiques aux expositions de livres. L'Organisation accorde de manière régulière des aides à différents pays, par exemple au Cameroun pour l'organisation d'une exposition internationale du livre africain en 1969[2].

En Asie, l'Unesco encourage l'utilisation d'expositions itinérantes dans le cadre du projet de « textes de lecture » pour nouveaux alphabètes. Elle accorde, par exemple, une aide de 800 $ à la Birmanie pour l'organisation d'une exposition de livres en langues locales favorisant la compréhension internationale, exposition qui est proposée en 1961-1962 par le *Sarpay Beikman Institute*[3]. Une exposition itinérante de livres, organisée par l'Association des bibliothécaires thaïlandais, est inaugurée à Bangkok en juin 1964. L'Unesco s'associe également à une exposition itinérante nationale de livres, mise en place par le *National Book Trust of India* et inaugurée à New Delhi à la fin de 1964, qui est suivie par des expositions régionales du livre à Ahmedabad, Bombay, Poona, Bangalore et Calcutta[4].

De son côté, l'Unesco réalise, dans les années 1960, une grande exposition itinérante intitulée « L'Art de l'écriture ». Composée de 50 panneaux

[1] Lettre de Bamberger à Telahun, 6 août 1963. Archives Unesco, dossier 04 A 01 IBBY.
[2] Rapport du DG sur l'activité de l'organisation en 1969, p. 124.
[3] Lettre d'Asabuki à Tin Aye, 9 sept. 1960. Archives Unesco, dossier 375 A 310 (591).
[4] Rapport du DG sur l'activité de l'organisation en 1965, p. 86-87.

photographiques et de textes explicatifs, cette exposition « retrace la naissance des écritures, leur évolution et leur application dans la vie des hommes au cours de l'histoire », et met en avant l'écriture comme « la condition de tout progrès »[1]. Elle est réalisée pour l'Unesco par le Néerlandais Willem J. Sandberg (ancien directeur du *Stedelijk Museum* d'Amsterdam) selon un plan du Français Marcel Cohen (professeur honoraire de langues orientales modernes à la Sorbonne) et avec la collaboration de l'Allemand Dietrich Mahlow (directeur de la *Staatliche Kunsthalle* de Baden-Baden). Des spécialistes de différents pays participent aussi aux travaux préparatoires.

Confiée à la section Arts visuels de la Division Arts et Lettres, cette exposition est mise – comme toutes les expositions itinérantes de l'Unesco – gracieusement à la disposition des États membres qui en font la demande[2]. L'Unesco prend en charge son transport jusqu'au pays demandeur, ce dernier assumant les frais d'assurance (évalués à 3 000 dollars) et de circulation à l'intérieur de ses frontières. L'Unesco fournit aussi gratuitement 100 exemplaires du catalogue (130 pages), qui existe en allemand, anglais, espagnol et français. Il contient une préface d'Étiemble et une introduction de Marcel Cohen.

Après l'envoi d'une lettre circulaire aux États membres le 17 mars 1964 afin de leur proposer l'exposition, l'Unesco reçoit plusieurs réponses enthousiastes, en particulier d'Allemagne et de Hongrie – ces deux pays faisant à vrai dire circuler chacune des expositions créées par l'Unesco quel qu'en soit le sujet... La commission nationale allemande (RFA) obtient le premier jeu disponible et inaugure l'exposition à la *Staatliche Kunsthalle* de Baden-Baden le 21 janvier 1964. L'exposition circule ensuite dans 14 villes d'Allemagne de l'Ouest, où elle est vue par 53 832 visiteurs[3]. Entre 1964 et 1966, « L'Art de l'écriture » est exposée dans au moins une vingtaine de pays, dont l'Australie, la Nouvelle-Zélande, la Tunisie, la Suisse, la Suède, Trinidad-et-Tobago, la Tchécoslovaquie, l'Argentine, la Corée, les Philippines, la France et les Pays-Bas (dont les Antilles néerlandaises et le Surinam).

En Finlande, suite au succès de l'exposition à Helsinki, 6 musées la présentent en 1965[4]. En Pologne, l'exposition reçoit de bons échos dans la presse et circule dans 8 villes, où elle est vue par 150 000 personnes[5]. De son côté, la Hongrie achète à l'Unesco 1 450 exemplaires du *Courrier de l'Unesco*, en français et en russe, afin de pouvoir le distribuer aux visiteurs de l'exposition[6]. En Uruguay, une grande campagne de presse et un cycle de conférences universitaires sont organisés autour de l'exposition à Montevideo[7]. A Monaco, elle est jumelée avec une grande exposition d'art contemporain entre mai et juillet 1965[8]. Au Danemark, dont la commission nationale traduit les panneaux

---

[1] « L'art de l'écriture », in *Courrier de l'Unesco*, mars 1964, p. 4.
[2] Voir Archives Unesco, dossier 7 A 145.08.
[3] Voir Archives Unesco, dossier 7 A 145.08 (43-15).
[4] Voir Archives Unesco, dossier 7 A 145.08 (480).
[5] Voir Archives Unesco, dossier 7 A 145.08 (438).
[6] Voir Archives Unesco, dossier 7 A 145.08 (439.1).
[7] Voir Archives Unesco, dossier 7 A 145.08 (899).
[8] Voir Archives Unesco, dossier 7 A 145.08 (449.49).

et le catalogue en danois à ses frais, le succès est tel que l'exposition est même envoyée au Groenland[1].

Ces exemples témoignent du succès global apparemment important de cette exposition, principalement en Europe où la tradition d'expositions culturelles pour le grand public est la plus ancienne. Seul le continent africain est resté à l'écart de cette exposition, probablement sous l'effet conjugué du climat politique (récente accession à l'indépendance de nombreux pays), du manque de moyens financiers (pour l'assurance et les frais de transport), de l'absence de la tradition culturelle de « l'exposition » et de l'analphabétisme des populations.

Dans l'ensemble des activités de l'Unesco en faveur du livre, l'utilisation de l'exposition semble n'avoir joué, en fin de compte, qu'un rôle relativement secondaire. A cela sans doute plusieurs raisons : d'abord la difficulté, par le biais de ce dispositif, à mettre en valeur les livres et à les « faire vivre » (contrairement à l'image) ; ensuite les contraintes matérielles et les coûts engendrés par la création et la circulation d'une exposition (le plus souvent accompagnées de la traduction des textes). Si les commémorations de grands écrivains par l'Unesco ont, par exemple, fréquemment inclus un colloque et une publication, elles n'ont par contre jamais fait appel au support de l'exposition. On peut d'ailleurs s'étonner que l'Unesco n'ait jamais réalisé d'exposition pour présenter les grandes œuvres ou les grandes figures de la littérature universelle, en s'appuyant sur le travail mené notamment à travers la Collection d'œuvres représentatives.

La Collection Unesco d'œuvres représentatives

Le projet de traduction des œuvres majeures de la littérature mondiale est l'un des tout premiers projets lancés par l'Unesco et, dans le cadre de sa politique du livre, c'est aussi l'un des seuls qui se poursuive encore de nos jours, la Collection s'enrichissant de nouveaux titres chaque année.

Dès sa première session en 1946, la Conférence générale affirme : « la traduction et la diffusion des classiques constituent l'un des meilleurs moyens de développer chez les différents peuples la bonne volonté, la compréhension et le respect mutuels[2] ». Le secrétariat entreprend de préparer un plan d'action détaillé pour la Conférence générale de 1947 à Mexico.

La première urgence consiste à établir « une liste des classiques mondiaux, de toutes les langues et de toute culture, et une liste de ceux dont la traduction est désirée dans les différents pays où ils n'ont pas encore été suffisamment diffusés[3] ». La « traduction et la diffusion des classiques », but assigné par la Conférence générale et le Conseil exécutif, se présente comme un concept assez flou. Le secrétariat doit, d'une part, créer une liste d'œuvres classiques pas trop longue mais tout de même assez exhaustive et dont les œuvres soient reconnues par tous, et d'autre part, étudier quelles œuvres parmi cette liste auraient intérêt à être traduites avec l'aide de l'Unesco. Les auteurs les plus universellement

[1] Voir Archives Unesco, dossier 7 A 145.08 (489).

[2] Lettre circulaire du DG, 17 juillet 1947. Archives Unesco, dossier 803 A 52

[3] « Traduction des classiques mondiaux », 1er juillet 1947. Archives Unesco, dossier 803 A 52.

célébrés étant les plus traduits, l'action de l'Unesco ne semble pas nécessaire. L'organisation s'attelle donc à la tâche difficile de faire une liste d'auteurs classiques mal ou peu traduits, en excluant d'emblée les écrivains les plus à même de faire l'unanimité...

Début 1947, l'Unesco met en place un Bureau chargé de la traduction, sous la direction de Jean-Jacques Mayoux. En mars, un questionnaire est envoyé aux gouvernements en vue d'obtenir des renseignements sur la situation dans le domaine de la traduction. Les groupements professionnels et certains spécialistes sont aussi consultés. En mai et juin, les réunions de réflexion se succèdent à Paris, réunissant des fonctionnaires de l'Unesco et des experts extérieurs. A la première réunion, qui se tient le 5 mai 1947, participent Julian Huxley, Jean Thomas, Jacques Havet, Julien Cain et Nikos Kazantzákis[1]. Romancier, poète, dramaturge et essayiste grec, ce dernier (1883-1957) est à la fois homme d'action et érudit, très investi dans différentes causes révolutionnaires[2].

Ces réunions soulèvent plusieurs questions importantes, par exemple, sur la définition d'un « classique » et sur les moyens d'éviter toute propagande politique ; il en ressort que les œuvres de la Collection seront littéraires, philosophiques ou scientifiques, et que la forme de l'anthologie pourra être retenue. La notion de « patrimoine littéraire mondial » est aussi abordée :

> *Aucun livre, pense le Dr Huxley, n'est absolument universel ni permanent. Il s'agit ici d'une question de mots ; en effet, le Comité reconnaît avec le Dr Huxley qu'un classique est avant tout national, régional ; or, s'il n'est pas qualifiable d'universel ainsi, il l'est en quelque sorte de droit : représentatif d'une certaine culture, il porte néanmoins en lui un message accessible à tous. D'ailleurs, on peut compléter cette notion d'universalité en rappelant que le public auquel ces œuvres classiques s'adresseront représente le niveau de la culture générale […]*
>
> *Il s'agira de donner la priorité aux œuvres susceptibles de favoriser la bonne entente entre nations. Certains classiques, de ce point de vue là, sont inutilisables*[3].

Par lettre circulaire, chaque État est invité en juillet 1947 à fournir la liste des ouvrages qu'il considère comme ses classiques, sur la base de 5 critères : l'œuvre doit être « suffisamment représentative d'une culture ou d'une nation et […demeurer] comme un monument dans l'histoire du génie humain et dans l'évolution des hommes vers la civilisation », elle doit représenter une culture particulière « non seulement dans le cadre d'une nation, mais aussi auprès des autres nations », s'adresser « à un public de culture générale et non pas seulement à des spécialistes », elle devra avoir « subi l'épreuve du temps » et conservé sa valeur humaine à travers plusieurs générations, et enfin la priorité doit être accordée « aux œuvres susceptibles d'accroître la compréhension réciproque

---

[1] Voir Archives Unesco, dossier 803 A 064 « -56 ».

[2] Recruté en 1948 au Bureau de traduction des classiques (Section de la littérature),Níkos Kazantzákis démissionne très vite de l'Unesco, dès 1949.

[3] Compte-rendu de la réunion du Comité des traductions, 5 juin 1947. Archives Unesco, dossier 803 A 064 « -56 ».

entre les nations, le sentiment de la communauté humaine et le respect des particularités nationales[1] ».

L'idée défendue par l'Unesco est que « si les politiciens, les hommes d'affaires, etc., qui doivent travailler avec des personnes d'un pays très éloigné du leur, réalisent qu'il a produit des œuvres intéressantes et respectables, les négociations qu'ils vont mener se dérouleront dans une bien meilleure atmosphère. Il y a aussi le souhait général de rendre le lecteur intelligent de chaque pays conscient des contributions des autres pays à l'éducation, à la science et à la culture[2] ». Le secrétariat décide enfin, dans un premier temps, de ne retenir que les œuvres antérieures à 1900.

La réflexion sur la mise en place du projet se poursuit durant l'été 1947 et voit s'affronter les conceptions divergentes de Jean Thomas et Jean-Jacques Mayoux. Craignant que l'Unesco ne tombe dans le dirigisme et n'entre en conflit avec les gouvernements si elle adopte un rôle trop important, Thomas estime que l'organisation doit favoriser un mouvement de traductions :

> *Les ouvrages seront publiés sous la responsabilité des maisons d'édition, et une estampille n'est pas de rigueur. Le but de l'Unesco est moins de patronner des collections que de favoriser la diffusion d'ouvrages classiques. Les commissions nationales pourront simplement indiquer que l'Unesco approuve le choix des classiques qui a été fait*[3].

Au contraire, Mayoux estime qu'une estampille de l'Unesco pourrait conférer de la valeur aux ouvrages en garantissant la qualité des traductions et permettre à l'Unesco de faire connaître et de valoriser son travail, le plus grand danger pour l'organisation étant l'anonymat. Plusieurs fonctionnaires (Cortesao, Kazantzákis) soutiennent cette position, en estimant que « l'Unesco doit engager dans ce projet sa responsabilité morale[4] ». Le Comité se prononce finalement pour une solution intermédiaire : il pose le principe d'une estampille accordée par les commissions nationales, et donc la nécessité d'un contrôle de la qualité des traductions par l'Unesco. Lors d'une réunion le 8 août 1947 est aussi discutée la question de l'inclusion des œuvres littéraires modernes dans le projet et du risque de propagande politique et doctrinaire :

> *M. Mayoux pose ici un problème de fond : il pense à ce que sont les engagements moraux de l'Unesco à l'égard du monde. Il imagine le cas où certains ouvrages, de caractère outrancier, et pouvant faire tort à leur pays d'origine, seraient proposés à la traduction. Il donne en exemple Henry Miller ou, pour la France, Lautréamont. L'Unesco devrait alors prendre ses responsabilités et avoir le courage d'exclure de tels ouvrages de son programme. […] M. Mayoux redoute aussi le choix qui pourrait être fait d'ouvrages à tendance belliqueuse, malveillante, comme c'est le cas de certains classiques arabes*[5].

---

[1] « Traduction des classiques mondiaux », 1er juillet 1947. Archives Unesco, dossier 803 A 52.

[2] « Committee on translations », avril 1947. Archives Unesco, dossier 803 A 064 « -56 ».

[3] Compte-rendu de la réunion du Comité des traductions, 21 juillet 1947. Archives Unesco, dossier 803 A 064 « -56 ».

[4] Compte-rendu de la réunion du Comité des traductions, 4 août 1947. Archives Unesco, dossier 803 A 064 « -56 ».

[5] Compte-rendu de la réunion du Comité des traductions, 8 août 1947. Archives Unesco, dossier 803 A 064 « -56 ».

Des listes officielles sont rapidement reçues d'une quarantaine de pays (Australie, Belgique, Bolivie, Brésil, Canada, France, Indes, Norvège, Pérou, Royaume-Uni, Siam, Suède, Uruguay, Tchécoslovaquie, Venezuela, etc.) et la Belgique qualifie le programme, dans une réponse enthousiaste, de « magnifique projet ». En parallèle, le questionnaire est envoyé à des institutions et ONG, notamment le PEN Club, l'ICHL et l'*Institute of Philosophy*. Mais cette initiative est mal perçue par certains gouvernements, dont le ministère de l'Éducation du Royaume-Uni, qui exprime son mécontentement :

> *Dois-je comprendre d'après votre lettre que vous vous êtes rapprochés d'un grand nombre de sociétés savantes pour leur demander de l'aide sur ce sujet ? Si c'est le cas, je pense que vous devez considérer leurs réponses seulement comme une source générale d'information et de recommandation par rapport aux réponses qui doivent être prises par des groupes de travail officiellement nommés pour représenter les vues officielles du Royaume-Uni. Nous vous serions très reconnaissants si à l'avenir vous nous préveniez avant de prendre des contacts importants et nombreux avec des organisations non gouvernementales*[1].

A partir des suggestions reçues, le Bureau de traduction prépare une liste de 75 ouvrages, distribuée aux États pour discussion, critiques, ajouts et suppressions. L'objectif est d'obtenir une liste consensuelle d'une centaine de titres, qui feront l'objet d'un large plan de traduction et de diffusion dans le monde. En mai 1948 a lieu à Paris la deuxième réunion du Comité d'experts sur la traduction des grandes œuvres, avec des écrivains, critiques, traducteurs et rédacteurs de revues originaires de 11 pays : Brésil, Chine, Égypte, États-Unis, France, Hongrie, Inde, Italie, Mexique, Royaume-Uni, Uruguay. Aucun expert soviétique n'y participe malgré le souhait de l'Unesco, qui estime que l'URSS a fait « des expériences et des progrès remarquables dans le domaine de la traduction et de la diffusion des grands livres, [...et que] les délibérations du Comité d'experts bénéficieraient grandement de la présence d'un spécialiste de [ce] pays[2] ».

Parmi les 13 spécialistes du livre présents à cette réunion, plusieurs familiers de l'Unesco : Julien Cain, Vittore Branca, R. M. Li, Moënis Taha-Hussein, Allen Lane (éditeur britannique de *Penguin Books*). Plusieurs décisions importantes sont prises concernant les objectifs, le fonctionnement et le financement de la Collection, ainsi que le public visé. Il y est recommandé la mise en place d'un comité d'experts internationaux permanent pour les traductions, qui sollicite dans chaque pays les universitaires, les organismes compétents et les spécialistes de littérature afin de décider des titres à inclure dans la Collection. Celle-ci ne devra comprendre ni œuvres pour érudits ni livres « populaires », mais de grandes œuvres mondiales trop peu connues à destination du grand public cultivé. Il est aussi proposé de mettre au point deux listes, la première comprenant les œuvres à traduire afin d'enrichir le patrimoine de littérature universelle, la seconde – plus courte – énumérant les principales œuvres émanant de littératures peu connues et dont la traduction permettrait un

[1] Lettre de Hawks à Kazantzakis, 24 fév 1948. Archives Unesco, dossier 803 A 52.

[2] Lettre de Laves à l'ambassadeur de l'URSS, 15 avril 1948. Archives Unesco, dossier 803 A 064 « -56 ».

rééquilibrage des échanges littéraires dans le monde. Ces deux listes se veulent complémentaires, la seconde incitant plutôt à la traduction d'œuvres non occidentales dans les langues de grande diffusion.

Par ailleurs, étant donné que l'Unesco n'a pas les moyens financiers de procéder elle-même à la publication, elle prévoit de s'adresser aux gouvernements, aux organismes intéressés, aux fondations et aux éditeurs privés. La collaboration de l'Unesco consistera à conseiller ses partenaires sur les œuvres à traduire et sur les meilleurs traducteurs pour chaque langue, à les autoriser à utiliser une sorte de « label de qualité » associé au nom de l'organisation et à faire autant de publicité que possible autour des œuvres publiées.

Le Comité débat également sur de nombreuses questions, concernant les pays les plus pauvres (qui risquent d'avoir de grandes difficultés à participer à la Collection), les langues de publication (celles qui permettent la diffusion la plus large ne sont pas forcément celles qui ont le plus besoin d'encouragement à la traduction), ou encore l'inclusion dans le projet d'œuvres issues d'États non membres de l'Unesco (Portugal, Allemagne, Russie...). Taha-Hussein propose que les œuvres soient choisies par un comité d'experts indépendants impartiaux « si l'on veut éviter le grand risque de favoritisme politique ou autre[1] ». Le Comité relève aussi que les listes citent très peu d'auteurs asiatiques malgré l'héritage littéraire de cette région, ce qui montre la nécessité d'une action en faveur d'un rééquilibrage des rapports littéraires dans le monde.

En juin 1948, un rapport détaillé du Comité est soumis au Conseil économique et social des Nations-Unies, qui approuve un plan mondial de traduction des classiques comportant des recommandations sur la manière de choisir les œuvres, d'assurer de bonnes traductions et d'obtenir une diffusion satisfaisante. Le programme démarre officiellement en décembre 1948 sous le nom de « Collection Unesco d'œuvres représentatives ».

Lors d'une réunion du Comité fin 1949 sont invités à titre d'expert le Brésilien Buarque de Hollanda (traducteur, ancien président de l'Association des écrivains du Brésil), le Chinois Wang Te Yio (traducteur), l'Américain Warfel (écrivain, éditeur, universitaire), l'Indien Sidantha (professeur et président du Comité littéraire de la commission nationale indienne), le Mexicain Castro Leal (universitaire et traducteur), Nijhoff (éditeur et traducteur), le Britannique Hampden (éditeur et critique littéraire, chargé du groupe littéraire du *British Council*) et le Syrien Eche (curateur de la bibliothèque nationale de Syrie). Sont aussi invités l'Union pan-américaine, le *British Council*, le Comité culturel de la Ligue des États arabes, le PEN Club international et la Commission libanaise de traduction des chefs-d'œuvre.

Cette dernière, basée à Beyrouth, est créée par l'Unesco de manière expérimentale, suite à un accord conclu avec le gouvernement du Liban ; un fonds de roulement est constitué à frais commun. La Commission assume le choix des ouvrages, des traducteurs et des éditeurs et le contrôle des traductions

[1] Procès-verbal de la réunion du Comité international d'experts pour la traduction des classiques, 18 mai 1948. Archives Unesco, dossier 803 A 064 « -56 ».

et des publications, tandis que l'Unesco prend à sa charge une partie des coûts de traduction[1]. Suite au départ de Kazantzákis, Caillois est recruté au Bureau des traductions en 1949 et travaille avec la Commission libanaise afin que :

> *...certaines des œuvres représentatives de l'histoire de la pensée, qu'il s'agisse de celle d'Aristote, de Bergson, de Descartes, de Durkheim, de Leibniz, de Locke ou de Montesquieu puissent être traduites dans d'autres langues que celles des grands pays de l'Occident. Inversement, il souhaitait que puissent être lus en anglais ou en français des ouvrages classiques comme ceux d'al-Farabi, d'al-Ghazali, d'Averroès, d'Avicenne ou d'Ibn Haze*[2].

La Commission libanaise se développe à partir de 1950 avec l'adhésion de la Syrie. L'Unesco, qui espère que l'Égypte et l'Irak suivront, voit cette Commission comme « un facteur important des échanges intellectuels entre les pays du Proche-Orient et le reste du monde[3] ». Mayoux souhaite y associer les plus grands spécialistes de littérature arabe :

> *Je crois que l'opinion éclairée des arabisants d'Europe Occidentale est indispensable à l'élargissement et à l'agrandissement de la Commission de Beyrouth. J'essaie actuellement de persuader M. Taha Hussein que le meilleur moyen de transformer cette Commission, c'est d'y être, et que d'autre part elle est irremplaçable, dût-elle paraître plus difficile à manier, plus lente, plus lourde, qu'un simple organisme national, précisément parce qu'elle symbolise un effort de travail international et tout à fait désintéressé*[4].

Un article publié dans le *Courrier de l'Unesco* en juin 1950 souhaite donner de la visibilité à cette collection arabe auprès du grand public. L'Unesco attache en effet une grande importance à la réception du public :

> *Nous avons, il y a quelques mois, pris la décision de participer au Millénaire d'Avicenne par une publication. Notre choix, guidé par Taha Hussein, s'est porté sur le* Kitab al Icharat *[...] Moi qui suis obligé d'avoir l'œil sur le lecteur, mon premier souci est le titre. [...] en tout état de cause, nous n'espérons guère faire de l'ouvrage un « best-seller ». Nous voulons simplement qu'il ne soit pas inutilement rébarbatif*[5].

Une méthode analogue de fonctionnement est mise en place pour l'Amérique latine. L'Unesco récupère en 1951 les droits de la collection ibéro-américaine de l'IICI, ce qui lui permet de remettre sur le marché les stocks existants, et de traduire et publier en anglais les volumes considérés comme les meilleurs de la collection. Des arrangements sont conclus avec 5 gouvernements (Bolivie, Brésil, Mexique, Venezuela, République dominicaine) :

> *D'une part, il y a là un projet de nature à intéresser plusieurs des États : ceux particulièrement qui ne disposent pas d'un système d'édition nationale très poussé. D'autre part, l'Unesco ayant rencontré les difficultés et les déceptions que l'on sait dans ses*

---

[1] Voir Archives Unesco, dossier 803 A 064 « -56 ».

[2] BRUNSVICK, Yves. « Un demi-siècle de relations entre des membres de l'Institut et l'Unesco ». Op. cit., p. 500.

[3] Lettre du DG à la commission culturelle nationale syrienne, 30 mars 1950. Archives Unesco, dossier 803 A 064 « -56 ».

[4] Lettre de Mayoux à Massignon, 4 mai 1950. Archives Unesco, dossier 803 A 064 « -56 ».

[5] Ibid.

négociations avec les États pris individuellement, sur le terrain des traductions, peut à bon droit hésiter avant de recommencer exactement les mêmes démarches pour la publication de ces éditions en espagnol. Elle a d'autant plus de raisons d'hésiter qu'il semble difficile de réaliser ces éditions en Europe pour les distribuer dans les pays intéressés, et tout aussi difficile de trouver dans l'hémisphère occidental le lieu et les éléments d'exécution du projet[1].

Afin de pallier cette difficulté, l'Unesco propose de passer par l'Organisation des États américains (OEA), qui accepte de s'associer à l'Unesco. Cette dernière lui suggère de prendre en charge l'édition des classiques latino-américains en langue espagnole tandis qu'elle se chargerait de la traduction. En 1952 est ainsi publiée, en partenariat avec les éditions Nagel, une *Anthologie de la poésie mexicaine* préparée par Octavio Paz avec la collaboration de Samuel Beckett (qui travaille brièvement à l'Unesco fin 1947[2]).

Une anthologie de José Martí intitulée *Pages choisies* est aussi préparée « en hommage au Libérateur de Cuba[3] ». A Francis de Miomandre, recruté par l'Unesco pour traduire cette anthologie, Caillois demande de lui signaler « tout passage marquant une animosité quelconque à l'égard des États-Unis d'Amérique[4] ». En effet, l'Unesco estime de son devoir de supprimer les passages peu diplomatiques étant donné que le public visé est en partie américain. Caillois écrit à Guillermo Francovich (directeur du Centre régional de l'Unesco pour l'hémisphère occidental) :

Certaines pages de José Martí manifestent des sentiments anti-USA, compréhensibles sans aucun doute à l'époque où elles furent écrites. Mais, ne pensez-vous pas qu'aujourd'hui, leur traduction en français et en anglais risque, tant les circonstances ont changé, de leur donner une publicité fâcheuse et contraire aux intentions profondes de leur auteur ?[5]

Le choix de rassembler des textes de Martí (et non sa poésie) semble d'ailleurs discutable, ces textes – choisis par une commission nommée par le gouvernement cubain – étant, selon le relecteur Jean Camp, « d'une rhétorique effroyable, enveloppant une pensée floue et banale sur laquelle il pleut à torrents des vérités premières ». Il estime cependant que « parfois, le souffle en est remarquable et la ferveur du patriotisme touchante. L'ensemble est curieux tout de même parce qu'il représente un milieu, une époque, une cuirasse idéologique qui vaut comme document[6] ».

Dans le même temps, la Collection intègre les littératures perse et italienne, et des accords sont conclus avec les commissions nationales de l'Iran et de l'Italie. Puis des séries nouvelles sont créées pour les littératures de Chine, d'Inde et du Japon. Dans son *Rapport sur les activités de l'organisation en 1951-1952*, le Directeur général explique :

---

[1] Mémo du Département des activités culturelles à Dard, 1er mars 1951. Archives Unesco, dossier 001.83 A 01 IIIC/31.

[2] Lettre de Beckett à Thomas Macgreevy, 4 janvier 1948, in *The letters of Samuel Beckett, volume II (1941-1956)*. Cambridge: Cambridge University Press, 2011, p. 72.

[3] Lettre de Caillois à Camp, 20 nov 1952. Archives Unesco, dossier 803 Martí.

[4] Lettre de Caillois à Miomandre, 10 juillet 1952. Archives Unesco, dossier 803 Martí.

[5] Lettre de Caillois à Francovich, 24 juin 1952. Archives Unesco, dossier 803 Martí

[6] Lettre de Camp à Caillois, 23 déc 1952. Archives Unesco, dossier 803 Martí.

Un programme aux vastes perspectives est tracé ; mais la réalisation ne peut qu'en être lente et graduelle. Outre que le choix des œuvres et des traducteurs qualifiés, très rares en certains cas, exige de longues consultations, l'exécution des traductions demande beaucoup de temps. Viennent enfin de longs et difficiles pourparlers avec les éditeurs, peu soucieux pour la plupart de supporter les charges et les risques de publications d'une haute tenue littéraire, mais souvent onéreuses et d'une vente mal assurée. Ces différentes conditions font du projet des traductions l'un des plus délicats que l'Unesco ait à mettre en œuvre.

Dans plusieurs pays européens, le secrétariat sollicite des éditeurs de collections populaires afin de les associer à la Collection. Caillois organise en novembre 1951 une réunion à laquelle assistent Julien Cain, Allen Lane (Penguin Books, Royaume-Uni), Heinrich Reclam (Éditions Reclam, Allemagne), Luigi Rusca (Rizzoli, Italie), ainsi que deux membres de la FILLM, Pellegrini et Dédéyan[1]. Guy Schoeller (Éditions Hachette) s'excuse à la dernière minute de ne pouvoir participer à cette réunion. Les éditeurs participants acceptent le principe d'ouvrir leurs collections populaires aux traductions réalisées sous le patronage de l'Unesco en concluant divers arrangements avec l'organisation. Dans le cadre du projet majeur Orient-Occident, le comité international d'experts pour la traduction du CIPSH propose aussi, en novembre 1957, d'établir pour les éditeurs des listes d'œuvres orientales susceptibles d'attirer un lectorat assez nombreux pour pouvoir lancer des tirages importants en collections populaires[2].

Une nouvelle réunion d'éditeurs rassemble en septembre 1958 21 éditeurs venus de 7 pays (Allemagne, Espagne, États-Unis, France, Italie, Royaume-Uni, Suisse) et un effort particulier est décidé en faveur des classiques orientaux. Dès 1953, les gouvernements indien et japonais annoncent d'ailleurs leur intention de participer financièrement aux frais de traduction et d'édition des œuvres retenues, ce qui explique sans doute en partie le nombre important d'œuvres traduites des littératures de ces pays. En 1994, par exemple, la série indienne compte une centaine de titres, traduits et publiés dans plusieurs langues depuis le bengali, l'hindi, le malayalam, le marathi, le pali, le prakrit, le punjabi, le sanskrit, le tamoul et l'ourdou.

En octobre 1954, la Commission nationale japonaise confirme de son côté à Jean Thomas « son complet accord sur [le] programme de traductions d'œuvres japonaises classiques », et bien que l'aspect financier reste « encore obscur », cela « ne semble pas dû à des réticences du côté japonais[3] ».

En 1955, la Collection se divise en 8 séries distinctes : arabe, ibéro-américaine, italienne, persane, indienne, japonaise, chinoise et pakistanaise (le Pakistan versant lui aussi au Secrétariat une contribution financière à ce programme). Les traductions sont relues par un spécialiste en collaboration avec l'auteur, de manière à s'assurer de leur qualité. Chaque année, l'Unesco passe ainsi plusieurs dizaines de contrats de consultants avec des spécialistes de

[1] Voir Archives Unesco, dossier 803 A 064 « -56 ».
[2] Voir Archives Unesco, dossier 803 A 202/06 (44) « 58 ».
[3] THOMAS, Jean. « Rapport au Directeur général sur ma mission en Thaïlande, au Japon et en Grèce », 27 octobre 1954. Archives Unesco, dossier X07.83 Thomas.

littérature, ces « conseillers » pouvant être traducteurs, directeurs de bibliothèques, universitaires…[1]. Par ailleurs, « pour ne pas réserver aux seules œuvres des siècles passés le bénéfice des traductions entreprises sous ses auspices, l'Unesco offre […] à des éditeurs des traductions d'ouvrages contemporains qui lui sont recommandés par le PEN Club international[2] ».

En juin 1957, le numéro du *Courrier de l'Unesco* est consacré à la Collection d'œuvres représentatives, avec des articles présentant l'Argentin José Hernández (1834-1886), l'Arabe Al-Ǧaḥiẓ (776-867), l'Italien Carlo Goldoni (1707-1793), l'Indien sikh Arjun Dev (1563-1606), l'Italien Costanzo Beschi (1680-1747), ainsi que de grands noms de la littérature japonaise. Le programme de traduction n'est cependant pas sans poser de nombreuses difficultés, comme le souligne le DG en 1956 :

> *Dans l'exécution de ce programme, le Secrétariat s'est heurté à deux difficultés principales : trouver des traducteurs qualifiés (notamment pour les œuvres écrites dans les langues de l'Asie) et trouver des maisons d'édition à qui confier les textes ainsi traduits (en particulier dans les pays de langue anglaise). [...] Un autre problème s'est posé lorsque l'Organisation des États américains, qui, en vertu d'un accord conclu entre les deux secrétariats, s'était chargée de la traduction et de la publication des éditions en langue anglaise de la série ibéro-américaine, a été amenée à renoncer à cette participation pour des raisons budgétaires*[3].

De son côté, Milton Rosenthal avoue en 1962 que les traductions de l'hindi à l'anglais réalisées jusque-là pour l'Unesco n'ont pas été d'une qualité suffisante pour permettre la publication aux États-Unis ou au Royaume-Uni[4]. Quant aux membres du Comité d'experts, ils souffrent des rigidités administratives, tel Étiemble qui se plaint en 1970 de n'être « pas absolument libre de choisir [ses] traducteurs pour la partie de la collection que finance l'Unesco. Il faut l'avis de Paul Demiéville[5] ».

La Collection d'œuvres représentatives se développe tout de même, explique Caillois dans son article « Les littératures de l'Orient dans la collection Unesco d'œuvres représentatives », publié par la FIT dans la revue *Babel* en 1957. Les principaux problèmes sont progressivement réglés et le rythme des publications s'accélère à partir de 1960.

L'Unesco se rapproche aussi de nombreuses structures, dont la *Carnegie Corporation of New York* – qui subventionne le *Columbia University translations project* – afin d'éviter les doublons et d'échanger des informations concernant les traducteurs de qualité[6]. Un accord est passé avec le *Times of India Press*[7] pour

---

[1] Sous la cote « 803 A 136 », les archives de l'Unesco disposent d'un dossier individuel pour chacun de ces consultants « conseillers » (*advisors*).

[2] Compte-rendu de la 1ère session du Comité de liaison dans le domaine des Arts et Lettres, oct. 1955. Archives Unesco, dossier 7A 01 LCIOAL.

[3] Rapport du Directeur général concernant 1956, p. 143.

[4] Lettre de Rosenthal à Anant Pai, 11 janvier 1962. Archives Unesco, dossier 803 A 136/01 TI.

[5] Lettre d'Étiemble à Jean Grenier, 3 décembre 1970, in *Correspondance : 13 septembre 1945 - 4 mars 1971 / Étiemble, Jean Grenier*. Op. cit., p. 145.

[6] Voir Archives Unesco, dossier 803 A 136/01 CCNY.

[7] Voir Archives Unesco, dossier 803 A 136/01 TI.

plusieurs publications, ainsi qu'avec les commissions nationales de Birmanie, d'Inde, de Thaïlande et du Vietnam. L'Unesco s'entend avec la *Reclam Universal Bibliothek* (RFA) pour publier, sur la base d'un tirage de 20 000 exemplaires, dix œuvres orientales. En 1964, l'Unesco propose aussi un partenariat à l'*American Council of Learned Societies* pour la traduction en anglais et la publication d'œuvres chinoises et japonaises[1].

En termes de diffusion, les ouvrages de la Collection se vendent plutôt bien, le Comité d'experts du CIPSH pour le programme de traductions relevant, par exemple, qu'un éditeur de Zurich vend en moyenne 20 000 exemplaires de chacun des ouvrages orientaux publiés dans la Collection[2]. Dans les années 1960, l'Unesco fait aussi un effort pour rééquilibrer la Collection en faveur des littératures européennes, jugées « *insuffisamment appréciées* » et de littératures traditionnelles africaines[3]. Fin 1963, la Collection comprend 129 publications, et l'Unesco publie régulièrement des articles dans le *Courrier de l'Unesco* et dans le bulletin *Orient-Occident*, coordonné par Jacques Havet.

En parallèle de la Collection proprement dite, l'Unesco lance en 1954 le projet « d'établir un catalogue des six ou huit mille œuvres les plus importantes de la littérature mondiale [...], une espèce d'annuaire aussi dépouillé que possible des œuvres les plus importantes[4] ». Cependant, de nombreuses difficultés diplomatiques et intellectuelles se posent pour le choix des auteurs et des ouvrages, ainsi que pour leur présentation. Après des années de tergiversations, l'Unesco choisit de consulter les commissions nationales par le biais de lettres circulaires en 1969 et 1970. En s'appuyant sur une première liste constituée au fil du temps, le CIPSH complète ce travail en 1971-1972 en s'adressant à des consultants et spécialistes pour les littératures des États n'ayant pas répondu au questionnaire de l'Unesco. La liste provisoire, établie en juin 1972, est envoyée aux États pour examen et demandes éventuelles de modification, et l'Unesco finit par l'éditer en juin 1973 avec une distribution limitée[5].

Dans cette démarche, une double préoccupation guide l'Unesco : « d'une part, établir une "bibliothèque idéale" reflétant le mieux possible tout ce qui dans le monde possède, depuis les temps anciens, une valeur littéraire exemplaire ; d'autre part, proposer aux États membres un choix d'ouvrages littéraires méritant d'être traduits[6] ». La liste publiée en 1973 comprend près de 2.000 titres, classés par langue d'expression des auteurs ; 9 langues classiques ou anciennes et 86 langues vivantes sont concernées. L'Unesco explique que « ce document qui groupe près de deux mille titres, pour incomplet qu'il soit et en

[1] Voir Archives Unesco, dossier 803 A 136/01 ACLS.
[2] Compte-rendu de la 4ème réunion du Comité d'experts pour le programme de traductions, 3 nov. 1959. Archives Unesco, dossier CIPSH/TRAD/59/20.
[3] Rapport du DG sur les activités de l'organisation en 1960.
[4] Compte-rendu de la réunion de la FILLM à Paris le 6 avril 1954. Archives Unesco, dossier 7A 01 IFMLL.
[5] *Liste d'œuvres représentatives de la littérature universelle (recommandées pour traduction), établie à partir des contributions des États membres et en collaboration avec le Conseil international de la philosophie et des sciences humaines (CIPSH).* Paris : Unesco, juin 1973, p. II.
[6] Ibid., p. I.

dépit d'inévitables imperfections, constitue l'expression de ce qui pourrait devenir un répertoire international minimum du patrimoine littéraire de l'humanité[1] ». Toutefois, cette publication n'est suivie d'aucune action concrète, et son impact semble donc quasi-inexistant…

La commémoration des grands écrivains

Le programme de « Commémoration des grands hommes » de l'Unesco s'inscrit dans la tradition européenne du « culte des grands hommes », qui puise son origine dans l'Antiquité avant d'être redécouvert à la Renaissance. Montaigne, du Bellay suggèrent de recenser les personnes les plus dévouées à la chose publique tandis que Jacques du Perron, dans son *Oraison funèbre sur la mort de monsieur de Ronsard* (1586), célèbre pour la première fois un homme de lettres « à l'égal des puissants et des guerriers[2] ». Côté italien, Paul Jove écrit « plus de trois cents éloges, de gens de lettres pour une bonne part[3] ». L'année 1637 marque une étape importante dans la célébration des hommes de lettres ; la disparition de Pereisc est saluée par « de nombreux éloges dans les académies d'Europe et […] une petite mise en scène funèbre à Rome[4] ». Au XVIIe siècle, Saint-Évremond et La Bruyère cherchent garants et modèles dans le passé, et Charles Perrault publie en 1696 le premier volume de son ouvrage *Les hommes illustres qui ont paru en France pendant ce siècle.*

En 1733, l'abbé de Saint-Pierre rédige un *Projet pour rendre l'Académie des bons écrivains plus utile à l'État* en suggérant de rédiger une histoire des grands hommes dans le genre des vies de Plutarque afin « d'exprimer la gloire des grands hommes et d'en faire l'éloge comme d'exemples à imiter[5] » ; quelques années plus tard, en 1739, il publie l'opuscule *Discours sur les différences du grand homme et de l'homme illustre*, dans lequel il explique qu'on devient un « grand homme » grâce à des qualités intérieures de l'esprit et du cœur[6]. Selon l'abbé de Saint-Pierre, le grand homme représente un patrimoine irremplaçable, aussi « il convient de ne retenir que les plus hauts exemples et les mieux appropriés à ce qu'il envisage comme un vaste programme de pédagogie nationale[7] ». L'idée se répand progressivement en Europe qu'« il faut élever des statues aux grands hommes, dans l'espoir que la vue en inspirera aux citoyens le goût de la vertu[8] ». En 1735, Voltaire se penche sur la question et remet en cause la prééminence du modèle guerrier au profit des artistes, écrivains, penseurs :

> *Quand je vous ai demandé des anecdotes sur le siècle de Louis XIV, c'est moins sur sa personne que sur les arts qui ont fleuri en son temps. J'aimerais mieux des détails sur Racine et Despréaux, sur Quinault, Lully, Molière, Lebrun, Bossuet, Poussin, Descartes,*

---

[1] Ibid.
[2] BONNET, Jean-Claude. *Naissance du Panthéon.* Op. cit., p. 103.
[3] Ibid., p. 86.
[4] Ibid., p. 103.
[5] SCHUHL, Pierre-Maxime. *Le culte des grands hommes.* Paris : Institut de France, 1974, p. 4.
[6] BONNET, Jean-Claude. *Naissance du Panthéon.* Op. cit., p. 34.
[7] Ibid., p. 35.
[8] SCHUHL, Pierre-Maxime. *Le culte des grands hommes.* Op. cit., p. 4.

etc. que sur la bataille de Stinkerke. Il n'en reste plus rien que le nom de ceux qui ont conduit des bataillons et des escadrons. Il ne revient rien au genre humain de cent batailles données, mais les grands hommes dont je vous parle ont préparé des plaisirs purs et durables aux hommes qui ne sont point encore nés [...] Vous savez que chez moi les grands hommes vont les premiers, et les héros les derniers. J'appelle grands hommes tous ceux qui ont excellé dans l'utile ou dans l'agréable. Les saccageurs de provinces ne sont que des héros[1].

Dès 1758, le prix d'éloquence de l'Académie française est réformé et l'éloge des hommes célèbres de la nation remplace le sujet traditionnel de l'éloge du roi. D'Alembert attache beaucoup d'importance à cette réforme, estimant que l'accumulation d'éloges de grands hommes peut servir aux hommes de lettres comme instrument de lutte contre la monarchie absolue[2]. L'une des figures importantes de cette question à l'Académie est Antoine-Léonard Thomas (1732-1785) ; en 1773, dans son *Essai sur les éloges*, il inscrit « l'éloge dans ce qu'il aime à considérer plus généralement comme un patrimoine rhétorique universel », affirmant qu'« au Mexique, au Pérou, au Brésil, au Canada, et jusque dans les pays où les peuples ignoraient l'usage du feu, on a trouvé des espèces de poèmes destinés à célébrer des espèces de grands hommes[3] ».

En France, la ferveur envers les grands hommes se concrétise le 4 avril 1791 avec la décision de la Constituante de dédier un monument public aux grands hommes ayant mérité de la patrie : le Panthéon. Parmi ces grands hommes, les écrivains et penseurs occupent une place de choix et rapidement, Voltaire et Descartes sont estimés dignes d'y entrer.

Au XIXe siècle, Auguste Comte élabore un *Calendrier positiviste ou système général de commémoration publique*, avec l'idée que « rien ne peut mieux développer l'amour universel, principe unique de la régénération finale, que ces habitudes à la fois privées et publiques, d'une intime et respectueuse reconnaissance pour les divers services de tous nos prédécesseurs[4] ». Divisé en treize mois de quatre semaines chacun, ce calendrier accorde une place de choix aux écrivains et philosophes, puisque février est dédié à Homère et à la poésie ancienne (Eschyle, Phidias, Plaute et Virgile), mars à Aristote et aux philosophes anciens (dont Thalès, Pythagore, Socrate et Platon), août à Dante et à l'épopée moderne (avec l'Arioste, Raphaël, le Tasse et Milton), octobre à Shakespeare et au drame moderne (comprenant Calderón, Corneille, Molière et Mozart) et novembre à Descartes et aux philosophes modernes (Saint Thomas d'Aquin, Bacon, Leibniz et Hume)[5]. Soulignons d'ailleurs le lien, réel bien qu'indirect, entre le projet de Comte et le programme de « commémoration des grands hommes » de l'Unesco par le biais de l'influence du membre du Conseil exécutif brésilien Paulo de Berrêdo Carneiro (1901-1982), humaniste et positiviste

[1] Lettre de Voltaire à Thiériot, vers le 15 juillet 1736, citée par BONNET, Jean-Claude. *Naissance du Panthéon.* Op. cit., p. 33.
[2] BONNET, Jean-Claude. *Naissance du Panthéon.* Op. cit., p. 65.
[3] Ibid., p. 83.
[4] Propos cités in SCHUHL, Pierre-Maxime. *Le culte des grands hommes.* Op. cit., p. 6
[5] COMTE, Auguste. *Calendrier positiviste ou système général de commémoration publique.* Paris : Librairie scientifique-industrielle de L. Mathias, avril 1849.

convaincu qui fonde en 1953 l'Association internationale Auguste Comte[1]. Dans sa brochure intitulée *Le culte des grands hommes* (p 6), Pierre-Maxime Schuhl remercie d'ailleurs Paulo de Berrêdo Carneiro de lui avoir « confié l'exemplaire même » du calendrier positiviste d'Auguste Comte.

En France, la passion pour les grands hommes se concrétise avec l'institution, en 1945, d'un « service des commémorations » à la Direction des arts et lettres[2]. Quant à l'Unesco, elle lance, dès sa création, un programme de « commémoration des grands hommes », qui met en avant artistes, écrivains, intellectuels, éducateurs et scientifiques du monde entier à l'occasion de la célébration d'un « anniversaire ». Ces manifestations constituent « l'un des meilleurs moyens de consolider les liens culturels qui existent entre les peuples et correspondent ainsi parfaitement aux objectifs principaux de l'Unesco[3] ».

Entre 1946 et 1974, douze personnalités littéraires sont célébrées : Goethe (1949) ; Pouchkine (1949) ; Poe (1949) ; Balzac (1950) ; Confucius (1950) ; Mickiewicz (1955) ; Cholem Aleichem (1959) ; Tchekhov (1960) ; Tagore (1961) ; Chevtchenko (1961) ; Rousseau (1962) ; Shakespeare (1964) ; Dante (1965). Plusieurs écrivains sont aussi inscrits chaque année sur une liste officielle d'« anniversaires » communiquée aux États membres, mais l'organisation ne les commémore pas elle-même – à part en leur consacrant parfois un article dans *Le Courrier de l'Unesco.*

De manière hautement symbolique, c'est par le père de la *Weltliteratur* que l'Unesco entame en 1949 son programme de commémoration intitulé au départ « grands anniversaires ». Une collection de brochures (40 pages) est lancée pour l'occasion, dans une série intitulée « grands anniversaires ». Luther Evans, alors bibliothécaire du Congrès, estime que cette série « rencontrera une réponse très favorable de la part d'un public large et influent[4] ». Elle s'arrête pourtant dès 1950, après quelques parutions.

L'écrivain et critique russe Wladimir Weidlé rédige les deux premiers volumes consacrés à Goethe et à Pouchkine. Dans la brochure *Goethe, 1749-1832* il consacre plusieurs pages au concept de *Weltliteratur*, rappelant que pour Goethe, la littérature universelle reste avant tout classique et que si elle « postule l'univers, elle maintient la réalité historique et concrète de l'Europe ; elle désire l'entente entre les nations, l'unité de l'Europe et, si possible, du monde ; mais elle refuse d'oublier ou d'abolir les particularités nationales[5] ». L'Unesco décide aussi de publier une plaquette d'hommage à Goethe en faisant appel à 13

[1] Brillant enseignant-chercheur en médecine, Paulo de Berrêdo Carneiro travaille à l'Institut Pasteur avant de s'engager auprès de l'Unesco à partir de 1946. Premier délégué permanent du Brésil, il est membre durant 28 ans du Conseil exécutif (qu'il préside en 1951-1952), préside la Conférence générale en 1962, est Chef de la Délégation du Brésil à la Conférence générale à 9 reprises. Il préside à partir de 1950 la commission internationale chargée de mener le projet d'une *Histoire de l'humanité* et participe à la campagne pour la préservation des monuments de Nubie. Paulo de Berrêdo Carneiro attache beaucoup d'importance à la promotion par l'Unesco d'une solidarité spirituelle, intellectuelle et morale au niveau mondial.

[2] SCHUHL, Pierre-Maxime. *Le culte des grands hommes.* Op. cit., p. 6.

[3] Lettre de Duchosal au ministre des Affaires étrangères de Hongrie, 15 mars 1955. Archives Unesco, dossier 394.46 A 328 « - 66 ».

[4] Lettre d'Evans à Schneider, 4 août 1949. Archives Unesco, dossier 394.46 BALZAC.

[5] WEIDLE, Wladimir. *Goethe, 1749-1832.* Paris : Unesco, 1949, p. 32.

écrivains, philosophes et spécialistes de Goethe, dont Benedetto Croce, Thomas Mann, Gabriella Mistral, Sarvepalli Radhakhrishnan, Alfonso Reyes, Jules Romains, Taha Hussein et Léopold Sedar Senghor[1]. Parue en août 1949, cette plaquette, intitulée *Goethe, hommage de l'Unesco pour le deuxième centenaire de sa naissance*, est tirée à 2 500 exemplaires en français et à 3 000 exemplaires en anglais.

L'organisation rend un hommage à Goethe à Paris, en présence de Thomas Mann et Gabriela Mistral ; Pedro Bosch-Gimpera représente le DG à cette occasion. Universitaire, archéologue, ethnologue et préhistorien espagnol, Bosch-Gimpera[2] (1891-1974) dirige alors la Division de la philosophie et des sciences humaines. Il prononce au nom du DG un discours dans lequel il rappelle que Goethe, « un créateur dont la soif de connaissance s'est éteinte seulement avec la vie [...] fut un grand Européen [et] un grand esprit universel[3] ». Par ailleurs, l'Unesco reconnaît chaleureusement le travail accompli par le professeur allemand Ernst Beutler dans la reconstruction et le développement de la Maison de Goethe à Francfort. Une série d'articles sur Goethe est publiée en juillet 1949 dans le *Courrier de l'Unesco*.

L'invitation de l'Unesco aux États membres à commémorer la naissance de Goethe est suivie par au moins une dizaine de pays : Chili, El Salvador, États-Unis, Haïti, Iran, Italie, Nouvelle-Zélande, Philippines, République dominicaine, Uruguay. Les États-Unis organisent une exposition à la bibliothèque du Congrès, le Chili met en place un cycle de conférences suivi d'une publication, El Salvador organise un cycle de conférences, etc.

Alors que le cent-cinquantenaire de la naissance d'Alexandre Sergueïevitch Pouchkine (1799-1837) tombe aussi en 1949, il est célébré de manière nettement plus modeste par l'Unesco ; seul l'ouvrage *Pouchkine, 1799-1837*, préparé par Wladimir Weidle, marque l'événement. L'Unesco se montre encore plus minimaliste pour le centenaire de la mort d'Edgar Allan Poe (1809-1849), et encourage simplement plusieurs revues dans le monde à publier un article du critique littéraire suisse Albert Béguin sur Poe. Au final, cet article est repris par *Les Nouvelles littéraires*, la *Gazette de Lausanne* et le *Visva-Bharati Quaterly*[4].

La seconde grande commémoration littéraire de l'Unesco est celle consacrée à Balzac (1799-1850) en 1949-1950. A l'occasion du cent-cinquantenaire de la naissance de l'écrivain, l'Unesco s'associe aux manifestations prévues par la France (exposition à la BNF, aménagement d'un musée Balzac à Paris, Journées

[1] Jean Thomas écrit à Senghor le 13 mai 1949 : « *Nous attachions une très grande importance à avoir le témoignage d'un écrivain noir et nos yeux se sont tournés tout naturellement vers vous* ». Archives Unesco, dossier 394.46 GOETHE.

[2] Président de la section d'Histoire ancienne et médiévale à l'Université de Barcelone (1916-1939), directeur du Service de recherche archéologique de l'*Institut d'Estudis Catalans*, recteur de l'université de Barcelone de 1933 à 1939, Bosch-Gimpera devient ministre de la Justice de Catalogne en 1934. Fait prisonnier après l'échec de la tentative de création d'une Catalogne indépendante, il s'exile au Mexique après la guerre civile espagnole, où il est naturalisé Mexicain. En 1941, il devient professeur à l'Université autonome et à l'École d'archéologie de l'Université de Mexico, poste qu'il occupe jusqu'à sa mort en 1974. Il dirige la Division de la philosophie et des sciences humaines de l'Unesco de 1948 à 1953.

[3] Discours du DG pour l'hommage à Goethe. Archives Unesco, dossier 394.46 GOETHE.

[4] Archives Unesco, dossier 394.46 POE.

à la Sorbonne…), et en particulier à un Congrès organisé à Tours en mai 1949, durant lequel le DG Torres Bodet célèbre l'universalité de Balzac :

Son œuvre consacrée à la peinture d'une époque, et si fortement enracinée dans la terre de France, conserve pourtant toute sa vigueur, toute son actualité, et semble chaque jour plus universelle. Les disciples, les « amis » de Balzac, forment une sorte de religion qui ne connaît de frontières ni politiques ni linguistiques : on les rencontre à New York ou à Buenos Aires aussi ardents qu'à Paris, aussi scrupuleux dans leur culte, aussi savants ; et nul ne s'étonne qu'une étudiante polonaise publie cette année une thèse de doctorat sur « Balzac et l'âme slave ». […]

L'avenir n'est pas à la violence, mais à l'esprit, au courage intelligent, à la passion de connaître et de comprendre. Puisque notre tâche à tous est aujourd'hui de défendre la paix, nous savons quels maîtres auront le pouvoir de nous guider, et de nous soutenir de leur exemple. Ce ne sont pas des généraux ni des empereurs, mais des poètes, des éducateurs, des artistes, des saints, et des génies comme ce fils de Touraine dont la mémoire réunit aujourd'hui des hommes venus de tous les climats[1].

L'Unesco prévoit aussi deux publications ; d'un côté, elle sollicite le Britannique V.S. Pichett afin de préparer un ouvrage sur Balzac pour la série des « grands anniversaires », en lui proposant « de montrer les influences étrangères subies par Balzac et celles qu'il a exercées à son tour, afin de souligner la valeur universelle de son œuvre[2] ». De l'autre, elle demande à une quinzaine d'intellectuels et de personnalités de participer à la publication d'un « volume dans lequel seront réunies les contributions d'écrivains de pays différents, qui voudront bien dire l'importance actuelle du grand écrivain et la place qu'il occupe dans la littérature de leur pays[3] ». Sont sollicités des écrivains de renom tels Alain ou Mauriac, des professeurs d'université spécialistes de Balzac et des membres importants de la vie littéraire internationale, comme Jaroslaw Iwaszkiewicz (président de la Fédération internationale des Sociétés de Gens de lettres). Les projets éditoriaux liés à Balzac prennent cependant un retard considérable et sont sources de tensions au sein du secrétariat, avec l'arrivée d'Émile Delavenay début 1950 à la tête du tout nouveau Service des publications. Une note au DG de Jean Thomas témoigne de l'exaspération de ce dernier :

Je me vois contraint de rendre compte, une fois de plus, de la situation désastreuse dans laquelle nous nous trouvons par rapport à Balzac. En dépit des mémorandums que j'ai envoyés au Directeur général il y a quelque temps de cela, et de ma note du 23 janvier, à l'attention de Mr Hodson, dans laquelle je faisais des suggestions précises, je n'ai encore reçu aucune réponse qui me permette d'aller de l'avant. Ce matin Mr Delavenay me fait savoir qu'il étudie la possibilité de trouver des éditeurs pour publier l'ouvrage, mais jusqu'à ce qu'il ait obtenu leurs réponses il n'est pas en mesure de donner son avis sur les problèmes primordiaux, à savoir : l'utilisation du fonds de traduction pour rémunérer les traducteurs, et celui du fonds de roulement pour traiter avec les éditeurs.

[1] Discours du DG pour le Congrès de Tours, 28-29 mai 1949. Archives Unesco, dossier 394.46 BALZAC.

[2] Lettre de Caillois à Pitchett, 30 mai 1949. Archives Unesco, dossier 394.46 BALZAC.

[3] UNESCO. *Hommage à Balzac*. Paris : Mercure de France, 1950, p. 8.

Dans ces conditions je suis toujours bloqué, ne pouvant même pas soumettre au Directeur général les demandes à de nouveaux collaborateurs. Si je comprends bien, la question du principe – savoir si les 13 collaborations que nous avons déjà obtenues pourront être effectivement utilisées – n'est même pas tranchée. Sans me plaindre de personne, je ne peux que déplorer une fois de plus l'incohérence qui se manifeste dans les différentes décisions administratives et je tiens à dégager ma responsabilité et celle de mon département. Je crois savoir que de nouvelles décisions sont en train d'être prises concernant le principe même de la participation aux frais de publication à l'extérieur. Si on parvenait à une décision de cette sorte, il faudrait renoncer également à notre projet de Traduction des classiques, puisqu'il est fondé sur le principe d'une participation aux frais d'édition. Je comprends fort bien que la nomination d'un nouveau Chef des services de publication impose des délais supplémentaires et qu'il faut lui laisser le temps d'examiner les problèmes et de se faire une opinion. Mais ces délais supplémentaires, qui s'ajoutent à la lenteur habituelle des rouages administratifs, compliquent terriblement nos négociations et nous obligent à une prudence et à une réserve que les gouvernements avec lesquels nous avons à traiter comprennent difficilement. Je souhaite qu'un peu d'ordre soit mis dans la politique générale de l'Unesco en matière de publication et que les départements puissent enfin savoir quelle ligne de conduite ils ont à adopter dans l'exécution de leur programme. Sans vouloir être trop pessimiste, je dois dire que mon département est particulièrement affecté par ces retards, ces hésitations et cette absence de politique générale[1].

Les frictions entre Delavenay et Thomas n'en restent pas là et s'expriment par la suite par rapport à différents articles de l'ouvrage d'hommage à Balzac. En avril 1950, Delavenay refuse de faire traduire par son service l'article de M. Freden, qui ne lui semble pas au point[2]. Il souhaite aussi apporter des corrections à l'article de Jaroslaw Iwaszkiewicz, estimant que deux passages sont inacceptables, le premier traitant Victor Hugo de « vieux raseur » et le second définissant le reportage journalistique comme « du coca-cola littéraire »[3]. Thomas rejette ces remarques qui lui semblent relever de « l'enfantillage » :

A mon avis la responsabilité de l'Unesco n'est nullement engagée, ni pour le fond, ni pour la forme, dans la publication d'articles signés de noms internationalement réputés. Dans le cas particulier qui nous occupe, et après avoir pris l'avis de M. Mayoux, je suis tout à fait opposé à l'idée de supprimer ou de modifier quelque formule que ce soit, ni en ce qui concerne Victor Hugo, ni pour l'allusion au « coca-cola littéraire », ni pour les tendances politiques évidentes de cet article ; je ne crois pas que l'Unesco puisse prendre la responsabilité de modifier quoi que ce soit, ni de demander à M. Iwaszkiewicz des modifications[4].

Le DG appuie finalement la position de Thomas, estimant que par principe, l'Unesco ne peut censurer un auteur. D'autres problèmes retardent la publication, comme la mauvaise traduction effectuée par Georges Pillement de l'article d'Ezequiel Martinez Estrada[5]. Après moult tergiversations – Caillois

[1] Note de Thomas au DG, 2 février 1950. Archives Unesco, dossier 394.46 BALZAC.
[2] Mémo de Delavenay à Thomas, 12 avril 1950. Archives Unesco, dossier 394.46 BALZAC.
[3] Mémo de Delavenay à Hell, 12 avril 1950. Archives Unesco, dossier 394.46 BALZAC.
[4] Mémo de Thomas à Delavenay, 17 avril 1950. Archives Unesco, dossier 394.46 BALZAC.
[5] Voir Archives Unesco, dossier 394.46 BALZAC.

estimant qu'il faudrait entièrement retraduire l'article –, c'est Robert Escarpit qui se charge de ce travail pour l'Unesco en juillet 1950.

Par ailleurs, de nombreux éditeurs refusent de publier l'ouvrage. En désespoir de cause, Mayoux et Delavenay rencontrent en juillet 1950 le Mercure de France ; à cette occasion, Mayoux se montre scandalisé par « l'esprit de marchand (ou d'acheteur) de tapis » dont Delavenay fait preuve en soulignant d'emblée que l'Unesco souhaite accorder un soutien financier le plus bas possible à cette publication[1]. Le Mercure de France accepte de publier l'ouvrage, juste à temps pour le présenter lors de l'exposition consacrée à Balzac par la Bibliothèque nationale de France en novembre 1950. Dans « l'avertissement », Torres Bodet met en avant à la fois l'universalité et la dimension populaire de l'œuvre de Balzac[2].

L'Unesco publie aussi en 1950 un article sur Balzac dans le *Courrier de l'Unesco* et s'associe à la « Semaine Balzac » organisée du 13 au 19 novembre 1950 par la Direction des arts et lettres du ministère de l'Éducation nationale de France.

L'année 1950 marque également les 2 500 ans du philosophe et éducateur chinois Confucius (551-479 avant J.-C.) ; or si l'influence de Confucius a été considérable dans plusieurs pays d'Asie, ses idées ont aussi été introduites dès la Renaissance en Occident, où il est souvent comparé à Socrate et fait l'objet de diverses publications. Joseph-Marie Portalis rappelle qu'en Chine, « Confucius, comme un autre Socrate, vint y rétablir la morale ; et quel homme exerça jamais sur un peuple une plus puissante influence ? [...] Après le Dieu du ciel, au-dessus de l'empereur père, on place le maître des mœurs. On lui a construit des temples, et sa mémoire est l'objet d'un culte particulier[3] ». Entre 1692 et 1695, Fénelon rédige un *Dialogue entre Confucius et Socrate*. Au XXe siècle, le philosophe chinois Lin Yutang publie en anglais *La sagesse de Confucius* (1938).

Toutefois, la situation politique chinoise pose des problèmes complexes à l'Unesco ; Lin Yutang lui-même démissionne de l'organisation en mai 1949 en raison de la révolution communiste. Par ailleurs, l'Unesco n'a pas le budget nécessaire pour organiser une réunion internationale d'écrivains et d'intellectuels sur Confucius[4], et envisage de s'associer à la *Sino-British Cultural Association* (Londres) pour une série de conférences organisées en Europe et aux États-Unis. Jacques Havet est chargé par Thomas de se rapprocher de la commission nationale britannique, mais sans résultat. Au final, la commémoration de Confucius par l'Unesco se limite donc à un article paru dans le *Courrier* et à 2 interventions lors de la Conférence générale de Florence en juin 1950, la première sous la forme d'une table ronde autour d'une conférence de Lin Yutang, présidée par le philosophe et chef de la délégation indienne Sarvepalli Radhakrishnan ; la seconde, sous la forme d'une intervention de Wen Yuan-Ning devant la 12ème séance plénière de la Conférence générale.

---

[1] Mémo de Mayoux à Thomas, 6 juillet 1950. Archives Unesco, dossier 394.46 BALZAC.

[2] Avertissement, in *Hommage à Balzac*. Paris : Mercure de France, 1950, p. 7-8.

[3] PORTALIS, Joseph-Marie. *Du devoir de l'historien*. Op. cit., p. 39-40.

[4] Voir Archives Unesco, dossier 394.46 CONFUCIUS.

Après ces débuts chaotiques, marqués par l'absence de moyens financiers et de coordination, la situation évolue avec l'adoption en 1954 par la Conférence générale d'une résolution concernant « la célébration du centenaire d'hommes de science et de culture » (résolution IV.1.5.13) qui stipule :

> *Les États membres et leurs commissions nationales sont invités à organiser des manifestations appropriées pour célébrer le centenaire d'écrivains, de peintres, de musiciens, de savants, de philosophes et d'autres hommes de génie qui ont enrichi le patrimoine culturel de l'humanité. Le Directeur général est autorisé, en consultation avec le Conseil exécutif, à établir une liste restreinte des jours qui devraient commémorer le souvenir de ces grands hommes, afin de consolider les liens culturels qui existent entre les peuples*[1].

A partir de 1955, le secrétariat sollicite les commissions nationales afin de recueillir leurs propositions de personnes à commémorer. Au cours des 6 premiers mois de l'année, l'organisation reçoit 94 noms envoyés par 12 pays. Sur cette liste, on peut relever 21 écrivains et poètes, 1 calligraphe et 12 philosophes, soit 34 personnalités littéraires (36 % des noms)[2]. Alors que 3 pays ne proposent aucun écrivain (l'Autriche, le Honduras et l'URSS), 5 autres proposent comme seul nom celui d'un écrivain (Belgique, Colombie, Cuba, Hongrie et Pologne). Parmi les noms cités, les plus connus sont ceux de Verhaeren, Confucius, Mencius, Li Po, Wang Wei, Kierkegaard, Andersen, Heine, Schopenhauer, Shaw et Mickiewicz.

En fin de compte, c'est Mickiewicz (1798-1855), poète faisant « honneur non seulement à sa Pologne natale mais à l'ensemble de l'humanité[3] », qui inaugure en 1955 la nouvelle orientation de l'Unesco concernant les commémorations de grands hommes. Dans l'ouvrage publié par l'organisation, Jan Parandowski (président du PEN Club polonais) écrit, en parlant du grand poème *Les Aïeux* :

> *Partout où sont connus les mots « tyran » et « oppression », partout où un peuple aspire à la liberté, ce poème sera compris non seulement dans ses cris de douleur et de haine, mais aussi dans sa foi et dans son espérance, et plus encore dans sa lutte prométhéenne avec le destin*[4].

Ce volume consacré à Mickiewicz rassemble huit études de spécialistes ainsi qu'un certain nombre de poèmes et d'articles de l'écrivain, dont les poèmes *Konrad Wallenrod*, *Pan Tadeusz* et *Le livre des pèlerins polonais*, ainsi que les articles parus dans *La Tribune des Peuples*. Jean Thomas charge Pierre Lebar (Division de la philosophie et des sciences humaines) de la préparation de l'ouvrage ; après une enquête détaillée, Lebar suggère à l'Unesco de financer de nouvelles traductions de certaines œuvres en français et en anglais pour les insérer dans le livre[5].

---

[1] *Actes de la Conférence générale, Résolutions, Montevidéo, 1954*, p. 40.

[2] Voir Archives Unesco, dossier 394.46 A 328 « - 66 ».

[3] Annexe à l'« Hommage de L'Unesco à l'occasion du centenaire de la mort d'Adam Mickiewicz », non daté. Archives Unesco, dossier 394.46 MICKIEWICZ.

[4] « Adam Mickiewicz » par Jan Parandowski, non daté. Archives Unesco, dossier cor. 394.46 MICKIEWICZ.

[5] Voir Archives Unesco, dossier 394.46 MICKIEWICZ.

De son côté, le poète, romancier, essayiste et traducteur polonais Czeslaw Milosz, spécialiste de l'œuvre de Mickiewicz, exprime son désir de collaborer avec l'Unesco à la préparation de l'ouvrage. Lebar rappelle cependant que si cette aide serait la bienvenue, elle devra être discrète étant donné les relations tendues entre Miłosz et le gouvernement polonais. Miłosz (futur prix Nobel de littérature en 1980) vit, en effet, depuis 1951 en France, où il a demandé l'asile politique... Contacté, le *Polish Institute of Arts and Sciences in America* exprime quant à lui des craintes sur la récupération politique et idéologique de Mickiewicz par le gouvernement communiste polonais, et indique à l'Unesco que plusieurs manifestations sont prévues en 1955 aux États-Unis pour commémorer l'écrivain.

C'est toutefois en collaboration avec le professeur K. Wyka, délégué permanent de la Pologne auprès de l'Unesco, que Lebar met au point le plan de l'ouvrage et choisit les participants, tout en s'appuyant sur les conseils reçus de spécialistes de Mickiewicz à travers le monde. Dans ces conditions, plusieurs personnalités américaines déclinent l'offre de l'Unesco de participer à l'ouvrage... Certains articles posent effectivement problème, en particulier celui de C. von Pentz intitulé « Les Allemands et Mickiewicz », qui se révèle, selon Jean Chevalier et plusieurs membres du secrétariat (utilisés comme relecteurs), très anti-RFA et procommuniste. D'une « valeur très médiocre », l'article contient « des allégations erronées » et traduit « un dénigrement systématique de l'Allemagne » :

> *Mickiewicz est resté profondément inconnu en Allemagne parce que les Allemands ont toujours méprisé la Pologne et considéré les Polonais comme des sous-hommes. L'existence même d'une culture polonaise leur était inconnue. C'est une des raisons pour lesquelles, au cours de la dernière guerre, les SS se conduisirent de la manière que l'on sait*[1].

Sur le conseil de Chevalier, ce texte n'est finalement pas inclus dans l'ouvrage publié. Celui-ci se veut « une initiation à l'intention des lecteurs de tous les pays » afin de « faciliter l'accès d'un public nombreux à une poésie qui peut, à plusieurs titres, passer pour difficile », et non « une contribution à l'érudition historique, ni à la critique littéraire[2] ». Maria Danilewicz, directrice de la bibliothèque polonaise de Londres, en réalise cependant une lecture critique et conclut que le livre est incomplet, apporte peu de nouveautés, donne une image partielle et chaotique de Mickiewicz, et ne parvient pas à inscrire pleinement le poète dans la littérature mondiale. Toutefois, Thomas souligne, suite à sa mission en Pologne – où il se rend pour assister à l'inauguration d'un musée consacré à l'écrivain –, que « d'une manière générale, la participation de l'Unesco à la célébration de Mickiewicz semble avoir très vivement touché le cœur des Polonais[3] ».

---

[1] Mémo de Lebar à Havet, 7 janvier 1955. Archives Unesco, dossier 394.46 MICKIEWICZ.

[2] Allocution de Jean Thomas le 25 novembre 1955 lors de la cérémonie officielle de commémoration d'Adam Mickiewicz au Palais de la Culture à Varsovie. Archives Unesco, dossier 394.46 MICKIEWICZ.

[3] Rapport de mission (24-28 nov. 1955) de Thomas au DG, 21 déc 1955. Archives Unesco, dossier 394.46 MICKIEWICZ.

En fin de compte, Mickiewicz fait principalement l'objet de commémorations en Pologne, aux États-Unis, en Allemagne, en Iran et en Uruguay. Et si les communistes polonais tentent de « récupérer » Mickiewicz pour leur propagande, les États-Unis font de même en publiant, par exemple, un pamphlet violemment anti-communiste intitulé *Mickiewicz and his country*, qu'ils souhaiteraient voir diffusé par l'Unesco…[1]

Tout au long de l'année 1955, l'Unesco continue de recevoir des propositions de personnes à commémorer de la part des États membres. Quelques exemples relevés permettent de mieux comprendre le positionnement de différents États dans le champ littéraire mondial[2]. L'Espagne propose une liste de 27 noms, dont 6 écrivains et philosophes, à savoir Benavente, Calderón de la Barca, Cervantes, Gracian, Lope de Vega et Sénèque (22 %) ; Israël une liste de 15 noms, dont 1 écrivain et 7 philosophes (53 %) ; l'Italie une liste de 3 noms, dont 1 homme de lettres (33 %) ; le Japon une liste de 2 noms, dont le dramaturge Izumo Takeda (50 %) ; la France une liste de 7 noms, dont 2 écrivains, Corneille et Musset (28,5 %) ; le Guatemala une liste de 40 noms, dont 14 écrivains et poètes (35 %) ; la République dominicaine une liste de 3 noms, dont le poète Gaston F. Deligne (33 %) ; le Népal une liste de 65 noms, dont 27 de personnalités littéraires (41,5 %) ; la Thaïlande une liste de 5 noms, dont 4 écrivains (80 %). Quant à l'Inde, elle propose de célébrer annuellement 7 personnalités exceptionnelles (Boudha, Confucius, Zarathoustra, Socrate, le Christ, Mahomet et Moïse) et liste 12 noms (dont Tagore et Gandhi) pour une commémoration restreinte à leur anniversaire.

En septembre 1955, toutefois, seuls 16 pays ont répondu à l'Unesco au sujet des commémorations : Allemagne, Belgique, Chine, Colombie, Costa Rica, Cuba, Danemark, Espagne, Honduras, Hongrie, Israël, Italie, Luxembourg, Philippines, Suède, Vietnam. Adiseshiah propose alors au Conseil exécutif de repousser le projet de mise au point d'un calendrier général des commémorations au niveau mondial. Alors que le CE suit cette suggestion, les États continuent lentement à se mobiliser, puisque 11 pays supplémentaires (Cambodge, Égypte, France, Guatemala, Japon, Inde, Népal, Pakistan, République dominicaine, Suisse, Thaïlande) ont répondu au 15 novembre. Khushwant Singh note toutefois l'extrême confusion des États sur ce projet, certains citant des personnes encore vivantes, d'autres ne ciblant que les commémorations de l'année à venir.

L'étude des réponses reçues amène trois constats. Tout d'abord, les États montrent de manière générale un intérêt assez faible pour ce projet, en particulier en Occident. Ensuite, les États intéressés envisagent *a priori* le programme de commémorations comme un moyen de faire connaître leurs « grands hommes » nationaux auprès du reste du monde et d'acquérir ainsi une respectabilité accrue sur la scène mondiale ; seule une extrême minorité d'entre eux propose en effet de commémorer des personnalités non nationales. Enfin, les

[1] Lettre de Studnicki au DG, 15 sept 1955. Archives Unesco, dossier 394.46 MICKIEWICZ.
[2] Voir Archives Unesco, dossier 394.46 A 328 « - 66 ».

écrivains, poètes, philosophes occupent une place relativement importante dans les noms cités (entre 22 % et 100 % des noms cités selon les pays, sachant que les pays n'ayant proposé aucun nom d'écrivain sont rares).

Ce programme fait l'objet de nombreuses controverses au sein même de l'Unesco, comme en témoignent, par exemple, les débats du Conseil exécutif en 1956. Lors d'une réunion de la Commission du programme le 6 avril 1956, l'Américain Athelstan Spilhaus, appuyé par le Néerlandais Frans Bender et l'Indonésien Herman Johannes, estime que « le projet dans son ensemble est une vaste perte de temps et que la Commission devrait recommander au Conseil exécutif de l'abandonner, à moins que la Conférence générale n'insiste pour le poursuivre[1] ».

Cependant, des avis divergents sont émis lors de la session du Conseil exécutif qui se déroule à Madrid la semaine suivante. Lors de cette réunion, l'un des sujets concerne la « Commémoration des grands hommes : établissement d'une courte liste de journées commémoratives (document 42 EX/22 et Add.) ». Le Libanais Mgr Jean Maroun, le Français Henri Laugier et le Soviétique Vladimir Kemenov (qui s'expriment tous trois en français) plaident en faveur du projet, qui, outre le fait d'« avoir d'utiles effets sur la jeunesse et [de] contribuer utilement à son éducation », est « de nature à favoriser la compréhension internationale » en rendant « hommage à des qualités dont la valeur est universellement reconnue[2] ». Jusqu'à son départ à la retraite en 1959, Henri Laugier se montre l'un des plus ardents défenseurs du programme de « Commémoration des grands hommes », qu'il prône avec enthousiasme lors des différentes discussions de la Conférence générale et du Conseil exécutif. La France semble d'ailleurs avoir été le seul pays occidental à soutenir réellement ce programme, contre l'avis de certains pays anglo-saxons et nordiques.

L'Espagnol Juan Estelrich y Artigues souligne l'importance d'associer l'Unesco aux grandes commémorations de figures véritablement universelles, tandis que l'Égyptien Mohamed Awad suggère de se concentrer sur les personnalités les moins connues du grand public (tels Copernic ou Ehrlich). L'Iranien G.A. Raadi et le Japonais A. Matsui estiment que le DG devrait être encouragé à poursuivre l'établissement d'une liste des personnes à commémorer, un point de vue rejeté par le Néerlandais Frans Bender, qui estime que l'Unesco pourrait poursuivre sa politique de participation à certaines commémorations (comme elle l'a fait pour Goethe ou Balzac) sans avoir besoin de dresser une liste. Quant à l'Américain Athelstan F. Spilhaus, s'il ne remet pas en cause l'intérêt même de commémorer les grands hommes, il rejette catégoriquement le projet, insistant sur le fait que « le travail de l'Unesco dans ce domaine n'a aucune valeur », que « ce n'est pas une tâche pour l'Unesco » et que les États n'ont « pas besoin de l'intervention de l'Unesco » dans ce domaine, soulignant la

---

[1] « Procès-verbal provisoire de la 1ère séance tenue à Madrid le vendredi 6 avril 1956 par la Commission du Programme, 43ème session du Conseil exécutif », 17 avril 1956. Archives Unesco, dossier 394.46 A 328 « - 66 ».

[2] Propos de Vladmir Kemenov, cités in « Procès-verbal provisoire de la 8ème séance tenue à Madrid le vendredi 13 avril 1956, 43ème session du Conseil exécutif », 17 avril 1956. Archives Unesco, dossier 394.46 A 328 « - 66 ».

nécessité de faire des économies et relevant que les réponses reçues des États membres « ont clairement montré que le projet ne pourrait pas renforcer les liens culturels entre les peuples[1] ».

Après avoir écouté ces points des vue, le DG Luther Evans – rappelant que l'établissement d'une liste, très utile en interne pour le travail du secrétariat, pourrait se réaliser avec l'aide d'ONG et non des États – souligne que « la commémoration des grands hommes est un outil de propagande trop utile pour que l'Unesco n'en fasse pas usage[2] ». Le Conseil exécutif vote en fin de compte une résolution stipulant que l'Unesco ne doit pas abandonner la commémoration des grands hommes[3].

Le programme des commémorations est désormais confié au Département de la communication de masse (où travaillent notamment William Frye et Jakob Zuckerman), et un groupe de travail, composé de 7 membres du Conseil exécutif, est institué afin de réfléchir à sa réorientation (Bender, Berredo de Carneiro, Estelrich y Artigues, Kemenov, Laugier, Maroun et M. Sharif). Lors d'une réunion à Paris le 16 juillet 1956, ce groupe de travail décide de l'envoi d'une lettre circulaire clarifiant les attentes de l'Unesco : il est désormais demandé aux États de citer des grands hommes de leur pays (5 au plus) et d'autres pays (5 au plus), en se limitant aux centenaires à commémorer dans les années à venir. A ce courrier, envoyé le 20 août 1956, plusieurs pays (Suède, Canada, Côte d'Or, Ceylan, Nouvelle-Zélande) répondent en faisant part de leur désapprobation et en refusant de soumettre une liste.

Par contre, les pays qui avaient répondu aux précédentes lettres circulaires répondent de nouveau pour la plupart d'entre eux. La Hongrie, le Honduras, l'Italie, le Luxembourg, le Japon, l'Égypte, l'URSS, la France, l'Iran, envoient des listes de personnes à commémorer en 1957-1958. De leur côté, la Colombie et Israël indiquent « étudier la question ». Enfin, d'autres pays ne s'étant pas manifestés en 1955 répondent à l'Unesco en 1956-1957 (Birmanie, Pakistan, Malaisie, Autriche, Iraq, Argentine, Uruguay). Suite à ces consultations et tergiversations, l'Unesco reprend son programme de commémorations plus ou moins sous la même forme, la Conférence générale lui attribuant un budget annuel de 5 000 $ en 1959-1960.

En 1959, l'Unesco envoie une lettre circulaire invitant à commémorer 9 personnalités, parmi lesquelles 3 écrivains : Schiller (né en 1759), Aleichem (né en 1859) et Tchekhov (né en 1859)[4]. Lors de sa session suivante, le Conseil exécutif rajoute 6 noms, dont Lazaro L. Zamenhof, créateur de l'Espéranto.

Répondant à une suggestion du *World Jewish Congress*, appuyée par les commissions nationales danoise et française, l'Unesco accueille aussi du 15

---

[1] Propos d'Athelsan Spilhaus, cités in « Procès-verbal provisoire de la 8ème séance tenue à Madrid le vendredi 13 avril 1956… », 17 avril 1956. Op. cit., p. 3-4.

[2] Propos de Luther Evans, cités in « Procès-verbal provisoire de la 8ème séance tenue à Madrid le vendredi 13 avril 1956… », 17 avril 1956. Op. cit., p. 7.

[3] Voir Archives Unesco, dossier 394.46 A 328 « - 66 ».

[4] Lettre circulaire du 17 août 1959. Archives Unesco, dossier 394.46 A 328 « - 66 ».

janvier au 7 février 1960 une exposition consacrée à l'écrivain juif ukrainien de langue yiddish Cholem Aleichem, qui est inaugurée par Maheu le 15 janvier[1].

Mais l'organisation se lance surtout, sur proposition de l'URSS, dans la commémoration de l'écrivain et dramaturge Anton Pavlovitch Tchekhov (1860-1904)[2]. Pour préparer le centenaire de sa naissance en 1960, l'Unesco s'adresse à la commission nationale d'URSS afin d'obtenir la liste des traductions des œuvres de Tchekhov et des théâtres soviétiques et étrangers ayant mis ses pièces en scène. L'Unesco souhaite s'associer au vaste plan commémoratif (expositions, spectacles, films, publications, conférences, réunions diverses, émission de timbres, etc.) mis en place par l'URSS. Toutefois, son budget limité lui permet seulement de publier un dossier spécial sur Tchekhov dans le *Courrier de l'Unesco* (janvier 1960), de réaliser un documentaire sur la vie de Tchekhov pour la radio (en anglais, français et espagnol) et de préparer un film fixe sur l'écrivain (comprenant 40 photos, avec brochure en français, anglais et espagnol).

La préparation du film fixe est confiée à une consultante extérieure, Madame Rabecq (Musée pédagogique de Paris)[3]. Caillois se montre très critique à l'égard du plan de film proposé par cette dernière, qu'il juge « très superficiel et très statique », omettant le « charme des observations de Tchekhov sur l'enfance et sur la jeunesse [et le] mordant de ses observations sur la vie de province, surtout dans les contes[4] ». Les commentaires du film sont revus par la délégation permanente de l'URSS, qui organise aussi à ses frais une exposition sur Tchekhov au siège de l'Unesco, ainsi qu'une soirée avec projection de films. Des célébrations autour de Tchekhov sont organisées dans une douzaine de pays : Autriche, Belgique, Équateur, Hollande, Grèce, Iran, Luxembourg, Maroc, Norvège, Pérou, Pologne, Roumanie, Suède.

Si la participation des États membres au programme de commémoration des grands hommes apparaît très inégale, on peut relever que certains pays le prennent très au sérieux, en faisant régulièrement des suggestions de noms détaillées et ouvertes sur les autres cultures, en particulier l'Iran, Cuba, l'URSS, la Thaïlande, le Japon ou le Danemark[5]. De son côté, après le départ d'Henri Laugier, la France, désormais représentée au Conseil exécutif par Julien Cain, se désintéresse de ce programme, pour lequel elle fait rarement des suggestions. Au contraire, les États-Unis, d'abord fortement opposés au projet, font ensuite régulièrement des propositions de personnalités à commémorer…

Dans les années 1960, le nombre de personnalités signalées pour commémoration grossit considérablement, puisqu'il s'agit désormais d'une compilation des propositions envoyées par les États membres. Chaque année, une vingtaine d'États en moyenne (souvent les mêmes) envoient leurs propositions.

---

[1] Voir Archives Unesco, dossier cor. 394.46 A 328 « - 66 »

[2] Voir Archives Unesco, dossier cor. 394.46 TCHEKHOV.

[3] Voir Archives Unesco, dossier cor. 394.46 TCHEKHOV / A 371.

[4] Mémo de Caillois à Dard, 11 juin 1959. Archives Unesco, dossier 394.46 TCHEKHOV / A 371.

[5] Voir Archives Unesco, dossier 394.46 A 328 « - 66 ».

Pour l'année 1963, la liste intitulée « Célébration d'anniversaires de personnalités éminentes et d'événements historiques » comporte 32 noms dont 10 écrivains, hommes de lettre et philosophes (soit 31%), dont Kierkegaard. En 1964, la liste suggère 21 noms dont 9 écrivains et philosophes (soit 43 %) ; parmi eux, Gabriele d'Annunzio, Shakespeare, Al-Razi, Chevtchenko et Lermontov. En 1965 sont proposés 42 noms, dont 11 écrivains et poètes (soit 27 %), comprenant Dante, Kipling et Jan Rainis. Pour 1966, 36 noms figurent sur la liste, dont 19 écrivains, poètes et philosophes (soit 53 %), en particulier Romain Rolland, Mme de Staël, Shakespeare, Leibniz, Cervantes, Murasaki-shikibu et Rubén Darío. En 1967, 80 noms sont proposés, dont 30 littéraires (37 %) ; y figurent Baudelaire, Érasme, Pirandello, Swift, Soseki Natsume, Tolstoï, Ruben Darío et Vicente Blosco Ibañez. L'année suivante, la liste comprend 47 noms dont 18 écrivains (38 %) ; parmi eux, Chateaubriand, Gorki, Tourgueniev, Mohammed Ichal et Gutenberg, « inventeur » de l'imprimerie.

En 1969, la liste offre 58 noms dont 23 écrivains (40 %) ; elle comprend notamment Gandhi, Endre Ady, France Presern, Walt Whitman et Érasme. En 1970, on trouve 20 écrivains sur 52 noms (soit 38 %), dont Wordsworth, Dickens, Bounine, Engels, Hölderlin et Hegel. L'année suivante, les littéraires représentent 22 noms sur 56 (39 %) et comprennent Dostoïevski, Dante, Henrich Mann et John Millington Synge. En 1972, la liste comprend 52 noms dont 17 écrivains (33%), y compris Novalis et Henrich Heine. En 1973, on trouve 42 noms dont 17 écrivains (40 %) : la liste comprend les noms de Molière, Barbusse, Blaise Pascal, Sandór Petöfi, Alessandro Manzoni et Mohammed Al-Bîrunî. Enfin en 1974, la liste propose 35 noms dont 11 écrivains (31 %), avec notamment Byron, Kant, Milton et Pétrarque.

Deux remarques à propos de ces listes. Tout d'abord, la présence disproportionnée des écrivains et poètes biélorusses et ukrainiens s'explique par le fait que ces pays ne respectent pas la consigne des anniversaires « ronds » (cinquantaine et centaine). Ensuite, une partie des écrivains européens sont inscrits sur les listes de commémoration sur demande de pays non européens ; en 1965, par exemple, Cuba demande l'inscription de Romain Rolland et le Japon celle de Shakespeare.

Outre la diffusion de ces listes, l'Unesco s'associe concrètement, dans les années 1960, aux commémorations de 5 écrivains : Tagore, Rousseau, Chevtchenko, Shakespeare et Dante.

Dès 1957, le secrétaire de la *Sahitya Akademi* (Académie nationale des lettres) de l'Inde, K.R. Kripalani, participe à la réunion du Comité international d'experts pour la Collection d'œuvres représentatives, afin de discuter des partenariats envisageables entre l'Académie et l'Unesco pour la commémoration du centenaire de la naissance de Rabîndranâth Tagore en 1961[1]. Premier écrivain non Européen célébré par l'Unesco, Tagore (1861-1941) est aussi compositeur, dramaturge, peintre et philosophe. Originaire d'une famille

[1] Voir Archives Unesco, dossier 394.46 TAGORE.

aristocratique de la caste des brahmanes, il devient célèbre suite à la publication de deux recueils de poèmes[1]. Frappé par la misère des paysans du Bengale, il fonde une école dans la maison de campagne familiale de Santinikitan, qui deviendra une université au renom international avant de se transformer en 1922 en Université de la Fraternité mondiale. Tagore est le premier non Occidental à recevoir le Prix Nobel de littérature en 1913. A cet égard, Pascale Casanova souligne tout de même le rôle primordial de la consécration littéraire par les Européens :

> *La présence au palmarès, à la veille de la Première Guerre mondiale, de ce poète issu d'un pays colonisé, pourrait apparaître comme le signe manifeste d'une grande audace et d'une indépendance d'esprit extraordinaire de l'Académie suédoise, si l'on ne savait que cette consécration inattendue est en réalité le fruit d'un européocentrisme redoublé ou d'un narcissisme colonisateur satisfait. Tagore en effet n'a pas été présenté au comité par un Indien mais par la* Royal Society of Literature *de Londres, et la décision a été prise à partir de la seule version anglaise du Gitanjali – partiellement transcrite par l'auteur lui-même, il est vrai*[2].

Tagore voyage à travers le monde entre 1878 et 1932, ce qui lui donne l'occasion de fréquenter des personnalités proches de l'internationalisme pacifiste et, dans les années 1920 et 1930, de l'IICI, tels Henri Bergson, Einstein, Thomas Mann, George Bernard Shaw, H.G. Wells, Romain Rolland, Ezra Pound, William Butler Yeats ou Victoria Ocampo. Comme le souligne Kirpal, « la vie et l'œuvre de Rabîndranâth Tagore ont été dédiées à la promotion de la compréhension entre l'Est et l'Ouest et il a peut-être plus contribué à cette cause que n'importe qui d'autre durant le siècle passé[3] ». Tagore expliquait lui-même : « je n'ai aucune méfiance envers quelque culture à cause de son caractère étranger. Je crois [...] à la nécessité du choc salutaire avec les forces extérieures pour le maintien de notre vitalité intellectuelle[4] ».

La *Sahitya Akademi* prévoit d'organiser en 1961 un colloque international et une exposition itinérante de manuscrits et de peintures ; quant à la *Tagore Society,* elle envoie en 1958-1959 des demandes de soutien à l'Unesco pour les commémorations. Bien que le Comité Orient/Occident se montre plutôt enclin à participer à ces événements – notamment la publication d'œuvres de Tagore en anglais –, Farr rappelle à Havet :

> *Nous ne disposons d'aucun budget spécifique pour les célébrations d'anniversaires. Cela signifie que le maximum que nous puissions faire est de publier des articles dans le* Courrier, Unesco Features *et la* Chronique *et de mettre au point des enregistrements pour la radio. Nous pourrions fournir [...] l'espace pour une exposition préparée par le gouvernement de l'Inde ou d'autres organisations mais nous ne pouvons pas entreprendre d'en préparer une nous-mêmes. Mais je crois que le DG a l'intention de répondre aux requêtes spécifiques faites par le gouvernement de l'Inde au titre du projet majeur Orient-Occident en organisant une table ronde ou une représentation théâtrale durant la*

---

[1] TAGORE, Rabîndranâth. *Vers l'homme universel.* Paris : Gallimard, 1964, 364 p.
[2] CASANOVA, Pascale. *La République mondiale des lettres.* Op. cit., p. 211.
[3] Mémo de Kirpal au DG, 24 oct 1957.Archives Unesco, dossier 394.46 TAGORE
[4] Propos cités dans « Centre de culture indienne », in *Vers l'homme universel.* Op. cit., p. 212-213.

Conférence générale [...] Étant donné que notre politique de célébration des anniversaires est d'encourager les États membres à agir, il y aurait beaucoup à gagner à encourager la Société Asiatique à stimuler les activités entreprises aux États-Unis[1].

L'Unesco consacre à Tagore un numéro du *Courier* en 1961 et contribue financièrement à l'organisation d'un symposium organisé à Bombay en janvier de cette même année. Dans son discours – préparé par Caillois – le DG souligne à cette occasion :

L'Inde ne célèbre pas seulement le penseur et l'écrivain. Elle révère aussi l'âme généreuse et universelle, ouverte aux problèmes de l'Inde comme à ceux du monde. [...] Tagore s'est nourri de toutes les nourritures du monde et c'est à toutes les cultures et à tous les hommes que, débordant les frontières de l'Inde, s'adresse son message de compréhension et de tolérance mutuelles. [...] Il combattit toute sa vie la méfiance à l'égard des cultures étrangères. Il croyait à la fécondité de l'échange et de la sympathie. A ce titre, il est comme un des maîtres de l'Unesco[2].

Au niveau international, Tagore est célébré surtout au Brésil (conférences, publications, tables rondes, exposition itinérante...), aux Pays-Bas (conférences, performances poétiques et musicales, publications, lectures, expositions) et en Belgique.

En 1962, alors que le Comité national pour la commémoration de Jean-Jacques Rousseau organise de nombreuses manifestations en France (colloques, création d'un centre Jean-Jacques Rousseau à Ermenonville...), l'Unesco accorde une aide financière de 4 500 $, via la commission nationale française, pour l'organisation d'un colloque international sur « Jean-Jacques Rousseau et l'homme moderne » au Centre culturel de Royaumont[3]. Ce colloque est organisé par l'association des Amis de Jean-Jacques Rousseau, qui comprend parmi ses membres Julien Cain, Émile Cioran, Charles Dédéyan, George Duhamel, Jean Giono, Jean Rostand, Jules Romain, Jean Thomas et Harvey Wood (directeur du *British Council* en France). Réunissant des spécialistes de 18 pays à Royaumont du 28 juin au 4 juillet 1962, cette manifestation fait l'objet de controverses et d'un article très critique du journaliste Roland Desné dans *L'Humanité*[4]. Bernard Monsour (Division de la philosophie et des sciences humaines), qui représente le DG, en donne le compte-rendu suivant :

L'autorité des personnes présentes était inégale [Certains] invités, soit qu'ils aient peu parlé, soit que Rousseau n'ait pas été au centre de leurs études, soit encore qu'ils aient manifesté plus de curiosité pour les méthodes de travail que pour la substance du thème, ou bien n'ont rien offert qu'un auditoire, ou bien n'ont apporté qu'un divertissement déroutant, ou bien ont imposé au débat une direction pesante.

Il a été regretté que plusieurs des participants, les plus distingués, n'aient été présents que lors de la séance où ils donnaient leur exposé.

---

[1] Mémo de Farr à Havet, 30 mai 1960.Archives Unesco, dossier 394.46 TAGORE

[2] Discours prononcé par le DG lors de la célébration du centenaire de la naissance de Tagore, Bombay, 1er janvier 1961.Archives Unesco, dossier 394.46 TAGORE.

[3] Voir Archives Unesco, dossier 394.46 ROUSSEAU.

[4] « A propos d'un colloque sur Jean-Jacques Rousseau et d'un certain organisme de l'Unesco », *L'Humanité*, 6 juillet 1962.Archives Unesco, dossier 394.46 ROUSSEAU

Le Cercle culturel de Royaumont comprend des membres assidus, des « psycho-pédagogues » notamment, qui se plairaient volontiers à faire de ce cercle une manière de laboratoire [...] Ainsi, une méthode qui, dans le cas de stage d'études, par exemple, peut présenter des avantages, a été poussée, dans le cas d'un colloque international savant, jusqu'à l'absurde par le zèle d'animateurs à peu près étrangers au thème choisi et introduits dans la rencontre par un abus surprenant du Cercle culturel. [...]

Plusieurs participants, notamment MM. Dymick et Kuwabara, ont été plus irrités qu'amusés par le rôle des animateurs et m'en ont fait part. [...] Le Cercle culturel a disposé et a usé de grands pouvoirs ainsi, tantôt au bénéfice de la rencontre (affabilité de l'accueil, hospitalité cordiale) tantôt à son détriment (introduction d'animateurs excentriques). Le secrétaire général de l'Association Jean-Jacques Rousseau, Monsieur Maxime Nemo, qui s'est dévoué si activement à la préparation du colloque, a lui-même été surpris par la méthode de travail imposée. [...]

La participation universitaire a été importante et a donné aux communications sur Rousseau une valeur certaine, dans plusieurs cas remarquables. Les exposés touchant le monde moderne avaient été confiés à des personnes, souvent certes brillantes, mais parfois bien éloignées par leurs préoccupations, du thème du colloque et bien peu soucieuses de s'en rapprocher. Les discussions générales ont été en partie stérilisées par la méthode des discussions préalables en petits groupes, résumées ensuite en séance plénière[1].

Outre cette expérience mitigée, l'Unesco accueille une présentation d'un film sur Rousseau organisée par les commissions nationales française et suisse lors de la Conférence générale de 1962, et consacre un dossier à Rousseau dans le numéro de mars 1963 du *Courrier*, avec des articles de Gomes Machado et de Lévi-Strauss. Au niveau international, l'Espagne, la Pologne et la Suisse participent activement à cette commémoration.

En 1964, l'Unesco s'associe ensuite au cent-cinquantenaire de la naissance du poète ukrainien Taras Chevtchenko (1814-1861)[2]. Né dans une famille de paysans serfs en Ukraine, Chevtchenko parvient à racheter sa liberté avant de publier une collection de poèmes romantiques intitulée *Kobzar* (*Le Barde*). Scandalisé par l'oppression tsariste, il rejoint en 1846 la *Confrérie de Cyrille et Méthode*, organisation politique secrète basée à Kiev, qui a pour objectif d'abolir le servage et d'établir l'égalité sociale. Arrêté le 5 avril 1847, Chevtchenko est condamné à servir comme soldat sur les bords de la mer Caspienne, avec interdiction d'écrire et de peindre, avant d'être transféré en 1850 à la forteresse de Novopetrovskoïe. Il parvient cependant à créer plusieurs centaines d'aquarelles, de dessins, de nouvelles et de poèmes durant cette période. Libéré en 1857, il n'a pas le droit de retourner en Ukraine et reste sous la surveillance de la police en exil à Saint-Pétersbourg jusqu'à sa mort en 1861. Poète national, Chevtchenko occupe une place exceptionnelle dans l'histoire culturelle de l'Ukraine et constitue une véritable icône pour les Ukrainiens.

Dans ces conditions, Chevtchenko devient, de la même manière que Tchekhov, un enjeu mémoriel entre l'Est et l'Ouest dans le cadre de la guerre

[1] Mémo confidentiel de Monsour à Gomes Machado, 12 juillet 1962. Archives Unesco, dossier 394.46 ROUSSEAU.

[2] Voir Archives Unesco, dossier 394.46 CHEVTCHENKO.

froide. Le parcours atypique du poète – considéré comme le plus grand poète romantique de langue ukrainienne, mais aussi comme une figure emblématique du réveil national de l'Ukraine au XIXe siècle – lui confère, en effet, une place particulière au sein des batailles idéologiques. L'Unesco est sollicitée dès 1960, pour célébrer le centenaire de la mort de Chevtchenko l'année suivante, par plusieurs organismes, en particulier l'*Ukrainian Free Academy of Sciences* (UVAN, fondée à Kiev en 1918 puis transférée au Canada en 1949), la *Shevchenko Scientific Society* (basée à New York) et l'*Ukrainian-Canadian Council of Learned Societies* (basé à Winnipeg, au Canada). L'Unesco reçoit aussi des courriers de la *School of Slavonic and East European Studies* de l'Université de Londres, du Conseil général des organisations ukrainiennes en Belgique et de la *Federation of Ukrainian Associations in Australia*... Cette dernière explique :

> *Dans ses œuvres, Chevtchenko a évoqué la lutte des Nations oppressées [...] Les interprétations soviétiques de Chevtchenko veulent le présenter de manière favorable par rapport à leurs objectifs politiques et n'hésitent pas à falsifier ses écrits et à tordre ses idées pour leur donner un sens erroné. Chevtchenko était un homme aux principes démocratiques et dans sa lutte pour la liberté, il a vu la liberté réelle à l'Ouest, dans la charte démocratique du grand Washington, auquel il s'est référé dans ses œuvres*[1].

L'Unesco décline toutefois ces sollicitations car « en ce qui concerne la commémoration des anniversaires de personnalités éminentes, seules peuvent être prises en considération par l'Unesco les demandes émanant des États membres. En outre le Conseil exécutif a proposé, lors d'une de ses dernières sessions, de ne retenir pour commémoration que les anniversaires de naissance[2] ». L'organisation consacre tout de même un article du *Courrier* à Chevtchenko en juillet-août 1961, à la demande de la commission nationale ukrainienne.

L'année suivante, cette dernière dépose auprès de l'Unesco une demande de célébration du cent-cinquantenaire de la naissance de Chevtchenko pour 1964, rappelant une « promesse » de René Maheu à ce sujet datant de 1961. L'Ukraine souhaite éditer un livre sur le poète, lui consacrer un numéro du *Courrier*, organiser une soirée lors de la 12ème Conférence générale en 1962 et organiser à Kiev un colloque sur le thème « Chevtchenko dans la littérature mondiale ». Pour cette manifestation, l'Ukraine sollicite de l'Unesco une aide de 10 000 $.

L'Unesco se mobilise de manière exceptionnelle pour cette commémoration. L'organisation accueille une soirée de projection d'un film-ballet organisée par la délégation ukrainienne et une exposition de photos ; elle fait publier en français un choix de poèmes de Chevtchenko et le récit *Le peintre* dans la Collection d'œuvres représentatives (Gallimard) ; elle accueille une exposition inaugurée le 19 mai 1964 ; elle publie un article sur le poète dans les *Informations de l'Unesco* et un compte-rendu des cérémonies commémoratives dans la *Chronique de l'Unesco* ; elle prépare des programmes radiophoniques en plusieurs langues à

---

[1] Lettre de la *Federation of Ukrainian Associations in Australia* au DG, 9 nov. 1960. Archives Unesco, dossier 394.46 CHEVTCHENKO.

[2] Lettre de Roux à Baczynsky, 28 déc 1960. Archives Unesco, dossier 394.46 CHEVTCHENKO.

l'intention des États membres ; elle consacre un dossier entier au poète dans le numéro de juin 1964 du *Courrier* ; enfin, elle accorde la subvention demandée de 10 000 $ pour l'organisation d'un colloque international à Kiev du 20 au 23 mai 1964

A ce colloque, l'Unesco envoie 2 représentants, Roger Caillois et le sous-directeur général Pavel I. Erchov. Mikola Barjane (président du Comité gouvernemental pour la célébration de la naissance de Chevtchenko) évoque à cette occasion « les taches blanches à faire disparaître sur la carte mondiale des littératures », soulignant qu'« il restait beaucoup d'œuvres à faire antichambre avant d'obtenir le paradis de la notoriété universelle [...] d'où l'importance du rôle de l'Unesco en ce domaine, non seulement pour l'Ukraine et l'Arménie, mais pour tous les pays dont la littérature se trouve dans une situation analogue[1] ».

Cette même année 1964, l'Unesco participe aussi à la commémoration du 400ème anniversaire de la naissance de William Shakespeare[2] et organise 4 soirées de célébration et 3 tables rondes en novembre 1964. Disposant d'un budget de 16 500 $, l'Unesco invite pour l'occasion des personnalités prestigieuses du monde des lettres, du théâtre et du cinéma. Sont notamment pressentis Jorge Luis Borges, Saint-John Perse, T.S. Eliot, Séféris, Lawrence Durrell, René Char, Raymond Queneau, Ezra Pound, Stephen Spender, Christopher Fry, Ungaretti, Peter Brook, Jean Vilar, Lawrence Olivier, Peggy Ashcroft, Grégori Kosintsev, Roger Manvell, Georges Sadoul, Orson Wells, Bergman et Kurosawa.

L'objectif de René Maheu est de « faire apparaître *l'actualité* de Shakespeare et *l'universalité* de Shakespeare, bref Shakespeare vécu par les hommes d'aujourd'hui à travers le monde » et de « donner à cette manifestation une prédominance à la langue anglaise », sachant que « ce qui importe, c'est moins le Prix Nobel que la connaissance, l'expérience de Shakespeare[3] ». Avec l'aide et les conseils de Spencer (directeur de l'Institut Shakespeare à Stratford-on-Avon), plusieurs représentations sont données, entre autres par Jean Vilar et Peggy Ashcroft ; le film *Hamlet* du réalisateur Grégori Kosintsev (primé à la Mostra de Venise) est projeté, tandis qu'une table ronde sur « Shakespeare et son temps » réunit Saint-John Perse, T.S. Eliot, Séféris et Borges, ce dernier acceptant « avec émotion et non sans inquiétude l'honneur qui [lui] est fait[4] ». A cette occasion, René Maheu déclare :

> *L'homme dont, ce soir, nous commémorons la naissance, fut un plébéien. Du plébéien, pendant sa vie, il garda la capacité d'adaptation à tout nouvel ordre social, moral, politique et idéologique. Il en garda l'humour, l'amour du concret, surtout la curiosité pour l'homme à ses moments de crime, l'homme qu'il observait non comme un être supérieur aux autres, mais plutôt en tant qu'animal humain, doué de la vitalité, de l'acharnement, de la grâce aussi, des animaux [...]*

---

[1] Rapport de mission de Caillois au DG, 19 juin 1964. Archives Unesco, dossier 394.46 CHEVTCHENKO.
[2] Voir Archives Unesco, dossier 394.46 SHAKESPEARE.
[3] Mémo de Maheu à Crivon, 12 août 1964. Archives Unesco, dossier 394.46 SHAKESPEARE.
[4] Lettre de Borges à Caillois, 27 juin 1964. Archives Unesco, dossier 394.46 SHAKESPEARE.

Shakespeare est le génie d'une époque, et de toutes les générations et de tous les hommes par lesquels cette époque avait été préparée. En lui, nous reconnaissons l'un des moments de grâce non seulement de l'Angleterre mais de tout l'Occident. [...]

Son art réside dans la destruction des éléments figés, schématisés, qu'il avait acquis de ses prédécesseurs et dans l'anéantissement de tout genre littéraire établi, qu'il remplace par la présentation de l'humanité dans son développement et dans sa prise de conscience. Ses pièces perdent alors leur caractère d'œuvres de théâtre et sont à la fois des drames, des poèmes et des études psychologiques. [...]

Si l'artiste digne de son nom ne connaît pas de barrières nationales, c'est que la vérité communiquée par lui n'est pas nationale mais humaine : les hommes sont d'abord des hommes avant d'appartenir à un pays[1].

Shakespeare fait aussi l'objet de 2 articles dans le numéro de mai 1964 du *Courrier de l'Unesco* et de nombreuses célébrations à travers le monde, depuis la Thaïlande jusqu'à l'URSS : soirée au Bolchoï, représentations théâtrales dans tout le pays, tournage d'un *Hamlet*, publications, session scientifique spéciale à l'Institut de la littérature mondiale Gorki, émissions de radio et de télévision...

L'année suivante, l'Unesco s'associe – à la demande de la commission nationale italienne – à l'anniversaire de Dante Alighieri[2]. A l'occasion du 7ème centenaire de sa naissance, l'Unesco organise à Paris, lors d'une session du Conseil exécutif, une table ronde sur « Le rayonnement de Dante dans le monde par le moyen des traductions » les 26 et 27 octobre 1965, met en place une exposition et propose le 28 octobre 1965 une soirée solennelle avec projection d'un film. Intitulé *Rencontre avec Dante*, ce dernier est projeté en italien, avec un commentaire français préparé pour l'occasion par Robert Escarpit. Quant à la soirée du 28 octobre, quatre écrivains y participent : Marcel Brion, Ilya Ehrenbourg, Mary McCarthy et Eugenio Móntale.

Caillois est aussi invité à participer à un colloque du PEN Club international sur Dante à Avignon en octobre 1965 mais ne peut s'y rendre à cause d'une mission en Amérique latine. L'Unesco publie enfin un article sur Dante dans le *Courrier* de janvier 1966.

Aucun budget n'ayant été prévu pour ces manifestations dans le programme de participation, les 8 000 $ nécessaires sont prélevés sur le budget du Département des activités culturelles à l'initiative de son directeur Lourival Gomes Machado ; l'organisation des manifestations est confiée à Caillois (Division des lettres) et à Sanavío (Division d'études des cultures).

Mais à partir de 1965, l'Unesco ne participe plus directement à des projets commémoratifs et se contente, d'une part, d'envoyer chaque année aux États la liste de personnalités à commémorer, et d'autre part, d'évoquer certaines d'entre elles dans le *Courrier de l'Unesco*. En octobre 1964, le magazine consacre des articles à l'Espagnol Miguel de Unamuno (1864-1936) et au Russe Mikhaïl Lermontov (1814-1841). En mars 1966, il évoque « l'auteur du plus vieux

[1] Discours de Maheu pour la célébration de l'anniversaire de Shakespeare, 13 nov. 1964. Archives Unesco, dossier 394.46 SHAKESPEARE.
[2] Voir Archives Unesco, dossier 394.46 DANTE.

roman du monde », la Japonaise Murasaki-Shikibu (décédée vers 1016), ainsi que l'Espagnol Miguel de Cervantes (1547-1616), le Français Romain Rolland (1866-1944) et le Nicaraguayen Ruben Darío (1867-1916).

En octobre 1967, c'est au tour de l'Uruguayen José Enrique Rodó (1972-1917), du Tchèque Petr Bezruc (1867-1958), de l'Espagnol Vicente Blasco Ibañez (1867-1928), de l'Italien Luigi Pirandello (1867-1936), du Français Charles Baudelaire (1821-1867) et de l'Anglais Jonathan Swift (1667-1745) d'être mis à l'honneur. Un nouvel article détaillé est aussi consacré à Ruben Darío, cette fois-ci pour fêter les 200 ans de sa naissance.

Le *Courrier* évoque également – bien que plus rarement – de grands écrivains en dehors des temps de commémoration, consacrant, par exemple, un article au poète d'Azerbaïdjan Nassimi en décembre 1973.

Enfin, la règle rigide des commémorations d'anniversaires de grands hommes (centenaire ou un multiple de centenaire) est assouplie par l'Unesco avec le temps, des exceptions pouvant être faites « compte tenu des particularités de certains États membres (États de tradition orale ou jeunes États), à condition que l'anniversaire bénéficie d'une profondeur ou d'une perspective historique suffisante[1] ».

[1] « Propositions des États membres pour la célébration des anniversaires auxquels l'Unesco devrait être associée en 1996-1997 », document présenté lors de la 146ème session du Conseil exécutif, 14 avril 1995, p. 1. (146 EX/45).

CHAPITRE XI

Professionnaliser le monde du livre

Afin de compléter sa politique d'encouragement à une préservation et une diffusion accrues du support écrit, l'Unesco s'investit également dans le domaine de la formation des professionnels du livre. Sont concernés au premier chef les bibliothécaires, mais aussi les éditeurs, libraires, imprimeurs, traducteurs, et même – dans une moindre mesure – les auteurs. Ces activités de formation se font en deux temps : tout d'abord, par le rassemblement et la diffusion de données sur la situation du livre dans le monde ; ensuite, par la mise en place d'activités de formation proprement dites : bourses, stages d'études, création d'écoles et de centres de formation.

DÉFINIR LES CONTOURS DU MONDE DU LIVRE

Comme toutes les organisations onusiennes, l'Unesco se lance dès sa création dans une vaste entreprise de collecte d'informations dans les domaines de sa compétence, de manière à disposer ensuite de données concrètes permettant d'agir de manière efficace et ciblée. Marie-Claude Smouts souligne l'intérêt de ces enquêtes qui « réduisent le coût de l'information » pour les acteurs publics et privés, sachant qu'« aucun État ne pourrait réunir à lui seul la somme d'informations réunies par les organisations internationales[1] ». Pierre de Senarclens rappelle de son côté : « l'ONU et ses institutions spécialisées [...] ont produit d'innombrables données chiffrées, statistiques et analyses sur l'évolution des sociétés, travaux faisant souvent autorité par leur qualité, contribuant à l'évolution des idées, à l'information des acteurs internationaux, à la mise en œuvre de leur politique gouvernementale[2] ».

---

[1] SMOUTS, Marie-Claude. *Les organisations internationales.* Op. cit., p. 32.

[2] SENARCLENS, Pierre de. *Mondialisation, souveraineté et théories des relations internationales.* Op. cit., p. 45-46.

Dans le domaine du livre, l'Unesco entend devenir « un centre d'échange d'information et un lieu d'analyse[1] » et jouer un rôle de conseil et d'expertise auprès des professionnels en s'appuyant sur la collecte et la mise en circulation d'informations et de statistiques en tous genres, qui permettent au fil du temps de dresser un panorama de la situation de l'écrit à travers le monde et, par conséquent, de proposer des solutions adaptées à la diversité des situations.

Dès 1947, des enquêtes détaillées sont lancées. L'organisation complète, par exemple, en 1947-1948, le travail entrepris par la CMAE, en réalisant une étude sur les pertes et besoins des bibliothèques dans les pays dévastés par la guerre. Dans le cadre de son programme de reconstruction, elle envoie un questionnaire à environ 6 000 bibliothèques dans le monde[2].

En 1949, une enquête sur la situation du droit d'auteur lui permet de collecter 15 000 fiches de la part de professionnels du livre (éditeurs, bibliothécaires). L'Unesco se préoccupe aussi de recueillir des données sur l'analphabétisme dans le monde[3] et sur le développement croissant des livres de poche[4]. Le livre de poche bon marché, qui « constitue un moyen idéal de satisfaire le besoin sans cesse accru du grand public de disposer d'éléments d'information, de points de vue et d'opinions[5] », apparaît indispensable aux yeux de l'Unesco, en particulier pour les pays non industrialisés et pour les pays dévastés par la guerre[6]. Une réunion sur « la libre circulation de l'information » a lieu en octobre 1947 ; Carter, Zuckerman et Lind y participent avec plusieurs éditeurs et spécialistes représentant notamment le Brésil, la France et le Royaume-Uni. Puis la Conférence générale vote en novembre 1947 une résolution autorisant le recrutement d'un expert consultant pour mener une enquête sur les livres de poche.

En parallèle, l'Unesco s'intéresse à la parution, en décembre 1947, d'un rapport très complet (353 pages), réalisé au Royaume-Uni par l'Observatoire des Masses après un sondage auprès du grand public, des imprimeurs, des libraires et des employés de la maison d'édition *Penguin Books*. Ce rapport (*A report on Penguin world*) propose à la fois une étude sociologique du lectorat de livres de poche au Royaume-Uni et une analyse économique détaillée du mode de fonctionnement des éditions *Penguin*. Lars J. Lind (Division des bibliothèques) rencontre à plusieurs reprises des éditeurs britanniques, en particulier les responsables de *Penguin*, dont il sollicite l'expertise. Trois pays sont alors largement en avance dans le domaine de l'édition de livres à bon marché : les États-Unis, le Royaume-Uni et l'URSS.

Un premier questionnaire sur ce sujet est envoyé début 1948 par l'Unesco à de nombreux éditeurs, libraires et organisations d'auteurs à travers le monde, ainsi qu'à des spécialistes individuels de ces questions, en espérant qu'« une

[1] GARZON, Alvaro. *La politique nationale du livre.* Paris : Unesco, 2005, p. 15.
[2] Voir Archives de l'Unesco, dossier 361.9 : 02.
[3] MAUREL, Chloé. *L'Unesco de 1945 à 1974.* Op. cit., p. 777.
[4] Lettre circulaire du DG, 12 mai 1948. Archives Unesco, dossier 04 A 335.
[5] « L'Unesco et les livres à bon marché », 27 fév. 1948. Archives Unesco, dossier 04 A 335
[6] Voir Archives Unesco, dossier 04 A 335.

analyse minutieuse de la documentation ainsi rassemblée aidera [...] à préciser les grandes lignes de l'action future[1] » de l'Unesco. Lind prépare un document définissant les objectifs de l'organisation dans ce domaine :

> *Quels sont les sujets qu'il convient de traiter dans une collection de livres à bon marché ? Quels sont les sujets qui s'y prêtent ? De quelles considérations s'inspirent les éditeurs dans le choix de leurs titres ? Dans quelle mesure les auteurs peuvent-ils s'adresser consciemment aux masses ? [...]*
>
> *Nous cherchons à déterminer dans quelle mesure il est possible, du point de vue commercial, de publier des ouvrages de valeur éducative et culturelle à l'intention du grand public, et à faire connaître les résultats de ces recherches en vue de provoquer les mesures qui s'imposent en conséquence.*
>
> *Nous voulons déterminer les lacunes qui existent dans la présentation au public de sujets importants, et contribuer à combler ces lacunes. [...]*
>
> *Le style d'un livre [bon marché] doit être en général tout à fait différent de celui d'une édition ordinaire. Le style n'est pas seul important ; la couverture, le format, la reliure, la typographie et les illustrations jouent un grand rôle dans le succès ou l'échec d'un ouvrage. Toutes ces questions techniques doivent, elles aussi, être soigneusement étudiées*[2].

En Europe, l'enquête est menée directement par Lind, tandis que l'Unesco cherche un expert consultant pour s'occuper de l'enquête en Amérique. En juin 1948, l'Unesco a reçu des réponses en provenance d'une quinzaine de pays : Afrique du sud, Australie, Belgique, Bolivie, États-Unis, France, Grèce, Inde, Italie, Pakistan, Philippines, République dominicaine, Royaume-Uni, Suède, Union pan-américaine.

A partir de ces données, Lind prépare un long rapport sur les principaux obstacles à la libre circulation des livres dans le monde. Toutefois, ce rapport n'est ni reproduit ni diffusé, le projet de « livres à bon marché » étant considéré comme impraticable, et abandonné par l'Unesco dans sa forme première. Mais il sera repris, quelques années plus tard et sous une forme un peu différente, dans le cadre des « échanges internationaux de publications », avec un projet de publication mené entre 1953 et 1956 par la Division de la communication de masse.

Outre les enquêtes qu'elle mène directement, l'Unesco encourage les États et les structures à rassembler et à publier les informations concernant la situation des différentes branches du livre dans leur pays. En 1949, par exemple, l'Unesco verse à la Bibliothèque nationale de France une subvention de 22 000 $ (4 860 000 francs) destinée à la réalisation d'un *Répertoire des Bibliothèques de France*[3]. En 1965, l'Unesco, sollicitée par un éditeur, se tourne vers l'IBBY afin d'obtenir des statistiques relatives au tirage, à la vente et à l'évolution des livres pour enfants, et de mettre en place une enquête sur ce sujet[4].

---

[1] « L'Unesco et les livres à bon marché », 27 février 1948. Op. cit., p. 3.

[2] Ibid., p. 4.

[3] CAIN, Julien. *La bibliothèque nationale pendant les années 1945 à 1951*. Op. cit., p. 10.

[4] Lettre de François à Bamberger, 21 juillet 1965. Archives Unesco, dossier 04 A 01 IBBY.

Par ailleurs, l'Unesco reprend très vite la publication de *l'Index Translationum* créé par l'IICI dans l'entre-deux-guerres, malgré les réticences initiales de la Conférence générale au niveau financier[1]. Répondant à un souci affirmé d'universalité, l'Unesco annonce que « le travail se fera sur une plus grande échelle, puisque l'on s'efforcera d'y comprendre les traductions parues dans le plus grand nombre de pays possibles[2] ». Le premier volume de cette nouvelle série de bibliographie internationale annuelle multilingue de l'ensemble des traductions publiées dans les États membres de l'Unesco, achevé le 15 octobre 1949, est publié le 2 juin 1950[3]. Portant sur l'année 1948, ce volume mentionne 8 570 traductions publiées dans 26 pays, accordant « une place prépondérante aux traductions d'œuvres européennes[4] ». Progressivement, l'Unesco améliore l'étendue géographique de l'*Index translationum*, 49 pays étant représentés dans le 7ème volume (1956)[5]. A titre de comparaison, le 38ème volume recense 57 374 titres traduits et publiés dans 59 pays en 1985.

Faute de moyens financiers, l'*Index Translationum* est, durant les premières années, mis à jour et préparé par le personnel du Bureau des Traductions (Division des arts et lettres), sous la direction de Jean-Jacques Mayoux. Si l'*Index* se veut un ouvrage de référence, destiné principalement aux éditeurs, traducteurs, écrivains, enseignants et étudiants, il est aussi considéré, en interne, comme l'un des instruments de travail des fonctionnaires et du Comité d'experts de l'Unesco chargés de la Collection d'œuvres représentatives. Si l'Unesco reconnaît les limites de ce travail et l'impossibilité d'atteindre l'exhaustivité, l'*Index Translationum* demeure un document de référence pour les scientifiques travaillant sur la question des traductions.

Considérant que le développement des bibliothèques modernes doit s'appuyer sur des outils bibliographiques fiables et nombreux, l'Unesco encourage aussi la mise en place et l'amélioration des services bibliographiques et des statistiques dans ses États membres. Alors qu'un service des statistiques est créé au sein du secrétariat en 1950, l'Unesco étudie la question de la normalisation internationale des statistiques concernant l'édition de livres et de périodiques[6] et organise en novembre 1950 une réunion d'experts sur l'amélioration des services bibliographiques, qui aboutit à la mise en place d'un plan de travail et d'un Comité consultatif international de bibliographie[7]. Des groupes de travail nationaux sont organisés, dont certains très actifs (Cuba, Brésil…), ce qui conduit à la publication de 2 volumes bibliographiques dans les années 1950 avec le soutien financier de l'Espagne. Des centres bibliographiques

---

[1] Procès-verbal de la 4ème séance de la réunion du Comité d'experts internationaux pour la traduction des classiques, 22 nov. 1949. Archives Unesco, dossier 803 A 064 « -56 ».
[2] Lettre de Blonay à l'Ambassadeur d'Italie à Paris, 10 oct. 1947. Archives Unesco, dossier 803 A 52.
[3] Voir Archives Unesco, dossier 394.46 BALZAC.
[4] MAUREL, Chloé. *L'Unesco de 1945 à 1974*. Op. cit., p. 100-101.
[5] Compte-rendu de la 1ère session du Comité de liaison dans le domaine des Arts et Lettres, oct. 1955. Archives Unesco, dossier 7A 01 LCIOAL.
[6] Lettre de Liu à Conzett, 21 novembre 1961. Archives Unesco, dossier 04 : 31.
[7] Rapport de Penna « Séminaire sur l'acquisition de matériel de bibliothèque en Amérique latine », non daté, p. 1-2. Archives Unesco, dossier 02 (8) A 12 / OAS.

sont aussi lancés au Mexique, au Brésil, en Uruguay. Dans ce domaine, explique Carter :

> *Le rôle de l'Unesco consiste principalement à stimuler, promouvoir et coordonner les activités existantes, mais pour jouer correctement ce rôle, il nous est arrivé occasionnellement de participer de manière active à la production bibliographique. Lorsque cela est le cas, comme pour la production du* Précis d'éducation fondamentale, *le nouvel* Index Bibliographicus *et d'autres guides bibliographiques, c'est seulement parce nous estimons qu'en prenant la responsabilité de l'édition, ou de l'organisation d'un projet bibliographique, nous sommes mieux à même de remplir notre principale fonction, qui est d'aider et de stimuler les organisations nationales ou internationales à accomplir leur tâche*[1].

En 1949-1950, l'Unesco accorde une subvention de 3 000 $ à la FIAB pour permettre à des bibliothécaires de pays dévastés par la guerre ou sous-développés de participer à un grand colloque international prévu pour 1950, en collaboration avec l'*American Library Association*, la Bibliothèque du Congrès et la *Boston Public Library*. Luther Evans se montre très intéressé par ce projet, mais ce dernier est repoussé aussi l'argent va-t-il être utilisé pour organiser à Paris une conférence sur les projets bibliographiques, à laquelle participent une quarantaine de spécialistes venus des « groupes de travail de bibliographie » fonctionnant dans 35 États[2]. Certains organismes s'impliquent avec constance dans le domaine bibliographique, comme la Bibliothèque nationale de France. Julien Cain préside le Comité consultatif international de bibliographie, puis à partir de 1961 le « Comité consultatif international de bibliographie, de documentation et de terminologie », et sa bibliothèque participe aux projets de l'Unesco :

> *Après la période de guerre de nombreux répertoires et ouvrages de références ont dû être réédités ; le service [des Catalogues et des Bibliographies de la BN] a été amené naturellement à participer à la révision des articles relatifs à la Bibliothèque nationale ou à la bibliographie française et a été mis à contribution pour divers travaux particuliers : citons parmi les plus importants [...] la vérification de la partie française de la nouvelle édition de l'*Index bibliographicus, *entreprise par M. Besterman sous les auspices de l'Unesco et de la Fédération internationale de documentation. Il a assumé la presque totale responsabilité de travaux documentaires importants que l'on trouvera cités dans le chapitre relatif aux rapports de la Bibliothèque avec divers organismes, en particulier les organismes de documentation et l'Unesco*[3].

L'Unesco publie un annuaire des échanges internationaux de publications et des bibliographies, ainsi qu'un rapport annuel sur les services de bibliographie à travers le monde. Son centre international d'échanges littéraires rassemble constamment des informations sur les services de bibliothèques dans le monde[4].

---

[1] Conférence « A Survey of Achievements and Problems in National and International Bibliography » préparée par Carter pour la 26ème Conférence annuelle de l'ASLIB, octobre 1951. Archives Unesco, dossier 02 (41-4) A 01.

[2] Voir Unesco, dossier dossier 011 02 A 06 (73) « 50 ».

[3] CAIN, Julien. *La bibliothèque nationale pendant les années 1945 à 1951.* Op. cit., p. 92.

[4] Rapport de Penna « Séminaire sur l'acquisition de matériel de bibliothèque en Amérique latine », non daté, p. 3. Archives Unesco, dossier 02 (8) A 12 / OAS.

À partir de 1951, l'Unesco s'investit dans la recherche de normes et de critères permettant d'améliorer la comparabilité des statistiques nationales dans le domaine de l'éducation, de la science et de la culture » (résolution 8.23), ce qui aboutit à 2 recommandations dans ce domaine en 1964 et 1970[1].

En 1957, sur proposition de la France (Julien Cain), la Conférence générale vote une résolution demandant au DG de mener, auprès des bibliothèques spécialisées dans les pays sous-développés, deux sondages sur leurs besoins en matière de bibliothéconomie normale et de développement des méthodes modernes (microphotographie...)[2]. Pour ce faire, deux consultants sont recrutés durant cinq semaines au tarif de 750 $ chacun. L'objectif est de parvenir à cerner les besoins spécifiques des bibliothèques, de manière à orienter le programme de l'Unesco. Après consultation de Julien Cain et de Pierre Bourgeois, Everett Petersen recrute pour cette tâche le Suisse Egger et le Britannique Urquhart, qui viennent à Paris en juillet 1957 afin de discuter du projet avec Petersen et de sélectionner les bibliothèques qui feront partie de l'échantillon interrogé.

Les résultats de ces enquêtes sont présentés lors d'une réunion du Comité international de bibliographie à Paris en décembre 1957. Egger formule 5 recommandations afin d'aider au développement des bibliothèques spécialisées du Tiers monde : publier un ouvrage définissant ce qu'est une bibliothèque modèle ; organiser des cours de formation au niveau régional avec démonstration pratique ; accorder des bourses de stages dans des bibliothèques spécialisées ; envoyer des experts et du matériel dans les pays sous-développés ; rédiger, à l'attention des experts, un manuel guide avec conseils basés sur les expériences pratiques antérieures. Egger met toutefois Petersen en garde :

> *D'une manière générale, je trouve qu'il faut se tenir à un programme de long terme. [...] Pour bien des choses, il faudrait même commencer par l'Europe où des stagiaires de pays sous-développés pourraient se former ensuite. Car cela n'a pas de sens d'envoyer un équipement moderne là où il n'y a ni le personnel ni les besoins*[3].

La Division des bibliothèques prépare ensuite un rapport complémentaire sur les besoins des bibliothèques publiques dans les pays en développement, et procède à une relance des États membres (335 lettres) début 1958. Dans son rapport officiel (juin 1958), Urquhart reconnaît que son enquête n'ouvre pas de perspective révolutionnaire et préconise de voir comment les ressources matérielles (services de photocopies et de prêts) de grandes bibliothèques pourraient être utilisées pour aider les bibliothèques spécialisées de pays du Tiers monde à compléter leurs ressources. Avec ces informations, Petersen prépare un rapport global, dans lequel il souhaite indiquer :

> *Les livres en stock devraient couvrir toutes les opinions. Non seulement les intérêts littéraires et professionnels devraient être pris en compte, mais aussi les opinions politiques et religieuses. Dans une société démocratique, les citoyens doivent avoir l'opportunité de*

---

[1] « Etude préliminaire sur les aspects techniques et juridiques de la normalisation internationale des statistiques de l'édition de livres et de périodiques », 26 février 1962, p. 3. Archives Unesco, dossier 04 : 31.

[2] Voir Archives Unesco, dossier 02 A 20.

[3] Lettre d'Egger à Petersen, 7 septembre 1957. Archives Unesco, dossier 02 A 20.

choisir parmi les différentes opinions existantes dont ils devraient pouvoir juger par eux-mêmes. D'un autre côté, il est du devoir d'une bibliothèque publique de fournir à ses lecteurs les meilleurs livres possibles, afin de les éduquer et d'améliorer leur esprit[1].

Or, dans un mémo confidentiel remis au DG, Rudolf Salat, directeur du Département des activités culturelles, estime ce paragraphe sur la démocratie choquant et inopportun :

> *M. Petersen évoque une société démocratique dans laquelle les citoyens devraient avoir l'opportunité de juger par eux-mêmes de l'opinion exprimée dans des livres variés. Mais combien d'États membres de l'Unesco peuvent vraiment se considérer comme des sociétés démocratiques ? Si l'Unesco pose un tel principe, nous pourrions recevoir des plaintes concernant la situation réelle, non seulement dans les États communistes, mais aussi dans de nombreux autres pays où les gouvernements ne permettent tout simplement pas aux bibliothèques publiques de proposer des livres qui ne correspondent pas aux tendances politiques, sociales, religieuses officielles.*
>
> *Au-delà de ce point factuel, je ne suis pas certain qu'un principe posé dans des termes aussi absolus soit vraiment sain. Il signifierait par exemple que les bibliothèques publiques de mon propre pays seraient obligées par la loi à inclure parmi les livres à disposition de tous des écrits aussi célèbres et dangereux que ceux d'Hitler. Il existe une énorme littérature de tendance nationaliste et antisémite qui a été retirée de nos bibliothèques publiques. Mais selon le principe énoncé, ces livres devraient être remis en rayon afin que chaque citoyen puisse avoir l'opportunité de juger par lui-même de ce qu'est la meilleure opinion. La situation est, bien sûr, très différente pour les bibliothèques spécialisées dans le domaine de l'histoire, des sciences sociales ou autres. Je serais fermement opposé à l'idée de prêter de tels livres au grand public. La même chose serait vraie pour certains livres attaquant les principes de base de la vie de famille, de la compréhension internationale, de la dignité de l'homme, etc.*
>
> *Je sais très bien que je suis en train de prôner un certain degré de restriction et de discrimination ; je le fais sans aucune hésitation car il s'agit de prévenir de plus grands dangers pour la société. Si la démocratie donne pleinement sa chance à des tendances comme le nationalisme, le racisme, etc., cela devient simplement du suicide comme nous l'avons vu dans mon pays avant l'arrivée d'Hitler au pouvoir. Il y a un poison intellectuel contre lequel le public doit être protégé comme c'est le cas pour le poison chimique, qui n'est pas mis à la disposition de n'importe qui*[2].

Jean Thomas abonde dans ce sens, estimant que « le paragraphe en question doit être soigneusement réécrit ; sous sa forme actuelle, il serait inacceptable. D'ailleurs la série de dispositions de la page 22 est un peu bizarrement rédigée. Qui a autorité pour établir des principes aussi absolus ? Il faudrait adopter une forme plus souple et plutôt à titre de suggestions[3] ». Après une révision par Petersen, qui modifie et abrège considérablement le rapport, ce dernier est imprimé sous le titre *Les besoins des bibliothèques des pays insuffisamment développés*, tandis que les rapports des deux consultants sont reproduits à l'automne 1958 dans le *Bulletin à l'attention des bibliothèques*.

---

[1] « *Library needs in under-developed countries* », projet préparé par Petersen, novembre-décembre 1958. Archives Unesco, dossier 02 A 20.

[2] Mémo de Salat au DG, 27 juin 1958. Archives Unesco, dossier 02 A 20.

[3] Mémo de Thomas au DG, 2 juillet 1958. Archives Unesco, dossier 02 A 20.

Cette même année 1958, l'Unesco entreprend une vaste enquête sur les bibliothèques en Europe (y compris dans les pays non membres), en vue d'un séminaire prévu à Vienne en septembre[1].

Grâce à sa position unique, l'Unesco parvient à collecter de multiples informations relatives au livre dans le monde entier. En 1956, par exemple, l'organisation est informée de la prochaine création au Guatemala de l'ONG *Asociación de Escritores y Artistas*[2]. En 1959, le bibliothécaire Frank Gardner prépare la mise en forme pour publication de 2 enquêtes menées par la bibliothèque publique de Delhi, l'une sur « Les intérêts de lecture des nouveaux alphabètes », l'autre sur « Le développement des techniques pour encourager l'usage des matériels de lecture »[3]. Ce travail est envoyé au Centre régional pour les textes de lecture en Asie du sud-est à Karachi et distribué aux participants d'un séminaire professionnel tenu à Madras en 1959.

En 1962, l'Unesco publie un annuaire listant 2 000 maisons d'édition spécialisées dans le livre éducatif à travers 75 pays. De la même manière, l'organisation rassemble des informations sur les manuels scolaires à travers le monde[4]. Les missions menées par les experts et consultants sont aussi l'occasion de rassembler des informations inédites ; en 1964-1965 par exemple, une mission en Arabie saoudite du bibliothécaire Ved P. Vij permet à l'Unesco de disposer d'informations nombreuses et fiables sur la situation des bibliothèques dans ce pays[5].

Centre de ressources, l'Unesco est fréquemment sollicitée par les professionnels du livre. La Division des bibliothèques recommande des publications au ministère de l'éducation néerlandais en 1949, renseigne la *Provinciale Bibliothek van Frisland* sur l'*American Library Association* et les bibliothèques aux États-Unis en 1950, conseille une bibliothécaire néerlandaise s'occupant d'une petite bibliothèque pour enfants en Inde en 1957[6]. En 1963, l'Unesco informe aussi l'IBBY de la prochaine tenue d'une Conférence des éditeurs de manuels scolaires et d'ouvrages pédagogiques à Paris[7]. Plusieurs bibliothèques italiennes sollicitent également conseils et informations en matière de matériel, de microfilmage, de catalogage, de formation, de bibliothèques publiques pilotes[8]. En 1954, Petersen écrit à l'inspecteur des bibliothèques (ministère de l'Instruction publique italien) :

> *Mon vieil ami, Edward Sydney, m'a écrit récemment au sujet des intéressants cours organisés en Italie il y a quelque temps par le* British Council. *Mr Sydney m'a parlé de vous avec enthousiasme et m'a fait les plus grands éloges de la tâche que vous accomplissez en ce qui concerne le développement des bibliothèques publiques. [...] Je me permets d'attirer votre attention sur le document intitulé* Entreprises associées: Bibliothèques

---

[1] Voir Archives Unesco, dossier 02 (4) 06 (436) « 58 » 172.
[2] Voir Archives Unesco, dossier 7A 01 LCIOAL.
[3] Voir Archives Unesco, dossier 375 A 310 (5) 57 Gardner.
[4] Voir Archives Unesco, dossier 04 A 01 IBBY.
[5] Voir Archives Unesco, dossier 02 (53) TA/A 118.
[6] Voir Archives Unesco, dossier 02 (492) A 12.
[7] Voir Archives Unesco, dossier 04 A 01 IBBY.
[8] Voir Archives Unesco, dossier 02 (45) A 12.

Publiques et Écoles de Bibliothécaires. *L'Ecole de Bibliothécaires de l'Université de Rome (Scuola Speciale per Archivisti e Bibliotecari) fait déjà partie de ce système d'entreprises associées, et j'ai pensé que vous souhaiteriez peut-être demander à votre Gouvernement de présenter à l'Unesco, en vue de son admission au bénéfice du régime des entreprises associées, un service de bibliothèque publique remplissant les conditions requises*[1].

Robert Escarpit se réjouit de la collecte d'information menée par l'Unesco, qui permet « d'obtenir sur les aspects collectifs de la littérature des renseignements jusque-là inaccessibles[2] ». Il évoque en particulier les informations, utilisables bien qu'encore trop fragmentaires, rassemblées en 1956 par Ronald E. Barker sur la situation de l'édition dans le monde, ainsi que l'étude sur le développement du livre de poche qu'il a lui-même écrit en 1965 sous le titre *La Révolution du livre.* Quant à l'étude *La faim de lire*, préparée par Barker et Escarpit à l'occasion de l'Année Internationale du Livre (AIL), elle fait le point sur la situation mondiale, notamment dans les pays en voie de développement.

Selon Escarpit, c'est en grande partie grâce à ces enquêtes détaillées et systématiques que « de 1962 à 1982, l'action de l'Unesco dans le cadre du Programme de Développement du Livre a aidé les pays du Tiers monde à rattraper leur retard culturel grâce à une politique du livre intelligemment planifiée[3] ». Cette collecte d'informations permet en effet à l'Unesco de dresser un panorama du livre dans le monde :

*Comprendre la langue d'un livre et être capable de le lire sont les deux conditions indispensables à son utilisation. Les grands blocs linguistiques de population lisante sont le bloc anglais (300 millions vers 1980), le bloc chinois (300 millions), le bloc russe (250 millions), le bloc espagnol (110 millions), le bloc allemand (65 millions), le bloc japonais (70 millions) et le bloc français (50 millions) [personnes de plus de 15 ans ayant appris à lire]. A l'intérieur de chacun de ces blocs existe une circulation littéraire autonome plus ou moins fractionnée par les institutions politiques et les frontières nationales, mais il s'en faut que cette circulation ait partout la même intensité. C'est la traduction qui permet d'établir entre les blocs linguistiques un certain équilibre mécanique. Le dépouillement régulier de l'*Index Translationum *publié par l'UNESCO depuis 1950 permettra sans doute de mettre en lumière les grandes lois qui régissent les courants de traduction*[4].

Il est certain que la collecte d'informations sur les échanges de livres et les traductions dans le monde permet de mieux connaître et d'analyser les échanges de livres à travers le monde. Rien qu'en France, par exemple, l'existence de telles données facilite de nombreux travaux de recherche, tant en sociologie qu'en histoire, tels ceux de Jean-Yves Mollier *(Les mutations du livre et de l'édition dans le monde du XVIII*e *siècle à l'an 2000, Où va le livre ?*), Yves Chevrel (*Histoire des traductions en langue française*), Marie-Françoise Cachin (*La traduction*), Pascale

[1] Lettre de Petersen à Barberi, 8 juin 1954. Archives Unesco, dossier 02 (45) A 12.
[2] ESCARPIT, Robert. *Sociologie de la littérature.* Paris : PUF, 1992, p. 10-11.
[3] Ibid.
[4] Ibid., p. 70-71.

Casanova (*La République mondiale des Lettres*) ou encore Gisèle Sapiro (*Les Contradictions de la globalisation éditoriale*).

Les données et informations collectées par l'Unesco sont compilées et diffusées, en particulier aux professionnels du livre, au moyen de différents supports : revues, livres, films. L'Unesco lance plusieurs bulletins professionnels : le *Bulletin de l'Unesco à l'intention des bibliothèques* (revue mensuelle tirée à 6 500 exemplaires) paraît à partir de 1947, et le *Bulletin du droit d'auteur* (revue trimestrielle d'information) à partir de 1967. L'organisation met aussi en place un bulletin mensuel sur les activités en faveur de l'AIL, d'août 1971 à fin 1972, intitulé *Bulletin de l'Année internationale du livre, 1972*. Il est remplacé en 1973 par la parution de deux numéros d'un bulletin intitulé *Promotion du livre*, dont il est prévu de publier à l'avenir 4 numéros par an dans 4 langues (anglais, espagnol, français, russe). Selon le DG, ce bulletin a pour objectif de favoriser « non seulement un enrichissement mutuel des divers programmes nationaux mais aussi la coopération internationale en mettant en lumière les besoins des uns et les possibilités d'assistance des autres, et [...] les informations qu'il contient sont appelées à être reprises dans la presse et dans les publications professionnelles[1] ». En outre, entre 1965 et 1975, 5 numéros des *Cahiers* « Études et documents d'informations » sont consacrés à la question de la promotion du livre et de la lecture, notamment en Asie et en Afrique.

A côté des revues et bulletins, une cinquantaine d'ouvrages et de brochures sont publiés par l'Unesco, en lien avec une manifestation, une réunion ou une mission d'expertise. Sont ainsi publiés des textes relatifs aux bibliothèques (dont le manifeste *La bibliothèque publique, force vive au service de l'éducation populaire* en 1949), à la promotion du livre, au droit d'auteur, au statut de l'écrivain (dont *L'artiste dans la société contemporaine* en 1954), au microfilmage, à la lecture (dont *Développer l'habitude de la lecture* en 1975), aux textes pour nouveaux alphabètes, à la transcription des langues africaines, à l'analphabétisme et à deux écrivains dans le cadre du programme de Commémoration des grands hommes (Goethe et Balzac).

Entre 1950 et 1959, l'Unesco publie également une série de 10 *Manuels à l'usage des bibliothèques publiques*, qui sont diffusés de manière importante, et parfois même traduits à l'initiative de bibliothèques ou de commissions nationales. En 1950, par exemple, la bibliothèque nationale japonaise demande à l'Unesco l'autorisation de traduire en japonais les 3 premiers volumes de la série des *Manuels*[2]. Quelques brochures sont aussi publiées dans des circonstances diverses, par exemple à l'occasion de la Conférence intergouvernementale du droit d'auteur (1952), d'un Congrès du PEN Club à Tokyo (1957), de la réalisation d'une exposition sur « l'art de l'écriture » (1965) ou de l'AIL (1972). L'Unesco publie presque systématiquement un ouvrage ou une brochure autour de ses projets et manifestations, le plus souvent à l'attention d'un public restreint de professionnels. C'est le cas par exemple de la *Liste*

[1] *Rapport du Directeur général* concernant les années 1973-1974.
[2] Voir Archives Unesco, dossier X 07.353.321.

d'œuvres représentatives de la littérature universelle (recommandées pour traduction), diffusée de manière limitée en 1973 en tant qu'outil de travail des politiques et des professionnels du livre, en premier lieu les éditeurs. Le projet de Collection d'œuvres représentatives apparaît d'ailleurs comme le « parent pauvre » dans ce domaine puisqu'aucune publication officielle spécifique ne lui est consacrée avant 1994.

D'autre part, l'Unesco passe de nombreux contrats avec des ONG comme la FIAB ou la FID pour la réalisation de guides, listes et manuels dans le domaine de la bibliothéconomie et de la documentation. La FIAB réalise de nombreuses études dans les années 1960, sur l'organisation des catalogues collectifs de livres, la normalisation des noms propres dans les catalogues[1], les ouvrages orientaux à conseiller pour les jeunes lecteurs occidentaux[2], la mise en place de départements de manuscrits rares dans les bibliothèques de petite taille[3], le dépôt légal obligatoire[4].

Mais il arrive aussi à l'Unesco de passer directement contrat avec des individus pour la réalisation de travaux similaires. En 1956, l'Unesco demande par exemple à l'Indienne Shakuntala Bhatawdekar, qui travaille à la *Leyton Public Library* (GB) auprès d'Edward Sydney, de rédiger une liste de livres publiés dans le monde convenant particulièrement aux enfants d'Asie[5]. Le budget pour ce projet s'élève à 600 $. Réalisée en collaboration avec la bibliothèque internationale pour la jeunesse de Munich, cette liste de 500 titres, intitulée *Books for Asian Children,* est reproduite et distribuée gratuitement à 1 000 exemplaires, puis un retirage de 1000 exemplaires est réalisé début 1957 face à son succès.

En 1957, un contrat est conclu avec le Brésilien José Luciano Lopes (directeur de la campagne pour l'éducation rurale au Brésil) pour la rédaction d'un compte-rendu analytique des publications brésiliennes destinées aux nouveaux alphabètes[6]. En 1961, l'Unesco passe des contrats avec la Suédoise Mlle Heintze pour la rédaction d'une brochure élémentaire sur l'organisation et la gestion des petites bibliothèques publiques dans les régions rurales, ainsi qu'avec le Français M. Bleton pour un petit manuel technique sur le mobilier et l'équipement des bibliothèques[7]. En avril 1967, l'Unesco recrute le Soviétique Ogan Stepanovitch Cuber'jan pour rédiger une étude sur le rôle des bibliothèques, des services de documentation et des archives dans le développement économique et social[8]. En décembre 1969, le Ghanéen I. A. Kotei est chargé d'établir une bibliographie des ouvrages publiés par les pays d'Afrique anglophone en 1969[9]. En 1971, l'Américain Ralph Staiger

[1] Voir Archives Unesco, dossier 02 A 01 IFLA/53.
[2] Voir Archives Unesco, dossier 02 A 01 IFLA/328.
[3] Voir Archives Unesco, dossier 02 A 01 IFLA/53.
[4] Voir Archives Unesco, dossier 02 A 01 IFLA/53.
[5] Voir Archives Unesco, dossier 02 A 31.
[6] Voir Archives Unesco, dossier 375 A 310 (81) 111-6M-1539.
[7] *Rapoort du Directeur général sur les activités de l'organisation en 1961.*
[8] Voir Archives Unesco, dossier 002 + 02 + 930.25 : 330.19 A 52.
[9] Voir Archives Unesco, dossier 011 (6=20) A 111 Kotei.

(*International Reading Association*) prépare un manuel consacré à l'enseignement de la lecture[1]. En 1973, le Britannique P. Harvard-Williams élabore une brochure sur la mise en place de formations modernes pour les bibliothécaires et documentalistes[2]. De tous les contrats passés avec des particuliers, le plus prestigieux est sans aucun doute celui conclu en janvier 1960 avec l'écrivain André Maurois pour la rédaction d'une brochure intitulée *La bibliothèque publique et sa mission.* Achevée en juin 1960 et considérée par Rudolf Salat comme « un excellent travail[3] », cette brochure est imprimée en 20 000 exemplaires (10 000 en anglais, 5 000 en français et 5 000 en espagnol) et rencontre un grand succès, comme en témoignent les courriers reçus par l'Unesco.

Des nombreux ouvrages publiés, 9 peuvent être considérés comme des contributions particulièrement importantes pour la réflexion et l'organisation de la politique du livre de l'organisation. Le *Manuel des échanges internationaux de publications*, publié en 1950, illustre la manière dont l'Unesco entend promouvoir la circulation internationale du livre par le biais de centres nationaux et de lutte contre les obstacles aux divers échanges.

Issu d'une étude sur les obstacles à la libre circulation des livres, entreprise sous les auspices de la Division de la communication de masse en collaboration avec la Division des bibliothèques, *Le livre dans le monde : étude sur le commerce international du livre*, rédigé en 1956 par Barker, offre un panorama de la situation du livre et de sa circulation dans le monde dans les années 1950.

Dans *La révolution du livre* (1965), Robert Escarpit s'intéresse au phénomène du livre de poche et à l'accès des masses à la littérature, montrant « la nécessité d'adapter l'industrie traditionnelle du livre aux besoins et aux aspirations tant des peuples en voie de développement que des couches nouvellement promues dans la société moderne[4] ». La même année, la brochure *Des livres pour les pays en voie de développement (Asie, Afrique)* accompagne le phénomène de la décolonisation et met l'accent sur l'importance des livres dans les systèmes d'enseignement des pays du Tiers monde. En 1970, Herbert Moore Phillips complète cette approche en soulignant l'un des aspects essentiels des théories du développement appliquées par les Nations Unies avec son livre *Alphabétisation et développement.*

A l'occasion de l'AIL, une étude pratique est menée par Ronald E. Barker et Robert Escarpit et publiée en 1973 sous le titre *La faim de lire*, retraçant les énormes besoins en matière de livres des pays du Tiers monde. Elle est suivie par une publication plus théorique (et idéologique) en 1974, à travers les actes du *Symposium international de l'UNESCO : le livre au service de la paix, de l'humanisme et du progrès.*

---

[1] *Rapport du DG sur l'activité de l'organisation en 1971*, p. 51.
[2] Voir Archives Unesco, dossier 002 + 02 A 5 Harvard-Williams.
[3] Mémo de Salat au DG, 30 juin 1960. Archives Unesco, dossier 02 A 31.
[4] « La promotion du livre au service de l'éducation. Rapport du Secrétariat de l'Unesco pour l'ECOSOC », 1970. Archives Unesco, dossier 04 A 066 72 AIL.

La même année, Émile Delavenay expose dans *Pour le livre* les contours de la politique du livre menée par l'organisation, avec le souhait manifeste de lui donner une cohérence et une unité *a posteriori*, tout en détaillant des axes d'action pour l'avenir. Cet ouvrage de 81 pages se divise en 7 chapitres ; le premier retrace l'historique de l'intervention de l'Unesco dans ce domaine, tandis que les six suivants abordent différentes thématiques : la libre circulation des livres (dans lequel est étudiée la question du droit d'auteur et de l'action normative de l'Unesco) ; la promotion de la lecture ; les bibliothèques, les archives et la documentation ; les publications de l'Unesco ; enfin l'Année internationale du livre et ses suites[1]. Comme l'indique son auteur, « cette brochure a pour but de dresser, en montrant succinctement la diversité des actions entreprises, un bilan d'une action multiforme mais visant à être concertée et coordonnée, action dont le thème central est le livre, mais dont le point de convergence est le développement de l'homme et la réalisation de ses possibilités biologiques et sociales[2] ». Il est intéressant de constater, après 28 années d'activités, cet effort de l'organisation pour donner une cohérence et une coordination à l'ensemble des activités menées dans le domaine du livre. Il semble que le but de l'ouvrage est surtout, en conclusion de l'Année internationale de livre, de proposer une vision claire et complète de la politique à entreprendre. Cet ouvrage donne néanmoins de précieuses informations sur la politique du livre menée entre 1946 et 1974, en révélant en particulier les priorités de l'Unesco et l'accent mis sur les bibliothèques, la lecture, le droit d'auteur et la traduction, tandis que la création littéraire et le monde de la librairie semblent largement minorés[3]. L'ouvrage comporte par ailleurs quelques lacunes, omettant, par exemple, d'évoquer les projets d'inventaire et de préservation des manuscrits anciens (y compris la publication des manuscrits coptes d'Égypte) ou encore les célébrations de grands écrivains.

Enfin, l'ouvrage *Développer l'habitude de la lecture* de Richard Bamberger, paru en 1975, clôt cette période de réflexion par un état des lieux sur la situation de la lecture dans le monde et les moyens de l'améliorer, et se livre à un véritable panégyrique des bénéfices de la lecture pour l'individu et la société. Cette étude présente des pistes pour enseigner la lecture et pour acquérir le goût et l'habitude de lire. L'idée du livre comme outil du lien social, « objet dont on parle et autour duquel on crée l'événement » y est prépondérante.

A côté des publications papier, l'Unesco se lance aussi dans la réalisation de « films de propagande », dans le double but de faire connaître ses réalisations et d'utiliser un support pédagogique complémentaire. Dans la première moitié du XXe siècle, les films sur les livres ou les bibliothèques sont encore rares ; en 1937, l'IICI avait recensé quelques films produits par l'URSS, les États-Unis, la

---

[1] DELAVENAY, Émile. *Pour le livre*. Paris: Unesco, 1974, table des matières.

[2] DELAVENAY, Émile. *Pour le livre*. Paris: Unesco, 1974, p. 8.

[3] On relève par exemple dans ce texte 104 occurrences pour les termes lecture/lecteur ; 92 occurrences pour bibliothèque/bibliothécaire ; 51 occurrences pour éditeur/édition ; 50 occurrences pour traducteur/traduction ; 37 occurrences pour droit d'auteur/convention ; 13 occurrences pour écrivain/création littéraire/écriture ; 9 occurrences pour libraire/librairie. Le terme « littérature » est quant à lui utilisé à 13 reprises (dont trois fois dans l'expression « littérature universelle »).

Tchécoslovaquie, ainsi qu'un film réalisé en 1935 à l'occasion du quatre-centième anniversaire du livre imprimé en Estonie[1].

En 1950, le stage d'étude sur le rôle des bibliothèques publiques dans l'éducation des adultes, organisé en Suède par l'Unesco, recommande « de prendre les mesures nécessaires pour que le film de la Bibliothèque nationale de Suède intitulé *A la découverte du livre* soit reproduit en version anglaise, française et espagnole, en vue de sa distribution aux États membres [afin de] créer un mouvement d'opinion en faveur du développement des bibliothèques publiques[2] ». L'Unesco et la commission nationale suédoise vont collaborer à la réalisation de ce film[3], auquel le gouvernement suédois apporte une contribution de 4 000 $ (sur un budget total estimé à 7 000 $). La Division du film (Département de la communication de masse) met au point *A la découverte du livre* (en anglais *The Road to Books*), dont une copie en 16 mm est distribuée gratuitement aux États membres pour un usage en séances éducatives sans caractère commercial. La Division du film organise aussi le 12 février 1951 une après-midi de projections de films sur les bibliothèques à l'attention de bibliothécaires.

Le film *A la découverte du livre* semble avoir rencontré un grand succès, tant auprès des bibliothécaires que des commissions nationales, grâce à l'originalité de son approche, souvent soulignée. Sa diffusion est entreprise début 1953 par les commissions nationales ou les entreprises privées, en Iran et au Canada notamment. Le film est sélectionné par le Conseil international des films éducatifs au festival de Locarno parmi les 3 meilleurs films éducatifs, sur 50 films en compétition venus de 15 pays[4]. A Cuba, Penna organise au Centre de l'Unesco une présentation officielle du film dans sa version espagnole (*El Camino hacia los libros*) le 5 mars 1953, devant une centaine de libraires et d'autres personnes intéressées. Le film est largement recensé dans la presse locale et diffusé dans les écoles, les unions ouvrières, etc.

Devant ce succès, la commission nationale suédoise propose en 1953 à l'Unesco de participer à la réalisation d'un nouveau film, *Livres pour tous* (*Books for all*), cette fois consacré à présenter l'écrivain, l'éditeur et le lecteur[5]. Le budget est estimé à 9 000 $, et la Suède propose de prendre 6 000 $ à sa charge. Bien que ce film ne doive pas au départ concerner les bibliothèques, Carter et Petersen font part de leurs souhaits de modifications du scénario, et souhaitent que la bibliothèque publique de Delhi serve d'exemple afin d'illustrer les services rendus par les bibliothèques publiques à l'éducation de base… Réalisé en couleur et d'une durée de 30 minutes, le film décrira, en fin de compte, le rôle joué par une bibliothèque dans la communauté d'une petite ville, à travers l'exemple principal de la *Lancaster Public Library* (États-Unis).

---

[1] IICI. *Mission sociale et intellectuelle des bibliothèques populaires*. Paris : SDN, 1937, p. 73.

[2] Lettre circulaire envoyée aux commissions nationales, automne 1952. Archives Unesco, dossier 02 (485) A 37.

[3] Voir Archives Unesco, dossier 02 (485) A 37.

[4] Lettre de Lauritzen à Farr, 13 janvier 1953. Archives Unesco, dossier 02 (485) A 37.

[5] Voir Archives Unesco, dossier 02 (485) A 37.

Dans les années 1960, l'Unesco utilise couramment lors de ses manifestations (stages d'études, réunions, etc.) une dizaine de films, majoritairement américains[1] : *The Greatest Treasure* (bibliothèque du Congrès) ; *Impressionable Years* (rôle bénéfique des bibliothèques pour enfants pour encourager la démocratie et la liberté intellectuelle, d'après l'exemple de la *New York Public Library*) ; *Know your library* (comment utiliser au mieux les ressources d'une bibliothèque) ; *Library - A Family Affair* (impact d'une bibliothèque sur la vie quotidienne d'une famille moyenne) ; *Library of Congress* ; *Bookword Ho!* (intérêt des bibliobus pour le développement de l'éducation) ; *Find the information* (utiliser les index et catalogues existant aux États-Unis) ; *It's your library* (découverte d'une bibliothèque par un petit garçon) ; *Small Town Library* (bienfaits des petites bibliothèques locales et intérêt du fonctionnement en réseau) ; enfin, *Common Heritage* (histoire du développement des bibliothèques dans l'État du Tennessee).

En 1965, l'Unesco réalise un nouveau film, *The Written Word*, en coopération avec le gouvernement nigérian, sur le projet de la bibliothèque pilote d'Enugu (inaugurée en 1959) ; en 1966, ce film est tiré en versions anglaise, française, espagnole et russe et distribué aux États membres. Enfin, l'Unesco réalise en 1972 un film documentaire de vingt minutes, intitulé *A livre ouvert*, cette fois à destination du grand public[2] ; il est diffusé et projeté dans 79 États membres à l'occasion de l'AIL.

L'Unesco met aussi au point plusieurs films fixes consacrés au livre. Un film fixe se présente sous la forme d'un rouleau de pellicule transparente et noire de 35 mm (en positif), comprenant en général entre 30 et 50 images disposées dans un ordre séquentiel ; d'une durée comprise entre 10 et 20 minutes, le film fixe est couramment utilisé par les éducateurs dans les écoles entre les années 1940 et 1980, avant d'être remplacé par la vidéocassette.

Suite à une première expérience réalisée pour l'Unesco par la conservatrice du Musée pédagogique de Paris, Madame Rabecq, dans le cadre de la commémoration du centenaire de la naissance de Tchekhov en 1960[3], l'Unesco signe fin 1961 un contrat avec la bibliothécaire française du Musée de l'Homme Yvonne Oddon, chargée de choisir et de fournir les plans, les dessins et les 40 photos nécessaires à la réalisation d'un film fixe sur le thème des bibliothèques publiques[4]. En 1965, un second film fixe sur le même thème est produit avec des textes en espagnol, à destination des organisations de jeunesse latino-américaines.

Entre-temps, l'Unesco produit un autre film fixe en espagnol sur les bibliothèques scolaires, pour lequel la Cubaine Raquel Robés Masses (Centre de documentation pédagogique à la Havane) est engagée en août 1962. Raquel Robés Masses s'engage à fournir des visuels, des dessins annotés, ainsi que « des

[1] « Films de promotion du livre et de la lecture », non daté. Archives Unesco, dossier 02 (5) A 06 (540) TA « 60 ».
[2] Voir Archives Unesco, dossier 04 A 066 72 AIL.
[3] Voir Archives Unesco, dossier 394.46 TCHEKHOV / A 371.
[4] Voir Archives Unesco, dossier 02 A 371.

commentaires pour chacune des quarante images faisant ressortir le rôle et l'importance de la bibliothèque à l'intérieur de l'école comme facteur de développement économique et social des pays[1] ». Après différentes corrections suggérées par la Péruvienne Margarita Summers (Division des bibliothèques, section des bibliothèques scolaires), le film inclut 40 photos prises dans 19 pays. Le coût de sa production à 500 exemplaires est estimé à 898,20 francs.

Les commentaires proposés pour accompagner les photos de ce film fixe font preuve d'un enthousiasme fervent envers le livre[2], affirmant par exemple que « les enfants ont besoin de livres pour être heureux tout comme ils ont besoin de lumière, d'air pur, de nourriture et de l'amour et de la protection des adultes » ou encore que le livre est « le meilleur cadeau qui puisse être déposé dans les mains d'un enfant ». La bibliothèque scolaire est présentée comme l'outil indispensable pour répondre aux objectifs de l'éducation, à savoir « la formation de l'habitude de lecture et la nécessaire préparation pour l'utilisation ultérieure des livres comme sources de connaissance et de divertissement ». La bibliothèque doit aussi servir à « l'acquisition de normes du bon goût littéraire » et « à la création et la fortification de bonnes habitudes sociales, ainsi qu'à la compréhension de ce qui constitue une conduite sociale correcte (droits et devoirs de soi-même et d'autrui ; notion de patrimoine commun et de sa conservation)[3] ».

Hans D. Berendt (chef de la Section photographies) déplore toutefois que les photos proposées ne soient pas assez diversifiées en termes de contenu comme en termes de technique (angle de vue, absence de photo depuis l'extérieur…) et propose de remplacer 14 d'entre elles[4]. John R. Beard (chef de la Section du développement des bibliothèques) écrit lui-même à plusieurs bibliothèques – en France et en Turquie notamment – pour leur demander des photos. Le commentaire du film fixe est finalisé fin 1963 et le film diffusé gratuitement aux bibliothèques et aux écoles de bibliothécaires à partir de 1964. Il est aussi utilisé au cours des stages études organisés par l'Unesco.

En 1965, l'Unesco demande à l'Italien Alberto Tessore de préparer un film fixe sur l'alphabétisation[5] (intitulé en anglais *To read and write*), en collaboration avec Bowers et Vagliani (Division de l'alphabétisation), qui lui fournissent des documents et des photographies concernant les activités de l'organisation dans ce domaine. Tessore est chargé d'effectuer des recherches sur tous les aspects de l'analphabétisme dans le monde, de préparer un scénario, de sélectionner 45 photographies et de rédiger les commentaires en anglais. L'objectif est de diffuser le film en amont du premier Congrès mondial sur l'éradication de l'analphabétisme, prévu à Téhéran en septembre 1965. Fernando Valderrama (Division de l'éducation), qui relit le projet en mai 1965, juge cependant que le texte « pourrait être mieux adapté à la nouvelle conception de l'Unesco sur

[1] Lettre de Summers à Robés Masses, 28 juin 1962. Archives Unesco, dossier 02 A 371.
[2] « Bibliothèques scolaires (textes pour un film fixe) ». Archives Unesco, dossier 02 : 31 A 323.
[3] « Bibliothèques scolaires », non daté. Archives Unesco, dossier 02 A 371.
[4] Voir Archives Unesco, dossier 02 A 371
[5] Voir Archives Unesco, dossier 307 :778.25 UNESCO/MC.

l'alphabétisation[1] ». En dépit des retouches apportées au texte, la réalisation du film prend beaucoup de retard ; en fin de compte, il est produit en mai 1967 et diffusé aux commissions nationales en septembre 1967, avec deux ans de retard sur le calendrier initial.

Ces exemples illustrent de quelle manière l'Unesco tente à la fois de mettre à disposition de tous les informations qu'elle collecte, de participer à la formation des professionnels du livre et de les sensibiliser à ses propres activités. Les publications et films traitant du livre ont pour vocation de servir de relais entre des projets menés en des lieux précis (bibliothèques pilotes, colloques, campagne d'alphabétisations, centres d'échanges littéraires…) ou au niveau mondial (signature d'accords et de conventions, commémoration de grands écrivains…) et les milliers de spécialistes et de professionnels du livre à travers le monde.

Créer des liens avec les professionnels du livre

L'Unesco noue aussi des liens directs avec les différentes catégories de professionnels du livre – en particulier par le biais des ONG internationales spécialisées. Ces relations sont nécessaires à l'organisation afin de faire mieux remonter jusqu'à elle les informations concernant la production et la diffusion du livre dans le monde, mais aussi pour faire circuler les informations et en particulier les idées et les méthodes qu'elle prône. Les fonctionnaires de l'Unesco « militent » en effet pour certains grands principes et pour des méthodes d'application particulières, concernant par exemple la libre circulation des livres, la protection des auteurs par le biais législatif, le statut et la formation des traducteurs, la conception moderne et la gestion des bibliothèques (publique, scolaire, nationale), la formation des bibliothécaires, etc.

Plusieurs fonctionnaires participent chaque année à des manifestations professionnelles. L'Unesco est régulièrement sollicitée en la personne du DG, qui, s'il accepte l'invitation, délègue le plus souvent l'un des fonctionnaires du secrétariat afin de le représenter officiellement. Les fonctionnaires jouent donc un rôle de représentation non négligeable, en particulier les chefs de divisions/secteurs, mais cela peut aussi concerner les spécialistes de programme. Le facteur géographique et linguistique apparaît aussi très important, et il arrive qu'un membre du secrétariat participe, parce qu'il se trouve sur place ou à proximité à la bonne date, à une manifestation n'ayant pas un rapport direct avec ses propres activités ; dans ce cas, il est « briefé » au siège par ses collègues avant de s'y rendre.

Dès 1946, John Grieson, qui participe à la Commission préparatoire pour l'Unesco, prononce par exemple une conférence intitulée « *The library in an international world* » lors d'un congrès de l'ALA qui se tient le 17 juin à Buffalo[2]. En juillet 1949, Edward Carter participe de son côté au Comité mondial des

[1] Mémo de Valderrama à Vagliani, 25 mai 1965. Archives Unesco, dossier 307 :778.25 UNESCO/MC.
[2] Voir Archives Unesco, dossier 020.

bibliothèques, organisé à Bâle par la FIAB pour discuter de la préparation d'un grand congrès mondial de bibliothéconomie aux États-Unis en 1950 ; Carter estime que sa participation lui a fourni « une occasion inestimable de renforcer d'anciens contacts et d'en nouer de nouveaux avec les bibliothécaires les plus brillants » et d'avoir avec eux « des discussions pratiques et constructives sur de nombreuses activités de l'Unesco[1] ». En mars 1951, Jean Thomas représente le DG à Florence au Congrès international des Langues et Littératures modernes, durant lequel est créée une Fédération des Sociétés de Langues et Littératures modernes[2]. En septembre 1951, Carter et Campbell participent à une conférence internationale de la FID à Rome, où Carter donne une conférence sur les activités de l'Unesco dans le domaine bibliographique[3].

En juin 1953, B.A. Liu (Division des statistiques) participe au congrès annuel de la FIAB, où il distribue des copies du rapport *Existence et comparabilité des statistiques relatives aux bibliothèques* produit par l'Unesco[4]. En juin 1953 également, deux fonctionnaires assistent à Trondheim à la première conférence des bibliothèques scandinaves, à laquelle participent près de 700 bibliothécaires de Norvège, Suède, Danemark et Finlande[5]. En 1954, Jean Thomas prononce, à l'Université d'État de Tokyo, une conférence sur la littérature comparée, alors que cette matière vient d'être « tout récemment introduite dans l'enseignement de l'Université de Tokyo[6] ». Début juin 1956, le DG Luther Evans assiste à Florence au Congrès de l'Association internationale des éditeurs, où il prononce un discours sur « L'Unesco et les livres »[7]. Quant à Jean Thomas, il prononce en Argentine, en octobre 1958, « un exposé des activités de l'Unesco dans le domaine de la littérature, exposé qui a été écouté avec un très vif intérêt[8] » par les écrivains présents, dont Victoria Ocampo et Jorge Luiz Borges.

En 1956, l'Unesco participe également, bien que de manière indirecte, à la 21ème Conférence annuelle de la *Graduate Library School* de l'Université de Chicago, sur le thème du catalogage[9]. Le directeur de l'école, Lester Asheim, s'adresse en effet à la Division des bibliothèques pour lui demander le nom d'un bibliothécaire non américain qu'il pourrait inviter et pour connaître les possibilités de financement. Carter réussit à récupérer 400 $ sur le budget du Comité international de bibliographie et à convaincre la FIAB d'aider le projet à hauteur de 673 francs suisses (restant d'une subvention allouée par l'Unesco). L'Unesco et la FIAB contribuent ainsi toutes deux à envoyer A.H. Chaplin (bibliothécaire au *British Museum*) à la conférence de Chicago – contre toutes les

---

[1] Rapport de mission de Carter au DG, 18 juillet 1949, p. 3-4. Archives Unesco, dossier 002 + 02 + 930.25 AOI/8

[2] Voir Archives Unesco, dossier 7A 01 IFMLL.

[3] Voir Archives Unesco, dossier 002 + 02 + 930.25 AOI/8.

[4] Voir Archives Unesco, dossier 02 : 31 A 323

[5] Voir Archives Unesco, dossier 02 (48) A 06 « 53 ».

[6] THOMAS, Jean. « Rapport au Directeur général sur ma mission en Thaïlande, au Japon et en Grèce », 27 oct. 1954. Archives Unesco, dossier X07.83 Thomas.

[7] Lettre de Behrstock à Conzett, 3 mai 1956. Archives Unesco, dossier 307 A 31.

[8] THOMAS, Jean. « Mémo au DG sur la mission en république argentine », 22 octobre 1958. Archives Unesco, dossier X07.83 Thomas.

[9] Voir Archives de Unesco, dossier 02 (73) A 06 « 56 ».

règles de l'Unesco qui stipulent que l'organisation n'aide jamais une personne à assister à une manifestation nationale. Mais la Division des bibliothèques pense que ce colloque pourrait être très important dans le domaine du catalogage et qu'il est impératif que l'Unesco y envoie, à titre officiel, un spécialiste chargé de présenter le point de vue européen et de plaider en faveur de normes de catalogage communes entre l'Amérique et l'Europe[1]. Néanmoins, et comme l'avait prévu Leendert Brummel (directeur de la bibliothèque royale des Pays-Bas)[2], la conférence de Chicago se révèlera décevante, aboutissant après trois jours de discussion à un simple vœu appelant à davantage de coopération internationale.

En septembre-octobre 1958, Akhtar Husain, directeur du Centre régional de Karachi, participe à un séminaire sur le commerce du livre et l'édition, organisé à Delhi par la *All-India Hindi Publishers' Association*[3]. En 1962, le chef de la Section du droit d'auteur, Juan O. Díaz Lewis, représente le DG lors de 4 rencontres : la Commission de législation de la Confédération internationale des sociétés d'auteurs et compositeurs (avril, Paris), le Comité d'experts gouvernementaux préparant la Conférence diplomatique de Stockholm (1965) pour la révision de la Convention de Berne (mai, Genève), le Comité d'experts des Unions de Berne et de Paris relatif à la réorganisation des Bureaux de Berne (mai, Genève), et le Congrès de l'Association littéraire et artistique internationale (septembre, Allemagne)[4].

En octobre 1963, l'IBBY invite l'Unesco à participer à un Congrès à Vienne sur le thème « Littérature de jeunesse et compréhension internationale »[5]. L'organisation n'envoie aucun représentant mais fait parvenir au congrès un rapport pour afficher son encouragement à l'IBBY et insister sur l'importance de la qualité des livres de jeunesse pour le développement intellectuel et individuel des enfants.

En 1964, l'Unesco est invitée à participer à un colloque à Mainau sur « le livre de jeunesse et les changements de société », puis au 9ème Congrès de l'IBBY prévu à Madrid sur le thème « la littérature enfantine après la deuxième guerre mondiale »[6]. George Coelho (Division des activités de jeunesse) représente le DG à Madrid, où il prononce le discours d'ouverture. Puis en 1970, Julian Behrstock (Division de la libre circulation de l'information) assiste à Londres à une réunion de l'Union internationale des éditeurs, afin de sensibiliser les participants au projet d'AIL[7].

Si le secrétariat de l'Unesco manque rarement d'assister aux rencontres les plus importantes, l'organisation décline tout de même de nombreuses invitations faute de moyens et de personnel suffisants pour pouvoir y répondre. A cet égard,

---

1 Voir Archives Unesco, dossier 02 (73) A 06 « 56 ».

2 Lettre de Brummel à la Division des bibliothèques, 1er mai 1956. Archives Unesco, dossier 02 (73) A 06 « 56 ».

3 Voir Archives Unesco, dossier 375 A 310 (5) 074 (540) « 59 » TA

4 Voir Archives Unesco, dossier 347.78 A 06 (672.4) « 63 ».

5 VoirArchives Unesco, dossier 04 A 01 IBBY.

6 Voir Archives Unesco, dossier cor. 04 A 01 IBBY.

7 Voir Archives Unesco, dossier 04 A 066 72 AIL.

on ne peut que souligner les liens privilégiés qui se développeront les premières années, pour des raisons pratiques, entre l'Unesco et certaines organisations situées à Paris et plus largement en Europe. Cependant, cet européocentrisme a, semble-t-il, tendance à diminuer avec le temps par le biais de la régionalisation. En effet, alors que des associations de bibliothécaires, d'éditeurs, de libraires, d'écrivains se créent peu à peu sur les différents continents à l'échelle nationale mais aussi régionale, l'Unesco crée dans le même temps des structures décentralisées (centres régionaux du livre notamment), dont le personnel permanent peut plus facilement se rendre aux colloques et réunions de la région concernée. C'est ainsi par exemple qu'Akhtar Husain, directeur du Centre régional de promotion du livre de Karachi, se déplace régulièrement en Asie, assistant aux réunions de la Fédération asiatique des associations de bibliothécaires et aux différentes rencontres organisées par les PEN Clubs d'Asie.

Enfin, il faut signaler le projet de « bibliothèques associées »[1]. En 1952, le DG puis la Conférence générale acceptent une proposition, émise par la Division des bibliothèques, de « labelliser » à leur demande un certain nombre de bibliothèques publiques importantes dans le monde en tant que « projets associés », avec l'idée de soutenir leur développement et de les désigner comme « modèles » au niveau national et international. Pour la Division des bibliothèques, l'objectif est de mettre en place un réseau d'excellence, permettant à ses membres d'entretenir des liens réguliers à la fois avec l'Unesco et entre eux, de manière à favoriser les échanges d'informations et d'expériences et le développement des bibliothèques publiques dans le monde – alors peu nombreuses en dehors de quelques pays anglo-saxons.

Dans un mémorandum envoyé à Penna le 8 janvier 1953, Carter lui demande d'encourager les gouvernements cubain et brésilien à déposer une demande de labellisation pour l'Ecole de bibliothécaires (Cuba) et la bibliothèque Curityba (Brésil). En 1953, l'Unesco recueille des adhésions d'Allemagne (bibliothèque internationale pour la jeunesse de Munich), d'Australie (*Library Board of Western Australia* à West Perth), d'Égypte (*Arab States Fundamental Éducation Centre*), d'Inde (Ecole de bibliothécaires de Delhi), d'Italie (Ecole pour archivistes et bibliothécaires de Rome) et de Suisse (Ecole de bibliothécaires de Genève).

Si Carter et Petersen écrivent à différentes bibliothèques à propos de ce projet, ils se montrent toutefois prudents dans le développement du réseau, conscients que l'absence totale de budget ne leur permet pas d'aider les bibliothèques associées autrement que par des conseils et de l'envoi de documentation, ce qui pourrait se révéler frustrant pour les bibliothèques du Tiers monde. De son côté, Penna suggère d'inclure les bibliothèques nationales d'Amérique latine dans le réseau, expliquant que ces bibliothèques remplissent pleinement les fonctions d'une bibliothèque publique. Suite à cette suggestion, le réseau de « bibliothèques associées » est ouvert en 1955-1956 aux

[1] Voir Archives Unesco, dossier 02 A 63.

bibliothèques nationales, aux centres bibliographiques et aux centres d'échanges de publications.

À partir de 1955, la Division des bibliothèques dispose d'un modeste budget pour ce projet et envisage donc d'accorder aux « bibliothèques associées » du Tiers monde des subventions régulières d'une centaine de dollars pour acheter des livres ou de l'équipement, sans passer par les commissions nationales[1]. Par contre, l'Unesco n'envisage pas d'apporter d'aide importante aux bibliothèques des pays développés. Ce point est d'ailleurs relevé par Elizabeth Homer Morton (secrétaire de la *Canadian Library Association*), qui écrit à Petersen le 27 janvier 1954 :

> *Je suis tout à fait prête à faire de la publicité autour du réseau [...] si vous pouvez m'indiquer une nouveauté qui puisse être utile aux bibliothèques canadiennes et qui ait été pensée pour elles. [...] Nous devons être extrêmement sélectifs dans les projets que nous soutenons car il nous est très difficile de donner un soutien total à plus d'un projet à la fois.*

Le réseau de bibliothèques associées se développe modestement au fil du temps, intégrant des bibliothèques d'Inde, du Japon, de Syrie, etc. Dans ce cadre, la principale activité de la Division des bibliothèques consiste à faire parvenir gratuitement aux membres du réseau une série d'ouvrages et d'informations, en particulier le *Bulletin à l'attention des bibliothèques*, le bulletin *Bibliographie, Documentation et Terminologie* et les volumes de la série de *Manuels* pour les bibliothèques publiques[2]. Fin 1957, l'Unesco entreprend une petite enquête de satisfaction auprès des « bibliothèques associées », à laquelle la bibliothèque universitaire de Syrie répond par exemple n'avoir pas « pu bénéficier du projet en aucune façon[3] », ce qui conduit d'ailleurs l'Unesco à lui verser une subvention de 250 $ pour l'achat de livres en 1959... Un article d'Hamish Fotheringham dans le *Bulletin à l'attention des bibliothèques* est consacré en janvier 1967 au réseau des « bibliothèques associées », mais ce dernier cesse de fonctionner en 1968. Il ne sera réactivé par l'Unesco, sous une nouvelle forme, qu'en 1990[4] sous la dénomination de Réseau Unesco de bibliothèques associées (UNAL). Lancé à Florence en juillet 1988, actif à compter de 1990, le réseau UNAL comprend aujourd'hui plus de 500 membres réparties dans 90 pays. Deux séminaires ont été notamment organisés dans le cadre du réseau, à Florence en novembre 1994 sur le rôle des bibliothèques associées et des Clubs Unesco en faveur du patrimoine mondial culturel et naturel, et à Moscou en décembre 1994 sur les bibliothèques sans frontières.

---

[1] Lettre de Carter à la commission nationale indienne, 26 avril 1955. Archives Unesco, dossier 02 (540) A 63.

[2] Lettre de Petersen à Plumbe, 31 août 1961. Archives Unesco, dossier 02 (595)A63

[3] Voir Archives Unesco, dossier 02 (569.1) A 63.

[4] « L'action des bibliothèques associées et des Clubs Unesco pour le patrimoine de l'humanité », séminaire de l'UNAL, 10-14 nov. 1994, p. 8. (document CII-95/WS-3.)

Si l'Unesco rassemble continuellement des informations sur le monde du livre, les diffuse sous différentes formes et encourage la formation et le développement des réseaux de professionnels du livre, elle ne conçoit cependant pas son rôle comme celui d'un simple centre d'informations et de ressources. Contrairement à l'IICI, et en plein accord avec l'idéologie du développement qui oriente rapidement les programmes des organisations onusiennes, l'Unesco se lance en effet dans des tâches concrètes de formation des professionnels du livre. Dans ce domaine, le programme de l'organisation comprend trois types d'activités : l'octroi de bourses d'échange et d'étude, l'organisation de séminaires et de stages d'études, enfin la création ou le soutien aux écoles et aux centres de formation professionnelle dans le Tiers monde.

Durant les premiers temps, l'Unesco distribue chaque année au total une cinquantaine de bourses à travers le monde, principalement aux ressortissants de pays sous-développés[1]. Mais avec l'aide au développement, le nombre annuel de bourses s'élève de manière exponentielle, pour atteindre plus de 1 000 bourses distribuées en 1974 (sur 10 000 bourses données par l'ensemble du système onusien)[2]. Les deux types de bourses les plus fréquents sont les bourses d'étude (accordées pour des études individuelles telles qu'universitaires, séminaires, cours de formation, etc.) et les bourses d'échange et de voyage (individuel ou en groupe).

Dans le domaine du livre, des bourses sont octroyées principalement aux bibliothécaires et, dans une moindre mesure, aux autres professionnels du livre et aux spécialistes de littérature. En ce qui concerne les bibliothèques, les bourses sont particulièrement nombreuses ; l'Unesco en accorde plusieurs chaque année, on peut donc estimer leur nombre global à plus de 200 sur la période étudiée[3].

En 1947-1948, par exemple, le Danois Palle Birkelund reçoit une bourse dans le cadre du programme de reconstruction. En 1949, la Polonaise Stefania Wortman se voit accorder une bourse de quatre mois axée sur la littérature de jeunesse ; Petersen préconise pour elle un circuit d'études incluant le Royaume-Uni, la Suisse et le Danemark[4]. En janvier 1952, le gouvernement israélien dépose plusieurs demandes de bourses, dont quatre pour des bibliothécaires scientifiques (à hauteur de 8000 $), une bourse pour le bibliothécaire du parlement et des archives nationales, et plusieurs bourses pour les archives gouvernementales[5]. Plusieurs bourses sont accordées par l'Unesco à des bibliothécaires pour étudier à la *Library School* de la *British Library Association* entre septembre 1952 et juin 1953, ainsi qu'une bourse pour les États-Unis. En

---

[1] Lettre de Carter à Lucia Moholy, 4 juillet 1951. Archives Unesco, dossier cor. 002 + 02 + 930.25 AOI/8.

[2] « Rapports du Corps commun d'inspection des Nations Unies.Rapport sur les bourses octroyées par les organismes des Nations Unies », 100ème session du Conseil exécutif de l'Unesco, 20 août 1976, p. 1. (document 100/EX-6).

[3] Pour une étude détaillée, se reporter à l'ouvrage de Stephen Parker *Unesco and Library Development Planning* (London, The Library Association, 1985), qui analyse les missions d'expertise effectuées et les bourses accordées par l'Unesco dans le domaine de la bibliothéconomie.

[4] Mémo de W. Carter à E. Carter, 29 oct. 1948. Archives Unesco, dossier 02 (438) A 12.

[5] Voir Archives Unesco, dossier 02 (569.4) TA

1956, deux bourses en bibliothéconomie sont accordées à un Nigérian et à un ressortissant d'Afrique de l'ouest[1].

En 1958, la Hongrie dépose une demande pour trois bourses dans les secteurs de la conservation et restauration des livres et manuscrits anciens, du développement d'un service de microfilms et des échanges internationaux de publications, apparemment sans succès[2]. Fin 1960, le gouvernement cypriote demande une bourse de six mois pour 1962, afin de permettre à un bibliothécaire d'aller étudier la préservation et la conservation des icones et des peintures murales en Italie[3]. En 1964-1965, une bourse est accordée au futur directeur de la bibliothèque universitaire du Koweït ; cependant, le fait que le candidat choisi parle arabe mais maîtrise mal les autres langues pose problème, la Division des bibliothèques ne sachant où assurer sa formation[4]. Des bourses sont aussi octroyées à des candidats originaires de Colombie, d'Italie, de Trinité et Tobago, de Turquie et du Viêtnam en 1966[5], de la République centrafricaine, du Ghana, de l'Iran, de la Jordanie et du Sénégal en 1967[6].

Dans le domaine de la création artistique, la Conférence internationale des Artistes (Venise, 1952) recommande à l'Unesco l'octroi de bourses de voyages « réparties entre des artistes représentant toutes les disciplines[7] ». Au cours de sa 7ème session, la Conférence générale inscrit au budget une somme destinée à l'attribution de bourses à des écrivains et à des artistes : 10 bourses d'études sont distribuées en 1953-1954, 14 en 1955-1956. Au total 14 bourses sont attribuées par l'Unesco à des écrivains entre 1953 et 1958[8]. En 1955, le Comité de liaison des organisations internationales du domaine des Arts et Lettres remercie l'Unesco « des efforts accomplis dans son programme de bourses pour faciliter les séjours à l'étranger des écrivains et artistes » en faisant les suggestions suivantes :

> *[Il] lui demande d'attirer l'attention de ses États membres sur la nécessité des contacts entre écrivains et artistes nationaux et étrangers, en vue de favoriser par des échanges féconds la création artistique et de développer la compréhension internationale,*
>
> *recommande à l'Unesco d'établir, avec la collaboration des autorités nationales intéressées, des listes de centres internationaux d'accueil ou de séjour, publics ou privés, gratuits ou payants, destinés à recevoir des artistes ou des écrivains,*
>
> *recommande aux organisations internationales non gouvernementales représentées au Comité de Liaison de collaborer avec l'Unesco à la collecte de ces informations, de diffuser parmi leurs membres les listes ainsi établies, de demander qu'une place soit faite aux*

---

[1] « Services rendus en 1956 dans les territoires non autonomes », 30 juillet 1957, p. 3. Archives Unesco, dossier 02 (41-4-5) A12.

[2] Voir Archives Unesco, dossier 02 (439.1) A 12.

[3] Voir Archives Unesco, dossier 02 (564.3) TA « 61/62 ».

[4] Voir Archives de l'Unesco, dossier 02 (536.8) AMS.

[5] *Rapport du DG sur l'activité de l'organisation en 1966*, p. 100.

[6] *Rapport du DG sur l'activité de l'organisation en 1967*, p. 132.

[7] Compte-rendu de la 1ère session du Comité de liaison dans le domaine des Arts et Lettres, oct 1955, p. 6. Archives Unesco, dossier 7A 01 LCIOAL.

[8] Rapport de la 3ème session du Comité de liaison dans le domaine des Arts et lettres, 15-16 déc 1959.Archives Unesco, dossier 7A 01 LCIOAL

artistes et écrivains étrangers dans les centres d'accueil et de séjour réservés jusqu'à présent à leurs nationaux et, d'une façon générale, d'étudier toutes les possibilités d'échanges avec les groupements étrangers similaires (échanges de logements ou d'ateliers, de frais de séjour, de facilités diverses)[1].

Le Comité estime par ailleurs que le nombre de bourses accordées aux écrivains et artistes pourrait être accru grâce à « une collaboration avec certains centres d'accueil ou maisons de séjour pour écrivains et artistes, qui existent déjà dans de nombreux pays, [...suggérant] au Secrétariat l'établissement, avec le concours des autorités nationales, d'une liste de ces centres[2] ». William Carter (Service des échanges de personnes) répond au Comité que « la préparation de telles listes se heurte à certaines difficultés[3] » et que les artistes et écrivains peuvent déjà recourir à la brochure *Études à l'étranger* pour obtenir des informations sur les centres d'accueil dans le monde. Émile Delavenay souligne quant à lui :

Pour les auteurs, toute une série de bourses de voyage et d'étude ont été mises à la disposition de l'Unesco par le PNUD : de 1954 à 1971, de jeunes écrivains, dont un certain nombre de traducteurs, ont pu ainsi quitter leur pays pour aller en Europe et aux États-Unis s'initier à des méthodes de travail nouvelles pour eux. Des bourses ont ainsi été attribuées à des poètes, dramaturges ou rédacteurs de revues, de pays comme la Jordanie, la Syrie, l'Inde, le Vietnam, l'Éthiopie, la Côte-d'Ivoire et Madagascar. D'autres bourses ont permis à de jeunes traducteurs d'étudier à l'étranger les méthodes de formation professionnelle des traducteurs et interprètes[4].

Néanmoins, si de manière générale le nombre de bourses offertes par l'Unesco augmente considérablement dans les années 1955-1965, cette augmentation ne profite pas tellement aux écrivains et traducteurs... Ainsi, l'Unesco n'accorde, entre 1946 et 1972, que 29 bourses à des écrivains et traducteurs : 16 pour l'Europe et l'Amérique du nord, 5 pour l'Asie, 4 pour l'Afrique, 2 pour l'Amérique latine et 2 pour les pays arabes[5].

Dans les autres branches du livre, l'Unesco accorde quelques bourses, notamment à partir de 1955 dans le cadre du projet de « textes de lecture »[6] afin de permettre à des Asiatiques de se familiariser avec les techniques de production et de distribution de livres en Occident[7] ; en 1966, par exemple, une vingtaine de bourses sont accordées[8]. Une bourse est aussi donnée en 1963 au Pakistanais M. Khan, qui se rend au *Copyright Office* et au Département d'État américain[9]. En 1967, des bourses d'échange sont octroyées à la Bulgarie, à la Corée et à

---

[1] Résolution n°4 du document « Résolutions du Comité de liaison dans le domaine des Arts et Lettres, 14 octobre 1955. Archives Unesco, dossier 7A 01 LCIOAL.

[2] Mémo de Dard au DG, 20 oct. 1955. Archives Unesco, dossier 7A 01 LCIOAL.

[3] Rapport de la 2ème session du Comité de liaison dans le domaine des Arts et lettres, 9-11 déc 1957. Archives Unesco, dossier 7A 01 LCIOAL.

[4] DELAVENAY, Émile. *Pour le livre*. Paris : Unesco, 1974, p. 35-36.

[5] « *Contribution from Division of Training abroad for the publication on Unesco's contribution for the International Book Year* ». Archives Unesco, dossier 04 A 066 72 AIL.

[6] Voir Archives Unesco, dossier 376 : 375 A 310 « -56 ».

[7] Voir Archives Unesco, dossier 02 (5) A 06 (540) TA « 60 ».

[8] Rapport du DG sur l'activité de l'organisation en 1966, p. 97.

[9] Voir Archives Unesco, dossier 347.78 A 06 (672.4) « 63 ».

l'URSS ; le Canada reçoit aussi une contribution aux frais de voyage des participants à une réunion internationale de poètes dans le cadre de l'Exposition universelle de Montréal. En 1974, une bourse est accordée à la Bulgarie pour l'étude de la littérature française. Au total l'Unesco accorde 38 bourses dans le domaine de la production et du développement du livre entre 1946 et 1972 (17 pour l'Asie, 15 pour l'Afrique, 4 pour l'Amérique latine et 2 pour les pays arabes).

Au final, les bourses accordées par l'Unesco dans le domaine du livre sont donc réduites. La majeure partie des bourses semble avoir concerné les domaines de l'éducation (formation des enseignants), de la communication (formation de journalistes) et des sciences (sciences exactes et naturelles, sciences sociales). Dans le domaine culturel, les bourses les plus nombreuses ont été accordées aux professions patrimoniales et muséales et, dans une moindre mesure, aux bibliothécaires.

Toutefois, les bourses ne représentent qu'une petite partie des efforts de formation menés par l'Unesco ; en effet, plutôt que d'offrir des bourses à des professionnels pour leur permettre de suivre des formations et d'effectuer des voyages et stages d'observation dans des structures existantes, l'Unesco privilégie assez vite l'organisation directe de séminaires et de stages d'études, qui lui offrent l'avantage de garder la maîtrise du choix des formateurs et du contenu de la formation donnée.

En septembre 1948, l'Unesco organise ainsi un premier cours d'été pour bibliothécaires à Manchester et à Londres, en coopération avec la FIAB, avec l'objectif de « mettre en lumière la contribution qu'apportent les bibliothèques publiques à l'éducation et à la compréhension internationale[1] ». Cette manifestation, dont le budget s'élève à 17 000 $, doit permettre à 50 bibliothécaires venus de 20 pays « de se mélanger et de discuter de leurs problèmes d'une manière créative[2] », mais aussi « de faire mieux comprendre aux participants les objectifs de l'Unesco, notamment en ce qui concerne les bibliothèques publiques considérées comme centres d'éducation pour la compréhension internationale[3] ».

Animé par Arne Kildal, ce séminaire définit les caractéristiques de fonctionnement d'une bibliothèque publique moderne : ce doit être une structure dirigée de manière démocratique, financée principalement par des fonds publics et ouverte à tous sans distinction de race, de couleur de peau ou de classe sociale. Les participants visitent différentes bibliothèques selon un programme géré par le *British Council.* L'idée même de ce cours d'été émane d'ailleurs, à l'origine, d'une proposition du *British Council*, et Carter déplore au début « l'attitude quelque peu chauvine prévalant chez les dirigeants de la *Library Association*, qui estiment fortement que l'objectif principal et le meilleur du cours serait d'exposer leur travail », c'est-à-dire « la politique, l'administration et le fonctionnement technique des bibliothèques britanniques[4] ».

---

[1] Lettre circulaire, 3 mai 1948. Archives Unesco, dossier 04 A 073 (41-4) « 48 »

[2] Lettre de Carter à Frost, 7 sept. 1948. Archives Unesco, dossier 04 A 335.

[3] Rapport de Kildal au DG, oct 1948. Archives Unesco, dossier 04 A 073 (41-4) « 48 ».

[4] Mémo de Carter à Thomas, 26 janvier 1948. Archives Unesco, dossier 04 A 073 (41-4) « 48 ».

Forte de cette expérience, l'Unesco organise en 1950 une réunion sur le schéma des Bons de livres à Florence, puis un stage d'études à Malmö (Suède) sur le rôle des bibliothèques publiques et scolaires dans l'éducation des adultes[1]. Pour diriger ce dernier stage, qui réunit en juillet-août 50 participants venus de 25 pays, l'Unesco recrute Cyril O. Houle. Le stage prévoyant d'étudier la question de l'établissement de bibliothèques dans les pays sous-développés, l'Unesco invite le Royaume-Uni à envoyer des ressortissants des colonies et territoires administrés, et demande au *Colonial Office* de lui faire des suggestions quant à la personne qui dirigera ce groupe de travail. La bibliothécaire française Yvonne Oddon est aussi recrutée comme directrice d'un 2ème groupe de travail, et la commission nationale française invitée à envoyer des participants d'outre-mer.

En avril 1950, la Division des bibliothèques avoue cependant qu'elle peine à rassembler de la documentation et du matériel de démonstration correspondant à la situation des bibliothèques dans les pays du Tiers monde. Petersen souligne à cette occasion que l'Unesco « considère généralement un séminaire comme une sorte de centre de production de matériel écrit, pouvant servir à des centaines, voire des milliers de personnes, qui n'y assistent pas[2] ». Mais il admet que pour jouer un rôle réellement important, un séminaire doit rassembler des personnalités en capacité d'exercer une influence sur le développement des bibliothèques de leur pays. De son côté, Torres Bodet ouvre le séminaire en proclamant :

> *Parmi toutes les méthodes dont l'Unesco a fait l'essai dans son action pour la compréhension internationale, le séminaire est l'une des plus efficaces, l'une de celles qui répondent le mieux à sa vocation. [...] Rassembler ainsi les meilleurs spécialistes de quelques dizaines de pays, les inviter à se pencher en commun, en toute liberté, sur des problèmes qui font appel à toute leur compétence technique, mais qui intéressent le bien de toute l'humanité, c'est en effet constituer un microcosme où la compréhension internationale s'éprouve, se développe, de manière à se répandre ensuite puissamment dans de plus larges masses d'hommes*[3].

Comme le cours d'été de Manchester, le séminaire de Malmö fait l'objet d'une couverture importante par la presse locale, des articles étant publiés dans près de 70 journaux à travers la Suède. Les rapports produits par le séminaire sont imprimés et distribués aux bibliothèques publiques et aux éducateurs à travers le monde, et servent à orienter le programme des bibliothèques de l'Unesco.

L'année suivante, en octobre 1951, une nouvelle conférence est organisée, cette fois à Sao Paulo, à l'intention des bibliothécaires d'Amérique latine[4] ; y participent 119 bibliothécaires, délégués ou observateurs de 17 pays et de 6 organisations internationales. Les travaux portent sur le développement des

---

[1] Voir Archives Unesco, dossier 02 A 074 (485) « 50 ».

[2] Lettre de Petersen à Houle, 20 avril 1950. Archives Unesco, dossier 02 A 074 (485) « 50 ».

[3] Discours d'ouverture du stage d'études de Malmö sur le rôle des bibliothèques dans l'éducation des adultes, 24 juillet 1950. Archives Unesco, dossier 02 A 074 (485) « 50 ».

[4] Voir Archives Unesco, dossier 02 (8) A 06 « 51 ».

bibliothèques publiques à l'échelon régional et national, les mesures à prendre en faveur des bibliothèques publiques, les sections enfantines des bibliothèques et la formation du personnel. Cette conférence est organisée en collaboration avec le gouvernement brésilien et l'Organisation des États américains (Marietta Daniels), et avec l'assistance de la directrice de la bibliothèque centrale de l'Université de Sao Paulo, la Brésilienne L. Monteiro de Cunha (recrutée par l'Unesco pendant deux mois en tant qu'assistante de Petersen). Le budget prévisionnel de 30 600 $ se compose de 10 600 $ fournis par l'Unesco, 5 000 $ par l'OEA, 15 000 $ par le gouvernement brésilien. Petersen effectue une mission préparatoire sur place en février-mars 1951. Outre les pays d'Amérique latine et des Caraïbes, la conférence est ouverte aux États-Unis, à la France, aux Pays-Bas et au Royaume-Uni, et évoque notamment le projet de lancer une bibliothèque publique pilote pour l'Amérique latine.

Un séminaire sur les bibliothèques publiques est ensuite organisé pour l'Afrique en 1953 à Ibadan (Nigéria)[1]. Y participent 35 personnes (17 bibliothécaires, 9 éducateurs, 2 ethnologues et 7 linguistes) venues de 16 pays et territoires. Ce stage est dirigé par le Britannique Edward Sydney, mais Carter attache beaucoup d'importance au fait d'inclure des Africains dans l'équipe d'enseignants afin d'évoquer les problèmes réels des bibliothèques en Afrique et d'éviter toute accusation d'impérialisme.

Le stage d'Ibadan insiste sur l'urgence de créer des bibliothèques dans les zones urbaines et industrialisées de l'Afrique. Le Conseil des bibliothèques de la Côte-d'Or, mis en place dans les années 1950 par le *British Council* et le gouvernement britannique, y est cité comme une réussite et un modèle, avec de nombreux exemples et illustrations fournis par Edward Sydney et Evelyn Evans, deux bibliothécaires impliqués dans le projet[2]. Suite au séminaire, le plan mené en Côte-d'Or par le *British Council* va servir de modèle, en particulier pour le Botswana, le Kenya, le Malawi, la Sierra Leone, le Swaziland, la Tanzanie, l'Ouganda et la Zambie. Toutefois, l'un des consultants chargés par l'Unesco de préparer un document de travail pour le séminaire, Wilfred J. Plumbe, pointe les limites des bibliothèques du *British Council*, estimant qu'elles s'adressent à une élite et qu'elles ne touchent pas les masses africaines, qui ont besoin de livres traduits en langues vernaculaires[3]. Le séminaire d'Ibadan est considéré comme un succès par l'Unesco, et René Maheu écrit en 1954 à Jean Thomas :

> *Ce rapport [sur le stage d'Ibadan], que j'ai lu avec l'intérêt le plus vif, m'a fortement impressionné. Le stage d'Ibadan est le type même de ces entreprises de pionnier qui n'existeraient pas sans l'Unesco et qui sont une de ses raisons d'être. Il est tout à l'honneur de ceux qui, dans votre Département, l'ont si hardiment conçu et si bien réalisé. Je ne doute pas que la publication du rapport définitif ne permette de donner à ce premier effort tout le retentissement qu'il mérite non seulement dans les milieux professionnels, mais encore auprès des pouvoirs publics métropolitains et locaux ainsi que dans les élites*

---

[1] Voir Archives Unesco, dossier 02 A 074 (669) « 53 ».
[2] PARKER, Stephen. *Unesco and Library Development Planning*. Op. cit., p. 71-73.
[3] Voir Archives Unesco, dossier 02 A 074 (669) « 53 ».

africaines. A cet effet, peut-être y aurait-il lieu d'envisager – si ce n'est déjà fait – une double campagne :

- campagne politique, en quelque sorte, par des lettres spéciales et des visites auprès des Gouvernements ;

- campagne d'opinion, par des articles ou des émissions de radio que le Département de l'information pourrait faire parvenir aux organes appropriés[1].

Le stage d'Ibadan a pour conséquence directe la création en septembre 1953 d'une Association des bibliothécaires d'Afrique occidentale[2] – qui tient sa première conférence à Lagos durant l'automne 1954. Certains pays mettent aussi à profit le séminaire pour développer leur réseau de bibliothèques, comme en témoigne un projet pour les bibliothèques algériennes imaginé par Mlle Sebel, directrice de la bibliothèque d'Alger. Enfin, après l'Europe, l'Amérique latine et l'Afrique, c'est au tour de l'Asie, avec un stage sur le développement des bibliothèques publiques organisé par l'Unesco à Delhi en 1955.

En parallèle, les séminaires dans le domaine bibliographique se multiplient à partir des années 1950[3] ; en juillet 1955 par exemple, un séminaire à La Havane encourage la création d'un Centre de documentation cubain. En juin 1956, un Séminaire sur l'acquisition des matériels bibliographiques en Amérique latine est organisé en Floride conjointement par l'OEA et la bibliothèque universitaire de Floride avec l'appui de l'Unesco. En juillet 1956, c'est au tour du Mexique de mener un Séminaire national de bibliographie.

Du 8 au 27 septembre 1958 a lieu à Vienne un colloque des bibliothèques nationales d'Europe[4], sous la direction de Pierre Bourgeois, qui réunit 38 participants venus de 25 États (dont l'URSS). Parmi les participants se trouvent les bibliothécaires les plus influents du continent, de Pierre Bourgeois (Suisse) et Josef Stummvoll (directeur de la bibliothèque nationale d'Autriche accueillant le colloque, qui a mené une mission pour l'Unesco en Iran en 1952-1953) à Julien Cain (France), en passant par Uno Willers (Suède), Palle Birkelund (Danemark) et Leendert Brummel (Pays-Bas). Les débats sont suivis par Curt Worman (Israël) et par 11 observateurs venus d'Autriche, d'États non européens (Argentine, Iran, États-Unis), d'organisations internationales (FIAB, FID, AIEA, Conseil de l'Europe) et du *British Council.*

Trois grands thèmes y sont traités : l'organisation des bibliothèques nationales et leurs problèmes généraux, les activités bibliographiques et la coopération entre bibliothèques. Un budget de 13 000 $ est consacré par l'Unesco à cette manifestation, bien que Petersen ait au départ des difficultés à obtenir l'approbation de cette somme par ses supérieurs. Les débats et groupes de travail sont animés par Pierre Bourgeois, F.C. Francis (Royaume-Uni) et le Dr Rupel (Yougoslavie), et malgré une demande de la commission nationale

---

[1] Mémo de Maheu à Thomas, 5 juillet 1954. Archives Unesco, dossier 02 A 074 (669) « 53 ».

[2] Lettre de Carter à Bourgeois, 5 déc 1955. Archives Unesco, dossier 02 A 01 (5) AFLA.

[3] Rapport « *Inter-american library relations, July-December 1955* », non daté, p. 3-5. Archives Unesco, dossier 02 (8) A 12 / OAS.

[4] Voir Archives Unesco, dossier 02 (4) A 06 (436) « 58 ».

bulgare d'utiliser la langue russe comme l'une des langues officielles de travail, le français et l'anglais sont les seules langues utilisées... Le rapport final, mis en forme par Bourgeois en décembre 1958, est imprimé en plusieurs centaines d'exemplaires en anglais, français et espagnol, et distribué aux participants du colloque, aux bibliothèques nationales non européennes, aux centres nationaux de bibliographie, ainsi qu'à un certain nombre de journaux et revues spécialisés.

Puis en décembre 1959, sur demande de la première Conférence des commissions nationales des pays de langue arabe, un stage d'études sur le développement des bibliothèques dans les pays de langue arabe est organisé sous la direction d'Harold V. Bonny[1]. Bibliothécaire britannique, ce dernier effectue de multiples missions pour l'Unesco dans les pays arabes, en Asie et en Océanie entre 1956 et 1966, et estime que ce stage va permettre de donner suite aux cours de bibliothéconomie entrepris par C.H. Saunders et lui-même dans la région et encourager la création d'un centre régional pour la formation des bibliothécaires des pays arabes.

Avec un budget prévisionnel réduit à 10 000 $, Petersen envisage de ne pas nommer de directeur spécifique pour ce stage de deux semaines. L'instabilité politique en Iraq (renversement de la monarchie hachémite le 14 juillet 1958 par un coup d'État) conduit aussi à déplacer le lieu du stage. Plusieurs mois sont nécessaires pour trouver un nouveau pays-hôte, l'Unesco envisageant même, en désespoir de cause, de l'organiser au Château du Bois du Rocher près de Paris, avant de recevoir une proposition officielle du Liban…

Ce stage d'études pose aussi d'énormes difficultés linguistiques. D'une part, étant donné qu'il existe peu de bibliothécaires compétents parlant l'arabe, les langues de travail envisagées sont l'anglais et le français. D'autre part, aucun membre de la Division des bibliothèques ne maîtrisant l'arabe, cela empêche la production et l'utilisation de documents de travail en langue arabe. Pour des raisons diplomatiques, il est néanmoins prévu de présenter l'arabe comme langue de travail, mais de ne proposer des interventions qu'en français et en anglais – même si les documents écrits sont, eux, traduits à l'avance en arabe !

L'Unesco hésite aussi sur le fait de laisser un Britannique (Harold Bonny) diriger le stage, estimant que le bibliothécaire et intellectuel indien Des Raj Kalia (vice-président de la Fédération asiatique des associations de bibliothécaires) serait plus indiqué à ce poste. Après avoir bénéficié d'une bourse de l'Unesco pour étudier la bibliothéconomie aux États-Unis, Kalia a dirigé la bibliothèque publique pilote de Delhi dans les années 1950, avant de mener de nombreuses missions pour l'Unesco et l'ONU dans une quarantaine de pays, notamment à l'ASFEC (Égypte) et à la bibliothèque d'Ankara[2].

En fin de compte, Kalia rédige l'un des documents de travail du stage et dirige l'un des deux groupes de travail aux côtés de Bonny. Cependant, s'ils ont tous les deux travaillé dans les pays arabes, qu'ils connaissent bien, Bonny et Kalia ne parlent couramment ni l'arabe ni le français, ce qui ne facilite pas

[1] Voir Archives Unesco, dossier 02 (=927) A 06 (569.3) « 59 » TA.

[2] « *Libraries and Information Studies in Retrospect and Prospect : Essays in Honour of Prof. D.R. Kalia (2 Vols-Set)* », sur le site http://www.vedamsbooks.com.

l'organisation du stage... Des négociations diplomatiques menées par Rudolph Salat avec le gouvernement libanais aboutissent finalement à l'arrangement suivant : le français, l'anglais et l'arabe sont tous trois langues officielles ; les interventions en français ou en anglais sont traduites en arabe ; quant aux interventions en arabe, elles sont traduites uniquement en anglais (langue comprise par tous les experts et intervenants non arabes)[1].

Participent à ce stage 20 personnes venues de 9 pays (Arabie saoudite, Iraq, Jordanie, Liban, Maroc, République arabe unie, Soudan, Tunisie, ainsi que du Koweït au titre de membre associé), 22 observateurs et 13 visiteurs, mais les participants sont qualifiés de « plutôt amorphes[2] » par l'Américain Edward Reitman (chef de la section du développement des bibliothèques en 1960). Toutefois George E. Berouti (chargé de liaison de l'Unesco à Beyrouth) estime en fin de compte que le stage est un succès, que les participants se sont montrés intéressés et que l'atmosphère générale était excellente. De son côté, Bonny se déclare déçu du manque d'intérêt témoigné à la question de l'amélioration de la production de livres, et estime que le développement du livre dans la région dépendra largement de la mise en place d'associations nationales de bibliothécaires et de l'amélioration de la formation professionnelle[3].

Du 3 au 14 octobre 1960 a ensuite lieu à Delhi un stage d'études régional sur le développement des bibliothèques en Asie du sud[4], sous la direction d'A.G.W. Dunningham – Néo-zélandais formé à la bibliothéconomie aux États-Unis et ayant acquis une réputation internationale en développant un réseau de bibliothèques et une école de bibliothécaires en Indonésie pour l'Unesco.

Ce stage, dont le coût est évalué à 12 000 $, reçoit 27 participants venus de 8 pays d'Asie du sud (Afghanistan, Birmanie, Ceylan, Inde, Iran, Pakistan, Népal, Thaïlande) et 14 observateurs – dont des représentants de la fondation Rockefeller, de la fondation Ford, de l'USIS, du *British Council*, de la FID et du Centre pour la production de matériel de lecture de Karachi (Michael Fodor). Il a pour objectif d'utiliser la bibliothèque publique pilote de Delhi en tant que modèle de démonstration, afin d'encourager la création de bibliothèques similaires en Asie. Ce séminaire offre aussi à l'Unesco une occasion de valoriser et de faire connaître son projet de production de textes de lecture pour l'Asie du sud-est, par le biais d'un document de travail rédigé par Michael Fodor.

Du côté de l'Unesco, l'organisation de la manifestation est supervisée par Petersen, mais ce sont Edouard Reitman et Margarita Summers qui y participent sur place. Léon Carnovsky (professeur à la *Graduate Library School* de Chicago) et le Birman Siddiq Khan (influent bibliothécaire de l'Université de Dacca, formé à la *London University School of Librarianship and Archives*) sont choisis

---

[1] Lettre confidentielle de Salat à Asabuki, 28 sept 1959. Archives Unesco, dossier 02 (=927) A 06 (569.3) « 59 » TA.

[2] Lettre de Reitman à Petersen, 10 déc 1959. Archives Unesco, dossier 02 (=927) A 06 (569.3) « 59 » TA.

[3] Rapport d'Harold Bonny sur le stage d'études régional de Beyrouth, 8-19 déc. 1959. Archives Unesco, dossier 02 (536.8) AMS Kuweit.

[4] Voir Archives Unesco, dossier 02 (5) A 06 (540) TA « 60 ».

pour diriger des groupes de travail. Le séminaire de Delhi reçoit une assez large publicité grâce aux efforts de communication du gouvernement indien ; des articles sont publiés dans plusieurs journaux (*The Indian Librarian, The Indian Express, The Times of India,* le *Delhi Hindustan Standard...*).

Siddiq Khan estime que le séminaire a été très enrichissant pour les participants, tout comme Victor Muthiah (bibliothécaire de l'Université de Madras) et N. K. Sidhanta (vice-chancelier de l'Université de Delhi). L'une des recommandations émises est d'étendre les activités du Centre de Karachi en créant un poste confié à un bibliothécaire qualifié, qui aiderait les gouvernements et les bibliothécaires à établir des programmes efficaces, adaptés aux conditions et aux besoins locaux et veillerait à leur réalisation.

Sur le même modèle, la Division des bibliothèques souhaite organiser en septembre 1962, à la bibliothèque publique pilote d'Enugu (Nigéria), un stage sur le développement des bibliothèques publiques en Afrique Tropicale[1]. Avec l'accession à l'indépendance de nombreux pays africains, l'alphabétisation et le développement de bibliothèques sont, en effet, présentés comme l'une des actions urgentes à entreprendre – comme le souligne la Conférence des États africains sur le développement de l'éducation en Afrique (qui adopte un plan d'alphabétisation et d'éducation en 1961 à Addis-Abeba).

Le stage d'études de l'Unesco souhaite aider les gouvernements africains à réfléchir à la mise en place de bibliothèques en tant qu'outils éducatifs. Petersen demande en juin 1960 à E.W. Dadzie, secrétaire général de l'Association pour le développement des bibliothèques publiques en Afrique (Saint-Louis), d'inciter le gouvernement de la Fédération du Mali à envoyer au DG une lettre appuyant la réunion en question, et de demander aux membres de l'ADBPA de faire de même avec leurs gouvernements respectifs.

Une fois des courriers officiels parvenus du Niger, de la Haute-Volta et de la Mauritanie, Petersen se lance début 1961 à la recherche d'un directeur pour le stage, suggérant à Salat de choisir un bibliothécaire noir américain, étant donné qu'aucun bibliothécaire africain ne possède selon lui les qualités requises. C'est finalement John G. Lorenz qui est recruté courant 1962. Directeur du service des bibliothèques à l'Office de l'Éducation de Washington, Lorenz a dirigé un programme fédéral d'aide aux bibliothèques américaines et a conseillé le gouvernement pour son programme d'aide au développement à l'international.

Une somme de 18 000 $ est prévue pour le séminaire, ce qui apparaît largement insuffisant si les 32 pays faisant partie de « l'Afrique tropicale » sont invités. Petersen suggère deux solutions : soit prendre 16 000 $ supplémentaires sur le budget du programme d'assistance technique, soit limiter le séminaire aux pays anglophones. La première solution est choisie, mais le budget doit être revu une seconde fois à la hausse suite à l'accession à l'indépendance de 7 nouveaux États africains, invités à leur tour au stage (Basutoland, Bechuanaland, Burundi, Nyasaland, Rhodésie du sud, Rhodésie du nord, Swaziland). Il s'élève alors à 38 176 $.

---

[1] Voir Archives Unesco, dossier 02 (6) A 074 (669) « 62 » TA.

De nombreuses organisations sont invitées à envoyer un observateur : *Carnegie Corporation of New York*, fondation Ford, FID, FIAB, fondation Rockefeller, Société africaine de culture, *International Association for the Development of Public Libraries in Africa*, *West African Library Association*, *World Confederation of Organizations of the Teaching Profession*, *World Federation of Teachers Unions*, Commission pour la coopération technique en Afrique au sud du Sahara, Commission économique pour l'Afrique, ainsi que les structures ayant des bibliothèques au Nigéria (*British Council*, USIS, Alliance française).

En juin 1962, l'Unesco sollicite comme expert le bibliothécaire Stanley H. Horrock, qui a participé à la mise en place de la bibliothèque d'Enugu dans les années 1950. Mais le choix des participants se révèle problématique pour de nombreux pays, qui ne possèdent aucun bibliothécaire compétent. Jacques Sigler, en mission pour l'Unesco à Dakar, écrit : « il n'y a pas, sur l'ensemble du territoire [du Sénégal], une seule bibliothèque publique en activité, et le Ministre ne voit pas d'intérêt à participer à une réunion qui, pour le moment, ne concerne aucun spécialiste sénégalais[1] ». Sollicité pour assister au stage, Cécil H. Thompson (archiviste à Zanzibar) explique à l'Unesco :

> *Je vous confirme que je ne retourne pas à Zanzibar, bien que ma lettre de démission n'ait pas encore été officiellement acceptée. Elle semble s'être égarée au sein du* Colonial Office *et avoir été envoyée récemment à Zanzibar. Soit dit en passant, le gouvernement de Zanzibar ne m'avait pas informé que je devais le représenter au séminaire.*
>
> *Il n'y a, j'en ai peur, personne d'autre à Zanzibar ayant une expérience pratique des bibliothèques à part les membres de mon propre personnel. Ils occupent des postes très subalternes au niveau de la fonction publique et ne pourraient certainement pas tirer bénéfice du séminaire. A moins que le gouvernement de Zanzibar ne nomme quelqu'un comme le Ministre de l'Éducation, j'imagine que Zanzibar n'aura pas de délégué.*
>
> *En fait, j'ai appris par le courrier du matin – de manière officieuse – qu'il est envisagé d'économiser sur les salaires du personnel en enlevant de mon service la seule personne que je m'étais efforcé de former pour en faire le premier directeur de bibliothèque publique de Zanzibar. Il sera probablement transféré dans un autre service et redeviendra un fonctionnaire ordinaire, et toute la formation que je lui ai donnée sera complètement perdue. Tout cela est tellement déprimant – et peu rentable*[2].

La plupart des participants au stage sont jeunes et forment un panel éclectique d'instituteurs, chargés de mission pédagogiques, personnes animant des émissions de radio, éditant des revues, écrivant des articles professionnels et des ouvrages, etc. Certains ont fait une partie de leurs études supérieures ou ont effectué des stages en bibliothèques en Occident. Ce stage est donc relativement différent des précédents, et met en lumière le besoin de formation professionnelle en Afrique. Suite au stage, le Tchad envisage la mise en place d'une bibliothèque pilote à Fort-Lamy[3].

---

[1] Lettre de Sigler à Gomes Machado, 6 août 1962. Archives Unesco, dossier 02 (6) A 074 (669) « 62 » TA.

[2] Lettre de Thompson à Beard, 18 août 1962. Archives Unesco, dossier 02 (6) A 074 (669) « 62 » TA.

[3] Lettre de Darnace au DG, 21 nov. 1962. Archives Unesco, dossier 02 (536.8) AMS Kuweit.

Fin 1962, un stage d'études est organisé sur le développement des bibliothèques universitaires en Amérique latine. Petersen propose de l'organiser au Pérou, puis au Chili, tandis que Penna penche pour l'Argentine ou le Venezuela. Finalement, le DG tranche et le stage d'études se déroule à Mendoza (Argentine) sous la direction de la Brésilienne L. Monteiro de Cunha et de l'Espagnol Lasso de la Vega (directeur de la bibliothèque de l'Université de Madrid). L'objectif est de chercher des solutions aux problèmes communs rencontrés par les bibliothèques universitaires d'Amérique latine et de renforcer les liens entre elles au niveau national comme régional.

D'abord estimé à 15 000 $, le budget passe à 22 000 $ sur demande de Petersen, afin de mener une enquête préliminaire et d'inviter au stage des personnes influentes. L'Unesco sollicite les fondations Rockefeller, Ford et Carnegie, mais sans succès ; la fondation Rockefeller souligne qu'elle développe d'autres domaines d'activités et la Carnegie explique qu'elle ne peut agir qu'aux États-Unis et dans les pays du Commonwealth...

Durant ce stage – auquel participent 39 ressortissants de 19 États d'Amérique latine ainsi que plusieurs experts et observateurs – sont adoptées des recommandations sur la coopération entre les bibliothèques universitaires, la structure et les collections de livres, le budget affecté aux bibliothèques et la ratification des Conventions concernant les échanges de publications.

En février 1964, se tient ensuite à Manille (Philippines) un stage régional d'études sur les bibliothèques nationales en Asie et dans la région du Pacifique, dirigé par l'Indien B.S. Kesavan (directeur de l'*Indian National Scientific Documentation Centre* à New Delhi)[1]. Si l'Unesco songe d'abord au Japon, puis à la Thaïlande, c'est le gouvernement philippin qui accepte en mars 1963 d'accueillir le stage et de participer aux frais à hauteur de 10 000 $ (le budget global est de 30 000 $). Vingt-deux pays sont invités à participer et six institutions (*Economic Commission for Asia and the Far East*, *Colombo Plan*, *United Nations Asia Foundation*, *Asian Library Association*, FIAB, FID) conviées à envoyer un observateur. Cette manifestation reçoit une large publicité, et des articles paraissent dans le *Philippines Herald*, *The Manila Time*, *The Hsin-sheng Daily News*, *The China Post*, *The Manila Chronicle*...

Les participants examinent la situation des bibliothèques nationales dans les pays de la région et formulent des propositions pour améliorer leurs méthodes et resserrer leurs relations, comme les y invite le message envoyé par le DG à cette occasion :

> *Un pays qui n'a pas de bibliothèque nationale, ou dont la bibliothèque nationale est faible et inactive, s'isole lui-même du grand courant d'activité intellectuelle internationale que connaît le reste du monde et se prive du bénéfice des expériences étrangères dans la résolution de problèmes similaires à ceux qu'il rencontre dans le domaine de l'éducation, de l'avancement de la science et de la culture, et du développement de la vie économique et sociale*[2].

---

[1] Voir Archives Unesco, dossier 02 (5) A 06 (914) « 64 » AMS.

[2] Message du DG de l'Unesco pour le stage d'études sur les bibliothèques nationales de Manille, février 1964.

Le secrétaire d'État à l'Éducation au gouvernement des Philippines, M. Roces, souligne dans son discours d'ouverture « l'importance du Stage, non seulement pour le développement des bibliothèques, mais aussi pour l'amélioration de la compréhension entre les peuples[1] ». Le stage révèle aussi la diversité des situations des bibliothèques nationales asiatiques :

Plus de 20 des quelque 80 bibliothèques nationales existant dans le monde se trouvent en Asie. Il existe des différences considérables entre les nations situées en Asie et dans la région du Pacifique en ce qui concerne la superficie de leur territoire, leur population et leur richesse. Les différences entre leurs bibliothèques nationales ne sont pas moins sensibles, mais elles ne sont pas directement proportionnelles aux premières. Ces différences portent sur les points suivants: ancienneté de la bibliothèque, dimensions, mode de développement, situation actuelle, dépenses, fonctions et organisation. En dépit de leur diversité, les Bibliothèques nationales de la région ont de nombreux problèmes communs : problèmes économiques, problèmes relatifs à la formation du personnel, aux activités bibliographiques et aux acquisitions, problèmes linguistiques et problèmes que posent la mauvaise qualité de la fabrication des livres ainsi que les inconvénients du climat[2].

Le stage insiste sur différents points : la nécessité pour les bibliothèques nationales d'établir et de développer – malgré les problèmes posés par l'analphabétisme et de la diversité des langues vernaculaires – une coopération avec les autres bibliothèques sur le plan national, régional et international ; la volonté de coordonner efficacement les achats d'ouvrages étrangers au niveau régional ; l'intérêt d'adhérer à l'Accord établi par la FIAB sur les échanges internationaux entre bibliothèques, de fournir à l'Unesco de la documentation pour l'*Index Translationum* et de participer à la mise en œuvre du Projet majeur Orient-Occident et aux activités de la FIAB et de la FID ; l'encouragement à établir des bibliographies sélectives nationales courantes, comportant de brèves annotations dans l'une des principales langues européennes ; la suggestion de climatiser entièrement les magasins pour tenir compte du climat tropical ; enfin, la possibilité de répartir les documents originaux entre différents lieux de dépôt en vue d'assurer leur protection contre les dégâts dus aux guerres et aux calamités naturelles.

Le stage réitère aussi la demande de nommer un expert régional, chargé de fournir les conseils et l'aide nécessaires pour développer des bibliothèques en Asie-Pacifique. Pendant le stage, Petersen lance le tournage d'un film sur les bibliothèques nationales en Asie et dans le Pacifique, espérant que le gouvernement philippin prendra à sa charge les 600$ nécessaires à sa réalisation. J. Bhownagary (Division de la radio et de l'information visuelle) estime cependant que le scénario envisagé est pompeux et plein de clichés, et qu'il accorde trop d'importance au séminaire de Manille pour servir réellement la promotion des bibliothèques nationales. Le gouvernement philippin demande l'aide financière de l'Unesco pour réaliser ce film, *Development of national libraries in Asia and the Pacific Area*, qui est achevé vers la mi-avril 1965.

[1] Projet de rapport final sur le stage d'études de Manille, 15 février 1964.
[2] Ibid.

On peut aussi relever, en 1966, un cours de 6 mois sur la préparation théorique et pratique à la bibliothéconomie, organisé au Danemark pour 18 boursiers de pays en voie de développement, et en 1968, une réunion d'experts à Antigua (Guatemala) sur le développement des bibliothèques scolaires en Amérique centrale, qui a pour objectif d'établir un plan modèle pour le développement des bibliothèques en Amérique centrale et au Panama.

Par ailleurs, l'Unesco organise, à partir des années 1960, une série de conférences régionales portant sur la planification des services de bibliothèques et de documentation. Ces conférences sont à rapprocher de la réorganisation administrative de l'Unesco (transformation de la Division des bibliothèques en Division des bibliothèques, de la documentation et des archives en 1967) et de la rédaction par Carlos Victor Penna, chef de cette Division, de la brochure *La planification des services de bibliothèques* (1967).

Une première réunion d'experts sur la planification des services des bibliothèques en Amérique latine est organisée à Quito (Équateur) en février 1966 ; des 13 « experts » participant à cette réunion, seuls 8 sont Latino-Americains. Les autres participants sont les Américains Lester Asheim et Paxton Price, le Britannique Philip Sewell, le Canadien Harry Campbell et l'Espagnol Goicoechea[1]. Cette réunion est suivie en avril 1966 par un séminaire sur la participation des mouvements de jeunesse à la création et au développement des bibliothèques scolaires et publiques[2]. En décembre 1967, une réunion sur la planification nationale des services de bibliothèques en Asie est organisée à Colombo (Ceylan) sous la direction de Penna, avec la collaboration d'Evelyn Evans et de Jacques Hallak[3]. Les réunions suivantes se déroulent à Kampala en 1970[4], puis au Caire en 1974[5], et aboutissent à l'organisation de la première conférence intergouvernementale sur la planification nationale des infrastructures de documentation, bibliothèques et archives (conférence NATIS), qui se déroule à Paris en septembre 1974[6].

Organisée au siège de l'Unesco avec la collaboration de la FIAB et de la FID, cette manifestation voit la participation de plusieurs « experts » familiers de l'organisation : Mahmoud el Sheniti, John Lorenz, Preben Kierkegaard, Paul Poindron, Philip Sewell, Peter Lázár[7]. Coblans est également consulté par le secrétariat en février 1973 afin de préparer la manifestation et de définir les documents de travail nécessaires[8]. Plusieurs membres importants du secrétariat participent à la conférence, en particulier le DG René Maheu et Alberto Obligado Nazar (sous-directeur général pour l'information), ainsi qu'Oleg

[1] PARKER, Stephen. *Unesco and Library Development Planning*. Op. cit., p. 223.
[2] *Rapport du DG sur l'activité de l'organisation en 1966*, p. 100.
[3] PARKER, Stephen. *Unesco and Library Development Planning*. Op. cit., p. 225.
[4] Voir Archives Unesco, dossier 002+02 (6) A 06 (676.1) « 70 ».
[5] Voir Archives Unesco, dossier 002+02 (=927) A 06 (62) « 74 ».
[6] Voir Archives Unesco, dossier 002+02+930.25 A 1/06 « 74 ».
[7] Durant les années 1960, Peter Lázár travaille pour l'Unesco, au sein de la Division du développement de la documentation, des bibliothèques et des archives.
[8] Voir Archives Unesco, dossier 002+02+930.25 A 5 Coblans.

Mikhailov[1], Kenneth Roberts et Cécilia Zaher (directrice de la Division du développement de la documentation, des bibliothèques et des archives depuis 1972)[2]. Cette conférence marque de manière officielle la nouvelle orientation du programme des bibliothèques de l'Unesco, enclenchée à partir de la conférence de Quito de 1966, et qui englobe désormais la thématique des bibliothèques dans une réflexion plus large concernant l'information et la documentation scientifique et technique. A cet égard, il faut aussi souligner que l'Unesco organise du 28 janvier au 1er février 1974 à Paris une « consultation d'experts » afin de discuter de l'harmonisation des formations professionnelles données aux bibliothécaires, aux documentalistes et aux archivistes[3].

Il s'agit là d'une évolution majeure de la politique du livre de l'Unesco en ce qui concerne les bibliothèques, ces dernières étant désormais considérées d'un point de vue scientifique et technique beaucoup plus que culturel. La rivalité dans le domaine des bibliothèques et de la documentation entre le Département des activités culturelles et le Département des sciences semble remonter aux origines de l'Unesco, avec le choix du rattachement de la Division des bibliothèques à un Département particulier, au lieu d'en faire une unité autonome. Or en 1971, le lancement du programme UNISIST autour des centres de documentation[4] par M'Bow et confié au Département de la Science (Division des sciences sociales), en collaboration avec le Conseil international des Unions scientifiques, lors d'une conférence présidée par l'Américain Harrison Brown (*National Academy of Sciences*), résonne comme une déclaration de guerre. La Division de la documentation, des bibliothèques et des archives tente de contrer ce projet en se livrant à une surenchère par le biais de son programme NATIS[5], mais son échec sera officialisé en 1977 avec le transfert de la Division de la documentation, des bibliothèques et des archives du Département des activités culturelles au Département des sciences sociales (Division de l'information).

A partir de 1974, la bibliothèque est désormais perçue et présentée à l'Unesco comme le relais technique permettant le stockage et les échanges de données et d'informations, plus que comme le centre culturel voué à l'éducation et à l'émancipation des masses. Cette évolution significative transparaît dans les nouvelles manifestations et publications de l'Unesco. L'organisation publie par exemple en avril 1974 une brochure intitulée *Information policy objectives (UNISISTS proposals)*, et organise en décembre 1974 à Colombo la première d'une série de conférences régionales d'experts sur le développement des « politiques d'information ». Le changement de vocabulaire utilisé paraît dans ce cas particulièrement significatif[6].

---

[1] L'ingénieur soviétique Oleg Mikhailov dirige la Division du développement de la documentation, des bibliothèques et des archives de 1969 à 1972.
[2] PARKER, Stephen. *Unesco and Library Development Planning.* Op. cit., p. 241.
[3] Voir Archives Unesco, dossier 002+02+930.25 : 37 A 06 (44) « 74 ».
[4] PARKER, Stephen. *Unesco and Library Development Planning.* Op. cit., p. 257, 263.
[5] Ibid., p. 253.
[6] Ibid., p. 272, 289.

Cette évolution semble découler de plusieurs facteurs, en particulier l'encouragement à mettre en place un discours rationnel, scientifique et techniciste sur les bibliothèques à partir de 1964 afin de mieux lier livre et développement économique selon les exigences de la Banque mondiale et du FMI, mais aussi la prééminence progressive, dans les sociétés occidentales, des sciences humaines et sociales sur les arts et les lettres, se traduisant au niveau de la vie intellectuelle et de l'influence sur la société, par une moindre importance des écrivains et des philosophes par rapport aux historiens, anthropologues, ethnologues, statisticiens et autres spécialistes des sciences humaines et sociales.

En parallèle de cette nouvelle orientation dans le domaine des bibliothèques, la fin des années 1960 et les années 1970 voient l'organisation de plus en plus fréquente par l'Unesco de stages et cours de formation pour les autres professionnels du livre, en particulier les éditeurs et les distributeurs. Parmi des dizaines d'exemples, citons un séminaire sur la littérature enfantine organisé à Téhéran en avril 1964 ; un cours de formation organisé en Thaïlande en 1966 à destination des écrivains et journalistes de langue thaïe désireux d'apprendre à rédiger en anglais ; un cours de formation à Addis-Abeba en 1969, consacré aux techniques de production des livres et destiné à l'Afrique anglophone ; un cours régional de formation à Krishasa en 1970 sur les techniques de production de livres, à l'intention de spécialistes de l'imprimerie des pays d'Afrique francophone ; un cours régional de formation sur la gestion de l'édition, organisé à New Delhi en 1970 ; un stage de formation sur la planification, la production et la distribution de livres et de manuels en Asie, qui se déroule à Kuala Lumpur fin 1971 ; un séminaire sur la production de livres qui se tient au Nigeria en décembre 1973.

Par ailleurs, la mise en place de centres régionaux du livre (Karachi, Bogota) au début des années 1970 accentue cette tendance, ces centres ayant pour vocation d'organiser des cours de formation régionaux à l'intention des producteurs et diffuseurs de livres. La dénonciation régulière des inégalités dans le domaine de la production de livres dans le monde, portée notamment par des gens comme Robert Escarpit, semble ainsi porter ses fruits au sein de la politique du livre de l'Unesco, qui encourage de plus en plus la production de livres locaux en langues vernaculaires et la formation professionnelle nécessaire à cet objectif. Cette tendance est également perceptible au niveau des écoles et des centres de formation, créés ou aidés financièrement par l'Unesco.

Les écoles et les centres de formation

Certes, l'Unesco organise un grand nombre de séminaires, stages d'études et cours de formation délivrés par des experts pendant leurs missions, mais l'organisation s'associe aussi, de manière progressive, à la mise en place d'écoles et de centres de formation à vocation pérenne à partir de la fin des années 1950, et surtout dans les années 1960-1970. J'évoquerai ici les projets les plus significatifs dans ce domaine.

En janvier 1952, le gouvernement israélien dépose plusieurs demandes de bourses au titre de l'assistance technique, dont plusieurs bourses en bibliothéconomie et l'envoi d'un expert pour les archives gouvernementales[1]. Certaines de ces bourses sont accordées, mais l'Unesco propose surtout à Israël d'envoyer un expert, non pour les archives, mais pour l'établissement d'une école de bibliothécaires (mission de six mois). En décembre 1953, Carter écrit à ce sujet à Léon Carnovsky, à Nora Bateson (qui a dirigé pendant plusieurs années une école de bibliothécaires en Nouvelle-Zélande) et à Herbert Coblans (alors en mission au Brésil pour l'Unesco) pour leur proposer le poste.

Wormann, directeur de la *Jewish National & University Library*, qui souhaite vivement que la mission soit effectuée par Carnovsky, repousse les dates prévues de façon à ce qu'elles puissent convenir à ce dernier. De début février 1955 au 1er mai 1955, Carnovsky effectue une étude de l'ensemble des bibliothèques en Israël, dont il ressort qu'il existe plus de 700 bibliothèques dans le pays, mais qu'elles sont souvent pauvres, peu développées et manquant de collections. Dans son rapport final, largement diffusé par l'Unesco, Carnovsky suggère l'envoi d'un expert pour poursuivre sa mission et mettre en place un cours de bibliothéconomie à l'Université de Jérusalem, en collaboration avec la *Jewish National & University Library.*

En juin 1955, le Programme d'assistance technique accepte l'envoi en Israël de l'Américaine Nathalie Delougaz, proposée conjointement par Carnovsky et l'Unesco. Nathalie Delougaz a travaillé à la *University of Chicago Library* (1944-1950) puis à la Bibliothèque du Congrès en tant que directrice de la section slave (1950-1952) et à la *Teachers' College Library* de Beth ha-Kerem en Israël en tant que responsable du catalogage (1953-1954). La création de la *Graduate Library School* est annoncée en novembre 1956, et le contrat de Delougaz prolongé d'un an pour mener à bien le projet ; en 1957, elle continue de seconder Wormann et participe activement à la création et à l'organisation de l'école de bibliothécaires. En parallèle, elle s'occupe de la mise en place d'une bibliothèque publique à Kiryat Hayovel. Fin 1957, la *Graduate Library School* est officiellement ouverte, mais la communication autour de cet événement est rendue compliquée par la campagne du Sinaï… Le 12 janvier 1958 est aussi inaugurée la bibliothèque publique de Kiryat Hayovel.

En 1957, la Commission du Pacifique Sud s'adresse à l'Unesco afin qu'elle l'aide à développer la littérature et la lecture – notamment les manuels scolaires et les textes de lecture en langues locales – pour les îles non autonomes du Pacifique. Cette région du monde, qui comprend 3 millions d'habitants dispersés sur une multitude de petites îles, connaît, en matière de production de livres, de nombreuses difficultés : absence de professionnels, multiplicité de langues parlées par un nombre très restreint de locuteurs, coût de l'approvisionnement en papier et en encre, absence de matériel d'imprimerie et de réseau de diffusion, etc.

[1] Voir Archives Unesco, dossier 02 (569.4) TA

L'Unesco est sollicitée pour la mise en place d'un petit atelier d'imprimerie modèle et d'une école régionale de formation aux métiers du livre, et pour l'envoi de deux experts pendant trois ans afin de conduire le projet[1]. La Commission du Pacifique Sud suggère en particulier le nom de Conrad Opper. La demande est plutôt bien accueillie par Jim McDougall (Département de l'éducation), qui la classe dans le cadre du programme de participation et non du projet de textes de lectures, alors réservé à l'Asie. Le Bureau de la littérature de la Commission du Pacifique Sud, dirigé depuis 1953 par Bruce Roberts, estime que le meilleur site pour installer le projet est Honiara, dans les îles Solomon britanniques. Colin Ewers (Bureau des relations avec les États membres et ancien membre du secrétariat de la Commission du Pacifique Sud), prend le projet très à cœur et, devant lui-même partir en mission en Inde pendant deux ans, se livre avant son départ de l'Unesco à un véritable lobbying en sa faveur au sein du secrétariat, notamment auprès de John Bowers, de Jim McDougall et de Leo Fernig.

Sur les conseils et avec l'aide technique et administrative de l'Unesco, la Commission dépose en 1958 auprès de l'Unesco et du Bureau d'assistance technique des Nations Unies, une demande d'aide officielle s'élevant à 79 000 $ pour la période 1959-1963 (sur un budget prévisionnel total de 164 000 $). Toutefois, les limitations budgétaires de l'Unesco l'empêchent d'intégrer le projet à son programme de 1959, ce qui provoque beaucoup de désappointement du côté de la Commission. Suite aux interventions d'Adiseshiah, le projet est tout de même lancé grâce au *Contingency Fund* (fonds d'urgence d'assistance technique pour les projets non prévus au programme), l'objectif étant de créer un Centre de formation à la production de textes de lecture pour 1960 et de former une trentaine de personnes en trois ans.

Soutenu par trois des gouvernements de la Commission (Australie, États-Unis, Royaume-Uni), le projet reçoit une aide de 17 000 $ (12 000 $ pour l'équipement du bâtiment, 5 000 $ pour le recrutement de deux spécialistes) pour l'année 1959. En juillet-août 1959, la Commission débute la sélection des 12 bénéficiaires de la formation, qui commence comme prévu en janvier 1960, et recrute pour quarante mois le Britannique Edward Palmer Marriott et le Néerlandais Arnold Matthias Koenen. Pilote d'avion, Marriott est employé par la Commission sur un autre poste depuis mars 1959 ; il a été instructeur pour la *Royal Air Force* avant de devenir enseignant à la mission anglicane de Nouvelle-Guinée, où il écrit alors lui-même plusieurs manuels scolaires en papua pour les jeunes autochtones. Il n'a cependant aucune expérience en matière d'imprimerie. Quant à Arnold Matthias Koenen, il est diplômé d'une école de typographie et travaille depuis vingt ans comme imprimeur aux Pays-Bas et au Surinam (d'où il est originaire).

En 1960, l'Unesco soutient le projet à hauteur de 20 000 $ dans le cadre du programme d'assistance technique (projet régional pour l'Asie), puis le transfère en 1961-1962 dans le programme de participation au titre des Territoires du

[1] Voir Archives Unesco, dossier 375 A 310 (935) 031 SPC/TA.

Royaume-Uni, et lui accorde 40 000 $ supplémentaires. La demande de prolongation de subvention déposée par la Commission du Pacifique Sud fin 1962 est rejetée par l'Unesco, qui estime alors le projet achevé.

Mis à part ce projet un peu particulier, la quasi-totalité des écoles et centres de formation pérennes soutenus par l'Unesco concernent la bibliothéconomie. En 1961, la Grèce dépose une demande de 81 300 $ sur 5 ans au titre de l'assistance technique, afin de créer une école de bibliothécaires d'après un projet préparé par Leon Carnovsky lors d'une première mission effectuée pour l'Unesco en 1960[1]. Carnovsky apparaît comme « l'un des quelques bibliothécaires influents qui se sont toujours intéressés à la bibliothéconomie internationale et comparée, ce qui se reflète dans ses études, ses écrits et son enseignement. En 1954, il a présidé la 18ème conférence d'été annuelle de la *Graduate Library School* de l'Université de Chicago[2] ». L'Unesco accordera à ce projet 45 000 $ pour la période 1963-1964.

De la même manière, l'Unesco aide à la création d'une école de bibliothécaires en Indonésie au début des années 1960[3], et organise à Ceylan, dans le cadre d'un projet pilote concernant les services de documentation et de bibliothèques, plusieurs cours pour la formation de bibliothécaires en 1969, avec l'objectif de les rendre pérennes[4]. Une école de bibliothéconomie pour la région des Antilles est aussi ouverte en 1971 au Collège universitaire des Antilles (Jamaïque) grâce à l'aide reçue au titre du Programme régional d'assistance technique du PNUD[5]. En 1972, cette école bénéficie des services de 2 experts et du personnel de secrétariat de l'Unesco, de l'octroi de 30 bourses et de la fourniture de matériel[6]. En 1973, la construction d'un local permanent est achevée, l'Unesco fournissant en outre les services de 2 experts et 45 bourses[7].

Cependant, les projets les plus importants de l'Unesco dans ce domaine se déroulent en Afrique – continent le moins avancé en matière de livres et de bibliothèques – avec la création de centres de formation régionaux à Dakar (Sénégal) et au Makere College (Ouganda) dans les années 1960. Ces activités correspondent à une résolution prise par la Conférence générale lors de sa 11ème session, qui autorise le DG « à fournir une aide à des pays d'Afrique en vue de faciliter l'organisation et le développement de leurs services de bibliothèques »[8]. Ces projets rencontrent de nombreuses difficultés et l'Unesco s'y investit beaucoup, tant pour leur mise en place que par la suite, pour leur fonctionnement et leur développement.

En octobre 1961, le Français Michel Bouvy est envoyé au Sénégal afin de négocier avec le gouvernement un accord de 5 ans prévoyant la création à Dakar

---

[1] Voir Archives Unesco, dossier 02 (5) A 06 (540) TA « 60 ».
[2] Mémo de Nasser à Petersen, 17 mars 1960. Archives Unesco, dossier 02 (5) A 06 (540) TA « 60 ».
[3] PARKER, Stephen. *Unesco and Library Development Planning*. Op. cit., p. 177.
[4] *Rapport du DG sur l'activité de l'organisation en 1969*, p. 130.
[5] *Rapport du DG sur l'activité de l'organisation en 1971*, p. 193.
[6] *Rapport du DG sur l'activité de l'organisation en 1972*, p. 213.
[7] *Rapport du DG sur l'activité de l'organisation en 1973*, p. 217.
[8] Lettre circulaire du DG aux États membres africains, 22 mars 1961. Archives Unesco, dossier 002+02=930.25 (6) A 01 EBAD : 376.

d'un centre régional de formation de bibliothécaires pour les pays africains francophones[1]. Diplômé de la Sorbonne et titulaire d'un diplôme supérieur de bibliothécaire, Bouvy a organisé la bibliothèque centrale de prêt et le réseau de bibliobus de la Moselle entre 1951 et 1958, avant de diriger la bibliothèque municipale de Cambrai.

L'Unesco prévoit de consacrer à ce projet un budget de près de 100 000 $ pour la période 1961-1964, au titre de l'assistance technique. Cette somme doit servir pour le fonctionnement et l'équipement du centre, l'envoi d'un expert chargé de lancer le projet et de former son successeur, l'octroi d'une bourse de formation au futur directeur sénégalais du centre, les salaires d'enseignants et les bourses pour les étudiants assistant aux cours de formation. Le contrat de Bouvy, qui s'arrête au 23 décembre 1961, est prolongé jusqu'en mars 1963.

En mai 1962, Bouvy regrette cependant que « huit mois après [son] arrivée, malgré tous [ses] efforts et toutes [ses] démarches, [il n'a] encore ni local, ni personnel, ni crédits, ni le moindre matériel[2] ». Sans soutien financier du gouvernement sénégalais, qui ne respecte pas sa part du contrat, Bouvy ne parvient pas à lancer le fonctionnement du centre pour l'année scolaire 1962-1963, mais il laisse à l'Unesco un plan de travail dans lequel il rappelle :

> *Pour être efficace, je crois que [l'enseignement donné par le centre] devra être profondément original et parfaitement adapté à l'Afrique. Devant être essentiellement pratique, comment pourrait-il être donné sans matériel, alors qu'il n'existe déjà pas de bibliothèque d'application. Avec les années, tout cela s'arrangera certainement. Mais un minimum est nécessaire au départ*[3].

Son successeur, le Français Louis Seguin (directeur de la bibliothèque de Boulogne-sur-Mer, recruté sur les conseils de Julien Cain) arrive à Dakar courant avril 1963. Grâce au déblocage des fonds côté sénégalais, le Centre régional, rattaché à l'Université de Dakar, est finalement inauguré le 6 novembre 1963, le premier cours étant suivi par 33 étudiants venus de 11 pays. Cependant, pour des raisons personnelles, Louis Seguin ne souhaite pas prolonger sa mission au-delà du 30 juin 1964, aussi la Division des bibliothèques se lance-t-elle de nouveau à la recherche d'un directeur-consultant pour le centre. Elle finit par recruter en juillet 1964 le Suisse Silvère Willemin pour ce poste.

Chaque année, le centre forme une vingtaine d'étudiants d'Afrique francophone, que Willemin recrute personnellement lors d'entretiens individuels effectués dans les différents pays, de manière à s'assurer de leur niveau et de leur motivation[4]. L'Unesco octroie régulièrement des bourses aux étudiants du centre par le biais du PNUD. Elle recrute également l'Américain Charles Barabas pour servir d'assistant administratif et documentaliste, et accorde une bourse de

---

[1] Voir Archives Unesco, dossier 002+02=930.25 (6) A 01 EBAD : 376.
[2] Lettre de Bouvy à Petersen, 18 mai 1962. Archives Unesco, dossier 002+02= 930.25 (6) A 01 EBAD : 376.
[3] Lettre de Bouvy à Petersen, 29 août 1962. Archives Unesco, dossier 002+02= 930.25 (6) A 01 EBAD : 376.
[4] Voir Archives Unesco, dossier 002+02= 930.25 (6) A 01 EBAD.

formation au Sénégalais Amadou Bousso, choisi pour devenir le futur directeur du centre, et qui commence à travailler aux côtés de Willemin en 1965-1966.

Alors que l'aide financière directe de l'Unesco s'achève en juin 1967, l'organisation s'inquiète de l'avenir de la structure et continue de la soutenir par le biais de bourses, d'enseignants et de matériel via le PNUD. Grâce à cette aide, l'école ouvre une section des archives en 1971 et prend officiellement le nom d'Ecole pour les bibliothécaires, archivistes et documentalistes (EBAD). Un séminaire est organisé pour les élèves à Abidjan en 1973. L'EBAD reçoit en 1973-1974 une subvention de 2 000 $ pour l'achat de livres et de périodiques[1], ainsi qu'une aide de 4 000$ pour l'achat d'un minibus et l'envoi d'un consultant pour conseiller l'EBAD sur la mise en place d'une section de documentation. Toutefois, le minibus envoyé au Sénégal le 31 décembre 1973 est utilisé durant plusieurs mois par la commission nationale sénégalaise avant d'être enfin remis, comme convenu, à l'EBAD... Quant au consultant choisi, le Français Michel Menou (spécialiste des questions d'indexage et de formation professionnelle dans le domaine de la documentation), il ne se révèle pas disponible avant début 1975.

Avec l'aide de l'Unesco, l'EBAD organise à Dakar, du 25 au 27 février 1974, un symposium à destination des enseignants et des directeurs d'écoles de bibliothécaires en Afrique[2] ; Amadou Bousso, directeur de l'EBAD, envisage d'y inviter la Côte-d'Ivoire, le Ghana, le Kenya, Madagascar, le Nigéria et l'Ouganda. L'objectif de ce symposium est d'harmoniser les pratiques et les méthodes des organismes existants, de favoriser l'échange de vues et d'expériences et d'évoquer les difficultés rencontrées par les différentes structures. Vingt personnes en provenance de 5 pays (Éthiopie, Ghana, Nigéria, Ouganda et Sénégal) y participent, ainsi que Kenneth Roberts (Division de la documentation, des bibliothèques et des archives) pour le secrétariat de l'Unesco.

Outre l'EBAD pour l'Afrique francophone, l'Unesco soutient, à partir de 1963-1964, la mise en place d'un centre régional de formation pour les bibliothécaires d'Afrique orientale (anglophone), baptisé *East African School Library* (EASL), au Makerere College de Kampala (Ouganda). Créé suite à une conférence subventionnée par la fondation Rockefeller en 1963, le centre bénéficie en 1964 d'une aide de la Rockefeller pour la création de 2 postes[3] et délivre 2 cours de formation (l'un préparant au diplôme, l'autre au certificat) à des élèves originaires du Kenya, du Malawi, d'Ouganda, du Tanganyika et de Zambie.

Cependant, l'EASL est confrontée à de grandes difficultés administratives et financières et souffre, durant ses premières années, d'un manque de continuité dans sa politique générale de développement. Elle ne survit que grâce aux aides financières extérieures apportées par l'Unesco (salaire du directeur, fonds pour

---

[1] Voir Archives Unesco, dossier 002+02+930.25 (6) A 01 (663) AMS « 73 :74 ».

[2] Voir Archives Unesco, dossier 002+02+930.25 (6) A 06 (663) « 73 ».

[3] KAWALYA, Jane K. *The national library of Uganda : its inception, challenges and prospects, 1997-2007.* Borås: Valfrid, 2009, p. 68.

l'achat de livres et d'équipement), la fondation Rockefeller, le *British Council* (aide pour les dépenses administratives, l'achat de livres, l'octroi de bourses) et les gouvernements danois (paiement d'un enseignant pendant trois ans) et suédois (octroi de bourses).

La situation financière s'améliore et se stabilise en 1967-1968, lorsque l'EASL est intégré dans le plan de développement de l'Université de Makerere et qu'il commence à percevoir un financement régulier de l'Université. En outre, le PNUD lui fournit les services d'un expert durant 7 mois en 1967 afin de pallier le manque de personnel compétent[1]. Après plusieurs hébergements provisoires, le gouvernement ougandais accepte aussi, en 1968-1969, de soutenir la construction d'un bâtiment neuf pour l'EASL. Au début des années 1970, le Makerere College ayant acquis le statut d'université nationale, le Conseil pour la formation en bibliothéconomie d'Afrique de l'Est encourage le développement de l'EASL, en posant comme objectif la mise en place de cursus de tous niveaux à partir de 1975.

En 1973, l'Unesco envisage également la mise en place au Nigéria, avec le soutien du PNUD, d'un enseignement universitaire de 3ème cycle dans le domaine de ce que l'organisation nomme désormais la « science de l'information »[2]. Alors que plusieurs promotions de bibliothécaires africains ont été formées aux rudiments de leur métier dans les structures créées durant les années 1960, le besoin se fait progressivement sentir de diversifier l'offre d'enseignement, que ce soit en ouvrant des spécialisations, en organisant des cours de formation continue ou en mettant en place un cursus de 3ème cycle.

Cependant, si l'Unesco contribue sans conteste à la formation de bibliothécaires professionnels en Afrique et à la mise en place d'écoles et de centres de formation pérennes dans ce domaine, la création de bibliothèques reste du ressort des gouvernements et autorités locales, qui manquent souvent des moyens financiers nécessaires. A cet égard, Michel Bouvy souligne que « le recrutement des élèves dépendra beaucoup des débouchés qui leur seront offerts [...] car on ne peut entraîner des jeunes gens et des jeunes filles dans des études aussi spécialisées si ne leur est pas offerte une carrière stable et convenablement rémunérée[3] ».

A côté des actions de formation, l'Unesco apporte aussi, dans la modeste mesure du budget disponible, aide, conseils et soutien financier à ses États membres pour créer des bibliothèques et les équiper en livres et en matériel, dans le cadre de ses actions de promotion directe du livre et de la lecture.

---

[1] *Rapport du DG sur l'activité de l'organisation en 1967*, p. 132.

[2] Voir Archives Unesco, dossier 002+02+930.25 (6) A 06 (663 « 73 ».

[3] Rapport de mission de Bouvy à Dakar (24 décembre 1961-23 juin 1962), p. 2. Archives Unesco, dossier 002+02=930.25 (6) A 01 EBAD : 376.

CHAPITRE XII

La promotion directe du livre et de la lecture

LE PROGRAMME DE RECONSTRUCTION ET LA CRÉATION DE CENTRES DU LIVRE

Dans le cadre de la reconstruction d'après-guerre, l'Unesco contribue à organiser des collectes de livres en Amérique du nord, en se concentrant sur « les manuels modernes, les dictionnaires, les livres de référence, les monographies scientifiques, les travaux des philosophes contemporains[1] ». En 1947, l'organisation suscite la formation d'un organisme réunissant 31 organisations internationales non gouvernementales s'occupant de la reconstruction éducative et culturelle, le Conseil international provisoire pour la reconstruction éducative (*Temporary International Council for Educational Reconstruction* ou TICER), qui « contribue à la mobilisation et à la coordination des actions du secteur privé dans ce domaine[2] ». Début 1947, une quinzaine de pays commencent à déposer des demandes d'aide pour certaines de leurs bibliothèques endommagées par la guerre[3]. À l'Unesco, les pertes subies et les « besoins spéciaux » des bibliothèques à travers le monde sont répertoriés et compilés, en complément des rapports préparés par la CMAE sur le sujet, en particulier le rapport *Interim Report of the Books and Periodicals Comission, July 1943,* le rapport du consultant Grayson N. Kefauver intitulé *The library situation in Europe* et une brochure publiée en 1945 qui décrit en détail les destructions de bibliothèques dans plusieurs pays (Belgique, Tchécoslovaquie, Pays-Bas, Pologne…)[4]. En février 1947, l'Unesco se lance dans une enquête sur les pertes et besoins des bibliothèques dans les pays dévastés par la guerre[5] ; il en ressort que certains pays « ont perdu 75 % de leurs livres, pas seulement à cause des événements de la guerre mais aussi à cause d'une destruction délibérément

[1] « Les objectifs du Centre du livre canadien », déc. 1947. Archives Unesco, dossier 04 (71) A 031 CBC.
[2] MAUREL, Chloé. *L'Unesco de 1945 à 1974*. Paris : Op. cit., p. 766-767.
[3] Voir Archives Unesco, dossier 361.9 : 02.
[4] PARKER, Stephen. *Unesco and Library Development Planning*. Op. cit., p. 86-87.
[5] Voir Archives Unesco, dossier 02 A 20.

organisée par les Allemands et les Japonais[1] ». Sont cités parmi les pays qui se trouvent « dans la pire situation » la Birmanie, la Chine, la Hongrie, l'Italie, les Philippines, la Pologne et la Tchécoslovaquie. Comme le souligne l'Unesco à cette occasion, la pérennité et le développement de structures comme les bibliothèques dépendent d'abord du contexte local ; la bibliothèque de l'Université de Louvain, qui totalise 500 000 volumes fin 1948 après avoir été détruite en 1914 puis en 1940, devient à cet égard un « symbole de la reconstruction sans fin » menée par les bibliothécaires[2].

Une activité directe importante de l'Unesco consiste alors à collecter et à redistribuer des livres à de nombreuses bibliothèques. La Section des bibliothèques et des musées envoie l'un de ses fonctionnaires, Lars J. Lind, en Yougoslavie, en Tchécoslovaquie et en Grèce en 1947 afin d'y évaluer la situation des bibliothèques et des musées[3]. En parallèle, l'Association des bibliothécaires américains (*American Library Association*, ALA), dresse en 1947 une liste de bibliothèques, réparties dans 23 pays, à aider de manière urgente. Divisée en quatre catégories selon le degré de priorité, cette liste comprend majoritairement des pays européens, des pays anglophones faisant partie du Commonwealth (Australie, Inde, Nouvelle-Zélande) ou des pays particulièrement stratégiques (Afrique du sud, Chine).

L'une des premières tâches concrètes de l'Unesco consiste en une distribution gratuite, en février-mars 1947, de 300 exemplaires de l'*Encyclopedia Britannica* donnés par l'Université de Chicago, distribution réalisée par le Département de la reconstruction et la Division des bibliothèques dans 17 pays[4]. A noter que la Corée, qui en a pourtant fait la demande, est en mars 1947 « temporairement exclue de [cette] distribution » en tant qu'ex-pays ennemi[5]. Mais une seconde distribution en 1949 est élargie à la Chine, au Congo belge, à la Corée, à la Hongrie et à l'Italie.

En 1949, une somme de 77 000 $ est allouée au programme de Reconstruction et partagée entre quatre services : 53 000 $ pour le département de l'Éducation, 11 000 $ pour la division des Arts et Lettres, 10 000 $ pour la division des bibliothèques et 3 000 $ pour la division des Musées[6]. Environ 300 bibliothèques sont concernées et reçoivent des livres achetés et distribués par l'Unesco. Plusieurs institutions européennes sont aussi aidées entre 1947 et 1950, comme les bibliothèques de Dunkerque, Strasbourg et Varsovie. En 1950, ayant appris l'état dans lequel se trouvent plusieurs bibliothèques françaises de province à la fin de la guerre, l'Unesco lance un appel aux volontaires et coordonne la reconstruction de plusieurs bibliothèques par des équipes bénévoles de jeunes Danois et Suédois[7].

---

[1] Interview de Zuckerman par Carl MacCaull pour la radio *Canadian Broadcasting Corporation*, Halifax, 4 fév. 1949. Archives Unesco, dossier 04 (71) A 031 CBC.

[2] « Les objectifs du Centre du livre canadien », déc. 1948. Archives Unesco, dossier 04 (71) A 031 CBC.

[3] Lettre de Carter à Zivkovic, 19 juillet 1946. Archives Unesco, dossier 02 A 20.

[4] Voir Archives Unesco, dossier 361.9 : 02 Enc. Brit.

[5] Lettre de Carter à Dale O'Brien, 11 mars 1947. Archives Unesco, dossier 361.9 : 02 Enc. Brit.

[6] Voir Archives Unesco, dossier 361.9 : 02.

[7] KENT, Francis. « Livres sans chaîne », in *Courrier de l'Unesco*, juin 1953, p. 16.

Dans le cadre du programme de Reconstruction, l'Unesco joue principalement un rôle d'intermédiaire entre des institutions américaines et canadiennes désireuses de faire des dons et des structures culturelles européennes qui ont souffert de la guerre. Cependant les États-Unis – pays qui contribue financièrement le plus à cette reconstruction mais en profite le moins – contestent très vite cette action, estimant qu'elle n'est pas du ressort de l'Unesco. L'opinion publique dans de nombreux pays européens y est pourtant tellement favorable (en particulier en France, en Belgique, au Royaume-Uni et en Pologne) que l'organisation continue à participer activement à la reconstruction jusqu'en 1950, date à laquelle le département concerné à l'Unesco finit par être supprimé sur la pression des États-Unis et du Royaume-Uni[1].

Depuis la fin de la guerre, les États-Unis préfèrent, en effet, agir directement ; un Centre américain du livre (*American Book Center*) est mis sur pied dès 1945 avec le soutien de la fondation Rockefeller. Ce projet est suivi avec beaucoup d'intérêt par Edward Carter, alors Conseiller pour les bibliothèques et les musées dans le cadre de la Commission préparatoire de l'Unesco. De nationalité britannique, Carter connaît bien le travail mené par le Centre interallié du livre à Londres, et propose un projet d'accord entre l'Unesco et ce Centre interallié au Conseil exécutif de la Commission préparatoire pour l'Unesco dès sa session du 10 janvier 1946[2]. Il revient à la charge le 11 juillet 1946 et parvient à faire approuver, dans le rapport sur les bibliothèques, la recommandation suivante :

> *En vue de la fermeture officielle du Centre interallié du livre à la fin de 1946, la section des bibliothèques doit accorder une attention immédiate à la manière dont son expérience, et si possible des éléments de son organisation, ajoutés à l'expérience et à l'organisation du Centre du livre américain, pourraient converger dans une Clearing House pour les publications qui soit pérenne et pleinement internationale*[3].

L'idée de Carter est de créer, à partir du Centre interallié, un Centre britannique du livre, une *Clearing House* servant de centre de réception et de distribution pour les livres et les documents.

Suite à ces interventions, la Commission préparatoire de l'Unesco affirme en juillet 1946 que l'Unesco aurait intérêt à reprendre les activités du Centre après sa fermeture fin 1946. Le 5 septembre 1946, il est décidé que le Centre interallié sera transféré fin janvier 1947 à l'Unesco, qui distribuera les ouvrages qui n'auront pas encore pu l'être à travers le monde. Le Centre, dont le coût de fonctionnement annuel est d'environ 18 000 $, a en effet récupéré près de 400 000 ouvrages, périodiques et imprimés, qu'il était chargé de distribuer. Après sa disparition, le stock restant doit être transféré à la bibliothèque centrale nationale à Londres, le coût du transfert des ouvrages et de l'installation d'étagères (évalué à 2 400 $) étant à la charge de l'Unesco. Cette dernière refuse toutefois de payer les étagères, estimant que c'est un investissement dont la

---

[1] MAUREL, Chloé. *L'Unesco de 1945 à 1974*. Op. cit., p. 767-768.

[2] Lettre de Carter à W. R. Richardson, 8 janvier 1946. Archives Unesco, dossier 04 (41-4) A 031 BNBC.

[3] Lettre de Carter à Headicar, 12 juillet 1946. Archives Unesco, dossier 04 (41-4) A 031 BNBC.

bibliothèque doit supporter le coût. Les étagères sont finalement fournies gratuitement par le ministère de l'Équipement britannique, bien qu'avec beaucoup de retard, mais l'Unesco se voit par contre obligée de contribuer à la location des locaux du Centre pendant trois mois, pour une somme de 1 620 $.

En mars-avril 1947, l'Unesco finit par s'occuper à ses frais du transfert à la bibliothèque centrale nationale des 140 000 livres et archives du Centre interallié. Le faible budget de l'organisation ne lui permet d'apporter qu'une aide modeste au projet, ce dont Carter s'excuse auprès du ministère de l'Éducation :

> *Nous ferons tout ce qui est en notre pouvoir pour aider le développement de centres nationaux du livre ou de clearing houses. J'espère sincèrement que la très modeste somme – modeste seulement car c'est tout ce que permet notre budget – que l'Unesco est capable de donner pour l'instant servira à démontrer aux bibliothécaires britanniques et à leur public, ainsi qu'au gouvernement de Sa Majesté, qu'un tel centre du livre ou* clearing house *pourrait devenir un élément essentiel de la structure des bibliothèques dans le pays*[1].

La distribution des ouvrages par le Centre interallié du livre, prévue avant le déménagement, prend aussi du retard à cause de conditions climatiques désastreuses, les chutes de neige et les coupures d'électricité au Royaume-Uni rendant les transports et déplacements compliqués. En outre, le processus suivi pour distribuer les livres est lent et minutieux : l'Unesco fait le lien entre les bibliothèques britanniques désireuses d'offrir des livres, les commissions nationales, les ambassades et le Centre interallié afin de répondre au mieux aux demandes avec les stocks disponibles.

D'autre part, l'Unesco et le ministère de l'Éducation britannique ne parviennent pas à trouver d'accord financier. En mars 1947, Carter écrit au ministère : « Je considère l'achèvement du travail comme de la plus grande importance, à la fois que c'est un travail utile qui doit être fait, et parce l'Unesco "perdra la face » si nous échouons[2] ». La question financière est compliquée par le fait que les salariés du Centre interallié bénéficiaient d'avantages liés à la fonction publique internationale et que leur transfert à un Centre national britannique du livre devrait s'accompagner d'une revalorisation de leur salaire net afin de tenir compte de la perte de revenu liée à leur changement de statut... Finalement, un compromis est trouvé, en accordant au Centre le résidu des fonds prévus par le Royaume-Uni pour l'organisation de la CMAE.

En mai 1947, Carter rappelle cependant au ministère de l'Éducation britannique que « l'Unesco ne possède ni les fonds ni, devrais-je dire, l'intention de continuer indéfiniment avec ce travail [de redistribution des livres] et après une certaine période, qui ira au plus tard jusqu'à fin 1947, nous arrêterons les envois[3] ». Le budget global de l'opération se révélant beaucoup plus élevé que prévu, l'Unesco envisage de mettre fin à sa collaboration avec le Centre interallié du livre dès septembre 1947, ce qui contrarie fortement R.H. Hill, directeur de la bibliothèque centrale nationale.

---

[1] Lettre de Carter à Richardson, 6 fév 1947. Archives Unesco, dossier 04 (41-4) A 031 BNBC.

[2] Lettre de Carter à Richardson, 4 mars 1947. Archives Unesco, dossier 04 (41-4) A 031 BNBC.

[3] Lettre de Carter à Hawkes, 8 mai 1947. Archives Unesco, dossier 04 (41-4) A 031 BNBC.

L'objectif à long terme poursuivi par l'Unesco est « d'encourager le développement d'un centre national britannique d'échanges » et donc « de stimuler le discussion en Grande-Bretagne sur ce projet[1] ». Entre février et juin 1947, Carter tente de convaincre différents interlocuteurs du ministère de l'Éducation de l'intérêt de la création d'une telle structure, qui selon lui pourrait employer huit personnes à plein temps. Mais Hill se montre très pessimiste sur cette question et estime en juin 1947 :

> *Dans les conditions présentes, il n'est pas question que la bibliothèque centrale nationale puisse agir en tant que centre national d'échanges et de distribution autrement qu'à petite échelle pour les temps à venir [...] Tout cela demande du personnel, de l'équipement et des fonds supplémentaires. Mon avis est que nous allons devoir procéder très progressivement pour ce projet et d'autres similaires*[2].

Face au scepticisme des Britanniques, l'Unesco revient à un projet plus modeste, proposant que le Centre fonctionne avec seulement un directeur et un secrétaire, aidés par des collaborateurs bénévoles, ce qui réduirait les coûts de fonctionnement. Jacob Zuckerman, responsable de la *Clearing House* de l'Unesco, pense qu'« il serait préférable que le Centre soit géré complètement par des bénévoles plutôt qu'il ne soit fermé de toute façon[3] ».

En fin de compte, un Centre national britannique du livre en tant que tel n'est pas vraiment créé, puisque le principe de l'inclure à l'intérieur de la Bibliothèque nationale centrale est voté début juin 1947. Mis en place durant l'été 1947, ce nouveau Centre, constitué comme une entité à part entière au sein de la bibliothèque, continue de percevoir une aide financière de la part de l'Unesco. La distribution de livres se poursuit, l'Unesco recevant régulièrement de nouvelles demandes, y compris de pays non prévus dans le cadre du programme de reconstruction (notamment les Pays-Bas et la Chine). Au total, 12 000 livres sont donnés à plus de 600 bibliothèques, tandis que 798 périodiques en anglais sont distribués à 263 bibliothèques dans 10 pays. Parmi les ouvrages distribués figure une grande partie des publications de la SDN, qui autrement auraient été détruites.

Parmi les sollicitations reçues par le Centre se trouve une demande du *Council of British Societies for Relief Abroad*, qui souhaiterait récupérer des ouvrages de fiction contemporaine en langue anglaise pour équiper 12 salles de lectures qu'il est en train de contribuer à établir en Allemagne. Ce à quoi A.D. Nicholson, directeur du Centre, répond en février 1947 que « le Centre interallié du livre ne fournissait pas de livres aux ex-pays ennemis, mais l'Unesco souhaitera peut-être le faire[4] ». Toutefois, Carter confirme que l'Unesco ne peut répondre à cette demande car celle-ci « soulève des questions auxquelles il n'est pas possible de répondre immédiatement. La politique de l'Unesco à l'égard de l'Allemagne n'a pas encore été décidée. Jusqu'à ce qu'elle le soit, nous devons

---

[1] Ibid.

[2] Lettre de Hill à Carter, 30 juin 1947. Archives Unesco, dossier 04 (41-4) A 031 BNBC.

[3] Mémo de Zuckerman à Carter et Drzewieski, 24 juin 1947. Archives Unesco, dossier 04 (41-4) A 031 BNBC.

[4] Lettre de Nicholson à Agnew, 21 fév 1947. Archives Unesco, dossier 04 (41-4) A 031 BNBC.

confiner notre travail au profit des États membres de l'Unesco et des États de l'UNRRA[1] ».

A partir d'août 1947, une partie des ouvrages et revues restants sont donnés à des bibliothèques britanniques ayant été bombardées ou proposés d'occasion aux bibliothèques intéressées, l'argent obtenu devant servir au fonctionnement du Centre. Enfin, les publications considérées comme de peu de valeur sont vendues au prix du papier. L'objectif est de liquider l'ensemble du stock, d'autant plus que la bibliothèque centrale nationale prévoit que le Centre soit « un bureau plutôt qu'une agence de réception et de distribution », qui « collectera et fera circuler l'information sur la matériel disponible et s'arrangera pour que les échanges et les dons se fassent directement entre les institutions concernées[2] », en précisant qu'elle n'agira comme plateforme d'échanges que dans des cas exceptionnels. On a donc l'impression que les Britanniques ont créé un « Centre » pour accéder à la demande de l'Unesco mais en modifiant assez largement la fonction première qui devait être la sienne, pour l'adapter à leur propre vision des échanges internationaux de publications...

Suite à cette expérience, l'Unesco encourage la création d'autres centres nationaux du livre, en particulier au Canada et en France[3]. L'objectif de ces centres est d'abord de récolter des livres – dictionnaires, manuels, livres de référence, travaux scientifiques récents – pour les redistribuer aux pays dévastés par la guerre, même si l'Unesco aimerait qu'ils puissent ensuite devenir permanents et contribuer à la circulation régulière des publications entre les pays du monde. Le DG considère en effet que « cette création déchargera l'Unesco d'une part considérable de son travail[4] ». La Conférence générale recommande aux États membres de créer de tels centres, tout en chargeant le DG de favoriser leur création, leur fonctionnement et leur développement et de faciliter leur mise en rapport les unes avec les autres.

Cependant, malgré les efforts d'Edward Carter, la Conférence générale qui se tient en novembre-décembre 1947 n'inscrit pas au budget de l'organisation la possibilité d'accorder une aide financière pour la création de centres nationaux du livre, ce qui exclut également l'octroi d'une subvention au Centre national britannique du livre pour 1948[5]. Ce dernier parvient toutefois à obtenir un soutien de l'État britannique (subvention de 1 750 £) et consacre la majeure partie de l'année 1948 à liquider le stock d'ouvrages restants. Entre avril et octobre 1948, 26 786 livres et périodiques sont distribués à 404 bibliothèques dans 19 pays ; 9350 documents sont répartis entre 170 bibliothèques britanniques[6].

---

[1] Lettre de Carter à Nicholson, 27 fév 1947. Archives Unesco, dossier 04 (41-4) A 031 BNBC.

[2] « British National Book Centre », document de présentation de la bibliothèque centrale nationale, non daté. Archives Unesco, dossier 04 (41-4) A 031 BNBC.

[3] Voir Archives Unesco, dossier 04 (71) A 031 CBC.

[4] *Rapport du Directeur général concernant 1947*, p. 55.

[5] Lettre de Carter à Hawkes, 23 déc 1947. Archives Unesco, dossier 04 (41-4) A 031 BNBC.

[6] NICOLSON, A.D. « British National Book Centre », 28 octobre 1948. Archives Unesco, dossier 04 (41-4) A 031 BNBC.

En parallèle, l'Unesco demande à un maximum d'organisations (associations, ONG, etc.) de « faire tout ce qui est en leur pouvoir pour collecter des livres » sachant que « la pénurie de livres est l'un des problèmes les plus difficiles et les plus urgents de la reconstruction[1] ». Dans une note, Carter explique comment les « organisations volontaires » peuvent inciter les gouvernements à créer des centres nationaux d'échange et de distribution de livres :

> *Aucun des aspects du travail éducatif, scientifique et culturel ne peut fonctionner si les gens ne disposent pas des livres dont ils ont besoin. [...] L'aide directe d'organisations volontaires est nécessaire afin d'attirer sur le besoin de livres l'attention des particuliers comme des institutions, ainsi que celle des maisons d'édition qui ne disposent pas de bibliothèques.*
>
> *Chaque organisation volontaire qui connaît une source où s'approvisionner en livres pour procéder à une distribution dans le cadre de la reconstruction est priée de faire tout son possible pour collecter des livres à donner. [...] Dès qu'une organisation commence à collecter des livres, des décisions doivent être prises sur leur distribution, sans oublier le problème financier du transport. A un moment où pratiquement toutes les bibliothèques, les écoles, etc. dans les pays dévastés par la guerre sont en sous-effectif, un grand embarras peut être causé par une distribution qui ne serait pas faite avec une parfaite connaissance des besoins. De larges quantités de livres qui ne correspondent pas à des besoins réels peuvent constituer un encombrement plutôt qu'une aide. [...] Les organisations volontaires qui collectent des livres peuvent grandement aider l'Unesco en utilisant leur influence pour encourager la création de ces centres [d'échange et de distribution de livres] en sollicitant directement leur gouvernement national et leur commission nationale pour l'Unesco*[2].

Afin de favoriser la création de centres nationaux du livre, l'Unesco met en place un Comité des Bibliothèques du TICER, dont la première réunion a lieu à Paris le 14 janvier 1948[3]. Sept personnes y participent, dont 3 représentants d'organisations extérieures (*World Federation of United Nations Associations, International Federation of University Woman, Friends' World Committee*) et 4 fonctionnaires de l'Unesco : Ainley (département de la reconstruction), Zuckerman, Petersen et Hercik (Secteur des relations extérieures).

Ce Comité met en place un plan visant à demander des fonds aux gouvernements afin d'établir de nouveaux centres, de trouver et de transporter les livres et de rechercher des bénévoles pour les faire fonctionner. Le coût d'un centre national du livre est évalué à environ 1 100 à 1 200 $ par mois. Il est proposé de faire « de la propagande en faveur de la campagne dans la presse et à la radio[4] ». Dans un premier temps, il est décidé d'essayer de récolter des livres en France, et de solliciter les organisations suivantes : FIAB, ABF, Entr'aide française, Ligue des sociétés de Croix-Rouge, Association nationale d'instituteurs, Fonds mondial de secours aux étudiants, Service civil

[1] « National Book Exchange and Distribution Centres – The Role of Voluntary Organisations », 31 juil. 1947. Archives Unesco, dossier 362.9 A01 TICER : 02 A02.
[2] Ibid.
[3] Voir Archives Unesco, dossier 362.9 A01 TICER : 02 A02.
[4] « Compte-rendu de la réunion du Comité des Bibliothèques du TICER tenue le 14 janvier 1948 », 19 janv 1948. Archives Unesco, dossier 362.9 A01 TICER :02 A02

international, Fédération internationale des professeurs de l'enseignement secondaire officiel, Association internationale d'échanges scolaires.

Une semaine plus tard, une deuxième réunion est organisée, à laquelle participe le président de la commission nationale française pour l'Unesco, Yves Brunsvick. Celui-ci propose que la commission nationale française apporte sa contribution au projet en participant à la campagne d'appel au don et en se rapprochant du gouvernement français[1]. Par ailleurs, il est envisagé de créer deux centres nationaux du livre supplémentaires, l'un dans un pays dévasté par la guerre et l'autre dans un pays non dévasté.

Au lendemain de cette réunion, Carter, enthousiasmé, écrit à Tietse Pieter Sevensma qu'« il est maintenant presque certain que nous parviendrons à établir le centre français, qui sera un grand pas en avant des programmes de l'Unesco[2] ». Le centre français est considéré comme un projet important, qui doit permettre de répondre au besoin de publications en langue française[3] dans les pays dévastés par la guerre.

Deux nouvelles réunions ont lieu en février 1948 et le Comité des Bibliothèques du TICER, optimiste, envisage de créer des centres dans 4 pays (Tchécoslovaquie, Italie, Pologne, Suisse) en demandant une aide financière à l'Unesco. Pourtant, non seulement ces centres ne verront jamais le jour, mais même le centre français reste lettre morte « à cause de l'échec à trouver les fonds qui sont absolument nécessaires à son fonctionnement[4] », la France refusant toute prise en charge financière des frais d'un tel centre.

Un Centre du livre canadien, en revanche, est mis en place à partir de juillet 1948 à Halifax, en Nouvelle-Ecosse[5]. Dans le cadre d'une vaste « campagne publique pour la reconstruction » menée au Canada, ce Centre a pour principale tâche de superviser une campagne de souscription intitulée « En avant les livres ». Dirigée conjointement par le président de l'Université du Saskatchewan, J.S. Thomson, pour la partie anglophone et par le recteur de l'Université de Montréal, Msgr. Olivier Maurault, pour la partie francophone, la campagne débute le 15 janvier 1949 et permet de collecter environ 25 000 ouvrages durant les trois premières semaines, pour atteindre au final 180 000 livres. Contrairement aux campagnes précédentes, les livres collectés n'ont plus besoin de transiter par le Centre du livre américain et peuvent désormais être distribués directement par le Centre canadien aux ambassades et consulats des pays intéressés.

Dans cette campagne, le rôle de l'Unesco se borne à trois aspects, à savoir aider à la création du Centre canadien du livre par des conseils et une expertise sur les expériences menées ailleurs ; suggérer les domaines dans lesquels les besoins de livres et brochures sont les plus grands ; aider le Centre du livre à

---

[1] Voir Archives Unesco, dossier 362.9 A01 TICER : 02 A02.
[2] Lettre de Carter à Sevensma, 22 janvier 1948. Archives Unesco, dossier 362.9 A01 TICER : 02 A02.
[3] TICER. « *The importance of a French book centre* ». Archives Unesco, dossier 362.9 A01 TICER : 02 A02.
[4] Ibid.
[5] Voir Archives Unesco, dossier 04 (71) A 031 CBC.

distribuer le matériel collecté, en facilitant les contacts avec les représentants culturels et diplomatiques au Canada des pays intéressés.

Faute de moyens financiers, aucun membre de la section des Bibliothèques de l'Unesco ne peut toutefois se rendre au Canada. En juin 1948, Edward Carter suggère donc à Bérengère Paré – qui est chargée, au sein du Conseil canadien pour la Reconstruction par l'Unesco (Ottawa), de mettre en place le Centre du livre canadien – de se rapprocher de l'un des créateurs du Centre du livre américain. Il lui donne les noms de M. Lacey, de la bibliothèque du Congrès et de Milton Lord, directeur de la bibliothèque publique de Boston et ancien président du Centre du livre américain.

Mis en place à partir de juillet 1948, le Centre du livre canadien est dirigé par Margaret N. Reynolds et emploie sept personnes à temps plein. Il est officiellement inauguré le 4 février 1949 en présence d'une cinquantaine de personnes et de Jacob Zuckerman, en mission au Canada pour le programme de « Bons du livre ». Un plan de coopération entre le Centre et l'Unesco est discuté et approuvé le 9 février par le comité directeur du Centre, indiquant le souhait de l'Unesco que le Centre puisse se transformer graduellement en un centre permanent d'échange de publications.

Suite à la campagne de collecte, le Centre édite en 1949 deux listes de livres et de brochures proposés « gratuitement aux bibliothèques qui ont eu à subir le contrecoup de la guerre[1] ». Les structures intéressées sont invitées à faire part de leurs demandes à l'Unesco avant le 31 août 1949. L'Unesco apporte sa collaboration, en distribuant largement ces listes à travers le monde et en faisant des suggestions quant à l'allocation des livres et brochures.

Cependant, un différend se produit peu après. Alors que le Centre souhaite restreindre la distribution à trois pays d'Europe de l'Ouest concernés par le programme de reconstruction, l'Unesco plaide pour une distribution plus large, incluant les pays d'Europe de l'Est où « les besoins sont immenses et [où] il y a beaucoup de bonne volonté et d'impatience à recevoir des publications importantes en langue anglaise[2] ». Carter évoque aussi l'Inde et les pays du Moyen-Orient, argumentant que « c'est justement parce que certains pays sont éloignés des centres de la civilisation "occidentale" que leurs besoins sont plus grands et la désirabilité de leur apporter de l'aide plus urgente[3] ».

Les autorités canadiennes restant sur leur position, Zuckerman suggère de s'adresser directement au Conseil canadien pour la reconstruction par l'Unesco, en insistant sur le fait que les livres ont été collectés par une organisation partenaire de l'Unesco. Mais la lettre envoyée le 18 juillet 1949 est mal perçue par l'organisation canadienne, qui estime que l'Unesco ne prend pas la mesure de l'énorme travail et de l'investissement représentés par cette opération pour le Canada – d'autant que le Centre du livre canadien a dû assurer lui-même

---

[1] *Livres et brochures disponibles du Canadian Book Centre*, non daté. Archives Unesco, dossier 04 (71) A 031 CBC.

[2] Lettre de Carter à Morton, 7 avril 1949. Archives Unesco, dossier 04 (71)A 031CBC

[3] Ibid.

l'acheminement des livres dans les pays bénéficiaires contrairement à ce qui était initialement envisagé :

Je voudrais vous expliquer franchement que la conduite du projet de Centre du livre a présenté de formidables difficultés d'organisation tout comme le Conseil canadien pour la reconstruction par l'Unesco, qui est une organisation bénévole disposant de fonds limités et n'ayant nullement l'intention de devenir pérenne. Assurer la circulation de 14 listes de livres différentes dans plus de 1 000 institutions dans quatorze pays (et non pas huit comme c'est le cas maintenant) ; négocier l'envoi gratuit par bateau à chaque fois que c'était possible pour les 14 pays, et spécialement pour des pays aussi éloignés que l'Iran et les Philippines ; et devoir préparer des cérémonies de présentation dans 14 pays (alors qu'il n'y a aucune représentation canadienne dans cinq d'entre eux) aurait à soi seul nécessité des dépenses administratives permanentes que nous n'avons jamais envisagées[1].

Par ailleurs, le Conseil canadien pour la reconstruction par l'Unesco cite des exemples de pays lui ayant posé problème dans le cadre du projet (absence de réponse, refus de livres, difficultés d'acheminement des livres...), dont la Chine, la Tchécoslovaquie, la Hongrie et la Pologne. Voilà pourquoi il préfère privilégier quelques pays dans lesquels l'acheminement pose peu de problèmes et où « se trouvent une majorité d'institutions bénéficiaires possibles pour lesquelles nous pouvons nous attendre à répondre à un nombre considérable de demandes[2] ».

Cet exemple est représentatif des difficultés qui se posent à l'Unesco dans la conduite de ses projets, notamment lorsque son rôle se borne au conseil et à l'expertise et qu'elle n'apporte aucune contribution financière. Ce genre d'activité dépend complètement de ses partenaires, qui se sentent libres de suivre ou non ses conseils. Par ailleurs, le Centre du livre canadien, tel qu'il a été conçu, dépend en partie de l'Association des Bibliothécaires canadiens, qui n'envisage pas de poursuivre les activités en tant que Centre d'échanges de publications, estimant que les bibliothèques peuvent procéder à des échanges dans le monde entier sans avoir besoin d'une structure particulière. C'est là une conception très anglo-saxonne de liberté des échanges et de méfiance face à une centralisation administrative à la française. Carter tente pourtant de rassurer les craintes de l'Association des bibliothécaires canadiens en avril 1949 :

En tant que bibliothécaire britannique, j'ai moi-même été amené à apprécier les avantages indéniables des échanges directs à chaque fois que cela est possible et je ne souhaite certainement pas promouvoir de quelque manière que ce soit des centres d'échanges qui constitueraient un goulot d'étranglement ou une obstruction à des échanges libres et directs. Nous avons conçu les fonctions d'un centre d'échanges de manière à y inclure non seulement l'aide et le conseil dans le domaine des échanges de périodiques, mais aussi des fonctions de centre d'échanges, afin de s'assurer qu'aucun matériel valable en surplus n'est perdu pour le monde culturel simplement parce qu'il n'existe pas d'organisation compétente pour s'occuper de sa distribution[3].

---

[1] Lettre de Gibson au DG, 22 nov 1949. Archives Unesco, dossier 04 (71) A 031 CBC

[2] Ibid.

[3] Lettre de Carter à Morton, 7 avril 1949. Archives Unesco, dossier 04 (71)A 031CBC

Malgré cela, le Centre du livre canadien ferme définitivement ses portes début 1950. Cette fermeture marque la fin d'une première période d'activités de l'Unesco centrée, dans le domaine du livre, sur la question de la reconstruction d'après-guerre. L'organisation mène par ailleurs d'autres projets de dons de livres, eux aussi liés à la question de la reconstruction.

LES PROGRAMMES DE DON DE LIVRES

Dans l'après-guerre, l'Unesco tente de combler les besoins en livres à travers deux projets complémentaires : le système de « bons de livre Unesco » et le *CARE-Unesco Book Scheme*, programme d'origine américaine.

L'avant-projet des « bons de livres » Unesco, dont l'objectif est de permettre aux ressortissants des pays gênés par le manque de devises fortes de se procurer les livres dont ils ont besoin, est mis au point en 1947, en particulier par Jacob Zuckerman, qui apparaît comme le « principal "inventeur" en 1948/49 du système des Bons Unesco[1] ». Afin de faciliter l'acquisition de publications étrangères à caractère culturel et scientifique, l'Unesco émet des bons, qui, payés par l'acheteur (ou donnés) dans la monnaie de son pays, sont remboursés en devises nationales à l'éditeur ou au libraire étranger qui les reçoit. Plusieurs pays (Tchécoslovaquie, Pologne, Grèce) réagissent favorablement à ce projet, qui est officiellement lancé en 1948, avant d'être étendu à tout matériel de caractère éducatif, scientifique ou culturel.

Des « bons de livres » sont envoyés à titre d'essai fin 1948 aux cinq pays désireux de participer à l'expérience : Chine, France, Inde, Royaume-Uni et Tchécoslovaquie. Des libraires aux États-Unis prennent part au projet en tant que vendeurs de livres. A partir de 1949, l'Unesco généralise ce « mécanisme original et efficace » qui « suscite rapidement l'intérêt de très nombreux pays (donneurs comme bénéficiaires) et la satisfaction générale[2] ». La Hongrie et la Suisse se joignent à l'expérience en 1949, tandis que des contacts sont pris avec différents pays. Une réunion en octobre 1949 tente d'évaluer les premiers résultats du projet[3] ; l'Unesco conclut que les dispositions arrêtées pour la comptabilité et le paiement des bons fonctionnent correctement, bien que les organismes nationaux mettent du temps à se mettre en marche. Toutefois, la majorité des donations nécessaires au fonctionnement du projet viennent d'Amérique du nord, or les gouvernements américain et canadien se montrent plutôt hostiles aux bons de livres. Le Canada juge le programme administrativement compliqué, inefficace et peu rentable ; les États-Unis l'estiment voué à l'échec et le voient comme un projet concurrent de leurs propres entreprises de collecte de fonds liées aux programmes d'aide au

---

[1] WILLINGS-GRINDA, Anne. *Les Clubs Unesco, des chemins de lumière. Vers une histoire des Clubs (1947-1996)*, Paris, Unesco, 1996, p. 28.

[2] MAUREL, Chloé. *L'Unesco de 1945 à 1974*. Op. cit., p. 768.

[3] « Les bons de livres Unesco ont fait du chemin », in *Courrier de l'Unesco*, novembre 1949, p. 8.

développement et à la reconstruction[1]. Ces deux États n'empêchent pas la poursuite du projet, mais leur collaboration peu enthousiaste explique sans doute la difficulté de l'Unesco à trouver des donateurs.

Selon Jean-Luc Mathieu, le système de « bons de livres » a « l'ampleur nécessairement limitée de toute organisation charitable[2] ». Dans les premières années, l'Unesco accorde des subventions relativement modestes, en général comprises entre 200$ et 1 000$ par institution. Quelques États reçoivent des sommes assez conséquentes : l'Inde reçoit par exemple 15 000 $ en 1949, la France touche l'équivalent de 24 144 $ en 1949, de 43.103 $ en 1950, de 64 002 $ en 1951. Mais cela se révèle nettement insuffisant au vu des énormes besoins :

> *La valeur totale des bons émis en dix mois par l'Unesco se chiffre à environ 250 000 dollars, mais la demande dépasse de beaucoup les possibilités financières actuelles de l'Unesco. En effet, la France, qui a reçu jusqu'ici plus de 20 000 dollars de bons, estime qu'elle pourrait utiliser 150 000 dollars. La Tchécoslovaquie, qui a eu 50 000 dollars de bons, en demande pour 240 000 dollars. Enfin, l'Inde, qui en a reçu pour 15 000 dollars, évalue ses besoins annuels à 200 000 dollars*[3].

Bien que le programme rencontre un accueil « favorable dans des milieux variés (bibliothèques, instituts d'enseignement supérieur, administrations publiques et privées, libraires, particuliers de conditions et professions diverses[4]), l'Unesco peine à trouver des donateurs. Philippe Roux (Division de l'assistance volontaire internationale) remarque par exemple en 1954 :

> *Nous avons parmi les bénéficiaires de nos activités d'entraide la bibliothèque nationale de Téhéran pour laquelle nous avons sollicité des bons d'entraide dont la valeur totale s'élève à 2 500 $. Nous n'avons pas réussi jusqu'à présent à intéresser des groupements donateurs importants à cette entreprise qui a reçu seulement 100 $. [...] Nous ne pouvons donner aucune garantie quant au succès des projets inscrits dans notre liste, les donateurs restant entièrement libres du choix de leur bénéficiaire dans le cadre de cette liste. L'Iran a été un des pays qui n'ont pratiquement jamais été choisis*[5].

La bibliothèque nationale iranienne devra finalement attendre 1956-1957 pour recevoir 800 $ de bons de livre offerts par le gouvernement japonais...

Poursuivi pendant les années 1950 et 1960, ce programme change progressivement de cible pour s'adresser au Tiers monde. Dans les années 1960, l'Unesco est en contact avec près de 3 500 bibliothèques réparties dans 78 pays, et édite une brochure répertoriant les projets et les besoins des bibliothèques pour les éventuels donateurs[6]. L'Unesco recueille toutefois peu de dons, principalement accordés par les États-Unis, la France, le Japon et le Royaume-

---

[1] Voir Archives Unesco, dossier 332.55 :02 UNESCO/CARE.

[2] MATHIEU, Jean-Luc. *Les institutions spécialisées des Nations Unies.* Paris : Masson, 1977, p. 235.

[3] « Les bons de livres Unesco ont fait du chemin ». Op. cit., p. 8.

[4] CAIN, Julien. *La bibliothèque nationale pendant les années 1945 à 1951. Rapport présenté à M. le Ministre de l'Éducation nationale.* Paris : 1954, p. 10.

[5] Voir Archives Unesco, dossier 36 A 653 (55) 258.

[6] Voir Archives Unesco, dossier 36 A 653 : 02.

Uni. Face à ce constat, le programme est modifié en profondeur en 1956, date à laquelle la somme totale dépensée se monte à près de 9 millions de dollars[1].

En parallèle, l'Unesco accepte de s'associer au programme américain *Cooperative for American Remittances to Europe* (CARE) lorsque ce dernier décide, en 1948, d'élargir son activité de dons de denrées alimentaires au don de livres à des bibliothèques[2]. Ce programme regroupe des institutions qui souhaitent encourager une meilleure connaissance des États-Unis à travers le monde, dont la bibliothèque du Congrès, le Département d'État, l'*American Library association* (ALA), le *US Book Exchange*, le *US Office of Éducation*, la *National Éducation association* et le *National Council of voluntary agencies.*

Ce programme s'insère dans le cadre du vaste plan d'aide à la reconstruction mis en place par les États-Unis et cible les établissements scolaires, les universités, les écoles techniques, les sociétés techniques et médicales en Europe et en Asie. Soutenu par la Commission nationale américaine pour l'Unesco, il dispose d'un canal très bien organisé d'achat, de vente et de distribution de livres aux États-Unis et à l'étranger, ainsi que de réductions sur l'achat de livres professionnels américains.

À l'Unesco, le Département de la reconstruction et celui des bibliothèques se montrent intéressés par l'idée de s'associer au programme CARE et des négociations sont menées fin 1948-début 1949 sur les questions pratiques et financières liées au projet. Suite à ces discussions menées par le sous-directeur américain Laves, un fonctionnaire de l'Office de l'Unesco à New York, Robert Stanforth, est détaché pour s'occuper exclusivement du projet, la moitié de son salaire étant prise en charge par CARE. Les livres distribués, majoritairement américains et tous de langue anglaise, sont choisis par une commission dirigée par Luther Evans avec l'assistance de l'ALA et de plusieurs grandes bibliothèques, l'objectif étant de privilégier des livres techniques et professionnels récents. La commission met en place une liste d'environ 1 300 titres, répartis en 9 catégories ; lorsque des fonds sont donnés sans destinataire spécifié, des livres sont distribués à différents pays et institutions selon une liste de priorités fournie par l'Unesco.

Le programme est officiellement lancé le 15 mai 1949. L'Unesco en fait la publicité à travers le *Bulletin à l'attention des bibliothèques*, le *Courrier de l'Unesco* et par l'envoi de communiqués de presse. Des livres sont accordés dès 1949 à différentes universités européennes (Louvain, Prague, Helsinki, Rome, Bordeaux...). Sur les premiers 10 000 livres distribués, 15% concernent l'apprentissage de la langue anglaise et des ouvrages de littérature, le reste étant majoritairement des ouvrages de science théorique ou appliquée. Début 1950, l'Unesco imprime aussi une brochure qui présente le programme comme la réponse des Américains à l'appel lancé par l'Unesco en faveur de la reconstruction, et une exposition est organisée afin de faire connaître le projet dans le hall d'entrée du bâtiment des Nations Unies à New York. Par ailleurs, un

---

[1] SCHUSTER, George Nauman. *Unesco : Assessment and Promise, Council on Foreign Relations*. Op. cit., p. 37.

[2] Voir Archives Unesco, dossier 332.55 :02 UNESCO/CARE.

certain nombre de dons de livres s'accompagnent de cérémonies de remise qui permettent de faire de la publicité au programme.

Sollicité fin 1949 pour se joindre au projet, le Canada refuse en invoquant différents arguments : volonté de ne pas provoquer amalgame et confusion avec la campagne de collecte de livres menée à la même période par le Centre du livre d'Halifax ; désir de ne pas utiliser des fonds levés au Canada pour acheter et distribuer des livres américains ou britanniques ; manque de popularité de l'Unesco à cette époque auprès du public canadien, établi par plusieurs sondages ; enfin absence, selon des rapports d'agences et d'ambassades opérant à l'étranger, d'un « besoin criant » de livres techniques, scientifiques et professionnels, notamment d'origine canadienne[1].

Pour 1950, l'organisation CARE prévoit d'envoyer plusieurs centaines de milliers d'ouvrages par bateaux en Europe et en Asie ; des milliers de livres doivent aussi être acheminés par des agences partenaires de CARE, dont beaucoup sont à connotation religieuse, telles le *Church World Service*, la *National Catholic Welfare Conference* ou encore l'*American Friends Service Committee* (organisation Quaker).

Hésitant à renouveler le partenariat pour une année supplémentaire, l'Unesco demande aux Américains de faire des efforts pour mieux l'associer à la communication du projet et pour étendre le programme à des publications non américaines, ce qui serait à la fois « généreux et sage[2] ». L'Unesco accorde aussi une grande importance au fait d'encourager les bibliothécaires à choisir eux-mêmes les livres qu'ils reçoivent, « la capacité à faire des choix étant l'une des qualités de base d'un bon bibliothécaire[3] ». Carter estime qu'il serait judicieux d'envoyer de manière systématique aux bibliothèques les bibliographies les plus importantes dans les différents domaines du savoir, au lieu d'envoyer directement un certain nombre d'ouvrages choisis par le comité américain qui gère le programme. Plusieurs fonctionnaires (Carter, Evert Barger du Service de reconstruction) craignent enfin que le nom et l'image de l'Unesco ne soient utilisés par les Américains pour leur propagande nationale[4]. Le Département d'État américain accorde par exemple à la Finlande l'équivalent de 38 000 $ sous forme de livres, mais à cause des aspects politiques de ce don et du fait que la Finlande n'est pas membre de l'Unesco, cette dernière refuse d'y être associée...

L'Unesco se montre « de plus en plus irritée par le genre de publicité et le discours général autour du programme pour le livre CARE/Unesco, qui semble presque avoir atteint un niveau dangereux pour les relations publiques de l'Unesco[5] » ; en avril 1950, le Département de la reconstruction envisage donc de cesser sa collaboration au programme. Par ailleurs, le Département de la reconstruction envoie, début 1950, un fonctionnaire aux États-Unis pour

[1] Lettre de Stanforth à Carter, 20 avril 1950. Archives Unesco, dossier 332.55 :02 UNESCO/CARE.
[2] Lettre de Carter à Stanforth, 3 mai 1950. Archives Unesco, dossier 332.55 :02 UNESCO/CARE.
[3] Ibid.
[4] Mémo de Barger à Carter, 17 avril 1950. Archives Unesco, dossier 332.55 :02 UNESCO/CARE.
[5] Lettre confidentielle de Barger à Gilbert, 27 avril 1950. Archives Unesco, dossier 332.55 :02 UNESCO/CARE.

communiquer autour de différents programmes ; cette mission crée un fort mécontentement chez les responsables de CARE, qui se déclarent « perturbés que l'Unesco décide unilatéralement de lancer un autre appel[1] » et considèrent que si le programme de « bons de livres » manque de donateurs, il ne faut pas que l'Unesco se transforme pour autant en agence pour lever des fonds. Après un échange de courriers tendus en mai 1950, puis une rencontre à Paris entre Carter et Paul Comly French (directeur exécutif de CARE) en juillet 1950, la situation finit par s'apaiser plus ou moins, d'autant que CARE accepte d'envisager d'élargir le périmètre géographique du programme à l'Amérique latine.

Néanmoins, l'*American Library Association* (ALA) contre-attaque en septembre 1950 en proposant à l'Unesco de mettre en place un fonds spécifique pour les enfants, intitulé *CARE/Unesco Children's Books Fund*, avec le soutien financier de plusieurs institutions américaines. Sur un modèle de fonctionnement similaire, il s'agit d'envoyer des livres de jeunesse américains – choisis par la section de l'ALA spécialisée dans ce domaine – à des institutions (écoles, bibliothèques, écoles de formation d'enseignants, villages d'enfants, orphelinats...) à travers le monde, les donateurs pouvant choisir le pays et le type d'institution auxquels sont destinés les livres.

Une réunion est organisée par l'ALA à Washington le 29 septembre 1950 afin de présenter le projet aux partenaires potentiels, avant d'approcher officiellement les responsables de CARE ; la discussion est très animée sur plusieurs points, notamment le choix des titres à envoyer et le prix des « paquets » de livres pour les donateurs. Il est finalement suggéré de créer trois types de « paquets » à 10, 25 et 50 $, contenant chacun un choix de différents types d'ouvrages : livres de poche, albums, etc.

L'Unesco voit ce projet surtout comme une manière pour CARE de renforcer sa position et d'occuper le terrain, afin d'empêcher les collectes de fonds pour le développement du système de « bons de livres » de l'Unesco, que CARE souhaiterait « tuer dans l'œuf »[2]. Le système de « bons de livres », qui laisse beaucoup plus de latitude aux récipiendaires, est en effet nettement moins intéressant pour les États-Unis, à la fois en termes de propagande (d'une part, les coupons sont officiellement donnés par l'Unesco, d'autre part, chaque institution aidée peut choisir les ouvrages qu'elle souhaite se procurer partout dans le monde) et en termes économiques (dans les programmes pour le livre de CARE, l'argent recueilli aux États-Unis par le biais des collectes est directement reversé aux éditeurs américains, ce qui est loin d'être le cas en ce qui concerne les « bons de livres » de l'Unesco).

Pour des raisons sans doute diplomatiques, le projet *CARE/ Unesco Children's Books Fund* est tout de même mis en place et la collaboration entre CARE et l'Unesco se poursuit tant bien que mal début 1951. Lorsque Carter demande que soient envoyés au titre du programme des livres à différentes institutions

[1] Lettre de Comly French au DG, 3 mai 1950. Archives Unesco, dossier 332.55 :02 UNESCO/CARE.

[2] « *Memorandum summarising current Unesco/CARE relations* »,1950. Op. cit., p. 2.

créées ou sponsorisées par l'Unesco, CARE accepte avec enthousiasme et annonce l'envoi de l'équivalent de 1 000 $ en livres à chaque institution : bibliothèque publique de Delhi, Centre d'éducation fondamentale à Patzcuaro (Mexique), Institut de formation en bibliothéconomie (Paris), Bibliothèque de jeunesse internationale (Munich), bibliothèque de l'Université d'Hiroshima (Japon).

Il est aussi prévu que ces dons fassent l'objet d'une cérémonie de remise particulière durant la Conférence générale de 1951, avec un discours du DG Torres Bodet. Mais ce dernier, froissé que le don prévu pour le Centre d'éducation fondamentale de Patzcuaro au Mexique ait été annulé au profit d'autres institutions, prévoit de se désister ; à la demande de Luther Evans, il accepte que la cérémonie soit maintenue mais délègue le sous-directeur américain John Taylor pour le représenter. Afin d'éviter une crise, CARE préfère revenir sur sa décision et accorde tous les dons annoncés au départ (dont celui à Patzcuaro), ce qui donne lieu à une cérémonie à Paris le 9 juillet 1951 – à laquelle Torres Bodet refuse malgré tout d'assister[1]. Par ailleurs, tant à cause des tensions existantes que pour des raisons financières, le poste de Robert Stanforth n'est pas renouvelé par l'Unesco en juillet 1951. Enfin, alors que CARE refuse catégoriquement d'élargir le *Children's Books Fund* à des livres autres qu'américains, l'Unesco ne cesse de réclamer l'élargissement géographique du programme, en particulier en ce qui concerne l'origine et la langue des livres envoyés[2].

Le *CARE/Unesco Book program* se poursuit cependant, sachant que fin juin 1951, il a distribué l'équivalent d'un million de dollars à des bibliothèques dans 28 pays ; 80 à 90 % de cet argent provient de subventions du gouvernement américain, et seulement 10 à 20% des collectes de fonds auprès du grand public.

Si les activités se déroulent sur des bases à peu près semblables en 1952, les relations entre CARE et l'Unesco se détériorent de nouveau fin 1952, lorsque la *Newsletter* de la Commission nationale américaine pour l'Unesco, dans un article d'une dizaine de lignes consacrées au *Children's Book Fund*, ne cite pas l'Unesco comme partenaire du projet. Alors qu'Elizabeth Beeson (Office de l'Unesco à New York) se déclare « choquée[3] », Zuckerman, Carter et Campbell décident que « le moment est maintenant venu de mettre un point final à [la] relation officielle avec CARE[4] ». John Taylor envoie une lettre qui met fin à la collaboration entre les deux organismes le 17 décembre 1952. D'abord soulagé par cette rupture, CARE fera preuve d'une velléité de reprise de collaboration avec l'Unesco après l'élection de l'Américain Luther Evans au poste de Directeur général[5], mais les fonctionnaires de l'Unesco s'y opposent fermement, alors que, par ailleurs, de nombreuses organisations caritatives arrêtent progressivement

[1] Lettre de Carter à Comly French, 10 juillet 1951. Archives Unesco, dossier 332.55 :02 UNESCO/CARE.

[2] Lettre du DG à CARE, 27 juillet 1951. Op. cit.

[3] Mémo confidentiel de Beeson à Zuckerman, 23 octobre 1952 Archives Unesco, dossier 332.55 :02 UNESCO/CARE.

[4] Mémo confidentiel de Zuckerman à Beeson, 28 octobre 1952. Archives Unesco, dossier 332.55 :02 UNESCO/CARE.

[5] Mémo de Zuckerman à Beeson, 29 juillet 1953. Archives Unesco, dossier 332.55 :02 UNESCO/CARE

leur collaboration au programme CARE, largement détourné de son objectif officiel initial pour devenir une agence de propagande américaine[1].

A partir de 1953, l'Unesco concentre donc ses efforts sur son propre système de « bons de livres », qui, bien que d'ampleur plus modeste en termes financiers, s'inscrit, non dans l'idée de créer un flux de livres à sens unique, mais au contraire dans une logique d'encouragement des échanges de publications au niveau mondial.

LES ÉCHANGES INTERNATIONAUX DE PUBLICATIONS

Dans les années 1930, plus d'une cinquantaine de pays sont adhérents à la « Convention concernant les échanges internationaux pour les documents officiels et pour les publications scientifiques et littéraires », conclue à Bruxelles le 15 mars 1886. Après guerre, et suite à une recommandation adoptée par la CMAE en 1944, l'Unesco reprend cette action à travers trois types d'activités : l'organisation de services d'échanges nationaux et régionaux ou de réunions régionales sur le sujet ; la collecte et la diffusion d'informations concernant les possibilités d'échanges de publications ; enfin, l'assistance directe aux États membres[2].

La question des échanges de publications s'inscrit en particulier dans le cadre de la « rééducation » des pays ex-ennemis ; le Conseil exécutif de l'Unesco vote par exemple, le 13 mai 1948, une résolution visant à « favoriser entre l'Allemagne et d'autres pays l'échange de publications et de travaux d'ordre scientifique, éducatif et culturel, susceptibles de servir les fins de l'Unesco[3] ». Une réunion d'experts sur les échanges internationaux de publications (Paris, juillet 1948) définit les principes de la politique de l'Unesco dans ce domaine[4]. Un questionnaire est ensuite envoyé en août et octobre 1948 à de nombreuses bibliothèques à travers le monde afin de savoir si elles seraient intéressées par la mise en place d'un système d'échanges de publications avec l'Allemagne. Sur la vingtaine de réponses reçues en janvier 1949, trois pays seulement déclarent leur absence d'intérêt (Autriche, États-Unis et Nouvelle-Zélande). Ces pays possèdent une tradition d'échanges spontanés entre bibliothèques et ne voient pas l'intérêt de la mise en place d'un système centralisé. Mais la plupart des pays se montrent positifs sur un tel projet, qui correspond mieux à leur propre mode de fonctionnement ; ainsi, en France, l'idée de créer un centre d'échanges internationaux de livres et de périodiques médicaux est envisagée dans l'après-guerre, même si elle est abandonnée pour raisons financières[5].

---

[1] Mémo confidentiel de Zuckerman à Beeson, 28 octobre 1952. Op. cit.

[2] « Activités Unesco dans le domaine des échanges internationaux de publications », 1956. Archives Unesco, dossier 02 A 855 (5) 06 (520) « 57 ».

[3] Résolution évoquée dans le questionnaire envoyé aux bibliothèques en 1948. Archives Unesco, dossier 02 A 855.

[4] Voir Archives Unesco, dossier 02 A 855 (5) 06 (520) « 57 ».

[5] Voir Archives Unesco, dossier 02 A 855.

L'Unesco se lance dans la mise en place de Centres d'échanges littéraires, projet pour lequel Jacob Zuckerman est nommé expert-conseil dès juillet 1947 ; il entreprend une enquête sur les revues et les publications littéraires des États membres, en vue d'organiser en 1948 l'échange de certains articles de nature à servir la cause de la compréhension mutuelle entre les nations et entre les cultures. Devant les réponses positives de 12 pays qui s'engagent à participer au projet, des listes des revues littéraires importantes sont établies, et une note est adressée à 332 revues pour leur proposer de participer à ce système. Les éditeurs de revues sont invités à faire connaître le genre d'articles souhaités et les régions culturelles dont ils seraient désireux de recevoir des textes.

En septembre 1948, l'Unesco a reçu 151 réponses – dont 136 favorables, provenant en particulier de pays extra-européens tels la Chine et l'Inde. Des rapports d'échanges (une trentaine les deux premières années) s'établissent de pays à pays, surtout avec des revues asiatiques et latino-américaines. En avril 1949, Zuckerman est envoyé en mission en Allemagne, où un Centre pour l'échange international de publications est mis en place à Bad Godesberg pour les trois zones occidentales d'occupation. De son côté, la Bibliothèque nationale de Tokyo est désignée pour servir de centre international d'échange de publications pour le Japon ; sous la direction de T. Ichikawa, elle se révèle rapidement l'un des centres nationaux les plus actifs[1].

En 1953, Carlos Victor Penna, spécialiste des bibliothèques à l'Office régional de la Havane, propose d'organiser, en collaboration avec l'association cubaine de bibliothécaires, un séminaire sur les échanges nationaux et internationaux de publications avec l'objectif de créer un Centre national cubain pour les échanges littéraires[2]. L'idée est de décentraliser progressivement les opérations d'échange pour transférer à des centres nationaux une partie des attributions du Centre international géré par l'Unesco. Dans cette optique, des membres du secrétariat se rendent en 1954 au Brésil, en Colombie, en Inde, aux Pays-Bas, au Pakistan, en RFA et en Yougoslavie pour y présenter des suggestions visant à développer les services nationaux. Diverses réunions locales sont tenues sur le sujet en Amérique latine, puis des réunions régionales sont organisées à la Havane en 1956, à Damas et Tokyo en 1957[3].

En novembre 1957, la bibliothèque de la Diète nationale japonaise et la commission nationale japonaise organisent un stage d'études sur les échanges de publications avec l'aide de l'Unesco ; 27 États membres sont invités à y envoyer des participants, et les pays asiatiques sont conviés, après le stage, à prendre part à la réunion constitutive de la Fédération asiatique des associations de bibliothécaires. De par sa nationalité, c'est le Japonais Hiroshi Sakamoto (Division des bibliothèques) qui prépare ce stage avec la commission nationale japonaise, profitant notamment d'un séjour privé au Japon en avril-mai 1955[4].

---

[1] Lettre de Sakamoto à Sh. Baba, 26 août 1954. Archives Unesco, dossier 02 A 855 (5) 06 (520) « 57 ».

[2] Voir Archives Unesco, dossier 02 A 855.

[3] « Conférence sur les échanges internationaux de publications en Europe » (Budapest, septembre 1960). Archives Unesco, dossier 02 A 855 (4) 06 (439.1) « 60 »

[4] Voir Archives Unesco, dossier 02 A 855 (5) 06 (520) « 57 ».

Suite à des difficultés côté japonais pour trouver le financement nécessaire (10 000 $), Carter s'adresse à la fondation Rockefeller pour l'intéresser au projet et plus généralement aux activités de l'Unesco dans ce domaine, apparemment sans résultat puisque ce sont finalement les efforts conjugués du ministère des Finances japonais, de l'*Asia Foundation* et de l'Unesco (contribution de 5 000 $) qui permettent la tenue du stage d'études.

Sakamoto, qui quitte alors ses fonctions à l'Unesco, profite de son voyage de retour pour effectuer une mission aux États-Unis et au Canada en 1957, où il a l'occasion de faire de la publicité pour ce stage, notamment auprès de la bibliothèque du Congrès et du Canadien H.C. Campbell – ancien fonctionnaire de l'Unesco qui dirige désormais la bibliothèque publique de Toronto[1]. Après avoir réintégré la bibliothèque nationale japonaise, Sakamoto participe activement à l'organisation du stage d'études sur les échanges de publications au mois de novembre 1957.

Quant à la réunion constitutive de la Fédération asiatique des associations de bibliothécaires (AFLA), elle ne se déroule pas très bien, apparemment à cause des ambitions diverses des bibliothécaires présents, dont Velasco, Kalia et Nakamura. La commission nationale japonaise se félicite pourtant de la création de l'AFLA et remercie l'Unesco pour son aide générale.

Dans le domaine des publications, l'Unesco édite en 1950 un *Manuel des échanges internationaux de publications*, dont une seconde édition sort en 1956, puis une troisième en 1961[2]. L'organisation lance aussi, en 1953, une vaste enquête sur les obstacles à la libre circulation des livres ; Pierre Bourgeois, Edward Carter et Julian Behrstock soutiennent cette étude, dont les conclusions et recommandations pourraient être présentées lors du Congrès international des Éditeurs prévu durant l'été 1954[3].

La réalisation de cette étude est supervisée par la Division de libre circulation de l'information et des échanges de publication (Département de la communication de masse), dirigée de 1948 à 1976 par l'Américain Julian Behrstock[4]. Ce dernier envisage de passer un contrat avec le Norvégien M. Groth, et précise que l'étude devra se focaliser sur les aspects quantitatifs de la question, tout en reconnaissant qu'une analyse combinant qualitatif et

---

[1] Campbell quitte la Division des bibliothèques en 1956 pour devenir directeur de la bibliothèque municipale de Toronto, le poste le plus important dans le milieu bibliothécaire au Canada après celui de la bibliothèque nationale. Carter écrit à ce propos : « *J'ai été bien sûr terriblement désolé de perdre un collègue aussi extraordinairement compétent. Ses méthodes brillantes, bien que parfois un peu précipitées, ont vraiment produit des résultats, et lui et moi avons travaillé ensemble avec un réel enthousiasme, que je trouve parfois difficile de retrouver dans la situation actuelle. Néanmoins en ce qui concerne Harry, je suis ravi qu'il ait obtenu un poste aussi important. Il était dans une impasse professionnelle ici* ».
Lettre de Carter à Power, 9 nov. 1956. Archives Unesco, dossier 02 (439.1) A 12.

[2] Voir Archives Unesco, dossier 02 A 855 (4) 06 (439.1) « 60 ».

[3] Voir Archives Unesco, dossier 307 A 31.

[4] Dans les années 1950, Behrstock fait partie des 8 fonctionnaires américains soupçonnés par le Département d'État de Washington de non loyauté envers les États-Unis ; ces derniers obtiennent de Luther Evans, DG, le renvoi de ces fonctionnaires – à l'exception de Behrstock. En 1977, un an après son départ à la retraite, Behrstock reçoit l'*International Book Award* pour les services rendus à la cause du livre.

quantitatif « serait probablement d'un plus grand intérêt[1] ». Mais Behrstock justifie ce choix en indiquant :

Si notre décision semble quelque peu bureaucratique, en sacrifiant la possibilité d'un livre plus intéressant au respect d'un thème courant de l'Unesco, je voudrais ajouter que l'idée de M. Groth pourrait ne pas être perdue pour l'Unesco. Le sujet est tellement vaste qu'il peut très bien offrir l'occasion pour deux ouvrages. M. Carter a lu votre lettre et, bien que son programme ne lui permette pas de l'entreprendre pour l'instant, il estime que le genre d'étude envisagée par M. Groth pourrait constituer une intéressante contribution au travail du Département des activités culturelles, qui est un service plus approprié pour cela que le Département de la communication de masse[2].

En août 1953, la Division de la communication de masse prépare un plan de l'étude en question, intitulée *Le livre dans le monde.* De nombreux auteurs potentiels pour ce travail sont proposés par différents interlocuteurs, et le choix prend beaucoup de retard. Finalement, un contrat est signé avec l'éditeur britannique Ronald E. Barker en décembre 1953.

L'auteur, rémunéré à hauteur de 1 000 £, entreprend de collecter des masses d'information sur le livre dans le monde. L'Unesco suit de près la rédaction de l'étude, que Barker doit envoyer chapitre par chapitre après avoir établi un plan général de l'ensemble. Chaque Division fournit des informations détaillées dans son domaine de spécialité, ainsi Carter sur les bibliothèques, Hepp sur le droit d'auteur, Campbell sur les centres nationaux d'échanges littéraires, la Division des statistiques pour les statistiques concernant le livre, les bibliothèques et le programme de bons du livre. Mais la situation se complique après l'envoi en mars 1954 du premier chapitre par Barker. Catastrophé, Edward Carter écrit à Behrstock, alors en déplacement à New York :

Il y a quelques jours, M. Soljak m'a apporté la première version du premier chapitre de Barker intitulé « Le livre », que j'ai lu attentivement mais avec une consternation grandissante au fur et à mesure que je tournais les pages de cette histoire de troisième catégorie racontée par un illettré. J'ai été vraiment choqué. Le chapitre entier tel qu'il est écrit est totalement inutile [...] Je ne peux pas croire que quiconque parmi les intellectuels et professionnels qui forment le monde de l'édition ne trouve pas l'histoire de Barker insignifiante et pompeuse.

En outre c'est vraiment mal écrit. Presque chaque idée est lancée à l'aide d'un cliché et complétée par une phrase qui veut ostensiblement représenter la sagesse du monde.

Je ne sais pas quelle part de cette opinion M. Soljak a pu vous faire parvenir. Je sais à peine comment vous dire mon anxiété car si Barker est satisfait de ce qu'il a écrit, et cela semble être le cas, Dieu sait à quoi nous pouvons nous attendre concernant son jugement critique et ses capacités pédagogiques pour les 19/20èmes du livre qui restent.

Je suis désolée de vous déranger pendant que vous êtes loin du siège, mais Soljak et moi-même avons pensé qu'il valait mieux vous faire connaître mes commentaires maintenant

[1] Lettre de Behrstock à Tveteras, 23 juillet 1953. Archives Unesco, dossier 307 A 31.
[2] Lettre de Behrstock à Tveteras, 23 juillet 1953. Op. cit.

car si nous voulons annuler la commande ou une partie de celle-ci, nous devrions agir rapidement[1].

L'Unesco décide toutefois de poursuivre le travail avec Barker, en essayant de l'amener à améliorer son travail. Carter et Behrstock rencontrent régulièrement Barker à Londres pour discuter du projet et de son avancement. Cependant, en septembre 1954, l'étude n'est pas achevée, dépasse considérablement la longueur prévue et plusieurs chapitres contiennent de nombreuses erreurs... L'Unesco se veut tout de même encourageante et demande à Barker de conclure l'étude pour décembre 1954. De son côté, Barker, méfiant par rapport aux coupes envisagées, se déclare satisfait de son travail et estime que « sans se montrer excessivement prétentieux, [il] a essayé d'écrire un livre qui soit à la fois bien écrit et aussi complet que possible[2] ». Finalement, ce n'est que le 20 juin 1955 que Barker fournit les derniers chapitres et la conclusion de son livre, complétant le 5 juillet avec l'envoi de ses dernières remarques et ses commentaires.

La question de la publication de cette étude – la première de grande ampleur réalisée sur la thématique du livre par l'Unesco –agite l'organisation en 1955-1956. En effet, le manuscrit, jugé de qualité médiocre[3], est corrigé et réécrit par plusieurs membres du secrétariat durant l'été et l'automne 1955. L'ouvrage est approuvé pour publication par certaines Divisions, mais des fonctionnaires estiment qu'il « est encore loin de donner entière satisfaction aux personnes qui sont en contact quotidien avec les problèmes traités[4] ». Le DG se montre extrêmement précautionneux dans cette affaire, en indiquant à Tor Gjesdal (directeur du Département de la communication de masse) qu'il renoncera à publier l'étude à moins qu'il ne puisse lui assurer que les recommandations qu'elle préconise sont bien en accord avec ce que souhaite promouvoir l'Unesco. Consulté, William Frye (Département de la communication de masse) juge que l'étude ne vaut pas la peine d'être publiée car elle n'intéressera aucun lecteur, sa seule utilité résidant dans ses recommandations qui pourraient se révéler utiles pour le développement des activités de l'Unesco. Delavenay et Geoffrey Dennis (Division des publications) se montrent également dubitatifs. Quant à Peter Thorp (Division de la distribution), son opinion est que l'ouvrage, trop pointu pour le grand public, présenterait tout de même un intérêt pour les éditeurs, et donc sa publication pourrait permettre à l'Unesco de mettre les éditeurs de son côté, ce qui serait utile pour la bonne mise en place du programme de l'organisation.

De son côté, Behrstock, très attaché au projet, propose de publier l'étude sans ses conclusions et recommandations car, d'une part elle dresse pour la première fois un panorama général de la situation du commerce du livre dans le monde, d'autre part, elle pourrait être présentée lors du prochain Congrès international des éditeurs prévu à Florence en juin 1956. Après de nombreux échanges, Behrstock accepte finalement la suggestion de Tor Gjesdal, à savoir de publier

[1] Lettre de Carter à Behrstock, 6 avril 1954. Archives Unesco, dossier 307 A 31.
[2] Lettre de Barker à Behrstock, 16 sept. 1954.Archives Unesco, dossier 307 A31
[3] Mémo de Delavenay à Thomas, 3 fév. 1956. Archives Unesco, dossier 307 A 31.
[4] Mémo de Díaz Lewis à Behrstock, 5 oct 1955. Archives Unesco, dossier 307 A 31

l'étude en tant que document de travail technique produit par la Division de la communication de masse. Un tirage de 3 000 exemplaires pour la version anglaise et de 2 000 exemplaires pour la version française est décidé.

L'Unesco place Ronald Barker devant le fait accompli, en ne l'avertissant qu'au moment où le manuscrit est envoyé à l'impression mi-avril 1956, des modifications effectuées depuis octobre 1955 – ce que Barker prend assez mal. L'étude est imprimée en anglais juste à temps pour que 650 exemplaires puissent être envoyés à Florence au 14ème Congrès de l'Union internationale des éditeurs, ainsi qu'à une réunion d'experts organisée par l'Unesco qui se tient à Lahore sur les textes de lectures. L'ouvrage est mis en vente au prix de 3 dollars ou 750 francs à compter du 30 juin 1956.

Contre toute attente, le livre reçoit une large publicité et un accueil très positif, en particulier au Royaume-Uni et aux États-Unis, mais aussi dans le reste du monde ; le 9 août 1956, la version anglaise est quasiment épuisée et un retirage de 1 300 copies est prévu pour la mi-novembre. La *All India Hindi Publishers Association* obtient de l'Unesco la permission de traduire *Le livre dans le monde* en hindi. De son côté, l'Université américaine du Caire demande à traduire l'ouvrage en arabe en 1961. Behrstock et Barker sont particulièrement heureux de ce succès, même si la commission nationale américaine relève certaines erreurs concernant les chiffres des publications américaines[1], en particulier le chiffre global de production de livres – indiqué comme nettement inférieur à celui de l'URSS…

Une réédition de l'étude mise à jour est même envisagée par Behrstock pour 1963 ; mais Barker ne souhaite pas s'engager dans un tel travail de révision et suggère plusieurs auteurs alternatifs, dont Dan Lacy et Bob Frase de l'*American Book Publishers Council.* L'étude est toujours en attente en 1964, date à laquelle l'Unesco envisage de confier la tâche à Peter Neumann (ancien de l'Unesco durant six ans en Indonésie et en Birmanie) ou à Alden H Clark (vice-président de *Franklin Publications*), tous deux Américains, mais ne sera finalement jamais entreprise.

Entre-temps, le comité intergouvernemental sur les échanges internationaux de publications, réuni à Bruxelles du 28 mai au 7 juin 1958, émet le vœu, à la demande de Julien Cain, que l'Unesco prépare un petit manuel pratique sur l'organisation et le fonctionnement d'un service d'échanges, à l'intention des pays souhaitant en établir[2]. La Division des bibliothèques entreprend alors une enquête sur les centres nationaux d'échanges de publications, avec l'objectif de publier plusieurs articles dans le *Bulletin à l'attention des bibliothèques* en février-mars 1959. A cette date, 36 centres nationaux fonctionnent dans le monde.

L'Unesco apporte ensuite son aide au gouvernement hongrois pour préparer une conférence régionale sur les échanges internationaux de publications et services connexes, prévue à Budapest en 1960, avec l'objectif d'encourager et de développer les échanges de publications entre les pays d'Europe occidentale et

---

[1] Lettre de Schnaffer à Behrstock, 20 juil. 1956. Archives Unesco, dossier 307 A 31

[2] Voir Archives Unesco, dossier 02 A 855 (4) 06 (439.1) « 60 ».

d'Europe orientale. Pour cette conférence, dont les langues officielles sont l'anglais, le français et le russe, le secrétariat sollicite des articles de la part de 10 spécialistes : 7 originaires d'Europe de l'Ouest et 3 d'Europe de l'Est (Hongrie, Pologne, URSS). En plus des participants envoyés par les gouvernements européens, la FID et la FIAB sont priées d'envoyer des observateurs, et l'Unesco tient à inviter directement Lewis Coffin (bibliothèque du Congrès) au titre d'expert.

Ce projet de conférence suscite des réactions négatives, en particulier de la part d'Uno Willers, bibliothécaire national de Suède qui éprouve un sentiment d'inutilité (la circulation des publications en Europe lui paraissant déjà satisfaisante) et de stupéfaction face au choix de la Hongrie comme lieu de conférence, sachant que depuis 1956, de nombreux écrivains et intellectuels hongrois sont menacés ou emprisonnés arbitrairement – une situation régulièrement dénoncée et condamnée par le PEN Club international[1]. Sans se justifier, l'Unesco rappelle toutefois à Willers que ce projet de conférence a été inscrit au programme de participation par la Conférence générale et que seule la Hongrie s'est portée volontaire pour l'organiser. Julien Cain fait lui aussi part de ses doutes, de manière plus diplomate, à Rudolf Salat quant au choix de la Hongrie et à la préparation intellectuelle de la conférence, à laquelle il demande à être personnellement convié.

Cette conférence semble bien encadrée par l'Unesco, qui propose à la commission nationale hongroise un projet de règlement et lui donne de nombreux conseils pratiques d'organisation. Le rapport final est publié sous une forme abrégée dans le *Bulletin de l'Unesco à l'attention des bibliothèques* (janvier-février 1961). Cependant, en dehors des débats sur les échanges de publications proprement dits, la Conférence de Budapest soulève trois problèmes « diplomatiques » : le premier lorsque la commission nationale hongroise tente d'obtenir, quelques jours avant la manifestation, le droit d'y inviter qui elle souhaite, avec l'idée de justifier ainsi la proposition déjà officieusement envoyée à la RDA (qui n'est pas adhérente de l'Unesco) de dépêcher un participant. Après d'âpres négociations entre le siège de l'Unesco et la commission nationale hongroise, cette dernière finit par renoncer à la présence de la RDA.

Le deuxième problème surgit au cours de la réunion, lorsque l'URSS, la Pologne et la Hongrie veulent faire passer une résolution inacceptable aux yeux des Occidentaux, qui est finalement retirée après plusieurs réunions houleuses. Enfin, dernière controverse : considérant que le document de travail fourni avant la conférence par Boris Kanevsky contient des propos de teneur politique et non technique, Petersen – sans prévenir l'auteur – y supprime le passage suivant :

> *Il ne serait pas mauvais de suggérer que, suivant l'exemple de l'Union soviétique, d'autres pays puissent aussi, en réduisant leurs dépenses d'armements, augmenter les moyens pour le développement de la culture, y compris les budgets pour le développement des contacts*

[1] Rapport des activités du PEN Club en 1958 et 1959, présenté lors de la 3ème session du Comité de liaison des organisations internationales du domaine des Arts et lettres, 15-16 décembre 1959. Op. cit., p. 2-3.

internationaux entre les bibliothèques et pour l'échange de publications scientifiques. [...] Dans de nombreux États, l'argent est encore dépensé dans la course à l'armement pendant que les bibliothèques, dont les bibliothèques nationales, souffrent d'un difficile manque de moyens. A cause de ces difficultés, de nombreuses bibliothèques sont privées de l'opportunité d'acheter les éditions locales nécessaires à l'échange, et les universités et sociétés scientifiques perdent souvent le bénéfice de leurs publications scientifiques. Et cela, naturellement, rend impossible tout échange systématique de publications[1].

Si la conférence de Budapest a pour objectif de renforcer les contacts et la compréhension entre Europe de l'Est et de l'Ouest, on en perçoit donc toutes les complications et les écueils, malgré la relative détente dans la guerre froide. Minimisant les difficultés, Petersen considère que la conférence s'est, somme toute, déroulée dans une excellente ambiance de relations amicales et de bonne volonté[2]. Toutefois, l'un des participants, G.A. Hamel, conclut, quant à lui : « je suis de plus en plus convaincu que les barrières politiques sont les plus difficiles à surmonter. L'influence d'une conférence comme la nôtre est très faible et on se demande ce qu'on pourrait faire d'autre pour améliorer les relations internationales[3] ».

La création et l'aide aux bibliothèques à travers le monde

Dès 1946-1947 le Comité de coordination des bibliothèques des Nations Unies encourage l'Unesco à intervenir dans le domaine des bibliothèques :

Des bourses devraient être données à des membres choisis du personnel de ces bibliothèques pour leur permettre d'étudier les méthodes modernes de bibliothéconomie. En contrepartie, des bibliothécaires hautement qualifiés pourraient être inclus dans le personnel effectuant des missions dans les pays sous-développés pour aider à la création ou à l'amélioration de ces bibliothèques[4].

Le projet proposé par le Comité des Bibliothèques et des Musées de la Commission préparatoire pour l'Unesco est intégré en 1946 par la première Conférence générale presque sans modifications dans le programme de l'organisation. Toutefois, les méthodes et moyens à employer pour parvenir aux objectifs fixés sont laissés au libre arbitre du Directeur général et du secrétariat[5]. Or les objectifs sont multiples et le Comité estime déjà dans son projet que le budget proposé pour les bibliothèques et les musées est insuffisant au regard du budget général de l'organisation.

Au départ, les bibliothèques jouent donc un rôle plutôt modeste dans le programme de l'Unesco. En 1947, le secrétariat consacre beaucoup de temps et d'énergie à mettre au point des projets concrets pour répondre aux vœux de la

---

[1] Mémo de Petersen à Salat, 12 octobre 1960. Archives Unesco, dossier 02 A 855 (4) 06 (439.1) « 60 ».
[2] Rapport de mission de Petersen, 11 octobre 1960, p. 4-5. Op. cit.
[3] Lettre de Hamel à Maller, 14 oct. 1960. Archives Unesco, dossier 02 A 855 (4) 06 (439.1) « 60 ».
[4] « *Library Co-ordinating Committee of the UN Organizations* », Division des bibliothèques, non signé, non daté. Archives Unesco, dossier 02 A 024 UNSA.
[5] PARKER, Stephen. *Unesco and Library Development Planning*. Op. cit., p. 112.

Conférence générale. L'activité débute avec une dizaine de projets : le soutien aux nouvelles techniques bibliothéconomiques, des propositions pour la formation et les bourses d'échange de bibliothécaires, un projet de mise en place de bibliothèques itinérantes, etc.

Les bibliothèques populaires occupent une place privilégiée dans ce programme. L'Américain Emerson Greenaway (directeur de la bibliothèque Enoch Pratt à Baltimore) est chargé en 1947 de préparer un plan d'action dans ce domaine. Reprenant des activités menées par l'IICI, la Division des bibliothèques prépare brochures et manuels relatifs au développement des bibliothèques publiques, à leur rôle, à la formation des bibliothécaires, ainsi qu'un dictionnaire en plusieurs langues du vocabulaire technique du bibliothécaire. Le manifeste *La bibliothèque publique, force vive au service de l'éducation populaire* est préparé par Greenaway. Publié en six langues (arabe, anglais, espagnol, français, italien, polonais), ce manuel est abondamment diffusé « en vue d'aider le personnel [des bibliothèques publiques] et de faire connaître la nécessité d'en créer de nouvelles[1] ».

Le programme pour les bibliothèques est mis en place principalement par T. P. Sevensma, Luther Evans, Marietta Daniels (OEA), Edward Carter, Zuckerman et Greenaway en tant que « consultant spécial »[2]. En 1948, les activités se poursuivent avec l'envoi d'un expert en Haïti et l'organisation du séminaire d'été pour bibliothécaires en Grande-Bretagne. Des courriers multiples sont échangés avec des organisations britanniques et américaines et des grandes bibliothèques du monde entier, afin d'établir le contact et de présenter les activités de l'Unesco[3].

Ces efforts portent progressivement leurs fruits. En 1949, Carter se réjouit d'avoir établi des contacts réguliers avec la bibliothèque nationale brésilienne[4]. Dès 1947, Edward Carter est aussi sollicité par Shiyali Ramamrita Ranganathan (président de l'Association bibliothécaire indienne) qui lui demande son avis sur un projet de bibliothèque nationale pour l'Inde[5]. L'année suivante, Ranganathan effectue un long circuit en Occident afin d'étudier les bibliothèques, discute avec Carter à Paris et explique, lors d'une conférence donnée à la Bibliothèque du Congrès le 12 août 1948, que l'Inde souhaite planifier le développement rapide de ses bibliothèques tout en adaptant les pratiques occidentales à ses conditions physiques, sociales et mentales. Ses relations avec l'Unesco se poursuivent régulièrement par la suite ; en novembre 1949, Ranganathan discute par exemple avec Petersen lors d'une mission de ce dernier en Inde pour le projet de bibliothèque pilote mené à Delhi[6]. En 1950, l'Unesco publie, en anglais et français, l'ouvrage de Ranganathan intitulé *Catalogage; Récupération de l'information; Cadre de classement*.

---

[1] Lettre de Huxley à Huysmans, mars 1948. Archives Unesco, dossier 020.

[2] PARKER, Stephen. *Unesco and Library Development Planning*. Op. cit., p. 116.

[3] Voir Archives Unesco, dossier 020.

[4] Lettre de Carter à Montello, 2 sept. 1949. Archives Unesco, dossier 02 A 855.

[5] PARKER, Stephen. *Unesco and Library Development Planning*. Op. cit., p. 74-75.

[6] Lettre de Carter à Ranganathan, 21 nov. 1949. Archives Unesco, dossier 002 + 02 + 930.25 AOI/8.

Stephen Parker a bien montré l'influence britannique et anglo-saxonne (en particulier à travers les activités du *British Council* et de la fondation Carnegie durant l'entre-deux-guerres) sur les orientations prises par l'Unesco dans le domaine des bibliothèques[1]. L'influence du modèle scandinave, quant à elle, se fait sentir dans les premières années – en particulier lors de manifestations comme le séminaire de Malmö en 1950 –, mais elle diminue ensuite fortement, en particulier dans le cadre des missions d'expertises (l'Unesco envoie dans le Tiers monde très peu de bibliothécaires scandinaves par rapport aux Anglo-saxons)[2].

Toutefois, les échanges et liens d'amitié entre le secrétariat et les bibliothécaires et associations de bibliothécaires des pays nordiques demeurent fréquents. Les Danois invitent souvent l'Unesco à leurs manifestations (50ème anniversaire de la *Danish Library Association* le 25 novembre 1955, congrès des *Scandinavian Library Associations* en 1959) et fournissent volontiers des articles pour le *Bulletin à l'attention des bibliothèques*[3]. De la même manière, les échanges entre la Division des bibliothèques et les professionnels néerlandais sont courants, que ce soit au sujet de publications professionnelles, d'informations diverses, ou de la publication du *Bulletin à l'attention des bibliothèques.* Le Norvégien A. Andreassen, nommé directeur de la bibliothèque publique de Bergen en 1955, entretient aussi de nombreux liens avec l'Unesco, où il travaille quelques temps avant de participer au séminaire de Malmö puis de devenir un collaborateur régulier de la commission nationale norvégienne pour l'Unesco[4]. Les Suédois sont très présents, et les bibliothécaires Kleberg et Hallberg participent par exemple à la première réunion commune entre la FIAB et la FID, provoquée par l'Unesco en juillet 1949[5].

Faisant le constat du manque de bibliothèques et de la pauvreté de celles qui existent, l'Unesco résume ainsi le problème :

> *1.-Indifférence du public : la plupart des hommes n'ont jamais vu une bibliothèque, ils ne savent donc pas de quoi ils sont privés ;*
>
> *2.-Manque de ressources financières: dans la plupart des pays, les budgets ne font aucune provision pour les bibliothèques ;*
>
> *3.-Manque de bibliothécaires qualifiés et absence d'associations dont le but serait d'encourager le développement du prêt de livres ;*
>
> *4.-Manque de publications écrites en langues locales, qui pourraient être lues par un grand nombre de personnes.*[6]

La Division des bibliothèques s'étoffe rapidement, et Everett N. Petersen est embauché début 1948 en tant que spécialiste des bibliothèques publiques.

[1] PARKER, Stephen. *Unesco and Library Development Planning.* Op. cit., p. 76.
[2] Ibid., p. 77.
[3] Voir Archives Unesco, dossier 02 (489) A 12.
[4] Lettre du DG à Andreassen, 17 fév. 1955. Archives Unesco, dossier 02 (481) A 12
[5] Lettre de Carter à la Commission nationale suédoise, 17 février 1950. Archives Unesco, dossier 002 + 02 + 930.25 AOI/8.
[6] « Livres sans chaîne », in *Courrier de l'Unesco*, volume 6, n°6, juin 1953, p. 2.

Cependant, à cause de son budget limité, l'Unesco ne peut aider directement certains projets qui l'intéressent[1], telle la création de la Bibliothèque internationale pour la jeunesse, alors en train de se constituer à Munich, et à laquelle elle se contente de prodiguer des encouragements. De même, une demande de création de bibliothèque publique au Pakistan est rejetée en 1950 – d'autant qu'il s'agit d'un projet « concurrent » de celui de bibliothèque publique pilote alors préparé par l'Unesco à Delhi.

Une grande part des activités de l'Unesco consiste à envoyer chaque année des « experts » en bibliothéconomie en mission dans ses États membres. Plus d'une centaine d'experts sont envoyés sur le terrain entre 1947 et 1974 dans le cadre du programme de participation, et à partir de 1961, les aides aux pays du Tiers monde (en particulier les bourses et les missions d'expertise) se font beaucoup plus nombreuses par le biais du Programme élargi d'assistance technique[2]. Quelques exemples.

Le premier expert envoyé à l'étranger est en 1951 le Suisse Pierre Bourgeois, qui effectue une mission en Syrie pour y conseiller la bibliothèque universitaire ; le Français Jean Baby lui succède en Syrie en 1952. A partir de 1955, l'Unesco commence aussi à aider les territoires non autonomes administrés par de grandes puissances, en particulier la Grande-Bretagne[3]. Fin 1955-début 1956, deux experts sont envoyés en Côte d'Or (Ghana) avec pour mission de développer le « Bureau de littérature vernaculaire » établi en 1952. En novembre 1956, un expert éducateur est envoyé en Jamaïque afin d'y installer un centre de production de matériel de lecture et d'enseignement. En 1957, un expert bibliothécaire est chargé au Nigeria d'aider les autorités à mettre en place un service de bibliothèques publiques.

De 1954 à 1958, l'Unesco envoie en Égypte l'Espagnol A. Perez Vitoria pour une mission de conseil en documentation scientifique et technique ; il y contribue largement à la création de l'ASFEC et mène des missions de courte durée en Syrie, en Irak et au Liban en 1956[4]. En Irak, les experts en bibliothéconomie se succèdent au titre de l'assistance technique : le Britannique Cyril Saunders s'y rend en 1956, le Britannique Harold Bonny en 1957-1958, l'Indien Des Raj Kalia en 1959-1960. En 1956, le Canadien Lachlan F. MacRae effectue une enquête préliminaire sur les bibliothèques publiques égyptiennes et formule des recommandations en vue de leur développement.

En juin 1958, le Venezuela dépose à l'Unesco une demande pour une mission d'expertise afin d'aider à la réorganisation des bibliothèques de l'Université (demande estimée à 5 000 $)[5]. A la demande du gouvernement vénézuélien, Armando M. Sandoval (directeur du Centre de documentation scientifique et technique de Mexico) est pressenti mais ne se révèle pas

[1] Voir Archives Unesco, dossier 020.
[2] Lettre de Reitman à Kalia, 30 août 1960. Archives Unesco, dossier 02 (5) A 06 (540) TA « 60 ».
[3] « Services rendus en 1956 dans les territoires non autonomes », 30 juillet 1957. Archives Unesco, dossier 02 (41-4-5) A12.
[4] PARKER, Stephen. *Unesco and Library Development Planning*. Op. cit., p. 178.
[5] Voir Archives Unesco, dossier 02 (87) TA « 58/59 ».

disponible pour cette mission. Trois autres candidatures sont proposées par l'Unesco : l'Espagnol Jiménez Herrera, le Canadien M. Redmont et le Suédois Bjorn Tell. Jiménez Herrera se déclare volontaire pour la mission mais sa candidature est refusée en novembre 1958 par le Venezuela, qui préfère « perdre les fonds que d'accepter un Espagnol franquiste[1] ». Le Suédois Bjorn Tell (directeur de la bibliothèque de l'Ecole d'économie de Stockholm depuis 1952) – finalement choisi par défaut semble-t-il – part pour Caracas en décembre 1958, mais sa mission aboutit, fin mars 1959, à un rapport que Petersen juge mauvais et peu intéressant.

Pour la période 1959-1960, le Koweït obtient quant à lui l'envoi d'un expert pour aider à l'organisation de bibliothèques publiques et scolaires, ainsi qu'une aide de 500 $ pour l'achat d'équipement de bibliothèque[2]. En 1959, Salim Neysari (Bureau des relations avec les États membres) effectue une courte mission au Koweït :

Il existe trois bibliothèques publiques dans la capitale qui dépendent du Département de l'Éducation ; elles contiennent approximativement 15 000 volumes. Le Département possède aussi une bibliothèque de référence avec environ 10 000 volumes. Chaque école a sa propre bibliothèque. Il existe près de 80 bibliothèques scolaires. Le nombre moyen de livres dans une école secondaire se monte à 6 000 et dans une école primaire à 3 000. Le nombre total de livres disponibles dans les bibliothèques scolaires est de 268 000, dont 209 000 en arabe et 59 000 en anglais[3].

Harold V. Bonny est envoyé en mission au Koweït d'octobre 1959 à janvier 1960 ; le 21 novembre 1959, il soumet à Petersen et au gouvernement deux rapports, l'un sur les bibliothèques publiques, l'autre sur les bibliothèques scolaires. Il profite aussi de sa mission pour participer au séminaire régional sur le développement des bibliothèques dans les États arabes organisé à Beyrouth en décembre 1959, et donne en janvier 1960 un cours du soir pour bibliothécaires à 140 personnes travaillant dans les bibliothèques du Koweït.

En décembre 1960, suite à une demande déposée par Chypre, l'Unesco recherche un expert en bibliothéconomie pour 6 mois afin d'aider à la création de bibliothèques et d'archives officielles. La fiche de poste souligne :

Chypre n'a pas de bibliothèque centrale de référence. Les documents et livres qu'acquièrent les ministères ne sont pas conservés dans un dépôt central. Ils ne sont ni classés, ni catalogués comme il conviendrait. De là résultent des doubles emplois dans les achats et une grave pénurie d'ouvrages de référence suffisants et aisément accessibles, tant pour les divers ministères que pour les membres de la Chambre des représentants[4].

Dans ces conditions, l'expert de l'Unesco devra non seulement jeter les bases d'une bibliothèque centrale de référence et conseiller le gouvernement pour l'organisation de ses registres et archives, mais aussi former du personnel capable

---

[1] Mémo de Cruz Santos à Diana Little, 17 nov. 1958. Archives Unesco, dossier 02 (87) TA « 58/59 ».
[2] Voir Archives Unesco, dossier 02 (536.8) AMS.
[3] Rapport de mission de Salim Neysari au DG, 26 mai 1959. Archives Unesco, dossier 02 (536.8) AMS.
[4] Fiche de poste pour le recrutement d'un expert bibliothécaire (Chypre, 1962, six mois). Archives Unesco, dossier 02 (564.3) TA « 61/62 ».

de continuer sa tâche après son départ... La Division des bibliothèques propose deux candidats. D.R. Wahl est bibliothécaire du *Weisman Institute of Science* en Israël depuis 1956, après avoir travaillé à la *Library of Congress* et à la *New York Public Library*. K.S. Wallach, quant à lui, est en poste à la bibliothèque de la Commission israélienne pour l'énergie atomique, après avoir travaillé à la *Jewish National and University Library* et dirigé la bibliothèque parlementaire israélienne.

Choisi en novembre 1961, Wallach débute sa mission le 24 février 1962 et se heurte à de nombreuses difficultés. Malgré le peu d'intérêt montré par le gouvernement en place, il met au point un plan d'action en mai 1962, consistant à créer une bibliothèque de livres de référence, lister les possibilités de formation à l'étranger pour les bibliothécaires cypriotes, et demander l'aide d'un expert afin de créer et développer une bibliothèque nationale et parlementaire. Un accord de principe sur ce plan est voté par le parlement cypriote avant le départ de Wallach en août 1962[1].

En 1960, le Britannique Philip Sewell effectue une mission de 6 mois au Soudan, réalisant une enquête sur les bibliothèques du pays et organisant des cours de formation en bibliothéconomie[2]. Par ailleurs, l'Unesco envoie fin 1961 en Guinée (Conakry) M. Maurel (IFAN de Dakar) afin d'« étudier le projet et les plans du nouveau bâtiment de l'Institut national de recherches et de documentation destiné aux archives[3] ». Cette mission est réalisée en partenariat avec la fondation Ford, qui finance en juin 1961 une mission de M. Lamb (directeur de la bibliothèque nationale du Canada) durant 3 semaines en Guinée afin de planifier la mise en place d'un centre de documentation et de recherche[4]. Sur les recommandations de Lamb, la fondation Ford accepte de financer ce centre à hauteur de 75 000 $ à partir de juillet 1961, mais demande à l'Unesco de prendre en charge l'envoi d'un expert sur place en 1961-1962.

Fin 1962, l'Équateur demande à l'Unesco les services d'un expert bibliothécaire hispanophone pour 8 mois, avec pour mission de planifier des services de bibliothèque à l'échelle nationale[5]. Des 5 candidats sélectionnés par Petersen, c'est l'Espagnol Cesareo Goicoechea qui est retenu par le gouvernement. Bien qu'il perde plusieurs mois au début de sa mission – car rien n'a été préparé pour son arrivée – Goicoechea vient à bout de sa mission, avant d'en effectuer une seconde en 1966. Mais son ambitieux plan de développement des bibliothèques en Équateur (dont le coût est estimé à 4,5 millions de dollars) ne sera jamais mis en œuvre faute de moyens financiers[6].

De son côté, l'Arabie saoudite demande en 1962 à l'Unesco de lui fournir un expert en bibliothéconomie (bilingue anglais-arabe) durant un an au titre du *Funds-in-Trust* – c'est-à-dire en participant elle-même au financement du projet

---

[1] Rapport de mission de Wallach, août 1962. Archives Unesco, dossier 02 (564.3) TA « 61/62 ».
[2] PARKER, Stephen. *Unesco and Library Development Planning*. Op. cit., p. 180.
[3] Lettre de Chevalier au ministre de l'Éducation de Guinée, 23 octobre 1961. Archives Unesco, dossier 02 (665.2) AMS « 61/62 ».
[4] Voir Archives Unesco, dossier 02 (665.2) AMS « 61/62 ».
[5] Voir Archives Unesco, dossier 02 (866) A 1.
[6] PARKER, Stephen. *Unesco and Library Development Planning*. Op. cit., p. 222-223.

(à hauteur de 18 000 $)[1]. L'expert a pour mission d'organiser la bibliothèque du Ministère du Pétrole, de faire du travail technique et administratif, de classer et indexer, de tenir des registres, de proposer des formations théorique et pratique aux bibliothécaires du pays, d'assister et de conseiller les autres autorités gouvernementales dans l'organisation de leurs bibliothèques. Différents candidats sont proposés par Petersen ; au final, c'est le bibliothécaire indien Ved P. Vij (membre de la *Delhi Library Association* et ancien directeur de l'*Indian Standards Institution Library*) qui est retenu par le gouvernement saoudien. Briefé à Paris en mars 1964, Vij visite la bibliothèque de l'*Institute of Petroleum* à Londres avant de partir en mission. Celle-ci est prolongée d'une année, jusqu'au 27 février 1966, date à laquelle Vij remet au gouvernement saoudien et à l'Unesco un volumineux rapport sur l'établissement d'un réseau de bibliothèques en Arabie Saoudite.

Les experts et consultants envoyés sur le terrain par l'Unesco déplorent fréquemment l'absence de bibliothèques au sens moderne du terme. Après une mission de sensibilisation effectuée en 1962 dans plusieurs pays d'Afrique francophone (Congo-Brazzaville, Côte d'Ivoire, Dahomey, Gabon, Togo), Michel Bouvy explique qu'il n'a pu « nulle part voir une Bibliothèque de lecture publique digne de ce nom » :

> *Les quelques bibliothèques que j'ai pu visiter, quel que soit leur type d'ailleurs, font penser aux « bibliothèques populaires » telles qu'on en rencontre encore trop souvent dans certains pays. Aucune n'est organisée suivant des méthodes modernes, aucune ne dispose de locaux vraiment convenables et agréables, ni de personnel sérieusement formé. En conséquence, quand on parle aux représentants des Gouvernements des bibliothèques en général ou de bibliothèques de lecture publique en particulier, ils n'ont en référence que des exemples vétustes et peu encourageants et on peut comprendre leur manque d'enthousiasme*[2].

Afin d'aider à remédier à cette situation, l'Unesco accorde chaque année des subventions destinées à l'achat d'équipement moderne et de livres pour des bibliothèques. Là encore, quelques exemples. En 1952, l'organisation accorde 120 $ à la bibliothèque de l'Université Doshisha à Kyoto (Japon) pour l'achat d'une machine à écrire, afin de lui permettre de cataloguer les 25 000 ouvrages européens qu'elle possède[3]. En 1954, Jean Thomas note qu'en Thaïlande, où il rencontre la commission nationale pour l'Unesco et le ministère de l'éducation, « c'est le programme pour les Bibliothèques qui a suscité l'attention le plus soutenue et provoqué le plus de questions[4] ». En 1957, la bibliothèque de l'Académie hongroise des Sciences demande une aide pour acheter des instruments nécessaires à son département « Microfilm et Photo » ; l'Unesco lui accorde 7000 $ dans ce cadre[5].

---

[1] Voir Archives Unesco, dossier 02 (53) TA/A 118.

[2] Rapport de mission effectuée dans divers pays d'Afrique en 1962 par Michel Bouvy, 15 oct. 1962. Archives Unesco, dossier 002+02=930.25 (6) A 01 EBAD : 376.

[3] Voir Archives Unesco, dossier 36 A 653 (520) 259.

[4] THOMAS, Jean. « Rapport au Directeur général sur ma mission en Thaïlande, au Japon et en Grèce », 27 octobre 1954. Archives Unesco, dossier X07.83 Thomas.

[5] Voir Archives Unesco, dossier 02 (439.1) AMS/A 373.

En 1962, l'Unesco signe une convention avec le Niger englobant plusieurs aides, dont un ensemble de livres et périodiques destinés à la bibliothèque du musée pour un montant de 500 $[1]. La même année, l'Université des Indes occidentales (Jamaïque) demande une subvention de 4 000 $ afin d'établir une bibliothèque pour son *Social Welfare Training Centre*[2] ; en fin de compte, 2 000 $ lui sont accordés sous forme de livres et de périodiques commandés par l'Unesco (d'après une liste fournie par la Jamaïque) et envoyés sur place en avril 1963.

De son côté, la commission nationale chilienne transmet en 1963 à l'Unesco une demande de bibliobus pour la *Escuela 50* de Santiago, une « école tellement intéressée par les bibliothèques qu'elle est parvenue, grâce à ses propres efforts à créer la meilleure bibliothèque scolaire du Chili[3] ». La demande est acceptée par l'Unesco, qui signe en avril 1963 une convention pour un bibliobus d'une valeur de 7 000 $. Achevé par Renault en novembre 1964, le bibliobus est officiellement inauguré à Santiago le 5 mai 1965[4].

Le 6 janvier 1965, la Syrie demande de l'équipement pour deux unités culturelles mobiles (bibliobus) pour une valeur de 14 000 $ (chaque bibliobus pouvant contenir environ 600 livres, ainsi que des appareils de projection cinématographique, écrans, enregistreurs sonores...)[5]. La demande n'est acceptée par l'Unesco qu'à hauteur de 2000 $, pour aider au financement d'un bibliobus plus modeste, et la somme versée courant 1965. La même année, la Mongolie requiert une aide de 1 200 $ afin d'acquérir des équipements (étagères, meubles, fichiers...) pour installer une bibliothèque dépositaire des publications de l'Unesco à Oulan Bator. Sollicitée, la Division des bibliothèques estime que 600 $ seront suffisants à cet effet, et le matériel correspondant à cette somme est envoyé à Oulan Bator en novembre 1966[6].

Toujours en 1965, l'Unesco accorde une aide de 1 000 $ pour l'achat d'équipement (cartes de catalogage, machines à écrire...) à la bibliothèque publique de Kaboul[7]. La même année, alors que le Portugal vient d'être admis à l'Unesco, la bibliothèque générale de l'Université de Coimbra demande à devenir bibliothèque dépositaire des publications de l'organisation et à bénéficier du régime en vigueur pour ce genre d'établissements[8]. En coopération avec le CIPSH, l'Unesco fournit aussi en juillet 1971 une aide pour consolider l'Institut d'études tamoules à Madras, en créant une bibliothèque et un Département de littérature et de linguistique[9].

L'Unesco privilégie de manière générale la promotion des bibliothèques publiques, même si les autres bibliothèques (nationales, scolaires, universitaires,

---

[1] Voir Archives Unesco, dossier 02 (662.1) AMS.
[2] Voir Archives Unesco, dossier 02 (729.86) AMS/A373.
[3] Lettre d'Oscar Fuentes au DG, 16 janvier 1963. Archives Unesco, dossier 02 (83) AMS « 63/64 ».
[4] Voir Archives Unesco, dossier 02 (83) AMS « 63/64 ».
[5] Voir Archives deUnesco, dossier 02 (569.1) AMS.
[6] Voir Archives Unesco, dossier 02 (517.3) AMS.
[7] Lettre de Zachau à Eagleton, 30 septembre 1966. Archives Unesco, dossier 375 A 310 (581) 2.
[8] Mémo de Azaola à Penna, 10 août 1965. Archives Unesco, dossier 02 (469) A 12.
[9] Rapport du DG sur l'activité de l'organisation en 1972, p. 174.

spécialisées) ne sont pas absentes de ses préoccupations et de ses systèmes d'aides[1]. L'organisation concentre ses efforts sur la promotion de l'éducation populaire via les bibliothèques publiques, vue comme « la première des priorités et complètement en accord avec les objectifs de l'Unesco[2] ». Spécialiste des bibliothèques publiques, Petersen suggère aussi que l'Unesco commémore, en 1950, le centenaire de l'adoption du *Public Libraries Act* (qui a créé les bibliothèques publiques au Royaume-Uni) :

> *La célébration dans le monde entier [...] du centenaire des bibliothèques publiques serait, j'en suis certain, un excellent moyen de publicité qui aurait pour conséquence d'accroître la compréhension du public à l'égard des bibliothèques publiques et d'intensifier l'usage qu'il fait de celles-ci. On pourrait faire de cet anniversaire une cérémonie importante, comportant des programmes à la radio, des articles dans les journaux et les revues, peut-être la projection d'un film, des expositions et des programmes spéciaux dans les bibliothèques, etc*[3].

Si cette proposition plaît à Carter et à plusieurs bibliothécaires britanniques auxquels Petersen fait part du projet, la réaction des bibliothécaires d'autres nationalités est beaucoup plus mitigée[4]. Le DG prononce finalement à Londres un discours dans le cadre de la célébration organisée par le gouvernement britannique, déclarant :

> *Nous savons bien que rien ne sert d'apprendre à lire si l'on n'a rien à lire, ou si l'on n'est pas guidé dans ses lectures par ces conseillers dévoués que sont les bibliothécaires modernes. Ce serait détruire toute foi dans la valeur de notre génération que d'entreprendre de vastes programmes d'améliorations matérielles et sociales en laissant les exécutants dans l'ignorance ou l'incertitude quant à l'objectif final*[5].

Afin de promouvoir les bibliothèques publiques, l'Unesco agit dans deux directions ; d'une part, elle encourage les États membres à développer des réseaux de bibliothèques publiques (par le biais de missions, études, publications, etc.), et d'autre part, elle met en place des « structures modèles » régionales qui permettent de faire la démonstration du concept de bibliothèque publique et d'offrir des lieux de ressources et de formation professionnelle.

Les missions de sensibilisation des États portent parfois leurs fruits ; Jean Thomas souligne par exemple que le gouvernement thaïlandais prend très à cœur le développement des bibliothèques comme l'attestent « de nombreuses bibliothèques publiques récemment ouvertes », « très convenablement aménagées » mais « manquant de livres, même la Bibliothèque nationale[6] ». Mais la réflexion sur le rôle des bibliothèques et la sensibilisation des acteurs à cette thématique s'accompagnent d'une volonté de création concrète. Dès 1949, le

[1] Voir Archives Unesco, dossier 020.

[2] Lettre de Petersen à Milam, 25 mars 1948. Archives Unesco, dossier 020.

[3] Lettre de Petersen à Hansen, 14 avril 1949. Archives Unesco, dossier 020.

[4] Voir Archives Unesco, dossier 020.

[5] Discours du DG à Londres le 18 septembre 1950. Archives Unesco, dossier 020.

[6] THOMAS, Jean. « Rapport au Directeur général sur ma mission en Thaïlande, au Japon et en Grèce », 27 octobre 1954. Archives Unesco, dossier X07.83 Thomas.

Comité sur les bibliothèques mis en place par l'Unesco se prononce pour les vertus de la démonstration :

> *Une des meilleures méthodes pour stimuler la demande publique pour un service de bibliothèque publique adéquat est d'offrir des démonstrations d'un tel service [...] Le Comité croit également qu'une somme devrait être provisionnée dans le programme de l'Unesco pour les bibliothèques pour la mise en place de nouvelles méthodes de service de bibliothèque, exactement de la même manière que les projets pilotes en éducation fondamentale offrent l'occasion d'essayer de nouvelles méthodes dans ce domaine [...] Des démonstrations de services de bibliothèque publique fourniraient à des bibliothécaires de différentes nationalités l'occasion de travailler ensemble au développement de telles méthodes*[1].

Selon le concept, alors très en vogue dans les pays anglo-saxons, de « projet-pilote », l'Unesco se lance dans la création de bibliothèques publiques modèles en envoyant des experts sur le terrain durant plusieurs années, et en privilégiant les pays les plus motivés où les potentialités de développement semblent les plus prometteuses[2]. Ces bibliothèques représentent l'un des projets phares de l'organisation dans le domaine culturel, et l'un des sujets de fierté de la Division des bibliothèques.

La première expérience s'effectue à Delhi ; un projet d'accord est signé entre l'Inde et l'Unesco en 1949[3]. Malgré quelques difficultés initiales (désaccords sur l'objectif principal de la bibliothèque et sur le choix de son futur directeur notamment), le projet se met en route. L'Unesco prévoit de fournir un budget minimum de 60 000 $ sur 5 ans tandis que le gouvernement de l'Inde s'engage à dépenser au moins le double de cette somme. Le gouvernement reste cependant très sensible sur la question de son indépendance dans le projet, aussi Carter estime-t-il que « la nécessité d'un tel accord est claire au vu des difficultés déjà soulevées par la volonté expresse du gouvernement indien de cantonner l'Unesco autant que possible dans le rôle de financeur[4] ». Or au contraire, explique Carter, « après plusieurs années d'expérience, l'Unesco a construit un concept de projet-pilote dont l'idée de base repose sur la coopération entre l'Unesco et le gouvernement concerné sur le terrain[5] ». L'Unesco attache beaucoup d'importance à ce principe de projet-pilote, qui doit permettre de mettre en pratique des idées et méthodes nouvelles :

> *Si nous souhaitions simplement mettre en place la démonstration d'un bon service de bibliothèque, nous pourrions choisir l'une des bonnes bibliothèques d'un pays où les services de bibliothèques publiques sont bien établis et dire « voilà une bonne démonstration de ce que prône l'Unesco ». Bien sûr nous le faisons, mais cela n'est pas suffisant. Nous voulons être réalistes sur le terrain, parmi les pionniers, travaillant sans cesse en tant qu'Unesco, pas seulement comme une agence de ressource financière mais dans une coopération personnelle, intellectuelle et spirituelle avec les leaders de la vie*

---

[1] « *Panel on libraries : report to Committee on Unesco program for 1949* », 20 septembre 1948. Archives Unesco, dossier 020.

[2] PARKER, Stephen. *Unesco and Library Development Planning.* Op. cit., p. 115.

[3] Voir Archives Unesco, dossier 02 (540) A 61 DELHI/101.

[4] Mémo de Carter à Thomas, 13 février 1951. Archives Unesco, dossier 02 (540) A 61 DELHI.

[5] Lettre de Carter à Sydney, 5 mars 1951. Archives Unesco, dossier 02 (540) A 61 DELHI.

éducative indienne. Nous voulons sentir que nous sommes des partenaires, réfléchissant ensemble aux moyens de rendre la bibliothèque de Delhi significative. [...] Nous avons librement choisi l'Inde car, parmi tous les pays du monde qui sont membres de l'Unesco, nous avons pensé que là se trouvaient une scène et des gens regardant avec sympathie les idéaux de l'Unesco[1].

Le Britannique Edward Sydney est envoyé à Delhi en 1951 par l'Unesco afin de piloter le lancement du projet et de négocier la signature de l'accord entre l'Unesco et le gouvernement indien. L'Unesco souhaite que soit nommé directeur le bibliothécaire Des Raj Kalia. Mais Sydney déchante devant les difficultés :

La sensibilité face à l'influence d'institutions non indiennes [...] apparaît comme un handicap pour remplir les conditions d'une bonne collaboration entre l'Unesco et le Ministère. Je pense que ce projet a souffert jusque-là de cette ligne stricte, à laquelle j'ai été confrontée dès le départ sur la question du recrutement de M. Kalia. En disant cela, je ne veux pas dire que les haut fonctionnaires du Ministère ne se rendent pas compte ou n'apprécient pas les deux aspects de l'accord, mais qu'ils sont ultra-sensibles à toute condition qui leur semble empiéter sur leur autonomie nationale concernant leurs propres affaires. Ils ont jusqu'à présent considéré ce projet comme leur affaire. [...]

Kalia n'est le favori d'aucun fonctionnaire et il a des ennemis à l'intérieur du Ministère qui n'hésiteront pas à lui faire du tort et, à travers lui, à la bibliothèque. Cette façon de procéder a été, d'après moi, subtilement appliquée en retardant et en faisant traîner tout ce qui est lié au projet. [...]

La situation générale est si complètement différente de ce que j'avais imaginé que parfois, on pourrait penser qu'il y a un plaisir général à rendre les choses compliquées au lieu de les faciliter. Il s'agit presque d'une sorte de défiance face à l'aide apportée, qui confine à une pathétique stupidité. Je m'attendais à être plutôt bien accueilli, pas avec effusion, mais néanmoins comme un individu qui vient aider à l'établissement d'une bibliothèque qu'il serait utile de faire fonctionner au plus tôt. Au lieu de cela, je passe mon temps à essayer de persuader les gens de me laisser lancer le projet[2].

La situation semble tellement mauvaise à Sydney qu'il envisage de démissionner. De son côté, le ministère indien estime que Sydney se montre trop ambitieux, à la manière occidentale :

M. Sydney considère que 4 millions de roupies est une somme insuffisante. Il nous a répété que ce montant est très inférieur au budget habituel de sa propre bibliothèque municipale en Angleterre. Je peux comprendre son sentiment de déception, mais malheureusement, nous ne sommes pas aussi riches que d'autres pays et ne pouvons pas aller au-delà de nos moyens[3].

Un compromis est finalement trouvé, notamment à propos de Kalia – qui remercie Carter pour son soutien sans faille[4] – et le 27 octobre 1951, la bibliothèque publique pilote de Delhi est inaugurée par Jawaharlal Nehru. Si la

---

[1] Lettre de Carter à Sydney, 12 février 1951. Archives Unesco, dossier 02 (540) A 61 DELHI.

[2] Lettre de Sydney à Carter, 10 mars 1951. Archives Unesco, dossier 02 (540) A 61 DELHI.

[3] Lettre d'Ashfaque Husain au DG, 17 avril 1951. Archives Unesco, dossier 02 (540) A 61 DELHI.

[4] Lettre de Kalia à Carter, 6 juin 1951. Archives Unesco, dossier 02 (540) A 61 DELHI.

situation est loin d'être simple, Carter écrit à Ranganathan que les difficultés et les erreurs rencontrées doivent servir à faire avancer les choses et font partie intégrante du processus d'expérimentation. De son côté, Das Gupta (qui représente l'Unesco au sein du Conseil d'administration de la bibliothèque) conseille à l'Unesco de ne pas trop communiquer autour du projet tant que ses résultats restent incertains. Sydney, quant à lui, estime qu'il risque d'être difficile à la fois d'obtenir que le gouvernement indien mette bien dans le projet l'argent prévu et de laisser la bibliothèque se développer à son rythme, en restreignant les ambitions de Kalia, trop pressé.

La Division des bibliothèques se lance aussi à la recherche d'un expert pour effectuer une mission de 8 mois à la bibliothèque afin de la développer. Son choix se porte sur le Britannique Franck Gardner, qui part à Delhi de novembre 1951 à août 1952. Lors d'une mission en Inde en décembre 1951, Edward Carter inspecte la bibliothèque en compagnie de Gardner, et tous deux se révèlent « stupéfaits de constater que, bien au-delà de [leurs] espérances, [la bibliothèque,] très bien équipée, disposant d'un personnel nombreux et attentif, fonctionne bien et fait le plein de lecteurs à la fois dans la section des enfants et dans celle des adultes[1] ». Au 1er janvier 1952, Gardner relève 4 500 emprunteurs enregistrés, une moyenne d'environ 10 000 livres prêtés par mois, un intérêt très net pour les livres en hindi (70 à 80% des livres consultés et empruntés) et pour la fiction (60 % des livres consultés et empruntés)[2]. La majorité des utilisateurs de la bibliothèque sont issus de la classe moyenne, dont une très grande proportion de jeunes. Si la bibliothèque est ouverte gratuitement à tous sans distinction de race, de religion ou de condition sociale, Gardner souligne les limites du système :

> *La bibliothèque est réservée aux membres [et] pour l'instant, seuls les contribuables, ceux qui sont patronnés par un contribuable, qui versent une caution ou qui sont membres d'une institution reconnue peuvent devenir membres. [...] A présent également, l'un des principaux objectifs de la bibliothèque – l'assistance aux nouveaux alphabètes – n'est pas rempli. Une coopération plus étroite avec les Centres d'éducation sociale, et le lancement d'une bibliothèque mobile, pourraient aider à cela, et des développements sont envisagés*[3].

Par ailleurs, la section jeunesse de la bibliothèque souffre d'un manque de livres, et l'Unesco se heurte aux différences culturelles entre l'Inde et l'Occident. Carter recommande à Gardner de s'appuyer sur les recommandations de spécialistes indiens pour le choix de livres d'enfants occidentaux à traduire en hindi, car le contenu ou les illustrations peuvent ne pas convenir aux enfants indiens[4]. Une salle pour les enfants de moins de cinq ans est aménagée courant 1952, et un bibliobus mis en service pour desservir les quartiers suburbains de Delhi et les villages avoisinants. En mai 1952, la bibliothèque accueille près de 60 000 personnes et prête 20 000 livres, dont 13 000 en hindi. Elle est dirigée par Kalia et administrée par un conseil qui comprend des représentants du

---

[1] Archives Unesco, dossier X07.83 Carter E.J.
[2] Statistiques établies par Gardner au 1er janvier 1952. Archives Unesco, dossier 02 (540) A 61 DELHI.
[3] Rapport de Gardner à l'Unesco, début 1952. Archives Unesco, dossier 02 (540) A 61DELHI.
[4] Voir Archives Unesco, dossier 02 (540) A 61DELHI.

gouvernement fédéral, de l'État de Delhi, des autorités municipales, de l'Unesco et des bibliothécaires indiens.

Kalia tente d'étendre l'influence de la bibliothèque en faisant progressivement entrer au conseil des représentants d'organisations variées de Delhi. Considérée comme un « grand succès[1] », la bibliothèque se développe rapidement, et son coût dépasse largement les prévisions de départ. L'Unesco refuse cependant d'augmenter sa contribution ou de prolonger l'accord conclu avec le gouvernement indien pour le projet, car elle développe déjà en parallèle d'autres projets de bibliothèques pilotes pour l'Amérique latine en Colombie et pour l'Afrique à Enugu.

En 1955, la bibliothèque de Delhi accueille un séminaire régional sur les bibliothèques publiques auquel sont conviés les États membres asiatiques. La même année, l'accord entre l'Inde et l'Unesco prend fin ; une mission d'évaluation est lancée, ainsi qu'une enquête sociologique pour évaluer l'influence de la bibliothèque sur les habitants de Delhi. Bibliothécaire du *British Council* en Inde, John Makin se montre particulièrement critique :

> *Je crois qu'une enquête devrait être menée afin d'évaluer la condition présente de la bibliothèque. Malheureusement, autant que je puisse en juger, chacun est déterminé à prétendre que c'est une réussite – l'Unesco, le gouvernement de l'Inde, le comité directeur, etc., sont tous profondément investis et n'admettront pas qu'elle puisse être autre chose qu'un succès fou. […] Cela fait deux ans que je n'ai pas vu la bibliothèque, mais franchement, j'ai été déçu de la trouver minable et déprimante et très loin de l'institution propre et attirante dont je me rappelais en 1952 […] Dans mon esprit, la bibliothèque ne peut plus prétendre être un « projet pilote » et je me demande si des projets ultérieurs pourront bénéficier beaucoup de ce qui est réalisé à présent à Delhi. Cette critique vise principalement le service de prêt de la bibliothèque : autant que j'ai pu en juger, les autres activités développées sont positives et bien organisées*[2].

De l'enquête alors menée, il ressort qu'en juillet 1954 la bibliothèque a été utilisée par deux millions de personnes, qu'elle compte 27 000 abonnés et que 1 200 livres en moyenne sont consultés ou empruntés chaque jour.

La Division des bibliothèques reçoit régulièrement par la suite les rapports annuels de la bibliothèque de Delhi ; en 1962 par exemple, la bibliothèque dispose d'un stock de 158 000 volumes, comprend 45 682 lecteurs abonnés et 2 629 livres en moyenne sont consultés ou empruntés chaque jour. La bibliothèque poursuit son développement, avec de nombreuses activités culturelles, en particulier pour les enfants, et une section en braille. Frank Gardner se montre toutefois très déçu par la bibliothèque fin 1959 :

> *J'ai été très malheureux de l'aspect de la bibliothèque. Le bâtiment dans son ensemble nécessite un complet et coûteux remaniement. Lorsque l'on se rappelle combien elle avait l'air impeccable quand nous l'avons inaugurée, c'est à fendre l'âme. C'est vraiment dommage, d'autant plus qu'elle attire de nombreux visiteurs étrangers, qui ne sont pas*

---

[1] Lettre de Petersen à Mehta, 4 déc. 1952. Archives Unesco, dossier 02 (540) A 61 DELHI.

[2] Lettre de Makin à Sydney, 5 fév. 1954. Archives Unesco, dossier 02 (540) A 61 DELHI.

assez bien informés pour se rendre compte du travail effectué mais qui sont influencés par l'apparence extérieure[1].

Mais en 1960, le DG prend soin de rappeler, dans son message d'ouverture du séminaire régional sur les bibliothèques publiques à Delhi, que la bibliothèque pilote dispose désormais d'une collection de 170 000 volumes, qu'elle prête plus de 700 000 livres chaque année, qu'elle compte 45 000 adhérents et qu'elle dessert 18 quartiers urbains et villages ruraux grâce à deux bibliobus…

Inspiré par l'expérience de Delhi, un projet de bibliothèque publique pilote pour l'Amérique latine est lancé par l'Unesco à Medellín (Colombie). A l'époque, la Colombie dispose de quelques rares bibliothèques, dont plusieurs dans les universités, et n'a pas plus de dix bibliothécaires formés aux techniques modernes de bibliothéconomie (aux États-Unis). En 1952, Carlos Victor Penna entreprend pour l'Unesco des négociations avec la Société des Œuvres publiques, une ONG basée à Medellín, afin de la convaincre de soutenir financièrement le gouvernement colombien dans la mise en place d'une bibliothèque pilote[2]. Du côté du gouvernement, il se heurte à des réactions plutôt négatives ; le Ministre de l'éducation ne montre aucun enthousiasme et considère que la participation financière de l'Unesco sera très faible et son degré d'ingérence très élevé[3]. Plusieurs pays sont par ailleurs en compétition pour obtenir ce projet de bibliothèque publique, dont le Guatemala et le Costa Rica qui font part de leur intérêt[4].

Medellín est alors une ville industrielle en pleine expansion d'environ 350 000 habitants, avec un taux d'analphabétisme de 20 %, qui nécessiterait dans l'idéal – c'est-à-dire selon les normes bibliothéconomiques américaines – une bibliothèque publique de 9 000 mètres carrés, avec un personnel de 115 personnes et une collection de 300 000 volumes. De manière plus réaliste, Penna estime en janvier 1953 qu'un bâtiment de 1 500 mètres carrés devrait suffire pour commencer, le budget global de la bibliothèque étant estimé à environ 172 500 $ (1 million de pesos). Penna et ses collègues de la Division des bibliothèques conçoivent cette bibliothèque comme une démonstration des techniques anglo-saxonnes les plus modernes en matière de bibliothéconomie[5].

Si les négociations sont difficiles au niveau national, Penna rencontre beaucoup d'enthousiasme chez le gouverneur de la province, le chef de la zone militaire de Medellín et la société civile (sociétés et associations, délégations scolaires, etc.). Une fois l'accord finalement signé avec le gouvernement colombien, la Division des bibliothèques se lance début 1953 à la recherche d'un consultant pour 15 mois qui soit à la fois… spécialiste de la planification et de la construction de bibliothèques publiques, hispanophone et catholique. Cette dernière condition, contraire à la philosophie générale de l'Unesco, est imposée

---

[1] Lettre de Gardner à Petersen, 31 déc. 1959. Archives Unesco, dossier 02 (5) A 06 (540) TA « 60 ».

[2] Lettre d'Isaza Angel à Penna, déc. 1952. Archives Unesco, dossier 02 (86) A 61 Medellín/21.

[3] Rapport de mission de Penna au DG, 26 oct 1952. Archives Unesco, dossier 02 (86) A 61 Medellín/187.

[4] Mémo de Petersen à Penna, 3 février 1953. Archives Unesco, dossier 02 A 63.

[5] Voir Archives Unesco, dossier 02 (86) A 61 Medellín/101.

par le gouvernement colombien, tout comme le fait que le gouvernement refuse toute candidature féminine… La mission de ce consultant serait de conseiller le directeur de la bibliothèque sur le fonctionnement de la structure dans des locaux temporaires et sur la construction, en parallèle, d'un bâtiment moderne[1].

Alors que le recrutement du consultant se révèle complexe, la bibliothèque est toujours privée de directeur en novembre 1953 ; en effet, le Dr Rubén Ortiz, désigné à sa grande surprise à ce poste par le gouvernement colombien, démissionne rapidement[2]. Début décembre, Penna, en mission à Medellín pour « veiller à la nomination du Directeur du projet témoin de Medellín, ainsi qu'à la remise des fonds nécessaires et à l'établissement des bases d'organisation du projet », découvre que le Conseil d'administration de la bibliothèque vient de nommer directeur Julio Cesar Arroyave, professeur de littérature, philosophe et secrétaire de la Société des Œuvres publiques.

Du 1er avril au 15 septembre 1954, Penna effectue une mission à Medellín pour organiser concrètement la future bibliothèque. Si le gouvernement colombien propose pour le nouveau bâtiment un terrain bien situé, les choses se déroulent moins bien avec la Société des Œuvres publiques, qui se retire du projet en juin 1954, remplacée le mois suivant par l'Université de Antioquía…

La bibliothèque est finalement inaugurée le 24 octobre 1954, suscitant de nombreux articles dans la presse de Medellín et de Bogota ; elle propose au départ 10 000 volumes, ainsi que des disques, des films et des photographies. Selon l'Unesco, cette bibliothèque pilote est spécialement conçue à l'intention des masses et doit s'attacher à développer ses collections et ses activités culturelles (expositions, concerts, groupes de discussion, concours de photos, etc.) en tenant compte de cet objectif prioritaire[3]. Durant sa première année de fonctionnement, la bibliothèque reçoit 225 000 lecteurs (150 000 adultes et 75 000 enfants) et effectue 80 000 prêts à domicile – ce nombre, qui semble très faible aux yeux de Penna, s'explique par le fait que la bibliothèque est la première de Colombie à offrir un tel service[4]. Penna se montre très positif par rapport au projet :

> *Sans aucun doute, la bibliothèque a eu un impact important à Medellín. Du chauffeur de taxi aux autorités locales, tous ont exprimé leur satisfaction face au travail effectué par la bibliothèque, qui est considéré comme pratique, efficace et véritablement éducatif. La bibliothèque fait déjà partie de la vie de la cité et cela s'est passé sans grande difficulté*[5].

Les manifestations organisées par la bibliothèque (expositions, projections de films, séances de lecture à haute voix, concerts, représentations théâtrales, conférences, cours de langue, etc.) attirent des milliers de personnes, et on vient de toute l'Amérique latine pour voir et étudier la bibliothèque[6]. Un bibliobus (d'une valeur de 6 500 $ et d'une capacité de 1 500 à 1 800 livres) vient

---

[1] Lettre de Penna à Mohrhardt, 28 fév. 1953. Archives Unesco, dossier 02 (86) A 61 Medellín/21.

[2] Voir Archives Unesco, dossier 02 (86) A 61 Medellín/13.

[3] Voir Archives Unesco, dossier 02 (86) A 61 Medellín/14.

[4] Voir Archives Unesco, dossier 02 (86) A 61 Medellín/187.

[5] Mémo de Penna au DG, 13 déc. 1954. Archives Unesco, dossier 02 (86) A 61 Medellín/21.

[6] Voir Archives Unesco, dossier 02 (8) A 12 / OAS.

compléter les services de la bibliothèque en 1955. En août 1956, un rapport interne de l'Unesco souligne cependant les sacrifices consentis par le personnel – trop peu nombreux, sous-payé, effectuant continuellement des heures supplémentaires non rémunérées – pour assurer le fonctionnement de la bibliothèque[1].

Parallèlement, Arroyave est envoyé en formation aux États-Unis et le bibliothécaire argentin Germán García, recruté par l'Unesco, dirige la bibliothèque pendant cette période. Petersen, Penna et García entreprennent de grandes campagnes de communication à travers Medellín, en ciblant les médias, mais aussi les bus, les usines, etc[2]. Les catégories socio-professionnelles des nouveaux lecteurs sont répertoriées dans des statistiques mensuelles, et la hausse progressive du nombre de travailleurs parmi les abonnés de la bibliothèque est considérée comme très gratifiante par l'Unesco.

Par ailleurs, la Colombie est un pays catholique conservateur, et l'Unesco tente d'influencer la bibliothèque dans la constitution de ses collections ; Carter estime ainsi qu'« il ne faut jamais perdre de vue que l'accord signé entre le gouvernement colombien et l'Unesco stipule que la bibliothèque sera conçue selon le *Manifeste [La bibliothèque publique, force vive au service de l'éducation populaire*, publié par l'Unesco en mai 1949] et pendant la période de l'accord il faudrait saisir toutes les occasions de libéraliser les politiques d'acquisition de livres de la bibliothèque[3] ». Une telle « libéralisation » s'avère pourtant fort compliquée, comme en témoigne García :

> *L'interférence des religieux dans la vie civile et dans les politiques d'acquisition de livres de la bibliothèque influence grandement notre travail. Le Comité de sélection des livres, composé de trois religieux, a décidé (avant mon arrivée) de ne pas acheter pour la bibliothèque de livres mentionnés dans l'Index, ainsi que les livres considérés immoraux ou irréligieux A la seule réunion du Comité à laquelle j'étais présent, j'ai demandé au Comité de décider l'acquisition de la* Comédie humaine *de Balzac, qui était très demandée par le public. Le Comité a décidé de ne pas l'acheter. Si cela constitue une indication, de nombreux grands écrivains ne seront pas représentés dans les collections de la bibliothèque. En tant que directeur de la bibliothèque, je dois accepter les décisions du Comité, mais j'ai pris soin de ne pas ébruiter ces décisions auprès des lecteurs, en prétextant la nécessité d'un programme graduel et harmonieux de développement des acquisitions. […] Je voulais vous le signaler étant donné que les décisions du Comité pourraient ne pas être en accord avec les politiques de l'Unesco*[4].

L'Américain Foster E. Mohrhardt est envoyé à Medellín par l'Unesco à l'automne 1955 afin de dresser un programme général de construction de la bibliothèque[5]. Mohrhardt (1907-1992) est une figure importante de la bibliothéconomie américaine. Il a travaillé entre 1935 et 1937 dans un comité consultatif sur les bibliothèques de la *Carnegie Corporation of New York*, et rédigé

---

[1] Voir Archives Unesco, dossier 02 (86) A 61 Medellín/21.

[2] Voir Archives Unesco, dossier 02 (86) A 61 Medellín/187.

[3] Mémo de Carter à Penna, 5 mai 1954 Archives Unesco, dossier 02 (86) A 61 Medellín/21.

[4] Rapport de fonctionnement de la bibliothèque publique pilote de Medellín par Germán García, 1954. Archives Unesco, dossier 02 (86) A 61 Medellín/187.

[5] Mémo de Carter à Penna, 3 sept. 1954. Archives Unesco, dossier 02 (86) A 61 Medellín/21.

une liste d'ouvrages pour les bibliothèques universitaires (publiée par l'ALA en 1937). Bibliothécaire de l'Université de Washington et Lee de 1938 à 1946, consultant au *Brookhaven National Laboratory*, professeur invité à l'Université Columbia en 1947-1948, Mohrhardt dirige de 1948 à 1954 la bibliothèque du service des vétérans de guerre au Département d'État américain[1].

De retour de stage en 1955, Arroyave souligne quant à lui la grande différence entre les bibliothèques et les livres américains d'une part, et la situation en Colombie et en Amérique latine d'autre part. Par ailleurs, ses premières initiatives en tant que directeur causent de l'inquiétude à García et au personnel de l'Unesco[2]. Arroyave vide par exemple à moitié la bibliothèque jeunesse, achète du mobilier coûteux, et réalise une brochure assez maladroite qu'il imprime sans demander l'avis de l'Unesco, ce qui provoque la colère de Petersen :

> *Je vous avais demandé de me soumettre toutes les publications proposées pour la bibliothèque sous forme manuscrite avant de les imprimer, encore plus lorsque le nom ou le logo de l'Unesco est utilisé. [...]* Instrucciones minimas para fundar y reorganizar bibliotecas publicas *était spécifiquement mentionné. Il semble qu'en dépit de la correspondance en cours à ce sujet et sans attendre les commentaires de cet office sur votre projet, vous avez fait reproduire le document. [...] Malheureusement,* Instrucciones minimas *ne peut être reproduit et distribué dans sa présentation actuelle. Pour commencer, l'idée de base de la brochure de donner des « instructions » aux maires, gouverneurs, ministres de l'Éducation et autres officiels ne va pas dans le bon sens, et j'ai peur qu'elle n'ait des répercussions déplaisantes si vous avez déjà fait circuler le document. Je vous serais reconnaissant de bien vouloir m'envoyer une explication détaillée à ce sujet dès que possible*[3].

Après qu'une bourse de 3 mois ait été accordée en 1956 à l'architecte colombien Alberto Velasquez afin d'aller étudier les bibliothèques aux États-Unis, les travaux débutent en parallèle à Medellín en octobre 1957. A cette date, la bibliothèque possède 36 000 volumes, comprend 26 000 abonnés, reçoit 1 500 visiteurs chaque jour et prête environ 23 000 livres chaque mois.

En 1959, l'Unesco envoie à Medellín durant 2 mois un chercheur en sciences sociales et un bibliothécaire, chargés d'effectuer une évaluation du projet devant être utilisée lors d'un séminaire régional sur les bibliothèques publiques en Amérique latine[4]. Le sociologue Sebastián Ferrer Martin et le bibliothécaire américain Charles Francis Gosnell (*New York State Library*) mènent leur enquête du 8 juin au 7 août 1959. D'autre part, avec la fin de l'accord entre le gouvernement colombien et l'Unesco, le conseil qui gère la bibliothèque décide de renvoyer Arroyave en septembre 1959 et de le remplacer par Rafael Lopez, « jeune poète sans expérience[5] ». S'il a dirigé la bibliothèque avec énergie et enthousiasme, Arroyave s'est en effet révélé un piètre administrateur et ses

[1] Voir Archives Unesco, dossier 04 A 066 72 AIL.
[2] Lettre confidentielle de Kirpal, à Petersen, 25 mai 1955. Archives Unesco, dossier 02 (86) A 61 Medellín/21
[3] Lettre de Petersen à Arroyave, 30 janv 1956. Archives Unesco, dossier 02 (86) A 61 Medellín/14.
[4] Voir Archives Unesco, dossier 02 (86) A 61 Medellín/198.
[5] Mémo de Penna à Salat, 11 juin 1961. Archives Unesco, dossier 02 (86) A 61 Medellín/21.

dépenses inconsidérées ont considérablement endetté la bibliothèque[1]. Furieux, Arroyave, lors d'un voyage à Paris en 1960, insiste sur les défauts et les échecs du projet auprès de la Division des bibliothèques, évoquant en particulier la question de la « censure » et le fait que la réduction des subventions municipales et départementales empêche le développement des collections de la bibliothèque[2].

En 1961, Penna se montre préoccupé par le manque de subventions, qui empêche d'achever la construction du bâtiment définitif de la bibliothèque et d'assurer son développement. Selon un article d'*El Colombiano*, la bibliothèque de Medellín serait même un échec aux yeux de l'Unesco[3]. Penna se montre virulent quant aux erreurs des autorités colombiennes et estime que la bibliothèque – dont le nouveau bâtiment prend l'eau à la saison des pluies ! – s'est transformée en « salle de lecture pour les étudiants des universités et des écoles secondaires[4] ». Un second article d'*El Colombiano* (6 juin 1961) abonde dans ce sens :

> *Les « intellectuels » de Medellín estiment que la bibliothèque pilote de remplit pas sa mission d'orientation et de diffusion de la culture. [...] La diffusion de la culture est trop lente et n'atteint pas les gens. Si des efforts ne sont pas accomplis, la bibliothèque pilote va devenir une « simple bibliothèque » ou une « petite bibliothèque privée ». [...] A part les conférences, les expositions, les concerts et le programme pour les enfants, elle a été réduite à une bibliothèque mobile qui se rend d'un quartier à l'autre. Une institution aussi importante ne doit pas être un échec. Il est nécessaire d'y collaborer et de demander aux autorités responsables que la mission confiée à la bibliothèque puisse être menée à bien*[5].

Lors d'une interview pour la revue universitaire *Lettras* en mars 1960, Rafael Lopez se défend en expliquant par exemple être parvenu à limiter le poids des religieux au sein du Comité de sélection des acquisitions ; mais il reconnaît que le flou concernant le statut juridique de la bibliothèque pèse sur son avenir... Dans ce contexte, l'Unesco accorde une nouvelle aide au projet, comme Salat l'explique à Penna :

> *La bibliothèque de Medellín est liée au nom de l'Unesco de toutes manières, et même si nous commençons à l'abandonner totalement, l'opinion publique continuera à la considérer comme une initiative de l'Unesco. Si nous nous mettons sur le point de vue du prestige de notre Organisation, nous avons tout intérêt à empêcher l'échec total de ce projet. Plus important encore me paraît toutefois l'intérêt du projet même, qu'il faut essayer de sauver d'une débâcle. Des fonds considérables y ont été investis et il serait vraiment dommage d'accepter leur perte, sans avoir essayé toutes les possibilités d'une amélioration, y compris l'envoi d'un expert. Il est évident que la bibliothèque de Medellín a besoin d'une aide matérielle plus substantielle, de la collaboration de bibliothécaires*

[1] Lettre de Mora Vasquez et Ariel Escobar au DG, 16 oct. 1959. Archives Unesco, dossier 02 (86) A 61 Medellín/1.

[2] Voir Archives Unesco, dossier 02 (86) A 61 Medellín AMS « 61-62 ».

[3] « La Piloto » d'Albert Aguirre, in *El Colombiano*, 5 février 1961. Archives Unesco, dossier 02 (86) A 61 Medellín/21

[4] Mémo de Penna à Petersen, 4 juillet 1961. Archives Unesco, dossier 02 (86) A 61 Medellín/21.

[5] « Deficiencias de la Piloto » (éditorial), in *El Colombiano*, 6 juin 1961. Archives Unesco, dossier 02 (86) A 61 Medellín/21.

compétents, de l'extension de ses services à d'autres secteurs du public, etc. Mais je suis convaincu que l'Unesco peut exercer son influence dans ces domaines plus facilement si elle accepte, dans la mesure du possible, les demandes du Gouvernement colombien, que si nous refusons d'avoir rien à faire avec la bibliothèque de Medellín, jusqu'à ce que la situation ait changé entièrement[1].

En décembre 1961, Gabriela de Cruz Santos (chef de la Section Amérique latine au Bureau des relations avec les États membres) rapporte, après une visite en Colombie :

La bibliothèque est installée, à présent, dans le nouvel édifice qui sera très beau... si on le finit un jour. D'après des renseignements fournis par le Directeur de la Bibliothèque au Ministre de l'Éducation, il faudrait environ US$ 50 000 pour le terminer. Les murs n'ont pas de revêtement, les plafonds non plus, il n'y a pas de main courante aux escaliers, etc. Quant au mobilier, il est des plus sommaires. De plus, le bâtiment dans l'état actuel ne peut que se détériorer jusqu'à destruction totale. D'après l'accord intervenu avec le Gouvernement de Colombie, la continuation du projet devait être assurée par un financement provenant de trois sources: la municipalité, le département et le gouvernement national. Seul le Gouvernement s'acquitte de sa contribution; la bibliothèque marche donc tant bien que mal, avec un budget réduit qui l'oblige à payer ses fonctionnaires à un taux bien inférieur au taux normal dans le pays. Et il semble, malheureusement, évident que cette situation a peu de chance de s'améliorer[2].

Du 28 avril au 27 juillet 1962, l'Unesco envoie le Chilien Alberto Villalón à Bogota et Medellín[3], avec l'objectif d'aider à la normalisation de la situation de la bibliothèque pilote et de négocier des bases budgétaires et juridiques solides et à long terme permettant d'assurer la pérennité de la structure et l'achèvement de son bâtiment définitif. Directeur de l'Ecole de bibliothécaires de l'Université du Chili depuis 1959, Villalón a travaillé durant 14 ans dans des bibliothèques aux États-Unis et au Chili, après des études bibliothéconomiques à l'Université du Michigan.

Villalón se livre à une évaluation de la bibliothèque tout en s'occupant de la transformation de son statut juridique. Depuis Cuba, Penna se montre très mécontent de ne pas avoir été prévenu de cette mission, à laquelle il aurait souhaité apporter sa collaboration[4]. Toutefois, cet « oubli » semble volontaire ; la Division des bibliothèques estimait sans doute Penna trop investi personnellement pour pouvoir donner une évaluation objective...

Début 1963, Rafael Lopez écrit à l'Unesco que la bibliothèque a assaini ses comptes et remboursé la majeure partie de sa dette, puis Alberto Villalón effectue une seconde mission à Medellín durant 3 mois, aboutissant le 6 septembre 1963 à la promulgation du Décret n°2020, qui incorpore la bibliothèque au Ministère de l'Éducation nationale. Le manuel *Procedimientos*

---

[1] Mémo de Salat à Penna, 5 juillet 1961. Archives Unesco, dossier 02 (86) A 61 Medellín/21.

[2] Rapport de la mission effectuée en Colombie du 7 au 14 décembre 1961, de Cruz Santos au DG, 30 janvier 1962. Archives Unesco, dossier 02 (86) A 61 Medellín/21.

[3] Voir Archives Unesco, dossier 02 (86) A 61 Medellín/21

[4] Voir Archives Unesco, dossier 02 (86) A 61 Medellín/21.

para bibliotecas publicas, rédigé par Villalón, est publié en 1963 par la bibliothèque de Medellín[1], qui fonctionne désormais normalement.

Suite à ce projet et au séminaire sur le développement des bibliothèques publiques d'Ibadan (1953)[2], un accord spécial est signé en 1956 entre le Royaume-Uni et le gouvernement de la région du Nigeria oriental pour la création d'une bibliothèque publique modèle. Dans le cadre de son soutien aux territoires non autonomes administrés par de grandes puissances, l'Unesco envoie le Britannique Stanley Horrock en juillet 1957 à Enugu afin d'aider les autorités à mettre en place la bibliothèque, et accorde une aide de 10 000 $ pour l'achat d'équipement[3].

Après cette mission, le gouvernement nigérian décide de consacrer 56 000 £ à la construction d'un bâtiment pour la bibliothèque ; les travaux débutent en mars 1958. Le directeur adjoint de la bibliothèque entreprend un voyage d'études, tandis qu'un bibliobus et des livres pour enfants sont fournis par l'Unesco. Inaugurée en mars 1959, la bibliothèque d'Enugu joue rapidement un rôle important dans le développement éducatif et culturel de la région, et devient le centre d'un réseau régional de bibliothèques annexes et itinérantes. Un ambitieux plan de développement quinquennal (1962-1967) est même élaboré en 1961, avec un budget prévisionnel s'élevant à 538 000 £...

En septembre 1962, un stage d'études sur le développement des bibliothèques publiques en Afrique est organisé par la bibliothèque d'Enugu, sous la direction de l'Américain John Lorenz, assisté du Nigérian Okorie. Il recommande aux gouvernements africains d'adopter des textes législatifs favorisant la création de bibliothèques publiques et de les faire appliquer d'ici à 1965, de coordonner ces plans avec leurs programmes de développement de l'éducation, et de consacrer aux bibliothèques 1% (puis 2%) des fonds affectés à l'enseignement primaire et secondaire. Parmi les autres questions examinées figurent la construction de petits bâtiments peu coûteux dans les régions tropicales, l'organisation et le fonctionnement d'un service de bibliothèques publiques, la production, la sélection et l'acquisition de publications, la coopération entre bibliothèques, et enfin la formation du personnel – toutes questions soulevées par le projet mené à Enugu.

A cette époque, l'Unesco envisage aussi la mise en place d'une bibliothèque publique pilote pour l'Afrique francophone. Malgré l'intérêt du Sénégal pour ce projet et le souhait de Maheu de le réaliser, pour des raisons de distribution géographique équitable, au Dahomey[4], c'est en fin de compte avec le gouvernement ivoirien que l'Unesco signe en 1961 un accord de 5 ans prévoyant la création de la bibliothèque publique en question[5]. Un expert est envoyé à Abidjan en 1962 pour collaborer à la planification et à l'exécution du projet ; la

[1] Voir Archives Unesco, dossier 02 (86) A 61 Medellín/1.

[2] Voir Archives Unesco, dossier 02 (6) A 074 (669) « 62 » TA.

[3] « Services rendus en 1956 dans les territoires non autonomes », 30 juillet 1957. Archives Unesco, dossier 02 (41-4-5) A12.

[4] Mémo de Salat à Petersen, 19 avril 1961. Archives Unesco, dossier 02 (8) A 074 (82) TA « 62 ».

[5] Voir Archives Unesco, dossier 002+02=930.25 (6) A 01 EBAD : 376.

bibliothèque pilote, réalisée avec le soutien financier du gouvernement danois (à hauteur de 150 000$), est inaugurée en octobre 1963. Toutefois, elle est conçue de façon plus modeste que les précédentes et reçoit un budget et une publicité bien moindres. Cela correspond au changement d'orientation de l'Unesco au début des années 1960, lorsqu'il apparaît que les « bibliothèques pilotes » ne remplissent pas véritablement un rôle décisif en tant que modèles régionaux[1]. Comme l'explique en effet Edward Reitman à Rudolf Salat :

> *En tant qu'expérience-témoin, conçue pour démontrer les virtualités d'une bibliothèque publique moderne, [la Bibliothèque publique pilote de Delhi] a pleinement atteint ses objectifs. Ce qui est inquiétant cependant, c'est son manque de statut clairement défini. Après dix ans d'existence, elle est toujours un accident, une expérience isolée, mal intégrée dans la structure administrative du pays. Les crédits de la bibliothèque proviennent en grande partie du Gouvernement, dont la subvention annuelle s'élève à 250 000 roupies, auxquelles la municipalité de Delhi ajoute 25 000. Or, le Gouvernement ne semble pas admettre le caractère permanent de son obligation, comme en témoignent ses tentatives réitérées de se dessaisir de cette charge en transférant la responsabilité pour la bibliothèque à la municipalité de Delhi. [...] Il paraît donc indispensable que le rôle de cette bibliothèque soit redéfini. Elle doit devenir la bibliothèque centrale de l'État de Delhi et le cœur d'un système de succursales créées graduellement pour desservir divers points de cet État en plein essor, qui compte actuellement 4 000 000 d'habitants. Son nouveau bâtiment doit être planifié avec beaucoup de soin. Le bâtiment présent, situé dans un quartier populaire particulièrement intéressant et fréquenté par une clientèle fidèle, devrait servir de siège à une des branches locales. Les bibliothécaires et hauts fonctionnaires du Ministère de l'Éducation avec qui j'en ai discuté ont pleinement approuvé cette idée. Il a été convenu que M. Kirpal nous soumettrait une demande concernant l'envoi d'un expert au titre du programme de participation 1961-1962. La tâche de l'expert serait de définir les fonctions de la future bibliothèque centrale, de contribuer à la planification de son nouveau bâtiment et d'établir le projet d'un système régional. [...]*
>
> *Il est frappant de constater que les sérieuses difficultés qu'éprouve en ce moment notre projet pilote de Medellín (Colombie) sont dues à des circonstances analogues. Là aussi, la bibliothèque est restée une expérience isolée et le Gouvernement, après le retrait de l'aide financière de l'Unesco, a manqué d'assumer ses responsabilités. Peut-être, là encore, la solution consisterait-elle à chercher l'appui des groupements d'intérêt économiques, en mettant à leur disposition un service de référence spécialement outillé pour leur être utile*[2].

Mais si l'Unesco s'interroge sur la pertinence du concept de « projet pilote », cela n'empêche pas l'organisation de poursuivre cette politique, bien que de manière un peu différente. En 1963 par exemple, elle lance un projet-pilote concernant les bibliothèques scolaires au Nigeria ; l'année suivante, un Service des bibliothèques scolaires est installé dans un bâtiment neuf à Lagos...

De la même manière, l'Unesco établit une « bibliothèque scolaire modèle » au Honduras en 1968 dans le cadre d'un vaste projet du Programme d'assistance technique relatif aux services de bibliothèques scolaires et à la formation des bibliothécaires d'école en Amérique centrale. Dès 1969, 22 bibliothèques

---

[1] PARKER, Stephen. *Unesco and Library Development Planning*. Op. cit., p. 172-173.

[2] Rapport de mission de Reitman à Salat, 9 nov. 1960. Archives Unesco, dossier 02 (5) A 06 (540) TA « 60 ».

scolaires sont créées, plusieurs cours de formation organisés, et deux bourses de formation accordées[1]. Un service de bibliothèque pour les écoles rurales est également mis en route en 1971. Puis en 1973, le Brésil est choisi pour un projet pilote sur le développement des bibliothèques publiques en zones rurales.

En parallèle, l'Unesco crée en 1968 un Comité consultatif pour un projet-pilote de Système national des services de bibliothèques publiques et scolaires à Ceylan ; en 1969-1970, plus de 200 petites bibliothèques publiques et scolaires sont ainsi créées à Ceylan[2].

L'Unesco mène donc une activité importante d'encouragement et d'aide à la création de bibliothèques modernes dans le monde, estimant que ces structures sont indispensables au développement de la lecture. Cependant, l'organisation se trouve rapidement confrontée à un problème majeur : la rareté des livres disponibles pour garnir les rayonnages de ces bibliothèques. Si les populations d'Amérique latine maîtrisent toutes dans l'ensemble l'espagnol ou le portugais, et qu'une partie de la population africaine parle une grande langue européenne (anglais, français, portugais ou italien), le problème se pose de manière cruciale pour l'Asie où, d'une part, l'immense majorité de la population ne maîtrise aucune des grandes langues véhiculaires et où, d'autre part, les langues vernaculaires utilisées quotidiennement sont à la fois nombreuses et très différentes les unes des autres. Afin de contribuer à résoudre cette situation, l'Unesco se lance en Asie du Sud-est dans un vaste programme d'encouragement à la production de « textes de lecture » en langues locales.

Le projet de « textes de lecture » pour l'Asie

Dans le cadre de ses campagnes d'alphabétisation, l'Unesco se trouve rapidement confrontée à un problème crucial : l'absence de textes de lecture adéquats pour les populations nouvellement alphabétisées. En 1956, la Conférence générale adopte une résolution afin d'« aider les États membres à préparer et à produire du matériel de lecture spécialement destiné aux personnes qui viennent d'apprendre à lire » (résolution IV.1.4.331). L'Unesco estime « urgent de produire, dans les nombreuses langues que parlent les habitants de cette vaste région, des textes à la portée des nouveaux lecteurs dont le nombre s'accroît sans cesse [...] Il faut produire un matériel de lecture gradué, au vocabulaire judicieusement choisi, et faire des essais pour déterminer la valeur de livres faciles. [...] ce projet vise donc à stimuler et à organiser la production et la diffusion de textes simples en recourant aux techniques appropriées et en s'adressant aux institutions compétentes[3] ».

L'organisation souhaite aussi encourager le développement d'auteurs, de médias et d'éditeurs locaux, considérés comme des éléments essentiels à la

[1] Rapport du DG sur l'activité de l'organisation en 1969-1970, p. 130.
[2] Rapport du DG sur l'activité de l'organisation en 1969-1970.
[3] Rapport du Directeur général sur les activités de l'organisation en 1956.

réussite des programmes de « textes de lecture ». En outre, les textes doivent être diffusés gratuitement à un large public grâce à un réseau de bibliothèques :

> *Alphabétiser sans offrir ensuite de textes à lire est aussi cruel qu'éveiller la soif puis refuser un verre d'eau. En fait, la bibliothèque, en particulier dans les pays en développement mais aussi dans les pays industrialisés, est beaucoup plus qu'un simple service public d'offre de textes de lecture : elle fait fonction de centre d'animation culturelle pour les enfants et, par extension, pour la communauté tout entière*[1].

En 1955, un projet régionalisé d'encouragement à la production de « matériel de lecture » est lancé dans 4 pays d'Asie du sud-est (Birmanie, Ceylan, Inde, Pakistan), avant de s'ouvrir à l'Iran puis à la Thaïlande. Outre leur contiguïté géographique et leur proximité linguistique, ces pays partagent leur adhésion au Commonwealth (à l'exception de la Birmanie). Ce projet s'affirme régional avec les années, avec l'institution d'un centre régional de l'Unesco à Karachi pour assurer son développement et son ouverture à l'Afghanistan, au Népal, à la Thaïlande, à la Malaisie, etc.

Partant du principe que de nombreux acteurs, publics et privés, mènent déjà de nombreuses actions dispersées autour du livre et de l'alphabétisation, l'Unesco a pour objectif, avec ce projet, d'encourager le développement et la coordination de ces efforts en les intégrant dans un programme global[2]. Les 4 Départements de l'éducation, des activités culturelles, de la communication de masse et de l'échange de personnes sont invités à y collaborer. L'Unesco estime qu'un délai de 8 années sera suffisant pour mettre en place et développer des structures permanentes, qui pourront ensuite prendre le relais. Un budget de 500 000 $ est affecté au projet pour les 4 premières années : 30 000 $ en 1955 ; 50 000 $ en 1956 ; 220 000 $ en 1957; 200 000 $ en 1958. Au niveau des Départements, cela correspond à 175 000 $ pour l'éducation, 166 000 $ pour les activités culturelles, 69 000 $ pour la communication de masse, 90 000 $ pour l'échange de personnes.

En 1955-1956, l'Unesco débute le programme en lançant plusieurs activités : composition de bibliographies de publications, rédaction de listes de vocabulaire à l'usage des rédacteurs et éditeurs, production de livres sur des sujets élémentaires… L'Unesco offre aussi des bourses de formation professionnelle et conclut des contrats avec plusieurs organisations (comme *Jamia Talim-i-Milli* au Pakistan) afin de publier des ouvrages, et avec des particuliers afin de mener des études expérimentales[3].

Les ouvrages pour nouveaux alphabètes commandés par l'Unesco concernent en général des sujets liés à l'économie, aux questions de société et de santé, à la science[4]. L'Unesco commande par exemple à la *General Publishing House* des ouvrages en ourdou portant sur l'aviation, la radio et la télévision, l'histoire des métaux et l'alimentation (1960) ; sur l'usage pacifiste de l'énergie atomique, les

---

[1] GARZON, Alvaro. *La politique nationale du livre.* Editions Unesco, 2005, p. 24.
[2] Voir Archives Unesco, dossier 375 A 310 (591).
[3] Voir Archives Unesco, dossier 375 A 310 / 064 (549) « 56 ».
[4] Voir Archives Unesco, dossier 375 A 310 (549) 01 GPH.

satellites artificiels et les planètes, la prévision du temps, les nouvelles sources de nourriture, la couleur (1961) ; sur la vie marine, la santé personnelle et l'hygiène, les arbres, l'histoire de la médecine, l'histoire du verre, l'histoire du feu (1962). L'Unesco encourage aussi la publication dans les langues locales de livres en faveur de la compréhension internationale, c'est-à-dire d'ouvrages présentant d'autres pays et d'autres cultures.

En échange d'un soutien financier, l'Unesco réclame 10 copies de chaque ouvrage, 5 pour le Centre de Karachi et 5 pour le siège, et demande aux éditeurs de distribuer gratuitement 500 copies à des bibliothèques et structures sélectionnées[1]. Néanmoins, le problème de la diffusion reste difficile à résoudre étant donné l'absence d'infrastructures et de réseaux constitués ainsi que l'étendue géographique du programme. Dans les années 1950-1960, le métier de libraire est quasiment inexistant et les éditeurs assurent eux-mêmes tant bien que mal la diffusion des ouvrages, parfois en passant des partenariats avec des éditeurs d'autres villes…

L'encouragement à la production de textes de lecture passe par l'octroi de prix aux auteurs récompensant les meilleurs ouvrages[2]. L'Unesco commande aussi des bibliographies de titres utilisables pour les nouveaux alphabètes ; en 1959 par exemple, elle commande une bibliographie de 1 000 titres disponibles en ourdou[3]. L'Unesco incite à la production de listes de vocabulaire en langues locales, demandant par exemple en 1956 une liste de vocabulaire bengali au *Teachers' Training College* de Dacca. Enfin, l'organisation lance des études sur les habitudes et les goûts en matière de lecture des différentes catégories de populations.

Une première réunion régionale de concertation est organisée à Murree (Pakistan) le 11 juin 1956, pour un coût de 9 544 $. L'organisation s'adresse au *Colonial Office* du Royaume-Uni afin de trouver une « personne qualifiée et expérimentée pour aider à organiser la réunion et à préparer les documents de travail, les études et la documentation nécessaires[4] ». L'Unesco prend contact avec la fondation Ford, qui intervient depuis plusieurs années en Asie pour le développement de matériels de lecture pour nouveaux alphabètes, afin de l'inviter à participer à cette réunion[5]. En parallèle, l'Unesco prépare une exposition de matériels de lecture, présentant des documents produits par le Centre d'éducation fondamentale des États arabes (ASFEC), des publications du Conseil supérieur de l'enseignement de Porto Rico ainsi qu'un journal local en langue vernaculaire édité par le *Vernacular Literature Bureau* de la Côte-d'Or[6].

Jim McDougall (Département de l'éducation), qui effectue une mission dans chacun des pays participants juste avant la tenue de la réunion, estime toutefois

[1] « *Unesco's reading materials project in South Asia* », rédigé par Michael Fodor, juin 1960. Archives Unesco, dossier 02 (5) A 06 (540) TA « 60 ».

[2] Lettre d'Asabuki à Tin Aye, 9 sept. 1960. Archives Unesco, dossier 375 A 310 (591).

[3] Voir Archives Unesco, dossier 375 A 310 (549) 01.

[4] Lettre de McDougall à Astley, 15 fév. 1956. Archives Unesco, dossier 375 A 310 / 064 (549) « 56 ».

[5] Voir Archives Unesco, dossier 375 A 310 (591).

[6] Voir Archives Unesco, dossier 375 A 310 / 064 (549) « 56 ».

que le bon déroulement de la manifestation « tient presque du miracle[1] » étant donné l'absence de préparation en Inde, en Birmanie et à Ceylan jusqu'à début juin. Avec l'aide du Représentant résident du Bureau d'assistance technique de l'ONU, McDougall remue ciel et terre pour obtenir la nomination d'experts et l'étude des documents de travail préparés par l'Unesco quelques jours seulement avant la réunion !

Au final participent à cette réunion 4 experts de chaque pays concerné, 3 observateurs pakistanais, 4 boursiers de l'Unesco, 2 membres du secrétariat (Jim McDougall et Akhtar Husain) et 3 consultants : Donald Burns (expert en matière d'éducation de base à Lahore), Peter Neumann (expert en méthodes de production pour la Société birmane de traduction à Rangoon) et Seth Spaulding (consultant auprès de la fondation Ford et de la Société birmane de traduction). Plusieurs thèmes sont abordés : la préparation et l'écriture d'une littérature pour nouveaux alphabétisés, la production et l'impression, la publication et la diffusion. La réunion définit ainsi les besoins de l'Asie du sud-est :

Toute la région a besoin d'un matériel de lecture simplifié, dont le contenu et la présentation soient attentivement étudiés. Ce matériel doit répondre aux divers degrés d'alphabétisation et aux préoccupations des lecteurs auxquels il est destiné. Il doit viser [...] à enrichir la vie économique, culturelle et spirituelle de la population. [...]

Le soin apporté à la production de matériel de lecture destiné aux nouveaux alphabètes a une grande importance pour la culture d'un pays, le développement de l'esprit civique, l'amélioration de l'artisanat et l'emploi judicieux des loisirs. [...]

Les participants ont insisté sur le fait que les personnes auxquelles ce genre de matériel est destiné deviennent de plus en plus nombreuses, et que la demande ira toujours croissant. Ils sont absolument convaincus que l'heure est venue, tant pour l'Unesco que pour les gouvernements nationaux, de fournir un gros effort en vue de faciliter la production de ce matériel de lecture. Laissées à elles-mêmes, les institutions existantes ne sont pas à la hauteur de cette tâche[2].

La réunion de Murree énumère plusieurs pistes sur lesquelles travailler (formation professionnelle, méthodes et organes de diffusion et de distribution, coordination et coopération entre les gouvernements, les institutions bénévoles et les éditeurs, etc.), qui toutes doivent contribuer à professionnaliser l'ensemble de la filière du livre de la région afin de pouvoir produire des livres de qualité. Elle encourage aussi les États à faciliter la création d'institutions non gouvernementales de promotion du livre, qui pourraient « stimuler l'intérêt pour les livres consacrés à certains sujets, porter ces livres à l'attention de certains éléments de la collectivité qu'ils pourraient intéresser[3] ». La réunion recommande enfin de créer un centre régional pour s'occuper de ces questions.

Ce projet s'inscrit dans le concept « d'éducation fondamentale » élaboré par l'Unesco, et qui place l'alphabétisation au cœur du progrès économique et social.

---

[1] Rapport de mission de McDougall au DG, 26 juin 1956. Archives Unesco, dossier 375 A 310 / 064 (549) « 56 ».

[2] Rapport final de la réunion régionale d'experts sur la production de matériel de lecture pour nouveaux alphabètes, 1956 », 31 août 1956. Archives Unesco, dossier 375 A 310 / 064 (549) « 56 ».

[3] Ibid.

Dans son discours d'ouverture de la réunion de Murree, Sardar Abdul Hamid Dasti (Premier ministre de l'État du Punjab) rappelle que « l'objectif général du programme est d'améliorer le niveau de vie des villageois en leur apprenant comment améliorer leurs récoltes et maintenir un niveau minimum d'hygiène[1] ». La réunion de Murree donne lieu à de nombreux articles dans la presse pakistanaise, et le rapport final est envoyé par l'Unesco aux gouvernements des États concernés ainsi qu'à différentes organisations (OMS...) en août 1956.

En 1957, grâce à un important soutien du PEAT – qui prévoit une subvention de 10 000 $ rien que pour l'achat d'équipement –, l'Unesco intensifie ses activités, multipliant les contrats avec des institutions locales en vue de la préparation, de la publication et de la diffusion de plus de 40 livres en birman, cingalais, tamoul, hindi et ourdou, et répartis en 4 séries : compréhension internationale, traductions de chefs-d'œuvre de la littérature mondiale, questions scientifiques, développement économique et social.

Le CE de l'Unesco accepte aussi une proposition du secrétariat visant à attribuer 24 prix (11 000 $ au total) aux 4 meilleurs livres parus en 1956 dans les 4 séries, qui sont sélectionnés par les commissions nationales concernées[2]. L'organisation fournit également des bourses de formation et envoie 2 experts en Inde pour examiner les problèmes posés par la distribution des livres.

L'Unesco recrute par ailleurs le Britannique Jack Eric Morpurgo pour une mission à Ceylan et au Pakistan, où il est envoyé afin d'étudier la possibilité d'y installer des *National Book Trusts*, comme il en existe déjà en Inde et en Birmanie. Morpurgo (1918-2000) est écrivain et directeur général de la *National Book League* ; il a par ailleurs travaillé dans le domaine de l'édition (*Penguin Books*), il connaît un peu la langue ourdoue et a préparé l'un des documents de travail utilisé lors de la réunion de Murree.

L'Unesco estime en effet que des *National Book Trusts* pourraient jouer « un rôle important dans le développement d'une industrie du livre et dans la promotion de la littérature[3] ». L'Unesco ne parvenant pas à trouver un expert pour organiser un séminaire à Rangoon fin 1957, Morpurgo se retrouve également chargé de cette tâche, dans le cadre d'une mission de 9 mois.

Morpurgo choisit livres et matériel pour les 2 futurs centres du livre de Ceylan et du Pakistan et plaide leur cause auprès des responsables éducatifs, culturels et politiques, l'objectif de l'Unesco étant qu'ils soient créés en 1958. En septembre 1957, Morpurgo informe l'Unesco de la situation, selon lui catastrophique, du livre au Pakistan : absence de bibliothèque moderne, de bibliographies, de réseau de production et de distribution, etc. Il recommande de prévoir une bourse pour un Pakistanais qui viendrait se familiariser avec les métiers de la chaîne du livre en Europe (*National Book League*) ainsi qu'auprès du *South India Book Trust*, avant de retourner au Pakistan pour y diriger le nouveau Centre national du livre.

---

[1] « *Illiteracy a major problem in Pakistan* », in *Pakistan Times*, 13 juin 1956.

[2] « *Unesco's reading materials project in South Asia* », rédigé par Michael Fodor, juin 1960. Archives Unesco, dossier 02 (5) A 06 (540) TA « 60 ».

[3] Voir Archives Unesco, dossier 375 A 310 (5) 57 TA Morpurgo.

A la fin de l'année, Morpurgo supervise à Rangoon le stage d'études régional sur les problèmes relatifs à la production de livres, et la *National Book League* est chargée par l'Unesco de préparer une exposition à cette occasion. Chaque pays envoie 4 stagiaires (écrivains, éditeurs ou illustrateurs), tandis que 2 observateurs sont désignés par le gouvernement de Malaisie.

En décembre 1957, Morpurgo établit un rapport préliminaire sur l'établissement de centres nationaux du livre, avant de préparer un plan de développement plus détaillé à Londres début 1958. Son rapport final sur le Pakistan, envoyé en mai 1958, propose à l'Unesco de faire superviser le programme de formation des centres du livre par la *National Book League.* Quant au rapport concernant Ceylan, il est envoyé au gouvernement en juillet 1958.

Suite au séminaire de Rangoon, une série de stages d'études locaux sur l'illustration des livres, menés par le Suédois Jan G. Thomaeus, sont lancés dans les pays du programme. Thomaeus effectue une mission de 5 mois (15 octobre 1957-15 mars 1958) à Ceylan, au Pakistan et en Inde, mission pour laquelle il reçoit des honoraires de 3 040 $[1]. Il n'intervient pas en Birmanie – où un spécialiste américain de l'illustration de livres a été envoyé pour un an par la fondation Ford – mais passe quelques jours à la *Burma Translation Society*, où il s'interroge :

> *Beaucoup de livres que j'ai vus ici m'ont fait réfléchir. Ils sont sans doute très bien illustrés, mais lorsqu'on les regarde, on ne peut que se demander : ces livres viennent-ils vraiment de Birmanie ? A part les lettres et les sujets des illustrations, ils pourraient provenir de presque n'importe quel pays – je veux dire, de n'importe quel pays occidental. Il est évident que l'influence des* comics *et des films est dominante. Par exemple, je n'ai pas encore vu de bon livre pour enfants birman, mais de nombreux* comics.
>
> *En tant qu'étranger ici, je suis bien sûr allé admirer les pagodes birmanes : l'architecture, et les sculptures. Mais, au moins pour l'instant, je n'ai pas été capable de découvrir une véritable tradition birmane de dessin et de peinture. Cela dépend peut-être du fait que j'ai vu si peu et que je connaisse si peu cet endroit. Mais s'il existe ici une telle tradition, vous ne la retrouveriez pas facilement dans les livres, les publicités ou les autres images. Il est donc peut-être très difficile pour un illustrateur birman de se raccrocher à une tradition qui lui soit propre.*
>
> *Cela est devenu évident lors du séminaire [de Rangoon] où, par exemple, une artiste de Ceylan, Mme Sybil Wettasinghe, et un autre artiste du Pakistan, M. Hassan, nous ont montré des dessins à la fois excellents et très personnels. Leurs travaux sont modernes, mais ils se raccrochent en même temps aux traditions orientales*[2].

Plutôt satisfait des ateliers menés à Ceylan et en Inde, Thomaeus souligne par contre les difficultés rencontrées au Pakistan, à cause de l'hostilité de la religion musulmane envers les images. En 1958, l'Unesco signe aussi 2 contrats pour des

---

[1] Mémo de Sibunruang à Gomes Machado, 27 janv. 1964. Archives Unesco, dossier 375 A 310 (5) 57 TA van Couwelaar.

[2] Lettre de Thomaeus à Galindo Pohl, 23 novembre 1957. Archives Unesco, dossier 375 A 310 (5) 57 TA Thomaeus.

enquêtes sur les méthodes de distribution du livre, l'un avec Riazul Islam pour le Pakistan oriental, l'autre avec Hamid Mahmoud pour le Pakistan occidental[1].

En parallèle, le Centre régional Unesco pour la production de textes de lecture à l'intention des nouveaux alphabètes et du nouveau public de lecteurs en Asie méridionale voit le jour à Karachi le 1er août 1958. Établi dans le cadre du PEAT et en collaboration avec le gouvernement pakistanais, ce centre doit organiser à l'échelon local, national ou régional des manifestations (réunions, stages d'études, conférences, expositions…) en rapport avec la rédaction, la production et la diffusion des textes de lecture.

L'Indien Akhtar Husain, qui est envoyé en mission au Pakistan pour la mise en place du Centre à partir de 1956, en est ensuite nommé directeur sur place. Tandis que le siège de l'Unesco reste responsable de l'ensemble du programme, le Centre de Karachi est chargé de l'exécution sur le terrain[2]. Première tentative de décentralisation administrative dans le domaine du livre, ce Centre « a initialement pour objectif de développer la production et la diffusion de textes de lecture rédigés dans les langues de l'Asie[3] ».

De 1958 à 1967, le Centre aide à la réalisation de plus de 500 publications[4] en 22 langues[5]. Les sujets varient de l'économie à la cuisine, en passant par la traduction d'ouvrages occidentaux comme Dickens et London (en birman), Rousseau (en bengali), Tolstoï (en birman) ou Wells (en tamoul). Le Centre publie aussi un *Bulletin on Reading Materials* (trimestriel), dont 1 200 exemplaires sont distribués dans la région et à travers le monde.

Suite au transfert d'Akhtar Husain au centre de Karachi (en août 1958) et au départ du Birman Htin Gyi (en novembre 1958), une Section des textes de lecture est aussi créée au sein du Département des activités culturelles à Paris ; ce poste est occupé de 1959 à 1967 par la Thaïlandaise Jit-Kasem Sibunruang. Écrivain, traductrice, spécialiste des contes et légendes thaïes, Jit-Kasem Sibunruang est la première femme thaïe à avoir obtenu un doctorat ès lettres à Paris. Après avoir enseigné la littérature thaïe à la Sorbonne de 1951 à 1954, elle devient lectrice à l'Université Chulalongkorn de Bangkok puis retourne à Paris de 1959 à 1967 pour occuper différents postes à l'Unesco.

Les efforts de l'Unesco portent leurs fruits puisqu'en juillet 1959, le gouvernement pakistanais inclut une (modeste) provision pour la création d'un centre national du livre dans son budget pour 1959-1960[6]. La même année, l'Unesco organise des stages d'études sur le livre et l'édition dans les pays du programme. Une collection d'ouvrages pour la jeunesse, destinée à une exposition itinérante, est aussi constituée en application d'un contrat passé avec la bibliothèque internationale pour la jeunesse de Munich.

[1] Voir Archives Unesco, dossier 375 A 310 (5) 074 (540) « 59 » TA.
[2] Mémo d'Asabuki à Galindo Pohl, 8 avril 1959. Archives Unesco, dossier 375 A 310 (5) 074 (540) « 59 » TA.
[3] DELAVENAY, Émile. *Pour le livre*. Op. cit., p. 31.
[4] Ibid.
[5] Assamais, bengali, birman, cingalais, dhari, gujrati, hindi, kannada, kashmiri, malais, malayalam, marathe, népalais, ourdou, pendjabi, persan, pushtu, sanskrit, sindhi, tamoul, télougou, thaï.
[6] Voir Archives Unesco, dossier 375 A 310 (5) 57 TA Morpurgo.

En 1959, Morpurgo retourne à Ceylan et en Iran afin de donner des avis sur la création de centres nationaux du livre. Il effectue cette mission en lien avec un stage d'étude régional organisé à Madras (Inde) en décembre 1959 sur la diffusion des livres, l'édition et la librairie, stage dont il est le directeur[1].

En décembre 1958, le secrétariat charge Akhtar Husain de négocier avec le gouvernement indien l'organisation du séminaire, qui est organisé en collaboration avec le *Southern Languages Book Trust* et avec le soutien financier de la fondation Ford. L'Américain Arthur Isenberg, alors consultant de la fondation Ford au *Southern Languages Book Trust*, joue un rôle important dans l'organisation de la manifestation.

Recruté de septembre à décembre 1959 par l'Unesco pour l'occasion, Morpurgo rassemble les documents de travail ; imprimés par le Centre de Karachi, ces documents sont distribués lors du séminaire qui réunit 23 participants en novembre 1959.

Le bibliothécaire Frank Gardner est lui aussi envoyé par l'Unesco 3 mois dans la région fin 1959, afin de participer au séminaire de Madras, puis de conseiller les bibliothécaires dans leurs méthodes d'utilisation et de diffusion des textes de lecture pour nouveaux alphabètes[2]. Outre des professionnels du livre, bibliothécaires et responsables politiques locaux, Gardner rencontre plusieurs membres du *British Council*, de l'*Asia Foundation*, de l'USIS et de la fondation Ford, notamment à Karachi. A Lahore et Dacca, Gardner étudie les systèmes de « *book box scheme* » mis en place par l'*Asia Foundation*, consistant à envoyer des paquets de livres en ourdou aux petites bibliothèques et aux villages pakistanais. Il regrette cependant que l'*Asia Foundation* agisse dans la cadre de ce projet sans consulter ni inclure la bibliothèque publique du Punjab, qui aurait, selon lui, pu jouer un rôle central dans le système mis en place à Lahore.

Gardner se penche aussi sur les activités de la fondation *Franklin Publications* dont il rencontre un responsable à Dacca, où la fondation a mis en place un centre de distribution pour aider les éditeurs à diffuser leurs ouvrages. Gardner visite la plupart des institutions dédiées au livre dans les pays du programme de textes de lecture, et rend début 1960 un rapport extrêmement complet à l'Unesco. Il y dresse un panorama de la situation du livre dans ces pays, énumérant et commentant les initiatives prises tant par les responsables et professionnels locaux que par les ONG, les fondations et différents pays occidentaux dans le cadre de l'aide au développement bilatérale. Il y formule par ailleurs des remarques et recommandations afin d'améliorer la place des textes de lecture pour nouveaux alphabètes dans le cadre plus général de la diffusion du livre dans cette région du monde.

De son côté, Morpurgo remet début 1960 à l'Unesco 3 rapports sur ses missions en Iran, Pakistan, Inde et Ceylan en 1959, sur le séminaire de Madras, ainsi qu'un troisième rapport confidentiel[3]. Morpurgo insiste sur l'importance

---

[1] Voir Archives Unesco, dossier 375 A 310 (5) 074 (540) « 59 » TA.

[2] Voir Archives Unesco, dossier 375 A 310 (5) 57 Gardner.

[3] Lettre confidentielle d'Asabuki à Husain, 25 février 1960. Archives Unesco, dossier 375 A 310 (5) 57 TA Morpurgo.

de la qualité artistique et littéraire des livres et sur la professionnalisation des modes de diffusion, plutôt que sur la mise en place de listes techniques (listes de vocabulaire, listes de thématiques intéressant l'ensemble des pays du programme, etc.). Il déplore vivement la stagnation des centres nationaux du livre créés à Ceylan, au Pakistan et en Iran, qui lui semblent privés du soutien financier et politique nécessaire pour commencer réellement à fonctionner. Suite à une résolution proposée par l'Inde et adoptée par la Conférence générale, un groupe de travail inter-départements est aussi mis en place au secrétariat en 1960 afin d'« étudier les problèmes d'une production à bas coût de livres scientifiques et techniques dans les pays sous-développés[1] ».

De son côté, Jan Thomaeus anime de nouveau pour l'Unesco un stage de 6 mois (août 1960-février 1961) à Colombo[2], dans le domaine de l'illustration de livres, mission pour laquelle il reçoit 3.650 $. Cependant sa nombreuse famille, qui voyage avec lui, lui cause différents problèmes d'ordre financier qui ne seront jamais vraiment réglés...

Des stages d'études nationaux, réunissant chacun 30 à 40 participants, sont régulièrement organisés, par exemple en 1961 à l'intention des libraires à Rangoon, Colombo, Delhi, Madras, Téhéran, Dacca et Karachi[3]. Plusieurs expositions itinérantes sur la compréhension internationale et des ouvrages scientifiques simples se déplacent aussi en Birmanie, à Ceylan, en Inde, en Iran et au Pakistan en 1961-1962. En décembre 1961, un nouveau stage d'études régional est organisé à Colombo afin d'examiner la possibilité de créer des associations professionnelles dans le domaine du livre et d'établir une étroite collaboration entre professionnels du livre.

Par ailleurs, l'Iran entre à partir de 1960 dans un système de prix annuels destinés à récompenser chaque année 4 auteurs de textes de lecture rédigés en perse[4], avant de se lancer en 1961 dans la mise en place d'un centre national du livre pour lequel il réclame une subvention de 4 000 $ à l'Unesco. Le gouvernement iranien demande aussi des aides de 2 800 $ pour le développement de son réseau de bibliothèques publiques dans la région de Téhéran et de 2 000 $ pour acheter un bibliobus. L'Unesco accorde en fin de compte 8 000 $ au Centre national du livre pour l'achat d'équipement et de matériel de référence en 1962 et 5 000 $ pour l'achat d'un bibliobus, livré courant 1964.

En parallèle, Arpad Bogsch (ancien membre du secrétariat) effectue début 1962 une mission de 3 mois pour l'Unesco[5] dans les 5 pays du programme (Birmanie, Ceylan, Inde, Iran et Pakistan) et en Thaïlande. Sa mission comprend 4 tâches : examiner la situation du droit d'auteur, discuter avec les professionnels du livre des difficultés à produire et diffuser des textes de lecture,

[1] Mémo d'Asabuki à Akhtar Husain, 30 mai 1961. Archives Unesco, dossier 347.78 A 571 (5-12) : 375 A 310 TA.
[2] Voir Archives Unesco, dossier 375 A 310 (5) 57 TA van Couwelaar.
[3] Voir Archives Unesco, dossier 375 A 310 (540) 2.
[4] Voir Archives Unesco, dossier 375 A 310 (55) 2 TA.
[5] Voir Archives Unesco, dossier 347.78 A 571 (5-12) : 375 A 310 TA.

étudier les possibilités d'améliorer la libre circulation des textes de lecture en respectant le droit d'auteur et assister au séminaire régional organisé sur le projet de textes de lecture à Ceylan fin 1961.

En 1963, la participation de l'Afghanistan, de la Thaïlande et du Népal au projet est envisagée et le Népal reçoit 1 500 $ d'équipement fin 1963[1]. Ambika Sijapati (commission nationale népalaise) devient correspondante nationale de l'Unesco, pour qui elle réalise chaque année 4 newsletters sur les activités liées aux matériels de lecture[2]. Quatre livres pour nouveaux alphabètes sont publiés par la *Royal Nepal Academy* en 1964[3], mais la mise en place d'activités concrètes est lente. Un cours de formation pour libraires, prévu en 1964, est repoussé à plusieurs reprises avant que l'Unesco ne finisse par recruter l'Américain Arthur Isenberg (qui a travaillé de nombreuses années pour la fondation Ford en Asie et au *Southern Languages Book Trust* en Inde) durant 6 mois pour organiser et diriger ce cours en avril 1965.

Un rapport sur la situation du livre et de l'illettrisme au Népal, commandé à la commission nationale népalaise, est livré en janvier 1965 à l'Unesco, et un atelier de travail consacré aux besoins des adolescents en termes de lecture est organisé en 1966 sous la direction du Dr Uprety. Le rapport final est rendu fin 1967.

Une campagne pour la diffusion à grande échelle de livres rédigés dans les langues de l'Inde méridionale est par ailleurs lancée en juillet 1964, par le *Book Industry Council of South India,* avec le concours de 400 dépositaires de journaux, et se poursuit jusqu'en mars 1965. En Inde du nord, une série de réunions et de stages d'études sont organisés dans le cadre d'un Festival du livre par le *National Book Trust of India.* Afin de favoriser la distribution de livres en régions rurales, l'Unesco fournit aussi des bibliobus à Ceylan, à l'Iran et au Pakistan. Un Festival du livre avec expositions, stages d'études et concours dotés de prix pour les écrivains est organisé à Karachi, Lahore et Dacca par le Centre national du livre pakistanais en octobre 1964.

Du 11 au 25 avril 1964, un cinquième stage d'études régional, dirigé par l'éditeur britannique Anthony Kamm, est organisé (pour un coût de 23 000 $) à Téhéran sur le thème « La littérature pour les jeunes en langues locales » pour les 8 pays participant désormais au programme : Afghanistan, Birmanie, Ceylan, Inde, Iran, Népal, Pakistan et Thaïlande[4]. L'extension du programme à la Malaisie et à l'Indonésie est aussi envisagée pour 1965.

Dans son intervention, Richard Bamberger (président de l'IBBY) déplore que « dans tous les pays du monde [...], à l'exception significative de l'Union soviétique, les livres pour enfants sont considérés comme le genre littéraire le moins important, certainement moins important que la littérature générale ou les manuels scolaires[5] ». L'Unesco doit cependant s'imposer face aux « pressions »

---

[1] Voir Archives Unesco, dossier 375 A 310 (541.35) 2.

[2] Voir Archives Unesco, dossier 375 A 310 (541.35) 158.

[3] Voir Archives Unesco, dossier 375 A 310 (541.35) 06 « 64 » NC/TA.

[4] Voir Archives Unesco, dossier 375 A 310 (5) 074(55) « 64 »

[5] Lettre de Kamm à Adiseshiah, 22 mai 1964. Archives Unesco, dossier 375 A 310 (5) 074 (55) « 64 » 136.

exercées par l'IBBY et la Bibliothèque internationale pour la jeunesse de Munich, qui souhaitent présenter des livres pour enfants en allemand à l'occasion du séminaire[1]. Au final, seule une sélection de livres en anglais, prêtés par la *National Book League* et le *British Council* de Colombo, sera utilisée. Dans son rapport final, Kamm rapporte à l'Unesco :

> *J'ai visité la bibliothèque nationale de Téhéran afin de discuter de l'organisation du séminaire. On m'a tout de suite demandé si j'étais venu ouvrir le Centre national du livre. [...] Apparemment, l'équipement coûteux livré par l'Unesco est resté entreposé sans être ouvert dans une pièce de la bibliothèque nationale depuis sa réception. Mon arrivée a incité quelqu'un à se lancer dans l'ouverture des paquets. Cet équipement serait en réalité encore en carton aujourd'hui si la visite du Dr Adiseshiah à Téhéran n'avait pas représenté une occasion, impossible à éviter, d'inaugurer formellement le Centre national du livre.*
>
> *Je reste cependant dubitatif sur l'utilisation actuelle de l'équipement, et même sur le fait qu'il n'ait jamais été utilisé. L'équipement tout seul ne fait pas un Centre national du livre. De telles organisations dépendent entièrement, j'en suis convaincu, de l'attitude et de la personnalité de leur directeur. Il me semble que c'est un gaspillage de livrer de l'équipement avant de savoir si un Centre fonctionne et qu'un plan de travail ait été établi*[2].

Si le séminaire de Téhéran se déroule correctement, malgré une assez grande désorganisation et l'absence d'Akhtar Husain, Sibunruang formule plusieurs réserves sur les participants, souligne l'absence ou le retard de certains délégués, leur méconnaissance presque totale du projet de « textes de lecture » et leur inexpérience presque aussi grande dans le domaine des relations internationales (les participants népalais et afghans participent pour la première fois à ce genre de stage et il s'agit pour certains d'entre eux de leur premier voyage à l'étranger). Elle estime aussi que l'observateur envoyé par la Malaisie « n'a pas apporté grand-chose à la conférence, ni n'en a rapporté davantage à son pays[3] ».

De son côté, Bamberger émet le regret qu'un tel séminaire ait été dirigé par un éditeur et non par un éducateur, soulignant que certaines actions qui pourraient être entreprises pour favoriser la circulation des livres ne sont jamais mises en avant par les éditeurs, dont l'objectif est de gagner de l'argent et non d'en économiser... Bamberger estime par exemple qu'en pelliculant les livres scolaires produits au format poche, on pourrait doubler leur durée de vie à moindre coût, ce qui serait particulièrement intéressant dans les pays en développement[4].

Le Néerlandais Joop van Couwelaar, expert en typographie et illustration de livres, est chargé quant à lui de collaborer avec Kamm pour la préparation du stage d'études de Téhéran[5], avant d'être envoyé au Népal ; il doit ensuite se

---

[1] Voir Archives Unesco, dossier 375 A 310 (5) 074 (55) « 64 ».

[2] Rapport de mission d'Anthony Kamm en Asie du sud, 21 mai 1964. Archives Unesco, dossier 375 A 310 (5) 074 (55) « 64 » 136.

[3] Rapport de mission en Iran de Sibunruang à Gomes Machado, 26 mai 1964. Archives Unesco, dossier 375 A 310 (5) 074 (55) « 64 ».

[4] Voir Archives Unesco, dossier 375 A 310 (5) 074 (55) « 64 ».

[5] Voir Archives Unesco, dossier 375 A 310 (5) 57 TA van Couwelaar.

rendre en Thaïlande et en Inde pour animer des ateliers d'illustration. Le stage de Bangkok est toutefois écourté car van Couwelaar, ayant contracté la typhoïde, est hospitalisé d'urgence entre le 8 et le 29 juin 1964... Sur le chemin du retour, van Couwelaar s'arrête brièvement à Delhi, où il conseille le *Children's Book Trust* pour la mise en place de stages professionnels sur l'illustration de livres, ce qui donne lieu à un premier stage en octobre 1964.

En 1965, on continue aussi à organiser des festivals du livre, et des stages de formation de libraires et de spécialistes de la promotion des ventes ont lieu à Colombo, Lahore et Dacca en avril, tandis que l'Unesco commandite des enquêtes analysant le public des lecteurs et la production de livres dans les États nouvellement associés au projet (Népal, Thaïlande).

En 1965, Joop van Couwelaar se voit proposer par l'Unesco une seconde mission au Népal et dans d'autres pays. Le nouveau directeur du Centre de Karachi, l'Indonésien Akbar Djoehana[1] (qui succède à Husain le 1er janvier 1965) évoque avec lui l'idée de travailler, dans le cadre de cours et d'ateliers d'illustration, sur la possibilité de réappropriation et de réinterprétation, sous forme moderne, de l'imagerie traditionnelle et symbolique des pays concernés. En parallèle, le *Children's Book Trust of India* (New Delhi) demande à l'Unesco de lui fournir les services d'un expert en illustration de livres durant un an ; en attendant, il commence à fonctionner et produit 21 livres en anglais et en hindi en 1966.

De son côté, van Couwelaar se rend au Népal en janvier-février 1966, puis à Ceylan au *National Book Trust* avant de passer plusieurs mois au *Children's Book Trust* de New Delhi. Des contrats sont conclus avec Ceylan, l'Inde, l'Iran, le Népal, le Pakistan et la Thaïlande pour l'attribution de prix aux auteurs des meilleurs livres publiés dans une langue nationale et traitant du développement communautaire, de la compréhension internationale ou de culture générale : 36 auteurs sont récompensés en 1965.

En parallèle, le *Franklin Book Programs* prend contact en mars 1965 avec le Représentant Résident du Bureau de l'Assistance technique des Nations Unies à Kaboul, afin de proposer l'organisation d'un séminaire sur la traduction en mai 1965[2]. Dans sa lettre, il sous-entend que l'Unesco pourrait soutenir financièrement ce séminaire. Djoehana affiche cependant son scepticisme, récusant à la fois les délais trop courts, l'ampleur du sujet abordé par le séminaire, le manque de concertation entre les organisateurs et le manque de budget. Le coût du séminaire est estimé à 6 500 $; cette somme n'est pas considérable, mais la situation financière du *Franklin Book Programs* est alors délicate.

---

[1] Engagé par l'Unesco en 1960, Akbar Djoehana est affecté à la Division du projet majeur pour l'appréciation mutuelle des valeurs cultuelles de l'Orient et de l'Occident. A la fin de son contrat, il rejoint le 1er février 1964 le Département de l'éducation, avant de devenir directeur du Bureau régional de Karachi pour les textes de lecture en Asie jusqu'à fin 1966. Djoehana enchaîne ensuite les postes au siège de l'Unesco dans la plupart des Départements (Information ; Activités culturelles ; Sciences sociales, sciences humaines et culture ; Planification et financement de l'éducation). L'Unesco se sépare cependant de lui le 31 janvier 1977.

[2] Voir Archives Unesco, dossier 375 A 310 (591) 074 « 66 » NC.

Zachau, quant à lui, estime que ce séminaire pourrait se révéler intéressant pour le projet de « textes de lecture », surtout si son sujet était un peu modifié. Il est vrai que si l'Afghanistan s'est officiellement jointe au projet régional de l'Unesco début 1963, le pays s'est montré totalement inactif en 1963-1964, aussi l'Unesco souhaite-t-elle profiter du séminaire pour sensibiliser au projet[1]. Mais la situation en Afghanistan est alors compliquée par la rupture des relations diplomatiques avec le Pakistan, qui oblige les fonctionnaires de l'Unesco à correspondre directement avec les autorités afghanes sans passer par le Centre de Karachi…

En fin de compte, le *Franklin Book Programs* parvient à imposer le séminaire dont il choisit le sujet, la date (20 juin 1966), la langue de travail (le farsi) et les participants invités (Afghanistan, Iran, Pakistan, URSS)[2]. Pour des raisons diplomatiques, l'Unesco accepte tout de même à la dernière minute de participer au financement à hauteur de 2 000 $ et d'y envoyer Will Zachau. Mécontent, ce dernier explique à Penna :

> *Il n'est pas facile de préparer un contrat pour un séminaire sur la traduction. Le séminaire est organisé par le* Franklin Book Programs *; la région représentée au séminaire ne correspond pas à la région couverte par le projet de textes de lecture ; nous ne sommes pas en position de préparer ou d'approuver un programme qui a été établi avant que nous soyons invités à y participer. Étant donné la situation, nous n'avons pas pu ajuster le programme du séminaire de manière à répondre aux nécessités du projet.*
>
> *Il apparaît donc que notre contribution se limite simplement à une aide financière. Bien sûr, je vais utiliser ma participation au séminaire autant que possible au bénéfice de notre projet. Je pense en particulier établir un projet de traduction exemplaire qui pourrait s'appliquer également à d'autres États membres de la région où s'applique le projet*[3].

Mais la mission de Zachau se révèle décevante ; pour des raisons techniques diverses, il ne peut rester que trois jours à Kaboul, et par ailleurs, le séminaire se déroule entièrement en farsi, sans traduction ni des débats ni des documents de travail ; Zachau n'a donc qu'une vague idée du contenu du séminaire et se retrouve dans l'impossibilité de présenter le projet de textes de lecture. Les réserves de Zachau et de Smith, ainsi que l'incapacité du *Franklin Book Programs* à fournir les pièces comptables nécessaires conduisent finalement à l'annulation du contrat et de la participation financière de l'Unesco à ce séminaire[4]…

Toutefois, les contacts noués avec l'Afghanistan portent timidement leurs fruits ; en mai 1966, Sami Madhoosh (ministère de l'Éducation afghan) devient correspondant national de l'Unesco pour son pays[5]. L'Unesco propose aussi en 1964 d'organiser un séminaire sur les matériels de lecture en Afghanistan, mais malgré ses relances, le gouvernement n'y donnera jamais suite et la participation du pays au projet restera lettre morte. Lors d'une mission effectuée en Afghanistan en 1977, John J. Eyre évalue à 95 % la proportion d'Afghans

---

[1] Voir Archives Unesco, dossier 375 A 310 (581)

[2] Voir Archives Unesco, dossier 375 A 310 (591) 074 « 66 » NC.

[3] Mémo de Zachau à Penna, 4 juin 1966. Archives Unesco, dossier 375 A 310 (591) 074 « 66 » NC.

[4] Voir Archives Unesco, dossier 375 A 310 (591) 074 « 66 » NC.

[5] Lettre de Smith au ministre de l'Éducation, 29 déc. 1966. Archives Unesco, dossier 375 A 310 (581).

illettrés, estimant que les bibliothèques du pays sont inopérantes à l'exception de celles ayant reçu des dons de livres de l'*Asia Foundation* et du *British Council*[1].

En 1966, le Comité régional de coordination du projet des textes de lecture se réunit à Bangkok pour examiner l'état d'avancement du projet. Un stage d'études régional sur le développement de la lecture a aussi lieu au Centre de Karachi, et plusieurs pays de la région organisent des stages pratiques. A partir de 1967, le projet s'étend à tous les États membres d'Asie.

A partir de 1966 et jusqu'à 1972, l'Unesco coordonne progressivement ses efforts de promotion du livre à travers le monde, en convoquant notamment de grandes réunions régionales d'experts, qui permettent de faire le point et de dresser un panorama de la situation du livre dans chaque région : Tokyo en 1966, Accra en 1968, Bogota en 1969, Le Caire en 1972.

Même si le programme de « matériel de lecture » se poursuit, la concentration sur le public des nouveaux alphabètes finit par être officiellement abandonnée au profit d'efforts plus généraux sur la production et la diffusion de matériel culturel, littéraire et scientifique dans les langues asiatiques. Le Centre de Karachi intervient par exemple lors d'une Conférence sur la production et la distribution des livres qui se tient à Kuala Lumpur (Malaisie) en janvier 1967. Puis une première réunion sous-régionale, destinée à donner aux auteurs l'occasion d'échanger des idées avec leurs confrères d'autres pays d'Asie, a lieu à Téhéran en novembre 1967, accueillant des écrivains indiens, iraniens, népalais et pakistanais durant 3 jours. De plus, 37 prix sont attribués à des auteurs de 8 nationalités différentes pour les meilleurs ouvrages publiés en 1965-1966 ; les manuscrits choisis sont publiés avec l'aide de l'Unesco dans des collections bon marché.

De décembre 1966 à janvier 1967, Robert Escarpit est envoyé en mission afin de sensibiliser le Pakistan, l'Inde, Ceylan et l'Iran à la question du développement du livre de poche[2]. Puis en septembre 1968 se tient à Singapour une réunion sur la planification de l'industrie du livre en Asie. L'Unesco se lance par ailleurs dans la constitution d'une collection de textes de qualité destinés au grand public ; s'insérant à la fois dans le projet de « matériel de lecture » pour l'Asie et dans le projet majeur Orient-Occident, cette collection débute en 1968 par la traduction de 6 ouvrages écrits dans une langue de la région.

La réorientation du projet de « matériel de lecture » se concrétise en 1969 par une réorganisation complète du Centre de Karachi, à qui sont confiées l'exécution et la coordination de toutes les activités opérationnelles de l'Unesco ayant trait à la promotion du livre en Asie de manière décentralisée. Le Centre prend désormais le relais du siège de l'Unesco dans ce domaine.

Le projet de « matériel de lecture » s'achève officiellement en 1969 après 14 années de fonctionnement, la question des textes pour nouveaux alphabètes étant désormais englobée dans la lutte contre l'illettrisme et la promotion du

---

[1] *Library development (NATIS), Republic of Afghanistan, 4 July-3 August 1976*, 1977, p. 10. (Restricted Technical Report PP/1975-76/4.221.4).

[2] Lettre de Behrstock à Smith, 15 septembre 1966. Archives Unesco, dossier 375 A 310 (5) 57 TA van Couwelaar.

livre et de la lecture en Asie. L'importance de cette littérature spécifique est pourtant réaffirmée par la suite, par exemple par Robert Escarpit dans *Le littéraire et le social. Éléments pour une sociologie de la littérature* :

> *Il ne sert à rien de tirer une population de l'analphabétisme si on ne lui fournit pas un flot constant de matière à lire avec les moyens nécessaires pour l'utiliser et les motivations indispensables pour le vouloir. Par paresse intellectuelle, par inertie administrative, ce fait fondamental est trop souvent ignoré des autorités responsables. Produire des ouvrages didactiques est infiniment plus facile, rapide et satisfaisant pour l'esprit que susciter dans un pays une production de livres de lecture générale à la fois abondante, variée et adaptée à l'environnement. C'est pourquoi les planificateurs - gouvernants et professionnels - ont tendance à donner au premier type de production une priorité absolue sur l'autre.*
>
> *Cela se comprend car la planification ne peut s'appliquer qu'à des procédures programmées. Or, nous le savons, l'acte de publication d'un ouvrage de lecture générale et singulièrement d'un ouvrage « littéraire » est inévitablement, dans la structure présente des sociétés, un acte d'édition non programmée.*
>
> *On peut cependant craindre qu'une telle attitude ne conduise à des déceptions graves. Comme l'a montré un des experts réunis en 1968 au Ghana par l'Unesco, tout choix entre les deux types de production conduit à s'enfermer dans un cercle vicieux. Cela revient à se demander s'il faut susciter le public lisant avant de produire les lectures ou produire des lectures à l'intention de lecteurs qui n'existent pas encore. En fait les deux doivent avancer de front, mais dans la mesure où la production de lectures générales pose des problèmes plus difficiles parce que moins définis et plus longs à résoudre, c'est sans doute à elle qu'il faut s'attaquer d'abord*[1].

Des projets tels que la construction de bibliothèques et la production de textes de lecture ont constitué les piliers les plus visibles de l'action directe menée par l'Unesco en faveur du livre et de la lecture. Toutefois, l'organisation œuvre aussi pour sensibiliser les responsables politiques, les intellectuels, et plus généralement les « élites » du monde entier – en particulier dans le Tiers monde – à l'importance du livre et à la nécessité pour les pouvoirs publics d'œuvrer à son développement. De ce point de vue, « l'Année internationale du livre » en 1972 marque une étape dans la politique du livre de l'Unesco, en actant les évolutions considérables de ce domaine depuis la Seconde Guerre mondiale.

Les colloques et conférences d'intellectuels

Contrairement à l'IICI, l'Unesco organise peu de manifestations intellectuelles d'envergure de manière directe. Dans la tradition des « Entretiens » cependant, et sans doute en réaction au Congrès mondial des Intellectuels pour la paix de Wroclaw d'août 1948, l'Unesco envisage d'organiser en juin 1949 une grande manifestation intellectuelle – un Symposium des Écrivains – à laquelle seraient invités intellectuels, écrivains et scientifiques de

[1] ESCARPIT, Robert. « Littérature et développement », in ESCARPIT, Robert (dir.). *Le littéraire et le social.* Paris : Flammarion, 1970, p. 248-249.

renom afin de discuter de la responsabilité des intellectuels à l'égard de la paix[1]. Cette thématique apparaît en prise sur les problématiques de l'époque, alors que « le débat sur la responsabilité de l'écrivain revient en force à la Libération, autour des procès des intellectuels collaborationnistes, dont certains ont été condamnés à mort et exécutés », faisant « réémerger le substrat juridique de la notion de responsabilité, sur laquelle Sartre fonde sa théorie de la littérature engagée[2] ».

L'Unesco prévoit d'inviter des intellectuels des 5 continents à discuter du rôle des intellectuels dans la société moderne, de leur influence sur les façons de penser dans un contexte de mondialisation économique et industrielle, et du dilemme dans lequel se trouve l'écrivain face aux conflits idéologiques. Les intellectuels pressentis sont cependant majoritairement occidentaux (16 sur 22). Parmi eux se trouvent l'Américaine Pearl Buck, l'Allemand Thomas Mann, les Espagnols Ortega y Gasset et Madariaga, les Français André Gide, Jean-Paul Sartre et André Malraux, les Britanniques TS Eliot et A. Koestler. Les 6 personnalités non occidentales sont le Mexicain Alfonso Reyes, les Chiliens Pablo Neruda et Gabriela Mistral, l'Indienne Mme Naidu, le Chinois Hu Shih et l'Égyptien Taha Hussein. Lors d'une réunion préparatoire le 10 janvier 1949, à laquelle participent Lin Yutang, Caillois, Mayoux, Bosh-Gimpera, Thomas et Maheu, ce dernier estime qu'il faudrait aussi inviter un « intellectuel nègre », comme l'Américain Richard Wright, le Martiniquais Aimé Césaire ou le Sénégalais Léopold Sédar Senghor[3].

Le Département des activités culturelles attache une grande importance à ce symposium, qu'il présente comme une tentative de s'attaquer à la question de la construction de la paix dans l'esprit des hommes comme le prévoit l'Acte constitutif de l'Unesco :

> *Les hommes de lettre et d'esprit doivent endosser la responsabilité d'être des architectes de la paix. Les hommes de lettre et d'esprit partagent le sens de cette responsabilité, ils le ressentent, et ils veulent que leur réflexion y contribue. [...] Nous croyons que l'effet des opinions de ces personnalités va atteindre, à travers la presse, la radio et les discussions de Club, toutes les classes de la société et se répandre bien au-delà de la salle de conférence*[4].

La Division des arts et lettres est alors dirigée, depuis le 28 juillet 1948, par le poète, romancier, historien et philosophe Lin Yutang (1895-1976). Attiré par le monde occidental et la littérature, Yutang critiquait en 1943, dans *Between Tears and Laughter*, « l'attitude de l'Occident, dont il prédit la chute si sa civilisation n'accède pas à une nouvelle philosophie spirituelle, seule garante de la paix universelle[5] ». Yutang démissionne toutefois de son poste à l'Unesco dès le 15 mai 1949, probablement à cause des événements en Chine – la prise de Nankin

---

[1] Archives Unesco, dossier 327.6 : 8A 064 (44) « 49 ».

[2] Entretien d'Alexandre Prstojevic avec Gisèle Sapiro (7 juin 2011) à propos de son livre *La Responsabilité de l'écrivain. Littérature, droit et morale en France (XIXe – XXIe siècle)*, Seuil, 2011, disponible sur le site http://www.vox-poetica.org.

[3] Archives Unesco, dossier 327.6 : 8A 064 (44) « 49 ».

[4] Dossier de présentation du symposium, 10 janv.1949. Archives Unesco, dossier 327.6 : 8A 064 (44) « 49 ».

[5] KASER, Pierre. Préface à *L'Importance de vivre* de Lin Yutang. Paris : Philippe Picquier, 2007, p. 16.

par l'armée de Mao Zedong le 23 avril 1949 annonçant une victoire imminente des communistes dans le pays[1].

A l'Unesco, les « Entretiens sur la responsabilité des intellectuels à l'égard de la paix » sont prévus à Paris du 7 au 13 juillet 1949[2]. Il est cependant impossible de trouver trace de cette manifestation, qui a dû être annulée au profit d'une simple « discussion » sur les devoirs de l'État dans les domaines de l'éducation, de la science et de la culture pour assurer une meilleure compréhension internationale – discussion qui se tient en septembre 1949 lors de la Conférence générale.

En novembre 1949, Guido Piovene (Division des arts et lettres) explique cependant que le symposium n'est que repoussé :

> *M. Jean Thomas et moi avons parlé longuement le 4 novembre avec M. Seurat du Symposium des écrivains et des rapports entre le PEN Club international et l'Unesco en général. [...] Il avait été convenu avec M. Seurat que ce symposium devrait avoir lieu à Paris vers la fin de l'année et que l'on devrait y inviter un certain nombre d'écrivains choisis en plein accord entre le PEN Club et l'Unesco. Nous devrions tout d'abord trouver un sujet de discussion. Ensuite il serait nécessaire de trouver dès à présent un président du symposium choisi parmi les personnalités marquantes du monde littéraire. [...] Le siège du PEN Club à Paris pourrait peut-être avec l'aide de l'Unesco, loger des écrivains pendant la durée du symposium. La réussite de cette tentative pourrait nous amener par la suite à organiser des symposiums périodiques Unesco-PEN Club*[3].

Mais finalement, ce n'est qu'en 1951 qu'est votée une résolution prévoyant l'organisation d'une Conférence internationale des Artistes à Venise du 22 au 28 septembre 1952, sur le thème de « L'artiste dans la société contemporaine »[4]. Sous la présidence du peintre français André Lhote, un comité d'organisation se réunit à Paris en décembre 1951 afin d'élaborer le programme de la Conférence : l'Italien Giuseppe Ungaretti (arts en général), les Français Georges Rouault et Jacques Villon (peinture), le Britannique Henry Moore (sculpture), le Brésilien Lucio Costa (architecture), le Suisse Arthur Honegger (musique), l'Égyptien Taha Hussein (littérature), l'Américain Marc Connelly (théâtre), et l'Italien Alessandro Blasetti (cinéma). La Conférence de Venise est donc en fin de compte assez différente du projet de départ ; la littérature y fait l'objet de débats après un « exposé préliminaire » dans lequel l'écrivain égyptien Taha Hussein conclut :

> *L'écrivain moderne ne jouera un rôle important dans la société que lorsqu'elle et lui sauront très précisément leurs devoirs respectifs et qu'ils consentiront un peu à oublier, au moins pour un temps, leurs droits. Alors l'écrivain sera cet homme dont parle Dante,*

[1] Par la suite, Lin Yutang crée un système d'indexation des caractères chinois, publie un dictionnaire chinois-anglais en 1972, invente une machine à écrire adaptée à l'écriture chinoise et traduit de nombreux classiques chinois en anglais afin de favoriser leur diffusion en Occident. Il meurt à Hong Kong en 1976, un an après avoir effleuré le Prix Nobel de littérature.

[2] Calendrier des conférences, réunions et stages pour l'année 1949, 3 mars 1949, p. 9. Archives de l'Unesco, document de travail UNESCO/CPS/2.

[3] Lettre de Piovene à Ould, 15 nov. 1949. Archives Unesco, dossier 803 A 064 « -56 ».

[4] « Exécution du programme de 1952. Conférence internationale des Artistes », soumis au Conseil exécutif pour décision, 28 fév. 1952. (doc. de travail 29 EX/17).

lequel avance dans la nuit, une lampe suspendue dans le dos : il éclaire ainsi le chemin pour tous ceux qui le suivent. Il n'est personne pour croire que la clarté qu'il dispense est trompeuse, et lui sait qu'il peut aller de l'avant en toute confiance, puisqu'aucun de ceux qu'il éclaire ne refuserait de voler à son secours, s'il était en péril[1].

En septembre 1970, l'Unesco organise aussi une table ronde sur le thème « Cinéma et littérature », qui rassemble à Locarno (Suisse) 15 écrivains, critiques et responsables d'activités dans le cinéma et les arts du spectacle venus de 10 pays. Cette réunion, préparée par 5 études préliminaires sur les rapports entre la littérature et le cinéma en Afrique, en Europe, en Inde, au Japon et dans le monde arabe, illustrée par des projections de films, propose une confrontation des formes de spectacle et d'expression littéraire dans les différentes régions culturelles et souhaite dégager les influences réciproques et les axes de convergence[2].

Puis en juillet 1971, l'Unesco provoque à Dar es-Salam (Tanzanie) une réunion concernant l'influence du colonialisme sur l'artiste, son milieu et son public dans les pays en voie de développement ; l'universitaire philippin Timoteo S. Oracion y propose une intervention intitulée « Le problème de la langue pour l'écrivain créateur ». Il s'intéresse aux questions soulevées par la mise en place d'une langue nationale dans les pays nouvellement indépendants, par l'utilisation de la langue des ex-colonisateurs dans l'enseignement et par la politique de traduction/publication en langue locale, concluant que s'« il n'est rien de plus précieux pour l'homme qu'une connaissance complète et approfondie de sa langue maternelle[3] », la maîtrise de la langue anglaise est indispensable pour la communication au niveau international et l'accès aux ouvrages techniques et professionnels.

La 6ème Conférence régionale des commissions nationales européennes, qui se tient à Bucarest du 3 au 9 mai 1972, voit ensuite l'organisation d'une « Table ronde sur le livre, la jeunesse et la compréhension internationale » sous la présidence du Dr Mihnea Gheorghi, (premier vice-président de l'Institut roumain pour les relations culturelles avec l'étranger). Un certain nombre d'écrivains, de critiques d'art et d'éditeurs prennent part aux débats, évoquant la production d'ouvrages de nature à compromettre la compréhension internationale et le risque de voir les moyens audio-visuels se substituer aux livres. Il y est aussi affirmé que l'Europe doit jouer un rôle important pour remédier à la pénurie de livres dans les pays en voie de développement[4].

Si l'Unesco organise elle-même peu de manifestations intellectuelles, elle subventionne par contre la tenue de colloques et de congrès par d'autres structures. Elle aide financièrement le PEN Club international pour l'organisation de colloques tels que « L'auteur et le public » (Londres, 1956) ou « L'influence réciproque des littératures de l'Orient et de l'Occident » (Tokyo,

---

[1] TAHA HUSSEIN, Pacha. « Exposé préliminaire sur la littérature. L'écrivain dans la société moderne » (11 août 1952), in *Conférence internationale des artistes (Venise, 1952)*. Op. cit., p. 8.

[2] Rapport du DG sur l'activité de l'organisation en 1970, p. 125.

[3] Résumé de l'intervention « Le problème de l'écrivain créateur », 3 juin 1971, 2 p. (SHC-71/CONF.7/4).

[4] Rapport du DG sur l'activité de l'organisation en 1972, p. 7.

1957)[1]. En 1958, elle soutient une rencontre internationale de traducteurs littéraires organisée par le centre PEN polonais et le PEN Club international. En juillet 1960, elle encourage le PEN Club international à organiser un congrès au Brésil auquel participent 200 écrivains venus de 38 pays ; dans ce cadre, des entretiens sont consacrés au thème « Littératures nationales et littérature universelle ». En juin 1962, l'Unesco accorde une aide à la Grèce pour organiser un colloque à Athènes, « l'une de ces rencontres internationales dont les meilleurs résultats sont la richesse des débats eux-mêmes et leur éventuelle influence sur les milieux compétents[2] ». Michel Dard souligne dans son allocution :

C'est la première fois que sont appelés à collaborer, d'une façon à la fois personnelle et professionnelle, des écrivains, des musiciens et chorégraphes, des hommes de théâtre, des architectes, des peintres et décorateurs, et je n'aurai garde d'oublier, à côté des créateurs et des exécutants, un autre groupe de participants, sociologues, philosophes ou historiens dont l'apport à nos débats souligne l'intérêt de ceux-ci dans une large perspective sociale et culturelle.

Cette entreprise conjointe de personnalités éminentes appartenant à des disciplines si diverses mérite à elle seule d'être saluée comme un fait caractéristique. Elle prouve la préoccupation nouvelle des hommes de l'esprit qui, après un siècle de spécialisations nécessaires, cherchent à reprendre une conscience globale des problèmes et du contenu de la culture contemporaine, considérée non plus comme le luxe de quelques-uns, mais comme un besoin aussi vital pour l'homme d'une société démocratique que son travail et sa famille[3].

Lors de cette manifestation, le PEN Club organise la participation de plusieurs écrivains aux débats portant sur « le spectacle de foule dans le passé et dans les différentes cultures ». Sont pressentis des personnalités comme John Osborne, Arthur Miller ou Alberto Moravia.

En juin-juillet 1970, la Corée bénéficie d'une aide de l'Unesco à l'occasion du 37ème Congrès du PEN Club qui se tient à Séoul sur le thème de « L'humour dans la littérature de l'Orient et de l'Occident ». En 1971, l'Unesco apporte sa coopération au PEN Club pour son Congrès de Dublin portant sur le thème « L'aspect changeant de la littérature : discussion et évaluation de son développement au cours des 50 dernières années ». Une Conférence internationale sur « Les valeurs sociales et humaines dans les littératures slaves » est ensuite organisée en septembre 1972 à Varsovie par la Commission nationale et l'Académie des sciences de Pologne, avec le concours de l'Unesco ; ses travaux réunissent une centaine de spécialistes autour de la question de l'apport des littératures slaves à la littérature mondiale[4]. En 1974, l'Unesco aide aussi la Finlande à organiser un séminaire sur la littérature africaine contemporaine[5].

---

[1] Voir Archives Unesco, dossier 7A 01 LCIOAL.

[2] Mémo de Gomes Machado à Maheu, 18 juillet 1962. Archives Unesco, dossier 7A 01 LCIOAL.

[3] Allocution de Michel Dard au colloque d'Athènes sur le spectacle de foule (juin 1962). Archives Unesco, dossier 7A 01 LCIOAL.

[4] Rapport du DG sur l'activité de l'organisation en 1972, p. 177.

[5] Rapport du DG sur l'activité de l'organisation en 1974, p. 163.

Si les colloques et manifestations organisés ou subventionnés par l'Unesco visent à mettre en valeur l'importance du livre et des littératures, à la fois pour le patrimoine littéraire mondial et pour la poursuite des objectifs de paix et de compréhension mutuelle, l'Unesco souhaite plus généralement sensibiliser ses États membres à la nécessité de mettre en place des politiques du livre, au niveau national et régional.

L'ENCOURAGEMENT À LANCER DES POLITIQUES NATIONALES DU LIVRE

L'Unesco ne se contente pas de mettre en place sa propre politique du livre au niveau mondial ; elle entend également encadrer ses États membres dans la mise en place de politiques nationales du livre. Les gouvernements sont incités à entreprendre des politiques tenant compte des différentes branches professionnelles du livre, depuis la création (protection des auteurs et des traducteurs par le biais de la législation du droit d'auteur) jusqu'à la diffusion (mise en place de réseaux de distribution, adhésion à l'Accord de Florence...), en passant par la formation professionnelle (mise en place d'écoles de bibliothécaires, de formations diverses), l'édition et la diffusion. L'Unesco encourage aussi dès les années 1950 les gouvernements à organiser des manifestations nationales autour du livre, afin de mobiliser les professionnels et de sensibiliser le grand public à la lecture et à l'importance du livre.

C'est en Amérique latine que l'Unesco teste d'abord cette formule. Carlos Victor Penna, recruté en 1952 au Centre de l'Unesco pour l'hémisphère occidental à La Havane, se montre particulièrement actif dans ce domaine, contribuant par exemple à la mise en place des *Cuba Library Days* en 1953[1]. Il voyage à travers le continent, rencontre les responsables politiques, conseille les professionnels du livre, encourage les États à planifier le développement de bibliothèques à l'échelle nationale. En novembre 1955, c'est au tour du Mexique d'organiser sa première « Semaine du livre »[2], suivi en décembre 1955 par le Chili, qui organise ses « Journées bibliothéconomiques » sur le thème des échanges de publications, puis en mai 1956 par le Costa Rica, dont la manifestation est consacrée à la création et au développement des bibliothèques scolaires et enfantines. Fin 1956, le Venezuela organise un Festival du livre à Caracas. Penna est régulièrement sollicité pour le choix du programme, des intervenants, etc.

Dans les années 1960, les actions de ce type s'étendent à l'Asie. L'Unesco apporte son appui à des programmes comme la campagne du *Book Industry Council* de l'Inde méridionale, visant à augmenter le nombre de centres de distribution de livres dans les régions rurales de l'État de Madras. Commencée en 1964, cette campagne donne lieu à la production d'un rapport, utilisé pour reproduire des manifestations analogues dans d'autres parties de l'Inde, ainsi que

---

[1] Mémo de Penna à Carter, 11 mars 1953. Archives Unesco, dossier 02 (485) A 37.
[2] Voir Archives Unesco, dossier 02 (8) A 12 / OAS.

dans d'autres États de la région[1]. L'Unesco organise régulièrement « à l'échelon national des festivals du livre visant à assurer la collaboration des services gouvernementaux chargés de la culture et de l'éducation et des différentes branches de l'industrie du livre[2] ».

Le développement de ces activités « nationales » accompagnées par l'Unesco se double, dans les années 1960-1970, d'un véritable programme pédagogique à l'égard des États membres dans le domaine de politiques culturelles globales et planifiées. L'Unesco attache en effet une grande importance à la mise en place de politiques du livre, mises en œuvre par des centres nationaux du livre représentant toutes les professions intéressées, indispensables pour « planifier la promotion du livre et instaurer la plus étroite coopération entre les pouvoirs publics et le monde de l'édition[3] ».

Suite à la réunion régionale de Tokyo (mai 1966), des experts sont envoyés au Cambodge, en Indonésie, au Laos et aux Philippines pour aider à la planification des programmes nationaux de promotion du livre, et une importance particulière est accordée à la constitution de conseils nationaux du livre. En 1969-1970, un questionnaire sur les structures administratives des États en matière de politique culturelle est envoyé aux États membres européens et un document d'information est élaboré pour une Conférence intergouvernementale sur les politiques culturelles en Europe, qui se déroule à Venise en 1970[4]. Suite à cette Conférence, l'Unesco publie, dans une collection intitulée « Politiques culturelles : études et document », une série de brochures sur les politiques culturelles de différents États parmi les plus actifs dans ce domaine. Paraissent en 1971 et 1972 les volumes consacrés à l'Italie, à la Yougoslavie, à la Bulgarie, à la Finlande, à Cuba, à l'Égypte et à l'Inde. En 1970, l'Unesco envoie aussi des experts en Sierra Leone afin de conseiller le gouvernement sur la mise en place d'une politique du livre[5]. Toutefois, malgré ces efforts, seuls une vingtaine de pays dans le monde sont dotés d'organismes nationaux de promotion du livre en 1972.

Dans ce domaine, les efforts de l'Unesco pour encourager la mise en place de politiques nationales intégrant les métiers de la « chaîne du livre » se poursuivront jusqu'à nos jours, incluant des missions sur le terrain, des conférences et des publications. Habib Tondut (Centre régional pour la promotion du livre en Afrique sub-saharienne) effectue par exemple une série de missions afin d'aider plusieurs gouvernements africains à formuler et à mettre en œuvre des politiques et des plans de développement du livre ; il se rend au Rwanda en 1981, au Burundi en 1983, au Sénégal en 1986. Jean-Michel Sivry effectue une mission similaire au Burkina Faso en 1984. Les rapports techniques produits suite à ces missions sont publiés et distribués par l'Unesco. Au niveau des conférences, il faut relever en particulier la Réunion régionale d'experts sur le

---

[1] Rapport du DG sur l'activité de l'organisation en 1965, p. 86.
[2] Rapport du DG sur l'activité de l'organisation en 1965, p. 86-87.
[3] DELAVENAY, Émile. *Pour le livre*. Op. cit., p. 33-34.
[4] Rapport du DG sur l'activité de l'organisation en 1971, p. 158.
[5] Voir Archives Unesco, dossier 04 A 066 72 AIL.

développement de stratégies nationales pour le livre en Afrique (Dakar, février 1981), qui donne lieu à un rapport final détaillé de 102 pages, édité et distribué par l'Unesco.

En ce qui concerne les publications sur ce sujet, la plus emblématique est l'ouvrage d'Alvaro Garzón intitulé *La politique nationale du livre. Un guide pour le travail sur le terrain* (1997), dans laquelle Garzón définit une « politique nationale du livre » :

> *Le principal objectif d'une politique nationale de développement du livre est de rendre ce dernier plus facilement accessible à toutes les couches de la société. Pour y parvenir, il faut agir sur l'ensemble complexe de structures culturelles, industrielles et commerciales qui va de l'auteur au lecteur. D'où la nécessité de définir et d'ordonner une série d'objectifs partiels concernant chacun des éléments de cette chaîne, en tenant compte des réalités nationales et en respectant le délicat équilibre qui doit être réalisé entre les politiques éducatives et culturelles de l'État et le développement industriel du secteur de l'édition.*
>
> *En règle générale, et pour les pays à économie de marché, ces objectifs partiels sont les suivants :*
>
> *- la stimulation de la création littéraire ;*
>
> *- la mise en place d'un cadre légal approprié en vue de la protection du droit d'auteur ;*
>
> *- l'instauration d'incitations fiscales, de facilités de crédit et de mesures administratives favorables à l'industrie de l'édition; la promotion de la diffusion nationale du livre et de la libre circulation de ce dernier à l'échelle internationale ;*
>
> *- la création de réseaux nationaux de bibliothèques ;*
>
> *- l'introduction de nouvelles méthodes d'enseignement de la lecture ;*
>
> *- la formation de ressources humaines aux divers métiers du livre.*
>
> *Mettre en place une politique nationale du livre, c'est articuler entre eux ces divers éléments, veiller à leur développement harmonieux et les faire converger vers des buts définis au préalable*[1].

Cet ouvrage propose en annexe une « loi type sur le livre », synthèse réalisée par le Centre régional pour la promotion du livre en Amérique latine et dans les Caraïbes (CERLALC) à partir des lois nationales adoptées en Amérique latine et appelée « Loi de Guayaquil », du nom de la ville où s'est tenue la réunion des juristes qui l'ont adoptée en 1992. L'ouvrage insiste enfin sur la nécessité de former des ressources humaines dans le cadre de la politique du livre, en soulignant qu'« une attention particulière prêtée à la création écrite dès les premiers stades de la scolarité favorise à long terme la floraison d'auteurs[2] ».

---

[1] GARZON, Alvaro. *La politique nationale du livre. Un guide pour le travail sur le terrain.* Paris : Unesco, 1997, p. 18-19.
[2] Ibid., p. 48-49.

La régionalisation de la promotion du livre

Dans un rapport préparé pour le Conseil économique et social des Nations Unies en 1970, l'Unesco estime que son programme pour la promotion du livre a ses origines dans la Conférence générale de 1964, qui « avait alors estimé que l'expansion de l'édition dans chaque pays était de nature à accélérer les progrès de l'éducation et devait conduire à l'élaboration de politiques nationales qui intégreraient la promotion du livre dans une planification économique et sociale d'ensemble[1] ».

La restructuration administrative interne des années 1964-1967 marque aussi à l'Unesco la prise en compte de l'augmentation considérable du nombre d'États membres depuis 1945 et de la régionalisation du programme et des projets souhaitée par un grand nombre d'États du Tiers monde. Des programmes d'études par aires régionales (cultures d'Asie, d'Amérique latine…) sont lancés à la fin des années 1960.

Dans ce cadre, la Division des études des cultures, la Division de la protection et de la mise en valeur du patrimoine culturel et la Division de la diffusion culturelle collaborent à la réalisation de projets littéraires : anthologie des œuvres d'Al-Bîrunî entreprise en 1970[2] ; aide accordée à la Bulgarie pour la publication d'un *Recueil de poèmes et de dessins d'enfants des pays balkaniques* en 1970 ; traduction en langue anglaise de deux manuels d'initiation aux littératures orientales en 1970-1971 ; établissement d'une bibliographie générale de la littérature contemporaine en Amérique latine en 1970 ; publication de l'ouvrage *América Latina en su literatura* en 1970-1972 ; préparation d'une bibliographie analytique et critique de la recherche sur la culture arabe contemporaine, d'un inventaire des traductions en arabe et de l'arabe de 1945 à nos jours et de monographies sur les tendances nouvelles dans la littérature arabe contemporaine en 1972[3], etc. D'autres projets régionaux et sous-régionaux sont lancés, comme l'organisation en 1967 d'un atelier d'écriture et d'une réunion d'écrivains indiens, iraniens, népalais et pakistanais à Téhéran.

Dans sa résolution du 4 août 1967 (n°1278), le Conseil économique et social des Nations-Unies demande aussi à l'Unesco de réaliser un rapport « sur le recours aux techniques nouvelles de communication pour permettre les progrès rapides de l'éducation, notamment dans le domaine du développement du livre[4] ». Afin de répondre à cette demande, l'Unesco organise des réunions d'experts chargées de définir des plans d'action propres à chaque région considérée. Une première réunion est organisée à Tokyo en mai 1966 ; les participants, venus de 20 pays d'Asie, définissent pour la promotion du livre des objectifs étroitement liés aux plans de développement de l'éducation dans la région, et suggèrent des mesures à prendre : formation de personnel de rédaction

---

[1] « La promotion du livre au service de l'éducation. Rapport du Secrétariat de l'Unesco pour l'ECOSOC » (1970), p. 7-8. Archives Unesco, dossier 04 A 066 72 AIL

[2] Voir Rapport du DG sur l'activité de l'organisation en 1970.

[3] Rapport du DG sur l'activité de l'organisation en 1972, p. 175.

[4] « La promotion du livre au service de l'éducation. Rapport du Secrétariat de l'Unesco pour l'ECOSOC » (1970), p. 7-8. Archives Unesco, dossier 04 A 066 72 AIL

et d'édition, amélioration de l'approvisionnement en papier, création d'une infrastructure pour la distribution des livres, institution de prêts à long terme et à faible intérêt pour financer l'édition, etc.

Suite à cette réunion, des experts sont envoyés dans 12 pays d'Asie et des réunions sont organisées au niveau national (Singapour, Malaisie). Julian Behrstock (chef de la Division de la libre circulation de l'information) est, quant à lui, chargé de mettre au point un programme global de promotion du livre de l'Unesco pour la Conférence générale à venir[1].

Dès 1967, le secrétariat prépare une 2ème réunion d'experts, cette fois sur la promotion du livre en Afrique tropicale, qui doit se tenir à Accra en février 1968. A la demande de la Commission économique pour l'Afrique, des experts sont envoyés en 1967 au Cameroun, en République centrafricaine, en République du Congo (Brazzaville), en République démocratique du Congo (Kinshasa), au Gabon et au Tchad, afin d'y étudier la situation de l'industrie de l'impression et de l'édition. Des experts de 23 pays africains participent à la réunion d'Accra, dont le rapport final recommande que les plans relatifs à la promotion du livre soient intégrés à l'effort global de développement. Ce rapport est soumis à l'examen de la Conférence des ministres africains de l'éducation à Nairobi en juillet 1968, ainsi qu'à la Commission économique des Nations-Unies pour l'Afrique[2]. Suite à cette réunion, un cours régional de formation est consacré aux techniques de production des livres est organisé à Addis-Abeba en octobre-novembre 1968[3].

En 1969, une réunion d'experts sur la promotion du livre en Amérique latine regroupe à Bogota des spécialistes de 23 pays, qui rédigent une série de recommandations portant sur le droit d'auteur, le développement de la formation et de la recherche, l'établissement d'un centre de promotion du livre en Amérique latine, l'organisation dc stages d'études et de réunions, etc. En 1970, après une mission effectuée durant 6 mois par un consultant, un Centre régional pour la promotion du livre en Amérique latine et dans les Caraïbes (CERLALC) est officiellement inauguré en décembre grâce au soutien financier de la Colombie – un accord étant signé entre le gouvernement colombien et l'Unesco. Le CERLALC a pour objectif de « développer la production et la distribution du livre dans toute l'Amérique latine, y compris la promotion de la lecture, grâce en particulier aux programmes d'éducation nationale et à des systèmes nationaux de bibliothèques scolaires et publiques bien adaptés[4] ». Il se voit confier des tâches multiples et variées : harmoniser le marché du livre dans la région, former et perfectionner les professionnels du livre, tenir des statistiques de production et de distribution, mener des recherches sur les habitudes et les niveaux de lecture, aider à la création de bibliothèques scolaires et à la formation de leur personnel, aider à la création d'organismes nationaux de promotion du livre, établir une bibliographie des ouvrages produits en Amérique latine, etc.

---

[1] Lettre de Behrstock à Smith, 15 sept. 1965. Archives Unesco, dossier 375 A 310 (5) 57 TA van Couwelaar.
[2] Rapport du DG sur l'activité de l'organisation en 1968, p. 131.
[3] Rapport du DG sur l'activité de l'organisation en 1969, p. 124.
[4] DELAVENAY, Émile. *Pour le livre.* Op. cit., p. 32.

Cependant, l'action entreprise par le Centre pour instaurer un marché commun du livre dans la région peine à se mettre en place, le Centre souffrant en particulier d'un manque de ressources financières[1]. En effet, 4 ans après sa mise en place, seuls 9 États y ont adhéré, parmi lesquels un seul pays vraiment producteur de livres (l'Argentine) ; au contraire, le Brésil, le Mexique, le Venezuela, ou encore l'Espagne et le Portugal, ne l'ont pas rejoint. Dans ces conditions, le CERLALC – dont les ressources sont fournies en grande partie par les cotisations de ses membres – peine à mener des actions concrètes. La situation s'améliore en 1974 avec l'adhésion de 5 nouveaux États, ce qui porte à 14 le nombre de pays membres : Argentine, Bolivie, Brésil, Chili, Colombie, Costa Rica, République dominicaine, El Salvador, Équateur, Panama, Paraguay, Pérou, Uruguay, Venezuela. L'Espagne fait en outre acte de candidature. Dans le même temps, le PNUD réduit progressivement l'assistance accordée au centre depuis sa création, qui cesse complètement au 31 décembre 1974.

Les activités du CERLALC demeurent modestes en 1974 : 2 cours de formation sont organisés à Buenos Aires sur la littérature pour enfants et à Caracas sur les méthodes de gestion de l'imprimerie. Une réunion sous-régionale, organisée conjointement avec l'Association latino-américaine de libre échange se tient en mai 1974 à Montevideo, en vue de promouvoir la libre circulation des livres et des périodiques. Enfin, une étude régionale consacrée aux habitudes de lecture est effectuée en 1974-1975, en coopération avec l'Agence canadienne d'aide au développement[2].

De son côté, le Centre de Karachi s'occupe de la formation professionnelle, de l'élargissement du réseau des conseils nationaux de promotion du livre, de travaux de recherche et études et de diffusion d'informations :

> *Il incombe également au Centre de Karachi de mettre au courant les experts de l'Unesco ayant pour mission l'aide au développement des industries nationales de l'édition, de conserver une documentation sur la planification de la promotion du livre dans la région et d'intensifier le formation et la recherche*[3].

Le Centre de Karachi contribue par exemple à organiser un séminaire régional sur les méthodes de distribution des livres du 23 au 29 octobre 1974 à Colombo (Sri Lanka)[4].

Grâce à ces actions, l'Unesco contribue à la création de conseils nationaux du livre dans 9 pays asiatiques. Le Centre de Karachi continue par ailleurs à diffuser un bulletin trimestriel d'information et de liaison, qui donne des conseils pratiques aux États pour intégrer la promotion du livre dans leurs plans de développement.

En février 1974, le Corps commun d'inspection des Nations Unies charge son président, Ferrer Vieyra, de procéder à une évaluation des activités du

---

[1] Appendix au Compte-rendu de la Réunion du Comité d'experts sur la promotion et le dév. du livre, 28-30 mai 1973. Archives Unesco, dossier 04 A 066 72 AIL.

[2] Rapport du DG sur l'activité de l'organisation en 1974, p. 187.

[3] DELAVENAY, Émile. *Pour le livre.* Op. cit., p. 31-32.

[4] « Rapport final du séminaire régional sur les méthodes de distribution des livres en Asie, Colombo, Seri Lanka, 23-29 octobre 1974 », déc. 1975. Archives Unesco, dossier 375 A 310.

Centre de Karachi ; après s'être rendu dans plusieurs pays d'Asie, Ferrer Vieyra établit un rapport dont le Conseil exécutif de l'Unesco est saisi en 1974. Globalement, le Centre est jugé utile par l'inspecteur, et le Conseil exécutif retient l'observation du DG selon laquelle il faudrait lui fournir des fonds additionnels pour lui permettre de mener à bien son programme. Cette même année, en effet, le PNUD cesse de financer le poste d'expert en développement du livre rattaché au Centre de Karachi[1], poste successivement occupé par Michael Fodor, Will Zachau et Robert MacMakin, et qui permettait au Centre de rayonner dans la région. Le Conseil exécutif recommande aussi au DG d'engager des consultations sur la question de la promotion régionale et sous-régionale du livre en Asie[2].

Pour cette même région, la Commission nationale japonaise pour l'Unesco crée, en coopération avec l'Association des éditeurs japonais et sous le patronage de l'Unesco, un Centre de promotion du livre, officiellement inauguré à Tokyo en mars 1969. Bien qu'à vocation régionale, ce Centre est majoritairement financé par le gouvernement et les éditeurs japonais. Le directeur du Centre, Shoichi Noma (1911-1984), est président de la maison d'édition Kodansha Ltd et de l'Association des éditeurs japonais, et il a participé à la réunion régionale pour la promotion du livre en Asie (Tokyo, 1966) avant de diriger le Centre de Tokyo.

Spécialisé dans le livre graphique, le Centre offre dès 1969 un cours régional de formation relatif aux techniques de production des livres[3]. Il se lance aussi dans la publication d'ouvrages d'art et d'une newsletter trimestrielle à l'attention des États asiatiques[4], envoie régulièrement des experts aux réunions sur le livre et propose des cours de formation et de perfectionnement aux professionnels de l'édition en Asie[5]. Il propose par exemple un cours sur les arts graphiques en 1970 et un séminaire sur le problème de la coédition en 1971.

Insatisfait des résultats obtenus par ses séminaires à cause des disparités de niveaux des participants, le Centre de Tokyo décide, à partir de 1973-1974, d'envoyer des équipes de formateurs dans les différents pays, afin qu'ils adaptent la formation dispensée aux conditions et aux besoins locaux[6]. En collaboration avec le Centre de Karachi, le Centre de Tokyo organise en 1974 au Laos un stage de formation sur la production des livres[7]. Dans le cadre d'un projet multinational de mise au point de nouveaux caractères typographiques pour les langues d'Asie n'utilisant pas l'alphabet latin, une réunion d'experts est aussi organisée en février 1974. Le Centre de Tokyo poursuit par ailleurs un programme régional de copublication massive et à bon marché de livres d'enfants, rédigés par des auteurs d'Asie et destinés à favoriser la compréhension

---

[1] Appendix au Compte-rendu de la Réunion du Comité d'experts sur la promotion et le développement du livre, 28-30 mai 1973. Op. cit.

[2] Rapport du DG sur l'activité de l'organisation en 1974, p. 187.

[3] Rapport du DG sur l'activité de l'organisation en 1969, p. 124.

[4] Lettre de Noma au DG, 23 janv. 1970. Archives Unesco, dossier 04 A 066 72 AIL

[5] DELAVENAY, Émile. *Pour le livre*. Op. cit., p. 32.

[6] Voir Archives Unesco, dossier 04 A 066 72 AIL.

[7] Rapport du DG sur l'activité de l'organisation en 1974, p. 187.

internationale ; les deux premiers volumes de la série « Contes folkloriques d'Asie » sont publiés en anglais en septembre 1974.

Suite à la série de réunions régionales tenues entre 1968 et 1970, l'Unesco prépare en 1970 pour l'ECOSOC un rapport général sur la situation du livre dans le monde, d'une trentaine de pages. Ce rapport rappelle que la production de livres dans le monde s'élève désormais à près de 500 000 titres par an (7 à 8 milliards d'exemplaires), et met l'accent sur le « profond déséquilibre » qui caractérise la production, 32 pays produisant les 4/5 des livres du monde. Le manque de livres en Asie (hors Japon et Chine), en Afrique et en Amérique latine est présenté comme ayant des effets désastreux sur le développement, la solution passant à la fois par la production locale (vue comme le remède) et par les échanges internationaux (vus comme un palliatif). Le rapport pointe aussi du doigt les principaux obstacles à une amélioration de la situation que sont les coûts d'édition (rétribution des auteurs et traducteurs, droits d'auteur et copyright) et les coûts de production (équipement technique d'imprimerie et papier) en ce qui concerne la production locale, les droits de douane et le prix du transport quant aux échanges internationaux. Il se montre enfin insistant sur la question du droit d'auteur, en indiquant qu'« il est essentiel pour les pays en voie de développement d'obtenir des facilités, voire des exemptions totales en matière de droit d'auteur[1] » ; ces considérations contribueront sans doute à la révision de la Convention universelle sur le droit d'auteur en 1971.

Pour ce qui est de l'Afrique et du monde arabe, l'approche régionale est différente de celle adoptée pour l'Amérique latine et l'Asie. En effet, l'Unesco commence par créer dans ces régions des centres spécialement dédiés à l'éducation et à l'alphabétisation, qui sont chargés de la publication et de l'impression de manuels scolaires. La création du Centre d'éducation de base pour les États arabes (Asfec) en Égypte date de 1952[2], celle de deux centres de production de manuels scolaires, chargés de produire des manuels pour les élèves et les enseignants ainsi que des études pédagogiques, l'un à Yaoundé pour l'Afrique francophone, l'autre à Addis Abeba pour l'Afrique anglophone, de 1962. La focalisation des activités sur le livre éducatif, l'absence relative de création littéraire contemporaine, l'importance de l'oralité, la différence des traditions culturelles et du rôle de l'écrit dans la société, sont autant de facteurs qui retardent la mise en place de centres régionaux du livre sur le modèle des centres de Bogota, Karachi et Tokyo. Si les missions et réunions d'experts – ces derniers majoritairement Occidentaux ou occidentalisés – recommandent généralement la mise en place de tels centres régionaux « afin d'appuyer, de coordonner et de stimuler les initiatives locales de promotion du livre[3] », les États semblent quant à eux relativement réfractaires à leur mise en œuvre concrète.

De son côté, la Ligue des États arabes s'occupe aussi de questions culturelles, et son Institut des manuscrits arabes se montre actif en termes d'inventaire et de

[1] Ibid., p. 24.
[2] Voir Archives Unesco, document de travail WS/065.63.
[3] DELAVENAY, Émile. *Pour le livre*. Op. cit., p. 30.

microfilmage du patrimoine littéraire, ainsi que dans le domaine de la traduction et de la publication. Par ailleurs, si l'on compare les pays latino-américains et les pays arabes, deux régions d'une (relative) homogénéité linguistique et culturelle, on peut constater que les États arabes n'ont pas fait l'objet d'une action de sensibilisation au développement du livre et des bibliothèques modernes aussi poussée que celle menée par Carlos Victor Penna en Amérique latine à partir de 1951-1952. Peut-être la richesse du patrimoine littéraire arabe « classique » a-t-elle donné le sentiment qu'une grande importance serait naturellement accordée au développement du livre et de la lecture dans la région.

Quant à l'Afrique et à l'Asie, qui présentent toutes deux une multitude de langues vernaculaires utilisées par de petits groupes de personnes, la première est largement de tradition orale (malgré une présence ancienne de l'écrit de langue arabe) tandis que la seconde a une tradition multiséculaire de littérature écrite (malgré l'importance de l'oralité pour la transmission du savoir, par exemple en Inde). Dans ces conditions, le développement inégal du livre entre les différentes régions apparaît relativement facile à comprendre.

En Afrique au sud du Sahara, suite à la réunion d'Accra de 1968, plusieurs États informent l'Unesco « du vif intérêt qu'ils attachent à la coopération régionale en faveur du livre » et se déclarent « prêts à accueillir un centre sur leur territoire[1] ». Cependant, aucun centre n'est encore créé en 1974, bien que les missions effectuées entre temps aient elles aussi conclu « qu'il conviendrait de créer deux centres pour pouvoir répondre aux besoins de l'ensemble de la région en ce qui concerne principalement la formation professionnelle et la recherche dans les diverses branches de l'industrie du livre[2] ».

Les difficultés économiques, l'instabilité politique, la complexité linguistique, les héritages des systèmes coloniaux, contribuent à retarder les réalisations dans ce domaine, alors que par ailleurs, un certain nombre de pays africains se mobilisent sur la préservation et la valorisation du patrimoine oral. En 1970, l'Unesco envoie des experts en Côte d'Ivoire, au Mali, au Niger et au Sénégal afin d'étudier la possibilité de mettre en place un centre de promotion du livre pour l'Afrique francophone ; la Côte d'Ivoire propose d'héberger un tel centre à Abidjan[3]. De même, une mission est organisée côté anglophone ; le Ghana se montre intéressé mais craint les coûts de fonctionnement induits par une telle structure. Les missions en Afrique se succèdent. En 1971, 2 consultants partent dans 6 pays afin d'étudier la création de centres régionaux de promotion du livre. En juillet 1972, 2 experts passent à nouveau 3 semaines en Afrique francophone sur cette question.

Concrètement, la situation n'évolue pas entre la conférence d'Accra et 1973, même si le Cameroun se montre le pays le plus motivé pour développer un centre régional à partir de son centre national existant. Une consultation collective, organisée en octobre 1974 avec l'assistance financière et le concours technique de l'Unesco, rassemble au Cameroun des représentants de 8 États

[1] Ibid., p. 33.
[2] Ibid.
[3] Voir Archives Unesco, dossier 04 A 066 72 AIL.

africains ; à l'unanimité, la réunion approuve une résolution appuyant l'implantation, à Yaoundé, d'un centre ouvert à tous les pays africains, qui aurait un rôle de formation, de recherche et de diffusion dans le domaine du livre[1]. Finalement, c'est en 1975 que le gouvernement camerounais transforme officiellement son centre national du livre en Centre régional pour la promotion du livre en Afrique sub-saharienne (CREPLA). De son côté, l'Unesco poursuit des démarches auprès d'institutions de financement pour obtenir des ressources additionnelles pour ce centre, dans le cadre des programmes d'assistance bilatérale.

Le CREPLA a trois objectifs : mener des recherches en vue de la promotion du livre ; susciter, coordonner et superviser des recherches concernant la production du livre et la formation des professionnels du livre ; encourager et faciliter les échanges au niveau national, régional et international dans le domaine de la production, de la commercialisation et de la diffusion du livre.

Dans le monde arabe, la réunion d'experts sur la promotion du livre de mai 1972 aboutit à l'installation d'un centre régional au Caire avec l'aide du PNUD en 1974. Chargé de fonctions similaires à celles des autres centres, celui du Caire se voit confier des objectifs supplémentaires tels que « l'enrichissement de la culture arabe, l'octroi d'une formation aux auteurs et aux traducteurs, en particulier à ceux qui écrivent pour les enfants ; et l'élévation des normes professionnelles de l'industrie du livre[2] ». Établi sur une base nationale mais à vocation régionale, le Centre de promotion du livre dans les États arabes consacre ses premières activités à la promotion de la lecture et à la formation professionnelle, publiant 2 volumes sur le développement de l'habitude de la lecture chez les enfants. Avec le concours d'un consultant de l'Unesco, le Centre organise aussi à l'automne 1974 des cours de formation dans le domaine des arts graphiques et de la distribution des livres. Enfin, il crée une unité du droit d'auteur appelée à coopérer étroitement avec le Centre international d'information sur le droit d'auteur de l'Unesco[3].

Si l'Unesco encourage la création de centres régionaux au début des années 1970, il est clair pour l'organisation (comme pour l'ONU) que les États concernés doivent s'investir dans le fonctionnement de ces centres – y compris en termes financiers – et qu'aucun centre régional n'a vocation à recevoir un soutien direct régulier de la part des organisations onusiennes. Suite à la crise du pétrole de 1973, le PNUD restreint aussi ses financements et ses activités et l'Unesco revoit ses projets à la baisse, repoussant par exemple à 1975 la création en Asie d'un Office régional des publications, prévu à l'origine pour 1973[4].

[1] Rapport du DG sur l'activité de l'organisation en 1974, p. 187.
[2] DELAVENAY, Émile. *Pour le livre*. Op. cit., p. 33.
[3] Rapport du DG sur l'activité de l'organisation en 1974, p. 187.
[4] Voir Archives Unesco, dossier 04 A 066 72 AIL.

L'AIL EN 1972 : LE DÉBUT D'UNE « POLITIQUE DU LIVRE » DE L'UNESCO ?

Après 25 premières années d'activités, la politique du livre de l'Unesco culmine en 1972 dans le cadre de l'« Année internationale du livre », proclamée par l'organisation. C'est en juillet 1969, lors d'une réunion à Paris d'organisations de libraires, éditeurs, bibliothécaires et auteurs, que le secrétariat de l'Unesco évoque l'idée de proclamer 1972 « Année internationale du livre » (AIL). Au sein du secrétariat, Julian Behrstock (devenu dans les années 1960 responsable du « Programme mondial pour le développement du livre » au sein de la Division de la libre circulation de l'information) est chargé de la mise en place de la manifestation en 1969-1970, qui s'assortit d'un programme général de promotion du livre qui devra être discuté par les États membres lors de la Conférence générale de 1970.

Dans le cadre de l'AIL, l'Unesco entend jouer un rôle d'impulsion et de coordination des activités de promotion du livre, directement menées par les États et les professionnels du secteur. L'organisation souhaite à la fois stimuler la production et la distribution de livres par des actions pouvant être rattachées à la deuxième Décennie des Nations Unies pour le développement, clore le cycle de conférences régionales entreprises à partir de 1966 et attirer l'attention du public, des gouvernements et des organisations internationales sur le rôle du livre dans la société.

L'Unesco entreprend de mobiliser les organisations professionnelles du livre (UIE, FIAB, CISAC et *International Community of Booksellers Associations*) afin qu'elles relaient l'information et fassent des propositions d'actions pour l'AIL. La CISAC, qui craint que l'Unesco ne mette l'accent plus sur la production et la diffusion du livre que sur les aspects créatifs, marque son opposition « à l'idée d'associer à ce projet un caractère [...] trop commercial », estimant qu'« il ne faut pas, en effet, dévaluer le rôle du livre à celui d'une simple marchandise, mais reprendre [...] l'esprit de la "charte du livre" adoptée précédemment[1] ». Au contraire, l'éditeur britannique Olaf Andersen estime que le projet de l'AIL ne manifeste pas assez son soutien au secteur privé du livre et qu'il serait intéressant d'insister sur l'importance pour les individus de se constituer une bibliothèque personnelle. La FIAB, quant à elle, se montre particulièrement active, faisant de multiples propositions d'activités à ses membres ; elle suggère à l'Unesco d'entreprendre des enquêtes et publications sur les bibliothèques et les pratiques de lecture, de réaliser une exposition et un symposium. Hjalmar Pehrsson (secrétaire général de l'UIE) insiste de son côté sur l'organisation d'un symposium d'associations internationales professionnelles pour étudier les aspects pratiques de la promotion de la culture par le livre :

> *Ce désir est le résultat d'expériences faites durant ces dernières années, car les représentants des associations en question ne furent admis aux conférences gouvernementales qu'à titre d'observateurs. Ils n'avaient donc aucune possibilité réelle d'influencer les débats et décisions de ces conférences, qui ne se révélèrent pas toujours très heureux du fait précisément que ces débats restèrent dans le cadre de théories et de vœux souvent*

---

[1] Mémo de Behrstock à Gjesdal, 17 nov. 1969. Archives Unesco, dossier 04 A 066 72 AIL.

impraticables. Pour n'en citer qu'un exemple, je me réfère à la conférence de révision de la Convention de Berne de 1967, à Stockholm[1].

L'UIE se lance aussi dans l'amélioration de la première ébauche de « charte du livre » qu'elle avait adoptée en 1968, mais qui avait fait l'objet de critiques, en particulier de la part des bibliothécaires.

De leur côté, les Américains se montrent très investis dans le projet d'AIL, en particulier le *Council on library ressources* (où siège Foster E. Mohrhardt) et l'*American library association*, cette dernière ayant par ailleurs créé en décembre 1969 la *Freedom to Read Foundation* (FTRF). Cette dernière travaille en étroite collaboration avec l'ALA afin de défendre la liberté d'expression aux États-Unis, notamment dans les bibliothèques. Le Comité consultatif gouvernemental sur les programmes internationaux du livre et des bibliothèques se penche sur l'AIL en juin 1970[2], puis plus longuement lors d'une réunion le 19 novembre 1970, et met en place un comité de soutien *ad hoc* présidé par Emerson Greenaway. Une quarantaine de personnes participent à ces réunions, dont des représentants du gouvernement, de l'AID, de l'USIA, de la bibliothèque du Congrès, de la Commission pour l'énergie atomique, du *Peace Corps* ; des fonctionnaires du Département d'État, du Département du commerce et du Département de la santé, de l'éducation et du bien-être ; des observateurs d'associations de professionnels du livre et du *Franklin Book Programs.* Quant au secrétariat du Commonwealth, il envisage la possibilité de mettre en place un *Commonwealth Regional Book Development Training Centre,* ainsi qu'une *Commonwealth Publishers Association* à cette occasion.

Du 2 au 7 mars 1970, la FIAB organise à la villa Serbelloni (située sur le lac de Côme en Italie, la villa appartient à la fondation Rockefeller) une réunion pour discuter du projet, invitant Robert Escarpit en tant que président. Y participent l'UIE, la CISAC, le Pen Club, la FID, l'Union internationale des libraires et l'Association typographique internationale.

De son côté, l'Unesco organise une réunion du 18 au 20 mars 1970, à laquelle sont invités les représentants des organisations professionnelles, des experts des principaux pays producteurs de livres (États-Unis, France, Royaume-Uni, URSS), ainsi que les présidents des conférences régionales organisées à Tokyo, Accra et Bogota. Shoichi Noma, qui a présidé la Conférence de Tokyo en 1966, dirige le Centre pour le développement du livre de Tokyo. Ofori, qui a assisté à la Conférence d'Accra en 1968, est directeur du *Ghana Library Board.*

L'Unesco profite par ailleurs de la tenue en février 1970 de la 2ème Foire internationale du livre du Caire, à laquelle participent une centaine d'éditeurs de 27 pays, pour y envoyer en mission W. McLeod (Division de l'éducation), qui s'occupe de la mise en place d'un programme de production de manuels scolaires dans les pays arabes ; ce dernier évoque l'AIL avec les éditeurs présents.

---

[1] Lettre de Pehrsson à Gjesdal, 29 déc. 1969. Archives Unesco, dossier 04 A 066 72 AIL.

[2] Compte-rendu de la réunion du *Government Advisory Committee on International Book and Library Programs*, Washington, juin 1970. Archives Unesco, dossier 04 A 066 72 AIL.

En ce qui concerne l'Amérique latine, l'Argentin Heriberto Shiro, envoyé à Bogota par l'Unesco pour intégrer le futur CERLALC, y discute de l'AIL avec les responsables le 16 mars 1970. P. Leclerc (Division de l'éducation) suggère également à J.M. Rivas Sacconi (qui avait présidé la Conférence de Bogota de 1969) de proposer, lors d'une réunion d'éditeurs latino-américains à Lima en 1971, le lancement dans le cadre de l'AIL d'un consortium régional d'éditeurs « en vue de produire, à l'intention du vaste public des nouveaux alphabètes, des éditions populaires, à bon marché, de textes traitant de l'histoire, des cultures, des problèmes et des aspirations des différents peuples latino-américains[1] ».

En Asie, le Birman Frederik Smith[2], directeur du Centre de Karachi, se montre très heureux de la manifestation, estimant qu'« une Année internationale du livre est exactement ce qu'il faut pour donner au programme de développement du livre – au moins en Asie – le coup de fouet nécessaire » car « malgré des efforts énergiques, [il] a l'impression personnelle que les "livres" n'ont rencontré jusqu'alors qu'une bienveillante indifférence ! (dans les pays asiatiques)[3] ». L'Unesco encourage aussi les organismes intéressés par le développement du livre dans le monde à participer à l'AIL, depuis le *Gottlieb Duttweiler-Institute for Economic and Social Studies* de la *Green Meadow Foundation* jusqu'à l'IBBY en passant par l'*International Reading Association.* De l'ensemble de ces réunions émerge en 1970 un document de travail qui contient nombre de suggestions concernant le programme de l'AIL.

Cependant, l'Unesco se rend compte dès le départ que le budget prévisionnel pour l'AIL est extrêmement faible (46 000 $ au total) ; alors que la commission nationale belge – avec le soutien de la Tchécoslovaquie, de la France et des Pays-Bas – demande une augmentation du budget lors de la Conférence générale de 1970, Behrstock contacte le *Franklin Book Programs* et demande à Mohrhardt à rechercher des fonds supplémentaires aux États-Unis, notamment auprès des fondations telles que la Rockefeller. Le *Franklin Book Programs* – alors en pleine tourmente financière – décline toutefois l'invitation à participer à l'AIL, mais propose d'organiser en 1972 sa réunion annuelle en collaboration avec des organismes comme le *Book Development Council* (Royaume-Uni).

De son côté, Mohrhardt réunit de manière informelle en juillet 1970 des personnalités du monde du livre, membres de l'ALA et de la bibliothèque du Congrès, afin de discuter de la mise en place d'un programme, d'un budget et d'une organisation destinée à lever des fonds pour financer les activités de l'AIL. Quant à Herman Liebaers, président de la FIAB, il effectue en 1970 une véritable « tournée de promotion » pour l'AIL, en particulier au Japon et en Russie.

Tandis que la Conférence générale de l'Unesco adopte la résolution concernant l'AIL par acclamation fin octobre 1970, Behrstock dresse une liste

---

[1] Mémo de Leclerc à Behrstock, 23 mars 1970. Archives Unesco, dossier 04 A 066 72 AIL.

[2] Après avoir servi l'Unesco au siège à Paris, Frederick Sydney Smith (1915-1992), diplômé de l'Université de Rangoon, devient directeur du Centre de Karachi après le départ de Djoehana, et le demeure jusqu'à sa retraite en 1976.

[3] Lettre de Smith à Behrstock, 29 avril 1970. Archives Unesco, dossier 04 A 066 72 AIL.

des 15 premiers pays ayant manifesté leur volonté de s'associer à l'événement. Une première réunion intersectorielle au sein du secrétariat est organisée le 20 novembre 1970, réunissant notamment, sous la direction d'Alberto Obligado Nazar (sous-directeur général pour l'information), Millerioux et McLeod (Division de l'éducation), Behrstock, Wegman, N. Beg et Y. Kovalenko (Division de la communication, Office de la libre circulation de l'information) et Mikhailov (Division de la documentation, des bibliothèques et des archives). Chaque secteur est invité à faire des suggestions pour lier son programme à l'AIL.

Il est rappelé à cette occasion que la Conférence générale a décidé de la création d'une newsletter mensuelle consacrée à l'AIL à partir de juillet 1971, de l'envoi d'une brochure sur l'AIL aux États membres, de la création d'un Comité international composé de professionnels du livre, et de la création d'une unité transversale spécifique au sein du secrétariat. A partir du 1er janvier 1971 (et jusqu'en 1973), cette unité, placée sous la direction de l'Américain Edward Wegman, se compose de 8 membres du secrétariat, auxquels s'ajoutent 6 « chargés de liaison » des différents secteurs. En parallèle, la rédaction de l'ouvrage *La faim de lire* par Escarpit et Barker est lancée début 1971.

Une première réunion du Comité international de l'AIL, dont le coût est estimé à 9 000 $, est organisée à Paris du 13 au 16 avril 1971. Parmi les 23 participants se trouvent des représentants de 13 pays, ainsi que Robert Escarpit (en tant qu'expert invité à titre personnel par le DG) et des représentants de l'UIE, de la FID, de la CISAC, de la FIAB, de l'ICBA et de l'*International Council of Graphic Design Associations*. Selon l'Unesco, cette réunion démontre qu'il s'est installé « un climat de solidarité dans le monde du livre derrière l'initiative de l'Unesco[1] ». Il est décidé sous le slogan général « Des livres pour tous » de concentrer l'AIL sur quatre thèmes : l'encouragement des écrivains et des traducteurs ; la production et la distribution des livres ; le développement de l'habitude de la lecture ; l'utilisation des livres pour l'éducation et la compréhension internationale.

Un Comité de planification de l'AIL est mis en place, comprenant 14 membres sous la présidence de Liebaers. Behrstock rappelle à ses collaborateurs l'importance de « stimuler l'action des États membres et [de] les inciter en particulier, comme le Directeur général les a invités à le faire dans sa lettre circulaire, à créer le plus rapidement possible, en coopération avec les Commissions nationales, des comités nationaux pour l'Année internationale du livre[2] ». Pour ce faire, il leur suggère de profiter de leurs missions à l'étranger pour promouvoir l'AIL. Fin mai 1971, un emblème est réalisé pour l'Unesco par le graphiste belge Michel Olyff, puis envoyé aux États membres, aux organisations professionnelles et à l'Union postale universelle – qui encourage ses membres à émettre des timbres commémoratifs pour l'occasion.

---

[1] « *Planning committee on international book year (13-16 avril 1971) - Conclusions and recommendations* », non daté. Archives Unesco, dossier 04 A 066 72 AIL.

[2] Mémo de Behrstock aux chargés de liaison pour l'AIL, 24 mai 1971. Archives Unesco, dossier 04 A 066 72 AIL.

Le secrétariat de l'Unesco envisage de nombreuses activités, par exemple lier l'AIL à la remise de prix littéraires tel le Nobel de littérature en 1972 ou aux principales manifestations littéraires internationales, promouvoir l'amélioration du statut et la formation des traducteurs, publier des articles dans le *Courrier de l'Unesco* et le *Bulletin à l'attention des bibliothèques*, commander un programme radiophonique sur l'AIL sous forme dialoguée à Escarpit, etc. Il estime qu'il faut mettre en place pour l'AIL « un programme cohérent et inventif[1] » qui permette surtout une bonne communication auprès du grand public.

Selon le sous-directeur John E. Fobes, l'AIL représente « une opportunité pour réfléchir au rôle de l'Unesco par rapport aux livres. Des lignes directrices devraient en émerger pour les années 1970. L'impulsion promotionnelle donnée par l'AIL devrait se poursuivre après 1972. De nouveaux indicateurs de progression devraient être conçus en relation avec la Décennie du développement[2] ». Le secrétariat estime que l'AIL « peut représenter une contribution importante, en particulier chez les nations de culture orale, à la transformation des habitudes pour adopter un moyen de communication de masse qui – s'il est ignoré – deviendrait un obstacle constant au développement futur[3] ». Quant à Escarpit, il déclare que l'AIL « ne doit pas être considérée comme un hommage glorieux rendu au passé du livre : il s'agit d'ouvrir les portes de notre avenir[4] ».

Au final, des centaines d'actions labellisées « Année internationale du livre » ont lieu à travers le monde en 1971-1972 : colloques sur le développement du livre en Amérique centrale et sur l'utilisation du livre en zones rurales en Amérique latine, séminaire régional pour les bibliothèques scolaires en Amérique latine, foire mondiale du livre à New Delhi, envoi d'un écrivain en Nouvelle-Zélande pour faire des tournées de conférences, colloque de la FIAB à Budapest sur « Les lecteurs et les bibliothèques », colloque de l'association LIBER à Bordeaux sur « Le comportement du chercheur dans la bibliothèque », publication de l'ouvrage *La faim de lire*, mais aussi expositions, conférences... Il serait fastidieux et inutile d'énumérer ici l'ensemble des activités entreprises dans le cadre de l'AIL ; un panorama relativement exhaustif en est donné dans le cahier n°71 de la série « Etudes et documents d'informations », publié par l'Unesco en 1975, intitulé *Anatomie d'une Année internationale : l'Année du Livre 1972.*

Une grande partie des projets menés dans le cadre de l'AIL – qu'ils soient l'œuvre de pouvoirs publics, d'organisations professionnelles du livre, de l'Unesco ou d'autres organismes – n'ont pas été lancés expressément pour l'occasion : en effet, un certain nombre de ces manifestations auraient eu lieu de toute façon. L'AIL est aussi utilisée par les grandes puissances dans une sorte de

[1] « Compte-rendu de la réunion entre la Division des sciences humaines et l'Unité de l'AIL, 28 mai 1971 », 23 juin 1971. Archives Unesco, dossier 04 A 066 72 AIL.

[2] Mémo de Fobes aux directeurs de divisions, 10 mars 1971. Archives Unesco, dossier 04 A 066 72 AIL.

[3] *Programme pour le développement des livres et des matériels de lecture pour nouveaux alphabètes en Afrique*, 1970. Archives Unesco, dossier 04 A 066 72 AIL.

[4] Communiqué de presse « 1972 sera l'Année internationale du livre », 28 octobre 1970. Archives Unesco, dossier 04 A 066 72 AIL.

course au prestige, les États-Unis et l'URSS organisant notamment tous deux une grande exposition de leurs livres respectifs durant la Conférence générale d'octobre-novembre 1972. L'AIL attire par ailleurs l'attention des médias, et la Division de la presse recense en juillet 1972 près de 2 500 articles parus à travers le monde pour l'occasion.

Si l'Unesco met particulièrement l'accent sur deux réalisations – d'une part, la préparation et l'adoption par les associations de professionnels d'une « Charte du livre » en octobre 1971, et d'autre part, le Congrès international des éditeurs organisé en mai 1972 au siège de l'Unesco –, il semble pourtant que l'un des moments les plus intéressants de l'AIL est le symposium international organisé à Moscou du 12 au 15 septembre 1972 sur « Le livre au service de la paix, de l'humanisme et du progrès », dont les Actes sont publiés en 1974[1]. Dix-huit personnalités, représentant des pays aux systèmes sociaux et aux traditions culturelles différents, s'expriment lors de ce symposium, ainsi que 5 organisations internationales : la FIAB (Herman Liebaers), la FIT et la CISAC (P. F. Caillé), l'UIE (U. Porak) et la FID (F. A. Sviridov). Le PEN Club international, lui, n'est pas représenté.

Les participants sont répartis de manière remarquablement équitable entre les différentes parties du monde et les tendances idéologiques (deux blocs et « troisième voie »), avec 4 personnes d'Europe de l'Ouest (Autriche, Finlande, France Italie), 4 d'Europe de l'Est (Bulgarie, Hongrie, Pologne, URSS), 2 d'Amérique latine (Mexique et Chili), 3 d'Asie (Inde, Japon, Mongolie), 2 d'Afrique (Nigeria et Congo), 2 du monde arabe (Égypte et Algérie) et un représentant des États-Unis.

Quatre membres de l'Unesco assistent à la manifestation : Maheu, Behrstock, Millerioux et Treuthardt. Les intervenants sont pour la plupart des professionnels du livre (responsables de bibliothèque, éditeurs, directeurs d'institutions) ou des hommes politiques en charge de questions culturelles. Le directeur de l'IBBY, Richard Bamberger, qui a mené plusieurs missions pour l'Unesco, est également invité. Malgré la thématique retenue – qui semble les concerner tout particulièrement – seuls 2 écrivains sont présents (États-Unis et Finlande), la bibliothéconomie/ documentation étant le domaine professionnel le plus représenté, devant l'édition et l'écriture – la librairie étant quant à elle absente. Ainsi, sur 22 participants (hors personnel de l'Unesco), 7 s'occupent de questions liées aux bibliothèques et à la documentation, 3 du domaine culturel en général, 2 du domaine éducatif, 2 de questions relatives au livre ou à l'AIL ; 5 travaillent dans le domaine éditorial et 3 seulement représentent les écrivains, dont 1 personne également éditrice et P. F. Caillé qui représente aussi les traducteurs.

Les Actes du symposium mettent en exergue des visions du livre assez radicalement opposées. Herman Liebaers (président de la FIAB, mais aussi du Comité international pour l'AIL) explique que « tous ceux qui contribuent au

[1] *Symposium international de l'UNESCO : le livre au service de la paix, de l'humanisme et du progrès.* Moscou : Editions du Progrès, 1974, 247 p.

succès de l'Année internationale du livre, ne peuvent nier que les écrivains jouent un rôle important dans ce système complexe qui unit l'écriture à la lecture », insistant sur le fait que l'écrivain « est une des chaînes dans ce système compliqué » et que son activité « n'est pas suffisamment coordonnée avec l'activité de toutes les chaînes du système de la création et de la diffusion des livres[1] ». Liebaers estime que cette situation rend difficile la situation des bibliothèques, qui « font déjà beaucoup pour les maisons d'édition et les auteurs, en formant la personnalité des lecteurs, en inculquant des habitudes de lecture », et estime donc que « les auteurs et les maisons d'édition doivent apprécier hautement cette activité des bibliothèques et ne pas leur présenter d'exigences financières[2] ». Le discours de Liebaers minore ainsi largement la place et le rôle de l'écrivain dans la chaîne du livre – ce qui peut tout de même sembler paradoxal – insistant au contraire sur le « rôle des bibliothèques dans la création des livres » et allant jusqu'à affirmer que « si, auparavant, les bibliothèques ont été créées du fait de l'existence des livres, aujourd'hui les cas ne sont pas rares où les livres sont créés parce qu'existent des bibliothèques[3] ».

Maheu évoque, quant à lui, la situation inégale du livre dans le monde, et revient en particulier sur la révolution que constitue l'apparition du livre de poche et l'augmentation considérable du nombre de lecteurs à travers le monde depuis 1950 ; il souligne cependant l'existence d'un fort pourcentage de non-lecteurs, y compris dans les pays développés, rappelant que « le livre est encore loin d'être partout un élément permanent de la vie quotidienne[4] ». Maheu s'attarde longuement sur la pénurie de livres dans le Tiers monde, qui doit développer des industries éditoriales afin de pouvoir contribuer à son rayonnement culturel et à la diminution des inégalités dans le domaine des échanges culturels.

De son côté, la ministre de la Culture soviétiquc, E.A. Fourtésa, estime que l'AIL « a de beaucoup dépassé les cadres des intérêts purement professionnels des éditeurs, des bibliothécaires et des vendeurs de livres pour attirer l'attention du public mondial. Il est hors de doute que toutes les activités liées à l'Année du livre expriment l'aspiration de centaines de millions d'hommes sur la terre d'accéder à la culture, de participer à son développement[5] ». E.A. Fourtésa insiste sur « le rôle social du livre, sa place dans la lutte contre l'inégalité sociale et l'oppression nationale, contre la guerre et la violence, pour la paix, l'humanisme et le progrès[6] », soulignant l'importance de promouvoir des livres qui reflètent les principes moraux et éducatifs les plus largement reconnus et qui contribuent au développement des idéaux de l'humanisme et du respect de la personnalité. Elle souligne notamment :

---

[1] Intervention d'Herman Liebaers, in *Symposium international de l'UNESCO : le livre au service de la paix, de l'humanisme et du progrès*. Op. cit., p. 218.
[2] Ibid., p. 219.
[3] Ibid.
[4] Intervention de René Maheu, in *Symposium international de l'UNESCO : le livre au service de la paix, de l'humanisme et du progrès*. Op. cit., p. 14-15.
[5] Intervention de Fourtésa in *Symposium international de l'UNESCO*. Op. cit., p. 11.
[6] Ibid., p. 12.

Les livres dus aux génies de tous les temps sont pénétrés des idéaux de la justice sociale, ils appellent à la lutte contre la haine des autres peuples et contre le racisme et sont de grands propagandistes des idées de la paix [...]

Mais malheureusement, tous les livres ne contribuent pas au progrès social, ne servent pas la cause de la paix. Nombre de livres sortent des presses, qui essaient de justifier la violence et l'oppression impérialistes, prônent la haine des hommes et l'obscurantisme, font appel aux sentiments les plus bas. De telles publications sont une arme empoisonnée entre les mains de ceux qui voudraient freiner le cours normal du développement historique, le mouvement irrésistible de l'humanité dans la voie du progrès social[1].

Richard Bamberger estime lui aussi que « beaucoup de livres ne répondent pas à ces nobles buts et idéaux [la cause de la paix, de l'humanisme et du progrès][2] », et indique par ailleurs :

Il est essentiel d'étudier l'efficacité de la lecture, autrement dit, de l'influence des livres sur les lecteurs. Selon le contenu des livres, des intérêts et du niveau culturel des lecteurs, cette influence peut être différente qualitativement et quantitativement. Dès que les enfants commencent à apprendre à lire, nous devons leur inculquer l'idée que la lecture n'est pas seulement une distraction, mais une chose utile et importante. Nous devons leur expliquer sous une forme accessible, que la lecture les aidera à s'instruire, à élever leur niveau culturel, à acquérir une profession. Les livres contribuent à élever le niveau culturel et professionnel de l'homme durant toute sa vie[3].

Quant au directeur de *Hind Pocket Books*, l'Indien Dina N. Malhotra, il prend soin de souligner :

Les bibliothèques des pays en voie de développement ne pourront peut-être jamais s'offrir les bâtiments imposants dont disposent les bibliothèques des pays riches de l'Occident ; néanmoins, si tous ces programmes donnent les résultats escomptés, une grande transformation sociale sera réalisée par l'intermédiaire du réseau local de bibliothèques. Les millions d'affamés de livres, qui sont de plus en plus nombreux, veulent simplement pouvoir disposer de textes de lecture pour s'instruire et se distraire une fois qu'ils ont appris à lire et à écrire. Ils veulent pouvoir se livrer au nouvel enchantement qu'est pour eux la lecture, promesse de progrès social et économique. Tel est le défi que doivent relever les bibliothécaires des pays en voie de développement : concevoir une bibliothèque publique qui réponde aux besoins du peuple et qui reste dans les limites des possibilités de trésorerie du pays[4].

Ce symposium constitue assez naturellement l'occasion d'une confrontation idéologique forte, dont témoigne par exemple une intervention de la Ministre de la Culture soviétique qui cite l'« œuvre géniale » de Marx et « les œuvres immortelles de Lénine » tout en faisant de l'analphabétisme de masse le « pénible héritage du colonialisme[5] ».

---

[1] Ibid., p. 34.

[2] Intervention de Bamberger in *Symposium international de l'UNESCO*. Op. cit., p. 107.

[3] Ibid., p. 120.

[4] Intervention de Dina N. Malhotra in *Symposium international de l'UNESCO : le livre au service de la paix, de l'humanisme et du progrès*. Op. cit., p. 55.

[5] Intervention de Fourtésa in *Symposium international de l'UNESCO*. Op. cit., p. 30-32

En mai 1973, l'Unesco réunit à Paris un comité dans le but d'étudier les suites à donner à l'AIL et de préparer, à la demande du Conseil économique et social des Nations Unies, un rapport sur la manière dont les résultats de l'AIL peuvent contribuer à la réalisation des objectifs de la Deuxième Décennie des Nations Unies pour le développement. Participent à cette réunion 13 experts choisis de manière à représenter les régions du monde et les pays producteurs de livres, ainsi que 8 observateurs, 3 conseillers et 8 fonctionnaires du secrétariat.

Les préconisations qui en ressortent suivent les axes d'action définis comme principes directeurs de l'AIL[1]. L'idée d'encourager les auteurs et les traducteurs, notamment dans les pays en développement, est généralement approuvée, mais ne fait pas l'objet d'une discussion aussi détaillée que les autres aspects du livre (édition, distribution, bibliothèques) et n'aboutit à aucune proposition concrète. Une seconde série de réunions régionales sur la promotion du livre est aussi envisagée entre 1975 et 1982.

Suite à cette réunion l'Unesco présente en 1974 à l'ECOSOC, lors de sa 57ème session, un rapport définissant les objectifs et les grandes lignes de ce que pourrait être une stratégie mondiale du livre au cours des années à venir. L'ECOSOC en prend note et invite fin 1974 les États membres et les organisations internationales compétentes à apporter leur soutien au programme de l'Unesco pour la promotion du livre (Résolution 1887/LVII). Le programme mondial à long terme, mis au point lors de la réunion de mai 1973, est reproduit dans la brochure *Des livres pour tous* et diffusé en 4 langues (anglais, espagnol, français, russe).

Enfin, c'est aussi en 1974 qu'Émile Delavenay (Division des publications) prépare pour l'Unesco l'ouvrage *Pour le livre*, avec pour objectif de résumer la politique du livre menée depuis la création de l'Unesco et de tracer les grands axes du programme à venir de développement du livre, en s'inspirant du rapport présenté à l'ECOSOC. Un canevas de l'ouvrage est mis en place dès janvier 1972. Dans cet ouvrage, Delavenay explique que la marche de l'Unesco vers une politique globale du livre a débuté avec la publication en 1956 du livre de Ronald E. Barker *Le livre dans le monde*, mais que « l'année 1964 marque une étape dans l'action de l'Unesco pour le livre. Une résolution de sa Conférence générale attire l'attention sur l'importance de livre dans le développement, et sur son rôle dans le progrès de la compréhension mutuelle[2] ».

L'étape suivante est marquée par la publication en 1965 de *La révolution du livre* de Robert Escarpit, qui « rappelle brièvement l'histoire du livre, en définit clairement les fonctions diverses, puis analyse les changements survenus dans les techniques de l'édition au cours des années qui précédèrent la Seconde Guerre mondiale, et surtout de celles qui la suivirent[3] ». Émile Delavenay considère enfin que la dernière étape dans la mise en place de la politique mondiale du livre de l'Unesco a été la convocation des 4 réunions régionales d'experts de 1966 à 1972, cycle clôturé par l'AIL.

---

[1] Voir Archives Unesco, document officiel COM-73/CONF.606/4.

[2] DELAVENAY, Émile. *Pour le livre*. Op. cit., p. 20.

[3] Ibid., p. 21.

L'Unesco considère ainsi rétrospectivement que la période 1946-1972 lui a servi à « cerner les problèmes de production et de distribution du livre dans les quatre grandes régions les plus défavorisées », à « définir des moyens d'action » et à « fixer des objectifs précis à l'action internationale et nationale pour la période allant jusqu'en 1980[1] ». Alors seulement, et pour la première fois, la question de la promotion du livre sur chaque continent s'inscrit dans le contexte général du développement ; une division du travail est aussi esquissée entre les organisations onusiennes, les organisations régionales et les gouvernements.

La publication de *Pour le livre* semble marquer une réelle prise de conscience de l'Unesco de la nécessité de coordonner ses actions au sein d'un programme global, mais elle ne provoque pas de révolution dans les activités de l'organisation. Parmi les transformations notables, une Division de la promotion du livre est créée en 1973 et placée sous la direction de Jean Millerioux, au sein de l'Office de la libre circulation de l'information. Son existence est pérennisée par la Conférence générale en 1974. Quant au bulletin mensuel consacré à l'AIL, il est remplacé à partir de 1973 par un bulletin trimestriel permanent intitulé *Promotion du livre*, publié en anglais et en français. En 1974, des accords sont passés avec la Commission nationale autrichienne et avec le Centre régional de promotion du livre en Amérique latine pour en élargir la diffusion en allemand et en espagnol.

En décembre 1973, l'Unesco organise également un séminaire régional à Delhi à l'intention des secrétaires exécutifs des Conseils nationaux pour le développement du livre en Asie ; ce séminaire doit permettre à la fois des échanges de données d'expérience entre les conseils qui existent déjà et la formulation de suggestions pratiques à l'intention de pays sur le point d'en créer.

En 1974, l'Unesco continue enfin de mener des projets selon ses orientations habituelles : commande à Richard Bamberger de l'ouvrage *Développer l'habitude de la lecture* (publié en 1975) ; traduction de *La faim de lire* en 9 langues ; organisation à Mayence de la 2ème réunion du Comité international du livre ; lancement d'un Prix international du livre destiné à récompenser la contribution exceptionnelle à la cause du livre d'une personne ou d'une institution ; envoi d'experts à Cuba, en Équateur, en Indonésie et au Maroc ; enfin, aide apportée à 14 pays pour divers projets autour du livre[2]. En 1975 est aussi publié le cahier n°71 de la série « Études et documents d'informations », intitulé *Anatomie d'une Année internationale : l'Année du Livre 1972.*

L'AIL semble avoir permis de nouer en gerbe les transformations importantes ayant eu lieu dans le cadre de la politique du livre de l'Unesco, en particulier la mise en place de centres régionaux de promotion du livre à partir de 1969, la révision en 1971 de la Convention de Berne et de la Convention universelle sur le droit d'auteur et l'affirmation de la légitimité de la culture africaine et des traditions orales lors du séminaire de Dar-es-Salam en 1973. Si l'on ajoute à cela la crise pétrolière et les bouleversements de la scène internationale (dont

---

[1] Ibid., p. 22.

[2] Rapport du DG sur l'activité de l'organisation en 1974, p. 187-188.

l'admission de la Chine populaire à l'ONU), il semble logique que dans la 2ème moitié des années 1970, prenant acte de l'échec concret de la 2ème Décennie des Nations Unies pour le développement et de l'accroissement des inégalités dans le monde, les pays en développement aient réclamé davantage d'équilibre dans les échanges de biens culturels et éducatifs et dans le partage de l'information (à travers le projet de NOMIC) – une demande qui conduit toutefois au retrait des États-Unis de l'Unesco en 1983.

L'AIL a constitué à la fois l'aboutissement de 25 années d'efforts pratiques – parfois tâtonnants – en faveur du livre dans le monde, une période de réflexion sur le rôle et l'avenir du livre, ainsi que le début d'une politique du livre renouvelée et repensée. De ce point de vue, la période 1972-1974 marque une réelle césure, la période 1946-1974 ayant permis à l'Unesco de dresser un panorama précis de la situation du livre dans le monde, de mettre en place une définition d'une politique (nationale, régionale et mondiale) du livre, de tenter la définition d'un « patrimoine littéraire de l'humanité » et de créer des instruments normatifs (Accord de Florence, Convention universelle sur le droit d'auteur, recommandations sur l'uniformisation des statistiques) et des structures (bibliothèques modèles, écoles et centres de formation professionnelles…) permettant d'uniformiser l'approche du « livre » dans le monde sur le modèle occidental.

Dix ans plus tard, un Congrès mondial du Livre (Londres, juin 1982) permettra de faire un nouveau point sur la situation du livre dans le monde. Il aboutit en particulier à l'adoption d'une Recommandation qui constate que la situation du livre reste très difficile dans de nombreux pays en développement, déplore un piratage croissant des œuvres et reconnaît que même dans les pays en développement où de nombreux livres sont disponibles, un fort pourcentage de la population alphabétisée continue à ne pas lire de livres. Une Déclaration intitulée « Vers une société de lecture », également adoptée lors du Congrès, conclue : « nous appelons de nos vœux non seulement un monde qui sache lire, mais encore une société universelle de la lecture[1] ».

[1] « Congrès mondial du livre (Londres, 7-11 juin 1982) », 17 juin 1982. Archives de l'Unesco, document officiel COM-82/CONF.401/REC.

Chapitre XIII

Tentative d'évaluation

Se livrer à l'exercice de l'évaluation n'est pas, loin s'en faut, un exercice sans péril. A cet égard, Michel Deleau souligne que « les attentes vis-à-vis de l'évaluation ne sont pas exemptes d'ambiguïtés. [...] chacun y est favorable mais, de préférence, pour son voisin[1] ». Par hypothèse, estime Guillaume Devin, il semble aussi « plus facile de constater les échecs que de compter les succès : comment recenser le travail préventif des institutions internationales ? Comment mesurer ce chiffre noir des conflits qui ont été évités grâce aux institutions internationales ?[2] » :

> *La différenciation des types d'actions qui, en se combinant, constituent une politique – déclarations d'intentions, élaboration d'une stratégie, répartition des ressources en fonction des besoins tactiques, etc. – nécessite l'établissement de catégories générales. Plus le contexte est vaste, plus les décisions tendent à perdre leur spécificité et à se fondre dans le processus global de prise de décision*[3].

La notion d'évaluation interroge les critères de pertinence, de cohérence et d'efficacité. Cette dernière, dans le cas d'une organisation internationale, peut se mesurer, d'une part, en fonction de ses résultats par rapport aux objectifs qu'elle s'était fixés, et d'autre part, en termes de satisfaction de ses participants. Toutefois, les objectifs de la politique du livre de l'Unesco sont extrêmement vastes (contribuer aux objectifs généraux de l'organisation, la paix dans le monde et la compréhension internationale) et se démultiplient en un grand nombre d'objectifs secondaires (instaurer des règles communes de droit d'auteur à l'échelon planétaire, encourager la circulation des livres dans le monde, constituer et promouvoir un patrimoine littéraire mondial, participer à la professionnalisation du monde du livre, encourager la création de bibliothèques modernes afin de contribuer au développement et à l'industrialisation, etc.).

---

[1] DELEAU, Michel (dir). *Evaluer les politiques publiques*. Op. cit., p. 21.

[2] DEVIN, Guillaume. « Fluctuat Nec Mergitur ! Ces institutions qui font la paix qui fait les institutions ». Op. cit., p. 16.

[3] COX, Robert, JACOBSON, Harold. « Une première approche : l'analyse de la prise de décision ». Op. cit., p. 82.

Michel Weinstadt remarque aussi que « la majorité des personnes interrogées [parmi le personnel de l'Unesco] ont du mal à définir les objectifs généraux de l'Unesco, [or] dans la mesure où les objectifs ne sont pas clairs, la stratégie ne l'est pas non plus[1] ».

Il est connu que chaque organisation cherche à assurer un minimum de satisfaction chez ses participants afin de ne pas être paralysée par les tensions, mais dans le cas d'une organisation internationale, il est difficile de savoir quels participants doivent être satisfaits étant donné leur multiplicité et leur hétérogénéité :

> *On y retrouve les représentants des gouvernements, les représentants des associations privées nationales et internationales, les plus hauts fonctionnaires et les responsables des grands services administratifs de l'organisation, des cohortes d'experts et de conseillers officiels ou officieux, les représentants d'autres organisations internationales et, de plus en plus, les médias. Les « sous-groupes » sont nombreux et les possibilités de coalitions multiples. Non seulement l'organisation doit assurer un niveau minimum de satisfaction à chacun, mais elle doit satisfaire les « parties stratégiques », celles dont elle est tributaire de façon déterminante pour conduire son action. Son efficacité dépend en particulier de sa capacité à donner suffisamment de satisfaction aux gros contributeurs pour qu'ils lui apportent leur concours, en argent, en hommes, en matériel. Elle dépend aussi de son habileté à faire valoir son action auprès des faiseurs d'opinion dont sont tributaires son prestige, son autorité... et ses ressources financières*[2].

De ce point de vue, les organisations internationales « efficaces » sont celles qui s'appuient sur trois types de coalition d'intérêt : les fonctionnaires du secrétariat (ce que Galbraith appelle la « technostructure »), la « communauté épistémique » de ceux qui détiennent le savoir et ont accès au discours public (scientifiques, directeurs de bibliothèques influentes, juristes, écrivains de renom, éducateurs, etc.) et des *lobbies* puissants (banques, entreprises, groupements professionnels, organisations non gouvernementales comme la FIAB ou l'UIE). Dans le cas de l'Unesco, il n'est d'ailleurs pas rare que certains individus passent d'une catégorie à une autre au cours de leur carrière. Toutefois, estime Raymond Blaine Fosdick (fondation Rockefeller) :

> *Chaque agence [...] porte en elle-même non seulement les graines d'une possible décadence, mais aussi une tendance à exalter la machinerie de l'organisation au-delà de l'objectif pour lequel l'organisation a été créée. [...] Dans une organisation à but lucratif, il y a en permanence un souci de rentabilité qui manque aux agences s'occupant de questions sociales et intellectuelles. Une entreprise d'affaires est créée d'abord pour faire de l'argent, et quand les dividendes ne rentrent plus, une recherche immédiate est effectuée pour trouver le problème. Aucun critère automatique similaire n'existe pour tester l'efficacité d'une organisation sociale. Il est toujours difficile de savoir si une telle organisation rapporte réellement des dividendes ou pas*[3].

---

[1] WEINSTADT, Michel in *La connaissance des publics, une voie à explorer pour améliorer la communication de l'Unesco*. Paris : CELSA, 1993-1994, p. 63.

[2] SMOUTS, Marie-Claude. *Les organisations internationales*. Op. cit., 52-53.

[3] FOSDICK, Raymond Blaine. *The story of the Rockefeller Foundation*. Op. cit., p. 293

Le caractère diffus et transversal des nombreuses activités de l'Unesco rend toute évaluation objective complexe, contrairement à d'autres agences spécialisées des Nations Unies dont l'activité est plus technique. Dans les domaines de la science, de l'éducation et de la culture, impossible d'adopter une optique de rentabilité immédiate ; dans ces conditions, il semble presque « vain, compte tenu du grand nombre d'activités que mène l'Unesco de par le monde, de vouloir dégager leur impact et évaluer les résultats obtenus[1] ». Quant à Jean-Luc Mathieu, il estime :

> *Les suites les plus intéressantes de telle ou telle impulsion donnée dans le cadre de l'Unesco ne sont généralement pas portées à son crédit. D'autre part, l'action de l'Unesco n'est presque jamais dissociable de celles des gouvernements qui en sont Membres et de celles des nombreuses ONG avec lesquelles elle œuvre ; l'Unesco stimule et complète des actions accomplies avec des moyens infiniment plus importants que ceux dont elle dispose*[2].

En interne cependant, l'Unesco s'efforce, à partir du début des années 1950 et sous l'impulsion conjointe du directeur adjoint Laves, du département des sciences sociales et du CISS, de développer des évaluations de ses projets, et de lier cette activité avec celle du reste du système de l'ONU. Si certains projets de grande ampleur (telle la mise en place de bibliothèques pilotes ou la Collection d'œuvres représentatives) se prêtent assez facilement à l'évaluation selon des critères quantitatifs et qualitatifs identifiés (nombre d'ouvrages empruntés ou vendus, nombre de langues concernées, etc.), d'autres demeurent beaucoup plus délicats à évaluer, tels les instruments normatifs (quelle application réelle à l'intérieur de chaque État adhérent à un instrument ?) ou les activités de formation professionnelle (que deviennent ensuite les personnes formées ? quel est leur niveau réel de qualification après la formation donnée ? cette formation correspond-elle concrètement aux besoins locaux ?). Enfin, les rapports de mission rédigés par les fonctionnaires, les experts et les consultants constituent fréquemment la seule véritable « évaluation » de nombreuses activités comme les colloques, stages d'études, missions sur le terrain, conférences, etc. Or, s'il est rare que les difficultés rencontrées soient purement et simplement ignorées dans ces rapports, elles sont parfois minorées par leurs rédacteurs.

La conférence régionale sur les échanges internationaux de publications et services connexes (Budapest, 1960), par exemple, fait l'objet d'un rapport de mission d'Everett Petersen qui, bien qu'évoquant les nombreuses difficultés politiques rencontrées, met en avant l'excellente ambiance de relations amicales et de bonne volonté de la conférence[3]. Petersen se montre « convaincu que la Conférence de Budapest, avec ses travaux très sérieux, en présence de personnalités compétentes des deux côtés, aura largement contribué à ce but [développer les échanges de publications entre Europe de l'Est et de l'Ouest][4] »,

---

[1] HOLLY, Daniel. *L'Unesco, le Tiers monde et l'économie mondiale*. Op. cit., p. 143

[2] MATHIEU, Jean-Luc. *Les institutions spécialisées des Nations Unies*. Op. cit., p. 219.

[3] Voir Archives Unesco, dossier 02 A 855 (4) 06 (439.1) « 60 ».

[4] Mémo de Salat au DG, 17 oct. 1960. Archives Unesco, dossier 02 A 855 (4) 06 (439.1) « 60 ».

ce que semble pourtant démentir les propos d'autres participants comme G.A. Hamel, pour qui l'influence d'une telle manifestation reste « très très faible[1] »…

Les experts sont, quant à eux, « contrôlés localement par le bureau intéressé en collaboration avec le représentant résident du PNUD. L'évaluation est ensuite transmise au siège pour ce qui est de "l'expert" pour être versée dans le dossier de celui-ci[2] ». L'Unesco laisse en général « une grande liberté d'action à ses consultants, […] le contrôle de la qualité du travail et l'évaluation des services incombant aux unités organiques avec des nuances tenant au régime spécifique de chaque compétence extérieure[3] ». Isdine Paraiso, auteur d'un ouvrage sur le régime juridique des experts et des consultants de l'Unesco, remarque à cet égard :

> *La plupart des fonctionnaires de bureaux et secteurs utilisant les experts et les consultants ont donné une image nettement positive de l'action de ces derniers, […] souvent, les experts et les consultants qui collaborent directement avec le secrétariat parviennent beaucoup plus facilement à des résultats, que ceux affectés dans des projets hors sièges, où les conditions climatiques, les changements politiques sont des problèmes divers qui influent sur leurs actions*[4].

Par rapport au monde extérieur, l'Unesco a nettement tendance à minorer les problèmes rencontrés et les échecs afin d'exalter les réalisations et le travail menés. A cet égard, et bien qu'il ne constitue pas un « rapport d'évaluation » proprement dit, l'ouvrage d'Émile Delavenay *Pour le livre* se révèle un témoignage précieux de l'image que souhaite donner l'Unesco de sa politique du livre. Cette brochure a en effet pour objectif de se livrer au « bilan d'une action multiforme mais visant à être concertée et coordonnée[5] ». Que constate-t-on à sa lecture ? Ce rapport détaillé n'oublie presque aucune des actions menées dans le domaine de l'écrit entre 1946 et 1972, et seuls quelques projets particuliers, comme le programme de commémoration des grands hommes ou l'action des unités de microfilmage n'y sont pas explicitement mentionnés. Dans l'ensemble, l'ouvrage se montre extrêmement positif sur l'action passée de l'Unesco et optimiste pour l'avenir. Différents problèmes y sont évoqués – mais rapidement évacués – comme la concurrence faite au livre par les médias et l'audiovisuel, la question de la domination occidentale dans le secteur éditorial, la pénurie de papier, le nombre limité de langues asiatiques concerné par le programme de textes de lectures pour nouveaux alphabètes, l'inefficacité et le coût des bourses de voyage et d'étude, les limites inhérentes au programme de traduction des œuvres représentatives, la remise en cause du droit d'auteur par les pays du Tiers monde, ou encore le manque d'adhésion des populations à l'implantation de bibliothèques pilotes.

---

[1] Lettre de Hamel à Maller, 14 oct. 1960. Archives Unesco, dossier 02 A 855 (4) 06 (439.1) « 60 ».
[2] PARAISO, Isdine. *Le régime juridique des experts et des consultants de l'Unesco*. Op. cit., p. 52.
[3] Ibid., p. 47.
[4] Ibid., p. 53.
[5] DELAVENAY, Émile. *Pour le livre*. Op. cit., p. 8.

L'Unesco occulte par ailleurs complètement, dans cet ouvrage, certains aspects négatifs (ou sujets à controverse) de projets ou de concepts[1] tels que l'alphabétisation fonctionnelle, présentée de manière positive sans évoquer l'absence de réceptivité et d'enthousiasme des pays du Tiers monde, ou encore l'activité éditoriale de l'Unesco, dont la qualité et l'intérêt ne semblent faire aucun doute. Rappelons à cet égard que l'auteur, Émile Delavenay, dirige le Secteur des publications, ce qui n'est pas un gage d'objectivité pour évoquer les réalisations dans ce domaine...

Pourtant, il est possible de se pencher avec une relative objectivité sur les actions menées par l'Unesco pour la promotion du livre, afin d'évaluer leur degré d'échec ou de réussite par rapport aux objectifs recherchés par l'organisation. A cet égard se révèlent très utiles les rapports et bilans effectués par l'Unesco, les articles de presse, les publications (témoignages d'anciens fonctionnaires par exemple), ainsi que les informations et les témoignages trouvés dans les archives de l'organisation (en particulier les dossiers de correspondance). Une évaluation de la politique du livre, projet par projet, tenant toutefois de la gageure – étant donné le nombre d'activités menées et le nombre de pays et de populations concernés – une approche évaluative globale a été ici privilégiée.

Si l'Unesco a certes tendance à enjoliver quelque peu ses réalisations – « les problèmes, les échecs et les dysfonctionnements [étant] soigneusement masqués dans l'ensemble des discours et publications officielles, qui abordent l'histoire de l'organisation sous un jour uniformément positif et flatteur[2] » –, il semble incontestable que certains projets ont été des réussites. Ainsi, juge Louis Dollot en 1964, « dans les limites qui lui sont tracées et en dépit de bien des tâtonnements, [l'Unesco] a accompli déjà une œuvre très estimable[3] ». Comme réalisations notables dans le domaine culturel, Dollot cite la formation de bibliothécaires, d'archivistes, d'archéologues et le rassemblement d'une documentation allant des Index aux livres de poche[4]. De son côté, Mircea Malitza, l'un des fondateurs du Centre Européen de l'Unesco pour l'enseignement supérieur inauguré à Bucarest en 1972, exalte le travail accompli par l'organisation :

> *En 1971, en tant que Ministre de l'Éducation, je participais au vingt-cinquième anniversaire de l'Unesco à Paris. C'était une époque glorieuse pour l'Unesco : elle était internationalement respectée, elle diffusait à travers le monde des centres efficaces et des réseaux institutionnels, elle organisait des débats de grande portée, elle publiait des standards pour la gestion culturelle des bibliothèques, des écoles et des musées, elle conduisait des campagnes d'enseignement, elle renforçait la coopération et construisait laborieusement, sous le signe de l'universalité, l'héritage culturel de l'humanité*[5].

[1] Ibid. Voir p. 53-54, 66-68.

[2] MAUREL, Chloé. *La pensée et l'action de l'Unesco dans le domaine de la culture.* Op. cit., p. 157.

[3] DOLLOT, Louis. *Les relations culturelles internationales.* Op. cit., p. 109.

[4] Ibid., p. 114-115.

[5] MALITZA, Mircea. « Réflexions sur la création et le fonctionnement de l'UNESCO-CEPES », in *Enseignement supérieur en Europe, volume XXVII, n°1-2.* Paris : UNESCO-CEPES, 2002, p. 14.

En 1974, Émile Delavenay considère plus modestement, que les actions de promotion du livre menées par l'Unesco ont permis « de prendre la mesure des problèmes, de tracer les grandes lignes d'une action concertée des gouvernements, des organisations non gouvernementales de professionnels du livre, et des organisations du système des Nations Unies[1] ».

LA MISE EN PLACE DE NORMES ET DE STRUCTURES DURABLES

Par les instruments normatifs qu'elle a contribué à mettre en place, l'Unesco a poussé à introduire plus de rigueur et d'uniformité dans le domaine du livre en incitant à la normalisation des statistiques, du catalogage et de l'indexation des livres, en encourageant au rapprochement du droit d'auteur et du copyright, etc. L'adoption de normes et de méthodes communes a, sans aucun doute, facilité les échanges de livres à travers le monde et le travail des chercheurs, avec une très nette amélioration, selon Fernand Cuvelier, des « rapports non seulement entre érudits et chercheurs, mais aussi entre les bibliothèques elles-mêmes[2] ». C'est aussi la collaboration de l'ISO et de l'Unesco qui a conduit en 1972 à l'adoption de la norme ISO 2108 (ICS n° 01.140.20), qui spécifie la construction du numéro ISBN, les règles de son attribution ainsi que l'administration du système ISBN. Ce système international de numérotation normalisée des livres, qui permet d'identifier à l'aide d'un code numérique et de manière univoque un titre ou l'édition d'un titre publié par un éditeur déterminé, est supervisé depuis 1972 par l'Agence internationale de l'ISBN (basée à Londres), qui chapeaute les différentes agences nationales de l'ISBN.

Par ailleurs, au-delà du contenu même des instruments juridiques et des normes, les réunions, les échanges, les réflexions, les discussions et les compromis entre les professionnels du livre et les gouvernements concernés qu'a nécessitée la mise en place de ces instruments et normes a sans doute permis de sensibiliser les différents acteurs à l'intérêt même de l'adoption de normes et de méthodes universelles dans le domaine du livre (modèle de bibliothèque, statistiques, traitement des auteurs, statut du livre, etc.). Pierre de Senarclens fait ressortir combien la dynamique des réunions, conférences et autres symposiums menés par les organisations internationales, ou sous leurs auspices, « contribue à créer des normes, à diffuser des valeurs et à manipuler des symboles légitimant l'action politique, à orienter les programmes opérationnels ou les décisions des gouvernements, des secrétariats des organisations internationales et des ONG[3] ». En matière de droit d'auteur, l'Unesco a contribué, via la Convention universelle, à un rapprochement entre des pratiques professionnelles divergentes en Europe et en Amérique ; l'Unesco a ensuite pu inciter les pays africains et asiatiques à se préoccuper du statut et de la rémunération de leurs auteurs.

[1] DELAVENAY, Émile. *Pour le livre*. Op. cit., p. 12.
[2] CUVELIER, Fernand. *Histoire du livre*. Op. cit., p. 293.
[3] SENARCLENS, Pierre de. « La théorie des régimes et l'étude des organisations internationales ». Op. cit., p. 535.

D'après Julian Behrstock, « de tous les instruments normatifs mis en place par l'Unesco durant cette période [1945-1974], ceux qui ont eu le plus de retentissement et d'importance sont la convention sur le droit d'auteur (1952) et la convention relative à la protection du patrimoine culturel et naturel mondial (1972)[1] ».

A côté de la promotion de normes et de concepts universels, l'Unesco a également mis en place des structures pilotes à travers le monde, notamment des bibliothèques (publiques et scolaires) et des écoles de bibliothécaires. Bien qu'il soit assez complexe de connaître l'évolution ultérieure de ces structures, il semble indéniable que leur survivance et leur développement jusqu'à nos jours constitue un degré de réussite minimum. L'Ecole des Bibliothécaires, Archivistes et Documentalistes (EBAD) de Dakar offre par exemple aujourd'hui des formations diplômantes et continues à travers 2 cycles d'enseignement et 3 sections (section Bibliothèque créée en 1969 ; sections Archives et Documentation créées en 1971). L'EBAD a lancé en 2000 un master à distance via Internet et organise régulièrement des colloques professionnels[2].

De son côté, la bibliothèque publique de Delhi fonctionne actuellement sous le contrôle administratif du ministère indien du Tourisme et de la Culture et l'Unesco fait toujours partie de son conseil d'administration (*Library Board*), aux côtés des autorités nationale et locale indiennes. La bibliothèque semble particulièrement active parmi le réseau des bibliothèques publiques d'Asie : elle dispose d'un stock d'environ 1,5 million d'ouvrages (dont 15 000 livres en braille), possède plus de 70 000 adhérents, prête en moyenne plus de 6 000 ouvrages par jour, a développé de nombreuses branches d'activités, et dessert plus d'une centaine de bibliothèques relais[3]. Stephen Parker estime cependant que si la bibliothèque de Dehli est un indéniable succès en elle-même, son influence régionale en tant que « projet pilote » semble beaucoup plus limitée ; au contraire, il souligne la réussite de la bibliothèque d'Enugu, selon lui le projet pilote le plus efficace de l'Unesco dans le domaine des bibliothèques[4].

Quant à la bibliothèque publique pilote de Medellín, elle est désormais au centre d'un réseau de plusieurs bibliothèques municipales, propose chaque année un programme culturel fourni (conférences, expositions, projections, etc.) et reçoit en moyenne 120 000 visiteurs par mois[5]. Si ces exemples semblent donc constituer des réussites, puisqu'ils perdurent et se développent encore de nos jours, il reste impossible d'évaluer l'impact réel de l'Unesco par rapport aux autorités locales et aux autres partenaires de ces structures (coopération bilatérale, fondations américaines…) ; l'organisation peut cependant être créditée pour avoir donné une forte impulsion de départ, concrétisée à travers un fort soutien moral, symbolique, technique et financier à ces projets. Malgré ses

[1] MAUREL, Chloé. *L'Unesco de 1945 à 1974*. Op. cit., p. 619.
[2] Voir le site Internet de l'EBAD: http://www.ebad.ucad.sn/
[3] KAPUR, Kriti. « *Delhi Public Library. The Treasury of Sorrows* », document de travail pour le *Centre for Civil Society of India,* 11 p., disponible sur le site http://ccs.in/ccsindia/interns2003/chap13.pdf
[4] PARKER, Stephen. *Unesco and Library Development Planning*. Op. cit., p. 168 et 198.
[5] Voir le site de la bibliothèque de Medellín : http://www.bibliotecapiloto.gov.co

faiblesses et ses défauts, l'Unesco a donc sans conteste joué un rôle majeur dans le développement des services de documentation, de bibliothèque et d'archive à travers le monde, en particulier dans les pays en développement[1].

Par ailleurs, certains pays ont fait l'objet d'une attention soutenue de l'Unesco, notamment par le biais de l'assistance technique, et les résultats y semblent plus probants qu'ailleurs ; citons l'exemple de l'Indonésie, où Stephen Parker rappelle qu'entre 1954 et 1964, l'Unesco a contribué à créer 22 bibliothèques universitaires, une école de bibliothécaires, un centre bibliographique et un service de catalogage nationaux, tout en organisant plusieurs missions d'expertise et en octroyant de nombreuses bourses en bibliothéconomie à des étudiants indonésiens (75 bourses accordées au total par l'Unesco et les agences de coopération bilatérales en dix ans)[2]. Rappelons que l'Indonésie est l'un des pays jugés « stratégiques » par les États-Unis et que les fondations américaines s'y montrent particulièrement actives ; la collaboration avec des organisations comme l'Unesco permet d'y agir de manière plus massive et plus efficace que dans d'autres pays.

Enfin, la plupart des centres nationaux et régionaux de promotion du livre, pour la mise en place desquels l'Unesco a beaucoup œuvré à partir de 1966 ont perduré jusqu'à nos jours. Le Centre de promotion du livre de Tokyo, intégré à partir de 1971 à l'*Asia/Pacific Cultural Centre for Unesco* (ACCU), poursuit aujourd'hui ses activités de promotion de la culture et de l'éducation en Asie[3]. Le CERLALC continue de même à fonctionner en Amérique latine, en organisant des colloques et des formations professionnelles, en répertoriant les manifestations autour du livre et en œuvrant à la promotion du droit d'auteur, des bibliothèques, de la lecture et de l'écriture[4]. Ces institutions font désormais partie du paysage des relations culturelles internationales, et poursuivent, chacune de leur côté, les actions de promotion du livre selon les idéaux prônés par l'Unesco.

LA PROFESSIONNALISATION ET LE DÉVELOPPEMENT DES RÉSEAUX

L'investissement de l'Unesco a été particulièrement soutenu dans l'accompagnement des professionnels du livre, d'abord les bibliothécaires, mais aussi les écrivains, traducteurs, libraires et éditeurs. Bourses, stages d'études, soutiens accordés aux réseaux de professionnels (PEN Club, FIAB...), création de structures « modèles », promotion de méthodes et de normes modernes, publication d'ouvrages, de périodiques, de films à destination des professionnels (*Bulletin à l'attention des bibliothèques*, *Babel*...) ont contribué non seulement à la formation des professionnels du livre, mais aussi, sans doute, à l'émergence d'un *esprit de corps* chez les professionnels du livre au niveau mondial. L'Unesco

[1] PARKER, Stephen. *Unesco and Library Development Planning*. Op. cit., p. 316-317
[2] Ibid., p. 177.
[3] Voir le site Internet de l'ACCU : http://www.accu.or.jp
[4] Voir le site Internet du CERLALC : http://www.cerlalc.org/

a contribué, en particulier à travers la création de comités consultatifs internationaux, au rapprochement entre les différentes branches du livre et entre les différentes ONG en lien avec la culture. De même, Edward Carter (aidé par Julien Cain) a largement concouru au rapprochement entre bibliothécaires et documentalistes (FIAB et FID) dans les années 1950 et 1960[1]. De plus, le Comité international de soutien pour l'AIL a permis une collaboration étroite entre plusieurs ONG (FIAB, FID, UIE, CISAC, FIT, Pen Club, etc.) à partir de 1970, tandis que le Comité de liaison des organisations internationales du domaine des arts et lettres (comprenant le PEN Club) a instauré « une entente de plus en plus harmonieuse [...] entre les représentants de ces organisations, si différentes par leurs objets et par leurs structures, mais qui ont pris l'habitude de travailler ensemble et de se consulter[2] ».

L'activité de ce dernier Comité semble avoir eu des répercussions positives : ainsi, la Commission nationale hongroise pour l'Unesco assure au DG en 1956, qu'elle « prendra toutes mesures utiles pour associer à ses activités des groupements nationaux des organisations représentées au Comité de liaison et collaborera volontiers dans la mise en œuvre des résolutions du Comité [sachant que...] la section hongroise du PEN Club international est représentée au sein de la Commission nationale hongroise pour l'Unesco[3] ». De son côté, le Mouvement international pour l'Union fraternelle entre les races et les peuples fait savoir à l'Unesco son intérêt pour les premières recommandations votées par le Comité de liaison en 1955[4]. Le secrétaire du PEN Club international David Carver estime que ces marques d'intérêt sont très encourageantes et indique que son organisation a accru, dès 1956, ses liens avec les autres organisations internationales participant au Comité de liaison, en les invitant notamment à assister à ses manifestations. Fin 1957, Michel Dard cite en exemple le succès du symposium Orient-Occident organisé par le PEN Club et constate : « que ce soit sur le plan du secrétariat des ONG (coordination, consultation, échanges d'informations), dans le domaine de leur extension géographique ou de leur liaison avec les commissions nationales des progrès encourageants ont été constatés[5] ». Et en effet, l'Unesco a aussi poussé les ONG, majoritairement occidentales, à s'ouvrir vers l'extérieur et à inclure les autres continents dans leurs activités.

Par ailleurs, si l'Unesco n'a pas provoqué le renforcement des échanges internationaux de livres et de connaissances qui s'est mis en place à partir de la fin de la Seconde Guerre mondiale, elle a néanmoins tenté, avec un certain succès, de rééquilibrer les flux existants, en particulier avec son système de « bons de livres » ou encore en produisant et en distribuant gratuitement des publications plus « objectives » que celles distribuées par les grandes puissances occidentales dans leur cadre de leur politique de propagande. À travers de

[1] KELLY, Thomas. *History of Public Libraries in Great Britain*. Op. cit., p. 419.
[2] Mémo de Dard au DG, 27 janv. 1960. Archives Unesco, dossier 7A 01 LCIOAL.
[3] Lettre de Tamás Aladár au DG, 15 mars 1956. Archives Unesco, dossier 7A 01 LCIOAL.
[4] Voir Archives Unesco, dossier 7A 01 LCIOAL.
[5] Mémo de Dard à Thomas, 5 déc. 1957. Archives Unesco, dossier 7A 01 LCIOAL.

multiples études et enquêtes, l'organisation est parvenue à rassembler de nombreuses informations inédites sur la situation de livre dans le monde, mettant à la disposition de tous ses connaissances et statistiques grâce à de nombreuses publications.

De ce point de vue, les missions d'experts sur le terrain, quoi qu'ait pu être leur objectif premier par ailleurs, ont constitué de précieuses sources d'information. N. Seergueev (Division des bibliothèques) considère par exemple que la mission menée pendant deux ans (1964-1965) en Arabie saoudite par l'Indien Ved P. Vij s'est révélée utile notamment car « elle a permis à l'Unesco de rassembler des informations fiables sur la situation des bibliothèques en Arabie saoudite et ses rapports fréquents et enthousiastes nous ont fourni de nombreux renseignements[1] ». Les missions menées par les fonctionnaires, consultants et experts ont aussi eu parfois des résultats concrets indéniables. Frank Gardner explique par exemple à Petersen son bonheur d'apprendre que « l'Association de bibliothèques de Madras est devenue beaucoup plus active après [sa] visite et [son] intervention, et qu'elle organise désormais régulièrement des réunions mensuelles », ajoutant : « quand je suis revenu, j'avais l'impression d'avoir sans doute jeté une pièce dans un puits très profond, mais il est bon d'en entendre l'écho[2] ». Pierre Gerbet estime à cet égard en 1962 que les résultats des missions d'assistance technique sont excellents, « un vaste transfert international de connaissances [étant] ainsi réalisé[3] ».

La sensibilisation du public et des États à la question du livre

L'Unesco a aussi tenté de toucher le grand public, essayant en cela de se démarquer de l'IICI. Par le biais des bibliothèques publiques et universitaires qu'elle a contribué à mettre en place, des bibliobus qu'elle a offerts (et qui desservent les quartiers périphériques des villes et le milieu rural), des expositions itinérantes qu'elle a créées et mises à disposition des États, des manifestations qu'elle a encouragé à mettre en place (fêtes du livres...), du *Courrier de l'Unesco* qui connaît dans les années 1950 et 1960 un assez vif succès auprès du public (au moins en Occident) et enfin de la collection d'œuvres représentatives (certes destinée à une élite cultivée et non aux masses), l'Unesco a certainement réussi à avoir un impact sur des millions de personnes dans le monde, même s'il semble impossible de déterminer la force et la durabilité de cet impact.

Les campagnes d'alphabétisation, impulsées ou coordonnées par l'organisation, ont aussi contribué concrètement à l'alphabétisation de millions de personnes, particulièrement lorsqu'elles se sont accompagnées, à partir de 1955, d'actions en faveur de la production de « textes de lecture » afin de ne pas laisser les nouveaux alphabétisés retomber dans l'illettrisme. De ce point de vue, le fait que l'explosion démographique dans le Tiers monde ait conduit dans le

[1] Voir Archives Unesco, dossier 02 (53) TA/A 118.
[2] Lettre de Gardner à Petersen, 4 avril 1960. Archives Unesco, dossier 02 (5) A 06 (540) TA « 60 ».
[3] GERBET, Pierre. « Les nouveaux États et les organisations internationales ». Op. cit., p. 472.

même temps à une augmentation de la population illettrée, en nombre absolu comme en pourcentage, ne doit pas faire oublier que des millions de personnes ont été alphabétisées dans les années 1950 et 1960 à travers le monde.

L'Unesco est parvenue à toucher en partie le grand public occidental par le biais de la Collection d'œuvres représentatives qui a permis une reconnaissance de nombreuses littératures non occidentales comme faisant partie intégrante du patrimoine mondial. A cet égard, la Collection s'est aussi inscrite dans le développement et l'élargissement de la « littérature comparée », qui acquiert alors droit de cité au sein des cursus de lettres des Universités. L'exemple emblématique de cette réussite est sans conteste la collection « Connaissance de l'Orient » fondée et dirigée par Étiemble chez Gallimard avec le soutien de l'Unesco, car pour la première fois en français, « des œuvres fameuses mais inconnues du public sont traduites, intelligemment présentées et annotées par des spécialistes universitaires ; durant des décennies, ces volumes à la parution régulière [...] feront la joie des amateurs de littérature orientale, des esprits curieux, des comparatistes ; les premiers volumes, indiens et japonais [...] sont d'immédiats succès[1] ». Nedim Gürsel souligne quant à lui que grâce à « Connaissance de l'Orient », « l'Inde ancienne et moderne, la Chine, le Japon, le Vietnam, les pays arabes font irruption dans la république des Lettres[2] ». Certes, la Collection d'œuvres représentatives, développée au sein du Département des activités culturelles par des personnalités majoritairement françaises, semble surtout avoir eu un impact sur le grand public français. Néanmoins, selon Pascale Casanova, la reconnaissance et la consécration littéraire des écrivains non-occidentaux au niveau mondial passent largement par la traduction et la publication en France ; si tel est bien le cas, alors les auteurs publiés en français au sein de la Collection d'œuvres représentatives – en particulier les auteurs contemporains tels le Japonais Kawabata – ont sans doute bénéficié d'une notoriété et d'un public inespérés, en Occident et ailleurs, grâce à l'action de l'Unesco.

Une grande part de l'influence de l'Unesco sur le grand public s'est sans doute exercée par le biais du *Courrier de l'Unesco*. Principale vitrine de l'organisation, le *Courrier* s'adresse en effet au grand public du monde entier, pour qui il se veut à la fois porte-parole de l'organisation et fenêtre ouverte sur le monde. Catherine Chautard, qui s'est livrée à une étude approfondie des articles du *Courrier*, a établi des statistiques sur les différentes thématiques abordées. La rubrique « Arts », sous-rubrique « Lettres », fait l'objet, selon elle, de 4,7 % des articles entre 1969 et 1973, une proportion qui chute à 2% entre 1974 et 1978. Elle explique que les articles concernant les « Lettres » sont majoritairement des documentaires longs, détaillés et abondamment illustrés, tandis que les reportages et les tribunes libres sont peu nombreux et les témoignages

---

[1] DARS, Jacques. « Étiemble et la littérature chinoise », in MARTIN, Paul (dir.). *Pour Étiemble*. Arles : Philippe Picquier, 1993, p. 71.

[2] GÜRSEL, Nedim. « Étiemble : un homme d'ouverture », in MARTIN, Paul (dir.). *Pour Étiemble*. Op. cit., p. 139.

inexistants[1]. Les documentaires constituent 68,7 % des articles évoquant les « Lettres », alors que les reportages et les tribunes comptent pour 12,5 % et les campagnes d'information pour 6,3 %. Cette tendance se vérifie d'ailleurs pour l'ensemble des articles de la catégorie « Arts », pour laquelle les documentaires représentent toujours plus de 50 % des articles publiés.

Au final, on n'a donc pas l'impression que le livre et les lettres aient beaucoup intéressé les rédacteurs de la revue dans les années 1960 et 1970, Catherine Chautard estimant à environ 12 % la proportion d'écrivains et de philosophes parmi les rédacteurs du *Courrier de l'Unesco*. Néanmoins, ces chiffres doivent être maniés avec précaution, sachant que ces statistiques ont été produites à partir de critères figés, alors qu'un grand nombre d'actions menées à l'Unesco sous la bannière de l'éducation (lutte contre l'illettrisme…), de la communication (promotion du livre de poche comme moyen de communication de masse), du développement (création de bibliothèques dans le cadre du PNUD), des sciences sociales (collecte des traditions orales en Afrique) ou de l'action législative (convention universelle sur le droit d'auteur…) ont participé à la « politique du livre » au sens large. En réalité, nombre d'articles ont donc concerné le domaine du livre et de l'écrit, contribuant à sensibiliser le grand public à cette thématique.

Les actions menées par l'Unesco ont aussi servi à augmenter l'intérêt général des élites et des dirigeants pour le livre, avec des effets d'entraînement positifs qui se concrétisent par la création de centres nationaux de promotion du livre et de bibliothèques, le lancement de formations professionnelles, l'équipement en matériel de microfilmage, la mise en place de manifestations autour du livre, etc. Pierre de Senarclens rappelle à cet égard :

> *Les organisations internationales exercent une influence souvent déterminante sur la politique internationale en favorisant l'accès à certaines données, en facilitant ou en nuisant à la communication entre les négociateurs, en avantageant certaines délégations, en contribuant aux arbitrages. Ce rôle peut apparaître comme « technique » ; il est en fait éminemment politique dans la mesure où il contribue à la construction des processus de légitimation, à la solution ou au blocage des conflits d'intérêt portant sur des rapports de pouvoir et sur la répartition des biens et des valeurs*[2].

Marie-Claude Smouts relève quant à elle que les organisations internationales ont « la capacité de mettre sur l' "agenda" politique des sujets nouveaux et jusqu'alors occultés. En obligeant les acteurs à s'en saisir et à prendre des décisions, elles ont un effet sur l'environnement international. [...] La mise sur agenda est une entreprise nécessairement conflictuelle. Les désaccords s'expriment à chaque phase : sur l'identification et la qualification du problème, sur la compétence de l'organisation pour le connaître, sur les mesures à prendre[3] ». De ce point de vue, l'Unesco a contribué à la mise sur l'agenda de

---

[1] CHAUTARD, Catherine. *Le* Courrier de l'Unesco *: une presse internationale à vocation universelle (1969-1983).* Paris : Institut Français de Presse, 1984, p. 37 et suivantes, p. 51.

[2] SENARCLENS, Pierre de. « La théorie des régimes et l'étude des organisations internationales ». Op. cit., p. 535.

[3] SMOUTS, Marie-Claude. *Les organisations internationales.* Op. cit., p. 53-54.

questions importantes dans le domaine du livre, en particulier le droit d'auteur, les besoins du Tiers monde en termes d'éducation et de livres, l'importance des bibliothèques pour le développement et la nécessité de mettre en place des politiques et structures nationales de promotion du livre.

Certains concepts et théories développés ou encouragés par l'Unesco ont eu un impact bien réel ; l'idée de planification des bibliothèques, sujet cher à Carlos Victor Penna[1], se fait encore sentir de nos jours, comme en témoignent les allusions faites à Penna et à l'Unesco dans un article intitulé « *Developing Countries and the Need for Virtual Libraries : Problems and Prospects* », paru en 2006[2]. Lors du symposium organisé à Moscou en 1972, plusieurs participants du Tiers monde ont de leur côté souligné l'importance du rôle de l'Unesco pour sensibiliser les États aux questions liées au développement du livre. Le directeur de *Hind Pocket Books*, l'Indien Dina N. Malhotra, remarque par exemple :

> *Quels que soient les objectifs que l'on puisse se fixer pour les années 70 (nombre de livres à produire, de bibliothèques à créer, de lecteurs nouveaux à toucher par l'intermédiaire de la bibliothèque publique), c'est finalement du degré de conscience de la société et de l'État que dépendent le montant des ressources publiques qui sont affectées aux projets de ce genre et le rang de priorité qui leur est accordé. Le rôle du livre en tant qu'instrument de transformation sociale et précurseur de la paix et du progrès dans la société moderne doit être reconnu par ceux qui détiennent une influence politique et sociale*[3].

De son côté, le Nigérian S. J. Cookey (directeur adjoint de la Division de l'éducation au secrétariat du Commonwealth) explique que « l'Unesco ne peut pas à elle seule mettre sur pied un programme global [...] sans le concours des États membres qui ont les ressources et l'expérience nécessaires et aussi sans doute sans l'appui de la Banque mondiale, [...] des organisations professionnelles et autres institutions internationales[4] ».

En outre, l'Unesco offre un cadre pacifié à la coopération internationale entre les États. Des délégués pakistanais sont, par exemple, invités au séminaire sur le développement des bibliothèques publiques à Delhi en 1955, époque à laquelle la tension entre l'Inde et le Pakistan à propos du Cachemire est pourtant très forte. De la même manière, l'Unesco fait rapidement participer les pays « ex-ennemis » que sont le Japon et l'Allemagne à son programme de traduction des classiques, soulignant par exemple en 1947 qu'« on ne saurait négliger les classiques allemands et des contacts devront être pris à ce sujet avec les autorités d'occupation en Allemagne[5] ».

Plusieurs exemples témoignent de l'influence de l'Unesco sur les États dans le domaine du livre. En 1949, Jean Thomas signale « l'accord [...] conclu avec le

[1] LIEBAERS, Herman. *Mostly in the line of duty : thirty years with books.* La Haye : Nijhoff Publishers, 1980, p. 200.

[2] OGUNSOLA, L.A., OKUSAGA, T.O. « *Developing Countries and the Need for Virtual Libraries : Problems and Prospects* », *Journal of Social Science* n°13 (3), 2006, p. 221-222.

[3] Intervention de Dina N. Malhotra, in *Symposium international de l'UNESCO : le livre au service de la paix, de l'humanisme et du progrès.* Op. cit., p. 56.

[4] Intervention de S. J. Cookey, in *Symposium international de l'UNESCO : le livre au service de la paix, de l'humanisme et du progrès.* Op. cit., p. 66.

[5] « Traduction des classiques mondiaux », 1er juillet 1947. Archives Unesco, dossier 803 A 52.

Gouvernement de l'Inde, en vue d'une expérience-témoin de développement des bibliothèques publiques [...] et l'influence qu'exerce l'Unesco sur le développement des services de documentation[1] ». Suite à une mission effectuée en 1957 à Ceylan, le rapport de Jack Morpurgo sur le projet de Centre national du livre est très favorablement accueilli et étudié par un comité *ad hoc*, qui conclut à l'importance d'une telle structure pour le pays et s'engage dans sa mise en place[2]. Lorsque Penna effectue une mission au Panama début 1958, il constate aussi la satisfaction des autorités devant le travail accompli par le service mobile de microfilm :

> *Aussi bien le Ministre de l'Éducation que le Recteur de l'Université et les bibliothécaires eux-mêmes m'ont fait part de l'excellent travail réalisé par M. Francisco Sevillano dans ce domaine. On peut dire que son travail a été aussi efficace du point de vue technique que sa mission auprès des autorités et des bibliothécaires pour faire comprendre la valeur d'un bon service de microfilm. Voilà une mission qui peut être considérée comme particulièrement réussie.*
>
> *La bonne impression causée par M. Sevillano et les démarches que j'ai faites lors de ma dernière mission à Panama ont porté leurs fruits en ce sens que le Ministre de l'Éducation a décidé l'achat d'un équipement suggéré par M. Sevillano. De cette façon, Panama pourra compter sous peu avec un laboratoire de reproductions photographiques grâce précisément aux services rendus par l'équipement de microfilms*[3].

La mission menée en Arabie saoudite en 1964-1965 par Ved P. Vij s'est aussi révélée utile car elle « a posé les bases pour une entreprise de développement des bibliothèques à l'échelle nationale, d'autant plus envisageable que l'Arabie saoudite ne connaît pas vraiment de problèmes économiques[4] ». De la même manière, Adam Heymowski souligne dans son rapport l'impact de sa mission (effectuée en 1971) sur les autorités mauritaniennes :

> *La mission fut remarquée par les responsables mauritaniens, y compris le Président de la République, maître Moktar ould Daddah, qui en parle dans son « Rapport moral du secrétaire général du parti » présenté au Congrès extraordinaire du parti du peuple mauritanien (1-5 juillet 1971). Je cite (pages 15 et 18) : « ... notre repersonnalisation culturelle, notre indépendance culturelle doivent s'appuyer sur une connaissance parfaite de notre patrimoine culturel accumulé au cours des siècles. C'est dans cette perspective que, avec le concours de 1'Unesco, 2.400 manuscrits arabes plus ou moins anciens ont été localisés et inventoriés, (manuscrits) qui témoignent de notre contribution à la civilisation arabo-musulmane. Mais ce vaste travail de recherche est loin d'être achevé. D'une part, parce que ces 2 400 premiers manuscrits ne forment qu'une partie de nos richesses culturelles écrites indispensables à la connaissance de l'histoire, de la géographie, de la religion, de la littérature et du droit de notre pays, d'autre part parce que ces manuscrits, bien que désormais connus, n'ont encore fait l'objet d'aucune mesure de conservation et qu'ils sont ainsi, à l'heure actuelle, menacés de dégradation, voire de disparition.*

---

[1] Procès-verbal de la réunion commune des délégués de la FIAB, de la FID et de l'ICA, 30 janvier 1950. Archives Unesco, dossier 002 + 02 + 930.25 AOI/8.

[2] Voir Archives Unesco, dossier 375 A 310 (5) 57 TA Morpurgo.

[3] Rapport de mission de Penna, cité dans un mémo de Cruz Santos à Maller, 19 mars 1958. Archives Unesco, dossier 02 (728.7) AMS/A373.

[4] Voir Archives Unesco, dossier 02 (53) TA/A 118.

L'inventaire scientifique de l'ensemble de notre patrimoine culturel en vue de sa revalorisation, c'est une orientation qui revêt un caractère d'urgence. Pourquoi ? Parce qu'elle conditionne en grande partie le contenu de notre politique culturelle, mais aussi parce que notre patrimoine culturel est en danger de mort, usé qu'il est par le temps. Qu'il s'agisse de nos manuscrits, de notre art en général, de notre folklore, de notre artisanat ou de nos sites archéologiques, nous devons, dans les meilleurs délais, et avec l'assistance des pays amis, jeter les bases d'une audacieuse politique de recherche[1] ».

L'AIL semble avoir également eu un impact important sur certains États, comme le montre la création de plusieurs centres nationaux du livre au début des années 1970 ; en Australie par exemple, un Centre national du livre est créé en 1973.

L'adoption de législations nationales sur le droit d'auteur en conformité avec la Convention universelle, l'adhésion aux instruments juridiques de l'Unesco, l'investissement dans les comités consultatifs, la participation aux réseaux internationaux de professionnels, la mise en place de centres bibliographiques nationaux, l'établissement de statistiques régulières sur le livre et les bibliothèques, la participation aux colloques internationaux, la mise à disposition d'experts dans le domaine du livre auprès de l'Unesco, la participation au programme de « bons de livres », aux commémorations des grands écrivains et à la Collection d'œuvres représentatives, l'intérêt pour la préservation et le microfilmage des manuscrits anciens et l'équipement en matériel de microfilmage, les propositions d'accueil de séminaires ou d'hébergement de centres régionaux du livre, constituent autant d'indices de l'intérêt et de la sensibilisation de certains États à ces questions.

Certes, tous les États membres ne participent pas, loin de là, à chaque projet dans le domaine du livre ; cependant, même le refus de participer à certains projets n'empêche pas une réflexion nouvelle de se développer. Le meilleur exemple en est la Convention universelle sur le droit d'auteur ; en effet, si de nombreux pays du Tiers monde refusent d'y adhérer, ce n'est pas par désintérêt mais bien au contraire par choix, afin de protéger leur accès aux livres occidentaux (notamment éducatifs). A cet égard, l'action de l'Unesco (la mise en place et la promotion de la Convention universelle) a sans doute permis de sensibiliser une grande partie des États du monde à cette question, et probablement contribué pour une large part à la formulation (en particulier à Brazzaville en 1963) des revendications du Tiers monde et à la révision de la Convention universelle en 1971.

Selon leur sensibilité culturelle et politique, les États se sont emparés des projets de l'Unesco et ont été contraints de prendre position ; en ce qui concerne les États-Unis par exemple, le rejet de certains projets (programme des commémorations, système de « bons du livre ») et l'empressement à en mettre d'autres en place (instruments normatifs, formation des professionnels, en particulier des bibliothécaires) sont révélateurs de la politique générale suivie par cet État dans le domaine du livre. De même, l'héritage colonial et les sensibilités

[1] HAYMOWSKI, Adam. *Organisation de la Bibliothèque nationale de Mauritanie à Nouakchott - (deuxième mission, février-juillet 1971)*, 1972, p. 7. Archives Unesco, document 2644/RMO.RD/DBA.

particulières expliquent pour quelles raisons la France soutient le programme de collecte du patrimoine oral en Afrique de l'Ouest (francophone), tandis que le Royaume-Uni s'intéresse beaucoup plus aux projets de bibliothèques en Afrique de l'Est (anglophone) et de textes de lecture en Asie.

Les pays soviétiques sont restés relativement à l'écart de l'Unesco, mais leur intérêt s'est manifesté dans le cadre de la valorisation de leur patrimoine littéraire, en particulier à travers le programme de commémoration des grands écrivains et la Collection d'œuvres représentatives. Le rôle de l'URSS s'est également révélé important dans le domaine de la formation des professionnels du livre (éditeurs et imprimeurs), en ce qui concerne la production de livres de poche à bon marché.

Quant aux pays du Tiers monde, la majorité d'entre eux a participé au projet régional les concernant (textes de lecture en Asie, collecte du patrimoine oral en Afrique, bibliothèques et valorisation du patrimoine littéraire en Amérique latine, inventaire et préservation des manuscrits arabes) et a été sensibilisé aux questions du droit d'auteur, de la libre circulation des livres, de la mise en place de statistiques et de l'importance de la formation professionnelle, des bibliothèques et des politiques nationales du livre. Si cette sensibilisation n'a pas forcément abouti à des réalisations concrètes, les difficultés politiques et historiques et la pauvreté de nombreux pays en sont probablement responsables, au-delà des seuls choix politiques. Le degré variable de participation aux projets « régionaux » a lui aussi largement dépendu de la taille et de l'importance de chaque pays, ainsi que de l'aide au développement distribuée globalement dans le cadre de l'ONU comme de la coopération bilatérale.

A cet égard, le projet de textes de lecture en Asie est révélateur : les pays les plus actifs ont été les grands pays géostratégiques (Inde, Pakistan, Indonésie, Philippines, Thaïlande), dont l'activité et l'industrialisation étaient soutenues par des centaines de bourses et de missions d'expertise et des millions de dollars d'aide au développement, tandis que la participation de petits pays pauvres et peu peuplés comme le Népal ou l'Afghanistan est demeurée minimaliste – voire inexistante. Ainsi, les « réussites » incontestables de l'Unesco ont le plus souvent eu lieu sur le plan de la théorie (formation, sensibilisation, instruments juridiques…) mais ont peiné à s'incarner dans la pratique, comme le montrent les limites de la politique du livre de l'organisation.

Dans son ouvrage consacré à l'Unesco *An Idea and its Servants*, dédié « aux collègues de l'Unesco qui ont montré ce qu'un bon fonctionnaire international peut accomplir[1] », Richard Hoggart (assistant directeur général à l'Unesco de 1970 à 1975) évoque l'intérêt indiscutable d'un bon nombre de programmes de l'organisation, comme les campagnes d'alphabétisation ou les actions de préservation archéologique, tout en reconnaissant que d'autres programmes n'ont pas répondu à des besoins réels ou ont fait l'objet de controverses politiques. Il conclut qu'« en dépit de ses échecs invraisemblables, baroques et

[1] Propos cités par SIMS, Nicholas. « Servants of an Idea : Hoggart's Unesco and the Problem of International Loyalty ». Op. cit., p. 65.

déconcertants, l'Unesco demeure l'une des institutions les plus porteuses d'espoir qui ait été créée durant ce siècle ambigu[1] ».

Chloé Maurel se montre moins positive en expliquant que « l'étude de l'Unesco, par quelque côté qu'on l'aborde, fait vite prendre conscience de l'existence de quelques grands problèmes structurels qui ressurgissent à toute occasion. Les conceptions, la politique, le fonctionnement administratif, l'image publique : tels sont les quatre domaines qui ont posé problème à l'organisation tout au long de ses trente premières années, même si elle ne l'a jamais admis officiellement[2] ». Ces défauts récurrents de l'organisation sont perceptibles dans la politique du livre de l'organisation, entraînant un bilan nuancé.

Les limites financières, humaines et techniques

Les problèmes budgétaires de l'Unesco sont récurrents, et les contraintes financières strictes ont souvent conduit à restreindre la portée des projets menés ; certaines personnes très qualifiées ont refusé de rédiger un article ou une brochure pour la rémunération proposée par l'Unesco ; l'organisation s'est aussi vue contrainte, à de nombreuses reprises, de réduire la durée ou le nombre de participants et d'experts aux colloques, séminaires et stages d'étude, ou encore de refuser ou de diminuer les subventions d'équipement demandées (livres, matériel d'imprimerie, bibliobus). L'Unesco ne peut répondre qu'à environ un quart des demandes déposées par les États membres au titre du programme de participation. Par ailleurs, certains projets ont clairement pâti de l'absence de budget disponible, tels le réseau de bibliothèques associées ou le programme de commémoration des grands hommes. De même, l'Unesco a tant peiné à convaincre les grandes puissances et pays riches de participer à son programme de « bons de livre » que sa portée s'en ait trouvée considérablement réduite.

En fin de compte, le budget réduit de l'organisation lui permet essentiellement un rôle de conseil et d'expertise, tandis que l'aide financière à la réalisation et au fonctionnement de structures « durables » (bibliothèques, écoles de formation) demeure limitée. En outre, la situation empire progressivement avec l'inflation, et l'Unesco s'installe dans la crise économique à partir de 1973 :

> *Les problèmes économiques mondiaux [...] affectent l'Unesco. La dévaluation du dollar de 10 % par les États-Unis en février 1973, qui déclenche la crise économique mondiale, a un retentissement important sur le budget de l'Unesco. Une Conférence générale extraordinaire est convoquée en octobre 1973 pour faire face à la situation financière la plus grave qu'ait jamais connue l'organisation [...] Plusieurs postes de direction sont gelés, plusieurs projets sont annulés, les crédits affectés aux déplacements officiels des fonctionnaires de l'Unesco sont réduits ainsi que le budget des consultants*[3].

---

[1] SIMS, Nicholas. « Servants of an Idea : Hoggart's Unesco and the Problem of International Loyalty ». Op. cit., p. 67.

[2] MAUREL, Chloé. *L'Unesco de 1945 à 1974*. Op. cit., p. 28.

[3] MAUREL, Chloé. *La pensée et l'action de l'Unesco dans le domaine de la culture*. Op. cit., p. 159.

Ces questions budgétaires posent aussi, en filigrane, le problème du poids relatif joué par la politique du livre de l'Unesco face aux politiques des grandes puissances et aux activités de différents organismes, en particulier les fondations américaines, les acteurs privés du livre (éditeurs, traducteurs) et les structures de coopération bilatérale (tels le *British Council* britannique, le Ministère de la coopération et le réseau des Alliances françaises, ou encore l'USIS, l'AID et autres services américains). A titre de comparaison, la fondation Ford dispose à partir de 1947 d'un budget « dépassant celui de l'ONU et de l'Unesco réunis[1] » et consacre plus d'un million et demi de dollars à la maison d'édition *Intercultural Publications* entre 1952 et 1957[2], accorde des bourses pour un montant de 227 000 $ à 37 poètes et écrivains entre 1960 et 1965 et dépense 23 millions de dollars entre 1950 et 1979 pour la promotion de la langue anglaise dans des pays stratégiques comme l'Indonésie, l'Égypte, le Kenya, le Nigeria et l'Inde[3].

Si l'Unesco a tenté un rééquilibrage des échanges littéraires et linguistiques dans le monde en faveur de la diversité, il est donc évident que son modeste budget (qui dépend en grande partie des États-Unis) ne peut suffire pour mener à bien des projets d'une ampleur similaire.

L'action de l'Unesco a aussi été entravée par une lourdeur administrative et des problèmes de fonctionnement. Plusieurs sociologues se sont intéressés au fonctionnement des organisations, tel Michel Crozier qui estime que toute organisation recèle la tentation forte d'échapper à la réalité – ce qu'il nomme le « phénomène bureaucratique » :

> *Des règles impersonnelles, éliminant arbitrairement les difficultés, une centralisation rendant impossible une connaissance suffisante des faits, constituent autant de moyens « bureaucratiques » d'éviter des adaptations et des changements qui autrement apparaîtraient inévitables. Dans la plupart des cas toutefois, de telles « conduites de fuite » ne peuvent aller trop loin. L'organisation est soumise à la pression d'une multitude d'informations qui la renseignent sur les conséquences de ses activités, ce qui l'oblige à tenir compte de ses erreurs et à les corriger. Nous proposons d'appeler « système bureaucratique d'organisation », tout système d'organisation dans lequel le circuit, erreurs-informations-corrections fonctionne mal et où il ne peut y avoir, de ce fait, correction et réadaptation rapide des programmes d'action, en fonction des erreurs commises. En d'autres termes,* une organisation bureaucratique serait une organisation qui n'arrive pas à se corriger en fonction de ses erreurs[4].

Les grandes organisations ressemblent ainsi à « des univers corsetés dans un ensemble de règles et de procédures et, ce faisant, caractérisés par une grande rigidité[5] ». Parmi les éléments susceptibles de favoriser cette rigidité, Claudette Lafaye met l'accent sur l'existence d'une hiérarchie pyramidale forte et d'un ensemble de textes réglementant la carrière, les indices de rémunération et les

---

[1] MARTEL, Frédéric. *De la culture en Amérique.* Op. cit., p. 309.
[2] TOURNES, Ludovic. « La diplomatie culturelle de la fondation Ford : les éditions *Intercultural Publications* (1952-1959) ». Op. cit., p. 67.
[3] MAGAT, Richard. *The Ford Foundation at work, philanthropic choices, methods, and styles.* Op. cit., p. 24
[4] CROZIER, Michel. *Le phénomène bureaucratique.* Paris: Seuil, 1963, p. 229.
[5] LAFAYE, Claudette. *La sociologie des organisations.* Paris : Nathan, 1996, p. 51.

échelons d'avancement, sur le cloisonnement des corps, ainsi que sur une abondance de notes de services et de règlements spécifiques chargés d'encadrer l'activité ordinaire. Lorsque rien ne semble laissé à l'arbitraire et à l'initiative individuelle, la rationalité des acteurs est limitée : face à un choix, ils « ne recherchent pas la solution optimale mais s'arrêtent à la première solution satisfaisante[1] ».

Basée sur la négociation et le consensus, la culture des organisations intergouvernementales n'est pas « propice à la décision hardie et novatrice. Elle peut faire perdre de vue l'objet même de la négociation, l'objectif n'étant plus d'arriver à une solution rationnelle, mais de parvenir à une solution quelconque de façon à entretenir le jeu[2] ». Certains projets ont même volontairement un caractère peu cohérent car « plus une stratégie est floue et ambiguë, plus elle a de chances de rassembler un grand nombre de personnes ou de groupes qui pourront ainsi soutenir un même projet pour des raisons très différentes[3] ».

D'autres observations sociologiques viennent toutefois pondérer cette image négative, comme le fait que « les exécutants sont aussi des êtres de sentiment directement affectés par les répercussions des décisions rationnelles prises au-dessus d'eux. [...] Un être humain ne dispose pas seulement d'une main et d'un cœur, il est aussi une tête, un projet, une liberté[4] » :

> *Quand on a reconnu que les activités humaines dépendent aussi des sentiments engendrés chez les individus par leur appartenance à un groupe ou par leurs rapports interpersonnels, on doit aussi reconnaître que les demandes rationnelles faites à l'individu ne suffisent pas à déterminer des résultats constants et prévisibles et que l'efficacité d'une organisation ne peut se résumer à la combinaison d'expertise, d'impersonnalité et de hiérarchie du « type idéal ». Si, d'autre part, le leader le plus efficace est un leader permissif, ce n'est pas l'organisation la plus rationnelle au sens wébérien qui obtiendra les meilleurs résultats, mais l'organisation la plus vivante, c'est-à-dire celle où les subordonnés seront amenés à participer le plus aux décisions qu'ils auront à appliquer*[5].

De ce fait, l'organisation moderne est susceptible de souplesse et d'adaptation, en faisant confiance à l'initiative et à la faculté d'invention de certains individus et groupes... Autre point positif : de nombreux membres d'organisations « finissent par reconnaître que l'esprit maison est une réalité importante dans leur échelle de valeurs [...] constitué d'une combinaison évolutive d'attachement aux collègues, de relations d'identification aux chefs et de respect des règlements[6] ». Il se crée des sociabilités collectives, communautés professionnelles et sous-cultures « qui constituent le substrat de la vie au travail et des relations professionnelles dans les ateliers comme dans les bureaux et avec lesquels l'entreprise doit compter pour organiser son processus de production[7] ».

---

[1] Ibid., p. 65.
[2] SMOUTS, Marie-Claude. *Les organisations internationales*. Op. cit., p. 35.
[3] LAFAYE, Claudette. *La sociologie des organisations*. Op. cit., p. 66-67.
[4] CROZIER, Michel. *Le phénomène bureaucratique*. Op. cit., p. 185.
[5] Ibid., p. 220.
[6] SAINSAULIEU, Renaud. *L'Identité au travail*. Paris : FNSP, 1988, p. 364.
[7] LAFAYE, Claudette. *La sociologie des organisations*. Op. cit., p. 72.

En ce qui concerne l'Unesco, trois problèmes de fonctionnement peuvent être soulignés : une rigidité bureaucratique ; une difficulté à motiver dirigeants et personnel aux questions de changement et d'innovation ; enfin une forte propension à débattre dans une multitude de réunions hiérarchisées[1]. En outre, la diversité géographique et sociologique du secrétariat – composé de fonctionnaires, de diplomates, de scientifiques, d'intellectuels, de consultants et de « spécialistes » divers[2] – fait de la gestion des ressources humaines une tâche complexe et délicate.

D'autres questions peuvent être évoquées, en particulier la répugnance des États à accepter l'idée même d'une fonction publique internationale indépendante ; l'existence de raisons pratiques, historiques, linguistiques et géographiques qui entraînent une prééminence de certaines nationalités dans les secrétariats ; l'accession à l'indépendance de nombreux États qui fait de la question de la composition du secrétariat une préoccupation importante ; ou encore les crises financières qui rendent les organisations vulnérables aux pressions des gouvernements[3].

Peter Lengyel souligne aussi le « déficit identitaire » dans la fonction publique internationale, lié à une exigence de loyauté plus large que celle associée à la nationalité, à la profession ou à l'origine ethnique ou religieuse[4]. Il est en effet compliqué de passer de représentations et pratiques hétérogènes « à l'adhésion et à l'engagement sur un projet impliquant des objectifs précis à atteindre, des réalisations à concrétiser et des mises en conformité des comportements de chacun[5] ».

Dans ses travaux, Chloé Maurel souligne la lourdeur administrative de l'organisation, brossant le portrait, dans les années 1970, « d'une Unesco vieillie, sclérosée, bureaucratique, inefficace[6] ». Les effectifs de l'organisation augmentent de manière régulière et rapide, passant de 810 fonctionnaires en 1950 à 2 029 en 1971, sans compter les 1 500 fonctionnaires hors siège. Cette pléthore de nouvelles recrues, qu'il faut former et intégrer en parallèle des actions à mener, complique la tâche de l'organisation. D'autant que les fonctionnaires internationaux doivent « prendre le plus grand soin d'éviter tout soupçon de colonialisme, et même d'adopter une attitude franchement anticolonialiste, ce qui ne facilite guère la conduite des opérations sur le terrain[7] ».

Dans ses mémoires, Julian Huxley raconte avoir été frappé, dans les premiers temps de l'Unesco, par l'esprit pionnier enthousiaste des fonctionnaires lui

[1] CALIFICE, Charles. *La communication dans le secteur non-marchand.* Paris : Labor, 1989, p. 11-12, cité par WEINSTADT, Michel in *La connaissance des publics.* Op. cit., p. 52-53.
[2] PLANTEY, Alain. « International Civil Servants Employed in the Field ». Op. cit., p. 3.
[3] AAMIR, Ali. « The International Civil Service ». Op. cit., p. 6.
[4] LENGYEL, Peter. « Réformer la fonction publique internationale dans le nouveau contexte mondial ». Op. cit., p. 619.
[5] LAFAYE, Claudette. *La sociologie des organisations.* Paris: Nathan, 1996, p. 78.
[6] MAUREL, Chloé. *La pensée et l'action de l'Unesco dans le domaine de la culture.* Op. cit., p. 168. Voir aussi p. 157 et suivantes.
[7] LENGYEL, Peter. « Réformer la fonction publique internationale dans le nouveau contexte mondial ». Op. cit., p. 620.

demandant ce qu'ils pouvaient faire pour contribuer à l'idéal de l'organisation[1] ; mais en 1973, Shirley Hazzard dénonce la baisse de l'idéalisme et de l'initiative des fonctionnaires du système onusien, découragés par un fonctionnement administratif basé sur le conformisme, les relations officieuses et la distribution géographique des postes[2]. Comme en témoigne déjà Edward Carter en 1951 :

Nous à l'Unesco, qui passons pratiquement tout notre temps à nous battre de toutes nos forces pour accomplir de petites choses contre des océans de problèmes sans fin [...] sommes peut-être devenus un peu durs à cuire. Nous passons beaucoup de temps de nos vies dans le désespoir et nous continuons uniquement car nous croyons que cela en vaut vraiment la peine[3].

Selon Yves Courrier, ce sont d'abord les hauts salaires et avantages divers qui expliquent le grand nombre de prétendants au secrétariat de l'Unesco[4]. Serge Bakou partage cette opinion :

On peut penser que le mobile de puissance, celui de gloire personnelle, celui de faire sa propre carrière, de posséder du pouvoir, d'acquérir de la gloire, de fréquenter les palais nationaux, de passer fréquemment à la télévision, sont les causes bien plus explicatives du comportement des fonctionnaires des organisations internationales que la conception naïve, idéaliste, irréaliste, rousseauiste, de la poursuite de l'intérêt général et uniquement de l'intérêt général, par des fonctionnaires qui seraient des hommes supérieurs, ne recherchant pas un vil profit, comme dans les entreprises privées, mais n'agissant que pour la gloire de la culture, l'alphabétisation en Afrique, ou la sauvegarde des pyramides égyptiennes. Bien sûr l'on ne méconnaît pas le dévouement, la qualité, le travail réalisé individuellement par de nombreux fonctionnaires de ces institutions. Il n'empêche que l'analyse de Tullock, appliquée au comportement bureaucratique, explique infiniment mieux le comportement globalement scandaleux, et l'inefficacité grandissante des organisations internationales[5].

Pourtant, le clientélisme, assez répandu dans le recrutement du secrétariat[6], semble peu présent dans le domaine du livre. Certes, plusieurs Américains liés au *Copyright Office* ont été recrutés par la Division du droit d'auteur dans les années 1950, mais les recrutements se font ensuite sur une base plus large sous la direction d'un Panaméen, puis d'un Guatémaltèque, qui tentent de limiter l'influence des États-Unis sur l'action de l'Unesco dans ce domaine. En ce qui concerne la Division des bibliothèques, les recrutements sont cohérents et homogènes jusqu'à la nomination en 1969 du soviétique Oleg Mikhailov, qui relève peut-être d'une ingérence de l'URSS sachant que Mikhailov rappelait régulièrement « qu'il était un ingénieur et qu'il ne s'intéressait pas du tout aux bibliothèques[7] »...

---

[1] HUXLEY, Julian. *Memories II.* London : George Allen & Unwin Ltd, 1973, p. 34.
[2] HAZZARD, Shirley. *Defeat of an Ideal.* Op. cit., p. 242.
[3] Lettre de Carter à Sydney, 28 mars 1951. Archives Unesco, dossier 02 (540) A 61 DELHI.
[4] COURRIER, Yves. *L'UNESCO sans peine.* Paris : L'Harmattan, 2005, p. 25.
[5] BAKOU, Serge. *Unesco et subversion.* Paris : Union nationale inter-universitaire/Centre d'études et de diffusion, 1985, p. 47-48.
[6] MAUREL, Chloé. *L'Unesco de 1945 à 1974.* Op. cit., p. 478.
[7] LIEBAERS, Herman. *Mostly in the line of duty.* Op. cit., p. 199.

Comme dans la plupart des organisations, l'atmosphère de travail du secrétariat est partagée entre esprit de camaraderie, de collaboration et d'amitié, d'une part, et rivalités et mesquineries, d'autre part. Les particularités de l'Unesco – en particulier le nombre élevé et les origines culturelles très différentes des fonctionnaires, ainsi que la tendance à la bureaucratisation et à l'autoritarisme des responsables de services et de divisions – nuisent à l'efficacité et provoquent un malaise chez nombre de fonctionnaires. Dès les débuts de l'organisation, alors que la répartition des rôles et des pouvoirs entre les services est encore floue, rivalités et inimitiés se développent, « accentuées par la diversité culturelle et professionnelle du personnel, source de malentendus[1] ». Le personnel « envisage souvent son rôle dans le contexte de son département, ou même de sa division, plutôt que dans le contexte global de l'organisation[2] ».

Dans ce contexte administratif, l'activité de l'Unesco souffre de dysfonctionnements. En 1949, Edward Carter se plaint de la pesanteur de la procédure à suivre afin d'accorder une subvention à la FIAB pour l'organisation d'un colloque[3]. Le recrutement des experts et consultants, la préparation des publications, des films et des expositions, l'organisation de manifestations, demandent énormément de temps et d'énergie au secrétariat, donnant lieu à de multiples réunions de travail et échanges de courriers. Projets et courriers peuvent demeurer paralysés, parfois dans l'attente de l'accord d'un supérieur hiérarchique. Sollicité en 1957 par l'Unesco pour le projet de « textes de lecture », Jack Morpurgo se plaint de n'avoir toujours reçu ni contrat ni nouvelles, et ce 10 jours avant son départ prévu pour une mission de 9 mois :

> *L'Unesco, comme toutes les autres organisations, ne peut rechercher des conseils avisés et un service de qualité si elle traite ceux à qui elle fait appel pour des missions et des conseils d'une manière aussi cavalière. Je suis conscient des difficultés protocolaires, mais je ne pense pas que je remplirais correctement mes responsabilités envers l'Unesco si je ne faisais pas remarquer que les individus sont parfois aussi importants que les gouvernements.*
>
> *Je suis dévoué aux idées et aux idéaux des projets auxquels on m'a invité à m'associer, et à cause de ce dévouement, et à cause du fait que j'ai finalement été engagé par l'Unesco, j'ai incité de nombreux individus, groupes et organisations, ici et en Orient, à s'investir dans ce sujet qui m'intéresse.*
>
> *Je n'ai pas envie de traiter les gens et les gouvernements de manière continuellement discourtoise, et je n'ai pas envie de faire perdre leur temps à des personnes importantes à travers le monde, pour un projet pour lequel l'Unesco semble incapable d'écrire une seule lettre*[4].

De son côté, Émile Delavenay critique de manière virulente le gaspillage, prenant comme exemple les documents distribués à l'occasion d'une réunion d'un Comité spécial d'experts gouvernementaux en mars 1964, autour de la

---

[1] MAUREL, Chloé. *L'Unesco de 1945 à 1974.* Op. cit., p. 473. Voir p. 465 à 485.
[2] MANGO, Anthony. « The role of the secretariats of international institutions ». Op. cit., p. 41.
[3] Lettre de Carter à Brayer, 22 déc. 1949. Archives Unesco, dossier 002 + 02 + 930.25 AOI/8.
[4] Lettre de Morpurgo à Sakamoto, 18 juillet 1957. Archives Unesco, dossier 375 A 310 (5) 57 TA Morpurgo.

question de la normalisation des statistiques d'édition de livres et de périodiques :

> *Le document en référence offre un exemple éclatant des mesures qui pourraient être prises pour réduire, en même temps que la charge de travail de la Division des publications, l'irritation des États membres devant des documents prolixes. Il illustre parfaitement le bien-fondé de critiques formulées récemment notamment par la Commission nationale norvégienne. [...] L'annexe I de ce document comporte 20 pages de 46 lignes chacune, dont au moins 107 lignes, soit 2 pages et quart, ne contiennent aucune information utile. Il s'agit de formules de politesses, d'adresses et de passages indiquant simplement la référence à la lettre circulaire, etc. On peut même estimer que cette annexe aurait pu être entièrement éliminée, puisque l'annexe II répète toutes les observations se référant à des paragraphes précis du document Unesco/SS/37. Sur la base du minimum d'économie, soit 107 lignes imprimées, c'est-à-dire environ 7 pages standard de texte traduites trois fois, on aurait économisé 21 pages standard de traduction, et il serait facile de faire le calcul des économies de papier et de frais postaux sur l'ensemble du document qui aurait ainsi eu 2 feuillets de moins. [...] Je vois mal quelles raisons protocolaires ou autres justifient cette dépense et l'envoi aux États membres de textes contenant autre chose que les informations essentielles à la discussion du projet de convention*[1].

Certes, André Bertrand (directeur du Département des sciences sociales) réfute ces accusations, d'une part, en rappelant que les documents ont été réalisés sur le modèle fourni et selon les instructions du Bureau des affaires juridiques et d'autre part, en soulignant l'utilité des textes reproduits en annexes. Cependant, s'il défend son service, Bertrand ne conteste pas que plusieurs des suggestions de Delavenay pourraient être utilement appliquées à l'avenir à l'ensemble des documents de l'Unesco[2]...

La fonction publique internationale, dont Alain Plantey dénonce la rigidité, le vieillissement, la mobilité insuffisante, les systèmes de recrutement inefficaces et le manque de coordination[3], fait l'objet de plusieurs études et remises en question au début des années 1970, avec par exemple la publication de l'ouvrage *The Future of the United Nations Secrétariat* en 1972. À l'Unesco, en 1970, une table ronde du personnel pointe les problèmes d'organisation administrative, en particulier le climat d'autoritarisme qui règne au sein du personnel[4]. Ces remises en cause marquent un véritable changement d'approche :

> *Jusque vers les années soixante-dix, les secrétariats des organisations intergouvernementales étaient en quelque sorte des « boîtes noires ». Il était généralement admis que, dans l'ensemble, ce qui s'y faisait était fait avec honnêteté et compétence, puisqu'ils étaient correctement supervisés et que leurs activités venaient surtout compléter ce dont les administrations nationales se chargeaient de toute façon. Les fonctionnaires internationaux confortaient cette vision des choses par leur discrétion et leur discipline : les controverses ou scandales internes, le cas échéant, étaient soigneusement étouffés. Ce que l'opinion apprenait à leur sujet se ramenait à des bribes d'information, souvent fondées*

---

[1] Mémo de Delavenay à Adiseshiah, 12 fév. 1964. Archives Unesco, dossier 04 : 31

[2] Mémo de Bertrand à Adiseshiah, 21 fév. 1964. Archives Unesco, dossier 04 : 31.

[3] LENGYEL, Peter. « Réformer la fonction publique internationale dans le nouveau contexte mondial ». Op. cit., p. 614.

[4] MAUREL, Chloé. *L'Unesco de 1945 à 1974*. Op. cit., p. 473.

sur leurs propres communiqués de presse flatteurs ou sur les articles de journalistes bienveillants[1].

Chloé Maurel estime néanmoins qu'il n'y a pas véritablement d'amélioration de la situation, la direction de l'Unesco ayant, au lieu d'en tenir compte pour améliorer le fonctionnement de l'organisation, étouffé le rapport rédigé par l'association du personnel en 1970[2].

Une communication problématique

L'Unesco souffre également d'un déficit d'image chronique. De manière générale, sa politique du livre, même lorsqu'elle rencontre certains succès, demeure mal connue du grand public. Éparpillées à travers le monde, de nature très diverses, ciblant souvent le public restreint des professionnels du livre, les activités de l'organisation peinent à se faire connaître et reconnaître.

Dès 1947, le *British National Co-operative Body for Libraries* explique à Edward Carter que « trop peu a été fait en Angleterre pour faire connaître l'Unesco » car « de manière générale, il a été ressenti qu'il était difficile pour quiconque de parler de l'Unesco tant que ses programmes étaient encore à une étape évolutive[3] ». Carter estime pourtant : « c'est justement à ce stade évolutif que [l'Unesco a] le plus besoin de critique constructive, et que le Comité devrait entrer en contact avec toutes les conférences des bibliothèques britanniques, etc., et organiser des présentations et des discussions dans le public[4] ».

De la même manière, la Convention universelle sur le droit d'auteur reste peu connue et peu médiatisée, et Jean Thomas doit solliciter lui-même la presse française en 1952 afin d'essayer de faire en sorte que des articles lui soient consacrés[5]. L'Unesco dans son ensemble se heurte à une sorte d'indifférence générale, et Thomas remarque en 1962 que « les organisations internationales, surtout celles qui sont reliées aux Nations Unies, se plaignent souvent d'être mal connues et plus mal comprises encore [...] Leur activité semble se perdre dans les nuages[6] ».

A cet égard, il faut souligner que contrairement à l'IICI, l'Unesco peine à s'attirer le soutien et la sympathie de personnalités prestigieuses du monde intellectuel et artistique ; malgré les controverses et critiques de certains qui déploraient l'apolitisme de l'IICI, des intellectuels, scientifiques et écrivains de renom participaient régulièrement à ses manifestations et publications. Au contraire, si la délégation française à la Conférence générale de 1947 comprend

---

[1] LENGYEL, Peter. « Réformer la fonction publique internationale dans le nouveau contexte mondial ». Op. cit., p. 617.

[2] MAUREL, Chloé. *L'Unesco de 1945 à 1974*. Op. cit., p. 1 042.

[3] CARTER, Edward. « Memorandum de la réunion du *British National Co-operating Body for Libraries* du 15 août 1947 – Ministère de l'Éducation », 16 août 1947. Archives Unesco, dossier 04 (41-4) A 031 BNBC.

[4] Ibid.

[5] Voir Archives Unesco, dossier 347.78 A 102 « - 66 ».

[6] Propos de Jean Thomas, cités par Chloé Maurel in *La pensée et l'action de l'Unesco dans le domaine de la culture*. Op. cit., p. 171.

une forte majorité d'intellectuels de haut niveau (Léon Blum, Marcel Bataillon, Paul Rivet), diplomates et administrateurs remplacent progressivement intellectuels et savants, tandis que l'Unesco « se décharge de la tâche de réflexion philosophique sur une organisation indépendante et de caractère non gouvernemental[1] », le CIPSH :

> *La présence d'intellectuels, artistes ou scientifiques de grand renom a été l'exception dans les conférences et réunions de l'Unesco ; la plupart d'entre elles ont réuni principalement des diplomates, des représentants de gouvernements, même lorsqu'elles étaient axées sur des thèmes culturels. Cela a pu être perçu comme une contradiction de la part d'une organisation qui se prétend culturelle, de réunir surtout des représentants politiques et des administrateurs*[2].

Ainsi, le projet de « Symposium des Écrivains », qui prévoyait d'inviter en 1949 un certain nombre d'intellectuels reconnus à débattre ensemble, s'est vu remplacer par la Conférence des artistes de Venise (1952), manifestation d'une tout autre nature[3]. Par ailleurs, des artistes tel Dubuffet se montrent sceptiques face à l'interventionnisme en matière culturelle :

> *La culture, au contraire de ce qu'on croit, est restrictive, rapetisseuse du champ, génératrice de nuit. Ce qui manque à la culture est le goût de la germination anonyme, innombrable. La culture est éprise de dénombrer et mesurer ; l'innombrable la dépayse, l'incommode ; ses efforts sont au contraire à restreindre en tous domaines les nombres, compter sur les doigts de la main. La culture est essentiellement éliminatrice et par là appauvrissante*[4].

Quant à Ionesco, il exprime en 1972 sa méfiance envers l'intrusion de l'État et des organisations internationales en matière culturelle, lors de la conférence sur les politiques culturelles organisée par l'Unesco à Helsinki :

> *La culture a l'air, de nos jours, d'être un instrument manié par des fonctionnaires pour fabriquer des fonctionnaires qui fabriqueront des fonctionnaires... Cela est en réalité le contraire de la culture... Pour les fonctionnaires et les administrateurs, la culture est une série de traditions : donc du conservatisme chez les Occidentaux, qui sont un peu plus débonnaires, et, chez d'autres, elle est une idéologie, une religion, une contrainte, une forme de pensée ou plutôt des formules à imposer par les gouvernants à leurs gouvernés*[5].

D'autres intellectuels, comme Benedetto Croce, considèrent même l'Unesco comme une « entreprise erronée » du fait des contradictions entre ses objectifs d'ordre éthique et sa nature éminemment politique[6]. Torres Bodet de son côté regrette « la quasi-absence de participation des intellectuels d'Afrique, d'Asie et d'Amérique latine à l'Unesco, et affirme, mais sans résultat, la nécessité d'"un meilleur équilibre de l'intelligence" entre Occidentaux et non-Occidentaux[7] ». Des événements politiques controversés, comme l'admission de l'Espagne

---

[1] MAUREL, Chloé. *L'Unesco de 1945 à 1974*. Op. cit., p. 173.
[2] Ibid., p. 606.
[3] Voir Archives Unesco, dossier 327.6 : 8A 064 (44) « 49 ».
[4] DUBUFFET, Jean. *Asphyxiante culture*. Op. cit., p. 15-16.
[5] Propos cités in RIGAUD, Jacques. *Libre culture*. Paris : Gallimard, 1990, p. 345.
[6] BELLOC, Chloé. *Le CIPSH (1947-1955)*. Op. cit., p. 38.
[7] MAUREL, Chloé. *L'Unesco de 1945 à 1974*. Op. cit., p. 100.

franquiste à l'Unesco en 1952, éloignent encore plus de l'organisation intellectuels et écrivains ; condamnée par des centaines d'articles de presse, l'admission de l'Espagne suscite un meeting de protestation à Paris et conduit Albert Camus à adresser une lettre de protestation au DG.

Selon Chloé Belloc, l'Unesco souffre également de l'attrait qu'exerce le communisme sur les intellectuels occidentaux (au moins jusqu'en 1956), notant que « l'absence de l'URSS à l'Unesco ne peut que renforcer le soupçon de certains intellectuels quant à "l'universalisme" de l'agence des Nations-Unies » et que « la position de Jean-Paul Sartre, ou de Merleau-Ponty, qui applaudissent à la création [de l'Unesco] mais qui ne participent pas à ses travaux est à cet égard révélatrice[1] ».

Pourtant, les Français souhaitent au départ que les intellectuels participent à l'Unesco, y compris au fonctionnement du secrétariat, mais « ce point de vue se heurte à l'opinion des autres délégués qui insistaient au contraire pour que la compétence administrative fût le critère de recrutement[2] ». Dans le domaine du livre, la situation à cet égard apparaît mitigée ; tandis que les secteurs des bibliothèques, du droit d'auteur et de la libre circulation de l'information emploient principalement des administrateurs et des juristes, un certain nombre d'artistes, d'écrivains et d'intellectuels participent à la politique du livre (en particulier par le biais de la Division des arts et lettres et de la Division de la philosophie et des sciences humaines). Mais il ne s'agit jamais de personnalités prestigieuses. L'un des délégués français au Conseil exécutif déplore de même en 1969 que « le niveau intellectuel du Conseil baisse de Conférence générale en Conférence générale. Ses grands ténors vieillissent, le sang frais qui devrait lui être injecté à chacun de ses renouvellements n'est pas celui que nous espérions[3] ».

En outre, alors même que Torres Bodet déclare en 1949 : « il faut que nul journal, nulle université, nul collège, nulle école primaire, nulle organisation d'adultes n'ignore ce qu'est l'Unesco[4] », l'organisation se montre méfiante à l'égard de sa propre communication et met en place 3 structures au siège : le bureau de liaison avec le public, le service des publications et le service de presse. Les cibles sont nombreuses et variées : commissions nationales, gouvernements, bureaux de l'Unesco dans le monde, Clubs Unesco, ONG, professionnels, etc.

Cependant, Michel Weinstadt note que dès le début, l'Unesco prépare des communiqués et dossiers de presse longs et détaillés, exclusivement en anglais, et rédigés dans une langue rigide et bureaucratique qui donne une image poussiéreuse[5]. L'organisation souffre de manière chronique d'un manque de visibilité ; ses réalisations sont peu ou mal connues du grand public[6], elle peine à se démarquer des autres organisations des Nations Unies et des ONG, et à

---

[1] BELLOC, Chloé. *Le CIPSH (1947-1955).* Op. cit., p. 38.
[2] Ibid., p. 85.
[3] Propos de Jean-Ferdinand Laurent, 24 octobre 1969, cités par Chloé Maurel in *La pensée et l'action de l'Unesco dans le domaine de la culture.* Op. cit., p. 169.
[4] Propos de Torres Bodet, cité in MAUREL, Chloé. *L'Unesco de 1945 à 1974.* Op. cit., 1 047 p.
[5] WEINSTADT, Michel. *La connaissance des publics.* Op. cit., p. 94-95.
[6] CHAUTARD, Catherine. *Le* Courrier de l'Unesco *: une presse internationale à vocation universelle (1969-1983).* Op. cit., 89 p.

asseoir sa légitimité. Elle est souvent perçue « par les médias occidentaux, comme une grande bureaucratie qui ne parvient pas à s'exprimer et qui pratique une information superficielle et à sens unique. Elle ne répond pas aux demandes journalistiques de manière assez concrète et synthétique[1] ».

A titre d'exemple, citons Régis Demaulenaere qui, en travaillant sur l'image de l'Unesco à travers le journal français *Le Monde*, relève 1 731 articles concernant l'organisation publiés entre 1945 et 1985 (soit 43 articles par an en moyenne)[2]. Mais selon Demaulenaere, l'intérêt du *Monde* pour l'Unesco est allé décroissant durant cette période, et si le journal publie régulièrement des articles sur les sujets culturels, il privilégie les grands projets comme la Conférence sur la protection des biens culturels en cas de conflit armé (13 articles), le projet Orient-Occident (14 articles) ou la campagne de sauvegarde des temples de Nubie (19 articles). Régis Demeulenaere estime même que *Le Monde* joue un rôle pionnier dans cette sauvegarde en se faisant l'écho des multiples appels lancés par l'Unesco dès 1955.

L'action de l'Unesco envers le livre retient l'attention du chroniqueur attitré de l'Unesco au *Monde* de 1954 à 1957, le journaliste Bertrand Poirot-Delpech, qui consacre en 4 ans 18 articles de fond à l'organisation, dont des articles sur le répertoire international des traductions et la situation générale du livre dans le monde. En ce qui concerne le projet Orient-Occident, le journaliste cite des aspects positifs comme « les traductions effectuées en anglais, français et arabe (38 ouvrages de 1948 à 1957)[3] ». Cette courte période « sera le seul moment où *Le Monde* se souciera autant de l'Unesco, et ce grâce à Bertrand Poirot-Delpech[4] ».

Charles Califice remarque de son côté, au sujet des entreprises sans finalité économique directe (comme l'Unesco) que « la notion de relation avec le public y est longtemps restée à l'arrière-plan des préoccupations » et qu'on y observe « un retard ou un rejet culturel à l'égard des technologies de la communication et du marketing[5] ». En outre, le fait de bénéficier d'un budget assuré par les États membres ne pousse pas les fonctionnaires à mettre particulièrement en avant leurs réalisations.

Cette absence de culture de communication, qui s'apparente à un manque de transparence, non seulement ne permet pas de valoriser les actions menées, mais au contraire « prête aux rumeurs, sème la confusion et peut agacer des partenaires au point qu'ils ne voient plus la nécessité de faire partie d'une telle institution[6] ». C'est ainsi qu'à l'Unesco, la « conception de la communication [...] se limite à l'information. Elle produit des documents sans se préoccuper de la sensibilité, du langage des différents publics à qui elles s'adressent[7] ». Quant

---

[1] WEINSTADT, Michel. *La connaissance des publics.* Op. cit., p. 110.

[2] DEMEULENAERE, Régis. *L'Unesco dans le journal « Le Monde », 1954-1962.* Paris : Université Paris-nord, thèse de doctorat d'histoire, 1991, 130 p.

[3] Ibid., p. 101.

[4] Ibid., p. 17.

[5] Propos cités in WEINSTADT, Michel in *La connaissance des publics.* Op. cit., p. 52-53.

[6] WEINSTADT, Michel. *La connaissance des publics.* Op. cit., p. 54.

[7] Ibid., p. 55.

aux publications de l'Unesco, « à la fois trop savantes et austères pour le grand public et trop vulgarisées pour un public d'intellectuels et de spécialistes[1] », elles peinent à trouver une audience. Entre 1955 et 1977, l'Unesco tente aussi de sensibiliser les États et le grand public par le biais du bulletin mensuel *La chronique de l'Unesco*, qui consacre des articles à la promotion du livre dans une quinzaine de numéros.

Par ailleurs, Delavenay évoque, pendant les premières années de l'Unesco, l'incohérence et l'anarchie du service des documents et publications, qui manque de moyens et souffre de conflits récurrents avec les secteurs. Selon lui, le principal problème réside dans le fait que chaque département entreprend de publier au moins une revue et parfois de nombreuses publications, tous ces documents se retrouvant traités par un unique maquettiste et quelques correcteurs. La surcharge de travail nuit à la qualité des publications, dont Delaveney regrette qu'elles soient « rédigées dans un style abracadabrant » avec une traduction faite à la hâte qui donne des textes « grotesques [qui] fourmillent de coquilles[2] ». Il déplore ainsi :

> *...les innombrables conflits avec les fonctionnaires du programme [qui] assiègent ses collaborateurs pour tenter de leur faire passer des contrats avec des imprimeurs pour des manuscrits inachevés ou fantômes, parfois impubliables ; ou bien [qui] exigent de réunir au pied levé des conférences ou des groupes d'experts dont ils n'ont pas pris le temps de préparer ni de faire traduire des documents*[3].

D'autre part, le recours fréquent à des éditeurs extérieurs pose de nombreux problèmes et des disparités fortes quant aux prix, aux délais et à la qualité des publications, et c'est seulement en 1965 que l'organisation se dote d'une maison d'édition en interne. Mais même cette création n'empêche pas les périls, notamment politiques et juridiques, qui entravent l'activité éditoriale, et qui sont multipliés à l'Unesco par le caractère intergouvernemental des publications et par le nombre infini des susceptibilités dont il faut tenir compte. Se pose enfin un problème de diffusion, la plupart des documents et publications étant souvent peu ou mal diffusés.

La communication de l'Unesco autour de sa politique de promotion du livre apparaît en fin de compte très inégale selon les secteurs d'activité. Plus d'une quinzaine de publications consacrées aux bibliothèques ont paru entre 1949 et 1968, alors que d'autres pans d'activité restent largement méconnus. Après l'arrêt en 1950 de la série de brochures intitulée « grands anniversaires », le programme de commémoration des grands hommes, par exemple, ne bénéficie plus de visibilité auprès du grand public. Les programmes régionaux (inventaire et préservation des manuscrits arabes, collecte des traditions orales africaines, textes de lecture en Asie) bénéficient d'une visibilité quasi nulle auprès du grand public – à l'exception de quelques articles dans le *Courrier de*

---

[1] MAUREL, Chloé. *L'Unesco de 1945 à 1974*. Op. cit., 1 047 p.
[2] Ibid.
[3] Propos d'Émile Delavenay, cité in MAUREL, Chloé. *L'Unesco de 1945 à 1974*. Op. cit., 1 047 p.

l'Unesco et dans les différentes presses nationales autour des manifestations liées à ces projets.

Un exemple criant de ce manque de communication est celui de la Collection d'œuvres représentatives ; celle-ci n'étant en réalité qu'un « label de qualité » (certifiant l'intérêt de l'ouvrage et la qualité de la traduction) utilisé par différents éditeurs privés dans différents pays, il est difficile à l'Unesco de communiquer de manière homogène à son sujet. Quant à l'ouvrage *Collection Unesco d'œuvres représentatives* – publié très tardivement, en 1994 –, il se présente sous la forme d'un catalogue aride des 900 titres publiés dans la collection depuis 1948, et ne propose aucun résumé, aucune présentation, aucune illustration des ouvrages, pour lesquels seuls le genre, le pays ou l'aire d'origine de l'auteur, le titre original de l'œuvre, le nom du traducteur et la langue originale sont mentionnés en complément des indications bibliographiques habituelles. Cela donne à l'ouvrage un caractère parfaitement rébarbatif pour le grand public, ce qui semble dommage au vu de la richesse et de la diversité des livres composant la collection.

Le principal support de communication utilisé pour faire connaître la collection reste *Le Courrier de l'Unesco*, dans lequel 6 articles sont publiés entre 1948 et 1963. Un numéro consacrera aussi une trentaine de pages à la collection, mais seulement en janvier 1986... Le fait qu'aucune publication conséquente et attrayante n'ait été consacrée à présenter la Collection d'œuvres représentatives comme un projet d'ensemble au grand public doit faire réfléchir. En effet, l'Unesco aurait pu sortir un ouvrage de présentation sous forme d'un choix de livres qui auraient été détaillés ou sous forme d'extraits, avec présentation succincte des auteurs ou des différents genres littéraires représentés dans la collection, agrémentées d'illustrations, etc. Cette absence semble indiquer la relative (et paradoxale) marginalité de ce projet, qui est à la fois le « fleuron » de la Division des arts et lettres, mais souffre sans doute d'un soupçon d'élitisme alors que l'organisation se veut officiellement orientée vers les masses.

Au final, l'image de l'Unesco « est très différente selon les pays, elle varie selon les groupes sociaux et idéologiques, évolue au fil de la période[1] ». Certaines activités parviennent à être exploitées en termes de communication ; William Farr (Division de la communication de masse) écrit par exemple en 1951 à R. Eriksson (commission nationale suédoise), à l'occasion de la sortie du film *A la découverte du livre* : « je voudrais vous dire brièvement [...] combien j'ai été impressionné par le travail que vous et votre commission accomplissez pour faire connaître l'Unesco au public suédois. Les différentes réunions que vous m'avez organisées avec les professionnels du film et de la presse ont montré assez clairement que, grâce à votre travail, nous pouvons compter sur le soutien sympathique et sans réserve de la part des journalistes et producteurs suédois[2] ». Cependant, la communication demeure l'un des points faibles récurrents de

[1] MAUREL, Chloé. *L'Unesco de 1945 à 1974*. Op. cit., 1 047 p.

[2] Lettre de Farr à Eriksson, 20 déc. 1951. Archives Unesco, dossier 02 (485) A 37.

l'organisation, qui fait en outre l'objet de différents reproches touchant à l'efficacité et à la qualité de ses projets.

L'EFFICACITÉ, LA PERTINENCE ET LA COHÉRENCE DES PROJETS EN QUESTION

De nombreuses critiques sont adressées à l'Unesco dès les premières années, remettant en cause l'efficacité et l'utilité de ses activités. Peter Lengyel présente ce manque d'efficacité – commun à la plupart des organisations internationales – comme le résultat de structures et de procédures dépassées et inefficaces, datant des années 1930[1]. Plusieurs domaines prêtent le flanc à la critique. Les ouvrages publiés par l'Unesco sont souvent remis en cause quant à leur qualité, leur utilité, leur diffusion. L'Unesco se trouve parfois obligée d'entreprendre immédiatement une édition révisée, par exemple en 1951 pour l'*Index Bibliographicus*, dans lequel de nombreux défauts sont relevés par la FIAB dès sa parution. En 1953, la commission nationale danoise critique aussi le catalogue réalisé suite à une exposition de livres d'enfants (Paris, 1952) :

> *Déjà à plusieurs occasions, les publications réalisées par la Division des bibliothèques de l'Unesco ont fait l'objet de sévères critiques au Danemark, entre d'autres du fait qu'elles donnaient des informations imprécises et erronées. L'opinion semble répandue dans les cercles intéressés au Danemark que les publications de la Division des bibliothèques sont fréquemment préparées sans la connaissance technique, la précision et le soin nécessaires*[2].

Même si elle n'en est pas officiellement responsable, l'Unesco est également concernée par la qualité des ouvrages et revues publiés avec son soutien financier ; en 1953 l'organisation déplore ainsi que le bulletin trimestriel du Pen Club international contienne des textes en français rédigés dans « une langue si défectueuse et même si incorrecte que nous avons dû intervenir[3] ». L'Unesco menace le Pen Club de suspendre l'accord financier si la qualité du français n'est pas améliorée et obtient rapidement gain de cause au grand soulagement de Jean Thomas : « le Secrétariat international du Pen Club s'est prêté de la meilleure grâce à nos exigences ; des mesures ont été immédiatement prises et le prochain numéro du *Bulletin*, dont le texte français m'a été communiqué, ne prêtera plus à pareille critique »[4].

Différents projets témoignent aussi d'un certain degré d'inefficacité de l'organisation. Une exposition itinérante de manuels scolaires et de livres de lecture, destinée à encourager la production de manuels d'éducation de base de qualité en Afrique et en Indonésie, ne peut pas être inaugurée début 1950, à la

---

[1] LENGYEL, Peter. « Réformer la fonction publique internationale dans le nouveau contexte mondial ». Op. cit., p. 622.
[2] Lettre de la commission nationale danoise au DG, 30 nov. 1953. Archives Unesco, dossier 04 : 3 – 053.2 A 146.
[3] THOMAS, Jean. « Compte-rendu de mission à Londres du 5 au 8 mai 1953 », 12 mai 1953. Archives Unesco, dossier X07.83 Thomas.
[4] Ibid.

date prévue et ne peut rester que 3 jours au Musée pédagogique de Paris ; la Division de l'éducation s'en excuse auprès de la commission nationale française en reconnaissant : « il va sans dire que nous prenons sur nous l'entière responsabilité de cette triste affaire, et nous sommes, croyez-le bien, désolés que cette défaillance imprévue de la personne avec qui nous avons passé contrat nous ait placé dans une situation aussi pénible[1] ».

L'Unesco rencontre fréquemment des problèmes avec ses fournisseurs, dont les retards contribuent à donner une image négative de l'organisation. Les projets des premières années (séminaires, ouvrages, expositions) sont particulièrement touchés par ce phénomène, les délais prévus par les fonctionnaires se révélant souvent beaucoup trop courts.

En 1953, par exemple, la Division de la communication de masse souhaite lancer une enquête sur les obstacles à la libre circulation de l'information, dont les conclusions seraient présentées lors du Congrès international des éditeurs prévu durant l'été 1954[2]. Or l'étude n'est finalement rendue qu'en juillet 1955 et nécessite nombre de compilations, relectures, corrections et mises à jour par des membres du secrétariat de l'Unesco, qui en réécrivent au final près des trois-quarts. L'ouvrage *Le livre dans le monde* sera publié en 1956, et l'on peut se demander si le recours à un auteur extérieur a été bien utile... Geoffrey Dennis (Département des publications) remarque à cet égard :

> *Le premier point est que l'auteur engagé pour la rédaction de l'étude, M. R.E. Barker, secrétaire de l'Association des éditeurs britanniques, nous a envoyé un manuscrit relativement insatisfaisant. [...] C'est un auteur décousu et confus n'ayant aucun sens de la construction, et qui de plus n'était pas à l'aise avec certains sujets qu'il a néanmoins longuement traités [...] Ne devrions-nous pas éviter de recevoir des manuscrits de l'extérieur qui demandent autant de travail – y compris du travail créatif – de la part de notre personnel ? De meilleurs auteurs ne pourraient-ils pas être trouvés ?*[3]

Dennis estime aussi qu'au niveau de la philosophie même, certains passages de l'étude de Barker sont contraires aux idées de l'Unesco, relevant par exemple que le chapitre consacré au droit d'auteur insiste délibérément sur la protection des auteurs (et des éditeurs) au lieu de traiter des aspects du droit d'auteur du point de vue de l'amélioration de la circulation des écrits dans le monde. On peut voir là un effet direct du fait que l'étude ait été réalisée par un éditeur britannique, plus soucieux des rémunérations gagnées par les auteurs/éditeurs occidentaux que de l'accès aux sources imprimées à moindre coût pour les pays en développement. Delavenay profite d'ailleurs des polémiques suscitées au sein du secrétariat par cette étude pour suggérer à Jean Thomas :

> *Autant la multiplication des contrôles me paraît en soi détestable, autant il me semble souhaitable de traiter si possible cet ouvrage comme le* « test case » *qui permettra peut-être d'établir des critères de renvoi au Comité de lecture des ouvrages ou des articles qui sont tout simplement médiocres, sans contenir rien d'offensant pour quiconque. C'est en*

[1] Lettre de Guiton à Lebrun, 18 fév. 1950. Archives Unesco, dossier 375 A 312/145

[2] Voir Archives Unesco, dossier 307 A 31.

[3] Mémo de Dennis à Delavenay, 25 janv. 1956. Archives Unesco, dossier 307 A 31

effet une zone nouvelle qui s'ouvrirait aux travaux du Comité de lecture, si les ouvrages ou articles simplement médiocres lui étaient soumis. On peut se demander si la méthode du travail en comité, excellente pour supprimer ce qui offense, se prêtera à améliorer ce qui est peu bon, et si le Comité des publications ne sera pas plus utilement amené à s'entourer de garanties quant à la définition de ce que l'Unesco désire publier, au choix des auteurs, à la méthode qui préside tant à l'élaboration de leurs instructions qu'à l'emploi de leurs manuscrits par les Départements[1].

Il arrive aussi fréquemment qu'un spécialiste recruté pour écrire un rapport « produise un document techniquement excellent mais inutilisable à cause du biais national. Il doit alors être réécrit par un fonctionnaire réellement international[2] ».

L'Unesco connaît également des problèmes et déceptions avec ses consultants extérieurs. En avril 1957 par exemple, l'organisation passe un contrat avec le Brésilien José Luciano Lopes pour la rédaction d'un compte-rendu analytique des publications brésiliennes destinées aux nouveaux alphabètes[3] ; or, le rapport rendu par Lopes en mai 1957 ne traite pas du sujet prévu mais décrit l'histoire de l'éducation fondamentale et des campagnes d'alphabétisation au Brésil. Un 2ème rapport ne convenant toujours pas, l'Unesco doit s'adresser directement au ministère de l'Éducation et de la Culture du Brésil pour obtenir finalement un rapport jugé satisfaisant fin 1957. Autre exemple : en 1961-1962, l'Unesco engage la Cubaine Raquel Robés Masses pour réaliser un film fixe sur les bibliothèques scolaires, mais cette dernière avoue, lorsque le secrétariat lui suggère des modifications, qu'elle « est novice dans ce genre de tâche[4] », qu'il s'agit de sa « première expérience de ce type de travail[5] ».

De son côté, Carlos Victor Penna reconnaît en 1957 dans une lettre, présentée au Comité de liaison des organisations internationales du domaine des Arts et Lettres :

J'ai fait le bilan des efforts déployés par notre Bureau régional [de La Havane] depuis 1955 pour aider les organisations internationales non gouvernementales patronnées par le Département des activités culturelles à élargir, sur le plan géographique, la portée de leur action en Amérique latine. En ce qui concerne non seulement le nombre des nouvelles adhésions, mais aussi le degré de coopération effective des organisations nationales avec les organisations internationales non gouvernementales, les résultats obtenus peuvent être qualifiés de médiocres. Il nous faut donc reconnaître que nous avons échoué malgré deux ans d'un travail opiniâtre[6].

L'utilité de certains projets est parfois contestée par des professionnels ; par exemple, l'organisation d'une conférence régionale sur les échanges internationaux de publications en Europe (Hongrie, 1960) apparaît totalement inutile au bibliothécaire suédois, Uno Willers, qui estime que les échanges et les

[1] Mémo de Delavenay à Thomas, 3 fév. 1956. Archives Unesco, dossier 307 A 31.
[2] AAMIR, Ali. « The International Civil Service ». Op. cit., p. 10.
[3] Voir Archives Unesco, dossier 375 A 310(81)111-6M-1539.
[4] Lettre de Robés Masses à Summers, 30 août 1962. Archives Unesco, dossier 02 A 371.
[5] Lettre de Robés Masses à Summers, 28 sept 1962. Archives Unesco, dossier 02 A 371.
[6] Lettre de Penna présentée au Comité de liaison des organisations internationales du domaine des Arts et Lettres en 1957. Archives Unesco, dossier 7A 01 LCIOAL.

contacts entre la Suède et les pays d'Europe de l'Est ne posent aucun problème particulier[1]. En 1961, Frank Gardner avoue quant à lui que les progrès dans le domaine du développement des bibliothèques en Asie sont lents et décevants[2]. Et si en janvier 1965, l'Unesco se lance dans la préparation d'un film fixe sur l'alphabétisation afin de pouvoir le diffuser en amont du premier Congrès mondial sur l'éradication de l'analphabétisme (Téhéran, 1965)[3], l'organisation prend de multiples retards et diffuse le film en septembre 1967, soit deux ans après le Congrès...

Les projets de bibliothèques, qui constituent l'un des pôles importants de la politique du livre de l'Unesco, ne font pas non plus l'unanimité. En 1972, le Congolais Batheas Mollomb dénonce l'inefficacité du programme de l'Unesco dans les pays du Tiers monde, remarquant que « comme sous le régime colonial, les bibliothèques sont destinées à une élite cultivée, alors que la grande masse de la population les utilise peu [4] ». Les trois bibliothèques pilotes créées sous l'égide de l'Unesco font l'objet de diverses critiques. Fin 1959 Frank Gardner estime que la bibliothèque pilote de Delhi offre un aspect misérable et qu'elle mériterait une rénovation complète[5]. La même année, dans leur rapport d'évaluation sur la bibliothèque pilote de Medellín, Gosnell et Ferrer Martin soulignent différents problèmes :

> *En raison d'extrêmes efforts pour éviter les travaux controversés, il semble qu'il y ait de sérieux manques dans les collections, particulièrement dans les domaines de l'économie, de la sociologie, de la science politique, de la science pure et appliquée et de la littérature. [...]*
>
> *Le service souffre d'extensions qui dépassent les ressources en personnel et en livres, tandis que le soutien promis a été lent à se manifester. Pour faire face aux dépenses courantes, il est devenu habituel de contracter des emprunts bancaires et de puiser sur l'argent de la construction*[6].

Le rapport met l'accent sur les difficultés financières de la bibliothèque et Petersen avoue à cette occasion que l'Unesco a une marge de manœuvre très étroite dans ce domaine, l'accord avec le gouvernement colombien ayant pris fin et l'Unesco n'ayant donc plus, techniquement parlant, le droit d'intervenir dans les activités liées à ce projet[7]. Toutefois, un rapport d'évaluation de la bibliothèque, réalisé par Alberto Villalón en 1962, se montre dans l'ensemble plus positif[8], même s'il n'élude pas les problèmes existants : manque de formation technique du personnel, désorganisation interne, distribution inégale du travail, nombre peu élevé d'activités culturelles proposées, pauvreté et

---

[1] Lettre de Willers à Petersen, 16 mars 1960. Archives Unesco, dossier 02 A 855 (4) 06 (439.1) « 60 ».

[2] Lettre de Gardner à Petersen, 29 nov 1961. Archives Unesco, dossier 02 (5) A 06 (540) TA « 60 »

[3] Voir Archives Unesco, dossier 307 : 778.25 UNESCO/MC.

[4] Intervention de Batheas Mollomb, in *Symposium international de l'UNESCO : le livre au service de la paix, de l'humanisme et du progrès*. Op. cit., p. 147.

[5] Lettre de Gardner à Petersen, 31 déc. 1959. Archives Unesco, dossier 02 (5) A 06 (540) TA « 60 ».

[6] Rapport d'évaluation établi par Charles Francis Gosnell, 8 oct. 1959. Archives Unesco, dossier 02 (86) A 61 Medellín/198.

[7] Lettre de Petersen à Gosnell, 1er juin 1960. Archives Unesco, dossier 02 (86) A 61 Medellín/198.

[8] Rapport de mission préliminaire de Villalón, août 1962. Archives Unesco, dossier 02 (86) A 61 Medellín/21

stagnation des collections, temps gaspillé à compiler des statistiques, attitude négative ou indifférente d'une partie de l'opinion publique à l'égard de la bibliothèque.

Les bourses d'échange et de voyage accordées par l'Unesco posent également diverses difficultés à l'organisation. Le choix des boursiers par les gouvernements ne semble pas toujours très heureux : personnes ne parlant pas les langues requises, ne suivant pas le programme de formation défini au départ, ne rendant pas leur rapport final, etc. Dans le cadre du projet de textes de lecture pour l'Asie par exemple, plusieurs boursiers birmans ne rendront jamais leur rapport final et en 1963, l'illustrateur U. Sein, qui s'était vu attribuer une bourse de 5 mois en Europe, disparaîtra carrément au bout de 15 jours sans prévenir personne[1].

D'autre part, dans le cas des boursiers appelés à prendre ensuite la succession d'experts temporaires, ces derniers doivent normalement participer au recrutement ; dans les faits cependant, la sélection est souvent retardée par une synchronisation imparfaite entre le siège de l'Unesco, le gouvernement hôte et l'expert[2] – dont l'avis n'est en outre parfois pas suivi par le gouvernement. Un certain nombre de boursiers n'assumeront par ailleurs jamais les fonctions pour lesquelles ils reçoivent une formation, comme le souligne en 1971 un expert envoyé en Mauritanie :

> *L'un des problèmes que je n'ai pas réussi à résoudre touche au cadre de la Bibliothèque nationale ou plutôt au cadre des bibliothécaires mauritaniens en général. Jusqu'à présent, presque tous les stagiaires envoyés à Dakar ou en Europe pour se former comme bibliothécaires ou documentalistes ont choisi, après leur retour en Mauritanie, une autre carrière*[3].

En 1974, l'Unesco reconnaît elle-même que le système des bourses de formation s'est révélé peu efficace[4], prenant acte des critiques formulées par le Nigérian S. J. Cookey lors du Symposium international de Moscou de 1972 :

> *L'Unesco n'a cessé de demander à chaque gouvernement de créer un conseil national du livre qui coordonnerait et dirigerait le programme national de promotion du livre. Certains pays en ont bien créé un, mais peu de ces conseils se sont réellement mis au travail. Beaucoup d'entre eux ne savent pas ce qu'ils doivent faire. Ils ignorent comment créer une industrie du livre. Envoyer une ou deux personnes étudier la production du livre en Europe, en URSS ou en Amérique ne peut aboutir à grand-chose. Nous l'avons fait dans mon pays, mais les résultats ont été plutôt décevants. Il y a bien chez nous un certain nombre de particuliers qui ont reçu une formation d'imprimeur, de libraire, d'écrivain, etc., mais ce sont justement des* particuliers, *qui ont chacun leur propre entreprise. Le* Franklin Book Programme *a fait un vaillant effort pour créer le noyau d'une industrie du livre au Nigéria, mais sans succès. Pour donner des résultats, il faut à mon avis que la formation ait lieu dans le pays où elle est requise, parce qu'un nombre beaucoup plus grand d'individus pourront alors en bénéficier, parce qu'elle sera moins onéreuse et,*

---

[1] Mémo confidentiel de Sibunruang à Ping Lee, 26 mars 1963. Archives Unesco, dossier 375 A 310 (591).

[2] Rapport du DG sur l'activité de l'organisation en 1973, introduction, p. XXIX.

[3] HAYMOWSKI, Adam. *Organisation de la Bibliothèque nationale de Mauritanie à Nouakchott - (2ème mission, 1971)*, 1972, p. 6. (document 2644/RMO.RD/DBA).

[4] DELAVENAY, Émile. *Pour le livre*. Op. cit., p. 36.

surtout, parce que les cours seront plus appropriés du fait qu'ils se dérouleront dans le milieu local[1].

Enfin, l'un des modes d'intervention de l'Unesco (et des organisations onusiennes en général) les plus fréquemment remis en cause est la mission d'expertise ou de consultation, menée majoritairement dans les pays du Tiers monde. Les critiques dans ce domaine ne manquent pas, malgré des commentaires tel celui de la Britannique Mary Smieton (membre du Conseil exécutif), qui déclare en 1965 dans un rapport, suite à une mission d'évaluation en Afrique, être « favorablement impressionnée par la qualité des experts de l'Unesco et de l'ONU ; de leur dévouement pour leur travail ; de la valeur du travail qu'ils mènent ; de leurs bonnes relations avec les institutions gouvernementales dans lesquelles ils travaillent et de la considération que reçoit leur travail[2] ».

Le problème de la compétence de ces experts, qui ne sont pas membres permanents de l'organisation, se pose de manière récurrente. Leur condition apparaît peu enviable, avec des salaires faibles, des contrats de courte durée et des difficultés : manque de précision (et parfois de pertinence) dans la définition de leur mission, problèmes de communication avec le siège, problèmes de coopération avec le personnel local, manque de pouvoirs, conditions de vie moralement et parfois matériellement difficiles.

S'ils restaient longtemps en poste, ils se plaignaient souvent d'être négligés et de n'être ni guidés ni appréciés par le siège : ils se sentaient traités comme des fonctionnaires de second ordre. En même temps, ils se sentaient empêtrés dans des difficultés locales que les organisations intergouvernementales n'étaient pas en mesure de résoudre, n'ayant aucune emprise sur les environnements locaux. D'où des contradictions entre les exigences techniques et les possibilités politiques qui avaient leurs racines dans les causes mêmes du sous-développement et qui, à leur tour, faisaient ressortir les composantes idéologiques de bien des projets d'assistance technique : censés assurer le transfert de compétences et de connaissances, ceux-ci se ramenaient plutôt finalement à une intrusion de ce que l'on pourrait appeler, en gros, les valeurs laïques de la modernisation dans des sociétés adaptées à des horizons traditionnels. Les experts affectés à des projets étaient ainsi les vecteurs d'une modernisation dont les organisations intergouvernementales, administrations hiérarchiques rationalisées, étaient évidemment elles-mêmes partie intégrante. Ils en devinrent conscients, vaguement dans bien des cas, mais plus nettement que de tout autre rôle que l'on pourrait attendre d'eux en tant que fonctionnaires internationaux[3].

En outre, les experts sur le terrain « ne peuvent pas compter sur un soutien ni sur des réponses rapides [de la part du siège], ni d'ailleurs sur des réponses tout court[4] », cette situation étant aggravée à partir de 1970 par la décision de René Maheu de supprimer les postes de chefs de mission sur le terrain.

---

[1] Intervention de S. J. Cookey, in *Symposium international de l'UNESCO : le livre au service de la paix, de l'humanisme et du progrès*. Op. cit., p. 65.
[2] Rapport de Mary Smieton, cité in MAUREL, Chloé. *L'Unesco de 1945 à 1974*. Op. cit., p. 461.
[3] LENGYEL, Peter. « Réformer la fonction publique internationale dans le nouveau contexte mondial ». Op. cit., p. 621.
[4] Rapport de Mary Smieton, in MAUREL, Chloé. *L'Unesco de 1945 à 1974*. Op. cit., p. 461.

Les experts qui enchaînent les contrats de courte durée aspirent à plus de stabilité professionnelle. Harold Bonny, qui effectue pour l'Unesco des missions en bibliothéconomie en Irak, en Jordanie, en Afghanistan, en Somalie et au Koweït, tente en 1959 de stabiliser sa situation en recherchant un poste permanent au siège[1]. Ses démarches n'aboutissant pas, il accepte pourtant une nouvelle mission en Libye à partir de février 1960, 10 jours après la fin de sa mission au Koweït[2]. De son côté, après 2 ans en Arabie saoudite en 1964-1965, Ved P. Vij se renseigne auprès de Penna pour savoir si une autre mission ou un poste au siège serait vacant, sans succès[3]. Plus chanceux, Francisco Sevillano Colom enchaîne avec l'unité mobile de microfilm les contrats de courte durée entre 1956 et 1963 avant d'intégrer le siège…

Du côté des pays où se déroulent les missions, la brièveté de ces dernières, ainsi que les briefings souvent insuffisants, nuisent à l'efficacité et à la continuité de l'action[4]. En 1964, Akhtar Husain (directeur du Centre de Karachi) se plaint du fait que les missions menées dans le cadre du projet de « textes de lecture » soient si brèves, déplorant que Joop van Couwelaar n'ait passé que 2 semaines au Népal, contre son avis et celui du gouvernement népalais, rappelant que « personne ne peut arriver à un bon résultat sur une courte période de trois mois, surtout quand on lui demande de passer d'un pays à l'autre[5] ». De leur côté, les linguistes Lasebikan, Hurel et Ismagilova, envoyés en Afrique en 1964, se plaignent du briefing inadéquat donné avant leur départ :

> *L'équipe est unanime : en évaluant le temps disponible pour le briefing à Paris et Londres, nous pensons réellement que vous serez d'accord avec nous pour dire que la mission n'a pas été bien préparée. Les instructions détaillées et informations de référence ne nous ont été fournies par le siège qu'un jour et demi avant notre départ. Non seulement la documentation générale n'avait pas été préparée pour nous, mais l'équipe n'a pas non plus bénéficié de suffisamment de temps pour apprendre à connaître les pays qu'elle doit visiter et pour réfléchir aux questions à étudier. Bien que nous réalisions qu'aucune personne au siège en particulier n'est responsable de cet état, et bien que nous ne voulions en blâmer qui que soit, l'équipe est unanime à exprimer sa déception*[6].

Pour cette même mission, le premier pays visité (l'Ouganda) n'est averti que très tardivement par l'Unesco de la date précise de l'arrivée des experts et des informations à fournir, aussi la mission est-elle désorganisée et inefficace durant les 2 premières semaines, d'autant que le personnel ougandais se révèle peu disponible à cette période[7]. Dès les premiers jours de la mission, les experts écrivent donc au siège qu'ils ne pourront mener leur tâche dans le délai imparti et qu'ils espèrent bénéficier d'un allongement de la durée de leur mission – allongement qui finit par leur être octroyé.

---

[1] Lettre de Bonny au DG, 28 déc. 1959. Archives Unesco, dossier 02 (536.8) AMS.
[2] Voir Archives Unesco, dossier 02 (536.8) AMS.
[3] Voir Archives Unesco, dossier 02 (53) TA/A 118.
[4] MAUREL, Chloé. *L'Unesco de 1945 à 1974*. Op. cit., p. 615.
[5] Mémo de Husain à Penna, 17 oct. 1964. Archives Unesco, dossier 375 A 310 (5) 57 TA van Couwelaar.
[6] Lettre de Lasebikan à Bowers, 15 janv. 1964. Archives Unesco, dossier 379.2 : 372.62 (6) A 53.
[7] Voir Archives Unesco, dossier 379.2 : 372.62 (6) A 53.

Une des raisons du peu d'enthousiasme que manifestent souvent les États du Tiers monde à l'égard des experts est aussi leur origine occidentale, qui attise susceptibilités et rancœur. Dans les années 1950-1960, les experts envoyés pour la mise en place des 3 bibliothèques publiques pilotes et pour le projet d'éducation de base et de bibliothèque à Marbial (Haïti), ceux qui effectuent des missions liées au droit d'auteur, qui rédigent des ouvrages consacrés à la thématique du livre, qui interviennent dans le cadre de stages d'étude et de séminaires, qui animent des ateliers dans le cadre du projet de « textes de lecture », tout comme le spécialiste s'occupant de la première unité mobile de microfilm et les linguistes envoyés en Afrique dans le cadre du projet de transcription des langues africaines, etc., sont majoritairement occidentaux. Certes, l'Unesco s'efforce d'employer des experts non occidentaux, mais cela se révèle difficile étant donné le manque de personnel technique compétent sur ces questions[1].

Dans ces conditions, « l'expert remplace le missionnaire de jadis[2] » dans les représentations des pays du Tiers monde, qui acceptent l'expertise technique des pays riches « avec un mélange d'empressement et de ressentiment[3] ». Tandis que certains experts font un va-et-vient régulier entre l'administration coloniale (puis la coopération technique) et les missions dans le cadre multilatéral, l'Unesco tente pourtant d'éviter toute attitude qui puisse être taxée de paternaliste ou de colonialiste[4]. Les experts ne peuvent cependant « faire abstraction de l'éducation et de la formation professionnelle qu'ils ont reçues, de l'expérience qu'ils ont acquise et qui, d'ailleurs, justifient leur qualité d'expert. Elles sont toutes marquées de l'empreinte d'un système institutionnel, juridique, administratif de caractère national[5] ». Alors que les experts portent avec eux une langue, une culture et une conception du monde qui leur sont propres, « il est logique, normal, inévitable que l'administration qu'ils préconisent, les mesures qu'ils suggèrent, en soient influencées, même s'ils sont envoyés par un organisme international[6] ». Certains ont aussi une connaissance et une expérience quasi inexistantes du contexte et des conditions sociales, économiques et culturelles du Tiers monde :

> *Les problèmes consistent d'une part en l'existence d'un véritable décalage mental entre les experts, confrontés de manière directe aux réalités et aux besoins sur le terrain, et les fonctionnaires du siège, dont la perception de la situation est beaucoup plus abstraite et floue, et à qui pourtant revient la prise de décision des actions à mener sur place ; et, d'autre part, en l'existence d'un décalage tout aussi important, souvent même d'un choc*

[1] MAUREL, Chloé. *L'Unesco de 1945 à 1974*. Op. cit., p. 617.
[2] SENARCLENS, Pierre de. *La crise des Nations Unies*. Op. cit., p. 210.
[3] CURLE, Adam. *Making Peace*. Op. cit., p. 44.
[4] MAUREL, Chloé. « La diplomatie culturelle de l'Unesco (1950-1970). Le cas des missions d'experts de l'Unesco dans le Tiers-Monde ». Op. cit., p. 484.
[5] PEPY, Daniel. « Les nouveaux États et le modèle de l'ancienne métropole », in DUROSELLE, Jean-Baptiste, MEYRIAT, Jean. *Les nouveaux États dans les relations internationales*. Paris : Armand Colin, 1962, p. 134.
[6] Ibid., p. 134.

brutal, entre ces experts, occidentaux, et les populations des pays du Tiers monde auprès desquelles ils sont envoyés[1].

Dès 1950, Torres Bodet s'inquiète du fait que de nombreux experts ne connaissent pas suffisamment bien les conditions du terrain de leur mission et déplore que « beaucoup entreprennent le voyage comme s'ils étaient les colonisateurs d'un nouveau régime absolu : le régime de la technique[2] ». Noam Chomsky se montre de son côté très critique :

> *Il y a un million de facteurs sociaux, culturels et économiques différents que [l'expert étranger] ne saisit pas et n'importe quel gros changement qu'on impose à une population a de fortes chances de se révéler désastreux, peu importe sa nature – et bien sûr, c'est toujours désastreux. Soit dit en passant, c'est désastreux pour les victimes. C'est généralement très profitable pour ceux qui dirigent ces changements, ce qui explique que ces changements ont été poursuivis au cours de ces deux cents dernières années, depuis les Britanniques en Inde. Chacun d'eux est un désastre pour les victimes et tous sont invariablement bénéfiques pour leurs instigateurs. Cela suggère que les gens se débrouillent mieux tous seuls, une étape après l'autre, sous leur propre contrôle*[3].

Pour ces raisons, les experts de l'Unesco sont parfois mal accueillis par les gouvernements des États où ils sont envoyés. Dans le domaine du livre, la mission en bibliothéconomie du Suédois Bjorn Tell au Venezuela (de décembre 1958 à mars 1959) est un exemple presque caricatural : sélectionné par défaut et envoyé précipitamment dans le pays fin 1958 (afin qu'au point de vue administratif la subvention accordée pour 1958 ne soit pas perdue), Bjorn Tell arrive en pleine semaine électorale dans un pays où les bibliothèques fonctionnent chacune de son côté et sans la moindre concertation. Il connaît mal l'Amérique latine et ne peut accéder aux chiffres et statistiques nécessaires à sa tâche en raison de la fermeture des bibliothèques pour les vacances de Noël (du 25 décembre au 12 janvier). Après 2 renouvellements de son contrat, il achève sa mission fin mars 1959 et rend un rapport que Petersen juge mauvais et peu intéressant[4].

A ce sujet, plusieurs fonctionnaires soulignent dans des mémos internes que c'était une erreur de « parachuter » un Scandinave « au milieu de troubles politiques, de vacances de Noël et de Carnaval » et que « Tell n'a pas su dire "non" à trop de nombreuses demandes reçues d'un peu partout, comme il arrive toujours dans des cas semblables. L'expert a dû se multiplier, en travaillant dans des conditions difficiles et talonné par le temps. De toute façon dans une mission de courte durée, on ne peut pas espérer un travail en profondeur[5] ». Les exemples similaires ne manquent pas. K.S. Wallach, envoyé pour 6 mois à Chypre en 1962, se retrouve dans une situation embarrassante face à un nouveau

---

[1] MAUREL, Chloé. « La diplomatie culturelle de l'Unesco (1950-1970). Le cas des missions d'experts de l'Unesco dans le Tiers-Monde ». Op. cit., p. 484.

[2] Propos cités in MAUREL, Chloé. « La diplomatie culturelle de l'Unesco (1950-1970) ». Op. cit., p. 485.

[3] CHOMSKY, Noam. *Comprendre le pouvoir. Deuxième mouvement.* Bruxelles : Editions Aden, p. 214.

[4] Voir Archives Unesco, dossier 02 (87) TA « 58/59 ».

[5] Mémo d'A. P-V concernant le rapport final de Bjorn Tell, 22 avril 1959. Voir Archives Unesco, dossier 02 (87) TA « 58/59 ».

gouvernement à peine au courant de son arrivée et peu intéressé par sa présence[1]. Cesareo Goicoechea, dépêché en Équateur en 1964 pour 8 mois afin de participer au développement des bibliothèques, perd énormément de temps car rien n'a été préparé pour son arrivée[2].

Une autre mission qui témoigne des problèmes liés aux missions d'expert est celle de l'Américain Arpad Bogsch, envoyé en 1962 en Asie malgré sa méconnaissance de la région (où il n'est jamais allé) et du programme dans le cadre duquel il intervient[3]. Bogsch est spécialiste du droit d'auteur mais part officiellement dans le cadre du programme des textes de lecture en Asie, et son briefing à Paris en début de mission ne dure que 2 jours.

De plus, les objectifs de sa mission sont nombreux et confus ; les aspects liés au projet de textes de lecture se mêlent à la question du droit d'auteur et de l'adoption par les différents pays de la Convention universelle sur le droit d'auteur. A ces objectifs définis par le siège se superpose un objectif avancé sur le terrain par Akhtar Husain (Centre de Karachi), qui considère que le problème le plus urgent est de voir « de quelle manière il serait possible de mettre fin effectivement et rapidement aux fréquentes et flagrantes violations du droit d'auteur entre l'Inde et le Pakistan[4] ». Accomplir autant de tâches en 3 mois relève de la gageure pour un expert étranger qui ne connaît pas le contexte local, ce dont Bogsch lui-même a conscience lorsqu'il écrit : « le succès d'une mission dépend dans une large mesure d'une bonne préparation ; et cela est particulièrement vrai dans ce cas puisque je connais relativement peu de monde dans la région que je suis supposé visiter[5] ».

En outre, la question des responsabilités dans le cadre de cette mission est confuse : Bogsch travaille en effet sous la responsabilité directe de Sibunruang, spécialiste du programme de textes de lecture pour l'Asie, elle-même sous la supervision d'Asabuki (directeur du Département des activités culturelles) ; mais Bogsch doit aussi travailler sur le terrain en contact avec Husain et entretient une abondante correspondance à propos de sa mission avec Ilosvay et Díaz Lewis (Division du droit d'auteur).

Face à tant de difficultés, les missions d'expertise sont progressivement remises en cause par les gouvernements du Tiers monde à partir des années 1960. Petersen relève, en 1961, 3 annulations coup sur coup de missions prévues dans le domaine de la bibliothéconomie (du fait de la Bolivie, du Brésil et du Nicaragua)[6]. Les gouvernements se montrent désormais « beaucoup plus intéressés par la somme d'argent que par l'expert, et manifestent même souvent

[1] Rapport de mission (Mission à Chypre du 12 au 14 avril 1962) de Marion Roach à Correa, 26 avril 1962. Archives Unesco, dossier 02 (564.3) TA « 61/62 ».
[2] Mémo du chef de la Division de l'Amérique latine au DG, non daté (mai ou juin 1964). Archives Unesco, dossier 02 (866) A 1.
[3] Voir Archives Unesco, dossier 347.78 A 571 (5-12) : 375 A 310 TA.
[4] Lettre d'Akhtar Husain à Asabuki, 7 juin 1961. Archives Unesco, dossier 347.78 A 571 (5-12) : 375 A 310 TA.
[5] Lettre de Bogsch à Díaz Lewis, 1er août 1961. Archives Unesco, dossier 347.78 A 571 (5-12) : 375 A 310 TA.
[6] Voir Archives Unesco, dossier 02 (8) A 074 (82) TA « 62 ».

de l'indifférence, voire de l'hostilité, pour l'expert, dont ils déplorent le salaire important qui selon eux pourrait être mieux utilisé pour des projets[1] ».

Le rapport de la table ronde du personnel de 1970 émet des critiques sur les missions d'experts, dont les résultats ne sont ni connus ni évalués, et le rapport *Apprendre à être* préconise en 1972 que l'Unesco renonce « au type traditionnel des missions d'experts, qui ont trop souvent pour effet, si heureux qu'en soient les visibles résultats, de démobiliser les initiatives locales et de transplanter des modèles inadaptés[2] ». En 1974, le nouveau DG M'Bow reconnaît les dysfonctionnements du système :

> *Le temps est loin où l'« expert » pouvait croire, avec assurance et bonne foi, qu'il était porteur de valeurs, d'un savoir et d'un savoir-faire dignes d'être transmis et assimilés. [...Désormais] il est demandé à l'expert d'éviter les transpositions et adaptations hâtives, de faire effort pour résister à la tentation de chercher à reproduire le contexte qui l'a formé et les modèles qu'il a intériorisés*[3].

Enfin, il faut souligner que bien souvent, les avis quant à l'appréciation des activités de l'Unesco divergent considérablement selon les personnes et les États concernés. Chacun s'occupant d'abord de ses propres intérêts, les projets sont parfois qualifiés de « réussites » ou d'« échecs », d'« efficaces » ou d'« inefficaces », de manière peu objective. Par ailleurs, le fait qu'un programme n'atteigne pas l'ensemble des objectifs fixés ne signifie pas qu'il soit complètement un échec. Un bon exemple est le programme de commémorations des grands hommes qui, bien que peu efficace dans son ensemble, est pourtant extrêmement bien perçu par les pays dont un auteur est officiellement célébré par l'Unesco (par exemple l'Ukraine avec Chevtchenko). De même, tandis que de nombreux Américains jugent la Convention universelle sur le droit d'auteur peu intéressante, inefficace et contraire aux intérêts du pays, le Département d'État et le *Copyright Office*, qui participent activement à sa préparation, louent au contraire ses qualités de compromis et de rapprochement. La question de « l'efficacité » apparaît ainsi à double tranchant ; les pays occidentaux estiment dans leur ensemble cette même Convention « efficace » car elle permet de répandre le droit d'auteur dans le monde et de trouver des compromis entre Europe et Amérique, mais les pays du Tiers monde la jugent, eux, « inapplicable » car elle ne tient pas compte de leur situation particulière....

En outre, certains programmes considérés comme très efficaces, à la fois par l'Unesco et les pays concernés, par exemple le microfilmage de manuscrits et d'archives par les unités mobiles de microfilm, peuvent sembler à l'observateur extérieur relativement peu significatifs vu le nombre total de pages microfilmées par rapport au nombre d'écrits précieux qui existent à travers le monde. Cependant, « l'efficacité » de ce programme a peut-être surtout consisté à sensibiliser les États du Tiers monde à cette question et à les inciter à s'équiper eux-mêmes en matériel.

---

[1] MAUREL, Chloé. *L'Unesco de 1945 à 1974*. Op. cit., p. 617.
[2] Propos rapportés in MAUREL, Chloé. *L'Unesco de 1945 à 1974*. Op. cit., p. 617.
[3] Ibid., p. 618.

D'autre part, une forte subjectivité (échelle des valeurs différente selon les pays ou les individus, attentes ou priorités dissemblables) oriente nécessairement les avis ou opinions. Un bon exemple de ces réactions ambivalentes est donné dès le premier cours d'été pour bibliothécaires organisé à Manchester et à Londres en septembre 1948[1], et qui fait l'objet de rapports d'évaluation détaillés de plusieurs participants. L'Américain William van Jackson, qui reconnaît la difficulté d'évaluer précisément l'impact de la manifestation, souligne l'intérêt du partage d'expériences et d'idées que ce séminaire aura permis. Les participants néerlandais et belges jugent, eux aussi, que les discussions, conférences et visites de bibliothèques les ont ouverts à des idées nouvelles et sont donc bénéfiques pour le développement futur de leurs bibliothèques. Le participant polonais évoque « l'atmosphère de bienveillance et d'amitié caractéristique, tant de la part des membres de la direction que de celle des participants, [qui] a beaucoup facilité [ses] rapports avec les collègues des différents pays[2] ». Les différents rapports font aussi preuve de dynamisme et proposent à l'Unesco d'entreprendre diverses activités : publier des ouvrages sur les différents aspects bibliothéconomiques, organiser des échanges de bibliothécaires, privilégier les ouvrages à contenu éducatif, encourager la mise en place de centres bibliographiques, légiférer pour imposer la création de bibliothèques..., ce qui donne autant de pistes de travail et de réflexion à l'Unesco. De son côté, le directeur du séminaire, Arne Kildal, fait l'éloge de participants devenus « non seulement des amis de l'Unesco, mais des champions de l'idéal de coopération internationale qu'elle préconise. Chacun d'eux constitue donc dans son pays un point d'appui très précieux pour l'organisation[3] ».

Bien différente est l'image de ce même stage d'été donnée par Marietta Daniels (OEA) ; si elle reconnaît l'aspect bénéfique des échanges entre bibliothécaires et la mise en place d'une première définition internationale de la bibliothèque publique à cette occasion, elle juge en effet le programme très décevant dans son ensemble, tant au point de vue du contenu que des objectifs et des méthodes employées[4]. Son rapport conduit même le *Bulletin d'information* de la bibliothèque du Congrès à qualifier le cours d'été de l'Unesco « d'échec presque complet[5] ».

Pour le séminaire suivant à Malmö en 1950, la Division des bibliothèques tente de mieux anticiper la rencontre, de préparer les documents de travail et de les faire traduire plus en amont, de planifier les groupes de travail, etc.[6]. Carter lui-même souligne :

> *Nous avons beaucoup appris de notre expérience de Manchester et nous avons pu éviter de nombreuses difficultés auxquels nous [...] avions alors dû faire face. Maintenant que*

[1] Voir Archives Unesco, dossier 04 A 073 (41-4) « 48 ».

[2] Rapport d'évaluation de la Pologne, non daté. Archives Unesco, dossier 04 A 073 (41-4) « 48 ».

[3] Rapport d'Arne Kildal au DG, oct. 1948. Archives Unesco, dossier 04 A 073 (41-4) « 48 ».

[4] Rapport d'évaluation de Marietta Daniels, non daté. Archives Unesco, dossier 04 A 073 (41-4) « 48 ».

[5] Lettre de Carnovsky à Petersen, 23 nov. 1948. Archives Unesco, dossier 04 A 073 (41-4) « 48 ».

[6] Voir Archives Unesco, dossier 02 A 074 (485) « 50 ».

nous avons acquis une reconnaissance générale de la part du directeur général de l'Unesco et de la Conférence générale, je crois que les séminaires représentent un outil très utile pour stimuler le développement des services de bibliothèques, et que nous pourrons en organiser bien d'autres à l'avenir[1].

Toutefois, la Canadienne Elizabeth Homer Morton (secrétaire de la *Canadian Library Association*) fait part en 1954 de sa déception face aux séminaires et stages d'été de l'Unesco :

Il y a quelques années, j'ai cru qu'il serait possible pour les bibliothèques canadiennes d'obtenir de l'aide, et peut-être d'en donner un peu, à travers les projets de l'Unesco, et c'est pourquoi j'ai coopéré autant que j'ai pu, dans les limites de notre Association, aux séminaires et stage d'études sur les bibliothèques. Les rapports de nos délégués aux deux manifestations ne m'ont pas conduit à penser que nous aurions intérêt à prendre part à d'autres projets sans étudier auparavant dans le détail les propositions de l'Unesco [...].

Je m'empresse d'ajouter que nos délégués, tous deux présents en Grande-Bretagne et au séminaire de Malmö, se sont sentis enrichis par cette expérience grâce aux contacts et aux amitiés noués. Mais ils ne se sont pas sentis enrichis par le contenu du travail mené étant donné que la plus grosse partie était plus élémentaire que ce qu'ils avaient étudié à l'école de bibliothécaires, et les discussions n'étaient pas particulièrement stimulantes. Au final, les Canadiens ont plus intérêt à assister aux formations d'été aux États-Unis où le type de formation donnée et les exemples montrés les aident pour les problèmes rencontrés ici[2].

Petersen, dans sa réponse à Morton, précise que les activités de l'Unesco (réseau de « bibliothèques associées », séminaires de bibliothéconomie...) s'adressent d'abord aux pays les moins avancés dans ce domaine, avec l'idée que les structures membres des autres pays aident les premiers par des informations, des exemples et des conseils, dans un esprit de coopération internationale[3]. Il faut d'ailleurs rappeler qu'un certain nombre de bibliothèques du Tiers monde trouvent ces manifestations intéressantes et utiles. De manière générale, il ressort que ce sont les pays occidentaux, en particulier anglo-saxons, qui ont surtout critiqué « l'utilité » des activités de l'Unesco, tandis que les pays du Tiers monde, principaux bénéficiaires de ces activités, les ont jugées de manière plus favorable, en particulier certains projets comme le système de « bons de livre » ou encore les activités de formation (stages et séminaires, mais aussi ouvrages, manuels et films). La diversité des jugements portés sur l'efficacité et l'utilité des activités de l'Unesco semble ainsi correspondre à la multiplicité et à la diversité des acteurs concernés par une politique du livre globalement très disparate.

---

[1] Lettre de Carter à Kildal, 30 août 1950. Archives Unesco, dossier 02 A 074 (485) « 50 ».

[2] Lettre de Morton à Petersen, 27 janvier 1954. Archives Unesco, dossier 02 A 63.

[3] Lettre de Petersen à Morton, 22 février 1954. Archives Unesco, dossier 02 A 63.

Une politique du livre dispersée, manquant de cohérence et d'universalité

L'organisation administrative de l'Unesco est complexe, avec un programme divisé en 13 secteurs qui donnent lieu à de nombreux chevauchements et double-emplois. Ce découpage administratif, peu efficace, amène par exemple le gouvernement français à déclarer en 1963 que « si [...] les sciences humaines étaient regroupées avec les sciences sociales au sein d'un même département, celui des activités culturelles deviendrait le département des arts et des lettres [....], il gagnerait en cohésion et en efficacité et serait à même d'aborder avec plus d'attention et de vigueur certains secteurs culturels qui nous paraissent avoir été quelque peu délaissés jusqu'à présent[1] ».

Dans le domaine global du « livre », les fonctionnaires sont dispersés à travers plusieurs Divisions, chacune poursuivant ses projets sans être vraiment au courant des activités des autres. Certains programmes « mal-aimés » ne disposent pas d'un personnel dédié, et sont gérés au coup par coup, comme celui des commémorations des grands écrivains, qui incombe d'abord à la Division de la philosophie et des sciences humaines (Département des activités culturelles), puis est confié au Département de la communication de masse, tout en continuant d'impliquer du personnel du Département des activités culturelles. De même, la collecte des traditions orales et la transcription des langues africaines oscillent entre Département des activités culturelles et Département de l'éducation, tout comme le projet de textes de lecture pour l'Asie. Quant à la Division, puis à l'Office de la libre circulation de l'information, il semble prendre une importance grandissante avec le temps (importance culminant avec l'AIL), au contraire de la Division des bibliothèques, dont l'influence décroît très nettement entre 1946 et 1974.

Cette dispersion apparente de la politique du livre de l'Unesco semble rejoindre une réalité présente dans l'organisation à tous les niveaux. Ainsi, remarque Jean-Luc Mathieu, « les débuts de l'Unesco furent difficiles. Tout d'abord, ses Membres ne parvinrent pas à s'accorder sur une philosophie commune susceptible de donner une cohérence à l'ensemble des activités de l'Organisation. Faute de directives précises données par la Conférence Générale, les premiers programmes manquèrent totalement d'unité[2] ». La création en 1973 d'une Division de la promotion du livre prouve bien que l'Unesco a alors pris conscience de devoir mettre en place une politique du livre globale et plus cohérente que les activités menées de manière dispersée depuis 1946.

Cette évolution n'apparaît d'ailleurs pas sans rapport avec l'entrée en vigueur du PNUD en janvier 1966, qui « entraîne une adaptation de tous les projets de l'Unesco à ce nouveau système » et notamment « une programmation par pays[3] » à partir de 1971. Les réunions régionales sur la promotion du livre (de 1966 à

---

[1] « Commentaires et propositions du gouvernement français sur le programme et budget de l'Unesco pour 1965-66 », 25 juin 1963. Citation par Chloé Maurel in *La pensée et l'action de l'Unesco dans le domaine de la culture*. Op. cit., p. 191.

[2] MATHIEU, Jean-Luc. *Les institutions spécialisées des Nations Unies*. Op. cit., p. 217.

[3] MAUREL, Chloé. *La pensée et l'action de l'Unesco dans le domaine de la culture*. Op. cit., p. 160.

1972) et la réflexion menée dans le cadre de la préparation et de la mise en place de l'AIL permettent à l'Unesco de réfléchir à un plan d'ensemble ambitieux et homogène de promotion du livre dans le monde. Mais paradoxalement, c'est au moment où l'Unesco regroupe enfin une majorité d'États dans le monde et qu'elle peut développer des programmes plus complets et plus efficaces par le biais d'une régionalisation réfléchie, que ses ressources décroissent proportionnellement suite à la crise pétrolière de 1973, qui provoque une rétractation de l'aide au développement, en particulier au niveau des contributions volontaires des Occidentaux et du PNUD.

Si l'Unesco a donc désormais une vision plus claire de ce qui marche et de ce qui ne marche pas dans le domaine de la promotion du livre, et de ce qu'il faudrait faire dans l'idéal pour développer le livre dans le monde, les moyens financiers pour mettre en œuvre ce plan global vont cruellement lui faire défaut. Après de nombreuses enquêtes et missions sur le terrain, et alors que les besoins spécifiques de chaque pays en matière de livre sont désormais mieux connus et insérés dans le cadre de ses besoins globaux, l'Unesco doit se contenter de dispenser des conseils aux États membres sans contribuer financièrement à la mise en place – et encore moins aux frais de fonctionnement – de coûteuses infrastructures permanentes.

A cet égard, si la période 1946-1974 apparaît un peu brouillonne, les activités conduites à cette époque ont au moins eu le mérite de poser un cadre général et de définir des bases théoriques relativement cohérentes et solides pour développer le livre dans le monde. Le passage à la pratique s'est, lui, révélé beaucoup plus problématique, limité par les événements politiques (guerre froide et décolonisation) et par l'absence d'expérience en la matière[1] durant la période 1946-1974, ensuite par les contraintes budgétaires et l'absence de pouvoir coercitif de l'Unesco, organisation intergouvernementale soumise à la bonne volonté des États et donc dans l'impossibilité de mettre en place une « politique publique » au sens courant du terme.

Un bon exemple de paralysie est fourni par les 13 années de discussions entre la Commission des Caraïbes (États-Unis, France, Pays-Bas, Royaume-Uni) et l'Unesco, qui ne parviennent pas à aboutir à l'organisation d'une conférence régionale sur le développement des bibliothèques dans la région des Caraïbes[2]. L'idée d'une telle manifestation est suggérée par Edward Carter en septembre 1953 dans un courrier envoyé à l'Américain David K. Easton, alors bibliothécaire à la Commission des Caraïbes. Ce dernier affine le projet en discutant avec Penna, mais aussi avec Marietta Daniels Shepard (OEA), la Fondation hispanique de la Bibliothèque du Congrès, la *Inter-American Bibliographical and Library Association* et plusieurs bibliothécaires américains, lors de ses déplacements aux États-Unis.

En août 1955, Carter suggère que l'Unesco pourrait aider la Commission des Caraïbes à organiser une conférence régionale à hauteur de 4 000 dollars, et

[1] Même en Occident, la mise en place de « politiques du livre » au niveau national est un phénomène concomitant aux premières années de fonctionnement de l'Unesco.

[2] Voir Archives de l'Unesco, dossier 02 (729) A 12.

fournir en plus les services de Penna. Il essaye d'obtenir une demande officielle de la part des États concernés et recherche en particulier le soutien des États-Unis. La Commission des Caraïbes donne officiellement son accord en mai 1956, mais repousse la date de la conférence à 1959. Carter se montre un partisan convaincu du projet :

> *Depuis le début je soutiens fermement cette proposition. Les bibliothécaires de plusieurs territoires des Caraïbes ont exprimé leur intérêt pour une réunion de ce genre et c'est largement grâce à leurs efforts que la Commission est parvenue elle-même à cette décision*[1].

Cependant, le projet de révision de l'Accord sur le statut et le fonctionnement de la Commission des Caraïbes (dissoute et remplacée par une nouvelle Organisation des Caraïbes, qui s'installe à Porto Rico, le 21 juin 1960) conduit à repousser la date de la conférence à novembre 1962, alors que le budget de l'Unesco est déjà voté. Dans ces conditions, l'Unesco ne peut participer officiellement à l'organisation de la manifestation, même si sa Division des bibliothèques en est à l'origine.

Mais les difficultés financières et politiques (indépendance de la Jamaïque et de la Trinité…) conduisent en fin de compte à la dissolution de l'Organisation des Caraïbes en 1965 et à l'abandon pur et simple de la conférence projetée. Cet exemple est particulièrement révélateur des imbroglios politiques causés par certains projets que des fonctionnaires du secrétariat tentent d'imposer alors que les – riches – États concernés n'ont aucune envie d'y investir de l'argent. Le fait que les bibliothécaires des Caraïbes aient sans doute été réellement demandeurs d'une conférence régionale ne change rien, l'Unesco étant *de facto* incapable de répondre aux attentes des populations ou des professionnels du livre sans un soutien actif de la part des gouvernements.

De la même manière, l'Unesco ne peut répondre aux demandes des territoires colonisés ou sous mandats. En septembre 1955, elle reçoit par exemple une lettre du directeur de la bibliothèque Ramakrishna à Nadi (Iles Fidji, sous domination britannique) :

> *Nous suggérons à l'Unesco de commencer un projet pilote aux Fidji, pour être un modèle non seulement pour le Sud Pacifique, mais aussi pour les colonies non développées économiquement et les îles isolées comme la nôtre.*
>
> *Je vous adresse cet appel tout spécialement car vous avez été bibliothécaire du Congrès et vous connaissez les bénéfices d'un service de bibliothèque publique. Si l'Unesco fait une demande, notre gouvernement pourrait être d'accord pour se joindre à un projet de bibliothèque pilote*[2].

Autre exemple : l'Unesco reçoit en 1957 une demande d'expertise en bibliothéconomie adressée par le directeur de l'*East African Literature Bureau* de Nairobi (Kenya), à qui Petersen explique : « étant donné que le Royaume-Uni possède de nombreux bibliothécaires qualifiés, il est très improbable que son gouvernement demande dans l'avenir, ou que l'Unesco l'accorde, un expert en

---

[1] Mémo de Carter à Destombes, 10 juillet 1956. Archives Unesco, dossier 02 (729) A 12.

[2] Lettre de Krishnamurti au DG, 16 sept. 1955. Archives Unesco, dossier 02 (41-4-5) A 12.

bibliothèques pour travailler dans un territoire administré par le Royaume-Uni[1] ». Cette réalité conduit Alexandre Soljenitsyne, prix Nobel de littérature en 1970, à constater dans son discours prononcé à Stockholm à l'occasion de la remise du prix :

> *Il y a un quart de siècle naissait l'Organisation des Nations Unies, qui portait les espoirs de l'humanité. Hélas! dans un monde immoral, elle est devenue immorale. Ce n'est pas une organisation de Nations Unies, mais une organisation de gouvernements unis, où tous les gouvernements sont égaux : ceux qui ont été élus librement, ceux qui ont été imposés par la force et ceux qui se sont emparés du pouvoir par les armes. S'appuyant sur une majorité mercenaire, l'ONU protège jalousement la liberté de certains pays et néglige souverainement celle des autres*[2].

Par ailleurs, le double mouvement progressif de nationalisation et de régionalisation des axes de la politique de l'Unesco est aussi à relier, si ce n'est à l'échec, au moins aux multiples difficultés rencontrées par les projets à vocation universaliste de l'organisation. Dans le domaine du livre, ces projets de type universaliste sont au nombre de 4 : la promotion d'instruments normatifs à vocation universelle (en particulier la Convention universelle sur le droit d'auteur), le programme de « bons du livre », la Collection d'œuvres représentatives, et le programme de commémoration des grand écrivains. Hormis le système de bons du livre, qui s'est principalement heurté à des difficultés financières mais qui a réellement concerné l'ensemble des pays membres, les trois autres programmes ont peiné à remplir leur vocation universelle. Nous ne reviendrons pas ici sur la Convention universelle sur le droit d'auteur, dont la révision en 1971 a partiellement résolu la question puisque les adhésions des pays du Tiers monde ont été plus nombreuses après cette révision. Par contre, les exemples de la Collection d'œuvres représentatives et du programme de commémoration des grands hommes semblent particulièrement révélateurs d'un certain « échec » de l'organisation en ce qui concerne la définition et la promotion d'un patrimoine littéraire mondial exemplaire – et donc en filigrane du rééquilibrage des échanges littéraires dans le monde.

Si l'Unesco n'hésite pas à qualifier tout haut la Collection d'œuvres représentatives de « spectaculaire », Delavenay reconnaît ses limites en 1974 lorsqu'il explique qu'« il ne peut naturellement pas s'agir de tout traduire dans toutes les langues, et le programme des traductions s'est établi et réalisé selon les bonnes volontés, visant à combler certains vides parmi les plus évidents, souvent avec l'aide des gouvernements[3] ». Or sans même parler de « tout traduire dans toutes les langues », la Collection apparaît assez restrictive et peu représentative, malgré les efforts de l'Unesco, de la diversité des expressions littéraires et linguistiques dans le monde. Lorsque l'on se penche par exemple sur les 866 ouvrages publiés dans la Collection entre 1948 et 1994, le constat est sans

---

[1] Lettre de Petersen à Richards, 30 sept. 1957. Archives Unesco, dossier 02 (41-4-5) A 12.
[2] Propos cités in ZORGBIBE, Charles. *Les organisations internationales.* Op. cit., p. 33.
[3] DELAVENAY, Émile. *Pour le livre.* Op. cit., p. 36.

appel : ces ouvrages proviennent de 91 langues mais 31 d'entre elles ne concernent qu'un seul titre, tandis qu'*a contrario* 9 langues voient plus de 15 titres publiés : arabe (55 titres), japonais (48 titres), chinois (32 titres), bengali (19 titres), espagnol, hindi, persan, portugais et sanskrit.

Sans grande surprise, ces langues sont, soit parlées dans des pays très anciennement lettrés (Chine, Inde, Iran, Japon), soit partagées par un grand nombre de locuteurs et/ou de pays, ce qui explique leur importance littéraire (arabe, espagnol, portugais). Dans ce domaine, les questions de prestige national, de rayonnement culturel, parfois même de rivalités pour le « leadership culturel » de la région semblent prédominantes. Ainsi, ce sont souvent les États membres eux-mêmes qui proposent des œuvres à l'Unesco pour la Collection, et qui financent parfois leur traduction et leur publication. Il faut d'ailleurs remarquer que 7 autres langues ont vu plus de 10 titres traduits : bengali, coréen, grec, hongrois, italien, pali, roumain et turc. Là encore, en dehors de l'intérêt certain des littératures de ces pays, il est difficile de ne pas y voir une stratégie de « placement » dans le champ littéraire et culturel mondial, selon la logique décrite par Pascale Casanova dans *La république des lettres*. La publication de 13 titres coréens entre 1971 et 1994 (soit un titre publié tous les deux ans) semble relever de cette logique, le gouvernement coréen ayant largement financé ces publications destinées à accroître sa visibilité sur la scène culturelle mondiale.

Par ailleurs, le fait de publier d'abord des « classiques » consacrés exclut *de facto* un certain nombre d'auteurs de la première moitié du XXe siècle, et encore plus les auteurs contemporains. L'Unesco procède cependant assez vite à un rééquilibrage de la Collection en publiant quelques textes contemporains, contribuant à la consécration internationale d'auteurs comme les « prix Nobel Yasunari Kawabata, Vicente Aleixandre, Ivo Andritch, George Séféris et Halldor K. Laxness, à l'origine peu connus, voire méconnus, au-delà de leurs aires linguistiques respectives[1] ».

Le mode de fonctionnement de la Collection contribue cependant à « fausser » son degré de représentativité et d'exemplarité, en mettant d'abord en avant les œuvres (certes de grande qualité) de pays politiquement désireux et financièrement capables de payer leur place dans ce « panthéon universel ». La Terre abritant plus de 2 000 langues, il est en effet difficile d'imaginer que seulement 91 d'entre elles ont produit une œuvre littéraire (écrite ou orale) méritant de figurer au patrimoine littéraire de l'humanité. Par ailleurs, si 31 langues ont produit une œuvre d'une qualité telle qu'elle figure dans la Collection, on peut estimer qu'il y a de grandes chances que cette langue ait produit d'autres œuvres de qualité comparable, qui, elles, n'y figurent pas !

Un déséquilibre beaucoup plus grand peut se constater au niveau des langues de publication : non seulement les 866 ouvrages publiés au total ne sont traduits qu'en 23 langues, mais en outre, 9,5 % des ouvrages de la Collection ne sont publiés que dans 4 langues – à savoir le néerlandais (15 titres), l'espagnol (21

[1] *Collection Unesco d'œuvres représentatives*. Paris : Unesco, 1994, p. 9.

titres), l'arabe (23 titres) et l'allemand (24 titres) – et 86 % dans les deux langues officielles de l'Unesco que sont le français (342 titres) et l'anglais (402 titres).

Quelles remarques tirer de ce constat ? Tout d'abord, seules 2 langues se retrouvent à la fois parmi les grandes langues d'émission et de réception, l'arabe et l'espagnol, ce qui paraît logique au vu du nombre de pays dans lesquels ces deux langues sont employées. Mais à part celles-ci, zones linguistiques d'émission et de réception ne se recoupent pas. Les œuvres sont principalement traduites de langues non occidentales (à l'exception du portugais, mais une grande partie des œuvres en portugais traduites proviennent du Brésil) dans des langues occidentales (allemand, anglais, français, néerlandais). Certes, il s'agit là d'une volonté délibérée de l'Unesco, qui souhaite avant tout rééquilibrer les échanges littéraires ; or les grandes œuvres occidentales étant déjà pour la plupart largement connues et traduites, il ne semble pas nécessaire d'aider à leur diffusion.

Le principe de fonctionnement de la Collection d'œuvres représentatives s'appuie en grande partie sur une enquête réalisée dans le cadre d'un « stage d'études pratiques d'été de l'Unesco pour l'éducation en vue du développement de la compréhension entre les peuples », qui réunit à Paris les délégués de 31 pays en août 1947[1]. Plusieurs points intéressants sont révélés par cette enquête. Tout d'abord, il semble que seuls 10 auteurs occidentaux jouissent alors d'une popularité éclatante et universelle et sont enseignés à travers le monde entier : Shakespeare, Goethe, Molière, Dickens, Dumas, Tolstoï, Ibsen, Hugo, Schiller et Dante. En outre, la confrontation des listes d'auteurs étudiés en classes dans les différents pays met en évidence le déséquilibre des échanges littéraires entre les grandes régions du monde : ainsi, des 22 œuvres chinoises étudiées dans les écoles chinoises, seules celles de Confucius sont aussi enseignées hors de Chine, tandis que des 17 auteurs indiens étudiés dans les écoles indiennes, seul Tagore est connu en dehors de l'Inde. A *contrario*, les littératures américaine, anglaise, française, russe, norvégienne, espagnole et italienne sont connues et étudiées en Chine et en Inde. Sofie Bryn en conclut que « le résultat de cette enquête fait autant honneur aux pays d'Extrême-Orient qu'il est peu glorieux pour les États occidentaux[2] ». De manière générale, un déséquilibre similaire touche une grande partie des littératures du monde, y compris des pays occidentaux (Australie, Canada, Afrique du sud, Tchécoslovaquie, Pologne, Venezuela, Mexique, Bolivie) au profit des littératures anglaise et française dont les auteurs enseignés en classe « sont tous étudiés dans presque tous les pays du monde[3] ». Le rapport précise encore :

> *Dans l'ensemble, il était manifeste que la barrière linguistique constitue l'un des principaux obstacles à la diffusion de toutes les littératures. D'une façon générale, on peut*

---

[1] Cette enquête a fait l'objet du rapport intitulé *Dans quelle mesure utilise-t-on dans les écoles la littérature universelle en vue de développer la compréhension internationale ?*, réalisé par Sofie Bryn en 1947 (document SEM/SEC.I/5/ED).

[2] BRYN, Sofie. *Dans quelle mesure utilise-t-on dans les écoles la littérature universelle en vue de développer la compréhension internationale ?* Paris : Unesco, 1947, p. 4.

[3] Ibid., p. 2.

dire que si l'on veut que des livres touchent un public étendu, il faut qu'on puisse se les procurer soit en français, soit en anglais. D'autre part, l'ignorance qui règne dans certaines parties du monde en ce qui concerne les œuvres marquantes des écrivains hindous et chinois ne peut être entièrement attribuée à la pénurie de traductions. Il est significatif qu'on puisse se procurer dans ces deux langues des traductions de la plupart des grandes œuvres hindoues et chinoises, sans que ceci amène les pays occidentaux à les étudier. [...]

Une autre caractéristique significative qu'il convient de noter est la suivante : la mesure dans laquelle un auteur est connu hors de son propre pays n'est pas un critère de la valeur de ses œuvres : quelques-uns des plus grands écrivains de la littérature universelle ne réussissent pas à franchir les frontières de leur patrie. [...]

[L'Unesco] semble tout particulièrement désignée pour s'occuper de rendre disponibles de bonnes traductions de toutes les grandes œuvres de la littérature universelle, [...] elle doit essayer de convaincre les éducateurs de tous les pays de modifier leurs programmes scolaires de façon à accorder plus d'importance à l'étude des littératures, qui peut si aisément et si utilement être associée à l'étude des pays qui ont produit ces diverses littératures[1].

Ce rapport permet de mieux comprendre les objectifs et la philosophie de la Collection d'œuvres représentatives, ce qui explique les chiffres cités relatifs aux langues d'émission et de réception. L'Unesco souhaite en effet « encourager la traduction, la publication et la diffusion dans les grandes langues véhiculaires – anglais, français, espagnol et arabe – de textes significatifs du point de vue littéraire et culturel, bien que peu connus au-delà des frontières nationales ou du cadre linguistique d'origine[2] ». Il n'empêche qu'on peut regretter, du point de vue de la diversité linguistique, la prééminence donnée à l'anglais et au français comme langues de diffusion et de lecture dans le monde.

Cette question rejoint celle des revendications de plus en plus fortes des pays du Tiers monde concernant l'alphabétisation en langues vernaculaires ; ainsi, les populations alphabétisées dans leur langue maternelle, en Afrique, en Asie et ailleurs, ne peuvent lire aucun des 866 ouvrages d'une Collection pourtant présentée comme universelle. Les langues de réception sont majoritairement européennes (95 % des titres publiés), devant l'arabe (2,6 %) et 8 langues asiatiques (2,4 %). L'ensemble de la population mondiale ne maîtrisant pas l'une de ces grandes langues est donc exclue *de facto* de ce programme.

Par ailleurs, en se cantonnant au choix des titres à publier et des traducteurs, l'Unesco laisse l'initiative et la question de la diffusion aux gouvernements des États membres et aux éditeurs privés, dont les choix de publication peuvent être orientés par les questions de prestige, de coût et de méconnaissance littéraire pour les premiers, par les questions de rentabilité et d'attente du public pour les seconds. Telle qu'elle a été conçue, la Collection d'œuvres représentatives s'adresse donc d'abord à une élite culturelle, occidentale ou occidentalisée, à qui elle permet de découvrir les trésors littéraires des autres parties du monde, mais on peut douter fortement qu'elle soit parvenue à toucher le grand public, dans les pays occidentaux comme dans le Tiers monde. Les titres de la Collection

[1] Ibid., p. 4-5.
[2] *Collection Unesco d'œuvres représentatives*. Paris : Unesco, 1994, p. 9.

semblent avoir peu été promus auprès des États membres pour leurs vertus « éducatives », et sont restés largement inutilisés au niveau scolaire. D'autant que l'absence de tout ouvrage pour présenter la Collection n'a pas incité les enseignants à s'y intéresser et à étudier les œuvres avec leurs élèves.

Ce relatif « échec » présente plusieurs points communs avec la situation rencontrée par le programme de commémoration des grands hommes. Dans les deux cas en effet, il s'agit, d'une part, de désigner l'excellence littéraire faisant partie du patrimoine de l'humanité, d'autre part, de favoriser la connaissance et la diffusion de ces œuvres d'excellence auprès du grand public. Contrairement aux autres programmes de la politique du livre de l'Unesco (à l'exception des projets concernant les manuscrits anciens et le patrimoine oral), ces deux programmes ont en commun de s'intéresser à la « grande » littérature (souvent connotée de manière péjorative comme « élitiste » ou « bourgeoise ») et par-là même de s'inscrire dans les questionnements autour de la mémoire et de l'usage du passé (en l'occurrence littéraire).

Selon l'historienne Sabina Loriga, dans la 2ème moitié du XXe siècle, la mémoire se transforme, et « alors qu'autrefois la réflexion morale sur le passé visait l'excellence éthique, elle vise désormais le mal dans son caractère ordinaire. Peut-être sommes-nous en train de découvrir le sens le plus profond des rimes d'Alexandre Pouchkine, lorsqu'il écrivait que la mémoire, le besoin de mémoire, ne naît pas de l'orgueil mais de la honte[1] ». Les conflits, en particulier la Seconde Guerre mondiale et la Shoah, monopolisent à partir de 1945 une grande part de la mémoire et des cérémonies commémoratives en Occident. Avec son programme de commémoration des grands hommes, l'Unesco tente à contre-courant de créer une mémoire humaine collective sur des phénomènes positifs, des figures de la tolérance et de l'universalité symbolisant le bien et la paix. Un tel panthéon universel utiliserait l'héritage culturel et scientifique pour promouvoir un sentiment d'appartenance à une même communauté humaine. Cependant, ce programme n'a jamais été vraiment appliqué, et dans le domaine littéraire, seule une douzaine d'écrivains (essentiellement des Occidentaux) ont été officiellement commémorés par l'Unesco.

La situation pour l'organisation paraît d'autant plus compliquée que les positions des États vis-à-vis de la question du passé et de la mémoire sont complexes et divergentes ; pays industrialisés, pays colonisateurs, pays nouvellement indépendants, pays de tradition orale ou écrite, pays « en développement » mais avec un prestige culturel très ancien (Iran, Irak, Chine, Japon, Inde, Corée, etc.) ont des rapports radicalement différents à la mémoire, au support écrit et à l'héritage littéraire. Par ailleurs, certains (comme les États-Unis) préfèrent laisser à la société civile le soin de choisir les personnalités à commémorer, tandis que d'autres (comme la France) instaurent de véritables politiques étatiques de la mémoire. Cette dernière étant souvent instrumentalisée par les États nations, l'Unesco a d'autant plus de difficultés à créer une mémoire

---

[1] LORIGA, Sabina. « La tâche de l'historien », in ABEL, Olivier (dir.). *La juste mémoire : lectures autour de Paul Ricœur*. Genève : Labor et Fides, 2006, p. 52.

collective visant l'universalité, parfois à l'encontre des politiques nationales. Tzvetan Todorov souligne ces différences d'approche :

> *Le passé et son rappel ne peuvent assumer la même fonction dans une société sans écriture, comme les anciennes civilisations africaines, et dans une société traditionnelle lettrée, comme l'Europe du Moyen Age. Or [...] depuis la Renaissance et plus encore depuis la fin du XVIIIe siècle, s'est créé en Europe un type de société dont il n'existait pas d'exemple auparavant, qui a cessé de valoriser inconditionnellement les traditions et le passé, qui en a arraché l'âge d'or, comme disait l'utopiste Saint-Simon, pour l'installer dans l'avenir ; qui a rétrogradé la mémoire au profit d'autres facultés. En ce sens, ceux qui déplorent l'insuffisance d'égards pour la mémoire dans les sociétés occidentales contemporaines ont bien raison : ces sociétés, et elles seules, ne se servent pas du passé comme d'un moyen privilégié de légitimation et n'accordent pas une place d'honneur à la mémoire. Encore faudrait-il ajouter que ce trait de notre société est constitutif de son identité même*[1].

Depuis la fin du XIXe siècle, on reproche à la mémoire du passé d'être un frein au progrès de la civilisation et la littérature revendique la valeur de l'oubli :

> *Paul Valéry, Virginia Woolf, Robert Musil, Italo Svevo, Franz Kafka [...] partagent le sentiment exprimé par Stephen Dedalus dans l'Ulysse : l'histoire est un cauchemar à oublier. [...] Après Nietzsche, la conscience historique est ressentie comme une "fièvre", une entrave à la compréhension profonde de l'expérience humaine : et on oppose, à la Loi du passé, les droits du présent*[2].

Le recours à une politique mémorielle par l'Unesco présuppose une capacité d'influence des commémorations – bien que les effets demeurent incertains – et repose sur l'idée que « l'admiration pour les grands hommes [...] reste un des plus efficaces facteurs d'éducation et d'élévation morale[3] », que les ancêtres ou héros « inspirent les vivants, les guident dans leurs choix, fournissent une source de valeurs et d'idéaux à partir desquels ils édifient leur vie[4] ». Cependant, la ferveur envers les grands hommes apparaît en recul et l'Unesco se heurte à une relative indifférence à une époque où, en Occident, l'histoire s'oppose de plus en plus à la mémoire en tant que lien affectif exaltant vécu par l'individu et le groupe :

> *La mémoire sourd d'un groupe qu'elle soude [...] elle est, par nature, multiple et démultipliée, collective, plurielle, et individualisée. L'histoire, au contraire, appartient à tous et à personne, ce qui lui donne vocation à l'universel*[5].

Halbwachs, quant à lui, estime qu'il n'existe pas de mémoire universelle, toute mémoire collective ayant pour support un groupe limité dans l'espace et dans le temps[6]. Pour que le programme de l'Unesco fonctionne, il eût fallu parvenir à « fusionner » mémoire et histoire, de manière à rendre galvanisant, à

---

[1] TODOROV, Tzvetan. *Les abus de la mémoire*. Paris : Arléa, 1995, p. 17-18.
[2] LORIGA, Sabina. « La tâche de l'historien ». Op. cit., p. 51.
[3] SCHUHL, Pierre-Maxime. *Le culte des grands hommes*. Op. cit., p. 7.
[4] KATTAN, Emmanuel. *Penser le devoir de mémoire*. Op. cit., p. 39.
[5] NORA, Pierre. « Entre mémoire et histoire. La problématique des lieux », in *Les Lieux de mémoire*. Paris : Gallimard, 1984-1987, vol. 1, p. XIX.
[6] HALBWACHS, Maurice. *La mémoire collective*. Albin Michel, 1997 (1ère édition 1950), p. 136-137.

l'échelle mondiale, un discours de raison sur des grandes figures du passé[1]. Si l'on tient aussi compte, d'une part, du fait que « la mutation des perceptions du passé ne s'opère la plupart du temps qu'avec le renouvellement des générations[2] », et que d'autre part, sans connaissance réelle du passé, les actes de commémoration et de transmission demeurent vides et dénués de sens, le projet de créer un panthéon littéraire mondial qui ait une signification pour le grand public mondial apparaît comme un projet irréaliste.

Certes, au niveau pratique, l'Unesco comptait s'appuyer sur ses États membres afin qu'ils organisent eux-mêmes les manifestations de commémoration, mais la question du choix des personnalités à commémorer a constitué un problème crucial. Contrairement aux écrivains de la collection représentative, les écrivains commémorés doivent en effet incarner les valeurs prônées par l'Unesco et être les plus traduits, les plus connus et les plus rassembleurs possibles afin de faire sens pour un maximum de personnes. Or ces critères de sélection ont servi à orienter l'utilisation même de ce passé littéraire, en mettant en avant des personnalités majoritairement occidentales, les écrivains occidentaux étant pratiquement les seuls à remplir les critères de sélection – à l'exception notable de Tagore et de Confucius.

Le grand homme serait le point de convergence de trois facteurs : une personnalité originale et indépendante, des circonstances historiques et la ratification de la postérité. Jacques Julliard opère une nette distinction entre le grand homme, qui s'apparente pour lui à une création collective autour d'un conducteur de peuples ayant « l'art de la décision dans les situations extrêmes », et « l'artiste, le savant et le héros », personnages positifs qui portent l'humanité à un niveau supérieur grâce à leur génie propre ; des deux, estime-t-il, « le génie est plus admirable parce que […] en s'élevant, il élève le niveau moyen de l'humanité et l'idée que nous nous faisons d'elle[3] ». Dans son discours sur le « devoir de l'historien », Joseph-Marie Portalis opérait déjà une distinction similaire, en expliquant que les grands hommes sont « ces ombres passagères [qui] ont laissé des traces impérissables de leur course fugitive » tandis que l'homme célèbre, le génie, s'illustre « par ses écrits ou par ses conseils[4] ». Entre les deux existe une véritable différence constitutive.

L'une des difficultés rencontrées par l'Unesco dans son programme de commémoration est justement ce lien privilégié qui existe entre le modèle traditionnel du « grand homme » et les qualités guerrières et militaires de leadership. En effet, les périodes de crises et d'affrontements sont propices à l'émergence des hommes d'État […qui] ont besoin de la guerre pour s'affirmer[5] ». A *contrario*, il apparaît moins facile de trouver de grands hommes charismatiques incarnant les valeurs d'universalisme, de paix et de prospérité. En effet, « la paix n'a que faire des grands hommes parce que, en temps de paix,

---

[1] THEULLOT, Jean-François. *De l'inexistence d'un devoir de mémoire*. Nantes : Pleins Feux, 2005, p. 15.
[2] LAVABRE, Marie-Claire. « Peut-on agir sur la mémoire ? ». Op. cit., p. 13.
[3] Ibid., p. 10.
[4] Ibid., p. 10.
[5] JULLIARD, Jacques. « Que sont les grands hommes devenus ? ». Op. cit., p. 13.

l'économie reprend le dessus. Et l'économie, c'est le sériel, le non exceptionnel. C'est le règne des gestionnaires et non des prophètes[1] ». Or il semble difficile d'enthousiasmer les foules avec des diplomates, des bureaucrates et des fonctionnaires internationaux, dont le langage consensuel s'appuie sur la raison et le pragmatisme : « nous sommes donc peut-être entrés dans une ère comme la rêvaient Saint-Simon et Auguste Comte, dans laquelle la paix mondiale, appuyée par le système des Nations Unies, s'incarne dans une « société efficace et fonctionnelle », gouvernée par les lois rationnelles de l'économie et scientifiquement administrée « au plus près des faits »[2].

Avec son programme de commémorations, l'Unesco a tenté de revenir à « cette admiration salutaire qui est le principe des grandes actions[3] » car « ce n'est point en prouvant froidement aux hommes que tout est bien, c'est en les passionnant pour tout ce qui est beau, tout ce qui est grand, tout ce qui est bon, que l'on assurera l'indépendance et le bonheur des nations[4] ». En effet, « la providence, en nous créant plus sensibles que raisonnables, nous dispose à être gouvernés par des exemples plutôt que par des préceptes [...] Les grands hommes sont pour nous, dans le monde moral, ce que les hardis navigateurs sont dans le monde physique ; ils nous montrent l'étendue de notre héritage[5] ».

Si ce programme de commémoration apparaissait donc dès le départ, et pour de nombreuses raisons, voué à l'échec, on peut penser que développé d'une autre manière avec un budget conséquent, il aurait pu permettre à l'Unesco de trouver dans les figures de personnalités charismatiques disparues, un moyen d'incarner ses valeurs phares (paix, tolérance, compréhension mutuelle, diversité culturelle, universalité de la culture) en se dotant d'une aura intellectuelle prestigieuse et incontestable.

Le rejet du programme par un certain nombre de pays (dont les États-Unis, le Canada et plusieurs pays européens) témoigne bien de leur désintérêt vis-à-vis de cette problématique, qui correspond d'ailleurs à d'autres orientations prises par ces mêmes pays, quant au remplacement des intellectuels du Conseil exécutif par des diplomates par exemple ou à la préférence d'un recrutement de fonctionnaires plus compétents au niveau administratif que dotés d'une sensibilité artistique ou d'une posture intellectuelle. Loin d'être simplement dû à des faiblesses budgétaires ou administratives, l'échec de ce programme semble relever d'un désaccord beaucoup plus profond à la fois sur le rôle de l'Unesco, sur l'existence même d'un héritage littéraire « commun » et sur la place et le rôle assignés aux grandes figures d'intellectuels (morts ou vivants) dans la société contemporaine. Cet échec est donc d'abord le fruit des conceptions culturelles divergentes chez les États membres de l'Unesco et semble confirmer le très faible degré du sentiment d'appartenance à une « mémoire collective » mondiale, dont

---

[1] Ibid., p. 16.
[2] Ibid., p. 17.
[3] PORTALIS, Joseph-Marie. *Du devoir de l'historien.* Op. cit., p. 156.
[4] Ibid., p. 157.
[5] Ibid., p. 17.

dépendent pourtant le progrès culturel et la qualité de la relation entre le passé et l'avenir de la société[1].

Bien que l'universalité soit l'un des objectifs de l'Unesco, les projets universalistes de l'organisation ont donc éprouvé des difficultés à représenter équitablement l'ensemble du monde. L'évolution de l'Unesco entre 1946 et 1974 est spectaculaire : l'organisation a accueilli presque chaque année un ou plusieurs États membres supplémentaires, qu'elle a dû inclure dans les programmes en cours. A cet égard, les projets à vocation régionale ont permis d'orienter la politique du livre en fonction des besoins ressentis dans les différentes régions du monde. En termes chronologiques, les premiers projets ont naturellement concerné d'abord la région européenne (reconstruction) et la région de l'Amérique latine et des Caraïbes, les deux tiers des États membres provenant au départ de ces deux régions. Fin 1947, seuls 9 États membres ne sont ni occidentaux ni latino-américains ; il s'agit de l'Arabie saoudite, la Chine, l'Égypte, l'Inde, le Liban, la Turquie, la Syrie, les Philippines et le Libéria.

Dans ces conditions, l'Unesco a d'abord privilégié les projets dans les pays d'Amérique latine[2] : création du Centre de l'Unesco pour l'hémisphère occidental à La Havane, lancement du projet pilote de la vallée de Marbial en Haïti et du projet de bibliothèque publique pilote à Medellín, organisation d'une unité mobile de microfilm, etc. D'autant que les pays latino-américains représentent dans le système onusien « un des piliers sur lesquels les États-Unis comptent s'appuyer, sachant en outre que l'influence européenne n'avait jamais été aussi faible dans cette région du monde[3]. Par la suite, avec l'adhésion des États arabes et asiatiques, puis l'arrivée massive des États africains (28 adhésions entre 1956 et 1964), l'Unesco développe des programmes plus étoffés par zone géographique, tout en poursuivant tant bien que mal ses projets à vocation universelle – souvent considérés comme révélateurs de l'occidentalocentrisme de l'organisation.

---

[1] NARAGHI, Ehsan. *L'Orient et la crise de l'Occident.*Editions Entente, 1977, p. 54

[2] ARCHIBALD, Gail. *Les États-Unis et l'Unesco, 1944-1963.* Op. cit., p. 191.

[3] URBAN, André. *Les États-Unis face au Tiers monde à l'ONU de 1953 à 1960.* Paris : L'Harmattan, 2005, p. 260-261.

CHAPITRE XIV

La légitimation d'une vision occidentalocentrée

Après ce panorama des réussites et des échecs de la politique du livre de l'Unesco, il est nécessaire de prendre du recul et de considérer cette politique dans ses aspects dynamiques et interactifs. En effet, les différentes activités menées ont souvent eu d'autres effets que ceux officiellement recherchés, car les organisations internationales remplissent souvent « des fonctions qui ne leur avaient pas été assignées dans les textes : information, réduction du coût des échanges, socialisation, légitimation collective. [...] Cette activité discrète et permanente est difficilement mesurable à partir de critères préétablis[1] ». Les grandes puissances occidentales fondatrices de l'Unesco (États-Unis, Royaume-Uni, France) ont utilisé – avec un certain succès – la politique du livre de l'organisation afin de légitimer une vision occidentale du rôle et de la place du livre dans la société, mais aussi dans le cadre de leurs politiques nationales de rayonnement culturel et linguistique.

Une approche dynamique de ce phénomène ne peut occulter les réactions suscitées par cette volonté d'instrumentalisation chez les différents acteurs, en premier lieu les États membres de l'organisation, mais aussi les fonctionnaires du secrétariat. Il faut aussi tenir compte de l'évolution du statut du livre dans le monde et des bouleversements de la scène littéraire mondiale durant la période étudiée ; ces phénomènes vont de pair avec le processus d'acculturation et de réappropriation du livre par un grand nombre de pays, dont les populations de plus en plus alphabétisées voient fleurir écrivains et livres témoignant de leur existence – et de leur résistance – littéraire. Grâce à l'existence d'une majorité du Tiers monde à la Conférence générale (où un État équivaut à une voix), ces évolutions semblent avoir progressivement contribué à modifier en profondeur la politique du livre de l'Unesco. Cette évolution paraît d'ailleurs symptomatique d'un changement plus général des rapports de force au niveau mondial, qui a pour conséquence indirecte un détournement des grandes puissances occidentales de l'Unesco et de certaines organisations spécialisées et un repli sur l'OMPI, l'OCDE, le FMI et la Banque mondiale.

[1] SMOUTS, Marie-Claude. *Les organisations internationales.* Op. cit., p. 51-52.

A l'image du concept de « développement », la notion d'« impérialisme » a donné lieu depuis quelques décennies à des milliers d'ouvrages, souvent de tendance marxisante, dont un certain nombre consacré aux aspects culturels et linguistiques de la question. Les études sur les ravages de la domination capitaliste, américaine ou occidentale, sur le monde sont nombreuses :

> *A une première version de la théorie de l'impérialisme culturel fortement imprégnée de marxisme dans les années 1970 et basée avant tout sur la dénonciation de l'impérialisme américain a succédé une version plus distanciée, délaissant les États pour mettre l'accent sur le pouvoir des firmes multinationales, en particulier dans le domaine des industries culturelles et des médias. L'une et l'autre de ces versions dénoncent l'imposition de valeurs, de normes, de croyances, une imposition présentée comme intentionnelle et correspondant aux intérêts des États dominants et des grandes entreprises. [...] Cette vision des choses fait peu de cas [...] des formes de résistance, de réception et d'appropriation différenciées voire de production de différences qui contredisent l'homogénéisation culturelle du monde*[1].

Il est intéressant d'étudier la politique du live de l'Unesco au prisme de ce concept, de manière à déceler quels aspects de cette politique pourraient être envisagés comme participant d'un impérialisme occidental, volontaire ou involontaire. Selon Jacques Rigaud, qui travaille à l'Unesco dans les années 1970 :

> *La culture européenne a pratiqué dans ses rapports avec les autres cultures un esprit de supériorité, voire de suprématie qui est resté longtemps indiscuté, au point d'apparaître à nos yeux comme l'expression même de la nature des choses. [...] A un double point de vue, cet esprit de supériorité a conduit la culture européenne à des abus qui furent longtemps inconscients. Si toutes les cultures engendrent des valeurs universelles et communiquent en quelque sorte par le haut, la culture européenne a eu tendance à hausser au niveau de l'universel l'ensemble de ses concepts et de leurs implications de toute nature, au point de regarder les autres cultures comme des dépendances provinciales, des excroissances marginales ou aberrantes par rapport à elle-même ; les grands courants créateurs que sont le christianisme et le marxisme n'ont pas échappé à cet orgueil ; il n'est pas étonnant qu'ils soient soumis, dans le Tiers monde et en Chine à des inflexions, des adaptations, des transformations qui déroutent les Européens. En second lieu, si la maturité de la culture européenne lui a permis d'imaginer la première, sinon un syncrétisme culturel, du moins une synthèse de l'ensemble des cultures du monde, cette démarche a été conçue et pratiquée en fonction d'un égocentrisme occidental qui la rend suspecte aux autres peuples*[2].

Si la politique du livre de l'Unesco reflète une vision largement occidentale du rôle et de la place de l'écrit dans la société et dans le monde, les conceptions « franco-latine » et anglo-saxonne du livre et des écrivains/intellectuels divergent assez considérablement. Or l'étude de la politique du livre de l'Unesco semble démontrer une influence anglo-saxonne (en particulier américaine) prédominante dans l'organisation.

---

[1] CHAUBET, François, MARTIN, Laurent. *Histoire des relations culturelles dans le monde contemporain*. Paris : Armand Colin, 2011, p. 213.
[2] RIGAUD, Jacques. *La culture pour vivre*. Op. cit., p. 275-276.

Une influence anglo-saxonne prédominante

Comme le souligne Alfred Sauvy, « au lendemain de la guerre, les États-Unis, maîtres du monde, comme jamais il n'y en eut, dispensateurs de ressources et de bonne pensée, ont donné, non sans un certain altruisme messianique souvent, les impulsions nouvelles[1] ». Leur influence se ressent à l'Unesco, entre autres, dans le contenu des programmes (droit d'auteur, bibliothèques, promotion du libéralisme en termes de circulation des livres et autres matériels culturels et éducatifs, accent mis sur le livre de poche comme moyen de communication de masse, etc.), dans le profil des fonctionnaires travaillant pour ces secteurs d'activité (majoritairement des administrateurs et des techniciens, souvent des Américains et des Britanniques), dans l'importance accordée à la langue anglaise et dans les méthodes de travail utilisées (découpage administratif...). Comme le remarque Gail Archibald :

> *L'hégémonie des États-Unis à l'Unesco est intrinsèque à la deuxième moitié du XXe siècle par le biais de la culture américaine qui se propage le plus facilement du monde à l'aide des techniques modernes « Made in USA ». Ces produits sont inséparables des origines et de l'évolution de l'Unesco, ce qui fait que potentiellement l'Organisation internationale chargée de la culture porte, plus que les autres, les stigmates et les mérites de son principal fondateur[2].*

Dans ses premières années, l'ONU apparaît comme un instrument utilisé par les Américains pour réaliser leurs objectifs de politique étrangère[3]. L'influence américaine sur le reste du monde, dans les domaines politique et économique, mais aussi culturel, éducatif et scientifique, a fait l'objet de multiples recherches et théories depuis la publication en 1902 d'un numéro annuel de la revue britannique *Review of Rewiews* consacré à « l'américanisation du monde » par William Thomas Stead (1849-1912). Ce dernier y insiste sur l'importance du système éducatif américain, qu'il analyse comme l'une des principales clés expliquant l'influence grandissante des États-Unis dans le monde.

Ce sujet a connu un renouveau important ces dernières années, en particulier en Europe et aux États-Unis. L'américanisation des élites à travers le monde au cours du XXe siècle est un phénomène aujourd'hui largement souligné par différents chercheurs, et si cette dernière résulte principalement des efforts conjoints du gouvernement des États-Unis et des grandes fondations américaines, le gouvernement américain a également tenté d'utiliser l'Unesco pour soutenir et légitimer les méthodes et concepts américains dans les domaines de la culture, de la recherche scientifique et de l'éducation.

---

[1] Préface d'Alfred Sauvy in NARAGHI, Ehsan. *L'Orient et la crise de l'Occident*. Op. cit., p. 8.

[2] ARCHIBALD, Gail. *Les États-Unis et l'Unesco*, 1944-1963. Op. cit., p. 321.

[3] YOUNG, Oran R. « Système et société dans la conduite des affaires mondiales : le rôle des organisations internationales », in *Revue internationale des sciences sociales*, n°144, Unesco-ERES, juin 1995, p. 230.

Dans le domaine des bibliothèques

Dès la seconde Conférence générale de l'Unesco en novembre 1947, les grands axes d'un programme d'activités dans le domaine des bibliothèques sont définis par un petit comité, dont une majorité d'Anglo-saxons (Luther Evans, Marietta Daniels, Edward Carter, Jacob Zuckerman, Emerson Greenaway). L'importance des bibliothèques dans la société américaine se reflète dans l'intérêt apporté au programme d'activité dans ce domaine, ainsi que dans les personnalités américaines siégeant au Conseil exécutif (Archibald MacLeish et Luther Evans ont tous deux été bibliothécaires de Congrès). Le seul directeur général américain de l'organisation sera d'ailleurs Luther Evans, particulièrement sensibilisé, de par son activité professionnelle, aux questions de bibliothèques et du droit d'auteur.

Dans la société américaine de la 2ème moitié du XIXe siècle, les bibliothèques publiques revêtent une importance toute particulière, notamment pour l'éducation des masses. Armando Petrucci souligne ainsi :

> *Dans les années 1930 et 1940, aux États-Unis, dans le droit fil du New Deal de Roosevelt, on a vu se consolider et se diffuser l'idéologie typiquement anglo-saxonne de la bibliothèque publique comme structure fondamentale de la démocratie. Les manuels destinés à la formation des bibliothécaires et les enquêtes sociologiques sur l'éducation de base affirmaient tous que le répertoire des livres garantissant une lecture positive, et utile, dans l'absolu, aux individus et à la communauté, était celui qui reposait sur les standards approuvés par des générations d'intellectuels autorisés et qui se référait à un système de valeurs supérieur. A la lecture, aujourd'hui légèrement embarrassante, de ce type d'ouvrages, on a l'impression que, dans l'idéologie du progressisme américain, la lecture était consciemment conçue comme un instrument de formation et de contrôle social parce qu'elle était limitée à un canon homogène d'auteurs et d'œuvres fondé par l'autorité de la tradition*[1].

La plus grande bibliothèque du monde, par l'ampleur de ses collections, est la *Library of Congress* de Washington, qui contient plus de 10 millions de livres. Les principes de bibliothéconomie « moderne » américains ont aussi exercé une influence considérable sur l'évolution des conceptions européennes, en particulier en ce qui concerne le rôle et l'architecture des bibliothèques et la formation des bibliothécaires. L'Unesco a servi de relais aux conceptions bibliothéconomiques américaines, ne serait-ce qu'en consacrant un service administratif, un grand nombre de fonctionnaires et un budget conséquent à ce domaine.

L'influence anglo-saxonne est perceptible à l'Unesco à plusieurs niveaux. Elle se retrouve dans la conception de la bibliothèque publique comme lieu d'animation culturelle, ce dont témoigne entre autres la publication du manifeste *La bibliothèque publique, force vive au service de l'éducation populaire* (mai 1949). Cette influence transparaît aussi dans la foi accordée par l'Unesco à

---

[1] PETRUCCI, Armando. « Lire pour lire. Un avenir pour la lecture », in CAVALLO, Guglielmo, CHARTIER, Roger (dir.). *Histoire de la lecture dans le monde occidental*. Paris : Seuil, 1997, p. 406-407.

l'effet de démonstration des « projets pilotes », une idée très en vogue pendant plusieurs décennies chez les bibliothécaires britanniques et américains.

Les trois bibliothèques publiques pilotes de l'Unesco sont en grande partie le fruit de missions effectuées par des Anglo-saxons, les Britanniques Edward Sydney et Frank Gardner à Delhi, le Britannique Stanley Horrock à Enugu, l'Américain Charles Mohrhardt à Medellín. La bibliothèque de Medellín est largement influencée par les conceptions et techniques américaines ; son premier directeur colombien Julio César Arroyave effectue des stages aux États-Unis, tandis que Mohrhardt passe plusieurs semaines à conseiller les architectes de la bibliothèque[1]. Quant au premier directeur de la bibliothèque de Dehli, Des Raj Kalia, il est le premier Asiatique à recevoir une bourse de l'Unesco pour étudier la bibliothéconomie aux États-Unis et en Europe (en particulier au Royaume-Uni).

En ce qui concerne le concept anglo-saxon de « planification des bibliothèques » (*library planning*), Paul Sturges estime qu'il a influencé l'action de l'Unesco, notamment par l'exemple du système de bibliothèques mis en place en Côte-d'Or par Evelyn Evans (*British Council*) entre 1945 et 1952 :

> *Lorsqu'en 1952, Yvonne Oddon a fait le tour des bibliothèques africaines en mission pour l'Unesco, elle a considéré que la Côte-d'Or était le seul des pays visités dans lequel les bibliothèques publiques avaient progressé au-delà du premier stade de développement. C'était important car sa mission était effectuée en vue de préparer l'un des séminaires organisés par l'Unesco à travers le monde sur les bibliothèques publiques, [...] celui qui s'est tenu à Ibadan, Nigeria, en 1953. Les Actes du séminaire ont été très influents en Afrique durant les années suivantes à la fois en tant que déclaration de principe et comme description des conditions existantes. Une Association des bibliothécaires d'Afrique de l'Ouest [WALA] a notamment était formée afin de promouvoir les principes discutés à Ibadan. En tant que canal d'influence pour la conception d'Evans sur la centralisation des bibliothèques, le séminaire et la WALA ont évidemment été importants*[2].

En outre, de très nombreux bibliothécaires américains, ou formés aux techniques bibliothéconomiques américaines, effectuent des missions pour l'Unesco, contribuant à véhiculer et à imposer dans le Tiers monde cette conception planifiée des bibliothèques. Edward Carter, architecte de formation et ancien bibliothécaire du *Royal Institute of British Architects*, reconnaît volontiers l'avance des conceptions américaines dans ce domaine[3], et Thomas Kelly rappelle que Carter plaidait déjà, dans les années 1930, pour la construction de bibliothèques modernes sur le modèle américain[4]. Everett Petersen, formé aux États-Unis et ayant participé au mouvement de la *Great Books Foundation* à l'Université de Chicago[5], est quant à lui un farouche défenseur de la conception de la bibliothèque publique comme lieu d'éducation

---

[1] Rapport « *Inter-american library relations, July-December 1955* », p. 2. Archives Unesco, dossier 02 (8) A 12 / OAS.

[2] STURGES, Paul. « The poverty of librianship : national library services of Anglophone Africa in the post-independence era », in *Libri*, 2001, n° 51, p. 41.

[3] PARKER, Stephen. *Unesco and Library Development Planning*. Op. cit., p. 99.

[4] KELLY, Thomas. *History of Public Libraries in Great Britain*. Op. cit., p. 280.

[5] Lettre de Petersen à Houle, 25 janv. 1950. Archives Unesco, dossier 02 A 074 (485) « 50 ».

populaire. Quant à Carlos Victor Penna, formé aux États-Unis, il se fait le champion du concept de « planification des bibliothèques » jusqu'à son départ à la retraite en 1971.

Par ailleurs, les Américains exercent une influence déterminante sur la conception du métier de bibliothécaire, contribuant à la déconsidération du modèle traditionnel du « bibliothécaire érudit » européen, comme le souligne Henri-Jean Martin :

> *Il s'agit là d'une querelle qui remonte au début du siècle, où les bibliothécaires qui voulaient promouvoir en France des bibliothèques sur le modèle anglo-saxon ont attaqué les bibliothécaires qui consacraient leur temps à des recherches érudites. Cette querelle a rebondi en 1968, au temps des Assises des bibliothèques, et elle est d'autant plus à l'ordre du jour actuellement que le métier de bibliothécaire devient de plus en plus diversifié et spécialisé. Dans quelle mesure, par exemple, doit-il être spécialisé [...] Dans quelle mesure un bibliothécaire de lecture publique devra-t-il être un animateur dynamique, ou un bon connaisseur de la production littéraire actuelle, susceptible de bien choisir ses acquisitions et de bien conseiller les lecteurs ?*[1]

L'influence anglo-saxonne se fait également sentir dans la distribution de nombreux ouvrages de langue anglaise via l'Unesco. En effet, si après-guerre, Britanniques et Américains utilisent, dans le cadre de leurs politiques culturelles extérieures, le don de livres aux bibliothèques pour favoriser l'usage de la langue anglaise et répandre leurs ouvrages et leurs idées, la collaboration avec l'Unesco confère à certains de leurs dons une légitimité accrue. En 1947, l'Unesco contribue ainsi à distribuer dans 17 pays 300 exemplaires de l'*Encyclopedia Britannica*[2], véhicule majeur d'une conception anglo-saxonne du monde. Par le biais du Centre interallié du livre, 400 000 ouvrages et périodiques, majoritairement de langue anglaise, sont aussi distribués par l'Unesco dans 22 pays[3]. Puis en 1949, l'organisation distribue à 300 bibliothèques des ouvrages pour un montant de 10 000 $:

> *Le fonds disponible ne sera pas entièrement dépensé en Grande-Bretagne et sera probablement divisé entre des achats en Grande-Bretagne, aux États-Unis, en France et en Suisse, mais il est possible qu'approximativement 4 000 ou 5 000 $ soient disponibles pour des achats en Grande-Bretagne*[4].

Par le biais du *CARE/Unesco Book program* mené en 1949-1950, plusieurs dizaines de milliers d'ouvrages américains sont aussi distribuées dans le cadre du programme de reconstruction de l'Unesco[5]. L'organisation offre par exemple à la bibliothèque de Delhi une collection complète d'ouvrages de référence américains.

Enfin, un dernier aspect de l'influence américaine dans ce domaine est l'adoption de la classification Dewey dans les structures mises en place par

---

[1] MARTIN, Henri-Jean. « Eloge de la perfection », in FIGUIER, Richard (dir.). *La bibliothèque. Miroir de l'âme, miroir du monde.* Paris : Autrement, 1991, p. 115.
[2] Voir Archives Unesco, dossier 361.9 : 02 Enc. Brit.
[3] Voir Archives de l'Unesco, dossier 04 (41-4) A 031 BNBC.
[4] Lettre de Carter à Seymour Smith, 29 oct 1948.Archives Unesco, dossier 361.9:02
[5] Voir Archives Unesco, dossier 332.55:02 UNESCO/CARE.

l'organisation, en particulier les bibliothèques publiques pilotes. Ce choix peut en effet sembler parfois arbitraire, et même paradoxal dans le cas de la bibliothèque de Delhi, où la classification Dewey est adoptée malgré les efforts de l'influent bibliothécaire universitaire indien Shiyali Ramamrita Ranganathan. Professeur en bibliothéconomie à l'université hindoue de Vârânasî, ce dernier est président de l'Association bibliothécaire indienne de 1944 à 1953. Ayant inventé un « système de classification à facettes », lui-même adapté de la classification Dewey afin de mieux correspondre aux réalités culturelles indiennes, Ranganathan aurait en effet souhaité que la bibliothèque de Delhi adopte plutôt ce système… Armando Petrucci s'est penché sur l'influence de la classification Dewey :

> *Aujourd'hui encore aux États-Unis et ailleurs, le système de classification des livres le plus répandu est celui mis au point en 1876 par un jeune bibliothécaire américain, Melwil Dewey, qui propose et, d'une certaine manière, impose, avec ingénuité, une vision du savoir humain à la fois archaïque et moderne. Il y a dix grandes catégories: 0 = dictionnaires et encyclopédies; 1 = philosophie; 2 = religion; 3 = sciences sociales; 4 = sciences du langage; 5 = sciences exactes; 6 = sciences appliquées, techniques; 7 = arts, jeux, sports; 8= littérature; 9 = géographie, histoire. Chacune peut à son tour être divisée en dix sous-catégories, elles-mêmes divisibles par dix, et ainsi de suite. Cette mathématisation assez simple permet de classer et de repérer assez facilement n'importe quel livre dans une bibliothèque, qu'elle soit en libre accès ou non. Ce qu'il faut souligner ici, c'est que la hiérarchie des matières (philosophie et religion en tête, religion venant après philosophie, histoire et géographie regroupées, littérature comme catégorie en soi, etc.) révèle d'une part la perpétuation d'anciens schémas et de l'autre l'apparition ponctuelle de valeurs laïques et scientistes propres à la culture américaine de l'époque et à la culture positiviste occidentale en général.*
>
> *La fortune historique de la classification de Dewey peut donc être considérée comme un des symptômes les plus significatifs de l'existence et de la persistance des mécanismes de contrainte qui régulent, dans notre culture, la diffusion du livre, sa circulation et son usage même*[1].

L'influence américaine dans le domaine des bibliothèques se fait sentir partout dans le monde, comme le montre l'exemple du séminaire sur le développement des bibliothèques nationales organisé par l'Unesco à Manille en 1964 :

> *Les manifestations les plus évidentes de l'influence américaine sont la* National Diet Library *à Tokyo et le pourcentage élevé de bibliothécaires philippins formés aux États-Unis. L'influence britannique est moins apparente que l'on pourrait s'y attendre, et l'influence française pratiquement inexistante. […] Les différences de langage durant le séminaire ont été révélatrices. Deux langues officielles avaient été sagement proposées par l'Unesco : l'anglais et le français. Le français a été utilisé uniquement par les délégués de l'Iran, du Laos et du Vietnam ; l'anglais par tous les autres*[2].

---

[1] PETRUCCI, Armando. « Lire pour lire. Un avenir pour la lecture ». Op. cit., p. 407-408.

[2] Rapport de consultants au stage d'études régional sur le développement des bibliothèques nationales en Asie et dans le Pacifique, réalisé par R. Rogers et Herman Liebaers, 3 avril 1964. Archives Unesco, dossier 02 (5) A 06 (914) « 64 » AMS.

L'expression « influence anglo-saxonne » désigne surtout, dans la réalité, l'influence américaine qui, dans le domaine du livre, s'est exercée dès le XIXe siècle sur le Royaume-Uni[1], et dans une moindre mesure sur les autres pays occidentaux. Les conceptions bibliothéconomiques américaines ont exercé une très grande influence sur bon nombre de bibliothécaires britanniques dans différents domaines (système de classification, interactions avec le public, mise en place d'associations professionnelles, etc.)[2]. Une fois l'apport américain plus ou moins intégré et adapté par les pays européens, il devient une norme « occidentale » qui, à son tour, influence le reste du monde dans un effet démultiplicateur, en particulier dans un contexte de mondialisation. A l'Unesco, l'influence anglo-saxonne se traduit aussi par le fait que Britanniques, Australiens, Canadiens fournissent, dans les années 1950-1960, nombre d'experts en bibliothéconomie formés aux méthodes et aux conceptions américaines

Cependant, si cette influence est considérable dans le domaine des bibliothèques, la politique du livre de l'Unesco a dans son ensemble été influencée par la conception anglo-saxonne du rôle et de la place accordés au livre et aux écrivains dans la société.

En ce qui concerne le rôle du livre pour l'individu et la société

La mise en place de l'Unesco a donné lieu à de nombreuses divergences de conceptions entre, d'une part, les pays anglo-saxons, et d'autre part, les pays « latins » menés par la France. Alors que cette dernière souhaitait une organisation intellectuelle sur le modèle de l'IICI, les Anglo-saxons sont parvenus à imposer l'idée d'une agence de coopération technique éducative et culturelle. Or ces divergences de vue recouvrent plus largement des conceptions divergentes du livre, de l'écrit et des écrivains ; à une notion « intellectuelle » du livre émancipateur permettant la réflexion individuelle s'oppose une vision pragmatique du livre, considéré comme un moyen de communication de masse, utile d'un point de vue éducatif et récréatif. Dans les faits, il semble bien que la vision anglo-saxonne a beaucoup plus influencé la politique menée par l'Unesco que la vision française.

S'instruire et se distraire sont les maîtres mots attachés à la vision américaine du livre, les bibliothèques publiques étant conçues pour les masses avec cette double vocation. A l'Unesco, les États-Unis font tout pour promouvoir les livres techniques et scientifiques d'abord destinés à la formation professionnelle. De la même manière, manuels scolaires et livres de jeunesse – un domaine dans lequel les Américains sont en pointe aux côtés des pays germaniques et nordiques – sont conçus comme des supports pédagogiques complémentaires les uns des autres.

---

[1] DUTT, Sagarika. *The Politization of the United Nations Specialized Agencies*. Op. cit., p. 246-247.

[2] BLACK, Alistair. *A New History of the English Public Library. Social and Intellectual Contexts, 1850-1914.* Leicester University Press, 1996, p. 200 à 202.

Pourtant, rappelle Henri-Jean Martin, le livre « est une machine à imaginer autant qu'une machine à communiquer à proprement parler[1] », et les ouvrages théologiques, politiques, sociologiques ou scientifiques « disent peu des aspirations intimes des lecteurs[2] ». Au lieu d'ouvrir l'accès à des imaginaires, ces ouvrages sont marqués par la volonté consciente de transmettre un message, une pensée, ce qui les transforme plus facilement en supports de l'ethnocentrisme.

Alors qu'en 1950, le gouvernement canadien estime, d'après des rapports fournis par ses agences et ambassades à l'étranger, qu'il n'y aurait pas particulièrement un « besoin criant de livres techniques, scientifiques et professionnels[3] » dans le monde, c'est en s'appuyant sur l'argument des *besoins ressentis* que les États-Unis (et l'Unesco) diffusent à l'époque de nombreux ouvrages de cette catégorie. Conrad Opper (fonctionnaire de l'Unesco qui, à l'office de New York, sert d'officier de liaison avec l'Unicef) affirme en 1964 :

> *En règle générale, les besoins ne concernent pas les livres de fiction, c'est-à-dire la lecture pour le plaisir, mais plutôt les brochures simples sur les problèmes de la vie quotidienne (santé, nutrition, agriculture, soin des enfants, etc.) qui sont produites localement afin de correspondre aux réalités locales*[4].

À partir des années 1960, l'Unesco abonde dans le sens d'une promotion des livres scolaires, techniques et pratiques, de manière à récupérer des fonds pour le livre et les bibliothèques au titre des programmes d'aide au développement économique et social mis en place par la Banque mondiale et le FMI. En 1975, Jacques Rigaud dénonce cette situation :

> *Notre système de communications sociales privilégie l'information par rapport à la formation et la lecture, quand elle est pratiquée, est trop souvent l'expression frénétique d'un besoin d'information qui ressemble à une drogue. Les écrits fondés sur l'imaginaire, c'est-à-dire le roman et la poésie, sont de ce fait délaissés et risquent de se scléroser faute d'une suffisante faveur du public*[5].

Même la France, qui conserve un discours officiel valorisant la « grande littérature » émancipatrice, infléchit largement sa propre politique de rayonnement culturel à l'étranger dans un sens anglo-saxon avec la naissance du concept de « coopération technique » et la transformation, en 1956, de la Direction générale des relations culturelles en Direction générale des Affaires culturelles et techniques[6]. Dans ce sens, l'influence américaine apparaît importante sur la conception du livre non seulement dans le cadre de l'Unesco, mais aussi à travers le monde et y compris en France. Cela dénote une nette évolution depuis la fin des années 1940, époque durant laquelle, dans le cadre du programme de reconstruction de l'Unesco, les États-Unis distribuaient à

[1] MARTIN, Henri-Jean. « Eloge de la perfection ». Op. cit., p. 109.
[2] SIX, Nicolas. « Les invariants de la littérature universelle ». Op. cit.
[3] Lettre de Stanforth à Carter, 20 avril 1950. Archives Unesco, dossier 332.55 :02 UNESCO/CARE.
[4] Lettre d'Opper à Scheu-Riesz, 14 fév. 1964. Archives Unesco, dossier 04 A 01 IBBY.
[5] RIGAUD, Jacques. *La culture pour vivre*. Op. cit., p. 249.
[6] ROCHE, François. *Histoires de diplomatie culturelle des origines à 1995*. Op. cit., p. 91.

travers le monde des milliers d'ouvrages scientifiques et techniques tandis que la France donnait des milliers de textes littéraires classiques édités par l'Association de défense de la pensée française (ADPF)[1].

D'autre part, les États-Unis étant après guerre le premier pays producteur de livres (notamment de la fiction de divertissement), ils s'intéressent particulièrement, à travers l'Unesco, à améliorer la circulation des livres (en préconisant la suppression des barrières protectionnistes), à réduire les pertes d'argent causées par le plagiat (par le biais de la Convention universelle sur le droit d'auteur) et à améliorer leurs réseaux de diffusion, en particulier grâce au livre de poche (*paper back*). Les États-Unis tentent d'orienter sur ces questions la Division du droit d'auteur (par le biais du *Copyright Office*) et la Division de la libre circulation de l'information (dirigée pendant près de 30 ans par l'Américain Julian Behrstock).

Ils jouent un rôle important dans les négociations diplomatiques aboutissant à l'adoption de la Convention universelle sur le droit d'auteur, et imposent la version anglaise comme ayant une force légale identique à la version française du texte de la Convention[2]. En 1958, ils incitent l'Unesco à examiner la conformité des législations nationales des États adhérents à la Convention par rapport aux obligations stipulées dans le texte, et suggèrent au Comité intergouvernemental de voter en 1960 une résolution recommandant « de faciliter l'exercice d'une action pénale en cas de violation du droit d'auteur[3] ». Avec l'Accord de Florence (puis le protocole de Nairobi en 1976), les États-Unis facilitent aussi leurs exportations d'industries culturelles à travers le monde.

Toutefois, sur ces questions, les autres pays producteurs de livres et de biens culturels (dont la France) se montrent partagés ; s'ils ont en effet des intérêts économiques dans le monde identiques à ceux des États-Unis, ils craignent dans le même temps d'être submergés par les produits culturels de masse américains... La plupart des pays producteurs de livres, majoritairement occidentaux, appuient généralement les efforts des États-Unis pour imposer le libéralisme en matière de biens culturels, éducatifs et scientifiques dans le cadre multilatéral – tout en instaurant parfois dans leurs propres pays des dispositions destinées à encourager et protéger leurs activités de production et de diffusion de ces mêmes catégories de produits. Dans le domaine littéraire, les systèmes de « prix unique du livre » ou de subventions aux éditeurs et aux écrivains ont ainsi pour vocation de protéger la création et la diffusion nationale, en particulier contre les produits étatsuniens.

Au-delà des seuls États-Unis, les pays occidentaux se retrouvent d'ailleurs dans une même tendance à la survalorisation de la place et du rôle de l'écrit. Les divergences ont tendance à s'effacer devant deux convictions fortes, qui se renforcent mutuellement et sont largement visibles à travers la politique du livre de l'Unesco : d'une part, le livre est vu comme l'un des principaux vecteurs de la

---

[1] Voir Archives Unesco, dossier 361.9 : 02.
[2] Voir Archives Unesco, dossier 347.78 A 102 « - 66 ».
[3] Lettre circulaire du DG aux États membres, début 1961. Archives Unesco, dossier 347.78 A 102 « - 66 ».

culture et des valeurs occidentales (dont la démocratie, les droits de l'homme et l'humanisme) qui sont aussi celles prônées par l'Unesco ; d'autre part, le livre constitue le support privilégié du modèle éducatif idéal – c'est-à-dire occidental.

LE LIVRE, INSTRUMENT DE L'IMPÉRIALISME DES GRANDES PUISSANCES

Le titre choisi par Roger Chartier et Henri-Jean Martin pour le 2ème tome de *L'Histoire de l'édition française*, « Le livre triomphant »[1], traduit bien l'apogée atteinte en Europe par le livre imprimé du milieu du XVIIe siècle aux années 1830, période durant laquelle, par ailleurs, plusieurs empires modernes se mettent en place. La France et l'Angleterre rivalisent dans le monde, tandis que l'importance de l'empire espagnol décline et que les colonies américaines, tant au nord qu'au sud, gagnent peu à peu leur indépendance. Si les empires catholiques (Portugal, Espagne, France) utilisent largement missionnaires et bibles au nom de la mission civilisatrice, la culture et le livre ne seront employés que plus tardivement en tant qu'outils diplomatiques, en particulier après les innovations techniques de la révolution industrielle, qui perfectionnent les procédés d'impression et rendent la production de livres plus facile et moins coûteuse.

Les empires occidentaux, puis les États-nations qui leur succèdent, ne cessent de rivaliser entre eux et règlent leurs querelles au cours du XXe siècle par les deux conflits dits mondiaux, mais se retrouvent cependant dans une semblable instrumentalisation de la culture – et en particulier du support livre – dans le cadre de leurs politiques impérialistes respectives. Alors qu'il préside les États-Unis de 1901 à 1909, Theodore Roosevelt par exemple justifie déjà sa politique impérialiste à l'égard de l'Amérique latine en évoquant « une mission culturelle commune aux pays développés[2] ». L'impérialisme occidental puise sa source dans la certitude qu'il est nécessaire d'imposer les croyances et les convictions européennes dans le reste du monde ; comme l'explique Paul Ricœur, dès lors que les Occidentaux « disposent à la fois du *pouvoir* d'imposer et de la croyance dans la *légitimité* de ce pouvoir », une politique impérialiste intolérante se développe, basée sur « la désapprobation des croyances et des convictions d'autrui et le pouvoir d'empêcher ce dernier de mener sa vie comme il l'entend[3] ». La France, en particulier, fait constamment un usage politique de son « capital littéraire », en exerçant et en faisant subir dans ses entreprises coloniales, mais aussi dans ses relations internationales, un « impérialisme de l'universel » basée sur une conception de « la France mère des arts… »[4]. De manière directe, Jean Dubuffet estime : « de même que la caste bourgeoise cherche à se convaincre et à convaincre les autres que sa prétendue culture (les

---

[1] CHARTIER, Roger, MARTIN, Henri-Jean. *Histoire de l'édition française. Tome 2 : Le livre triomphant.* Paris : Fayard, 1990.
[2] CHAY, Jongsuk. *Culture and international relations.* Op. cit., p. 104.
[3] RICOEUR, Paul. « État actuel de la réflexion sur l'intolérance », in ACADEMIE UNIVERSELLE DES CULTURES. *L'intolérance : forum international sur l'intolérance - UNESCO, 27 mars 1997.* Paris : Grasset, 1998, p. 20.
[4] CASANOVA, Pascale. *La République mondiale des lettres.* Op. cit., p. 55.

oripeaux qu'elle pare de ce nom) légitime sa préservation, le monde occidental légitime aussi ses appétits impérialistes par l'urgence de faire connaître aux nègres Shakespeare et Molière[1] ».

Si la Seconde Guerre mondiale et la décolonisation marquent un tournant dans l'histoire, l'impérialisme occidental ne disparaît pas ; il s'adapte au contraire à la nouvelle situation, et se transforme en une guerre commerciale pour laquelle la langue et la culture deviennent des enjeux majeurs de pouvoir. Les Occidentaux se posent désormais en détenteur du savoir et de la vérité, comme en témoigne une réflexion de David Mitrany qui, en 1943, estime qu'« il est facile de savoir quels seront les besoins des peuples d'Europe et des autres continents[2] » une fois la guerre finie.

La dissolution des empires coloniaux britannique et français internationalise des relations auparavant bilatérales entre métropole et colonie, donnant naissance à « l'assistance technique », plus tard renommée « coopération technique ». Ainsi, avec l'émergence de l'idéologie du développement, le livre est considéré comme indispensable en tant que facteur de l'industrialisation et du progrès économique et social dans le Tiers monde.

Ces deux aspects (économique et idéologique) se superposent, chacune des grandes puissances considérant qu'il faut alphabétiser les populations du Tiers monde dans sa langue (anglais ou français) en leur fournissant des manuels scolaires et des livres occidentaux, de manière, d'une part, à répandre son mode de pensée, sa langue et ses croyances, et d'autre part, à développer ses ventes de livres et de produits éducatifs et culturels. A cet égard, l'ouvrage de Jean-Yves Mollier *L'argent et les lettres* (Fayard, 1988) et les tomes 3 (*Le Temps des éditeurs*) et 4 (*Le livre concurrencé*) de l'*Histoire de l'édition française*, parus en 1990, montrent bien la manière dont le métier d'éditeur s'est profondément tranformé entre le milieu du XIXe siècle et le milieu du XXe siècle, donnant naissance à de véritables empires capitalistes dans le domaine de l'édition.

Dans ce contexte, le rôle de l'Unesco apparaît relativement ambigu. Si l'organisation, en effet, n'a pas vocation à défendre les intérêts politiques, idéologiques et commerciaux des puissances occidentales, elle participe cependant à ce mouvement de différentes manières, en imposant *de facto* l'utilisation de grandes langues véhiculaires (anglais, français, espagnol) pour la majeure partie de ses activités, en contribuant à la survalorisation du support écrit au détriment de l'oralité et en imposant partout des schémas culturels occidentaux, en particulier au niveau des bibliothèques et du système éducatif.

Le livre au service d'un impérialisme culturel et linguistique

Si les activités générales de l'Unesco, y compris son programme de promotion du livre dans le monde, offrent de nombreux exemples

---

[1] DUBUFFET, Jean. *Asphyxiante culture*. Op. cit., p. 9-10.
[2] MITRANY, David. *A working Peace System*. Op. cit., p. 99.

d'occidentalocentrisme, ces derniers semblent être autant le fruit de l'éducation et de la culture occidentales intériorisées par les acteurs concernés (fonctionnaires du secrétariat, mais aussi délégués des gouvernements, membres de la Conférence générale, professionnels du livre actifs à travers les ONG internationales, etc.) que d'une volonté consciente. Se développe ainsi un « occidentalocentrisme involontaire et inconscient », par exemple au sein des séries de publications (manuels, ouvrages d'histoire de l'art, *Index translationum*, etc.) dont les premiers volumes sont systématiquement consacrés au monde occidental, ou encore dans le cadre du projet majeur Orient-Occident, qui « a donné une présentation déformée des cultures orientales, en les montrant comme figées dans le passé, en cédant au pittoresque, et en gardant toujours des références occidentales[1] ». L'occidentalocentrisme s'immisce dans le domaine du livre, depuis l'imposition des concepts mêmes d'alphabétisation, de droit d'auteur ou de bibliothèque moderne, jusqu'à la focalisation du programme de commémoration des grands hommes sur des écrivains occidentaux.

L'Unesco évoque dès 1947 « le rôle primordial des livres pour la vie civilisée[2] », avant de publier en 1950 l'ouvrage *Les droits de l'esprit*[3], qui propose 6 études sur des sujets tels que l'éducation, le droit d'auteur, la science, la liberté de l'information, etc. Ces études se veulent avant tout des professions de foi de leurs auteurs sur l'importance de la culture pour l'humanité, mais on ne peut manquer de relever l'occidentalocentrisme qui s'en dégage. Dans son étude intitulée « Problèmes humains du droit d'auteur » par exemple, l'écrivain et journaliste français Maurice Bedel (président de la SGDL en 1948-1949) cite une cinquantaine de noms de scientifiques, d'écrivains, d'architectes, de musiciens et d'artistes qu'il compare à des « phares » ayant accru le patrimoine de la société humaine, or cette longue énumération ne comprend, de manière caricaturale, que des Occidentaux[4]. Quelques pages plus loin, Bedel cite une longue liste de chefs-d'œuvre universels (livres, monuments, œuvres d'art, etc.) parmi laquelle seul le *Ta-Hio* de Confucius n'est pas le fruit de la culture occidentale, et lorsqu'il évoque le phénomène du mécénat culturel, c'est uniquement à travers des exemples occidentaux (Grèce antique, Europe de la Renaissance, etc.).

De la même manière, lorsque Guy Métraux et François Crouzet expliquent, en 1966, dans l'introduction du numéro des *Cahiers d'histoire mondiale* consacré aux aspects historiques des relations culturelles internationales, qu'un long processus historique a abouti au milieu du XXe siècle à « la conscience à l'échelle mondiale que la coopération intellectuelle est essentielle non seulement pour le bien-être général de l'humanité, mais aussi pour la consolidation de la paix dans le monde[5] », on peut se demander s'il ne s'agit pas là d'une affirmation relevant

---

[1] MAUREL, Chloé. *La pensée et l'action de l'Unesco dans le domaine de la culture*. Op. cit., p. 251.
[2] « *The basic role of books for civilized life* ». Archives Unesco, dossier 361.9 : 02.
[3] UNESCO. *Les droits de l'esprit*. Paris : Librairie du recueil Sirey, 1950, 298 p.
[4] BEDEL, Maurice. « Problèmes humains du droit d'auteur ». Op. cit., p. 80.
[5] CROUZET, François, METRAUX, Guy. « Introduction », in *Cahiers d'Histoire mondiale*, « La coopération intellectuelle internationale », volume X, n°1, 1966, p. 15.

typiquement d'une manière de penser occidentale – sachant que la liste des collaborateurs de ce numéro ne comprend que des Occidentaux (à l'exception d'un Argentin).

L'occidentalocentrisme à l'Unesco se manifeste aussi fortement du point de vue linguistique, l'usage des trois grandes langues véhiculaires (anglais, français, espagnol) étant quasi systématique pour les publications, colloques, conférences, séminaires et autres activités de formation professionnelle. Ainsi, lorsque l'Indienne Shakuntala Bhatawdekar (alors bibliothécaire au Royaume-Uni) réalise en 1956 pour l'Unesco la liste *Books for Asian Children*[1], cette liste – supposée être réalisée à partir de la littérature du monde entier – comprend une très grande majorité de livres en anglais ; l'Unesco se justifie par le fait que l'anglais est une langue d'édition courante qui est aussi la plus répandue en Asie – ce qui facilite à la fois la lecture des ouvrages répertoriés en langue originale et les traductions[2]. De la même manière, lorsque l'IBBY réalise en 1964 pour l'Unesco une bibliographie de livres de jeunesse destinés à promouvoir la compréhension internationale[3], son président Richard Bamberger reconnaît que la liste inclut de (trop) nombreux ouvrages américains, mais cela lui semble justifié car « la littérature enfantine américaine est riche en livres encourageant la compréhension internationale[4] ».

Si cet impérialisme linguistique se justifie aux yeux de l'Unesco pour des raisons d'organisation pratique et de coût de traduction (en particulier en Asie et en Amérique latine), certains cas sont particulièrement difficiles à justifier. Par exemple, le stage d'étude sur les bibliothèques organisé « pour les pays de langue arabe » à Beyrouth en décembre 1959[5] se déroule quasi entièrement en anglais, le directeur du stage (le Britannique Harold Bonny) et le co-directeur (l'Indien Des Raj Kalia) ne maîtrisant pas l'arabe. On en arrive ainsi à la situation paradoxale où tous les participants d'un stage ont en commun une même langue maternelle qu'ils ne peuvent pourtant pas utiliser... Quant aux deux Centres pour le développement du livre créés avec l'aide du PNUD en Afrique à partir de 1972, ils fonctionnent exclusivement en anglais et en français. L'Unesco perpétue donc les situations de domination linguistique des grandes langues européennes imposées durant les siècles de période coloniale, ce que dénonce Nicolas Six :

> *Imposer une langue, une ébauche de système éducatif, des valeurs, etc., c'est normaliser les cultures et écraser les traditions. C'est préparer le terrain à une conquête culturelle durable et sans partage. Celle de la littérature notamment. C'est donc réduire les particularismes et préparer la diffusion d'un corpus de livres que l'on aurait peut-être tort de dire universel. Il est très facile de comprendre en quoi la généralisation de la pratique de l'anglais et du français, dans une partie des peuples colonisés, a facilité la diffusion massive de livres partout dans le monde. De même que la présence sur place d'une élite administrative et économique tout droit issue de l'occident. Leur socialisation de*

---

[1] Voir Archives de l'Unesco, dossier 02 A 31.

[2] Lettre de Petersen à Batchelder, 22 janv. 1957. Archives Unesco, dossier 02 A 31.

[3] Voir Archives Unesco, dossier 04 A 01 IBBY.

[4] Lettre de Bamberger à Irvine, 7 oct. 1964. Archives Unesco, dossier 04 A 01 IBBY.

[5] Voir Archives Unesco, dossier 02 (=927) A 06 (569.3) « 59 » TA.

« l'indigène » ne pouvait que se nourrir des catégories de représentation du monde de ces mêmes colons, et donc par un corpus de livres très ethnocentré. C'était là imposer le support qu'est le livre en même temps que son contenu. Et donc normaliser les formes et les contenus des récits littéraires[1].

A l'occasion d'une mission en Asie en 1962, dont l'un des objectifs consiste à examiner de quelle manière la libre circulation des livres (en faveur du Tiers monde) peut nuire à l'application du droit d'auteur, Arpas Bogsch ne cache pas ses intérêts à l'Unesco :

Durant ces dernières années, j'ai été régulièrement confronté à des problèmes rencontrés par nos éditeurs, principalement les éditeurs de manuels et de textes de lecture, dans cette région. Je sais que les problèmes sont bien réels, et je suis certain qu'une mission de l'Unesco pourrait être d'une grande utilité[2].

Or si l'on change d'angle de vue, la domination de grands groupes d'édition occidentaux – facilitée par le passé colonial – a pour effet une unification culturelle dommageable :

En dépit des efforts considérables de l'Unesco pour susciter et financer la naissance d'une industrie du livre dans ces pays, le réseau d'éditeurs indépendants reste embryonnaire. [...] Pour autant, l'anémie du réseau d'éditeurs nationaux ne conduit pas à une pénurie d'ouvrages adaptés aux lecteurs de ces aires géographiques. Les Anglo-Saxons sont très présents, et ils répondent à la demande, notamment à celle de livres d'enseignement et de formation, mais aussi à la demande de littérature authentique (la littérature culturellement apparentée au pays d'origine). Mais [...] il ne s'agit pas d'une industrie indépendante. Tant et si bien qu'on peut à raison la qualifier de littérature néo-coloniale[3].

D'autre part, les éditeurs du Tiers monde préfèrent souvent publier des classiques occidentaux ayant fait leurs preuves plutôt que de tenter d'imposer des ouvrages créés par des écrivains locaux :

La machine à exporter des biens culturels fonctionne à l'image d'une centrifugeuse : elle dissout les périphéries et universalise ce qui lui est familier : son propre centre. Il s'agit là d'un phénomène non intentionnel, presque inconscient. Le pouvoir de décision est concentré dans les mains d'un groupe social et culturel étroitement délimité, sur le plan de l'appartenance sociale, sur le plan des valeurs, et sur le plan des goûts en matière de culture. Cette élite très fermée aura beau tenter de dépasser son étroitesse par les meilleures intentions, ou par la logique commerciale la plus impersonnelle, elle aura toujours tendance à consacrer ce qui lui est proche, et ce qui lui est le plus facile d'accès[4].

Si l'Unesco peine à éviter l'écueil de l'occidentalocentrisme, c'est aussi parce que la philosophie et les objectifs de l'organisation sont le reflet des valeurs occidentales. A cet égard, il semble utile de se pencher sur l'étude des manuels d'histoire occidentaux réalisée en 1975 par Roy Preiswerk et Dominique Perrot ; cette étude a mis en évidence les principales valeurs prônées dans ces manuels,

---

[1] SIX, Nicolas. « Les invariants de la littérature universelle », 2000, sur le site universaux.free.fr

[2] Mémo de Díaz Lewis à Asabuki, 5 mai 1961. Archives Unesco, dossier 347.78 A 571 (5-12) : 375 A 310 TA.

[3] SIX, Nicolas. « Les invariants de la littérature universelle ». Op. cit.

[4] Ibid.

qui s'articulent autour de l'idée maîtresse d'unité. Hautement valorisée en Occident, présentée comme positive, synonyme de bonheur et d'harmonie, comme source de force, de développement économique, d'ordre et de sécurité, « l'unité » constitue :

> *...un objectif dont certains auteurs vantent les bienfaits sans toujours prendre la peine d'expliquer en quoi, dans le domaine politique, religieux ou économique, il constitue une valeur en soi. Assez fréquemment, l'unité est associée à d'autres qualités qu'elle semble entraîner dans son sillage. Elle est une valeur essentielle, une idée force, un but, dont l'histoire a pour objet de retracer l'influence*[1].

Autour de cette « unité » fondatrice, les manuels d'histoire occidentaux se focalisent sur 5 valeurs fondamentales : l'ordre (lié parfois à la moralité), le monothéisme, la démocratie, le sédentarisme et l'industrialisation[2]. Or ces valeurs constituent aussi les piliers de l'Unesco. Sacralisant l'écriture, fondamentalement universaliste, l'organisation caresse en effet, dans ses premières années, l'espoir d'un monde uni malgré ses divergences, ordonné selon le schéma imaginé dans le cadre des Nations Unies et lié, à partir de principes démocratiques forts et de la Déclaration universelle des droits de l'homme, par une foi spirituelle partagée.

À cet égard, il faut préciser que même si l'Unesco se veut laïque dans son action, elle évoque fréquemment les besoins spirituels des hommes, et valorise les grandes religions monothéistes. Les croyances de type polythéistes sont quant à elles étudiées comme des sortes de survivances du passé et donnent lieu à des études sociologiques ou ethnologiques. L'anthropologue et ethnologue américain Alfred Métraux[3] note par exemple à Marbial (Haïti) l'influence néfaste des missionnaires catholiques et protestants sur le développement du projet mené par l'Unesco, et la volonté non dissimulée des intervenants occidentaux de mettre fin aux pratiques vaudous, considérées comme archaïques et contraires au progrès de la civilisation.

Par ailleurs, tous les programmes de l'Unesco tendent à encourager le développement économique, le progrès technique et l'industrialisation – fortement facilités par la sédentarisation – et la plupart des projets se déroulent dans les zones de fort peuplement (villes en pleine expansion industrielle comme Delhi, Enugu, Medellín, etc.). Quant à la sédentarisation, aucun projet de bibliothèque réellement « itinérante » n'a été envisagé par l'Unesco pour des populations nomades où que ce soit dans le monde. Les projets de scolarisation et d'alphabétisation des populations incluent d'ailleurs généralement l'idée de fixer les gens, de bâtir des écoles et des lieux de savoir fixes et durables.

La non prise en compte par l'Unesco des habitudes de vie nomades n'est d'ailleurs pas surprenante lorsqu'on songe aux efforts des Occidentaux pour

---

[1] PREISWERK, Roy Adrian, PERROT, Dominique. *Ethnocentrisme et histoire*. Op. cit., p. 187.

[2] Ibid., p. 189-204.

[3] Alfred Métraux (1902-1963), exilé aux États-Unis pendant la guerre, travaille à l'université de Yale puis à la Smithsonian de Washington. Lié à la création de l'Ecole libre des Hautes Etudes, inaugurée à New York en 1942, il travaille un temps auprès d'Archibald MacLeish, à la bibliothèque du Congrès, et mène une mission à Marbial (Haïti) pour l'Unesco au début des années 1950.

« fixer » les nomades, que ce soit les Américains et les Canadiens qui ont créé des « réserves » pour les Amérindiens, ou les Européens qui réglementent les déplacements des tziganes. Le nomadisme est vu de manière généralement péjorative en Occident. Selon Preiswerk et Perrot, « l'attitude occidentale à l'égard du nomadisme s'explique peut-être en partie par une crainte atavique des invasions mongoles et arabes. [...] Toute migration devient signe d'instabilité collective et finalement d'agression et de menace[1] ».

Par rapport aux manuels d'histoire étudiés par Preiswerk et Perrot, seules les notions de puissance militaire et de force d'agression, fortement corrélées au nationalisme, disparaissent du discours officiel des Nations Unies et de l'Unesco – mais la guerre froide et les guerres de décolonisation viennent largement nier cette omission. Ainsi, l'Unesco apparaît profondément occidentale dans ses conceptions et ses programmes, comme l'avaient souhaité ses principaux fondateurs et financeurs.

Certains intellectuels se sont opposés à cette situation, mais sans grand succès ; Alfred Sauvy par exemple regrette l'apparition, avec la décolonisation, de la notion de sous-développement :

> *En raison de la naissance d'une certaine conscience mondiale, les plus ouverts, comme les plus soucieux de ne rien lâcher, de ne rien perdre, ont trouvé logique, irréfutable la nécessité du « développement », ce qui signifiait, ipso facto, la diffusion des techniques occidentales et l'invitation, à tous les pays, de se conformer au modèle dont les preuves étaient là bien étalées. Il y eut certes quelques voix pour suggérer que d'autres chemins pourraient être suivis, d'autres objectifs proposés, mais elles ont vite été réduites au silence par quelque formule de Cobb-Douglas ou quelques tableaux statistiques, accompagnés d'un sourire compatissant.* [...]
>
> *Cette transmission implacable, irréfléchie, de la culture occidentale, s'est traduite notamment, au lendemain de la guerre, par le sacrifice de l'agriculture devant l'industrie. Piètre préférence, qui, non contente d'oublier l'esprit, néglige le besoin le plus vital. [...] Délaissés et guidés par la grande lumière des cités, les hommes des campagnes ont alors déserté leur sol, tandis que les contempteurs de cet abandon se voyaient traités de divers termes, parmi lesquels celui d'*attardé *était le plus indulgent*[2].

L'occidentalocentrisme véhiculé par l'idéologie du développement – et par les institutions onusiennes – a également fait l'objet de nombreuses critiques de la part de Serge Latouche :

> *L'acceptation ainsi de la technique dans son utilisation quotidienne, la croyance partagée dans la science comme source des merveilles de la technique, la sujétion forcée à l'économique, le tout réactivé, renforcé par l'invasion culturelle, constituent des facteurs irrésistibles de standardisation de l'imaginaire. Science, technique, économique véhiculent un contenu imaginaire très riche. La relation de l'homme au monde y est profondément déterminée. Il s'agit de la conception du temps et de l'espace, du rapport à la nature, du*

[1] PREISWERK, Roy Adrian, PERROT, Dominique. *Ethnocentrisme et histoire.* Op. cit., p. 194.

[2] Préface d'Alfred Sauvy in NARAGHI, Ehsan. *L'Orient et la crise de l'Occident.* Op. cit., p. 9 et 13.

rapport à l'homme lui-même. L'humanité vit désormais tout entière dans l'ère chrétienne et sur la base de l'heure GMT[1].

La politique de l'Unesco s'est d'autant plus inscrite dans ce contexte historique d'impérialisme occidental que le livre et la langue sont des supports déterminants de l'imaginaire, de la culture, des valeurs. Loin d'être anecdotique, la politique du livre de l'organisation – pourtant nettement moins connue du grand public que les actions dans le domaine du patrimoine naturel et architectural – semble avoir joué un rôle non négligeable dans l'occidentalisation des mentalités et dans le processus de légitimation consacrant « l'universalité » des valeurs occidentales à partir de la Seconde Guerre mondiale. Fortement marquée par le rejet occidental de l'oralité, l'Unesco a par ailleurs, de manière complémentaire, participé à sacraliser la place et le rôle du livre dans l'éducation scolaire et dans la formation des adultes, suivant en cela le modèle occidental.

Le livre au service du modèle éducatif occidental

Dans le cadre de sa politique du livre, l'Unesco a eu tendance à privilégier les ouvrages scientifiques, techniques, pédagogiques. Le livre est souvent perçu comme un « outil » au service des éducateurs, de l'école moderne, de la formation professionnelle. Le projet de « textes de lecture » pour l'Asie est emblématique de cette tendance, puisqu'il encourage des écrivains et des éducateurs à rédiger des ouvrages de commande, de format calibré, utilisant un certain type de vocabulaire simplifié, sur des thématiques de sciences humaines, naturelles et dures importantes aux yeux des Occidentaux (techniques, santé, hygiène, nutrition, etc.). Aucune thématique culturelle, religieuse, imaginative n'a sa place dans ce programme, aucun auteur n'est encouragé à mettre par écrit des proverbes traditionnels, contes ou légendes locales, à présenter les traditions culturelles, artistiques, religieuses, linguistiques ou artisanales des pays concernés. Le prétexte d'« encouragement à la compréhension mutuelle » sert à l'introduction dans les langues asiatiques locales de textes évoquant des sujets uniquement occidentaux, pratiques et ne faisant pas appel à l'imagination.

Il est d'ailleurs important de rappeler qu'en parallèle, la Collection d'œuvres représentatives publie les plus grands chefs d'œuvres asiatiques à destination du grand public cultivé européen. Or ce type de textes (simplifiés si besoin) auraient sans doute fait sens pour les populations asiatiques plus que des ouvrages techniques et pratiques sur des sujets occidentaux. Il y a donc une différence marquée dans le type et la qualité des ouvrages publiés par l'Unesco selon qu'ils sont destinés à une élite européenne cultivée ou offerts à la lecture des masses dans le Tiers monde (qu'il s'agit d'éduquer aux techniques occidentales et non d'inciter à la revendication culturelle, à l'imagination, et donc potentiellement à la subversion et à la remise en cause même du modèle occidental).

---

[1] LATOUCHE, Serge. *L'occidentalisation du monde.* Op. cit., p. 29.

Par ailleurs, l'Unesco promeut la création d'écoles sur le modèle occidental, c'est-à-dire proposant un cursus scientifiquement défini et organisé, sanctionné par un système de diplômes permettant l'accès au monde professionnel. Or ce modèle laisse Ehsan Naraghi sceptique :

Les systèmes éducatifs de la plupart des pays datent de la révolution industrielle. Avant cette époque, l'école, les maîtres, la discipline, l'éducation et les diplômes, tout était différent. On sait que le système traditionnel ne délivrait pas de diplômes, parce que la science n'était pas destinée à une application précise. Le système actuel est le fruit de 150 années de civilisation occidentale ; conçu en Europe, il a été développé aux États-Unis pour se répandre ensuite dans les autres régions du monde. Il s'agit, en réalité, d'un système composite. A l'origine, l'enseignement primaire avait pour mission de former les scribes et les secrétaires. Lors de la Renaissance occidentale, les classes riches et moyennes se dotèrent d'un enseignement secondaire. L'université, telle que nous la connaissons aujourd'hui, fut fondée au dix-neuvième siècle. Il fut un temps où les universités, telles Oxford et Cambridge, s'intéressaient exclusivement aux disciplines classiques et religieuses. Les universités ne sont devenues de grandes écoles formant des spécialistes qu'à partir du moment où la science a donné naissance à de multiples applications. L'enseignement technique, quant à lui, a franchi différentes étapes depuis son institution, sans jamais bénéficier d'un véritable statut. Le problème essentiel qui se pose à l'enseignement est, par suite, de lier entre eux les divers morceaux qui composent ces systèmes éducatifs[1].

Le système éducatif occidental s'est répandu dans le monde d'abord par le biais de la colonisation, la France ayant diffusé son système à travers l'Afrique centrale et occidentale et la Grande-Bretagne ses *community schools* à l'ensemble du Commonwealth ; les systèmes éducatifs des pays du Tiers monde n'ont donc pas été fondés sur les particularités nationales propres à chacun d'eux.

Après l'accession aux indépendances, la plupart des pays ont conservé un système éducatif de type occidental, encouragés en cela par les programmes de coopération bilatérale et par les organisations internationales, dont l'Unesco. Comme le souligne Amadou Koné pour l'Afrique :

Avec l'indépendance, les États africains ont poursuivi la formation de leurs enfants dans le système né de la colonisation. Progressivement, cependant, il y a eu partout une adaptation des programmes d'enseignement et l'on a conçu des manuels plus adaptés au nouveau contexte. Toutefois, le souci de délivrer des diplômes équivalents aux diplômes des anciens colonisateurs rend impossible une politique d'éducation autonome et spécifique[2].

En 1972, Apter et Mushi constatent de leur côté :

Lorsque des « conseillers » étrangers interviennent, la controverse porte souvent sur la question de savoir si l'éducation doit viser à satisfaire à certaines normes générales (souvent appelées « normes internationales ») qui ont été appliquées ailleurs avec succès, ou se fonder sur les traditions locales, ou encore s'il convient d'adopter une solution intermédiaire. Dans certains cas, la question s'est posée parce que des conseillers étrangers (y compris les experts patronnés par les Nations Unies) avaient tendance à agir comme

---

[1] NARAGHI, Ehsan. *L'Orient et la crise de l'Occident*. Op. cit., p. 62.

[2] KONE, Amadou. *Des textes oraux au roman moderne.* Francfort-sur-le-Maine : Verl. für interkulturelle Kommunikation, 1993, p. 29.

s'ils construisaient ou devaient construire sur un terrain vierge et par conséquent importer en bloc un système d'enseignement. Comme l'a indiqué Wilson, à propos de l'Afrique : « Certains, en effet, ont cru naïvement que l'Afrique n'avait pas d'éducation, ne comprenant pas que l'éducation fait partie intégrante de l'organisation globale d'une société, même si celle-ci n'a rien qui ressemble de près ou de loin à une école »[1].

Ce genre d'attitude occidentalocentriste transparaît de manière flagrante dans l'ouvrage d'Amadou Hampâté Bâ, *Amkoullel, l'enfant peul*, dans lequel l'auteur effectue une comparaison entre l'éducation africaine et l'éducation française qu'il a reçues conjointement dans son enfance...Il montre notamment de quelle manière son instituteur traite tous les enfants africains qui lui sont confiés comme s'ils n'avaient reçu aucune éducation, alors qu'au contraire, la plupart de ces enfants (issus de familles nobles africaines et réquisitionnés de force par l'administration coloniale) ont une éducation relativement stricte, maîtrisent deux ou trois langues à l'oral et suivent également pour certains (comme Hampâté Bâ lui-même) un enseignement (écrit) coranique[2].

Ehsan Naraghi se montre particulièrement critique envers le modèle d'école promu par l'Unesco comme bâtiment fixe où les enfants doivent être éduqués plusieurs heures par jour par un adulte spécialisé dans cette tâche, jugé compétent d'après une formation de type occidentale et s'aidant de livres scolaires :

> *[Il s'agit d'un] lieu fixe, fonctionnant en dehors de la société, périmètre de l'élève, comme la prison l'est du détenu ou l'hôpital du malade. [...] Ici réside une contradiction, puisque la science et le savoir participent de l'ensemble de la société et que l'école est, en principe, l'institution à laquelle la société confie le résultat de ses découvertes et de ses expériences, pour les mettre à la disposition des élèves. C'est là précisément que commencent les problèmes car s'il est impossible d'établir des relations fructueuses entre l'école et la société, enfermer en un même lieu le maître et son élève ne peut donner lieu à un courant d'échanges. En outre, l'enseignement devenant une profession, le maître est isolé des autres activités de la communauté, son unique fonction étant de transmettre des concepts plus ou moins corrects. C'est alors qu'apparaît un nouvel ordre de difficultés : pendant 30 ou 40 années, l'enseignant dispense un savoir qu'il a acquis avant l'âge de 24 ou 25 ans et qui devient caduc, s'il n'est pas continuellement confronté à l'évolution scientifique. De cette stagnation du maître, résulte l'apparition d'un clivage et d'une ségrégation entre jeunes et adultes. Bref, en façonnant les êtres en fonction de leur âge et de certaines disciplines, l'école est agent de stratification*[3].

Cette analyse n'est pas sans rappeler les travaux de Pierre Bourdieu et de Jean-Claude Passeron qui, dans *Les Héritiers*[4], étudient la manière dont l'école, loin d'être un instrument neutre d'éducation au service de la culture, constituerait un puissant mécanisme de reproduction sociale confirmant et renforçant les inégalités. Selon ces auteurs, les valeurs du système d'éducation sont celles des classes dominantes, la culture scolaire étant la culture intériorisée

---

[1] APTER, David E., MUSHI, S. S. « La science politique ». Op. cit., p. 64-65.

[2]. HAMPATÉ BA, Amadou. *Amkoullel, l'enfant peul.* Op. cit., p. 330 et suivantes.

[3] NARAGHI, Ehsan. *L'Orient et la crise de l'Occident.* Op. cit., p. 63.

[4] BOURDIEU Pierre, PASSERON Jean-Claude. *Les Héritiers. Les étudiants et la culture.* Paris : Editions de Minuit, 1964, 179 p.

des élites et l'ethos bourgeois la norme du jugement universitaire. Cette situation conduit à une inégalité sociale face à l'éducation et à la culture, ce que souligne Ehsan Naraghi lorsqu'il remarque qu'en Occident, la culture :

...est devenue l'apanage de certaines classes sociales, celle des intellectuels ou des plus fortunés, elle appartient au temps du loisir et n'a pas de place dans la vie professionnelle. Son acquisition dépend de la volonté et des moyens financiers des individus. Sortie de la vie quotidienne, elle n'est plus qu'un produit commercial vendu sous forme de films, de voyages organisés ou de conférences et ne s'exerce qu'en champ clos[1].

En Asie au contraire, « la culture rythme la vie de chaque jour et s'exprime en toute circonstance. Chez les musulmans ou les bouddhistes, par exemple, la religion, véhicule traditionnel de la culture, est présente à chaque instant. Dans des sociétés encore artisanales, la plupart des activités professionnelles conservent un caractère esthétique[2] ». Ainsi, conclut Naraghi :

La spécialisation croissante ainsi que la domination des disciplines scientifiques creusent un véritable fossé entre les individus et les questions qui ont trait à la culture, au goût ou aux sentiments, ou ne confèrent à ces domaines qu'une importance très secondaire. La classification des êtres en bons et en mauvais, en faibles et en forts, ainsi que la distinction opérée entre les différentes disciplines scientifiques sont des éléments du système éducatif qui laissent également à désirer. Les adultes, les responsables éducatifs et les directeurs d'établissements ne se soucient en aucune manière de l'avenir des individus, persuadés qu'ils sont que les plus doués et les plus aptes seront les élus, tandis que ceux qui perdent à ce jeu, les « exclus », se soumettront sans résistance et accepteront leur échec. Nul ne peut échapper à la sélection et la règle du jeu veut que les perdants éprouvent les mêmes satisfactions que les gagnants. Une telle classification ne peut cependant pas répondre à d'autres besoins de la société, notamment à l'idéal de démocratie qui est au cœur des différentes religions et morales et qui inspire la Charte des Nations Unies comme la déclaration universelle des Droits de l'Homme[3].

Dès 1937, le philosophe chinois Lin Yutang remarquait de son côté dans *L'Importance de vivre* :

Il est bien connu que l'éducation et le système de l'école moderne en général tendent à encourager la science aux dépens du discernement, à considérer l'information comme une fin en soi, comme si beaucoup de science pouvait faire un homme éduqué. Mais pourquoi la pensée est-elle découragée dans les écoles ? Pourquoi le système éducatif a-t-il transformé l'agréable poursuite de la connaissance en une accumulation mécanique, mesurée, uniforme et passive d'informations ? Pourquoi donnons-nous plus d'importance à la connaissance qu'à la pensée ? Comment en sommes-nous arrivés à appeler bachelier un homme éduqué simplement parce qu'il a fréquenté le nombre d'heures réglementaires de psychologie, d'histoire médiévale, de logique et de « religion » ? Pourquoi y a-t-il des marques d'école et de diplômes, et comment se fait-il que, dans l'esprit des étudiants, les diplômes aient pris la place du vrai but de l'éducation ? La raison en est simple. Nous avons ce système parce que nous éduquons les gens en masse, comme dans une usine [...] Le danger d'un tel système est que nous soyons amenés à oublier le véritable idéal de l'éducation [...] Il n'y a pas de sujets obligatoires, ni de livres, même ceux de Shakespeare,

---

[1] NARAGHI, Ehsan. *L'Orient et la crise de l'Occident*. Op. cit., p. 145-146.
[2] Ibid.
[3] Ibid., p. 64-65.

que l'on doive lire. L'école semble s'inspirer de l'idée stupide que nous pouvons délimiter une quantité minimale d'histoire et de géographie qui serait la condition absolue pour qu'un homme soit éduqué. [...] Il est donc parfaitement logique qu'un bachelier cesse d'étudier ou de lire des livres, lorsqu'il a quitté l'école, parce qu'il a déjà appris tout ce qu'on doit apprendre[1].

Noam Chomsky argumente dans le même sens lorsqu'il critique le modèle éducatif américain, qui selon lui « produit des étudiants qui ne savent et ne comprennent littéralement rien. [...] La méthode consiste à imposer la discipline à l'école et à empêcher les gens d'apprendre à penser par eux-mêmes. Donc vous faites en sorte que les étudiants passent en revue et mémorisent les "bons livres" qui leur sont imposés. [...] Il est très commode de former et de discipliner les gens de cette façon[2] ». Et de renchérir :

La fonction et le rôle fondamental de l'école – ce pour quoi elle est financée –, c'est de fournir un service idéologique : une sélection pour l'obéissance et la conformité. Et ce processus commence dès la maternelle. [...] L'école récompense la discipline et l'obéissance, et punit l'indépendance d'esprit. Si vous vous montrez quelque peu novateur ou que, par exemple, vous oubliez de venir à l'école parce que vous êtes plongé dans un livre, c'est une tragédie, un crime : vous n'êtes pas censé réfléchir, vous êtes censé obéir et assimiler ce qu'on vous demande de connaître de la façon requise[3].

Lorsque l'on se rappelle par ailleurs les souffrances sociales causées par l'imposition de l'école « gratuite, laïque et obligatoire » en France à la fin du XIXe siècle (interdiction d'utiliser les langues locales qualifiées de « patois », dépréciation des traditions culturelles locales, notamment issues du milieu rural, qualifiées de « folklore », inadéquation du rythme scolaire par rapport aux saisons et au rythme paysan, etc.), il semble logique d'imaginer que l'imposition d'un modèle similaire dans les pays du Tiers monde a pu causer des souffrances similaires – au nom du développement économique et du progrès social des nations.

Pour le modèle capitaliste américain comme pour le modèle marxiste soviétique, « la culture traditionnelle est considérée comme un obstacle à vaincre pour conduire les sociétés sur le chemin du bien-être et nombre d'intellectuels et dirigeants politiques des ex-colonies s'engagent sur le chemin de l'"émancipation" dans sa version libérale ou socialiste. L'Unesco elle-même prend ce schéma évolutionniste à son compte[4] ». Syed Hussein Alatas (Département d'études malaisiennes à l'Université de Singapour) souligne en 1972, dans un article intitulé « L'asservissement intellectuel dans les études du développement » (*Revue internationale des sciences sociales,* Volume XXIV, n° 1) le décalage entre les modèles occidentaux importés et les besoins réels du Tiers monde, concluant que l'application des sciences sociales occidentales sans tenir

---

[1] LIN, Yutang. *L'Importance de vivre.* Op. cit., p. 366-367.
[2] CHOMSKY, Noam. *Comprendre le pouvoir. Troisième mouvement.* Bruxelles : Editions Aden, p. 23-24.
[3] Ibid., p. 26-27.
[4] CHAUBET, François, MARTIN, Laurent. *Histoire des relations culturelles dans le monde contemporain.* Op. cit., p. 205.

compte du contexte local a des conséquences néfastes, et que la permanence d'une domination intellectuelle a parfois de graves conséquences politiques.

De son côté, Daniel Holly s'inquiète des activités de l'Unesco autour des manuels scolaires car « au nom d'une hypothétique contribution à la paix mondiale, les responsabilités étendues en matière d'assistance au développement laissent la porte ouverte à d'éventuelles interventions sur les systèmes scolaires des pays dominés. C'est dans ce sens que nous pouvons affirmer que l'Unesco est partie prenante au processus de reproduction internationale[1] ».

Dans leur étude sur les manuels scolaires, Preiswerk et Perrot mettent en évidence les rapports souvent établis entre alphabétisation et développement ainsi qu'entre alphabétisme et famine, dénonçant le fait de présenter la scolarisation élémentaire comme une panacée pour lutter contre le sous-développement :

> *De suggérer, ne serait-ce qu'indirectement, qu'il suffirait de scolariser la population de ces pays pour venir à bout de la pauvreté et de la malnutrition relève d'une attitude ethnocentrique face au rôle de l'écriture qui passe à côté de diverses options possibles en matière de développement*[2].

Ehsan Naraghi critique quant à lui la conception occidentale selon laquelle les adultes illettrés sont incultes et ont tout à apprendre, alors qu'au contraire « l'enseigné a déjà accumulé expérience et connaissances, et malgré les lacunes qu'il peut avoir dans beaucoup d'autres domaines, les inégalités qui caractérisent le rapport enseigné-enseignant traditionnel s'estompent et la distance entre l'un et l'autre diminue[3] ».

L'assimilation des connaissances occidentales, jugées utiles et même supérieures, par les universitaires et les élites des pays en voie de développement est parfois plus une source de problèmes qu'une solution, suggère même K. William Kapp :

> *Une reconstruction théorique suppose un mélange de compétence et de dédain des conventions que peut difficilement acquérir l'économiste d'un pays en voie de développement qui a obtenu son doctorat dans une université d'un pays développé. A son retour dans son pays, il a en général totalement admis le savoir conventionnel dominant, qu'il s'emploie à transmettre aux générations suivantes d'étudiants. Comme la plupart des phénomènes sociaux, la transmission des idées et des théories est soumise à une sorte d'inertie ou de causalité cumulative qui tend à conserver aux processus d'enseignement et d'apprentissage la direction qui leur a été imprimée à l'origine. L'inévitable décalage entre la structure théorique et le monde de l'expérience peut ainsi s'accroître jusqu'à ce que soient réunies les conditions de la découverte intellectuelle que les concepts et les théories traditionnels ont vieilli. Dans une certaine mesure, la déception qu'on éprouve actuellement devant le rythme du développement économique dans de nombreux pays*

---

[1] HOLLY, Daniel. *L'Unesco, le Tiers monde et l'économie mondiale.* Op. cit., p. 39.

[2] PREISWERK, Roy, PERROT, Dominique. *Ethnocentrisme et histoire.* Op. cit., p. 155.

[3] NARAGHI, Ehsan. *L'Orient et la crise de l'Occident.* Op. cit., p. 75.

résulte de l'incapacité des cadres théoriques à diagnostiquer la nature du problème et à prescrire une ligne d'action appropriée[1].

En préconisant pour les enfants nouvellement alphabétisés la lecture d'ouvrages « adaptés » (souvent des traductions de livres occidentaux), en séparant nettement l'éducation des adultes et celle des enfants, en cloisonnant les livres et la culture dans des lieux clos (écoles, bibliothèques), en dévalorisant les traditions orales par rapport à l'écrit, en assimilant la seule « vraie » culture aux moyens de communication occidentaux (livres, mais aussi radio, télévision) et en réduisant expressément le livre à ses aspects pédagogiques, l'Unesco a sans doute contribué à l'occidentalisation des pratiques et des mentalités, à l'uniformisation et au classement scientifique des savoirs transmis, à la création d'une coupure au sein des sociétés du Tiers monde entre « ceux qui savent » et « ceux qui ne savent pas » (lire). La création d'écoles et de bibliothèques sur le modèle occidental a créé une césure entre une majorité de la population illettrée dite « privée de culture » et une petite élite privilégiée et occidentalisée, détenant en général le pouvoir politique et économique.

Cette même élite participe souvent aux projets de l'Unesco ; or « les membres du Comité consultatif de Projet majeur [Orient-Occident] sont assez équitablement répartis entre Occidentaux et Orientaux, [mais...] les membres orientaux sont tous des hommes très occidentalisés : la plupart du temps ils ont fait leurs études en Europe (Oxford, Paris)[2] ». Différents chercheurs se sont penchés sur le phénomène d'occidentalisation des élites dans le Tiers monde, tel Max-Jean Zins qui estime à propos du cas de l'Inde :

> *L'une des spécificités de l'Inde contemporaine est l'importance de la place qu'y occupe, et du rôle qu'y joue, l'intellectuel occidentalisé, issu des couches moyennes urbaines. Le phénomène est ancien et se développe dès la fin du XIX*e *siècle. Une nouvelle couche d'intellectuels anglicisés, urbains, dès lors que le pouvoir britannique se concentre dans les villes, s'empare peu à peu des leviers de commande d'un grand nombre d'institutions, d'organismes administratifs, organisations politiques ou para-politiques : fonction publique, collèges, fonds de bienfaisance, journaux...*[3].

Ce sont de tels intellectuels indiens qui jouent un rôle non négligeable pour promouvoir les activités de développement du livre de l'Unesco en Inde et ailleurs, comme Malcolm Adiseshiah, Prem Kirpal, Shiyali Ramamrita Ranganathan, Des Raj Kalia ou encore Sarvepalli Radhakrishnan. Max-Jean Zins qualifie ces personnalités imprégnées des valeurs occidentales d'« intellectuels syncrétiques », dont la caractéristique essentielle repose sur leur « capacité à ne point être déraciné, "dé-nationalisé", "dé-indianisé", ou mieux encore "aliéné" au sens étymologique du terme[4] », du seul fait qu'ils se sont

---

[1] KAPP, K. William. « Economic development in a new perspective: existential minima and substantive rationality », in *Kyklos*, vol. 18, 1965, p. 49.
[2] MAUREL, Chloé. *La pensée et l'action de l'Unesco dans le domaine de la culture*. Op. cit., p. 251.
[3] ZINS, Max-Jean. « L'intellectuel occidentalisé indien : de l'intellectuel syncrétique à l'intellectuel organique », in TREBITSCH, Michel, GRANJON, Marie-Christine (dir.). *Pour une histoire comparée des intellectuels*. Op. cit., p. 141.
[4] Ibid., p. 151.

occidentalisés ou se sont appropriés une culture étrangère. Cependant, ce processus de « syncrétisation » demeure douloureux car le colonisateur n'impose pas seulement ses valeurs de façon symbolique ou persuasive.

L'une des caractéristiques de l'impérialisme occidental en matière éducative réside dans l'unilatéralité des échanges. Ainsi, rapporte Serge Latouche :

> *Dans une interview au journal* Le Monde, *l'un des leaders de la révolution iranienne, l'ayatollah Shariatt-Madari, disait de façon significative : « Nous enseignons ici les philosophies asiatiques et occidentales, de Platon à Hegel et Kierkegaard. Enseigne-t-on la philosophie islamique dans vos écoles ? ». A cela répond la remarque pertinente de Garaudy : « Nous ne pouvons changer nos rapports avec le Tiers monde que si nous sommes persuadés que nous avons quelque chose à apprendre de lui »*[1].

Garaudy regrette l'occidentalocentrisme de l'enseignement en Occident même, où « pour que l'homme de la rue sache qu'il n'y a pas seulement une science occidentale, qu'il n'y a pas seulement un art occidental, qu'il n'y a pas seulement une philosophie occidentale, là nous avons un travail qui, il faut le dire, n'est pratiquement pas fait du tout et nous commençons à zéro[2] ».

Face à cette situation, certains pays tentent de réagir pour préserver leur culture, leur mode de vie et leur(s) langue(s). Ehsan Naraghi évoque dans les années 1970 « une tendance marquée vers le retour aux sources nationales », avec l'idée que « les vertus traditionnelles, culturelles ou sociales, religieuses ou mystiques, longtemps considérées comme archaïques et réactionnaires, sont au contraire comme des feux incandescents dans le brouillard de la modernité[3] ». Et dans la *Revue internationale des sciences sociales*, Apter et Mushi encouragent en 1972 à considérer l'éducation « comme un investissement social plutôt que comme un simple moyen de permettre aux individus de mieux jouir de la vie[4] ».

La résistance s'organise au sein même de l'Unesco. Naraghi rappelle que lors de la Conférence intergouvernementale sur les politiques culturelles en Asie de 1973, « à la faiblesse et à l'impuissance, à l'incapacité de se passer du soutien occidental, ont succédé [chez les États asiatiques participants] une confiance en soi et une dignité nouvelles-nées de la résistance du Vietnam, de la transformation politique de la Chine, des progrès économiques du Japon[5] ». En parallèle, des voix s'élèvent en Occident pour réaffirmer l'importance, partout dans le monde, de favoriser les humanités, les arts et la littérature dans l'éducation. Considérant que « la pensée critique ; la capacité à dépasser les intérêts locaux pour affronter les problèmes mondiaux en "citoyen du monde" ; enfin la capacité à imaginer avec empathie les difficultés d'autrui – dépendent de

---

[1] L'interview de Shariatt-Madari dans *Le Monde* date du 12-13 novembre 1978. La citation de Garaudy est extraite d'une interview dans les *Nouvelles littéraires*, 4/11 septembre 1980. Propos cités in LATOUCHE, Serge. « Déculturation ou sous-développement », in KHÔI, Lê Thanh. *Culture et développement*. Paris : Presses universitaires de France, numéro de « Revue Tiers-Monde », 1984.

[2] GARAUDY, Roger. « De la sécession de l'Occident au dialogue des civilisations », in Centre iranien pour l'étude des civilisations. L'*impact de la pensée occidentale rend-il possible un dialogue réel entre les civilisations?* Op. cit., p. 122.

[3] NARAGHI, Ehsan. *L'Orient et la crise de l'Occident*. Op. cit., p. 121.

[4] APTER, David E., MUSHI, S. S. « La science politique ». Op. cit., p. 64.

[5] NARAGHI, Ehsan. *L'Orient et la crise de l'Occident*. Op. cit., p. 145.

l'étude des humanités et des arts[1] », la philosophe américaine Martha Nussbaum explique :

> *L'enseignement de la littérature et des arts peut développer la sympathie de bien des manières, à travers la fréquentation d'œuvres très différentes de littérature, musique, beaux-arts, danse. [...] Les œuvres d'art (qu'elles soient littéraires, musicales ou théâtrales) doivent être choisies pour promouvoir une critique de l'étroitesse d'esprit et une vision plus juste de ce qui est négligé. [...] A travers l'imagination [...], nous sommes capables de développer notre capacité à voir la pleine humanité de gens que, dans la vie quotidienne, nous risquons de ne croiser que de manière superficielle au mieux, au pire chargé de stéréotypes dépréciatifs*[2].

Même si la politique du livre de l'Unesco s'inscrit par de nombreux aspects dans le cadre de l'occidentalisation du Tiers monde, il ne faut donc occulter ni les propositions parallèles, ni les réactions des différents acteurs à cette politique, qui ont en retour influé sur les programmes et les modes d'action mis en place par l'Unesco. La politique du livre de l'organisation s'inscrit en effet dans un cadre dynamique et interactif, qui évolue en fonction des interactions entre les acteurs concernés et de l'évolution de la conjoncture mondiale.

---

[1] NUSSBAUM, Martha. *Les émotions démocratiques. Comment former le citoyen du XXIe siècle ?* Paris : Climats/Flammarion, 2011, p. 15-16.
[2] Ibid., p. 135-136.

Chapitre XV

Un processus dynamique

Pour tenter d'expliciter de quelle manière l'action de l'Unesco a participé aux stratégies impérialistes occidentales, l'une des options consiste à changer globalement d'échelle – c'est-à-dire de logique d'organisation –, avec l'idée qu'un tel décentrement permet de mieux percevoir les effets involontaires produits par un événement et de dépasser la perspective classique de l'impérialisme, vu comme un phénomène à sens unique[1]. En histoire culturelle, en effet, le postulat est de s'intéresser aux événements en se focalisant non sur une situation figée avec dominants et dominés, mais de donner toute leur place aux évolutions, aux interactions et aux influences. Selon François Hartog, « plus le global semble gagner, plus il travaille en profondeur les rythmes et les modes de vie, plus, ici et là, le souci des différences tend à s'affirmer et cherche à se faire reconnaître[2] ». Quant à Alain Corbin, il prône :

> *...une histoire culturelle attentive au jeu subtil de l'emprunt, de l'appropriation, de la réinterprétation, du réaménagement et du détournement [...qui impose...] une démarche centrée sur l'analyse de la circulation des objets, des attitudes et des pratiques culturelles ; soucieuse de repérer les modalités de la réception, modulée, selon la diversité des dispositifs affectifs ; préoccupée des écarts, des ruptures, des dénivellations creusées au sein d'une même société[3].*

Alors que certains voient dans l'organisation internationale « une superstructure ou un processus qui vise à institutionnaliser l'hégémonie du centre sur la périphérie, dans le cadre du conflit Nord-Sud[4] », il est indéniable que la politique du livre de l'Unesco a suscité diverses réactions et subi en retour différentes influences – parfois contradictoires – de la part de ses États membres,

---

[1] GRATALOUP, Christian. « L'histoire du monde a une géographie », in *Le Débat*, mars-avril 2009, p. 72.
[2] HARTOG, François. « De l'histoire universelle à l'histoire globale ? Expériences du temps », in *Le Débat*, mars-avril 2009, p. 53-54.
[3] CORBIN, Alain. « "Le vertige des foisonnements" : esquisse panoramique d'une histoire sans nom », in *Revue d'histoire moderne et contemporaine*, numéro spécial « Pour une histoire culturelle du contemporain » °39-1, janvier-mars 1992, p. 116-117.
[4] ABI-SAAB, Georges. « La notion d'organisation internationale : essai de synthèse ». Op. cit., p. 20.

mais aussi de la part de professionnels du livre, d'intellectuels et d'une partie de ses propres fonctionnaires.

Mettre en place une stratégie d'influence culturelle et idéologique se révèle toujours compliqué, selon Michel Crozier :

> *Quand on élabore une stratégie, on doit tenir compte des caractéristiques des différents systèmes qui seront touchés au cours de sa mise en œuvre. Une stratégie ne peut être rationnelle dans l'absolu. Elle ne sera rationnelle que par rapport à ces systèmes qui vont réagir à ce qu'elle apporte, amplifier ou paralyser ses actes. L'élaboration d'une bonne stratégie en conséquence dépend pour une large part de la qualité du diagnostic qui aura pu être effectué sur les régulations de ces systèmes pertinents dont les réactions seront décisives pour son succès. On n'invente pas après coup, chemin faisant, à partir d'une stratégie conçue dans l'absolu, les adaptations, les réorientations que vont imposer les accidents de terrain ni les parades qu'exigeront les réactions des autres partenaires*[1].

Dans la veine des « *Postcolonial Studies* », il s'agit ici de valoriser les formes locales de résistance. Depuis les années 1980, les questions transnationales ont donné lieu à « une production scientifique considérable qui a pris des virages divers : *World history, Global history, Connected history* ou encore *Subaltern studies*, mais aussi, dans le champ académique européen, l'histoire croisée issue des impasses problématiques de l'histoire des transferts culturels, sans parler, dans les autres sciences sociales, des analyses de la sociologie d'obédience bourdieusienne ou encore de l'anthropologie postcoloniale[2] ». Dans ce contexte, l'idée est de réviser, comme le suggère Ludovic Tournès, quatre notions clés : les relations culturelles internationales ; la notion de diffusion, réception, acculturation, résistance, réinterprétation ; la notion de réception ; et enfin la notion d'identité et de culture nationale[3].

Des États membres souverains dans une organisation intergouvernementale

Les chercheurs qui se sont penchés sur l'Unesco soulignent en général le caractère intergouvernemental de l'organisation, chacun en déduisant une ou plusieurs conséquences, dont l'impossibilité pour l'organisation d'imposer ses activités aux États membres et d'agir sans leur accord, et la nécessité de trouver des compromis sur le programme et le budget (et donc pour les États puissants, d'user de pression, de persuasion et de concessions sur les États du Tiers monde afin d'obtenir des voix). Dès le départ, la relation entre l'Unesco et ses États membres apparaît donc déséquilibrée, puisque l'organisation est démunie de moyens de contrainte.

---

[1] CROZIER, Michel. *A quoi sert la sociologie des organisations ? Tome 2 : Vers un nouveau raisonnement pour l'action.* Paris: Editions Seli Arslan, 2000, p. 178.

[2] TOURNES, Ludovic. « L'histoire culturelle face au "tournant transnational" », in COHEN, Evelyne, GOETSCHEL, Pascale, MARTIN, Laurent, ORY, Pascal. *Dix ans d'histoire culturelle.* Villeurbanne : Presses de l'enssib, 2011, p. 249.

[3] Ibid., p. 249 à 252.

Cependant, l'évolution du nombre d'États membres bouleverse profondément les rapports de force à partir des années 1960. Le Tiers monde appuie une vision expansive et régionalisée des activités et du rôle de l'Unesco, tandis que les Occidentaux, devant le succès très mitigé des projets « universalistes », s'éloignent progressivement de l'organisation. Cependant, le livre continue de faire l'objet d'un large consensus, aucun État ne remettant jamais ouvertement en cause son importance et son utilité.

En Asie, les rivalités entre les « grands pays » comme l'Inde, le Pakistan, le Japon ou la Chine semblent constituer le prolongement de rivalités et de tensions politiques existantes plus ou moins fortes. Ces quatre pays participent avec diligence à la collection d'œuvres représentatives, qui leur permet de valoriser leurs patrimoines littéraires respectifs. Les rivalités entre l'Inde et le Pakistan s'expriment aussi de manière marquée dans d'autres projets : tandis que l'Inde obtient (avant la partition du pays et la création du Pakistan) le premier projet de bibliothèque publique pilote de l'Unesco à Delhi, le Pakistan tente – en vain – d'obtenir la création d'une bibliothèque similaire au début des années 1950. En « compensation » peut-être, le Pakistan obtient, en août 1958, le Centre de production de matériel de lecture pour l'Asie, établi à Karachi. Par ailleurs, les deux pays rivalisent dans l'organisation de conférences et stages d'études pour les professionnels du livre, le développement de réseaux de bibliothèques, la circulation d'expositions sur le livre, etc.

Quant au Japon, Jean Thomas remarque, en 1954, qu'« en quelques années, [il] a réalisé une solide participation aux organisations internationales du domaine des activités culturelles : CIPSH, Institut du théâtre, Conseil de la Musique, PEN Club…[1] ». Le programme culturel de l'Unesco trouve au Japon un appui et une participation actifs, depuis les bibliothèques publiques jusqu'à la collection d'œuvres représentatives – en 1994, la série japonaise comprend une cinquantaine de titres. Le Japon participe régulièrement aux colloques et stages d'études et collabore au projet majeur Orient-Occident, en accueillant notamment à Tokyo un colloque sur l'influence réciproque des littératures de l'Orient et de l'Occident en 1956, sous la présidence de l'écrivain Yasunari Kawabata. Ce dernier voit son roman *Pays de neige* publié en plusieurs langues dans la série japonaise d'ouvrages contemporains de la Collection d'œuvres représentatives, ce qui contribue aussi certainement à sa reconnaissance internationale et à l'attribution ultérieure du Prix Nobel de littérature… En mars 1969, le Japon met également en place à Tokyo, sous les auspices de l'Unesco et en coopération avec l'Association des éditeurs japonais, un Centre de promotion du livre à vocation régionale, et se pose volontiers comme le leader du programme général de développement du livre en Asie. En novembre 1957, il organise par exemple à Tokyo la réunion constitutive de *l'Asia Federation of Libraries Associations.*

[1] THOMAS, Jean. « Rapport au Directeur général sur ma mission en Thaïlande, au Japon et en Grèce », 27 oct. 1954. Archives Unesco, dossier de cor. X07.83 Thomas.

En ce qui concerne la Chine continentale, la révolution de 1949, qui conduit Taiwan à représenter la Chine à l'Unesco jusqu'en 1971, empêche toute implication majeure dans l'organisation pendant plusieurs décennies. La mise en valeur de Confucius en 1950 (programme de « commémoration des grands hommes ») et la participation à la collection d'œuvres représentatives constituent les seules activités « littéraires » menées.

A côté de ces « poids lourds » culturels en Asie, la Birmanie, les Philippines, l'Indonésie, la Corée, la Thaïlande ne restent pas inactifs et s'impliquent, bien que plus modestement, dans les projets littéraires de l'Unesco. La Corée et l'Indonésie utilisent la collection d'œuvres représentatives pour promouvoir leur important patrimoine littéraire. La Birmanie et la Thaïlande participent, quant à elles, au projet de production de « matériel de lecture » pour nouveaux alphabètes et aux différentes activités régionales (stages d'études, etc.), tandis que les Philippines désireuses de jouer un rôle dans le domaine des bibliothèques, hébergent une conférence régionale à Manille en 1964. Jean Thomas, qui assiste en septembre 1954 à la Conférence de l'*Institute of Pacific Relations* à Kyoto, est frappé par les tensions qui s'expriment ouvertement entre les pays asiatiques. Ces tensions sont aussi palpables en 1957 lors de la création de la Fédération asiatique des associations de bibliothécaires[1] qui se déroule, selon les dires d'un ancien fonctionnaire de l'Unesco, plutôt mal à cause des exigences et des ambitions des bibliothécaires présents[2].

En Amérique latine, Cuba, la Colombie, le Brésil, l'Argentine et le Mexique font preuve d'un grand dynamisme dans le domaine littéraire. Si le Mexique se cantonne principalement à la collection d'œuvres représentatives, le Brésil et l'Argentine rivalisent pour accueillir séminaires et stages d'études de bibliothécaires tout en participant activement, eux aussi, à la collection d'œuvres représentatives. La Colombie, pour sa part, accueille deux projets importants et symboliques : d'abord le projet de bibliothèque publique-pilote régionale à Medellín (en 1954), puis le Centre pour la promotion du livre en Amérique latine à Bogota (en 1970).

Des liens particuliers se nouent au départ entre l'Unesco et Cuba grâce à l'existence à La Havane d'un Centre régional pour l'hémisphère occidental. Le spécialiste des bibliothèques Carlos Victor Penna, qui travaille au Centre, entre en relations étroites avec les professionnels du livre, bibliothécaires et écrivains cubains. De son côté, le gouvernement cubain propose régulièrement des résolutions sur des sujets littéraires à la Conférence générale ; c'est sur proposition cubaine, par exemple, que la Conférence générale vote en 1951 la résolution 4.472 autorisant le DG « à encourager, dans les villes où se réunissent la Conférence générale ou les conférences régionales de commissions nationales, l'organisation d'expositions internationales du livre, avec la collaboration des États membres, des commissions nationales et des institutions intéressées[3] ». Cuba demande aussi à insérer une résolution incitant l'Unesco à « prendre les

[1] Voir Archives Unesco, dossier 02 A 01 (5) AFLA.

[2] Lettre de Sakamoto à Petersen, 11 nov. 1957. Archives Unesco, dossier 02 A 855 (5) 06 (520) « 57 ».

[3] UNESCO. *Actes de la Conférence générale, sixième session.* Paris, 1951, p. 30.

mesures nécessaires pour aider à la création d'une Fédération internationale des Traducteurs et pour inviter les associations existantes de traducteurs à faire partie de cette Fédération[1] ». Bien que ce projet ne soit pas ajouté au programme officiel, il se concrétise par un soutien empressé du secrétariat aux démarches entreprises par la Société française des traducteurs, et aboutit à la création de la FIT fin 1953.

En Afrique noire, la situation se révèle complexe du fait de la situation coloniale qui prédomine jusqu'en 1960, puis de l'admission massive d'États africains nouvellement indépendants à l'Unesco. Les rivalités mises en place du temps de la période coloniale, particulièrement entre la France et le Royaume-Uni, semblent parfois perdurer après l'indépendance – bien que des rapprochements régionaux voient aussi le jour. Du côté anglophone, le Ghana, le Nigéria, l'Ouganda, le Kenya apparaissent comme les plus actifs littérairement, tandis que du côté francophone, le Mali, le Niger, le Sénégal et la Côte d'Ivoire se livrent concurrence.

Les activités en jeu dans les deux blocs linguistiques sont différentes, probablement en raison du poids de l'héritage colonial. Ainsi, les pays sous influence britannique, qui produisent des élites plutôt « techniciennes » formées au Royaume-Uni, s'investissent tout particulièrement dans le domaine des bibliothèques, tandis que les pays sous influence de la France et des institutions de l'ancienne métropole (tournés vers les études sociologiques, ethnologiques et anthropologiques) produisent des élites de tendance littéraire (Senghor, Dadie, Hampâté Bâ, etc.) et passent tout naturellement des études menées par les IFAN durant l'époque coloniale au projet de collecte et de valorisation du patrimoine oral africain... Dans le cas du patrimoine oral, une collaboration étroite s'établit aussi entre les pays de la boucle du Niger et se concrétise par l'installation d'un Centre régional à Niamey par l'Unesco.

Les pays arabes, de leur côté, s'investissent à l'Unesco surtout pour la reconnaissance de leur patrimoine littéraire et intellectuel, s'engageant avec empressement dans les projets d'inventaire et de préservation des manuscrits anciens, de commémoration des grands hommes et de collection d'œuvres représentatives ; leur participation à cette dernière action reste cependant assez modeste, à part pour l'Égypte et le Liban – les deux pays arabes les plus actifs dans le domaine littéraire. Outre le sauvetage des temples de Nubie, l'Égypte s'illustre à l'Unesco avec le projet de restauration et de publication des « manuscrits coptes ». Le pays abrite aussi l'Institut des manuscrits de la Ligue des États arabes, tandis que le Liban héberge la Commission libanaise pour la traduction des chefs-d'œuvre. Cette Commission traduit et publie une grande partie des ouvrages occidentaux parus en arabe, ainsi que des ouvrages arabes publiés en français, dans la collection d'œuvres représentatives. Mais on peut souligner que les ouvrages égyptiens de la collection ne passent pas par Beyrouth et sont directement publiés par Gallimard…

[1] Mémo de Caillois au DG, 22 février 1954. Archives Unesco, dossier 4 A 337/01 IFT « -66 ».

Le programme d'inventaire et de préservation des manuscrits arabes déborde largement, quant à lui, les frontières du monde linguistique arabe, du fait que des milliers de manuscrits arabes sont conservés au Mali, au Soudan, en Éthiopie, en Iran ou encore en Turquie ; des missions d'inventaire et de microfilmage sont aussi menées dans ces pays. Par ailleurs, l'Iran et la Turquie déploient une grande activité dans le cadre de la collection d'œuvres représentatives et des programmes de commémorations de grands écrivains, ces deux pays « fêtant » de manière régulière des écrivains qui n'appartiennent pas à leur propre culture.

Enfin, la situation de « l'Occident » à l'Unesco demeure contrastée selon l'héritage littéraire de chaque pays, sa situation dans le domaine du livre, son niveau de professionnalisation et, bien sûr, son système politique. Si le livre y est globalement connu et utilisé depuis plusieurs siècles, quatre groupes de pays se dessinent : les pays fondateurs de l'Unesco et « poids lourds » dans le domaine littéraire au XXe siècle (États-Unis, Royaume-Uni, France) ; les pays d'Europe occidentale particulièrement actifs dans le domaine littéraire (pays nordiques, Danemark, Pays-Bas, Allemagne, Belgique, Suisse, Italie, Islande), auxquels on peut adjoindre, hors d'Europe, le Canada, l'Australie et la Nouvelle-Zélande ; les pays d'Europe orientale très importants du point de vue littéraire (URSS, Hongrie, Tchécoslovaquie, Pologne, Yougoslavie, Roumanie) ; enfin l'ensemble des autres pays à la vie littéraire peu développée, en Europe de l'Est comme de l'Ouest.

Pour les quatre « grands » pays littéraires que sont les États-Unis, l'URSS, le Royaume-Uni et la France, l'Unesco apparaît souvent comme l'un des instruments, parmi d'autres, de mise en valeur de leur littérature nationale, intégré à une politique culturelle extérieure générale. Au contraire, pour les « petits » pays actifs littérairement, l'Unesco fournit un forum pour la mise en valeur de leur littérature et de leur conception du livre, en particulier par le biais des réseaux internationaux de professionnels (FIAB, FID, FIT, FILLM, Pen Club), des réunions et conférences régionales, des publications, de la collection d'œuvres représentatives, du programme de commémoration des grands écrivains, etc. Le mode de fonctionnement de l'Unesco laisse une marge d'action conséquente aux États membres de moyenne puissance qui souhaitent s'investir dans un domaine particulier, permettant donc à certains États de s'affirmer dans le domaine du livre.

En adaptant son programme à des demandes spécifiques non prévues au départ, l'Unesco fait la preuve du fonctionnement démocratique de sa Conférence générale. Sa fonction de forum permet à certains pays du Tiers monde de faire évoluer les mentalités, en insistant par exemple sur l'apport et l'importance des manuscrits arabes et des traditions orales africaines pour le patrimoine littéraire mondial de l'humanité. Anthony Mango rappelle d'ailleurs que « les États membres ont tendance à considérer les Nations Unies comme un forum de propagande, un instrument à utiliser à chaque fois que possible pour promouvoir leurs politiques nationales, donner de la respectabilité à leurs points de vue, et non comme un endroit où réconcilier les différences ou chercher des solutions communes[1] ».

Certains États comme l'Égypte, la Turquie ou le Mali, malgré leur « retard » de développement, refusent de se laisser classer dans la catégorie des pays analphabètes et « sans culture ». Lors d'un Conseil exécutif, Hampâté Bâ répond ainsi à un sénateur américain excédé par les attaques contre l'impérialisme occidental :

> *Vous nous avez traités d'indigents, je vous le concède ; mais je ne vous concède pas que nous soyons des ignorants. Je vous mets au défi de me trouver sur l'ensemble du territoire français un botaniste qui, trente jours durant, nous promènerait à travers la campagne française, nous apprenant le nom de chaque plante, de chaque herbe, de chaque herbacée et le nom des maladies qu'elle soigne. Un tel homme existe en Afrique. C'est Ardo Dembo*[2].

De nombreux États nouvellement indépendants se montrent également sourcilleux quant à leur souveraineté ; par exemple, lorsqu'en 1949, la Division des bibliothèques s'adresse directement aux organisations et professionnels des bibliothèques dans le cadre d'une collaboration avec la FIAB pour l'organisation d'un colloque international, le Pakistan se plaint au secrétariat :

> *Maintenant que le Pakistan est membre de l'Unesco, nous pensons fortement que l'Unesco ne devrait pas entrer en correspondance avec des individus ou associations privés sauf pour leur donner l'adresse de notre Ministère de l'Éducation, qui devrait être considéré comme l'unique interlocuteur pour toutes les questions intéressant l'Unesco*[3].

D'autre part, les États du Tiers monde tiennent à affirmer leur liberté d'expression dans les organisations onusiennes et à mettre en avant leurs valeurs culturelles propres, au nombre desquelles l'importance des droits des peuples, la richesse représentée par la diversité linguistique, la nécessité de l'alphabétisation en langues vernaculaires, l'importance de l'oralité, etc. Si certaines de ses affirmations font l'objet de revendications collectives, les intérêts et particularismes nationaux ne se laissent pourtant pas oublier, et touchent principalement les projets de type « universaliste ». Par exemple, les listes de personnalités à commémorer envoyées par les États sont pléthoriques et à caractère quasi exclusivement national, ce qui ne favorise pas l'établissement d'un patrimoine culturel mondial. A cet égard, Anne-Marie Thiesse souligne :

> *La culture est supposée porter des valeurs universelles, mais une rhétorique parfaitement rodée depuis deux siècles et aujourd'hui encore de grande efficacité nous porte à considérer qu'il n'est de culture authentique que si elle a un ancrage national. Cela permet de constituer l'opposition entre la « mauvaise » culture internationale (dite globalisée ou américaine), dégradée et dégradante, et la vraie culture, à fondement national,*

[1] MANGO, Anthony. « The role of the secretariats of international institutions ». Op. cit., p. 48.
[2] Propos cités par SINGARE, Issiaka. « La tradition orale: acquisition et révélations », in *Amadou Hampâté Bâ, homme de science et de sagesse.* Op. cit., p. 86.
[3] Lettre de Latif à Yu-Shou, 30 janv. 1950. Archives Unesco, dossier 011 02 A 06 (73) « 50 ».

nécessairement investie de ce fait d'une valeur esthétique, humaniste, qui la fait participer à l'universel[1].

Au-delà de la seule affirmation de la légitimité et de la fierté nationale, les prises de position de certains États remettent aussi en cause la politique du livre de l'Unesco et l'influencent ouvertement. Si les pays occidentaux et le secrétariat se félicitent par exemple de la promulgation de la Convention universelle sur le droit d'auteur, une partie des États du Tiers monde montrent leur désapprobation par rapport à son contenu tout simplement en refusant d'y adhérer – ou en refusant de modifier leur législation nationale pour l'appliquer

De la même manière, si le discours laudatif concernant le livre apparaît consensuel, les États membres gardent toute liberté de ne pas participer à la politique du livre de l'organisation, ou de participer à seulement certaines activités. Par exemple, « la culture et le livre ne sont pas souvent considérés comme une priorité en Afrique du fait que ne sont pas satisfaits les besoins matériels les plus élémentaires (logement, nourriture). Les ressources financières manquent. Le livre est cher et l'oralité est privilégiée[2] ».

Déjà en 1946, le *Rapport sur le programme* proposé par la Commission préparatoire pour l'Unesco déplore que trop souvent, dans les pays sous-développés – mais aussi dans les pays industrialisés – on ne croit pas assez en la valeur inhérente des livres et des bibliothèques[3]. Un document de présentation du projet de textes de lecture pour l'Asie rappelle aussi en 1960 : « les gouvernements et les autorités locales, il faut bien l'admettre, ont fait peu pour encourager les professionnels du livre à s'organiser et à gérer leur commerce d'une manière plus rationnelle[4] ».

De son côté, après avoir quitté l'Unesco, Edward Carter avoue dans une conférence donnée en 1968 que dans le domaine de l'éducation, « toute l'action de l'Unesco est fondée sur l'idée qu'il est bon que tous les Hommes sachent lire. Et pourtant, plus d'un gouvernement membre redoute en fait, pour sa pérennité, que le peuple soit instruit[5] ». Carter rappelle que si « la capacité de lire et l'accès aux livres sont des conditions de la liberté personnelle et de la vie sociale, historiquement, les élites politiques et sociales ont été effrayées par l'augmentation des masses alphabétisées et ont essayé d'orienter l'apprentissage de la lecture dans des canaux destinés à limiter plutôt qu'à stimuler la libre réflexion[6] ».

Les questions d'instrumentalisation et de censure sont d'ailleurs loin d'être nouvelles, puisque Voltaire soulignait déjà en 1764, dans son *Dictionnaire philosophique,* que l'intérêt des puissants, dont le pouvoir repose en grande partie

---

[1] THIESSE, Anne-Marie. « L'histoire culturelle est-elle une histoire nationale ? ». Op. cit., p. 120-121.

[2] « Les bibliothèques en Afrique subsaharienne » sur http://littexpress.over-blog.net.

[3] PARKER, Stephen. *Unesco and Library Development Planning.* Op. cit., p. 105.

[4] « *Unesco's reading materials project in South Asia* », rédigé par Michael Fodor, juin 1960. Archives Unesco, dossier 02 (5) A 06 (540) TA « 60 ».

[5] MATHIEU, Jean-Luc. *Les institutions spécialisées des Nations Unies.* Op. cit., p. 224.

[6] CARTER, Edward. « Literacy, Libraries and Liberty. An Arundell Esdaile Memorial Lecture, 1968 », in *Journal of Librarianship and Information Science,* April 1969 vol. 1 no. 2 73-87.

sur l'ignorance et la crédulité des masses, n'est pas de travailler à répandre l'éducation et la connaissance :

Pourquoi donc les mêmes hommes qui admettent en particulier l'indulgence, la bienfaisance, la justice, s'élèvent-ils en public avec tant de fureur contre ces vertus ? pourquoi ? c'est que leur intérêt est leur dieu, c'est qu'ils sacrifient tout à ce monstre qu'ils adorent.

Je possède une dignité et une puissance que l'ignorance et la crédulité ont fondées ; je marche sur les têtes des hommes prosternés à mes pieds : s'ils se relèvent et me regardent en face, je suis perdu, il faut donc les tenir attachés à la terre avec des chaînes de fer[1].

Alors que l'Unesco s'est donné pour vocation de répandre l'éducation et la connaissance à travers le monde, elle se heurte donc à la mauvaise volonté d'un grand nombre d'États, dont les élites craignent de voir leur pouvoir diminuer. Martha Nussbaum explique à cet égard :

Les pédagogues préoccupés de croissance économique ne se contentent pas d'ignorer les arts. Ils les redoutent. Une sympathie cultivée et développée est un ennemi particulièrement redoutable de la fermeture d'esprit, alors qu'un esprit moralement obtus est nécessaire à l'application des programmes de développement économique qui ignorent l'inégalité[2].

En outre, observe Martha Nussbaum, le paradigme de développement fondé sur le PNB « néglige la répartition et bénéficie à des pays ou des États où les inégalités sont alarmantes. C'est particulièrement vrai de l'éducation : la nature de l'économie de l'information fait que les pays peuvent faire croître leur PNB sans s'inquiéter beaucoup de l'accès à l'éducation, pourvu qu'ils forment une élite compétente pour la technologie et les affaires[3] ».

De son côté, Armando Petrucci souligne que « la permanence de l'analphabétisme dans d'importantes zones du monde n'est pas seulement fonction de la pauvreté, elle tient aussi à des raisons politiques et idéologiques. Certains régimes n'ont jamais vu d'un bon œil l'éducation des masses (Haïti, Pérou) ; d'autres, dans le monde musulman, récusent l'éducation des femmes[4] ».

Un certain nombre d'États considèrent ainsi la littérature, au mieux comme un superflu, au pire comme un danger à combattre. Et en effet, souligne Rex Warner, l'activité de l'écrivain a pour vocation de compléter ou de contrecarrer celle de l'État, et non de coïncider avec elle ou de la favoriser[5]. De ce fait, la liberté d'expression est muselée dans nombre de pays car les États n'ont nullement envie de favoriser la diffusion de principes subversifs et potentiellement révolutionnaires.

L'instrumentalisation du livre au bénéfice de courants idéologiques n'est pas rare non plus, et Jacques Rigaud souligne : « ceux qui redoutent l'emprise de la

---

[1] Voltaire, *Dictionnaire philosophique portatif*, article sur la tolérance, section III. Garnier : 1878 (1ère édition 1764), p. 522.

[2] NUSSBAUM, Martha. *Les émotions démocratiques*. Op. cit., p. 35.

[3] Ibid., p. 31.

[4] PETRUCCI, Armando. « Lire pour lire. Un avenir pour la lecture ». Op. cit., p. 403

[5] WARNER, Rex. « La liberté de la création littéraire et artistique », in Unesco. *Les droits de l'esprit*. Op. cit., p. 234.

culture sur les masses qu'ils prétendent dominer s'en méfient comme de la peste, à moins qu'ils ne cherchent à en faire un instrument de leur domination. Jardin secret des nantis de l'intelligence, outil de domestication des esprits : la culture n'échappe pas à cet écartèlement[1] ». L'intervention du Congolais Batheas Mollomb lors du séminaire de Moscou en 1972 est de ce point de vue révélatrice :

> *La promotion du livre exige d'importantes dépenses financières. Malheureusement, les dirigeants de plusieurs pays africains sous-estiment le rôle du livre en tant que moyen de transformation spirituelle des Africains, en tant qu'instrument de la révolution culturelle qui doit remplacer la culture héritée du colonialisme par notre culture africaine. La culture nationale des peuples des pays du Tiers monde ne peut se développer avec succès tant qu'existent le colonialisme, le néo-colonialisme et l'impérialisme. [...] Nous devons révolutionnariser les peuples d'Afrique, et en ce sens c'est aux livres de jouer un rôle important en tant que moyen d'éducation des masses et, avant tout, d'éducation politique. [...] On ne peut pas admettre l'empoisonnement de la conscience des peuples par une littérature étrangère dont le contenu va à l'encontre des intérêts de cette lutte. Nous ne pouvons saluer la diffusion d'une littérature qui détourne les lecteurs de cette lutte*[2].

Pierre Gerbet estime également que si « tous les États aspirent à l'organisation du monde, à l'équilibre économique mondial, à la paix, [...] les conceptions qu'ils s'en font sont très différentes : ce n'est pas la même organisation, ni la même économie, ni la même paix. Les idéologies étant différentes, la morale internationale n'est pas la même pour tous, ni la façon de pratiquer la coopération[3] ». A l'Unesco, l'augmentation massive des activités d'assistance technique aux pays du Tiers monde au début des années 1960 ne plaît pas à certains pays occidentaux, qui préféreraient se concentrer sur la coopération culturelle. Subordonnée au pouvoir des États membres et de l'ONU, l'Unesco est victime de paralysie. Or les États s'intéressent d'abord à leurs propres intérêts stratégiques plutôt qu'aux actions suggérés par l'Unesco.

En 1961, Petersen estime par exemple que « les progrès dans le développement des bibliothèques [en Asie] pourraient être beaucoup plus rapides si davantage de gouvernements participaient au programme de participation et déposaient des demandes dans le domaine des bibliothèques auprès du programme d'assistance technique. Le développement serait également plus rapide si les gouvernements qui réclament une telle aide et se la voit accordée ne changeaient pas d'avis plus tard et tardaient à signer le projet d'accord jusqu'à ce que l'argent soit perdu[4] ».

Il arrive en effet assez fréquemment que les États reviennent sur leurs demandes et leurs positions ; le gouvernement de la République arabe unie (Égypte et Syrie) par exemple, qui demande en 1961 à l'Unesco de lui fournir les services d'un expert chargé d'aider à l'établissement des plans d'un nouveau

---

[1] RIGAUD, Jacques. *La culture pour vivre*. Op. cit., p. 14-15.

[2] Intervention de Batheas Mollomb, in *Symposium international de l'UNESCO : le livre au service de la paix, de l'humanisme et du progrès*. Op. cit., p. 146.

[3] GERBET, Pierre. *Les organisations internationales*. Op. cit., p. 31.

[4] Lettre de Petersen à Gardner, 26 déc. 1961. Archives Unesco, dossier 02 (5) A 06 (540) TA « 60 ».

bâtiment pour la bibliothèque nationale égyptienne, annule cette demande après que le secrétariat ait passé plusieurs mois à rechercher un bibliothécaire disponible[1]. Même lorsqu'un projet est voté par la Conférence générale, l'Unesco reste subordonnée au bon vouloir des États ; les manifestations font l'objet d'un vote de principe au niveau budgétaire et programmatique, mais il faut ensuite trouver un pays hôte disposé à participer aux frais d'organisation. Petersen explique par exemple en 1960 que seule la Hongrie s'est portée volontaire pour organiser une conférence régionale sur les échanges internationaux de publications et services connexes[2]. Ainsi, souligne Peter Lengyel :

> *S'ils n'hésitent pas à accabler les organisations intergouvernementales de missions à accomplir, les États membres sont beaucoup moins empressés à payer pour ce qu'ils demandent, au niveau régional comme au niveau universel. Cela a souvent pour effet de décourager les fonctionnaires internationaux, lesquels, bien placés pour mesurer la distance qui sépare les discours des États membres de l'appui qu'ils fourniront concrètement, ont tendance à se réfugier dans la routine. L'idéalisme qui enflammait nombre d'entre eux à leur entrée dans la fonction publique internationale, en particulier dans les organisations universelles […] a fait place à beaucoup de lassitude et de morosité, humeurs vraiment peu faites pour dynamiser les secrétariats*[3].

Dans le domaine du livre à l'Unesco se rencontrent effectivement certaines attitudes de découragement. Petersen regrette l'inconstance des États qui annulent des projets à la dernière minute et ne font pas grand-chose pour développer leurs bibliothèques, Penna déplore que ses efforts pour encourager les réseaux de professionnels du livre en Amérique latine ne soient pas appuyés par les États, Thomas s'attriste que la Convention universelle sur le droit d'auteur peine à attirer des adhérents, Sevillano se plaint du manque de préparation et du mauvais accueil de l'unité mobile de microfilms dans certains pays, etc. Plusieurs membres de la Division des bibliothèques s'affligent également du sort des bibliothèques publiques pilotes une fois qu'elles sont gérées uniquement par les gouvernements : problèmes de budget récurrents, censure religieuse, renvoi du directeur Arroyave formé par l'Unesco à la bibliothèque de Medellín, problèmes de budget et d'entretien du bâtiment, départ du directeur Des Raj Kalia formé par l'Unesco à la bibliothèque de Delhi…

De nombreux dysfonctionnements touchent des projets mis en place par l'Unesco, qui se trouve impuissante dans de telles situations. En 1958, Jean Thomas dénonce par exemple la situation du centre bibliographique créé en Uruguay grâce à l'Unesco :

> *J'ai visité, sous la conduite du Directeur, la Bibliothèque nationale, magnifique bâtiment en construction depuis 1944 et qui est encore loin d'être achevé. En fait la bibliothèque est paralysée depuis de nombreuses années, les livres et les périodiques n'ayant pu être qu'en partie placés sur les rayons, les salles de lecture n'étant pas encore aménagées et les*

---

[1] Archives Unesco, dossier 02 (62à A 01 NL/AMS « 61/62 ».
[2] Archives Unesco, dossier 02 A 855 (4) 06 (439.1) « 60 »
[3] LENGYEL, Peter. « Réformer la fonction publique internationale dans le nouveau contexte mondial ». Op. cit., p. 616.

différents services n'étant pas en mesure de fonctionner normalement. J'ai visité en particulier le centre bibliographique que l'Unesco a aidé à se créer et qu'il a doté d'un matériel de reproductions photographiques extrêmement perfectionné. Mais la situation dans laquelle se trouve la Bibliothèque nationale gêne très considérablement l'activité de ce service[1].

Les fonctionnaires regrettent également l'égoïsme des grandes puissances occidentales, qui acceptent de financer seulement les activités qui correspondent à leurs intérêts – comme l'ont bien montré les exemples des centres du livre canadien, français et britannique dans l'après-guerre. En 1947, Zuckerman remarque ainsi avec amertume :

Le problème d'un centre du livre en Angleterre, en France ou dans tout autre pays n'est pas seulement un problème du pays en question mais d'abord le problème pour ces pays de savoir qui bénéficiera au bout du compte des services de ces centres. Si ces centres ne sont pas pérennes ou qu'ils ne sont pas établis du tout, ce ne sont pas les bibliothèques d'Angleterre ou de France qui en souffriront en premier lieu, mais les bibliothèques de Chine, de Pologne, de Tchécoslovaquie, de Yougoslavie, etc. qui en supporteront les conséquences[2].

Jean-Luc Mathieu renchérit de son côté : « tout au long de l'histoire de l'Unesco, on constate un décalage entre les intentions de certaines personnalités qui flottent dans l'irréel et les réalités des politiques des États. [...] Au niveau des organes de décision où les gouvernements choisissent, [...] les valeurs que le Secrétariat voudrait promouvoir sont non seulement comprises et jugées de façons différentes par les gouvernements mais, aussi, allégrement violées par ceux-là mêmes qui ne cessent de proclamer qu'ils y sont attachés[3] ». Chikh Bekri en conclut :

[L'Unesco est] née avec ce handicap : être une organisation universelle avec un idéal élevé et dépendre comme institution intergouvernementale d'États membres dont aucun n'avait la capacité, ni pour la plupart la volonté sincère de réaliser cet idéal. Les limites de l'Unesco, ses échecs comme ses réussites, les controverses et les critiques qui n'ont cessé depuis pratiquement le jour de sa création de faire partie de sa vie, sont dus à ce défaut de naissance. Elle ne pouvait atteindre les étoiles avec ses semelles de plomb[4].

Une politique du livre qui évolue avec la conjoncture mondiale

Si le caractère intergouvernemental de l'Unesco a largement contribué à influencer le contenu de sa politique du livre, l'organisation a aussi été tributaire des aléas de la conjoncture mondiale, notamment en ce qui concerne l'aide au

---

[1] THOMAS, Jean. « Mémo au DG sur la mission en Uruguay », 24 oct. 1958. Archives Unesco, dossier X07.83 Thomas.

[2] Mémo de Zuckerman à Carter et Drzewieski, 24 juin 1947. Archives Unesco, dossier 04 (41-4) A 031 BNBC.

[3] MATHIEU, Jean-Luc. *Les institutions spécialisées des Nations Unies.* Op. cit., p. 224.

[4] BEKRI, Chikh. *L'Unesco, une entreprise erronée ?* Paris : Publisud, 1991, p. 155.

développement et les évolutions sociales et culturelles. En effet, les programmes d'assistance technique, en particulier les contributions volontaires, sont venus considérablement augmenter le budget de l'Unesco. Le lien affirmé entre livre et développement permet par exemple de financer une grande partie des missions d'expert et des bourses de formation en bibliothéconomie, des séminaires et des projets de bibliothèques.

Cependant, plusieurs difficultés (décalages culturels, inadéquation des projets par rapport aux besoins, revendications de particularités nationales et régionales, pauvreté endémique de certains pays) s'additionnent à la remise en cause progressive de la supériorité du modèle occidental, y compris en Occident, pour modifier la politique du livre de l'Unesco. Au fur et à mesure que les pays du Tiers monde se développent et forment des cadres nationaux de techniciens et d'administrateurs, le rôle « opérationnel » du secrétariat tend à décliner, les pays du Tiers monde ayant tendance à demander des dons en bloc, qu'ils peuvent dépenser eux-mêmes, plutôt que des experts ou de l'équipement[1].

Cette évolution est aussi perceptible au sein même du secrétariat de l'Unesco, où se produit un assez net renouvellement des nationalités représentées travaillant dans le domaine du livre entre les années 1950 et les années 1970. Cette tendance est aussi visible à travers le profil des experts et consultants recrutés par l'Unesco. Stephen Parker relève l'exemple de bibliothécaires arabes qui, après avoir participé aux séminaires et stages d'études régionaux de l'Unesco, sont employés par l'organisation, tels le Libanais Joseph Dagher (mission au Soudan en 1967) ou l'Égyptien Mahmoud Sheniti (missions en Égypte en 1964 et au Liban en 1965 ; participation au Comité consultatif international de documentation, des bibliothèques et des archives ; direction de la réunion d'experts sur la planification nationale des services de bibliothèques au Caire en 1974)[2].

Néanmoins, le bilan général de l'aide au développement des années 1950 et 1960 reste globalement très décevant et la « décennie du développement » s'avère désastreuse :

> *[Elle s'est] soldée par une diminution constante de la contribution des plus riches à l'aide au Tiers monde (États-Unis et Suisse se classant, en pourcentage du produit national brut, parmi les derniers donateurs du bloc occidental), l'émergence, dans la majorité des jeunes États de la « périphérie », de bourgeoisies administratives relayant ainsi la stratégie économique du « centre » industrialisé, et enfin un endettement tel que toute croissance se voit en bien des cas annulée par le montant des remboursements*[3].

Les instruments de l'organisation des relations économiques (GATT, FMI, BIRD) ont été mis en place et demeurent dominés par les pays industrialisés[4], et l'indépendance du Tiers monde est largement vidée de son contenu par la

[1] MANGO, Anthony. « The role of the secretariats of international institutions ». Op. cit., p. 46.
[2] PARKER, Stephen. *Unesco and Library Development Planning.* Op. cit., p. 163.
[3] JOUVE, Edmond. *Le Tiers-Monde dans la vie internationale.* Op. cit., p. 85.
[4] COMBACAU, Jean, REUTEUR, Paul. *Institutions et relations internationales.* Op. cit., p. 490.

création d'organisations de « coopération » telles que le Commonwealth ou la francophonie[1].

Bien que la politique du livre de l'Unesco ait pu passer, dans les années 1950 et 1960, par une certaine collaboration avec les institutions onusiennes, leurs relations se tendent dans les années 1970 :

> *Divisés par des conceptions et des intérêts opposés, leurs organes constitutifs ont souvent beaucoup de peine à s'entendre sur des programmes d'action précis, à s'accorder sur la nature et la direction des cycles de planification. Ce phénomène est d'autant plus grave que les institutions du système des Nations-Unies évoluent dans un environnement politique peu structurant, conditionné par une ignorance et une indifférence à peu près totale des opinions publiques. Ces organisations sont des espèces de « boîte noire » dont personne ne connaît le fonctionnement réel, hormis ceux qui y travaillent depuis longtemps mais qui sont tenus par des promesses de discrétion*[2].

A partir des années 1970, les organisations comme l'OIT ou l'Unesco portent de plus en plus les revendications du Tiers monde, tandis que le PNUD, la Banque mondiale et le FMI apparaissent, toujours davantage, des défenseurs de l'hégémonie politique et économique occidentale – principalement étatsunienne.

Dans ce contexte, les pays du Tiers monde tentent de leur côté une double action : d'une part l'adoption de règles spécifiques les concernant dans les institutions existantes ; d'autre part la création d'un nouveau dispositif qui leur soit plus favorable, ce qui se traduit par la mise en place de la CNUCED ou par l'adoption en 1974 de la Charte des droits et des devoirs économiques des États. En 1972, Apter et Mushi estiment désormais :

> *Les sociétés en voie de modernisation […] s'aperçoivent très vite que tout programme [d'aide au développement] recèle des pièges. Chaque offre de ressources consomme aussi de la main-d'œuvre et des services locaux. Tout programme réussi entraîne des dysfonctions latentes. Les objectifs politiques poursuivis ne sont d'ailleurs pas clairs non plus. Rien qu'aux États-Unis, un profane aurait du mal à croire qu'une proportion aussi importante des programmes lancés de façon retentissante au nom des grands principes résultent en fait d'une lutte sans merci entre organismes concurrents ou de rivalités personnelles, ou encore de concessions au Congrès ou à ses parasites. […] Ceux qui ont approché les dirigeants politiques des sociétés en voie de modernisation pendant les années soixante ont été témoins de leur espérance, puis de leur désespoir en voyant les Américains, les Allemands, les Anglais, les Italiens ou les Japonais venir faire leur tournée comme autant de camelots pleins de suffisance cherchant à placer des articles qui répondaient rarement aux besoins réels et pressants du marché*[3].

A l'occasion des réunions régionales sur le livre entre 1966 et 1972, de la révision de la Convention universelle sur le droit d'auteur en 1971, du Symposium sur le livre de Moscou en 1972, des discussions autour du Protocole de Nairobi en 1976, les pays du Tiers monde critiquent de plus en plus

[1] JOUVE, Edmond. *Le Tiers-Monde dans la vie internationale*. Op. cit., p. 84.
[2] SENARCLENS, Pierre de. *La crise des Nations Unies*. Paris : PUF, 1988, p. 172.
[3] APTER, David E., MUSHI, S. S. « La science politique ». Op. cit., p. 49.

ouvertement certains aspects de la politique du livre de l'Unesco, remettant en cause son efficacité et sa pertinence. En 1970, Robert Escarpit rappelle :

Une moitié de l'humanité capable de lire contrôle les quatre cinquièmes des lectures du monde et l'autre moitié un cinquième seulement [et] cette situation ne s'améliore pas. Le besoin de lectures augmente sans cesse dans les pays en voie de développement à mesure que l'analphabétisme recule et que les moyens de communication de masse ouvrent les esprits et aiguisent les curiosités [...]

Dans l'ensemble du monde en voie de développement les besoins minimaux en livres ne sont satisfaits par la production locale qu'à 50 %. Dans certaines régions comme l'Afrique noire ils le sont à 15 %. C'est là un taux de famine. Le flot de livres que les pays industrialisés, notamment la France et l'Angleterre, déversent sur l'Afrique à des titres divers – aide ou commerce – suffit à peine à l'élever au-dessus de 50 % tout en entravant, involontairement il est vrai, le développement d'une édition africaine. Au reste la plupart de ces livres importés sont des livres scolaires. En ce domaine le palliatif de l'appoint extérieur est insuffisant, dangereux, mais il existe. Il est inexistant ou du moins très faible dans le domaine du livre de lecture générale, notamment du livre littéraire. Or dans les régions déshéritées, c'est précisément le genre de livre que la production locale est le moins en mesure de fournir[1].

Edmond Jouve se montre encore plus dur en s'écriant, à propos de l'aide au développement des années 1970 :

Utopie le projet, en cette époque de crise, de « plan Marshall » pour le Tiers monde ; fiasco le « redéploiement industriel », quand il ne s'agit pas d'industries hyperpolluantes ou de branches permettant une pratique systématique de bas salaires ; dérision les transferts de technologies type « usines clé en main », opérés sans formation suffisante de cadres locaux, sans effort d'adaptation aux réalités socio-culturelles, sans référence aux besoins prioritaires des populations mais avec super-bénéfices rapatriables garantis. Caducs, abandonnés en route, complètement foirés, les plans de « rattrapage » conçus par d'éminents experts sur le seul modèle de croissance occidentalo-centriste et s'enlisant dans d'énormes quiproquos, venant étouffer sous deux monologues qui, à l'instar des parallèles, se rejoignent à l'infini[2].

Les choix éducatifs et culturels des gouvernants et des élites sont également pour beaucoup dans l'inefficacité constatée des politiques de développement du livre dans le monde ; ainsi, la préférence affichée pour la science et la technique au détriment de la littérature et des humanités, l'utilisation de moyens de communication de masse audiovisuels au lieu du support écrit, ont modifié en profondeur le statut du livre aux yeux de l'ensemble de la population. En ce qui concerne l'Inde par exemple, Martha Nussbaum regrette la marginalisation de l'idée de développement de soi imaginatif et critique :

De profonds changements affectent ce que les sociétés démocratiques enseignent aux jeunes, et ces changements n'ont pas été suffisamment examinés. Avides de profit national, les États et leurs systèmes éducatifs bradent avec insouciance des atouts indispensables à la survie des démocraties. Si la tendance se prolonge, les États du monde entier produiront bientôt des générations de machines efficaces, mais non des citoyens complets capables de

[1] ESCARPIT, Robert. « Littérature et développement ». Op. cit., p. 247-248.
[2] JOUVE, Edmond. *Le Tiers-Monde dans la vie internationale*. Op. cit., p. 85.

penser par eux-mêmes, de critiquer la tradition et de comprendre ce que signifient les souffrances et les succès d'autrui. L'avenir des démocraties mondiales est en jeu. […] Dans presque tous les pays du monde, les arts et les humanités sont amputés, à la fois dans le cycle primaire, le cycle secondaire et à l'université. Les décideurs politiques y voient des fioritures futiles, à un moment où les pays doivent se débarrasser de tous les éléments inutiles pour rester compétitifs sur le marché mondial ; arts et humanités perdent rapidement leur place dans le cursus éducatif, et simultanément dans l'esprit et le cœur des parents et des enfants. Ainsi, ce qu'on peut désigner comme les aspects humanistes de la science et des sciences sociales – l'imagination, la créativité, la pensée critique rigoureuse – perd également du terrain au fur et à mesure que les États préfèrent poursuivre un profit à court terme en cultivant les qualifications techniques hautement spécialisées qui répondent à cet objectif[1].

Sophie Cherer dénonce elle aussi avec virulence cette situation, insistant sur la responsabilité des élites et gouvernants occidentaux par rapport à la désacralisation du livre et à la perte de vitesse des humanités dans les systèmes éducatifs :

*Au tournant des années 1970 : quelques petits maîtres du monde occidental récemment échaudés par un embryon de printemps des peuples suivi d'une crise pétrolière imprévue, avaient décidé de tout faire pour rester maîtres à bord (avant Dieu, qui était opportunément mort). Hommes de pouvoir, dirigeants, politiciens et chefs d'entreprise regroupés dans des instances telles que la Commission trilatérale, l'OCDE, le FMI, l'OMC, l'ERT, ou le G7, ils avaient décidé que, pour demeurer compétitifs face aux puissances émergentes du XXI*e *siècle, États-Unis, Europe et Japon réunis, autrement dit « l'Occident industrialisé », allaient avoir besoin, d'une part, d'une élite autoreproductrice constituée de 10 à 20 % de la population cultivée, matériellement aisée, affranchie à tous points de vue, et, d'autre part, d'une masse constituée des 80 à 90 % restants, sous-développée intellectuellement, inculte, surendettée. […]*

Suréquipement technique au détriment de la présence. Bref, remplacement des humanités par les inhumanités. Les réformes successives de l'Éducation nationale donnent au grand public, embrumé par les grands médias, l'impression d'avoir échoué l'une après l'autre, analysait Jean-Claude Michéa. Hélas, elles n'ont pas échoué l'une après l'autre, elles ont réussi dans leur ensemble. […] Le 14 juin 1960, dans un discours resté célèbre, le général de Gaulle, président de la République, moquait avec verve les nostalgiques et les irréalistes disposés à « […] regretter la douceur des lampes à huile, la splendeur de la marine à voile, le charme du temps des équipages ». Nous sommes quelques-uns, un demi-siècle plus tard, à prendre la route (en voiture ou en train, certes) pour nous en aller admirer les vieux gréements, ou acheter, chez Nature & Découvertes, ces lampes à huile qui font si joli sur nos tables les soirs d'été. Parce que nous avons besoin de douceur, de splendeur et de charme. Parce que nous avons besoin de beauté, de lenteur et de temps. Parce que, comme disait Dostoïevski, un vieux chnoque, un vieux-croyant, « la beauté sauvera le monde »[2].

La primauté accordée à l'aspect commercial du livre et l'application généralisée de la notion de relativisme dans le domaine littéraire ont conduit, en parallèle, à une remise en cause très nette de la notion de « bons » livres. Si

---

[1] NUSSBAUM, Martha. *Les émotions démocratiques.* Op. cit., p. 10.

[2] CHERER, Sophie. « En ligne, en rangs, en joue ? », in *Bulletin des Bibliothèques Françaises*, 2011, n° 5, p. 68-70.

certains auteurs, en particulier des siècles passés, restent considérés comme des « classiques » à enseigner dans les établissements scolaires, on distingue par contre une tendance à considérer l'ensemble de la production éditoriale contemporaine comme également valable, correspondant à la diversité des goûts et de la « demande » du public. Vont par exemple dans ce sens les revendications de légitimité, au sein du domaine littéraire, de genres traditionnellement en marge de la culture bourgeoise (science-fiction, romans policiers, bande dessinée, etc.) ; ainsi, au nom de la démocratisation populaire, de la diversité des goûts et du relativisme culturel, chaque ouvrage se voit désormais reconnu le droit d'exister et de trouver « son » public.

Or cette tendance, pour beaucoup importée des États-Unis depuis la Seconde Guerre mondiale, et qui répond au principe du libéralisme (loi de l'offre et de la demande), de la montée de l'individualisme et de la segmentation du marché et des consommateurs, contribue, semble-t-il, à brouiller les repères en terme de promotion du « livre ». Si l'on prend pour exemple le « top 50 » des auteurs les plus traduits dans le monde, proposé par l'Unesco à partir de l'*Index Translationum*, on peut constater que cette liste, qui reflète la diversité des genres littéraires, témoigne surtout d'un éclectisme important en termes de qualité littéraire.

A travers écrits politiques, ouvrages théologiques et spirituels, romans classiques, théâtre, philosophie, science-fiction, romans policiers et d'espionnage, thrillers, romans d'amour, contes et littérature pour la jeunesse, Danielle Steel et Barbara Cartland y côtoient Dickens et Shakespeare. De plus, la ligne de fracture entre « bons » et « mauvais » auteurs recoupe assez largement la fracture entre auteurs morts (les « classiques ») et vivants (les « best sellers », dont une proportion importante d'américains). Or, si l'on tient compte du fait que les auteurs classiques bénéficient, par rapport aux auteurs contemporains, de ce qu'on pourrait appeler une « prime temporelle » (le nombre de traductions comptabilisées par l'Unesco incluant l'ensemble des traductions parues depuis la première publication de l'ouvrage, donc parfois sur plusieurs siècles), il faut conclure que les ouvrages les plus traduits aujourd'hui dans le monde sont en majorité des ouvrages d'auteurs contemporains et de qualité littéraire au minimum discutable...

Si le phénomène de la culture et de la littérature de masse a des origines complexes et bien antérieures à la seconde moitié du XXe siècle[1], l'essor du livre de poche, l'élargissement du lectorat avec l'alphabétisation de millions de personnes dans le monde, la mondialisation croissante des échanges et l'amélioration des techniques de diffusion commerciale et des moyens de transport se sont conjugués après 1945 pour donner à ce phénomène une ampleur planétaire jusque-là inégalée.

Il est par ailleurs intéressant de souligner plusieurs tendances démontrées par ce « top 50 » établi par l'Unesco, en particulier le fait qu'il comprend environ

---

[1] Voir la conclusion de Jean-François Sirinelli, in MOLLIER, Jean-Yves, SIRINELLI, Jean-François, VALLOTTON, François. *Culture de masse et culture médiatique en Europe et dans les Amériques, 1860-1940.* Paris : PUF, 2006, p. 306.

une moitié d'auteurs « classiques » reconnus et une autre moitié d'auteurs oscillant entre reconnaissance institutionnelle, (Conan Doyle, Agatha Christie, Jules Verne, Alexandre Dumas, Isaac Asimov, Georges Simenon, Jack London) et auteurs rejetés par les élites pour leurs livres écrits « à la chaîne » sur un modèle identique (comme Barbara Cartland, Danielle Steel, Robert Stine, Mary Higgins Clark). Cette liste témoigne aussi d'une diffusion massive d'auteurs américains (et britanniques) de qualité médiocre dans le monde ; du poids général des auteurs occidentaux (sur 41 auteurs, seuls 2 représentent l'Asie et l'Amérique latine) ; de l'importance des pays du nord de l'Europe pour la littérature de jeunesse la plus diffusée (avec les frères Grimm en Allemagne, Astrid Lindgren en Suède, Andersen au Danemark, Roald Dahl au Royaume-Uni et Charles Perrault et Goscinny en France) ; enfin de l'inadéquation entre la reconnaissance littéraire la plus élevée au XXe siècle (le prix Nobel de littérature) et l'ampleur de la traduction/diffusion dans le monde. En effet, seuls 4 des auteurs de la liste ont reçu le prix Nobel de littérature : Kipling en 1907, Hesse en 1946, Hemingway en 1954 et Garcia Marquez en 1982.

Enfin, cette liste témoigne, plus profondément encore, de la coupure entre les intellectuels et écrivains de qualité (poussant à une réflexion sur le monde) et la société qui leur est contemporaine ; la préférence des lecteurs va donc, d'un côté, au livre récréatif (pour se divertir), et de l'autre, au livre éducatif (pour acquérir ou améliorer sa situation professionnelle), tandis que le livre philosophique ou littéraire est progressivement marginalisé. L'Unesco s'est d'ailleurs fait le reflet de cette évolution, d'une part en focalisant son action sur le livre éducatif, et d'autre part, en favorisant la libre circulation des livres, par le biais de l'Accord de Florence notamment, qui a contribué à faciliter la circulation dans le monde de livres de qualité médiocre, en particulier américains.

Les années 1950 à 1970 vivent un bouleversement du statut et du rôle du livre dans le monde ; si la politique du livre de l'Unesco contribue à faire reconnaître et à légitimer l'importance du support écrit, celui-ci connaît en parallèle des mutations considérables en Occident, tant du point de vue de la forme, du contenu que de son usage social, éducatif et récréatif. En effet, explique Henri-Jean Martin, « le livre tend évidemment à être désacralisé dans une société qui évolue trop vite et où tout se démode en quelques mois, et cela d'autant plus qu'il est d'accès difficile[1] ». L'imprimé se retrouve « progressivement détrôné, comme média dominant, par le son porté à domicile – celui de la radiodiffusion – et l'image animée puis sonorisée, d'abord dans un lieu de spectacle – le cinéma – puis à domicile par la télédiffusion[2] ».

En outre, la mondialisation favorise les échanges de livres à l'échelle mondiale, mais ceux-ci demeurent largement inégalitaires. Selon Philippe Robert-Jones, la mondialisation serait même dangereuse pour la création littéraire : « les moyens de diffusion [emprisonnent] la création dans des

---

[1] MARTIN, Henri-Jean. « Eloge de la perfection ». Op. cit., p. 109.

[2] SIRINELLI, Jean-François. « La culture de masse », in PELLISTRANDI, Benoît, SIRINELLI, Jean-François (dir.). *L'histoire culturelle en France et en Espagne*. Madrid : Casa de Velasquez, 2008, p. 373.

orientations précises, parce que considérées rentables. Ainsi une dilution par la mode risque-t-elle de niveler ou d'exacerber l'une ou l'autre tendance que l'on souhaite promouvoir, et de rendre plus difficile encore l'écoute d'une originalité réelle qui se situe hors circuit[1] ». Toutefois, l'uniformisation des pratiques culturelles à l'échelle mondiale s'accompagne paradoxalement d'une progressive remise en cause du modèle occidental :

> *La découverte d'humanités autres, depuis la fin du XVe siècle, en Amérique et dans le monde, avait ruiné l'antique représentation (chrétienne et aristotélicienne) de l'univers et de son histoire ; l'Occident s'était adapté, « acculturé » en quelque sorte, en intégrant les sociétés dites « primitives » dans un schéma évolutif qui les reléguait à un niveau inférieur, tandis que l'Europe, au sommet de la hiérarchie, incarnait le modèle de la civilisation, dans le temps homogène et unilinéaire du progrès. Cette conception avait trouvé son épanouissement avec la philosophie des Lumières, dont les bribes nourrissent encore nos représentations spontanées. Les bouleversements du monde contemporain, la fin de l'hégémonie européenne et les mouvements de décolonisation ont fait éclater ce schéma : l'Occident subit aujourd'hui, à travers une autre crise, une nouvelle forme d'acculturation, en prenant conscience, précisément, de la relativité des cultures et des temps de l'histoire*[2].

La remise en cause de l'occidentalocentrisme, les bouleversements de la conjoncture mondiale et le changement du statut et du rôle du livre dans le monde constituent des tendances, concomitantes bien que parfois contradictoires, qui ne sont pas restées sans effets sur la politique du livre de l'Unesco. Des phénomènes complexes de remises en cause, d'acculturations et de réappropriations du support écrit conduisent progressivement les populations des pays non occidentaux à s'approprier le livre et à réfléchir sur leurs rapports à des problématiques telles que l'oralité, l'éducation, les rapports entre culture traditionnelle et modernité ou la diversité linguistique. De ce point de vue, l'évolution assez nette de la politique du livre de l'Unesco entre les années 1950 et les années 1970 semble montrer que l'organisation a accompagné ce phénomène global, dont elle est même progressivement devenue, par différents aspects, une sorte de porte-parole.

PHÉNOMÈNES D'INTERCULTURATION ET DE RÉAPPROPRIATIONS AUTOUR DE L'ÉCRIT

Depuis la Seconde Guerre mondiale, le monde semble s'être progressivement uniformisé avec l'accélération, l'intensification, l'intégration de tous les espaces et de tous les niveaux d'activité, et Jean-François Sirinelli souligne que les dernières décennies du XXe siècle ont vu une « lente cristallisation de la culture

---

[1] ROBERT-JONES, Philippe. « Universalisme et multiculturalisme d'un monde ouvert », in FONTAINE, Jacques, B*icentenaire de l'Institut de France*. Op. cit., p. 141.

[2] WACHTEL, Nathan. « L'acculturation », in LE GOFF, Jacques, NORA Pierre. *Faire de l'histoire, volume 1 : nouveaux problèmes*. Paris : Gallimard, 1974, p. 145.

de masse en culture-monde[1] ». De leur côté, Peter Berger et Samuel Huntington listent comme vecteurs et manifestations principales de la nouvelle culture globale « la domination de l'anglais, la formation d'un réseau entrepreneurial planétaire et d'élites passées par les mêmes universités, l'idéologie de la santé et de la vie saine véhiculée par les organisations philanthropiques, la culture populaire et les industries culturelles, les marques de vêtements de sport, enfin des mouvements religieux et associatifs comme le pentecôtisme et l'évangélisme américains qui ont essaimé partout sur la planète[2] ».

Serge Latouche évoque lui aussi des flux culturels (images, mots, valeurs morales, normes juridiques, codes politiques, critères de compétence) à sens unique, produits en Occident ou selon des normes occidentales, qui inondent la planète par le biais des médias et aboutissent à une « dépossession de soi-même » chez les groupes envahis[3]. Chaque société doit se redéfinir par rapport au système technique, économique et social occidental[4]. Cette globalisation s'inscrit dans la continuité de la colonisation, période durant laquelle la culture et la langue de l'occupant étaient considérées comme les seules légitimes[5]. Ainsi, soulignent Preiswerk et Perrot :

> *Chez beaucoup de peuples colonisés, on constate un véritable complexe d'infériorité collectif résultant d'une mise en question radicale de leurs cultures par le colonisateur qui impose en même temps sa supériorité militaire et technologique. Or les études sur la psychologie du colonisé montrent qu'une des façons pour ce dernier de dépasser sa situation est de prétendre partager les valeurs du colonisateur. L'ethnocentrisme du groupe subsiste dans la mesure où la culture traditionnelle est sauvegardée, mais parallèlement il se développe chez l'individu une crise d'identité qui résulte d'une incertitude quant à la position à prendre à l'égard de valeurs culturelles qui s'opposent. En Afrique, certains ont préconisé la destruction de la culture étrangère (par exemple F. Fanon), la valorisation de la culture propre dans un « métissage » avec la culture étrangère (par exemple L. S. Senghor), l'adoption de la culture étrangère afin de développer une force égale (par exemple M. Towa) ou encore l'affirmation de l'identité raciale (par exemple R. Fani-Kayode). Ceci ne sert qu'à démontrer la complexité des réactions qui peuvent faire suite à la mise en question radicale de la culture d'un groupe*[6].

Cependant, Jean-Baptiste Duroselle observe que si l'influence des anciennes métropoles sur les pays nouvellement indépendants est considérable durant les premiers temps, elle décline rapidement pour laisser place à l'établissement de régimes originaux[7]. Fernand Braudel remarquait d'ailleurs en 1963 que la « civilisation industrielle » exportée par l'Occident ne constitue que l'un des traits de la civilisation occidentale :

---

[1] SIRINELLI, Jean-François. « La culture de masse », in PELLISTRANDI, Benoît, SIRINELLI, Jean-François. *L'histoire culturelle en France et en Espagne*. Op. cit., 2008, p. 376.

[2] CHAUBET, François, MARTIN, Laurent. *Histoire des relations culturelles dans le monde contemporain*. Op. cit., p. 204.

[3] LATOUCHE, Serge. *L'occidentalisation du monde*. Op. cit., p. 27-28.

[4] MOREAU DEFARGES, Philippe. « La Communauté internationale face à ses défis ». Op. cit., p. 83.

[5] JOUVE, Edmond. *Le Tiers-Monde dans la vie internationale*. Op. cit., p. 233.

[6] PREISWERK, Roy, PERROT, Dominique. *Ethnocentrisme et histoire*. Op. cit., p. 57.

[7] DUROSELLE, Jean-Baptiste. *Le monde déchiré (tome II)*. Op. cit., p. 115.

En l'accueillant, le monde n'accepte pas, du même coup, l'ensemble *de cette civilisation, au contraire. Le passé des civilisations n'est d'ailleurs que l'histoire d'emprunts continuels qu'elles se sont faits les unes aux autres, au cours des siècles, sans perdre pour autant leurs particularismes, ni leurs originalités*[1].

Ainsi, il ne faudrait pas adopter une vision trop homogénéisatrice de la globalisation culturelle, car aucune étude empirique n'atteste réellement l'existence d'une uniformisation à l'échelle mondiale.

Contrairement à une vision un peu abstraite de la globalisation attentive aux seuls flux et à leurs effets déterritorialisants, les lieux gardent de leur importance. Certes, le moment présent voit le branchement généralisé de toutes les formes de localité, la relativisation des contraintes géographiques, la remise en cause du fondement spatial des identités, mais le local reste l'espace d'expérience fondamental de l'humanité[2].

Wallerstein estime d'ailleurs que l'hégémonie américaine dans le système-monde est parvenue à son apogée à la fin des années 1960 et qu'elle se trouve depuis en lent mais continuel déclin[3], une idée confirmée par Samuel Huntington dans *Le choc des civilisations* lorsqu'il écrit : « l'âge de la domination occidentale est fini. Dans l'intervalle, l'effacement de l'Occident et la montée en puissance d'autres centres ont favorisé un processus global d'indigénisation et la résurgence des cultures non occidentales[4] ».

La notion d'une globalisation généralisée peut donc être nuancée au profit d'approches s'intéressant aux phénomènes d'acculturation, de réappropriations, d'échanges culturels et d'influences réciproques, dans une perspective dynamique des relations culturelles internationales. Certes, les grandes puissances occidentales ont mis en place des politiques et des stratégies visant à imposer leur domination économique, politique et culturelle ; toutefois, les résultats sont rarement identifiables de manière absolue et uniforme. Au niveau du grand public comme des élites, un large panel de réactions sont possibles, depuis l'acceptation totale jusqu'au rejet complet. Les réactions diffèrent d'un individu à l'autre, comme le souligne Giles Scott-Smith, qui estime que le succès de politiques d'influence (tel que le *Foreign Leader Program* du Département d'État américain) est « déterminé par la personnalité de chaque individu, la conception particulière et les besoins de son secteur professionnel, et les circonstances spécifiques du pays concerné[5] ».

Par ailleurs, « l'occidentalisation des élites » reste, selon Huntington, un phénomène marginal dans l'ensemble de la population mondiale :

Le terme « civilisation universelle » peut désigner les principes, les valeurs et les doctrines auxquels adhèrent nombre d'Occidentaux et de représentants d'autres civilisations. C'est ce que l'on pourrait appeler la culture de Davos. Chaque année, une centaine environ de

---

[1] BRAUDEL, Fernand. *Grammaire des civilisations.* Paris : Arthaud-Flammarion, 1987, p. 38.

[2] CHAUBET, François, MARTIN, Laurent. *Histoire des relations culturelles dans le monde contemporain.* Op. cit., p. 201.

[3] Ibid., p. 214.

[4] HUNTINGTON, Samuel P. *Le Choc des civilisations.* Op. cit., p. 96.

[5] SCOTT-SMITH, Giles. « The US State Department's Foreign Leader Program in France during the Early Cold War ». Op. cit., p. 77.

dirigeants d'entreprise, de banquiers, de hauts fonctionnaires, d'intellectuels et de journalistes venant de divers pays se retrouvent au Forum de l'économie mondiale, à Davos, en Suisse. Presque tous sont diplômés en sciences, en sciences humaines, en gestion, en droit, travaillent sur des mots et/ou des chiffres, parlent anglais, sont employés par des gouvernements, des sociétés ou des universités très ouverts sur l'étranger et voyagent souvent hors de leur pays. Ils partagent tous la même foi dans les vertus de l'individualisme, de l'économie de marché et de la démocratie politique, lesquelles sont très répandues chez les Occidentaux. Les personnes qui viennent à Davos ont des responsabilités dans presque toutes les institutions internationales, dans plusieurs gouvernements, dans l'économie mondiale et dans la défense. La culture de Davos est donc extrêmement importante. Dans le monde entier, cependant, combien de personnes partagent cette culture ? Ailleurs qu'en Occident, il est probable qu'elle prévaut chez moins de cinquante millions d'hommes et de femmes, c'est-à-dire 1 % de la population mondiale, et peut-être même seulement un dixième de ce 1 %. Elle est donc loin de former une culture universelle, et les dirigeants qui la partagent ne sont donc pas nécessairement en position de force dans leur propre société[1].

Dans ces conditions, même si le contenu des livres diffusés dans le monde est majoritairement occidental, on peut imaginer qu'en tant que support imprimé moderne, véhicule d'idées, de culture et d'imaginaire, le livre a pu être approprié, détourné, utilisé dans le même temps par un grand nombre de non-Occidentaux.

Le XXe siècle, en particulier dans sa deuxième moitié, a été témoin de l'émergence bien réelle de nouveaux pôles littéraires. Si l'on se penche, par exemple, sur l'évolution du prix Nobel de littérature entre 1945 et 1974, on peut constater qu'il a été attribué à 30 reprises, 14 auteurs récompensés (soit 46,5 %) étant originaires de l'un des quatre « grands » pays (États-Unis, France, Royaume-Uni, URSS). Cependant, une analyse plus fine montre une fissure progressive de la traditionnelle hégémonie des grandes puissances sur cette même période.

Les 3 États les plus récompensés (États-Unis, France, Royaume-Uni) reçoivent la totalité de leurs 11 prix Nobel entre 1945 et 1964 – période durant laquelle ils sont par ailleurs les plus influents à l'Unesco et dans le monde – tandis qu'ils n'en reçoivent plus un seul entre 1964 et 1974.

A l'inverse, l'URSS ne reçoit qu'un prix entre 1945 et 1964 (en 1958, le prix Nobel est donné à Boris Pasternak, contraint de le refuser) mais en reçoit 2 (Cholokhov et Soljenitsyne) entre 1964 et 1974, période de nette ouverture du prix Nobel de littérature sur le reste du monde. Le prix est désormais attribué à des auteurs yougoslave (1961), grec (1963), israélien (1966), guatémaltèque (1967), japonais (1968), chilien (1971) ou encore australien (1973). A l'exception du Chili, chacun de ces pays reçoit alors un prix Nobel de littérature pour la première fois. Il faut préciser qu'entre 1901 et 1964, sur 58 auteurs ayant reçu le prix, 83% étaient européens, 10 % américains, 3 % soviétiques et 3 % seulement provenaient du reste du monde (soit 2 auteurs, l'Indien Rabîndranâth Tagore et la Chilienne Gabriela Mistral) !

---

[1] HUNTINGTON, Samuel. *Le Choc des civilisations.* Op. cit., p. 58-59.

Cette évolution, dans les années 1960, semble résulter de la conjonction de plusieurs facteurs, en particulier un rejet de l'hégémonie culturelle exercée par l'Europe depuis des décennies et l'affirmation de nouveaux pays sur la scène culturelle mondiale, un effet de la mondialisation culturelle, de l'accroissement des échanges, des traductions et du relativisme culturel, ainsi qu'une conséquence directe de la période de détente dans la guerre froide, qui « autorise » désormais l'Académie suédoise à récompenser des auteurs de pays n'appartenant pas au camp occidental ou fortement engagés à gauche. Ainsi, la Yougoslavie est un régime communiste dirigé par Tito ; en Grèce, Papandreou conteste entre 1961 et 1963 la légitimité de la droite au pouvoir avant d'être lui-même élu début novembre 1963 ; au Guatemala, un mouvement de guérilla de gauche résiste dans les années 1960 à la junte militaire mise en place par la CIA, or l'écrivain (nobélisé en 1967) Miguel Angel Asturias évoque largement dans son œuvre la lutte des paysans contre l'impérialisme ; le Chili est dirigé par un président socialiste à partir de 1970 ; l'Australien Patrick White qui reçoit le prix Nobel en 1973 est peu populaire dans son pays à cause de son opposition à la guerre du Vietnam et de sa critique du conservatisme et de la violence de la société australienne ; etc.

Les années 1960 marquent le début d'une reconnaissance symbolique, par les pays Occidentaux, de l'existence et de la valeur des littératures extra-occidentales ; inventé par l'Occident à partir des Lumières et diffusé à grande échelle grâce à l'invention et au perfectionnement de l'imprimerie industrielle, le livre imprimé est de plus en plus adopté, adapté et détourné à travers le monde.

Dans les pays non occidentaux se développe aussi progressivement une réflexion – voire une remise en cause – des principes bibliothéconomiques imposés à grand renfort d'investissements, de missions d'experts, de bourses et de dons de livres. Les bibliothécaires asiatiques, par exemple, revendiquent l'ancienneté, l'originalité et la diversité de leurs cultures respectives, et ont tendance à se regrouper pour affirmer des points de vue sur leurs besoins qui diffèrent sensiblement des conceptions occidentales. La création de la Fédération asiatique des associations de bibliothécaires (AFLA) se réalise, par exemple, en 1957 contre la volonté de la FIAB et celle de la Division des bibliothèques de l'Unesco, qui se contente d'un soutien de pure forme[1]. La FIAB et l'Unesco tentent ensuite d'imposer à l'AFLA des principes occidentaux, la FIAB en créant un poste de vice-président destiné à un bibliothécaire asiatique en 1957, et l'Unesco en incitant l'AFLA à adopter des statuts inspirés de ceux de la FIAB. Le bibliothécaire Nasser Sharify rappelle cependant à Petersen en 1959 que les conceptions bibliothéconomiques occidentales et asiatiques sont très différentes, par exemple sur les notions de bibliothèques « publiques » et « nationales »[2]. Quant à Ranganathan, bibliothécaire influent en Inde, son système de classification (« concurrent » de la classification Dewey) est utilisé dans des

[1] Voir Archives Unesco, dossier 02 A 01 (5) AFLA.
[2] Voir Archives Unesco, dossier 02 (5) A 06 (540) TA « 60 »

bibliothèques en Inde et dans d'autres pays asiatiques. Par ailleurs, souligne H.M. Kiribige :

> *Depuis la promulgation du manifeste [*Manifeste des bibliothèques publiques de l'Unesco, *1949], la scène bibliothéconomique mondiale a constamment évolué et a été témoin des rythmes de développement variés des différentes sortes de bibliothèques. Les pays en développement ont eu leur part. [...] Cependant, la plupart des pays en développement ont maintenant atteint un stade où il apparaît nécessaire d'évaluer les réussites et les échecs. Personnellement, je considère que de nombreux systèmes de bibliothèques nationales ont besoin d'être réajustés afin de mieux correspondre aux objectifs nationaux de base. [...] Un examen attentif des systèmes de bibliothèques existants dans les pays en développement révèle en effet qu'ils sont fondamentalement élitistes*[1].

L'aspect élitiste des bibliothèques transposées du modèle occidental est de plus en plus dénoncé, en particulier en Afrique. Dans les années 1960 et 1970, plusieurs bibliothécaires africains, formés aux techniques et aux conceptions occidentales, critiquent ouvertement, de retour chez eux, les notions anglo-saxonnes de « bibliothèque publique » et de « planification des bibliothèques » telles qu'elles avaient pu être développées par Evelyn Evans ou par les « experts » de l'Unesco[2]. Certes, ces bibliothécaires, qui prônent une gestion locale des bibliothèques centrée sur les besoins réels et concrets de la population, sont minoritaires et décriés par une bonne partie des « experts » occidentaux, mais ils tentent peu à peu de faire entendre leur voix.

L'un d'eux, le jeune bibliothécaire ougandais William Serwadda (formé au Makerere College entre 1955 et 1957, puis au Royaume-Uni), publie par exemple en 1964 un article dans le *East African Library Association Bulletin*, dans lequel il écrit qu'il faut adapter les services de chaque bibliothèque africaine à son environnement local ; lui-même développe des projets radiophoniques à destination des analphabètes, mais, sans appui politique, il est finalement renvoyé après seulement 2 ans d'expérience[3]...

De la même manière, alors qu'un réseau de bibliothèques est développé en Tanzanie sur un modèle occidental, le bibliothécaire Mchombu critique cette situation, en dénonçant le fait que ces bibliothèques, utilisées par seulement 1 % de la population, perpétuent un modèle d'injustice et d'inefficacité[4].

Les pays du Tiers monde dénoncent ainsi certaines pratiques impérialistes liées au livre ; en 1972, le Nigérian S. J. Cookey met ouvertement en cause les programmes de « dons de livres » :

> *La plupart des livres ainsi envoyés par le passé ne convenaient absolument pas. Certains étaient des manuels que les pays donateurs avaient déjà remplacés chez eux par des livres plus modernes, certains d'anciens ouvrages de référence ; presque tous étaient impropres et*

---

[1] KIBIRIGE, H.M. « Libraries and illiteracy in developing countries: a critical assessment », in *Libri-International Journal of Libraries and Information Services*, volume 27, janvier 1977.
[2] STURGES, Paul. « The poverty of librianship : national library services of Anglophone Africa in the post-independence era », in *Libri*, 2001, n° 51, p. 41.
[3] Ibid., p. 43-44.
[4] Ibid., p. 45-46.

sans réel intérêt pour les destinataires. Du temps où je travaillais au Ministère de l'éducation de mon pays, un de mes casse-tête était de savoir quoi faire des milliers de livres qui nous avaient été envoyés à titre gracieux, mais que nous ne pouvions pas en bonne conscience distribuer aux écoles. Certains établissements ne les en acceptaient pas moins, car ils pouvaient alors montrer fièrement aux visiteurs que leur bibliothèque renfermait des centaines d'ouvrages[1].

Cookey regrette aussi le manque de livres pour enfants produits localement, qui oblige les enfants des pays du Tiers monde à lire des ouvrages provenant d'une langue et d'une culture différentes des leurs, en n'ayant donc pas « la possibilité de lire les contes populaires de chez eux et d'apprendre à connaître leur pays[2] ».

Ces revendications rejoignent plus largement une remise en cause globale de la suprématie du livre et de l'écrit imposée par les Occidentaux. Des voix s'élèvent en Afrique pour revendiquer l'oralité comme importante source historique et culturelle et pour prôner un rééquilibrage entre écrit et oral. Dans ce domaine, l'action d'Amadou Hampâté Bâ, grâce à sa stature internationale et à ses activités au sein de l'Unesco, a contribué à mettre en avant la culture orale africaine. Il explique en 1972 :

L'écriture est une chose et le savoir en est une autre. L'écriture est la photographie du savoir, mais elle n'est pas le savoir lui-même. Le savoir est une lumière de l'homme. Il est l'héritage de tout ce que les ancêtres ont pu connaître et qu'ils nous ont transmis en germe, tout comme le baobab est contenu en puissance dans sa graine. [...] La connaissance africaine est immense, variée, et concerne tous les aspects de la vie[3].

Alors que la culture africaine s'est trouvée bouleversée par la colonisation, « l'introduction du texte écrit dans une aire de civilisation à prédominance orale [a] entraîné un certain nombre de conséquences, au nombre desquelles il faut retenir une rupture dans le système de communication traditionnel et une modification du statut de l'objet littéraire[4] ». Hampâté Bâ affirme la possibilité d'une culture africaine originale mêlant appropriation du support écrit et respect des traditions orales.

Ces revendications s'affirment notamment par le biais de l'Unesco, par exemple, lors de la Conférence intergouvernementale sur les politiques culturelles en Afrique (Accra en 1975), durant laquelle les États africains rappellent :

L'apparition de l'écriture ne marque pas nécessairement le passage à un niveau « supérieur » de culture. Moyen d'expression d'une civilisation, la tradition orale est

[1] Intervention de S. J. Cookey, in *Symposium international de l'UNESCO : le livre au service de la paix, de l'humanisme et du progrès*. Op. cit., p. 64.
[2] Ibid., p. 66.
[3] HAMPÂTE BÂ, Amadou. *Aspects de la civilisation africaine*. Op. cit., p. 22.
[4] Propos de Jacques Chevrier, cités in DIALLO, Mamadou Bani, « La problématique de l'oralité et de l'écriture chez Amadou Hampâté Bâ ». Op. cit., p. 159.

toujours intégrée aux différents aspects de la vie sociale ; elle assure des fonctions multiples de mémorisation, de code, d'éthique, d'expression esthétique...[1]

L'intérêt et l'importance des liens et des échanges entre écriture et oralité, qu'une partie des Africains ne souhaitent pas opposer l'un à l'autre, s'affirmeront plus tard avec la création en 1983 de l'Association pour l'Étude des Littératures Africaines, ayant pour objectif de créer un lieu de rencontres et d'échanges afin de faire connaître et de mettre en relation les productions littéraires du continent africain, en y incluant les productions orales, traditionnelles ou modernes, et l'ensemble des manifestations littéraires en langues africaines (théâtre, roman, poésie).

Ces revendications trouvent par ailleurs un écho en Occident auprès des ethnologues, historiens, intellectuels. Évoquant Paul Ricœur, François Dosse, réfléchit, par exemple, à la coupure provoquée par l'écriture entre le niveau mémoriel et celui du discours historique, rappelant que « par rapport à la mémoire, l'écriture est à la fois remède, protégeant de l'oubli, et en même temps elle est poison dans la mesure où elle risque de se substituer à l'effort de mémoire[2] ». De leur côté, Preiswerk et Perrot estiment en 1975 :

L'écriture a été sacralisée à tel point en tant que valeur positive universelle qu'elle n'a pour ainsi dire jamais fait l'objet d'une mise en question par l'Europe ou par les peuples soumis au processus d'éducation à l'occidentale, tant et si bien qu'aujourd'hui ceux-ci l'inscrivent spontanément en tête de liste de leur programme de développement. L'alphabétisation en elle-même n'est naturellement pas ethnocentrique, mais bien plutôt l'hypothèse de la valeur universelle de l'écriture sur laquelle est basée le processus, l'usage qui en est fait comme objectif prioritaire quasi absolu dans de nombreuses situations où la question devrait au moins pouvoir être posée de sa légitimité face aux autres besoins de la société et de l'économie[3].

Preiswerk et Perrot remarquent le fait que dans la culture occidentale, le caractère bénéfique de l'alphabétisation n'est jamais mis en doute, les peuples sans écriture étant le plus souvent ressentis et présentés comme non civilisés, sauvages et d'un niveau culturel peu élevé. Or ces auteurs contestent « non pas la valeur de l'écriture comme mode de transmission de connaissances et de communication, mais *l'infériorisation*, sur la base de ce critère, de cultures différentes et *l'absolutisation de la nécessité* de son emploi en toute circonstance[4] ».

Toutefois, l'Unesco affirme ouvertement dans *Pour le livre* (1974), contre tous les intérêts impérialistes occidentaux :

Parce que les besoins les plus urgents des pays en voie de développement portent sur le livre scolaire, le livre d'enfants et le livre pour nouveaux alphabètes, c'est dans les langues locales et non dans les langues de grande communication mondiale qu'il convient que les

---

[1] « Conférence intergouvernementale sur les politiques culturelles en Afrique organisée par l'Unesco avec la coopération de l'OUA, Accra, 27 octobre-6 novembre 1975 », in *Problèmes et perspectives*, 1975, p. 11. Citation par SAGBOKAN, Hilaire-Philippe in *L'Afrique noire francophone et l'Unesco*. Op. cit., 371 p.

[2] DOSSE, François. « Paul Ricœur : entre mémoire et oubli », in *Cahiers français* n°303, 2001, p. 16.

[3] PREISWERK, Roy Adrian, PERROT, Dominique. Ethnocentrisme et histoire. Op. cit., p. 149-150.

[4] Ibid., p. 154 à 157.

livres soient rédigés. Les facteurs linguistique et culturel militent donc dans le sens du développement de la production sur place[1].

Par le biais de ses programmes d'alphabétisation, l'Unesco contribue à la modernisation de sociétés traditionnelles, c'est-à-dire aux bouleversements sociaux, aux remises en cause des mythes et croyances, que suscite le passage d'une civilisation de l'oral à une civilisation de l'écrit. Dans les faits, les grandes campagnes d'alphabétisation des années 1960, si elles ont permis d'augmenter la population alphabétisée de 266 millions (soit de 60,5 %), n'ont pas été sans générer des situations sociales conflictuelles. Nathalie Gaudant explique, à propos des communautés auprès desquelles l'Unesco a lancé des projets d'alphabétisation en Afrique noire :

> *[Ce sont généralement] de petites communautés d'agriculteurs analphabètes, porteurs d'une culture homogène transmise grâce à la tradition orale, mais ils sont politiquement et économiquement dépendants des villes, acquises à une civilisation moderne lettrée. Ces communautés sont parfois soumises à une élite lettrée, souvent religieuse, gardant le monopole de l'écriture : le Sacré, fixé par écrit, est diffusé oralement par une série de professionnels qui se transmettent ainsi un savoir appris par cœur [...] Mais l'extension de l'écriture à un groupe plus large que cette élite, souvent jalouse de ses privilèges, peut être la source de profondes mutations*[2].

Mais en contrepartie, des revendications africaines concernant le patrimoine oral, exprimées notamment dans le cadre de l'Unesco, semblent avoir eu un impact sur les sociétés occidentales ; même si cet impact est difficile à évaluer, on ne peut, en effet, manquer de remarquer que ces revendications ont été concomitantes, dans de nombreux pays occidentaux, d'une certaine revalorisation des traditions régionales et d'un d'intérêt renouvelé pour l'oralité. En témoignent les travaux de l'anthropologue britannique Jack Goody sur l'histoire et le rôle de l'écriture et de l'oralité dans les sociétés humaines : *La Raison graphique. La domestication de la pensée sauvage* (1979), *La Logique de l'écriture : aux origines des sociétés humaines* (1986), *Entre l'oralité et l'écriture* (1994), *Pouvoirs et savoirs de l'écrit* (2007).

En témoignent encore le développement en France de l'histoire orale à partir de la fin des années 1970, principalement par le biais de l'Institut d'histoire du temps présent (IHTP), qui publie sur cette question *Problèmes de méthode en histoire orale : Table ronde, 20 juin 1980* (1981) ; *Histoire orale et histoire des femmes : table ronde, 16 octobre 1981* (1982) ; *Questions à l'histoire orale : table ronde du 20 juin 1986* (Cahiers de l'I.H.T.P, 1987). Paraît aussi en 1982, aux éditions du CNRS, *L'histoire orale en France : Répertoire des chercheurs*, établi par Jean-Pierre Rioux et Danièle Voldman. Ces publications montrent des interrogations similaires à celles d'Hampâté Bâ :

> *Tout le problème, pour certains chercheurs, est de savoir si l'on peut accorder à l'oralité la même confiance qu'à l'écrit pour témoigner des choses du passé. A notre avis, le problème*

[1] DELAVENAY, Émile. *Pour le livre*. Op. cit., p. 15.

[2] GAUDANT, Nathalie. *La politique de l'Unesco pour l'alphabétisation en Afrique occidentale (1946-1960)*. Université de Paris I, 1990, p. 102-103.

est ainsi mal posé. Le témoignage, qu'il soit écrit ou oral, n'est finalement qu'un témoignage humain et vaut ce que vaut l'homme.

L'oralité n'est-elle pas mère de l'écrit, à travers les siècles comme dans l'individu lui-même ? Les premières archives ou bibliothèques du monde furent les cervelles des hommes. Par ailleurs, avant de coucher sur le papier les pensées qu'il conçoit, l'écrivain ou le savant se livre à un dialogue secret avec lui-même. Avant de rédiger un récit, l'homme se remémore les faits tels qu'ils lui ont été rapportés ou bien, s'il les a vécus, tels qu'il se les raconte à lui-même.

Rien ne prouve a priori que l'écrit rende plus fidèlement compte d'une réalité que le témoignage oral transmis de génération en génération... Par ailleurs, les documents écrits ne furent pas, eux non plus, toujours à l'abri des falsifications ou des altérations, volontaires ou involontaires, dues aux copistes successifs[1].

A l'Unesco, la reconnaissance du concept de patrimoine oral, au-delà du seul continent africain, semble prendre réellement corps avec la Convention pour la protection du patrimoine culturel immatériel ; adoptée en 2003, cette dernière apparaît, de ce point de vue, comme le point d'aboutissement de plusieurs décennies de réflexions et de réévaluations, en Occident et dans le reste du monde, permettant un rééquilibrage entre culture écrite et culture orale via l'Unesco.

Sont par exemple inscrits sur cette liste « L'épopée maure T'heydinne » (Mauritanie) ; « Eshuva, prières chantées en Harákmbut des Huachipaire du Pérou » (Pérou) ; « Le Naqqāli, narration dramatique iranienne » (Iran) ; « Le Yimakan, les récits oraux des Hezhen » (Chine) ; « Les Tsiattista, joutes poétiques » (Chypre) ; « Le chant Ojkanje » (Croatie) ; « Le Gagok, cycles de chant lyrique accompagnés d'un orchestre » (Corée) ; « Le Cantu in paghjella profane et liturgique de Corse de tradition orale » (France) ; « Le Tuuli mongol, épopée mongole » (Mongolie) ; « Le Katta Ashula » (Ouzbékistan) ; « La tradition Âşıklık (de l'art des trouvères) » (Turquie) ; « L'art des Akyn, conteurs épiques Kirghiz » (Kirghizistan) ; « L'art des Meddah, conteurs publics » (Turquie) ; « L'épopée Darangen des Maranao du lac Lanao » (Philippines) ; « L'épopée Al-Sirah al-Hilaliyyah » (Égypte) ; « L'espace culturel et la culture orale des Semeiskie » (Russie) ; « L'Olonkho, épopée héroïque iakoute » (Russie) ; « Les expressions orales et graphiques des Wajapi » (Brésil) ; « Ramlila, représentation traditionnelle du Ramayana » (Inde) ; « La tradition du chant védique » (Inde) ; « Les techniques artisanales traditionnelles de fabrication du papier Xuan » (Chine) ; « La calligraphie chinoise » (Chine) ; « Le chant épique Görogly » (Turkménistan) ; « La calligraphie mongole » (Mongolie) ; « La tradition orale Mapoyo » (Venezuela) ; « Manas, Semetey, Seitek : trilogie épique kirghize » (Kirghizistan) ; « La tradition orale Koogere des Basongora, Banyabidi et Batooro » (Ouganda) ; « Alardah Alnajdiyah, danse, tambours et

[1] Propos cités in DIALLO, Mamadou Bani, « La problématique de l'oralité et de l'écriture chez Amadou Hampâté Bâ », in TOURE, Amadou, MARIKO, Ntji Idriss (dir.). *Amadou Hampâté Bâ, homme de science et de sagesse.* Op. cit., p. 155.

poésie d'Arabie saoudite » (Arabie saoudite) ; « Al-Zajal, poésie déclamée ou chantée » (Liban).

Cette Convention apparaît emblématique du renversement de tendance générale à l'Unesco opéré à partir des années 1970. Ainsi, les 391 éléments inscrits (en 2015) sur la liste afférente à la Convention pour la protection du patrimoine culturel immatériel proviennent largement de pays non-occidentaux ; seule une quarantaine d'entre eux (10 %) concernent 10 pays occidentaux (Belgique, Croatie, Espagne, France, Hongrie, Japon, Lituanie, Luxembourg, Portugal et République tchèque), tandis que les pays de tradition anglo-saxonne et nordique se désintéressent manifestement de ce programme – une situation qui n'est pas sans rappeler le programme de commémoration des grands hommes.

Contrairement à la Convention concernant la protection du patrimoine mondial, culturel et naturel de 1972, la Convention pour la protection du patrimoine culturel immatériel semble marquer, dans une certaine mesure, une revalorisation d'une culture et d'une oralité « localement ancrées » contre une littérature écrite « à vocation universelle », mais aussi, dans une perspective plus vaste, le retour du local – et du transnational – contre le nationalisme centralisé et exacerbé ; de l'intangible peu spectaculaire (traditions, savoir-faire) contre les monuments imposants ; des traditions rurales contre la culture citadine ; de la culture (orale) populaire contre la culture (lettrée) élitiste ; et même du « nomadisme » contre la sédentarité et des « petits » pays contre les grands.

Plusieurs éléments inscrits sur la liste du patrimoine immatériel ont été proposés par un regroupement de pays, qui reconnaissent ainsi leur importance pour un certain nombre de peuples et de territoires ne correspondant pas aux frontières nationales ; dans le domaine littéraire, on peut citer « Le patrimoine oral et les manifestations culturelles du peuple Zápara » (Équateur-Pérou), « Le patrimoine oral Gèlèdé » (Bénin-Nigéria-Togo) ou « L'Aitysh/aitys, art de l'improvisation » (Kazakhstan-Kirghizistan).

Sont aussi inscrits sur la liste du patrimoine immatériel des phénomènes circulatoires, par exemple « Le pèlerinage au sanctuaire du seigneur de Qoyllurit'i » (Pérou), « Le compagnonnage, réseau de transmission des savoirs et des identités par le métier » (France), ou encore « Le Naadam, festival traditionnel mongol » (qui a lieu chaque année en Mongolie, mais sans lieu de rassemblement précis identifié).

Enfin, dans le cadre de la Convention concernant la protection du patrimoine mondial, culturel et naturel (1972), les pays de grande taille sont assez nettement favorisés par l'existence sur leur territoire de villes, de vestiges architecturaux et de sites naturels d'exception. Les pays occidentaux, les pays asiatiques et les « grands » pays des autres continents (Brésil, Mexique...) apparaissent donc sur-représentés dans le domaine « culturel » sur la liste du patrimoine mondial. De nombreux pays d'Afrique sont par contre inscrits uniquement pour leurs sites naturels. Dans ce contexte, la Convention pour la protection du patrimoine culturel immatériel (2003) permet de rééquilibrer la situation et de valoriser les pratiques culturelles des pays dépourvus de sites architecturaux ou « d'œuvres d'art » définies selon une conception occidentale.

Ainsi, alors que jusque dans les années 1970, l'écrit et le livre sont, de manière générale, survalorisés à l'Unesco à cause du poids des pays occidentaux, il semble donc – même si une étude plus poussée du sujet s'impose pour pouvoir l'affirmer avec certitude – que la bataille des pays d'Afrique noire – soutenus par les pays asiatiques – pour la reconnaissance de leur patrimoine oral a induit progressivement un changement des mentalités sur ce sujet.

Il faudrait d'ailleurs s'interroger aussi quant à l'influence de cette réévaluation du patrimoine oral sur le regard porté par les Occidentaux sur leurs propres pratiques de l'oralité, antérieures ou parallèles à l'imprimé. La plupart des épopées et légendes (*L'Iliade* et *l'Odyssée*, mais aussi les sagas islandaises, les romans du cycle du Graal, les différentes versions de *Tristan et Iseult*, etc.) ont, en effet, connu d'abord une forme et une diffusion largement orales. Et même plus près de nous, souligne Amadou Koné, « l'œuvre de François Rabelais, par exemple, révèle que le roman occidental, à un certain stade de son développement, a eu recours à la tradition orale[1] ». Il reste cependant très délicat d'évaluer la part de l'Unesco dans cette relativisation progressive de l'écrit par rapport à l'oralité, de la même manière qu'il n'est pas facile d'évaluer le poids que l'organisation a pu jouer dans le « retournement » de l'écrit par les pays non Occidentaux.

Le livre : une arme retournée contre les puissances occidentales ?

Le livre et la langue étant largement utilisés par les puissances occidentales comme support de leur influence à travers le monde, c'est tout naturellement, semble-t-il, que les pays du Tiers monde apprennent progressivement, eux aussi, à se saisir de cette « arme » afin de résister aux pressions impérialistes et idéologiques. Même si certains États non démocratiques ne souhaitent pas encourager l'alphabétisation, la liberté d'expression et le développement du livre dans leur population, intellectuels et dissidents s'en emparent malgré tout – de la même manière qu'antérieurement en Occident.

Instrument de démocratie, le livre est réapproprié au profit des plus faibles, et en premier lieu des colonisés. Comme l'expliquent Chaubet et Martin, la domination occidentale pendant plusieurs siècles, et particulièrement la situation coloniale, créent des « transfuges culturels », c'est-à-dire des « destins d'hommes écartelés entre plusieurs mondes, entre leur appartenance aux sociétés colonisées et leur assimilation des modèles culturels occidentaux, un Aimé Césaire, un Léopold Sédar Senghor, un Kateb Yacine, un Mouloud Feraoun, et tant

[1] KONE, Amadou. *Des textes oraux au roman moderne, étude sur les avatars de la tradition orale dans le roman ouest-africain.* Francfort-sur-le-Maine : Verl. für interkulturelle Kommunikation, 1993, p. 195.

d'autres[1] ». Écrivains et intellectuels du Tiers monde trouvent en Occident éditeurs et lecteurs, se réappropriant, à partir des années 1950, la littérature comme support de leurs revendications anticolonialistes :

> *Ainsi, Aimé Césaire, qui publie son* Discours sur le colonialisme *en 1955, Albert Memmi, auteur du* Portrait du colonisé *(1957) ou Frantz Fanon, qui publie notamment* Peau noire, masques blancs, *en 1952,* Les Damnés de la terre *en 1961, ce dernier livre préfacé par Jean-Paul Sartre et rétrospectivement perçu comme fondateur de la critique anticolonialiste et tiers-mondiste. [...] Mais, avant lui, d'autres auteurs ont pensé et dénoncé la domination coloniale et hâté sa fin par leurs écrits :* The Ideals of the East *d'Okakura Tenshin (1904), les écrits pour une "nouvelle histoire" de Liang Qichao,* Songs offerings *(1913) et* The home and the world *(1916) par Rabîndranâth Tagore,* Asia and western dominance *de K.M. Panikkar, œuvre entreprise dans les années 1930 et achevée en 1953. Dans ce dernier cas, il est vrai, la frontière est tenue entre la dénonciation du fait colonial et l'affirmation d'un nationalisme concurrent de celui des puissances occidentales. C'est d'ailleurs un trait largement partagée par cette littérature tiers-mondiste avant l'heure : celui de combattre avec les armes mêmes que lui ont fournies les Occidentaux, de retourner la culture occidentale contre elle-même[2].*

Une situation similaire prévaut dans l'empire britannique, où une littérature de langue anglaise est utilisée afin de contester le système colonial ; en Afrique anglophone, le Nigéria notamment apparaît à la pointe de cette réappropriation littéraire :

> *Le Nigeria, ce « géant de l'Afrique », l'est aussi dans le domaine de la littérature. Le pays [...] a joué un rôle important dans l'émergence de la littérature africaine contemporaine. [...] L'un des plus grands classiques est de la main d'un Nigérian :* Le monde s'effondre, *de Chinua Achebe. Ce texte, écrit en 1952 – mais publié en 1958 – lors de la dernière décennie de la période coloniale, parle notamment des effets du colonialisme sur les sociétés africaines. Le roman en tant que genre littéraire a souvent été critiqué comme étant une autre influence coloniale car étranger à l'Afrique. Cependant cette nouveauté a permis aussi, d'une part, de l'approprier à un contexte africain, comme l'avait fait Amos Tutuola à sa façon dans* L'ivrogne dans la brousse *(1952) en écrivant non seulement dans un anglais très pauvre et en créant un univers imprégné de la tradition folklorique yoruba ; et, de l'autre, de l'employer pour servir une cause nationale anti-coloniale. Au Nigeria, le roman accompagne très clairement le mouvement d'indépendance et il se fait l'écho des développements dans le pays[3].*

La littérature écrite hors Occident participe à lutter contre l'influence occidentale ; lorsqu'elle n'est pas écrite en langue locale, elle s'empare des langues anglaise, française et espagnole, réinventées par les écrivains d'Afrique, d'Asie et d'Amérique latine, pour dénoncer la colonisation et ses suites, l'hégémonie militaire, politique, économique, culturelle, des Occidentaux. Ce sont les œuvres du Martiniquais Edouard Glissant, des Nigérians Wole Soyinka

---

[1] CHAUBET, François, MARTIN, Laurent. *Histoire des relations culturelles dans le monde contemporain.* Op. cit., p. 164.

[2] Ibid.

[3] Bibliothèque nationale de France (Direction des collections, Département Littérature et art). *Littérature nigériane contemporaine. Bibliographie sélective.* Paris, janvier 2010, 12 p., sur le site http://www.bnf.fr/documents/biblio_litt_niger.pdf

et Chinua Achebe, de l'Égyptien Naguib Mahfouz, du Colombien Gabriel Garcia Marquez, du Trinidadien V.S. Naipaul ou encore du Somalien Nuruddin Farah.

Certes, le modèle éducatif occidental a eu des répercussions négatives dans ces pays : coupure entre langue maternelle et langue d'alphabétisation, éloignement de la société d'origine, imposition de méthodes, de normes et de schémas de pensée étrangers, etc. Mais il a aussi donné l'occasion aux colonisés et ex-colonisés de se familiariser avec la langue, la culture et le mode de pensée du colonisateur – ainsi qu'avec le support écrit. C'est ainsi, souligne Amadou Joné, que si « l'enseignement colonial a eu pour but essentiel de former des cadres subalternes nécessaires au bon fonctionnement du système colonial, [...] malgré les limites du système d'enseignement colonial, malgré le souci d'éviter de développer l'esprit créateur chez les colonisés, ceux-ci ont su bénéficier de cet enseignement même au niveau de la création littéraire[1] ». En 1963, Fernand Braudel évoque de son côté :

> ...la jeune littérature noire fortement occidentalisée, *[...], ces récits drus et vivants [qui] sont, en effet, la réalité africaine vue par des « évolués » et [qui] jettent sur cette réalité, dans ce qu'elle a de plus original et de plus irréductible aux valeurs d'autrui, d'extraordinaires lumières. [...] Leur forme occidentale, à elle seule, est le signe d'une littérature « arrachée à ses communautés si elle continue de rêver à celles-ci »[2].*

Amadou Hampâté Bâ fournit une illustration exemplaire de ces trajectoires, puisqu'il utilise durant toute sa vie sa connaissance de la culture et des langues occidentales, acquises sur les bancs de l'école coloniale, pour mettre en valeur la culture africaine et la protéger de la disparition par le biais de la collecte et de la mise sur support écrit.

Cependant, préviennent Chaubet et Martin, « l'occidentalisation des élites des pays non occidentaux est ambiguë, alimentant un nationalisme "moderne" mais anti-occidental ou des réactions de retour à des origines largement mythifiées. La recherche d'une authenticité ou d'une pureté culturelle précoloniale [...] lance certains pays, sitôt acquise l'indépendance, sur la voie de la décolonisation des cœurs et des esprits, au risque de provoquer de nouveaux déracinements et un racisme à rebours[3] ». Pascale Casanova souligne elle aussi l'ambiguïté de la situation :

> *C'est une forme très particulière de dépendance par laquelle les écrivains peuvent à la fois être dominés et user de cette domination comme d'un instrument d'émancipation et de légitimité. Critiquer l'imposition de formes ou de genres littéraires constitués parce qu'ils seraient hérités de la culture coloniale, comme le fait quelquefois la critique dite « post-coloniale », c'est ignorer que la littérature elle-même, comme valeur commune à tout un espace, est une imposition héritée d'une domination politique certes, mais aussi un*

---

[1] KONE, Amadou. *Des textes oraux au roman moderne.* Op. cit., 1993, p. 28.
[2] BRAUDEL, Fernand. *Grammaire des civilisations.* Op. cit., 1987, p. 183.
[3] CHAUBET, François, MARTIN, Laurent. *Histoire des relations culturelles dans le monde contemporain.* Op. cit., p. 165.

instrument qui, réapproprié, permet aux écrivains démunis spécifiquement d'accéder à une reconnaissance et à une existence spécifiques[1].

L'appropriation du support écrit par les peuples hors Occident, son utilisation contre les intérêts des grandes puissances, s'est trouvée en partie relayée par l'Unesco, par le biais de certains programmes et de certains fonctionnaires, soucieux de défendre la diversité culturelle et linguistique dans le monde. Si en 1950, la Conférence générale de l'Unesco recommande, par exemple, de lancer une étude spéciale sur l'utilisation de la langue véhiculaire pour l'éducation de base et pour l'élaboration de judicieux systèmes d'enseignement sur le plan mondial[2], celle-ci se voit rapidement complétée par une étude sur l'emploi des langues vernaculaires dans l'enseignement, qui souligne notamment :

Pour des motifs d'ordre pédagogique, nous recommandons de prolonger le plus possible l'emploi de la langue maternelle dans l'éducation. Il convient, en particulier, que les élèves reçoivent leur première instruction dans leur langue maternelle parce que c'est la langue qu'ils comprennent le mieux et que la brèche entre le foyer et l'école sera aussi réduite que possible si on leur fait commencer la vie scolaire dans leur langue maternelle. Le choc que subit le jeune enfant en passant du foyer à la vie scolaire nous semble si grave qu'on doit faire tout ce qui est possible pour l'atténuer, particulièrement dans les régions où les méthodes modernes d'éducation des jeunes enfants n'ont pas encore pénétré à l'école. Alors qu'il était précédemment un enfant parmi quelques autres vivant sous les yeux de sa mère, il fait maintenant partie d'un vaste groupe placé sous l'autorité d'un maître. Au lieu de s'ébattre, de jouer, de crier, il est d'ordinaire obligé de rester assis et de se tenir tranquille, de se concentrer, de faire ce qu'on lui dit de faire et non ce qu'il a envie de faire, d'écouter, de s'instruire et de répondre lorsqu'il est interrogé. On lui présente sans relâche des connaissances et des idées nouvelles, aussi vite qu'il peut les assimiler, et il lui faut prouver qu'il les a assimilées. Presque tout est autre qu'à la maison et il n'est pas surprenant que beaucoup d'enfants éprouvent de la difficulté à s'adapter à leur nouveau milieu. Si la langue dans laquelle lui sont transmises toutes ces notions nouvelles où il se perd est différente, elle aussi, de la langue maternelle, l'effort demandé à l'enfant s'en trouve accru d'autant[3].

La monographie *L'emploi des langues vernaculaires dans l'enseignement*, produite par la Division de l'éducation de base en 1953, encourage aussi l'usage des langues vernaculaires, tout en rappelant les difficultés de la démarche :

Un des problèmes les plus importants et les plus difficiles que pose l'emploi des langues vernaculaires dans l'enseignement est celui du matériel de lecture qu'on peut fournir. Souvent, même une langue parfaitement propre à servir de véhicule de l'enseignement manquera totalement, ou presque, de livres scolaires ou d'autre matériel. La difficulté ne réside pas tellement dans la question de l'impression, car il existe des machines et des techniques diverses conçues pour la production, en petites quantités, de livres et autre matériel imprimé. La difficulté est de trouver ou de former des auteurs ou des traducteurs qualifiés, de se procurer les éléments nécessaires (par exemple le papier, les caractères et les machines) dans une époque de pénurie générale, de distribuer le matériel en question, une

[1] CASANOVA, Pascale. *La République mondiale des lettres.* Op. cit., p. 166.
[2] Unesco. *L'emploi des langues vernaculaires dans l'enseignement.* Paris, 1953, p. 51.
[3] Ibid., p. 54.

fois préparé, à de grandes distances et avec de mauvais moyens de communication et, avant tout, de réunir les fonds nécessaires[1].

Dix ans plus tard, René Maheu prend officiellement la défense de la diversité linguistique, lorsqu'il affirme lors d'une conférence à Abidjan : « les langues tiennent tellement à nos personnalités intellectuelles et nationales que tout ce qui les concerne doit être traité avec infiniment de respect et de délicatesse[2] ».

Dans le registre de la formation et de l'encouragement des réseaux, les bourses, missions, stages d'étude, écoles et centres de formation de l'Unesco, contribuent aussi à professionnaliser le monde du livre, donnant aux professionnels d'un même continent l'occasion d'opérer des comparaisons, d'échanger, et par là même de critiquer et de remettre en cause certaines pratiques. En Afrique par exemple, la création de l'Association internationale pour le développement des bibliothèques en Afrique (AIDBA) en 1957, le développement de formations pour les bibliothécaires, archivistes et documentalistes (notamment l'EBAD et le Makerere College), la multiplication des formations dans le domaine de l'édition et de la diffusion dans les années 1970, participent à développer et à renforcer les échanges et les réseaux. En Asie, la création de l'AFLA montre que les professionnels du livre peuvent s'emparer de formes d'organisation occidentales et se les réapproprier en les adaptant à leurs besoins locaux.

Par ailleurs, un certain nombre de personnes à l'Unesco (membres de la Conférence générale, du Conseil exécutif, du secrétariat) sont conscients de la prédominance anglo-saxonne – notamment américaine – et tentent, parfois avec succès, de la pondérer en diversifiant les points de référence et les comparaisons.

En ce qui concerne la Convention universelle sur le droit d'auteur par exemple, entre 1950 et 1952, le secrétariat essaie constamment d'assouplir le point de vue des États-Unis sur des questions importantes (formalités administratives, durée de protection, dépôt de la convention auprès de l'Unesco et non auprès des Nations Unis) ; l'Américain Arpad Bogsch est particulièrement actif dans ce travail de diplomatie[3].

Un autre exemple de la neutralité de l'Unesco se manifeste dans le cadre de l'opposition entre les États-Unis et les Philippines, autour de la volonté du gouvernement philippin de se retirer de la Convention en 1955-1956. A cette occasion, Jean Thomas recommande à ses collaborateurs, dans un mémo confidentiel :

Des groupements d'intérêts privés, notamment d'éditeurs des États-Unis, sont en train de faire pression sur le gouvernement des Philippines pour le convaincre de modifier son attitude. Il serait fâcheux que l'Unesco paraisse soutenir ces groupements, même si l'action de ceux-ci s'exerce dans un sens favorable à la convention universelle[4].

---

[1] Ibid., p. 57.
[2] Conférence prononcée par René Maheu le 14 mars 1964 à Abidjan. Op. cit., p. 103.
[3] Mémo de Bogsch au DG, 30 janv. 1952. Archives Unesco, dossier 347.78 A 102 « - 66 ».
[4] Mémo confidentiel de Thomas à Maheu, 8 février 1956. Op. cit.

Quelques années plus tard, dans la description détaillée de la situation des pays africains nouvellement indépendants qu'il prépare en juillet 1961, Díaz Lewis insiste sur le fait que les pays africains ont besoin d'une législation du droit d'auteur souple et pragmatique qui prenne en considération les réalités de leur production intellectuelle, et sur le rôle important de l'Unesco pour leur conseiller une législation adaptée à leur situation et non calquée sur la législation occidentale[1].

En outre, lors du projet de mise en place en 1963 d'un projet de « loi-type de protection du droit d'auteur qui tienne compte des réalités du continent africain[2] », plusieurs fonctionnaires (dont Díaz Lewis et Gomes Machado) n'hésitent à s'opposer frontalement aux Bureaux de l'Union de Berne et aux experts occidentaux consultés, qui estiment que le projet ne va pas assez dans le sens des intérêts économiques des pays producteurs de biens culturels[3]. Le secrétariat parvient à tenir bon, réussissant à imposer l'avancement du projet et même à y faire participer le Ghana (contre l'avis des Bureaux de Berne). En donnant corps aux recommandations des pays africains exprimées lors de la réunion de Brazzaville en 1963, l'Unesco a aussi sensiblement contribué à faire entendre les revendications du Tiers monde en termes de droit d'auteur, ce qui se concrétise lors de la révision de la Convention de Berne et de la Convention universelle sur le droit d'auteur en 1971.

Dans le domaine des bibliothèques, Edward Carter reconnaît dès 1949 le bien-fondé des critiques formulées par Pierre Bourgeois dans un article intitulé « Quelques considérations sur les bibliothèques suisses dans la vie internationale », dans lequel il regrette que l'Unesco accorde trop d'importance aux points de vue américains dans le domaine bibliothéconomique ; Carter est d'accord sur le fait que l'Unesco doit se montrer prudente et faire attention à mieux exprimer les différents points de vue européens sur la question[4], ce qu'il s'attache à réaliser par la suite. En 1953, Carter se montre par exemple très mécontent que la Division des bibliothèques n'ait pas été sollicitée par la Division du film pour organiser une projection de films sur les bibliothèques :

> *La projection se compose entièrement de films américains. Je suis totalement contre des projections purement nationales, à moins qu'il n'y ait une bonne raison pour cela. Nous ne sommes pas une agence de publicité pour les techniques bibliothéconomiques américaines. Bien que nous admirions tous le travail des bibliothèques publiques américaines, nous devons aussi avoir conscience du gros inconvénient des manifestations qui pourraient être interprétées à tort comme de la propagande nationaliste. Il serait possible d'organiser une projection intégrant des films d'autres pays, et s'il s'avérait difficile d'obtenir des films sur les bibliothèques d'autres pays, je préférerais encore faire une projection sur les techniques éducatives en général, en incluant des films sur le travail en bibliothèque*[5].

---

[1] Mémo de Díaz Lewis au DG, 5 juillet 1961. Op. cit.

[2] Lettre de Bodenhausen au DG, 16 sept. 1963. Archives Unesco, dossier 347.78 A 06 (672.4) « 63 ».

[3] Voir Archives Unesco, dossier 347.78 A 06 (672.4) « 63 ».

[4] Lettre de Carter à Bourgeois, 28 déc. 1949. Archives Unesco, dossier 002 + 02 + 930.25 AOI/8.

[5] Mémo de Carter à MacLean, 12 fév 1951.Archives Unesco, dossier 02 (485) A 37

La même année, lorsque l'Unesco recherche un auteur pour rédiger une étude sur les obstacles à la libre circulation des livres, Carter remarque : « étant donné qu'un bon nombre des études en rapport avec les projets de M. Behrstock ont été réalisées par des Britanniques, nous voudrions, dans ce cas, trouver un auteur d'un autre pays[1] ». L'éditeur britannique Barker est finalement engagé ; toutefois, à la relecture du manuscrit, Geoffrey Dennis (Division des publications) estime que les références aux États-Unis et au Royaume-Uni dans l'ouvrage de Barker sont disproportionnées et provoque la suppression de nombre d'entre elles avant publication[2].

La même année, alors que la Division des bibliothèques est à la recherche d'un expert en bibliothéconomie pour une mission en Israël, le directeur du Département de l'assistance technique, Byron S. Hollinshead – suite à une discussion avec Malcolm Adiseshiah – tente d'imposer à Carter un ancien fonctionnaire de l'Unesco, l'Américain M. Pierce, dont le contrat n'avait pas pu être reconduit pour des raisons budgétaires. Pierce est diplômé de la *Colombia University* et a travaillé à la *New York Public Library*. Un mémo d'Hollinshead suggère que le Département d'assistance technique se montrerait plus favorable à l'envoi d'un expert s'il avait la certitude que celui-ci pourrait être Pierce. Carter ne se laisse néanmoins pas convaincre et répond :

> *L'Unesco a une responsabilité envers ses États membres de ne pas prétendre que M. X., qui n'a pas d'expérience dans un domaine donné et qui ne serait probablement jamais sélectionné face à d'autres concurrents, est un « expert » capable d'accomplir l'ensemble du programme souhaité par un gouvernement*[3].

C'est aussi largement contre la volonté américaine que l'Unesco met en place son système de « bons de livres » à partir de 1949, et plusieurs fonctionnaires de l'organisation (Robert Stanforth, Edward Carter, Jacob Zuckerman) doivent s'opposer, parfois assez frontalement aux responsables du programme américain CARE (soutenus par l'ALA et le Département d'État), qui tente autant que possible de pilonner le projet de l'Unesco qui lui fait concurrence[4].

D'autre part, lorsque l'IBBY réalise pour l'Unesco, entre 1965 et 1967, une étude sur « l'influence de la littérature sur la formation de la pensée et de la conduite des enfants », le Département de l'éducation regrette l'occidentalocentrisme de ce travail, qui selon elle ne traite pas suffisamment de la situation des pays socialistes et en voie de développement, et demande à Bamberger d'y apporter des corrections dans ce sens[5].

Alors que l'influence anglo-saxonne sur la politique du livre de l'Unesco est bien réelle, il semble donc que cette influence aurait pu se révéler beaucoup plus importante encore sans les réactions dynamiques des États, des intellectuels, des professionnels du livre dans le Tiers monde, des fonctionnaires du secrétariat. Malgré leur éducation et leurs pratiques professionnelles occidentales, un certain

---

[1] Lettre de Carter à Nijhoff, 28 oct. 1953. Archives Unesco, dossier 307 A 31.
[2] Mémo de Dennis à Delavenay, 25 janv. 1956. Archives Unesco, dossier 307 A 31.
[3] Mémo de Carter à Hollinshead, 29 sept. 1953. Archives Unesco, dossier 02 (569.4) TA.
[4] Voir Archives Unesco, dossier 332.55 : 02 UNESCO/CARE.
[5] Voir Archives Unesco, dossier 04 A 01 IBBY.

nombre de ces derniers, parmi ceux qui contribuent à la mise en œuvre de la politique du livre, tentent de suivre le principe de neutralité régissant la fonction publique internationale ; si leur choix d'actions et de programmes, ou leur survalorisation de l'écrit, relèvent d'abord de leur éducation occidentale, ils essaient de résister aux volontés hégémoniques anglo-saxonnes et de favoriser la coopération internationale.

A ce sujet, il faut souligner plusieurs projets défendus par Edward Carter, en particulier le rapprochement entre la FIAB et la FID, le désir d'harmoniser les statistiques de bibliothèques entre l'Europe et l'Amérique, le souhait de voir les États les plus avancés dans le domaine bibliothéconomique aider les moins avancés dans le cadre des stages d'études et du réseau de bibliothèques associées, ou encore le désir de voir les grandes puissances créer des centres de livres permettant de distribuer des ouvrages aux bibliothèques de pays défavorisés.

S'il peut sembler étonnant que de nombreuses personnalités anglo-saxonnes aient ainsi œuvré « contre » les intérêts de leurs pays, il est aussi vrai qu'un grand nombre de fonctionnaires de l'Unesco sont des personnalités très indépendantes, au profil atypique : Carter n'est pas bibliothécaire de formation et n'a pas de très bonnes relations avec les bibliothécaires britanniques, Behrstock faillit être victime du maccarthysme, Petersen (selon le témoignage de Liebaers) n'est pas très apprécié des bibliothécaires américains. En outre, l'arrivée progressive, à des postes de responsabilité du secrétariat, de fonctionnaires d'origine géographiquement plus diversifiée (Taha-Hussein, Bammate, Díaz Lewis…) ira dans le sens d'une meilleure prise en compte progressive des cultures et des manières de penser non occidentales.

Conclusion

Après avoir largement évolué au fil des dirigeants et des époques, le présupposé de l'Unesco selon lequel favoriser l'éducation, la science et la culture favoriserait la paix est progressivement remis en question au début des années 1970[1]. Différentes personnalités (Sulwyn Lewis, Paul Lengrand, Jacques Havet) expriment de plus en plus ouvertement des doutes sur l'efficacité des échanges culturels internationaux en tant que promoteurs de la compréhension et de la concorde entre les hommes. Jacques Rigaud estime en 1975 qu'il est vain d'espérer de la culture une réconciliation entre les hommes :

> *Elle [la culture] est l'expression d'aspirations contradictoires et porte en elle tous les germes de ce qui peut nous opposer les uns aux autres. [...] La culture qui devrait nous unir et nous combler, nous divise et nous hérisse. Il n'y a pas d'indice plus révélateur de la difficulté d'être des sociétés contemporaines*[2].

L'idée d'utiliser la littérature afin de promouvoir la paix est, elle aussi, de plus en plus affirmée comme utopique ; Gaston Bouthoul rappelle que « même la poésie populaire chante les faits d'armes et les héros qui les accomplissent, beaucoup plus fréquemment que la paix. [...] Quelquefois le regret de la paix apparaît même dans les récits de gloire[3] », tandis que Pascal Bruckner souligne:

> *Même si le roman, comme l'a bien vu Milan Kundera, est le genre démocratique par excellence, celui qui suppose tolérance et conflit des points de vue, il n'y a jamais passage obligé de l'œuvre à la vie. Je puis tout en lisant oublier mes préjugés, communier avec l'univers d'un écrivain chinois ou sud-américain, me sentir de plain-pied avec une autre époque, d'autres mœurs, cela ne change en rien mon ouverture d'esprit dès lors que j'abandonne l'espace littéraire. Sceptique, ironique le temps d'une lecture, provisoirement libéré des mille liens qui me rattachent à ma communauté, je redeviens sectaire, partial, emporté dès que je retourne dans mon siècle pour me confronter à mes semblables. A elle seule, l'œuvre d'art n'est pas apte à éradiquer le fond barbare de l'humanité*[4].

---

[1] Voir l'étude de l'évolution des conceptions de l'Unesco développée par Chloé Maurel, in *L'Unesco de 1945 à 1974*. p. 30-170.

[2] RIGAUD, Jacques. *La culture pour vivre*. Op. cit., p. 12-13.

[3] BOUTHOUL, Gaston. *La paix*. Op. cit., p. 21-22.

[4] BRUCKNER, Pascal. « Faut-il être cosmopolite ? », *Esprit*, n°12, déc. 1992.

Allant plus loin, l'écrivain hongrois Péter Esterházy affirme même :

Céline nous rappelle que la littérature n'est pas amateur de la paix, plus précisément que l'on ne peut pas se servir directement de la littérature – bien que l'on soit fortement et constamment tenté de se servir d'elle pour créer du beau et du bon, de la prendre pour un pont entre les peuples et les cultures, comme si deux peuples qui avaient les mêmes livres dans leurs bibliothèques ne pouvaient pas s'entre-tuer. On est même tenté de penser que celui qui lit est un homme bon. (Sans parler de celui qui écrit.)

Seulement la langue de la littérature n'est pas celle de la compréhension mais celle de la création. Créer quelque chose à partir du rien – un gentleman ne fait pas une chose pareille. La littérature n'est pas un animal domestique : en principe, elle n'est pas domestiquée. La littérature n'existe pas pour les prix littéraires. La littérature ne relève pas de l'équité, ni de la tolérance, mais de la passion, de l'amour. L'amour n'est pas une force structurant la société, il n'est pas assez fiable. La littérature n'est pas une messagère de la paix ; si elle est la messagère de quelque chose, elle est celle de la liberté. Or, la liberté veut tantôt la paix, tantôt la guerre[1].

L'on pourrait ainsi multiplier les réflexions et témoignages qui, tous, remettent en cause le fondement ultime de la politique du livre de l'Unesco : favoriser la paix.

Ce mandat idéologique a cependant été associé dès la création de l'organisation à une multiplicité de tâches fonctionnelles, sur lesquelles l'Unesco a pu se concentrer : favoriser les échanges de livre, former des professionnels du livre aux techniques modernes occidentales, alphabétiser les masses, encourager la lecture, constituer une collection de chefs-d'œuvre littéraires, aider à la préservation des manuscrits anciens, etc. Ce relatif effacement de l'objectif premier au profit d'objectifs secondaires pratiques et diversifiés a servi à légitimer la politique menée, tout en permettant d'ignorer la contradiction fondamentale à l'origine de l'organisation : vouloir conserver la paix (c'est-à-dire le *statu quo* politique issu de la Seconde Guerre mondiale) dans un monde par ailleurs en complet bouleversement à tous les niveaux, comme en témoigne la remise en cause des systèmes coloniaux et l'accession à l'indépendance de dizaines de nouveaux États.

Le caractère disparate de la politique du livre de l'Unesco, de ce point de vue, ne peut être analysé comme un simple « échec » d'ordre administratif ou conceptuel ; il apparaît au contraire comme l'une des manifestations de la nécessité du compromis politique au sein d'une organisation intergouvernementale et d'un contexte général en profonde mutation. Les différents projets qui ont composé cette politique entre 1945 et 1974 ont correspondu tant aux intérêts politiques et économiques des États qu'aux évolutions majeures de la conjoncture politique, économique, sociale et culturelle qui ont caractérisé cette période.

Par ailleurs, le degré d'engagement individuel (au niveau des délégués des États, membres, du Conseil exécutif, du secrétariat, des partenaires extérieurs) semble avoir joué un rôle déterminant pour la mise en place et le développement

[1] ESTERHAZY, Péter. *Aux gens du livre*. Paris : Exils Editeurs, 2005, p. 167-168.

des activités ; la plupart des projets et des programmes qui ne sont pas parvenus à s'incarner dans une personnalité influente n'ont rencontré qu'un faible écho. C'est ainsi que le programme de commémoration des grands hommes, principalement défendu par Henri Laugier, n'a jamais pris son essor suite au départ de ce dernier. A l'inverse, le programme de collecte des traditions orales en Afrique n'aurait peut-être jamais vu le jour sans Amadou Hampâté Bâ.

Si les différentes activités de promotion du livre se sont trouvées confrontées aux dysfonctionnements généraux de l'organisation (lourdeur administrative, lenteur et inefficacité bureaucratique, manque de moyens financiers et gaspillage, problèmes de communication, difficulté à toucher l'ensemble des États et à établir des plans d'action cohérents, occidentalocentrisme), elles ont aussi particulièrement reflété, semble-t-il, les tensions et les différences de points de vue concernant l'usage du support écrit.

A cet égard, le choix de privilégier le livre éducatif (scolaire, technique, pratique, spécialisé) par rapport au livre littéraire paraît correspondre de manière plus large à un ensemble de conceptions éducatives et de craintes manifestées par les pouvoirs politiques face à la potentialité subversive et émancipatrice du support écrit. S'il s'agit d'inciter les masses à lire, encore faut-il, du point de vue des élites (dans les pays démocratiques comme non démocratiques, dans les pays capitalistes comme communistes) les conseiller dans le choix de leurs lectures, notamment par le biais d'un "canon" littéraire défini et diffusé au sein du système scolaire et des bibliothèques. Armando Petrucci souligne ainsi:

> *Presque toutes les campagnes d'alphabétisation de masse entreprises au XXe siècle au niveau national ou mondial (par l'Unesco par exemple), que ce soit dans les pays développés ou dans les anciennes colonies, ont porté avant tout sur le développement de la* lecture *et non de l'*écriture. *Selon toute évidence, ce choix est le résultat conscient de la vocation pédagogique des institutions qui, partout, ont élaboré les idéologies et les méthodologies de l'apprentissage : l'école dans les sociétés bourgeoises et l'Église (concurrentes mais d'accord sur ce point), le monde des bibliothécaires (en particulier dans les pays anglo-saxons), qui a élaboré l'idéologie démocratique de la lecture publique, l'industrie éditoriale, intéressée à la création d'un lectorat toujours plus large et non pas aux progrès de la capacité à écrire. Et il y a encore quelque chose de plus à la base de ce choix universel, commun à toutes les autorités et à tous les pouvoirs : l'idée que la lecture était, avant l'âge de la télévision, le meilleur véhicule de la diffusion des valeurs et des idéologies, et donc le plus facilement régulable une fois qu'on aurait réussi à contrôler les processus de production, et surtout de distribution et de conservation des textes. Au contraire, l'écriture est une capacité individuelle et complètement libre, qui peut s'exercer n'importe où, pour produire ce que l'on veut, hors de tout contrôle et, à la limite, de toute censure.*
>
> *Il est vrai qu'aux niveaux les plus élevés et dans la culture officielle, la production écrite est contrôlable, avec brutalité ou en douceur. Michel Foucault l'a parfaitement démontré dans un texte d'une clarté miraculeuse il y a un peu plus de vingt ans [*L'ordre du discours*]. Comparativement pourtant, le contrôle de la lecture est plus direct et plus facile, et certainement plus indolore. Pour qu'il fonctionne, il suffit que les lectures du public à alphabétiser et à éduquer (donc à endoctriner) soient autoritairement dirigées vers un corpus d'œuvres déterminées et non vers d'autres, donc vers un* canon, *plus ou*

moins large, libéral ou restrictif, mais qui reste un canon imposé, c'est-à-dire d'une valeur indiscutable, à prendre comme tel.

Selon la définition courante, un canon est "une liste d'œuvres ou d'auteurs proposée comme norme, comme modèle". Toute culture écrite en a compté un ou plusieurs, considérés comme valides soit dans l'absolu soit dans des milieux particuliers (religieux, littéraire, etc.). Notre tradition littéraire occidentale a élaboré le sien, suffisamment vaste pour satisfaire l'industrie éditoriale, mais aussi assez rigide pour assurer la reproduction des valeurs idéologiques, culturelles et politiques qui sont à la base de la vision du monde occidental depuis deux siècles, et qui va des œuvres d'Homère à celles des "maîtres à penser" du Collège de France[1].

Il semble impossible, pour conclure cette réflexion, de ne pas évoquer la question de l'instrumentalisation du livre par les élites au pouvoir, et donc de l'usage idéologique du support écrit dans le cadre de la reproduction sociale et économique. A déjà été évoqué, par exemple, le fait que les chefs-d'œuvre littéraires de la Collection d'œuvres représentatives étaient fondamentalement destinés à une petite élite cultivée occidentale, tandis que les livres diffusés en Afrique ont été majoritairement des manuels scolaires et ceux encouragés en Asie (dans le cadre du projet de textes de lectures) avant tout des ouvrages sur les sciences, les techniques et les modes de vie occidentaux. Si, de leur côté, et malgré l'absence de liberté d'expression qui caractérisent leur régime politique, les pays communistes ont encouragé chez eux la traduction et la diffusion, dans des collections à bas coût destinées aux masses, des grands classiques de littérature de fiction du monde entier, leur influence à cet égard sur la politique du livre de l'Unesco apparaît quasi inexistante. D'autant que l'URSS s'est toujours montrée sceptique quant aux activités éducatives et culturelles de l'Unesco, participant surtout aux activités de coopération scientifique de l'organisation. Le symposium organisé en 1972 à Moscou dans le cadre de l'Année internationale du livre, consacré à la thématique hautement sensible de l'utilisation du livre pour promouvoir « la paix, l'humanisme et le progrès », apparaît comme une intéressante exception, qui a permis à des orientations tiers-mondistes et humanistes de se manifester (interventions du Nigérian Cookey, du Congolais Mollomb, de Robert Escarpit notamment).

De ce point de vue, le souhait affiché, durant la période étudiée, de « démocratiser » le livre et la lecture, comme celui d'encourager la traduction et la production de livres en langues vernaculaires, apparaissent très ambigus, tant à l'Unesco qu'au niveau des États. Ils posent d'importantes questions non seulement en termes de contenu (potentiellement subversif) des livres promus, mais aussi en termes d'alphabétisation et de création littéraire dans les langues minoritaires : autant de domaines pouvant conduire à une remise en cause du modèle économique de l'industrialisation, du modèle politique de l'État nation centralisé, et du modèle culturel de l'imposition, au niveau national, d'une langue et d'une culture unifiées au détriment des particularismes locaux et régionaux.

[1] PETRUCCI, Armando. « Lire pour lire. Un avenir pour la lecture ». Op. cit., p. 405

Cette ambiguïté n'apparaît pas sans lien avec la « désacralisation » du livre en Occident durant la même période, le recul du livre et des humanités au profit des sciences humaines et dures, et l'utilisation massive des nouveaux moyens de communication de masse (télévision, radio) qui apparaissent, du point de vue idéologique, plus efficaces que le livre. Henri-Jean Martin rappelle que, si l'usage du livre s'est répandu grâce à l'alphabétisation des masses, il demeure un objet élitiste, d'accès difficile, qui « apparaît de plus en plus soit comme un instrument documentaire comportant des données techniques et des messages simples, soit comme une espèce de complément de luxe. Il n'est plus la "grande messe" qui fait l'opinion[1] ».

La politique du livre de l'Unesco s'est inscrite dans un contexte particulièrement complexe, ce qui explique sans doute en grande partie les raisons de l'« échec » relatif de projets universalistes et humanistes, telle la constitution d'un patrimoine littéraire commun et d'un panthéon mondial d'écrivains, et le « succès » relatif des projets à caractère technique et juridique (mise en place de conventions, de normes, de formations professionnelles, publications à caractère technique et éducatif, équipement en matériel et en livres occidentaux, etc.).

Néanmoins, le dynamisme et l'interactivité des différents acteurs ont largement influencé cette politique, contribuant à modifier, parfois en profondeur, le contenu et l'approche de certaines questions (droit d'auteur, rapport entre écrit et oralité notamment).

Organisation intergouvernementale, l'Unesco a dû prendre en compte l'ensemble des points de vue de ses États membres dans le choix et la mise en place de ses activités (y compris en termes de régionalisation des programmes dès le milieu des années 1950).

Organisation technique de coopération, elle a dû tenir compte des désirs et des besoins exprimés par les différentes catégories de professionnels du livre concernés par ses activités, même si elle a en retour contribué largement à leur « occidentalisation ».

Organisation onusienne, elle a adapté sa politique du livre à l'idéologie du développement du Tiers monde, ce qui l'a amené notamment à défendre l'assouplissement du droit d'auteur ou l'enseignement et la production de livres en langues vernaculaires – tout en contribuant à diffuser les modèles et normes occidentales en matière d'écrit et d'éducation.

Organisation idéologique, elle s'est intéressée à l'encadrement du monde du livre, en se faisant la championne de différents concepts en matière de droit d'auteur, de bibliothèque publique, de planification centralisée des bibliothèques, de formation professionnelle.

Organisation intellectuelle enfin, elle a tenté de donner corps au concept de patrimoine littéraire mondial, en offrant une tribune aux littératures non occidentales (asiatiques, arabes, latino-américaines) par le biais de la Collection

[1] MARTIN, Henri-Jean. « Eloge de la perfection ». Op. cit., p. 110.

d'œuvres représentatives, en participant à la préservation des manuscrits arabes et en encourageant la sauvegarde du patrimoine oral africain.

Au delà des problèmes récurrents rencontrés par l'Unesco et des questions budgétaires, la principale limite de sa politique du livre – comme de ses autres domaines d'activité – semble avoir été son incapacité constitutive à venir en aide aux individus, aux peuples, aux minorités. Ses activités ont donc reflété l'intérêt des grandes puissances et de la communauté internationale à favoriser l'apparition ou le développement d'élites occidentalisées et d'États nations centralisés dans les régions les plus peuplées et les plus stratégiques, du point de vue des ressources humaines et naturelles, tandis que les besoins et souhaits des pays pauvres et peu peuplés et des minorités opprimées n'étaient pas pris en compte, comme l'a montré par exemple l'échec du projet de séminaire sur les bibliothèques dans le Pacifique sud.

Le bilan de la politique du livre de l'Unesco comporte ainsi, à côté d'une trentaine de pays très actifs, de grandes zones d'ombre en termes géographiques qui l'empêchent de pouvoir être qualifiée de « mondiale ». Dépassée par la multiplication de ses États membres, l'explosion démographique, les « besoins » colossaux du Tiers monde en matière de développement, les divergences de vues concernant l'usage et le contenu des livres, la multiplicité des langues et les problèmes de traduction, déplacée aussi, dans les années 1970, par une remise en cause croissante des méthodes et des conceptions occidentales, l'Unesco n'était pas en mesure d'obtenir des résultats spectaculaires dans le cadre de sa politique du livre. Si ses réalisations sont tangibles, c'est certain, dans les domaines les plus valorisés et les plus généreusement financés par les États-Unis (droit d'auteur, libre circulation des livres, bibliothèques), les autres programmes, disposant d'un budget restreint – voire inexistant – ont principalement consisté à afficher une opposition symbolique aux impérialismes culturels et linguistiques exprimés, durant la même période, par les politiques de coopération des grandes puissances et les fondations, en affirmant l'importance et la légitimité des différents patrimoines littéraires et linguistiques.

A la fin des années 1970 et au début des années 1980, la politique du livre de l'Unesco se poursuit plus ou moins dans le même esprit que durant la période 1945-1974 ; parmi les réalisations, la création en 1977, sur initiative russe, du Comité mondial des musées littéraires (ICLM) au sein de l'ICOM, avec un article consacré à la réorganisation du *Goethe-Museum* à Weimar dans la revue *Museum* en 1980[1] ; le lancement en 1979 de l'*UNESCO International Reading Association Literacy Prize* et en 1980 du prix Noma d'alphabétisation (financé par le Japon) ; l'organisation d'un Congrès du Livre à Londres en 1982 afin de dresser le bilan des 10 années d'action depuis l'AIL.

Surtout, cette période voit le développement du projet tiers-mondiste de « Nouvel ordre mondial de l'information, visant à briser la prééminence des grandes agences occidentales d'information[2] ». Contrairement, en effet, à la

---

[1] ECKHARDT, Dieter. « Le Goethe-Museum, Weimar, République démocratique allemande », in *Museum*, volume XXXII, n°1/2, 1980, p. 68-75.

[2] MOREAU DEFARGES, Philippe. « La Communauté internationale face à ses défis ». Op. cit., p. 85.

majeure partie des organisations onusiennes, progressivement « transformées en centres de promotion du libre-échange et de l'entreprise privée[1] », l'Unesco apparaît alors comme l'un des derniers grands bastions du tiers-mondisme :

> *Dénonciation de l'universalisation des valeurs occidentales, ressentie comme un impérialisme voilé ; critique du poids des multinationales, porteuses d'un conformisme productiviste ; défense de l'égale souveraineté des États ; priorité aux coopérations interétatiques, garantissant que le politique (et non l'économique) demeure maître du jeu mondial [...], l'Unesco se veut le principal porte-parole du multiculturalisme[2].*

Ce sont d'ailleurs ces orientations tiers-mondistes, en particulier le projet de NOMIC, qui donnent lieu à « l'immense campagne de propagande contre l'Unesco dans les années 1970 et 1980[3] » de la part des États-Unis, dénoncée par Noam Chomsky – campagne finalement suivie par leur retrait de l'organisation. Si le départ des États-Unis (et du Royaume-Uni) de l'Unesco témoigne des profondes divergences économiques, politiques et culturelles dans le monde, cristallisées par le projet de NOMIC[4], il est plutôt à mettre au crédit du fonctionnement démocratique de l'organisation, et apparaît comme un aveu d'échec de l'hégémonie américaine.

En contrepartie, ce départ cause de graves problèmes financiers à l'Unesco, qui, additionnés à la langue de bois, aux problèmes de bureaucratie et au désintérêt des médias occidentaux[5] (froissés par le projet de NOMIC) et du grand public, posent la question de l'utilité et de la survie même de l'organisation. Les reproches formulés à son encontre sont nombreux, les principaux étant l'excès de politisation, le laxisme budgétaire aggravé par les « méfaits » d'une bureaucratie politisée et dévorante, l'incapacité à maintenir la paix entre les États, la domination du Tiers monde et des pays de l'Est et le principe d'égalité des États selon lequel « un État = une voix ».

Désormais amputée de la majeure partie de son budget, l'Unesco cesse, dans le domaine du livre, une bonne partie de ses actions sur le terrain, conservant ou mettant en place un certain nombre d'activités symboliques et peu coûteuses, car dépendant largement des initiatives des professionnels du livre, de la société civile et des États : projet de renaissance de la bibliothèque d'Alexandrie lancé le 22 octobre 1987 ; ouverture à Riyad en 1988, avec la collaboration du Centre international d'études islamiques de la Fondation du roi Fayçal, d'un centre de documentation sur les manuscrits arabes ; lancement en 1989, en collaboration avec la Corée, de deux Prix d'alphabétisation UNESCO du Roi Sejong, décernés à des gouvernements, des institutions gouvernementales ou des ONG pour leurs contributions exemplaires à la lutte en faveur de l'alphabétisation ; mise en place en 1992 du programme « Mémoire du monde » ayant pour objectif « de protéger les richesses des bibliothèques et des collections d'archives écrites,

[1] GORDENKER, Leon. « Le cinquantième anniversaire de l'ONU... ». Op. cit., p. 289.
[2] MOREAU DEFARGES, Philippe. « La Communauté internationale face à ses défis ». Op. cit., p. 85.
[3] CHOMSKY, Noam. *Comprendre le pouvoir. Premier mouvement.* Op. cit., p. 165.
[4] PELLET, Alain et RUZIE, David. *Les fonctionnaires internationaux.* Op. cit., p. 75
[5] COURRIER, Yves. *L'UNESCO sans peine.* Paris : L'Harmattan, 2005, p. 11.

sonores, cinématographiques et télévisuelles[1] », puis en 1995 d'un Registre « Mémoire du monde », qui répertorie les collections du patrimoine documentaire d'intérêt universel ; création en 1995 d'un « Prix Unesco de littérature pour enfants et adolescents au service de la tolérance » et d'une Journée mondiale du livre et du droit d'auteur fêtée le 23 avril (Shakespeare et Cervantes sont tous deux morts le 23 avril 1616) ; création d'un prix international d'alphabétisation Malcolm Adiseshiah (financé par l'Inde) en 1998 ; création en 2004 du Prix UNESCO/Jikji Mémoire du monde (financé par la Corée) pour commémorer l'inscription au Registre de la Mémoire du monde du manuscrit *Buljo jikji simche yojeol* ou *Jikji* ; création en 2005 du Prix Confucius UNESCO d'alphabétisation (financé par la Chine), etc.

En 2001 est aussi lancé le projet d'élection annuelle d'une ville « Capitale mondiale du livre ». Chaque année, l'Unesco, la FIAB, l'UIE et la Fédération internationale des libraires choisissent la Capitale mondiale du livre pour la période d'une année séparant 2 célébrations de la Journée mondiale du livre et du droit d'auteur. Ont été sélectionnés Madrid (2001), Alexandrie (2002), New Delhi (2003), Anvers (2004), Montréal (2005), Turin (2006), Bogota (2007), Amsterdam (2008), Beyrouth (2009), Ljubljana (2010), Buenos Aires (2011), Erevan (2012), Bangkok (2013), Port Harcourt (2014), Incheon (2015), et Wroclaw (2016), Conakry (2017), Athènes (2018), Charjah (2019), Kuala Lumpur (2020).

Les États membres intéressés continuent par ailleurs à proposer le nom de grands écrivains à commémorer ; pour la période 1996-1997, par exemple, des demandes reçues de 23 États membres, le DG en a jugé 18 recevables, parmi lesquelles le Cubain Manuel de la Cruz Fernandez (critique littéraire et écrivain) ; René Descartes ; le Bulgare Aleko Konstantinov (écrivain et traducteur) ; le Tchèque Aldabert (Vojtech) Slavnikovec (écrivain et érudit humaniste) ; le Pakistanais Mirza Asadullah Khan Ghalib (poète urdu et perse) ; et le Kazakh Mukhtar Auezov (écrivain, traducteur et philologue)[2]. Par ailleurs, l'arrivée d'Internet a permis de simplifier considérablement la diffusion des informations concernant les commémorations en cours ou à venir. Le site de l'Unesco propose désormais une sélection à jour de personnalités à commémorer, proposant de courtes biographies. En 2016-2017, par exemple, l'Unesco s'associe aux commémorations de Mme de Staël, d'Aristote, de Cervantès, des poètes d'Azerbaïdjan Nassimi et Mollah Panah Vogif, de l'écrivain bulgare Pentcho Petkov Slaveykov, du poète géorgien Nikoloz Baratchvili, du Nicaraguayen Rubén Dario, de l'écrivain russe Karamzine, de l'écrivain et philosophe slovène Jozef Misloslav Hurban et du poète et soufi turc Khoja Ahmed Yasavi.

---

[1] MORELLE, Chantal. « Unesco », in VAÏSSE, Maurice (dir.). *Dictionnaire des relations internationales de 1900 à nos jours*. Paris : Armand Colin, 2009, p. 375.

[2] « Propositions des États membres pour la célébration des anniversaires auxquels l'Unesco devrait être associée en 1996-1997 », document présenté lors de la 146ème session du Conseil exécutif, 14 avril 1995, p. 9. (146 EX/45).

L'importance du livre continue d'être régulièrement réaffirmée par l'Unesco, ainsi le DG Federico Mayor expliquant en 1994 à propos du programme « Mémoire du monde » :

Précieux et irremplaçables témoignages de notre histoire, les collections de manuscrits et d'archives, qui sont infiniment plus fragiles que la pierre des monuments, sont [...] menacés par toutes sortes de dégradations, parfois irréversibles, dues à des causes naturelles ou à l'activité humaine. Souvent, il est indispensable de prendre de toute urgence les mesures de sauvegarde que nécessite la précarité de leur état. Aussi l'Unesco a-t-elle récemment lancé un vaste programme international d'action, intitulé « Mémoire du monde », qui a pour objet d'assurer la pérennité des documents en péril, en commençant par les reproduire, grâce à des techniques de pointe comme l'enregistrement numérique, sur des supports plus fiables et plus durables que ne le sont les photocopies et les microfilms classiques[1].

En 2002, le DG Koïchiro Matsuura définit de son côté le livre comme « une voie d'accès fondamentale à la connaissance des valeurs, des savoirs, du sens esthétique et de l'imaginaire de l'humanité. Vecteur de création, d'information et d'éducation, chaque culture peut y imprimer ses traits essentiels et y lire l'identité d'autrui. Fenêtre sur la diversité des cultures et pont jeté entre les civilisations, par delà le temps et l'espace, il est tout à la fois source de dialogue, instrument d'échange, et source de développement[2] ». Dix ans plus tard, l'organisation publie, à l'occasion de la Journée mondiale du livre et du droit d'auteur (avril 2012), un numéro spécial du *Courrier de l'Unesco* consacré au livre et à l'*Index Translationum*.

René Girault souligne que « la continuité entre l'avant 1945 et l'après 1945 est plus grande que prévu. La Seconde Guerre mondiale n'est point césure, plutôt accélération de tendances antérieures. L'ONU est bien fille de la SDN[3] ». Si l'Unesco s'inspire majoritairement de projets et de méthodes déjà existants, c'est parfois avec d'heureux résultats. Sur le modèle des feuilletons littéraires diffusés dans la presse occidentale du XIXe siècle, une campagne est, par exemple, lancée par le *Book Industry Council of South India* en 1964-1965 pour la diffusion à grande échelle de livres en langues locales par le biais de 400 journaux.

Cette expérience est ensuite reprise et adaptée à d'autres régions du monde par l'Unesco dans les années 1990. L'organisation lance ainsi les projets *Periolibros* en Amérique latine et *Kitab fi Jarida* dans le monde arabe, en diffusant gratuitement dans les grands journaux de ces régions des suppléments mensuels proposant des ouvrages littéraires signés des grands noms des littératures de ces mêmes régions. Il est d'ailleurs intéressant de souligner que ces projets, à l'encontre du programme de « textes de lecture », ont pour vocation de diffuser auprès du grand public concerné des ouvrages littéraires de qualité, issus

---

[1] MAYOR, Federico. *La mémoire de l'avenir*. Paris : Ed. Unesco, 1994, p. 83-84.

[2] Message de Koïchiro Matsuura pour la célébration de la Journée mondiale du livre et du droit d'auteur, paru dans le *Bulletin du droit d'auteur*, mars 2002.

[3] GIRAULT, René. « Encore une nouvelle histoire des relations internationales : l'histoire des organisations internationales ». *Relations internationales* n°75, automne 1993, p. 274, cité par RENOLIET, Jean-Jacques in *L'Institut international de coopération intellectuelle (1919-1940)*. Op. cit., p. 1087.

de sa propre culture. En quelques années, plusieurs millions d'œuvres littéraires ont été diffusées gratuitement.

Cédant parfois à la mode, l'Unesco s'est aussi intéressée aux innovations technologiques, souvent avant de les abandonner, telle la "machine à traduire", dont Delavenay, enthousiaste, expliquait :

Depuis 1946, l'idée d'appliquer à la traduction d'une langue dans une autre les facilités nouvelles offertes par les calculatrices électroniques était dans l'air. Soumettre les formes matérielles de langage aux méthodes d'analyse de machines capables d'opérations arithmétiques et logiques était une entreprise trop séduisante pour ne pas s'imposer ; et d'ailleurs tels sont les besoins de l'homme en cette ère atomique que la traductrice automatique réponde à une nécessité de notre temps[1].

D'autres « nouvelles » technologies sont promues et utilisées par l'Unesco, d'abord le microfilmage et le livre de poche, puis plus tard le CD-Rom, les supports numériques, Internet. Un « Club Unesco de cyberlecteurs » est lancé sur Internet en 1998 (mais rapidement abandonné), tandis que l'*Index Translationum* est disponible en CD-ROM depuis 1998.

Alors que plusieurs auteurs insistent sur le déclin progressif du rôle social et politique du livre dans la vie de la cité, tel William Marx dans son essai intitulé *L'Adieu à la littérature*[2], la politique du livre de l'Unesco, en imposant le support écrit au niveau culturel et éducatif dans le Tiers monde, a tout de même contribué à en faire un outil d'émancipation, un support de dénonciation de l'ethnocentrisme occidental, un moyen de faire circuler d'autres imaginaires et de perpétuer une littérature orale en voie de disparition dans certaines parties du globe.

Le livre, qui avait si bien servi, en tant que support, à soutenir l'avènement de la démocratie en Occident, apparaît dans les années 1950-1970 comme le nouvel outil des pays non industrialisés pour faire entendre leurs voix et leurs revendications. Si son impact apparaît quelque peu amoindri par la désacralisation du livre en Occident, la littérature demeure un important support culturel, rappelle Gisèle Sapiro :

Avec la montée de l'expertise en sciences humaines et sociales, les écrivains se sont trouvés dépossédés de nombre de domaines d'intervention dans la vie publique qui étaient les leurs. L'exercice de la fonction critique s'est transféré à ce que Michel Foucault a appelé « l'intellectuel spécifique ». La littérature la plus novatrice fait aussi preuve d'une certaine modestie : elle ne prétend plus expliquer le monde ou l'histoire. Mais cela ne signifie pas qu'elle ne joue plus aucun rôle : elle questionne, bouscule les idées reçues, remet en cause des certitudes, perturbe nos cadres cognitifs, prête voix à ceux qui n'en ont pas, et donne à voir, comme par le passé, les zones d'ombre, la face noire de nos sociétés, parfois bien mieux que les experts appointés[3].

---

[1] DELAVENAY, Émile. *La machine à traduire*. Paris : PUF, 1972, p. 6.

[2] MARX, William. *L'Adieu à la littérature - Histoire d'une dévalorisation, XVIII*e *- XX*e *siècles*. Paris : Editions de Minuit, Collection « Paradoxe », 2005, 240 p.

[3] Entretien d'Alexandre Prstojevic avec Gisèle Sapiro (7 juin 2011) à propos de son livre *La Responsabilité de l'écrivain. Littérature, droit et morale en France (XIX*e *– XXI*e *siècle)*, Paris, Seuil, 2011, disponible sur le site http://www.vox-poetica.org.

Si le travail de la Commission préparatoire pour l'Unesco en 1946 aboutit à la mise en place d'un programme d'actions concrètes, de méthodes et d'instruments spécifiques à partir de 1947, la vision du monde qui sous-tend la politique du livre semble plutôt remonter à l'industrialisation des grandes puissances au XIXe siècle et au primat de l'économie qui en a découlé.

La politique du livre de l'Unesco apparaît ainsi, sur bien des plans, indissociable de l'idéologie du développement industriel, qui apparaît comme le corollaire nécessaire de la civilisation, une notion dont Rousseau remettait déjà en cause l'intérêt et les bienfaits en estimant que la civilisation est moins propice à la paix que l'état de nature :

> *De libre et indépendant qu'était auparavant l'homme, le voilà par une multitude de nouveaux besoins assujetti [...] à ses semblables dont il devient l'esclave en un sens, même en devenant leur maître ; [...] ce qui le rend fourbe et artificieux avec les uns, impérieux et dur avec les autres*[1].

Selon Teresa Hayter, qui a travaillé de 1963 à 1968 pour l'*Overseas Development Institute*, l'aide au développement à partir des années 1950 a eu « clairement et directement pour but de servir les intérêts des gouvernements qui la fournissent. L'aide doit par exemple généralement être utilisée pour acheter des biens et services de son pourvoyeur[2] ». Elle dénonce aussi certaines pratiques comme le fait d'accorder des prêts plutôt que des dons afin d'encourager une « discipline financière », d'accorder une aide seulement pour la partie d'un projet concernant les coûts d'importations de l'étranger, ou d'imposer aux gouvernements aidés idées et solutions[3].

De ce point de vue, en encourageant l'exploitation et les rapports de force, l'industrialisation des pays du Tiers monde (favorisée par les institutions onusiennes) semble avoir plutôt encouragé que supprimé les conflits. Sachant que l'industrialisation sur le modèle occidental s'est le plus souvent accompagnée d'une explosion démographique, elle a conduit à une exacerbation des tensions et des conflits autour des principales ressources naturelles (eau, nourriture, énergies carbone, minerais).

A cet égard, il faut souligner que si la plupart des pays « stratégiques » du Tiers monde (Nigéria, Ouganda, Tanzanie, Ghana, Égypte, Colombie, Inde, Pakistan, Indonésie, Philippines, etc.) ont reçu une aide massive à l'industrialisation, incluant d'importants projets de développement de bibliothèques, cette évolution semble avoir donné naissance à de nombreux conflits d'accès et d'exploitation des ressources, le « livre » n'ayant nullement joué un rôle en faveur de la paix.

En 1964, le Brésilien Berredo Carneiro observait que la paix mondiale semblait « lointaine et fuyante »; 8 ans plus tard, l'Indien Prem Kirpal se livrait à un constat identique, regrettant que l'Unesco ne soit pas parvenue à assurer la

---

[1] ROUSSEAU, Jean-Jacques. *Discours sur l'origine et les fondements de l'inégalité parmi les hommes.* Op. cit., p. 104-105.
[2] HAYTER, Teresa. *Aid as imperialism.* Op. cit., p. 15.
[3] Ibid., p. 17 à 19.

paix et la coopération dans le monde. Plus optimiste, Guillaume Devin explique :

Les institutions internationales ont joué leur rôle : en ouvrant des perspectives, en liant les domaines d'intervention (un effet indirect de la multiplication des coopérations fonctionnelles), en encourageant les politiques durables et en renforçant le « niveau global d'interconnexion » entre les États. Elles ont aussi façonné les représentations légitimes de « la paix » et repoussé un peu plus l'usage de la force sans le droit. Les succès demeurent fragiles, les réussites semblent relatives, mais entre le contrôle de la paix négative et la promotion de la paix positive, les institutions internationales ont construit une image de la paix durable dont elles forment les composantes indispensables[1].

En tant qu'organisation onusienne, l'Unesco a pris part au processus de légitimation de l'ordre international, à la définition et à la promotion de normes et de valeurs (droit d'auteur, libre circulation des matériels éducatifs et culturels, protection du patrimoine culturel). Selon Pierre de Senarclens, « les institutions spécialisées se sont affirmées essentiellement dans la sphère idéologique et normative. Elles ont exercé une grande autorité par les principes dont elles étaient les dépositaires, mais aussi par les valeurs et les modèles politiques qu'elles proposaient, de manière parfois confuse et conflictuelle[2] ». Pierre Gerbet note aussi :

Un état d'esprit universaliste s'est développé. [...] Tous les groupes ethniques, toutes les formes de cultures sont maintenant jugés dignes de participer à la vie mondiale. [...] certains points communs apparaissent en raison de la diffusion à travers le monde de concepts d'origine occidentale : notion d'égalité des hommes, revendication du bien-être pour tous, souci de la richesse matérielle et de la production, standardisation des techniques[3].

Selon Rigaud, « le modèle de consommation standardisé à l'américaine prend valeur de référence universelle et symbolise tout le système culturel occidental. Même si certains peuples veulent résister et préserver les hautes valeurs dont ils sont les héritiers, l'urgence du développement les oblige à composer. Le modèle industriel triomphe, et fausse ou rend inopérant tout dialogue culturel entre les pays développés et ceux qui cherchent à le devenir ; dans le meilleur des cas, la culture est présente comme accompagnement des échanges économiques ou comme technique d'instruction et de formation, non comme domaine d'enrichissement mutuel[4] ». Rigaud se veut pourtant optimiste :

L'unité culturelle du monde, si elle doit naître, sortira d'une angoisse commune à tous les habitants de la planète : comment faire pour que le développement économique qui, à quelque stade d'évolution que soient les nations, est leur préoccupation dominante, qu'il s'agisse de le lancer, de l'accroître ou de le maintenir, se concilie avec un développement humain harmonieux ? Les pays en voie de développement peuvent mesurer, en considérant

---

[1] DEVIN, Guillaume. « Fluctuat Nec Mergitur ! Ces institutions qui font la paix qui fait les institutions ». Op. cit., p. 20.
[2] SENARCLENS, Pierre de. *Mondialisation, souveraineté et théories des relations internationales*. Op. cit., p. 40-41.
[3] GERBET, Pierre. *Les organisations internationales*. Op. cit., p. 28.
[4] RIGAUD, Jacques. *La culture pour vivre*. Op. cit., p. 283.

la situation des pays développés, les inconvénients et les risques d'une croissance purement quantitative indifférente aux valeurs morales et aux richesses culturelles. En les aidant à conjurer ces risques et à trouver des méthodes originales pour y parvenir, les pays développés non seulement accompliront un devoir mais recevront peut-être des enseignements utiles. Une communauté d'inquiétudes et d'aspirations et une entraide vraiment mutuelle, aussi éloignée de l'esprit d'assistance que de l'impérialisme, donnera peut-être naissance aux idées de paix et de dignité de l'homme[1].

Entre 1945 et 1975, l'influence étatsunienne à l'Unesco a été contrebalancée par celle des pays d'Europe du nord (bibliothèques), d'Europe et du Tiers monde (droit d'auteur), d'Afrique (revalorisation de l'oralité), d'Europe de l'Est (commémorations d'écrivains), et plus généralement des pays dotés d'un héritage et d'un prestige littéraires, notamment en Europe, en Asie et dans le monde arabe (manuscrits, Collection d'œuvres représentatives) ; de ce point de vue, la disparité de la politique du livre de l'organisation entre 1945 et 1975 apparaît comme un reflet direct de la diversité culturelle dans le monde.

Tout jugement tranché sur cette politique semblerait donc fortement hasardeux ; en effet, si elle a présenté des incohérences, des défaillances et des problèmes administratifs, et si son ampleur s'est trouvée limitée pour des raisons politiques et budgétaires, elle s'est cependant inscrite dans un cadre d'échanges dynamiques et interactifs qui l'ont fait évoluer en profondeur durant les 30 premières années et lui ont permis de contribuer à répandre le livre dans le monde, à mettre en valeur les littératures non occidentales et le patrimoine oral et, plus généralement, à se constituer comme un support des revendications en matière de reconnaissance de la diversité culturelle, littéraire et linguistique de l'humanité.

[1] Ibid., p. 284.

BIBLIOGRAPHIE

ARCHIVES

Archives de l'Unesco (dossiers de correspondances, documents officiels et documents de travail)
Archives de l'Institut international de coopération intellectuelle (IICI)
Archives du Conseil international de philosophie et des sciences humaines (CIPSH)

OUVRAGES ET TRAVAUX DE RECHERCHE

A) Parutions concernant le livre, la lecture, la littérature, le patrimoine écrit, les intellectuels, le droit d'auteur, la culture, les fondations, les politiques culturelles, l'humanisme, la paix, l'universalisme, la mémoire

1. Le livre, la lecture, la littérature, les bibliothèques, les écrivains, la tradition orale

BÂ, Amadou Hampâté. *La parole, mémoire vivante de l'Afrique.* Saint-Clément : Fata Morgana, 2008.

BARNETT, Graham Keith. *Histoire des bibliothèques publiques en France de la Révolution à 1939.* Paris: PROMODIS/Cercle de la Librairie, 1987.

BARTHES, Roland. « Introduction à l'analyse structurale des récits », in *Communications,* volume 8, n°8, 1966, p 1-27.

BASTIDE, François-Régis. « Au chevet du livre », in *Le Monde,* 21 février 1975.

BENICHOU, Paul. *Le sacre de l'écrivain, 1750-1830. Essai sur l'avènement d'un pouvoir spirituel laïc dans la France moderne.* Paris : Gallimard, 1996 (2ème édition).

BLACK, Alistair. *A New History of the English Public Library. Social and Intellectual Contexts, 1850-1914.* London and New York: Leicester University Press, 1996.

BRANCQ, Sébastien. *Les coulisses de l'édition et les libertés éditoriales.* Paris : Éditions des Écrivains, 1999.

CAIN, Julien. *La bibliothèque nationale pendant les années 1945 à 1951.* Rapport présenté à M. le Ministre de l'Éducation nationale. Paris: 1954.

CAIN, Julien, ESCARPIT Robert et MARTIN Henri-Jean. *Le livre français, 1972 Année internationale du Livre.* Paris : Imprimerie nationale, 1972.

CALVET, Louis-Jean. *La Tradition orale.* Paris : PUF, 1984.

CANDIDO, Antonio. *L'endroit et l'envers : essais de littérature et de sociologie.* Paris : Anne-Marie Métailié-Unesco, 1995.

CARY, Edmond. *Comment faut-il traduire ?* Lille : Presses universitaires de Lille, 1986 (2ème édition).

CASANOVA, Pascale. *La République mondiale des lettres.* Paris : Seuil, 1999.

Centre d'études et de recherches marxistes (France). *Colloque sur la situation de la littérature, du livre et des écrivains.* Paris : Éditions sociales, 1976.

CAVALLO, Guglielmo, CHARTIER, Roger (dir.). *Histoire de la lecture dans le monde occidental.* Paris: Seuil, 1997.

CESAIRE, Aimé. Culture et civilisation, in *Le 1er Congrès international des Écrivains et Artistes noirs, Paris : Sorbonne, 13-22 septembre 1956 : compte-rendu complet.* Paris : Présence africaine, 1956.

CHARTIER, Roger. *Inscrire et effacer : culture écrite et littérature (XIe-XVIIIe siècle).* Paris : Gallimard, 2005.

CHERER, Sophie. « En ligne, en rangs, en joue ? », in *Bulletin des Bibliothèques Françaises*, 2011, n° 5, p. 67-70.

« Comité consultatif international de bibliographie, de documentation et de terminologie », in *Bulletin des bibliothèques françaises*, 1961, n° 12, p 581-583.

CUVELIER, Fernand. *Histoire du livre, voie royale de l'esprit humain.* Monaco: Éditions du Rocher, 1982.

DARNTON, Robert. *The case for books: past, present, future.* New York: Public Affairs, 2009.

DINCLAUX, Marie, VOSGIN, Jean-Pierre (dir.). *Partenariats et bibliothèques : domaines culturel et international.* Talence : Presses universitaires de Bordeaux, collection « Lecteurs Bibliothèques Usages nouveaux », 1998, 121 p.

DREGE, Jean-Pierre. « Les débuts de l'imprimerie en Extrême-Orient », in LELOUVIER, Yves-Noël, QUINSAT, Gilles (dir.). *Le monde des littératures.* Paris : Encyclopædia Universalis France, 2003, 561 p, p 170-173.

DUGUAY, Rose-Marie. « Possibilités pédagogiques de la littérature de jeunesse », in *La littérature de jeunesse et son pouvoir pédagogique*, volume XXIV, n°1 et 2, 1996.

ESCARPIT, Robert (dir.). *Le littéraire et le social. Éléments pour une sociologie de la littérature.* Paris: Flammarion, collection « Science de l'homme », 1970.

ESCARPIT, Robert. *Sociologie de la littérature.* Paris: PUF, 1992 (8ème édition).

ESTERHAZY, Péter. *Aux gens du livre.* Paris : Exils Éditeurs, 2005.

ETIEMBLE, René. *Comparaison n'est pas raison : la crise de la littérature comparée.* Paris : Gallimard, 1963.

ETIEMBLE, René. *Essais de littérature (vraiment) générale.* Paris : Gallimard, 1975.

ETIEMBLE, René. *Quelques essais de littérature universelle.* Paris : Gallimard, 1982.

ETIEMBLE, René. *Nouveaux essais de littérature universelle.* Paris : Gallimard, 1992.

FERGUSON, Priscilla Parkhurst. *La France, nation littéraire.* Bruxelles : Éditions Labor, 1991.

Fondation SCOA pour la recherche scientifique en Afrique noire. *Premier Colloque international de Bamako. Actes du Colloque : histoire et tradition orale... l'Empire du Mali.* Paris : SCOA, 1975.

FUMAROLI, Marc (dir.). *Le statut de la littérature. Mélanges offerts à Paul Bénichou.* Genève: Librairie Droz SA, 1982.

GOFFIN, Robert. *Souvenirs avant l'adieu : par le monde, avec le P.E.N. Club.* Charleroi : Institut Jules Destrée, 1980.

GOODY, Jack. *Entre l'oralité et l'écriture.* Paris : PUF, 1994.

GOODY, Jack. *La logique de l'écriture : aux origines des sociétés humaines.* Paris : Armand Colin, 1986.

GOODY, Jack. *Literacy in traditional societies.* Cambridge: University Press, 1968.

GOODY, Jack. *Pouvoirs et savoirs de l'écrit.* Paris : La Dispute, 2007.

HAMPÂTE BÂ, Amadou. *Aspects de la civilisation africaine (personne, culture, religion).* Paris: Présence africaine, 1972.

HARRIS, Michael Hope. *History of the Libraries in the western world.* Londres : Scarecrow Press, 1984.

Histoire des bibliothèques françaises. Les bibliothèques au XXe siècle, 1914-1990. Paris: Promodis-Le cercle de la librairie, 1992.

KADARE, Ismaïl. *Le crépuscule des dieux de la steppe.* Paris : Fayard, 1981.

KAWALYA, Jane K. *The national library of Uganda : its inception, challenges and prospects, 1997-2007.* Borås: Valfrid, 2009.

KELLY, Thomas. *History of Public Libraries in Great Britain, 1845-1965.* Londres: The Library Association, 1973.

KONE, Amadou. *Des textes oraux au roman moderne, étude sur les avatars de la tradition orale dans le roman ouest-africain.* Francfort-sur-le-Main : Verl. für interkulturelle Kommunikation, 1993.

KUSHNER, Eva, PAGEAUX, Daniel-Henri, GILLESPIE, Gerald Ernest Paul. *Littérature comparée, littérature mondiale. Actes du XIème Congrès de l'Association internationale de littérature comparée, Paris, 20-24 août 1985.* New York ; Bern ; Paris : P. Lang, 1991.

LANDRIN, Xavier. « La sémantique historique de la *Weltliteratur* : genèse conceptuelle et usages savants », in BOSCHETTI, Anna (dir.). *L'espace culturel transnational.* Paris : Nouveau monde éditions, 2010.

« Chronique », in *L'année psychologique* n°31, Paris, 1930.

LELOUVIER, Yves-Noël, QUINSAT, Gilles (dir.). *Le monde des littératures.* Paris : Encyclopædia Universalis France, 2003.

Le pouvoir des bibliothèques : la mémoire des livres en Occident. Paris : Albin Michel, 1996.

MARTIN, Henri-Jean. *Le livre et la civilisation écrite.* Paris : Ecole nationale supérieure des bibliothécaires, 1970.

MARTIN, Henri-Jean. *Histoire et pouvoirs de l'écrit.* Paris: Albin Michel, 1996 (2ème édition).

MARTIN, Henri-Jean. « Eloge de la perfection », in FIGUIER, Richard (dir.). *La bibliothèque. Miroir de l'âme, miroir du monde.* Paris : Autrement, série « Mutations » n°121, 1991, p 107-115.

MOLLIER, Jean-Yves. « Paris capitale éditoriale des mondes étrangers », in MARES, Antoine et MILZA, Pierre (dir.). *Le Paris des étrangers depuis 1945.* Paris : Publications de la Sorbonne, 1994, p 373-394.

MOLLIER, Jean-Yves, TRNUEL, Lucile (dir.). *Du « poche » aux collections de poche. Histoire et mutations d'un genre : actes des ateliers du livre, Bibliothèque nationale de France, 2002 et 2003.* Liège : Céfal, collection « Les cahiers des paralittératures » n°10, 2010.

MOLLIER, Jean-Yves et collectif. *Où va le livre ?* Paris : La Dispute/SNEDIT, 2002.

MOLLOY, Sylvia, *La diffusion de la littérature hispano-américaine en France au XXe siècle.* Paris: PUF, 1972.

MOURALIS, Bernard (dir.). « Littérature et développement ». Paris : Association pour la diffusion de la pensée française, *Notre librairie : revue des littératures du Sud* n° 157, 2005.

NUSSBAUM, Martha. *Les émotions démocratiques. Comment former le citoyen du XXIe siècle?* Paris : Climats/Flammarion, 2011.

OGUNSOLA, L.A., OKUSAGA, T.O. « Developing Countries and the Need for Virtual Libraries : Problems and Prospects », *Journal of Social Science* n°13 (3), 2006, p 221-229.

OLYFF, Michel. « 1972 : le symbole du livre », in *Communication et langages* n°13, 1972, p 55-61.

Paris et le phénomène des capitales littéraires, carrefour ou dialogue des cultures (Actes 3 du Congrès international du CRLC, 22-26 mai 1984), volumes I, II et III. Paris : Presses de l'Université de Paris-Sorbonne, 1984.

PEN CLUB. *L'écrivain et sa vie privée.* Paris : Julliard, 1959.

PIAULT, Fabrice. *Le livre. La fin d'un règne.* Paris : Stock, collection « Au vif », 1995.

PICARD, Michel (dir.). *Comment la littérature agit-elle ? Actes du colloque de Reims de mai 1992.* Paris : Klincksieck, collection « Actes et colloques », 1994.

POLET, Jean-Claude. *Patrimoine littéraire européen : actes du colloque international, Namur* (novembre 1998). Bruxelles : De Boeck et Larcier, 2000.

POULAIN, Martine (dir). *Les bibliothèques publiques en Europe.* Paris : Éditions du Cercle de la Librairie, 1992.

PRADEAU, Christophe, SAMOYAULT, Tiphaine (dir.). *Où est la littérature mondiale ?* Paris : Presses universitaires de Vincennes, collection « Essais et savoirs », 2005.

« Réunion commune du bureau du Comité consultatif international de bibliographie et des représentants du Comité consultatif international pour la documentation et la terminologie dans les sciences pures et appliquées », in *Bulletin des Bibliothèques françaises,* 1959, n° 5, p. 256-258.

RICHTER, Noë. *Introduction à l'histoire de la lecture publique et à la bibliothéconomie populaire.* Bernay : À l'enseigne de la queue du chat, 1995.

STURGES, Paul. « The poverty of librianship : national library services of Anglophone Africa in the post-independence era », in *Libri*, 2001, n° 51, p 38-48.

SUREL, Yves. *L'État et le livre, Les politiques publiques du livre en France (1957-1993)*. Paris : Institut d'Études politiques, thèse de doctorat en science politique, 1996.

TODOROV, Tzvetan. *La littérature en péril*. Paris : Flammarion, 2007.

VERCORS. « Mais la littérature ? », in Centre d'études et de recherches marxistes. *Colloque sur la situation de la littérature, du livre et des écrivains*. Paris : Editions sociales, 1976, p 51-63.

WEDGEWORTH, Robert (dir.). *World Encyclopedia of Library and Information Services*. Chicago : American Library Association, 1993.

2. Le droit d'auteur

BOGSCH, Arpad. *The Law of copyright under the Universal Convention*. Leyden : A.W. Sijt-hoff ; New York : R.R. Bowker, 1972 (3ème edition).

BOGSCH, Arpad. *Les 25 premières années de l'Organisation Mondiale de la Propriété Intellectuelle*. Genève : OMPI, 1992.

DAVIES, Gillian. *Copyright and the public interest*. London: Sweet & Maxwell, collection «Modern legal studies », 2002 (2ème edition).

GERVAIS, Daniel. *La notion d'œuvre dans la Convention de Berne et en droit comparé*. Genève : Librairie Droz, 1998.

HEPP, François. *Les perspectives actuelles de l'universalisation du droit d'auteur*. Paris : Rousseau, 1952.

LATOURNERIE, Anne. « Petite histoire des batailles du droit d'auteur », in *Multitudes* 2/2001 (n°5), p 37-62.

LÖHR, Isabella. « La Société des Nations et la mondialisation du droit d'auteur entre les deux guerres », in HAUSER, Claude, LOUE, Thomas, MOLLIER, Jean-Yves, VALLOTTON, François. *La diplomatie par le livre. Réseaux et circulation internationale de l'imprimé de 1880 à nos jours*. Paris : Nouveau monde Éditions, 2011, p 181-196.

Ministère de l'instruction publique du Royaume de Belgique *Conférence diplomatique pour la préparation d'une convention universelle sur le droit d'auteur. Fasc. I Documents préliminaires publiés par l'administration belge et l'Institut international de coopération intellectuelle*. Bruxelles : Ministère de l'Instruction publique du Royaume de Belgique, 1938.

PFISTER, Laurent, « Mort et transfiguration du droit d'auteur ? », in *Bulletin des bibliothèques françaises*, 2006, n° 5, p 5-13.

RIDEAU, Frédéric. *La formation du droit de la propriété littéraire en France et en Grande-Bretagne : une convergence oubliée*. Aix-en-Provence : Presses universitaires d'Aix-Marseille, collection « Histoire du droit », 2004.

SAPORTA, Marcel. *La Conférence intergouvernementale de Genève, 18 août-6 septembre 1952 : et la Convention universelle du droit d'auteur de l'U.N.E.S.C.O., 6 septembre 1952*. Paris : Editions inter-nationales, 1952.

3. La culture, le patrimoine, l'identité, la tolérance, la paix, l'universalisme

ABDEL-MALEK, Anouar. *Culture and thought*. London : United Nations University/ Macmillan Press, 1983.

ABOU, Sélim. *L'identité culturelle : relations interethniques et problèmes d'acculturation*. Paris : Éditions Anthropos, 1986 (2ème édition).

ACADEMIE UNIVERSELLE DES CULTURES. *L'intolérance : forum international sur l'intolérance- UNESCO, 27 mars 1997*. Paris : Grasset, 1998.

ARON, Raymond. *Paix et guerre entre les nations*. Paris : Calmann-Lévy, 1984 (8ème édition).

AUDRERIE, Dominique, SOUCHIER, Raphaël. *Le patrimoine mondial*. Paris : PUF, 1998.

AXELOS, K. *Vers la pensée planétaire*. Paris : Éditions de Minuit, 1964.

BASALAMAH, Salah. *Le droit de traduire : une politique culturelle pour la mondialisation*. Arras : Artois presses université / Ottawa : Les Presses de l'université d'Ottawa, 2009.

BENOIST, Alain de. *Nous et les autres. Problématique de l'identité*. Paris: Krisis, 2006.

BODINIER, Jean-Louis, BRETEAU, Jean. *Les fondements culturels du monde occidental.* Paris : Seuil, 1998.

BOIA Lucian. *L'Occident. Une interprétation historique*, Paris, Les Belles Lettres, 2007.

BOURDIEU, Pierre, DARBEL, Alain. *L'amour de l'art. Les musées d'art européens et leur public.* Paris : Éditions de Minuit, 1966.

BOUTHOUL, Gaston. *La paix.* Paris : PUF, 1974.

Centre iranien pour l'étude des civilisations. L'*impact de la pensée occidentale rend-il possible un dialogue réel entre les civilisations? Colloque tenu à Téhéran du 20 au 29 octobre 1977.* Paris: Berg international Éditeurs, 1979.

CERTEAU, Michel de. *La culture au pluriel.* Paris : 10/18, 1993.

CHAUBET, François, MARTIN, Laurent. *Histoire des relations culturelles dans le monde contemporain.* Paris : Armand Colin, 2011.

COLLANGE, Jean-François, DUPRAT, Gérard, FREUND, Julien, GUIBAL, Francis [et al.]. *L'intolérance et le droit de l'autre.* Genève: Éditions Labor et Fides, 1992.

Communications n°14, Paris, 1969.

COULMAS, Peter. *Les Citoyens du monde. Histoire du cosmopolitisme.* Paris : Albin Michel, 1995.

CRONK, Nicholas (dir.). *Études sur le* Traité sur la tolérance *de Voltaire.* Oxford: Voltaire Foundation, 2000.

CRUGTEN-ANDRE, Valérie (van). *Le « Traité sur la tolérance » de Voltaire. Un champion des Lumières contre le fanatisme.* Paris: Honoré Champion Éditeur, 1999.

CUNY, P. « Les nouvelles bases de l'anthropologie culturelle », in *L'information psychologique*, n°40, décembre 1970, p 17-25.

CURIE, Raymond. *Interculturalité et citoyenneté à l'épreuve de la globalisation.* Paris : L'Harmattan, 2006.

DELSOL, Chantal. « L'identité européenne et la question de l'universel », in Commentaire, 1995.

DEMORGON, J. *Critique de l'interculturel : l'horizon de la sociologie.* Paris : Economica, 2005.

DEMORGON, J. *Complexité des cultures et de l'interculturel : contre les pensées uniques.* Paris : Anthropos, 2004 (3ème édition).

DEVIN, Guillaume (dir.). *Faire la paix.* Paris : Éditions Pepper, 2005.

DUBOIS, Vincent. *La politique culturelle. Genèse d'une catégorie d'intervention publique.* Paris : Belin, 1999.

DUBUFFET, Jean. *Asphyxiante culture.* Paris : Éditions de Minuit, 1968.

DUPUIS, Xavier. *Culture et développement : de la reconnaissance à l'évaluation.* Paris : Unesco/ICA, 1991.

DUROSELLE, Jean-Baptiste. *Itinéraires. Idées, hommes et nations d'Occident (XIXe-XXe siècles).* Paris: Publications de la Sorbonne, 1991.

FONTAINE, Jacques (dir.), B*icentenaire de l'Institut de France (1795-1995), Actes des colloques organisés par l'Institut de France.* Paris : Fayard, 1995.

GALTUNG, Johan. *Peace by peaceful means. Peace and conflict, development and civilization.* London-Thousand Oaks-New Delhi : Sage Publications, 1996.

GRONDIN, Jean. *L'universalité de l'herméneutique.* Paris : PUF, 1993.

JUCQUOIS, Guy. *De l'égocentrisme à l'ethnocentrisme ou les Illusions de la bonne conscience linguistique.* Louvain-la-Neuve : Cabay, 1986.

JULLIEN, François. *De l'universel, du commun et du dialogue entre les cultures.* Paris : Fayard, 2008.

KAES, René (dir.). *Différence culturelle et souffrances de l'identité.* Paris : Dunod, 2005 (2ème édition).

LANTERNARI, V. « Représentations de la culture », in *Cahiers internationaux de Sociologie,* XLI, juillet-décembre 1966, p 17-133.

Le Débat, mars-avril 2009.

LEVI-STRAUSS, Claude. *Le Regard éloigné.* Paris : Plon, 1983.

LILLET, Rémy. *Pour une Europe du livre : rapport au secrétaire d'État aux relations culturelles internationales.* Paris : la Documentation française, 1989.

LYCOPS, Jean-Pierre. *L'agression silencieuse ou le génocide culturel en Afrique.* Paris : Éditions Anthropos, 1975.

MAISON DE LA CULTURE DU MONDE. *Le Métis culturel.* Arles : Actes Sud, 1994.
MALHERBE, Michel. *Les cultures de l'humanité : le développement est une question de culture.* Parsi/Torino/Budapest : L'Harmattan, 2008.
MALINOWSKI, Bronislaw. *Une théorie scientifique de la culture et autres essais.* Paris : Maspero, 1944, 1970.
MARCUSE, Herbert. *L'homme unidimensionnel, essai sur l'idéologie de la société industrielle avancée.* Paris : Éditions de Minuit, 1968.
MATALON, Benjamin. *Face à nos différences. Universalisme et relativisme.* Paris: L'Harmattan, 2006.
MERLE, Marcel. *Pacifisme et internationalisme, XVIIe – XXe siècles.* Paris: Armand Colin, 1966.
MITRANY, David. *A working Peace System.* Chicago: Quadrangle Books, 1966.
MITSCHERLICH, Alexander. *L'idée de paix et l'agressivité humaine.* Paris : Gallimard, 1970.
MOLLIER, Jean-Yves, SIRINELLI, Jean-François, VALLOTTON, François. *Culture de masse et culture médiatique en Europe et dans les Amériques, 1860-1940.* Paris : PUF, 2006.
MONTVALON, Robert de. *Un milliard d'analphabètes : le savoir et la culture.* Paris : Seuil, 1965.
MORAZE, Charles. *Essai sur la civilisation d'Occident. 1. L'homme.* Paris : Armand Colin, 1950.
NGATOUKOU, Timothée. *L'éducation africaine demain : continuité ou rupture ?* Paris : L'Harmattan, 2004.
NYAHOHO, Emmanuel. *Le marché culturel à l'ère de la mondialisation.* Québec : Presses de l'Université du Québec, 2001.
PREISWERK, Roy Adrian, PERROT, Dominique. *Ethnocentrisme et histoire : l'Afrique, l'Amérique indienne et l'Asie dans les manuels occidentaux.* Paris : Éditions Anthropos, 1975.
RACINE, Nicole. « La COMES (1958-1969). Une association d'écrivains dans la guerre froide », in SIRINELLI, Jean-François, SOUTOU, Georges-Henri (dir.). *Culture et guerre froide.* Paris : Presses de l'Université Paris-Sorbonne, 2008, p 281-300.
Revue d'histoire moderne et contemporaine, numéro spécial « Pour une histoire culturelle du contemporain » (dirigé par Pascal Ory) n°39-1, janvier-mars 1992.
RIGAUD, Jacques. *La culture pour vivre.* Paris : Gallimard, 1975.
RIGAUD, Jacques. *Libre culture.* Paris : Éditions Gallimard, 1990.
RIST, Gilbert (dir.). *La culture, otage du développement ?* Paris : L'Harmattan, 1994.
RIST, Gilbert. *Le développement : histoire d'une croyance occidentale.* Paris : Les Presses de Sciences-Po, 2007 (3ème édition).
ROUGEMONT, Denis de. *Vingt-huit siècles d'Europe : la conscience européenne à travers les textes, d'Hésiode à nos jours.* Paris : Payot, 1961.
ROUSSEAU, Jean-Jacques. *Discours sur l'origine et les fondements de l'inégalité parmi les hommes. Texte présenté et annoté par Jean Starobinski.* Paris : Gallimard, 1965 (1ère édition en 1755).
SCHNAPPER, Dominique. *La relation à l'autre, Au cœur de la pensée sociologique.* Paris : Gallimard, 1998.
SCOTT-SMITH, Giles. *The cultural cold war in Western Europe, 1945-1960.* London: Frank Cass, 2003.
SIRINELLI, Jean-François. « La culture de masse », in PELLISTRANDI, Benoît, SIRINELLI, Jean-François (dir.). *L'histoire culturelle en France et en Espagne.* Madrid : Casa de Velasquez, 2008, p 371-379.
STEINER, Georges. *La culture contre l'homme.* Paris : Seuil, 1973.
TAGORE, Rabindranath. *Vers l'homme universel.* Paris : Gallimard-NRF, 1964.
TAGUIEFF, Pierre-André. *La force du préjugé. Essai sur le racisme et ses doubles.* Paris: La Découverte, 1987.
THOMAS, Jean. « Le développement des relations culturelles internationales », in *Revue des travaux de l'Académie des sciences morales et politiques.* Paris, 1er semestre 1961.
TODOROV, Tzvetan. *Nous et les autres. La réflexion française sur la diversité humaine.* Paris : Seuil, 1989.
TUNK, Edouard de. *Histoire universelle de la littérature, tome I : Le monde intellectuel de l'Antiquité et du Moyen-âge.* Zurich : Stauffacher Publishers Ltd, 1961 (2ème édition).
URFALINO, Philippe. *L'invention de la politique culturelle.* Paris: Hachette Littératures, 2004.
VAÏSSE, Maurice. *La paix au XXe siècle.* Paris: Éditions Belin, 2004.

VALERY, Paul. *Regards sur le monde actuel et autres essais*. Paris : Gallimard, 1945.
WACHTEL, Nathan. L'acculturation. *Faire de l'histoire*, vol. 1, 1974.
WARESQUIEL, Emmanuel de (dir.). *Dictionnaire des politiques culturelles de la France depuis 1959*. Paris : Larousse/CNRS Éditions, 2001.
ZORGBIBE, Charles. *La paix*. Paris : PUF, 1984.

4. Les intellectuels et personnalités liés à l'Unesco

AGGARWAL, Kusum. *Amadou Hampâté Bâ et l'africanisme : de la recherche anthropologique à l'exercice de la fonction auctoriale*. Paris-Montréal (Québec) : l'Harmattan, 1999.
ARON, Raymond. *L'Opium des intellectuels*. Paris : Calmann-Lévy, 1955.
ASSI, Diané. *Amadou Hampâté Bâ, écrivain du XXe siècle ou l'étrange destin de la tradition africaine. Thèse de doctorat de l'Université de Rennes 2, 1988*. Lille : ANRT, 1990.
AUBRUN, Charles-V. « Aurelio Viñas », in *Bulletin hispanique*, tome 60, n°1, 1958, p 137-138.
BLACHERE, Jean-Claude. « Hampâté Bâ, Collecteur, auteur, écrivain », in *Interculturel-Francophonies*, volume 3, Paris, juillet 2003.
BONNAUD-LAMOTTE, Danielle, RISPAIL, Jean-Luc (dir.). Intellectuel*(s) des années trente, entre le rêve et l'action*. Paris: Éditions du CNRS, 1989.
BOUNFOUR, Abdallah, LANGHADE, Jacques (dir.). *Taha Hussein : colloque de Bordeaux, 15, 16 et 17 décembre 1989*. Talence : Presses Universitaires de Bordeaux, 1991.
BRIDET, Guillaume. « Des illusions de l'ethnologie à la rigueur poétique : Caillois, Lévi-Strauss et Saint-John Perse », in Henriette Levillain et Mireille Sacotte (dir.), *Saint-John Perse (1945-1960). Une poétique pour l'âge nucléaire*, Paris, Klincksieck, 2005, p 137-158.
BRIDET, Guillaume. *Littérature et sciences humaines : autour de Roger Caillois*. Paris : Honoré Champion, 2008.
CACERES, Benigno. *Les deux rivages. Itinéraire d'un animateur d'éducation populaire*. Paris : Maspero, 1982.
CAILLOIS, Roger. « Illusion à rebours », in *La Nouvelle revue Française* n°24, p. 101-102, 1954.
CAILLOIS, Roger. « Illusion à rebours », in *La Nouvelle revue Française* n°25, p. 58-70, 1955.
CASSIRER, Henry. *Un siècle de combat pour un monde humaniste*. Paris : L'Harmattan, 2000.
CHANCEL, Jacques. *Radioscopie 4*. Paris : Robert Laffon, 1976.
CLAVIEN, Alain. *Les Helvétiques : intellectuels et politique en Suisse romande au début du siècle*. Lausanne : Société d'histoire de la Suisse romande & Éditions d'en bas, 1993.
Correspondance : 13 septembre 1945 - 4 mars 1971 / Étiemble, Jean Grenier ; texte établi, présenté et annoté par Jeannine Kohn-Étiemble. Romillé : Folle avoine, 1988.
COURTOIS, Jean-Patrice, KRZYWKOWSKI, Isabelle (dir.). *Diagonales sur Roger Caillois. Syntaxe de monde, paradoxe de la poésie*. Reims : Éditions L'Improviste, 2002.
CREMIEUX-BRILHAC, Jean-Louis, PICARD, Jean-François (dir.). *Henri Laugier en son siècle*. Paris : CNRS éditions, 1995.
DELAVENAY, Émile. *La machine à traduire*. Paris : PUF, 1972 (3ème édition).
DEVEY, Muriel. « Amadou Hampâté Bâ : l'écrivain de l'oralité », in *Afrique 2000* (1992), n°10, p. 123-133.
DELPORTE, Christian. *Intellectuels et politique, XXe siècle*. Paris : Casterman, 1995.
FELGINE, Odile. *Roger Caillois : biographie*. Paris : Stock, 1994.
FELGINE, Odile. « Roger Caillois-Victoria Ocampo : le jeu épistolaire », in LASERRA, Annamaria (dir.) *Roger Caillois, fragments, fractures, réfractions d'une œuvre*. Padoue : Biblioteca Francese Unipress, 2002.
GRANJON, Marie-Christine, TREBITSCH, Michel (dir.). *Pour une histoire comparée des intellectuels*. Paris: Éditions Complexe, 1998.
HAMPATÉ BA, Amadou. *Amkoullel, l'enfant peul*. Arles : Actes Sud, 1992.
HECKMANN, Hélène. « Amadou Hampâté Bâ et la récolte des traditions orales », in *Journal des africanistes*, 63 (2), 1993.
Hommage posthume à Léon-Gontran Damas (1912-1978). Paris : Présence africaine, 1979.
Jules Supervielle-Étiemble : correspondance 1936-1959. Paris : SEDES, 1969.

JULLIARD, Jacques, WINOCK, Michel (dir.). *Dictionnaire des intellectuels français*. Paris: Seuil, 2002 (2ème édition).

KALA-LOBE, Iwiyè. « Damas à bâtons rompus… », in *Hommage posthume à Léon-Gontran Damas (1912-1978)*. Paris : Présence africaine, 1979, p 93-110.

KLEIN, Wolfang, TERONI, Sandra. *Pour la défense de la culture : les textes du Congrès international des écrivains, Paris, juin 1935*. Dijon : Éditions universitaires de Dijon, 2005.

LABDAOUI, Abdellah. *Intellectuels d'Orient, intellectuels d'Occident*. Paris : L'Harmattan, 1996.

« L'année 1964 », *Bulletin des bibliothèques françaises*, 1964, n° 12, p. 459-461.

« Le mythe d'Étiemble. Hommages, études et recherches ». *Inédits* n°77, Paris : Didier Érudition, 1979.

LEROY, Géraldi. *Les écrivains et l'histoire, 1919-1956*, Nathan, 1998.

LEYMARIE, Michel. *Les intellectuels et la politique en France*. Paris : PUF, 2001.

LIN, Yutang. *L'Importance de vivre*. Paris : Éditions Philippe Picquier, 2007.

LOYER, Emmanuelle. *Paris à New York, intellectuels et artistes français en exil, 1940-1947*. Paris : Grasset, 2005.

L'Univers de Roger Caillois. Vichy : Bibliothèque municipale, 1975.

MARINO, Adrian. *Étiemble ou le Comparatisme militant*. Paris : Gallimard, 1982.

MARTIN, Paul (dir.). *Pour Étiemble*. Arles : Philippe Picquier, 1993.

Mélanges François Hepp. Paris : Éditions internationales, 1957.

METRAUX, Alfred. *Itinéraires, carnets de notes et journaux de voyage*. Paris : Payot, 1978.

MORELLE, Chantal, JACOB, Pierre. *Henri Laugier. Un esprit sans frontières*. Bruxelles : Bruylant, 1997.

MOUTOT, Lionel. *Biographie de la revue* Diogène. *Les « sciences diagonales » selon Roger Caillois*. Paris : Harmattan, 2006.

NORA, Pierre. « Que peuvent les intellectuels ? », in *Le Débat : histoire, politique, société*, mai 1980, n°1.

PÁLENIČEK, Jean-Gaspard, WELLNER-POSPÍŠIL, Michael (dir.). *Culture tchèque des années 60*. Paris : L'Harmattan, 2007.

PANOFF, Michel. *Les frères ennemis, Roger Caillois et Claude Lévi-Strauss*. Paris : Payot, 1993.

RACINE, Daniel. *Léon-Gontran Damas, l'homme et l'œuvre*. Paris: Présence africaine / Agence de coopération culturelle et technique, 1983.

SABOR, Josefa E. « The pioneers : Carlos Victor Penna (1911-1998) », in *World Libraries*, volume 9, n°1, printemps 1999.

SIRINELLI, Jean-François. *Génération intellectuelle : khâgneux et normaliens dans l'entre-deux-guerres*. Paris : PUF, 1994.

SIRINELLI, Jean-François. « Les élites culturelles », in RIOUX, Jean-Pierre, SIRINELLI, Jean-François (dir.). *Pour une histoire culturelle*. Paris : Seuil, 1997, p 275-296.

The letters of Samuel Beckett, volume II (1941-1956). Cambridge: Cambridge University Press, 2011.

TOURE, Amadou, IDRISS MARIKO, Ntji (dir.). *Amadou Hampâté Bâ, homme de science et de sagesse. Mélanges pour le centième anniversaire de sa naissance*. Bamako: Nouvelles Éditions Maliennes / Paris: Éditions Karthala, 2005.

WINOCK, Michel. Esprit *: des intellectuels dans la cité. 1930-1950*. Paris : Seuil, 1975.

5. Les fondations américaines et autres organisations transnationales, les relations culturelles bilatérales, les politiques culturelles nationales

DOGAN, Mattei, PREWITT, Kenneth (dir.). *Fondations philanthropiques en Europe et aux États-Unis*. Paris : Éditions de la maison des sciences et de l'homme/Fondation Mattei Dogan, 2007.

DULPHY, Anne, FRANK, Robert, MATARD-BONUCCI, Marie-Anne, ORY, Pascal (dir.). *Les relations culturelles internationales au XXe siècle. De la diplomatie culturelle à l'acculturation*. Bruxelles : P.I.E. Peter Lang, 2010.

FOSDICK, Raymond Blaine. *The story of the Rockefeller Foundation*. New York: Harper, 1952.

GORDON, Leonard A. « Wealth equals wisdom ? The Rockefeller and Ford Foundations in India », in *Annals of the American Academy of Political and Social Science*, vol 554, 1997, p 104-116.

HARY, Nicoletta Mattioli. *The Vatican Library and the Carnegie endowment for international peace: the history, impact and influence of their collaboration, 1927-1947*. Cité du Vatican : Biblioteca apostolic vaticana, 2009.

HAUSER, Claude, LOUE, Thomas, MOLLIER, Jean-Yves, VALLOTTON, François. *La diplomatie par le livre. Réseaux et circulation internationale de l'imprimé de 1880 à nos jours*. Paris : Nouveau monde Éditions, 2011.

MAGAT, Richard. *The Ford Foundation at work, philanthropic choices, methods, and styles*. New York: Plenum Press, 1979.

MARTEL, Frédéric. *De la culture en Amérique*. Paris : Gallimard, 2006.

OKRET-MANVILLE, Christine. *La politique de promotion culturelle britannique en France (1920-1953) : de la publicité aux relations culturelles*. Paris : Institut d'Études Politiques, Thèse de doctorat en Histoire, 2002.

PERNET, Corinne. « Culture as Policy: Cultural Exchanges between Europe and Latin America in the Interwar Period », in *Puente@Europa* n°3/4, novembre 2007, p 121-126.

RIOUX, Jean-Pierre, SIRINELLI, Jean-François (dir.). *Pour une histoire culturelle*. Paris : Seuil, 1997.

ROCHE, Roche. *La crise des institutions nationales d'échanges culturels en Europe*. Paris : L'Harmattan, 1998.

Rockefeller Foundation. *The Rockefeller Foundation: a condensed record of activities from 1913 to 1963*. New York: The Foundation, 1963.

SCOTT-SMITH, Giles. *The politics of apolitical culture : the Congress for Cultural Freedom, the CIA and post-war American relations*. London : Routledge, 2002.

SHAPLEN, Robert. *Toward the well-being of mankind: fifty years of the Rockefeller Foundation*. Garden City (New York): Doubleday, 1964.

TOURNES, Ludovic. « La diplomatie culturelle de la fondation Ford : les éditions *Intercultural Publications* (1952-1959) », in *Vingtième siècle. Revue d'histoire* (Paris), n°76, 2002 (11/12), p 65-77.

TOURNES, Ludovic. « La fondation Rockefeller et la naissance de l'universalisme philanthropique américain », in *Critique internationale* (Paris), n°35, 2007 (04/06), p 173-197.

TOURNES, Ludovic. « Les élites françaises et l'américanisation : le réseau des boursiers de la fondation Rockefeller (1917-1970) », in *Relations internationales* n° 116, nov-déc 2003, p 501-513.

6. La mémoire et le culte des grands hommes

ABEL, Olivier (dir.). *La juste mémoire : lectures autour de Paul Ricœur*. Genève : Labor et Fides, 2006.

BARCELLINI, Serge. « Du droit au souvenir au devoir de mémoire », in *Cahiers français* n°303, 2001, p 24-27.

BONNET, Jean-Claude. *Naissance du Panthéon : essai sur le culte des grands hommes*. Paris : Fayard, 1998.

DAVALLON, Jean, DUJARDIN, Philippe, SABATIER, Gérard. *Le Geste Commémoratif*. Lyon: Éditions Sup'Copy/Centre d'étude et de recherche de l'Institut d'Études Politiques de Lyon 2, 1994.

DOSSE, François. « Paul Ricœur : entre mémoire et oubli », in *Cahiers français* n°303, 2001, p 15-21.

GARCIA, Patrick. « Les lieux de mémoire, une poétique de la mémoire », in DAVALLON, Jean. « Transmettre aujourd'hui : retours vers le futur », in *Espaces Temps*, numéro spécial 74/75, 2000.

GARCIA, Patrick. « Exercices de mémoire ? Les pratiques commémoratives dans la France contemporaine », in *Cahiers français* n°303, 2001.

HALBWACHS, Maurice. *La mémoire collective.* Paris: Albin Michel, 1997 (1ère édition 1950).
JEANNENEY, Jean-Noël, JOUTARD, Philippe (dir.). *Du bon usage des grands hommes en Europe.* Paris : Perrin, 2003.
JULLIARD, Jacques. « Que sont les grands hommes devenus ? », in *Politique internationale,* n°82, hiver 1998-99, p 7-23.
LAVABRE, Marie-Claire. « Peut-on agir sur la mémoire ? », in *Cahiers français* n°303, 2001, p 8-13.
KATTAN, Emmanuel. *Penser le devoir de mémoire.* Paris : PUF, 2002.
LORIGA, Sabina. « La tâche de l'historien », in ABEL, Olivier (dir.). *La juste mémoire : lectures autour de Paul Ricœur.* Genève : Labor et Fides, 2006, p 49-71.
MALRAUX, André. *Le musée imaginaire.* Genève : A. Skira, 1947.
NORA, Pierre. « Entre mémoire et histoire. La problématique des lieux », in *Les Lieux de mémoire.* Paris : Gallimard, 1984-1987, vol. 1.
NORA, Pierre. « Entretien avec Pierre Nora : la fièvre médiatique des commémorations », in *Temps des médias* n°5, automne 2005, p 191-196.
PORTALIS, Joseph-Marie. *Du devoir de l'historien : de bien considérer le caractère et le génie de chaque siècle en jugeant les grands hommes qui y ont vécu : discours couronné par l'Académie royale des inscriptions et belles-lettres, histoire et antiquités de Stockholm en mars 1800.* Paris : Librairie Chez Bernard, 1801.
RAPHAEL, Freddy (dir.). *Travail sur la figure, travail de la mémoire : rencontre entre le Centre Marc-Bloch de Berlin et la Maison des sciences de l'homme de Strasbourg, l'Université des sciences humaines de Strasbourg.* Strasbourg : Presses universitaires de Strasbourg, 1998.
RICOEUR, Paul. *La mémoire, l'histoire, l'oubli.* Paris: Seuil, 2000.
SCHLANGER, Judith. *La mémoire des œuvres.* Paris : Nathan, 1992.
SCHUHL, Pierre-Maxime. *Le culte des grands hommes.* Paris : Institut de France, 1974.
TERRAY, Emmanuel. *Face aux abus de mémoire.* Arles: Acte Sud, 2006.
THEULLOT, Jean-François. *De l'inexistence d'un devoir de mémoire.* Nantes : Éditions Pleins Feux, 2005.
TODOROV, Tzvetan. « La vocation de la mémoire », in *Cahiers français* n°303, 2001.
TODOROV, Tzvetan. *Les abus de la mémoire.* Paris : Arléa, 1995.

B) Livres et thèses sur les organisations et relations internationales

1. L'Unesco et l'IICI

ARCHIBALD, Gail. *Les États-Unis et l'Unesco, 1944-1963.* Paris : Publications de la Sorbonne, 1993.
ASCHER, Charles S. *Program-making in Unesco, 1946-51. A Study in the Processes of International Administration.* Chicago: Public Administration Service, 1951.
BAKOU, Serge. *Unesco et subversion.* Paris : Union nationale inter-universitaire/Centre d'études et de diffusion, 1985.
BATISSE, Michel. « L'Unesco à l'aube du XXIe siècle. Les organisations intergouvernementales dans le contexte des années 2000 », in *Futuribles* n°248, décembre 1999, p 5-21.
BEKRI, Chikh. *L'Unesco, une entreprise erronée ?* Paris : Publisud, 1991.
BELLOC, Chloé. *Le CIPSH (1947-1955), Idéal et réalité d'un engagement scientifique et intellectuel.* Paris : Université Panthéon – Sorbonne – Paris I, mémoire de maîtrise, 2005.
BONNET, Henri. « La Société des Nations et la coopération intellectuelle », in *Cahiers d'histoire mondiale,* 1966, volume X, n°1, p 210-236.
BRUNSVICK, Yves. « Un demi-siècle de relations entre des membres de l'Institut et l'Unesco », in FONTAINE, Jacques (dir.), B*icentenaire de l'Institut de France (1795-1995), Actes des colloques organisés par l'Institut de France.* Paris : Fayard, 1995, p 494-508.
CAIN, Julien. « L'Unesco et les bibliothèques de France », in *Bulletin des bibliothèques françaises,* 1956, n°12, p 843-844.
CARILLO, Francisco S. « L'Unesco, tolérance et culture de la paix », in *Études internationales,* mars 1996, p 49-66.

CHANNAC, Frédérique. *Les enjeux de la politisation de l'Unesco*. Bordeaux : Mémoire de DEA de Science Politique, 1996.

CHAUTARD, Catherine. *Le* Courrier de l'Unesco *: une presse internationale à vocation universelle (1969-1983)*. Paris : Université de Paris II – Institut Français de Presse, mémoire de DEA en sciences de l'information et de la communication, 1984.

« Comité intergouvernemental sur les échanges internationaux de publications (UNESCO) », in *Bulletin des Bibliothèques françaises*, 1958, n° 6, p 454-456.

DAKAN, Gaëlle. *La hiérarchisation de la mémoire collective : l'exemple du patrimoine mondial culturel à l'Unesco*. Paris : Institut d'Études Politiques, mémoire de master en relations internationales, 2005.

DEMAULENAERE, Régis. *L'Unesco dans le journal « Le Monde », 1954-1962*. Paris : Université Paris-nord, thèse de doctorat d'histoire, 1991.

DOCUMENTATION FRANCAISE. *L'Unesco en question : ce qu'elle est, ce qu'elle fait ; le débat : des origines à la situation actuelle ; aujourd'hui, quelle crise ?* Paris : La Documentation française, 1985.

DUTT, Sagarika. *The Politization of the United Nations Specialized Agencies. A Case Study of Unesco*. Lewiston/Lampeter: Mellen University Press, 1995.

GALABERT, Henri. *La commission de coopération intellectuelle de la SDN*. Toulouse : Faculté de droit et des sciences économiques, Thèse de doctorat, 1931.

GAUDANT, Nathalie. *La politique de l'Unesco pour l'alphabétisation en Afrique occidentale (1946-1960)*. Paris : Université Panthéon-Sorbonne, maîtrise d'histoire des relations internationales, 1990.

HAJNAL, Peter. *Guide to Unesco*. London: Oceana Publications INC., 1983.

HOLLY, Daniel A. *L'Unesco, le Tiers Monde et l'économie mondiale*. Montréal : Presses de l'Université de Montréal / Genève : Institut universitaire de hautes études internationales, 1981.

JONES, Phillip Warner. *International Policies for Third World Education : Unesco, Literacy and Development*. London and New York: Routledge, 1988.

KERESZTESI, Michael. *The contribution of Unesco to library education and training : the first 25 years (1946-1971)*. Michigan : University of Michigan, thèse de doctorat, 1977.

KONISHI, Masanobu. *Les rapports de l'Unesco avec l'ONU et les autres institutions spécialisées*. Paris : Université de Paris, Thèse de doctorat de droit, 1970.

MAUREL, Chloé. *La pensée et l'action de l'Unesco dans le domaine de la culture, 1946-1974*. Paris : Université de Paris I, Mémoire de DEA, 2001.

MAUREL, Chloé. *L'Unesco de 1945 à 1974*. Paris : Ecole doctorale d'histoire de Paris I, Thèse de doctorat d'histoire contemporaine, 2005.

MAUREL, Chloé. *Histoire de l'Unesco. Les trente premières années 1945-1974*. Paris : L'Harmattan, 2010.

MAUREL, Chloé. « La mise en pratique de l'idéal universaliste de l'Unesco (1945-1955) : une mission impossible ? », in *Relations internationales* n° 116, nov-déc 2003, p 501-513.

MAUREL, Chloé. « Rivalités linguistiques et efforts de promotion du français à l'Unesco de 1945 à 1970 », in *Documents pour l'Histoire du Français Langue Étrangère ou Seconde* n°40/41, 2008, p 77-100.

MYLONAS, Denis. *La genèse de l'Unesco. La Conférence des Ministres alliés de l'Éducation (1942-1945)*. Bruxelles : Bruylant, 1976.

MYLONAS, Denis. *La Conférence des Ministres alliés de l'Éducation (Londres, 1942-1945). De la coopération éducative dans l'Europe en guerre à la création d'une organisation internationale*. Genève : Université de Genève, Institut universitaire de hautes études internationales, 1979.

PARAISO, Isdine. *Le régime juridique des experts et des consultants de l'Unesco*. Paris I : Thèse de droit public, 1993.

PARKER, Stephen. *Unesco and Library Development Planning*. London : The Library Association, 1985, 428 p.

PENDERGAST, William R. « La politique étrangère française et la création de l'Unesco », in *Revue d'histoire de la deuxième guerre mondiale*, octobre 1974, n°96, p 67-88.

RENOLIET, Jean-Jacques. *L'Institut international de coopération intellectuelle (1919-1940).* Paris : Université de Paris I, thèse de doctorat d'histoire, 1995.

RENOLIET, Jean-Jacques. *L'Unesco oubliée : la Société des nations et la coopération intellectuelle (1919-1946).* Paris : Publications de la Sorbonne, 1999.

RICHARDSON, Jacques. « Quo Vadis Unesco ? An institution at the Crossroads », in *Science and Public Policy*, juin 1991, p 142-155.

SAGBOKAN, Hilaire-Philippe. *L'Afrique noire francophone et l'Unesco, de 1960 à nos jours.* Paris : Université de Paris I – Panthéon – Sorbonne, thèse de doctorat en relations internationales, 1979.

SATHYAMURTHY, T. V. *The Politics of International Cooperation, Contrasting Conceptions of Unesco.* Genève: Librairie Droz, 1964.

SCAVENIUS, Yves. *Géopolitique de l'Unesco.* Paris : Thèse de doctorat en science politique, 1995.

SCHUSTER, George Nauman. *Unesco : Assessment and Promise, Council on Foreign Relations.* New York: Harper and Row, 1963.

SIMS, Nicholas A. « Servants of an Idea : Hoggart's Unesco and the Problem of International Loyalty », in *Millennium : Journal of International Studies* (Royaume-Uni : London School of Economics), n°11, 1982, p. 63-73.

SINGH, S. Nihal. *The Rise and Fall of Unesco.* New Delhi : Allied Publishers Pvt. Ltd., 1988.

SIRINELLI, Jean. « La préhistoire de l'Unesco », in FONTAINE, Jacques (dir.), B*icentenaire de l'Institut de France (1795-1995), Actes des colloques organisés par l'Institut de France.* Paris : Fayard, 1995.

TEYSSIER, Nathalie. *L'action de l'Unesco pour la protection du patrimoine culturel : l'exemple de la Convention du patrimoine mondial (16 novembre 1972).* Aix-Marseille : mémoire de DEA, 1993.

TRIPP, Brenda. « Unesco in Perspective », in *International Conciliation*, mars 1954, p 338-351.

WEINSTADT, Michel. *La connaissance des publics, une voie à explorer pour améliorer la communication de l'Unesco.* Paris : CELSA – Université de la Sorbonne – Paris IV, 1993-1994.

WELLS, Clare. *The Politization of United Nations Specialized Agencies ? Unesco, the United Nations and the Politics of Knowledge, 1945-1982.* Oxford : Nuffield College, 1984.

YAHI, Abdelkader. *La Crise de l'Unesco.* Lille II : Thèse en droit public, 1991.

2. L'ONU et les organisations internationales

ALGER, Chadwick F. « Methodological innovation in research on international organizations », in ROBINSON, James A. *Political Science Annual*, 2, Indianapolis : Bobbs-Merril, 1970.

ANDERSSON, Nils. « Cinquante ans déjà. Et alors l'ONU ? », in *Panoramiques n° 15.* Paris : Arléa, 1994.

BARBIER, Maurice. *Le Comité de décolonisation des Nations Unies.* Paris : Fondation nationale des sciences politiques, thèse de doctorat, 1971.

BARINGAYE, Akilou Ahmet. *La crise des organisations internationales : le cas des Nations Unies.* Poitiers : thèse de droit public, 1991.

BARKIN, J. Samuel. *International Organization : Theories and Institutions.* New York : Palgrave Macmillan, 2006.

BECKEL, Graham. *Workshops for the world, the specialized agencies of the UN.* New York: Abelard-Schuman, 1954.

BEN SALAH, Tabrizi. *Institutions internationales.* Paris: Éditions Dalloz, 2005.

BERTRAND, Maurice. *L'ONU.* Paris : la Découverte, 2006 (6ème édition).

BOUTROS-GHALI, Boutros. « Le principe d'égalité des États et les organisations internationales », in Académie de droit international. *Recueil des cours.* Leyden (Pays-Bas) : A. W. Sijthoff, 1961, p 9-72.

BRELET Claudine. *Anthropologie de l'ONU : utopie et fondation.* Paris : L'Harmattan, 1995.

CHARPENTIER, Jean. *Institutions internationales.* Paris: Dalloz, 2006 (16ème édition).

CHARVIN, Robert. *Les États socialistes aux Nations Unies.* Paris : Armand Colin, 1970.

CHAUMONT, Charles, LAFAY, Frédérique. *L'Organisation des Nations Unies.* Paris : PUF, 2000 (16ème édition).

COLLIARD, Claude-Albert, DUBOUIS, Louis. *Institutions internationales*. Paris: Précis Dalloz, 1995 (10ème édition).
COMBACAU, Jean, REUTEUR, Paul. *Institutions et relations internationales*. Paris : PUF, 1980.
COX, Robert W., JACOBSON, Harold K. *The Anatomy of Influence : Decision-Making in International Organization*. New Haven: Yale University Press, 1973.
DELDIQUE, Pierre-Edouard. *Faut-il supprimer l'ONU?* Paris: Hachette Littératures, 2003.
DELDIQUE, Pierre-Edouard. *Le Mythe des Nations Unies, L'ONU après la guerre froide*. Paris : Hachette, 1994.
FELD, Werner, HURWITZ, Leon, JORDAN, Robert. *International Organizations: A Comparative Approach*. Westport (Connecticut)/London : Praeger, 1994 (3ème édition).
GERBET, Pierre, GHEBALI, Victor-Yves, MOUTON, Marie-Renée. *Le rêve d'un ordre mondial, de la SDN à l'ONU*. Paris: Imprimerie nationale Éditions, 1996.
GERBET, Pierre. *Les organisations internationales*. Paris : PUF, 1979.
GERBET, Pierre, GHEBALI, Victor-Yves, MOUTON, Marie-Renée. *Société des Nations et Organisation des Nations Unies*. Paris : Richelieu, 1973.
GERBET, Pierre. *La politique des grandes puissances au sein des Nations Unies en expansion*. Paris : Armand Colin, Extrait du cahier 126 de la FNSP « La Communauté internationale face aux jeunes États », 1962, p 197-289.
GERBET, Pierre. *Répercussions de la décolonisation sur les relations entre puissances à l'ONU : la politique des puissances devant la décolonisation*. Paris : FNSP, rapport n° VIIa, 1962.
GERBET, Pierre. « Les nouveaux États et les organisations internationales », in DUROSELLE, Jean-Baptiste, MEYRIAT, Jean (dir.). *Les nouveaux États dans les relations internationales*. Paris : Armand Colin, 1962, p 447-483.
HAMDOUNI, Saïd. *Institutions internationales*. Paris; Éditions Ellipses, 2007 (2ème édition).
HAZZARD, Shirley. *Defeat of an Ideal, A Study of the Self-Destruction of the United Nations*. New York: Atlantic Little, 1973.
HONIG, Frederik. « The International Civil Service : basic problems and contemporary difficulties ». *International Affairs*, London, vol 30, n°2, avril 1954, p 175-185.
JORDAN, Robert S. *International Administration : Its Evolution and Contemporary Applications*. New York : Oxford University Press, 1971.
LAULAN, Yves-Marie. *La faillite des « machins »*. Paris : Les Belles lettres, 1996.
LEMOINE, Jacques. *The international Civil Servant : An Endangered Species*. The Hague : Kluwer Law International, 1995.
LOVEDAY, Alexander. *Reflections on international administration*. Oxford : Clarendon Press, 1956.
LUARD, Evan. *The United Nations, How it works and what it does ?* Londres: Macmillan, 1994.
LUARD, Evans. *A history of the United Nations. 1, The years of Western domination, 1945-1955*. New York: St Martin's Press, 1982.
LUARD, Evans. *A history of the United Nations. 2, The age of decolonization, 1955-1965*. London: Macmillan, 1989.
LUARD, Evans. *International agencies: the emerging framework of interdependence*. London: Macmillan, 1979.
LIE, Trygve. *Au service de la paix*. Paris : Gallimard, 1957.
MANGO, Anthony. « The role of the secretariats of international institutions », in GROOM, A. J. R., TAYLOR, Paul. *International Institutions At Work*. London: Pinter Publishers, 1988, p 39-49.
MARBEAU, Michel. *La Société des Nations*. Paris : PUF, 2001.
MATHIEU, Jean-Luc. *Les institutions spécialisées des Nations Unies*. Paris : Masson, 1977.
MAZOWER, Mark. *No enchanted palace : the end of empire and the ideological origins of the United Nations*. Princeton, Oxford: Princeton University Press, 2009.
MEARSHEIMER, John J. « The False Promise of International Institutions », *in International Security*, 1994, p. 4-49.
MILLER, Lynn. *Organizing Mankind : An Analysis of Contemporary International Organization*. Boston: Holbrook Press, 1972.

MOREAU DEFARGES, Philippe. *Les organisations internationales contemporaines.* Paris : Seuil, 1996.
MYRDAL, Gunnar. *Realities and Illusions in regard to inter-governmental organizations.* London : Oxford University Press, 1955.
PELLET, Alain et RUZIE, David. *Les fonctionnaires internationaux.* Paris : PUF, 1993.
PENAUD, Jeanne (dir.). *La fonction publique internationale. Lexique commenté.* Paris : La Documentation française, 1997.
RUBINSTEIN, Alvin Z., GINSBURGS, George. *Soviet and American policies in the United Nations: a twenty-five-year perspective.* New York: New York University Press, 1971.
RUBINSTEIN, Alvin Z. *The Soviets in International Organizations. Changing Policy Toward Developing Countries, 1953-1963.* Princeton (New Jersey) : Princeton University Press, 1964.
RUGGIE, J. G. *Constructing the World Polity : Essays on International Institutionalization.* Londres et New York : Routledge, 1998.
RYFMAN, Philippe. « Les organisations internationales et l'ordre mondial », in *Cahiers français* n°302, 2001, p 18-26.
SENARCLENS, Pierre de. *La crise des Nations Unies.* Paris : PUF, 1988.
SENARCLENS, Pierre de. *La politique internationale.* Paris : Armand Colin, 1992.
SMOUTS, Marie-Claude. *La France à l'ONU. Premiers rôles et seconds rangs.* Paris : FNSP, 1979.
SMOUTS, Marie-Claude. *Les organisations internationales.* Paris: Armand Colin, 1995.
URBAN, André. *Les États-Unis face au Tiers Monde à l'ONU de 1953 à 1960. Aux origines d'un affrontement.* Paris: L'Harmattan, 2005.
VIRALLY, Michel. *L'organisation mondiale.* Paris : Librairie Armand Colin, 1972.
WALDHEIM, Kurt. *Un métier unique au monde. En collaboration avec Eric Rouleau.* Paris : Stock, 1977.
WEISS, Pierre. *Le système des Nations-Unies.* Paris: Nathan Université, 2000.
WEISS, Pierre. *Les organisations internationales.* Paris: Armand Colin, 2001.
ZORGBIBE, Charles. *Les organisations internationales.* Paris : PUF, 1997 (4ème édition).

3. Les relations internationales, le Tiers monde, l'économie, le développement, la mondialisation, l'impérialisme

ABDEL-MALEK, Anouar (dir.). *Sociologie de l'impérialisme.* 7e Congrès mondial de Sociologie, Varna, 14-19 septembre 1970. Paris : Éditions Anthropos, 1971.
AMIN, Samir. *L'impérialisme et le développement inégal.* Paris : Éditions de Minuit, 1976.
BHABHA, Homi K. *Les lieux de la culture : une théorie postcoloniale.* Paris : Payot, 2007.
BALANDIER. *Le tiers monde.* Paris : PUF, 1956.
BATTISTELLA, Dario. *Théories des relations internationales.* Paris: FNSP, 2006 (2ème édition).
BERG, Eugène. *Non-alignement et nouvel ordre mondial.* Paris : PUF, 1980.
BERSTEIN, Serge, MILZA, Pierre. *Histoire du XXe siècle, Tome 2. Le monde entre guerre et paix (1945-1973).* Paris : Hatier, 1996.
BOSSIN, André. *Les nations et l'organisation mondiale de la paix.* Paris : Économie et humanisme, Éditions ouvrières, 1960.
BRAUDEL, Fernand. *Grammaire des civilisations.* Paris : Arthaud-Flammarion, 1987.
BURTON, John W. « Functionalism and the Resolution of Conflict », in GROOM, Arthur John Richard, TAYLOR, Paul Graham. *Functionalism. Theory and Practice in International Relations.* London: University of London Press, 1975.
Cahiers d'Histoire mondiale, « La coopération intellectuelle internationale », volume X, n°1, 1966.
CARNOY, Martin. *Education as cultural imperialism.* New York : McKay, 1974.
CARROLL, Berenice. « Peace Research: The Cult of Power », in *Journal of Conflict Resolution* vol. XVI, n°4, décembre 1972.
CHARVIN, Robert. *Relations internationales, droit et mondialisation. Un monde à sens unique.* Paris: L'Harmattan, 2000.
CHAY, Jongsuk. *Culture and international relations.* New York ; London : Praeger, 1990.
CHOMSKY, Noam. *Le bouclier américain. La Déclaration des droits de l'homme face aux contradictions de la politique américaine.* Paris : Le Serpent à plume, 2002.

CHOMSKY, Noam. *Comprendre le pouvoir. Premier mouvement.* Bruxelles : Éditions Aden, 2005.

CHOMSKY, Noam. *Comprendre le pouvoir. Deuxième mouvement.* Bruxelles : Éditions Aden, 2006.

CHOMSKY, Noam. *Comprendre le pouvoir. Troisième mouvement.* Bruxelles : Éditions Aden, 2006.

CHOMSKY, Noam. *La doctrine des bonnes intentions.* Paris : Fayard, 2007.

COLARD, Daniel. *Les relations internationales de 1945 à nos jours.* Paris : Armand Colin, 1999 (8ème édition).

COMBACAU, Jean, SUR, Serge. *Droit international public.* Paris : Montchrestien, Lextenso éditions, 2008 (8ème édition).

COMELIAU, Christian. *Les relations Nord-Sud.* Paris : La Découverte, 1991.

CROUZET, Maurice (dir.). *Histoire générale des civilisations, tome VII : L'époque contemporaine, à la recherche d'une civilisation nouvelle.* Paris : PUF, 1967 (5ème édition).

CURLE, Adam. *Making Peace.* London : Tavistock Publications, 1971.

DARCET, Jean. *Rapports de l'Occident avec le reste du monde.* Paris : PUF, *Prospective* n°3, 1959.

DEVIN, Guillaume. *Faire la paix : la part des institutions internationales.* Paris : Pepper, 2005.

DESJEUX, D, SANCHEZ-ARNAU, J-C. *La culture, clé du développement. Séminaire organisé par le Centre international pour le développement à Paris en 1979.* Paris : L'Harmattan, 1994.

DEUTSCH, Karl Wolfgang. *The analysis of international relations.* Englewood Cliffs: Prentice-Hall, 1968.

DOKA, Carl. *Les relations culturelles sur le plan international.* Neuchâtel : La Baconnière, 1959.

DOLLOT, Louis. *Les relations culturelles internationales.* Paris : PUF, 1964.

DULPHY, Anne, FRANK, Robert, MATARD-BONUCCI, Marie-Anne, ORY, Pascal (dir.). *Les relations culturelles internationales au XXe siècle. De la diplomatie culturelle à l'acculturation.* Bruxelles : P.I.E. Peter Lang, collection « Enjeux internationaux » n°10, 2010.

DUPUY, René-Jean. *La Communauté internationale entre le mythe et l'histoire.* Paris : Economica-Unesco, 1986.

DUROSELLE, Jean-Baptiste. *Histoire diplomatique de 1919 à nos jours.* Paris: Dalloz, 1993 (11ème édition).

DUROSELLE, Jean-Baptiste, KASPI, André. *Histoire des relations internationales de 1945 à nos jours (tome 2).* Paris : Éditions Dalloz / Armand Colin, 2004 (14ème édition).

DUROSELLE, Jean-Baptiste. *Le monde déchiré (tome II).* Paris : Éditions Richelieu, 1970.

DUROSELLE, Jean-Baptiste, MEYRIAT, Jean. *Les nouveaux États dans les relations internationales.* Paris : Armand Colin, Cahiers de la FNSP n°121, 1962.

ELLUL, Jacques. *Trahison de l'Occident.* Paris : Calmann-Lévy, 1975.

FINNEMORE, Martha. *National Interests in International Society.* Ithaca and London : Cornell University Press, 1996.

GIRAULT, René, FRANK, Robert, THOBIE, Jacques. *La loi des géants, 1941-1964.* Paris : Éditions Payot & Rivages, 2005 (3ème édition).

GROOM, Arthur John Richard, TAYLOR, Paul Graham. *Functionalism. Theory and Practice in International Relations.* London: University of London Press, 1975.

HARRISON, R.J. « Testing Functionalism », in GROOM, Arthur John Richard, TAYLOR, Paul Graham. *Functionalism. Theory and Practice in International Relations.* London: University of London Press, 1975.

HAYTER, Teresa. *Aid as imperialism.* Harmondsworth: Penguin Books, 1972.

HUNTINGTON, Samuel P. *Le Choc des civilisations.* Paris: Odile Jacob, 2007 (2ème édition).

JENKS, Wilfred. *The common law of mankind.* London, 1958.

JOSSELIN, Daphné, WALLACE, William. *Non-State Actors in World Politics.* New York: Palgrave, 2001.

JOUVE, Edmond. *Le Tiers Monde.* Paris : PUF, 1996.

JOUVE, Edmond. *Le Tiers-Monde dans la vie internationale.* Paris : Berger-Levrault, 1986 (2ème édition).

KEOHANE, Robert Owen, NYE, Joseph Samuel. *Transnational Relations and World Politics.* Cambridge (Massachusetts) : Harvard University Press, 1972.

KLINEBERG, Otto. *The Human Dimension in International Relations.* New York : Holt. Rinehart and Winston, 1964.

LATOUCHE, Serge. « Déculturation ou sous-développement », in KHÔI, Lê Thanh. *Culture et développement.* Paris : PUF, numéro de « Revue Tiers-Monde », 1984, p 43-58.

LATOUCHE, Serge. *La planète uniforme.* Paris: Climats, 2000.

LATOUCHE, Serge. *L'occidentalisation du monde. Essai sur la signification, la portée et les limites de l'uniformisation planétaire.* Paris: Éditions La Découverte, 1989.

LAUTIER, Bruno, TORTAJADA, Ramon. *Ecole, force de travail et salariat : matériaux pour une critique de l'économie de l'éducation.* Saint Martin d'Hères : Presses universitaires de Grenoble / Paris : Maspero, 1978.

LE DRÔ, Jean-Claude. *Livre lecture : guide du partenariat Nord-Sud.* Grenoble : Culture et développement, 1992.

LUARD, Evans (dir.). *Basic Texts in International Relations: the Evolution of Ideas about International Society.* Basingstoke (Hampshire) : Macmillan, 1992.

MARX, Karl, *Œuvres, tome 1.* Paris : Gallimard, Bibliothèque de la Pléiade, 1965.

MERLE, Marcel. *Forces et enjeux dans les relations internationales.* Paris : Economica, 1981.

MOREAU DEFARGES, Philippe. *Relations internationales. Tome 2: Questions mondiales.* Paris: Seuil, 2007 (7ème édition).

MOREAU DEFARGES, Philippe. « La Communauté internationale face à ses défis », in *Cahiers français* n°302, 2001, p 82-89.

MYRDAL, Gunnar. *Le Défi du monde pauvre.* Paris: Éditions Gallimard, 1971.

NARAGHI, Ehsan, SAUVY, Alfred. *L'Orient et la crise de l'Occident.* Paris : Editions Entente, 1977.

PEPY, Daniel. « Les nouveaux États et le modèle de l'ancienne métropole », in DUROSELLE, Jean-Baptiste, MEYRIAT, Jean (dir.). *Les nouveaux États dans les relations internationales.* Paris : Armand Colin, Cahiers de la FNSP n°121, 1962, p 131-160.

PETRAS, James, VELTMEYER, Henry. *La face cachée de la mondialisation. L'impérialisme au XXIe siècle.* Paris: L'Aventurine, 2002.

RAMEL, Frédéric. *Philosophie des relations internationales.* Paris: FNSP, 2002.

RENOUVIN, Pierre, DUROSELLE, Jean-Baptiste. *Introduction à l'histoire des relations internationales.* Paris: Armand Colin, 1991 (4ème édition).

ROCHE, François. *Histoires de diplomatie culturelle des origines à 1995.* Paris : La documentation française, Ministère des affaires étrangères, 1995.

ROCHE, Jean-Jacques. *Théorie des relations internationales.* Paris: Éditions Montchrestien, 2006 (6ème édition).

SCELLE, Georges. *Le sens international.* Paris : PUF, 1942.

SENARCLENS, Pierre de. *Mondialisation, souveraineté et théories des relations internationales.* Paris: Armand Colin, 1998.

VAÏSSE, Maurice. *Les relations internationales depuis 1945.* Paris: Armand Colin, 2002.

VAÏSSE, Maurice (dir.). *Dictionnaire des relations internationales de 1900 à nos jours.* Paris : Armand Colin, 2009 (3ème édition).

WALLERSTEIN, Immanuel. *Sortir du monde états-unien.* Paris: Liana Levi, 2004.

ZIEGLER, Jean. *La victoire des vaincus. Oppression et résistance culturelle.* Paris : Seuil, 1988.

ZORGBIBE, Charles. *L'après-guerre froide dans le monde.* Paris : PUF, 1993.

C) Ouvrages de sociologie, de sociologie des organisations, d'ethnologie, d'anthropologie

AMSELLE, Jean-Loup. *Branchements. Anthropologie de l'universalité des cultures.* Paris: Flammarion, 2001.

BADIE, Bertrand. *Le retournement du monde : sociologie de la scène internationale.* Paris : FNSP & Dalloz, 1992.

BOURDIEU Pierre, PASSERON Jean-Claude. *Les Héritiers. Les étudiants et la culture.* Paris : Éditions de Minuit, 1964.

CLAPIER VALLADON, Simone. *Panorama du culturalisme.* Paris : Epi S.A. Éditeurs, 1976.

COLIN, Lucette, MÜLLER, Burkhard (dir.). *La pédagogie des rencontres interculturelles.* Paris : Anthropos, 1996.

CROZIER, Michel. *Le phénomène bureaucratique.* Paris: Seuil, 1963.

CROZIER, Michel. *A quoi sert la sociologie des organisations? Tome 1: Théorie, culture et société.* Paris: Éditions Seli Arslan, 2000.

CROZIER, Michel. *A quoi sert la sociologie des organisations? Tome 2: Vers un nouveau raisonnement pour l'action.* Paris: Éditions Seli Arslan, 2000.

ELIAS, Norbert. *La civilisation des mœurs.* Paris: Calmann-Lévy, 1969.

ELIAS, Norbert. *La société des individus.* Paris: Fayard, 1987.

ELIAS, Norbert. *La dynamique de l'Occident.* Paris: Calmann-Lévy, 1991 (2ème édition).

GALBRAITH, John Kenneth. *Anatomie du pouvoir.* Paris : Seuil, 1985.

LABURTHE-TOLRA, Philippe, WARNIER, Jean-Pierre. *Ethnologie, Anthropologie.* Paris : PUF, 2003.

LAFAYE, Claudette. *La sociologie des organisations.* Paris : Nathan, 1996.

LIAUZU, Claude. *Race et civilisation. L'autre dans la culture occidentale. Anthologie historique.* Paris : Syros-Alternative, 1992.

MARCH, James Gardner, SIMON, Herbert Alexander. *Les organisations.* Paris : Dunod, 1969.

OLSON, Mansur. *Logique de l'action collective.* Paris: PUF, 1978.

PETRELLA, Riccardo. *Le Bien commun, Éloge de la solidarité.* Lausanne : Éditions Page deux, 1997.

POSTEL-VINAY, Karoline. *L'Occident et sa bonne parole. Nos représentations du monde, de l'Europe coloniale à l'Amérique hégémonique.* Paris: Flammarion, 2005.

PREISWERK, Roy Adrian. *A contre-courants : l'enjeu des relations interculturelles.* Lausanne (Suisse) : Éditions d'en bas, 1984.

SAINSAULIEU, Renaud. *L'Identité au travail. Les effets culturels de l'organisation.* Paris: FNSP, 1988 (3ème édition).

D) Ouvrages et articles méthodologiques et historiographiques

AMOSSY, Ruth. *L'argumentation dans le discours.* Paris: Armand Colin, 2006.

BAER, Georges W. *International Organizations, 1918-1945 : A Guide to research and Research Materials.* Wilmington (Delaware) : Scholarly Resources Inc., 1991.

BEDARIDA, François (dir.). *L'histoire et le métier d'historien en France, 1945-1995.* Paris: Éditions de la Maison des sciences de l'homme, 1995.

CHARTIER, Roger. « La conscience de la globalité », in *Annales,* 2001, n°1, numéro spécial « Penser le monde ».

COHEN, Evelyne, GOETSCHEL, Pascale, MARTIN, Laurent, ORY, Pascal. *Dix ans d'histoire culturelle.* Villeurbanne: Presses de l'enssib, 2011, p 30-49.

CORBIN, Alain. « "Le vertige des foisonnements" : esquisse panoramique d'une histoire sans nom », in *Revue d'histoire moderne et contemporaine,* numéro spécial « Pour une histoire culturelle du contemporain » (dirigé par Pascal Ory) n°39-1, janvier-mars 1992, p 113-126.

DELEAU, Michel (président du groupe de travail). *Évaluer les politiques publiques, Méthodes, Déontologie, Organisation.* Paris : La Documentation française, 1986.

FRANK, Robert. « Conclusion », in DULPHY, Anne, FRANK, Robert, MATARD-BONUCCI, Marie-Anne, ORY, Pascal (dir.). *Les relations culturelles internationales au XXe siècle. De la diplomatie culturelle à l'acculturation.* Bruxelles : P.I.E. Peter Lang, 2010, p 667-685.

GRATALOUP, Christian. « L'histoire du monde a une géographie », in *Le Débat,* mars-avril 2009, n°154 « Ecrire l'histoire du monde », p 67-77.

GUILHAUMOU, Jacques, MALDIDIER, Denise, ROBIN, Régine. *Discours et archive.* Liège: Pierre Mardaga, 1994.

HARTOG, François. « De l'histoire universelle à l'histoire globale ? Expériences du temps », in *Le Débat,* mars-avril 2009, n°154 « Ecrire l'histoire du monde », p 53-66.

JACQUEMOND, Richard (dir.). *Ecrire l'histoire de son temps (Europe et monde arabe). L'écriture de l'histoire I. Premier volume des Actes du colloque « L'écriture de l'histoire. Entre historiographie et littérature » (Le Caire, 4-6 décembre 2004).* Paris: L'Harmattan, 2005.

MARTIN, Laurent, VENAYRE, Sylvain (dir.). *L'histoire culturelle du contemporain. Actes du colloque de Cerisy*. Paris : Nouveau monde Éditions, 2005.

ORY, Pascal. *L'histoire culturelle*. Paris : PUF, 2004.

ORY, Pascal. Pour une histoire culturelle du contemporain. *Revue d'histoire moderne et contemporaine*, numéro spécial, n°39-1, janvier-mars 1992.

PERRET, Bernard. *L'évaluation des politiques publiques*. Paris : La Découverte & Syros, 2008 (2ème édition).

PÉTRÉ-GRENOUILLEAU, Olivier. « La galaxie histoire-monde », in *Le Débat*, mars-avril 2009, n°154 « Ecrire l'histoire du monde », p 41-52.

PÉTRÉ-GRENOUILLEAU, Olivier. « Il faut décentrer l'histoire », in *Sciences humaines* n°185, dossier « L'autre histoire du monde », août-septembre 2007, p 38-41.

POIRRIER, Philippe. *Les enjeux de l'histoire culturelle*. Paris : Seuil, 2004.

POMIAN, Krzysztof. « *World History* : histoire mondiale, histoire universelle », in *Le Débat*, mars-avril 2009, n°154 « Ecrire l'histoire du monde », p 14-40.

RINGOOT et ROBERT-DEMONTROND. *L'analyse du discours*. Rennes : IREIMAR, 2004, 222 p.

Sciences humaines, n°185, 2007, dossier « L'autre histoire du monde ».

SOULET, Jean-François. *L'histoire immédiate*. Paris: PUF, 1994.

TESTOT, Laurent. « D'un regard à l'autre », in *Sciences humaines* n°185, dossier « L'autre histoire du monde », août-septembre 2007, p 29-35.

THIESSE, Anne-Marie. « L'histoire culturelle est-elle une histoire nationale ? », in MARTIN, Laurent, VENAYRE, Sylvain (dir.). *L'histoire culturelle du contemporain. Actes du colloque de Cerisy*. Paris : Nouveau monde Éditions, 2005, p 117-124.

THUILLIER, Guy, TULARD, Jean. *La morale de l'historien*. Paris: Economica, 1995.

THUILLIER, Guy. *L'histoire entre le rêve et la raison. Introduction au métier de l'historien*. Paris: Economica, 1998.

TOURNES, Ludovic. « L'histoire culturelle face au "tournant transnational" », in COHEN, Evelyne, GOETSCHEL, Pascale, MARTIN, Laurent, ORY, Pascal. *Dix ans d'histoire culturelle*. Villeurbanne: Presses de l'enssib, 2011, p 249-252.

VEYNE, Paul. *Comment on écrit l'histoire*. Paris : Seuil, 1996.

WERNER, Michael, ZIMMERMANN, Bénédicte. « Penser l'histoire croisée. Entre empirie et réflexivité », in *Genre humain* n°42-43, 2004, p 15-49.

E) Livres et enquêtes publiés par (ou sous les auspices de) l'Unesco, les Nations Unies et l'IICI – Témoignages d'anciens fonctionnaires internationaux

AAFU. *L'Unesco racontée par ses anciens*. Paris : Unesco, 2005.

AAMIR, Ali. « The International Civil Service : The Idea and the Reality », in COOKER, Chris de (dir.). *International Administration : Law and Management Practices in International Organizations*. Dordrecht/Boston/London : Martinus Nijhoff Publishers/United Nations Institute for Training and Research, 1990.

ABI-SAAB, Georges. « La notion d'organisation internationale : essai de synthèse », in ABI-SAAB, Georges (dir.). *Le concept d'organisation internationale*. Paris : Unesco, 1980, p 9-28.

ALATAS, Syed Hussein. « L'asservissement intellectuel dans les études du développement », in *Revue Internationales des sciences sociales UNESCO*, Volume XXIV, n° 1, 1972, p 9-26.

APTER, David E., MUSHI, S. S. « La science politique », in *Revue Internationales des sciences sociales UNESCO*, Volume XXIV, n° 1, 1972, p 47-74.

ARAGON, Louis. *La culture et les hommes*. Paris : Éditions sociales, 1947.

ASLANOV, Vagif. « Nassimi, grand poète de l'Azerbaïdjan », in *Courrier de l'Unesco*, décembre 1973, p 39-40.

BALANDIER, Georges. « La sociologie », in *Revue Internationales des sciences sociales UNESCO*, Volume XXIV, n° 1, 1972, p 75-85.

BAMBERGER, Richard. *Développer l'habitude de la lecture*. Paris : Éditions Unesco, cahier n°72 de la série « Études et documents d'informations », 1975.

BARKER, Ronald E. et ESCARPIT, Robert. *La Faim de lire*. Paris : Unesco/PUF, 1973.

BEDEL, Maurice. « Problèmes humains du droit d'auteur », in Unesco. *Les droits de l'esprit.* Liège : Sciences et Lettres / Paris : Librairie du recueil Sirey, 1950, p 75-111.

BEDJAOUI, Mohammed. « Un point de vue du Tiers Monde sur l'organisation internationale », in ABI-SAAB, Georges (dir.). *Le concept d'organisation internationale.* Paris : Unesco, 1980.

BELSHAM, CS. « L'anthropologie. Le champ d'application de l'anthropologie culturelle et sociale », in *Revue Internationales des sciences sociales UNESCO,* Volume XXIV, n° 1, 1972, p 84-103.

BEHRSTOCK, Julian. « Livres de masses, et masse sans livres », in *Courrier de l'Unesco,* septembre 1965, p 21-23.

BESTERMAN, Theodore. *Unesco, Peace in the Minds of Men.* London : Methuen & Co Ltd, 1951.

BOGSCH, Arpad, ROACH, William S. *Commentaire du supplément à la demande d'avis concernant une Convention universelle sur le droit d'auteur adressé par l'Unesco à tous les gouvernements.* Paris : Unesco, 1951.

BOLLA, Gérard. « Luther H. Evans, "librarian" et Directeur général », in *Lien-Link* n°82, 2002.

BRUCAN, Silviu. « Les notions de pouvoir et de conflit dans l'étude de l'organisation internationale », in ABI-SAAB, Georges (dir.). *Le concept d'organisation internationale.* Paris : Unesco, 1980, p 157-186.

BRUNSVICK, Yves et JANZIN, André. *Naissance d'une civilisation : le choc de la mondialisation.* Montréal : VLB ; Paris : UNESCO, 1998.

BURNET, Mary. « Douze siècles de littérature japonaise », in *Courrier de l'Unesco,* juin 1957, p 18-21.

CAMPBELL, Henry Cummings. *Le développement des systèmes et des services de bibliothèques publiques : guide pour l'organisation des systèmes nationaux et régionaux de bibliothèques publiques...* Paris : Unesco, 1983.

CANTRIL, Hadley. *Tensions that cause war.* Urbana : University of Illinois Press. Paris: Unesco, 1950.

CAPORASO, James A. « Vers une sociologie des institutions internationales : critique de la théorie des régimes et perspectives d'avenir », in *Revue Internationale des sciences sociales* n°138, « Les organisations internationales ». Paris : Unesco, novembre 1993, p 557-568.

CARR, W. *One world in the making : the UN.* Boston, New York : Ginn, 1946.

CARTER, Edward. « Unesco Public Library Pilot Project », in *The Journal of the National Book League,* n°280, October 1953, p 50-54.

CASSIRER, Henry. « Téléspectateur rime avec lecteur », in *Courrier de l'Unesco,* février 1957, p 31.

CHAMSON, André. « Langage et images », in *La culture est-elle en danger ? Débat sur ses moyens de diffusion : presse, cinéma, radio, télévision. Texte des conférences et des entretiens organisés par les Rencontres internationales de Genève en 1955.* Neuchâtel : Éditions de la Baconnière, 1955.

Chronologie de l'Unesco, 1945-1986, Faits et évènements dans l'histoire de l'Organisation accompagnés de références aux sources documentaires aux Archives de l'Unesco avec, en complément, éléments pertinents d'information en annexes n° 1-21. Paris : Unesco, mars 1987, 138 p.

Collection Unesco d'œuvres représentatives. Paris : Unesco, 1994.

Collection Unesco d'œuvres représentatives. Paris : Unesco, 2000.

Committee of experts for the establishment of an international co-ordination service of libraries. *Rapport sur l'organisation et le fonctionnement des centres nationaux de renseignements.* Paris : 1928

Convention universelle sur le droit d'auteur. Paris : Unesco, 1953.

CONIL-LACOSTE, Michel. *Chronique d'un grand dessein, Unesco 1946-1993.* Paris : Éditions Unesco, 1993.

COURRIER, Yves. *L'UNESCO sans peine.* Paris : L'Harmattan, 2005.

COWELL, F. C. « Planning the Organization of Unesco, 1942-1946. A Personal Record », in *Cahiers d'histoire mondiale,* 1966, volume X, n°1, p 210-236.

COX, Robert W., JACOBSON, Harold K. « Une première approche: l'analyse de la prise de décision », in ABI-SAAB, Georges (dir.). *Le concept d'organisation internationale.* Paris : Unesco, 1980, p 81-110.

DELAVENAY, Emile. *Pour le livre*. Paris : Unesco, 1974.

DUNN, Frederick S. *War and the Minds of Men*. New York: Harper and Brothers, 1950.

ECKHARDT, Dieter. « Le Goethe-Museum, Weimar, République démocratique allemande », in *Museum*, volume XXXII, n°1/2, 1980, p 68-75.

EHRENBOURG, Ilya. « Le chemin du siècle », in *La culture est-elle en danger ? Débat sur ses moyens de diffusion : presse, cinéma, radio, télévision. Texte des conférences et des entretiens organisés par les Rencontres internationales de Genève en 1955*. Neuchâtel : Éditions de la Baconnière, 1955.

FRADIER, Georges. « La sagesse d'Al-Ǧaḥiẓ traverse les frontières », in *Courrier de l'Unesco*, juin 1957, p 12-13.

GARDNER, John W. *A beacon of hope: the Exchange-of-persons program: a report*. Washington: US Government printing office, 1963.

GARZON, Alvaro. *La politique nationale du livre. Un guide pour le travail sur le terrain*. Paris: Éditions Unesco, 2005 (2ème édition).

GERBET, Pierre. « Naissance et développement de l'organisation internationale », in ABI-SAAB, Georges (dir.). *Le concept d'organisation internationale*. Paris : Unesco, 1980, p 29-50.

GORDENKER, Leon. « Le cinquantième anniversaire de l'ONU et l'essor des institutions des Nattions unies », in *Revue internationale des sciences sociales*, n°144, « Organiser les relations internationales : les Nations Unies à cinquante ans ». Paris : Unesco-ERES, juin 1995.

« Grands hommes, Grands événements », in *Courrier de l'Unesco*, octobre 1964, p 33.

« Grands hommes, Grands événements », in *Courrier de l'Unesco*, mars 1966, p 30-31.

HAVET, Jacques. « Y a-t-il une philosophie de l'Unesco? », in *La République française*, 1947, volume IV, n°3, p 24-35.

HENRY, Paul-Marc, KOSSOU, Basile Toussaint. *La dimension culturelle du développement : une étude conjointe CEE/UNESCO*. Lomé (Togo) : Nouvelles éditions africaines / Paris : Unesco, 1985.

HOGGART, Richard. *An idea And Its Servants. Unesco From Within*. Londres: Chatto & Windus, 1978.

HUXLEY, Julian. *Memories II*. London : George Allen and Unwin Ltd, 1973.

IICI. *Bibliothèques populaires et loisirs ouvriers. Enquête faite à la demande du Bureau international du travail*. Paris : Société des Nations/IICI, 1933.

IICI. *La coordination internationale des bibliothèques. Rapport sur les centres nationaux de renseignements*. Paris : IICI, 1928.

IICI. *Le dépôt légal : son organisation et son fonctionnement dans les divers pays*. Paris : SDN/IICI, 1938.

IICI. *L'Institut international de Coopération intellectuelle*. Paris : Imprimerie des Presses universitaires, 1927.

IICI. *Mission sociale et intellectuelle des bibliothèques populaires*. Paris : SDN/IICI, 1937.

IICI. *Ouvrages remarquables parus dans différents pays au cours de l'année. Listes recueillies par l'IICI*. Paris : Presses universitaires Éditeur, 1926.

IICI. *Rôle et formation du bibliothécaire. Étude comparative sur la formation professionnelle du bibliothécaire*. Paris : Société des Nations/IICI, 1935.

LACROIX, Dominique. « Martin Fierro – une épopée de la Pampa », in *Courrier de l'Unesco*, juin 1957, p 7-11.

L'action normative de l'Unesco. Volume II: Conventions, Recommandations, Déclarations et Chartes adoptées par l'Unesco (1948-2006). Paris : Éditions Unesco ; Boston : Martinus Nijhoff Publishers, 2007.

L'administration nationale et les organisations internationales. Bruxelles : Unesco, 1951.

« L'art de l'écriture », in *Courrier de l'Unesco*, mars 1964, p 4-8.

LAVES, Walter H. C., THOMPSON, Charles A. *Unesco, Purpose, Progress, Prospects*. Bloomington : Indiana University Press, 1957.

LENGYEL, Peter. « Réformer la fonction publique internationale dans le nouveau contexte mondial », in *Revue Internationale des sciences sociales* n°138, « Les organisations internationales ». Paris : Unesco, novembre 1993, p 611-628.

« Les bons de livres Unesco ont fait du chemin », in *Courrier de l'Unesco*, novembre 1949, p 8.

LEVI-STRAUSS, Claude. *Race et histoire*. Paris : Unesco, 1952.
LIEBAERS, Herman. *Mostly in the line of duty : thirty years with books*. La Haye : Nijhoff Publishers, 1980.
« L'Inde obtient des bons de livres », in *Courrier de l'Unesco*, mai 1949, p 2.
Liste d'œuvres représentatives de la littérature universelle (recommandées pour traduction), établie à partir des contributions des États membres et en collaboration avec le Conseil international de la philosophie et des sciences humaines (CIPSH). Paris : Unesco (distribution limitée), juin 1973.
LYONS, Gene M. « Les organisations internationales et les intérêts nationaux », in *Revue internationale des sciences sociales*, n°144, « Organiser les relations internationales : les Nations Unies à cinquante ans ». Paris : Unesco-ERES, juin 1995.
MAHEU, René. *La civilisation de l'universel*. Paris : Laffon-Gonthier, 1966.
MALITZA, Mircea. « Réflexions sur la création et le fonctionnement de l'UNESCO-CEPES : l'avis personnel de l'un des fondateurs », in *Enseignement supérieur en Europe, volume XXVII, n°1-2*. Paris : UNESCO-CEPES, 2002.
MAYOR, Federico (dir.). *Agir pour les droits de l'homme au XXIe siècle*. Paris : Éditions Unesco, 1998.
MAYOR, Federico. *La mémoire de l'avenir*. Paris: Éditions Unesco, 1994.
MAYOR, Federico. *Un monde nouveau*. Paris : Éditions Odile Jacob / Unesco, 1999.
MAZRUI A. A. (dir.). *Histoire générale de l'Afrique. VIII.L'Afrique depuis 1935*. Paris: Présence Africaine/Edicef/Unesco, 1998.
M'BOW, Amadou-Mahtar. *Aux sources du futur : la problématique mondiale et les missions de l'UNESCO*. Paris : Éditions de l'Unesco, 1982.
M'BOW, Amadou-Mahtar. *Unesco, universalité et coopération intellectuelle*. Paris : Éditions de l'Unesco, 1986.
PAZ, Octavio. *Anthologie de la poésie mexicaine*. Paris : Éditions Nagel, « Collection Unesco d'œuvres représentatives », 1952.
PHILLIPS, Herbert Moore. *Alphabétisation et développement*. Paris : Unesco, 1970.
PLANTEY, Alain. « International Civil Servants Employed in the Field », in COOKER, Chris de (dir.). *International Administration : Law and Management Practices in International Organizations*. Dordrecht/Boston/London : Martinus Nijhoff Publishers/United Nations Institute for Training and Research, 1990.
POMPEI, Gian Franco. « Genèse et nature de l'Unesco », in *Revue des deux mondes*, décembre 1984, p 513-522.
PUCHALA, Donald J. « Images du monde, ordres mondiaux et guerres froides : les mythes et les Nations Unies », in *Revue internationale des sciences sociales*, n°144, « Organiser les relations internationales : les Nations Unies à cinquante ans ». Paris : Unesco-ERES, juin 1995.
RAJEE, Srimati S. « Le Conte du gourou nigaud : classique indien écrit par un Révérend Père italien », in *Courrier de l'Unesco*, juin 1957, p 17.
RIVLIN, Benjamin. « Le développement : dilemmes et tension au sein de l'Organisation des Nations Unies », in *Revue internationale des sciences sociales*, n°144, « Organiser les relations internationales : les Nations Unies à cinquante ans ». Paris : Unesco-ERES, juin 1995.
ROWLEY, Charles Dunford. *Aspects politiques de la planification de l'éducation dans les pays en voie de développement*. Paris : Unesco / Institut international de planification de l'éducation, 1971.
SENARCLENS, Pierre de. « La théorie des *régimes* et l'étude des organisations internationales », in *Revue Internationale des sciences sociales* n°138, « Les organisations internationales ». Paris : Unesco, novembre 1993, p 529-539.
SINGH, Khushwant. « Le *Granth* : *textes sacrés* d'une race de guerriers », in *Courrier de l'Unesco*, juin 1957, p 14-16.
SMOUTS, Marie-Claude. « Organisations internationales et théories de la régulation : quelques éléments de réflexion », in *Revue Internationale des sciences sociales* n°138, « Les organisations internationales ». Paris : Unesco, novembre 1993, p 519-528.
SMOUTS, Marie-Claude. « Les organisations internationales et l'inégalité des États », in *Revue internationale des sciences sociales*, n°144, « Organiser les relations internationales : les Nations Unies à cinquante ans ». Paris : Unesco-ERES, juin 1995.

STEINBERG, Heinz. « Le livre et le lecteur comme objets de recherche en Europe et aux États-Unis », in *Revue Internationales des sciences sociales UNESCO*, Volume XXIV, n° 4, 1972, p 795-806.

Symposium international de l'UNESCO : le livre au service de la paix, de l'humanisme et du progrès. Moscou : Éditions du Progrès, 1974.

TAHA HUSSEIN, Pacha. « Exposé préliminaire sur la littérature. L'écrivain dans la société moderne » (11 août 1952), in *Conférence internationale des artistes (Venise, 1952),* Paris : Unesco, 1952.

UNESCO. *Les droits de l'esprit : six études sur les aspects culturels de la Déclaration universelle des droits de l'homme réunies par l'Unesco.* Liège : Sciences et lettres, 1950.

UNESCO. *Actes de la Conférence de révision de la Convention universelle sur le droit d'auteur. Maison de l'Unesco, Paris, 5-24 juillet 1971.* Paris : Unesco, 1973.

UNESCO . *Évaluation des programmes de l'Unesco (pour 1959-1964) à l'intention du Conseil économique et social.* Paris : Unesco, 1960.

UNESCO. *Hommage à Balzac.* Paris : Mercure de France, 1950.

UNESCO. *Pauvreté, progrès et développement.* Paris : l'Harmattan, 1990.

UNESCO. *Rapport mondial sur la culture. 2000: Diversité culturelle, conflit et pluralisme.* Paris: Editions Unesco, 2000.

UNESCO. *United to Combat Racism. Selected articles and standard-setting instruments, dedicated to the World Conference against Racism, Racial Discrimination, Xenophobia and Related Intolerance (Durban, South Africa, 31 August - 7 September 2001).* Paris: Éditions de l'Unesco, 2001.

VALDERRAMA, Fernando. *Histoire de l'Unesco.* Paris : Éditions Unesco, 1995.

VALERY, Paul (dir.). *Pour une société des esprits.* Paris : IICI, 1933.

VERMEREN, Patrice. *La philosophie saisie par l'Unesco.* Paris : Unesco, 2003.

VIRALLY, Michel. « Définition et classification des organisations internationales : approche juridique », in ABI-SAAB, Georges (dir.). *Le concept d'organisation internationale.* Paris : Unesco, 1980, p 51-67.

WARNER, Rex. « La liberté de la création littéraire et artistique », in Unesco. *Les droits de l'esprit.* Liège : Sciences et Lettres / Paris : Librairie du recueil Sirey, 1950, p 228-251.

VELIS, J.-P. *Lettre d'illettrie.* Paris : la Découverte-Unesco, 1990.

WEIL, Pierre. *L'art de vivre en paix, Manuel d'éducation pour une culture de la paix.* Paris : Éditions Unesco ; Belgique : Unipaix, 2002.

WILLINGS-GRINDA, Anne. *Les Clubs Unesco, des chemins de lumière. Vers une histoire des Clubs (1947-1996).* Paris : Unesco, 1996.

WITHERS, Francis Norman. *Normes pour l'établissement des services de bibliothèque : enquête internationale.* Paris : Presses de l'Unesco, 1975.

YOUNG, Oran R. « Système et société dans la conduite des affaires mondiales : le rôle des organisations internationales », in *Revue internationale des sciences sociales*, n°144, « Organiser les relations internationales : les Nations Unies à cinquante ans ». Paris : Unesco-ERES, juin 1995.

YUSUF, Abdulqawi A. (dir.). *L'action normative de l'Unesco. Volume I: Élaboration de règles internationales sur l'éducation, la science et la culture.* Paris: Éditions Unesco; Boston : Martinus Nijhoff Publishers, 2007.

YUTANG, Lin. « De l'Orient à l'Occident, un même effort culturel », in *Le Courrier de l'Unesco* n°8, septembre 1948.

Ressources en ligne (Internet)

« Amédée Britsch », biographie sur le site http://www.librairiedialogues.fr

Association internationale des Éditeurs, site Internet http://www.internationalpublishers.org

« Bentley Historical Library » sur le site de l'Université du Michigan http://bentley.umich.edu

Bibliothèque nationale de France (Direction des collections, Département Littérature et art). *Littérature nigériane contemporaine. Bibliographie sélective.* Paris, janvier 2010, 12 p., disponible sur le site Internet http://www.bnf.fr/documents/biblio_litt_niger.pdf

« Les bibliothèques en Afrique subsaharienne » sur le site http://littexpress.over-blog.net

BLANQUET, Marie-France. « Robert Escarpit », avril 2008, 14 p, site http://www.cndp.fr.

BOGSCH, Arpad. *Les 25 premières années de l'Organisation Mondiale de la Propriété Intellectuelle.* Genève : OMPI, 1992, p 8, disponible à l'adresse ftp://ftp.wipo.int

BOUKROUH, Makhlouf. « Les politiques culturelles arabes : mythes et réalités », in *Jeu : revue de théâtre*, n°127, (2) 2008, p. 173-177, disponible sur le site http://id.erudit.org

BREYCHA-VAUTHIER, A.C. « Avis de décès de Tieste Pieter Sevensma ». *International Journal of Librairies and Information Services*, volume 16 (4), janvier 1966. http://related.springerprotocols.com

CATTANI, Paola. « Engagement pour l'Europe et littérature pure », in *Colloque « Valéry et l'idée de littérature »*, publié le 8 avril 2011 sur le site http://www.fabula.org.

« Charte culturelle de l'Afrique », 1976, 14 p, sur le site http://www.africa-union.org

« Collijn », notice bibliographique du répertoire « Nordisk familjebok » (en suédois) sur le site http://runeberg.org

Communiqué de presse pour la conférence « La culture de la paix : une vision partagée Rotary/Unesco » sur le site http://www.riunescoday.org/fr

COMTE, Auguste. *Calendrier positiviste ou système général de commémoration publique.* Paris : Librairie scientifique-industrielle de L. Mathias, avril 1849. Disponible sur le site http://www.louisg.net/calendrier_positiviste.htm

Convention concernant les échanges internationaux pour les documents officiels et pour les publications scientifiques et littéraires (Bruxelles, 15 mars 1886), disponible sur le site http://www.admin.ch

Convention concernant les échanges internationaux de publications (1958), disponible sur le site http://unesdoc.unesco.org

DUMONT, Juliette. « Le Brésil de Vargas : entre l'IICI et l'Union Panaméricaine », in *Politique étrangère dans les Amériques : entre crises et alliances.* Paris, 2008, 13 p., disponible sur le site http://halshs.archives-ouvertes.fr

Ecole des Bibliothécaires, Archivistes et Documentalistes (EBAD, Dakar), présentée sur le site Internet http://www.ebad.ucad.sn

Entretien d'Alexandre Prstojevic avec Gisèle Sapiro (7 juin 2011) à propos de son livre *La Responsabilité de l'écrivain. Littérature, droit et morale en France (XIXe – XXIe siècle)*, Paris, Seuil, 2011, disponible sur le site http://www.vox-poetica.org

FAYE, Assane. « L'impact du droit d'auteur sur l'accès à la connaissance au Sénégal », in *World Library and Information Congress : 75th IFLA Genaral Conference and Council, 23-27 August 2009 (Milan, Italie)*, disponible sur le site http://www.ifla.org

« Franklin Book Programs Records, 1920-1978 (bulk 1952-1977) ». Page de présentation des archives du *Franklin Book Programs*, Université de Princeton (Etats-Unis), sur le site http://findingaids.princeton.edu

« Gomes Machado, Lourival », article disponible sur le site http://www.itaucultural.org.br

KAPUR, Kriti. « Delhi Public Library. The Treasury of Sorrows », document de travail pour le *Centre for Civil Society of India*, 11 p., disponible sur le site http://ccs.in/ccsindia/interns2003/chap13.pdf

KURIN, Richard. « Musées et patrimoine immatériel : culture morte ou vivante ? », in *Les nouvelles de l'ICOM* n°4, 2004, disponible sur le site http://icom.museum

« La collaboration du Rotary avec d'autres organismes », sur le site http://www.rotary.org/fr/aboutus/rotaryinternational/whoweworkwith/pages/representativenetwork.aspx

« L'Accord de Florence et son protocole de Nairobi ». Paris : Unesco, 1999 (5ème édition), disponible sur le site Internet http://unesdoc.unesco.org/images/0015/001561/156199fo.pdf.

LESSARD, Jean-François. « Unesco », sur le site de « Perspective monde » http://perspective.usherbrooke.ca

« *Libraries and Information Studies in Retrospect and Prospect : Essays in Honour of Prof. D.R. Kalia (2 Vols-Set)* », disponible sur le site http://www.vedamsbooks.com

MAGALHAES, Carolina. « Luiz Heitor Corrêa de Azevedo et les relations musicales entre la France et le Brésil » in *Revues de la Maison des sciences de l'homme*, disponible sur le site http://www.revues.msh-paris.fr

PARKER, J. Stephen. « The overseas library consultant », in *Library Review*, Vol. 28 Issue 4, 1979, p 214-225, sur le site http://www.emeraldinsight.com

« Qu'est-ce que l'IFLA » sur le site http://www.aifbd.org

RACINE, Nicole. « Paul Rivet, Vichy et la France libre, 1940-1944 », Revue électronique du Centre d'histoire de Sciences-Po *Histoire@Politique* n°1, mai-juin 2007, p 1.

SHATTUK Benson, Susan. « *The Pioneers : Marietta Daniels Shepard (1913-1984)* », in *World Libraries*, volume 3, n°1, automne 1992, sur le site http://www.worlib.org

SIX, Nicolas. « Les invariants de la littérature universelle », 2000, sur le site universaux.free.fr

SMITH, Datus C. Jr. « Franklin Book Program », in *Encyclopedia Iranica*, 15 décembre 2000, sur le site http://www.iranicaonline.org

ZAPATA, René. « Journée d'hommage à Pablo Neruda (1904-1973) ». Maison de l'Unesco, 18 mars 2004, sur le site http://www.unesco.org/bsp/neruda/zapata.ht

Structures éditoriales du groupe L'Harmattan

L'Harmattan Italie
Via degli Artisti, 15
10124 Torino
harmattan.italia@gmail.com

L'Harmattan Hongrie
Kossuth l. u. 14-16.
1053 Budapest
harmattan@harmattan.hu

L'Harmattan Sénégal
10 VDN en face Mermoz
BP 45034 Dakar-Fann
senharmattan@gmail.com

L'Harmattan Cameroun
TSINGA/FECAFOOT
BP 11486 Yaoundé
inkoukam@gmail.com

L'Harmattan Burkina Faso
Achille Somé – tengnule@hotmail.fr

L'Harmattan Guinée
Almamya, rue KA 028 OKB Agency
BP 3470 Conakry
harmattanguinee@yahoo.fr

L'Harmattan RDC
185, avenue Nyangwe
Commune de Lingwala – Kinshasa
matangilamusadila@yahoo.fr

L'Harmattan Congo
67, boulevard Denis-Sassou-N'Guesso
BP 2874 Brazzaville
harmattan.congo@yahoo.fr

L'Harmattan Mali
Sirakoro-Meguetana V31
Bamako
syllaka@yahoo.fr

L'Harmattan Togo
Djidjole – Lomé
Maison Amela
face EPP BATOME
ddamela@aol.com

L'Harmattan Côte d'Ivoire
Résidence Karl – Cité des Arts
Abidjan-Cocody
03 BP 1588 Abidjan
espace_harmattan.ci@hotmail.fr

L'Harmattan Algérie
22, rue Moulay-Mohamed
31000 Oran
info2@harmattan-algerie.com

L'Harmattan Maroc
5, rue Ferrane-Kouicha, Talaâ-Elkbira
Chrableyine, Fès-Médine
30000 Fès
harmattan.maroc@gmail.com

Nos librairies en France

Librairie internationale
16, rue des Écoles – 75005 Paris
librairie.internationale@harmattan.fr
01 40 46 79 11
www.librairieharmattan.com

Librairie l'Espace Harmattan
21 bis, rue des Écoles – 75005 Paris
librairie.espace@harmattan.fr
01 43 29 49 42

Lib. sciences humaines & histoire
21, rue des Écoles – 75005 Paris
librairie.sh@harmattan.fr
01 46 34 13 71
www.librairieharmattansh.com

Lib. Méditerranée & Moyen-Orient
7, rue des Carmes – 75005 Paris
librairie.mediterranee@harmattan.fr
01 43 29 71 15

Librairie Le Lucernaire
53, rue Notre-Dame-des-Champs – 75006 Paris
librairie@lucernaire.fr
01 42 22 67 13

www.ingramcontent.com/pod-product-compliance
Lightning Source LLC
LaVergne TN
LVHW011937220826
846092LV00001B/16

* 9 7 8 2 3 4 3 1 6 3 1 4 7 *